कल्पागमसंग्रहाख्या वाधूलश्रौतसूत्रव्याख्या

Prakashika Series
No. 14

General Editor
DIPTI S. TRIPATHI

आचार्य-आर्यदासप्रणीता

कल्पागमसंग्रहाख्या

वाधूलश्रौतसूत्रव्याख्या

खण्ड 2

सम्पादक

व्रजबिहारी चौबे

इत्याख्येन विदुषा सम्पादितम्
विशदभूमिकया विविधाभिरनुक्रमणीभिश्च समलङ्कृतं
पाठविमर्शादिभिर्युतं समालोचनात्मकं संस्करणकम्

राष्ट्रीय पाण्डुलिपि मिशन
॥ विज्ञानमुपास्व ॥

राष्ट्रीय पाण्डुलिपि मिशन
नई दिल्ली
तथा
देव पब्लिशर्स एण्ड डिस्ट्रीब्यूटर्स

प्रकाशक :

राष्ट्रीय पाण्डुलिपि मिशन

11, मानसिंह रोड,
नई दिल्ली–110 001

दूरभाषः 2338 3894; फैक्सः 2307 3387
E-mail: directornamami@nic.in
Website: www.namami.nic.in

सह–प्रकाशक :

देव पब्लिशर्स एण्ड डिस्ट्रीब्यूटर्स

द्वितीय तल, प्रकाशदीप बिल्डिंग,
22, दिल्ली मैडिकल एसोसिएशन रोड
नई दिल्ली–110002
दूरभाषः 43572647
e-mail: devbooks@hotmail.com
website: www.devbooks.co.in

ISBN 978-93-80829-02-9 (Series)
ISBN 978-93-80829-22-7 (Vol. XIV)
प्रथम संस्करणः 2013

मूल्य : ₹ 650.00 (दोनों खण्ड)

Ācārya Āryadāsapraṇītā

KALPĀGAMASAṂGRAHĀKHYĀ

Vādhūlaśrautasūtra Vyākhyā

Part II

Critically edited with Introduction
and
Various Indices
by

Braj Bihari Chaubey

National Mission for Manuscripts

Dev Publishers & Distributors

Published by:
National Mission for Manuscripts
11 Man Singh Road
New Delhi 110 001
Phone: 91 11 2307 3387
E-mail: directornamami@nic.in
Website: www.namami.nic.in

and Co-published by:
Dev Publishers & Distributors
2nd Floor, Prakash Deep,
22, Delhi Medical Association Road,
Darya Ganj,
New Delhi-110002
Phone : 011-43572647
e-mail: devbooks@hotmail.com
website: www.devbooks.co.in

ISBN 978-93-80829-02-9 (Series)
ISBN 978-93-80829-22-7 (Vol. XIV)
First published 2013

विषयानुक्रमणिका

खण्ड 2

॥ अथ षष्ठः प्रपाठकः ॥

[अग्निष्टोमः]

[दीक्षिष्यमाणस्य संभारसंभरणादिकर्म]

दीक्षिष्यमाणः संभारान् संभरते ॥ १ ॥ अहते दीक्षितवसने सद्यो मथितं नवनीतꣳ सद्यः पिष्टमाञ्जनꣳ सतूला शरेषीका द्वयानि च कृष्णाजिनं च कृष्णविषाणा चौदुम्बरश्च

---

[1]*दीक्षिष्यमाणः संभारान् संभरते।* अग्निहोत्रादीनां सह निर्दिष्टानां पञ्चानां चत्वारि पशुबन्धान्तानि अनुक्रान्तानि। पारिशेष्यात् सौम्योऽध्वर आरब्धव्यः। अतः सौम्योऽध्वरः समाख्यानात्, 'सन्तिष्ठते अग्निष्टोम' इत्युपसंहारदर्शनाच्च। अग्निष्टोमस्त्रिवृत् पञ्चदशः सप्तदश [2]एकविꣳशस्तोमा ज्योतींषि[2]। तानि यस्य स ज्योतिष्टोमः। तदङ्गं कर्म दीक्षा नाम। तां कर्तुकामस्तत्साधनान्युपकल्पयते। तानि प्रदर्श्यन्ते 'द्वे पयसी' इत्यादि। पयःशब्देन धेनुरभिधीयते, तद्योगात्तादर्थ्याद्वा। स्वामिनोर्व्रतदुघौ द्वे इति चैतत्प्रदर्शनमुत्तरेषामपि [3]तुल्यजातीयानां यजमानार्थमनुक्रान्तानां पत्न्यर्थमपि पृथग्गृहीतव्यत्वस्य। नानाजातीयानि योक्त्रादीनि स्वयमेवानुक्रामन्ति[4]। कृष्णाजिनयोः सर्वाङ्गत्वादौ प्रसिद्धिराश्रयणीयापि प्रगीतस्मरणाद्वचनमनुमीयते हि। 'कृष्णाजिनेन दीक्षयती'त्युक्ते अनवनीत्रैकदेशत्वं[5] गम्यते वा। 'तस्यैतस्य कृष्णाजिनस्य यः सर्वरूपः शङ्कुष्ठः स्याद्यस्मिंस्त्रयाणि लोमानि विद्येरन् शुक्लानि च कृष्णानि च बभ्रूणि च तन्मेखलायां[6] बध्नीत, तथा हास्य संबन्धः स्यात्' इति दर्शनात्तद्वतासंजनार्थेन भवितव्यम्। उभयोः शुक्लकृष्णत्वे[7] च संहिते भवतः ॥ १ ॥

दीक्षितवसने क्षौमे स्याताम् वाक्यशेषात्। सतूला शरेषीका[8] साग्रं शरकाण्डम्। योक्त्रं मौञ्जमिति केचित्। शरमयमेवेत्यपरे। मेखला शरमयी पृथ्वी त्रिवृत्। नस्कूजन्याख्यः कण्डूयनसमर्थः शंकुः। कृष्णस्य[9] विषाणाः कृष्णविषाणाः। 'सा त्रिवली पञ्चवली सप्तवली वे'ति विध्यवशेषः। औदुम्बरो दण्डो यक्ष्यमाणस्य मुखेन संमितः। व्रतं येन दीयते स व्रतप्रदानः। स चाप्यौदुम्बर एवाधिकारात्। अन्यान्यप्युदकुम्भक्षुरादीन्युपकल्प्यानि, येषां विनियोगो दृश्यते। किंचान्यान्यपि साधनान्याक्रतुसमाप्तेर्यानि[10] प्रयोजनवन्ति तानि[10] च। कलशकुम्भीकुम्भसतस्थालीशरावाम्बरीषकपालादीनि मृण्मयानि, शकटचमसार्थ[11]पास्त्रुक्स्त्रुवधृष्टिमेक्षणादीनि दारुमयानि। व्रीहियवाज्य[12]पश्वादीनि

---

१. M Ad wrongly give the number of Prapāṭhak as : अथ चतुर्थः ।. २–२. M ए...ज्येतिषि; thus Ad. ३. M Ad °रेषा...तीया°. ४. M Ad °मति; thus T. ५. M °पनी...शत्वं, Ad अनपनी° ; thus T. ६. M Ad मेखलां चां. ७. M शुक्लञ्चः...ञ्च; Ad शुक्लं च कृष्णं च. ८. T °षिका. ९. M कृष्ण...विषा°, Ad कृष्णस्यापि°. १०–१०. M Ad समाप्तेर्य [Ad प्रेर्यै°] प्रयोजनन्तानि. ११. M Ad °मसोऽर्धया°. १२. M Ad °ज्य च पश्वा°.

हविर्धानि। शकटवहनसोमक्रयणपयोदधिदक्षिणाद्यर्था[१] गावश्चाजाविकावासोदशापवित्रोर्णास्तुकादीन्यन्यान्यपि द्रव्याण्यत्रैव संभार्याणि। प्रयोगप्राशुभावाय बहुतयानि च व्यापन्ननिष्क्रयार्थम्। [२]अव्यापत्त्यर्थमभ्यज्य दारुमयाण्युच्छिद्य[३] मृण्मयानि निधेयानि। किमस्य[४] यज्ञक्रतोः संस्कृताग्नेः[४] कालं निमित्तीकृत्याग्निहोत्रादिवद्[५] यावज्जीविकोऽभ्यासः, आहोस्वित् सकृत्प्रयोगः। अथवा काम्योऽयं फलमिच्छता कर्तव्य इति। यावज्जीविक इति ब्रूमः। कुतः। 'अथातः प्रयोगाणामेव यज्ञक्रतूनेतान् प्रयोक्ष्यमाणो भवतीत्युपक्रम्य[६]' 'तस्यैवमेवैते यज्ञक्रतवः[६] परिप्लवेरन्नि'ति तथा विहितत्वात्। श्रुत्यन्तरे च 'वसन्ते वसन्ते ज्योतिषा यजेते'ति श्रूयते। तस्माद्यावज्जीविक एवाभ्यास इति केचित्। अन्य आहुः—'अलमस्मि प्रयोगायालमस्मि तस्मै यन्न व्यवच्छिन्द्यामित्यथ प्रयुञ्जीते'ति वचनात्[७] ज्ञानद्रविणसंपदवेक्ष्यैव[७] प्रवृत्तिर्नाहितमात्रेष्वग्निषु। [८]तथाप्यृणापदानस्यावश्यं कर्तव्यत्वात् तावतः सामर्थ्यमुत्पाद्य सकृद्वा कर्तव्य इति। तथा चानुपदकार आह—'वसन्ते वसन्ते ज्योतिष्टोमेन यजेते'ति विज्ञायते। यावज्जीवं प्रतियन्ति। त्रिरित्येके। द्विरित्येके सकृदेवेत्यपर' इति[९]। ननु 'ज्योतिष्टोमेन स्वर्गकामो यजेतोक्थ्येनेन्द्रियकामः षोडशिना वीर्यकामोऽतिरात्रेण प्रजाकाम' इति सर्वसंस्थो ज्योतिष्टोमः कामसंबन्ध एव विधीयते। अतः फलमिच्छता कर्तव्यः। सत्यं, कर्तव्यः। किन्तु अभ्यासपक्षे [१०]तस्य नित्यत्वात्[१०] नित्य एव फलसंकल्पाद् भवति। सकृद्यागपक्षे[११] फलमिच्छता पुनरपि कर्तव्यः। तस्मादाहुर्ज्येष्ठयज्ञ' इति दर्शनादग्निष्टोम एव प्रथमाहारः। तथा चानुपदकार आह—'रथन्तरसामैव प्रथमाहारश्चतुष्टोमोऽग्निष्टोम' इति। अतिरात्रमपि केचिदामनन्तीति श्रूयते। वसन्तो ज्योतिष्टोमस्य काल इत्युक्तम्[१२]। आचार्योऽपि 'पञ्चदशनक्षत्राणि[१३] रात्रिं नयन्ति' (वाधूश्रौ. ६.९.१.१) इति ब्रुवन्नेतद्वचनं परिगृह्णाति। तत्र मुहूर्ताभिधायी[१४] नक्षत्रशब्द इति वक्ष्यामः। अहोरात्रयोः साम्ये हि रात्रेः पञ्चदशमुहूर्तत्वम्। समाहोरात्रश्च कालो वसन्तः [१५]शरद् वा। तत्र शाखान्तरे वसन्त इति दृष्टे सन्देहो निवर्तते। 'उदीचसमावृत्त[१६] आदित्ये माघस्य पूर्वपक्ष[१७]' इत्यस्यापि वैकल्पिकत्वम्, विकृतिविषयता वा। 'अमावास्यायां दीक्षिते'त्युक्तविषयमेव अपुरेजानस्य चातुर्मास्यान्यारब्धु-कामस्य। 'नासोमयाजी सन्नयेदि'ति प्रतिषेधस्यानुग्रहार्थं 'तस्मान्नु ह दीक्षमाणोऽमावास्यायामेव दीक्षेते'ति। इहार्थमेव दीक्षासुत्ययोरन्यतरत्पर्वणि संपादयेदिति केषांचिद्वचनम्। सोमपूर्वत्वपक्षे ऋतुनक्षत्रविचारो, नापि 'सोमेन यक्ष्यमाणो नर्तुं पृच्छेन्न नक्षत्रमि'ति वचनात्। तथा यदैवैनं यज्ञ उपनमेदथादधीत सैवास्यार्धिरि'ति। 'का देवता भवतीति आहुर् यक्ष्य' इति 'व्याहृत्य' (वाधूअन्वा. ४.१.१-२) इति ब्रुवन्नियमेन संकल्प्योपव्याहरणयोः कर्तव्यतां दर्शयति। तयोरितिकर्तव्यता विध्यवशेषेभ्य आगमयितव्या। 'स [१८]यत्रैवमुपनमेदग्नीनाधास्य इति तदुपांशुकर्तव्ये'त्यादिना विहितम्।

---

१. M सोम...दधि°. **२.** M Ad व्यापत्त्या°. **३.** M Ad °ण्युच्छ्द्य. **४–४.** M किमस्य...ताग्नेः; Ad यज्ञक्रमताग्ने. **५.** M Ad अवि°. **६–६.** M °क्रम्य...क्रतवः; thus Ad T. **७–७.** M वचन...वक्ष्यैव, Ad सम्पद्द्रविणमवक्ष्यैव; thus T. **८.** M Ad तथाप्यृणावदा°. **९.** M Ad °त्यपरमिति; thus T. **१०–१०.** M Ad om नित्यत्वात्, T om तस्य. **११.** M Ad सकृद्यान°. **१२.** M Ad °त्युक्तः. **१३.** M पञ्चदर्शन°. **१४.** M Ad °भियायी. **१५.** M Ad वसन्तशब्दः. **१६.** M Ad °समयावृत्त. **१७.** M °पक्षी इत्य°. **१८.** M Ad यत्रैनमु°.

दण्डश्चमसश्च व्रतप्रदाने॥ २॥ स्पष्टे देवयजने प्राचीनवंशशाला मिता भवति नक्षत्रपथेन

तत उत्तरकालं 'ब्राह्मणो ह वाव देवयजनं तमृत्विजं वृण्वीते'त्येतैश्चतुर्भिर्गुणैरुपेतानृत्विजः परिगृह्णीयादित्याह। अनूचानो विद्वान्। बन्धुमान् प्रशस्तबान्धवः, अभिजात इत्यर्थः। चरणवान् प्रशस्तचरणः, विहितस्य कर्ता प्रतिषिद्धानां वर्जयितेत्यर्थः। संशितव्रतः यमवान् यमाः। सर्वेषु तितिक्षावैराग्यादयः, अन्तःकरणशुद्ध इत्यर्थः। प्रतिषिद्धाश्च [१]शङ्कूलाङ्गुष्ठकुनखादयो वर्जनीयाः। अनुपदोक्ताश्च पञ्च किणादयः। 'जनको ह वैदेहः सोमेन यक्ष्यमाण' इत्यत्र वरणात्पूर्वमर्घ्यदानं दृष्टम् 'नाना मधुपर्कानाजह्रुरि[२]'ति। अतोऽर्हयित्वाऽनन्तरं वरणं कर्तव्यम्। अर्हणमप्यनुपद एवाम्नातम्। यथा पाकयज्ञेष्वेवम् अगाराणि[३] शोभयेत्। प्रक्षालितपादायार्घ्यं[४] कुर्यादित्यादि। अविशेषेण सर्वेषामृत्विजां वरणे प्राप्ते सदस्यपञ्चमा महर्त्विजो होत्राशंसिनश्च निदेशे[५] दृष्टाः। तेषां वरणम्। वषट्कर्तारो होत्राशंसिनः। अथवा सदस्यपञ्चमवर्जाः सर्वे होत्राशंसिन इत्युच्यन्ते[६]। तथाहि-'चतुरो वृणीते, सर्वान्वा वृणीत' इति केचित् पठन्ति। अथवा 'तस्मै पञ्च महाब्रह्माण[७] आहुरि'त्यादौ वरणे सदस्यपञ्चमानां दर्शनात् तानेव वृणीते। अथवाऽश्वमेधे चतुर्णामेव दर्शनात् तानेवेति। वरितव्यानां त्रैविध्यं वरणम्। 'तदाहुर्यजमान कानृत्विजोऽवृथान्वि'त्यारभ्य निदेशे विहितम्। ननु 'तद्राजा यक्ष्यमाणो देवता उपतिष्ठत[८]' इति राज्ञोऽधिकृतत्वाद् राजविषयमेव। नैतदेवम्। पुनः 'तदाहुर्यजमान कानृत्विजोऽवृथान्वि'त्यारंभः[९] सामान्यविध्यर्थः। ननु देवयजनयाचनस्य राजविषयत्वादुत्तरत्र च 'एवं नु ह दत्त एव प्रसूते[१०] देवयजन' इत्युपसंहाराद् वरणोपहवयोरपि राजविषयता। नेति ब्रूमः। देवयजनस्यैवोपसंहारः। तस्य च राजविषयत्वं भवत्येव। अनुपदकारोऽपि 'यथाऽन्वाख्यानमृत्विजां वरणमि'त्याह। चतुर्णां यथाश्वमेध एवमुपवेशनम्। अन्ये यथावकाशमुपविशन्ति। मध्यमुपगम्याध्वर्यु-प्रभृतीन् यथोक्तं वृणीते। तेषामप्यनुज्ञानार्थेन केनचित् प्रतिवचनेन भवितव्यम्। ओमिति वा, तथेति वा, उभयं वा। अथवाऽनूदितं[११] प्रतिवचनं वक्तव्यम्। 'आदित्योऽध्वर्युः। स तेऽध्वर्युः। कर्मैवाहं करिष्यामि' इति। एवं 'चन्द्रमा ब्रह्मा, स ते ब्रह्मे'त्यादि। अथ 'अहोरात्राशंसिनस्ते[१२] ते होत्राशंसिनः कर्मैव वयं करिष्याम' इति। अथ श्रद्धां निवेदयते। 'अस्ति[१३] मे देवयजनं पृथिव्यै मे सुस्थलमिच्छे'ति ब्राह्मणम्। ब्रूयादित्येकवचनेन[१४] चोदितत्वादध्वर्युरेव[१५] निवेदयते। अथवाऽविवक्षितमेकवचनम्। तथा सति सर्वर्त्विग्भ्यः पृथिव्याः सुस्थलं तत्रैवाह। पुरस्तादवनतं देवयजनस्य रूपमित्येतत्सामान्यं पुरोहविरादीनां प्रतिष्ठितवर्जानां सर्वेषामन्वेति। प्रतिष्ठितं तु सर्वतः सममेव भवति॥ २॥

स्पष्टे देवयजने प्राचीनवंशशाला भवति[१६] =[१६] *मिता*। स्पष्टेऽभिलषिते स्वाभिप्रायेणोपात्ते इत्यर्थः। किमुक्तं भवति। 'पुरोहविषि देवयजने याजयेदि'त्यारभ्य पुरुषार्थानि देवयजनान्यनुक्रान्तानि। तेषां

---

१. M Ad शङ्कुला°. **२.** M Ad जहूरि°. **३.** M Ad आगराणि. **४.** M Ad प्रक्षाणि च पा°. **५.** M Ad निदेश°. **६.** M Ad °च्यते; thus T. **७.** M Ad °ब्रह्मणो; thus T. **८.** M Ad °ष्ठन्त; thus T. **९.** T °त्विजो विनान्वि°; thus M Ad. **१०.** M Ad प्रस्तरे; thus T. **११.** M Ad अनुवदितं, T अनुपदितं. **१२.** M T अथहोत्राशं, Ad अथाहोरात्राशंसिनस्तेऽहोरात्रा°. **१३.** T अति. **१४.** T °वचनं न चोदि°. **१५.** M Ad °ध्वर्युव एव; T अध्वर्यव एव. **१६-१६.** M Ad T भवति=मिता abri. text of *sūtra* 6.1.1.3.

संमिता ॥ ३ ॥ दक्षिणतश्चोत्तरतश्च द्वारौ ॥ ४ ॥ केशश्मश्रू वपते ॥ ५ ॥ नखानि निकृन्तते ॥ ६ ॥

मध्ये यदभिप्रेतं तस्मिन्नित्यर्थः। कतमत्पुनः क्रत्वर्थं गृह्यते। प्राथम्यात् तत्फलस्य सर्वैः प्रार्थयितव्यत्वाच्च पुरोहविषमिच्छन्ति।

नन्वन्वाख्याने आप्तैकोनतादिनामर्थं ब्रुवताऽऽचार्येणर्त्विग्विशेषा अभिप्रेताः। अतो देवयजनरूपाण्येतानि भवन्ति। उच्यते। सत्यमर्थान्तराण्यभिहितानि, न तु गम्यमानार्थपरित्यागेन। कुतः। 'प्रतिष्ठिते देवयजने याजयेत्प्रतिष्ठाकाममिति। [1]स याज्ययेयुरि'ति ऋत्विग्विशेषार्थमुक्त्वाऽन्ते 'पुरस्तादवनतं स्यादिदित्यादेऽपवादं वक्तुकामेन प्रतिष्ठिते देवयजने याजयेत् प्रतिष्ठाकामिमि'त्युक्तमेतदित्यभिहितम्। एवं ब्रुवताऽऽचार्येण गम्यमाना अप्यर्था न परित्यक्ता इति ज्ञायते। अतस्तेषामन्यतमे देवयजने प्रागतवंशा शाला मिता भवति। तस्या[2] आयामव्यासरूपाणि[2] विध्यवशेषेषूक्तानि—'द्वादशप्रक्रमायामा प्राची शाला स्यात्। षड् [3]व्यासकालातिस्थूणाराजा[3] पुरस्तादुन्नते'ति। सर्वाचार्यकेऽप्युक्तम्[4]—

'बाहोस्तु भागा यदि द्वादश स्युः कर्णं दशत्रीन्विदुः[5] पञ्चकोट्याः।

प्राग्वंशमाने भवेत् सापि वेद्याः वेद्यास्तु [6]भागांस्त्रिकिष्कून्वदन्ति' ॥ इति।

ननु द्वादशप्रक्रमायामत्वे 'द्वादशसु [7]विक्रामेष्वग्निमादधीते'त्यादिना विरोधः। यत्र विरोध आशंक्यते तत्र शालामानार्थस्य प्रक्रमस्य महत्त्वमग्न्यन्तरालमानार्थस्य ह्रसीयस्त्वं[8] चाश्रयणीयम्। पदद्वयप्रमाणस्य प्रक्रमस्यानवस्था क्वोपलब्धा[9]। उच्यते। 'पदे युगे प्रक्रमेऽरत्नावियति शम्यायां च मानार्थेषु याथाकामी'ति बौधयानीये शुल्ब उक्तम्। अवश्यं चैष पक्ष आश्रयणीयः। इतरथैकादशिन्यादिषु रथाक्षेण विमिमीत इत्युक्ते प्रक्रमापवादो रथाक्षस्य वेदिमानार्थत्वम्। अथवा यूपान्तरालमानार्थत्वमिति। तत्र च वेदिमानार्थत्वे महान्ति वेदिसदोहविर्धानादीनि[10] भवेयुः। यूपान्तरालमानार्थत्वे प्रक्रमस्य। याथाकाम्यत्वे तद्योग्यः प्रक्रमो ग्राह्यः। तदपि तस्मिन्नेव शुल्ब उक्तम्—'दशानां च रथाक्षाणामेकादशानां च पदानामष्ट्यंगुलस्य च चतुर्विंशं[11] भागमाददीत। स प्रक्रमः स्यात्। तेन वेदिं[12] मिमीत' इति। दिक्षु जालवतिं[13] नक्षत्रपथेन संमिताः। नक्षत्राणां पन्था नक्षत्रपथः। तेन गृहीतदिक्कालनक्षत्रपथविशेषमुत्तरत्र वक्ष्यति। 'कृत्तिकाभिर्वे'त्यादि। अत्रैव प्रथमनिहतयूपौदुम्बर्युपरवोत्करादीनां स्थानानि स्पाशयितव्यानि ॥ ३ ॥

दक्षिणतश्चोत्तरतश्च द्वारौ। पूर्वापरयोः प्रसिद्धतामपेक्ष्यैवमुक्तं[14] स्यात्। अथवा सर्वासु दिक्षु द्वारः[15] प्रसिद्धा एव। इदं पुनर्वचनं दिग्द्वये द्वाभ्यामेवातिकाशसिद्ध्यर्थम्। अथ 'य एतयेष्ट्वा सोमेन यजेते'ति विहितया पवित्रेष्ट्या यजते सोमपूर्वत्वेन कुर्वन्ति। केचित् पुरा वा दीक्षाया इत्यस्मिन्पक्षे यूपं

---

१. M Ad om. **२–२.** M Ad T तस्यायाम°. **३–३.** M Ad व्याधकान्कालातिस्थूणाराणा. **४.** M T सर्वाचार्यकेऽपि, Ad °चार्यकोऽपि. **५.** M Ad °विदुं. **६.** M Ad भागाः त्रि. **७.** M Ad कामेष्व°. **८.** M Ad प्रसीयत्वं. **९.** M Ad त्वोप°; thus T. **१०.** M Ad °नादि. **११.** M Ad °विंश; thus T. **१२.** M वेदिर्भि...थेन. **१३.** T जालपतिं. **१४.** M Ad °तामवेक्ष्यै°; thus T. **१५.** M Ad द्वारं; thus T.

आशितो भूत्वा स्नातोऽभ्यक्तो 'भद्रादभि श्रेयः प्रेहि' **इति कृतशालं देवयजनमभिप्रयाति।** '○बृहस्पतिः पुरएता ते अस्त्वथेमवस्य वर आ पृथिव्याः' **इति** ॥ ७ ॥ **अपरेण शालामवस्यति** 'आरे शत्रून् कृणुहि सर्ववीरः' **इति** ॥ ८ ॥ 'एदमगन्म देवयजनं पृथिव्याः' **इति देवयजनमभिमन्त्रयते।** '○विश्वेदेवा=मदेम' **इति** ॥ ९ ॥ **कण्टकवतीं चाकण्टकां च शाखे आदाय** 'अपेत वीत वि च सर्पतातः' **इत्यतीकाशान् यजति प्राचीनं च शालायै देवयजनात्।** '○येऽत्र स्थ पुराणा ये च नूतनाः। अदादिदं यमोऽवसानं पृथिव्या अक्रन्निमं पितरो लोकमस्मै' **इति** ॥ १० ॥ **उत्तरे शाले न्यस्य चतुर्गृहीतं गृह्णीते** ॥ ११ ॥ **तज्जुहोति** 'स्योना पृथिवि नो भव' **इत्यौदुम्बर्यैं काले दर्भस्तम्बे**

च वृश्चन्ति, प्रवर्ग्यं च संभरन्ति, सोमं च हरन्ति। सोमाहरणमनुपद उक्तम्॥ ४॥

ततः केशश्मश्रु वपत इत्यादि। वपनं लौकिकमेव ॥ ५-६ ॥

आशितो भूत्वा=देवयजनम् अभिप्रयातीति[1]। अभ्यज्जते। अभ्यक्तः स्नात आशितो भूत्वा देवयजनाभिमुखं प्रयाति। अन्य आह—श्रुत्यन्तरे 'ग्रामे दीक्षतेऽरण्ये[2] यजत' इति वचनमस्ति। तस्योपलक्षणं वपनादि। आशित इति चावशनमिति। तथा च 'अग्निर्वै [3]दीक्षितस्य देवते[3]'त्यधिकृत्य विहितस्य प्रयाणमन्त्रस्य 'भद्राद्○' इत्यस्य प्रयोगस्तस्मिन्पक्ष उपपद्यत इति। उच्यते। उपलक्षणत्वे वपनादौ वपनान्तस्योपलक्षणं[4] स्यात्। दीक्षित इत्युक्ते चेष्ट्याद्यावेदनान्तेन भवितव्यम्। तस्यापि ग्रहणमिति चेल्लक्षितलक्षणा प्राप्नोति। आशितश्चातृप्तेर्भुक्तवति प्रसिद्धः सन्न चावशनमात्रे तृप्त इति नोपपद्यते। अतः पौरस्त्य एवार्थः। प्रयाणमन्त्रस्य सामान्येन[5] विधानमस्तीत्यवगन्तव्यम्। अशन-विशेषोऽप्यनुपद[5] उक्तः—'अथाशनमकोशीधान्याशनम्[6]। दध्यश्नीयान्मध्वश्नीयादुदुम्बरशलून्यश्नी-याद्[7] वत्सान्वा, शालुकान्वा [8]प्ररोहान् वाऽश्नीयात्। भक्ताशी स्यादित्येकेषामि'ति। अरण्योरग्नीन् समारोह्य गच्छेदजस्रैरन्तर्द्वादशाहे[9] सोमादीनि च सर्वाणि साधनान्यादाय[9]। प्रयाणावसानाभि-मन्त्रणमन्त्रा याजमानाः। अथ यजमानो राजानं देवयजनं याचतीति नैदेशिकेन विधिना। तत्र च पक्षद्वयम्। 'राजन् देवयजनं मे देहि' इत्युक्तो राजाऽऽदित्यमुपतिष्ठते 'नमस्त आदित्य' इत्यादिना ददातीत्यन्यः संशिष्टो ब्रूयात्। स्वयमेव वा राजा ददातीति मनसा ध्यायेद्। अथवा 'स त्रीन् हिरण्यशल्कानादाये'त्यादिना विधानेन सोमादीन् याचति ॥ ७ ॥

अथाध्वर्युः प्राण्यापान्य 'प्रजापतिः प्राची दिगि'ति[10] जपित्वा[10] कण्टकवतीं चाकण्टकां च शाखे आदायेत्यादि प्रतिपद्यते। इतरेऽप्यृत्विजः स्वस्व[11]कर्मारम्भे युज्येरन्। स एव योगः आक्रतुपरिसमाप्तेः। बैल्वया[12] पालाशशाखया चेति शाखयोर्विशेषः। यज्ञीययोर्वा[13] वृक्षयोः स्याताम्। 'अनुपृष्ठ्यां व्युदजती'त्यनुपदम्। व्युदजनं संमार्जनम्॥ १० ॥

---

१. M Ad अभिप्रायोऽस्तीति. २. M Ad दीक्षिते अरण्ये. ३-३. M Ad दीक्षितइत्यधिकृत्यस्य देवते° ; thus T. ४. M Ad पवनान्तस्य; thus T. ५-५. M Ad सामान्येन...शेषोऽप्यनुपद. ६. M Ad °शन; thus T. ७. M Ad om दुदुम्बरशलून्यश्नीया; thus T. ८. M Ad प्रारो° ; thus T. ९. M न्तर्द...न्यादाय° ; thus Ad. १०-१०. M Ad °गिति...त्वा. ११. M Ad स्वेस्वे; thus T. १२. M Ad बैल्वाया. १३. M याज्ञि° ; thus T.

हिरण्यमुपास्यान्तामाहुतिम्। '०अनृक्षरा निवेशनी। यच्छा नः शर्म सप्रथाः स्वाहा' **इति ॥ १२ ॥ पूर्वया द्वारा शालां प्रपद्य मथित्वाऽग्नीन् विहृत्यान्वाहार्यपचने पितृभ्यो दत्त्वा पुत्रे वा भ्रातरि वर्णमुपनयति ॥ १३ ॥ अनृणो भूत्वा यज्ञायुधानि सꣳसाद्यापः प्रणीयाग्नावैष्णवमेकादश-कपालं दीक्षणीयं निर्वपति ॥ १४ ॥ निरुप्ते प्राणग्रहाꣳश्च पृश्नीꣳश्च व्याचष्टे ॥ १५ ॥ तस्य हविष्कृता वाचं विसृज्य चतुर्गृहीतेन सप्तहोतारमाहवनीये जुहोति द्वादशर्तून्** 'मधवे स्वाहा', 'माधवाय स्वाहा' **इत्येतान् ॥ १६ ॥ शृतेऽस्मिन् स्तम्बयजुर्हरति ॥ १७ ॥ वेदिं परिगृह्णाति ॥ १८ ॥ करणं जपति ॥ १९ ॥ प्रसूत उत्तरं परिग्राहं परिगृह्णाति ॥ २० ॥ योयुपित्वाऽवस्कभ्य संप्रेष्यति** 'प्रोक्षणीरासादयेध्माबर्हिरुपसादय स्रुवं च स्रुचश्च संमृड्ढि पत्नीꣳ सन्नह्याज्येनोदेहि' **इति ॥ २१ ॥ एतत् कुर्वन्ति ॥ २२ ॥ स्रुवं च स्रुचश्च संमृज्याज्यानि गृह्णीते ॥ २३ ॥ इध्माबर्हिः प्रोक्षति ॥ २४ ॥ वेदिं प्रोक्षति ॥ २५ ॥ आसन्नं प्रोक्षति ॥ २६ ॥ अपो निनीय प्रस्तरं गृह्णाति ॥ २७ ॥ स्तृणाति बर्हिः ॥ २८ ॥ प्राङुत्सृप्य परिधीन् परिदधाति ॥ २९ ॥ समिधावादधाति ॥ ३० ॥ परिधिषु वाचयित्वाऽग्निं युनक्ति ॥ ३१ ॥ आगत्य तिरश्ची सादयति ॥ ३२ ॥ तिरश्च्योः प्रस्तरम् ॥ ३३ ॥ प्रस्तरे जुहूम् ॥ ३४ ॥ बर्हिषीतरे ॥ ३५ ॥ समासन्नेऽपानग्रहाꣳश्च पृश्नीꣳश्च व्याचष्टे ॥ ३६ ॥** 'ध्रुवा असदन्', 'यन्मे अग्ने' **इति समभिमृश्य दशहोतारं व्याचष्टे ॥ ३७ ॥ अग्नये समिध्यमानायानुवाच आह ॥ ३८ ॥ अनूक्तासु सामिधेनीषु स्रुवेणाघारमाघार्याह** 'अग्नीदग्निं त्रिस्त्रिः संमृड्ढि' **इति ॥ ३९ ॥ स्रुग्भ्यामुत्तरम् ॥ ४० ॥ असꣳस्पर्शयन्नत्याक्रम्य ध्रुवाꣳ समज्य सादयित्वा प्रवरं प्रवृणीते ॥ ४१ ॥ सीदति होता ॥ ४२ ॥ प्रसूतः स्रुचावादत्ते ॥ ४३ ॥ प्रयाजान् यजति ॥ ४४ ॥ प्रयाजानिष्ट्वाऽत्याक्रम्य ध्रुवामभिघारयति हविः ॥ ४५ ॥ अथोपभृतम् ॥ ४६ ॥ आज्यभागौ यजति ॥ ४७ ॥ अग्नाविष्णू यजति ॥ ४८ ॥ स्विष्टकृतं यजति ॥ ४९ ॥ अत्याक्रम्य**

पितृदानं पिण्डपितृयज्ञः। ऋणादानमपनयनमाधाने व्याख्यातम्॥ १३ ॥

यज्ञायुधानीत्यादि। यथा प्रागस्तमनात् श्मश्रुकर्म संभवति तथेष्टिमारभेत्। सायमेव, न पूर्वाह्णेऽभ्याधानान्वाधानादि प्रतिपद्यते। दीक्षणीयमिति नामधेयम्। इदं प्रभृतिषु दर्शपूर्णमास-विकारेष्वन्वाहार्यं नास्ति। साङ्गस्य हि सोमस्य क्रतुदक्षिणा यत्र वचनं नास्ति। इत[1] उत्तरेष्वन्वा-धानमोदवसानीयाद्, व्रतोपायनं[2] पत्नीसन्नहनं चावभृथाद्। अभ्याधानं च घृतत्वान्निवर्तत इति केचित्। अन्ये धारणार्थानां पुनः पुनरभ्याधेयादेतान्यपि च यां च यावतीं च मात्रामुपकुर्वन्ति। अतो न[3] निवर्तत इति। अनुपदकारश्चान्वाधानस्य धारणार्थत्वे देवतापरिग्रहणवर्जस्यावृत्तिं ब्रुवन् [4]अभ्याधानस्यावृत्तिं न्याय्यां[5] मन्यते। पत्नीसंयाजान्ते कर्मणि फलीकरणहोमं ब्रुवन्नुत्पन्नप्रतिपत्तियुक्तविमोकयोः कर्तव्यतां दर्शयति। 'अकृत्स्नासूत्पन्नानि समापयेदि'ति विध्यवशेषः। अतः सन्ननहनविस्रंसने व्रतविसर्जने कर्तव्ये॥ १४॥

---

१. M Ad उत; thus T. २. M Ad प्रकोपायनं; thus T. ३. M Ad om; thus T. ४. M Ad om अन्वाधानस्य; thus T. ५. M नाय्यां, Ad न्याय्यं; thus T.

यथायतनꣳ स्रुचौ सादयित्वा प्राशित्रमवद्यति ॥ ५० ॥ अप उपस्पृश्येडामवद्यति ॥ ५१ ॥ उपहूतायामिडायामग्नीध आदधाति ॥ ५२ ॥ प्राश्नन्ति ॥ ५३ ॥ मार्जयन्ते ॥ ५४ ॥ परिहरन्ति ब्रह्मणे ॥ ५५ ॥ प्राशिते प्राशित्रे सन्ततिमनु होतुराहुतिं जुहोति ॥ ५६ ॥ 'ब्रह्मन् प्रस्थास्यामः' **इति ॥ ५७ ॥ अनूयाजान् यजति ॥ ५८ ॥ आगत्य वाजवतीभ्यां स्रुचौ व्यूहति ॥ ५९ ॥ शंयुना प्रस्तरपरिधि संप्रकिरति ॥ ६० ॥ परेत्य पत्नीः संयाजयन्ति ॥ ६१ ॥ फलीकरणहोमꣳ हुत्वा प्राडेत्य निधाय स्रुचमुदञ्चं निष्क्रामन्ति ॥ ६२ ॥ उत्तरेण शालां परिश्रित एत एव दीक्षणीयाः संभारा उपक्लृप्ता भवन्ति ॥ ६३ ॥ उदकुम्भोऽहतं वासः ॥ ६.१.१.६४ ॥ [इति प्रथमः पटलः]**

[यजमानदीक्षा]

उदकुम्भोऽहतं वासः सद्यो मथितं नवनीतꣳ सद्यः पिष्टमाञ्जनꣳ सतूला शरेषीकोभयानि दर्भपुञ्जीलानि क्षुरमायसम् ॥ १ ॥ 'आप उन्दन्तु जीवसे' **इत्यस्य दक्षिणं गोदानमुनत्ति।** '०दीर्घायुत्वाय वर्चसे' **इति ॥ २ ॥** 'ओषधे त्रायस्वैनम्' **इति त्रिभिर्दर्भपुञ्जीलैः प्राचीनमनूच्छ्रयति सतूलैः ॥ ३ ॥ स्वधितिं निदधाति** 'स्वधिते मैनाꣳ हिꣳसीः' **इति ॥ ४ ॥ स्वधितिना** 'देवश्रूरेतानि प्रवपे' **इति प्रवपति ॥ ५ ॥** 'स्वस्त्युत्तराण्यशीय' **इति यजमानो जपति ॥ ६ ॥ पुरोप्तꣳ सत्क्षुरगन्धि करोति ॥ ७ ॥ अप आशयति** 'आपो अस्मान् मातरः शुन्धन्तु' **इति ॥ ८ ॥** 'घृतेन नो घृतपुवः पुनन्तु' **इत्यद्भिरभिषिञ्चते ॥ ९ ॥** 'विश्वमस्मत्प्रवहन्तु रिप्रम्' **इति स्रवन्तीरन्ववेक्षते ॥ १० ॥** 'उदाभ्यः शुचिरा पूत एमि' **इत्युदङ्ङुत्सर्पति ॥ ११ ॥** 'सोमस्य तनूरसि तनुवं मे पाहि' **इत्यहतं वासः परिधत्ते ॥ १२ ॥** 'महीनां पयोऽसि' **इति पाणिभ्यां प्रम्णाय** 'वर्चोधा असि वर्चो मयि धेहि'

'उदञ्चो निष्क्रामन्ती'ति बहुवचनम्। अध्वर्युर्यजमानं दीक्षयति। प्रतिप्रस्थाता पत्नीं तूष्णीं कृतानुकर इत्येकं पक्षमभिप्रेत्योक्तम्। अतोऽस्मिन्नपि पक्षे उत्तरेणैव शालां पत्न्या अपि परिश्रयणम् यजमानस्यार्थादुत्तरतः[1]। अनेकपत्नीकस्याप्येकमेव परिश्रयणम्। एक[2] एव हि प्रतिप्रस्थाता तासां दीक्षयिता। अनुसमयेन [3]प्रपाद्यैतदित्यादि। उत्तराणि प्रत्यभिमृशति ॥ ६.१.१.६२–६३ ॥ **[इति प्रथमः पटलः]**

आरोक्ष्यन्ति श्मश्रूणि। प्रत्यभिमृशति यजमानम्। एवमेवोत्तरं गोदानं वपति। 'आप उन्दन्तु' इत्याद्यतिदिश्यते। तान्येव दर्भपुञ्जीलान्यधिनिधेयानि अन्यानामश्रवणात् ॥ १–२ ॥

पुरोप्तं सत् क्षुरगन्धि करोति। पुरोप्तात्[4] प्रदेशात्[5] क्षुरेण स्पर्शयति ॥ ७ ॥

अप आशयति। मन्त्रेणापः पिबन्तं वाचयति ॥ ८ ॥

अभिषेकाद्याञ्जनान्तं[6] याजमानम्[7] ॥ ९ ॥

---

१. M Ad मानार्थादुत्त° ; thus T. **२.** Ad om. **३.** M प्रा...द्येत्या°, Ad प्रापद्येत°, T प्रवाद्यै°. **४.** M Ad °प्तान्; thus T. **५.** M Ad °शान्; thus T. **६.** M Ad °षेकाद्यञ्जनान्त; thus T. **७.** M Ad योजमा°.

इत्यनुलोमं नवनीतेनाभ्यङ्क्ते ॥ १३ ॥ 'वृत्रस्य कनीनिकाऽसि चक्षुष्पा असि चक्षुर्मे पाहि' **इति सतूलया शरेषीकयाऽञ्जनस्याङ्क्ते त्रिर्दक्षिणं त्रिरुत्तरम्** ॥ १४ ॥ **दक्षिणमनु निरस्यति** ॥ १५ ॥ 'न निधावते' **इति ब्राह्मणम्** ॥ १६ ॥ **एकविंशत्या दर्भपुञ्जीलानां** 'चित्पतिस्त्वा पुनातु', 'वाक्पतिस्त्वा पुनातु' **इत्येनं पवयति सप्तभिः;** 'देवस्त्वा सविता मध्वाऽनक्त्वच्छिद्रेण पवित्रेण वसोः सूर्यस्य रश्मिभिः' **इति सप्तभिः;** 'तस्य ते पवित्रपते पवित्रेण यस्मै कं पुने तच्छकेयम्' **इति सप्तभिः** ॥ १७ ॥ **सर्वैः सह पुरेजानं पवयेत्** ॥ १८ ॥ 'आ वो देवास ईमहे' **इत्येनं प्रपादयति।** '°सत्यधर्माणो अध्वरे यद् वो देवास आ=पाहि' **इति** ॥ १९ ॥ 'पवमानः सुवर्जनः' **इत्येनमुत्तरेण वेदिं तिष्ठन्तमष्टर्चेन पावमानेनोपस्थापयति** ॥ २० ॥ 'अञ्जसा सत्यमुपगेषम्' **इत्यपरेण वेदिमत्याक्रामति।** '°सुविते मा धाः' **इति** ॥ २१ ॥ **यजमानायतन उपविशति** ॥ २२ ॥ 'आकूत्यै प्रयुजेऽग्नये स्वाहा' **इति स्रुवेणाधीतस्य यजूंषि जुहोति ध्रुवाया अधि।** '°मेधायै मनसे अग्नये=स्वाहा' **इति** ॥ २३ ॥ 'आपो देवीर्बृहतीर्विश्वशम्भुवः' **इति समस्यति।** '°द्यावापृथिवी उर्वन्तरिक्षं बृहस्पतिर्नो हविषा वृधातु स्वाहा' **इति** ॥ २४ ॥ **स्रुवेण हुत्वा ध्रुवामाप्याय्य जुह्वां चतुर्विगृह्णाति** ॥ २५ ॥ **अभिपूर्य पूर्णाहुतिं जुहोति** 'विश्वे देवस्य नेतु=पुष्यसे स्वाहा' **इति** ॥ २६ ॥ **तूष्णीमन्तर्वेदि प्रणीता निनीयान्तर्वेदि कृष्णाजिने आस्तृणाति प्रतीचीनग्रीवे उत्तरलोम्नी** ॥ २७ ॥ **तयोः** 'ऋक्सामयोः शिल्पे स्थः' **इति शुक्लं च कृष्णं च संमृशतः।** '°ते वामा रभे ते मा

'चित्पति'रित्यादिवाक्यद्वयेन प्रतीकग्रहणं[१] वाक्यत्रयसमुच्चयार्थम् ॥ १७ ॥

सर्वैर्मन्त्रैः सर्वैश्च दर्भपुञ्जीलैः सहैव पुरेजानं पवयेत्[२]। [३]तताविविक्तान्विनिधिप्रभृतीन्मन्त्रान् यथोक्तेष्ववकाशेषु[४] वाचयति[४]। ब्रह्मदीक्षासंबन्धी इहत्यैराधीतयजुर्भिर्विकल्प्यते ॥ १८ ॥

'आ वो[५] देवास' इत्यादि। 'त्वं दीक्षाणामि'त्यादिनाऽऽहवनीयमुपस्थापयन्ति केचित् ॥ १९ ॥

पावमानेनाहवनीयमेव[६] दीक्षाहुतिषु यजमानोऽन्वारभते। 'सन्दीक्षितेषु समन्वारब्धेषु दीक्षाहुतीर्जुहोति' इति दर्शनात् ॥ २० ॥

द्वादशाहे ध्रुवाप्यायनमन्त्रेणैवाभिपूर्य किञ्चिन्न्यूनया जुहोति। अथवा 'पूर्णया जुहोति न्यूनया जुहोती'ति विकल्पः। 'पूर्णाहुतिं जुहोती'ति न पूर्णाहुतिधर्मप्राप्त्यर्थः, यौगिकत्वात् शब्दस्य ॥ २६ ॥

प्रणीतानिनयनोत्तरकालमुलूखलादिविमोकमुपवेषोदसनं च करोति। अन्तर्वेदि कृष्णाजिने इत्याद्यन्वाख्याने 'तस्या उ हैके योगं विदुर्मनोयुगस्युत प्रजाते°'[७] (वाधू.अन्वा. ४.१९.८) इत्यादिना मन्त्रेणासंजनार्थं कृष्णाजिनमास्तृणाति। स्तीर्णं वा यजमानोऽनुमन्त्रयते' ॥ २७ ॥

---

१. M Ad वाक्यत्रयणं, after ग्रहणं. **२.** M वप°, Ad वापयेत. **३.** M तताविवुक्ता°, Ad तताविविक्ता°, T ततावुक्ता°. **४-४.** M °क्तेष्वक्त...ति, Ad °क्तेष्वेव कशेषु वा°. **५.** M Ad T आपो. **६.** M Ad °नेन चाहव°; thus T. **७.** T °स्यृतप्र°.

पातमाऽस्य यज्ञस्योदृचः' **इति** ॥ २८ ॥ **अथैने प्रसलैः प्राची पर्यूहत्यौच्छिन्दन्** 'सभूमेः अधि ते' **इति** ॥ २९ ॥ 'इमां धियꣳ शिक्षमाणस्य देव' **इति दक्षिणं जान्वाच्य यजमान आसर्पति।** '°क्रतुं दक्षं=रुहेम'; 'सुत्रामाणं पथिवी=स्वस्तये' **इति** ॥ ३० ॥ **उपरि कृष्णाजिने प्रागावृत्त उपस्थं कृत्वोपविशति** ॥ ३१ ॥ 'ऊर्गस्याङ्गिरसी' **इति** ॥ ६.१.२.३२ ॥ **[इति द्वितीयः पटलः]**

'ऊर्गस्याङ्गिरसी' **इति मेखलां पर्यस्यते।** '°ऊर्ण मद्रा ऊर्जं मे यच्छ' **इति** ॥ १ ॥ 'पाहि मा मा मा हिꣳसीः' **इति ग्रन्थिं करोति** ॥ २ ॥ 'विष्णोः शर्मासि' **इति वाससा प्रोर्णुते।** '°शर्म यजमानस्य शर्म मे यच्छ' **इति** ॥ ३ ॥ 'द्यावापृथिवी प्रोर्ण्वाथाम्' **इति सशिरः प्रोर्णुते** ॥ ४ ॥ 'नक्षत्राणां माऽतीकाशात् पाहि' **इति वाससोऽतीकाशैरतीक्षते** ॥ ५ ॥ 'इन्द्रस्य योनिरसि मा मा हिꣳसीः' **इत्यस्य सिचि कृष्णविषाणां प्रबध्नाति** ॥ ६ ॥ 'कृष्यै त्वा सुसस्यायै' **इत्यन्तर्वेदि त्रिर्लिखति** ॥ ७ ॥ 'सुपिप्पलाभ्यस्त्वौषधीभ्य' **इत्यस्य दक्षिणं गोदानꣳ स्यूते** ॥ ८ ॥ 'सूपस्था देवो वनस्पतिः' **इत्यस्मा औदुम्बरं दण्डं प्रयच्छति** ॥ ९ ॥ 'ऊर्ध्वो मा पाह्योदृचः' **इति यजमानः प्रतिगृह्णाति** ॥ १० ॥ 'स्तुतोऽसि जनधाः सपत्नो मा पाहि' **इत्यस्मा अरिक्तं चमसमादधाति** ॥ ११ ॥ **व्रीहियवौ च भवतः** ॥ १२ ॥ **आज्यस्तोकश्च** ॥ १३ ॥ **आज्यं च** ॥ १४ ॥ **स्तोको हस्तावेव** ॥ १५ ॥ 'व्रतानां व्रतपते तपोऽहं दीक्षामुपैमि। सत्यꣳ स्वꣳ श्रद्धां दक्षिणामग्रमक्षितं ब्रह्मलोकम्' **इति** ॥ १६ ॥ 'प्राणेन सत्येन दीक्षे' **इति त्रिरुक्त्वा चमसेऽध्यङ्गुलीर्निपिचति।** '°स्वाहा यज्ञं मनसा स्वाहा द्यावापृथिवीभ्याम्। स्वाहोरोरन्तरिक्षात् स्वाहा' **इति** ॥ १७ ॥ **सर्वा निपिच्य** 'वाताद्यज्ञमारभे' **इति**

तच्च[1] कृताकृतमासर्पति[1], आरोहति। 'नावं रुहेम' इत्यन्तः आरोहणमन्त्रः, 'सुत्रामाणम्' इत्याद्युपवेशनमन्त्रः ॥ ३० ॥

उपरि कृष्णाजिने इति। सप्तम्या एकवचनम्। अतः कृष्णाजिनस्यैकत्वमपीष्यत इति केचित्। तथा च ब्राह्मणम् 'कृष्णाजिनेन दीक्षयती'ति ॥ ६.१.२.३१ ॥ **[इति द्वितीयः पटलः]**

अस्य यजमानस्य संबन्धिनि सिचि अस्य वासोदशायामित्यर्थ ॥ ६ ॥

तयैव कृष्णविषाणयाऽन्तर्वेदि[2] त्रिर्लिखत्यध्वर्युः। स्यूते च यजमानस्य गोदानम्। उत्पन्ने निमित्त इति केचित्। मन्त्रस्यातन्त्रत्वायानुत्पन्नेऽपि निमित्ते नियते च प्रदेशे कण्डूयत इत्यन्ये ॥ ७–८ ॥

हस्तावत एव प्रतपते[3] चमसस्थावित्यभिप्रायः[4] ॥ १५–१६ ॥

निपिचति [5]आकुञ्चति मुष्टीकरोतीत्यर्थः ॥ १७ ॥

'वाताद्' इत्यादिना चतस्र उत्पिचति[5] प्रसारयति। [6]प्रदेशिन्यङ्गुष्ठानामुत्पेचनम् पत्न्याः। अत्र दीक्षणे यद्यद् यजमानार्थमध्वर्युः करोति तत्तत् [7]प्रतिप्रस्थातोन्दनादिमुष्टिकरणान्तं पत्न्यर्थं करोति कृष्णाजिनदण्डवर्जम्। शिरः प्रावरणे कुरीरप्रत्यसनम्। 'प्रैतु ब्रह्मणस्पत्नी' 'सं त्वा नह्यामि', 'सुप्रजसस्त्वा वयम्' इति मन्त्रान्ताः [1]प्रपदनयोक्त्रसन्नहनवाचनेषु[2] विनियुज्यन्ते। इह दीक्षणेऽपि[3]। एवं

१–१. Ad तच्चतमास°. **२.** M °न्तर्वेदिति, Ad °वेदीति; thus T. **३.** M व्रतपते, Ad व्रतपतपते; thus T. **४.** M Ad °प्रायं; thus T. **५–५.** Ad repeats the text आकुञ्चति=उत्पिचति. **६.** M Ad °शिन्याङ्गुष्ठा°. **७.** Ad प्रस्थातोददा[M न्द]दा°.

चतस्र उत्पिचति ॥ १८ ॥ अत्र कृष्णाजिने अध्यूहत उदीचीनग्रीवे ॥ १९ ॥ 'दीक्षितोऽसि' **इत्येनꣳ सꣳशास्ति।** 'दीक्षितवादं वद, कृष्णाजिनान्मा निर्यौषीरौदुम्बरस्ते दण्डः स्पष्टोऽस्तु, मा पुरा नक्षत्रेभ्यो वाचं विसृष्ठाः। यदि विसृजासै वैष्णवीमृचमनुब्रवः' **इति ॥ २० ॥ स यदि प्रमत्तो विसृजेत वैष्णवीमृचमनुब्रूयाद्** 'विष्णो त्वं नो अन्तमः=अक्षितम्' **इति ॥ २१ ॥** 'अदीक्षिष्टायं ब्राह्मणः' **इति त्रिरुपाꣳश्वेनमाह।** '°असावामुष्यायणः। तमिन्द्राग्निभ्यां विश्वेभ्यो देवेभ्यो ब्राह्मणेभ्यः सोमपेभ्यः प्रब्रूमः' **इति ॥ २२ ॥** 'अदीक्षिष्टायं ब्राह्मणः' **इति त्रिरन्य उच्चैर्निष्क्रम्य।** '°असावामुष्यायणः। स

बोधायनाग्निवेश्याभ्यामाम्नातम्। अन्ये कृष्णाजिनसहितमध्यूहनान्तं सर्वत्र तूष्णीं कारयन्ति। [४]'प्रैतु' आदि[४]मन्त्रा न प्रयुज्यन्ते। मुण्डनमपि कारयन्ति। 'केशश्मश्रु वपत' इति समासनिर्देशादितरेतरयोगे समाहारे च [५]द्वन्द्वस्मरणात् श्मश्रुविरहितानां केशानां वचनमयुक्तमिव लक्ष्यते। तथा च बौधायना 'एवं पत्नीकेशवर्जमि'त्यामनन्ति। [६]अत्र युक्तं विचारणीयम्[७] ॥ १८ ॥

अत्र कृष्णाजिने अध्यूहतः। अत्रास्मिन् काले अध्वर्युयजमानौ[८] यजमानस्य शिरसि स्थापयतः उदीचीनग्रीवे ॥ १९ ॥

'दीक्षितोऽसी'त्यादि। दीक्षितस्य यानि प्रतिषिद्धानि तानि त्वया न कर्तव्यानि 'दीक्षितो न ददाती'त्यादीनि। यानि च कर्तव्यानि 'कृष्णविषाणया कण्डूयतेऽपिगृह्य[९] स्मयत' इत्यादीनि, तान्यपि त्वयाऽप्रमादेन करणीयानीत्यप्रमादार्थं स्मारयति। दीक्षितवादमौपानुवाक्ये व्याख्यातम्[१०] 'सत्ये भूय इव यतेते'त्यादि। कृष्णाजिनान्मा[११] निर्यौषीः। मा ते विश्रमणम्। विरहितः सर्वकालं मा भूः। दीक्षितकृष्णाजिनयोरन्तरागमनमनेन प्रतिषिद्धम्[१२]। व्यवहितनिवृत्त्यर्थं कृष्णाजिनमित्येकवचनम्। आसञ्जनार्थदिवाव्यवच्छेद इष्यते। किमर्थं पुनरन्यदुपादीयते। आसनार्थं शयनार्थं च। श्रुत्यन्तर आम्नातं– 'हविर्वै दीक्षितः, पात्रं कृष्णाजिनम्। नाधः कृष्णाजिनादासीत। यदधः कृष्णाजिनादासीत यद्धविषः स्कन्नस्य[१३] प्रायश्चित्तं तदस्य कार्यं स्यादि'ति। औदुम्बरस्ते दण्डः स्पष्टोऽस्तु। [१४]मा व्यच्छेत्सीरित्यभिप्रायः[१४]। नक्षत्रोदयात् प्राग् वाग्विसर्गं मा कार्षीः ॥ २० ॥

प्रमादात्कृते[१५] च प्रायश्चित्तं वैष्णव्यनुवचनमिति प्रैषार्थः[१६] ॥ २१ ॥

[१७]यथाम्नातमेवावेदनं क्षत्रियवैश्ययोः [१८]सामान्यं विद्यात्। 'य उ वै कश्च यजते[१८] ब्राह्मण एव भूत्वा यजत' इति वचनाच्च। असावित्यत्र दीक्षितनामधेयं प्रथमान्तम्। आमुष्यायण[१९] इति वासिष्ठो

---

१. M Ad पदन°. २. Ad पाचनेषु. ३. Ad दीक्षणीयेऽपि. ४–४. M °यन्ति...दि मन्त्रं, Ad मन्त्रं. ५. M Ad पद दू°. ६. M Ad तत्र; thus T. ७. M वर्जमिति...रणीयं, Ad तत्र युक्तं विरणीयं. ८. M Ad अर्ध्वर्युर्यजमानो. ९. T तेऽपि गृह्यस्य यत. १०. M Ad ख्यातः; thus T. ११. M Ad °जिनामा° [Ad निर्भौषी°]. १२. M Ad °षिद्ध. १३. M Ad स्कन्द°. १४–१४. M Ad माल्यवत्छेत्सरित्य°; thus T. १५. M Ad °मादाकृते. १६. Ad °षार्थं. १७. T यदाम्ना°. १८–१८. M Ad सामान्यविध्यायुपैकश्चजते. १९. M Ad अमुष्या°.

इन्द्राग्निभ्यां विश्वेभ्यो देवेभ्यो ब्राह्मणेभ्यः सोमपेभ्यः सोमः प्राह' **इति** ॥ २३ ॥ **वाचंयम आस्त ओन्नक्षत्रात्** ॥ २४ ॥ **उदितेषु नक्षत्रेषु पूर्वया द्वारोपनिष्क्रम्य** 'भूर्भुवः सुवः' **इति वाचं विसृजते।** '○भूर्भुवः सुवर्व्रतं कृणुत व्रतं कृणुताग्निर्यज्ञिय आपो यज्ञिया गावो यज्ञिया देवा यज्ञिया यज्ञो यज्ञियोऽहं यज्ञियः प्रपद्य यजमानः' **इति...** ॥ २५ ॥ 'दैवीं धियं मनामहे' **इति मार्जयते।** '○सुमृडीकामभीष्टये वर्चोधां यज्ञवाहसꣳ सुपारा नो असद् वशे' **इति** ॥ २६ ॥ 'अयं ते योनिर्ऋत्वियः' **इत्यात्मन्नग्निꣳ समारोहयते।** '○यतो जातो= रयिम्' **इति** ॥ २७ ॥ 'ये देवा मनोजाता मनोयुजः' **इति व्रतयति।** '○सुदक्षा दक्षपिता=तेभ्यः स्वाहा' **इति** ॥ २८ ॥ 'अहं त्वदस्मि' **इति व्रतयित्वा विसृजति।** '○मदसि त्वमेतत्=रस्मि यथायथं वह हव्यानि देवान् पुत्रः पित्रे लोककृज्जातवेदः' **इति** ॥ २९ ॥ 'दैवीं धियं मनामहे' **इत्येव मार्जयते** ॥ ३० ॥ **संविशन्तमेवातो वाचयति** 'अग्ने त्वम्' ॥ ६.१.३.३१ ॥ **[इति तृतीयः पटलः]**

संविशन्तमेवातो वाचयति 'अग्ने त्वꣳ सु जागृहि=पुनर्ददः' **इति** ॥ १ ॥ 'त्वमग्ने व्रतपा असि' **इति प्रबुद्धयजुषं वाचयति।** '○देव आ मर्त्येष्वा। त्वं यज्ञेष्वीड्यः' **इति** ॥ २ ॥ 'विश्वेदेवा अभि मामाववृत्रन्' **इति पर्यावर्तस्य यजुर्वाचयति** ॥ ३ ॥ 'समहमिन्द्रियेण वीर्येण' **इत्येवमेवास्मै प्रातस्तप्त्वा व्रतमाहरन्ति** ॥ ४ ॥ **समानं व्रतनम्** ॥ ५ ॥ **पुराऽऽदित्यस्योदयाद् वाचमुपाकरोति**

भार्गव इति परमप्रकृत्यैव निर्देशः। न प्रवरो नामुष्यपुत्रो नामुष्य नप्तेति[१] ॥ ६.१.३.२२-२३ ॥ **[इति तृतीयः पटलः]**

संविशन्तमेवात इति। आद्य एव संवेशन इत्यर्थः ॥ १ ॥

प्रबुद्धपर्यावर्तनयजुषी[२] अन्तिमयोः[३] प्रबोधपर्यावर्तनयोः ॥ २-३ ॥

[४]*तप्त्वाऽस्मै व्रतमाहरन्तीति*। किमिदं व्रतं नाम। 'पयो ब्राह्मणस्य व्रतमि'त्यादि। 'या यजमानस्य व्रतधुगि'त्येकस्या एव दर्शनादेकस्या दुग्धम्। क्षत्रियस्याप्येकस्या दुग्धे यवागूमेवैतां[५] पयसि श्रपयेदि'ति वक्ष्यति। तथाऽऽमिक्षा वैश्यस्य। तत्र विशेषः। आमिक्षार्थं दध्यन्यद् गृह्यते। सामर्थ्यात् दीक्षासु चतुःस्तनं त्रिस्तनं द्विस्तनम्। एकस्तनान्युपसत्सु[६] ऋतपेये[७]। उपसत्स्वाज्यव्रते स्वाङ्गुलीनां स्तनभक्तीनां[८] तथा दृष्टत्वात् चतुरो गोस्तनानिति दीक्षाव्रतमिति मन्यामहे। उपवसथीयेऽहनि प्रातर्दुग्धमेकस्तनं विभज्य द्वयोः[९] कालयोरर्धमर्धं प्रदीयते। सायं पयस्यार्थं भवति। व्रतकाला विचार्यन्ते। 'मध्यन्दिने मध्यरात्र' इति ब्राह्मणे विहितम्। अतः सर्वत्र मध्यन्दिने मध्यरात्रे च भवति।

---

१. M Ad T wrongly give the comm. of sūtra VI.1.4.4 beginning with तप्त्वास्मैव्रतमाहरन्तीति (M p.152, line 13, Ad p.338, line 7, T p.245, line.1) and ending with 'तथा त्रिरभिप्राणनमविसर्गः' (M p.153, line 12, Ad p.341, line 13, T p.246, line 11) here. I have shifted the text at its proper place i.e., comm. on sūtra VI.1.4.4. २. M Ad °वर्तिनय; thus T. ३. M Ad अन्तम°; thus T. ४. M Ad T wrongly give the text before the comm. of संविशन्तमेवात° the first sūtra of this Paṭala. ५. M Ad यवाशु°; thus T. ६. M Ad °स्तनाद्युप°; thus T. ७. M Ad °वेये°. ८. M °भक्तीन्तथा, Ad °भक्तिं तथा; thus T. ९. M Ad तयोः.

'अग्नीन् ज्योतिष्मतः कुरुत', 'दीक्षित वाचं यच्छ', 'पत्नि वाचं यच्छ' **इति, यदि पत्नी दीक्षिता स्यात्** ॥ ६ ॥ **आदित्येन वाचं विसृज्याथ यदि सनिं प्रहिणुयात्** 'पूषा सन्या' **इति व्रजन्तमनुमन्त्रयते**। '°सोमो राधसा देवः सविता वसोर्वसुदावा' **इति** ॥ ७ ॥ 'रास्वेयत् सोमाऽऽभूयो भर' **इत्याहरन्तं प्रतीक्षते**। '°मा पृणन् पूर्त्या वि राधि माऽहमायुषा' **इति** ॥ ८ ॥ 'चन्द्रमसि मम भोगाय भव' **इति हिरण्यं प्रतिगृह्णाति** ॥ ९ ॥ 'वस्त्रमसि मम भोगाय भव' **इति वासः** ॥ १० ॥ 'उस्राऽसि मम भोगाय भव' **इति गाम्** ॥ ११ ॥ 'हयोऽसि मम भोगाय भव' **इत्यश्वम्** ॥ १२ ॥ 'हयतरोऽसि मम भोगाय भव' **इत्यश्वतरम्** ॥ १३ ॥ 'छागोऽसि मम भोगाय भव' **इति छागम्** ॥ १४ ॥ 'मेषोऽसि मम भोगाय भव' **इति मेषम्** ॥ १५ ॥ 'क्षिबस्तिरसि मम भोगाय भव' **इति हस्तिनं वा पुरुषं वा** ॥ १६ ॥ 'पतङ्गोऽसि मम भोगाय भव' **इति रथम्** ॥ १७ ॥ 'धर्त्रमसि मम भोगाय भव' **इत्यनो वाऽगारं वा** ॥ १८ ॥ 'पिन्वतमसि मम भोगाय भव' **इति क्षीरं वा सर्पिषं वा** ॥ १९ ॥ 'औषधमसि मम भोगाय भव' **इति धान्यम्** ॥ २० ॥ 'वानस्पत्यमसि मम भोगाय भव'

कल्पे तु 'दीक्षास्वग्निहोत्रकाले व्रतयितव्यमि'ति वक्ष्यते। इह प्रातर्व्रतं विधाय तदुत्तरकालं वागुपाकरणदर्शनाद् विकृतौ च 'आगते व्रतं प्रदाय वाचमुपाकरोती'ति दर्शनात्। ब्राह्मणे[1] 'ब्रह्मवादिनो वदन्ती'त्युपक्रम्याग्निहोत्रभक्त्यानुग्रहवचनाच्च[2]। तच्च[3] क्रये चापराह्णे सह तानूनप्त्रेण[4] प्रदातव्यस्य दर्शनादपराह्णग्रहणस्यानूपसदत्वानुजिघृक्षार्थत्वाद् उपवसथीये च पूर्वाह्ण एवोपसदनन्तरं व्रतस्य[5] दर्शनादनूपसदमपीष्यत आचार्येण। तत्र क्रयोपवसथीयवर्जितेषूपसत्सु अनूपसदस्य[6] मध्यन्दिने मध्यरात्र इत्यस्य च विरोधो नास्ति। उभयोर्विरोधेऽनूपसदत्वं बलवदितीव लक्ष्यते। क्रये प्रातर्व्रतस्य[7] वृत्तिमपरे निवर्तयन्ति। अनुपदकार आह—'क्रय उत्कर्षेत् प्रातर्व्रतमपराह्णे तानूनप्त्रेण [8]प्रयच्छन्नोत्कर्षेदि'ति। अपरं त्रिवृत्[9] एतस्मिन्नहनि भवतीत्यात्मनि समारोपयमाणस्त्रिरपान्याद् उक्तेन मन्त्रेण। तथा त्रिरभिप्राणनमविसर्गः[10] ॥ ४–६ ॥

यदि सनिं प्रहिणुयादिति[11]। वर्णाश्रयो विकल्पः। क्षत्रियवैश्ययोः प्रतिग्रहाभावात् सनिवननं[12] नास्तीति। तथा चानुपद उक्तम्—'ब्राह्मणस्यैव सनिवननमि'ति[13]। एवमेवैतानीत्युक्त्वानुवाद एव। एतान्येव मन्त्रेण, अन्यानि तूष्णीमिति। बौधायना आमनन्ति–'अथ यद् ब्राह्मणेनानादिष्टं भवति 'प्राजापत्यमसि मम भोगाय भव' [14]इत्येव तत् प्रतिगृह्णातीति[15]। सनिवननानन्तरं 'स यदि दक्षिणानाम्' इत्युपक्रान्तत्वात् सनिलब्धस्यापि दक्षिणार्थत्वं गम्यते। तथा च श्रुत्यन्तरे—'द्वादशरात्रीर्दीक्षितो भृतिं [16]वन्वीते'ति ॥ ७ ॥

---

१. T ब्राह्मणा. **२.** M Ad भक्त्यनुग्र° ; thus T. **३.** M Ad om; thus T. **४.** Mताननून°. **५.** M Ad प्रत्यस्य; thus T Ad wrongly repeats the text from त्वानुजिघृक्षा° to °नूपसद. **६.** M Ad °षूपसत्स्वरूप° ; thus T. **७.** M Ad प्रातर्यतस्य. **८.** M Ad °यच्छेन्नो°. **९.** M Ad त्रिवत. **१०.** M Ad T wrongly give the text from सं विशन्त to प्रबोधपर्यावर्तन्योः (comm. on *sūtra* VI.1.3.3 and VI.1.4.2) after °विसर्गः this has been shifted to its proper place, cf fn. 1 on p.208. **११.** T प्रणियादिति. **१२.** M °वननसन्ना, Ad °वचनसन्ना°. **१३.** M °वसनन°. **१४.** T भवत्येव. **१५.** M Ad °गृह्णमीति. **१६.** Ad चिन्वी°.

इति यत्किञ्चिद्बानस्पत्यम्॥ २१ ॥ **एवमेवैतानि यथादेवतं प्रतिगृह्णाति॥** २२ ॥ **सा यदि दक्षिणानाꣳ समुदाकृतानां प्र वा पतेन्नश्येद्वा तामेष्टवै ब्रूयात्॥** २३ ॥ **तां यदि न विन्देयुः** 'वायवे त्वा' **इति तामनुदिशेत्॥** २४ ॥ 'वरुणाय त्वा' **इति तां यदैव म्रियेत पाशो वा हन्यात्॥** २५ ॥ 'निर्ऋत्यै त्वा' **इति तां या सं वा शीर्येताव वा सीदेत् कर्तं वा प्रपतेत्॥** २६ ॥ 'रुद्राय त्वा' **इति तां यां पौरुषो वा वधो हन्यान्महादेवो वा॥** २७ ॥ 'मृत्यवे त्वा' **इति तां या नद्धकं म्रियेत॥** २८ ॥ **सा येयं प्रपतिता स्यात्तां यदि विन्देयुर्नैनां दक्षिणास्वप्यपाकुर्यान्न गोष्ठे॥** २९ ॥ **प्रतिवेशाꣳ रक्षितवै ब्रूयात्॥** ३० ॥ **तां दक्षिणानां कालेऽनृत्विजे ब्राह्मणाय दद्यात्॥** ३१ ॥ **तस्यै कर्म॥** ३२ ॥ **स यदि दीक्षितं योग उपेयात् तप्त्वा व्रतानि वत्सान् संबध्य समारोह्याग्नीन्**

पूर्वं दक्षिणार्थं संकल्पितानां सनिलब्धानां वाऽन्यतमा प्रपतेद्वा, प्रकृष्टं पन्थानं गच्छेद्वा, नश्येद् वा, न दृश्येत वा, म्रियेत वा, तामेष्टवै एषणीयां मृगयितव्यां ब्रूयात्॥ २३ ॥

तां यदि न विन्देयुः । पेशलमथ यदि न विन्देयुः 'वायवे त्वा' इति तामनुदिशेत्। अनुदेश उत्सर्गः[१]। [२]पशुविशेषेषूत्तरेऽपवादाः ॥ २४ ॥

पशोर्बन्धनरज्जुः पाशः ॥ २५ ॥

संशरणं गात्रलोमादिस्रंसनम्। अवसादनमुक्तार्थम्[३]। अशक्तिः ॥ २६ ॥

महादेवो भूतेशः ॥ २७ ॥

या नद्धकं म्रियेत वने लतादिना बद्धा ॥ २८ ॥

सा येयं प्रपतिता स्यात्, या प्रकृष्टं पन्थानं गता। अथवा अज्ञानादनुद्दिष्टा[४] प्रपतिता। [५]नैनां दक्षिणास्वप्यपाकुर्यात्, न मिश्रयेदित्यर्थः। गोष्ठशब्देनात्मार्थाः पशवः उपलक्ष्यन्ते॥ २९ ॥

समीपे स्थितां रक्षितव्यां ब्रूयात्॥ ३० ॥

तां दक्षिणानां काल इत्यादि॥ ३१ ॥

स यदि दीक्षितं[६] योग उपेयात्, देशान्तरगमनमुत्पाद्येत, तप्त्वा व्रतानि प्रयायात्[७]। व्रतानीति बहुवचनमविवक्षितम्[८], अनेकपत्नीकापेक्षं[८] वा। तप्त्वा पक्त्वा भुक्त्वा। व्रतकाल आगतश्चेद् भुक्त्वा प्रयाति। अनागतश्चेत् पक्वं व्रतमादाय गत्वा काल आगते मथित्वा विहृत्यात्मनि[९] समारोप्य व्रतयित्वा विसृज्य पुनः समारोहयते। आदावेवात्मसमारोपणं वा कर्तव्यम्। तथा सति नाविसर्गः[१०]। वत्सान् संबध्य

---

१. M Ad °त्सर्गें; thus T. २. M Ad पथविशे°; thus T. ३. M Ad °मुक्तार्थात्र. ४. M अज्जनादनुदिष्ट...ता; Ad °दनुदिष्या. ५. M Ad नैनां=व्यपा°, T नैनां वयपाकु°. ६. Ad दीक्षितव्य. ७. M Ad प्रायायात्. ८–८. M Ad °मविव...पेक्षं; thus T. ९. M Ad आत्मन्; thus T. १०. M Ad °पिसर्ग.

'भद्रादभि श्रेयः प्रेहि' **इति प्रयायात्** ॥ ३३ ॥ 'अथेमवस्य' **इत्यवस्येत्** ॥ ३४ ॥ **एते एव दीक्षितस्य योगावसाने** ॥ ३५ ॥ **स यदि वहन्तीरपोऽधिगच्छेत् ता एनꣳ सं वा वहेयुः सं वा हरेयुः** ॥ ३६ ॥ **न त्वपोऽवक्रामेत्** ॥ ३७ ॥ **द्वौ लोष्टावाददीत** ॥ ३८ ॥ **तयोरन्यतरमप्सु प्रास्येद्** 'देवीरापो अपां नपाद्यः=माऽवक्रमिषम्' **इति** ॥ ३९ ॥ 'अच्छिन्नं तन्तुं पृथिव्या अनु गेषम्' **इत्यन्यतरꣳ समुह्यमानो वा सꣳह्रियमाणो वा विशातयेत्** ॥ ४० ॥ **यल्लोष्टस्योच्छिष्येत तत्पारे न्यस्याधितिष्ठेद्** 'अस्यै मा योषम्' **इति** ॥ ४१ ॥ **स यत्रैव वत्स्यन् यक्ष्यमाणः स्यात् तदेतानि कर्माणि कुर्यात्** ॥ ४२ ॥ **[तद्]देवयजनमभिमन्त्रयेत** ॥ ४३ ॥ **यद्युद्विजेत्तत् स्तम्बाहुतिं जुहुयात्** ॥ ४४ ॥ **स यदि दीक्षितोऽमेध्यं पश्येद्** 'अबद्धं मनः' **इत्येनं वाचयेत्**। '°दरिद्रं मा मा हासीः' **इति** ॥ ४५ ॥ **अथ यद्येनमभिवर्षेत्** 'उन्दतीर्बलं धत्त' **इत्येनं वाचयेत्** ॥ '°ओजो धत्त बलं धत्तौजोदाः स्थ बलदा मा मे दीक्षां मा तपो निर्वधिष्ट' **इति** ॥ ४६ ॥ **यद्यश्रु प्रपतेत्** 'कृपा आप स्थ स्वाहाकृताः पृथिवीं गच्छत' **इति ता अनुमन्त्रयते** ॥ ४७ ॥ **यदि स्निहानं कुर्याद्** 'मुदा आप स्थ स्वाहाकृताः पृथिवीं गच्छत' **इति ताः** ॥ ४८ ॥ **यदि सेभुं कुर्याद्** 'बीभत्सा आपः स्थ स्वाहाकृताः पृथिवीं गच्छत' **इति ताः** ॥ ४९ ॥ **यदि स्वेदः प्रपतेत्** 'तपस्या आप स्थ स्वाहाकृताः पृथिवीं गच्छत' **इति ताः** ॥ ५० ॥ **यदि रुधिरं प्रपतेत्** 'क्रव्या आपः स्थ स्वाहाकृताः पृथिवीं गच्छत' **इति ताः** ॥ ५१ ॥ **यदि मूत्रं वा पुरीषं वा कुर्याद्** 'अꣳहोमुच आपः स्थ स्वाहाकृताः पृथिवीं गच्छत' **इति ताः** ॥ ५२ ॥ **यदि रेतः सिञ्च्याद्** 'रेतःसिच आप स्थ स्वाहाकृताः पृथिवीं गच्छत' **इति ताः** ॥ ५३ ॥ **एषा दीक्षा** ॥ ५४ ॥ **एतद्दीक्षितस्य चरणम्** ॥ ५५ ॥ **अपि हैतेनाप्रतिपदं दीक्षितः स्यात्** ॥ ६.१.४.५६ ॥ **[इति चतुर्थः पटलः]**

मातृभिरसंसृष्यनादाय गच्छति ॥ ३३ ॥

एते एव दीक्षितस्य योगावसाने। अभिप्रेतदेशप्राप्तेरन्वहमप्येते यजुषी प्रयाणावसानार्थे ॥ ३४–३५ ॥

स यदि वहन्तीरपः[१] वाहयेयुः संवाहयेयुर्वा नावा, संहरेयुर्वा पुरुषाः। 'न यानमधिरोहेन्न नावमि'ति दीक्षितस्य [२]प्रतिषिद्धमिति चेदनेन[२] विधानेनारोहणदोषो नास्तीति गम्यते ॥ ३६ ॥

स यत्र यस्मिन् देशे चित्तव्यथाभावेन[३] यक्ष्यमाणः स्यात् तत्र तद्देवयजनमभिमन्त्रयेते–त्यादि[४] ॥ ४२–४३ ॥

क्लीबोऽमेध्य इत्युक्तम् ॥ ४५ ॥

शोकजं नयनजलमश्रु ॥ ४७ ॥

स्नेहजं स्निहानम् ॥ ४८ ॥

सेभुः शिंघाणिकाः ॥ ४९ ॥

एषा दीक्षेतीष्ट्यादेर्मुष्टी[५]करणवाग्यमनान्तस्य ग्रहणमुत्तरेषां नित्यानां नैमित्तिकानां च। दीक्षितचरणाख्याने न दीक्षितचरणे[६] नासौत्याह्वः [७]प्रवर्तेतेत्यभिप्रायः ॥ ६.१.४.५४–५६ ॥ **[इति चतुर्थः पटलः]**

॥ इति व्याख्यायां षष्ठप्रपाठके प्रथमोऽनुवाकः[८] ॥

---

१. M Ad T °रपवाह°. **२–२.** M प्रतिं...दनेन; thus T. **३.** T चिन्तव्य°. **४.** M Ad °मन्त्रयते°; thus T. **५.** M Ad °मुष्टिकरणं **६.** M Ad om न दीक्षितचरणे; thus T. **७.** M Ad °र्तते°. **८.** M Ad इतिप्रथमः, T प्रथमः.

॥ अथ षष्ठप्रपाठके द्वितीयोऽनुवाकः ॥

[सोमक्रयपूर्वेऽहनि विहितसंभारसंभरणादिकर्म]

श्वो राज्ञः क्रय इति रोहितं चर्म पल्यूलयित्वोत्तरेण शालां विकृष्य शंकून् विघ्नन्ति ॥ १ ॥ संभारान् संभरते उष्णीषं च छागा च चन्द्रं च द्वे ऊर्णास्तुके शुक्लाऽन्या कृष्णाऽन्या स्पन्द्या च राजासन्दी च सोमवाहनं च सोमवाहनौ चानड्वाहौ राजक्रयणी च राजक्रयणाश्चर्षभौ च मिथुनौ चानड्वाञ्च धेनुश्च वासश्च चतुःशरावश्च सर्पिःशरावश्च बल्बजस्तुका च ॥ २ ॥ प्रातरादित्येन वाचं विसृज्य यज्ञायुधानि सꣳसाद्यापः प्रणीय प्रायणीयं निर्वपति 'देवस्य त्वा= हस्ताभ्यामदित्यै पथ्यावत्या अग्निवत्यै सोमवत्यै सवितृवत्यै जुष्टं निर्वपामि' **इति चतुरो मुष्टीन्**

श्वो राज्ञः क्रयः=विघ्नन्ति ।दीक्षाकालपरिमाणानि ।'अथात एकाहस्यैकाहाय दीक्षित' इत्युप- क्रम्याभिहितानि। तेषामन्यतमेऽहनि प्रवर्ग्यं संभरेत्। तेष्वहःसु सायंप्रातरध्वर्युः 'अग्नीन् ज्योतिष्मत' इति प्रेष्यति। अग्निषु[१] दारूण्यभ्याधाय ज्वालयन्ति[२]। यजमानश्च वाग्यमवाग्विसर्गौ करोति। कालयोर्यथोक्तं व्रतं व्रतयति। नैमित्तिकानि च तस्मिंस्तस्मिन्निमित्त आगते करोति। दीक्षादिवसानामन्त्येऽहनि राजानमभिषवार्थं[३] गोचर्म रोहितं यथास्मृति प्रक्षालयति। विकृष्य शंकून् निघ्नन्ति ॥ १ ॥

यानि क्रयेऽहनि प्रयोजनवन्ति तानि कर्मयोग्यानि कृत्वा निदधाति। कानि तानि। उष्णीषचतुर्थानि वासांसि संभरन्ति। छागा च चन्द्रं चेत्यादिषु संभ्रियन्त इति विपरिणामः। चन्द्रं हिरण्यम्। ऊर्णाख्यमविलोम। स्पन्द्यानडुहोरभिधानरज्जुः। राजासन्द्या विशेषो[४] विध्यवशेषेषु। 'राज्ञः सम्राज्ञ' इति। औदुम्बर्या वाऽऽसन्द्यौ नाभिदघ्नपादा राज्ञश्चतुरङ्गुलेन ज्यायसी सम्राज्ञः। ततस्तयोररत्निमात्राण्यनूच्यानि। मौञ्जीभी[५] रज्जुभिरेकगुणाभिर्व्यायत इति। सोमवाहनमनः। राजक्रयण्यरुणापिङ्गाक्ष्येकहायनी। राजक्रयणात् स्वयमेव विशिनष्टि। ऋषभश्चेत्यादि। मिथुनौ गावौ। बल्बजाख्या काचित् तृणजातिः ॥ २ ॥

प्रायणीयबर्हिः संभृत्य परिस्तीर्योषित्वा प्रातरादित्येनेत्यादि संभविषु द्व्यहःकालता। 'प्रकृतिधर्मो न बाधितव्यो यश्चरुमावपती'ति संशयवन्निर्देशात् प्रतिप्रस्थातारमाह 'उदयनीयं निर्वपे'त्युदयनीयस्य प्रतिप्रस्थातुः कर्मदर्शनात्, प्रायणीयोदयनीययोरैकरूप्यस्य न्याय्यत्वात् तेष्वेव कुर्युः। ये प्रायणीयमि'त्याश्वलायनेनोदयनीय उक्तत्वाच्चाध्वर्योरन्यतरमुभयत्र कर्तारमेकमेवेच्छन्ति। ये विस्रावितमाज्यं पथ्यास्वस्त्याद्यर्थमेव मन्यन्ते, ते[६] यज्ञायुधसंसादने द्वे ध्रुवे द्वे[७] आज्यस्थाल्यौ च संसादयन्ति। प्रोक्षणे च यथानिरुप्तं सगुणमेव देवतां कीर्तयन्ति केचित्। अपरे यथाप्रदानमदितिमेव निर्गुणम् ॥ ३ ॥

---

१. M Ad अनिषुः. २. M °यन्ति and यज°. ३. M Ad T राजमानाभिष°. ४. M Ad add विध्यवशेषो between °विशेषी and विध्यवशेषेषु. ५. M Ad मौञ्जिभिः. ६. M Ad om. ७. M Ad om; thus T.

व्रीहीणाम् ॥ ३ ॥ **निरुप्ते प्राणग्रहाꣳश्च पृश्नीꣳश्च व्याचष्टे** ॥ ४ ॥ **तस्य हविष्कृता वाचं विसृज्य पत्नीं दीक्षयेद् यद्यदीक्षिता स्यात्** ॥ ५ ॥ **अपरेण शालां परिश्रित एत एव दीक्षणीयाः संभारा उपक्लृप्ता भवन्ति– उदकुम्भो***[१]**(ऽहतं वासः सद्यो मथितं नवनीतꣳ सद्यः पिष्टमाञ्जनꣳ सतूला शरेषीकोभयानि दर्भपुञ्जीलानि क्षुरमायसम्** ॥ ६ ॥ 'आप उन्दन्तु) जीवसे' **इत्यस्यै दक्षिणमुपपक्षमुनत्ति** । '○दीर्घायुत्वाय *[२](वर्चसे' **इति** ॥ ७ ॥ 'ओषधे त्रायस्वैनम्' **इति त्रिभिर्दर्भपुञ्जीलैः प्राचीनमनूच्छ्रयति सतूलैः** ॥ ८ ॥ **स्वधितिं निदधाति)** 'स्वधिते मैनाꣳ हिꣳसीः' **इति** ॥ ९ ॥ **स्वधितिना** 'देवश्रू*[३](रेतानि प्रवपे' **इति प्रवप)ति** ॥ १० ॥ **एवमेवोत्तरमुपपक्षं वपति** ॥ ११ ॥ **पुरोप्तꣳसत्क्षुरगन्धि करोति** ॥ १२ ॥ **अप आशयति** 'आपो अस्मान् मातरः शुन्धन्तु' **इति** ॥ १३ ॥ 'घृतेन *[४](नो घृतपुवः पुनन्तु' **इत्यद्भिरभिषिञ्चते** ॥ १४ ॥ 'विश्वमस्मत्प्रवहन्तु रिप्रम्' **इति स्रवन्तीरन्ववेक्षते** ॥ १५ ॥ 'उदाभ्यः) शुचिरापूत एमि' **इत्युदीच्युत्सर्पति** ॥ १६ ॥ 'सोमस्य तनूरसि तनुवं मे पाहि' **इत्यहतं वासः*[५](परिधत्ते** ॥ १७ ॥ 'महीनां पयोऽसि' **इति पाणिभ्यां प्रम्णाय** 'वर्चोधा असि वर्चो मयि धेहि' **इत्यनुलोमं नवनीतेनाभ्यङ्क्ते** ॥ १८ ॥ 'वृत्रस्य कनीनिकाऽसि चक्षुष्पा असि चक्षुर्मे पाहि' **इति सतूलया शरेषीकयाऽञ्जनस्याङ्क्ते त्रिर्दक्षिणं त्रिरुत्तरम्** ॥ १९ ॥ **दक्षिणमनु निरस्यति** ॥ २० ॥ 'न निधावते' **इति ब्राह्मणम्** ॥ २१ ॥ **एकविꣳशत्या दर्भपुञ्जीलानां** 'चित्पतिस्त्वा पुनातु'), 'वाक्पतिस्त्वा पुनातु' **इत्येनं पवयति सप्तभिः**; 'देवस्त्वा *[६](सविता मध्वाऽनक्त्वच्छिद्रेण पवित्रेण वसोः सूर्यस्य रश्मिभिः' **इति सप्तभिः**; 'तस्य ते पवित्रपते पवित्रेण यस्मै कं पुने तच्छकेयम्' **इति सप्तभिः** ॥ २२ ॥) **सर्वैः सह पुरेजानस्य जायां पवयेत्** ॥ २३ ॥ 'प्रैतु ब्रह्मणस्पत्नी' **इत्येनामपरया द्वारा शालां प्रपादयति** । '○वेदिं वर्णेन सीदतु । अथाहमनुकामिनी स्वे लोके विशा इह' **इति** ॥ २४ ॥ **आगत्यापरेण गार्हपत्यं प्राजापत्य उपविशति** ॥ २५ ॥ 'सं त्वा नह्यामि पयसा घृतेन सं त्वा नह्याम्यप ओषधीभिः । सं त्वा नह्यामि प्रजयाऽहमद्य सा दीक्षिता सनवो वाजमस्मे' **इति** ॥ २६ ॥ 'सुप्रजस्त्वा वयम्' **इत्येनामुपनिषदं वाचयति** । '○सुपत्नी= अदाभ्यम्' **इति** ॥ २७ ॥ 'विष्णोः शर्मासि' **इति वाससा प्रोर्णुते** । '○शर्म यजमानायै शर्म मे यच्छ' **इति** ॥ २८ ॥ 'द्यावापृथिवी प्रोर्ण्वाथाम्' **इत्यस्यै क्लृप्तं कुरीरं प्रत्यस्यति** ॥ २९ ॥ 'नक्षत्राणां माऽतीकाशात् पाहि' **इति कुरीरस्यातीकाशैरतीक्षते** ॥ ३० ॥ 'इन्द्रस्य योनिरसि मा मा हिꣳसीः' **इत्यस्यै सिचि नस्कूजनीं प्रबध्नाति** ॥ ३१ ॥ 'कृष्यै त्वा

---

*[१]. Text abri. उदकुम्भो=जीवसे see VI.1.2.1-2. *[२]. Text abri. दीर्घायुत्वाय=स्वधिते° see VI.1.2.2-4. *[३]. Text abri. देवश्रू=ति see VI.1.2.5. *[४]. Text abri. घृतेन= शुचिरापूत° see VI.1.2.9-11. *[५]. Text abri. वासः=वाक्पतिस्त्वा see VI.1.2.12-17. *[६]. Text abri. देवस्त्वा=सर्वैः सह see VI.1.2.17.

---

[१]त्रिष्फलीकरणान्ते पत्नीं यथोक्तं दीक्षयति ॥ ५ ॥

---

१. Ad निष्फ°.

सुसस्यायै' **इत्यपरेण गार्हपत्यं त्रिर्लिखति** ॥ ३२ ॥ 'सुपिप्पलाभ्यस्त्वौषधीभ्यः' **इत्यस्यै दक्षिममुपपक्षꣳ स्यूते** ॥ ३३ ॥ 'स्तुतोऽसि जनधाः सपत्नो मा पाहि' **इत्यस्या अरिक्तं चमसमादधाति** ॥ ३४ ॥ **व्रीहि**[*1]**(यवौ च भवतः** ॥ ३५ ॥ **आज्यस्तोकश्च** ॥ ३६ ॥ **आज्यं च** ॥ ३७ ॥ **स्तोको हस्तावेव** ॥ ३८ ॥ 'व्रतानां व्रतपते तपोऽहं दीक्षामुपैमि। सत्यꣳ स्वꣳ श्रद्धां दक्षिणामग्रमक्षितं ब्रह्मलोकम्' **इति** ॥ ३९ ॥ 'प्राणेन सत्येन दीक्षे' **इति त्रिरुक्त्वा चमसेऽध्यङ्गुलीर्निपिचति।** '°स्वाहा यज्ञं मनसा स्वाहा द्यावापृथिवीभ्याम्। स्वाहोरोरन्तरिक्षात् स्वाहा' **इति** ॥ ४० ॥ **सर्वा निपिच्य** 'वाताद्यज्ञमारभे' **इति) चतस्र उत्पिचति** ॥ ४१ ॥ **वाचंयमाऽऽस्ते ओपहवात्** ॥ ४२ ॥ 'गृहपते पत्न्युपहवमिच्छ' **इत्याहाध्वर्युः** ॥ ४३ ॥ **उपहूता इति वाचं विसृजते** ॥ ४४ ॥ **उत्तिष्ठन् संप्रेष्यति** ॥ ६.२.१.४५ ॥ **[इति प्रथमः पटलः** (५)**]**

उतिष्ठन् संप्रेष्यति 'सोमविक्रयिन् सोमꣳ शोधय, अपामन्ते ब्राह्मणो दक्षिणत आस्ताꣳ, सुब्रह्मण्य सोमवाहनं प्र णो नेग्धि, ब्रह्मन्नवस्य, प्रतिप्रस्थाता राजक्रयणानुकल्पय' **इति** ॥ १ ॥ **एतत् कुर्वन्ति** ॥ २ ॥ **आवपन्निष्काषभाजान् तण्डुलानपयच्छति** ॥ ३ ॥ **यं चरुमावपति शृतेऽ-**

*[1]. Text abri. व्रीहि=चतस्र see VI.1.3.12-18.

वाचंयमाऽऽस्त[1] *ओपहवात्*[1]। कस्योपहव[2] इष्यते, अनुज्ञायते च दीक्षाहःसु तया विरहितेन[3] तप्तस्य तपसः साधारण्यम्॥ ४२ ॥

इतः [3]प्रभृतिः 'गृहपते वाचं यच्छ', 'पत्नि वाचं यच्छे'त्यादिषु लौकिकेषु चामन्त्रणेषु यत्र वचनं नास्ति तत्र 'गृहपते' इत्येनमान्त्रयेरन् आऽवान्तरदीक्षाविसर्गात्। तत ऊर्ध्वं यजमान इति ॥ ६.२.१.४३-४४ ॥ **[इति प्रथमः पटलः** (५)**]**

'सोमविक्रयिन् सोमं शोधये'ति वचनमात्रमेव। असौ शोधयति वा स्वयमेव, न शोधयति वा। अपां समीपे क्रयस्थाने कश्चिद् ब्राह्मणोऽपां समीपे दक्षिणत आस्ताम्। 'सुब्रह्मण्य त्वमपि सोमवाहनं यथास्मृत्युष्णोदकेन प्रक्षाल्य बन्धनानि विमुच्य', 'प्रतिप्रस्थातस्त्वं [4]राजक्रयणात् क्रयदेशसमीपे स्थापय[4]' ॥ १-२ ॥

आवपन्निष्कासभाजान्[5] तण्डुलानपयच्छति। चर्वावपनकाले तदर्थं तण्डुलैकदेशमपनयति। निष्कासभाजान्[6] निष्कासकार्थापत्त्यर्थानित्यर्थः[7]। चरुनिष्कासं [8]निधाय तस्योपर्युदयनीयं कर्तव्यमाचार्यप्रामाण्यादेवंविधं[8] वचनमस्तीति गम्यते[9] ॥ ३ ॥

१-१. M Ad °तदपवाहात्, T त औप°. **२.** M Ad °वह. **३-३.** M विरहितेन...प्रभृति; thus Ad T. **४-४.** M °राज...पय; thus Ad T. **५.** M Ad T °भाजनं. **६.** M Ad T भाजनं. **७.** M Ad निष्कासकार्यापत्यर्थान्. **८-८.** M निधाय...ण्यादेवं° ; thus Ad T. **९.** M Ad शाम्यते, T शम्यते.

सिन्नाज्यमानयति ॥ ४ ॥ येन प्रचरिष्यन् भवति तत्पुनराज्यस्थाल्यां कृत्वा स्तम्बयजुर्हरति ॥ ५ ॥ वेदिं परिगृह्णाति ॥ ६ ॥ करणं जपति ॥ ७ ॥ प्रसूत उत्तरं परिग्राहं परिगृह्णाति ॥ ८ ॥ योयुपित्वाऽवस्कम्भ संप्रेष्यति 'प्रोक्षणीरासादये=संमृड्ढ्याज्येनोदेहि' **इति ॥ ९ ॥ एतत् कुर्वन्ति ॥ १० ॥ स्त्रुवं च स्त्रुचश्च संमृज्याज्यानि गृह्णीते सर्वाणि षड्गृहीतानि ॥ ११ ॥ इध्माबर्हिः प्रोक्षति** *[१](॥ १२ ॥ **वेदिं प्रोक्षति ॥ १३ ॥ आसन्नं प्रोक्षति ॥ १४ ॥ अपो निनीय प्रस्तरं गृह्णाति ॥ १५ ॥ स्तृणाति बर्हिः ॥ १६ ॥ प्राङुत्सृप्य परिधीन् परिदधाति ॥ १७ ॥ समिधावादधाति ॥ १८ ॥ परिधिषु वाचयित्वाऽग्निं युनक्ति ॥ १९ ॥ आगत्य तिरश्ची सादयति ॥ २० ॥ तिरश्च्योः प्रस्तरम् ॥ २१ ॥ प्रस्तरे जुहूम् ॥ २२ ॥) बर्हिषीतरे ॥ २३ ॥ समासन्नेऽपानग्रहाꣳश्च पृश्नीꣳश्च व्याचष्टे ॥ २४ ॥** 'ध्रुवा असदन्', 'यन्मे अग्ने' **इति समभिमृश्य षड्ढोतारं व्याचष्टे ॥ २५ ॥ अग्नये समिध्यमानायानुवाच आह ॥ २६ ॥ 'अनूक्तासु सामिधेनीषु स्त्रुवेणाघारमाघार्याह'** 'अग्नीदग्निं त्रिस्त्रिः संमृड्ढि' **इति ॥ २७ ॥ स्त्रुग्भ्यामुत्तरम् ॥ २८ ॥ असꣳस्पर्शयन्नत्याक्रम्य ध्रुवाꣳ समज्य सादयित्वा प्रवरं प्रवृणीते ॥ २९ ॥ सीदति होता ॥ ३० ॥ प्रसूतः स्त्रुचावादत्ते ॥ ३१ ॥ प्रयाजान् यजति ॥ ३२ ॥ प्रयाजानिष्ट्वाऽत्याक्रम्य पञ्चकृत्वो ध्रुवामभिघारयति हविः ॥ ३३ ॥ अथोपभृतमन्ततः ॥ ३४ ॥ आज्यभागौ यजति ॥ ३५ ॥** 'पथ्यायै स्वस्त्या' **अनुब्रूहि इत्याहाज्यस्यैव गृह्णनश्चतुः ॥ ३६ ॥** 'ओ श्रावय' **इत्याह ॥ ३७ ॥** 'पथ्याꣳ स्वस्तिं यज' **इति ॥ ३८ ॥ वषट्कृते पूर्वार्धे जुहोति ॥ ३९ ॥** 'अग्नयेऽनुब्रूहि' **इत्याहाज्यस्यैव गृह्णनश्चतुः ॥ ४० ॥** 'ओ श्रावय' **इत्याह ॥ ४१ ॥** 'अग्निं यज' **इति ॥ ४२ ॥ वषट्कृते दक्षिणार्धे जुहोति ॥ ४३ ॥** 'सोमायानुब्रूहि' **इत्याहाज्यस्यैव गृह्णनश्चतुः ॥ ४४ ॥** 'ओ श्रावय' **इत्याह ॥ ४५ ॥** 'सोमं यज' **इति ॥ ४६ ॥ वषट्कृतेऽपरार्धे जुहोति ॥ ४७ ॥** 'सवित्रेऽनुब्रूहि' **इत्याहाज्यस्यैव गृह्णनश्चतुः ॥ ४८ ॥** 'ओ श्रावय' **इत्याह ॥ ४९ ॥** 'सवितारं यज' **इति ॥ ५० ॥ वषट्कृते उत्तरार्धे जुहोति ॥ ५१ ॥** 'अदित्या

*१. Text abri. प्रोक्षति=बर्हिषीतरे see VI.1.1.24-34.

---

[१]*येन प्रचरिष्यन् भवतीति*[१]। पथ्यास्वस्त्यादिविषयत्वं मन्यमाना निरुप्तस्यार्धं चरावानीयान्यस्यामाज्यस्थाल्यां विस्त्रा[२]व्य ध्रुवावन्तरे गृहीत्वा तेन चतुरः प्रधानाज्यभागानिष्ट्वा[२] शेषं स्विष्टकृदिडे प्रतिपादयन्ति केचित्। तथा च श्रुत्यन्तरे वचनम्। 'आज्यस्यैवैतं चरुम् अभिपूर्य विश्राव्यातश्चतुर आज्यभागान् यजती'ति। आचार्येणाप्यन्वाख्याने 'तदाहुर्यद्देवस्य त्वे'त्युपक्रम्य 'स यदेतस्मिंश्चरौ=देवताः प्राश्नन्ती'ति (वाधू.अन्वा. ४.२७.१) ब्रुवता आचार्येणाभिप्रेत इव लक्ष्यते ॥ ५ ॥

'आज्येनोदेहि बर्हिषीतरे' इति दर्शनात् समस्तं चरावानीय पुनस्तस्यामेव विस्त्राव्य पुनस्तेनैवाङ्गप्रधानादियागं कुर्वन्त्यन्ये ॥ ६.२.२.९-१० ॥[**इति द्वितीयः पटलः** (६)]

१-१. M ...ष्यन्भवतीति... पथ्यास्वस्त्यादि°. **२-२.** M विस्त्रंव्य °ध्रुवा...स्राव्यात°, विस्त्राव्य...गृहपयेत्वा न चतुरः प्रधानानियागानि; Ad विसंव्या ध्रवा...ग्रहपयेत्वा न चतुरः; thus T.

अनुब्रूहि' **इत्याहोपस्तृणानोऽवद्यन्**॥ ५२॥ **पश्चाच्च पुरस्ताच्च चरोरवद्यति**॥ ५३॥ **अभिघारयति**॥ ५४॥ **प्रत्यनक्ति**॥ ५५॥ 'ओ श्रावय' **इत्याह**॥ ५६॥ 'अदितिं यज' **इति**॥ ५७॥ **वषट्कृते मध्ये जुहोति**॥ ५८॥ 'अग्नये स्विष्टकृतेऽनुब्रूहि' **इत्याह पञ्चकृत्व उपस्तृणानोऽवद्यन्**॥ ५९॥ **सकृदुत्तरार्धान्मेक्षणे चरोरवद्यति**॥ ६०॥ **तदवदायाधोऽधः स्रुचावग्नीधे प्रयच्छति**॥ ६१॥ **द्विरभिघारयति**॥ ६२॥ **न प्रत्यनक्ति**॥ ६३॥ **अष्टावत्तः स्विष्टकृत्**॥ ६४॥ 'ओ श्रावय' **इत्याह**॥ ६५॥ 'अग्निꣳ स्विष्टकृतं यज' **इति**॥ ६६॥ **वषट्कृत उत्तरार्धेऽतिहाय पूर्वा आहुतीर्जुहोति**॥ ६७॥ **अतिवालयत्यग्नीन्मेक्षणम्**॥ ६८॥ **नानुप्रहरति**॥ ६९॥ **अत्याक्रम्य यथायतनꣳ स्रुचौ सादयित्वा प्राशित्रमवद्यति**॥ ७०॥ **अप उपस्पृश्य नवकृत्व इडाया उपस्तृणीते**॥ ७१॥ **द्विरवद्यति**॥ ७२॥ **सकृदभिघारयति**॥ ७३॥ **द्वादशावत्तेडा**॥ ७४॥ **उपहूतायामिडायामग्नीध आदधाति**॥ ७५॥ **प्राश्नन्ति**॥ ७६॥ **मार्जयन्ते**॥ ७७॥ **परिहरन्ति ब्रह्मणे**॥ ७८॥ **प्राशिते प्राशित्रे सन्ततिमनु षड्ढोतुराहुतिं जुहोति**॥ ७९॥ 'ब्रह्मन् प्रस्थास्यामः' **इति**॥ ८०॥ **अनूयाजान् यजति**॥ ८१॥ **आगत्य वाजवतीभ्याꣳ स्रुचौ व्यूहति**॥ ८२॥ **शंयुना प्रस्तरपरिधि सं प्रकिरति**॥ ८३॥ **चतुर्गृहीतं गृह्णीते**॥ ८४॥ **तज्जुहोति** 'कविर्यज्ञस्य वितनोति पन्थाम्' **इत्यग्नीत्**। '°नाकस्य पृष्ठ अधि रोचने दिवः=सनीयान् स्वाहा' **इति**॥ ८५॥ **अपरं चतुर्गृहीतं गृह्णीते**॥ ८६॥ **तस्मिन्** 'इयं ते शुक्र तनूरिदं वर्चः' **इति दर्भेण हिरण्यं निष्टर्क्यं बध्वाऽवदधाति**। '°तया सं भव भ्राजं गच्छ' **इति**॥ ८७॥ 'जूरसि' **इत्येनं जुहोति**। '°घृता मनसा जुष्य विष्णवे तस्यास्ते सत्यप्रसवः प्रसवे वाचो यन्त्रमशीय स्वाहा' **इति**॥ ८८॥ **अपरं चतुगृहीतं गृह्णीते**॥ ८९॥ **तत्** 'शुक्रमस्यमृतमसि वैश्वदेवꣳ हविः' **इति यजमानमाज्यमवेक्षयति**॥ ९०॥ **उत्तिष्ठन् संप्रेष्यति**॥ ६.२.२.९१॥ **[इति द्वितीयः पटलः** (६)]

उत्तिष्ठन् संप्रेष्यति 'स्फ्यमुदपात्रं बर्हिर्हिरण्यमाहरेहि यजमानानयन्तु पत्नीं पुरस्ताद् द्वारं व्यवस्यत' **इति**॥ १॥ **संवृता द्वारो भवन्ति यत्प्रायणीयेन चरन्ति**॥ २॥ **एतस्मिन् कालेऽग्नी–**

संवृता द्वारो भवन्ति यत्प्रायणीयेन चरन्तीति। उत्तरत्र दर्शनाद्यज्ञायुधसंसादनात्प्रागेव द्वारसंवरणं कर्तव्यम्। अथवा निशितेष्ट्यां 'सोमारौद्रं[१] कारीर्यां च श्रपयित्वा सादयती'ति [२]दर्शनाद् आसादनोत्तर-कालं परिश्रयणम्[२]। 'समपिधाय[३] द्वारं प्रायणीयमासादयेदि'ति विध्यवशेषः। अनादृत्याज्यभागावित्य-नया वाचोयुक्तया विद्यमानत्वमपि पाक्षिकम् केचित्। 'अदितिमिष्ट्वा मारुतीमृचमन्वाहे'ति[४] ब्राह्मणम्। 'मरुतो यद्ध वो दिव' इत्यादिकां काञ्चिदध्वर्युर्वदति। आज्यहविषां शेषकार्यं पवमानहविःष्वेव विचारितम्। किन्त्वङ्गप्रधानहविषां पृथगाधारत्व इह शेषकार्यं विद्यत एव। 'समिष्टयजुर्वा इदं हित्वा पलायिष्महो'त्यादि दर्शनाद् ध्रौवादेवाज्यादाज्यादीनां होमः। 'शुक्रमसी'त्यादीनां मन्त्र[५]-चतुष्टयं केचिन्मन्यन्ते[५]। 'वैश्वदेवं चासि[६] हविश्चे'त्यन्ते[६]। वैश्वदेवं हविरिति विशेषणविशेष्यत्वं च। तत्र द्वयी

---

१. Ad सौमारौद्रे, T रौद्र्ये. २-२. M दर्शना...श्रयणं; thus Ad T. ३. M Ad °विधाय. ४. M Ad न्वाहति; thus T. ५-५. M मन्त्र...न्ते. ६-६. M Ad चासीह विश्वेत्यन्ये.

दन्तर्वेदि प्रणीता निनीय चरुस्थालीमेतां निर्णिज्य निष्काषभाजानस्यां तण्डुलानोप्य वेदं मेक्षणं बर्हिषोपसन्नह्य मध्यमे स्थूणाराजेऽनुवेष्ट्य निदधाति॥ ३॥ प्राच्या द्वारा शालायै निष्क्रम्य हिरण्यमुद्गृह्णाति॥ ४॥ तस्यातीकाशेनातीक्षते 'सूर्यस्य चक्षुरा रुह=विपश्चिता' **इति॥ ५॥** 'चिदसि मनाऽसि' **इति राजक्रयणीमभिमन्त्रयते।** '○धीरसि दक्षिणाऽसि यज्ञियाऽसि क्षत्रि=सं भव' **इति॥ ६॥** 'मित्रस्त्वा पदि बध्नातु' **इत्येनां पदि यजुषा बध्नाति॥ ७॥** 'पूषाऽध्वनः पात्विन्द्रायाध्यक्षाय' **इत्येनां यत्र राजा तत्र गमयति॥ ८॥** 'अनु त्वा माता मन्यताम्' **इत्येनामनुमन्यते।** '○अनु पिताऽनु भ्राता संगर्भ्योऽनु=सोमम्' **इति॥ ९॥** 'रुद्रस्त्वावर्तयतु' **इत्येनामुत्तरतः पुरस्तात् परिक्रामयति।** '○मित्रस्य=रुया' **इति॥ १०॥ पश्चात् स्थित्वाऽऽह** 'प्राचीमुदीचीमुत्क्रमय' **इति॥ ११॥ तस्यै** 'वस्व्यसि' **इति दक्षिणस्य सक्थ्नः षट् पदान्यनु निक्रामति।** '○रुद्रास्यदितिः=चन्द्रासि' **इति॥ १२॥** 'बृहस्पतिस्त्वा सुम्ने रण्वतु' **इति सप्तमं पदमभिगृह्णाति॥ १३॥** 'रुद्रो वसुभिराचिकेतु' **इत्यधिवदति॥ १४॥** 'पृथिव्यास्त्वा मूर्धन्ना जिघर्मि' **इति पदे हिरण्यमुपास्य जुहोति।** '○देवयजन इडायाः पदे घृतवति स्वाहा' **इति॥ १५॥** 'परिलिखितꣳ रक्षः परिलिखिता अरातयः' **इति स्फ्येन पदे हिरण्यमभि परिलिखति।** '○इदमहꣳ रक्षसो= कृन्तामि' **इति॥ १६॥** 'अस्मे रायः', 'अस्मे रायः' **इति कृष्णविषाणया यावन्मूतं खात्वाऽध्वर्युः पद्धरण्याꣳ संवपति॥ १७॥** 'त्वे रायः' **इति यजमानाय प्रयच्छति॥ १८॥** 'तोते रायः सह नौ

गतिः अन्त्यावृत्तिर्वा सर्वग्रहणेषु सर्वावृत्तिर्वा॥ २॥

हिरण्यमवधाय गृह्णाति॥ ४॥

एतस्मिन् काले यावदध्वर्युराज्या[१]हुत्यादि करोति तावति काले सोमविक्रियणि नद्धे प्राच्या द्वारेत्यादि अतीक्षेते[२] अध्वर्युयजमानौ॥ ५॥

एनां पदि यजुषा बध्नाति बन्धलिङ्गमन्त्रं वदतीत्यर्थ॥ ७॥

अनुमदतः स्तुवतो[३] मादयतो वा मात्रादिभिरनुज्ञायत इत्यर्थः॥ ९॥

दक्षिणस्य सक्थ्नः षट् पदान्यनु निष्क्रामति[४] दक्षिणस्यापरपादस्य पदन्यासादनु षट्पदन्यासान्॥ १२॥

अध्वर्युस्तस्याः तस्य पादस्य सप्तमं पदमभिगृह्णाति॥ १३॥

अत्यधिवदति पदं स्पृष्ट्वा वदति॥ १४॥

'अस्मे रायोऽस्मे रायः' इति। अभ्यासो यावत्कृत्वः[५] संवपति तावत्कृत्व आवृत्यर्थम्। यावन्मूतं यावत्क्लिन्नम् *पद्धरणी[६] मृण्मयी स्थाली*॥ १७॥

---

१. M Ad T °राण्याहु°. २. M Ad अतीक्षते; thus T. ३. M Ad ऽनुमोदयतो. ४. M Ad निक्रामति; thus T

५. M Ad यावन्मूतं; thus T. ६. M Ad च धरणी. *-*. M Ad T wrongly give between हिरण्यमवधाय गृह्णाति and एतस्मिन् काले (above *sūtra* 4-5).

रायः' **इति यजमानः पत्न्यै॥** १९॥ 'सं देवि देव्योर्वश्या पश्यस्व' **इति राजक्रयण्या पत्नीꣳ संकाशयति।** '○त्वष्टीमती=तव देवि संदृशि' **इति॥** २०॥ 'माऽहꣳ रायस्पोषेण वि योषम्' **इति यजमानेन।** '○मा मया रायस्पोषः' **इति॥** २१॥ 'उन्नम्भय पृथिवीम्' **इति पद उदपात्रमुपनि-नयति।** '○भिन्द्धीदं दिव्यं=दृतिम्' **इति॥** २२॥ **प्रतिपरैति पत्नी पदꣳ हरन्ती॥** २३॥ **राजा विचितो भवति॥** ६.२.३.२४॥ **[इति तृतीयः पटलः** (७) **]**

॥ इति षष्ठप्रपाठके द्वितीयोऽनुवाकः ॥

संकाशयति समीक्षयति। 'त्वष्टीमती=त(व○)'[1] इति पत्न्या वक्तव्यः ॥ २०॥

[2]'माऽहमि'त्यादिना यजमानेन पत्नीमीक्षयति ॥ २१॥

पदान्त [3]आतिथ्यबर्हिराहरेत् प्रतिप्रस्थाता। [4]'राजक्रयणेष्वनुद्दिष्टेष्वित्यपरम्' इत्यनुपदम्॥ ६.२.३.२२॥ **[इति तृतीयः पटलः** (७) **]**

॥ इति व्याख्यायां षष्ठप्रपाठके द्वितीयोऽनुवाकः ॥

---

१. M Ad T ०मतीत. २. Ad याहमि०; thus T. ३. M Ad आदित्य०; thus T. ४. M Ad क्रयेणे०.

॥ अथ षष्ठप्रपाठके तृतीयोऽनुवाकः ॥

[सोमक्रयः]

राजा विचितो भवति॥ १॥ रोहिते चर्मन्नुदीचीनदशं वासः प्रत्युपस्तीर्णं भवति चतुर्गुणम् ॥२॥ अपामन्ते ब्रह्मा दक्षिणत आस्ते॥ ३॥ अप उपस्पृश्य मार्जयित्वोपाꣳशुग्रहणमादाय 'एष ते गायत्रो भागः' **इत्येतैश्च यजमानो विचितꣳ राजानमुपतिष्ठते।** '०इति मे सोमाय ब्रूतादेष ते=साम्राज्यं लोकं गच्छेति मे सोमाय राज्ञे ब्रूताद्' **इति॥ ४॥ आगत्य** 'अꣳशुना ते अꣳशुः पृच्यताम्' **इत्यभिमृशत एनम्।** '०परुषा परुर्गन्धस्ते काम=ग्रहः' **इत्यातः॥ ५॥** 'अभि त्यं देवꣳ सवितारम्' **इत्यतिच्छन्दसर्चा मिमीत एकयैकयोत्सर्गम्।** '०ऊण्योः कविक्रतु=सुवः' **इति॥ ६॥ पञ्चकृत्वो यजुषा, तूष्णीं पञ्चकृत्वः॥ ७॥** 'प्रजाभ्यस्त्वा' **इत्युपसमूहति॥ ८॥ अꣳशुमाघातमिच्छन्ति**

---

[1]*राजा विचितो भवति।* 'रोहिते चर्मन् राजा विचितो भवती'ति पूर्वानुवाकं समाप्य तथैवा-स्यारम्भः किमर्थः। आचार्यशीलम्, क्वचिदेवं करोति। अन्योऽप्यर्थो वक्तुं शक्यते। राजा अविचितो भवतीति[2]। [3]पूर्वान्त्ये राजा विचितो भवतीति[3]। कुत एतद्विचित्यः। 'सोमा न विचित्या' इत्यारभ्य 'यदीतरं=णमर्पयती'ति वैकल्पिकमभिप्रेत्याचार्येणैवमभ्यधायीति। प्रत्युपस्तीर्णं[4] भवतीति चर्मण्येवेति गम्यते। अन्वाख्याने 'ब्रह्म च गाथां च पुरस्तात् सोमस्य क्रयादभिव्याहरेदि'ति (वाधू.अन्वा ४.२९.१६) विहितयोर्ब्रह्मगाथयोः। विध्यवशेषेषु 'प्राङ् छन्दोमेभ्यो ब्रह्म च गाथां[5] चाभिव्याहरेदि'त्यु-क्तम्। 'ये ह पूर्वे जना आसुरि'ति ब्रह्म, 'या स्त्रीणां प्रथमा वर्ये'ति गाथा (द्र.वाधू.अन्वा. ४.२९.१३-१४)॥ १-२॥

उपांशुग्रहणमुपसंगृह्येति दर्शनात्पूर्वमेवाङ्गुष्ठे हिरण्यं बध्नाति समस्तं मन्त्रमुक्त्वा। तत इति वचनमनेकवाक्यतावगमनान्मा तेषां वैकल्पिकत्वं विज्ञायीति समुच्चयार्थम्[6] ॥ ४॥

एकयैकयोत्सर्गमित्यस्य विध्यवशेषेष्वनेकधा व्याख्यानं कृतम्। अथ याजुषं मानम्। प्रदेशिन्याग्रेऽथान्तिमया[7]ऽथ मध्यमयाऽथ प्रदेशिन्याऽथानामिकयैतदेव विपरीतं, तूष्णीकम्। अथापरम्। अनामिकयाग्रेऽथान्तिमयाऽथ[8] मध्यमयाऽथ प्रदेशिन्याऽथानामिकयैतदेव विपरीतं तूष्णीकम्। यथा प्रथमं तथैवोत्तममित्येके[9]। अथापरम्। अङ्गुष्ठेन पाणितलमुपसंगृह्य प्रदेशिन्योत्क्रम्यानु-पूर्वमितराभिरिति। [10]अर्धं मिमीतेऽर्धमुपसमूहति[10], तावतो विनियोगदर्शनात्॥ ६-८॥

मीयमानमंशुं चर्मण्याहत्याहत्य[11] ग्रहणमिच्छन्ति॥ ९॥

---

१. M Ad T wrongly give the text of comm. from पदान्त to इत्यनुपदम् which belongs to the sūtra (6.2.3.22) of preceding 2nd Anuvāka, before राजा विचितो under the third Anuvāka. २. M Ad भवतीतीह. ३-३. M Ad om; thus T. ४. M Ad प्रत्युस्तीर्णं; thus T. ५. Ad गाथं. ६. M Ad °यार्थः; thus T. ७. M Ad °थान्तम°; thus T. ८. M Ad °ऽथान्तमध्यमया. ९. M Ad °त्येकथा°. १०-१०. M अध्वर्युवे अर्धमु°, Ad अध्वर्यु अर्धमु°. ११. M Ad °ण्याहत्य ग्रह°.

चर्मन्।। ९ ।। 'प्राणाय त्वा' **इत्युपनह्यति** ।। १० ।। 'व्यानाय त्वा' **इत्यनुशृन्थति** ।। ११ ।। 'प्रजास्त्वमनु प्राणिहि' **इति विस्त्रस्योपांशुग्रहणमवधायानुप्राणिति।** '°प्रजास्त्वामनु प्राणन्तु' **इति** ।। १२ ।। **उद्गृह्यात्रैव चर्मन् सादयति राजानम्** ।। १३ ।। **ततः सोमविक्रयी स्वयमादत्ते** ।। १४ ।। **तस्याददानस्योदकुम्भेन पादावुपप्रवर्तयति कूपेऽवहितौ** ।। १५ ।। 'सोमं ते क्रीणामि' **इत्युत्था-याध्वर्युः क्रयज्जपति।** '°ऊर्जस्वन्तं पयस्वन्तं वीर्यावन्तमभिमातिषाहम्' **इति** ।। १६ ।। 'सोम-विक्रयिन् क्रय्यस्ते सोमा' **इति** ।। १७ ।। **क्रय्यः३ इति स आह** ।। १८ ।। 'गवा ते क्रीणानि' **इत्युपांशु,** 'छागया ते क्रीणानि' **इत्येनमाह** ।। १९ ।। '**भूयो वा अतः सोमविक्रयी** ।। २० ।। 'भूय एवातः सोमो राजाऽर्हति' **इत्याहाध्वर्युः।** '°गोस्त्वेव महान् महिमा' **इति** ।। २१ ।। 'शफेन ते क्रीणानि' **इति** ।। २२ ।। 'भूयो वा अतः सोमो राजाऽर्हति' **इत्याह सोमविक्रयी** ।। २३ ।। 'भूय एवातः सोमो राजाऽर्हति' **इत्याहाध्वर्युः।** '°गोस्त्वेव महान् महिमा' **इति** ।। २४ ।। 'पादेन ते क्रीणानि' **इति** ।। २५ ।। 'भूयो वा=महिमा' **इति** ।। २६ ।। 'अर्धेन ते क्रीणानि' **इति** ।। २७ ।। **तत्पुरासंपन्नम्** ।। २८ ।। 'भूयो वा अतः=महिमा' **इति** ।। २९ ।। **अर्धे भोगा अस्या आचष्टे। एतस्या एव क्षीरं पयः प्रतिधुक् शरः शृतमामिक्षां वाजिनं दधि नवनीतं घृतं प्रजा उपजीवति** ।। ३० ।। 'गवा ते क्रीणानि' **इति** ।। ३१ ।। 'क्रीतो राजा' **इत्याह सोमविक्रयी,** 'वयांस्याचक्ष्व' **इति** ।। ३२ ।।

यस्मिन् मिमीते तेनैव वाससोपनह्यति ।। १० ।।

उपनह्य पुनरनुश्रन्थति[1] विस्रंसयति ।। ११ ।।

अनुप्राणनं याजमानम् ।। १२ ।।

बौधायना आमनन्ति 'पुनरुपनह्य सोमोष्णीषेण वाससा समायत्यात्रैव चर्मणि सादयती'ति[2] ।। १३ ।।

अपामुपप्रवर्तनं याजमानमुत्तरत्राध्वर्युग्रहणात् ।। १५ ।।

क्रय्यस्ते सोमा३[3]। किं [4]क्रयार्थस्तव सोम इत्यनुदात्तम्। 'प्रश्नान्ताभिपूजितयोः' (वा.प्रा.८.२. १०७) इति प्लुतिः ।। १७-१८ ।।

कला षोडशो भागः। शफोऽष्टमः। पादश्चतुर्थः ।। २२-२५ ।।

तत्पुरा संपन्नम्। अन्यत्रापि तल्लब्धं, मया नाभ्युपगतमित्यभिप्रायः ।। २८ ।।

भोगा [5]भोक्तव्यान्यस्याः फलानि। क्षीरं दुह्यमानं पयः। दुग्धं पानयोग्यम्। प्रतिधुग् दुग्धशेषं पुनर्वत्समुपसृज्य दुग्धम्। शरः स्नेहोत्तरीभूतम्। शृतादि प्रसिद्धम् ।। ३० ।।

[6]वयांस्यधिदेयानि। एषा राजक्रयणी येयं 'मया गवा ते क्रीणानि' इति गौरुक्ता, सेयं

---

१. T श्रन्थ°. २. M Ad °सादयत्य°; thus T. ३. M Ad T सोमो. ४. M Ad क्रिया°; thus T. ५. M Ad योक्तव्या°. ६. M Ad पयां°; thus T.

'एषा राजक्रयणी' **इत्येनमाह** ॥ ३३ ॥ **तां तेऽन्यया परिपालयिष्यामः** 'एषा छागैतच्चन्द्रमेषा पिन्वमाना तस्यै सूनुरेष धूरिषाह एष नर्याप एतौ मिथुनावेतद्वास एष चतुःशराव एष सर्पिःशराव एषा बल्वजस्तुका प्रगृहाण हस्तम्' **इति** ॥ ३४ ॥ **तदस्य** 'शुक्रं ते शुक्रेण क्रीणामि' **इति हिरण्यं पाणावुद्दधाति** ।' °चन्द्रं चन्द्रेणामृतममृतेन' **इति** ॥ ३५ ॥ 'सम्यक्ते गोः' **इत्यस्मादध्वर्युरादत्ते राजानम्** ॥ ३६ ॥ 'अस्मे चन्द्राणि' **इति हिरण्यं मुष्णाति** ॥ ३७ ॥ 'तपसस्तनूरसि' **इत्यजां ग्रीवास्वभिपद्यते** ॥ ३८ ॥ 'प्रजापतेर्वर्णः' **इति तयाऽऽत्मानं प्रत्यावर्तया पराच्या सोमविक्रयिणमभिप्रणुदत्ते** । ' °तस्यास्ते=क्रीणामि' **इति** ॥ ३९ ॥ 'अस्मे ते बन्धुः' **इति यजमानं प्रत्यावर्तयति** ॥ ४० ॥ 'मयि ते रायः श्रयन्ताम्' **इत्यात्मानम्** ॥ ४१ ॥ **अथैनामन्वर्जति** ॥ ४२ ॥ **तां ततः सोमविक्रयी लभते** ॥ ४३ ॥ 'इदमहꣳ सर्पाणां दन्दशूकानां ग्रीवा उपग्रथ्नामि' **इति कृष्णामूर्णास्तुकामुपग्रथ्नाति** ।' °योऽस्मा=द्विष्म इदमस्य ग्रीवा उपग्रथ्नामि' **इति** ॥ ४४ ॥ 'अस्मे ज्योतिः' **इति शुक्लामूर्णास्तुकां यजमानाय प्रयच्छति** ॥ ४५ ॥ 'सोमविक्रयिणि तमः' **इति कृष्णायास्तमसा सोमविक्रयिणं विध्यति** ॥ ४६ ॥ **अत्रैव चर्मन्नुपविशति राजानम्** ॥ ४७ ॥ **तमस्मा अध्वर्युराहरति राजानम्** ॥ ४८ ॥ **तं प्रतीक्षते** 'मित्रो न एहि' ॥ ६.३.१.४९ ॥ **[इति प्रथमः पटलः** (८) **]**

राजक्रयण्येकहायनी ॥ ३१–३३ ॥

तामन्यया गवा सर्वतः पालयिष्यामः । तामन्यां दत्वा वयमेव गृह्णीमः । छागादीन्यधि[१]देयानि । पिन्वमाना धेनुस्तस्यै सूनुर्वत्सः[२] । धूर्षाहोऽनड्वान् । नर्याप ऋषभः । मिथुनौ गावौ । चतुःशरावादि श्रुत्यन्तरविहितम् । प्रगृहाण[३] प्रसारय[४] हस्तम् । अभिपद्यते । गृह्णाति ॥ ३४ ॥

प्रत्यावर्तया[५] प्रत्यावृतया । सोमविक्रयिणं पराच्या तस्या जघनार्धेन सोमविक्रयिणमभिप्रणुदते ॥ ३९–४० ॥

[६]अन्वर्जत्युपसृजति ॥ ४२ ॥

तामजाम् ततः सोमविक्रयी लभते । 'परिपालनीयमजां वास इति सोमविक्रयिणेऽपाकरोती'–त्यनुपदम् । अन्यानि राजक्रयणानि यजमानस्यैव भवन्ति । 'यजमानस्यैवैषा भवति यथा राजक्रयणानी'ति दर्शनात् ॥ ४३ ॥

उपग्रथ्नाति सन्दर्भयति वर्तयति ॥ ४४ ॥

अत्रैव चर्मन्[७] चर्मसमीपे महावेदिमध्ये वा भाविनि भूतवदुपचारात्[८] ॥ ४७ ॥

प्रतीक्षणं याजमानम् ॥ ६.३.१.४९ ॥ **[इति प्रथमः पटलः** (८) **]**

---

१. M Ad च्छायादीस्यधि°; thus T. २. M Ad °वत्सं. ३. M Ad प्रगृहण. ४. T प्रसास्य. ५. M Ad om, T प्रत्यावृत्तया. ६. M Ad अन्वर्जय°; thus T. ७. M Ad om; thus T. ८. M Ad °चारान्; thus T.

[राज्ञः पर्यावर्तनम्]

'मित्रो न एहि सुमित्रधा' **इति** ॥ १ ॥ 'इन्द्रस्योरुमा विश दक्षिणम्' **इत्येनं दक्षिण ऊरावासादयते।** '०उशन्नुशन्तꣳ स्योनः स्योनम्' **इति** ॥ २ ॥ 'वयः सुपर्णा उप सेदुरिन्द्रम्' **इत्येनं प्रत्यपोर्णुते।** '०प्रियः=बद्धान्' **इति** ॥ ३ ॥ 'स्वान् भ्राज' **इति राजक्रयणान्यनुदिशतः।** '०अङ्घारे =दभन्' **इति** ॥ ४ ॥ 'उदायुषा स्वायुषा' **इति राजानमादायोत्तिष्ठति।** '०उदोषधीनां=अनु' **इति** ॥ ५ ॥ **दक्षिणे वेद्यन्ते प्रागावृत्तꣳ सोमवाहनꣳ स्थापयन्ति** ॥ ६ ॥ 'उर्वन्तरिक्षमन्विहि' **इति सोमवाहनमच्छैति** ॥ ७ ॥ 'अदित्याः सदोऽसि' **इति सोमवाहने कृष्णाजिनमास्तृणाति प्राचीनग्रीवमुत्तरलोम** ॥ ८ ॥ 'अदित्याः सद आसीद' **इत्युपरि कृष्णाजिने राजानमासादयति** ॥ ९ ॥ 'अस्तभ्नाद् द्यामृषभो अन्तरिक्षम्' **इत्यासन्नमुपतिष्ठते।** '०अमिमीत=म्राड्' **इति** ॥ १० ॥ 'विश्वेत्तानि वरुण व्रतानि' **इति वाससा सोमवाहनं पर्यानह्यति।** '०वनेषु=द्रौ' **इति** ॥ ११ ॥ 'उदु त्यं जातवेदसम्' **इति प्रस्थूणकायां कृष्णाजिनं प्रत्यानह्यत्यूर्ध्वग्रीवं बहिर्लोम।** '०देवं=सूर्यम्' **इति** ॥ १२ ॥ 'उस्रावेतं धूरिषाहौ' **इत्यनड्वाहावभिमन्त्रयते।** '०अनश्रू=चोदनौ धुराधुर्यं पातम्' **इति** ॥ १३ ॥ 'वरुणस्य

'इन्द्रस्योरुम्' इत्युभौ ॥ २ ॥

राजानं प्रत्युपोर्णुते। एवं क्रीतं सोमं प्रतिक्रीते [1]सोमेऽपोर्णुतेत्यभिप्रायः। अपोर्णवनं याजमानम्। एतर्हि क्रीते सोमे मैत्रावरुणाय दण्डं प्रयच्छति। क्रीते वा राज्ञि यूपं वृश्चन्तीत्यनयोरप्ययमेव कालः ॥ ३ ॥

उभौ [2]राजक्रयणान्यनुदिशतः ॥ ४ ॥

यजमानो राजानमादाय 'उदायुषा' इत्युत्थाय 'उर्वन्तरिक्षम्' इति सोमवाहनमवाप्तं गच्छति ॥ ५–७ ॥

अध्वर्युः कृष्णाजिनमास्तृणाति ॥ ८ ॥

यजमान आसाद्योपतिष्ठते[3]। अपरेण[3] सोमवाहनमाहृत्य[4] सादयति ॥ ९–१० ॥

नीडस्य[5] दक्षिणपूर्वस्मिन् कोणे प्रवाहणतो बद्ध्वोत्तरपूर्वस्मिन् दशातो बध्नीयात् ॥ ११ ॥

नीडस्य पूर्वस्यां दिशि यत् तिर्यक् काष्ठं सा प्रस्थूणका ॥ १२ ॥

---

१. M सोमे पौर्ण°. २. M Ad राजराजक्रयणाः ननुदि°. ३–३. M Ad T परेण. ४. T °हृत्य साद°. ५. M T नीळ°, Ad नील°.

स्कम्भनमसि' **इत्युपस्तम्भनमभिमृशति** ॥ १४ ॥ 'वरुणस्य स्कम्भधारणमसि' **इति योक्ता योक्त्रं पर्यस्य शम्यामवगूहति** ॥ १५ ॥ 'प्रत्यस्तो वरुणस्य पाशः' **इत्यनड्वाहमभिदधाति** ॥ १६ ॥ **एवमेवोत्तरमनड्वाहं युनक्ति** ॥ १७ ॥ **विष्टम्भे वा द्रुपदे वा स्पन्द्यामनुबध्नाति** ॥ १८ ॥ **अन्तरेषे सुब्रह्मण्यः पलाशशाखां धारयꣳस्तिष्ठति** ॥ १९ ॥ **अनभ्यारोहन् दक्षिणा पर्यावर्तते** ॥ २० ॥ 'सोमाय राज्ञे क्रीताय प्रोह्यमाणायानुब्रूहि', 'सुब्रह्मण्य सुब्रह्मण्यामाह्वय', 'मुहूर्तं तूपरम यजमानोऽन्वाह्वास्यति' **इति** ॥ २१ ॥ 'सुब्रह्मण्यो३म्' 'सुब्रह्मण्यो३म्' **इति त्रिरुपाꣳश्वाह्वयति यजमानस्त्रिरुच्चैः सुब्रह्मण्यः** ॥ २२ ॥ 'प्रच्यवस्व भुवस्पते' **इत्यध्वर्युर्यजमानं वाचयति।** '°विश्वान्यभि धामानि=दधत्' **इति** ॥ २३ ॥ 'श्येनो भूत्वा परा पत' **इति सोमवाहनꣳ समावर्तते पुरस्ताच्छालायै तच्छदिरन्वारभेते, न स्पन्द्याम्।** '°यजमानस्य=वसु' **इति** ॥ २४ ॥ **अतिद्रुत्योल्मुकेनाग्नीत् प्रतितिष्ठति, पुरोडाशीयैः प्रतिप्रस्थाता** ॥ २५ ॥ 'नमो मित्रस्य वरुणस्य चक्षसे' **इत्यध्वर्युर्यजमानं वाचयति।** '°महो देवाय=शꣳसत' **इति** ॥ २६ ॥ 'वरुणस्य स्कम्भनमसि' **इत्युपस्तम्भनमभिमृशति** ॥ २७ ॥ 'वरुणस्य स्कम्भसर्जनमसि' **इति शम्यामुद्वृहति** ॥ २८ ॥ 'उन्मुक्तो वरुणस्य पाशः' **इत्युपचारणतोऽनड्वाहं मुञ्चति** ॥ २९ ॥ **विमुक्तोऽन्योऽनड्वान्**

अपरेण सोमवाहनं पर्याणीय दक्षिणमनड्वाहं युनक्ति [1]अञ्जसमिति ॥ १५-१६ ॥

एवमेवोत्तरमनड्वाहं युनक्ति[1] 'वरुणस्य स्कम्भधारणमसि' इत्यादि ॥ १७ ॥

विष्टम्भो नीडस्य। द्रुपदशब्दोऽनस आरोहणफलकायां वर्तते। स्पन्द्या अनडुहोरभिधानरज्जुः। स्पन्द्यामारभ्याध्वर्युयजमानावुभयतो गच्छतः। उदङ्मुखेनापि[2] स्पन्द्यां विसृज्य च्छदिरन्वारभेते ॥ १८ ॥

किं प्राङ्प्रयायाद्[3] दक्षिणा पर्यावर्तन्ते ॥ २० ॥

त्रिरुक्त्वा पुनस्त्रिरिति वचनादेव त्रिरिति गम्यते। अतो नवकृत्व आह्वानम् ॥ २२ ॥

न बहिर्वेदि[4] गच्छन्ति[5]। आहवनीयाद् गृहीतेनोल्मुकेनातिथ्यार्थैः पुरोडाशीयैश्च प्रतिप्रस्थाता[6] ॥ २५ ॥

पूर्वेण शालामुदगावृत्तं सोमवाहनं[7] स्थापयित्वोपस्कभ्नाति[8]। [9]उपचारणतोऽनड्वाहं मुञ्चति। लौकिके च कृष्यादौ वैदिके चाग्निक्षेत्रकर्षणादौ यतोऽनुडुहोऽपर्यावृत्तिस्तदुपचारणम्[10]। ततो योऽनड्वांस्तं[11] विमुञ्चति। अभिधान्यायुगाच्च दक्षिणमित्यर्थः। प्रादक्षिण्येन[12] हि पर्यावृत्तिरुपक्रमत इत्यन्ये। दक्षिणस्य[12] पूर्वयोग इति कृत्वा तत्रापि फलं तुल्यम्। 'योगे विमोके च दक्षिणपूर्व' इति विध्यवशेषः ॥ २९ ॥

१-१. T wrongly takes this text as additional. [अञ्जसमितिरमेवमेवोत्तरमनड्वाहे युनक्ति इति अधिकं मध्ये अस्ति p.257 fn. 8]. Actually it forms a part of comm. on *VādhŚS* VI.3.2.16-17. २. M Ad विस्प°; thus T. ३. T द्रयाय. ४. M Ad बर्हिर्वे°. ५. M Ad °च्छति. ६. M Ad प्रतिष्ठितः, T प्रतितिष्ठतः. ७. M Ad सोमपानं. ८. M °त्वोथ भ्राति, Ad °त्वोपस्थे भ्रान्ति. ९. M Ad उपचर°, T उपाच°. १०. M Ad उपचर°, T उपाचर°. ११. M Ad योऽध्वांस्तिं. १२-१२. M प्रादक्षिण्येन ... दक्षिणस्य; thus Ad T.

भवत्यविमुक्तोऽन्यः॥ ३०॥ अथातिथ्यं गृह्णाति पत्न्यामन्वारब्धायां पत्न्यानुमतम्॥ ३१॥ 'पत्यनुमन्यस्व' **इति ब्रूयात्॥ ३२॥ यज्ञायुधानि सꣳसाद्यापः प्रणीयातिथ्यं निर्वपति** 'देवस्य त्वा'॥ ६.३.२.३३॥ [**इति द्वितीयः पटलः** (९)]

[आतिथ्येष्टिः]

'देवस्य त्वा सवितुः=हस्ताभ्यामग्नेरातिथ्यमसि विष्णवे त्वा जुष्टं निर्वपामि'; 'सोमस्या=वे त्वा जुष्टं निर्वपामि', 'अतिथेरातिथ्यं=त्वा जुष्टं निर्वपामि'; 'अग्नये त्वा=जुष्टं निर्वपामि'; 'श्येनाय=वे त्वा जुष्टं निर्वपामि' **इति पञ्च मुष्टीन् व्रीहीणाम्॥ १॥ निरुप्ते प्राणग्रहाꣳश्च पृश्नीꣳश्च व्याचष्टे॥ २॥ तस्या हविष्कृता वाचं विसृज्य विमुच्येतरमनड्वाहꣳ राजानं प्रपादयति, सम्राजं पूर्वं यदि प्रवर्ग्यवान्॥ ३॥ प्रत्युद्यच्छन्त आसन्द्यावुच्चैस्तराꣳ सम्राज्ञः पूर्वस्य यदि प्रवर्ग्यवान्॥ ४॥** 'या ते धामानि' **इति राजानं प्रपादयति।** '°हविषा=दुर्यान्' **इति॥ ५॥ सम्राड् भवति॥ ६॥ अथ राजानꣳ सादयति** 'अदित्याः सदोऽस्यदित्याः सद आ सीद' **इति सह कृष्णाजिनेनासन्द्याम्॥ ७॥** 'नि षसाद धृतव्रतः' **इति सन्नमुपतिष्ठते॥ ८॥ वरुणसूक्तोपरि** 'वरुणोऽसि धृतव्रतः' **इत्युभे आसन्द्यौ वाससा पर्यानह्यति।** '°वारुणमसि वरुणाय त्वा' **इति॥ ९॥** 'शंयोर्देवानाम्' **इत्यपरेण राजासन्दीमुदपात्रमुपनिनयति, सम्राज्ञः पूर्वस्य यदि प्रवर्ग्यवान्।**

आतिथ्यं गृह्णाति । तन्त्रं प्रारभत इत्यर्थः। तत्र [1]बर्हिसंभरणादि परिस्तरणादि वा प्रारभते॥ ३१॥

आदावेव 'पत्यनुमन्यस्व' इति ब्रूयात्। 'निर्वप्स्यन् वा पत्न्यैवानुमतं निर्वपती'ति हि ब्राह्मणम्। 'अनुमन्ये' इति प्रतिवचनम्। अन्वारम्भो निर्वपणमात्रम्[2]॥ ६.३.२.३२॥ [**इति द्वितीयः पटलः** (९)]

एवं[3] निर्वपतः पञ्च मुष्टयः समन्त्रका विहिताः। [4]पञ्चस्वपि जुष्टानुषङ्गदर्शनात्।[4] सावित्रस्यापि सर्वत्रानुषङ्गः। तत्र प्राकृतानां चतुर्णां स्थाने पञ्च मुष्टयः[5] सगुणा विहिता इति केचित्। याजुषाणां स्थाने[5] याजुषैरेव भवितव्यम् आघारमन्त्रवत्तूष्णीकस्य स्थाने। षष्ठो [6]मुष्टिं निरुप्य इत्यन्ये। प्रोक्षणादिषु विष्णुरेवोपलक्षयितव्यः[7]। त्रिष्फलीकरणान्त उत्तरमनड्वाहं विमुच्य दक्षिणेनैव निर्गमयति॥ १॥

दक्षिणेनाहवनीयं सम्राज्ञ[8] आसन्दीं स्थापयति। अपरेणाहवनीयं हृत्वा[8] तामपरेण राज्ञः॥ ३॥

राज्ञि प्रविश्योत्तरेणाहवनीयं [9]गमयित्वा स्थिते सम्राजः पूर्वेणाहवनीयं प्रपाद्य राजानं यथोक्तं सादयति[9]। 'या ते धामानि' इत्यपरेणाहवनीयं प्रपाद्य राजानं यथोक्तं सादयति॥ ४–७॥

सन्नोपस्थानं याजमानम्॥ ८॥

---

१. M Ad बर्हिषस्स°; thus T. २. M Ad °मात्र; thus T. ३. M Ad एव; thus T. ४–४. M Ad प...कुप्य इत्यन्ये; thus T. ५–५. M °मुष्टयः ... स्थाने, Ad त्र्यगु°; thus T. ६. M Ad मुष्टीन्नि°. ७. M लक्ष्यय...व्यः; thus Ad T. ८–८. M सम्राज्ञ...हृत्वा; T हुत्वा; thus Ad. ९–९. M Ad गमयित्वासन्द्यां सादयति; thus T.

'०सख्यान्मा देवानामपसश्छित्स्महि' **इति**॥ १०॥ 'अग्निं च राजानं च माऽन्तरा चरिष्ट' **इत्याह**॥ ११ ॥ **श्रप्यत एष आतिथ्यो वैष्णवो नवकपालः** ॥ १२ ॥ **तस्य संभारा आश्ववालः प्रस्तर ऐक्षवी तिरश्ची कार्ष्मर्यमयाः परिधयः शकलारणी** ॥ १३ ॥ **शृतेऽस्मिन् स्तम्बयजुर्हरति।** 'स्रुवं च स्रुचश्च संमृड्ढ्याज्येनोदेहि' **इति**॥ १४॥ **एतत्कुर्वन्ति**॥ १५॥ **स्रुवं च स्रुचश्च संमृज्याज्यानि गृह्णीते सर्वाणि चतुर्गृहीतानि**॥ १६ ॥**इध्माबर्हिः प्रोक्षति** *१(॥ १७॥ **वेदिं प्रोक्षति** ॥ १८॥ **आसन्नं प्रोक्षति**॥ १९ ॥ **अपो निनीय प्रस्तरं गृह्णाति**॥ २०॥ **स्तृणाति बर्हिः** ॥ २१ ॥ **प्राडुत्सृप्य) परिधीन् परिदधाति कार्ष्मर्यमयान्**॥ २२॥ **समिधावादधाति**॥ २३ ॥ **परिधिषु वाचयित्वाऽग्निं युनक्ति**॥ २४॥ **आगत्यैक्षवी तिरश्ची सादयति**॥ २५॥ **तिरश्च्योराश्वबालं प्रस्तरम्**॥ २६॥ **प्रस्तरे जुहूम्**॥ २७॥ **बर्हिषीतरे**॥ २८॥ **समासन्नेऽपानग्रहाꣳश्च पृश्नीꣳश्च व्याचष्टे**॥ २९ ॥ 'ध्रुवा असदन्', 'यन्म अग्ने' **इति समभिमृश्य संभाराꣳश्चतुर्होतारञ्च**

*१. Text abri. प्रोक्षति=परिधीन् see VI.1.1.24-29.

[१]'उदपात्रनिनयनमर्घ्यप्रदानप्रदर्शनमि'ति[१] विध्यवशेषः। पयःपानमाहारयेद्राज्ञे, मधुपानं सम्राज्ञे[२]। ते उपनिधाय मुहूर्तमासित्वा ब्राह्मणाय दद्यादिति। यः कश्चिदृत्विगन्यो वाऽग्निं राजानं [३]चान्तरानुगच्छति उपानच्छत्रदण्डोष्णीषसहिताश्च[४] नोपसर्पेयुः राजानम्। एवमनुपद[४] आम्नातम्॥ ११॥

तथातिथिगव्यपि तत्राम्नाता॥ १२॥

आश्ववालः[५] काशमयः। 'काशमये प्रस्तरे निह्नवत' इति सूत्रान्तर आम्नातम्। पदस्यावग्रहदर्शनादवयवप्रसिद्धिराश्रयणीयेति केचित् शकलारणी। जात्यपेक्षं[६] समस्तानां द्विवचनम्[७]। अथवा 'शकला' नपुंसकलिंगस्य[७] बहुवचनमसमासः। समासा 'शेश्छन्दसि बहुलम्' (पा.६.१.७०) इति शेर्लोपः[८]। दृष्टं हि शकलानां नपुंसकलिंगस्यात्वम्[९]। 'आहवनीये षट्षट् शकलान्यभ्यादधाति'इत्याश्वलायने। समासपक्षेऽधिमन्थनवृषाणानां ग्रहणम्। असमासपक्षे परिधि-साहचर्यादिध्मकाष्ठानामिति केचित्। अरणिसाहचर्यात् पूर्वोक्तानामित्यपरे शकलत्वस्येध्मविषयता[१०] नोपपद्यते। कुतः। इध्माभिप्रायत्वे ह्युत्तरत्र 'शकलावादधाती'त्यवक्ष्यत्। 'समिधावादधाती'ति च ब्रवीति। तथा 'न समिधमतिशिनष्टी'ति। उच्यते। नैतावता निर्मन्थ्यविषयता शक्यतेऽध्यवसातुम् यत्र निःसन्दिग्धम् इध्मानां शकलत्वमग्नीषोमीये, तत्रापि 'समिधावादधाती'त्येव वक्ष्यति। आम्नायते च बौधायनैः आतिथ्योपसदामिध्मानां शाकलत्वम्[११] ॥ १३॥

सर्वाणि चतुर्गृहीतानीति आनुयाजिकस्याग्रहणार्थम्। संभारान् सर्वेषु चतुर्होतारं ध्रुवायां

१-१. M मानं...विध्य०; thus Ad T. २. M साम्राज्ञाते, Ad साम्राज्ञाते; thus T. ३. M चान्तरान०, Ad चोन्तरानु०. ४-४. M सहिता ... पद. ५. M आश्वपाल, Ad अश्वपाल; thus T. ६. M Ad ०पेक्षः. ७-७. M ०वचनमा...लिङ्गस्य. ८. M Ad om; thus T. ९. Ad लिङ्गत्व. १०. M Ad शकलात्वेध्म; thus T. ११. M Ad शाकले; thus T.

व्याचष्टे॥ ३० ॥ **निर्मन्थ्येन चरति**॥ ३१ ॥ 'अग्नये समिध्यमानायानुवाच' **आह**॥ ३२ ॥ **सर्वमिध्ममभ्यादधाति**॥ ३३ ॥ **न समिधमतिशिनष्टि**॥ ३४॥ **अनूक्तासु सामिधेनीषु स्रुवेणाघारमाघार्याह** 'अग्नीदग्निं त्रिस्त्रिः संमृड्ढि' **इति**॥ ३५ ॥ **स्रुग्भ्यामुत्तरम्**॥ ३६ ॥ **असंस्पर्शयन्नत्याक्रम्य ध्रुवां समज्य सादयित्वा प्रवरं प्रवृणीते**॥ ३७ ॥ **सीदति होता**॥ ३८ ॥ **प्रसूतः स्रुचावादत्ते**॥ ३९ ॥ **प्रयाजान् यजति**॥ ४० ॥ **प्रयाजानिष्ट्वाऽत्याक्रम्य ध्रुवामभिघारयति हविः**॥ ४१ ॥ **नोपभृतं रिक्ता हि सा भवति**॥ ४२ ॥ **आज्यभागौ यजति**॥ ४३ ॥ **विष्णुं हविषो यजति**॥ ४४॥ **स्विष्टकृतं यजति**॥ ४५ ॥ **अत्याक्रम्य यथायतनं स्रुचौ सादयित्वा प्राशित्रमवद्यति**॥ ४६ ॥ **अप उपस्पृश्येडामवद्यति**॥ ४७॥ **उपहूतायामिडायामग्नीध आदधाति**॥ ४८ ॥ **प्राश्नन्ति**॥ ४९ ॥ **मार्जयन्ते**॥ ५० ॥ **परिहरन्ति ब्रह्मणे**॥ ५१ ॥ **प्राशिते प्राशित्रेऽत्रागत्य सन्ततिमनु चतुर्होतुराहुतिं जुहोति**॥ ५२ ॥ **ध्रुवामाप्याय्य चमसे व्रतप्रदाने** 'आ पतये त्वा गृह्णामि' **इति हिरण्यमन्तर्धाय पञ्चकृत्वस्तानूनप्त्रं वि गृह्णाति**। '०परि पतये त्वा'॥ ६.३.३.५३ ॥ **[इति तृतीयः पटलः** (१०) **]**

'परि पतये त्वा गृह्णामि', 'तनूनप्त्रे त्वा गृह्णामि'='०ष्ठाय त्वा गृह्णामि' **इति**॥ १ ॥ **तत्** 'प्रजापतौ त्वा मनसि जुहोमि' **इति त्रिरवजिघ्रति यजमानः**॥ २ ॥ **तानूनप्त्रं समवमृशन्ते ब्रह्मा यजमानो**

व्याचष्टे॥ ३० ॥

निर्मन्थ्यमुक्तम्॥ ३१ ॥

इडान्ते प्राशित्रपरिहरणं वाचनिकम्। अवत्तस्य प्रतिपादनमिति[१] चेद् यजमानभागावदानमपीडायाः पूर्वकालत्वात् क्रियेत। तस्य च प्रतिपत्तिः कर्तव्या स्यात्। तत्र यन्नान्तरायकम्[२] उत्पद्यते तत्प्रतिपादयितव्यं यथा फलीकरणानि। यच्चान्येन प्रयुक्तं यथा प्रणीतादि। अन्यस्यानुत्पत्तिरेव। अतो वाचनिकमेव॥ ४६ ॥

सन्ततिरिडान्तत्वान्न हूयते। होतुराहुतिर्व्याख्यातशेषत्वात् हूयते॥ ५२ ॥

ध्रुवाप्यायनं वचनात् क्रियते। आज्येन वर्धनमेवाप्यायनम्। अप्राकृतमिति केचित् वर्णयन्ति। तयैव स्रुचा चमसे हिरण्यमवधाय विगृह्यावनीतमाज्यं[३] तानूनप्त्रं भवति। तानूनप्त्रं विनयन्तः[४]। नयतेः कर्म तानूनप्त्रं न भवति। कुतः। आत्मनेपदानुपपत्तेः। 'कर्तृस्थे चाशरीरे कर्मणि' (पा.१.३.३७) इत्यात्मनेपदं हि। न च कर्तृस्थं, न चाशरीरं तानूनप्त्रम्। अतो नयतेः कर्म तानूनप्त्रसंबन्धिनी[५] क्रिया चाध्याहार्या॥ ६.३.३.५३ ॥ **[इति तृतीयः पटलः** (१०) **]**

तानूनप्त्रमभिमृश्य द्रोहं विनयन्ते। तस्माद् यस्य[६] तानूनप्त्रिणां प्रथमो द्रुह्यति स आर्तिमार्च्छती-

---

१. M Ad प्रतिवाद०; thus T. २. M Ad ०न्तरीयकर्ममु०; thus T. ३. M Ad ०वनीयमा०; thus T. ४. M Ad विनयन्ते; thus T. ५. M Ad ०न्धिनि. ६. M Ad ०स्माद्यस्स; thus T.

होताऽध्वर्युः प्रतिप्रस्थाताऽग्नीत् 'अनाधृष्टमस्य=शस्तेऽन्यम्' **इति** ॥ ३ ॥ **अथ यजमानमेवानुवाचयति** 'अनु मे=तपस्पतिः' **इति** ॥ ४ ॥ 'अनेन' **इत्याह व्रतप्रदानचमसं प्रयच्छन्** ॥ ५ ॥ **एवमेवापराह्ने तप्त्वा** 'व्रतं प्रयच्छासि' **इति तेन स तथा प्रयच्छति** ॥ ६ ॥ 'कतरत्पूर्वं करिष्यामः', 'अवान्तरदीक्षामुपनेष्यामः' **इति विप्रश्न एवैषः** ॥ ७ ॥ **अवान्तरदीक्षा एव पूर्वा** ॥ ८ ॥ 'अग्नेः समिदसि' **इति समिधमादत्ते** ॥ ९ ॥ 'अग्ने व्रतपते' **इति मार्जयित्वा समिधमादधाति**। '०त्वं व्रतानां व्रतपतिरसि या मम तनूरेषा=व्रतानि सह तन्वा स्वाहा' **इति** ॥ १० ॥ 'संतरां मेखलाᳲ समायच्छस्व' **इत्येनᳲ सᳲशास्ति**। '०संतरां मुष्टी कुरुष्व तप्तव्रत एधि मदन्तीभिर्मार्जयस्वोत्पूर्वं व्रतनᳲ सृज' **इति** ॥ ११ ॥ 'या ते अग्ने रुद्रिया तनू' **इति व्रतयति**। '०तया नः पाहि तस्यास्ते स्वाहा' **इति** ॥ १२ ॥ **एतत्समारूढा एवात्राग्नयः** ॥ १३ ॥ **मदन्तीरुपस्पृश्य राजानमाप्यायन्ति** ॥ १४ ॥

त्युक्तं हि। अतो द्रोहो नियमितव्यः ॥ ३ ॥

यजमानमेवातिवाचयति। सर्वोक्तादधिकं वाचयतीत्यर्थः ॥ ४ ॥

अनेन तानूनप्त्रेण ॥ ५ ॥

एवमेवास्मिन्नेव चमसे स्थितेन। तप्त्वोष्णीकृत्य व्रतं देहि। उक्तमपराह्णग्रहणस्य प्रयोजनम् ॥ ६ ॥

विप्रश्नमध्वर्युर्वदति। मन्त्रब्राह्मणयोः पाठेनावान्तरदीक्षाया उत्तरकालत्वं सोमाप्यायननिह्नवनयोः पूर्वकालत्वं च ज्ञातम्। अवान्तरदीक्षैव पूर्वेति ब्रुवताऽऽचार्येण श्रुत्यन्तरे बलवता प्रमाणेनावान्तर-दीक्षायाः पूर्वकालत्वं [१]दृष्टमित्यवगन्तव्यम्। अतो विप्रश्नोऽध्यवसायश्च कृतः ॥ ७-८ ॥

सन्तरां मेखलां समायच्छते। पूर्वावस्थाया अतिशयेन[२] संगतां[३] संयमयति दृढीकरोतीत्यर्थः। तथा मुष्टी। तप्तव्रतः उष्णव्रतः, उष्णदुग्धभोजनम्। मदन्तीभिर्मार्जयत इति। उष्णोदकेन सर्वमुदकार्थं करोति। अवान्तरदीक्षाविसर्गादुत्सृजति पूर्वं व्रतनम्। 'ये देवा'[४] इतीमं भोजनमन्त्रम् ॥ ११ ॥

'या ते अग्न' इत्यादिना भुङ्क्ते ॥ १२ ॥

एतत्समारूढा एव। अवान्तरदीक्षयैव समारूढा। इत[५] उत्तरं समारोह्य व्रतं नास्तीत्यर्थः। विसर्गश्चावान्तरदीक्षाविसर्ग एव। नैदेशिकोऽपि विधिः 'स्वे दक्ष' इति समारोपणम्। अवान्तरदीक्षासमाप्तौ 'अहं त्वदस्मी'त्यविसर्गश्चानेन[६] विकल्पते। विकृत्यर्थभावो वा। अनयोः साप्तदश्यवदनारभ्याधीतत्वात् ॥ १३ ॥

मदन्तीरुपस्पृश्य राजानमाप्यायन्ति। उष्णोदकेन हस्तान् प्रक्षाल्य। [७]इहाप्याप्यायनमभिमर्शनम् ॥ १४ ॥

---

१. M Ad om दृष्ट; thus T. २. M Ad °शयने. ३. M Ad °ता; thus T. ४. M Ad देवा, twice; thus T. ५. M Ad इति; thus T. ६. M °त्यपिसर्ग, Ad °स्मात्यपि°. ७. M Ad इहाप्ययन°; thus T.

ब्रह्मा यजमानस्तौ दक्षिणेनेतः, होताऽध्वर्युः प्रतिप्रस्थाताऽग्नीत् त उत्तरेण॥ १५॥ विस्त्रस्योपाꣳशुग्रहणमवधाय 'अꣳशुरꣳशुस्ते देव सोमाप्यायताम्' **इति राजानमाप्याययन्ति।** '०इन्द्रायैकधनविद आ तुभ्य=मशीय' **इति॥ १६॥** 'स्वस्त्युदृचम्' **इति हस्तान्परीक्ष्यायन्ति॥ १७॥ आगत्य मदन्तीरुपस्पृश्य वाजवतीभ्याꣳ स्त्रुचौ व्यूहति॥ १८॥ परिधीननक्ति॥ १९॥ नैषामाश्रावयति॥ २०॥ प्रस्तरꣳ समुल्लुम्पति॥ २१॥ तं तीर्तिष्वनक्ति॥ २२॥ तस्मिन्** 'एष्टा रायः' **इति दक्षिणायाꣳ श्रोण्यां निह्नवते।** '०प्रेषे भगाय=नमः पृथिव्यै' **इति॥ २३॥** 'त्वष्टीमती ते सपेय' **इति तिरोवाससं वेदेन नेष्टा पत्नीं निह्नवयति।** '०सुरेता रेतो=मा मया रायस्पोषः' **इति॥ २४॥** 'अग्नीन्मदन्त्यापा३' **इति॥ २५॥** 'मदन्ति' **इति स आह॥ २६॥** 'ताभिराद्रव' **इति॥ २७॥ परिधीनादत्ते॥ २८॥ताननितवाल्याग्नीधे प्रयच्छति॥ २९॥ तूष्णीमन्तर्वेदि प्रणीता निनीय तृणग्लाभं प्रस्तरायोपसन्नह्य निदधाति॥ ३०॥ अग्नीन्मदन्तीभिर्मार्जयते॥ ३१॥**

ब्रह्मयजमानौ दक्षिणेन गच्छतः। 'होत्रादय[१] उत्तरेणात्याक्रम्य वेदिं वारुण्यर्चा परिचरन्ती[२]'ति सोमसमीपगमने विहितम्। तत्समीपं वचनेन गच्छतामृत्विग्यजमानानां सार्वत्रिकम्। 'तत्त्वा यामी'ति वारुण्यृक्[३]॥ १५॥

वाजवतीभ्यां व्यूहनमिडान्तत्वान्निवृत्तं वचनात् क्रियते॥ १८॥

समुल्लुम्पति समुद्गृह्णाति॥ २१॥

[४]तीर्तयः स्रुचः॥ २२॥

तस्मिन् प्रस्तरे दक्षिणायां श्रोण्यां निहिते निह्नवते। द्यावापृथिवीभ्यां नमस्काराञ्जलिं कुर्वन्ति। निह्नवतेः[५] दक्षिणोत्तरित्वं सव्योत्तरित्वं च सहकारिभ्य आगमयितव्यम्। 'दक्षिणोत्तरिणा प्रातःप्रचरणे सव्योत्तरिणा सायंप्रचरणे' इत्यनुपदम्॥ २३॥

तृणग्लाभं प्रस्तरायोपसन्नह्य निदधात्यग्नीत्। तृणग्लाभस्तृणमुष्टिरित्यर्थः। 'प्रस्तराये'ति च सहयोगलक्षणायास्तृतीयायाः स्थाने चतुर्थी। एकं तृणमुष्टिमसिदादानादिभिः संस्कारैः संस्कृत्याप-वृत्तात्तेनातिथ्यप्रस्तरेण[६] सह सन्नह्योपसदर्थं निदधातीत्यर्थः। कथमेवं गम्यते। 'तस्माद्यदेवातिथ्यं [७]बर्हिर्भवति तत्र स्तीर्णमेव तदुपसदां बर्हिर्भवती'ति[७] (वाधू.अन्वा. ४.३३.३) दृश्यतेऽन्वाख्याने। अनुपदकारश्च गृहमेधीयवद्वेदिसंयुक्तानी[८]त्याह। तत्र च लोम्नः स्तम्बयजुर्हरेदित्यत आतिथ्यबर्हिर्यथास्तीर्णमेवावस्थितमिव लक्ष्यते। अतस्तस्योपरि स्तरणार्थमेको मुष्टिरुपदिष्ट इति

---

१. M अहोरात्रा०, Ad सुहोत्रा०. २. M Ad ०चरतीति. ३. M Ad वारुण्यु [ण्य] चा. ४. M इतीर्तय, Ad इतिर्तय. ५. M Ad ०वते; thus T. ६. M Ad वृत्तार्थेना०; thus T. ७-७. M Ad T बर्हिः=भवतीति, M Ad T give the text 'तत्र स्तीर्णमेव तदुपसदां बर्हिर्भवतीति' between अन्वाख्याने and अनुपद०. Actually this text belongs to the *VādhAnvā*, and it should be placed where sign of abri. text (=) is given in M. This text should not be taken as connected with अनुपदकारश्च. ८. Ad गृहमेधायवद्वेदिसंयुक्तकीत्याह; thus M T.

सन्तिष्ठत आतिथ्यम्॥ ६.३.४.३२ ॥ [**इति चतुर्थः पटलः** (११)]

॥ इति षष्ठप्रपाठके तृतीयोऽनुवाकः ॥

मन्यामहे। स्तृणाति बर्हिरिति हि[१] वक्ष्यति। तथा 'एतानेव कार्ष्मर्यमयानि'त्यत्र[२] एते[३] एवैक्षवी[३] तिरश्ची एतमेवाश्ववालं प्रस्तरमिति विपरिणते[४] सर्वनामानुवर्तत इति तस्यैव प्रस्तरस्य ग्रहणं कृत्वा विभक्तिव्यत्ययेन व्याख्यातम्। अन्य आह—बर्हिषि यथावस्थिते योयोपनादिदर्शनमनुपपन्नम्। अतस्तृणमुष्टिं संभृत्य प्रस्तरार्थमाश्ववालमेवातिथ्यार्थेन बर्हिषा अपवृत्तार्थेन सहोपसन्नह्य निदधाति। तदेवोपसत्स्वेवं संस्कृत्य स्तीर्यते[५]। 'तत् स्तीर्णमेव तदुपसदां बर्हिर्भवती'ति च तज्जातीयनिवृत्त्यर्थं वचनम्। तथा च 'एतानेव[६] कार्ष्मर्यमयानि'ति तथा 'एतमेवाश्ववालं प्रस्तरमिति वक्तव्यं स्यात्'। तथापोद्धरन्त्येतदातिथ्यबर्हिरिति वक्ष्यति। यद्युपसदर्थमन्यबर्हिः स्यात्[७]आतिथ्योपसदामित्यवक्ष्यत्। तथा चोक्तं 'निष्ठितकर्मप्रयोगभेदात्प्रतितन्त्रं क्रियेते'ति[८]। अत्र युक्तं प्रज्ञावद्भिः[९] विचार्याध्यवसेयम्॥ ६.३.४.३० ॥ [**इति चतुर्थः पटलः** (११)]

॥ इति व्याख्यायां षष्ठप्रपाठके तृतीयोऽनुवाकः ॥

---

१. M Ad om; thus T. २. T °यानीत्य°. ३-३. M Ad एते वैक्षवी, T एते एवै°. ४. M Ad परि°. ५. M Ad तीर्य°; thus T. ६. M Ad om; thus T. ७. M Ad आदित्यो°; thus T. ८. M Ad क्रियतेत्यत्र. ९. M Ad प्राज्ञैः; thus T.

॥ अथ षष्ठप्रपाठके चतुर्थोऽनुवाकः ॥

[प्रवर्ग्योपसद्]

अत्रैवाखरौ व्यूहितवा आह यदि प्रवर्ग्यवान् ॥ १ ॥ **प्रवर्ग्येण प्रचर्य संप्रेष्यति** 'हविरधि-

अत्रैवाखरौ=प्रवर्ग्यवान्। आखरयोराहवनीयगार्हपत्ययोरुत्तरतः कर्तव्ययोः प्रतिप्रस्थातुः प्रेषणमत्रै–वेति 'पुरस्तादुपसदां प्रवर्ग्यं प्रवृणक्ती'ति श्रुतेरर्थं वक्तुकामेनैवमभ्यधायि। नैतदेवम्। 'प्रवर्ग्येण प्रचर्य संप्रेष्यती'ति वक्ष्यति। तेनैव[1] सेत्स्यत्येव। हन्ति प्रतितन्त्रं प्रैषस्यानुवृत्यर्थम्[1]। अनारभ्याधीतस्य प्रवर्ग्यस्य लिङ्गादग्निष्टोमाद्यासु संस्थासु वैकल्पिकत्वप्राप्तावग्निष्टोमे प्रवृणक्तीति वचनादग्निष्टोमे नित्यस्योक्थ्ये प्रतिषिद्धस्य विश्वजिति[2] सर्वपृष्ठ उक्थ्यभूते[3] नित्यविहितस्यातिरात्रे वैकल्पिकस्य 'यदि प्रवर्ग्यवानि'त्युक्थ्यातिरात्रापेक्षं वचनम्। नन्वग्निष्टोमस्य धर्मा इहाम्नायन्त इत्युक्तम्। सत्यम्, उक्तम्। प्रसंगादप्याचार्या अन्यार्थानामनन्ति। यद्वा[4] द्वादशाहीनस्येति। अथवाऽग्निष्टोमेऽपि प्रथमाहारे प्रवर्ग्याभावः श्रूयते—'न प्रथमसोमे प्रवृञ्ज्याद्[5], ब्राह्मणस्य[6] प्रवृञ्ज्यात्, ब्रह्मवर्चसकामस्य प्रवृञ्ज्यात्, योऽ[6]नूचानः श्रोत्रियस्तस्य प्रवृञ्ज्यादि'ति। प्रथमाहारश्चाग्निष्टोम उक्तः। द्वितीयादिष्वाहारेषु नित्यत्वम्॥ १ ॥

अग्निष्टोमे प्रवर्ग्येण प्रातःप्रचरणेन प्रचर्य संप्रेष्यति। [7]नन्वतिरात्रस्यापि प्रथमाहारत्वमस्तीत्युक्तम्। तद्विषयं प्रथमाहारे[7] विप्रतिषेधः स्याद्। उच्यते। भारद्वाजेन [8]प्रथमसोमेऽप्यग्निष्टोमसंस्थे [9]साद्यस्क्रे लघीयसो[9] विकल्पानुपादित्सुना दर्शितं[10] यथा 'प्रवर्ग्यताऽग्निचित्यता नैकयूपते'ति। अतिरात्रस्य [11]प्रथमाहारत्वं नैदानैरपि वैस्पष्ट्येन नाभिहितम्। तस्मादग्निष्टोम[11] एव प्रथमाहारे प्रतिषेधः। 'हविरधिश्रय' 'मदन्तीरधिश्रये'ति स्वयं प्रेष्यते। अथवा 'प्रैषार्थोऽनुष्ठेय' इति विप्रतिषेधादन्येन कर्तव्यत्वादध्वर्युपुरुषत्वाद् आनन्तर्याद् 'आतिथ्यं[12] चोपसदश्च[13]' चातुर्मास्यानि। तस्मात्तेषां पञ्चर्त्विज' इति दर्शनादुपसदि प्रतिप्रस्थातृकर्मणोऽन्यस्याभावात् प्रतिप्रस्थाता प्रेष्यते। हविरिति हविरर्थमाज्यमुच्यते। 'अधिश्रये'ति तन्त्रं चोद्यते चोदनालिंगसंयोगात्। प्रतिप्रस्थाताऽग्नीन् परि[14]स्तृणाति। बर्हिर्वद्वेदस्यापि साधारण्यं श्रूयते। 'यदेवातिथ्याय बर्हिःप्रस्तरपरिधि तिरश्चीनि[15] वेद' इति[15] तदुपसदाम्। तदग्नीषोमीयस्येत्यस्मिन् पक्षे वेदोऽपि स एवोपादीयते। इतरथा वेदं कृत्वा यथार्थं[16] यज्ञायुधानि संसादयति। तन्त्रे तन्त्रे च वेद उपादीयते परित्यज्यते च। आचार्याभिप्रायेणाग्नीषोमीये बर्हिषोऽन्यत्वाद्वेदोऽप्यन्य एव। पवित्रादानादिपर्यग्निकरणान्तम्

१–१. M तेनैव... वृत्त्यर्थम्; Ad प्रैषस्यानावृत्य; thus T. **२.** T जिदिति. **३.** Ad ° भृते. **४.** M Ad यथा. **५.** M Ad प्रवर्ग्यादब्राह्म°. **६–६.** M णस्य...नूचानः Ad does not show the sign of broken text; thus T. **७–७.** T takes this text as additional, hence gives it in fn. no. 4 on p. 266; thus M Ad. **८.** M Ad ° जेनाप्रथमहारे सोमे°, Ad ° जेनाप्रथमसोमे. **९–९.** M Ad साद्य उस्क्रलस्वीयसी; thus T. **१०.** M Ad om; thus T. **११–११.** M प्रथमाहार ... नैदारुवि...ष्टोम, Ad हारत्वनैक(र)दारविवौष्पष्ट्येनां°. **१२.** M Ad ° तिथ्यां. **१३.** M Ad ° पसतश्च. **१४.** T ° ग्नीनुपरि°. **१५–१५.** M Ad ° निवेदयति; thus T. **१६.** M Ad om; thus T.

श्रय, मदन्तीरधिश्रय' **इति** ॥ २ ॥ **अथ यद्यप्रवर्ग्य एवमेव संप्रेष्यति** ॥ ३ ॥ **विलीन आज्ये स्तम्बयजुर्हरति** ॥ ४ ॥ **वेदिं परिगृह्णाति** ॥ ५ ॥ **करणं जपति** ॥ ६ ॥ **प्रसूत उत्तरं परिग्राहं परिगृह्णाति** ॥ ७ ॥ **योयुपित्वाऽवस्कम्भ संप्रेष्यति** 'मदन्तीरासादयेध्माबर्हिरुपसादय स्रुवं च स्रुचौ च संमृड्ढि हविषोदेहि' **इति** ॥ ८ ॥ **एतत्कुर्वन्ति** ॥ ९ ॥ **स्रुवतृतीये स्रुचौ संमृज्याज्यानि गृह्णीते** ॥ १० ॥ **अष्टौगृहीतं जुह्वां गृह्णीते** ॥ ११ ॥ **चतुर्गृहीतमुपभृति** ॥ १२ ॥ **ध्रुवायै काल आज्यस्थालीमुपोद्यच्छति** ॥ १३ ॥ **इध्माबर्हिः प्रोक्षति** ॥ १४ ॥ **वेदिं** *[1]**(प्रोक्षति** ॥ १५ ॥ **आसन्नं प्रोक्षति** ॥ १६ ॥ **अपो निनीय प्रस्तरं गृह्णाति** ॥ १७ ॥ **स्तृणाति बर्हिः** ॥ १८ ॥ **प्राङुत्सृप्य परिधीन्) परिदधात्येतानेव कार्ष्मर्यमयान्** ॥ १९ ॥ **समिधावादधाति** ॥ २० ॥ **परिधिषु वाचमित्वाऽग्निं युनक्ति** ॥ २१ ॥ **आगत्यैक्षवी तिरश्ची सादयति** ॥ २२ ॥ **तिरश्च्योराश्ववालं प्रस्तरम्** ॥ २३ ॥ **प्रस्तरे जुहूम्** ॥ २४ ॥ **बर्हिषीतरे** ॥ २५ ॥ **समासाद्य** 'ध्रुवा असदन्', 'यन्मे अग्ने' **इति समभिमृश्य षड्ढोतारं व्याचष्टे** ॥ २६ ॥ **अग्नये समिध्यमानायानुवाच आह** ॥ २७ ॥ **तिस्रो वा त्रिःशस्ता अन्वाह नव वा पराचीः** ॥ २८ ॥ **ता अध्वर्युरिध्मेन परीप्सति न समिधमतिशिनष्टि** ॥ २९ ॥ **अनूक्तासु सामिधेनीषु स्रुवेणाघारमाघार्याह** 'अग्नीदग्निः सकृत्सकृत् संमृड्ढि' **इति** ॥ ३० ॥ **उत्थाय प्रवरं**

*[1]. Text abri. वेदिं=परिदधात्येतानेव see VI.1.1.25-29.

आज्यसंयुक्तं करोति। एतावान् प्रतिप्रस्थातृकर्म ॥ २ ॥

स्तम्बयजुर्हरणाद्याध्वर्यवम्। 'व्यूह्य[1] बर्हिः स्तम्बयजुर्हरेदि'त्याग्निवेश्यः। 'अथैतस्यैव[2] बर्हिषः स्तीर्णस्य पर्यवलोपं स्तम्बयजुर्हरेदि'ति बौधायनाः ॥ ४–७ ॥

अस्मिन् पक्षे बर्हिष्येव योयोपनम्। स्फ्येनावस्कम्भ्य यथोक्तं संप्रेष्यति। 'मदन्तीरासादय=हविषोदेही'ति[3] मन्त्रान्तरं, नोहः। प्रधानानां द्रव्यसामान्याद् उपांशुयाजविकारत्वम्। अतो ध्रुवाकार्येऽ[4]'तिदिष्टयास्तूष्णीमेव गृह्यन्ते तद् द्रव्याणि। आज्यस्थाल्यामपि ध्रुवामन्त्रैर्ग्रहणं नास्ति। वर्जितोपदेशात् कालान्तरे ग्रहणम्। आज्यस्थाल्या ध्रुवाकार्येऽतिदेशात् स्रुगादापनमिति वाचनिकम्। 'प्रस्तरे जुहूमि'ति[5] ब्रुवताऽऽचार्येण प्रकृतौ पात्रद्रव्यसंस्कारः सादनमिति[6] मत्वैवमभ्यधायीति यथाप्रकृत्येव सादनम्[7]। आज्यस्थालीं ध्रुवामन्त्रेण सादयति[8] ॥ ८–९ ॥

तिस्रो वा [9]त्रिःशस्ता अन्वाह नव वा पराचीः[9]। 'पञ्चदशेध्मदारूण्यभ्यादधाती'त्यस्मिन् पक्षे तिस्रस्तिस्र आदधाति। ह्रसश्चेच्चतुर्दशदारुरिध्मः। प्रकृतावेकविंशतिरभ्याधेयाश्चेदिहापि तदानुरूप्येण, नेध्मसंख्या ॥ २८ ॥

सकृत् सम्मार्गश्च वाचनिकः ॥ ३० ॥

---

१. M Ad व्यूह; thus T. २. M Ad °तस्येव. ३. M हविषो देही°. ४. M Ad कार्येति दि°. ५. M Ad जुहोमीति; thus T. ६. M Ad साधन°; thus T. ७. M Ad साधन°. ८. M Ad T सादयेति°. ९–९. M Ad तिशस्ता अन्वाहन वपा परा चीः; T ° अन्वाहनवपापराची.

प्रवृणीते ॥ ३१ ॥ 'ओ श्रावय' **इत्याह** ॥ ३२ ॥ 'सीद होतः' **इत्येष एवात्र प्रवरः** ॥ ३३ ॥ **नार्षेयं वृणीते** ॥ ३४ ॥ **सीदति होता** ॥ ३५ ॥ **प्रसूतः स्रुचावादत्ते** ॥ ३६ ॥ **अत्याक्रामन्नाह** 'अग्नयेऽनुब्रूहि' **इति** ॥ ३७ ॥ 'ओ श्रावय' **इत्याह** ॥ ३८ ॥ 'अग्निं यज' **इति** ॥ ३९ ॥

होतृवरणस्याप्रतिषेधात् 'को नामासि' 'असौ मानुष' इति न निवर्तते। केचिद् यावच्छ्रुतमेव कुर्वन्ति, न 'को नामासि' आदि। उत्तराघारस्य[१] प्रयाजाज्यभागस्विष्टकृदादीनामभावः[१] ॥ ३१–३४ ॥

स्रुचावासाद्य प्राकृतात्कर्मणो विरमति[२]। श्रुतः प्रयोगः। प्राप्तिरभिधीयताम्। उच्यते। प्रधानानामुपांशुयाजविकारत्वमुक्तम्। तत्रोपांशुयाजधर्मेषु सर्वेषु प्राप्तेषु 'नान्यामाहुतिं पुरस्ताज्जुहुयादि'त्यङ्गपूर्वेषु प्रतिषिद्धेषु स्रौव आघारः पुनः प्रसूयते 'स्रुवेणाघारमाघारयति यज्ञस्य प्रज्ञात्या' इति। नान्यामाहुतिं जुहुयात्। तच्च पुरस्तादिति वाक्यभेदप्रसङ्गादुत्तरासामप्याहुतीनां प्रतिषेध एव। एवं वा[३] सर्वेष्वङ्गपूर्वेषु प्राप्तेषु स्रुवेणाघारमाघारयतीति निर्गुणस्यैकस्य पुनः श्रवणमितराण्यङ्गपूर्वाणि परिसञ्चष्टे। नान्यमाहुतिमित्यादेरनुवादतेति। अन्य आह—उपसद्यागानां द्रव्यदेवतासंबन्धश्चतुर्थ्या तद्धितेन वा श्रूयते। अतोऽपूर्वा। नान्यामिति नित्यानुवादः। स्रौव आघारो नामधेयेन विधीयते। नामधेयमिति धर्माणामतिदेशकः। स च स्वप्रयुक्तानां धर्माणां प्रयोजकः। अथवा वषट्कारेण[४] प्रदेयत्वान्नान्यामिति[५] प्रतिषेधदर्शनाच्च। धर्मवत्त्वे प्राप्ते स्रौव आघारः श्रूयमाणस्तुल्यजातीयान्यङ्गपूर्वाणि परिसञ्चष्ट इत्युक्तम्। तेष्वप्यत्यन्तसदृशान् दर्विहोमानेव परिसंख्यातुमर्हति। ततश्च प्रयाजादयः प्राप्नुयुः। [६]तच्चानिष्टमुक्तमाश्वलायनेन 'स्विष्टकृदादि लुप्यते। प्रयाजा आज्यभागौ चेत्यतोऽङ्गमात्रं परि-सञ्चष्टे। अतोऽपूर्वा' इति। अपूर्वोऽपि[७] तुल्यप्रयोगः[८]। किन्तु स्रुचोः[९] संमार्गसादने तूष्णीं स्याताम्। [१०]ध्रुवामन्त्रेण आज्यस्थालीं सादयित्वाऽभिमृशेत्। 'ध्रुवाऽसदत्तां विष्णो पाहि' इति मन्त्रसन्नामः। अन्य आह—प्रयाजविकारा[११] इति। कुतः। पराङतिक्रम्य होमदर्शनाद्[१२] गुणत्वात् कल्पे चाज्यग्रहणकाल एव ग्रहणदर्शनात् स्रुगादापनदर्शनाच्च। अन्येऽनूयाजविकारा इति संख्यासामान्यात् [१३]सकृत्संमार्गदर्शनाच्च विशेषः। पक्षद्वयेऽप्याघारदर्शनं नोपपद्यत इति चेदप्राप्तस्य विधानं स्यात्। उच्यते। प्रधानाद्धर्मप्राप्तौ संभवन्त्यामङ्गपूर्वाद्धर्मप्राप्तिर्युज्यते अतुल्यत्वात्। प्रधानं हि प्रकरणवत्। प्रकरणमध्यपाति प्रधानस्येतिकर्तव्यतारूपेणावस्थितमङ्गम्। तत एवाङ्गत्वम्। नन्वग्नीषोमीयात् सौत्यात्[१४] पशुधर्मान्[१५] प्राप्नुवन्ति सति संभव इत्युक्तम्। असंभवे हि दर्शपूर्णमासधर्मे पशुधर्माकांक्षानिवृत्तिः कर्तुम्। अतो न प्रयाजादिविकारत्वमुपपद्यते। नन्वाज्यहविष्कत्वमुपांशुयाजस्य कल्पे नास्ति। ब्राह्मणोक्तमनुक्तमपीष्यत इत्युक्तोत्तरम्। उक्तं[१६] सोमाप्यायनमिदम्। स्रुग्व्यूहनमप्राकृतम् ॥ ३५–३६ ॥

१–१. M Ad °घारप्रयाजस्विष्ट° ; thus T. २. M Ad °पि रम° ; thus T. ३. M Ad om. ४. M Ad षट्का° ; thus T. ५. M Ad °न्नान्यमि°. ६. T °चनिष्ट. ७. M Ad अपूर्वेऽपि; thus T. ८. M तुल्यः प्र°. ९. M Ad स्रुचो सं° ; thus T. १०. M Ad स्रुवा° ; thus T. ११. M Ad °याजावि°. १२. M °द्गण°, Ad °दर्शगण° ; thus T. १३. T records a reading another MS as सकृत्सकृत् from ख पाठः. १४. T सौत्या पशु°. १५. M Ad °र्मात्; thus T. १६. M Ad om; thus T.

वषट्कृतेऽर्धमष्टौगृहीतस्य जुहोति ॥ ४० ॥ 'सोमायानुब्रूहि' **इति** ॥ ४१ ॥ 'ओ श्रावय' **इत्याह** ॥ ४२ ॥ 'सोमं यज' **इति** ॥ ४३ ॥ **वषट्कृते सर्वमेतज्जुहोति** ॥ ४४ ॥ 'विष्णवेऽनुब्रूहि' **इत्याह समानयमानः** ॥ ४५ ॥ 'ओ श्रावय' **इत्याह** ॥ ४६ ॥ 'विष्णुं यज' **इति** ॥ ४७ ॥ **वषट्कृते सर्वमेवैतज्जुहोति** ॥ ४८ ॥ **अत्याक्रम्य यथायतनꣳ स्रुचौ सादयित्वा मदन्तीरुपस्पृश्य राजानमाप्याययन्ति** ॥ ४९ ॥ **ब्रह्मा यजमानस्तौ दक्षिणेनेतः***[१] **(, होताऽध्वर्युः प्रतिप्रस्थाताऽग्नीत् त उत्तरेण** ॥ ५० ॥ **विस्रस्योपाꣳशुग्रहणमवधाय** 'अꣳशुरꣳशुस्ते देव सोमाप्यायताम्' **इति राजानमाप्याययन्ति**। '°इन्द्रायैकधनविद आ तुभ्य=मशीय' **इति** ॥ ५१ ॥ 'स्वस्त्युदृचम्' **इति) हस्तान्परीक्ष्यायन्ति** ॥ ५२ ॥ **आगत्य मदन्तीरुपस्पृश्य स्रुचौ व्यूहति** ॥ ५३ ॥ 'इदमहं यजमानोऽग्नेः सोमस्य विष्णोर्देवतानामुज्जितिमनूज्जेषम्' **इति प्राचीं जुहूमुदूहति** ॥ ५४ ॥ **इदमहं यजमानोऽग्निना सोमेन विष्णुना देवताभिरवर्तिं पाप्मानं भ्रातृव्यं मृत्युमपोहामि इति प्रतीचीमुपभृतमपोहति** ॥ ५५ ॥ **परिधीननक्ति** ॥ ५६ ॥ **नैषामाश्रावयति** ॥ ५७ ॥ **प्रस्तरꣳ समुल्लुम्पति** ॥ ५८ ॥ **तं तीर्तिष्वक्ति** ॥ ५९ ॥ **तस्मिन्** 'एष्टा रायः' **इति दक्षिणायाꣳ श्रोण्यां निह्नुवते**। '°प्रेषे भगाय पृथिव्यै' **इति** ॥ ६० ॥ 'त्वष्टीमती ते सपेय' **इति तिरोवाससं वेदेन नेष्टा पत्नीं निह्नावयति**। '°सुरेता=रायस्पोषः' **इति** ॥ ६१ ॥ **सव्ये हस्ते प्रस्तरꣳ समस्य** 'या ते अग्नेऽयाशया तनूः' **इति स्रुवेणाज्यस्थाल्या अध्युपसदमुपहन्ति**। '°वर्षिष्ठा गह्वरेष्ठा' **इति** ॥ ६२ ॥ 'उग्रं वचो अपावधीम्' **इति मध्यमे परिधौ स्पर्शयति** ॥ ६३ ॥ 'तया नः पाहि तस्यास्ते स्वाहा' **इति जुहोति** ॥ ६४ ॥ 'त्वेषं वचो अपावधीम्' **इत्यपक्षिपति**। '°सजूरग्निः पृथिव्यै सजूर्ऋतस्य पथ्यमा या कशेव वितस्थिषे तिग्मेव यवया वधम्। अग्निस्तेऽनीकꣳ सोमशल्यं विष्णुस्तेजनꣳ रुद्रावसृष्टासि युवा नाम नमस्ते अस्तु मा मा हिꣳसीः साऽस्मदवसृष्टेतरेण चेतरौ च योऽस्मान् द्वेष्टि यं च वयं द्विष्मस्तमृच्छ' **इति** ॥ ६५ ॥ 'अग्नीन्मदन्त्यापा३' **इति** ॥ ६६ ॥ 'मदन्ति' **इति स आह** ॥ ६७ ॥ 'ताभिराद्रव' **इति** ॥ ६८ ॥ **परिधीनादत्ते** ॥ ६९ ॥ **ताननतिवाल्याग्नीधे प्रयच्छति** ॥ ७० ॥ **तूष्णीमन्तर्वेदि प्रणीता निनीय तृणग्लाभं प्रस्तरायोपसन्नह्य निदधाति** ॥ ७१ ॥ **अग्नीन्मदन्तीभिर्मार्जयते** ॥ ७२ ॥ **सन्तिष्ठत एषोपसद्** ॥ ७३ ॥ **एतयैवापराह्णे प्रचरति** ॥ ७४ ॥

---

*[१]. Text abri. दक्षिणेनेतः=हस्तान्परीक्ष्यायन्ति see VI.3.4.15-17.

परिधीननक्तीत्यादि गतम् ॥ ५६–६१ ॥

सव्ये हस्ते प्रस्तरं समस्येति। धनुरिव प्रस्तरो धारयितव्य इत्यागमः। 'समग्राङ्गुलि[१]–स्रुवमादायास्यन्निवोपसदं[२] जुहुयादि'त्यनुपदम् ॥ ६२–६४ ॥

अपक्षिपति पृष्ठतः क्षिपति। अनुमन्त्रणं याजमानम् ॥ ६५ ॥

सन्तिष्ठत एषोपसद्[३]। अत्र तानूनप्त्रेण यथावस्थितेन सह त्रिस्तनव्रतं प्रयच्छति। स्रुब्रह्मण्यां

---

१. M Ad °ङ्गुली; thus T. २. M Ad अस्यं निवो° ; thus T. ३. T °ते एवो°.

आज्यान्येव विपर्ययन्ति ॥ ६.४.१.७५ ॥ **[इति प्रथमः पटलः** (१२) **]**

[महावेदिविमानम्]

आज्यान्येव विपर्ययन्ति ॥ १ ॥ **चतुर्गृहीतं जुह्वां गृह्णीतेऽष्टौगृहीतमुपभृति ॥** २ ॥ **तया प्रचर्य वसन्त्येताꣳ रात्रिम् ॥** ३ ॥ **प्राचीं दिशꣳ स्पाशयन्ते ॥** ४ ॥ **औदुम्बर्यै काले शङ्कुं निहन्ति ॥** ५ ॥ **प्रातरादित्येन वाचं विसृज्य रजाशयया प्रचरति ॥** ६ ॥ **तस्या आहुत्यै प्रभृतिः** 'या ते अग्ने रजाशया तनूः' **इति,** '°वर्षिष्ठा गह्वरेष्ठा' **इति प्रसिध्यति ॥** ७ ॥ 'सजूर्वायुरन्तरिक्षेण' **इत्यनुमन्त्रस्य प्रभृतिः,** '°सजूर्ऋतस्य पथ्यया' **इति प्रसिध्यति ॥** ८ ॥ **तया प्रचर्य स्पन्द्यां च शङ्कुंच निहन्ति ॥** ९ ॥ **आहवनीयादेवाग्रे षट् प्राचः प्रक्रमान् प्रकामति ॥** १० ॥ **तच्छङ्कुं निहन्ति ॥** ११ ॥ **स शालामुखीयः शङ्कुः ॥** १२ ॥ **शालामुखीयाच्छङ्कोः पञ्च प्राचः प्रक्रमान् प्रक्रामति ॥** १३ ॥ **तच्छङ्कुं निहन्ति ॥** १४ ॥ **स वेद्यन्तः ॥** १५ ॥ **पञ्चदश दक्षिणा ॥** १६ ॥ **तच्छङ्कुं निहन्ति ॥** १७ ॥ **प्रथमनिहताच्छङ्कोः षट्त्रिꣳशत् प्राचः प्रक्रमान् प्रक्रामति ॥** १८ ॥ **तच्छङ्कुं निहन्ति ॥**

चोदयति। केचिद् अचोदितोऽप्यनूपसदमाह्वयति। यदि चोदयन्ति[१] 'सुब्रह्मण्य[२] सुब्रह्मण्यामाह्वय पिता पुत्रीयामिति पिता पुत्रीयायाम् ॥ ७३ ॥

एतयैवैवं क्लृप्तयैव सायं प्रचरणेन प्रवर्ग्येण प्रचर्य [३]चरति ॥ ६.४.१.७४ ॥ **[इति प्रथमः पटलः** (१२) **]**

तया प्रचर्य [४]*वसन्त्येतां रात्रिम्।* न दिग्ग्रहणस्यैषा रात्रिः कालः[४]। कुतः। पूर्वमेव गृहीता दिगित्याचार्यप्रवृत्त्या ज्ञायते। औदुम्बर्यै काल इत्यादि विधीयमानं कर्मापरिज्ञातायां दिशि कर्तव्य-मित्येतत् ज्ञातुं न शक्यते हि। प्राचीनवंशस्य द्वे वेद्याश्च पृथग्[५] दिग्ग्रहणे क्रियमाणे विसंवादश्च। अस्यान्याय्यरात्रिग्रहणं[५] किमर्थं स्यात्। [६]उपवसदुक्तकालमेव। प्रभातायां तु रजन्यां यज्ञकर्मकर्तव्यं नास्तीति बोधयितुम्। तच्च रात्रौ प्रवर्ग्यस्यानारभ्यत्वार्थम्। नक्षत्रपथेन संमितेत्यस्य शेषः ॥ ३ ॥

प्राचीं दिशं स्पाशयन्त इत्यादि। [७]रजाशयानां मध्यमेऽपसत्स्वा...रज्जुशङ्क्वो यावदर्थं ग्रहीतव्याः[७]। ब्राह्मणकल्पशुल्बोक्तानां [८]पदप्रक्रमकिष्कूनामन्यतमेन वेदिर्मातव्या। तेषां परिमाणानि शुल्बे द्रष्टव्यानि। मध्यमः पुरुषोऽध्वर्युर्वा यजमानो वा अङ्गुष्ठपर्व तिर्यङ् निधाय मिमीते तदङ्गुलं भवति। चतुर्दशाणुप्रमाणं वा पृथु संश्लिष्टचतुस्त्रिंशत्तिलप्रमाणं वा। त्रसरेणुलिक्षायूकायवाङ्गुलानां पूर्वस्योत्तरमुत्तरमष्टगुणम् इत्याचार्या ब्रुवते। तान्यङ्गुलानि [९]दशैकादश वा प्रादेशः। पञ्चदशपदम्[१०] चतुर्विंशतिररत्निः [११]किष्कुश्च। अष्टाविंशतिर्हस्तः। त्रिंशत्प्रक्रमः। दशाङ्गुलं क्षुद्रपदम्। द्वादश प्रादेशम्

---

१. M Ad वोद; thus T. २. M Ad om; thus T. ३. M Ad चरितया. ४-४. M प्रचर्य...कालं; Ad प्रचर्य चरति वसन्त्येता रात्रीर्न. ५-५. M पृथदि...रिग्रहणं; Ad °श्च स्याप्यरात्रिग्र°. ६. M Ad °वसदुत्तर°; thus T. ७-७. M Ad राजाशयानममध्य गहीतव्यां; thus T. ८. M Ad पदक्रम. ९. M Ad देशै[M शे]काद°. १०. M Ad °पदश्चतु°; thus T. ११. M Ad कषष्ठ चा°.

१९ ॥ **स यूपस्य कालः** ॥ २० ॥ **द्वादश दक्षिणा** ॥ २१ ॥ **तच्छङ्कुं निहन्ति** ॥ २२ ॥ **द्वादशोदङ्** । २३ ॥ **तच्छङ्कुं निहन्ति** ॥ २४ ॥ **उत्तरार्धाच्छङ्कोस्त्रीन् प्रतीचः प्रक्रमान् प्रक्रामति** ॥ २५ ॥ **तच्छङ्कुं निहन्ति** ॥ २६ ॥ **स चात्वालस्य कालः** ॥ २७ ॥ **त्रीनुपरवान्** ॥ २८ ॥ **तच्छङ्कुं निहन्ति** ॥ २९ ॥ **स उत्करस्य कालः** ॥ ३० ॥ **षडुपरवान्** ॥ ३१ ॥ **तच्छङ्कुं निहन्ति** ॥ ३२ ॥ **तदाग्नीध्रस्य मध्यम्** ॥ ३३ ॥ **तत्तृतीयम्** ॥ ३४ ॥ **वेद्यै यूपकालाच्छङ्कोः सर्वतः प्रत्यग्दशपदामुत्तरवेदिं मिमीते** ॥ ३५ ॥ **उत्तरवेद्यै पञ्च प्रतीचः प्रक्रमान् प्रक्रामति** ॥ ३६ ॥ **तच्छङ्कुं निहन्ति** ॥ ३७ ॥ **तद्धविर्धानयोर्मध्यम्** ॥ ३८ ॥ **एकं दक्षिणा** ॥ ३९ ॥ **तच्छङ्कुं निहन्ति** ॥ ४० ॥ **स उपरवकालः** ॥ ४१ ॥ **प्रथमनिहताच्छङ्कोः पञ्च प्राचः प्रक्रमान् प्रक्रामति** ॥ ४२ ॥ **तच्छङ्कुं निहन्ति** ॥ ४३ ॥ **तत्सदसो मध्यम्** ॥ ४४ ॥ **एकं दक्षिणा** ॥ ४५ ॥ **तच्छङ्कुं निहन्ति** ॥ ४६ ॥ **स औदुम्बर्यै कालः** ॥ ४७ ॥ **उपरवकालात्स्तम्बयजुर्हरति** ॥ ४८ ॥ **वेदिं परिगृह्णाति** ॥ ४९ ॥ **करणं जपति** ॥ ५० ॥ 'इमां नराः कृणुत वेदिमेत्य' **इति समुद्धन्ति** । '°वर्ष्मन् दिवो नाभा पृथिव्या यथायं यजमानो न रिष्यात्' । 'इमां कृणुत वसुमतीः रुद्रवतीमादित्यवतीः सवितृवतीं बृहस्पतिवतीं विश्वदेव्यावतीम् । वेदिकाराः कृणुत कृणुत' **इति** ॥ ५१ ॥ **कृण्वन्ति वेदिम्** ॥ ५२ ॥ 'स्फ्यमुदपात्रम्' **इति संप्रेष्यति** । '°शम्यामाहरेहि यजमानाग्नीदुत्तरवेद्यामुपसीद' **इति** ॥ ५३ ॥ **चात्वालकालः स्फ्येनोद्धत्य** *१('उन्नम्भय पृथिवीम्' **इत्युदपात्रेणावोक्षति** । '°भिन्द्धीदं=वि सृजा दृतिम्' **इति** ॥ ५४ ॥ **शम्यया परिमिमीते** ॥ ५५ ॥ **दक्षिणतः प्राचीः शम्यां निधाय** 'वित्तायनी मेऽसि' **इत्यन्तरतः**

---

*१. Text abri. स्फ्येनोद्धत्य=अद्भिरेवोपरिष्टात् see V.1.1.34-56.

बौधायनाः सदोहविर्धानयोः शौल्बिकमेव परिमाणम् । तत्सदसो मध्यं तद्धविर्धानयोर्मध्यमित्येवं तावत् परिमाणस्य ज्ञातुमशक्यत्वात् पदप्रक्रमपक्षयोरपि तेन[१] तेनैव नवकृत्वः[१] केचिदच्छन्ति । तथाग्नीध्रीयमार्जालीययोरन्तःसदसि केषु च धिष्णियेषु सञ्चरेण केनचित् भवितव्यत्वात् श्रुत्यन्तरदर्शनाच्च ॥ ४-२९ ॥

यूपकाल्याच्छंकोरर्धप्रक्रमापसृता[२] दशपदपार्श्वमान्युत्तरवेदिर्भवति । 'पशवो वा उत्तरवेदिर्वज्रो यूपो यदुपस्पृशेद्वज्रेण पशून्वियूयात्[३] । तस्मात् प्रतिकृष्य मिमीत' इति । यद्यपि पूर्वमेव [४]विज्ञातसर्वप्रमाणाः तथाप्यस्मिन्नवसरे नियमेन[४] मातव्या वेदिः । यथोक्तां[५] मित्वाऽक्ष्णया मानेन प्रमाय समन्ततः स्पन्द्यया परितनोति । तथा सद आदीनि । माहावेदिक उत्करः ॥ ३०-३५ ॥

उपरवस्थानात् स्तम्बयजुर्हरति ॥ ४८ ॥

'वेदिकारा' इति प्रैषो ये[६] केचन प्रेष्यन्ते । ते च प्रेषिताः स्थलनिम्नां[६] समीकृत्य यत् तत्र निरसितव्यं तदपनयन्ति ॥ ५१-५२ ॥

१-१. M Ad तेत्र (तेऽ)त्र तेनैव कृत्वा; thus T. २. M Ad °च्छङ्कोरोऽर्धा[Ad रोर्ध]. ३. T वियुजायां. ४-४. M विज्ञात...नियमेन. ५. Ad यथोक्तां मात्वा. ६-६. M ये निम्नां.

स्फ्येनानुलिखति ॥ ५६ ॥ 'तिक्तायनी मेऽसि' **इति पश्चादुदीचीम्** ॥ ५७ ॥ 'अवतान्मा नाथितम्' **इति पुरस्तादुदीचीम्** ॥ ५८ ॥ 'अवतान्मा व्यथितम्' **इत्युत्तरतः प्राचीम्** ॥ ५९ ॥ 'विदेरग्निर्नभो नामाग्ने अङ्गिरः' **इति मध्यतः स्फ्येन पुरीषस्योपहन्ति** ॥ ६० ॥ 'योऽस्यां पृथिव्यामसि' **इत्यादत्ते** ॥ ६१ ॥ 'आयुषा नाम्नेहि' **इति हरति** ॥ ६२ ॥ 'यत्तेऽनाधृष्टं नाम यज्ञियं तेन त्वाऽऽदधे' **इति पूर्वेणाग्नीध्रं हृत्वोत्तरवेद्यां सादयति** ॥ ६३ ॥ 'अग्ने अङ्गिरः' **इति द्वितीयं प्रहरति** ॥ ६४ ॥ 'द्वितीयस्यां पृथिव्यामसि' **इत्यादत्ते** ॥ ६५ ॥ 'आयुषा नाम्नेहि' **इत्येव हरति** ॥ ६६ ॥ 'यत्तेऽनाधृष्टं नाम यज्ञियं तेन त्वाऽऽदधे' **इति पूर्वेणैवाग्नीध्रं हृत्वोत्तरवेद्यां सादयति** ॥ ६७ ॥ 'अग्ने अङ्गिरः' **इति तृतीयं प्रहरति** ॥ ६८ ॥ 'यस्तृतीयस्यां पृथिव्यामसि' **इत्यादत्ते** ॥ ६९ ॥ 'आयुषा नाम्नेहि' **इत्येव हरति** ॥ ७० ॥ 'यत्तेऽनाधृष्टं नाम यज्ञियं तेन त्वाऽऽदधे' **इति पूर्वेणैवाग्नीध्रं हृत्वोत्तरवेद्यां सादयति** ॥ ७१ ॥ **तूष्णीं चतुर्थं हरति** ॥ ७२ ॥ **अद्भिः सन्तृप्य** 'सिंहीरसि महिषीरसि' **इति संयौति** ॥ ७३ ॥ 'उरु प्रथस्वोरु ते यज्ञपतिः प्रथताम्' **इति स्फ्येन प्रथयति** ॥ ७४ ॥ 'ध्रुवाऽसि' **इति त्रिः शम्यया संहन्ति** ॥ ७५ ॥ '**सर्वतः प्रादेशमात्रीं सुष्ठु चतुःस्त्रक्तिं कृत्वा** 'देवेभ्यः शुन्धस्व' **इत्यद्भिरवोक्षति**, 'देवेभ्य शुम्भस्व' **इति सिकताभिः** ॥ ७६ ॥) **अद्भिरेवोपरिष्टात्** ॥ ७७ ॥ **शुल्बिण्या प्रावृत्य रजाशयया प्रचरति** ॥ ७८ ॥ **वसन्ति** ॥ ७९ ॥ **प्रातरादित्येन वाचं विसृज्य हराशयया प्रचरति** ॥ ८० ॥ **तस्या आहुत्यै प्रभृतिः** 'या ते अग्ने हराशया तनूः' **इति** 'वर्षिष्ठा गह्वरेष्ठा' **इति प्रसिध्यति** ॥ ८१ ॥ 'सजूः सूर्यो दिवा इत्यनुमन्त्रस्य प्रभृतिः', 'सजूर्नक्तस्य पथ्यया' **इति प्रसिध्यति** ॥ ८२ ॥ **तया प्रचर्य निष्क्रामन्नाह** 'अर्धव्रतं प्रयच्छत' **इति** ॥ ८३ ॥ **एतदेव विपर्ययोत्तमयोपसदा प्रचरति** ॥ ८४ ॥ **आवृता प्रवर्ग्यमुद्वासयति** ॥ ८५ ॥ **सौरीं हुत्वेध्ममादीपयन्ति, उपयमनीरुपकल्पयन्ति, यदि प्रवर्ग्यवान्** ॥ ८६ ॥ **अथ यद्यप्रवर्ग्योऽत्रैवेध्म-**

शुल्बिण्याख्या शरावप्रोतकूर्च इति केचित्। अन्ये शूर्प इति। अपरे रज्जुसन्निवेशविशेष इति ॥ ७८ ॥

हराशयोत्तमोपसत् ॥ ८० ॥

अर्धव्रतमर्धस्तनव्रतमित्यर्थः। प्रातर्दुग्धमेव[1] पक्त्वा विभज्योक्तयोः कालयोर्ददाति। अस्मिन्नेवकाले पयस्यार्थं वत्सापाकरणं केचित् कुर्वन्ति। अन्ये सायमेव यजुषा शाखामाहृत्येति पक्षमाश्रयन्ति ॥ ८३ ॥

एतदेव विपरि विपरीतमित्यर्थः। किम्। वक्ष्यमाणम् ॥ ८४ ॥

किन्तु अथशब्द[2] आनन्तर्ये। अनन्तरमेवोक्तम्। उत्तमयोपसदा प्रचरति। पूर्वाह्ण एवेत्यर्थः। उक्तमाश्वलायनेन—'औपवसथ्य उभे पूर्वाह्णे' इति। आचार्योऽपि क्वचित्क्वचिद् दर्शयति। 'चतुरोऽस्य रौहिणान्' (वाधूश्रौ. ७.१३.१.१) इत्यादिषु। इह 'अपराह्णे धौताः समायन्ति'[3] (वाधूश्रौ. ६.६.१.२)

---

१. M Ad प्रतर्दु°. २. M Ad °शब्दे. ३. M Ad संमा°.

मादीपयन्त्युपयमनीरुपकल्पयन्ति॥ ८७॥ उत्तरवेद्यै संभाराः ॥ ६.४.२.८८॥ **[इति द्वितीयः पटलः** (१३) **]**

[उत्तरवेदिसंभाराः]

उत्तरवेद्यै संभाराः–गुल्गुलुः *[१]**(सुगन्धितेजनं शुक्लोर्णास्तुकाः पौतुद्रवाः परिधय उपाꣳशुग्रहणं प्रोक्षण्यः) पञ्चगृहीतमाज्यम्**॥ १॥ **पदं त्रेधा करोति**॥ २॥ **अत्रैवाग्नये तृतीयमुपनिवपति**॥ ३॥ **उपयमनीषु तृतीयम्**॥ ४॥ **क्षेपाञ्जनाय तृतीयं निदधाति**॥ ५॥ **आदीप्त इध्मे चतुर्गृहीतं गृह्णीते**॥ ६॥ **तज्जुहोति** 'अन्वग्निरुषसामग्रमख्यद्' **इत्यनुख्यातिम्।** '°अन्वहानि =आ ततान स्वाहा' **इति**॥ ७॥ **हुत्वा पञ्चगृहीतं गृह्णीते**॥ ८॥ **उद्यच्छन्त इध्म** *[२]**(म्**॥ ९॥ **उपयच्छन्त्युपयमनीः**॥ १०॥ 'अग्नये प्रह्रियमाणायानुब्रूहि' **इत्याह।** '°एकस्फ्ययाऽनुद्रव' **इति**॥ ११॥ **स्फ्येन लिखन्नेकस्फ्ययाऽनुद्रवत्योत्तरवेद्यै**॥ १२॥ 'कविर्यज्ञस्य वि तनोति पन्थाम्' **इत्यध्वर्युर्यजमानं वाचयति।** '°नाकस्य=सनीयान्' **इति**॥ १३॥ **अनुद्रुत्य** 'इन्द्रघोषस्त्वा वसुभिः पुरस्तात् पातु' **इत्युत्तरनाभिं प्रोक्षति।** '°मनोजवास्त्वा पितृभिर्दक्षिणतः पातु', 'प्रचेतास्त्वा रुद्रैः पश्चात् पातु', 'विश्वकर्मा त्वाऽऽदित्यैरुत्तरतः पातु', 'बृहस्पतिस्त्वा विश्वैर्देवैरुपरिष्टात् पातु' **इति**॥ १४॥**)** **यत्प्रोक्षणीनामुच्छिष्यते तद्दक्षिणतो महावेद्यै स्फ्यस्य वर्त्मन्नुप निनयति**॥ १५॥ **यं द्वेष्टि यजमान** *[३]**(स्तं ध्यायति**॥ १६॥ **अप उपस्पृश्य पञ्चगृहीतमादाय हिरण्यमुपास्याक्षणयोरुत्तरनाभिं व्याघारयति**॥ १७॥ 'सिꣳहीरसि सपत्नसाही स्वाहा' **इति दक्षिणेꣳऽसे**॥ १८॥ 'सिꣳहीरसि सुप्रजावनिः स्वाहा' **इत्युत्तरस्याꣳ श्रोण्याम्**॥ १९॥ 'सिꣳहीरसि रायस्पोषवनिः स्वाहा' **इति**

*[१]. Text abri. गुल्गुलुः=पञ्चगृहीतमाज्यम् see V.1.2.1. *[२]. Text abri. इध्म= यत्प्रोक्षणीनामुच्छिष्यते see V.1.2.7-12. *[३]. Text abri. यजमानः=यज्ञवतिं see V.1.2.14-30.

इति ब्रुवन् पूर्वाह्ण एव करणं विस्पष्टीकरोति॥ ६.४.२.८७॥ **[इति द्वितीयः पटलः** (१३) **]**

अत्रैवाग्नये तृतीयमुपनिवपतीति। गार्हपत्य [१]उपवपेदिति वचनादाहवनीयार्थ इध्म उद्यत उपनिवपति। अतिमुक्त्यन्ते माहावेदिकं तृणकलाप्यर्थं च बर्हिराहरति। तूर्ष्णीं माहावेदिकम्। अन्य आहधर्मवदेवाहर्तव्यम्। कुतः। वेदिशब्दः संस्कारनिमित्तः। बर्हिस्तरणं च वेदिसंस्कारः। तत्संस्कृता वेदिर्भवति। अपर एवं वर्णयन्ति—'संस्काराणां द्वैविध्यम्। उत्पत्त्यर्थाः केचित्। केचिदुत्पन्नस्य[२] कर्मयोग्यतामापादयन्ती'ति। अत्र स्तम्बयजुरादयो वेदित्वापादनार्थाः। प्रोक्षणबर्हिस्तरणादयः कर्मयोग्यतापादनार्थाः। यथाहवनीयादीनामाधानादय उत्पत्त्यर्थाः। परिस्तरणादय उत्पन्नानां कर्मयोग्यतामापादयन्तीति विषम उपन्यासः। परिस्तरणादीनां प्रकरणान्तरे विहितानां प्रयोजनान्यत्वं मृग्यते। एकस्मिन्नेव प्रकरणे विहितानामिमे उत्पत्त्यर्था इमे नेति ज्ञातुं न शक्यते। अत्र युक्तं विचारणीयम्[३]। तूष्णीकमेव युक्तमिवाभाति। अग्नीषोमीयादिषु प्रोक्षणास्तरणादिदर्शनात्। अनुपदकारस्तु माहा–

१. M Ad उपवेदि°; thus T. २. M Ad °दुपन्यस्य; thus T. ३. M Ad °णीयः; thus T.

दक्षिणायाः श्रोण्याम्॥ २० ॥ 'सिꣳहीरस्यादित्यवनिः स्वाहा' **इत्युत्तरेꣳऽसे**॥ २१ ॥ 'सिꣳहीरस्या वह देवान् देवयते यजमानाय स्वाहा' **इति मध्ये**॥ २२ ॥ 'भूतेभ्यस्त्वा' **इति स्रुचमुद्गृह्णाति**॥ २३ ॥ 'विश्वायुरसि पृथिवीं दृꣳह' **इति मध्यमं परिधिं परिदधाति पौतुद्रवम्**॥ २४ ॥ 'ध्रुवक्षिदस्यन्तरिक्षं दृꣳह' **इति दक्षिणार्ध्यम्**॥ २५ ॥ 'अच्युतक्षिदसि दिवं दृꣳह' **इत्युत्तरार्ध्यम्**॥ २६ ॥ 'अग्नेर्भस्मास्यग्नेः पुरीषमसि' **इति संभारान् निवपति**॥ २७ ॥ 'तान् इडायै सृप्तं घृतवच्चराचरम्' **इति सꣳस्रावेणाभि जुहोति**। '०देवा अन्वविन्दन् गुहाहितम्। ये ग्राम्याः पशवो विश्वरूपा विरूपाः सन्तो बहुधैकरूपाः तेषाꣳ सृप्तानां मयि रन्तिरस्तु स्वाहा' **इति**॥ २८ ॥ **उपनिवपत्युपयमनीः**॥ २९ ॥ **सादयत्यग्निम्**॥ ३० ॥ 'प्रजापतिरसि विश्कर्मा' **इति सन्नमुपतिष्ठते**। '०तदसौ सूर्यस्तदयमग्निः संप्रियः पशुभिर्भुवत्' **इति**॥ ३१ ॥ **आहुतिषाहेऽतिमुक्तीर्जुहोति**'अग्निर्यज्ञं नयतु प्रजानन् मैनं यज्ञहनो विदन्। देवेभ्यः प्रब्रूताद्यज्ञं प्र प्र यज्ञपतिं तिर स्वाहा', 'वार्युर्यज्ञं नयतु प्रजानन् मैनं यज्ञहनो विदन्। देवेभ्यः प्रब्रूताद्यज्ञं प्र प्र यज्ञपतिं तिर स्वाहा', 'सूर्यो यज्ञं नयतु प्रजानन् मैनं यज्ञहनो विदन्। देवेभ्यः प्रब्रूताद्यज्ञं प्र प्र) यज्ञपतिं तिर स्वाहा' **इति**॥ ३२ ॥ **स्फ्यमाददान आह** 'व्युत्क्रामत माऽवोभिः परिगृहीषं ब्रह्मन्नुत्तरं परिग्राहं परिग्रहीष्यामि' **इति**॥ ३३ ॥ **दक्षिणतो महावेद्यै ब्रह्मोपविशति**॥ ३४ ॥ **प्रसूत उत्तरं परिग्राहं परिगृह्णाति**॥ ३५ ॥ **योयुपित्वाऽवस्कभ्य पूर्वेण शालां तिष्ठन् संप्रेष्यति** 'प्रोक्षणीरासादयेध्माबर्हिरुपसादय' **इति**॥ ३६ ॥ **आसादयत्यस्मै प्रोक्षणीः**॥ ३७ ॥ **उपसादयतीध्माबर्हिः**॥ ३८ ॥ **इध्माबर्हिः प्रोक्षति**॥ ३९ ॥ **वेदिं प्रोक्षति**॥ ४० ॥ **आसन्नं प्रोक्षति**॥ ४१ ॥ **तृणकलापीं प्रोक्षति**॥ ४२ ॥ **यत्प्रोक्षणीनामुच्छिष्यते तत्प्रतिप्रस्थात्रे**

वेदिकस्य तूष्णीकत्वं तृणकलाप्या धर्मवत्त्वं चामनति। तत् कुत्रोपलब्धमिति न जानीमः। धर्मवत्त्वे सति सर्वैरध्वर्युपुरुषैः पृथक्पृथगुपात्तधनैराहर्तव्यम्। 'अनतिदृश्नं स्तृणाती'ति हि ब्राह्मणम्॥ ३-३३ ॥

दक्षिणतो महावेद्यै[१] ब्रह्मोपविशति॥ ३४ ॥

अग्निहोत्रहवणीं स्फ्यं च सादयित्वा पवित्रे आदाय हस्तौ मार्जयित्वा प्रोक्षणीः संस्कृत्य स्फ्यं प्रोक्ष्य निधाय प्रोक्षणीः स्फ्यमाददान[२] इत्यादि प्रतिकरोति। [३]केचिदत्रैवाग्नीषोमीयार्थानि पात्राणि सादयन्ति[४]। तथा सति प्रोक्षणीः संस्कृत्य पात्राणि प्रोक्ष्य शेषं निधाय व्युत्क्रामतेत्यादि। इतरथा बर्हिरादायासंस्कृतमेव सादयेत्[५]। स्फ्यमुदस्य तं संस्कृत्य ताभिरसंस्कृताभिर्वा प्रोक्षति। स्फ्यमुदस्याधर्मकत्वे प्रोक्षणं तूष्णीकमेव॥ ३६-३७ ॥

इध्माबर्हिरग्नीषोमीयार्थं माहावेदिकं चादत्ते[६]॥ ३८ ॥

द्विः प्रोक्षितमग्नीषोमीयस्येध्मा बर्हिरिति प्रदर्शनी[७]। प्रोक्षेद्[८] बर्हिरग्नीषोमीयार्थं माहावेदिकं च, अधर्मकत्वे नास्ति वक्तव्यम्॥ ३९ ॥

---

१. M Ad °वैद्ये; thus T. २. M Ad °दानमित्या. ३. T क्वचिद्. ४. T °यति. ५. M Ad °येत; thus T. ६. M Ad T °दत्ते=द्विः. ७. M Ad °र्शनात्; thus T. ८. M प्रेक्षे, Ad प्रक्षे; thus T.

प्रयच्छन्नाह 'अनेनैधान् प्रोक्ष' इति ॥ ४३ ॥ तेन स एधान् प्रोक्षति ॥ ४४ ॥ आदत्ते एतः शाकलमिध्मम् ॥ ४५ ॥ तमुत्तरत आहवनीयस्य सादयति ॥ ४६ ॥ अग्नीषोमीयस्यैष पशोरिध्मा भवति ॥ ४७ ॥ तृणकलापीमेतामादायोत्तरवेद्यै पृष्ठ्याः स्तृणन्नेति ॥ ४८ ॥ हविर्धाने एवातः संवर्तयति ॥ ६.४.३.४९ ॥ [इति तृतीयः पटलः (१४)]

॥ इति षष्ठप्रपाठके चतुर्थोऽनुवाकः ॥

तिरःपवित्रमप आनयति । ताः स्रुचि[१] आदत्ते । एतं शाकलमिध्ममिति बर्हिषा सह द्विः प्रोक्षितम् । 'अग्नीषोमीयस्येध्माबर्हिरि'ति शाखान्तरे दर्शनात् । धर्मवत्त्वे श्रोण्यां निनयनं नास्ति । अर्थान्तरे विनियुक्तत्वात् धर्मवत्त्वे दक्षिणायां श्रोण्यां निधाय प्राक् स्तृणीत बर्हिरित्येतस्मात् ॥ ४५–४७ ॥

तृणकलापीमेतामादायेत्यादि ॥ ६.४.३.४८ ॥ **[इति तृतीयः पटलः (१४)]**

॥ इति व्याख्यायां षष्ठप्रपाठके चतुर्थोऽनुवाकः ॥

---

१. M Ad स्रुची...आ°; thus T.

॥ अथ षष्ठप्रपाठके पञ्चमोऽनुवाकः ॥

[हविर्धानसंवर्तनम्]

हविर्धाने एवातः संवर्तयन्ति ॥ १ ॥ दक्षिणत एव दक्षिणमुत्तरत उत्तरम् ॥ २ ॥ न पृष्ठ्यामप्यतिवर्तयन्ति ॥ ३ ॥ ते पुरस्ताच्छालायै साङ्काशिने स्थापयन्ति ॥ ४ ॥ बद्धमवस्यन्ति ॥ ५ ॥ प्रक्षालयन्ति रराटीयम् ॥ ६ ॥ तृतीयं च्छदिरुद्दधति ॥ ७ ॥ परिश्रयन्ति ॥ ८ ॥ एवꣳ संक्लृप्तेऽध्वर्युः प्रपद्य शालां चतुर्गृहीतं गृहीते ॥ ९ ॥ तज्जुहोति 'युञ्जते मन उत युञ्जते धियः' **इत्याहवनीये।** '०विप्रा विप्रस्य=ष्टुतिः स्वाहा' **इति ॥ १० ॥ प्रोक्षणीरादाय निष्क्रामति ॥ ११ ॥ वैष्णवीं** 'विष्णवे शुन्धेथाम्' **इति प्रोक्षति ॥ १२ ॥** 'सुवाग्देव दुर्यां आ वद' **इति वाचयति।** '०देवश्रुतौ देवेष्वा घोषेथाम्' **इति ॥ १३ ॥** 'स्रुवꣳ स्रुचम्' **इति संप्रेष्यति।** '०बर्हिराज्यमुपाꣳशुग्रहणमाहरेहि यजमानानयन्तु पत्नीम्' **इति ॥ १४ ॥ आनयति नेष्टा पत्नीं तां दक्षिणया द्वारोपनिर्हृत्य दक्षिणे-**

हविर्धाने एवातः संवर्तयन्ति। द्विर्वचनमनुपरमेण कर्मणः प्रवृत्त्यर्थम्। उत्तरवेदिसंभारनिवपनोत्तरकालं ब्राह्मण[१] आम्नातमपि हविर्धानसंवर्तनमत एव कर्तव्यमिति एवातः[२] शब्दयोरुपयोगः। सोमाख्यहविर्धारणार्थे शकटे अतएव संवर्तयन्त्युभे। आम्नातेन प्रपाद्य दक्षिणं पूर्वेणाहवनीयं पर्याणीय यथोक्तं स्थापयन्ति उत्तरत उत्तरम्[३] ॥ १-२ ॥

साङ्काशिने समदर्शिने ॥ ४ ॥

[४]*बद्धमवस्यन्ति।* अक्षे यद्[४] बद्धं तदवस्यति मुञ्चति। शकटद्वयस्य ॥ ५ ॥

प्रक्षालयन्त्युष्णोदकेन रराटीयम् ॥ ६ ॥

नीडस्य पूर्वमुपरितनभागं छादयितुं समर्थं छदिः। तृतीयं छदिरुद्दधति। नीडस्योपरितनानि त्रीणि छदींषि भवन्ति। तेषामेकं[५] संघट्टनविवरणयोग्यं भवति। इतरे यथावस्थितं तिष्ठतः। तेन नीडं संवृणोतीत्यर्थः। यदा प्रयोजनं तदा विव्रियते[६] संव्रियते[७] च ॥ ७ ॥

परिश्रयन्ति। रराटीयाधस्ताच्च संघट्टनविवरणयोग्येन। अन्ये वर्णयन्ति तृतीयं छदिरुद्धति। शकटद्वयस्योपरि एकं छदिर्निधेयम्। इतरथा तृतीयस्य हविर्धानस्यावरुध्या इत्यर्थवादो नोपपद्यत इति। ते ईषत्प्रवर्त्य[८] वर्म कृत्वा स्थापयति ॥ ८ ॥

---

१. T wrongly gives the text beginning with ने प्रागग्रपद्रहत्यन्तरा (p.276, line 6) and ending with अतएव (p.279, line 7) belonging to *Darśapūrṇamāsesti*, here under *Agniṣṭoma* between ब्राह्मण and आम्नातमपि. This text has been placed at its proper place under *Darśapūrṇamāseṣṭi* (*VādhŚS*. 2.1.1.32-2.1.2.2). २. M Ad ०त्येतावत; thus T. ३. M Ad उत्तर. ४-४. M Ad om; thus T. ५. M Ad om एकं; thus T. ६. M Ad विप्रिय; thus T. ७. M Ad संप्रिय०; thus T. ८. M Ad प्रवृत्य.

नान्वाहार्यपचनं पदं बिभ्रतीम्॥ १५ ॥ **तस्यामागतायामध्वर्युश्चतुर्गृहीतं गृह्णीते**॥ १६ ॥ **तज्जुहोति** 'इदं विष्णुर्वि चक्रमे' **इति हविर्धानस्योत्तरस्यां वर्तन्याः हिरण्यमुपास्य**। '०त्रेधा=सुरे स्वाहा' **इति**॥ १७॥ **पदे सःस्त्रावमवनयति**॥ १८॥ 'आ नो वीरो जायतां कर्मण्यः' **इति प्राचा हस्तेन पदेनाक्षं पत्न्युपानक्ति**। '०यः सर्वे=सद्रशी' **इति**॥ १९॥ **तूष्णीं दक्षिणत उपानक्ति**॥ २०॥ **अत्रैव स्त्रुवः स्त्रुचं बर्हिराज्यमुपांशुग्रहणम् इत्यूहति**॥ २१॥ **प्रतिप्रस्थात्रे प्रतिपथं नेष्टा पत्नीमानयति**॥ २२॥ **तां दक्षिणया द्वारा प्रपद्योत्तरया निष्क्रामति**॥ २३॥ **तस्यामागतायां प्रतिप्रस्थाता चतुर्गृहीतं गृह्णीते**॥ २४॥ **तज्जुहोति** 'इरावती धेनुमती हि भूतम्' **इत्युत्तरस्य हविर्धान-स्य दक्षिणायां वर्तन्याः हिरण्यमुपास्य**। '०सूयवसिनी मनवे यश=मयूखैः स्वाहा' **इति**॥ २५॥ **पदे सःस्त्रावमवनयति**॥ २६॥ 'आ नो वीरो जायतां कर्मण्यः' **इति प्राचा हस्तेन पदेनाक्षं पत्न्युपानक्ति**। '०यः सर्वेऽनुजीवाम यो बहूनामसद्रशी' **इति**॥ २७॥ **तूष्णीमुत्तरत उपानक्ति**॥ २८॥ **प्रतिपरैति पत्नी**॥ २९॥ 'हविर्धानाभ्यां प्रोह्यमाणाभ्यामनुब्रूहि' **इत्याह**॥ ३०॥ 'सुवाग्देव दुर्या आ वद' **इति वाचयति यदि चात्रैवोत्सृजति, यदि च न** 'इषमा वदोर्जमा वद' **इति**॥ ३१॥ 'प्राची प्रेतमध्वरं कल्पयन्तीः' **इत्यनुमन्त्रयते**। '०ऊर्ध्वं यज्ञं नयतं मा जीह्वरतम्' **इति**॥ ३२॥ 'अत्र रमेथां वर्ष्मन् पृथिव्याः' **इति पुरस्तात् परीत्य काले नभ्यस्थे वारयतः**॥ ३३॥ 'दिवो वा विष्णवुत वा पृथिव्याः' **इत्याशीः पदयर्चा दक्षिणस्य हविर्धानस्याध्वर्युर्मेथीं निहन्ति**। '०महो वा विष्णवु=सव्यात्' **इति**॥ ३४॥ 'विष्णोर्नु कं वीर्याणि प्र वोचम्' **इत्युत्तरस्य प्रतिप्रस्थाता**। '०यः पार्थिवानि=गायः' **इति**॥ ३५॥ 'विष्णो रराटमसि' **इति रराटीयं प्रत्यभिमृशति**॥ ३६॥ 'विष्णोः

उत्तरस्यां वर्तन्याम् उत्तरस्मिंश्चक्रवर्त्मनि॥ १७॥

यदि चैवोत्सृजत्यक्षशब्दो, यदि च न नैमित्तिकवत् ब्राह्मणे दृष्टमपि वाचनं[१] नित्यमित्यर्थः॥ ३१॥

वाचने प्रकृतत्वादनुमन्त्रणेऽपि यजमानो द्वितीय इति केचित्। सर्वकर्मसु प्रकृतत्वात् प्रतिप्रस्थातैव द्वितीय इत्यन्ये॥ ३२॥

काले नभ्यस्थे वारयतः। काले स्थाने। किं स्थानम्। आखरभाविनः स्थानात् पश्चादरत्निमात्रम्। दक्षिणेनोत्तरेण च पृष्ठ्यायाश्चक्रफलके नभ्ये। अत [२]एव प्रतियुक्तधर्मता[३] ज्ञायते॥ ३३॥

मेथी अक्षानपक्रमणार्थशंकुः[४]॥ ३४॥

रराटीयाख्यो [५]द्वार्बाह्वोरुपरितनो वंश इति केचित्। तत्[६] संसक्तं किञ्चिच्छदिरिति केचित्। अपरे तोरणमालेति॥ ३६॥

---

१. Ad वच०; thus T. २. M एत. ३. M Ad प्रधयुक्तचर्मता, T प्रतियुक्तचक्रता. ४. M Ad ०नवक्र०; thus T. ५. M द्वा बा; Ad द्वो बा०. ६. M Ad om; thus T.

पृष्ठमसि' **इति मध्यमं छदिः** ॥ ३७ ॥ 'विष्णोः श्यप्त्रे स्थः' **इत्यभितश्छदिषी** ॥ ३८ ॥ 'विष्णोः स्यूरसि' **इति दक्षिणां द्वारेयीमध्वर्युः सीव्यत्युत्तरां प्रतिप्रस्थाता** ॥ ३९ ॥ 'विष्णोर्ध्रुवमसि' **इत्यरत्निमात्रे स्युत्वा ग्रन्थी विस्रꣳसयतः** ॥ ४० ॥ **ग्रन्थीकुर्वन्तौ सीव्यतः** ॥ ४१ ॥ 'वैष्णवमसि विष्णवे त्वा' **इति क्लृप्तꣳ हविर्धानमभिमृशतः** ॥ ४२ ॥ **देवस्य त्वा** ॥ ६.५.१.४३ ॥ [**इति प्रथमः पटलः** (१५)]

[औदम्बर्यवटपरिलेखनम्]

'देवस्य त्वा सवितुः प्रसवे' **इत्यभ्रिमादत्ते**। '○अश्विनोर्बाहुभ्यां पूष्णो हस्ताभ्यामाददेऽभ्रिरसि नारिरसि' **इति** ॥ १ ॥ 'परिलिखितꣳ रक्षः=तयः' **इत्यौदुम्बर्या अवटं परिलिखति**। '○इदमहꣳ रक्ष= अपिकृन्तामि' **इति** ॥ २ ॥ 'प्रस्तोतः' **इत्याह**। '○एतं खन' **इति** ॥ ३ ॥ 'देवस्य त्वा सवितुः प्रसवे' **इत्येवाभ्रिमादत्ते**। '○अश्विनोर्बाहु=ददेऽभ्रिरसि नारिरसि' **इति** ॥ ४ ॥ 'परिलिखितꣳ रक्ष=तयः' **इत्युपरवकालं परिलिखति**। '○इदमहं=कृन्तामि' **इति** ॥ ५ ॥ **अथैनानवान्तरं परिलिखत्येकैकम्** ॥ ६ ॥ 'रक्षोहणो वलगहनः परिलिखामि वैष्णवान्' **इति दक्षिणतः पूर्वार्ध्यम्** ॥ ७ ॥ 'रक्षोहणो वलगहनः परिलिखामि वैष्णवान्' **इति यस्तस्मादपरस्तम्** ॥ ८ ॥ 'रक्षोहणो वलगहनः परिलिखामि वैष्णवान्' **इति यस्तस्मादुत्तरतस्तम्** ॥ ९ ॥ 'रक्षोहणो वलगहनः परिलिखामि वैष्णवान्' **इति सर्वोत्तरार्ध्यम्** ॥ १० ॥ 'उन्नेतः' **इत्याह**। '○एतान् खनासंभिन्दन् बाहुमात्रे सन्तृन्ताद्' **इति** ॥ ११ ॥ 'देवस्य त्वा सवितुः प्रसवे' **इत्येवाभ्रिमादत्ते** ॥ '○अश्विनो=नारिरसि' **इति** ॥ १२ ॥ 'परिलिखितꣳ रक्षः=रातयः' **इति यूपावटं परिलिखति**। '○इदमहꣳ रक्षसो=कृन्तामि' **इति** ॥ १३ ॥ 'सुब्रह्मण्य' **इत्याह**। '○एतं खनोपरवसंमितं खातमौदुम्बर्या अवटम् अभ्येनमुपनिहितामौदुम्बरीम्' **इति** ॥ १४ ॥ 'यवमतीः प्रोक्षणीः' **इति संप्रेष्यति**। '○बर्हिराज्यमुपाꣳशुग्रहणमाहरेहि यजमान' **इति** ॥ १५ ॥ 'दिवे

द्वारेयी द्वार्बाहुः। [1]दक्षिणामित्यविशेषवचनात्पूर्वापरयोर्द्वारौ[2] तथोत्तरामिति[2] प्रत्येकं मन्त्रावृत्तिः। सीव्यति प्रच्छाद्य बध्नाति। उपमूल एकं ग्रन्थिं ग्रथ्नाति ॥ ३९ ॥

ततोऽरत्निमात्रे[3] वेष्टयित्वा विस्रंसयति। ततो ग्रन्थिविरहितमेवाग्राद्वेष्टयति ॥ ४१ ॥

[4]एवमितरक्लृप्तं हविर्धानमभिमृशतः। स्थूणानिधानवंश[4]छदिरुद्धानपरिश्रयणादिना क्लृप्तं हविर्धानाख्यम्। विमितमभिमृशतोऽध्वर्यू ॥ ६.५.१.४२ ॥ [**इति प्रथमः पटलः** (१५)]

उपरवकालं [5]त्रिवितस्तिव्यासं समचतुरश्रं सर्वतो लिखति ॥ ५ ॥

अवान्तरं लिखति। मध्ये कोणेषु वितस्तिविष्कम्भान्[6] वितस्त्यन्तरालोपरितो[6] लिखत्येकैकं [7]खातमित्याद्यभ्येतोऽध्वर्यू[8]। प्रक्षाल्याम्नातेन प्रपाद्यावटसमीपे[8] निहिताम् ॥ ६ ॥

---

१. T दक्षिणमि°. २-२. M Ad °पू...त्तरामिति; thus T. ३. Ad °रग्निमा. ४-४. M Ad इत्येव° °मविमृशत्व°, T क्लृप्तक...नव(ङ्ग) छदिरु. ५. M Ad °कालन्तिवित. ६-६. M Ad °कम्भावितस्यान्तरालः प°, T °वितरत्य°. ७. M Ad खान्त°. ८-८. M °द्यभ्ये...समीपे; Ad °प्रवाद्या°.

त्वाऽन्तरिक्षाय त्वा पृथिव्यै त्वा' **इत्यौदुम्बरीं प्रोक्षति** ॥ १६ ॥ 'शुन्धतां लोकः पितृषदनः' **इत्यौदुम्बर्या अवटेऽपोऽवनयति** ॥ १७ ॥ 'यवोऽसि यवयास्मद् द्वेषः' **इति यवान् प्रस्कन्दयति**। '०यवयारातीः' **इति** ॥ १८ ॥ 'पितर्णिां सदनमसि' **इति विषूचीनाग्रं बर्हिर्हस्तं व्यतिषज्यावस्तृणाति** ॥ १९ ॥ 'पितृभ्यः स्वाहा' **इति हिरण्यमन्तर्धायाज्येनाभिजुहोति** ॥ २० ॥ 'उद्गातर्' **इत्याह**। 'कुरुष्व यत्ते कार्यम्' **इति** ॥ २१ ॥ **कुरुत उद्गाता यदस्य कार्यं भवत्यौदुम्बर्याम्** ॥ २२ ॥ 'उद्दिवं स्तभान' **इत्येनामुच्छ्रयति**। '०आऽन्तरिक्षं पृण पृथिवीं दृंह' **इति** ॥ २३ ॥ 'द्युतानस्त्वा मारुतो मिनोतु' **इत्येनां मिनोति**। '०मित्रावरुणयोर्ध्रुवेण धर्मणा' **इति** ॥ २४ ॥ 'ब्रह्मवनिं त्वा क्षत्रवनिम्' **इति प्रदक्षिणं पुरीषेण पर्यूहति**। '०सुप्रजावनिं रायस्पोषवनिं पर्यूहामि' **इति** ॥ २५ ॥ 'ब्रह्म दृंह क्षत्रं दृंह' **इति दीक्षितदण्डेन दृंहति**। '०प्रजां दृंह रयिं दृंह रायस्पोषं दृंह सजातान् यजमानाय दृंह' **इति** ॥ २६ ॥ 'उन्नम्भय पृथिवीम्' **इत्युदपात्रमुपनिनयति**। '०भिन्द्धीदं दिव्यं दृतिम्' **इति** ॥ २७ ॥ 'इषे त्वा' **इत्यस्यै विशाखे हिरण्यं निदधाति** ॥ २८ ॥ 'घृतेन द्यावापृथिवी' ॥ ६.५.२.२९ ॥ **[इति द्वितीयः पटलः** (१६) **]**

[छदिःकर्म]

'घृतेन द्यावापृथिवी आपृणेथाम्' **इत्यौदुम्बर्यां जुहोति** ॥ १ ॥ **आन्तमन्ववस्त्रावयति** ॥ २ ॥ 'ऐन्द्रमसि' **इति दक्षिणं छदिरधि निदधाति** ॥ ३ ॥ 'विश्वजनस्य छाया' **इत्युत्तरम्** ॥ ४ ॥ **दक्षिणानि छदींष्युत्तरान् कुर्वन्ति** ॥ ५ ॥ **अन्तर्वर्तान् कुर्वन्ति** ॥ ६ ॥ **उदीचीनं सदो वर्धयन्ति** ॥ ७ ॥ 'परि त्वा

उच्छ्रयणाद्युद्गात्रा सहाध्वर्युरपि[१] करोति। आम्नानमुद्गात्रर्थमिति चेत् छन्दोगेऽप्याम्नातस्ये-हाम्नानमनर्थकं[२] स्यात् ॥ २२ ॥

उपरवादूर्ध्वं[३] यजमानेन सम्मिता मातव्या। एतदर्थं हि यजमानाह्वानम् ॥ ६.५.२.२४ ॥ **[इति द्वितीयः पटलः** (१६) **]**

सा स्थूणाविष्कले[४] कर्णयोर्मध्ये[५] आन्तमन्ववस्त्रावयति[६]। पुनः पुनरन्वानीय[७] भूमेराहुतिं गमयति। 'भूमिगते स्वाहा करोती'ति श्रुत्यन्तरे वचनम् ॥ २ ॥

छदिः संख्यासु पुरुषार्थमाम्नातासु। क्रत्वर्थमपि तासामेवान्यतमा भवति। 'नवच्छदि[८]स्तेजस्कामस्ये'ति। आस्वन्तर्वर्तान्[९] कुर्वन्ति। छदिषामन्तरालेषु तृणान्तर्वर्तान्[१०] कुर्वन्ति। 'अरण्यं प्रजा उप जीवन्ती'ति वाक्यशेषादारण्यकतृणपूला भवन्ति ॥ ३–६ ॥

अभितः समुच्छ्रयन्ति। परितः सर्वतः अध्वर्युणा मन्त्रेणारब्धे। बहुवचननिर्देशादन्येऽपि

---

१. M Ad om, अपि. २. M Ad °म्नानमनर्थ°; thus T. ३. M Ad उपरादूर्ध्वं. ४. M Ad विषूके. ५. Ad वर्ण°. ६. M स्रवयति; thus Ad T. ७. T °नीया. ८. M Ad छदिते°; thus T. ९. M Ad T °न्तर्वा. १०. M Ad तृणावन्तान्, T °वत्तान्.

गिर्वणो गिरः' **इत्यभितः समुच्छ्रयन्ति।** '०इमा भवन्तु=जुष्टयः' **इति** ॥ ८ ॥ 'इन्द्रस्य स्यूरसि' **इति पूर्वां द्वारमध्वर्युः सीव्यत्यपरां प्रतिप्रस्थाता** ॥ ९ ॥ 'इन्द्रस्य ध्रुवमसि' **इत्यरत्निमात्रे स्युत्वा ग्रन्थी विस्रंसयतः** ॥ १० ॥ **ग्रन्थीकुर्वन्तौ सीव्यतः** ॥ ११ ॥ 'ऐन्द्रमसीन्द्राय त्वा' **इति क्लृप्तं सदोऽभिमृशतः** ॥ १२ ॥

[उपरवकर्म]

खातानुपरवानभ्येतः ॥ १३ ॥ **तेषां संभाराः षट् च शङ्कवो द्वे च फलके** ॥ १४ ॥ 'यवमतीः प्रोक्षणीः' **इति संप्रेष्यति।** '०बर्हिराज्यमुपांशुग्रहणमाहरेहि यजमान' **इति** ॥ १५ ॥ **एतेषामेव शङ्कुनामेकमादाय पुरैव खातानुपरवान् खनत्येकैकम्** ॥ १६ ॥ 'रक्षोहणो वलगहनो वैष्णवान् खनामि' **इति दक्षिणतः पूर्वार्ध्ये खनति** ॥ १७ ॥ 'इदमहं तं वलगमुद्वपामि' **इति पांसूनुद्वपति।** '०यं नः समानो यमसमानो निचखान' **इति** ॥ १८ ॥ 'इदमेनमधरं करोमि' **इति दक्षिणतोऽपरेणोपरवानङ्गुष्ठाभ्यां निबाधते।** '०यो नः समानो योऽसमानोऽरातीयति गायत्रेण छन्दसाऽवबाढो वलगः' **इति** ॥ १९ ॥ 'रक्षोहणो वलगहनो वैष्णवान् खनामि' **इति यस्तस्मादपरस्तं खनति** ॥ २० ॥ 'इदमहं तं वलगमुद्वपामि' **इति पांसूनुद्वपति।** '०यं नः सपत्नो यमसपत्नो निचखान' **इति** ॥ २१ ॥ 'इदमेनमधरं करोमि' **इति दक्षिणतोऽपरेणोपरवानङ्गुष्ठाभ्यां निबाधते।** '०यो नः सपत्नो योऽसपत्नोऽरातीयति त्रैष्टुभेन छन्दसाऽवबाढो वलगः' **इति** ॥ २२ ॥ 'रक्षोहणो वलगहनो वैष्णवान् खनामि' **इति यस्तस्मादपरस्तं खनति** ॥ २३ ॥ 'इदमहं तं वलगमुद्वपामि' **इति पांसूनुद्वपति।** '०यं नः सबन्धुर्यमसबन्धुर्निचखान' **इति** ॥ २४ ॥ 'इदमेनमधरं करोमि' **इति दक्षिणतोऽपरेणोपरवानङ्गुष्ठाभ्यां निबाधते।** '०यो नः सबन्धुर्योऽसबन्धुररातीयति जागतेन छन्दसाऽवबाढो वलगः' **इति** ॥ २५ ॥ 'रक्षोहणो वलगहनो वैष्णवान् खनामि' **इति सर्वोत्तरार्ध्यं खनति** ॥ २६ ॥ 'इदमहं तं वलगमुद्वपामि' **इति पांसूनुद्वपति।** '०यं नो भ्रातृव्यो यमभ्रातृव्यो निचखान' **इति** ॥ २७ ॥ 'रक्षोहणो वलगहनो वैष्णवान् खनामि' **इति यस्तस्मादुत्तरस्तं खनति** ॥ २८ ॥ 'इदमेनमधरं करोमि' **इति दक्षिणतोऽपरेणोपरवानङ्गुष्ठाभ्यां निबाधते।** '०यो नः भ्रातृव्यो योऽभ्रातृव्योऽरातीयत्यानुष्टुभेन

परिकर्मिणः साहाय्यं कुर्वन्ति। अस्मिन्काले आग्नीध्रमपि विमितं कुर्वन्ति ॥ ८ ॥

तस्य दक्षिणतो[1] द्वारं कुर्वन्ति। दक्षिणतो न परिश्रयन्ति ॥ ९ ॥

खातानुपरवानभ्येतो[2]ऽध्वर्यू। किमर्थं प्रतिप्रस्थातु[3]रभिगमनमिति चेदाखरक्लृप्त्यर्थम्[4]। अथवा यजमानो द्वितीयः सन्निहितस्यैव कर्मण्येकाग्रतामापादयितुम्। पादाङ्गुष्ठाभ्यामवस्कभ्नाति[5] बाधमिष्यते ॥ १३ ॥

---

१. M Ad om; thus T. २. M Ad ०भ्यतो. ३. M Ad ०प्रस्थासुर०; thus T. ४. M Ad ०त्यर्थः; thus T. ५. M Ad ०स्कार्याति; thus T.

छन्दसाऽवबाढो वलगः' **इति** ॥ २९ ॥ **तान् समुप्य दक्षिणेन वेदिं परोप्याप उपस्पृश्य** 'अशीवहि' **इति पूर्वार्ध्ययोः संमृशेते अध्वर्युश्च यजमानश्च** ॥ ३० ॥ **दक्षिणतोऽध्वर्युः भवत्युत्तरतो यजमानः** ॥ ३१ ॥ 'अध्वर्यो किमत्र' **इति पूर्वं पृच्छति यजमानः** ॥ ३२ ॥ 'भद्रम्' **इति स आह** ॥ ३३ ॥ 'तन्नौ सह' **इति** ॥ ३४ ॥ 'यजमान किमत्र' **इति पृच्छत्यध्वर्युः** ॥ ३५ ॥ 'भद्रम्' **इति स आह** ॥ ३६ ॥ 'तन्नौ सह' **इति** ॥ ३७ ॥ 'व्यशीवहि' **इति दक्षिणार्ध्ययोः संमृशेते** ॥ ३८ ॥ 'यजमान किमत्र' **इति पृच्छत्यध्वर्युः** ॥ ३९ ॥ 'भद्रम्' **इति स आह** ॥ ४० ॥ 'तन्नौ सह' **इति** ॥ ४१ ॥ 'अध्वर्यो किमत्र' **इति पृच्छति यजमानः** ॥ ४२ ॥ 'भद्रम्' **इति स आह** ॥ ४३ ॥ 'तन्नौ सह' **इति** ॥ ४४ ॥ 'समशीवहि' **इत्यपरार्ध्ययोः संमृशेते** ॥ ४५ ॥ 'अध्वर्यो किमत्र' **इति पृच्छति यजमानः** ॥ ४६ ॥ 'भद्रम्' **इति स आह** ॥ ४७ ॥ 'तन्नौ सह' **इति** ॥ ४८ ॥ 'यजमान किमत्र' **इति पृच्छत्यध्वर्युः** ॥ ४९ ॥ 'भद्रम्' **इति स आह** ॥ ५० ॥ 'तन्नौ सह' **इति** ॥ ५१ ॥ 'उदशीवहि' **इत्युत्तरार्ध्ययोः संमृशेते** ॥ ५२ ॥ 'यजमान किमत्र' **इति पृच्छत्यध्वर्युः** ॥ ५३ ॥ 'भद्रम्' **इति स आह** ॥ ५४ ॥ 'तन्नौ सह' **इति** ॥ ५५ ॥ 'अध्वर्यो किमत्र' **इति पृच्छति यजमानः** ॥ ५६ ॥ 'भद्रम्' **इति स आह** ॥ ५७ ॥ 'तन्नौ सह' **इति** ॥ ५८ ॥ **अथैनानवान्तरमभिमृशत्येकैकम्** ॥ ५९ ॥ 'विराडसि सपत्नहा' **इति दक्षिणतः पूर्वार्ध्यम्** ॥ ६० ॥ 'सम्राडसि भ्रातृव्यहा' **इति यस्तस्मादपरस्तम्** ॥ ६१ ॥ 'स्वराडस्यभिमातिहा' **इति यस्तस्मादुत्तरस्तम्** ॥ ६२ ॥ 'विश्वाराडसि विश्वासां नाष्ट्राणाꣳ हन्ता' **इति सर्वोत्तरार्ध्यम्** ॥ ६३ ॥ 'रक्षोहणो वलगहनः प्रोक्षामि वैष्णवान्' **इत्येनान् सह सर्वान् प्रोक्षति** ॥ ६.५.३.६४ ॥ **[इति तृतीयः पटलः (१७)]**

[प्रोक्षणादिकर्म धिष्णियकरणञ्च]

एनान् सह सर्वान् प्रोक्षति ॥ १ ॥ 'रक्षोहणो वलगहनोऽवनयामि वैष्णवान्' **इति दक्षिणतः पूर्वार्ध्ये वोपनयति** ॥ २ ॥ **एवमेकस्मिन्** ॥ ३ ॥ 'यवोऽसि यवयास्मद् द्वेषः' **इति यवान् प्रस्कन्द-यति** । '०यवयारातीः' **इति** ॥ ४ ॥ **एवमेवैकस्मिन्** ॥ ५ ॥ 'रक्षोहणो वलगहनोऽवस्तृणामि वैष्णवान्' **इति विषूचीनाग्रं बर्हिः स्तृणाति** ॥ ६ ॥ **तस्मिन्नेवमेवैकस्मिन्** ॥ ७ ॥ 'रक्षोहणो वलगहनोऽभि जुहोमि वैष्णवान् स्वाहा' **इत्येनान् हिरण्यमन्तर्धायान्येनाभि जुहोति** ॥ ८ ॥ 'रक्षोहणौ वलगहनौ प्रोक्षामि वैष्णवी' **इत्यधिवणफलके प्रोक्षति** ॥ ९ ॥ 'रक्षोहणौ वलगहनावुपदधामि वैष्णवी' **इत्येतावधिषवणफलके अधिवदति** ॥ १० ॥ 'प्रति तिष्ठ' **इति शङ्कुं दृꣳहति द्वाभ्यां पश्चाद्**

'अशीवहि' इत्यादिभिरभिमर्शनमध्वर्युणा[१] युक्तम्[२] । यजमानः संमृशति ॥ ३०–३१ ॥

अवान्तरमभ्यन्तरेऽभिमृशति[३] प्रत्येकमेव । द्वाभ्यां मध्ये अभित आस्तृणाति परिस्तृणाति[४] च ॥ ६.५.३.५९ ॥ **[इति तृतीयः पटलः (१७)]**

अधिवदति अधिषवणफलके अभिसन्धाय वदति ॥ १० ॥

---

१. M Ad ०भिमर्शमध्व०. २. M Ad T मुक्तम्. ३. M Ad न्तरे[T रेऽ]भिहै. ४. M Ad om; thus T.

द्वाभ्यां मध्ये॥ ११ ॥ 'रक्षोहणौ वलगहनौ पर्यूहामि वैष्णवी' **इत्येने पुरीषेण पर्यूहति**॥ १२॥ 'रक्षोहणौ वलगहनौ परिस्तृणामि वैष्णवी' **इत्येने बर्हिषा परिस्तृणाति**॥ १३॥ 'रक्षोहणौ वलगहनौ वैष्णवी' **इत्येने अभिमृशति**॥ १४॥ 'रक्षोहणं त्वा वलगहनमध्यूहामि वैष्णवम्' **इत्येनयोऽधिषवणचर्माध्यूहति**॥ १५॥ **तद्** 'बृहन्नसि बृहद्ग्रावा' **इत्यन्तरेषे दीक्षितदण्डेनोद्वादयति**। '०बृहतीमिन्द्राय वाचं वद रक्षोघ्नीं वलगघ्नीं वैष्णवीम्' **इति**॥ १६॥ **एतस्मिन् काले प्रतिप्रस्थाता दक्षिणस्य हविर्धानस्य पूर्वेणोपस्तम्भनं चतुर्गृहीतं बर्हिर्मुष्टिमुपनिबध्नाति**॥ १७॥ **तꣳ सिकताभिः पर्यूहति**॥ १८॥ 'स्फ्यमुदपात्रम्' **इति संप्रेष्यति**। 'पुरीषꣳ सिकता आहरेहि यजमान' **इति**॥ १९॥ **चात्वालात्पुरीषमाहरन्ति, यत्र सिकता विन्दन्ति ततः**॥ २०॥ **ता आग्नीध्रियं धिष्णियमुद्धृत्य व्यूह्यावोक्षति**॥ २१॥ **पुरीषं निवपति**॥ २२॥ **व्यूह्यावोक्षति**॥ २३॥ **सिकता निवपति**॥ २४॥ **व्यूह्यावोक्षति**॥ २५॥ **एवमेव होतुर्धिष्णियं करोति**॥ २६॥ **एवमेव मैत्रावरुणस्य ब्राह्मणाच्छंसिनः पोतुर्नेष्टुरच्छावाकस्य मार्जालीयमिति**॥ २७॥ **अथैनान् यथापूर्वमुपस्थापयत्येकैकम्**॥ २८॥ 'विभूरसि प्रवाहणः' **इत्याग्नीध्रियं धिष्णियम्**। '०रौद्रेणानीकेन=हिꣳसीः' **इति**॥ २९॥ 'वह्निरसि हव्यवाहनः' **इति होतुर्धिष्णियम्**॥ ३०॥ 'श्वात्रोऽसि प्रचेताः' **इति मैत्रावरुणस्य**॥ ३१॥ 'तुथोऽसि विश्ववेदाः' **इति ब्राह्मणाच्छꣳसिनः**॥ ३२॥ 'उशिगसि कविः' **इति पोतुः**॥ ३३॥ 'अङ्घारिरसि बम्भारिः' **इति नेष्टुः**॥ ३४॥ 'अवस्युरसि दुवस्वान्' **इत्यच्छावाकस्य**॥ ३५॥ 'शुन्ध्यूरसि मार्जालीयः' **इति मार्जालीयम्**॥ ३६॥ 'रौद्रेणानीकेन=हिꣳसीः' **इति सर्वेष्वनीकमनुवर्तयति**॥ ६.५.४.३७॥ **[इति चतुर्थः पटलः** (१८) **]**

॥ इति षष्ठप्रपाठके पञ्चमोऽनुवाकः ॥

एतस्मिन्काले यावदध्वर्युयजमानौ उपरवेषु व्यापृतौ तावति काले प्राञ्चं प्रागायतं दीर्घचतुरश्रमपरेण परिश्रयणं सञ्चरमतिशिष्याखरं कल्पयित्वा सिकताभिः पर्यूहति॥ १७–१८॥

धिष्णियानां विष्कम्भान्तरालानां प्रमाणं शुल्बे द्रष्टव्यम्। [१]अन्युप्तधिष्णियानप्यत्रैव केचिदनुदिशन्ति॥ २१॥

सर्वेष्वनीकमनुवर्तयति। 'सम्राडसि' इत्यादिष्वप्येतच्छाखावृत्तेष्वमुकवृत्तिरपि (?)जोस्यादिष्वपि केचित् कुर्वन्ति॥ ६.५.४.३७॥ **[इति चतुर्थः पटलः** (१८) **]**

॥ इति व्याख्यायां षष्ठप्रपाठके पञ्चमोऽनुवाकः ॥

---

१. T अग्न्युप्त०.

॥ अथ षष्ठप्रपाठके षष्ठोऽनुवाकः ॥

[वसतीवरीग्रहणम्]

विप्रतिष्ठन्ते धावनाय ॥ १ ॥ **अपराह्णे धौताः समायन्ति** ॥ २ ॥ **कूर्चापिहितेन कुम्भेन प्रति-प्रस्थाताऽन्तरा चात्वालं चोत्करं च गत्वा वसतीवरीर्गृह्णाति वहन्तीनां प्रतीपस्तिष्ठन् छायायै चातपतश्च सन्धौ** ॥ ३ ॥ **यदि न वहेयुरुत्क्षुभ्य गृह्णीयात्** ॥ ४ ॥ **यदि छाया न स्यादात्मनश्छायां कुर्यात्** ॥ ५ ॥ 'हविष्मतीरिमा आपो हविष्मा=अस्तु सूर्यः' **इति ता यथेतमाहृत्यापरेण गार्हपत्यꣳ सादयति** । '०अग्नेर्वोऽपन्नगृहस्य=धत्त' **इति** ॥ ६ ॥ **तस्मिन्नागते संप्रेष्यति** 'स्तृणीत बर्हिः प्र व्रतं यच्छत समपिव्रतान् ह्वयताग्नीदाज्यमधिश्रय प्रतिप्रस्थातः स्रुचः संमृड्ढ्याज्यानि गृह्णीष्वोन्नेतर्ग्राव्णो वायव्यानि दशापवित्रे द्रोणकलशे समवशमस्वोत्पत्नीमानयन्त्वन्वनाꣳसि प्रवर्तयन्तु' **इति** ॥ ७ ॥ **एतत्कुर्वन्ति** ॥ ८ ॥ **स्रुचः संमृज्याज्यानि गृह्णीते प्रतिप्रस्थाता पृषदाज्यवन्ति प्रसिद्धम्** ॥ ९ ॥

विप्रतिष्ठन्ते धावनाय । विविधं गच्छन्ति स्नानाय । अत्रावश्यं सर्वर्त्विग्भिः प्रकृतैः स्नातव्यम् ॥ १ ॥

प्रतीपं प्रतिस्रोतम् ॥ ३ ॥

यदि न वहेयुरिति । वहन्तीनामभावे स्थावराणामपि ग्रहणमनुजानाति ॥ ४ ॥

छायाभावो द्विविधः । यस्मिंथौ वृक्षाद्यभावादादित्यादर्शनाद्वा । आदित्यदर्शने[१] हि अन्तर्जलगतात्मनः छाया गृह्यते। यद्युच्येताहोरात्रयोरेवास्मै वर्णं गृह्णाति। वाक्यशेषानुपपत्तिः स्यादिति दुर्दिनादौ कालातिपत्तिप्रसंगाद् यथाकथा च वाक्यशेषाद् व्याख्येयः ॥ ५ ॥

तस्मिन् प्रतिप्रस्थातरि वसतीवरीरादायागते सादितासु च वसतीवरीषु संप्रेष्यति-'स्तृणीत बर्हि'रित्यादि ॥ ७ ॥

एतत्कुर्वन्ति । स्तृणाति माहावेदिकम् । विरोधाद्धिष्णियान् वर्जयित्वा खरस्योत्तरं च भागं स्तरणा-न्तरस्य विधानत्वाद्येषां दार्शपूर्णमासिकं स्तरणं नास्ति तेऽत्र स्तृणन्ति। यत्रास्ति तत्र न स्तृणन्ति। अर्धस्तन[२]व्रतं पूर्वस्मिन्निहितमस्मिन्काले प्रयच्छति। अपिव्रतानाह्वयन्ति। अविभक्तदायादाश्च भ्रातरः पुत्राश्च। अविभक्तपिण्डा इत्यन्ये। प्रेषितोऽग्नीषोमीयार्थः[३] पुराणगार्हपत्यवर्जमभ्याधाय[४] बर्हिः संभरेद्यदि पुरस्तादसंभृतं स्यात्। वेदं कृत्वा पशुवत्पात्रसंसादनाद्याज्याधिश्रयणपर्यग्निकरणान्तं करोति। अन्य आह-नानेन तन्त्रं चोद्यते। वैसर्जनहोमार्थस्याज्यस्य विलयनेनापूर्वस्य संस्कारो [५]दार्विहोमिकः। पश्वर्थस्यैव वा विलापनं प्राकृतस्य[६] वाऽधिश्रयणं चोद्यते। चोदनालिंगसंयोगाद् अध्वर्योरेवात्र तन्त्रप्रक्रम इति। तदुत्तरतोऽङ्गारान्निरूह्याधिश्रयतीति प्राकृतोऽग्नीदाज्यमधिश्रयेदितीहा[७]धिश्रयणक्रमे चोद्यमाने तन्त्रमेव चोद्यत इति मत्वा पौरस्त्यं[८] व्याख्यानं कृतम् ॥ ८ ॥

---

१. M Ad आदित्यादर्श. २. Ad अर्धस्तत्र°. ३. M Ad °यार्थं. ४. M Ad °वर्जम[Ad नम]भ्यधाय. ५. M Ad दर्विहो°. ६. M Ad °कृतस्यैव. ७. M Ad °श्रयेतीहा°. ८. M Ad पौरस्त्य.

जुहूपभृतोर्गृहीत्वा 'महीनां पयोऽसि' इति पृषदाज्यायोपस्तृणीते॥ १०॥ 'विश्वेषां देवानां तनूः' **इति द्वितीयम्॥ ११॥** 'ऋध्यासमद्य पृषतीनां ग्रहम्' **इति तिरःपवित्रꣳ स्त्रुचि दध्यानयति।** '°पृषतीनां ग्रहोऽसि' **इति॥ १२॥** 'विष्णोर्हृदयमस्येकमिष' **इत्युपरिष्टादभिघारयति॥ १३॥** 'विष्णुस्त्वाऽनु वि चक्रमे' **इति द्वितीयम्॥ १४॥** 'भूतिर्दध्ना घृतेन वर्धताम्' **इति वाचयति।** '°तस्य मेष्टस्य =अस्तृतम्' **इति॥ १५॥ ध्रुवायै काल आज्यस्थालीमुपोद्यच्छति॥ १६॥ इध्ममादीपयन्ति॥ १७॥ उपयमनीरुपकल्पयन्ति॥ १८॥ उत् पत्नीमानयन्ति॥ १९॥ अन्वनाꣳसि प्रवर्तयन्ति॥ २०॥** 'उदग्ने तिष्ठानु मामुदेहि' **इति प्रजहितमध्वर्युर्दम्पती उपस्थापयति।** '°वैश्वदेवैर्यज्ञियैः संविदानः। उज्जातेन भिनदुदुज्जनित्वै सुवर्गे लोके यजमानꣳ हि धेहि', 'मास्यै हास्या आहुत्यै यामुपेम उत्तिष्ठन्तमनु संभरध्वम्। माऽन्तर्गात भागिनं भागधेयात् सप्तर्षीणाꣳ सुकृतां यत्र लोकास्तत्रेमं यज्ञं यजमानं च धत्तम्', 'अन्वारभेथामनु संभरेथाꣳ समानं पन्थामवथो घृतेन। यद्वां पूर्तं परिविष्टमग्नौ तस्य गुप्त्यै दम्पती सꣳरभेथाम्' **इति॥ २१॥ आगत्यापरेण प्रागावृत्ता उपविशन्ति॥ २२॥ उपस्थे ब्रह्मा वा यजमानो**

'प्रतिप्रस्थातः स्त्रुचः संमृड्ढि' इत्ययं प्रैषखण्डोऽप्राकृतः कर्तृसंबन्धं विदधत्प्राकृतं प्रैषखण्डं न शक्नोत्येतत्कार्योत्पत्तेरित्यविकारेणैव[1] पशुवत् पत्नीवर्जं संप्रेष्यन्ति[2] केचित्। अन्ये प्रैषस्य ज्ञातेऽपि कर्तव्ये प्राप्ते काले स्मारकत्वादन्येनापि वाक्येन स्मृतेः प्रयोजनाभावात्स्त्रुवं च स्त्रुचश्च संमृड्ढीत्येत–दपि परिहापयन्ति[3]। अध्वर्युः... [4]प्रतिप्रस्थाता स्त्रुक्संमार्गाद्याज्यग्रहणान्तं पशुवत्करोति। आग्नीध्र आज्य[5]ग्रहणम्। तद्विकारे सवनीये तथा[6] दर्शनात्। 'आग्नीध्रादतिप्रयन्ति राज्ञा चाज्यैरि'ति दर्शनाच्च। उन्नेता च ग्रावादीनि द्रोणकलशेन सह स्थापयति। ग्रावाख्याः सोमाभिषवार्थाः पाषाणाः। 'उपांशु–सप्तमा ग्रावाण' इत्यनुपदे वचनम्। एवं ब्रुवतोऽभिप्रायोऽभिषोतृत्व एकैकस्य द्वौद्वाविति। तथा सति चतुष्क उपांशुसवननवमा भवन्ति। उपांशुसवनचतुर्था उपांशुसवनपञ्चमा इत्यन्ये। [7]वायव्यान्यूर्ध्व–पात्राणि चतस्त्रश्च सोमस्थाल्यः। ऊर्ध्वपात्राणामनाम्नातवृक्षविशेषाणामौदुम्बरतामनुपदकार आह। तथा द्रोणकलशो[8]दङ्कपरिप्लुतपात्राणामतिग्राह्यवति खादिराण्यतिग्राह्यपात्राणि दशापवित्रे अजाविलोमो ते। [9]दशावददशाकमन्यत्। पत्नीमप्युदानयन्ति॥ ९॥

अनांसि शकटानि यज्ञार्थं दक्षिणार्थं[10] प्रसर्पकदानार्थं द्रव्यपूर्णानि यावन्ति प्रयोजनवन्ति तावन्ति अग्नीषोमयोः प्रणीयमानयोरनुप्रवर्तयन्ति[11]॥ २०॥

प्रजहितं पुराणगार्हपत्यम्॥ २१॥

दम्पती यजमानं पत्नीं चागत्यापरेण गार्हपत्यं प्रागावृत्ता उपविशन्ति। अध्वर्युर्यजमानः पत्न्यपिव्रताश्च[12]॥ २२॥

---

१. M Ad °पत्तेपरिविकारे°; thus T. २. M Ad °ष्यति°; thus T. ३. M Ad °हावय°. ४. In M Ad and T some text between अध्वर्यु and प्रतिप्रस्थाता is missing. ५. M Ad आज्य आग्र°; thus T. ६. T तदा. ७. Ad वायव्यमूर्ध्व°. ८. M Ad °कलश उद°. ९. M Ad दशाव°; thus T. १०. M Ad om. दक्षिणार्थं; thus T. ११. M Ad अनुवर्त°; thus T. १२. M Ad पत्न्यविप्रता°.

वा राजानं कुरुते॥ २३ ॥ **अध्वर्युः प्रचरण्यां चतुर्गृहीतं गृह्णीते**॥ २४॥ **तज्जुहोति** 'त्वꣳ सोम तनूकृद्भ्यः' **इति समारब्धेषु वैसर्जनम्।** '०द्वेषोभ्योऽन्यकृतेभ्य उरु यन्तासि वरूथꣳ स्वाहा' **इति**॥ २५ ॥ 'जुषाणो अप्तुराज्यस्य वेतु स्वाहा' **इति स्त्रुवेणाप्तुं जुहोति**॥ २६ ॥ **उद्यच्छन्ती-ध्मम्**॥ २७ ॥ **उपयच्छन्त्युपयमनीः** ॥ २८ ॥ **आ सोमं ददते**॥ ६.६.१.२९ ॥ [**इति प्रथमः पटलः** (१९)]

आ सोमं ददत आ ग्राव्ण आ वायव्यान्या द्रोणकलशमा वसतीवरीः॥ १ ॥ 'अग्नीषोमा-भ्यां प्रणीयमानाभ्यामनुब्रूहि' **इत्याह**॥ २ ॥ 'अयं नो अग्निर्वरिवः कृणोतु' **इत्यग्निप्रथमाः प्रयन्ति।** '०अयं मृधः पुरवाजसातौ' **इति**॥ ३ ॥ **आगच्छन्त्याग्नीध्रीयं धिष्णियम्**॥ ४॥ **उपनिव-पत्युपयमनीः** ॥ ५ ॥ **सादयत्यग्निम्**॥ ६ ॥ **चतुर्गृहीतं गृह्णीतेऽध्वर्युः प्रचरण्याम्**॥ ७ ॥ **तज्जुहोति** 'अग्ने नय सुपथा राये अस्मान्' **इति नयवत्यर्चाऽऽग्नीध्रे।** '०विश्वानि देव=विधेम स्वाहा' **इति**॥ ८ ॥ **द्रोणकलशं च वसतीवरीश्चोपसादयन्ति**॥ ९॥ **अतिप्रयन्ति राज्ञा चाज्यैश्च**॥ १०॥ **अतिद्रुत्याध्वर्युरिध्माबर्हिः प्रोक्षति**॥ ११ ॥ **वेदिं प्रोक्षति**॥ १२॥ **आसन्नं प्रोक्षति**॥ १३ ॥ **अपो निनीय प्रस्तरं गृह्णाति**॥ १४॥ **स्तृणाति बर्हिः** ॥ १५॥ **प्राङुत्सृप्य परिधीन् परिदधात्येतानेव कार्ष्मर्यमयान्**॥ १६ ॥ **समिधावादधाति**॥ १७॥ 'उरु विष्णो विक्रमस्व' **इति स्त्रुवाहुतिं जुहोति।**

राजानं यथाप्रपन्नं [१]निष्क्रमय्योक्तयोरन्यतरे उपस्थे कृत्वोपविशति यथास्थानम्॥ २३ ॥

समन्वारब्धेषु यजमानादिषु॥ २५ ॥

अप्तुमल्पम्। द्रोणकलशोपवासने तत्स्थानां ग्रावादीनामप्युपवासो लक्ष्यते॥ ६.६.१.२६ ॥[**इति प्रथमः पटलः** (१९)]

वेदिं प्रोक्षति। आखरस्यैव प्रोक्षणमवोक्षणम्। निनीयेत्यत्राप्याखरस्यैव[२]। अपरस्मिन्नित्यन्ये वर्ण-यन्ति। इह [३]प्रपदनावचनाद्वेदिशब्देन निर्देशादिष्टविषये 'प्रपद्याखर' इति निर्देशाद्दक्षिणतोऽन्येषां पशूना-मित्यादावुभयभागे पशूनामवदानदर्शनादपरेणोत्तरवेदिम्। वेद्येकदेशो वेदिशब्देन लक्ष्यते। तन्त्रं प्रोक्षणा-दयो धर्माः। आज्यसोमवर्जानां हविषां सादनं चेति। उच्यते। तथा सति प्रोक्षणस्तरणाभ्यां प्राकृताभ्या-माज्यहविषामसंबन्धः स्यात्। वेद्या एकदेशमाखरस्यापि तुल्यम्। माहावेदिप्रोक्षणस्तरणाभ्यां सिद्धमिति चेत्तदपि तुल्यम्। उभयत्र कस्मिन् प्रदेशे हवींषि साद्यानीत्याकांक्षायामाज्यहविषामाखरे सादनदर्शनात् [४]तत्सहचरितानामौषधादीनामपि[५] तत्रैव सादनं गम्यते। तस्य बाधकं ज्ञानं कथमुपलभ्यते। प्रपदनावचना-दाखरशब्देनानिर्देशाच्चेति चेद्। अर्थात् प्रपदनवचनं[६] यत्रेष्यते तत्रोच्यत इति चेद् उक्तेऽपि नाधिको-ऽर्थोऽस्ति। निधत्तः पात्रे इत्युक्ते प्रपद्यैव यथायतनं च साद्येते। यदुक्तमुत्तरतोऽश्वादीनां सादनं दृष्टम्

---

१. T निष्क्रम्यो°. २. M Ad °रस्येव. ३. M Ad प्रधानव°; thus T. ४. M Ad om तत्; thus T. ५. M Ad औषधीना°; thus T. ६. M Ad प्रपदने वचने.

'०उरु क्षयाय नः कृधि। घृतं घृतयोने पिब प्रप्र यज्ञपतिं तिर स्वाहा'॥ १८॥ **प्रपद्याखर ऐक्षवी तिरश्ची सादयति॥** १९॥ **तिरश्च्योराश्ववालं प्रस्तरम्॥** २०॥ **प्रस्तरे जुहूम्॥** २१॥ **आखर इतरे॥** २२॥**समासाद्य** 'ध्रुवा असदन्', 'यन्मे अग्ने' **इति समभिमृश्य दशहोतारं व्याचष्टे॥** २३॥ **अप उपस्पृश्य राजानं प्रपादयति दक्षिणमभि हविर्धानम्** 'सोमो जिगाति=मा सदम्' **इति॥** २४॥ 'अदित्याः सद आ सीद' **इति सह कृष्णाजिनेन कबन्धे राजानमासादयति॥** २५॥ 'एष वो देव सवितः सोमः' **इति तं प्रयच्छति।** '०ताँ रक्षध्वं मा वो दभद्' **इति॥** २६॥ 'एतत् त्वꣳ सोम देवानुपागाः' **इति सम्प्रदायोपतिष्ठते॥** २७॥ 'इदमहं मनुष्यो=रायस्पोषेणोपावर्ते' **इति मनागुपावर्तते॥** २८॥ 'नमो देवेभ्यः' **इत्यञ्जलिं प्राञ्चं करोति॥** २९॥ 'स्वधा पितृभ्यः' **इति दक्षिणा न्यञ्चम्॥** ३०॥ 'इदमहं निर्वरुणस्य पाशान्मुच्ये' **इति निष्क्रामति॥** ३१॥ 'सुवरभि विख्येषम्' **इत्यनुवीक्षते॥** ३२॥ 'वैश्वानरं ज्योतिः' **इत्याहवनीयं परेक्षते॥** ३३॥ 'अग्नेः समिदसि' **इति समिधमादत्ते॥** ३४॥ 'अग्न व्रतपते' **इति मार्जयित्वा समिधमादधाति।** '०त्वं व्रतानां व्रतपतिरसि या मम तनूस्त्वय्यभूदियं=व्रतानि यथायथं तन्वः स्वाहा' **इति॥** ३५॥ **आहरन्त्यस्मै वसतीवरीः॥** ३६॥ **ता उत्तरवेद्यै दक्षिणायाꣳ श्रोण्यां निधाय तास्वपावृतासु मनाक् स्पर्शयन्निवाङ्गुलीर्विसृजते॥** ३७॥ 'स्वाहा यज्ञं मनसा=क्षात् स्वाहा यज्ञेऽधियज्ञं विसृजे' **इत्यङ्गुलीरुत्पिचति॥** ३८॥ **प्रतिपथं वसतीवरीर्हृत्वाऽपरेण गार्हपत्यं निधाय तास्वेवमेव नेष्टा पत्नीं विसर्जयति॥** ३९॥ **पुरा वा दीक्षायै क्रीते वा राज्ञि यूपं वृश्चन्ति॥** ४०॥ **गार्हपत्य आज्यं**

आखरश्च पृष्ठ्याया दक्षिणत इति। अत्रोच्यते। आहवनीयं परिहृत्य सादितानि दक्षिणतः सादितानि भवन्त्यपरिहृतानि। उत्तरत एव, सर्वत्रोत्तरत उपचारत्वं विहारस्य। ननु बर्हिषीतरे इति ब्रुवन्नाखरे स्तरणाभावं दर्शयति। यत्र स्तीर्णायां वेद्यां सादनं तत्र बर्हिषीतरे। वाससीतर इति वदति। अतोऽन्यत्र स्तरणं गम्यते। यद्येतावता प्रोक्षणस्तरणविरहिते आज्यहविषां सादनमन्येषां स्थानान्तरे सादनं च कल्पयितुं शक्यते। तथाऽस्तु[१] नाम। तत्र युक्तं विचारणीयम्। वैष्णव्यन्तेऽपिव्रता[२] यथेष्टं गच्छन्ति॥ १२–२२॥

अप उपस्पृश्याध्वर्यू राजानमादाय यथोक्तं सादयति[३]॥ २४–२५॥

संप्रदानाद्यङ्गुल्युत्पेचनान्तं याजमानम्॥ २७–३८॥

पुरा वा दीक्षायै क्रीते[४] *वा*[५] *राज्ञि यूपं वृश्चन्ति* ।मन्त्रब्राह्मणकल्पेषु पाठाद् अयमप्येकः काल इति केचित्। नेत्यपरे। पाठाद्धि श्रुतिर्बलीयसी। अप्रकरणे च वृत्तस्य तन्त्रतापि युज्यते। अग्निष्ठाया एव त्रयः स्वरवो गृह्यन्ते। संस्थान्तरेष्वपि प्रतिदेवतं स्वरुभेदः। 'सहैव पात्रिया[६] पुरोडाशमि'ति दर्शनाद् अस्यापि[७] पशोः सवविधत्वमिष्यते। अन्यस्मिन्नपि पक्षे प्राशित्रमवदायैतद् 'द्वावाघारौ[८] द्वावाज्यभागा–

---

१. M Ad तथा नाम; thus T. २. M Ad ०न्तेविप्रता; thus T. ३. M Ad ०यन्ति; thus T. ४. T क्रियते. ५. M Ad पा; thus T. ६. M Ad वातिया; thus T. ७. M Ad अस्याविवशो०; thus T. ८. M Ad ०तद्वा वाघारो.

विलाप्योत्पूय ॥ ६.६.२.४१ ॥ [**इति द्वितीयः पटलः** (२०)]

[यूपकर्म]

गार्हपत्य आज्यं विलाप्योत्पूय स्त्रुवं च स्त्रुचश्च संमृज्य प्राडेत्याहवनीयस्यार्धं चतुगृहीतं गृह्णीते ॥ १ ॥ **तज्जुहोति** 'उरु विष्णो वि क्रमस्व' **इति समिधमाधायाहवनीये यूपाहुतिम्**। '°उरु क्षयाय नः=तिर स्वाहा' **इति** ॥ २ ॥ **स्त्रुवमाज्यमुपाꣳशुग्रहणं त्रयमेतदाहरन्ति** ॥ ३ ॥ **यूपमष्टाश्रिं तक्ष्णुवन्ति** ॥ ४ ॥ **तष्टो यूपोऽष्टाश्रिः क्लृप्तचषालः प्रोक्षितेन पूर्वेण यूपावटमुपनिहितो भवति सह द्वाभ्याꣳ शकलाभ्याम्** ॥ ५ ॥ **तमुपपरिक्रामन् संप्रेष्यति** 'यवमतीः प्रोक्षणी*[१](बर्हिराज्यमुपाꣳशुग्रहणमाहरेहि यजमान' **इति** ॥ ६ ॥ 'पृथिव्यै त्वा' 'अन्तरिक्षाय त्वा' 'दिवे त्वा' **इति यूपं प्रोक्षति** ॥ ७ ॥ 'शुन्धतां लोकः पितृषदनः' **इति यूपावटेऽपोऽवनयति** ॥ ८ ॥ 'यवोऽसि यवयास्मद् द्वेषः' **इति यवान् प्रस्कन्दयति**। '°यवयारातीः' **इति** ॥ ९ ॥ 'पितृणाꣳ सदनमसि' **इति विषूचीनाग्रं बर्हिरवस्तृणाति** ॥ १० ॥ 'पितृभ्यः स्वाहा' **इति हिरण्यमन्तर्धायाज्येन जुहोति** ॥ ११ ॥ 'स्वावेशोऽस्यग्रेगाः' **इत्युक्त्वोत्तानं यूपशकलमवदधाति**। '°नेतर्णिां=तस्य वित्ताद्' **इति** ॥ १२ ॥ 'यूपायाज्यमानायानुब्रूहि' **इत्याह** ॥ १३ ॥ **अग्रमुदङ्मुखस्तिष्ठन्** 'देवस्त्वा सविता मध्वाऽनक्तु' **इति प्रवृह्य चषालꣳ हिरण्यमन्तर्धायाग्रमनक्ति** ॥ १४ ॥ 'सुपिप्पलाभ्यस्त्वौषधीभ्यः' **इति प्रतिमुञ्चति** ॥ १५ ॥ **एवमेवाग्निष्ठामश्रिमनक्ति** ॥ १६ ॥ **नाभिदघ्ने त्रिः परिमृशति** ॥ १७ ॥ **आन्तमनक्ति** ॥ १८ ॥ 'उच्छ्रियमाणायानुब्रूहि' **इत्याह** ॥ १९ ॥ 'उद्दिवꣳ स्तभान' **इत्युच्छ्रयति**। '°आऽन्तरिक्षं पृण पृथिवीमुपरेण दृꣳह' **इति** ॥ २० ॥ 'अभि तिष्ठ पृतन्यतः' **इत्यवदधाति**। '°अधरे सन्तु शत्रवः। इन्द्र इव वृत्रहा तिष्ठापः क्षेत्राणि सञ्जयन्' **इति** ॥ २१ ॥ 'ते ते धामान्युश्मसि गमध्ये' **इति वैष्णवीभ्यां कल्पयति**। '°गावो यत्र भूरिशृङ्गा=युज्यः सखा' **इति** ॥ २२ ॥ **यदाग्निष्ठामश्रिमाहवनीयेन संमिन्वन्त्यथ** 'तद्विष्णोः परमं पदम्' **इति चषालमुत्काशयति**। '°सदा पश्यन्ति=चक्षुराततम्' **इति** ॥ २३ ॥ 'ब्रह्मवनिं त्वा क्षत्रवनिम्' **इति पुरीषेण पर्यूहति**। '°सुप्रजावनिꣳ रायस्पोषवनिं) पर्यूहामि' **इति** ॥ २४ ॥ 'ब्रह्म दृꣳह क्षत्रं दृꣳह' **इति दीक्षितदण्डेन दृꣳहति**। 'प्रजां दृꣳहं *[२](रयिं दृꣳह रायस्पोषं दृꣳह सजातान् यजमानाय दृꣳह' **इति** ॥ २५ ॥ 'उन्नम्भय पृथिवीम्' **इत्युदपात्रमुपनिनयति**। '°भिन्द्धीदं दिव्यं नभः उद्नो= दृतिम्' **इति** ॥ २६ ॥ **न पुरा परिव्येतोर्यूपमनुसृजेत्** ॥ २७ ॥ 'परिवीयमाणायानुब्रूहि' **इत्याह** ॥ २८ ॥ 'परिवीरसि' **इति नाभिदघ्ने**

---

*[१]. Text abri. यवमतीः प्रोक्षणी=पर्यूहामि see V.1.3.18-36. *[२]. Text abri. प्रजां दृꣳहं=शकलान्तं यूपमुत्सृजति see V.1.3.37-45.

वि'त्यन्वाख्याने[१] (वाधू.अन्वा.४.४३.३) दर्शनाद्धविर्यज्ञविधत्वम...[२] त्वे व्रतं नोपैति ॥ ६.६.२.४० ॥ [**इति द्वितीयः पटलः** (२०)]

---

१. M Ad °भागाविन्वा°. २. M Ad T °त्वम...त्वे.

परिव्ययति। '°परि त्वा दैवीर्विशो व्ययन्तां=मनुष्याः' **इति॥** २९॥ **त्रिः परिवीयाऽन्तं प्रवेष्टयति॥** ३०॥ **अणिमन्‌स्थविमत्‌ प्रवयति॥** ३१॥ 'दिवः सानुरसि' **इति स्वरुमादत्ते॥** ३२॥ 'अन्तरिक्षस्य त्वा सानाववगूहामि' **इति मध्यमे परिव्ययेऽवगूहति॥** ३३॥) **शकलान्तं यूपमुत्सृजति॥** ६.६.३.३४॥**[इति तृतीयः पटलः** (२१) **]**

॥ इति षष्ठप्रपाठके षष्ठोऽनुवाकः॥

पशुना व्याख्यातोऽनुवाकशेषः[१] ॥ ६.६.३.१-३४॥**[इति तृतीयः पटलः** (२१) **]**

॥ इति व्याख्यायां षष्ठप्रपाठके षष्ठोऽनुवाकः॥

---

१. See comm. on *VādhŚS* from 5.2.1.1-33, *i.e* from beginning to end of the 1st *Anuvāka*.

॥ अथ षष्ठप्रपाठके सप्तमोऽनुवाकः ॥

[अग्नीषोमीयपशुकर्म]

'इषे त्वा' **इति बर्हिषी आदत्ते** ॥ १ ॥ 'प्रजापते*[१](र्जायमानाः' **इत्युपाकरणीये जुहोति।** '○प्रजा जाताश्च=मन्यताꣳ स्वाहा', 'इमं पशुं पशु=हव्यꣳ स्वाहा' **इति** ॥ २ ॥ 'उपवीरसि' **इति पुरस्तात् प्रत्यञ्चं पशुमुपाकरोति।** '○उपो देवा=)रेवती रमध्वमग्नीषोमाभ्यां त्वा जुष्टमुपाकरोमि' **इति** ॥ ३ ॥ **प्रजाते बर्हिषी निधाय** 'अग्ने*[२](र्जनित्रमसि' **इति शकलमादत्ते** ॥ ४ ॥ 'वृषणौ स्थ=जागतं छन्दोऽनु प्रजायस्व' **इति** ॥ ५ ॥ 'अग्नये मथ्यमानायानुब्रूहि' **इत्याह** ॥ ६ ॥ **मन्थन्त्यग्निम्** ॥ ७ ॥ 'जातायानुब्रूहि' **इत्याह** ॥ ८ ॥ 'प्रह्रियमाणायानुब्रूहि' **इत्याह** ॥ ९ ॥ 'भवतं नः समनसौ' **इति प्रहरति।** '○समोकसा=द्य नः' **इति** ॥ १० ॥ 'अग्नावग्निश्चरति प्रविष्ट' **इति प्रहृत्याभिजुहोति।** '○ऋषीणां पुत्रो अधिराज एष=भागधेयꣳ स्वाहा' **इति** ॥ ११ ॥ 'अप उपस्पृश्य देवस्य त्वा सवितुः प्रसवे' **इत्युत्तानेन हस्तेन रशनामादत्ते।** '○अश्विनोर्बाहुभ्यां पूष्णो हस्ताभ्याम् आददे' **इति** ॥ १२ ॥ 'ऋतस्य त्वा देव हविः पाशेनारभे' **इत्यक्ष्णया शृङ्गं पशोः परिहरति** ॥ १३ ॥ 'धर्षा मानुषान्' **इति नियुनक्ति** ॥ १४ ॥ **आहरन्त्यस्मै प्रोक्षणीः पात्रियाम्** ॥ १५ ॥ 'अद्भ्यस्त्वौषधीभ्यः प्रोक्षामि' **इति) पशुं प्रोक्षति** 'अग्नीषोमाभ्यां जुष्टम्' **इति** ॥ १६ ॥ 'अपां पेरुरसि' **इति पाययति।** '○स्वात्तं *[३](चित् सदेवꣳ हव्यमापो देवीः स्वदतैनम्' **इति** ॥ १७ ॥ **यदि न पिबेन्न वा उवेत्** 'न म्रियसे' **इत्यस्य दक्षिणं कर्णमाजपेत्।** '○न हन्यसे जीवन्निदेषि पथिभिः सुवर्ग्यैः। उज्जातेन भिनददुज्जनित्वैः स्वर्गे लोके यजमानꣳ हि धेहि मास्यै हास्या आहुत्यै यामुपेम' **इति** ॥ १८ ॥ 'शश्वद्धविः' **इत्येव वक्षः प्रोक्ष्य पृष्ठं प्रोक्षति** ॥ १९ ॥ **निपाय्योपोक्ष्य निधाय पात्रम् अग्नये समिध्यमानायानुवाच आह** ॥ २० ॥ **अनूक्तासु सामिधेनीषु स्रुवेणाघारमाघार्याह** 'अग्नीदग्निं त्रिः संमृड्ढि' **इति** ॥ २१ ॥ **स्रुग्भ्यामुत्तरम्** ॥ २२ ॥ **असꣳस्पर्शयन्नत्याक्रम्य** 'सं ते प्राणो वायुना गच्छताम्' **इति जुह्वा पशुꣳ समनक्ति।** '○सं यजत्रैरङ्गानि सं यज्ञपतिराशिषा' **इति** ॥ २३ ॥ **ध्रुवाꣳ समज्य सादयित्वा प्रवरं प्रवृणीते** ॥ २४ ॥ **आश्रावयति** ॥ २५ ॥ 'ओ श्रावय' **इत्याह** ॥ २६ ॥ 'अग्निर्देवो होता देवाः प्रावितारः' **इति तद्धोतारं वृणीते** ॥ २७ ॥ 'को नामासि' **इत्येनमाह** ॥ २८ ॥ **नाम प्रब्रूते** 'असौ मानुषः' **इति** ॥ २९ ॥ **आहवनीये शकलं प्रास्यति यथा होतुर्नाम भवति** ॥ ३० ॥ **अत्याश्रावयत्येवातः** ॥ ३१ ॥ 'ओ श्रावय' **इत्याह** '○अग्निर्देवीनां विशां

*[१]. Text abri. प्रजापते=रेवती see V.2.1.2-3. *[२]. Text abri. अग्ने=पशु प्रोक्षति see V.2.1.4-16. *[३]. Text abri. स्वात्तं=एतस्मिन् काले see V.2.1.17-32.

'इषे त्वे'त्ययमपि व्याख्यातः। कृत्स्नाम्नानप्रयोजनमपि तत्रैव व्याख्यातम्[१] ॥ ६.७.१.१-३२ ॥
[१(२२)]

१. See comm. on *VādhŚS* V.2.1.1-33.

पुरएताऽयं यजमानो मनुष्याणां तयोरस्थूरि गार्हपत्यं दीदयच्छतꣳ हिमाद्वायू राधाꣳसीत्संपृञ्चानावसंपृञ्चानौ तनुवः **'इति** ॥ ३२ ॥) एतस्मिन् काले मैत्रावरुणाय दण्डं प्रयच्छति'॥ ६.७.१.३३ ॥ **[इति प्रथमः पटलः** (२२)]

एतस्मिन् काले मैत्रावरुणाय दण्डं प्रयच्छति ॥ १ ॥ 'त्वां गावोऽवृणत राज्याय' **इति दीक्षितदण्डेन ब्रह्मा***[१](**यजमानं वाचयति**। '०त्वाꣳ हवन्त=वसूनि' **इति** ॥ २ ॥ **सीदति होता** ॥ ३ ॥ **प्रसूतः स्रुचावादत्ते** ॥ ४ ॥ **प्रयाजान् यजति** ॥ ५ ॥ 'ओ श्रावय' **इत्याह** ॥ ६ ॥ 'समिद्भ्यः प्रेष्य प्रेष्य' **इति** ॥ ७ ॥ **एकादश प्रयाजान् यजति** ॥ ८ ॥ **चतुर्थेऽर्धꣳ समानीयाष्टमे सर्वꣳ समानयते** ॥ ९ ॥ **उपभृतोऽधि स्रुच्येकादशं परिशिष्य दशेष्ट्वाऽत्याक्रामति** ॥ १० ॥ 'स्वरुः स्वधितिः' **इति** ॥ ११ ॥ **अक्ष्णया स्वरुं च स्वधितिं च संगृह्य** 'घृतेनाक्तौ' **इत्यन्तरतः स्रुचः स्वरुमनक्ति बहिष्टात् स्वधितिम्**। '०पशुं त्रायेथाम्' **इति** ॥ १२ ॥ **स्वधितिना प्रतिललाटं पशोरुन्मार्ष्टि** ॥ १३ ॥ 'एषा तेऽश्रिः स्पष्यऽस्तु' **इत्याह** ॥ १४ ॥ **शमित्रे स्वधितिं प्रयच्छति** ॥ १५ ॥ **अनया पशुꣳ स्पृशति** ॥ १६ ॥ **अवगूह्य स्वरुं यथायतनं स्रुचौ सादयित्वा** 'पर्यग्नयेऽनुब्रूहि' **त्याह** ॥ १७ ॥ **आहवनीयादग्नीदुल्मुकमादायान्तरा चात्वालोत्करौ निष्क्रम्य प्रसलैस्त्रिः पर्यग्नि करोति** ॥ १८ ॥ 'प्रजानन्तः प्रतिगृह्णन्तु पूर्वे' **इत्युल्मुकपाणिः परिद्रवति** ॥ १९ ॥ **पञ्चापाव्यानां यजूꣳषि जुहोति** 'प्राणमङ्गेभ्यः=शरीरैः स्वाहा', 'येषामीशे=नस्य सन्तु स्वाहा', 'ये बध्यमान=अग्निस्ताम्=विदानः स्वाहा', 'य आरण्याः पश=वायुस्ताँ=विदानः स्वाहा', 'प्र मुञ्चमाना=पाथः स्वाहा' **इति** ॥ २० ॥ 'एहि यजमान' **इत्युक्त्वाऽन्वारब्धे यजमाने होतुराहुतिꣳ षष्ठीं जुहोति** ॥ २१ ॥ **निधायोल्मुकमाग्नीध्रं प्रतिपथं त्रिः पुनः परिद्रवति** ॥ २२ ॥ **तदेवाग्नीदुल्मुकमादत्ते बर्हिषी अध्वर्युर्वपाश्रपण्यौ प्रतिप्रस्थाता** ॥ २३ ॥ **उल्मुकप्रथमा उदञ्चो यन्त्यन्तरा चात्वालं चोत्करं च** ॥ २४ ॥ **आश्राव्य** 'उप प्रेष्य होतर्हव्या देवेभ्यः' **इत्याह** ॥ २५ ॥ 'रेवतीर्यज्ञपतिं प्रियधाऽऽविशत' **इति वपाश्रपणी-भ्यां पशुमन्वारभन्ते**। '०उरो अन्तरिक्ष=यज्ञपतिं धा' **इति** ॥ २६ ॥ 'पृथिव्याः सम्पृचः पाहि' **इति बर्हिरुपास्य तस्मिन्नुपरि पशुं निक्षिणन्ति प्रतीचीनशिरसमुदीचीनपादम्** ॥ २७ ॥ 'अमायुं कृण्वन्तꣳ संज्ञपयत' **इत्याह** ॥ २८ ॥ 'संज्ञप्तं प्रब्रूताद्' **इति** ॥ २९ ॥ **तस्मात्** 'नानाप्राणो यजमानस्य पशुना' **इत्यध्वर्युश्च यजमानश्च व्यावर्तेते**। '०यज्ञो देवेभिः=कामाः' **इति** ॥ ३० ॥ **आगत्य पृषदाज्यम)वेक्षन्ते** 'इह प्रजाः'॥ ६.७.२.३१ ॥ **[इति द्वितीयः पटलः** (२३)]

'इह प्रजा विश्व *[२](रूपा रमन्तामस्मिन् यज्ञे विश्वविदो घृताचीः । अग्निः कुलायमभि संवसाना अस्मानवन्तु पयसा घृतेन' **इति** ॥ १ ॥ **वाचंयमा अनवेक्षमाणा आसते** ॥ २ ॥ 'यत् पशुर्मायुमकृत' **इति संज्ञप्ते स्रुवाहुतिं जुहोति**। '०उरो वा पद्भिराहते अग्निर्मा तस्मादेनसो विश्वान्मुञ्चत्वꣳहसः स्वाहा' **इति** ॥ ३ ॥ 'शमितार उपेतन' **इति वपाश्रपणीभ्यां पशुमुपायन्ति**। '०यज्ञं देवेभि=परि' **इति** ॥ ४ ॥ **संवेष्ट्य रसनां ग्रीवासु पाशात्पशुं प्रमुञ्चति** 'अदितिः पाशं प्र मुमोक्त्वेतम्' **इति** ॥ ५ ॥

---

*[१]. Text abri. ब्रह्मा=अवेक्षन्ते see V.2.2.2-31. *[२]. Text abri. विश्व=वपामुत्खिदति see V.2.3.1-29.

विशालयोपसजति 'नमः पशुभ्यः=पाशम्' **इति** ॥ ६ ॥ **ताꣳ शुष्के स्थाणौ प्रतिमुञ्चति** ॥ ७ ॥ **यं द्वेष्टि यजमानस्तं ध्यायति** ॥ ८ ॥ **अपः परिषिच्याप्रतीक्षमाव्रजते** ॥ ९ ॥ **आनयति प्रतिप्रस्थाता पत्नीं सह पान्नेजनेन** ॥ १० ॥ **अन्तरा चात्वालं चोत्करं चोदङ्ङुप निष्क्रम्य** 'अनर्वा प्रेहि' **इत्युदीचीमानयति** । '०घृतस्य कुल्या=रायस्पोषेण' **इति** ॥ ११ ॥ **आगत्य पशोः प्राणानाप्याय-यति** ॥ १२ ॥ 'वाक् त आप्यायताम्' **इति वाचम्** ॥ १३ ॥ 'प्राणस्त आप्यायताम्' **इति प्राणम्** ॥ १४ ॥ 'चक्षुस्त आप्यायताम्' **इति चक्षुः** ॥ १५ ॥ 'श्रोत्रं त आप्यायताम्' **इति श्रोत्रम्** ॥ १६ ॥ 'या ते प्राणाञ्छुग्जगाम' **इत्येतानेव पुनराप्याययति** । '०या चक्षुर्या श्रोत्रं शुन्धताम्' **इति** ॥ १७ ॥ 'नाभिस्त आप्यायताम्' **इति नाभिम्** ॥ १८ ॥ 'पायुस्त आप्यायताम्' **इति पायुम्** ॥ १९ ॥ 'मेढ्रं त आप्यायताम्' **इति मेढ्रम्** ॥ २० ॥ 'शुद्धाश्चरित्राः' **इति पदः संनिधाय मार्जयति** । '०शमद्भ्यं शमोषधीभ्यः' **इति** ॥ २१ ॥ 'शं पृथिव्यै शमहोभ्याम्' **इत्यतिशिष्टा दक्षिणतोऽनुपृष्ठं वा निनयति** ॥ २२ ॥ 'आपो देवीः शुद्धायुवः' **इति निनीता अपोऽनुमन्त्रयते** । '०शुद्धा यूयं देवाँ ऊड्ढ्वꣳ शुद्धा वयं परिविष्टाः परिवेष्टारो वो भूयास्म' **इति** ॥ २३ ॥ **प्रतिपरैति पत्नी** ॥ २४ ॥ 'कवोत्तानमिव पशुं कुरुत' **इत्याह** ॥ २५ ॥ 'तस्य ओषधे त्रायस्वैनम्' **इति दक्षिणेन नाभिं बर्हिषा त्वचमुप संगृह्णाति** ॥ २६ ॥ 'स्वधिते मैनꣳ हिꣳसीः' **इति स्वधितिना तिरश्चीनमाच्छ्यति** ॥ २७ ॥ **स्थविमतो बर्हिषश्छित्त्वोभयतः पशावनतिक्रम्य निरस्यति** 'रक्षसां भागोऽसीदमहꣳ रक्षोऽधमं तमो नयामि योऽस्मान् द्वेष्टि यं च वयं द्विष्म इदमेनमधमं तमो नयामि' **इति** ॥ २८ ॥ **अप उपस्पृश्य** 'इषे त्वा' **इति**) **वपामुत्खिदति** ॥ २९ ॥ 'घृतेन द्यावापृथिवी' ॥ ६.७.३.३० ॥ [**इति तृतीयः पटलः** (२४)]

'घृतेन द्यावापृथिवी प्रोर्ण्वाथाम्' **इति** *[१](**वपाश्रपणी प्रोर्णोति** ॥१ ॥ **अविशालयोपतृणत्ति** ॥ २ ॥ 'अच्छिन्नो रायः सुवीरः' **इति परिवासयति** ॥ ३ ॥ 'देवेभ्यः शुन्धस्व', 'देवेभ्यः शुम्भस्व' **इति बर्हिषा परिवासनं प्रतियौति** ॥ ४ ॥ **उदपात्रेणाभिषिच्य** 'प्रत्युष्टꣳ रक्षः प्रत्युष्टा अरातयः' **इत्युल्मुकेन प्रतितपति शामित्रे** ॥ ५ ॥ **अङ्गारान् संप्रकृष्य** 'उर्वन्तरिक्षमन्विहि' **इत्युल्मुकप्रथमाः पुनरायन्त्यन्तरा चात्वालं चोत्करं च** ॥ ६ ॥ **वपाश्रपणी पुनरन्वारभन्ते** ॥ ७ ॥ 'उप त्वाऽग्ने दिवे-दिवे' **इति तिसृभिर्गायत्रीभिराहवनीयमुपायन्ति** । '०दोषावस्त=स्वस्तये' **इति** ॥ ८ ॥ 'प्रत्युष्टꣳ रक्षः प्रत्युष्टा अरातयः' **इत्याहवनीयस्यान्तमेऽङ्गारे प्रतितपति** ॥ ९ ॥ **तामेतेनान्तरा यूपं चाहवनीयं चातिहृत्य दक्षिणत उदगावृतः प्रतिप्रस्थाता वपाꣳ श्रपयति** ॥ १० ॥ **तस्यै** 'वायो वीहि स्तो-कानाम्' **इत्यध्वर्युर्बर्हिरुपास्यति** ॥ ११ ॥ 'त्वामु ते दधिरे हव्यवाहम्' **इति स्रुवाहुत्याऽभिजुहोति** । '०शृतं कर्तारं=जुषस्व स्वाहा' **इति** ॥ १२ ॥ 'स्तोकेभ्योऽनुब्रूहि' **इत्याह** ॥ १३ ॥ **यदैतं मैत्रावरुणः षड्चꣳ सूक्तमन्वाहाथ स्वाहाकृतीः** ॥ १४ ॥ **प्रैषमादायाध्वर्युरत्याक्रामति** ॥ १५ ॥ 'ओ श्रावय' **इत्याह** ॥ १६ ॥ 'स्वाहाकृतीभ्यः प्रेष्य' **इति** ॥ १७ ॥ **वषट्कृते जुहोति** ॥ १८ ॥ **पृषदाज्यमभिघार्य**

---

*[१]. Text abri. इति=वपाया see above V.2.4.1-20.

वपामभिघारयति ॥ १९ **॥ आज्यं च हिरण्यशल्कं च ॥** २० ॥) **वपाया उपस्तृणीतेऽग्नीषोमाभ्याम् ॥** २१ ॥ 'अग्नीषोमाभ्यां छागस्य वपाया मेदसोऽवदीयमानस्यानुब्रूहि' **इत्याह स्रुवेण** *¹(**वपाः संप्रलुम्पन् ॥** २२ **॥ हिरण्यशल्केन चैवाज्येन चोपरिष्टादभिघारयति ॥** २३ **॥ ते एतेनैव यथेतमाहृत्योत्तरतः प्रतिप्रस्थाता वपाश्रपण्यौ धारयःस्तिष्ठति ॥** २४ ॥ 'ओ) श्रावये'**त्याह ॥** २५ ॥'अग्नीषोमाभ्यां छागस्य वपां मेदः प्रस्थितं प्रेष्य' **इति ॥** २६ ॥'स्वाहा देवेभ्यः' **इति** *²(**पुरस्ताद् वपायै प्रतिप्रस्थाता स्रुवाहुतिं जुहोति ॥** २७ ॥'जातवेदो वपया गच्छ देवान्' **इति वषट्कृतेऽध्वर्युर्वपां जुहोति।** '०त्वः हि होता=दन्तु देवाः स्वाहा' **इति ॥** २८ ॥ 'देवेभ्यः स्वाहा' **इत्युपरिष्टात् स्रुवाहुत्याऽभिजुहोति ॥** २९ ॥ 'स्वाहोर्ध्वनभसं मारुतं गच्छतम्' **इति विषूची वपाश्रपणी प्रहरति, प्राचीं विशालां प्रतीचीमविशालाम् ॥** ३० **॥ ते वपायै सःस्त्रावेणाभिजुहोति ॥** ३१ **॥ वपया प्रचर्य** 'आपो हि ष्ठा मयोभुवः' **इति तृचेन) मार्जयन्ते चात्वाले ॥** ६.७.४.३२ **॥ [इति चतुर्थः पटलः** (२५)]

॥ इति षष्ठप्रपाठके सप्तमोऽनुवाकः ॥

---

*¹. Text abri. स्रुवेण=त्यो श्रावयेत्याह see above V.2.4.22-25. *². Text abri. इति=मार्जयन्ते see above V.2.4.27-32.

[२-४(२३-२५)]

॥ इति व्याख्यायां षष्ठप्रपाठके सप्तमोऽनुवाकः ॥

॥ अथ षष्ठप्रपाठके अष्टमोऽनुवाकः ॥

'अग्नीत्पशुपुरोडाशं निर्वप' **इति संप्रेष्यति** *[१](।' ०ब्रह्मन् पृषदाज्यं गोपाय', 'प्रतिप्रस्थातः पशुं विशाधि' **इति** ॥ १ ॥ **एतत् कुर्वन्ति** ॥ २ ॥ **अग्नीत्पशुपुरोडाशं निर्व)पत्यग्नीषोमीयमेकादश-कपालम्** ॥ ३ ॥ **ब्रह्मा पृषदाज्यं** *[२](**गोपायति** ॥ ४ ॥ **प्रतिप्रस्थाता पशुं विशास्ति** ॥ ५ ॥ 'शमितर् हृदयं जिह्वां वक्षस्तानि त्रीणि, तनिम मतस्ने तानि त्रीणि, श्रोणिर्गुदो पर्याकृतस्तानि त्र्यङ्गाणि, सव्यं दोरेकचरं पार्श्वे प्रयवणीये दक्षिणाः श्रोणिमध्यूध्निं पिष्कलिं वनिष्ठुं यन्मेदस्तदवधत्तात्, त्रिः प्रच्युतस्य हृदयमुत्तमं) कुरुतादि'**ति** ॥ ६ ॥ **प्रस्थितकर्मैतत्** ॥ ७ ॥ **मार्जयित्वैवाध्वर्युरन्युप्तधिष्णि-याननुदिशत्युत्तरेण हविर्धाने दक्षिणेनाग्नीध्रं तिष्ठन्** ॥ ८ ॥ 'सम्राडसि कृशानुः' **इत्याहवनीयम्** ॥ ९ ॥ 'परिषद्योऽसि पवमानः' **इत्यास्तावम्** ॥ १० ॥ 'प्रतक्वाऽसि नभस्वान्' **इति चात्वालम्** ॥ ११ ॥ 'असंमृष्टोऽसि हव्यसूदः' **इति पशुश्रपणम्** ॥ १२ ॥ 'ऋतधामाऽसि सुवर्ज्योतिः' **इत्यौदुम्बरीम्** ॥ १३ ॥ 'ब्रह्मज्योतिरसि सुवर्धामा' **इति यत्र ब्रह्माऽऽस्ते** ॥ १४ ॥ 'अजोऽस्येकपात्' **इति गार्हपत्यम्** ॥ १५ ॥ 'अहिरसि बुध्नियः' **इति गार्हपत्यस्य प्राजहितम्** ॥ १६ ॥ 'अपिजोऽस्यपिजेन नाम्ना' **इत्यन्वाहार्यपचनम्** ॥ १७ ॥ 'मलिम्लुचोऽसि सगरः' **इति यत्र तिष्ठन् प्रत्यागृणाति** ॥ १८ ॥ 'कविरसि पित्रियः' **इति यत्र तिष्ठन् बर्हिः स्तृणाति** ॥ १९ ॥ **.... ? द्रावि विधर्मं इति यत्र निर्मन्थ्येन चरति** ॥ २० ॥ **अग्नीत् पशुपुरोडाशमुपस्तीर्णाभिघारितमुद्वास-यति** ॥ २१ ॥ **तयोर्द्वयोरुपस्तृणान आह** 'प्रतिप्रस्थातरग्नीषोमाभ्यां पशुपुरोडाशस्यावदीयमानुस्यानु-

*[१]. Text abri. संप्रेष्यति=पत्यग्नीषो° see V.3.1.1-3. *[२]. Text abri. ब्रह्म पृषदाज्यं=कुरुतादिति see V.3.1.4-6.

'अग्नीत्=धी'ति ॥ १ ॥

यद्यपि[१] मार्जयित्वैवेत्युक्तं तथापि[२] प्रदानत्वात्। ...विधानात्[२] ॥७-२० ॥

प्रैषमुक्त्वा प्रारब्धकर्मसु प्रेषितेष्वन्युप्तधिष्णियाननुदिशति। इतरधिष्णियवदिहाप्यध्वर्योः कारयितृत्वं यजमानस्य कर्तृत्वं चानुदेशनस्य केचिन्मन्यन्ते। [३]अध्वर्युग्रहणमित्यपरे। आ...[३]बहिष्पवमानस्थानं दक्षिणेनौदुम्बरीं ब्रह्मसदनं [४]हार्योजनीभिश्चरणं मार्जालीयसमीपे निर्मन्थ्यचरणमुत्तरेणोत्तरवेदिं[५] पश्चात् प्राङ् तिष्ठन् स्वरुं जुहोति। पत्नीसंयाजान्तं[६] पशुर्हृदयशूलस्य[७] प्रज्ञातनिधानवचनस्यानर्थक्यपरिजिहीर्षया हृदयशूलान्तत्वमपि पाक्षिकमस्तीति केचित्। ब्राह्मणे चाग्नीषोमीयप्रकरण एव हृदयशूलान्तताऽऽम्नाता। केचित् पत्नीसंयाजान्तम्। पशुर्हृदयशूलान्त इत्येक इति। अथवाऽनूबन्ध्यायाः सहोद्वासनार्थं प्रज्ञातनिधानम्। तथा सति तत्र सहैवोद्वासयन्ति। अन्य आह-

१. M Ad यद्यप; thus T. २-२. M Ad तथा... प्रधानात्... विधानां; thus T. Here the *Vyākhyā*-text on *sūtras* 8-20 seems to have been broken or not given. The remaining text of comm. upto the end of second Paṭala is also not available in any of the MSS. ३-३. M Ad अध्वयुग्र...बहिष्प°, T अध्वर्युग्रहणान्नेत्यपरे। आ...बहि°. ४. M Ad °दनहारियो°. ५. M Ad उत्तरेण twice. ६. M Ad °जान्तः पशुहृ°; thus T. ७. M Ad पशुहृ°.

ब्रूहि' **इति**॥ २२॥ **पश्चाच्च पुरस्ताच्च जुह्वामवद्यति**॥ २३॥ **अभिघारयति**॥ २४॥ **प्रत्यनक्ति**॥ २५॥ **सकृदुत्तरार्धादुपभृत्यवद्यति**॥ २६॥ **द्विरभिघारयति**॥ २७॥ **न प्रत्यनक्ति**॥ २८॥ **सन्धायाध्वर्यव आदधाति** ॥ २९॥ 'ओ श्रावय' **इत्याह**॥ ३०॥ 'अग्नीषोमाभ्यां पुरोडाशं प्रस्थितं प्रेष्य' **इति**॥ ३१॥ **वषट्कृते जुहोति**॥ ३२॥ 'अग्नये*[१] (ऽनुब्रूहि' **इत्याह पुरोडाशस्य स्विष्टकृतꣳ समानयमानः**॥ ३३॥ 'ओ श्रावय' **इत्याह**॥ ३४॥ 'अग्नये प्रेष्य' **इति**॥ ३५॥ **वषट्कृते जुहोति**॥ ३६॥ **अत्याक्रम्य यथायतनꣳ स्रुचौ सादयित्वाऽवदानानि संभिद्याभिघार्य होत्र इडामादधाति**॥ ३७॥ **उपहूतायामिडायामग्नीध आदधाति षडवत्तम्**॥ ३८॥ **प्राश्नन्ति**॥ ३९॥ **मार्जयन्ते**॥ ४०॥ **सहैव पात्रिया पुरोडाशं पूर्वेणाहवनीयꣳ सहाद्भिर्ब्रह्मणे परिहरति**॥ ४१॥ **प्राश्नाति ब्रह्मा**॥ ४२॥ **मार्जयते**॥ ४३॥ 'अग्नीदुत्तरबर्हिषा द्रव' **इति संप्रेष्यति**। '०प्रतिप्रस्थातः पशौ संवदस्व' **इति**॥ ४४॥ **एतत्कुर्वन्ति**॥ ४५॥ **अग्नीत् प्लक्षशाखामाहृत्य पर्णसून उपदधाति** 'देवानामवसे' **इति**॥ ४६॥ **स्रुवेण प्रतिप्रस्थाता पृषदाज्यस्योपहन्ति** 'शुक्राणाꣳ शुक्रम्' **इति**॥ ४७॥ **उत्क्रम्य स्रुचोपयम्य पृच्छति** 'शृतꣳ हवी३ः शमितः' **इति**॥ ४८॥ 'श्रृतम्' **इति स आह**॥ ४९॥ 'तद्देवानां पूषा मा प्रपथात् पातु' **इति**॥ ५०॥ **उत्क्रम्यैव पृच्छति** 'शृतꣳ हवी३ः शमितः' **इति**॥ ५१॥ 'श्रृतम्' **इति स आह**॥ ५२॥ 'तद्देवानां पूषा मा पशुपाः पातु' **इति**॥ ५३॥ **उत्क्रम्यैव पृच्छति** 'शृतꣳ हवी३ः शमितः' **इति**॥ ५४॥ 'श्रृतम्' **इति स आह**॥ ५५॥ 'तद्देवानां पूषा माऽधिपतिः पातु' **इति**॥ ५६॥ **पुराऽभिघारणाद्धृदयशूलेन हृदयꣳ सꣳस्पर्शयति**॥ ५७॥ **तं प्रज्ञातं निदधाति**॥ ५८॥ 'सं ते मनसा मनः' **इति पृषदाज्येन हृदयमुत्तमं कृत्वाऽभिघारयति**। '०सं प्राणेन प्राणो जुष्टं देवेभ्यो हव्यं घृतवत् स्वाहा' **इति**॥ ५९॥ **तमन्तरा यूपं चाहवनीयं चातिहृत्य दक्षिणत उपसादयति**॥ ६०॥ **तस्य चतसृषूपस्तृणान आह** 'प्रतिप्रस्थातर्मनोतायै हविषोऽवदीयमानस्यानुब्रूहि' **इति जुहूपभृतोर्वसाहोमीयां चेडापात्रे च**॥ ६१॥ **द्विर्हृदयस्य जुह्वामवद्यति, द्विर्जिह्वायै, द्विर्वक्षसः, द्विस्तनिम्नः, द्विर्द्विर्मतस्नयोस्त्रियङ्गाणि**॥ ६२॥ **विस्रस्य गुदं त्रेधा करोति**॥ ६३॥ **तस्य मध्यमस्कन्धं द्वेधा विच्छिद्य जुह्वामवदधाति**॥ ६४॥ **स्थविमोपयड्भ्यो निदधात्यणिमत् स्विष्टकृतम्**॥ ६५॥ **द्विः सव्यस्य दोष्णोऽवद्यति, द्विर्द्विः पार्श्वयोर्द्विर्दक्षिणायै श्रोण्या अध्युध्न्यै**॥ ६६॥ **उत्तमाया अवद्यति**॥ ६७॥ **यूष्णोपसिञ्चति**॥ ६८॥ **यूषन्नवधाय मेदसा प्रोर्णोति**॥ ६९॥ **अभिघारयति**॥ ७०॥ **प्रत्यनक्ति पशुम्**॥ ७१॥ **दक्षिणस्य दोष्णः स्थूलं पिशितमवद्यति**॥ ७२॥ **तदुपभृत्यवदधाति**॥ ७३॥ **अणिम्नो गुदस्योपभृत्येवावदधाति**॥ ७४॥ **सव्यायै श्रोण्यै स्थूलं पिशितमवद्यति**॥ ७५॥ **तदुपभृत्येवावदधाति**॥ ७६॥ **यूष्णोपसिञ्चति**॥ ७७॥ **यूषन्नवधाय मेदसा प्रोर्णोति**॥ ७८॥

*[१]. Text abri. अग्नये=होतारं व्याचष्टे see V.3.1.19-75.

अवभृथे केचिद् हृदयशूलचर्यामग्नीषोमीयसवनीययोरामनन्ति। तत् ज्ञापनार्थमिति॥ ६.८.१.२–८९॥

[इति प्रथमः पटलः (२६)]

द्विरभिघारयति॥ ७९ ॥ **न प्रत्यनक्ति पशुम्**॥ ८० ॥ **वपाहोमं विश्राव्याभिघारयति**॥ ८१ ॥ **अनस्थिकमिडापात्रे संप्रकिरति**॥ ८२ ॥ **यूष्णोपसिञ्चति** ॥ ८३ ॥ 'ऐन्द्रः प्राणः' **इति पशुमवत्तꣳ समभिमृशति**। '०अङ्गेअङ्गे नि देध्यदैन्द्रोऽपानो अङ्गे अङ्गे वि=मदन्तु' **इति**॥ ८४ ॥ 'श्रीरसि' **इति पार्श्वेन वसाहोमं प्रयौति**। '०अग्निस्त्वा=रोहिष्यै' **इति**॥ ८५ ॥ 'प्रयुतं द्वेषः' **इति त्रिः प्रयौति**॥ ८६ ॥ 'प्रयुतं द्वेषः' **इति यं द्वेष्टि यजमानस्तं ध्यायति**॥ ८७ ॥ **ते प्रतिप्रस्थात्र आदधाति**॥ ८८ ॥ **स्रुचोः पञ्च)होतारं व्याचष्टे**॥ ६.८.१.८९ ॥ [**इति प्रथमः पटलः** (२६)]

स्रुचोः पञ्चहोतारं व्याचष्टे॥ १ ॥ **प्रतिपराहरन्ति** *[1](**विष्कलिं पत्नियै**॥ २ ॥ **सन्धायाध्वर्यव आदधाति**॥ ३ ॥ 'ओ श्रा)वय' **इत्याह**॥ ४ ॥ 'अग्नीषोमाभ्यां छागस्य हविषोऽनुब्रूहि' **इत्याहोत्तिष्ठन्नध्वर्युः** ॥ ५ ॥ **वसाहोमं प्रतिप्रस्थाताऽऽदत्ते**॥ ६ ॥ 'ओ श्रावय' **इत्याह**॥ ७ ॥ 'अग्नीषोमाभ्यां छागस्य हविः प्रस्थितं प्रेष्य' **इति**॥ ८ ॥ 'घृतं घृतपावानः पिबत' *[2](**इत्यर्धर्चे प्रतिप्रस्थाता वसाहोमं जुहोति**। '०वसां वपापावानः=स्वाहा' **इति**॥ ९ ॥ **वषट्कृतेऽध्वर्युर्हविर्जुहोति**॥ १० ॥ 'वनस्पतयेऽनुब्रूहि' **इत्याह स्रुवेण पृषदाज्यस्योपघ्नन् जुह्वामानीय**॥ ११ ॥ 'ओ श्रावय' **इत्याह**॥ १२ ॥ 'वनस्पतये प्रेष्य' **इति**॥ १३ ॥ **वषट्कृते जुहोति**॥ १४ ॥ 'अग्नये स्विष्टकृतेऽनुब्रूहि' **इत्याह हविषः स्विष्टकृते समानयमानः** ॥ १५ ॥ 'ओ श्रावय' **इत्याह**॥ १६ ॥ 'अग्नये स्विष्टकृते प्रेष्य' **इति**॥ १७ ॥ **वषट्कृते जुहोति**॥ १८ ॥ **दिशो जुहोति** 'दिशे स्वाहा=उद्दिशे स्वाहा', 'आप्यायन्तां दिशो घृतेन स्वाहा', 'दिग्भ्यो नमो दिग्भ्यो स्वाहा'॥ १९ ॥ **दिशोऽनु पञ्चहोतुराहुतिं जुहोति**॥ २० ॥ **यं द्वेष्टि यजमानस्तध्यायति। ते प्रतिप्रस्थात्र आदधाति। स्रुचो पञ्चहोतारं व्याचष्टे**॥ २१ ॥ **अत्याक्रम्य यथायतनꣳ स्रुचौ) सादयित्वाऽभिघार्य प्रत्यङ् परेत्य होत्र इडामादधाति मेदस्व** *[3](**तीम्**॥ २२ ॥ **अवान्तरेडामादधाति**॥ २३ ॥ **उपहूतायामिडायां वक्षो ब्रह्मण उपोहति**॥ २४ ॥ **प्राश्नन्ति**॥ २५ ॥ **मार्जयन्ते**॥ २६ ॥ 'अग्नीदौपयजानङ्गारानाहर' **इति संप्रेष्यति**। 'उपयष्टरुप सीद ब्रह्मन् प्रस्थास्यामः समिधमाधायाग्नीदग्निꣳ सकृत्) संमृड्ढि' **इति**॥ २७ ॥ **आग्नीध्रादग्नीदौपयजानङ्गारानाहृत्य होतुर्धिष्णिये निवपति**॥ २८ ॥ **गुदेनोपयष्टोपसीदति**॥ २९ ॥ **पृषदाज्यस्या** *[4](**नूयाजान् यजति** ॥ ३० ॥ **उपभृतमेवोपभृतं कुरुत एतां जुहूं यस्यां पृषदाज्यम्**॥ ३१ ॥ 'ओ श्रावय' **इत्याह**॥ ३२ ॥ 'देवेभ्य प्रेष्य' **इति**॥ ३३ ॥ 'प्रेष्य प्रेष्य' **इति**॥ ३४ ॥ **एकादशानूयाजान् यजति**॥ ३५ ॥ **यदाऽऽह मैत्रावरुणो** 'यज' **इत्यथोपयष्टोपयजति** 'समुद्रं गच्छ स्वाहा' **इति गुदस्य प्रच्छेदम-संभिन्दन्नपर्यावर्तयन्**॥ ३६ ॥ 'अग्निं वैश्वानरं गच्छ स्वाहा' **इति सर्वमन्ततो गुदं जुहोति**॥ ३७ ॥ 'अद्भ्यस्त्वौषधीभ्यः' **इति बर्हिषि हस्तौ निमृष्टे**॥ ३८ ॥ 'प्राणान् मनो हार्दि यच्छ' **इत्युपयष्टा**

---

*[1]. Text abri. प्रतिपराहरन्ति=वय इत्याह see V.3.2.2-4. *[2]. Text abri. घृतं घृतपावनः पिबत=सादयित्वा° see V.3.2.9-22. *[3]. Text abri. मेदस्व=संमृड्ढि see V.3.2.22-27. *[4]. Text abri. पृषदाज्यस्या=हुत्वा° see V.3.2.30-66.

यजमानं वाचयति। '○तनूं त्वचं पुत्रं नप्तारमशीय' **इति॥ ३९ ॥ अनूयाजानिष्ट्वोपपरिक्रम्य स्वरुमनक्ति** 'यन्ता रन्ता रायः' **इति॥ ४० ॥** 'इह घृतिः' **इत्येनꣳ स्रुच्युद्दधाति।** '○इह विधृतिरिह स्वधृतिः' **इति॥ ४१ ॥** 'दिवं ते धूमो गच्छतु' **इत्येनं जुहोति।** '○अन्तरिक्षमर्चिः पृथिवीं भस्मना पृण स्वाहा' **इति॥ ४२ ॥ अत्र यूपमनुप्रहरति॥ ४३ ॥ यद्यनुप्रहृष्यन्तो भवन्त्यागत्य वाजवतीभ्याꣳ स्रुचौ व्यूहति॥ ४४ ॥ शंयुना प्रस्तरपरिधि संप्रकिरति॥ ४५ ॥ परेत्य विष्कल्या पत्नीः संयाज-यन्ति॥ ४६ ॥ आज्यस्य सोमं यजति॥ ४७ ॥ आज्यस्य त्वष्टारम्॥ ४८ ॥ आज्यस्य राकाम्॥** ४९ ॥ 'देवानां पत्नीभ्योऽनुब्रूहि' **इत्याहोपस्तृणानोऽवद्यन्॥** ५० ॥ **पश्चाच्च पुरस्ताच्चोत्तानायै विष्कल्या अवद्यति॥ ५१ ॥ अभिघारयति॥ ५२ ॥ प्रत्यनक्ति॥ ५३ ॥** 'ओ श्रावय' **इत्याह॥ ५४ ॥** 'देवानां पत्नीर्यज' **इति॥ ५५ ॥ वषट्कृते जुहोति॥ ५६ ॥** 'अग्नये गृहपतयेऽनुब्रूहि' **इत्याहो-पस्तृणानोऽवद्यन्॥ ५७ ॥ नीच्यै विष्कल्या उत्तरार्धाच्छूलं पिशितमवद्यति॥ ५८ ॥ द्विरभिघार-यति॥ ५९ ॥ न प्रत्यनक्ति॥ ६० ॥** 'ओ श्रावय' **इत्याह॥ ६१ ॥** 'अग्निं गृहपतिं यज' **इति॥ ६२ ॥ वषट्कृते उत्तरार्धेऽतिहाय पूर्वा आहुतीर्जुहोति॥ ६३ ॥ उत्तानाया इडामादधाति॥ ६४ ॥ नीच्या अग्नीधे षडवत्तम्॥ ६५ ॥ एतत्कृत्वाऽऽज्यस्यैव फलीकरणहोमꣳ) हुत्वा प्राडेत्य तराꣳसि जुहोति॥ ६.८.२.६६ ॥ [इति द्वितीयः पटलः** (२७) **]**

प्राडेत्य तराꣳसि जुहोति॥ १ ॥ 'ये देवा यज्ञहनः' **इति द्वे स्रुवाहुती गार्हपत्ये जुहोति।** '○पृथिव्यामध्यासते। अग्निर्मा तेभ्यो रक्षतु गच्छेम सुकृतो वयꣳ स्वाहा'। 'ये देवा यज्ञमुषः पृथिव्यामध्यासते। अग्निर्मा=वयꣳ स्वाहा' **इति॥ २ ॥ चतुर्गृहीतं गृह्णीते॥ ३ ॥ तज्जुहोति** 'आगन्म मित्रावरुणा=दिवः स्वाहा' **इति॥ ४ ॥** 'ये देवा यज्ञहनः' **इति द्वे स्रुवाहुती आग्नीध्रे जुहोति।** '○अन्तरिक्षेऽऽध्यासते। वायुर्मा=वयꣳ स्वाहा'॥ 'ये देवा यज्ञमुषोऽन्तरिक्षेऽध्यासते। वायुर्मा=वयꣳ स्वाहा' **इति॥ ५ ॥ चतुर्गृहीतं गृह्णीते॥ ६ ॥ तज्जुहोति** 'यास्ते रात्रीः सवितर्देवयानी=रजाꣳसि स्वाहा' **इति॥ ७ ॥** 'ये देवा यज्ञहनः' **इति द्वे स्रुवाहुती आहवनीये जुहोति।** '○दिव्यध्यासते। सूर्यो मा ते=वयꣳ स्वाहा'॥ 'ये देवा यज्ञमुषो दिव्यध्यासते। ○सूर्यो मा=वयꣳ स्वाहा' **इति॥ ८ ॥ चतुर्गृहीतं गृह्णीते॥ ९ ॥ तज्जुहोति** 'येनेन्द्राय समभरः=ह्येनꣳस्वाहा' **इति॥ १० ॥**

[वसतीवरीर्व्यपहरणम्]

'व्युत्क्रामत' **इत्याह प्रतिप्रस्थाता निपदःकाले।** '○माऽवोऽभि परिहारिषं वसतीवरीः परिहरिष्यामि' **इति॥ ११ ॥ पूर्वेण हविर्धाने अपरेणाहवनीयं यजमानो राजानं धारयꣳस्तिष्ठति ॥ १२ ॥ पूर्वेण शालामपरेण सदः पत्न्युपविष्टा भवति॥ १३ ॥ अपरेण गार्हपत्यं वसतीवरीः सन्ना भवन्ति॥ १४ ॥ तास्तत्र प्रतिप्रस्थाता सव्येनाꣳसेनादत्ते॥ १५ ॥ ता दक्षिणेन गार्हपत्यं**

[इति द्वितीयः पटलः (२७) **]**

पश्वाज्यशेषेण तरसां होम इष्यते॥ १ ॥

निपदः काले शयनकाल इत्यर्थः ॥ ११ ॥

पूर्वया द्वारोपनिर्हृत्य दक्षिणेन सदो दक्षिणं वेद्यन्तमनुहृत्य दक्षिणतो यूपस्यास्पृष्टाः सादयति 'इन्द्राग्नियोर्भागधेयी स्थ' **इति॥ १६॥ तास्ततो दक्षिणेनाꣳसेनादत्ते॥ १७॥ ता यथेतमाहृत्या-परेण गार्हपत्यꣳ सादयति** 'मित्रावरुणयोर्भागधेयी स्थ' **इति॥ १८॥ तास्ततो दक्षिणेनैवा-ꣳसेनादत्ते॥ १९॥ ता उत्तरेण गार्हपत्यं पूर्वया द्वारोपनिर्हृत्य दक्षिणेन सदो दक्षिणेनाग्नी-ध्रमुत्तरेणाग्नीध्रीयमग्निं गत्वोत्तरं वेद्यन्तमनुहृत्योत्तरतो यूपस्योपस्पृष्टाः सादयति** 'विश्वेषां देवानां भागधेयी स्थ' **इति॥ २०॥ तास्ततः सव्येनैवाꣳसेनादत्ते॥ २१॥ ता यथेतमाहृत्याग्नीध्रे सादयति** 'यज्ञे जागृत' **इति॥ २२॥ आग्नीध्रे संवसन्ते॥ २३॥ तदाहरति राजानम् आधवनीय-पूतभृतः॥ २४॥ एषा आच्छृणा निर्णिक्ताः कृतेण्ड्वा वसन्ति॥ २५॥ औदुम्बरा महापरिधयः॥ २६॥ परिकृष्टौ द्वाविध्मौ॥ २७॥ एकं बर्हिः॥ २८॥ तयोरन्यतरः पञ्चदशदारुर्नानावार्क्ष्यः प्रपूतशकलः, सप्त पुंवृक्षस्य दारूण्यष्टौ स्त्रीवृक्ष्यै॥ २९॥ निपद्यमानः सꣳशास्ति** 'घर्मदुघं

आग्नीध्रे सादिता वसतीवरीः[1] 'उदकमसि'[2] इत्यादिना यजमानोऽनुमन्त्रयेत॥ २२॥

आग्नीध्रे सह वसन्ति सर्वर्त्विग्यजमानाः॥ २३॥

राजानं चाहृत्य तत्रैव स्थापयन्ति। आधवनीयपूतभृतः। इह बहुवचनान्तत्वादादिशब्दलोपो द्रष्टव्यः। आधवनीयपूतभृदाख्यौ सोमधारणार्थौ कलशौ। आदिग्रहणेन पञ्चैकधनार्थाः संभरणस्थालीपान्नेजनग्रहणार्थैका आग्नीध्रमार्जालीययोरुदकप्रयोजनसिध्यर्थं सोदंचनौ कलशावित्येवमादीनां परिग्रहणार्थं बहुवचनम्॥ २४॥

आच्छ्रन्दनग्रहणं[3] दृढीकरणप्रदर्शनार्थं सम्यक् परीक्षणार्थं च। निर्णिक्ता इति शुद्धिप्रदर्शनार्थम्। आचत्यार्थं[4] कृतेण्ड्वा[5] इति॥ २५॥

महापरिधीनां प्रमाणमनुपदकार आह—'एकादशपदो मध्यमो द्वादशपदो दक्षिणो दशपद उत्तरः' इति॥ २६॥

परिकृष्ट्यः। परिणाहेनापि प्रकृतात्प्रकृष्टा इत्यर्थः। परितो लिखिता इत्यन्ये॥ २७॥

पुंल्लिंगशब्दो यस्य वाचकः स पुंवृक्षः। यथा पलाशो न्यग्रोध उदुम्बर इति। स्त्रीवृक्षोऽपि यथा बदरी पाटली पिलिपिञ्छा[6] शिंशपेति। नानावार्क्ष्यत्वं जात्यपेक्षमिति केचित्। विशेषापेक्षमित्यन्ये॥ २९॥

निपद्यमानः संशास्ति। लक्षणे शानच्। *घर्मदुघं=शिरे।* दधिघर्मस्यापि[7] धर्मवत्त्वं वषट्कारेण केचिन् मन्यन्ते प्रदेयत्वात्। दोहतादिति पयस्यया[8] तुल्यवद्विधानादयमाचार्याभिप्रायः। [9]अन्यैर्धर्मवद्भिर्यागैर-तुल्यत्वं च दृश्यते। अनुवाक्या चोदनाभावो देवतामनुद्दिश्य। दधिघर्मस्य यजेति द्रव्यापेक्षणं च।

---

१. M Ad °वरिरुद°. २. T conjectures उदकमसिकमसीति, but मसिक shown as deleted; thus M Ad. ३. M Ad आच्छुन्द°, T आच्छदन°. ४. M Ad आचल्या; thus T. ५. M Ad कृतेड्वा; thus T. ६. M Ad °पिञ्चा; thus T. ७. M Ad °स्याविध°; thus T. ८. M Ad पयस्य; thus T. ९. अन्ये धर्भ°.

दधिघर्माय दोहताद्', 'या यजमानस्य व्रतधुक्, पयस्यायै या पत्नियै तामाशिरे' **इति** ॥ ३० ॥ **पञ्चदश नक्षत्राणि रात्रिं नयन्ति** ॥ ६.८.३.३१ ॥ **[इति तृतीयः पटलः** (२८) **]**

॥ इति षष्ठप्रपाठके अष्टमोऽनुवाकः ॥

अनुपदकारेण 'अपूर्वेषु यावत् श्रुतधर्मा प्रवर्तेरन्' इत्युक्त्वा 'यथा घर्मो दधिघर्म' इत्युदाहृतम्। यदुक्तं 'दोहतादि'ति घर्मवत्यया पयस्यया तुल्यवद्विधानादिति, आशिर्यपि[१] तत् तुल्यम्। ननु तस्यापि घर्मवत्वं युक्तम्, 'इन्द्रायाशिरमि'ति देवतासंबन्धश्रवणात्। सत्यम्। न साक्षाद्देवतासंबन्धः। इहार्थात् सोम-संस्काद्वारेणेन्द्रेण सम्बन्धः। व्यक्तं च सोमसंस्कारार्थत्वं 'तीव्रां आशीर्वतः कुरुध्वमि'ति। तत्संस्कृतस्य सोमस्याप्यैन्द्रत्वम्। प्रायोवृत्त्या सावित्रादिषु देवतान्तराणि दृश्यन्ते। सोमाहुतीनां च यावत् श्रुतधर्माः[२] सर्वत्र प्रसिद्धम्। उक्तं च 'कृत्स्नविधानादपूर्वत्वमि'ति। तस्य संस्कारत्वं नावस्थितं स्यात्। कुतः। पूर्वत्वं दधिघर्मशिरौ शृताताङ्क्यत्वमिष्येते[३]। तदादित्यग्रहणार्थस्य दध्नः। अप्रवर्ग्येऽपि[४] दधिघर्मो न निवर्तत इति केचित्। घर्मदुघाभावेऽप्यन्या दुह्यते। नहि दधिघर्मो घर्मधुगर्थो घर्मधुग् दधिघर्मार्थ इति। 'होता प्रथमो भक्षयती'त्याद्यनुक्रमिष्यता 'महावीरर्त्विजो भक्षयन्ती'ति महावीरर्त्विग्ग्रहणं कुर्वताचार्येणा-प्रवर्ग्ये[४]निवृत्तिरभिप्रेत्येत्यन्ये न कुर्वन्ति। आश्वलायनाः पठन्ति 'प्रवर्ग्यवांश्चेदि'ति[५]। आमिक्षा पयस्याख्या। तस्याः सामर्थ्यात् प्रातर्व्रते दुग्धे वत्सापाकरणं कर्तव्यम्। प्रागाहवनीयप्रणयनाद्वत्सापाकरणं बौधायना आमनन्ति। अन्ये वर्णयन्ति—'या यजमानस्य व्रतधुक् तां पयस्याया' इत्यतिदिष्टे[६] तदुत्तरकालं देवतायै संकल्प्यापाकरणं कर्तव्यम्। ततः सायमेव यजुषा शाखामाहृत्येत्यादिना विधानेन कर्तव्यमिति। अपाकरणमन्त्रस्याविकारत्वमुक्तम्। सवनीयपश्वर्थमभ्याधायानभ्याधाय[७] वा इध्माबर्हिः संभृत्य इध्मेन महापरिधीन् सह सन्नह्य घर्मदुघमित्याद्यैन्द्रं सान्नाय्यं दोहयति। अभ्याधानेध्माबर्हिः संभरण-परिस्तरणान्याध्वर्यवाणि प्रैषार्थाः प्रेषितः प्रतिप्रस्थाता करोति ॥ ६.८.३.३० ॥ **[इति तृतीयः पटलः** (२८) **]**

॥ इति व्याख्यायां षष्ठप्रपाठके अष्टमोऽनुवाकः ॥

---

१. M Ad आशीर्यवि; thus T. २. M Ad °धर्मता; thus T. ३. M Ad °मिष्यते; thus T. ४-४. M Ad om दधिघर्मो = निवृत्ति° प्रवर्ग्ये, T also informs दधिधर्मो = २९२ पु. २ पं णाप्रवर्ग्ये नास्ति. under fn No. 4 on back of p.290. ५. M Ad °वांश्चेत्यामि°. ६. इति दिष्टे. ७. M Ad om अनभ्याधाय; thus T.

॥ अथ षष्ठप्रपाठके नवमोऽनुवाकः ॥

[प्रातःसवनम्]

पञ्चदश नक्षत्राणि रात्रिं नयन्ति ॥ १ ॥ **यदा दशममुदेति तत्तृतीयमगतꣳ रात्रियै भवति** ॥ २ ॥ **तस्मिन् काले समुत्थाय जोषंकृतेषु राजानं प्रपादयति दक्षिणमभि हविर्धानम्** ॥ ३ ॥ **अथ संप्रेष्यति** 'अग्नीदाज्यमधिश्रय प्रतिप्रस्थातः स्रुचः संमृड्ढ्याज्यानि गृह्णीष्व पात्राणि युङ्ध्युन्ने-तर्ग्राव्णो वायव्यानि दशापवित्रे द्रोणकलशे समवशम्य हविर्धानयोः सꣳसादय पयश्च सक्तूꣳ-श्चोपकल्पयाग्नीत्सवनीयान् निर्वप सर्वानैन्द्रानेकादशकपालान्' **इति** ॥ ४॥ **एतत् कुर्वन्ति** ॥ ५ ॥ **स्रुचः संमृज्याज्यानि गृह्णीते प्रतिप्रस्थाताऽऽग्नीध्रे पृषदाज्यवन्ति** ॥ ६ ॥ **द्रुत्वाऽऽखरे पात्राणि युनक्ति** ॥ ७ ॥ 'अग्निर्देवता गायत्री छन्दः' **इति दक्षिणार्धपूर्वार्ध आखरस्योपाꣳशुपात्रꣳ सादयति।** '०उपाꣳशोः पात्रमसि' **इति** ॥ ८ ॥ 'सोमो देवता त्रिष्टुप् छन्दः' **इति तदुत्तरेणान्तर्यामपात्रꣳ सादयति।** '०अन्तर्यामस्य पात्रमसि' **इति** ॥ ९ ॥ **अन्तरेण ग्रावाणमास्पृष्टꣳ सादयति दक्षिणामुखमुपाꣳशुपात्रात्** ॥ १० ॥ 'इन्द्रो देवता जगती छन्दः' **इति तस्य मध्यतोऽपरेणास्पृष्टं परिस्रजमैन्द्रवायवं पात्रꣳ सादयति।** '०इन्द्रवायुवोः पात्रमसि' **इति** ॥ ११ ॥ 'बृहस्पतिर्देवताऽनुष्टुप् छन्दः' **इति तदपरेणास्पृष्टं द्विभृष्टि मैत्रावरुणपात्रꣳ सादयति।** '०मित्रावरुणयोः पात्रमसि'

पञ्चदश=नयन्ति। रात्रौ पञ्चदशानां नक्षत्राणामुदयाभावान्नक्षत्रोदयलक्षितेषु मुहूर्तेषु नक्षत्रशब्द उपचरित इत्यध्यवसीयते। एतद् ज्ञापकं ज्योतिष्टोमस्य वसन्तकालत्वम् इति पूर्वमेवोक्तम्॥ १ ॥

तृतीयावशिष्टायां रजन्यामुत्थायाध्वर्युः कृतशौचो जोषंकृतेष्वृत्विक्षु राजानं प्रपादयति[१]। दक्षिणा हविर्धानं स्थापयति। जोषंकृतेष्वपि[२] स्पष्टशब्दबोधितेष्वित्यर्थः। तदुक्तं 'जोष(वाक)मित्यविज्ञातनाम[३] जोषयितव्यं भवती'ति (निरु. ५.२१)। तथानुपद उक्तम्—'मृतसंस्कृतबौधानि तोदमन्योऽन्यं बोध-यन्ती'ति। करोतिश्च सर्वधात्वर्थेषु वर्तते। सर्वत्र स्मृत्यनुरोधि शौचं मुखधावनमाचमनं स्नानमिति यथाप्राप्तं कुर्वन्ति। स्वामिनोस्तु स्नानं नास्त्येव॥ ३ ॥

यावता वाचःस्थानेन प्रेष्यमाणा जानन्ति तावन्मात्रेण संप्रेष्यति। 'अग्नीदाज्यमधिश्रये'ति व्याख्यातम् अग्नीषोमीये। अग्नीद्वेदं कृत्वा यज्ञायुधानि संसाद्य सवनीयस्य तन्त्रम् अग्नीषोमीयवत् करोति॥ ४ ॥

अध्वर्युणा प्रोक्षणादिप्रैष उक्ते प्रतिप्रस्थाता हस्तौ मार्जयित्वा स्रुक्संमार्गादि कृत्वा पात्राणि युनक्ति॥ ६–७ ॥

परिस्रजम्। परितः स्रगाकारो यस्य तत्परिस्रजम्॥ ११ ॥

भ्रूसदृशावुत्सेधौ यस्य तद् द्विभृष्टि, स्तनाकारौ[४] यस्य तत् स्तनवत्॥ १२ ॥

---

१. T प्रपादय°, प्रदाप°. २. M Ad °ष्ववि. ३. M Ad ° ज्ञातानाम; thus T. ४. M Ad ° कारो; thus T.

इति ॥ १२ ॥ 'अश्विनौ देवता पङ्क्तिश्छन्दः' **इति तदपरेणाश्विनपात्रꣳ सादयति**। '०अश्विनोः पात्रमसि' **इति** ॥ १३ ॥ 'सूर्यो देवता बृहती छन्दः' **इति तस्य दक्षिणेन बैल्वꣳ शुक्रपात्रꣳ सादयति**। '०शुक्रस्य पात्रमसि' **इति** ॥ १४ ॥ 'चन्द्रमा देवता सतोबृहती छन्दः' **इति तदुत्तरेण वैकङ्कतं मन्थिपात्रꣳ सादयति**। '०मन्थिनः पात्रमसि' **इति** ॥ १५ ॥ **अपरेण शुक्रमन्थिनोः पात्रे आश्वत्थे अश्वशफबुध्ने उभयतोमुखे प्रबाहुग्दक्षिणमृतुपात्रे सादयति** 'ऋतूनां पात्रे स्थः' **इति** ॥ १६ ॥ 'विश्वेदेवा देवतोष्णिहा छन्दः' **इति दक्षिणस्य हविर्धानस्य पूर्वेणोपस्तम्भनमाग्रयणस्थालीꣳ**

आश्वत्थे अश्वशफबुध्ने उभयतोमुखे। मुखं होममार्गः। प्रस्थिते मनागपसृते। उत्तरस्य हविर्धानस्य नीड आधवनीयं प्रउगे पूतभृतं युनक्ति। सैण्डवौ[१] [२]द्रोणकलशावुदङ्क्परिप्लु–पात्रमधिषवणचर्मसमीपे चमसाश्च द्रोणकलशमुत्तरेण दक्षिणेन वा द्विदेवत्यपात्राणि अतिग्राह्यपात्राणि।' अथ यत्राधवनीयपूतभृतौ युनक्ती 'ति राजयज्ञे दर्शनादिहानुक्तानामपि योग इष्यत इति ज्ञायते।

'ऋतुपात्रे लभेते[३]'=ब्राह्मणम्। अस्य वाक्यस्य[४] पूर्वानुवाकान्ते पाठ आनन्तर्यार्थः। 'आदद[५] अच्छावाक' इति श्रुत्वाऽनन्तरमृतुग्रहप्रचारमेवारभ्यत[६] इति। किं भवति प्रयोजनम्। आनुपदिकोऽपि पुरोडाशशेषभक्षकालोऽनुगृहीतो भवति। ऋतुपात्रे लभेते[७] आददाते। सहादानवचनं सहप्रथमौ गृह्येते। सहोत्तमावित्यस्य[८] द्योतनार्थम्। नान्योऽन्यमनुप्रपद्येतेति। ब्राह्मणमिति ब्राह्मणग्रहणं नान्योऽन्यमनुप्रपद्येतेत्यस्य सह प्रथमावित्यादिर्नापवादः। पक्षान्तरमिति ख्यापनार्थम्। उभयोर्वैकल्पिकत्वेऽपि अन्योऽन्यानुप्रपदनपक्षं परिगृह्णाति। दक्षिणेन द्वार्भागेणाध्वर्योः प्रपदनं निष्क्रमणं च। उत्तरेण प्रतिप्रस्थातुः। इतश्चामुतश्च यत्तत्प्रतिप्रस्थाताऽध्वर्युं परिगृह्णीयात् सर्वेषु होमेषु शेषमुच्छिष्टम्। शेषोपर्येवोत्तरेषां ग्रहणम्। पर्यस्यतः परिगमयतः पर्यावर्तयत इत्यर्थः।[९] ॥ १६ ॥

एकं दर्भमुष्टिं दक्षिणस्य हविर्धानस्योपस्तम्भन उपनह्यति[१०]। उन्नेता च ग्रावादिद्रोणकलशस्थं हविर्धाने संसादयति। हविर्धानयोरिति यद्यपि द्विवचनान्तं[११] तथापि ताभ्यां विमितमेव लक्ष्यते। पयः सक्तूंश्च ग्रहश्रयणार्थमुपकल्पते। द्वितीयश्चकारोऽनुक्तसमुच्चयार्थः। हिरण्यशल्कांश्चेति। आग्नीध्र आज्यनिर्वापणान्तं कृत्वा पुनः सवनीयान्[१२] निर्वप्तुमारभते। 'प्रातर्दोहं दोहयित्वा तस्योपधाय कपालानि प्रातर्दोहं दोहयेदि 'ति विध्यवशेषः। यज्ञायुधसंसादनादितन्त्रमध्योक्तेः सामान्यात्पशुपुरोडाशेन व्याख्यातम्। कपालैः सह भर्जनपात्रं सादयेत्। आलोडनार्थं च मेक्षणं, वाजिनहोमार्थं च स्रुचमनाज्यलिप्तम्। 'अग्नीत् सवनीयान् निर्वप सवनैन्द्रानेकादशकपालानि 'त्यस्य प्रैषखण्डस्यार्थो

---

१. M सेण्डौ, Ad सैण्डो; thus T. २. M Ad ०कलशौ दङ्क०, T ०कलशोदङ्क०. ३. M Ad लभते; thus T. ४. M Ad वाकस्य, T वाक्यस्य. ५. M Ad असददच्छा०; thus T. ६. M Ad ०ग्रहप्रचारमेवारभ्यत; T ०प्रचारोऽभ्यस्त. ७. M Ad लभते. ८. M Ad ०तमौगृह्येतेत्य०. ९. Due to displacement of folios all MSS wrongly give here the text beginning with अध्वर्यवुपह्वस्य (M p.208, line 7; Ad p.450, line 4; T p.332, line 9) and ending with मन्यामहे (M p.209, line 11; Ad p.452, line 11; T p.334, line 8). १०. M Ad ०नह्यतीत्यु०; thus T. ११. M Ad ०न्तः०. १२. M Ad ०नीया नि०.

सादयति। '०आग्रयणस्य पात्रमसि' **इति॥** १७॥ 'इन्द्रो देवता ककुप्छन्दः' **इत्युत्तरस्यां खरश्रोण्यामुक्थ्यस्थालीः सादयति।** '०उक्थानां पात्रमसि' **इति॥** १८ ॥ **उपनिदधात्यस्या उपशयं पात्रम्॥** १९॥ **उत्तरतोऽस्या आदित्यस्थालीः सादयति** 'आदित्यानां पात्रमसि' **इति॥** २०॥ **उपनिदधात्यस्या औदुम्बरमादित्यपात्रं च सक्थि च॥** २१॥ 'पृथिवी देवता विराट् छन्दः' **इत्यपरेणात्मानः हृत्वोत्तरस्य हविर्धानस्य पूर्वेणोपस्तम्भनमनुपोप्ते ध्रुवस्थालीः सादयति।** '०ध्रुवस्य पात्रमसि' **इति॥** २२॥ **प्रस्थितकर्मैतत्॥** ६.९.१.२३॥ **[इति प्रथमः पटलः** (२९)**]**

निर्वर्ण्यते। तत्र केचिदाहुः 'अग्नीत्सवनीयान् निर्वप सवनैन्द्रानेकादशकपालानि'त्येवं ब्रुवतामभिप्रायः सवनीयार्थानां सह[१]निर्वापोऽभिप्रेत इति[२]। तथा च द्वैधे शालीकिपक्षः[३] 'प्रातःसवन एव सर्वेभ्य सवनेभ्यः सवनीयान्[४] निर्वपेदि'ति। तथा च विध्यवशेषेषु 'अत्रोत्तरयोः[५] सवनयोः व्यावर्तनान्ताः[६] पिण्डकृताः परिशयीरज्छृताः[७] प्रागुद्वासनादित्येके' इति। तत्र ऐन्द्रानिति देवतोपदेशः। एकादशकपालानिति बहुवचननिर्देशोऽप्यस्मिन् पक्ष उपपद्यत इत्यन्ये वर्णयन्ति। अभिहितपक्षे 'तस्मादनुसवनं पुरोडाशा निरूप्यन्ते' इत्यनया श्रुत्याविरोधः कृतः। सवनैन्द्रानिति सम्बन्धः। कोऽभिप्रायः। सर्वेषां निर्गुण एवेन्द्रो देवतेति[८] कुतः सगुणत्वप्राप्तिः[८]। तदाहुर्यदश्विभ्यां धानाः यजन्तीति दर्शनात्। अश्विभ्यामश्वाभ्यां हरिभ्यामित्यर्थः[९]। 'पूषण्वते हरिवांश्च[१०] करंभः', 'हरिवते हर्यश्वाय धानाः' इत्यादीनि लिङ्गानीव दृश्यन्ते[११]। अनुपदकारस्तु हविषां निर्वापं विदधाति 'इन्द्राय हरिवते[१२] चतुरो मुष्टीन्, इन्द्राय पूषण्वते चतुरः, इन्द्राय [१३]सरस्वतीवते भारतीवते चतुरः, इन्द्राय चतुरः [१३]प्रदाने सर्व ऐन्द्राः' इति। आचार्येण पुनस्तेषां भक्तवादत्वं मन्यमानेन सर्वान्[१४] ऐन्द्रानित्यभिधायि गुणनिवृत्यर्थम्। अनुसवननिर्वापे एकादश कपालानिति बहुवचनान्ततानुपपत्तिः। उच्यते। लिंगसमावायात् स्यादिति। तद्यथा [१५]छत्रिणो यान्तीति। अथापि ब्राह्मणे 'विद्यमानेऽपि व्यपदेश एकादशकपालानेव प्रातःसवने कुर्यादि'ति बहुवचनान्त एव प्रयोगः। विश्वजिति पृष्ठसामान्यमधिकृत्य 'शाक्वरं मैत्रावरुणस्य पुरोडाशं संयौती'ति ब्रुवताऽऽचार्येणाप्ययमेवाभिप्रायः प्रकटितः[१६]। अथवा सवनत्रयार्थमिहैतत् प्रैषणम्। अनुसवनमेव निर्वापः[१७]॥ ६.९.१.१७॥ **[इति प्रथमः पटलः** (२९)**]**

---

१. M Ad सह ह निर्वा° ; thus T. **२.** M Ad wrongly gives the text तत्र ऐन्द्रनिति=° विरोधः कृत also before तथा च द्वैधे शाली° ; thus M T. **३.** M Ad शालीतिप°. **४.** M Ad °नीया. **५.** M Ad अत्रोद्धर°. **६.** M Ad °नान्तां. **७.** M Ad °शयीरज्जुता; thus T. **८–८.** M Ad देवता...त्व प्राप्तिः; thus T. **९.** Ad om हरिभ्यां. **१०.** M Ad T हरिवंश्च. **११.** M Ad दृश्यते. **१२.** M हरिव...तुरो. **१३–१३.** M भा...वते...प्रदाने, Ad T सरस्वतिपते (T पते) भारतिपते cf MS. **१४.** M Ad सर्व ऐन्द्रा° ; thus T. **१५.** M यथा...णायान्ति, Ad यथा=छत्रि°. **१६.** M Ad om प्रकटितः; thus T. **१७.** Due to displacement of folios in the original MS the text of commentary on VI.9.2.28 beginning with धानाः करम्भः विसृजति (M p.185, line 4, Ad p.402, line 9, T p.296, line 19) and ending with विसृजति (M p.188, line 2, Ad p.406, line 8, T p.299, line 19] has been wrongly given here between निर्वाप and प्रस्थितकर्मैतत्. This text has been placed at its proper place.

[प्रस्थितकर्म]

प्रस्थितकर्मैतत् ॥ १ ॥ **गृहीतेष्वाज्येष्वध्वर्युः प्रचरण्यां चतुर्गृहीतं गृह्णीते** ॥ २ ॥ **तज्जुहोति स्रुवाहुतिम्** 'आसन्यान्मा मन्त्रात् पाहि=शस्त्याः स्वाहा' **इति** ॥ ३ ॥ **प्रयन्त्याज्यैः** ॥ ४ ॥ **अतिद्रुत्याध्वर्युरिध्माबर्हिः प्रोक्षति** ॥ ५ ॥ **वेदिं प्रोक्षति** ॥ ६ ॥ **आसन्नं प्रोक्षति** ॥ ७ ॥ **अपो निनीय प्रस्तरं गृह्णाति** ॥ ८ ॥ **स्तृणाति बर्हिः** ॥ ९ ॥ **प्राङुत्सृप्य परिधीन् परिदधाति** ॥ १० ॥ **औदुम्बरान् महापरिधीन्** ॥ ११ ॥ **स्वैर्यजुर्भिः समिधावादधाति** ॥ १२ ॥ **यजमानयजुर्भिर्वाचयति** ॥ १३ ॥ **औपानुवाक्यैरभिमृशति** ॥ १४ ॥ 'युनज्मि ते पृथिवीं ज्योतिषा सह' **इति मध्यमं परिधिम्** ॥ १५ ॥ 'युनज्मि वायुमन्तरिक्षेण ते सह' **इति दक्षिणार्ध्यम्** ॥ १६ ॥ 'युनज्मि वाचꣳ सह सूर्येण ते' **इत्युत्तरार्ध्यम्** ॥ १७ ॥ **अग्निं युनक्ति** ॥ १८ ॥ **प्रपद्याखरे तिरश्ची सादयति** ॥ १९ ॥ **तिरश्च्योः प्रस्तरम्** ॥ २० ॥ **प्रस्तरे जुहूम्** ॥ २१ ॥ **आखर इतरे** ॥ २२ ॥ **समासाद्य** 'ध्रुवा असदन्', 'यन्मे अग्ने' **इति समभिमृश्य** 'युनज्मि तिस्रो विपृचः सूर्यस्य ते' **इति स्रुचोऽभिमृशति** ॥ २३ ॥ **अप उपस्पृश्य** 'अपां क्षया' **इति ग्राव्णोऽभिमृशति।** '०ऋतस्य गर्भा भुवनस्य गोपा श्येना अजिरः पर्वतानां ककुभः प्रयुतो न पातारो वग्नुनेन्द्रꣳ ह्वयध्वं घोषेणामीवाꣳश्चातयध्वं युक्ता स्थ वहत' **इति** ॥ २४ ॥ **उपोत्थाय** 'हृदे त्वा' **इति राजानमुपतिष्ठते।** '०मनसे त्वा दिवे त्वा=होत्रा यच्छ' **इति** ॥ २५ ॥ 'सोम राजन्नेह्यवरोह' **इत्यन्तरेषे राजानमुपावहरति।** '०मा भेर्मा=प्रजास्त्वामुपावरोहन्तु' **इति** ॥ २६ ॥ **उपरि**

प्रस्थितकर्मैतत्। एतदनुक्रान्तं पृथक्पृथक् प्रारब्धकर्मकमुक्तं[1] भवति। सर्वे स्वंस्वं कर्मविद्यमाने संभवे प्रारभन्ते। पाठक्रमानान्योऽन्यस्य कर्मान्तमपेक्षन्त इत्यर्थः ॥ १ ॥

गृहीतेष्वेवाज्येष्वध्वर्युः। मनसाऽनुद्रुत्याध्वर्युराज्यग्रहणोत्तरकालं पञ्चहोतृहोमादि करोति ॥ २ ॥

ततः प्रोक्षणीरादाय धरुणप्रोक्षणं कृत्वा गच्छति। तेन सहैवान्ये परिकर्मिणः प्रयन्ति ॥ ४ ॥

अतिद्रुत्याध्वर्युरित्यादि गतम्। अग्नीषोमीयवत् प्रस्तरविधृत्योराश्ववालत्वादीच्छन्ति[2] केचित् ॥ ५ ॥

स्वैः 'गन्धर्वोऽसी'त्यादिभिः ॥ १२ ॥

यजमानयजुर्भिः[3] 'ध्रुवोऽसी'त्यादिभिः ॥ १३ ॥

औपानुवाक्यैर्वक्ष्यमाणैः। हविर्यज्ञविधे[4]पशावत्राध्वर्यू व्रतमुपेतः ॥ १४ ॥

ग्राव्णोऽधिषवणचर्मस्थानभिमृशति[5] ॥ २४ ॥

'उपावरोहन्त्वि'त्यन्त उपावरोहणमन्त्र एव। सादनं तूष्णीकम्। 'मा भे'रित्यादिसादनमन्त्र इत्यपरे ॥ २६ ॥

अधिषवणचर्मस्थग्रावसूपरि ॥ २७ ॥

---

१. M Ad कर्मातिमुक्तं; thus T. २. M Ad ०वालत्वादिच्छ०. ३. M यज्ञभिः, Ad यज्ञाभिः. ४. T वशावशावत्राध्व०. ५. M Ad ०स्थानाभि० ; thus T.

ग्रावस्वधिषवणचर्मणि सादयति राजानम् ॥ २७ ॥ **अप उपस्पृश्यादत्त एतं पञ्चदशदारुमिध्मं नानावाक्ष्र्यं प्रपूतशकलम्** ॥ २८ ॥ **तं विस्रस्याद्भिः प्रोक्ष्याज्येनाभिघार्याहवनीये प्रास्यन्नाह** 'देवेभ्यः प्रातर्यावभ्योऽनुब्रूहि' **इति यदि रथन्तरसामा;** 'प्रातर्यावभ्यो देवेभ्योऽनुब्रूहि' **इति यद्युभयसामा** ॥ २९ ॥ **वावृत्य तिसर्णिामृचां मनसा प्रत्यागृणाति** ॥ ३० ॥ **सꣳसृप्यास्ते** ॥ ३१ ॥ **निमेष एतस्योक्थ्यस्य प्रतिगर इत्याहुर्यत् प्रातरनुवाक इति** ॥ ३२ ॥ **यदा जानाति** 'अभूदुषा रुशत्पशुरग्निरधाय्यृत्वियः। अयोजि वां वृषण्वसू रथो दस्रावमर्त्यो माध्वी मम श्रुतꣳ हवम्' **इति, अथाध्वर्युः प्रचरण्यां चतुर्गृहीतं गृह्णीते** ॥ ३३ ॥ **तज्जुहोति** 'शृणोत्वग्निः समिधा हवं मे' **इत्यनुवित्तिमाहवनीये**। '°शृण्वन्त्वापो=हवं मे स्वाहा' **इति** ॥ ३४ ॥ **अपरं चतुर्गृहीतं गृह्णीते** ॥ ३५ ॥ **बर्हिरादायोत्तिष्ठन् संप्रेष्यति** ॥ ६.९.२.३६ ॥ **[इति द्वितीयः पटलः** (३०)**]**

[पञ्चैकधनस्थालीरादानादिकर्म]

उत्तिष्ठन् संप्रेष्यति 'अप इष्य होतर्मैत्रावरुणस्य चमसाध्वर्यवाद्रवैकधिनन आद्रवत नेष्टः पत्नीमुदानयाग्नीद्ध्रोतृचमसेन च वसतीवरीभिश्च चात्वाले प्रतितिष्ठासै' **इति** ॥ १ ॥ **आनयति नेष्टा पत्नीꣳ सह पान्नेजनीयया स्थाल्या** 'प्रेह्युदेह्यृतस्य वामीरन्वग्निस्तेऽग्रं नयत्वदितिर्मध्यं ददताꣳ रुद्रावसृष्टाऽसि युवा नाम मा मा हिꣳसीः' **इति** ॥ २ ॥ **अन्तरा चात्वालं चोत्करं च गत्वा वहन्तीरागच्छन्ति** ॥ ३ ॥ **तद्बर्हिः प्रास्याभिजुहोति** 'देवीरापो अपां नपाद्य ऊर्मिर्हविष्य इन्द्रियावान्मदिन्तमस्तं देवेभ्यो देवत्रा धत्त शुक्रꣳ शुक्रपेभ्यो येषां भाग स्थ स्वाहा' **इति** ॥ ४ ॥ 'कार्षिरसि' **इति मैत्रावरुणचमसेनाहुतिमपप्लावयति**। '°अपापां मृधम्' **इति** ॥ ५ ॥ **बर्हिषी अन्तर्धाय** 'समुद्रस्य वोक्षित्य उन्नये' **इत्युन्नयते** ॥ ६ ॥ **तदन्वेकधनानुन्नयन्ति** 'इन्द्राय वः' 'इन्द्राय वः' **इति** ॥ ७ ॥ 'वसुभ्यो रुद्रेभ्य आदित्येभ्यः' **इति नेष्टा पत्नीं पान्नेजनं ग्राहयति**। '°विश्वेभ्यो=यज्ञाय वः

'*निमेष एतस्योक्थ्यस्य प्रतिगर*' इति। प्रतिगराभावोऽभिहितो न तु न्यासप्रणवयोर्निमेषकरणविधिः। दृश्यते ह्यश्वमेधे–'उपाकृते[४] प्रातरनुवाक[५] उपाधिरोहतोऽध्वर्यू[६] इति। अतः प्रतिगराभाव इत्यर्थः। प्रतिगराभावः स्तुत्यर्थोऽर्थवादः[७] ॥ ६.९.२.३२ ॥ **[इति द्वितीयः पटलः** (३०)**]**

परिकर्मिणः पञ्चैकधनस्थालीराददते[१]। तासां प्रमाणमर्थकृतम्। एकपुरुषतृप्तिसमर्थोदकसंभविनो धनशब्दस्य तृप्त्यर्थत्वादिति केचित्। द्रप्सान्विहन्ति[२]। आज्यबिन्दूंश्चमसेनैवापनयति। 'उन्नय' इति 'उन्नयत'[३] इति। उभयत्रात्मनेपददर्शनात् [४]स्वामिकर्मोन्नयनमिति केचित्। गमनागमनयोर्यजमानग्रहणाभावादुपग्रहव्यत्ययः। अध्वर्युरेवोन्नयति। नैतावता यजमानस्य गमनं कल्पयितुं शक्यमित्यर्थः[५]। ...राजसूयेऽपि दृश्यते। 'उन्नयन्ते निग्राभ्या एकधनान्पान्नेजनानि[६]'ति। अत इष्यते चात्मनेपदम्। 'इन्द्राय वः[७]' इन्द्राय वः इत्यभ्यासः। प्रतिपुरुषं प्राप्त्यर्थः[८] ॥ ७ ॥

---

४. M Ad उपकृते; thus T. ५. M Ad व्रतरनु°; thus T. ६. M Ad °ध्वर्युरि°. ७. M Ad °पदः; thus T.
१. M Ad लीराद्दते; thus T. २. M Ad द्रप्सन्वह°; thus T. ३. M Ad उतनयत; thus T. ४. M स्वमिकमन्नि°, Ad °कर्मान्न°. ५. M Ad त्य...राज°, T त्यर्थ...राज. ६. M Ad °धनान्वान्नेजनो नित्य°. ७. M Ad om; thus T. ८. Ad om; thus M T.

पन्नेजनीर्गृह्णामि' **इति** ॥ ८ ॥ **आयन्ति** ॥ ९ ॥ 'प्रेह्युदेहि' **इति नेष्टा पत्नीमुदानयति**। '०ऋतस्य वामीरन्वग्निस्तेऽग्र=मा हिꣳसीः' **इति** ॥ १० ॥ **अपरेण गार्हपत्यꣳ सादयति** ॥ ११ ॥ **आगच्छत्यध्वर्युर्होतृचमसं च वसतीवरीश्च** ॥ १२ ॥ **चात्वाले सꣳस्पृष्टा होतृचमसे वसतीवरीभ्योऽधि प्रस्कन्दयति** ॥ १३ ॥ **तमरिक्तं तिरः पवित्रं प्रचरण्या समनक्ति** 'सं ज्योतिषा ज्योतिरङ्क्ताꣳ सꣳ हविषा हविः सं व्रतैर्व्रतचारिणीः' **इति** ॥ १४ ॥ **संपूरयति मैत्रावरुणचमसꣳ होतृचमस आनीय** ॥ १५ ॥ **प्रचरन्त्येनं मैत्रावरुणचमसाद्धोतृचमसम्** ॥ १६ ॥ **मैत्रावरुणचमसे-ऽतिशिष्येरन्** ॥ १७ ॥ **वसतीवरीषु ता आनीय सम्पूर्णमेतं ग्रहमभिमृशतः** 'शुक्रा स्थ शुक्रज्यो-तिषः शुक्रस्य भर्त्रीः ज्योतिष्मन्तं वो ग्रहं गृह्णामि' **इति** ॥ १८ ॥ **पूर्वेण निग्राभ्याः प्रपादयन्त्यपरेण वसतीवरीश्चैकधनाश्च** ॥ १९ ॥ 'अध्वर्योऽवेरपा३ः' **इति होताऽध्वर्युं पृच्छति सꣳस्रावे-णाद्रवन्तम्** ॥ २० ॥ 'उतेमनन्नमुरुतेमाः पश्य' **इतीतरः प्रत्याह** ॥ २१ ॥ **यदि न पृच्छेत्** 'समगुः' **इति ब्रूयात्** ॥ २२ ॥ 'यमग्ने पृत्सु मर्त्यम्' **इत्याहवनीये सꣳस्रावं जुहोति**। '०आवो वाजेषु यं जुनाः स यन्ता शश्वतीरिषः स्वाहा' **इति यद्यग्निष्टोमो जुहोति** ॥ २३ ॥ **यद्युक्थ्यः परिधौ निमार्ष्टि** ॥ २४ ॥ **यद्यतिरात्रो हुत्वा परिधौ निमृज्य यजुर्वदन् प्रपद्यते** ॥ २५ ॥ **धुरि प्रचरणीꣳ सादयित्वा**

तेषु गतेष्वाग्नीध्रो वसतीवरीश्चात्वालसमीपे[1] तेन संस्पृष्टं[2] होतृचमसं च तथैव निधाय प्रतितिष्ठति ॥ १२ ॥

'होतृचमसं च मैत्रावरुणचमसं च संस्पृश्य[3] वसतीवरीर्व्यानयति 'यज्ञस्य सयोनित्वाये'ति वचनात् तावपि चात्वालेन मिथो वा संस्पर्शयति ॥ १३ ॥

तिरःपवित्रं बर्हिषी अन्तर्धाय समनक्ति। प्रतिस्तोममिति केचिदामनन्ति। चतुष्टोमे चतुरित्यर्थः तथापि सकृदेव मन्त्रः ॥ १४ ॥

सम्पूर्णमेतं ग्रहं होतृचमसस्थमध्वर्युयजमानौ ॥ १८ ॥

निग्राभ्या होतृचमसीयाश्चात्वालनयने प्रपादने च[4] होतारं वसतीवरीभिः[5] परिहरेयुः ॥ १९ ॥

लब्धवानसी[6] ज्ञातवानसीति[7] च प्रश्नः। प्रतिवचनस्यार्थे 'उतेमाः पश्य' इति ॥ २१ ॥

अतिरात्रे होमनिमार्जनयोर्दर्शनादुक्थ्येऽपि हुत्वा निमृजति। 'संस्रावं हुत्वोक्थ्यं क्रतुं कृत्वे'ति विकृतौ दर्शनाच्च। तत्रोक्थ्ये होमस्यातिरात्रे होमनिमार्जनयोश्च तूष्णीकत्वं केचिदिच्छन्ति ॥ २४-२५ ॥

उत्तरस्य हविर्धानस्य धुरि प्रचरणी साद्या। धूरपि प्रागेव प्रणयनाच्छकटस्य यथास्थानं निर्णिक्ता[8] भवति[9]। प्रत्येकमूर्ध्वाग्राश्च शम्या उपगूहति। दधिग्रहस्य क्रत्वर्थत्वाद् दधिग्रहं गृह्णीयात् पशुकामस्येति नित्ये कामः ॥ २६ ॥

---

१. M Ad समीपे ते°. २. M Ad संसृष्टाः. ३. M Ad संस्पर्श्य. ४. M Ad om च; thus T. ५. M Ad °वरीरभि. ६. M Ad °नसी. ७. M Ad ज्ञानवा°. ८. M Ad °र्णिक्तो; thus T. ९. M Ad भवन्ति; thus T.

'उपयामग्रहीतोऽसि' **इति प्राजापत्यं दधिग्रहं गृह्णात्यौदुम्बरेणादित्यपात्रेण चतुःस्रक्तिना तिरःपवित्रं दध्नम्।** '°प्रजापतये त्वा ज्योतिष्मते=पृथिव्यै त्वा' **इति** ॥ २६ ॥ 'अपेन्द्र द्विषतो मनः' **इत्यपयच्छति।** '°अपजिज्यासतो जह्यप यो नोऽरातीयति तं जहि' **इति** ॥ २७ ॥ 'प्राणाय त्वा' **इत्युत्तिष्ठति** ॥ २८ ॥ 'अपानाय त्वा' **इति व्रजति।** '°व्यानाय त्वा सते त्वा=ज्योतिष्मन्तं जुहोमि स्वाहा' **इति** ॥ २९ ॥ **वरमस्मै ददाति** ॥ ३० ॥ **यथायतनं पात्रꣳ सादयित्वा** 'अग्निः प्रातःसवने पात्वस्मान्' **इति वसतीवरीणां तृतीयमवनयतोऽपरस्मिन् कलशे।** '°वैश्वानरो म=भक्षाः स्याम' **इति** ॥ ३१ ॥ **तदन्वेकधनमानयन्ति** ॥ ३२ ॥ **निग्राभ्या स्थ** ॥ ६.९.३.३३ ॥ **[इति तृतीयः पटलः (३१)]**

[उपांशुग्रहणादिकर्म]

'निग्राभ्याः स्थ देवश्रुतः' **इति निग्राभ्यासु।** '°वाचयति शुक्राः शुक्रभृत आयुर्मे तर्पयत प्राणं मे = मा वि तृषन्' **इति** ॥ १ ॥ **राजानं न्युप्यार्धमुद्दधाति** ॥ २ ॥ 'देवस्य त्वा सवितुः प्रसवे' **इति ग्रावाणमादत्त उपाꣳशुसवनम्।** '°अश्विनो=हस्ताभ्यामाददे। ग्रावास्यध्वर=पयस्वन्तं वृष्टिवनिं वीर्यावन्तमभिमातिषाहम्' **इति** ॥ ३ ॥ **तमूर्ध्वमुखं कृत्वोपाꣳशुग्रहमस्मिन्नधि निधाय** 'इन्द्राय त्वा वृत्रघ्ने' **इति राज्ञाधिमिमीते।** '°इन्द्राय त्वा वृत्रतुरऽ इन्द्राय त्वाऽभिमातिघ्न इन्द्राय त्वा वसुमते रुद्रवत आदित्यवत, इन्द्राय त्वा सवितृवते बृहस्पतिवते विश्वदेव्यावते' **इति पञ्चकृत्वो यजुषा, तूष्णीं पञ्चकृत्वः** ॥ ४ ॥ 'श्वात्रा स्थ वृत्रतुरः' **इत्यप उपसृजति निग्राभ्याभ्योऽधि यजमानः।** '°राधो गूर्ता अमृतस्य पत्नी=पिबतु' **इति** ॥ ५ ॥ 'यत्ते सोम दिवि ज्योतिः' **इत्यभिमृशत एनम्।** '°यत्पृथिव्यां यदुरा=दात्रे वोचः' **इति** ॥ ६ ॥ **धिषणे** 'वीडूसती वीडयेथाम्' **इति तिरश्चर्मफले अभिमृशते।** '°ऊर्जं दधाथामूर्जं मे धत्तं=मा मा हिꣳसिष्टम्' **इति** ॥ ७ ॥ 'ऐन्द्रः सोमोऽवीवृधं वो

'अपानाय त्वे'त्यादि गमनमन्त्रः। '**यतः प्रजा**' इत्यादि होममन्त्रस्य दर्शनात् केवलस्य पात्रसादनदर्शनाच्च होमोऽनुमीयते ॥ २९ ॥

वसतीवरीणां तृतीयमवनयतोऽध्वर्युश्च यजमानश्च। अत्र तृतीयमिति समप्रविभागो न भवति। विनियोगापेक्षोऽपि भवति। अर्धादिशब्दा असमप्रविभागेऽपि प्रवर्तन्ते। यथा ग्रामार्धं नगरार्धमिति। यथा चतुर्थेऽर्धं समानयत इति। इतरथा कस्मिंश्चित्सवने सोमातिरेकः कस्मिंश्चिदभावः[1] स्यात्॥ ६.९.३.३१ ॥ **[इति तृतीयः पटलः (३१)]**

राज्ञाधिमिमीते। हिरण्योपांशुसवनयोरुपरि राजानं मिमीते ॥ ४ ॥

तिरश्चर्मफलके अभिमृशतः। राजानं चर्मोपर्येव फलकाभिसन्धानेनाभिमृशतः। समानेनाभिमृशतः ॥ ७ ॥

अद्भी राजानं[2] सन्तर्पयति। आधवनीयस्थाभ्य उदङ्केनोदच्य परिप्लावयति ॥ ८ ॥

---

१. M Ad °चिदाप्रभावः. **२.** M Ad om च; thus T.

मनसा सजाताः' **इत्यद्धी राजानꣳ सन्तर्पयति।** '°ऋतप्रजाता भग=सवनाय सोमम्' **इति ॥ ८ ॥** 'ज्योतिर्हिरण्यम्' **इत्येनꣳ हिरण्येन श्रीणाति।** '°तेन त्वा श्रीणामि', 'ज्योतिरिन्द्राग्नी ताभ्यां त्वा श्रीणामि', 'ज्योतिर्द्यावापृथिवी ताभ्यां त्वा श्रीणामि', 'शृतोऽसि शृतं कुरु इन्द्राय त्वेन्द्रवाततमम्' **इति ॥ ९ ॥ षडꣳशून् निषजते प्रतिप्रस्थाताऽन्तराङ्गुलेषु द्वौ द्वौ ॥ १० ॥ उपाꣳशुपात्रꣳ हस्तयोः कुरुते ॥ ११ ॥** 'अनागसस्त्वा वयम्' **इति त्रिरध्वर्युः प्रहरत्यस्पर्शयन्।** '°इन्द्रेण प्रेषिता युजा वायु=शभूः' **इति ॥ १२ ॥ अष्टौकृत्वोऽग्रेऽभिषुणोत्यननुसृजन् ॥ १३ ॥ ग्रावाणꣳ संभरति ॥ १४ ॥ उपाꣳशुपात्रे प्रथमावꣳशू आदत्ते ॥ १५ ॥ प्रतिप्रस्थाता तावन्तरेण धारयति ॥ १६ ॥** 'वाचस्पतये पवस्व वाजिन्' **इत्यध्वर्युरानयति ॥ १७ ॥ निषजते तौ ॥ १८ ॥ एकादशकृत्वो द्वितीयमननुसृजन् ॥ १९ ॥ ग्रावाणꣳ संभरति ॥ २० ॥ एवमेवोपाꣳशुपात्रे चतुर्थावꣳशू आदत्ते ॥ २१ ॥ प्रतिप्रस्थाता तावन्तरेण धारयति ॥ २२ ॥** 'वृषा वृष्णो अꣳशुभ्यां गभस्तिपूतः' **इत्यध्वर्युरानयति ॥ २३ ॥ निषजते तौ ॥ २४ ॥ द्वादशकृत्वस्तृतीयमननुसृजन् ॥ २५ ॥ ग्रावाणꣳ संभरति ॥ २६ ॥ एवमेवोपाꣳशुपात्रे षष्ठावꣳशू आदत्ते ॥ २७ ॥ प्रतिप्रस्थाता तावन्तरेण धारयति ॥ २८ ॥** 'देवो देवानां=तेभ्यस्त्वा' **इत्यध्वर्युरानयति ॥ २९ ॥ निषजते तौ ॥ ३० ॥** 'स्वाङ्कृतोऽसि' **इत्यस्मादध्वर्युग्रहमादत्ते।**

'ज्योतिर्' इत्यादि समस्तं मन्त्रमुक्त्वा हिरण्येन श्रीणाति। पाचयति[1] पचनभक्तिं[2] करोतीत्यर्थः। 'अथ यद्यज्ञे हिरण्यशल्का भवन्ति' (वाधू.अन्वा.४.८६.२३) तदग्निना शुचिना, एवं नु ह सोमः शृतो भवति, इत्यन्वाख्यान उक्तम्। शृणातेः पाकार्थस्य रूपम् ॥ ९ ॥

[3]अस्पर्शयन्निति वचनादवगूर्यावगूर्य[4] प्रहारं रूपयतीत्यर्थः। अन्य आह—अस्पर्शयन्निति किमुक्तं भवति। अंशुना[5] स्फीतीकुर्वन् प्रहरतीति ॥ १२ ॥

तैः प्रहरणैः सहाष्टकृत्व[6] इति केचित्। अपरे तद्व्यतिरेकेण। प्रहाराणामभिषवार्थत्वात् प्रहरत्यभिषुणोतीति वाचोयुक्तिभेदाच्च अविसृजन्नेव ॥ १३ ॥

ग्रावाणं हस्तेन[7] सोमरसं गृहीत्वा नयति ॥ १४ ॥

उपांशुपात्रे [8]इहानुत्सर्गश्रवणाद् आदानाद्युपांशुश्चाभिषवसमाप्तेरनुत्सर्गः। प्रथमाविति प्रदेशिनीमध्यमान्तस्थौ ॥ १५ ॥

चतुर्थौ[9] मध्यमोपकनिष्ठिकयोः। विनिषजनेऽप्ययं क्रमः। सर्वग्रहसंमार्गेषु निदेशे गुणा विहिताः। स यदुपांशु गृहीत्वोर्ध्वमुन्मार्ष्टि 'प्रा[10]=मुन्मृज्यामी'त्यादि ॥ २१ ॥

---

१. M Ad वाच° ; thus T. **२.** M Ad वच° . **३.** M Ad अपस्प° . **४.** M Ad अवगूर्य once; thus T. **५.** M Ad अशून स्फीत्रि° ; thus T. **६.** T अष्टकृ° ; thus M Ad. **७.** M Ad हस्तेनैव; thus T. **८.** M Ad इहाननसगश्रवणादानादद्योपांशुश्चा° ; thus T. **९.** M Ad चतुर्थौ; thus T. **१०.** M Ad प्र; thus T.

'०मधुमतीर्न इषस्कृधि' **इति** ॥ ३१ ॥ **दशापवित्रेण परिमृज्य पूर्वार्धे खरस्य दक्षिणा शिरसं निदधाति** ॥ ३२ ॥ 'मनस्त्वाष्टु' **इत्येनमादायोपोत्तिष्ठति** ॥ ३३ ॥ 'उर्वन्तरिक्षमन्विहि' **इत्युत्तरेण होतारं व्रजति**। '०विश्वेभ्यस्त्वेन्द्रियेभ्यो दिव्येभ्यः पार्थिवेभ्यः' **इति** ॥ ३४ ॥ 'स्वाहा त्वा सुभवः सूर्याय' **इति जुहोति** ॥ ३५ ॥ 'भूरसि श्रेष्ठो रश्मीनाम्' **इति हुतमनुप्राणिति**। '०प्राणपाः प्राणं मे पाहि' **इति** ॥ ३६ ॥ 'देवेभ्यस्त्वा मरीचिपेभ्यः' **इति प्राञ्चꣳ हस्तं परिधौ निमार्ष्टि** ॥ ३७ ॥ **दक्षिणेन होतारमागत्य** 'एष ते योनिः' **इत्याग्रयणस्थाल्याꣳ सꣳस्त्रावमवनयति** ॥ ३८ ॥ 'प्राणाय त्वा' **इति पात्रꣳ सादयति** ॥ ३९ ॥ 'प्राणाय त्वा प्राणाय त्वा' **इत्यꣳशूनपिसृजति प्रतिप्रस्थाता राज्ञि द्वौ द्वौ** ॥ ६.९.४.४० ॥ **[इति चतुर्थः पटलः** (३२)**]**

॥ इति षष्ठप्रपाठके नवमोऽनुवाकः ॥

विध्यवशेषेषु 'यथालिप्तं दशापवित्रेण परिमृज्य नैदेशिकान्मृजनान्[१] कुर्यादि'ति तेषां मार्जनान्तरत्वमभ्यधायि ॥ ३२ ॥

तथा स यद् ग्रहान्[२] ग्रहीष्यन् 'भू'रित्याह[३] तत्रापि 'सुव'रित्यसीदत्सु[४] होम' इति विध्यवशेषः। हिरण्यशल्कश्रपणमसीदत्स्वनाम्नानादाचार्येणानभिप्रेतमिव लक्ष्यते। हुतमनुप्राणितीति यत्न आनन्तर्यार्थः ॥ ३६ ॥

शेषाल्लेपं गृहीत्वा परिधौ निमार्ष्टि। 'मध्येऽग्नेरन्नाहुती[५] (राज्याहुतीः पुरोडाशाहुतीः पश्वाहुतीश्च जुहुयाद् अन्तेषु) सोमा[५]हुतीरि'त्यन्वाख्याने (वाधू.अन्वा.४.५७.३) वचनं द्रष्टव्यम् ॥ ३७ ॥

उपांश्वन्तर्यामयोः शेषस्यैकदेशमाग्रयणस्थाल्यामवनीय शिष्टं सदो गत्वा भक्षयित्वाऽऽगत्य पात्रे सादयति[६]। आचार्यस्य नायमभिप्रायः। अथ वषट्काराभावे होमाभिषवकारिणोऽपि[७] नास्ति। 'उपांशु हुत्वोपांशुपा=भिषुणुयादि'ति औपानुवाक्ये विधानमस्ति। 'तस्मात् तृतीयसवन ऋजीषमभिषुण्वन्ती'ति (वाधू.अन्वा. ४.३०.३) ब्राह्मणेऽन्वाख्याने च ॥ ६.९.४.३८ ॥ **[इति चतुर्थः पटलः** (३२)**]**

॥ इति व्याख्यायां षष्ठप्रपाठके नवमोऽनुवाकः ॥

---

१. M Ad मृजनात्; thus T. **२.** Ad गृ०. **३.** T ०रित्याहेत्याह. **४.** M Ad सुवरसी; thus T. **५-५.** M Ad T text abri. ०हुती=सोमा०. **६.** M Ad संसाद०; thus T. **७.** M Ad ०वि; thus T.

॥ अथ षष्ठप्रपाठके दशमोऽनुवाकः ॥

[सोमाभिषवनम्]

व्यपोहन्ति राजानम् ॥ १ ॥ **उपसृजति** ॥ २ ॥ **अभिषुण्वन्ति** ॥ ३ ॥ **निग्राभमुपयन्ति** ॥ ४ ॥ 'प्रागपागुदगधराग्' **इत्यञ्जलिना राजानमादायाध्वर्युर्निग्राभ्यां परिप्लावयति।** '°तास्त्वा दिश आ धावन्त्वम्ब निष्वर' **इति** ॥ ५ ॥ **एतदेव निग्राभस्योपायनम्** ॥ ६ ॥ **उपसृजति** ॥ ७ ॥ **अभिषुण्वन्ति** ॥ ८ ॥ **निग्राभमुपयन्ति** ॥ ९ ॥ **उपसृजति** ॥ १० ॥ **अभिषुण्वन्ति** ॥ ११ ॥ **निग्राभमुपयन्ति** ॥ १२ ॥ **उपसृजति** ॥ १३ ॥ **अभिषुण्वन्ति** ॥ १४ ॥ **निग्राभमुपयन्ति** ॥ १५ ॥ **उपसृजति** ॥ १६ ॥ **अभिषुण्वन्ति** ॥ १७ ॥ **चतुर्थेन संभरति** ॥ १८ ॥ **तमपरस्मिन्कलश उन्नेताऽऽनयति** ॥ १९ ॥ **नातो**

व्यपोहन्ति[१] राजानम्। पृथगात्मनः[२] समीपं गमयन्ति[३] राजानम् अभिषोतारः। के ते। अध्वर्युस्तत्पुरुषौ द्वौ त्रयो वा ॥ १ ॥

तत्र वाजपेये [४]सुरापरिपवनमुक्त्वाऽऽगत्याप उपस्पृश्य राजानमभिषुण्वन्तीत्यभिषोतृत्वं प्रतिप्रस्थातुर्दृश्यते। स एको[५] [६]द्रुत्वेतरस्योन्नेता होतारं प्रति भक्षयतीति[७] होमाभिषवनिमित्तस्य[८] दर्शनात् स एकः। अन्य आह—हारियोजने सर्व एव लिप्सन्त इति प्राप्तस्य तद्दर्शनं न[९] होमाभिषवनिमित्तस्येति। उच्यते। 'ता मनसा संबाधते। तासां भक्षयती'त्येतस्य तद्दर्शनम्। अयं तु होमाभिषवनिमित्त एव। यदि चत्वारः स्युर्नेष्टाऽपि तत्पुरुषत्वात्। यजमानो वा सन्निहितत्वात्। 'त्रयोऽभिषुणुयुश्चत्वारोऽभिषुणुयुरि'ति [१०]उदितमनुपदे। 'अध्वर्युर्ब्रह्मयजमानौ' इत्यनुपदकार आह। तदाचार्येणाभिप्रेतम्। ब्रह्मा[११] तावद्राज्ञोऽभिषूयमाणस्य दक्षिणत आस्त इत्याह। स्वामिनः कर्मणां कर्तृत्वं वचनात् समाख्यान-सामर्थ्याद्वा भवति। तत्र सन्निधानस्य सामर्थ्याशङ्कया यजमानो वेत्युक्तम्[१२]। अन्ययोः पक्षयोरिहाभाव एव। येषां[१३] कर्मणां प्रत्यगाशिषः करणास्तेषामप्याध्वर्यत्वं न्याय्यम्। किं पुनरन्येषाम्। बौधायना आमनन्ति 'अथाभिषोष्यन्तः सर्वत एव राजानं पर्युपविशन्ति। पश्चात्प्राङ्मुखोऽध्वर्यु-रुपविशति। तस्य दक्षिणं बाहुमनु यजमानो, दक्षिणतः प्रतिप्रस्थाता, उत्तरत आग्नीध्रोऽन्तरेण प्रतिप्रस्थातारं चाग्नीध्रं च यश्चतुर्थोऽभिषुणोती'ति। 'श्वात्रा स्थ वृत्रतुर' इत्यप उपसृजतीति। तस्य ग्रहणं सर्वत्र। अथवा मन्त्र आम्नातविषय एव। अन्यत्र तूष्णीमेव ॥ ३ ॥

निग्राभ्याभ्योऽधि यजमानः अञ्जलिना सोमरसं गृहीत्वा निग्राभ्यास्वानयत्यध्वर्युः। सर्वे मन्त्रं ब्रुवते। एवमुपयन्तीति बहुवचनस्याध्वर्युग्रहणस्य च सामञ्जस्यं भवति ॥ ४-५ ॥

चतुर्थेण पर्यायेण संभरणस्थाल्यां संभरति ॥ १८ ॥

आधवनीयस्था अपोऽवनीय कस्मिंश्चिदमत्र[१४] आनीय[१५] तं संभृतं सोममाधवनीय उन्नेता

---

१. M Ad व्युपोहन्ते; thus T. **२.** M Ad °त्मना; thus T. **३.** T takes it as additional. **४.** M Ad सुरावपन°; thus T. **५.** M Ad एक. **६.** M Ad द्रुत्वैतस्योन्नता. **७.** T °यन्ती. **८.** M °षव...मित्तस्य; thus Ad. **९.** M Ad om; thus T. **१०.** T व्युत्पादितमनुपदम्, M Ad उदितमित्यनुपदं°. **११.** M Ad ब्रह्मणस्ता°; thus T. **१२.** M Ad °त्युक्तः°; thus T. **१३.** M Ad एषां. **१४.** M Ad °चित्पात्रे; thus T. **१५.** M Ad om °य.

राजानं प्रत्याहरेयुः ॥ २० ॥ **एकधनानां निषिच्य वसतीवरीभ्योऽध्यभिश्चोत्योपसासृजत्युन्नेता** ॥ २१ ॥ 'आप्यायस्व समेतु ते' **इत्युपसृज्य राजानमाप्याययन्ति**। '°विश्वतः सोम=सङ्गथे' **इति** ॥ २२ ॥ 'सं ते पयाꣳसि' **इति राजन्यस्य**। '°समु यन्तु=धिष्व' **इति** ॥ २३ ॥ **उपसृजति** ॥ २४ ॥ **अभिषुण्वन्ति** ॥ २५ ॥ **निग्राभमुपयन्ति** ॥ २६ ॥ **उपसृजति** ॥ २७ ॥ **अभिषुण्वन्ति** ॥ २८ ॥ **निग्रा-भमुपयन्ति** ॥ २९ ॥ **उपसृजति** ॥ ३० ॥ **अभिषुण्वन्ति** ॥ ३१ ॥ **निग्राभमुपयन्ति** ॥ ३२ ॥ **उपसृजति** ॥ ३३ ॥ **अभिषुण्वन्ति** ॥ ३४ ॥ **चतुर्थेन संभरति** ॥ ३५ ॥ **तमपरस्मिन् कलश उन्नेताऽऽनयति** ॥ ३६ ॥ **नातो राजानं प्रत्याहरेयुः** ॥ ३७ ॥ **एकधनानामेव निषिच्य वसतीवरीभ्योऽध्यभिश्चो-त्योपसासृजत्युन्नेता** ॥ ३८ ॥ 'आप्यायस्व समेतु ते' **इत्येवोपसृज्य राजानमाप्याययन्ति**। '°विश्वतः =सङ्गथे' **इति** ॥ ३९ ॥ 'सं ते पयाꣳसि' **इत्येव राजन्यस्य**। '°समु यन्तु=धिष्व' **इति** ॥ ४० ॥ **उप-सृजति** ॥ ४१ ॥ **अभिषुण्वन्ति** ॥ ४२ ॥ **निग्राभमुपयन्ति** ॥ ४३ ॥ **उपसृजति** ॥ ४४ ॥ **अभिषुण्वन्ति** ॥ ४५ ॥ **निग्राभमुपयन्ति** ॥ ४६ ॥ **उपसृजति** ॥ ४७ ॥ **अभिषुण्वन्ति** ॥ ४८ ॥ **निग्राभमुपयन्ति** ॥ ४९ ॥ **उपसृजति** ॥ ५० ॥ **अभिषुण्वन्ति** ॥ ५१ ॥ **चतुर्थेन संभरति** ॥ ५२ ॥ **नाप्याययन्ति** ॥ ५३ ॥ **तद्वा एतन्नवकृत्वो निग्राभमुपयन्ति, त्रिः संभरन्ति, द्विराप्याययन्ति** ॥ ५४ ॥ **सुदुग्धः राजानं**

नयति ॥ १९ ॥

नातो राजानं प्रत्याहरेयुः। अशेषमानयतीत्यर्थः। बहुवचनं श्रुत्यन्तरवचनत्वप्रदर्शनार्थम्[1] ॥ २० ॥

एकधनानां[2] निषिच्य[2] एकमेकधनमादाय तासामर्धं निषिञ्चन्ति। शुद्धाभ्यो वसतीवरीभ्यो यावन्मात्रमभिश्चोतयति[3]। अन्य आह—अन्यसवनार्थस्थितानामेतत्सवनार्थग्रहणता नोपपद्यते। आधव-नीयादपनीयता[4] यद्यप्येकधनमिश्रिता तथापि प्राधान्याद् वसतीवरय इति व्यपदेष्टुं शक्यते। प्राधान्याच्च व्यपदेशो भवति। यथा चतुर्होतार इति प्राधान्याच्च भूयस्त्वात्पूर्वोत्पत्तेश्च। ग्रहसम्पद्गणेऽपि वासतीवर इति वसतीवरयः समाख्याताः, नैकधना इति। उच्यते। अन्यसवनार्था एवेति कथं ज्ञायते। अन्यसवनार्थाभिषवे[5] संस्कारार्थाश्चेति ज्ञायताम्। इह वसतीवरिग्रहणात्। इतरथा हि लक्षणा भवति। उपसृजति[6] [7]अपनीतानामर्धम्। 'ऐन्द्रः सोम' इति सन्तर्पयतीत्यर्थः। अथवा उपसर्जनसन्तर्पण-योर्मन्त्रा[8]वुक्तविषयावेव। तूष्णीमेवान्यत्रावचनात्। तथोत्तरस्मिन्नभिषवे एकधनानामपनीतानां च। परिसमाप्तिरुपसृज्य राजानमुपसर्जनेनाभिवृद्धं मन्त्रेणाप्याययन्तीत्यर्थः। वैश्यस्य 'आप्यायस्व' इत्येवाविशेषाभिधानात्[9]। तृतीयसवनवद्[9] द्विरभ्यस्येदित्यन्ये ॥ २१-५३ ॥

तद्वा एतन्नवकृत्व इत्याद्यभिहितस्यैव संख्यानं ज्ञानार्थम् ॥ ५४ ॥

सुदुग्धं राजानं कुर्वन्ति। दशापवित्राभ्यां सम्यक् परिपीड्य रसमशेषं गृह्णातीत्यर्थः ॥ ५५ ॥

---

१. T °वचनप्रदर्शनार्थत्वम्. २-२. M Ad °धानानान्निष्षिच्य; thus T. ३. M Ad °यन्ति; thus T. ४. M Ad °दवनीता; thus T. ५. M Ad °र्थाश्चाभि° ; thus T. ६. M Ad उपसासृ° ; thus T. ७. Ad उप°. ८. M अथवार्जन...र्पणयो°. ९-९. M °षाभि...तृती...वनद्विर° ; thus T.

कुर्वन्ति दशापवित्राभ्याम् ॥ ५५ ॥ **तमपरस्मिन् कलश उन्नेताऽऽनयति** ॥ ५६ ॥ **समीचीनमुखान् ग्राव्णः स्थापयित्वर्जीषमेभ्यो व्यपोहन्ति** ॥ ५७ ॥ **उद्गातार एषु द्रोणकलशमध्यूहन्ति** ॥ ५८ ॥ **आदित्यमुद्यन्तं प्रतीक्षतेऽन्तर्यामेण** ॥ ५९ ॥ **उदित आदित्ये संप्रेष्यति** 'उदीचीनदशं दशापवित्रं वितनु सन्ततꣳ शुक्रं पवय यजमानग्रहान् ग्रहीष्यामः' **इति** ॥ ६० ॥ **उपरि द्रोणकलश उदङ्को निग्राभ्यासु पवते** ॥ ६१ ॥ **अपरस्मात् कलशादाहृता निग्राभ्याः पवित्रे द्रोणकलशे सन्ततः शुक्रः पवते** ॥ ६२ ॥ **अन्तर्यामपात्रमादत्ते** ॥ ६३ ॥ **तस्मिन् गृह्णाति** 'उपयामगृहीतोऽस्यन्तर्यच्छ मघवन् पाहि=मघवन् मादयस्व' **इति** ॥ ६४ ॥ 'स्वाङ्कृतोऽसि' **इत्यपयच्छति**। '०मधुमतीर्न इषस्कृधि' **इति** ॥ ६५ ॥ **दशापवित्रेण परिमार्ष्टि** ॥ ६६ ॥ 'मनस्त्वाष्टु' **इत्युत्तिष्ठति** ॥ ६७ ॥ 'उर्वन्तरिक्षमन्विहि' **इति दक्षिणेन होतारं व्रजति**। '०विश्वेभ्यस्त्वेन्द्रियेभ्यो दिव्येभ्यः पार्थिवेभ्यः' **इति** ॥ ६८ ॥ 'स्वाहा त्वा सुभवः सूर्याय' **इति जुहोति** ॥ ६९ ॥ 'धूरसि श्रेष्ठो रश्मीनाम्' **इति हुतमन्वपानिति**। '०अपानपा अपानं मे पाहि' **इति** ॥ ७० ॥ 'देवेभ्यस्त्वा मरीचिपेभ्यः' **इति प्रत्यञ्चꣳ हस्तं परिधौ निमार्ष्टि** ॥ ७१ ॥ **उत्तरेण होतारमागत्य** 'एष ते योनिः' **इत्याग्रयणस्थाल्याꣳ सꣳस्रावमवनयति** ॥ ७२ ॥ 'अपानाय त्वा' **इति पात्रꣳ सादयति** ॥ ७३ ॥ 'व्यानाय त्वा' **इत्युपाꣳशुसवनमभिभृशति** ॥ ७४ ॥ **मनसा ग्रहा गृह्यन्त आऽऽग्रयणाद्** ॥ ७५ ॥ **उपयाममैन्द्रवायवं गृह्णाति** ॥ ७६ ॥

आदित्योदयमाकाङ्क्षन्तेऽन्तर्यामयागहेतोः ॥ ५९ ॥

उदीचीनदशं पवित्रं वितन्वन्ति। उद्गाता प्रेष्यते। 'शुक्रम्' इति भाविनिभूतवदुपचारात्। पूते द्रोणकलशस्थे हि शुक्रशब्दप्रवृत्तिः। आग्नीध्रादपामानयनं ग्रहणात्पूर्वम्। गृहीते च 'पात्राणां तासु परिप्लावनमि'ति विध्यवशेषोक्तं ग्रहीतव्यम् ॥ ६० ॥

अपरस्मात्कलशादुन्नेत्राहृतमुदङ्कस्थः सोमो निग्राभ्यासु पतितो[1] दशापवित्रे पतति। तत्स्थो द्रोणकलशे पतति। सन्ततः शुक्रं पवते। यजमानो निग्राभ्याधाराविच्छेदेन[2] पवित्रेऽवनयतीत्यर्थः ॥ ६१–६२ ॥

'मधुमतीर्न इषस्कृधि' इत्यवनयनमन्त्रावयवत्वं केचिन्मन्यन्ते। [3]केचित्परिमार्जनमन्त्रम् ॥ ६५–६६ ॥

मनसा ग्रहा गृह्यन्त आऽऽग्रयणादिति। 'वाग्वा' इत्यादि। 'ते देवा वाच्य[4]पक्रान्तायां तूष्णीं ग्रहानगृह्णीते'ति। तूष्णींशब्देन मन्त्राभावे मन्त्राम्नानानर्थकत्वं स्यात्। तस्मात् तूष्णीमिति मानसत्वं विधीयते इति कृत्वा[5] मनसेत्याचार्येणाभ्यधायि। तूष्णीमित्युपांशुत्वं विधीयत इति केचिन्मन्यन्ते। यान्प्राचीनमाग्रयणाद् ग्रहाद् गृह्णीयात् [6]तानुपांशु गृह्णीयात्[6] यानूर्ध्वांस्तानुपब्दिमत इत्यनेनैकवाक्यतां मन्यमाना अन्ये वर्णयन्ति। औपानुवाक्यं त्वनारभ्याधीतं प्रकरणस्थेन विरुध्यमानं विकृत्यर्थं भवति

---

१. M Ad पतिता. २. M Ad ०धारच्छेदन. ३. T takes केचित् as additional; thus M Ad. ४. T वाप्यापः. ५. M Ad श्रुत्वा. ६–६. M Ad om; thus T.

'आ वायो' ॥ ६.१०.१.७७ ॥ **[इति प्रथमः पटलः** (३३)**]**

[ग्रहग्रहणम्]

'आ वायो भूष शुचिपा=पूर्वपेयम्। उपमायगृहीतोऽसि वायवे त्वा' **इत्यपयच्छति** ॥ १ ॥ **उपयामं प्रगृह्णाति** 'इन्द्रवायू इमे = शन्ति हि। उपयामगृहीतोऽसीन्द्रवायुभ्यां त्वा जुष्टं गृह्णाम्येष ते योनिः सजोषाभ्यां त्वा' **इति** ॥ २ ॥ **दशापवित्रेण परिमृज्य सादयति** ॥ ३ ॥ **हिरण्येन श्रीणाति** ॥ ४ ॥ **मैत्रावरुणपात्रमादत्ते** ॥ ५ ॥ **तस्मिन् गृह्णाति** 'अयं वां मित्रावरुणा सु=हवम्। उपयामगृहीतोऽसि मित्रावरुणाभ्यां त्वा जुष्टं गृह्णाम्येष ते योनिर्ऋतायुभ्यां त्वा' **इति** ॥ ६ ॥ **दशापवित्रेण परिमृज्य सादयति** ॥ ७ ॥ **पयसा श्रीणाति** ॥ ८ ॥ **उत्सृप्याश्विनः शुक्रपात्रमादत्ते** ॥ ९ ॥ **तस्मिन् गृह्णाति** 'अयं वेन=रिहन्ति। उपयामगृहीतोऽसि शण्डाय त्वा जुष्टं गृह्णाम्येष ते योनिर्वीरतां पाहि' **इति** ॥ १० ॥ **दशापवित्रेण परिमृज्य सादयति** ॥ ११ ॥ **हिरण्येन श्रीणाति** ॥ १२ ॥ **मन्थिपात्रमादत्ते** ॥ १३ ॥ **तस्मिन् गृह्णाति** 'तं प्रत्नथा पूर्वथा=वर्धसे। उपयामगृहीतोऽसि मर्काय त्वा जुष्टं गृह्णाम्येष ते योनिः प्रजाः पाहि' **इति** ॥ १४ ॥ **दशापवित्रेण परिमृज्य सादयति** ॥ १५ ॥ **सक्तुभिः श्रीणाति** ॥ १६ ॥ **द्वयोर्धारयोराग्रयणं गृह्णाति** ॥ १७ ॥ **प्रस्थापयन्त्याग्रयणम्** ॥ १८ ॥ 'ये देवा दिव्येकादश स्थ' **इति गृह्णाति।** '॰पृथिव्यामध्ये=जुषध्वम्। उपयामगृहीतोऽसि विश्वेभ्यस्त्वा देवेभ्यो जुष्टं गृह्णामि। आग्रयणोऽसि=विशं त्वं पाहीन्द्रियेण वीर्येण' **इति** ॥ १९ ॥ **प्रागावृत्तो दक्षिणं जान्वाच्याग्रयणमभि हिंकरोति** ॥ २० ॥ 'हिं३ हिम्' **इत्याह।** '॰सोमः एवते सोमः पवतेऽस्मै ब्रह्मणे पवतेऽस्मै क्षत्राय पवतेऽस्मै विशे पवत इषे पवत ऊर्जे पवते=सुभूताय पवते ब्रह्मवर्चसाय पवते' **इति** ॥ २१ ॥ **अष्टौ कृत्वः पवयित्वा** 'एष ते योनिर्विश्वेभ्यस्त्वा देवेभ्यः' **इति दशापवित्रेण**

साप्तदश्यवत्। तूष्णींशब्दो हि मन्त्राभावं वा ब्रूयात्। यथा तूष्णीं मेक्षणमादधातीति। मानसत्वं वा यथा यत्तूष्णीम्। आघारमाघारयतीत्यादि। आऽऽग्रयणादिति मर्यादायां वा। 'तस्मादाग्रयणे वाग्विसृज्यत' इति दर्शनाद्। अभिविधौ वा। 'आग्रयणं गृहीत्वा [1]यज्ञमारभ्य वाचं विसृजत' इति दर्शनात्। [1]तथा च वक्ष्यति—'वाचाऽत ऊर्ध्वं ग्रहा गृह्यन्त' (वाधूश्रौ. ६.१०.२.२४) इति ॥ ६.१०.१.७५ ॥ **[इति प्रथमः पटलः** (३३)**]**

'वायवे त्वा जुष्टं गृह्णामी'त्यपयच्छन्ति केचित्। अपरे यथाम्नातम्। पयः सक्तूनां हिरण्यशल्केन समुच्चयमनुपदकार इच्छति। सर्वत्र 'एष ते' इत्यादि सादनमन्त्रः ॥ १–२ ॥

प्रस्थापयन्ति[2] यथर्क् स्थापयन्ति। [स्थाप]यतो[2] यजमानोन्नेतारौ। बहुवचनमविवक्षितम्। यथा धाराद्वयं[3] स्थाल्यामेव पतति तथास्मिन् गृहीते ॥ १८ ॥

पूर्वमेवाभिहिङ्कारे क्रियमाणे 'स नः पवस्व शं गवे शं जनाय शमर्वत' इति यजमानोऽभिमन्त्रयते ॥ २०–२१ ॥

१–१. M यज्ञ...तथा; thus Ad T. **२–२.** M Ad ॰यन्ति...यतो. **३.** M Ad धारद्व॰ ; thus T.

परिमृज्य सादयति ॥ २२ ॥ **हिरण्येन श्रीणाति** ॥ २३ ॥ **वाचाऽत ऊर्ध्वं ग्रहा गृह्यन्ते** ॥ २४ ॥ **अतिग्राह्यान् गृह्णाति** ॥ २५ ॥ **उक्थ्यस्थालीमादत्ते** ॥ २६ ॥ **तस्यां गृह्णाति** 'उपयामगृहीतोऽसीन्द्राय त्वा बृहद्वते=विष्णवे त्वा जुष्टं गृह्णाम्येष ते योनिरिन्द्राय त्वोक्थायुवे' **इति** ॥ २७ ॥ **दशापवित्रेण परिमृज्य सादयति** ॥ २८ ॥ **हिरण्येन श्रीणाति** ॥ २९ ॥ **अपरेणात्मानं ध्रुवस्थालीमाहृत्य तस्यां गृह्णाति** 'मूर्धानं दिवो अरतिं=देवाः। उपयामगृहीतोऽस्यग्नये त्वा वैश्वानराय त्वा जुष्टं गृह्णामि। ध्रुवोऽसि ध्रुवक्षिति=क्षित्तम' **इति** ॥ ३० ॥ **एतस्मिन् काल उदङ्ङुन्नेता पर्यस्यति निग्राभ्या यजमानः** ॥ ३१ ॥ 'एष ते योनिर्ध्रुव वैश्वानराभ्यां त्वा' **इति दशापवित्रेण परिमृज्य सादयति** ॥ ३२ ॥ **हिरण्येन श्रीणाति** ॥ ३३ ॥ 'आ माऽस्कान्' **इति द्रप्सानास्कन्नानभि–मन्त्रयते** ॥ ६.१०.२.३४ ॥ **[इति द्वितीयः पटलः** (३४)**]**

[आस्कन्नद्रप्साभिमन्त्रणादिकर्म]

'आ माऽस्कान्' **इति द्रप्सानास्कन्नानभिमन्त्रयते।** '°सह प्रजया सह रायस्पोषेणेन्द्रियं मे वीर्यं मा निर्वधीः' **इति** ॥ १ ॥ 'द्रप्सश्चस्कन्द' **इति दशापवित्रेण हस्तौ प्रमृष्टे।** '°पृथिवीमनु द्या=होत्रा' **इति** ॥ २ ॥ **अप उपस्पृश्य प्रस्तरमादाय पवमानः सन्तनोति** ॥ ३ ॥ 'उपयामगृहीतोऽसि प्रजापतये

अत्रातिग्राह्यान्[1] गृह्णीयादिति ग्राह्यवतो[2] निवृत्यर्थम् विश्वजिताद्यर्थमिदमाम्नातम्[3]। अथवा 'अप्यग्निष्टोमे ग्रहीतव्या यज्ञस्य सतनुत्वाये'[4]ति प्रकृत्यर्थमपि। तेषां ग्रहणे होमे च विधानं विश्वजिति वक्ष्यति। तथा तद्देवतादेवत्यानां पशूनामालंभमपि। तदिहापि विद्यमानेषूपेक्षितव्यसमवाये पूर्वेऽति[5]–ग्राह्योत्तरषोडशी ॥ २५ ॥

पर्यस्यति परिसमापयति। नैदेशिकेषु मार्जनेषु सकृदेकदेवतां[6] द्विर्द्विर्देवतां त्रिर्बहुदेवतां[7] मार्जयेत्। 'पुरोरुचः पुरस्तात् 'भूरि'त्याह, ग्रहणमन्त्रान्ते 'भुवरि'ति, सादनमन्त्रान्ते 'सुवरि'ति विध्यवशेषः ॥ ६.१०.२.३१ ॥ **[इति द्वितीयः पटलः** (३४)**]**

पवमानग्रहार्थं नैतदाधवनीयस्थादुदच्य [8]दशापवित्रमन्तर्धाय यावन्मात्रं सोममपनयति। पूतभृति पवमानसन्तानं वक्ष्यमाणम्। प्रस्तरशब्दवाच्ये स्तोत्रोपाकरणार्थे[8] बर्हिषि। पात्रयोगकरणार्थे [9]बर्हिषी पात्रयोगकाल एव बर्हिर्मुष्टिं दक्षिणस्य हवि[10]र्धानस्योपस्तंभन उपनह्यति। तस्माद्[10] द्वेद्वे बर्हिषि। सर्वेषु स्तोत्रोपाकरणेषु पवमानेषु त्रीणित्रीणि एकमास्ताव उपासनार्थं, बहिष्पवमान आत्मार्थं चतुर्थम्। अन्ये स्रुग्धारणार्थात् प्रस्तरादुपाकरणार्थयोर्ग्रहणमिच्छन्ति। आहरति प्रस्तरार्थम्[11]। 'तत्प्रस्तरे[12] विसृजती'ति दर्शनात्। अन्ये [13]प्रस्तरीयमित्येकत्वदर्शनादुभयोरुभे[13] गृहीत्वा प्रस्तरीयमाहृत्य[14]

---

१. M Ad अत्रातिपाभ्यां, T °त्रिवाग्भ्यां. **२.** M Ad ग्राह्यते. **३.** M Ad °ताद्यर्थमिदद्यर्थमिदमाम्ना° ; thus T in fn. **४.** M Ad संतनु° ; thus T. **५.** T पूर्वेति ग्राह्या. **६.** T °देवदेवतां. **७.** M °बहुदे...मार्ज° ; thus Ad T. **८–८.** M °मन्त्र...दशा° ; Ad °मानुग्रहार्थं नेत° ; thus T. **९–९.** M °णाते ...र्हिषि, Ad णार्थे बर्हिषि पात्रयोगकाले; thus T. **१०–१०.** M °र्धान...स्माद्; thus Ad T. **११.** M Ad प्रस्तरीयं; thus T. **१२.** M Ad °स्तरेऽपि सृ° ; thus Ad T. **१३–१३.** M °रीयमित्ये...भगृहीत्वा; thus Ad T. **१४.** M Ad °त्यापि; thus T.

त्वा' **इति द्रोणकलशमभिमृशति** ॥ ४ ॥ 'इन्द्राय त्वा' **इत्याधवनीयम्** ॥ ५ ॥ 'विश्वेभ्यस्त्वा देवेभ्यः' **इति पूतभृतम्** ॥ ६ ॥ **निष्क्रामति** ॥ ७ ॥ **अन्वारभन्त एनं प्रस्तोता प्रस्तोतारं प्रतिहर्ता प्रतिहर्तारमुद्गातोद्गातारं ब्रह्मा ब्रह्माणं यजमानो यजमानमन्ये** ॥ ८ ॥ **निष्क्रम्य विप्रुषाꣳ होमं जुहोति** 'यस्ते द्रप्सः स्कन्दति=तं जुहोमि स्वाहा' **इति** ॥ ९ ॥ 'ऋचा स्तोमꣳ समर्धय' **इत्यनुचरीम्।** '०गायत्रेण=वर्तनि स्वाहा' **इति** ॥ १० ॥ **सप्तहोतारं मनसाऽनुद्रुत्य स्रुवाहुतिं जुहोति** ॥ ११ ॥ 'वागग्रेगा अग्र एतु' **इत्युदञ्च आस्तावाय सर्पन्ति।** '०ऋजुगा देवेभ्यो =माने च' **इति** ॥ १२ ॥ 'ऋक्सामयोरुपस्तरणमसि' **इत्यास्तावे बर्हिरुपास्यति।** '०मिथुनस्य प्रजात्यै' **इति** ॥ १३ ॥ **उपविशन् प्रस्तोत्रे प्रस्तरं प्रयच्छति** ॥ १४ ॥ 'वायुर्हिङ्कर्ता' **इत्युपाकरणं जपति।** '०अग्निः प्रस्तोता=प्राणं मयि दधतु मयि प्राणा हुꣳ सोमः पवते' **इति** ॥ १५ ॥ 'ब्रह्मन् स्तोष्यामः' ॥ १६ ॥ 'प्रशास्तः' **इत्याह प्रस्तोता** ॥ १७ ॥ 'देव सवितरेतत्ते प्राह' **इति प्रसवं जपति ब्रह्मा।** '०तत् प्र च=सवितुः प्रसवे' **(इति)** ॥ १८ ॥ 'इन्द्रवन्त स्तुत' **इति निराह** ॥ १९ ॥ **सामनुद्द्रुते प्राञ्चꣳ**

विसृजति। आधवनीयपूतभृतोरप्युपयामोऽनुषक्तव्यः ॥ ३ ॥

'यजमानमन्ये' इति क उच्यन्ते। सर्वर्त्विजो बहिष्पवमाने सर्पेयुरिति केचित्। 'तस्मादेवंविदुषा बहिष्पवमान उपसद्य=पवते'[१] इति वचनादन्येषामपीच्छतां पापापनयनार्थं[२] सर्पणमस्ति[३]। ते वा विधीयन्ते। तथा च व्रात्यस्तोमे[४] दृश्यते। 'ते बहिष्पवमानमन्वारेभिरे' इति ॥ ८ ॥

विप्रुषां होममनुचरीं[५] चाध्वर्युरेव[६] जुहोति। 'सर्वे विप्रुषां होमं जुह्वती'ति विध्यवशेषः। यद्येवमनुचरीमपि जुह्वति ॥ १० ॥

सप्तहोतारमध्वर्युरेव ॥ ११ ॥

'वागग्रेगा'[७] इत्यध्वर्युरेव वदति। नह्ययं सर्पणमन्त्रः। किं तर्हि। 'अध्वर्युर्वा' इत्यारभ्य 'विहितः स्तोमयोगः'[८]। उत्तरत्रोपविशन्निति दर्शनात्। स्तोमयोगान्त[९] उत्थाय सर्पन्ति। 'प्रह्वाः[१०] सन्धाय जानूनि वीक्षमाणा इव विचालयन्तः प्रस्तरं सर्पन्ती'त्यौपानुवाक्यविधानम् ॥ १२ ॥

'ऋक्सामयोरि'त्यादिनोद्गातुः स्थाने 'प्रजात्या' इत्यन्तेन तूष्णीमात्मनः[११] न प्रागुपवेशनात्पूर्वं पश्चिमो विसृजति ॥ १३-१४ ॥

अभिहिङ्कारादि सवनस्वरः ॥ १५ ॥

'इन्द्रवन्तः स्तुते'ति निराह। सवनस्वरेण ब्रवीति[१२]। 'ओमिति ब्रह्मा प्रसौतीत्यनारभ्य[१३] वचनादनाम्नातोऽपि सर्वेषु प्रसवेषु[१४] प्रणवः[१५] प्रयोक्तव्य' इति केचित्। आम्नातेषु प्रयोगादपि तद्वचनं

---

१. Ad पचते. **२.** M वचनद्वाद्येषम ... पावनयातर्थं, Ad पापानयनार्थं. **३.** Ad ° स्तीति, स्तिति; thus T. **४.** M Ad प्रात्य° ; thus T. **५.** M Ad ° चरिं; thus T. **६.** M Ad चाष्टवर्युरेव; thus T. **७.** Ad ° याग:. **८.** Ad ° ग्रे वा. **९.** Ad ° यागान्त; thus M T. **१०.** M Ad प्रह्वय; thus T. **११.** M Ad आत्मान:; thus T. **१२.** M Ad ब्रुवति; thus T. **१३.** M Ad प्रसौरित्य° ; thus T. **१४.** M Ad om, प्रसवेषु; thus T. **१५.** M Ad प्रसव:; thus T.

राजानमुन्नेता संपवयति पूतभृति ॥ २० ॥ **न रिच्यादाधवनीयं ग्रहावकाशेभ्यः** ॥ २१ ॥ **दशहोतारमध्वर्युर्व्याचष्टे** ॥ २२ ॥ **यदा पञ्चम्या प्रस्तौत्यथान्वारोहं वाचयति** 'श्येनोऽसि गायत्रः=पारय' **इति** ॥ २३ ॥ **स्तुते संप्रेष्यति** 'अग्नीदग्नीन् विहर बर्हिस्तृणाहि पुरोडाशाँ अलंकुरु प्रतिप्रस्थातः पशुमुपावर्तय' **इति** ॥ २४ ॥ **आगत्य** 'विष्णो त्वं नो अन्तमः' **इति राजानमुपतिष्ठते।** '०शर्म यच्छ=अक्षितम्' **इति** ॥ २५ ॥ 'अग्न आ याहि वीतये' **इत्याग्नीध्रं यज्ञोपचारेण यज्ञमुपचरति।** '०गृणानो=बर्हिषि' **इति** ॥ २६ ॥ 'विष्णो त्वं नो अन्तमः' **इत्येव हविर्धाने।** '०शर्म यच्छ=अक्षितम्' **इति** ॥ २७ ॥ 'अग्निर्मूर्धा' **इति स्रुचोऽभिमृशति।** '०दिवः= जिन्वति' **इति** ॥ २८ ॥ 'वायो शतꣳ हरीणाम्' **इति वायव्यानि।** '०युवस्व=पाजसा' **इति** ॥ २९ ॥ 'इन्द्रं विश्वा अवीवृधन्'

कृतार्थमित्यपरे न प्रयुञ्जते ॥ १९ ॥

ब्रह्मा स्तुते बहिष्पवमाने मनसा स्तोमभागाननुद्रुत्य पुनः प्रतिस्तोत्रमेकैकं वाचयति ॥ २३–२४ ॥

प्रैषमुक्त्वाऽऽगत्य 'विष्णो त्वं नो अन्तम' इति राजानमभिषुतं सर्वमुपतिष्ठते ॥ २५ ॥

ग्रहान् गृहीत्वा बहिष्पवमानमित्यत्र ग्रहशब्देनाभिधानात् यज्ञोपचारेण यज्ञमुपचरति। आग्नीध्रादीन्यभिमृशतीत्यर्थः। आग्नीध्रहविर्धानशब्दाविहाविहारवाचिनौ[1]। तान्यभिमृश्य गत्वा विहृतं विहृतं धिष्णियं व्याघारयति। 'अग्नीदग्नीन्विहरे'त्येतावदेव[2] वाक्यम्[2]। केषां वा [3]विहरणं, कुतो वा विहरणं, विहृतेषु च किं कर्तव्यमिति न ज्ञायते। तत्सर्वं ब्राह्मणोक्तमेवानुजानातीत्यध्यवसितुं शक्यते। किञ्च ब्राह्मणोक्तं—'देवा वै यज्ञं पराजयन्ते'त्युपक्रम्याग्नीध्राद्धिष्णियानां विहरणमाम्नातम्। 'तेषु च प्रत्यङ्ङासीनो धिष्णियान् व्याघारयती'ति व्याघारणमपि अङ्गारैर्द्वयोः सवनयोर्विहरणं शलाकाभि-स्तृतीयसवने च। तत्रापि [4]व्याघारणस्येतिकर्तव्यता नाम्नाता। तत्र पात्नीवते[5] गृहीते चतुर्थं विहरणं व्याघारणं चाम्नातमाचार्येण। सैवात्रापीतिकर्तव्यता। अन्ये द्रोणकलशात् परिप्लुना पात्रेणादायाग्नी-ध्रीयमार्जालीयेषु स्वे स्वे क्रमे स्वेन स्वेन मन्त्रेण व्याघारयन्ति। अन्यत् समानम् आग्नीध्रेऽपि। अन्ततः आज्येनैव। तथाज्यं [6]षड्गृहीतं भवति। अन्येऽन्ततोऽप्याग्नीध्रीये सोमेनैव। तथा पञ्चगृहीतमाज्यं तेषां ये नेदिष्टं पर्यविशन्ते सोमपीथं=मार्जालीय इति दर्शनात्। नन्वाहवनीयेऽपि कर्तव्यम्। न कर्तव्यम्। कुतः। अतिहाय वषट्करोतीति वषट्कारप्रदानानामनुवादः। अतो नाहवनीये व्याघारणविधानम्। बर्हिः स्तृणीही[7]'ति तृणकलाप्या पृष्ठ्यास्तरणमाग्नीध्र एव प्रेष्यते। सवनीयाँश्चोद्वास्यालंकरोति। अलंकृता अत्रैव गुप्ता अवतिष्ठन्ते। उत्तरत्रासन्नान् पुरोडाशानिति यत्नात्। संप्रसृप्तेष्वासादनम्। उक्तसंप्रैषो वा। आसादनकाल[8] एवोद्वासयति। उद्वासने स्थानविशेषान् बौधायनाः आमनन्ति—'पात्रियां यान् पञ्चधोपस्तृणीते। मध्यतः [9]पुरोडाशमभिघारितमुद्वासयति। पुरस्ताद् धानाः दक्षिणतः करंभान्[10] पश्चात्परिवापमामिक्षामुत्तरत' इति। प्रतिप्रस्थाताऽपि पशुमन्तिके स्थापयति ॥ २६ ॥

---

१. M Ad T शब्दा विहारवाचि°. २–२. M °त्येताव [Ad वा]...क्तं; thus T. ३. T वापि ह°; thus M Ad. ४. M Ad व्याघर°; thus T. ५. M Ad पत्नी°; thus T. ६. M Ad om षड्; thus T. ७. M स्तृणाहि, Ad °स्तृणाति; thus T. ८. M Ad सदन°; thus T. ९. M Ad °मुपस्तीर्णाभिघा°; thus T. १०. M Ad करंभः; thus T.

इति सदः ।'°समु=सत्पतिं पतिम्' **इति ॥** ३० ॥ 'एहि यजमान' **इत्युक्त्वाऽध्वर्युः प्रपद्य हविर्धाने** 'या वां कशा मधुमती' **इत्याश्विनं द्रोणकलशाद् गृह्णाति।** '°अश्विना=मिमिक्षितम्। उपयामगृहीतोऽस्यश्विभ्यां त्वा जुष्टं गृह्णाम्येष ते योनिर्माध्वीभ्यां त्वा' **इति ॥** ३१ ॥ **दशापवित्रेण परिमृज्य सादयति ॥** ३२ ॥ **हिरण्येन श्रीणाति ॥** ३३ ॥ **ग्रहावकाशैश्चरति ॥** ३४ ॥ 'प्राणाय मे' **इत्युपाꣳशुमवेक्षते ॥** ६.१०.३.३५ ॥ **[इति तृतीयः पटलः** (३५)**]**

[उपांशुपात्रग्रहणादिकर्म]

'प्राणाय मे' **इत्युपाꣳशुमवेक्षते ।**'°वर्चोदा=तस्य त इदमुन्मृजे ब्रह्मवर्चसाय' **इति यत्कामो वा भवति ॥** १ ॥ 'अपानाय मे' **इत्यन्तर्यामम् ॥** २ ॥ 'व्यानाय मे' **इत्युपाꣳशुसवनम् ॥** ३ ॥ 'वाचे मे' **इत्यैन्द्रवायवम् ॥** ४ ॥ 'दक्षक्रतुभ्यां मे' **इति मैत्रावरुणम् ॥** ५ ॥ 'श्रोत्राय मे' **इत्याश्विनम् ॥** ६ ॥

धिष्णियव्याघारणोत्तरकालमध्वर्युः 'एहि यजमाने'त्यादि[१]। सर्वेषां द्रोणकलशाद् गृह्यमाणानां परिप्लुपात्रेण ग्रहणम् ॥ ३१ ॥

ग्रहावकाशैश्चरति ॥ ६.१०.३.३४ ॥ **[इति तृतीयः पटलः** (३५)**]**

उपाꣳशुमवेक्षत[२] इत्यादौ यद्यप्येकवचनं तथाप्यागतस्य प्रयोजनान्तराभावात् प्रत्यगाशीष्ट्वादुत्तरत्र 'स्रुक्षु च ग्रहेषु च दशहोतारमध्वर्युर्व्याचष्टे' इत्यध्वर्युग्रहणाच्चोभाभ्यां सह क्रियेष्यते[३]। अनुपदकारेण च परिभाषितम् 'प्रत्यगाशिषो मन्त्राः कर्मकरणाः सहजप्या[४] याजमान इतर' इति। 'इदमुन्मृज' इत्यत्रेदमः स्थाने चात्र[५] कामं निर्दिशन्ति केचित्। 'प्राणाय मेऽपानाय मे[६] इति यो यः 'प्राणाय[७] आदौ चतुर्थ्या[८] निर्दिष्टस्तं तं द्वितीयया निर्दिशन्तीन्त्यर्थः। यथा 'प्राणमुन्मृजेऽपानमुन्मृज' इति। 'इदमुन्मृज' इत्येवापरे। ब्रह्मवर्चसायेति। यत्कामो वा भवति 'भूत्यै ब्रह्मवर्चसायायुषेऽभिचाराये'ति चतुर्णां ब्राह्मणोक्तानामन्यतमं निर्दिशत्। 'इदमुन्मृजे' इति वाऽत्र[९] काममुक्त्वोपरिष्टद् 'अमुष्मै कामाय' इति ये ब्राह्मणोक्ताः तेषामन्यतमं निर्दिशेत्। विपरीतमभिचरतो 'अमुष्य मृत्युमुन्मृज' इति। न जठरे वाऽत्र काममित्येके। 'ललाटमुन्मृज इत्यपरमि'त्यनुपदकारस्य वचः। उपांशुपात्रमन्तर्यामस्य पात्रमित्यनु–क्त्वोपांशुमन्तर्याममिति ग्रहवन्निर्देशात् तस्य तस्य होमात्पूर्वमनयोरवेक्षणं कर्तव्यमिति केचित्। अपरे तत्पात्रसादनवत् स्रुग्व्यूहनवच्च तत्पात्रे कृतः संस्कारो निवृत्तयोः संस्कारो भवितुं शक्नोति। ग्रहवन्निर्देशश्च[१०] तत्संस्कारत्वख्यापनार्थ इति। अथवा करिष्यमाणानां सावित्रवैश्वदेवपात्नीवतानां संस्कारो[११] भवति यथर्तुपात्रयोः[११] कृत ऋतुग्रहाणाम्। 'अरिक्त ऋतुपात्रे कृत्वे'त्यनुपदम् ॥ १ ॥

'अपानाय मे' इत्यादिषु 'वर्चोदा वर्चसे पवस्व' इत्येतावदेवानुषज्यते। कुतः। समस्तानुषङ्गे हि 'चक्षुर्भ्यां मे' इत्यत्र 'रास्व' इत्यादीनां ग्रहपराणामसामर्थ्यं[१२] स्यात्। विकारे क्रियमाणेऽनाम्नातप्रयोगः

---

१. M Ad °मानेत्युक्त्वादि; thus T. २. M Ad °मपेक्ष° ; thus T. ३. M कि...ष्यते; thus Ad T. ४. M Ad जन्य; thus T. ५. M Ad वात्र; thus T. ६. M Ad om. ७. M Ad om. ८. M Ad चतुर्थ्यां. ९. M Ad पात्र; thus T. १०. M Ad om च. ११–११. M संस्कारे...त्रयोः; thus T. १२. M Ad °परणात्मसाम° ; thus T.

'चक्षुर्भ्यां मे' **इति शुक्रामन्थिनौ** ॥ ७ ॥ 'आत्मने' **इत्याग्रयणम्** ॥ ८ ॥ 'वीर्याय मे' **इति यदि कश्चिदतिग्राह्यो भवति** ॥ ९ ॥ 'अङ्गेभ्यो मे' **इत्युक्थ्यम्** ॥ १० ॥ 'आयुषे मे' **इति ध्रुवम्** ॥ ११ ॥ 'प्रतिष्ठायै मे' **इत्यृतुपात्रे** ॥ १२ ॥ 'विष्णोर्जठरमसि' **इत्याहवनीयम्** ॥ १३ ॥ 'इन्द्रस्य जठरमसि' **इति द्रोणकलशम्** ॥ १४ ॥ 'इन्द्रस्य जठरमसि' **इत्याधवनीयम्** ॥ १५ ॥ 'विश्वेषां देवानां जठर-मसि' **इति पूतभृतम्** ॥ १६ ॥ 'सोम त्वामारभामहे' **इति द्रोणकलशम्।** '०उदगातारं नृचक्षसं पारयान्नः स्वस्तये' **इति** ॥ १७ ॥ 'कोऽसि को नाम' **इत्यत एवाहवनीयं परेक्षते।** '०कस्मै त्वा काय त्वा=पोषैः' **इति** ॥ १८ ॥ 'विश्वेभ्यो मे रूपेभ्यः' **इति पृषदाज्यमवेक्षते।** '०वर्चोदा वर्चसे पवस्व तस्य मे रास्व तस्य ते भक्षीय तस्य त इदमुन्मृजे पशुभ्यः' **इति, यत्कामो वा भवति** ॥ १९ ॥ **स्रुक्षु च ग्रहेषु च दशहोतारमध्वर्युर्व्याचष्टे** ॥ २० ॥ **अप उपस्पृश्य निष्क्रम्य** 'परिवीयमाणायानुवाच

स्यात्। तच्च वचनमन्तरेण न न्याय्यम्। तदुक्तम्—'अपूर्वे त्वविकारोपदेशात् प्रतीयेते'ति। अपि चानाम्नाते प्रयुञ्जाने[१] 'आत्मने मे' इत्यादिष्वनुषङ्गप्राप्तिरनाम्नातव्यवसायेऽनुषङ्गं न बाधते। ऋतुपात्रयोरतिग्राह्येषु च प्रत्येकं मन्त्रावृत्तिः।'विष्णोर्जठरमसि' इत्यादिषु च 'वर्चोदा मे वर्चसे पवस्व तस्य मे रास्व' इत्यनुषज्यते। सत्यम्। एवमेतदुपपद्यते। किन्तु[२] अयं पक्षः, नाचार्याभिप्रायः। कुतः। औपानुवाक्ये 'ग्रहावकाशैश्चरन्ननुवर्तयती'ति बहुवचनेनैवोपक्रम्य 'त्रिर्देवेभ्यो वपथ'[३] इत्याद्युक्त्वा 'परिभूरग्निं=रायस्पोषस्य ददितारमस्ये'त्यन्तं गृहीत्वा 'तस्य मे रास्व' इति समानमित्याह। अनुवर्तयतीति वचनात्केनचित्पूर्वोच्चारितेन दर्शनात् 'पवस्व' इत्यन्तोऽनुवर्त [४]इति [४]गम्यते। अधिकस्य सर्वेष्वशेषस्यानुवृत्तिं ब्रुवन्निहापि 'उन्मृजे ब्रह्मवर्चसाय त्वा'[५] इत्यनुषक्तव्यत्वं दर्शयति। अतः श्रुत्यन्तरे तादृशं वचनमनुमेयम्। पाठो वाऽन्येषां दर्शनम्। प्राक् शुक्रात् समस्तमनुषज्य शुक्रामन्थिनौ 'चक्षुर्भ्यामे'व '[६]वर्चोदौ वर्चसे पवेथामि'त्येतावदेवोक्त्वा 'आत्मने म' इत्यादिषु 'वर्चोदा मे[७] वर्चसे पवस्वे'त्यन्ते पठितमनुषजन्ति। अथवा पशुसमञ्जन उक्तो न्याय इहापि तुल्यः, प्रकृतीनामवश्यमनुषक्तव्यत्वात्। तासां च प्रत्ययविरहितानां प्रयोगानुपपत्तेः[८]। वैदिकस्यासामर्थ्यात्[८] लौकिकेन[९] प्रत्ययेन सहिता अनुषज्यन्त इति। तत्र च कौण्डिन्या एकत्वमपनीय 'रासाथां' 'तयोर्वामि'ति पठन्ति। ऋतुपात्रयोरपि तथा च 'वर्चोदे' इति विपरिणम्य पठन्ति ॥ २-१३ ॥

'पशुभ्य' इति यत्कामो वा भवति। पशुभ्य इति क्रत्वर्थाः। यं कञ्चित्कामं कामयते तं निर्दिशति स[१०] पुरुषार्थः ॥ १९ ॥

स्रुक्षु च ग्रहेषु च दशहोतारमध्वर्युर्व्याचष्टे। स्रुक्ष्विति पूर्वं स्थितस्य 'चतुर्होतारं ध्रुवायां[११] व्याचष्टे' इत्यस्य स्थाने विहितस्योपलक्षणं प्राकृतस्य, नापूर्वविधिः। ग्रहेषु पुनः[१२] समस्तं व्याचष्टे।

---

१. M Ad °युञ्जाते; thus T. २. M Ad give किन्तु [M Ad न्त] after पक्षः. ३. M ववथ, Ad नवथ. ४-४. M Ad वर्तयति ग°. ५. M Ad om त्वा; thus T. ६. M Ad om व. ७. M Ad om मे. ८-८. M प्रये...पत्ते स्यासाम°; thus T. ९. M Ad लौकिकस्य. १०. M Ad om स; thus T. ११. M Ad स्रुवायां; thus T. १२. T न.

आह'॥ २१॥ **आग्नेयः पशुः सवनीयः**॥ २२॥ **समानं कर्माऽऽप्रवरेभ्यः**॥ २३॥ **प्रवरं प्रवृणीते**॥ २४॥ **आश्रावयति**॥ २५॥ 'ओ श्रावय' **इत्याह**॥ २६॥ 'अग्निर्देवो होता'= **होतुर्नाम भवति**॥ २७॥ **जुहुते होता प्रवृताहुतिम्** 'जुष्टो वाचो भूयासम्' **इति**॥ २८॥ **अथाध्वर्युर्जुहोति** 'अग्निं युनज्मि प्रातर्यावाणमावुषाबुधौ स्वाहा' **इति**॥ २९॥ 'ओ श्रावय' **इत्याह**॥ ३०॥ 'मित्रावरुणौ प्रशास्तारौ प्रशास्त्रादित्यसौ मानुषः' **इत्येव शकलं प्रास्यति यथा तस्य नाम भवति**॥ ३१॥ **जुहुते मैत्रावरुणः प्रवृताहुतिम्** 'जुष्टो वाचो भूयासम्' **इति**॥ ३२॥ **अथाध्वर्युर्जुहोति** 'मित्रावरुणौ युनज्मि प्रातर्यावाणावुषाबुधौ स्वाहा' **इति**॥ ३३॥ 'ओ श्रावय' **इत्याह**॥ ३४॥ 'इन्द्रो ब्राह्मणादित्यसौ मानुषः' **इत्येव शकलं प्रास्यति यथा तस्य नाम भवति**॥ ३५॥ **जुहुते ब्राह्मणाच्छंसी प्रवृताहुतिम्** 'जुष्टो वाचो भूयासम्' **इति**॥ ३६॥ **अथाध्वर्युर्जुहोति** 'इन्द्रं युनज्मि प्रातर्यावाणमुषाबुधꣳ स्वाहा' **इति**॥ ३७॥ 'ओ श्रावय' **इत्याह**॥ ३८॥ 'मरुतः पोत्रादित्यसौ मानुषः' **इत्येव शकलं प्रास्यति यथा तस्य नाम भवति**॥ ३९॥ **जुहुते पोता प्रवृताहुतिम्** 'जुष्टो वाचो भूयासम्' **इति**॥ ४०॥ **अथाध्वर्युर्जुहोति** 'मरुतो युनज्मि प्रातर्याव्ण उषाबुधः स्वाहा' **इति**॥ ४१॥ 'ओ श्रावय' **इत्याह**॥ ४२॥ 'ग्नावो नेष्ट्रादित्यसौ मानुषः' **इत्येव शकलं प्रास्यति यथा तस्य नाम भवति**॥ ४३॥ **जुहुते नेष्टा प्रवृताहुतिम्** 'जुष्टो वाचो भूयासम्' **इति**॥ ४४॥ **अथाध्वर्युर्जहोति** 'ग्नावो युनज्मि प्रातर्यावा उषाबुधः स्वाहा' **इति**॥ ४५॥ 'ओ श्रावय' **इत्याह**॥ ४६॥ 'अग्निराग्नीध्रादित्यसौ मानुषः' **इत्येव शकलं प्रास्यति यथा तस्य नाम भवति**॥ ४७॥ **जुहुतेऽग्नीत्प्रवृताहुतिम्** 'जुष्टो वाचो भूयासम्' **इति**॥ ४८॥ **अथाध्वर्युर्जुहोति** 'अग्निं युनज्मि प्रातर्यावाणमुषाबुधꣳ स्वाहा' **इति**॥ ४९॥ **अथैता आहुतीर्जुहोति**॥ ५०॥ 'बृहस्पतिं युनज्मि प्रातर्यावाणमुषाबुधꣳ स्वाहा' **इति ब्रह्मणः प्रति**॥ ५१॥ 'सूर्यं युनज्मि प्रातर्यावाणमुषाबुधꣳ स्वाहा' **इति सर्वस्मात् सदसः प्रत्युद्गातुः प्रति**॥ ५२॥ 'प्रजापतिं युनज्मि प्रातर्यावाणमुषाबुधꣳ स्वाहा' **इति सर्वस्मात्सदसः प्रति**॥ ५३॥ 'विष्णुं युनज्मि प्रातर्यावाणमुषाबुधꣳ स्वाहा' **इत्यच्छावाकात्प्रति**॥ ५४॥ 'ब्रह्म युनज्मि प्रातर्यावाणमुषाबुधꣳ स्वाहा' **इति सुब्रह्मण्यात्प्रति**॥ ५५॥ 'पर्जन्यं युनज्मि प्रातर्यावाणमुषाबुधꣳ स्वाहा' **इत्युन्नेतुः प्रति**॥ ५६॥ **एतावन्त**

अत्रोन्नेताऽऽधवनीयेऽतिशिष्टं पूतभृत्येव सं वपयति[१]। उदूह्य पूर्वां रशनां नाभिदघ्ने[२], परिव्ययति॥ २०॥

देवदत्तश्च यज्ञदत्तश्च मानुषाविति सहैव शकलयोः प्रासनम्। 'जुष्टो वाच' इत्यध्वर्युः। 'ऋचा स्तोमं समर्धये'ति प्रतिप्रस्थाता॥ २७–२८॥

उद्गातुर्ग्रहणेनोद्गातॄणां ग्रहणम्। एकवचनमविवक्षितम्॥ ५२॥

---

१. M Ad चवय° ; thus T. २. M Ad °दधूने; T °दघ्न एव.

एवर्त्विजः ॥ ५७ ॥ **अत्याश्रावयत्येवातः** ॥ ५८ ॥ 'ओ श्रावय' **इत्याह** ॥ ५९ ॥ 'अग्निर्ह दैवीनां विशां पुरएताऽयꣳ सुन्वन् यजमानो मनुष्याणां तयोरस्थूरि=तनुवः' **इति** ॥ ६० ॥ **प्रसिध्यति कर्म** ॥ ६१ ॥ **अपाव्यानां यजूꣳष्यनु द्विर्दशहोतुराहुतिं जुहोति** ॥ ६२ ॥ **पञ्च पवमाने व्याचष्टे** ॥ ६३ ॥ **स्रुवं च स्रुक्षु** ॥ ६४ ॥ **प्रसिध्यत्येव कर्म** ॥ ६५ ॥ **वपया प्रचर्य** 'आपो हि ष्ठा मयोभुवः' **इति तृचेन मार्जयन्ते चात्वाले** ॥ ६६ ॥ **संप्रसर्पन्त्येवातः** ॥ ६.१०.४.६७ ॥ **[इति चतुर्थः पटलः** (३६)**]**

॥ इति षष्ठप्रपाठके दशमोऽनुवाकः ॥

एतावन्त एतर्त्विज इति। ग्रावस्तुतो ऋत्विक्त्वं[१] नाभिधित्सितम्। अप्रपन्नत्वमयोगार्हत्वं वा द्योतते। एतावन्त एव योगं[२] कुर्वन्ति। इदमृत्विग्वरणमुपवसथे ब्राह्मणे विहितम्। तेन वैकल्पिकम्। श्रुत्यन्तरे पठितमवगन्तव्यम्। अहर्गणेषु तन्त्रार्थमुपवसथ एव कर्तव्यम्॥ ६.१०.४.५७॥ **[इति चतुर्थः पटलः** (३६)**]**

॥ इति व्याख्यायां षष्ठप्रपाठके दशमोऽनुवाकः ॥

---

१. M Ad नृत्विक्त्वं; thus T. २. T takes योग as additional, hence gives in fn.

॥ अथ षष्ठप्रपाठके एकादशोऽनुवाकः ॥

[संप्रसर्पणम्]

संप्रसर्पन्त्येवातः ॥ १ ॥ 'स्फ्यः स्वस्तिः' **इत्युत्करमुपतिष्ठन्ते**। '°विघनः स्वस्तिः=उप ह्वयध्वम्' **इति** ॥ २ ॥ 'उप मा द्यावापृथिवी ह्वयेताम्' **इति द्यावापृथिवी** ॥ ३ ॥ 'उपाऽऽस्तावः' **इत्यास्तावम्** ॥ ४ ॥ 'उप कलशः' **इति कलशम्** ॥ ५ ॥ 'उप सोमः' **इति सोमम्** ॥ ६ ॥ 'उपाग्निः' **इत्यग्निम्** ॥ ७ ॥ 'उप देवाः' **इति देवान्** ॥ ८ ॥ 'उप यज्ञः' **इति यज्ञम्** ॥ ९ ॥ 'उप मा होत्रा उपहवे

संप्रसर्पन्त्येवातः ।पशुपुरोडाशः पशुदेवतासंस्कारार्थ इति सिद्धन्याये, अतस्तत्संस्कारार्थं पुरो-डाशो निरुप्यः। असंस्कारार्थत्वेऽपि प्रकृतिवदित्यन्वितस्य प्रत्याम्नानादीनामन्यतमाभावे निवृत्तिर्नोप-पद्यते। अपि च श्रुत्यन्तरे-'वपया प्रातःसवने चरन्ति पुरोडाशेन माध्यन्दिने सवनेऽङ्गैस्तृतीयसवन' इति। कल्पे तावत् क्वचित्सवनीयस्य पशुपुरोडाशो दृश्यते, न च प्रतिषेधः। [१]साद्यस्क्रियायामपि कर्मप्रश्लेषं ब्रुवताऽग्नीषोमीयानूबन्ध्ययोः पुरोडाशावनुक्रान्तौ, न सवनीयस्य। तस्मादविद्यमानत्वमिव दृश्यते। तत्र वचनमाचार्येण दृष्टं न्यायो वा इत्यवगन्तव्यम्। अस्मिन्नर्थे संप्रसर्पन्त्येवात इत्येवातः-शब्दस्य द्वेधा व्याख्या। मार्जनानन्तरं कर्तव्यं प्रकृतिवदिति प्राप्ते वचनान्माध्यन्दिने क्रियते। मार्जनान-न्तरं संप्रसर्पन्त्येवेति केचिद्। अपरे पशुपुरोडाशाभावादिति। तदुक्तमाश्वलायनेन—'सवनीयानां पुर-स्तादुपरिष्टाद्वा पशुपुरोडाशेन चरन्ति'; 'अक्रियामेकेऽन्यत्र तदर्थवादवदनात्'[२]; 'क्रियामाश्मरथ्योऽ-न्विताऽप्रतिषेधात्' इति (आश्वश्रौ. ५.१३.८-१०)। अग्नीत्पशुपुरोडाशं[३] हृदयं जिह्वामिति प्रैषद्वयमिहैव वक्तव्यम्। प्रेषितोऽग्नीन्माध्यन्दिनीयानां निर्वापकाल एव निर्वपति। पशुविशसनश्रपणे[४] इहैव क्रियेते[५]। इतरथाऽर्थविरोधः स्यात्। अभावेऽपि 'ब्रह्मन् पृषदाज्यमि'त्यादि वक्तव्यम्। प्रैषार्थश्च कर्तव्यः[६]। वक्ष्यमाणं कर्म संप्रसर्पणम्॥ १ ॥

'स्फ्यः स्वस्तिरि'त्युत्करमुपतिष्ठन्ते। अत्र मन्त्रवर्णे[७] दृष्टानां स्फ्यविघनादीनां[७] वेदिकरणार्था-नामुत्करे निधानमिष्यते। उत्करस्थानि तान्येवोत्करशब्देनोच्यन्ते। यथा मञ्चाः क्रोशन्तीति॥ २ ॥

उपास्ताव इत्यादिषु यथार्थमाख्यातशब्दो मनसा ध्यातव्यः। लौकिकः प्रत्ययमात्रमध्याहृत्योच्चारयितव्यमेव ह्वयतां ह्वयेतां ह्वयन्तामिति॥ ३-४॥

कलशमिति द्रोणकलशम्॥ ५ ॥

सोममिति द्रवीभूतम्॥ ६ ॥

अग्निं देवान् इत्याहवनीयम्॥ ७ ॥

होत्रा इति वषट्कर्तॄन्॥ १० ॥

---

१. T सद्य°. २. M Ad °वादनात्; thus T. ३. M Ad om पशु; thus T. ४. M Ad रूपेण; thus T. ५. M Ad क्रियते; thus T. ६. M Ad °तव्यं; thus T. ७-७. M Ad मन्त्रविघना° ; thus T.

ह्वयन्ताम्' **इति होत्राः** ॥ १० ॥ 'नमोऽग्नये मखघ्ने मखस्य मा यशोऽर्याद्' **इत्या-हवनीयमुपतिष्ठन्ते** ॥ ११ ॥ 'नमो रुद्राय मखघ्ने नमस्कृत्या मा पाहि' **इत्याग्नीध्रम्** ॥ १२ ॥ 'नम इन्द्राय मखघ्ने मखस्य मा यशोऽर्यात्' **इति मार्जालीयम्** ॥ १३ ॥ 'दृढे स्थः शिथिरे' **इतीमे एव**। '०समीची माऽंहसस्पातं सूर्यो मा देवो दिव्यादंहसस्पातु वायुरन्तरिक्षादग्निः पृथिव्या यम पितृभ्यः सरस्वती मनुष्येभ्यः' **इति** ॥ १४ ॥ 'देवी द्वारौ मा मा संताप्तम्' **इति सदसः संमृशति** ॥ १५ ॥ 'नमः सदसे' **इति सदः प्रेक्षते** ॥ १६ ॥ 'नमः सदसस्पतये' **इति यजमानम्** ॥ १७ ॥ 'नमः सखीनां पुरोगाणां चक्षुषे' **इति पूर्वप्रसृप्तानामक्षिणीक्षते**। '०नमो दिवे नमः पृथिव्यै' **इति** ॥ १८ ॥ 'अहे दैधिषव्य' **इत्यतस्तृणमादत्ते यत्रोपवेक्ष्यन् भवति** ॥ १९ ॥ 'उदतस्तिष्ठान्यस्य सदने सीद योऽस्मत्पाकतरः' **इति तृणं निरस्यति** ॥ २० ॥ 'इदमहमायुषः सदने सीदे' **इति पूर्वेण होतुर्धिष्णियं प्रत्यगावृत्त उपस्थं कृत्वोपविशति** ॥ २१ ॥ **उपविश्य जपति** 'उन्निवत उदुः= द्याह्कः' **इति** ॥ २२ ॥ 'आगन्त पितरः सोम्याः' **इति सदसो दक्षिणार्धं परेक्षते** ॥ २३ ॥ 'पितृमानहं युष्माभिर्भूयासम्'

उपतिष्ठन्त इति वर्तमाने पुनरुपतिष्ठन्त इति वचनं ब्राह्मणानुकरणम् ॥ ११ ॥

'अंहसस्पातमि'त्यन्तेन द्यावापृथिवी उपस्थाय 'सूर्यो मा' इत्यादिना सूर्यादीनामुपस्थानमिच्छन्ति। तथाहि लिङ्गसामर्थ्यम्। सदस्यकल्पे—'उत्तरा देवता उपतिष्ठन्त' इति दर्शनाच्चैवमुपपद्यते सुतराम्। एतावदध्वर्योर्यजमानस्य ब्रह्मसदस्ययोश्च समानम् ॥ १४ ॥

अतः परं ब्रह्मसदस्यौ यथोक्तं स्वेन स्वेन विधानेनापरया द्वारा सर्पतः। इतरे पूर्वया। अध्वर्युमुत्तरेण प्रतिप्रस्थातोपविशति। दक्षिणेन धिष्णियानुदङ्मुखो यजमानः। अत्रैकवचनानां प्रत्येकं परिसमाप्तिर्यजमानोऽप्यात्मानमेवेक्षते ॥ १५–१६ ॥

'नमो दिवे नमः पृथिव्यै' इति द्यावापृथिवी। ईक्षत इति शेषः[१] ॥ १८ ॥

ऐष्टिकेषु पाशुकेषु च ब्रह्मापि विसंस्थितसंचारेण निष्क्रम्य दक्षिणेनाहवनीयमुपविशति। 'अग्रेण दक्षिणं हविर्धानमुपविशे'त्युक्त्वा[२] पुनरप्यग्नीषोमीयस्य पशोर्दक्षिणत आस्त इति यत्नात् सौमिकेष्वपि यागेषु नारब्धुं गच्छतीति केचित्। 'अन्वारम्भयाजमानाः सोमा' इति श्रुत्यन्तरे वचनम्। अन्यत्र सदसि यथास्थानमुभावपि। कः पुनर्विसंस्थितसंचारः। धिष्णियवतां स्वंस्वं धिष्णियमुत्तरेणाधिष्णियानां मैत्रावरुणस्य धिष्णियमुत्तरेण होतुर्वा। अथाग्नीध्रः पुरस्तादेवोद्वास्य स्थापितान् अस्मिन्नेव वा काल उद्वास्यागत्य[३] सादयति। तत्रोत्तरेण सद आग्नीध्रीयमग्निं च पन्था इति केचित्। तथा सति सदस्या-सीनैर्व्यपेताः[४] सवनीयाः स्युः। उत्तरतः[५] सदः प्रविश्य यथर्त्विजो बाह्या अभ्यन्तरा धिष्णियाः स्युस्तथा नीत्वाऽन्यस्मै दत्त्वा यथैतं निष्क्रम्य उत्तरेण सदः परीत्यादायोत्तरेणाग्नीध्रीयमग्निं गत्वा सादयति। आज्यानि तेभ्यो बाह्यानि सोमा अभ्यन्तरा स्युर्यथा तथा नयेत्[६]। यद्यप्यलङ्करणप्रैषानन्तरमेवा-लङ्कृतान्यासादितानि च[१] स्युस्तथाप्युत्तरयोः सवनयोरयमेव पन्थाः ॥ २४ ॥

---

१. Ad विशेषः. २. M Ad °विश्येत्यु° ; thus T. ३. M Ad °गत्या. ४. M Ad °र्व्यवेता. ५. T अतः. ६. M Ad नयो...यद्य.

इत्यञ्जलिं करोति '**°**सुप्रजसो मया यूयं भूयास्त' **इति ॥** २४ **॥ अध्वर्युश्च प्रतिप्रस्थाता च चमसान्वा पुरोडाशानभ्येतः ॥** २५ **॥** 'प्रातः प्रातःसवनस्येन्द्राय पुरोडाशानामवदीयमानानामनुब्रूहि' **इत्याहाद्रवन्नध्वर्युः ॥** २६ **॥ द्वयोः प्रतिप्रस्थातोपस्तृणीते ॥** २७ **॥ द्विर्धानानां जुह्वामवद्यति, द्विः**

आसन्नान् पुरोडाशानभ्येतोऽध्वर्यू[१]। अभ्येत इति दर्शनाद् यजमानोऽत्रैवासीनोऽनुमन्त्रयत इति केचित्। प्रकृतिवद् गत्वैवानुमन्त्रयत इत्यन्ये। अथवाऽभ्येत इत्यत्र यजमानो द्वितीयः। आसन्नान्[३] पुरोडाशानभिम्रष्टुं गच्छत इत्यर्थः। ततः प्रतिप्रस्थाताप्यर्थाद् गच्छति। ततो 'यन्म' इत्यभिमृश्य सवविधे पशावाज्यभागौ यजति। इतरस्मिन् न ॥ २५ ॥

ततः सद आलभ्य [४]प्राडाद्रवन् प्रातःसावस्येत्यादि। अत्र कश्चिदाह 'पुरोडाशदेवतासंस्कारार्थमुत्तमः प्रयाजो यष्टव्य' इति। तस्य देवतासंस्कारार्थत्वात् पाशुकानामुत्तमे प्रधानदेवतानभिधानात्। यद्यपि पशुदेवताविधानसामर्थ्यादसंकीर्तितामपि संस्कुर्यात्। अवश्यमिन्द्रं पुरोडाशदेवतां संस्कर्तुं न शक्नोति। अतो यष्टव्य इति। अत्रोच्यते। यदि पशुदेवतामसंकीर्तितां संस्कर्तुं शक्नुयात् तन्मध्यपतितामपि संस्कर्तुं शक्नोत्येव। अथ पशुदेवतामपि संस्कर्तुं न शक्नोति, तत्संस्कारार्थमेव यष्टव्यः स्यात्, [५]अतत्कार्यापन्नत्वात्। पाशुकस्यापि च तस्यैकशतं प्रयाजानूयाजा इति श्रुत्यन्तरे सौमिकानां प्रयाजानूयाजानां संख्याश्रवणं विरुध्येत। यदि कर्तव्यः स्यात्, अतिरिच्यन्ते हि। कथम्। दीक्षणीयप्रायणीयोदयनीयेष्वष्टाष्टौ। ते चतुर्विंशतिः। अग्नीषोमीयसवनीयानूबन्ध्येषु[६] षट्षष्टिः। ते नवतिः। आतिथ्ये पञ्च'। अवभृथे षट्। त एकशतम्। प्रति निर्ग्राह्याणां मार्जनश्रयणे इच्छन्त्यनुपदकारः। यदि यजमानोऽन्वारभतेऽनेकेषु सहेज्यमानेषु मुख्यमन्वारभते॥ २६ ॥

[७]धानाः करम्भः पयस्या च। तान्यनुसवनं निरुप्याणि। नोत्तरयोः पयस्येत्यन्ये। धानाः प्रसिद्धाः। सक्तुः करम्भ इत्याचक्षते। लाजः परिवाप इति सूत्रकारस्य वचनम्। अस्याचार्यस्य मन्थः परिवाप इत्यभिप्रायः। कुतः[८] 'व्रीहिर्ह वाव विचक्षण' इत्यस्मिन्ननुवाके यज्ञे यागार्थानि दानार्थानि द्रव्याण्याम्नातानि ददाति। चोदितानि दानार्थान्यन्यानि हविरर्थानि। स यद् यवानां धाना भवन्ति यत् सक्तवो यन्मन्थ इति ब्रुवतोऽभिप्रायः। सक्तवः करम्भो मन्थः परिवाप[९] इत्यपि सन्तीति। धर्मेषु[९] दीर्घसत्रिणामाग्रयणभक्तिं ब्रुवताऽऽचार्येण 'यवाग्रयणभक्तौ सत्रे यवानां परिवापेणैवोपाप्नुयात्। अन्ये सर्वान् वा यवानां ग्राहयेदि'ति [१०]परिवापस्य [११]यवमयत्वमनूक्तम्। अनुपदकारः 'संयावा परिवापः' इत्याह।

---

१. M Ad om; thus T. **२.** M Ad ° ध्वर्यु° ; thus T. **३.** M Ad ° न्नात्; thus T. **४.** M Ad प्राडोद्र° . **५.** M Ad एत° ; thus T. **६.** M Ad ° बन्ध्येषु; thus T. **७.** M Ad T wrongly give the text beginning with धानाः करम्भ पयस्या (M p.185, line 4, Ad p.402, line 9, T p.296, line 19) and ending with च. प्रस्तरे विसृजति. (M p.187, line 2, Ad p.406, line 8, T p.299, line 19) after the comm. on sūtra 6.9.1.17. Actually this text is comm. on present sūtra 6.11.1.28. This is due to displacement of the folios. Now the said text is given here at its proper place. **८.** T takes it as additional, hence gives in bracket (कुतः ?). **९-९.** M Ad परिचाप इत्यादि सत्रि धष्ठ दीर्घ° ; thus T. **१०.** M Ad चरिवा° . **११.** M Ad एवमय° .

करम्भस्य, द्विः परिवापस्य, द्विः पुरोडाशस्य, द्विः पयस्यायाः ॥ २८ ॥ **अभिघारयति** ॥ २९ ॥

संयाव' इति वक्तुं शक्यते। द्रव्यसंयुक्ताः सक्तवो मन्थाः[१]। अतो धानादित्रयार्थं यवानाहृत्यापरेण शालामुखीयं सादयेत्। पुरोडाशार्थं व्रीहीन्। व्रीहियवा[२] एव ह्यत्र नियम्यन्ते। स यद् व्रीहीणां पुरोडाशीया भवन्तीति सोमप्रकरण उक्तत्वात्। अथ पवित्रे [३]आधत्ते। बीजभेदे शूर्पभेदं केचिदिच्छन्ति। अपरे तन्त्रताम्। प्रणीताप्रणयनं पशुपरोडाशेन व्याख्यातम्। अस्य सवनीयस्य [४]सवविधत्वमग्नी-षोमीयविकारत्वात्। प्रतिबीजं तु धूर्मन्त्र आवर्तते। विभवेदित्यपरे[५]। किञ्चिन्निरसनं[६] भेदेन गृहीत्वा। सह[७] शूर्पस्य तन्त्रत्वे निरुप्तान् [८]यवानन्यस्मिन्नाधारे [९]न्युप्य व्रीहीन्निर्वपेत्। परिवापस्य लाजत्वे व्रीहिक्रमे व्रीहीन्निरुप्य पृथगेवावस्थापयति[१०]। अवहननाभावाच्छूर्पणकाले[११] भर्जनम्[१२]। निरुप्ताभि-मर्शनशेषाभिमर्शने भेदेन। प्रोक्षणीः संस्कृत्य हविः पात्राणि प्रोक्षेत्। प्रोक्षणीशेषेण संयवनपक्षेऽति-शेषयत्। इतरथा नातिशेषयत्। कृष्णाजिनादानादिपरावपनान्तं[१३] यवानां कुर्यात्। ततो व्रीहीणां [१४]चतुर्मुष्ट्यावपनादि। मुसलादानमन्त्रः हविष्कृदाह्वनयज्ञायुधोद्वादनवर्जं[१५] क्रियते। आवृतिर्वाऽऽह्वनस्य[१६]। हविष्कृदध्रिगु[१७]पुरोनुवाक्यामनोतरस्यावृत्तिर्भिन्न[१८]कालेष्विति सूत्रकारवचनम्।

[१९]तुषोपवपनं तन्त्रम्। यवानां विवेकविविक्ताभिमर्शनावपनत्रिष्फलीकरणानि[२०] न सन्ति। इह परिक्षोदनमात्रं हि यवानामहवननम्। प्रतिवचनं श्रुत्वा तण्डुलान्[२१] प्रक्षाल्य निधाय उपवेषादानादि प्रथमेन कपालमन्त्रेण भर्जनकपालमधिश्रयेत्। अङ्गारावर्तनं[२२] यावद्भिर्भर्जनसिद्धस्तावताम्। अङ्गाराभि-वासनं नास्ति। तत एकादशकपालस्य कपालान्युपधाय प्रातर्दोहं दोहयेद्, यदि पुरस्तान्न[२३] दोहयेत् मदन्तीरधिश्रयेद्। अत्र तन्त्रेण पेषणसिद्ध्यर्थं यवानां पाकोऽपकृष्यते। तन्त्रेण पच्यन्ते। ऊहिताभ्याम-धिश्रयणं[२४] प्रथमेन[२५] प्रथने मेक्षणेनालोडनमिति[२६]। अन्ये प्रथनमर्थलुप्तं मन्यन्ते। तथा सति तूष्णी-मेवालोडनम्[२७]। पक्वाः पिष्टा[२८] हि सक्तवो भवन्ति। पक्वानुद्वास्य यस्मिंकस्मिंश्चित्पात्रे यथाभागं व्यावर्तध्वमिति धानार्थान् [२९]विचित्य विभजेत्। ततः कृष्णाजिनादानादि प्रागधिवपनात्[३०] तन्त्रम्। अधिवपनादिभेदेन व्रीहियवानां प्रोक्षणीभ्योऽध्याहारः[३१]। प्रणीताभ्योऽध्याहरे'ति वा[३१] पशुपुरोडाशवत्। ततः करम्भपरिवापार्थान् यथाप्रकृति विभजेत्। श्रप्यमाणे[३२] पुरोडाश आमिक्षाकरणम्। आज्यनिनयनान्ते पवित्रे प्रस्तरे विसृजति[३३] ॥ ६.११.१.२८ ॥ **[इति प्रथमः पटलः** (३७)**]**

---

१. M Ad मन्थः. **२.** M Ad °यव. **३.** M पवित्रेऽत्रदत्रे, Ad om धत्ते. **४.** M Ad सविध°. **५.** M Ad विभवे इत्य°. **६.** M Ad °सने; thus T. **७.** M Ad सर्व; thus T. **८.** M Ad यवना°; thus T. **९.** M Ad न्यु. **१०.** M Ad °गेव स्था°. **११.** M Ad °च्छूवण°. **१२.** M Ad भर्जन. **१३.** M Ad परवप°. **१४.** T चातु°. **१५.** T °युधाद्वाव°. **१६.** M Ad °ह्वनस्य. **१७.** M Ad °नुवाक्य. **१८.** M Ad °भिर्न. **१९.** M Ad वचनं before तुषोप°. **२०.** M Ad °नावपन्तन°. **२१.** M Ad तण्डुलानि. **२२.** M Ad अङ्गाराव आव°. **२३.** M Ad °स्तान्नु. **२४.** M Ad °श्रयण. **२५.** M Ad प्रथेन. **२६.** M Ad मेक्षणेन लोळ°. **२७.** M Ad °मेवालोपनात्. **२८.** M विष्टा, Ad विष्ठा. **२९.** M Ad विचिन्त्य. **३०.** M Ad °धिपवचना. **३१–३१.** M Ad प्रोक्षणी ताभ्योऽध्याह[हा] रे वा; thus T. **३२.** M Ad श्रव्यमटने. **३३.** After विसृजति the MSS (M Ad T) wrongly give the comm. of प्रस्थितकर्मैतत् (6.9.2.1) instead of (6.11.2.11).

प्रत्यनक्ति ॥ ३० ॥ **सकृदुत्तरार्धादुपभृत्यवद्यति** ॥ ३१ ॥ **द्विरभिघारयति** ॥ ३२ ॥ **प्रत्यनक्ति** ॥ ३३ ॥ **सन्धायाध्वर्यव आदधाति** ॥ ३४ ॥ 'ओ श्रावय' **इत्याह** ॥ ३५ ॥ 'प्रातः प्रातःसवनस्येन्द्राय पुरोडाशान् प्रस्थितान् प्रेष्य' **इति** ॥ **३६** ॥ **वषट्कृते जुहोति** ॥ ३७ ॥ 'अग्नयेऽनुब्रूहि' **इत्याह पुरोडाशानाꣳ स्विष्टकृतꣳ समानयमानः** ॥ ३९ ॥ 'ओ श्रावय' **इत्याह** ॥ ३९ ॥ 'अग्नये प्रेष्य' **इति** ॥ ४० ॥ **वषट्कृते जुहोति** ॥ ४१ ॥ **अत्याक्रम्य यथायतनꣳ स्रुचौ सादयित्वैतान् पुरोडाशाꣳस्तान् होत्र उपनिधायाद्रवन्नाह** 'वायव इन्द्रवायुभ्यामनुब्रूहि' **इति** ॥ ४२ ॥ **ऐन्द्रवायवं ग्रहमादत्तेऽध्वर्युः** ॥ ६.११.१.४३ ॥ **[इति प्रथमः पटलः** (३७)**]**

[द्विदेवत्यग्रहाः]

ऐन्द्रवायवं ग्रहमादत्तेऽध्वर्युः ॥ १ ॥ 'उपयामगृहीतोऽसि' **इति प्रतिगृह्णीते प्रतिप्रस्थातौ–दुम्बरेणादित्यपात्रेण चतुःस्रक्तिना द्रोणकलशात्**। '°वाक्षसदसि वाक्पाभ्यां त्वा क्रतुपाभ्यामस्य यज्ञस्य ध्रुवस्याध्यक्षाभ्यां गृह्णामि' **इति** ॥ २ ॥ 'अध्वरो यज्ञोऽयमस्तु देवाः' **इति निष्क्रामते**। '°ओषधीभ्यः पशवे नो जनाय' **इति** ॥ ३ ॥ **निष्क्रम्याध्वर्युर्यजुर्जपति** 'विश्वस्मै भूतायाध्वरोऽसि स पिन्वस्व घृतवद्देव सोम' **इति** ॥ ४ ॥ 'ओ श्रावय' **इत्याह** ॥ ५ ॥ 'वायव इन्द्रवायुभ्यां प्रेष्य' **इति** ॥ ६ ॥ **वषट्कृते जुहुतः** ॥ ७ ॥ **पुनर्वषट्कृते जुहुतः** ॥ ८ ॥ **द्विर्द्विरेतौ हूयेते** ॥ ९ ॥ **सकृत्सकृदुत्तरे द्विदेवत्याः** ॥ १० ॥ 'यो न इन्द्रवायू अभिदासति' **इत्यनुमन्त्रयेते**। '°भ्रातृव्य उत्पिपीते शुभस्पती। इदमहं तमधरं पादयामि यथेन्द्राहमुत्तमश्चेतयानि' **इति** ॥ ११ ॥ **प्रतिप्रस्थातुः पात्रे सꣳस्रावमवनयति** ॥ १२ ॥ **तमु स आदित्यस्थाल्यां** 'विश्वेभ्यस्त्वा देवेभ्यः' **इति** ॥ १३ ॥ **हुत्वैतत्पात्रꣳ होत्र उपनिधायाद्रवन्नाह** 'मित्रावरुणाभ्यामनुब्रूहि' **इति** ॥ १४ ॥ **मैत्रावरुणं ग्रहमादत्तेऽध्वर्युः** ॥ १५ ॥ 'उपयामगृहीतोऽसि' **इत्येव प्रतिनिगृह्णीते प्रतिप्रस्थाता**। '°ऋतसदसि चक्षुष्पाभ्यां त्वा क्रतुपाभ्यां =गृह्णामि' **इति** ॥ १६ ॥ **निष्क्रामते** ॥ १७ ॥ 'ओ श्रावय' **इत्याह** ॥ १८ ॥ 'मित्रावरुणाभ्यां प्रेष्य' **इति** ॥ १९ ॥ **वषट्कृते जुहुतः** ॥ २० ॥ 'यो नो मित्रावरुणावभिदासति' **इत्यनुमन्त्रयेते**। '°भ्रातृव्य उत्=तयानि' **इति** ॥ २१ ॥ **प्रतिप्रस्थातुः पात्रे सꣳस्रावमवनयति** ॥ २२ ॥ **तमु स आदित्यस्थाल्यां** 'विश्वेभ्यस्त्वा देवेभ्यस्त्वा' **इति** ॥ २३ ॥ **हुत्वैतत्पात्रꣳ होत्र**

'यो न इन्द्रवायू अभिदासती'त्यनुमन्त्रयेते। प्रतिप्रस्थाता द्वितीय इति केचित्। यजमान इत्यपरे॥ ११ ॥

निष्क्रमणप्रवेशनयोः प्रतिप्रस्थाता ग्रहेण तच्छेषेण च परिगृह्णीयादध्वर्युम्[१]। अथाध्वर्युः प्रत्यङ्द्रवन् पात्रेण प्रतिप्रस्थातारम्। एवं सर्वत्र व्यवायः परिहर्तव्यः। यथोपर्यधा स्थाली भवति तथा संस्रावमतिशिष्यात्॥ १२ ॥

आदित्यस्थाल्यामवनयेत्। प्रतिप्रस्थातुः पात्रे संस्रावमवनयन् भक्षार्थमुच्छिनष्टि ॥ १३ ॥

---

१. M Ad ° ध्वर्युः; thus T.

उपनिधायाद्रवन्नाह 'अश्विभ्यामनुब्रूहि' **इति** ॥ २४ ॥ **आश्विनं ग्रहमादत्तेऽध्वर्युः** ॥ २५ ॥ 'उपयामगृहीतोऽसि' **इत्येव प्रतिनिगृह्णीते प्रतिप्रस्थाता** । '°श्रुतसदसि श्रोत्रपाभ्यां त्वा क्रतुपाभ्यामस्य यज्ञस्य ध्रुवाध्यक्षाभ्यां गृह्णामि' **इति** ॥ २६ ॥ **निष्क्रामते** ॥ २७ ॥ 'ओ श्रावय' **इत्याह** ॥ २८ ॥ 'अश्विभ्यां प्रेष्य' **इति** ॥ २९ ॥ **वषट्कृते जुहुतः** ॥ ३० ॥ 'यो नोऽश्विनावभिदासति' **इत्यनुमन्त्रयेते** । '°भ्रातृव्य=तयानि' **इति** ॥ ३१ ॥ **प्रतिप्रस्थातुः पात्रे सꣳस्रावमवनयति** ॥ ३२ ॥ **तमु स आदित्यस्थाल्यां** 'विश्वेभ्यस्त्वा देवेभ्यः' **इति** ॥ ३३ ॥ 'विष्णवुरुक्रम' **इत्येनमेतेनैव पात्रेणापिदधाति** । '°एष ते सोमस्तꣳ रक्षस्व तं ते दुश्चक्षा माऽवख्यद्' **इति** ॥ ३४ ॥ **द्रुत्वेतत्पात्रꣳ होत्र उपनिधायाद्रवन्नाह** 'उन्नीयमानेभ्योऽनुब्रूहि होतुश्चमसमनून्नयध्वमुभयतः शुक्रान् कुरुध्वमच्छावाकस्य चमसाध्वर्यो मा त्वमुन्नेष्ठाः' **इति** ॥ ३५ ॥ **प्रोक्षिताप्रोक्षिताश्चत्वारः शकला उपक्लृप्ता भवन्ति** ॥ ३६ ॥ **शुक्रौ प्रोक्षितौ, कृष्णावप्रोक्षितौ** ॥ ३७ ॥ **शुक्रमध्वर्युरादत्ते मन्थिनं प्रतिप्रस्थाता** ॥ ३८ ॥ **शुक्राभ्याꣳ शकलाभ्यामुपरिष्टादपिधत्तः, कृष्णाभ्यामुपयच्छतः** ॥ ३९ ॥ 'स्तुतोऽसि जनधा देवास्त्वा शुक्रपाः प्रणयन्तु' **इत्यध्वर्युर्निष्क्रामति** ॥ ४० ॥ 'स्तुतोऽसि जनधा देवास्त्वा मन्थिपाः प्रणयन्तु' **इति प्रतिप्रस्थाता** ॥ ४१ ॥ **पूर्वेण हविर्धाने अपरेणाहवनीयं प्रत्यङ्ङवर्तयति** ॥ ४२ ॥ **तस्य नाभ्यां** 'ब्रह्म संधत्तम्' **इति ग्रहौ संधत्तः** । '°तन्मे जिन्वतम्' ॥ ६.११.२.४३ ॥ **[इति द्वितीयः पटलः** (३८)**]**

[ब्रह्मसंधानादिकर्म]

'ब्रह्म संधत्तं तन्मे जिन्वतं', 'क्षत्रं संधत्तं तन्मे जिन्वतं', 'विशꣳ संधत्तं तां मे जिन्वतं', 'इषं संधत्तं तन्मे जिन्वतं', 'गौपत्यꣳ संधत्तं तन्मे जिन्वतं', 'प्राणꣳ संधत्तं तां मे जिन्वतं', 'वाचꣳ संधत्तं तां मे जिन्वतम्' **इति** ॥ १ ॥ 'सुवीराः प्रजाः प्रजनयन् परीहि' **इति दक्षिणेनाहवनीयमध्वर्युरुत्तर-वेदिं परिक्रामति** । '°शुक्रः शुक्रशोचिषा' **इति** ॥ २ ॥ 'सुप्रजाः प्रजाः प्रजनयन् परीहि' **इत्युत्तरेण प्रतिप्रस्थाता** । '°मन्थी मन्थिशोचिषा' **इति** ॥ ३ ॥ 'तौ संजग्मानौ दिव आ पृथिव्याः' **इत्यन्तरा यूपं चाहवनीयं च ग्रहौ समागमयतः** । '°प्राणः स्थः प्राणं मयि धत्तं प्राणं यज्ञाय धत्तं प्राणं यज्ञपतये धत्तम्', 'अपानः स्थोऽपानं मयि धत्तमपानं यज्ञाय धत्तमपानं यज्ञपतये धत्तम्', 'व्यानः स्थो व्यानं मयि धत्तं व्यानं यज्ञाय धत्तं व्यानं यज्ञपतये धत्तम्', 'चक्षुः स्थश्चक्षुर्मयि धत्तं चक्षुर्यज्ञाय धत्तं चक्षुर्यज्ञपतये धत्तम्', 'श्रोत्रꣳ स्थः श्रोत्रं मयि धत्तꣳ श्रोत्रं यज्ञाय धत्तꣳ श्रोत्रं यज्ञपतये धत्तम्', 'मनः स्थो मनो मयि धत्तं मनो यज्ञाय धत्तं मनो यज्ञपतये धत्तम्', 'वाक् स्थो वाचं मयि धत्तं वाचं यज्ञाय धत्तं वाचो यज्ञपतये धत्तम्', 'तौ देवौ शुक्रामन्थिनौ (कल्पयतं दैवीर्विशः, कल्पयतं मानुषीः, इषमूर्जमस्मासु धत्तं, प्राणान् पशुषु प्रजा मयि च यज)माने च' **इति** ॥ ४ ॥ 'शुक्रस्याधिष्ठानमसि' **इति**

'पूर्वेण हविर्धाने' इत्यादि प्रैष इति केचित्। 'प्रत्यङ्ङावर्तस्वे'त्येतावानेवेत्यपरे॥ ६.११.२.४२॥ **[इति द्वितीयः पटलः** (३८)**]**

सर्वमन्त्रान्ते सकृत् संधत्तः ॥ १–४ ॥

दक्षिणेन पदाऽध्वर्युरुत्तरवेदिमधितिष्ठति ॥ ५ ॥ 'मन्थिनोऽधिष्ठानमसि' **इत्युत्तरेण प्रतिप्रस्थाता** ॥ ६ ॥ 'निरस्तः शण्डः सहामुना' **इति कृष्णꣳ शकलमध्वर्युर्निरस्यति** ॥ ७ ॥ **यं द्वेष्टि यजमानस्तं ध्यायति** ॥ ८ ॥ 'निरस्तो मर्कः' **इति प्रतिप्रस्थाता** ॥ ९ ॥ **यमेव द्वेष्टि यजमानस्तं ध्यायति** ॥ १० ॥ **अप उपस्पृश्य** 'शुक्रैषा ते समित्तया समिध्यस्व स्वाहा' **इति शुक्रꣳ शकलमध्वर्युराहवनीये प्रास्यति** ॥ ११ ॥ 'मन्थिन्नेषा ते समित्तया समिध्यस्व स्वाहा' **इति प्रतिप्रस्थाता** ॥ १२ ॥ **आश्रावयति** ॥ १३ ॥ 'ओश्रावय' **इत्याह** ॥ १४ ॥ 'प्रातः प्रातःसावस्य शुक्रवतो मन्थिवतो मधुश्चुत इन्द्राय सोमान् प्रस्थितान् प्रेष्य' **इति** ॥ १५ ॥ **वषट्कृते जुह्वति** ॥ १६ ॥ **अनुवष्टकृते जुह्वति** ॥ १७ ॥ 'स प्रथमः संकृतिर्विश्वकर्मा' **इति तौ जुहुतः**। 'सं प्रथमो मित्रो वरुणो=तस्मा इन्द्राय सुतमा जुहोमि' **इत्यध्वर्युर्जुहोति,** 'तस्मै सूर्याय सुतमा जुहोमि स्वाहा' **इति प्रतिप्रस्थाता** ॥ १८ ॥ 'प्रैतु होतुश्चमसः' **इत्याह**। '°प्र ब्रह्मणः प्रोद्गातुः प्र यजमानस्य प्र यन्तु सदस्यानामृत्विजां चमसाध्वर्यवः सकृत् सकृच्छुक्रस्याभ्युन्नीयोपावर्तध्वम्' **इति** ॥ १९ ॥ **परिह्रुत्योभावाग्रयणेऽवनयतः** ॥ २० ॥ **उभौ होतृचमसे** ॥ २१ ॥ **तूष्णीमाग्रयणे** ॥ २२ ॥ 'हुतं त्वा हुतेऽवनयामि' **इति होतृचमसे सꣳस्रावमवनयति**। '°ऊर्जस्वन्तं देवेभ्यः पयस्वन्तं मनुष्येभ्यः' **इति** ॥ २३ ॥ **यजमानचमसं नान्तरितं निधायैतत् पात्रमायन्ति** ॥ २४ ॥ **अथैतं मन्थिनः सꣳस्रावं जुहोति प्रतिप्रस्थातोत्तरस्य परिधेरनीकस्पृशमङ्गारं कृत्वा** 'एष ते रुद्रभागो यं निरया=स्वस्तिꣳ स्वाहा' **इति** ॥ २५ ॥ **पात्रैर्मैत्रावरुणचमसमन्वारभ्याश्रावयति** ॥ २६ ॥ 'ओ श्रावय' **इत्याह** ॥ २७ ॥ 'प्रशास्तर्यज' **इति** ॥ २८ ॥ **वषट्कृते जुहोति** ॥ २९ ॥ **अनुवषट्कृते जुहोति** ॥ ३० ॥ **उत्प्रदाय मैत्रावरुणचमसं ब्राह्मणाच्छꣳशिनश्चमसमन्वारभ्याश्रावयति** ॥ ३१ ॥ 'ओ श्रावय' **इत्याह** ॥

'मन्थिनोऽधिष्ठानमसी'त्युत्तरेण वामेन ॥ ६ ॥

'होतुश्चमसमनून्नयध्वमि'ति चोदिताश्चमसाध्वर्यव उन्नेत्रोदङ्केनोदच्य दत्ते [1]स्वंस्वञ्चम-समुन्नयन्ति। प्रथमं होतृचमसम्। अन्येषां क्रमानियमः। द्रोणकलशादुपस्तीर्य[2] पूतभृत उन्नीय द्रोण-कलशादभिघारयन्ति। एवमुभयतः शुक्रा भवन्ति। द्रोणकलशस्थस्य शुक्रशब्दवाच्यता पूर्वमेवाभिहिता। सन्ततः शुक्रः पवत इत्यत्र प्रतिचमसं चमसाध्वर्यवः स्वेस्वे चमस उन्नीयोपात्ते आश्रावयति। ते च वषट्कृते चानुवषट्कृते च चमसान् जुह्वति। प्रयन्तु सदस्यानामित्येकस्मिन्नेव सदस्ये बहुवचनम्, तच्चमसे च। तस्य पूजार्थं श्रुत्यन्तरे पाठ इत्यवगन्तव्यम्। पूज्यता च 'तस्मानु ह बहुलतमो बहु-वित्तमः स्याद्यत्सदस्यः' इति दृश्यते। बहुलतम इति बहुलवचनेनाभिधेयत्वमाह। ऋत्विक्-शब्देनात्र होतृवर्जा होत्रका गृह्यन्ते ॥ १९ ॥

यजमानचमसेऽवनयन्नध्वर्युः सर्वमवनयति[3] ॥ २३ ॥

प्रतिप्रस्थाताऽतिशिष्य होमे सर्वं प्रतिपादयति। अनीकस्पृशम् अग्निस्पृशम्[4] ॥ २५ ॥

---

१. M Ad स्वंसञ्चम°. २. M Ad °कलशमुप°; thus T. ३. M Ad °सर्वमपन°; thus T. ४. M Ad अग्नस्पृश,; T अगस्पृ.

३२ ॥ 'ब्रह्मन् यज' **इति** ॥ ३३ ॥ **वषट्कृते जुहोति** ॥ ३४ ॥ **अनुवषट्कृते जुहोति** ॥ ३५ ॥ **उत्प्रदाय ब्राह्मणाच्छꣳसिनश्चमसं पोतुश्चमसमन्वारभ्याश्रावयति** ॥ ३६ ॥ 'ओ श्रावय' **इत्याह** ॥ ३७ ॥ 'पोतर्यज' **इति** ॥ ३८ ॥ **वषट्कृते जुहोति** ॥ ३९ ॥ **अनुवषट्कृते जुहोति** ॥ ४० ॥ **उत्प्रदाय पोतुश्चमसं नेष्टुश्चमसमन्वारभ्याश्रावयति** ॥ ४१ ॥ 'ओ श्रावय' **इत्याह** ॥ ४२ ॥ 'नेष्टर्यज' **इति** ॥ ४३ ॥ **वषट्कृते जुहोति** ॥ ४४ ॥ **अनुवषट्कृते जुहोति** ॥ ४५ ॥ **उत्प्रदाय नेष्टुश्चमसमग्नीधश्चमसमन्वारभ्याश्रावयति** ॥ ४६ ॥ 'ओ श्रावय' **इत्याह** ॥ ४७ ॥ 'अग्नीद् यज' **इति** ॥ ४८ ॥ **वषट्कृते जुहोति** ॥ ४९ ॥ **अनुवषट्कृते जुहोति** ॥ ५० ॥ 'अग्नीदुपह्वयस्व यजमानम्' **इत्याह** ॥ ५१ ॥ **ये वषट्कुर्वन्ति ते यजमानमुपह्वयन्ते** ॥ ५२ ॥ 'अयाडग्नीत्' **इत्याहाध्वर्युः** ॥ **५३** ॥ **सद आगत्य** 'स भद्रमकः' **इत्याह होता** । '०यो नः सोमं पाययिष्यति' **इति** ॥ ५४ ॥ **पुरस्तादिडायै द्विदेवत्यान् भक्षयतः** ॥ ६.११.३.५५ ॥ **[इति तृतीयः पटलः** (३९)**]**

[द्विदेवत्यभक्षाः]

पुरस्तादिडायै द्विदेवत्यान् भक्षयतः ॥ १ ॥ **प्रतिगृह्णात्यस्मा ऐन्द्रवायवं पात्रꣳ होता** ॥ २ ॥ **तदनुसृजन् प्रतिनुदते** ॥ ३ ॥ 'मयि वसुः पुरोवसुः' **इति भक्षयति होता** ॥ ४ ॥ **अथाध्वर्युर्भक्षयति** 'वाक्पा वाचं मे पाहि' **इति** ॥ ५ ॥ **पुरोडाशशकलमस्मिन् प्रत्यस्योपस्थान एतत्कुरुते** ॥ ६ ॥

'अग्नीदुपह्वयस्व[१] यजमानम्' इत्युक्ते होत्रादिष्वग्नीदन्तेषु यजमान उपहवमिच्छति। 'होतरुपह्वयस्व' इत्येवं मैत्रावरुणादीन्। अथवा नैदेशिकेन विधिना अग्निहोत्रा 'होतरुप मा ह्वयस्व'। ऋत्वो होत्राशंसिनः[२]। 'होत्राशंसिन उप मा ह्वयध्वमि'ति तन्त्रेणैव ॥ ५१ ॥

[३]'ये वषट्कुर्वन्ती'ति ह[३] वचनाद् आदित्योऽध्वर्युरित्यादिषु विकल्पः। 'उपहूते'ति सर्वेषां प्रतिवचनम् ॥ ५२ ॥

होत्रा[४] 'अयाडग्नीदि'ति पृष्टो 'अयाडग्नीदि'ति प्रतिब्रूयात् ॥ ६.११.३.५३ ॥ **[इति तृतीयः पटलः** (३९)**]**

प्रगृह्णात्यस्मै अध्वर्यवे ॥ २ ॥

प्रतिगृहीतमारभ्याविसृजन् प्रतिनुदतेऽध्वर्युः ॥ ३ ॥

'मयि[५] वसुः पुरोवसुरि'ति मिथः समपहूय भक्षयतः ॥ ४ ॥

होत्रा भक्षिते 'वाक्पा[६]' इत्यध्वर्युर्भक्षयति। तथा द्वितीयं पुरोडाशशकलं धानावत्। दधिद्रप्सोऽप्यामिक्षैकदेश एव मूर्तत्वात्[७] पयोविकारसामान्याद्वा दधिद्रप्सशब्देनाभिधीयते। आदित्यस्थाल्यामादित्यग्रहार्थं संस्रावस्य समस्तस्यापनीतत्वात् प्रतिनिर्ग्राह्याणां शेषभक्षाभावात् प्रतिप्रस्थातुर्भक्षाभावः। तेनैव प्रतिनिर्ग्राह्यान्तरग्रहणात् सदसि नयनाभावाच्चाशेषापनयनमनुमीयते[८]। होतृचमसमिडामिव होत्रे

---

१. M Ad दुपह्व°. २. M Ad होत्राशतं; thus T. ३-३. M Ad एवं षट् कुर्वन्तीतीह; thus T. ४. M Ad होत्र.याड°; T होत्रा याड°. ५. T मे. ६. M Ad वाक्षपा, T ऽर्वाग् वा. ७. T मृतीत्वात्. ८. M Ad °नमनुनिय°, T °नीयते.

प्रतिगृह्णात्यस्मै मैत्रावरुणं पात्रꣳ होता ॥ ७ ॥ तदनुसृजन्नेव प्रतिनुदते ॥ ८ ॥ 'मयि वसुर्विदद्-

---

प्रयच्छति। पुरोडाशानामवान्तरेडामवद्यति। प्राश्नन्तीति बहुवचनम् अध्वर्योः प्राणभक्षेण सह। अथवा यथाप्रकृति प्राशित्रमिडां चावदाय होतृचमसमिडामिव दत्त्वा इडाया एवावान्तरेडामवदाय तामेवोद्यम्य शेषं यजमानपञ्चमा यजमानचतुर्था वा प्राश्नन्ति। ब्रह्मा च प्राशित्रम्। आचार्येणैतदनभिहितमिति[१] चेदनभिहितमपि प्रकृतं[२] प्राप्तिमदप्रतिषिद्धं कर्तव्यमेव। सवविधेऽपि पशौ पश्वनङ्गत्वादेषां प्राशित्रं प्राप्नोत्येव। मार्जनान्ते शाखां प्रहृत्य वाजिनेन[३] चरेत्। अपरे परिधिप्रहरणोत्तरकालं वाजिनेन चरन्ति। युक्तविमोकोत्पन्नप्रतिपत्ती च कर्तव्ये[४]। विभजन्त एतान् पुरोडाशानित्यविशेषवचनात् सर्व ऋत्विग्-यजमानाः पात्रीगतान् पुरोडाशान् विभज्य गृहीत्वा प्राश्नन्ति। अनुपदकारस्तु 'सोमपूर्वो यजमानस्य भक्षः पुरोडाशपूर्व इतरेषाम्। तथोत्तरयोः सवनयोर्यजमानस्ये'ति। आश्वलायना ऋतुग्रहप्रचारात् पूर्वमामनन्ति[५]। आग्नीध्रं प्राप्य हविरुच्छिष्टं सर्वे प्राश्नीयुः। प्राश्य प्रसृप्य ऋतुयाजैश्चरन्तीति। तृतीयसवने नाराशंससादनोत्तरकालं तेभ्यः प्राशितानां पुरोडाशानामौपासनान्युपकिरन्तीति ब्रुवत आचार्यस्याप्ययमेवाभिप्राय उप[६]लक्ष्यते। इडोपहूताँश्चमसान् भक्षयन्ति। अमुकोऽमुष्मिँश्चमसे भक्षयतीति[७] विशेषनिर्देशाभावात् सर्वर्त्विग्यजमानाश्चमसाध्वर्यवो यस्मिन्कस्मिंश्चित्पात्रे भक्षयन्ति। नैदतेवम्। ब्राह्मणे विहितस्य शेषत्वं तत्रतत्रैवानुक्रान्तम्। ब्राह्मणे च 'तस्माद्धविर्धाने चर्मन्नधिग्रावभिरभिषुत्याहवनीये हुत्वा प्रत्यञ्चः परेत्य सदसि भक्षयन्ती'ति। तत्र च वाक्यार्थो होमाभिषवौ समुच्चितौ निमित्तं भक्षस्य नान्यतर इति। वषट्कर्तुश्चतुर्ग्रहद्विदेवत्यादिषु दर्शनाद् 'वषट्कर्तुः प्रथमः' इति श्रुत्यन्तरे वचनाद् 'होतुश्चित्पूर्वे हविरद्यमाशते[८]'ति मन्त्रवर्णाच्च समाख्या च निमित्तम्। अन्यस्य सम्बन्धाभावात् तच्चमसतायाः एते त्रयो भक्षहेतवः। तेषामन्यतमो यस्मिंश्चमसे यस्यास्ति स[९] तस्मिन् भक्षयति। यत्रैतानि निमित्तानि न समवयन्ति तत्र कारणानुपूर्व्यः क्रमः। वषट्कर्ता[१०] प्रथमः। ततः प्रदाता, ततश्चमसी। एकस्य चैकस्मिन् यत्र समाख्या चान्यच्च तत्र पश्चात् समाख्याभक्षः। होतृचमसादिषु वषट्कर्तुर्वषट्कारसमाख्यानिमित्तयोः प्राप्तयोः प्रदाननिमित्तव्यवायात् तन्त्रता न संभवति। इह सर्वे चमसाः शुक्रामन्थिभ्यां सह होतुर्वषट्कारे हूयन्ते। अतः सर्वेषु होता भक्षयति। पात्रभेदाद् भक्षावृत्तिः। [११]शुक्रामन्थिसंस्रावावनयनस्य भक्षार्थत्वे निमित्तैकत्वात् पात्रैकत्वाच्च तन्त्रता। तथाप्युत्तमयोः ऋतुग्रहयोस्तन्त्रता दृश्यते। अध्वर्युर्भक्षव्यवायादावृत्तिमेके मन्यन्ते। ऋतुग्रहयोर्द्वयोरपि[१२] वषट्कारप्रदाननिमित्तौ [१३]भक्षौ विद्येते। तत्र द्वयोरपि तन्त्रता। इहाध्वर्योश्चमसप्रदाननिमित्तौ[१३] नास्ति। एतावान् विशेषः ॥ ५ ॥

पुनरभ्युन्नीतशेषं मैत्रावरुणादयोऽध्वर्युश्च यथाक्रमम् ॥ ७-१५ ॥

---

१. M Ad °तदभिहि°; thus T. **२.** T प्राकृ°. **३.** M Ad वाचिजिनेन; thus T. **४.** M Ad °तव्यौ. **५.** T पूर्वमानीध्रंनीध्रीयं. **६.** M Ad इव; thus T. **७.** M Ad °यन्तीति; thus T. **८.** M Ad हविरविद्यमा°; thus T. **९.** M Ad om; thus T. **१०.** T °कर्तुं. **११.** M Ad °मन्थिसर्वस्रावा°; thus T. **१२.** M Ad ग्रहयोरपि; thus T. **१३-१३.** T takes it as additional hence gives in fn with remark: 'निमित्तौ इत्यनन्तरं भक्षौ विद्येते। तत्र द्वयोरपि तन्त्रता। इहाध्वर्योश्चमसप्रदाननिमित्तौ इत्यधिकं मध्येऽस्ति'.

वसुः' **इति भक्षयति होता** ॥ ९ ॥ **अथाध्वर्युर्भक्षयति** 'चक्षुष्पा चक्षुर्मे पाहि' **इति** ॥ १० ॥ **पुरोडाशशकलमस्मिन् प्रत्यस्योपस्थान एतत्कुरुते** ॥ ११ ॥ **प्रतिगृह्णात्यस्मा आश्विनं पात्रꣳ होता** ॥ १२ ॥ **तदनुसृजन्नेव प्रतिनुदते** ॥ १३ ॥ 'मयि वसुः संयद्वसुः' **इति भक्षयति होता** ॥ १४ ॥ **अथाध्वर्युर्भक्षयति** 'श्रोत्रपाः श्रोत्रं मे पाहि' **इति** ॥ १५ ॥ **अथेडोपहूताꣳश्चमसान् भक्षयन्ति** ॥ १६ ॥ 'भक्षेहि माऽऽविश' **इति पुरस्ताद् भक्षस्य जपति**। '°दीर्घायुत्वाय=वर्चसे' **इति** ॥ १७ ॥ 'वसुमद्गणस्य सोम देव ते' **इति प्रतिदधते**। '°मतिविदः प्रातःसवनस्य गायत्रच्छन्दस इन्द्रपीतस्य मधुमत उपहूतस्योपहूतो भक्षयामि' **इति** ॥ १८ ॥ **समुपहावमुच्छिषन्ति** ॥ १९ ॥ **राजानमाप्याययन्ति**

ततः सर्वे यथास्वं समाख्यानिमित्तम् [१]इडोपहूताँश्चमसान् भक्षयन्तीति ॥ १६ ॥

[२]'वसुमद्गणस्य सोम देव ते' इति प्रतिदधते। भक्षयन्तीत्यर्थः। 'भक्षेह्यादित्यवर्चस' इत्यन्तो जप एवेत्याचार्याभिप्रायः। वसुमद्गणादिभक्षमन्त्र अन्ये यथालिङ्गं विभज्य विनियोजयन्ति[२] ॥ १८ ॥

अस्य शेषः समुपहावमिति। अन्योऽन्यमनुज्ञाप्येत्यर्थः। किमत्रानुज्ञाप्यते। यत्रैकस्मिन्पात्रे द्वयोर्बहूनां वा साधारणं[३] द्रव्यं संपृक्तं[४] च तत्र योंऽशो मया गृह्यते स ममैवांश इति त्वयाऽनुज्ञेयमिति। तथा सति अध्वर्यू होता च शुक्रामन्थिसंस्रावौ मिथः समनुज्ञाप्य भक्षयन्ति। महर्त्विग्यजमानचमसाः स्वं स्वं चमसिनं प्रशास्त्रादिचमसानध्वर्युचमसिनौ अनुज्ञापयन्ति। पुनरभ्युन्नीतशेषं चमसी होतारं अध्वर्युं च, अध्वर्युहोतारं चमसिनञ्च। चमस्यध्वर्युमन्योऽन्यमेव, न होतारं, तत्रासमवायादिति केचित्। तथा[५] सति, असति समाख्याभक्षे नानुपहूतेन सोमपातवे[६] इति वचनाद् यत् किञ्चिदनुज्ञाप्य भक्षयन्ति तत्रादृष्टं कल्पयितव्यम्। अतीतेऽपि भक्षे यत् त्वयाऽतिरिक्तं गृहीतमात्मीयं वाऽवशेषितं मा तत्र दोषो भूदिति[७] अनुज्ञापनमेव[८] युक्तम्। समाख्याभक्षे सर्वे होतारं, होताऽध्वर्युं, होत्रका होतारमध्वर्युं च। कथमनुज्ञापनम्। ऋत्विङ्नामधेयेन संबुद्ध्यन्ते नासावुपह्वयस्वेति। प्रशास्तरिति मैत्रावरुणं, ब्रह्मन्निति ब्राह्मणाच्छंसिनमिति [९]सौशारदेऽनुपद आम्नातम्। उपहूत इत्यनुजानन्ति। अध्वर्योरपि बौधायनैश्चमसभक्ष आम्नातम्। होतृचमसमेवैते[१०] त्रयः समुपहूय भक्षयन्ति। यथाचमसं चमसानिति। [११]उक्थ्यपर्यायेषु च शस्त्रवतश्चमसोऽनेनाप्याचार्येणेष्यत इति केचिन्मन्यन्ते। [१२]कथं सत्रे सर्वेषां[१२] चमसभक्ष इष्यते। तत्राविद्यमानचमसाः पञ्चर्त्विजः–अध्वर्युः प्रतिप्रस्थातोन्नेता सुब्रह्मण्यो ग्रावस्तुदिति। तत्र सत्रिणां दीक्षाक्रमं विधायाह। तदाहुः—'कस्य कस्यैते चमसम्[१३]। अच्छावाकस्य ग्रावस्तुदिति। कस्य कस्यैते चमसं[१४] भक्षयन्तीत्यर्थः। एवं ब्रुवन्नितरयोः प्रसिद्धिं मन्यते इति

---

१. M Ad इदोपहू°, T इहोप°. २–२. M Ad T wrongly give the text of comm. after the comm. of *sūtra* 6.11.4.19 (M p.207, line 7-9; Ad p.447, line 12- p.448, line 2; T p.330, line 18 - p.331. This has been shifted here at its proper place; T सोमदेवत्. ३. M Ad °रणद्रव्यं. ४. M Ad °प्रक्तश्च; thus T. ५. T तथासति. ६. M Ad सोमापा°; thus T. ७. M Ad भूरिति. ८. M Ad असंज्ञाप°. ९. M Ad °रदो; thus T. १०. M Ad T °मेवते, this reading has been recorded in fn by T from a MS as : 'वैते ख पाठः'. ११. T उक्थप°. १२–१२. T सर्वेषां सत्रे कथं. १३. M Ad चमसः; thus T. १४. M Ad चमसे.

'आप्यायस्व समेतु=सङ्ग्थे' **इति** ॥ २० ॥ **सीदन्ति नाराशंसाः** ॥ ६.११.४.२१ ॥ **[इति चतुर्थः पटलः** (४०)**]**

॥ इति षष्ठप्रपाठके एकादशोऽनुवाकः ॥

मन्यामहे। अनेन प्रकृतौ भक्षस्याविद्यमानत्वे ज्ञाते कस्मिन्निति मृग्यमाणे तस्य मुख्यत्वाद्धोतृचमस इत्यध्यवसीयते। अथ मतं ग्रहसंस्रावाश्चमसेष्ववनीताः[१] तत्राभ्यां भक्ष्यन्ते। तेनैवानयोश्चमसभक्षः सिद्ध इति मन्यमाने[२], [३]नैवमभ्यधायीति। नैतदेवम्। एवं सत्याव्यापित्वं[४] स्यात्। 'तस्मिन्नवनीय भक्षित इति' एतावता संस्रावभक्षश्चमसभक्ष[५] इति वक्तुं न शक्यते च। संस्रावानयनं भक्षार्थमाहोस्विच्चमससंस्कारार्थमिति च विप्रतिपत्तिराचार्याणाम्। कर्मान्ते बौधायना आमनन्ति— 'तथेमावध्वर्यू अचमसौ भवतः। क्व उ खल्वेतयोर्भक्षो भवतीति होतृचमस इत्येव ब्रूयात्। क्व[६] उ खल्वेकाहे सोमं न भक्षयन्तीति सुब्रह्मण्यो ग्रावस्तुदित्येव ब्रूयात्। कथमु खलु संदीक्षिता भक्षयेयुरिति नेष्टुश्चमस[७] उन्नेता भक्षयेद्। उदगातुः सुब्रह्मण्योऽच्छावाकस्य ग्रावस्तुदि'ति ॥ १९ ॥

[८]नाराशंस इत्याप्यायितानां चमसस्थानां सोमानां संज्ञा। 'अच्छावाक[९] वदस्वे'ति प्रैषो[१०] न करण–मन्त्रः। 'भक्षयत्यच्छावाक' इत्यध्वर्योर्होमाभिषवनिमित्तस्य भक्षस्य[११] निवृत्तिरभिप्रेताऽवृतं करोति। नैतेन संभक्षयतीति प्रातःसवनेऽच्छावाकस्य। विज्ञायते बौधायनीये[१२] 'नत्वेव[१२] संभक्षयत' इति। तं सीदन्तमनु यथा प्रेषित आस्ते तथा प्रेष्यति ॥ ६.११.४.२१ ॥ **[इति चतुर्थः पटलः** (४०)**]**

॥ इति व्याख्यायां षष्ठप्रपाठके एकादशोऽनुवाकः ॥

---

१. M Ad °स्रावश्च °नीतः; thus T. **२.** M Ad मन्यामहे. **३.** M Ad अनेनैवम°. **४.** M Ad सत्यव्यापितत्त्वं; thus T. **५.** M Ad °भक्षज्वम°. **६.** M Ad om; thus T. **७.** T नेष्टश्च°. **८.** T wrongly gives the text 'वसमद्गणस्य=विनियोजयन्ति here before नाराशंस' cf fn 2-2 on p.293. **९.** M Ad °वाकस्य; thus T. **१०.** M Ad प्रैषोऽनु [Ad नु] करण°; thus T. **११.** M Ad om; thus T. **१२–१२.** M Ad °नीये च नि त्वेव; thus T.

॥ अथ षष्ठप्रपाठके द्वादशोऽनुवाकः ॥

[माध्यन्दिनसवनम्]

*'आ माऽस्कान्' **इति द्रप्सानस्कन्नानभिमन्त्रयते।** 'सह प्रजया=निर्वधीः' **इति** ॥ १ ॥ 'द्रप्सश्च=प्रजापतये त्वा' **इति द्रोणकलश*१(मभिमृशति** ॥ २ ॥ 'इन्द्राय त्वा' **इत्याधवनीयम्** ॥ ३ ॥ 'विश्वेभ्यस्त्वा देवेभ्यः' **इति पूतभृतम्** ॥ ४ ॥ **निष्क्रामति** ॥ ५ ॥ **अन्वार)भन्त एनं येऽन्वनारभन्ते** ॥ ६ ॥ **निष्क्रम्य विप्रुषाꣳ होमं जुहोति** 'यो द्रप्सो अꣳशुः पतितः=जुहोमि स्वाहा' **इति** ॥ ७ ॥ 'ऋचा स्तोमꣳ समर्धय' **इत्यनुचरीम्।** '०गायत्रेण=वर्तनि स्वाहा' **इति** ॥ ८ ॥ **सप्तहोतारं मनसाऽनुद्रुत्य स्रुवाहुतिं जुहोति** ॥ ९ ॥ 'वागग्रेगा अग्र एतु' **इति प्रत्यञ्च आस्तावाय सर्पन्ति।** '०ऋजुगा=मयि प्राणा हुꣳ सोमः पवते' **इति** ॥ १० ॥ 'ब्रह्मन् स्तोष्यामः' ॥ ११ ॥ 'प्रशास्तः' **इत्याधवनीयम्** ॥ १२ ॥ 'विश्वेभ्यस्त्वा देवेभ्यः' **इति पूतभृति** ॥ १३ ॥ **चतुर्होतारमध्वर्युर्व्याचष्टे** ॥ १४ ॥ **यदाष्टम्या प्रस्तौत्यथान्वारोहं वाचयति** 'सुपर्णोऽसि त्रिष्टुप्छन्दा अनु त्वाऽऽरभे स्वस्ति मा संपारय' **इति** ॥ १५ ॥ **स्तुते संप्रेष्यति** 'अग्नीदग्नीन्विहर बर्हिः स्तृणीहि पुरोडाशाँ अलंकुरु प्रतिप्रस्थातर्दधिघर्मेणाद्रव होतर्वदस्व यत्ते वाद्यम्' **इति** ॥ १६ ॥ 'आगत्याग्नीध्रं 'यावती द्यावापृथिवी महित्वा' **इति तिरःपवित्रꣳ स्रुचि दध्यानयति।** '०यावच्च सप्त=स्तृतम्' **इति** ॥ १७ ॥ 'श्रातꣳ हविः' **इत्याहवनीयस्यार्धमाद्रबन्नध्वर्युः** ॥ १८ ॥ 'ओ श्रावय' **इत्याह** ॥ १९ ॥ 'दधिघर्मस्य यज' **इति** ॥ २० ॥ **वषट्कृते जुहोति** ॥ २१ ॥ 'मयि त्यदिन्द्रियं महत्' **इति स जुहोति** ॥ '०मयि दक्षो मयि क्रतुः। मयि धायि सुवीर्यं घर्मस्त्रिशुग्विरोचते'। 'आकूत्या मनसा सह विराजा ज्योतिषा सह। यज्ञेन पयसा सह तस्य दोहमशीमहि स्वाहा' **इति** ॥ २२ ॥ **अनुवषट्कृते जुहोति** ॥ २३ ॥ **सꣳसृप्यैतस्य महावीरस्यर्त्विजो भक्षयन्ति** 'इन्द्रपीतस्य वयꣳ शुक्रस्य रोचनावतः साहस्रस्य यशस्विनो धुक्षीमहि प्रजामिषम्' **इति** ॥ २४ ॥ **होता प्रथमो भक्षयत्यथाध्वर्युरथ ब्रह्माऽथ प्रतिप्रस्थाताऽथाग्नीदथ यजमानः** ॥ २५ ॥ **प्राणैस्ते भक्षयन्ति, प्रत्यक्षाद् भक्षो यजमानस्य** ॥ २६ ॥ **माध्यन्दिनीयैः पुरोडाशैः प्रचरति** ॥ २७ ॥ **तेषाꣳ स्विष्टकृता सह चतुर्होतुराहुतिं जुहोति** ॥ २८ ॥ **पञ्च पवमाने व्याचष्टे** ॥ २९ ॥ **तान् होत्र उपनिधायाद्रवन्नाह** 'उन्नीयमानेभ्योऽनुब्रूहि, होतुश्चमसमनून्नयध्वम्, उभयतः शुक्रान् कुरुध्वम्, अच्छावाकस्य चमसाध्वर्यो त्वमुन्नयस्व' **इति** ॥ ३० ॥ **प्रोक्षिताप्रोक्षिताश्चत्वारः शकलाः**='ब्रह्म संधत्तम्' **इति** ॥ ३१ ॥ **प्रसिद्धꣳ संधतः** ॥ ३२ ॥ **प्रसिद्धं परिक्रामतः** ॥ ३३ ॥ **प्रसिद्धं चरणमा श्रावणात्** ॥ ३४ ॥ 'ओ श्रावय' **इत्याह** ॥ ३५ ॥ 'माध्यन्दिनस्य सवनस्य निष्केवल्यस्य भागधेयस्य शुक्रवतो

***.** The original *sūtra*-text of the *VādhŚS* dealing with some portion of *Prātaḥ-Savana* and the *Mādhyandina-Savana* is missing as indicated by the statement अत्र ग्रन्थपातः in M[1] p.213, line 1-3. The commentary gives the text of concerned sūtras here under the Paṭala 1. ***१.** Text abri. द्रोणकलश=भन्त see above VI.10.3.4-8.

मन्थिवतो मधुश्चुत इन्द्राय सोमान् प्रस्थितान् प्रेष्य' **इति** ॥ ३६ ॥ **वषट्कृते जुह्वति** ॥ ३७ ॥ 'स प्रथमः संकृतिः=श्रावय' **इत्याह** ॥ ३८ ॥ 'ब्रह्मन् यज पोतर्यज नेष्टर्यजाच्छावाक यजाग्नीद् यज' **इति** ॥ ३९ ॥ **वषट्कृते जुहोति** ॥ ४० ॥ 'अग्नीदुपह्वयस्व यजमानम्' **इत्याह** ॥ ४१ ॥ **ये वषट्कुर्वन्ति ते यजमानमुपह्वयन्ते** ॥ ४२ ॥ 'अयाडग्नीद्' **इत्याहाध्वर्युः** ॥ ४३ ॥ 'सद आगत्य स भद्रमकः' **इत्याह होता**। '०यो नः सोमꣳ पाययिष्यति' **इति** ॥ ४४ ॥ **इडोपहूताꣳश्चमसान् भक्षयति** ॥ ४५ ॥ 'भक्षेहि माऽऽविश' **इति पुरस्ताद् भक्षस्य जपति**। '०दीर्घायुत्वाय=वर्चसे' **इति** ॥ ४६ ॥ 'रुद्रवद्गणस्य सोम देव ते' **इति प्रतिदधते**। '०मतिविदो माध्यन्दिनस्य सवनस्य त्रिष्टुप्छन्द इन्द्रपीतस्य मधुमत उपहूतस्योपहूतो भक्षयामि' **इति** ॥ ४७ ॥ **समुपहावमुच्छिꣳषन्ति** ॥ ४८ ॥ **राजानमाप्याययन्ति** 'सं ते पयाꣳसि=धिष्व' **इति** ॥ ४९ ॥ **सीदन्ति नाराशꣳसाः** ॥ ५० ॥ **सन्नेषु नाराशꣳसेषूत्तरेणाग्नीध्रं परीत्य जुहोति दाक्षिणानि** ॥ ६.१२.१.५१ ॥ **[इति प्रथमः पटलः** (४१)**]**

चतुरो धिष्णि=सर्पन्ति। चतुरो धिष्णियानित्याहवनीयाद्यनुक्रमणादेव सिद्धे संख्याग्रहणमुत्तरासामपि देवतानामुपस्थानस्य 'दृढे स्थ' इत्यादेर्निवृत्यर्थमिति[१] केचित्। संख्याग्रहणं चतुर इत्युक्ते तृतीयसवनेऽप्याहवनीयादयो यथा ज्ञायेरन्नित्येवमर्थम्। होत्रान्तानामित्येवमर्थमेव निवृत्तिरित्यन्ये। 'दृढे स्थाद्याञ्जलिकरणात् समानमत उत्तरं माध्यन्दिनीयान्निर्वपन्ति केचित्। प्रैषवचनस्यातन्त्रता चावृत्तिश्च। प्रातःसवन एवोक्ते वसतीवरीभ्योऽधि निग्राभ्यां निषिञ्चति[२] होतृचमसे। अत्रापि वसतीवरीशब्दस्य लक्षणामनुज्ञायाधवनीयस्थाभ्यो वा [३]शुद्धाभ्यो वा[३] वसतीवरीभ्य इति पक्षद्वयमुक्तम्। एवं 'निग्राभ्या स्थ देवश्रुत आयुर्मे तर्पयत=सर्वगणं मा तर्पयते'त्याद्यन्तग्रहणं न मन्त्रान्तरम्। एतेषामेवैकमन्यमुपांशुसवनादिति। 'स एतमेव सोमपीथं परिशय आतृतीयसवनादिति वचनस्य परिग्रहो द्योतते। 'इन्द्राय त्वेन्द्राय त्वा' इति प्रातःसवनोक्तानामादिग्रहणाभ्यासोऽन्तराणि, ब्राह्मणेऽपि[४] 'इन्द्राय त्वेन्द्राय त्वे'ति मिमीत इत्येवैषां ग्रहणम्। एकोऽभिषवोऽनभिषुतस्तमभिषुणुयुरिति न करणमन्त्रः। कालार्थः संबन्ध इति केचित्। कुतः। बोधायनाचार्यो निर्वक्ति 'इहा इहा[५] इहेतीन्द्रस्याह्वानं', 'बृहदिहेहि हेति[६] ह वा' एनान्तादूचुरिति[७]। तदन्ते 'बृहदन्तान्युपार्वतस्वेति ह वा' एनं तदूचुरिति। अतश्च निगदत्वाच्चोच्चैष्ट्वमिति। एकैकस्मिन् क्षुद्रपर्याये सकृत्सकृत् प्रयुङ्क्ते। पुरातनस्याग्रयणस्यैकदेशं सकलं वा पात्रान्तरे कृत्वा उपरिष्टादानीय तृतीयार्थं करोति। 'सवने सवनेऽभिगृह्णाती'ति दर्शनादेकदेशत्वं युक्तम्। मरुत्वतीयावपि 'जुष्टं गृह्णामि' इत्येव गृह्णाति। 'न रिञ्च्यादाधवनीयमि'त्यवचनाद- ननुक्रमाच्च[८] प्रातःसवन एव ग्रहावकाशचर्येति गम्यते। 'होतर्वदस्व यत्ते वाद्यम्' इत्युक्तोऽपि होता दधिघर्मावनयनकालमाकांक्षेत। न[९] प्रैषानन्तरमेव वदति। स्रुच्यानीयमान[१०] एव वदति। तस्य

---

१. M Ad °र्नवृत्य° ; thus T. **२.** निष्किञ्च°. **३–३.** M Ad om; thus T. **४.** M Ad °णोपि. **५.** M Ad om; T हा इहा. **६.** M Ad होति. **७.** M Ad T तदूत्कति. **८.** M Ad °नादनुक्रमा° ; thus T. **९.** M Ad om; thus T. **१०.** M Ad °माने; thus T.

[ऋत्विजां दक्षिणाविधानम्]

उत्त=दशहोमीये वाससि हिरण्यं प्रबध्नाति ॥ १ ॥ **तः स्रुच्यवदधाति** ॥ २ ॥ **तस्यां चतुर्गृहीतं गृह्णीते** ॥ ३ ॥ **तज्जुहोति** 'उदु त्यं जातवेदसम्' **इति गार्हपत्यम्।** '॰देवं वहन्ति=सूर्यः स्वाहा' **इति** ॥ ४ ॥ **अपरं चतुर्गृहीतं गृह्णीते** ॥ ५ ॥ **तज्जुहोति** 'चित्रं देवाना=नीकम्' **इति गार्हपत्य एव।** '॰चक्षुर्मित्र=स्थुषश्च स्वाहा' **इति** ॥ ६ ॥ **आगत्याग्नीध्रं चतुर्गृहीतं गृह्णीते** ॥ ७ ॥ **तज्जुहोति** 'अग्ने नय=विधेय स्वाहा' **इति** ॥ ८ ॥ 'दिवं गच्छ सुवः पत' **इति हिरण्यः हुत्वोद्गृह्णाति** ॥ ९ ॥ 'रूपेण वो रूपमभ्यैमि' **इति दक्षिणा अभ्येति।** '॰वयसा वयः' **इति** ॥ १० ॥ 'तुथो वो विश्ववेदा

धर्मकत्वाधर्मकत्वे विचारिते प्रवर्ग्ये[1] भावाभावौ च। माध्यन्दिनीयैः पुरोडाशैः प्रचरति। अनुसवनं पुरोडाशान्निर्वपन्तीति सवनीयानामेकेनैव वाक्येन चोदितत्वात्तुल्यं प्रधानधर्म इति मन्यमानेन प्रकारो नोक्तः। किन्तु प्रातःसावस्येत्यस्य स्थाने शुक्रामन्थिप्रचारे दृष्टः शब्दो माध्यन्दिनसवनस्येति प्रयोक्तव्यः। बौधायना अप्येवमामनन्ति। तेषां पुरस्तादुपरिष्टाद्वा निरुप्तक्रमेण पशुपुरोडाशेन चरति। समानस्विष्टकृत्। तस्य [2]प्रधानावदानकाल एवावदानं पश्चात्तनस्य स्विष्टकृतमवदाय तन्त्रेणैवाभि–घारयति। 'स चेत्पशुपुरोडाशं कुर्यात् पुरस्तात् [3]पशुपुरोडाशेभ्यः प्रचरेत् समानस्विष्टकृदिडामि'त्यनु–पदकारस्य वचः। तत्र [4]व्यूहेडाप्राशित्राणां यद्यपि कदाचिद् विरोधः स्यात्। स्थानित्वात्सवनीयानां तेषां धर्मो बलीयान्। संयाज्याभेदात्[5] प्रधानभेदं केचिदिच्छन्ति। तथा सति पूर्वमेव सवनीयेभ्यः स्विष्टकृदपि। व्रतेष्वन्वारब्धेषु दाक्षिणानां होमं केचिदामनन्ति ॥ ६.१२.१.५१ ॥ **[इति प्रथमः पटलः (४१)]**

'रूपेण वो रूपमि'त्यादि याजमानं प्राग्वैश्वकर्मणः दक्षिणाः। क्वावस्थिता अभ्येति। 'तमपरेण सदो दक्षिणेन शालां दक्षिणापथे प्राञ्चं स्थापयन्ती'ति (वाधूश्रौ. ८.२.१.७) विकृतौ दृश्यते। तत्र शालां[6] दक्षिणेन चेन्नापरेण सदः, अपरेण चेत् सदो न दक्षिणेन शालामिति विप्रतिषेधाच्छालाया दक्षिणो भागो दक्षिणेनेति गृह्यत इत्यध्वसीयते। अतः सदःप्राग्वंशयोर्मध्ये दक्षिणभागे स्थिता अभ्येति ॥ १० ॥

एना व्यवक्रामति। एना इति स्त्रीलिङ्गं दक्षिणापरम्। गवां प्राधान्यात् तत्परं प्राधान्यम्[7]। 'देवांश्चर्याभिर्यजते ददाति चे'ति गोसूक्ते दर्शनात्। अनुवादस्य यत्र क्वचिद्दीयमानेऽप्यनुवादः संभवतीति चेत् 'पशवोऽ[8]वश्यञ्चमसमि'त्युपक्रम्य 'यद्दक्षिणां ददाती'ति विशेषाभावे पशूनामेव दक्षिणात्वं गम्यते। अथापि 'सहस्रं स्तोत्रीयाः सहस्रं दक्षिणा' इत्यविशेषेणोक्त्वा सहस्रतम्याः 'कर्णमाजपेद् 'इडे रन्तेऽदिते' इति गोनाममन्त्रलिङ्गमात्रमामनन्ति। तथा च भगवता जैमिनिना 'गौश्चाश्वश्चेति श्रुत्यन्तरे दृष्टस्य बहुद्रव्यस्य वाक्यस्यार्थं विचारयता 'भागित्वाद्वा गवां स्यादि'ति

---

१. M Ad अप्रव॰ ; thus T. २. M Ad प्रदाना॰ ; thus T. ३. M om पशु. ४. M Ad प्यूह्येडान्प्राशित्रानां. ५. M Ad संयाजाभेदा॰ ; thus T. ६. M Ad शाला; thus T. ७. M Ad प्राधान्यत्वं; thus T. ८. M Ad ॰वोऽपश्यः॰.

वि भजतु' **इत्येना व्यपक्रामति।** '०वर्षिष्ठे अधि नाके' **इति ॥** ११ ॥ 'एतत्ते अग्ने राध ऐति सोमच्युतम्' **इत्येना आ प्रच्यावयति।** '०तन्मित्रस्य पथा नयर्तस्य पथा प्रेत चन्द्रदक्षिणा यज्ञस्य पथा सुवित नयन्तीः' **इति ॥** १२ ॥ **ब्राह्मणम् इत्यात्रेयमित्याह ॥** १३ ॥ **तस्मै नयत्येतच्चन्द्रम् ॥** १४ ॥ **एवमेवोन्नेत्रे ॥** १५ ॥ **एवमेवाग्नीधे नयति ॥** १६ ॥ **एवं ब्रह्मणे ॥** १७ ॥ **एवꣳ होत्रे ॥** १८ ॥ **एवमुद्गात्रे ॥** १९ ॥ **एवमध्वर्यवे ॥** २० ॥ **एवꣳ सदस्याय ॥** २१ ॥ **एवं प्रस्तोत्रे ॥** २२ ॥ **एवं प्रतिप्रस्थात्रे ॥** २३ ॥ **एवं मैत्रावरुणाय ॥** २४ ॥ **एवं ब्राह्मणाच्छꣳसिने ॥** २५ ॥ **एवमेवाच्छावाकाय पोत्रे नेष्ट्रे ध्रुवगोपाय ग्रावस्तुते सꣳस्रावयित्रे सुब्रह्मण्यायाभिघाराय प्रतिहर्त्र उत्तमाय नयति ॥** २६ ॥ 'वि सुवः पश्य व्यन्तरिक्षम्' **इति नीत्वा दक्षिणाः सदः प्रेक्षते।** '०यतस्व सदस्यैः' **इति ॥**

गवामेव प्राधान्यमभ्यधायि। व्यतिक्रामति तासां मध्यमुपसृत्य[१] विभजति ॥ ११ ॥

आ प्रच्याव्यति। आभिमुख्येन दक्षिणापथेन उदङ्मुखा आनीय तास्तत्र आम्नातेन प्रवेश्य[२] प्रवेश्य सदसोऽर्धं गमयति। एष दक्षिणापथः ॥ १२ ॥

'क आत्रेयमि'त्याह। क आत्रेयं गोत्रं व्यपदिशतीति प्रश्नरूपोऽयं मन्त्रः। अत उच्चैर्वक्तव्यः। 'अहमयमि'ति प्रतिवचनं चैके आमनन्ति ॥ १३ ॥

उस्रायां वचनं विवक्षितं च। चन्द्रं हिरण्यम्। तस्य परिमाणं शतमानमनुपदकार आह ॥ १४ ॥

एवमेवाग्नीधे[३] नयति। किमत्रातिदिश्यते। हिरण्यमुखदानं निर्दिश्यमानं च। तथापि[४] विकृतौ दृश्यते 'यथाश्रद्धं[५] स्वस्य दत्त्वा समनुदिश्ये[६]ति ॥ १६-२६ ॥

तथा एता इति दक्षिणा नीत्वाऽथैतदिति गोस्तृतीयं नयती'ति। तथा च ब्राह्मणे—'हिरण्यं ददाती'त्यविशेषेणोक्तं सर्वविषयं भवितुमर्हति। नैकैकोस्रा देयेति। कुतः। प्रतिदाने सर्वेषां समत्वानुपपत्तेः। लक्ष्यं दक्षिणाभागमवेक्ष्य हि मुख्या अर्धिनस्तृतीयिनः पादिन इति व्यपदेशः। अतो द्रव्यं तत् परिमाणं च मृग्यम्। तत्र देयस्य विशेषाश्रवणे गोत्वमुक्तम्। इहापि हिरण्योस्रे अतिदिश्येते। एवं[७] संख्यामात्रमेव ह्यन्याय्यत्वान्निवर्तते। 'नैनां दक्षिणास्वप्यपाकुर्यान्न गोष्ठ' इति च ब्रुवन् दक्षिणासु गवां प्राधान्यं दर्शयति। परिमाणं विकृतौ प्रत्यवरोहणीये[८]अर्थवादसंबन्धार्थं द्वादशं शतमनूद्यते 'तस्य द्वादशं शतं दक्षिणा' इति। तत्प्रकृतितः प्राप्तमनुद्यत इत्यध्यवसीयते। तथा च श्रुत्यन्तरे 'गौश्चाश्वश्चे'त्युपक्रम्य 'तस्य द्वादशं शतं दक्षिणा' इत्याम्नातम्। तत्रापि न्यायशास्त्रे 'गवामेव संख्यया संबन्धो नाश्वादीनां ह्यर्थाद् व्रीह्यादीनां चे'ति निर्णयः। यदि तद्वचनं परिगृहीतं न[९] अश्वादीनामपि द्रव्याणां परिग्रहविभागः। मनुना संभूय समुत्थाने पठितः—

---

१. M Ad मध्यममुप° ; thus T. २. M Ad प्रवेश्य once; thus T. ३. T अग्नीध्रे. ४. M Ad तथा च; thus T. ५. M Ad ° श्राद्धं. ६. M Ad समनुद्दिश्ये° ; thus T. ७. M Ad एव; thus T. ८. M Ad अर्थाद° ; thus T. ९. M Ad om; thus T.

सर्वेषामर्धिनो मुख्यास्तदर्धस्यार्धिनोऽर्धिनः।

तृतीयिनस्तृतीयांशाश्चतुर्थांशास्तु पादिनः। (तु.मनु. ८.२१०) इति।

तत्रार्धशब्दो यदि समप्रविभागे स्याच्छ्लोकार्थो न गच्छति। असमप्रविभागवाचित्वेऽप्यगणितज्ञैः विभागप्रकारो ज्ञातुं न शक्यते। अतो गणितशास्त्रादेवंविधेषु प्रकार आगमयितव्यः। गणितशास्त्रमूरी-कृत्य उपाध्यायेन कारिका कृता—

'यैर्भागाः समतां यान्ति तैः समस्तैर्भजेद् दिशि।

तत्र लब्धेन ते व्यस्ता विज्ञेया[१] गुणितांशकाः॥' इति।

एवं विभज्यमाने शतविभागेऽष्टाचत्वारिंशन्मुख्यानां, तदर्धमर्धिनां, तृतीयां तृतीयिनां तच्चतुर्थं पादिनां भवन्ति। तथा चानुपदकारेणाभिहितं—'द्वादश द्वादश [२]मध्यतस्कारिभ्यः, षट् षडर्धिभ्यश्चतस्र-श्चतस्रस्तृतीयिभ्यस्तिस्रस्तिस्रः पादिभ्यः, एवं शतविभागः। एवं शेषं विभजेदि'ति। अतिशिष्टा[३] द्वादश पञ्चविंशत्या गुणयेत्। तथा कृते गोः पञ्चविंशतिभागानां शतत्रयं भवति। तदपि शतविभाग-न्यायेनैव[४] विभजेत्। एवं कृते त्रयोदशोस्रा[५] उस्रायाः पञ्चविंशति भागाश्चैकादश मुख्यस्य, अर्धिनः षडष्टादशपञ्चविंशति भागाच्च [६]तृतीयिनश्चतस्रो द्वादश पञ्चविंशति भागाच्च[६] पादिनस्तिस्रो नवपञ्चविंशति भागाः[७]। एवमसदस्यानां[८] विभागः। [९]ससदस्यानामतिशिष्टा द्वादश सदस्याय दीयन्ते। [१०]महर्त्विक्तुल्यो हि सदस्यः, महर्त्विगेव वा। तदाहुः—'यदृचा होता करोती'त्यादिषु महर्त्विग्भिस्तुल्यवत् प्रसंख्यानात्संदीक्षणेत्येताननु सदस्यमित्युक्त्वा यथैव महर्त्विजामानुपूर्व्यमिति[११] वचनाद्विद्यमानेऽपि सदस्ये प्रधानदक्षिणां नासौ[१२] लभत इति सूत्रकारस्य मतम्। तेन हि बहिः सदस्यचमसाध्वर्युप्रसर्पकेभ्य इत्युक्तम्। यद्यप्यन्यतो लभते महर्त्विजामन्यतमस्य यावत्तावद्देयम्। पोत्रादिष्वप्येवमित्यनुवर्तते। एवं ध्रुवगोपाय [१३]संश्रावयित्रेऽभिगरायेति उन्नेत्रादीनामेव विशेषणम्। तेषां तत्कर्मसंबन्धार्थं तेभ्योऽन्य इति केचित्। तथाप्यन्यत एवैभ्यो दद्याद्यथाश्रद्धं तथा चमसाध्वर्युभ्यः। 'अपीह[१४] चमसाध्वर्युभ्योऽपि दद्यादि'ति दर्शनात्। 'प्रतिहर्त्रे[१५] उत्तमाये'ति वचनादधस्तात्पाठक्रम-लोपेऽपि[१६] दोषाभावो ज्ञायते। अन्यद्वचनं 'गाः कल्याण्य'[१७] एकविंशति गा अध्वरस्य दक्षिणा एके समामनन्ति। तथाऽन्येऽपि बहवो दक्षिणाविकल्पाः 'कैश्चिदाम्नायन्ते। तेष्वप्ययमेव विभागो न्यायः। सनिलब्धं प्रकृतादधिकम्। तदप्यन्तर्भाव्यविभागः कर्तव्यः। 'व्रीहिर्हि[१८] वाव विचक्षण' (वाधू.अन्वा. ४.८६.१) इत्यस्मिन्ननुवाके ददाति संबन्धानि यानि तानि देयानि। क्षीरं सर्पिर्मांसमन्नमित्येवंप्रकाराणां

---

१. M Ad पिज्ञेया. **२.** M Ad मध्यस्का° ; thus T. **३.** M Ad शिष्ट; thus T. **४.** M Ad °नावपि; thus T. **५.** M Ad °दशो उस्रायाः. **६–६.** T takes it as extra text in M and Ad. **७.** M Ad °भागाच्च. **८.** T एवं सदस्या°, Ad om विभागः. **९.** M Ad सदस्या°. **१०.** M Ad महर्त्विभ्य° ; thus T. **११.** M Ad °र्त्विजामनुपूर्व° ; thus T. **१२.** M Ad न after नासौ. **१३.** M Ad संश्रार्पाय° ; thus T. **१४.** M Ad अपि ह; thus T. **१५.** M Ad °हेत्रा; thus T. **१६.** M Ad °कोपे°. **१७.** M Ad °ल्याणं गाः; thus T. **१८.** M Ad व्रीहिन् ह.

२७ ॥ 'अस्मद्दात्रा देवत्रा गच्छत' **इत्येना अनुमन्त्रयते**। '०मधुमती=तन्नः सꣳस्कृतम्' **इति** ॥ २८ ॥ **अत्र जुहोति** 'यज्ञपतिमृषय एनसाऽऽहुः' **इत्याग्नीध्रे पञ्च स्रुवाहुतीः** ॥ २९ ॥ 'इन्द्रस्य योनिरसि मा मा हिꣳसीः' **इति नीतासु दक्षिणासु चात्वाले कृष्णविषाणां प्रास्यति** ॥ ३० ॥ **एवमेव नस्कूजनीं पत्नी** ॥ ३१ ॥ 'इन्द्राय मरुत्वतेऽनुब्रूहि' **इत्याहाद्रवन्नध्वर्युः** ॥ ३२ ॥ **नानाश एवैतौ ग्रहावाददाते अध्वर्युश्च प्रतिप्रस्थाता चोभौ** ॥ ३३ ॥ **आश्रावयति** ॥ ३४ ॥ 'ओ श्रावय' **इत्याह** ॥ ३५ ॥ 'इन्द्राय मरुत्वते प्रेष्य' **इति** ॥ ३६ ॥ **वषट्कृते जुहुतः** ॥ ३७ ॥ **अनुवषट्कृते जुहुतः** ॥ ३८ ॥ **यदि होताऽनुवषट्करोत्यध्वर्युः** 'उपह्वयस्व' **इतीह ब्रूयात्** ॥ ३९ ॥ **प्रतिप्रस्थाता प्रतिप्रस्थातुः पात्रे सꣳस्रावमवनयति** ॥ ४० ॥ **तस्मादाददान आह** ॥ ४१ ॥ **स्वं पात्रं प्रयच्छन्नाह** 'अनेन तृतीयं मरुत्वतीयं गृहाण' **इति** ॥ ४२ ॥ **तेन स गृह्णाति** 'इन्द्र मरुत्वत एष ते योनिरिन्द्राय त्वा मरुत्वते' **इति** ॥ ४३ ॥ **दशापवित्रेण परिमृज्य सादयति** ॥ ४४ ॥ **हिरण्येन श्रीणाति** ॥ ४५ ॥ **द्रुत्वैतस्या अध्वर्यु–**

भोजने विनियोगः ॥ २७ ॥

'अस्मद्दात्रा देवत्रा'[१] इत्याम्नातेन निर्गच्छन्तीरनुमन्त्रयते। 'ब्राह्मणेभ्यः सोमपेभ्यः सोमं प्राहे'त्यस्य [२]वचनस्य दृष्टार्थत्वाय[२] देयाः। प्रसर्पकेभ्यो विशेषतश्च प्रतिषिद्धवर्जेभ्यः यथाविभवं दातव्यः। के पुनः प्रतिषिद्धाः–नात्रेयाय, न तृप्ताय, न याचमानाय, न पणमानाय, नर्त्विजे, न ज्ञातये[३], न कर्मकाराय, न वीणागाथिभ्यो, नाब्रह्मणाय। न भीतो दद्यात्,[४] नार्थापेक्षया[५] ब्राह्मणाय वेदविदे दद्यादिति ॥ २८ ॥

अथ[६] यत्राह 'इन्द्राय मरुत्वतेऽनब्रूहि' इति तत ऊर्ध्वं न दद्यान्न प्रतिगृह्णीयात्। तत ऊर्ध्वमागतेभ्योऽनुबन्ध्यस्य वपायां हुतायां दद्यात् प्रतिगृह्णीयाच्च। त्रिष्टुप्संसदा[७] वैश्वकर्मणानि जुहुयात्। 'विश्वकर्मसम्पातेन वैश्वकर्मणानि[८] जुहुयाद्' अन्यत्र 'तं 'विश्वकर्मन् प्रमुञ्चा स्वस्तये' इत्यस्मादि'त्यनुपदम्। सद आलभ्य प्राङाद्रवन्[९] 'इन्द्राय मरुत्वत' इत्यादि। माहेन्द्रस्तोत्रे पत्न्यपि सन्निहिता स्यात्। 'दशकपालात्पत्नयो नापचरेयुरि'त्यारभ्य 'माहेन्द्रस्य स्तोत्रमि'ति सत्रिधर्मेषु[१०] दृष्टत्वात् ॥ ३२ ॥

[११]'अध्वर्यवुपह्वयस्वे'ति ह ब्रूयात् ॥ ३९ ॥

प्रतिप्रस्थाता ममात्र होमाभिषवनिमित्तो भक्षस्तमध्वर्यो मया त्वयि [१२]संक्रामितुमनुजानीहीति। त्वं

---

१. M Ad देव त्रात; thus T. २–२. M Ad वच...ष्टार्थ० ; thus T. ३. M नर्त्विजे. ४. M Ad नन्द्यात्. ५. M Ad ०पेक्षयाप्य० ; thus T. ६. M Ad अतः. ७. M Ad ०प्संस्पदा; thus T. ८. M Ad ०कर्माणि. ९. M Ad प्राजाद्र०. १०. M Ad सति०. ११. Due to displacement of folios the text beginning with अध्वर्यवुपह्वस्व in the MSS (M p.208, line 7; Ad p.450, line 4; T p.332, line 9) and ending with मन्यामहे (M p.209, line 11; Ad p.452, line 11; T p.334, line 8) has been wrongly given at another place. See fn. 9, p.265. १२. M Ad ०क्रामितम० ; thus T.

होतारं प्रति भक्षयति 'वाग्जुषाणा सोमस्य तृप्यतु' **इति** ॥ ४६ ॥ **पराङावर्ततेऽध्वर्युः पुरस्ताद्धोतुः सह पात्रेण** 'इडा देवहू=मदन्तु' **इति यावदेतस्य यजुषोऽभ्याप्नोति** ॥ ४७ ॥ **अभ्याह्वयत एनम्** 'अध्वर्यो शोꣳसावोꣳइम्' **इति** ॥ ४८ ॥ 'शोꣳ सामोदैव' **इत्यध्वर्युः प्रत्युत्तिष्ठति** ॥ ४९ ॥ 'आ त्वा रथं यथोतये' **इत्यनुष्टुभꣳ होता प्रतिपद्यते** ॥ ५० ॥ **तस्यै द्विर्न्यस्यति प्रथमाभ्यां पदाभ्याम्** ॥ ५१ ॥ **द्विरेवास्या अध्वर्युर्न्यस्यति** ॥ ५२ ॥ **समस्योत्तराभ्याꣳ होता प्रणौति** ॥ ५३ ॥ **समस्यैवोत्तराभ्या-मध्वर्युः प्रणौति** ॥ ५४ ॥ **प्रसिध्यति प्रतिगरः** ॥ ५५ ॥ **न्यासे चैव प्रणवे च प्रत्यागृणाति** ॥ ५६ ॥ 'एतन्मरुत्वतीयमुक्थम् उक्थं वाचि' **इत्युक्त्वा द्रवति** ॥ ५७ ॥ **आदत्त एतं ग्रहम्** ॥ ५८ ॥ **अनूद्य-च्छन्ते चमसान्** ॥ ५९ ॥ 'ओ श्रावय' **इत्याह** ॥ ६० ॥ 'उक्थशा यज सोमस्य' **इति** ॥ ६१ ॥ **वषट्-कृते जुहोति** ॥ ६२ ॥ **अनुवषट्कृते जुहोति** ॥ ६३ ॥ **अनुप्रक्रम्पयन्ति चमसान्** ॥ ६४ ॥ **न जुह्वति** ॥ ६५ ॥ 'हुतं त्वा भक्षितेऽवनयामि' **इति होतृचमसे सꣳस्रावमवनयति**। '०ऊर्जस्वन्तं देवेभ्यः पय-स्वन्तं मनुष्येभ्यः' **इति** ॥ ६६ ॥ **यजमानचमसं नान्तरितं निधायैतत् पात्रमायन्ति** ॥ ६७ ॥ 'नराशꣳसपीतस्य सोम देव ते' **इति प्रतिदधते**। '०मतिविदो माध्यन्दिनस्य सवनस्य त्रिष्टुप् छन्दसः

भक्षयेति प्रार्थयते। एवं ब्रुवता 'न प्रतिप्रस्थाताध्वर्युपात्रेण[1] भक्षयती'ति श्रुतिः परिगृहीता भवति। एकादशस्य पात्रेणैवोत्तममपि भक्षयति। उत्तमयोः शेषयोरव्यवायात् तन्त्रेण भक्षः ॥ ४०–४६ ॥

अपसव्यमावृत्यावृतः[2] प्रदक्षिणमावर्तते। यावदेतस्य यजुषोऽभ्याप्नोति प्रागाह्वानाद् यावद्गतस्तावत्येव विरम्य 'शोंसामोदैवे'ति प्रत्युत्तिष्ठति स्थातव्यम्। न शेषपरिसमाप्तिरादरणी-येत्यभिप्रायः ॥ ४७–४९ ॥

सर्वत्र प्रतिगरो होतृप्रत्ययः। कुतः वृषाकप्यादिषु प्रतिगरविशेषाणां विद्यमानत्वाद्। यजुर्वेद एषामभावादसामर्थ्यं विज्ञायते। [3]यतरस्मिन्पक्षे साम्यं ततरः पक्ष आश्रयणीयः। अथवा ब्राह्मणे कल्पे च पठितानां पाठानामानर्थक्यं मा भूदिति बह्वृच्यविहितेन विकल्पते। याजुर्वेदिकस्यापि प्रकृतौ विकृतिषु च[4] विशेषाभावो[4] वा ॥ ५०–५६ ॥

[5]अनुप्रकम्पयन्तीत्यहोमार्थता मा विज्ञायीति न जुह्वतीत्युक्तम् ॥ ६४–६५ ॥

[6]'नराशंसपीतस्य सोम[7] देव ते' इति प्रतिदधते। अत्रानेकधा विप्रतिपतिः। वसुमद्गणविधानाद् ग्रहशेषा[8]वनयनस्याभक्षार्थतां केचिन्मन्यन्ते। चमससंस्कारार्थमेवावनयनं यथा 'यजमानचमसं नान्त-रेती'ति। नाराशंसे चानीतस्य नाराशंसपीतेनैव भक्षोऽभिप्रेत इत्यपरे। भक्षार्थमेवावनयनस्य। अभक्षार्थतां अनाराशंसत्वाच्च वसुमद्गणेनैव भक्षेदित्यन्ये। तत्र युक्तं विचारणीयम्। इदं प्रभृतिषु जपो नास्ति। विशेषविवक्षया भक्षमन्त्रमात्रं पठति। जपोऽप्यनुवर्तत एवेत्यपरे। अत्र पशुपुरोडाशप्रथमान् पशु-

---

१. M Ad T °स्थातोर्ध्वपा°. २. M Ad °वृतं; thus T. ३. M Ad तरस्मि°; thus T. ४–४. M Ad चाभावो; thus T. ५. M Ad अनुपकम्पयन्तीत्य°; T अनुप्रकम्पयती°. ६. M Ad नाराच्छंसचीतस्य; thus T. ७. M Ad T सोमदेवत. ८. M Ad °शेषापन°; thus T.

पितृपीतस्य मधुमत=उत्तमानि धिष्व' **इति** ॥ ६८ ॥ **सीदन्ति नाराशꣳसाः** ॥ ६९ ॥ **सन्नेषु नाराशꣳसेषु संप्रेष्यति** ॥ ६.१२.२.७० ॥ **[इति द्वितीयः पटलः** (४२)**]**

[सोमाभिषोतॄणां कर्मविधानम्]

'अभिषोतारः परिविशतौलूखलानुद्वादयाग्नीदाशिरं विनय प्रतिपस्थातः सौम्यस्य वित्ताद्' **इति परोक्षात् संप्रैषः** ॥ १ ॥ **एतत् कुर्वन्ति** ॥ २ ॥ **ग्रावभिरभिषोतारोऽभिषवणचर्म पर्युपविशन्ते** ॥ ३ ॥ **पूर्वेण शालामपरेण सदो व्रीहियवौ प्रास्यौलूखलमुसले उपकल्पयति** ॥ ४ ॥ 'अस्मै देवासो वपुषे चिकित्सत' **इत्यग्नीदाशिरं विनयति**। '°यमाशिरा=गृहे' **इति** ॥ ५ ॥ **प्रतिप्रस्थाताऽग्नीधमाह** 'सौम्यमा वप' **इति** ॥ ६ ॥ 'उन्नेतः' **इत्याहाद्रवन्नध्वर्युः**। '°यदेमं ग्रहं गृह्णाम्यथ शुक्रं पूतभृ- त्यवनय' **इति** ॥ ७ ॥ **माहेन्द्रꣳ शुक्रपात्रेण गृह्णाति** 'महाँ इन्द्रो य ओजसा' **इति गायत्रिया यदि रथन्तरसामा** ॥ ८ ॥ 'महाँ इन्द्रो नृवदा' **इति त्रिष्टुभा यदि बृहत्सामा** ॥ ९ ॥ **उभाभ्यां गृह्णीयादुभयसामा** ॥ १० ॥ 'एष ते योनिर्महेन्द्राय त्वा' **इति दशापवित्रेण परिमृज्य सादयति** ॥ ११ ॥ **हिरण्येन श्रीणाति** ॥ १२ ॥ **शुक्रं पूतभृत्युन्नेताऽवनयति** ॥ १३ ॥ **न्युब्जकलशं प्रस्तरमादाय स्तोत्रेण द्रवति** ॥ १४ ॥ 'वायुर्हिङ्कर्ता' **इत्युपाकरणं जपति**। '°मयि प्राणाः' **इति** ॥ १५ ॥ 'उपावर्तध्वं

पुरोडाशोत्तमान् वा माध्यन्दिनीयान्निर्वपन्ति[1]। तृतीयसवनीयांश्च माहेन्द्रस्य स्तोत्रे। तथाहि बौधायना आमनन्ति—'क्व उ खलु माध्यन्दिनीया निरुप्यन्त इति क्षुल्लकवैश्वदेवस्य स्तोत्र इत्येव ब्रूयात्। क्व उ खलु तृतीयसवनीया निरुप्यन्त इति माहेन्द्रस्य स्तोत्र इत्येव ब्रूयादि'ति। अन्वाख्याने 'अन्तःस्तोत्रेषु पुरोडाशाः श्रप्यन्त'[2] (वाधू.अन्वा.४.७८.३) इति ब्रुवत आचार्यस्यायमेवाभिप्राय इति मन्यामहे। अप्रधानकर्मद्योतनाद्, यथा ग्रामगमनस्य उपानवीनभ्रूनादवदिति परोक्षात् संप्रैष इत्युक्तम्। इहाभिषवाहननयोः[3] स्तोत्रस्य शिल्पार्थत्वमेव न दृष्टार्थत्वम्॥ ६.१२.२.६८–६९ ॥ **[इति द्वितीयः पटलः** (४२)**]**

आशिरं विनह्य आशीर्मन्थनार्थं मन्थनरज्जु बधान। इहाभिषोतारो नियता व्यावृतवर्जाः। प्रकृता एव वा। य उपकल्पयति स उद्वादयतीति कर्तृनियमार्थं सौम्यस्य धर्मवत्त्वं केचिन्मन्यन्ते। अपरेऽधर्मकत्वम्। धर्मकत्वे प्रेषितोऽग्नीत् सौम्यस्य तन्त्रं प्रक्रम्य पर्यग्निकरणान्तं करोति। प्रधानकर्मभावनात्प्रत्यक्षकर्मसंप्रैषः ॥ १–५ ॥

'वायुर्हिंकर्तेति' उपाकरणं जपति। 'मयि प्राणा' इत्याद्यन्तग्रहणं[4] समस्तोपलक्षणार्थम्। उपावर्तध्वमित्युपगातृसंशासनमुच्चैर्वक्तव्यम्। क[5] उपगातारो नाम, कियन्तश्चैव[6] ते। य उपगानं कुर्वन्ति त उपगातारः। 'नाध्वर्युरुपगायेदि'ति प्रतिषेधात् समस्ता ऋत्विजः। अविशेषेण बहुवचनश्रवणात् त्रयः यजमानश्च पृथग्ग्रहणाद् यजमानश्चतुर्थः। पठन्ति च केचित्—'छन्दोगाश्चत्वार उपगातारः[7] स्युरि'ति।

---

१. M Ad °र्वपति; thus T. **२.** Ad श्रयन्त. **३.** M Ad °षवहनन°. **४.** M Ad °त्यान्तग्र°; thus T. **५.** M Ad om; thus T. **६.** M Ad °श्चैते; thus T. **७.** M Ad °उपगाता; thus T.

यजमानाभिसर्प' **इति सामनुदद्भुते संप्रेष्यति।** '०अभिषोतारोऽभिषुणुतौलूखलानुद्वादयाग्नीदाशिरं विनय प्रतिप्रस्थातः सौम्यस्य शृतस्य विद्धि' **इति प्रत्यक्षात् संप्रैषः** ॥ १६ ॥ **एतत्कुर्वन्ति** ॥ १७ ॥ **ग्रावाभिरभिषोतारोऽभिषवणचर्मन्नभिषुण्वन्ति** ॥ १८ ॥ **पूर्वेण शालामपरेण सदो व्रीहियवौ प्रास्यौलूखलमुसले उद्वादयति य उद्वादयति** ॥ १९ ॥ 'उपवाहन्ता प्रतिहन्ता निहत' **इति** ॥ २० ॥ **औलूखलेषूद्वाद्यमानेष्वध्वर्युर्यजमानं वाचयति** 'उत वा जघ्नुरुत वा निजघ्नुरथो अस्मै प्रददुर्दाशुषे गा न सज' **इति** ॥ २१ ॥ 'आशीर्दाया दम्पती वाममश्नुताम्' **इत्यग्नीदाशिरं विनयति।** '०अरिष्टो रायः=जहातु सः' **इति** ॥ २२ ॥ **प्रतिप्रस्थाता सौम्यस्य शृतस्य वेद** ॥ २३ ॥ **स्तुवानानुपास्ते** ॥ २४ ॥ **एषोत्तमेति ज्ञात्वा पराङावर्ततेऽध्वर्युः पुरस्ताद्धोतुः** 'इडा देवहूः' **इति यावदेत***[१]**(स्य यजुषोऽभ्याप्नोति** ॥ २५ ॥ **अभ्याह्वयत एनम्** 'अध्वर्यो शो३ंसावो३म्' **इति** ॥ २६ ॥ 'शो३ं सामोदैव' **इत्यध्वर्युः प्रत्युत्तिष्ठति** ॥ २७ ॥ 'आ त्वा रथं यथोतये' **इत्यनुष्टुभं३ होता प्रतिपद्यते** ॥ २८ ॥ **तस्यै द्विर्न्यस्यति प्रथमाभ्यां पदाभ्याम्** ॥ २९ ॥ **द्विरेवास्या अध्वर्युर्न्यस्यति** ॥ ३० ॥ **समस्योत्तराभ्यां३ होता प्रणौति** ॥ ३१ ॥ **समस्यैवोत्तराभ्यामध्वर्युः प्रणौति** ॥ ३२ ॥ **प्रसिध्यति प्रतिगरः** ॥ ३३ ॥ **न्यासे चैव प्रणवे च) प्रत्यागृणाति** ॥ ३४ ॥ **एतन्मरुत्वतीयमुक्थम्** 'उक्थं वाचि' **इत्युक्त्वा** 'द्र=सोमस्य' **इति** ॥ ३५ ॥ **वषट्कृते जुहोति** ॥ ३६ ॥ **अनुवषट्कृते जुहोति** ॥ ३७ ॥ **अनुप्रकम्पयन्ति चमसान्** ॥ ३८ ॥ **न जुह्वति** ॥ ३९ ॥ 'हुतं त्वा भक्षितेऽवनयामि' **इति होतृचमसे** *[२]**(सं३स्रावमवनयति।** '०ऊर्जस्वन्तं देवेभ्यः पयस्वन्तं मनुष्येभ्यः' **इति** ॥ ४० ॥ **यजमानचमस) नान्तरितं निधायैतत् पात्रमायन्ति** ॥ ४१ ॥ **भक्षयन्ति** 'नराशं३सपीतस्य सोम देव ते' **इति** ॥ ४२ ॥ **सर्वभक्ष्या अग्नीत्प्रसूता मार्जयन्ते** ॥ ४३ ॥ 'मैत्रावरुणस्य चमसमनून्नयध्वम्' **इत्याहाद्रवन् प्रतिप्रस्थाता।** '०उन्नेतः सोमं प्रभावय' **इति** ॥ ४४ ॥ **गृह्णीत उक्थ्यस्थाल्या अध्युपशयेन पात्रेण** 'उपयामगृहीतोऽसि देवेभ्यस्त्वा=युव इन्द्राय जुष्टं गृह्णाम्येष ते योनिरिन्द्राय त्वा' **इति** ॥ ४५ ॥

***[१].** Text abri. यावदेत=प्रत्यागृणाति see VI.12.2.47-56. ***[२].** Text abri. होतृचमसे=नान्तरितं see VI.11.3.23-24.

महाव्रते नित्य उपाकरणोऽनुवर्तयति। 'गायत्रं म आयुर्धा' इत्युपक्रम्य 'वाग् ब्रह्मे'त्युपांशूक्त्वा 'उपावर्तध्वम्' इत्याहोच्चैरित्येतमेवार्थमभिप्रैति स्म ॥ १५-१६ ॥

विनयति मन्थति ॥ २२ ॥

सर्वभक्ष्या अशेषभक्ष्याः ।शिष्टेन प्रयोजनाभावो वक्तुमभिप्रेतः। यथा असपक्षत्वार्त्विग्भ्यां तथैव हि मात्रया 'मा मेऽवाङ्नाभिमाति गा' इति च लिङ्गम्। अग्नीत्प्रसूता इति मार्जयन्ते। सामान्यनिर्देशेऽपि 'चमससंबन्धाच्च मार्जयन्ते' इति दर्शनाच्चमसाध्वर्यवोऽग्नीत्प्रेषिता मार्जयन्त इतीहार्थेनेति शब्देन सामान्यशब्देन विशेष एवाभिधित्सितः। कोऽसौ। मार्जनसंबन्धात् 'मार्जालीये चमसाँश्चमसाध्वर्यवो मार्जयध्वमि'त्याग्नीध्रेन प्रेषिता मार्जालीये चमसान् [१]प्रक्षालयन्तीत्यर्थः ॥ ४३ ॥

---

१. T भक्षय°.

दशापवित्रेण परिमृज्य सादयति ॥ ४६ ॥ **हिरण्येन श्रीणाति** ॥ ४७ ॥ 'पुनर्हविरसि' **इति स्थालीमभिमृश्य प्रस्तरमादाय पात्रेण द्रवति** ॥ ४८ ॥ 'मयि प्राणा उपावर्तध्वं यजमानाभिसर्प' **इति** ॥ ४९ ॥ 'स्तुवाना=पुरस्तान्मैत्रावरुणस्य इडा देवहूः' **इति** ॥ ५० ॥ **याव***[१]**(देतस्य यजुषोऽभ्याप्नोति** ॥ ५१ ॥ **अभ्याह्वयत एनम्** 'अध्वर्यो शोꣳसावो३म्' **इति** ॥ ५२ ॥ 'शोꣳ सामोदैव' **इत्यध्वर्युः प्रत्युत्तिष्ठति** ॥ ५३ ॥ 'आ त्वा रथं यथोतये' **इत्यनुष्टुभꣳ होता प्रतिपद्यते** ॥ ५४ ॥ **तस्यै द्विर्न्यस्यति प्रथमाभ्यां पदाभ्याम्** ॥ ५५ ॥ **द्विरेवास्या अध्वर्युर्न्यस्यति** ॥ ५६ ॥ **समस्योत्तराभ्याꣳ होता प्रणौति** ॥ ५७ ॥ **समस्यैवोत्तराभ्यामध्वर्युः प्रणौति** ॥ ५८ ॥ **प्रसिध्यति प्रतिगरः** ॥ ५९ ॥ **न्यासे चैव प्रणवे च प्रत्या)गृणाति** ॥ ६० ॥ **एतदुक्थम्** 'उक्थं वाचि' **इत्युक्त्वा द्र***[२]**(वति** ॥ ६१ ॥ **आदत्त एतं ग्रहम्** ॥ ६२ ॥ **अनूद्यच्छन्ते चमसान्** ॥ ६३ ॥ 'ओ श्रावय' **इत्याह** ॥ ६४ ॥ 'उक्यशा यज) सोमानाम्' **इति** ॥ ६५ ॥ **वषट्कृते जुह्वति** ॥ ६६ ॥ **अनुवषट्कृते जुह्वति** ॥ ६७ ॥ 'हुतं त्वा हुतेऽवनयामि' **इति मैत्रावरुणचमसे सꣳस्रावमवनयति।** '°ऊर्जस्वन्तं देवेभ्यः पयस्वन्तं मनुष्येभ्यः' **इति** ॥ ६८ ॥ **होतृचमसं च यजमानचमसं च ना***[३]**(–न्तरितं निधायैतत् पात्रमायन्ति** ॥ ६९ ॥) **भक्षयन्ति** 'रुद्रवद्गणस्य सोम देव ते' **इति** ॥ ७० ॥ **सर्वभक्ष्या अग्नीत्प्रसूता मार्जयन्ते** ॥ ७१ ॥ 'एहि यजमान' **इत्युक्त्वाऽध्वर्युः प्रपद्य हविर्धाने** 'इदं तृतीयꣳ सवनं कवीनाम्' **इति वसतीवरीरवनयतेऽपरस्मिन् कलशे।** '°ऋतेन ये=नयन्तु' **इति** ॥ ७२ ॥ **तदन्वेकधनमानयन्ति** ॥ ७३ ॥ 'प्रतिप्रस्थातरेते ते धुरौ' इत्याहाध्वर्युः ॥ ७४ ॥ 'ब्राह्मणाच्छꣳ-सिनश्चमसमुन्नयध्वम्' **इत्याहाद्रवन् प्रतिप्रस्थाता।** '°उन्नेतः सोमं प्रभावय' **इति** ॥ ७५ ॥ **सर्वा ऐन्द्रियो धुरः** ॥ ७६ ॥ 'ब्रह्मन् सर्प प्रशास्त=यजमान' **इत्याह** ॥ ७७ ॥ 'स्तुतस्य स्तुतमसि' **इति**

---

*[१]. Text abri. याव=गृणाति see above VI.12.2.47-56. *[२]. Text abri. द्र=सोमनाम see above VI.12.2.57-61. *[३]. Text abri. ना=भक्षयन्ति see above VI.12.3.41-42.

उक्थ्यग्रहसंस्रावं चमसेऽवनयन्नन्तरा सदोहविर्धाने तिष्ठन्नवनयेत्। यदि कामयेताध्वर्युरात्मानं, यदि कामयेत सदस्यानित्येतौ पक्षौ मध्यत स्तुत्यर्थौ। यजमानार्थत्वाद् यज्ञस्य राज्ञो मन्त्रेणोपस्थाय मन्त्रेणैवोपावहरणमिच्छन्ति ब्रह्मप्रशास्तृवर्जं[१] सर्व ऋत्विजः। सदसि भवाः सदस्याः। ते यथा प्रसृप्तं निष्क्रम्य आम्नातेन निष्क्रम्योदकार्थं कृत्वा प्रविशन्ति ॥ ६७–६८ ॥

सर्वा एवैन्द्रियो धुर इति। गतगमिष्यद्विषयः सर्व शब्दः। अन्यत्प्रातःसवनवद् व्याख्येयम् ॥ ६.१२.३.७६ ॥ **[इति तृतीयः पटलः** (४३)**]**

॥ इति व्याख्यायां षष्ठप्रपाठके द्वादशोऽनुवाकः ॥

---

१. M Ad °वर्जा; thus T.

निःसर्पस्तुतशस्त्रयोर्दोहं ब्रह्मा यजमानं वाचयति। '°ऊर्ज मह्यं=प्रजामिषम्' इति॥ ७८॥
सन्तिष्ठते माध्यन्दिनः सवनम्॥ ६.१२.३.७९॥ [इति तृतीयः पटलः (४३)]

॥ इति षष्ठप्रपाठके द्वादशोऽनुवाकः॥

॥ अथ षष्ठप्रपाठके त्रयोदशोऽनुवाकः ॥

[तृतीयसवनम्]

चतुरो धिष्णियानुपस्थाय तृतीयसवनाय संप्रसर्पन्ति ॥ १ ॥ 'एहि यजमान' **इत्युक्त्वाऽध्वर्युः प्रपद्य हविर्धाने** 'सर्पिर्ग्रीवी पीवर्यस्य जाया' **इति तिसृभिराशिरमवनयतेऽपरस्मिन् कलशे**। '°पीवानः पुत्राः=सपत्नान् ऊर्जं॑ सुहुतिं॑ सविता दधातु नः। विश्वाहेन्द्रो अधिवक्ता नो अस्त्वपरिह्वृताः पृथिवी उत द्यौः' **इति** ॥ २ ॥ **उभयतः परिश्रयन्ति** ॥ ३ ॥ 'आदित्येभ्योऽनुब्रूहि' **इत्याह**। '°प्रियेभ्यः प्रियधामभ्यः प्रियव्रतेभ्यो महः स्वसरस्य पतिभ्य उरोरन्तरिक्षस्याध्यक्षेभ्यः' **इति** ॥ ४ ॥ 'कदा चन स्तरीरसि' **इति त्र्युपयाममादित्यग्रहं गृह्णात्यौदुम्बरेणादित्यपात्रेण चतुः-**

चतुरो धिष्णियानित्यादि सवनीयानां निर्वपणमुक्तम्॥ १ ॥

माहेन्द्रस्य स्तोत्रे सृप्त्वा चेति आधवनीयस्थानामपामेकदेशमभिषवार्थं पात्रान्तरेऽपनीय सर्व[१] वाऽऽशिरं तस्मिन्नवनीयतो[२]ऽध्वर्युश्च यजमानश्च। पत्न्यप्यन्वारभेत। 'सहजानिर्यः सुमखस्यमान' इति लिङ्गात् आशिरोऽवनयनमिति। सत्रिधर्मेषु[३] पत्न्यनपचारवचनाच्च। 'तस्मात् तृतीयसवन ऋजीषम्[४] अभिषुण्वन्ती'ति[५] ब्राह्मणेऽन्वाख्याने (वाधू.अन्वा. ४.३०.३) च वचनाद् उपांशु हुत्वोपांशुपात्रेंऽशुमवाप्य[६] तं तृतीयसवने विसृज्याभिषुणुयादि'ति विहितस्यानारभ्याधीतस्य प्रकृत्यर्थत्वाच्च उभयोः सवनयोर्गृहीतरसे सोमकिट्टे[७] प्रातःसवने निहितमंशुमुपास्याधवनीयादपनीता अपो निःषिच्याभिषुत्याभिषुत्याशिरि[८] संभरेत्। निग्राभ्या आप्यायनं चाभिश्चोतनं[९] च न [१०]सन्ति। अनुपद उक्तं—'वसतीवरीभ्यो[११] निग्राभ्यां[१२] कृत्वा सह पेषणांशून्प्रातःसवनवदभिषुत्याधवनीय आशिरि संभृत्य संस्त्रवयेदि'ति[१३]। चतुरंशोश्च[१४] निग्राभ्ययोश्चतुरंशुत्वं तृतीयसवनस्य तत्रैवोक्तम्। तदपेक्षमंशूनिति बहुवचनम्। प्रातःसवनवदिति वचनादिहार्थ एकधनकाल एवाधिको ग्राह्यः। स निषेचनार्थे[१५] भवति। विनियोगदर्शनाद्धि पञ्चेत्युक्तम्। पठन्ति च केचित् त्र्यवरानेकादश परमानिति। निग्राभ्योऽपायनाप्यायने च स्तः। आप्यायनं च 'आप्यायस्व' इत्यनया द्विरभ्यस्तया। वसतीवर्यभावादभिश्चोतनं निवर्तते। अत[१६] उत्तमेऽभिषवे निग्राभ्या अपि समापयन्ति संपवनेऽभावात्॥ २ ॥

'उभयतः परिश्रयन्ती'त्यादि। द्विदेवत्य[१७]संस्त्रावाणां तृतीयमाग्रायणार्थमतिशिनष्टि[१८]। होमे च ग्रहसंस्त्रावमुपांशुसवनमाधवनीय आदधदेतमन्वित्यादि वदति। इहाविशेषेण 'स्तोकः प्रश्चोतति। तेन श्रीणाती'ति वचनाद् 'या दिव्या वृष्टिस्तया त्वा श्रीणामी'ति वृष्टिकामस्य श्रीणीयादि'ति नित्ये कामं दर्शयति॥ ३ ॥

---

१. M Ad सर्वा; thus T. २. M Ad °नायतो; thus T. ३. M Ad सति° ; thus T. ४. Ad ऋत्विजीषम्. ५. M Ad °षुण्वतीति. ६. T °पास्य. ७. M Ad सोमकि...प्रात° ; thus T. ८. M Ad °पिषुत्याशिर; thus T. ९. M Ad °भिश्चोंतनं; T °श्चोदनं. १०. M Ad च न यन्ति; thus T. ११. M Ad °भ्योऽधिनिग्राह्याः; thus T. १२. M Ad निग्राह्या° ; thus T. १३. Ad संस्त्राव°. १४. M Ad T सतोरंश्च दाभ्य°. १५. M Ad सनिषुच° ; thus T. १६. M Ad ते; thus T. १७. M Ad °देवत्यस्य. १८. M Ad °र्थमिति.

स्रक्तिना सꣳस्रावाणाम्। '०नेन्द्र सश्चसि=पृच्यते। उपयामगृहीतोऽस्यादित्येभ्यस्त्वा जुष्टं गृह्णामि' **इति** ॥५॥ 'कदा चन प्रयुच्छसि' **इति तिरःपवित्रं दध्नः।** '०उभे नि=तं दिवि। उपयामगृहीतोऽस्यादित्येभ्यस्त्वा जुष्टं गृह्णामि' **इति** ॥६॥ 'यज्ञो देवानां प्रत्येति सुम्नम्' **इत्युपरिष्टात्सꣳस्रावाणामेव।** '०आदित्यासो=वित्तरासत्। उपयामगृहीतोऽस्यादित्येभ्यस्त्वा जुष्टं गृह्णामि' **इति** ॥७॥ 'विवस्व आदित्य' **इत्यस्मिन् ग्रावाणं परिप्लावयत्युपाꣳशुसवनम्।** '०एष ते सोमपीथस्तेन मन्दस्व=तर्पयितारः' **इति** ॥८॥ **उद्गृह्णाति** ॥९॥ **स्तोकः प्रश्चौति** ॥१०॥ **तेन श्रीणाति** 'या दिव्या वृष्टिस्तया त्वा श्रीणामि' **इति** ॥११॥ 'आ समुद्रात्' **इत्यनेन एतेनैव ग्राव्णाऽधस्तादुदाहन्ति।** '०आऽन्तरिक्षात् प्र=दूतिम्' **इति** ॥१२॥ 'एतमनुग्राव्णाꣳ आनय' **इत्याह** ॥१३॥ **तमनुग्राव्णोऽपरस्मिन् कलशे परिप्लावयति** ॥१४॥ **ओषधीरादाय कृष्णाजिनेन परिहितौ निष्क्रामतः** ॥१५॥ 'ओ श्रावय' **इत्याह** ॥१६॥ 'आदित्येभ्यः प्रेष्य' **इति,** '०प्रियेभ्यः प्रियधामभ्यः प्रियव्रतेभ्यो महः स्वसरस्य पतिभ्य उरोरन्तरिक्षस्याध्यक्षेभ्यः' **इति** ॥१७॥ **वषट्कृत ओषधीरग्नौ प्रास्यादित्यं जुहुतः** ॥१८॥ 'मित्रो मा घर्मैरवतु' **इति पराङवृत्तवृत्तानुमन्त्रयेते।** '०वरुणो विधृत्या अर्यमा मा मित्रैरवतु जित्याकालो भगेनाꣳशः' **इति** ॥१९॥ **प्रपद्य चतसर्णीं धाराणामाग्रयणं गृह्णाति** ॥२०॥ **प्रस्थापयत्युदङ्कस्य चाग्रयणस्य चादित्यस्थाल्या-श्चादित्यपात्रस्य च** ॥२१॥ **एतान् दशापवित्रेण परिमृज्य सादयति** ॥२२॥ 'ये देवा दिव्येका-दश स्थ' **इति गृह्णाति।** '०पृथिव्या=वनस्पतिभ्यः पवते द्यावापृथिवीभ्यां पवते सुभूताय पवते ब्रह्मवर्चसाय पवते' **इति** ॥२३॥ **द्वादशकृत्वः पवयित्वा** 'एष ते योनिर्विश्वेभ्यस्त्वा देवेभ्यः **इति दशापवित्रेण परिमृज्य सादयति** ॥२४॥ **हिरण्येन श्रीणाति** ॥२५॥ 'आ माऽस्कान्' **इति द्रप्सानास्कन्नानभिमन्त्रयते** ॥६.१३.१.२६॥ **इति** ॥ **[इति प्रथमः पटलः** (४४)**]**

[आस्कन्नद्रप्साणामभिमन्त्रणम्]

'आ माऽस्कान्' **इति द्रप्सानास्कन्नानभिमन्त्रयते** ॥१॥ 'द्रप्सश्च*[१](स्कन्द' **इति दशापवित्रेण हस्तौ प्रमृष्टे।** '०पृथिवीमनु द्या=होत्रा' **इति** ॥२॥ **अप उपस्पृश्य प्रस्तरमादाय पवमानꣳ सन्तनोति** ॥३॥ 'उपयामगृहीतोऽसि) प्रजापतये त्वा' **इत्याग्रयणमभिमृशति** ॥४॥ 'इन्द्राय *[२](त्वा' **इत्याधवनीयम्** ॥५॥ 'विश्वेभ्यस्त्वा देवेभ्यः' **इति पूतभृतम्** ॥६॥ **निष्क्रामति** ॥७॥ **अ)न्वारभन्ते** ॥८॥ **निष्क्रम्य विप्रुषाꣳ होमं जुहोति** 'यस्ते द्रप्सो मधुमाँ इन्द्रियावान्=जुहोमि स्वाहा' **इति** ॥९॥ 'ऋचा स्तोमꣳ समर्धय' **इत्यनुचरीम्।** '०गायत्रेण रथन्तरम्=गायत्रवर्तनि स्वाहा' **इति** ॥१०॥ **सप्तहोतारं मनसाऽनुद्रुत्य स्रुवाहुतिं जुहोति** ॥११॥

---

*[१]. Text abri. द्रप्सश्च=प्रजापतये see above VI.10.3.2-4. *[२]. Text abri. इन्द्राय=न्वारभन्ते see above VI.10.3.5-8.

प्रपद्य चतसृणामित्यादि। 'प्रतिप्रस्थातः पशौ संवदस्वे'ति प्रकृतस्य प्रदर्शनम्। अतो-'अग्नीदुत्तरबर्हिषाऽऽद्रवे'त्ययमपि खण्डः पूर्वं वक्तव्यः ॥६.१३.१.२०॥ **[इति प्रथमः पटलः** (४४)**]**

'वागग्रेगा अग्र एतु, इति प्रत्यञ्च=मयि प्राणा हुं सोमः पर्वते' **इति** ॥ १२ ॥ 'ब्रह्मन् स्तोष्यामः*[१] ('॥ १३ ॥ 'प्रशास्तः' **इत्याह प्रस्तोता** ॥ १४ ॥ 'देव सवितरेतत्ते प्राह' **इति प्रसवं जपति ब्रह्मा**। '°तत् प्र च=सवितुः प्रसवे' **इति** ॥ १५ ॥ 'इन्द्रवन्तः स्तुत' **इति निराह** ॥ १६ ॥ **सामननुद्द्रुते प्राञ्चः राजानमुन्नेता संपवयति) पूतभृति** ॥ १७ ॥ **पञ्चहोतारमध्वर्युर्व्या-चष्टे** ॥ १८ ॥ **यदा नवम्या प्रस्तौत्यथान्वारोहं वाचयति** 'स घाऽसि जगतीछन्दा=संपारय' **इति** ॥ १९ ॥ **स्तुते संप्रेष्यति** 'अग्नीदग्नीन्विहर, बर्हिः स्तृणाहि, पुरोडाशाँ अलंकुरु, प्रतिप्रस्थातः पशौ संवदस्व' **इति** ॥ २० ॥ **पशुना प्रचरति** ॥ २१ ॥ **तस्य दिशोऽनु द्विः पञ्चहोतुराहुतिं जुहोति** ॥ २२ ॥ **पञ्च पवमाने व्याचष्टे** ॥ २३ ॥ **अयं च पशाविडान्तेन पशुना प्रचर्य तृतीयसवनीयैः पुरोडाशैः प्रचरति** ॥ २४ ॥ **तान् होत्र उपनिधायाद्रवन्नाह** 'उन्नीयमानेभ्योऽनुब्रूहि, होतुश्चमसमनून्नयध्वं तीव्राँ आशीर्वतः कुरुध्वम्' **इति** ॥ २५ ॥ **होतृचमसमन्वारभ्याश्रा-वयति** ॥ २६ ॥ 'ओ श्रावय' **इत्याह** ॥ २७ ॥ 'तृतीयस्य सवनस्यर्भुमतो विभुमतः प्रभुमतो वाजवतः सवितृवतो बृहस्पतिवतो विश्वदेव्यावतस्तीव्राँ आशीर्वत इन्द्राय सोमान् प्रस्थितान् प्रेष्य' **इति** ॥ २८ ॥ **वषट्कृते जुह्वति** ॥ २९ ॥ **अनुवषट्कृते जुह्वति** ॥ ३० ॥ 'श्येनाय पत्वने स्वाहा' **इति** ॥ ३१ ॥ **हुतः होतृचमसमनुमन्त्रयते** 'वषट् ते स्वयमभिगूर्ताय नमः' **इति** ॥ ३२ ॥ **अनुवषट्कृतम्** 'तृम्पन्तां होत्रा मधोर्घृतस्य' **इति** ॥ ३३ ॥ 'प्रैतु होतुश्चमसः' **इत्याह**। '°प्र ब्र=सकृत्सकृदाशीर्वतोऽभ्युन्नीयोपावर्त-ध्वम्' **इति** ॥ ३४ ॥ **आश्राविते प्रत्याश्राविते होत्राः संमादयन्ति** 'विष्टम्भाय=स्वाहा' **इति** ॥ ३५ ॥ **हुता होत्रा अनुमन्त्रयन्ते** 'वषट् ते स्वयमभिगूर्ताय नमः' **इति** ॥ ३६ ॥ **अनुवषट्कृतम्** 'तृम्पन्तां होत्रा मधोर्घृतस्य' **इति** । परिधये जनप्रथनाय=नमस्तृम्पन्तां=°तस्य', 'ऊर्जे होत्राणां=नमस्तृम्पन्तां= घृतस्य', 'पयसे=नमस्तृम्पन्तां=घृतस्य', 'प्रजापतये=घृतस्य', 'ऋतमृतपाः=मधोर्घृतस्य' **इति** ॥ ३७ ॥

*[१]. Text abri. स्तोष्यामः=पूतभृति see VI.10.3.16-20.

हुतं होतृचमसमनुमन्त्रयतेऽध्वर्युर्यजमानो वा ॥ ३२ ॥

आश्रावितप्रत्याश्राविते होत्राः संमादयन्ति। होत्रा होत्रकाः संमादयन्ति। पुनरभ्युन्नीतान् याज्याभिर्यजन्तीत्यर्थः। अन्ये वर्णयन्ति होत्रा इति 'विष्टम्भाये'त्यादयो मन्त्रा उच्यन्ते[१]। तैराश्रावितप्रत्याश्राविते च[२] मादयन्ति स्तुवन्ति ॥ ३५ ॥

अनुमन्त्रयन्त इति पक्षान्तरम्। वषट्कृतानुवषट्कृते वाऽऽश्रावितप्रत्याश्राविते वेति। पूर्वस्मिन्पक्षे अप्रवृत्तिविशेषकर उत्तरस्मिन् विभक्तिव्यत्ययो विकल्पकल्पना च ॥ ६.१३.२.३६-३७ ॥ **[इति द्वितीयः पटलः** (४५)**]**

॥ इति व्याख्यायां षष्ठप्रपाठके त्रयोदशोऽनुवाकः ॥

---

१. M Ad °च्यते; thus T. २. M Ad चमसं; thus T.

'अग्नीदुपह्वयस्व यजमानम्' ***[१](इत्याह ॥ ३८ ॥ ये वषट्कुर्वन्ति ते यजमानमुपह्वयन्ते** ॥ ३९ ॥ 'अयाडग्नीद्' **इत्याहाध्वर्युः** ॥ ४० ॥ 'सद आगत्य स भद्रमकः' **इत्याह होता**। '०यो नः सोमꣳ) पाययिष्यति' **इति** ॥ ४१ ॥ **इडोपहूता*[२](ꣳश्चमसान् भक्षयति** ॥ ४२ ॥ 'भक्षेहि माऽऽविश' **इति पुरस्ताद् भक्षस्य जपति**। '०दीर्घायुत्वाय=)वर्चसे' **इति** ॥ ४३ ॥ 'आदित्यवद्गणस्य सोम देव ते' **इति प्रतिदधते**। '०मतिविदस्तृतीयस्य सवनस्य जगतीछन्दस इन्द्रपीतस्य मधुमत=क्षयामि' **इति** ॥ ४४ ॥ **समुपहाव*[३](मुच्छिꣳषन्ति** ॥ ४५ ॥ **राजा)नमाप्यापयन्ति** 'आ प्यायस्व समेतु ते' **इति द्विरेतया** ॥ ४६ ॥ **सीदन्ति नाराशꣳसाः** ॥ ४७ ॥ **तेभ्योऽप्राशितानां पुरोडाशानामौपासनान्युपकिरन्ति** ॥ ६.१३.२.४८ ॥ **[इति द्वितीयः पटलः** (४५)**]**

॥ इति षष्ठप्रपाठके त्रयोदशोऽनुवाकः ॥

---

*[१]. Text abri. यजमानम्=पाययिष्यति see VI.12.1.41-44. *[२]. Text abri. इडोपहूता=वर्चसे see VI.12.1.45-46. *[३]. Text abri. समुपहाव=नमाप्या० see VI.12.1.48-49.

॥ अथ षष्ठप्रपाठके चतुर्दशोऽनुवाकः ॥

[औपासनानां चमससमीपे प्रक्षेपणादिकर्म]

औपसनान्युपकिरन्ति स्वस्य स्वस्य चमसस्य 'अत्र पितरो यथाभागं मन्दध्वम्' **इति** ॥ १ ॥ 'देवाय सवित्रेऽनुब्रूहि' **इत्याह** ॥ २ ॥ **अन्तर्यामपात्रेण सावित्रमाग्रयणाद् गृह्णाति** 'वाममद्य=जः स्याम। उपयामगृहीतोऽसि देवाय त्वा सवित्रे जुष्टं गृह्णामि' **इति** ॥ ३ ॥ **निष्क्रामति** ॥ ४ ॥ 'ओ श्रावय' **इत्याह** ॥ ५ ॥ 'देवाय सवित्रे प्रेष्य' **इति** ॥ ६ ॥ **वषट्कृते जुहोति** ॥ ७ ॥ **नैतस्यानुवषट्-करोति** ॥ ८ ॥ **तेन सꣳस्रावेण सवितृपात्रेण वैश्वदेवं कलशाद् गृह्णाति** 'उपयामगृहीतोऽसि सुशर्माऽसि सुप्र=दुक्षे नमो विश्वेभ्यस्त्वा देवेभ्यो जुष्टं गृह्णाम्येष ते योनिर्विश्वेभ्यस्त्वा देवेभ्यः' **इति** ॥ ९ ॥ **दशापवित्रेण परिमृज्य सादयति** ॥ १० ॥ **हिरण्येन श्रीणाति** ॥ ११ ॥ **हस्तौ संमृज्य द्रवति** ॥ १२ ॥ **नात्र प्रस्तरमादाय पात्रेण द्रवति** ॥ १३ ॥ 'मयि प्राणा उपावर्तध्वं यजमानाभिसर्प' **इति** ॥ १४ ॥ 'स्तुवाना=पुरस्तान्मैत्रावरुणस्य इडा देवहूः' **इति यावदेतस्य यजुषोऽभ्याप्नोति** ॥ १५ ॥ **अभ्याह्वयत एनम्** 'अध्वर्यो शोꣳसावो३म्' **इति** ॥ १६ ॥ **शोꣳसा मोदैव इत्यध्वर्युः प्रत्यु-त्तिष्ठति** ॥ १७ ॥ 'तत्सवितुर्वृणीमहे' **इत्यनुष्टुभꣳ होता प्रतिपद्यते** ॥ १८ ॥ **तस्यै द्विर्न्यस्यति प्रथमाभ्यां पदाभ्याम्** ॥ १९ ॥ **द्विरेवास्या अध्वर्युर्न्यस्यति** ॥ २० ॥ **समस्योत्तराभ्याꣳ होता प्रणौति** ॥ २१ ॥ **समस्यैवोत्तराभ्यामध्वर्युः प्रणौति** ॥ २२ ॥ **प्रसिध्यति प्रतिगरः** ॥ २३ ॥ **यदा जानाति** 'एकया च दशभिश्च स्वभूते' **इत्यथ पात्राणि प्रतिमीवति विमोचनाय** ॥ २४ ॥ **यदा जानाति** 'प्र द्यावा यज्ञैः पृथिवी ऋतावृधा' **इत्यथ प्रतिगृणाति** 'मदा मोद इव ओथा मोद इव' **इति न्यासेन** ॥ २५ ॥ **निविदं प्रत्यागीर्यैकस्या ऋच उपरिष्टान्निविद्धानीयं प्रत्यागृणाति** 'तद्राधो अद्य

अप्राशितानां पुरोडाशानां सर्वर्त्विग्भिर्विभक्तानाम् औपासनानि चमससमीपे प्रक्षेप्तव्यानि। स्व-भागस्य यावन्मात्राण्यादायात्मीयचमससमीपे प्रक्षिपन्ति। संकीर्तनाभावेऽपि स्वे स्वे पितरो ध्येयाः। 'प्राचीनावीतिनो दक्षिणामुखाश्च दद्युस्तिस्रस्तिस्रः पिण्ड्य' इत्याश्वलायनाः। अध्वर्योरपि होतृ-चमसादीनां बौधायना आमनन्ति। 'यो वै चतुर्होतॄनि'त्यारभ्य 'पितृयज्ञे षड्ढोतारमि'ति विहितस्य षड्ढोतुः सवनमध्यगतस्य पितृयज्ञस्यान्यस्याभावाद् इहासावध्वर्युणा व्याख्येयः। स ग्रहो वैकल्पिक-त्वादिह नोक्तः ॥ १ ॥

नात्र प्रस्तरमित्यप्रमादार्थम् ॥ १३ ॥

इह पात्राणि प्रतिमीवति। प्रतिविमोचनाय[१] संज्ञा करोत्यध्वर्युः। कानि पात्राणि। आतृतीयसवनात्परिखर[२] इति स्थितानि द्विदेवत्यपात्राणि। आनन्तर्यात्प्रतिप्रस्थाता विमुञ्चति। किं विमोचनम्। प्रक्षाल्य यथास्थानं खरे सादनम्। निष्ठुरीयं निदर्शितचतुर्थम्। तस्य प्रकारं स्वयमेव वक्ष्यति ॥ २४ ॥

चतुर्थस्यामदप्रतिगरत्वं तथैवोदाहृतम्। प्रतिगरस्य होतृप्रत्ययत्वमुक्तम् ॥ २५-२८ ॥

---

१. T takes प्रति as extra. २. M Ad शर, T शेर.

सवितुर्वरेण्यम्' **इत्येतस्याम्** ॥ २६ ॥ **प्रसिध्यति प्रतिगरः** ॥ २७ ॥ **न्यासे चैव प्रणवे च प्रत्यागृणाति** ॥ २८ ॥ **एतन्मरुत्वतीयमुक्थम्** 'उक्थं वाचीन्द्राय' **इत्युक्त्वा द्रवति** ॥ २९ ॥ **आदत्त एतं वैश्वदेवं ग्रहम्** ॥ ३० ॥ **अनूद्यच्छन्ते चमसान्** ॥ ३१ ॥ 'ओ श्रावय' **इत्याह** ॥ ३२ ॥ 'उक्थशा यज सोमस्य' **इति** ॥ ३३ ॥ **वषट्कृते जुहोति** ॥ ३४ ॥ **अनुवषट्कृते जुहोति** ॥ ३५ ॥ **अनुप्रकम्पयन्ति** *[1](**चमसान्** ॥ ३६ ॥ **न जुह्वति** ॥ ३७ ॥ 'हुतं त्वा) भक्षितेऽवनयामि' **इति होतृचमसे** *[2](**सꣳस्त्रावमवनयति**। '०ऊर्जस्वन्तं देवेभ्यः पयस्वन्तं मनुष्येभ्यः' **इति** ॥ ३८ ॥ **यजमानचमसनान्तरितं निधायैतत् पात्रमायन्ति** ॥ ३९ ॥) **भक्षयन्ति** 'आदित्यवद्गणस्य सोम देव ते' **इति** ॥ ४० ॥ **सर्वभक्ष्या अग्नीत्प्रसूता मार्जयन्ते** ॥ ४१ ॥ **मार्जिताश्चमसाः सीदन्ति** ॥ ४२ ॥ 'अग्नीच्छालाकानुपकल्पय' **इति संप्रेष्यति**। 'प्रतिपस्थातः सौम्यघृताभ्यामाद्रव' **इति** ॥ ४३ ॥ **घृतेन सौम्यं परियजति** ॥ ४४ ॥ **घृतस्य चतुर्गृहीतं गृह्णीते** ॥ ४५ ॥ 'ओ श्रावय' **इत्याह** ॥ ४६ ॥ 'अग्निम्' **इत्युपाꣳशूक्त्वा** 'घृतस्य यज' **इत्युच्चैः** ॥ ४७ ॥ **वषट्कृते जुहोति** ॥ ४८ ॥ **सौम्यस्योपस्तीर्णाभिघारितमादत्ते** ॥ ४९ ॥ 'ओ श्रावय' **इत्याह** ॥ ५० ॥ 'सौम्यस्य यज' **इति** ॥ ५१ ॥ **वषट्कृते जुहोति** ॥ ५२ ॥ **घृतस्यैव चतुर्गृहीतं गृह्णीते** ॥ ५३ ॥ 'ओ श्रावय' **इत्याह** ॥ ५४ ॥ 'विष्णुम्' **इत्युपाꣳशूक्त्वा** 'घृतस्यैव यज' **इत्युच्चैः** ॥ ५५ ॥ **वषट्करोति** ॥ ५६ ॥ **उद्गातृभ्य एनं प्रहिणोति** ॥ ५७ ॥ **नवकृत्वः प्रचरण्यां गृहीत्वां संप्रेष्यति** 'अग्नीच्छालाकानादीपय प्रतिप्रस्थात-

*[1]. Text abri. अनुप्रकम्पयन्ति=भक्षिते° see VI.12.3.38-40. *[2]. Text abri. होतृचमसे=भक्षयन्ति see VI.12.3.40-41.

'सौम्यघृताभ्यामाद्रवेति।' सवनीयाज्ये विद्यमाने घृतान्तरदर्शनान्निर्वपणचोदनाच्च सौम्यघृतयागानामपूर्वत्वमाचार्येणाभिप्रेतमिति केचिन्मन्यन्ते। धर्मवानित्यपरे॥ ४३ ॥

धर्मवत्वे 'सौम्यमा वपेति' चोदिते अग्नीद् यथार्थं यज्ञायुधानि संसाद्य चरव्यान्निधाय पवित्रादानादि पर्यग्निकरणान्तं सौम्यस्य करोति ॥ ४४ ॥

आज्यमपि कस्यांश्चिदाज्यस्थाल्यां निरुप्याधिश्रित्य सहैव पर्यग्निकरोति। ध्रुवासंस्कारसंस्कृते पात्रान्तरे ध्रुवामन्त्रैराज्यानि गृह्णीयात्॥ ४५ ॥

प्रतिप्रस्थाता ध्रुवावत् सादयित्वा सौम्यमुद्वास्यासादयति ॥ ४९ ॥

ततोऽध्वर्युः 'ध्रुवासदत्तां विष्णो पाहि' इति ध्रुवामभिमृश्य 'यन्म' इत्यभिमृशति यजमानश्च। अपूर्वत्वे नास्ति वक्तव्यम्। सौम्यं दक्षिणार्धे जुहोति ॥ ५५ ॥

उद्गातर्नि प्रत्यानीतत्वात् स्विष्टकृदादि लुप्यते। उत्तमेऽपि 'घृतस्य यज' इत्येव गतम्। अनसोऽवेक्षणं 'यन्मे' इति मन्त्रे च ब्राह्मणे च विहितम्। 'यद्वा मे अपरागतमि'ति लिङ्गात् नैमित्तिकत्वनिवृत्यर्थं मन्यमानेनैवाचार्येणाविशेषेण विहितम्। अभिच्छदिं[1] कृत्वा च्छायादर्शनयोग्यं

१. M Ad °दर्दिं.

रुपांऽशुपात्रे पात्नीवतमाग्रयणाद् गृहाण मा सीषदः' **इति** ॥ ५८ ॥ **एतत् कुर्वन्ति** ॥ ५९ ॥ **अग्नीच्छालाकानादीपयति** ॥ ६० ॥ **प्रतिप्रस्थातोपांऽशुपात्रेण पात्नीवतमाग्रयणाद् गृह्णाति** 'उपयामगृहीतोऽसि बृहस्पतिसुतस्य त इन्दो इन्द्रियावतः पत्नीवन्तं ग्रहं गृह्णामि' **इति** ॥ ६१ ॥ **गृहीत्वाऽऽघारयति न सादयति** ॥ ६२ ॥ **हुत्वाऽध्वर्युः प्रत्यङ्ङतिष्ठन्नासीनो धिष्णियान् व्याघारयति** ॥ ६३ ॥ 'विभूरसि प्रवाहणः' **इत्याग्नीध्रीये धिष्णिये प्रथमं प्रास्तः शालाकमभिजुहोति।** '०रौद्रेण=हिंऽसीः' **इति** ॥ ६४ ॥ 'वह्निरसि हव्यवाहनः' **इति होतुर्धिष्णिये** ॥ ६५ ॥ 'श्वात्रोऽसि प्रचेताः' **इति मैत्रावरुणस्य** ॥ ६६ ॥ 'तुथोऽसि विश्ववेदाः' **इति ब्राह्मणाच्छंऽसिनः** ॥ ६७ ॥ 'उशिगसि कविः' **इति पोतुः** ॥ ६८ ॥ 'अङ्घारिरसि बम्भारिः' **इति नेष्टुः** ॥ ६९ ॥ 'अवस्युरसि दुवस्वान्' **इत्यच्छावाकस्य** ॥ ७० ॥ 'शुन्ध्यूरसि मार्जालीयः' **इति मार्जालीये** ॥ ७१ ॥ 'रौद्रेणा-नीकेन पाहि माऽग्ने पिपृहि मा=मा मा हिंऽसीः' **इति सर्वेष्वनीकमनुवर्तयति** ॥ ७२ ॥ 'सप्त ते अग्ने समिधः सप्त जिह्वाः' **इति नवमं प्रास्तः शालाकमभि जुहोति।** '०सप्तर्षयः=घृतेन स्वाहा' **इति** ॥ ७३ ॥ 'अहं परस्तादहमवस्ताद्' **इति बर्हिषा अन्तर्धाय प्रचरण्यैतं ग्रहं समनक्ति।** '०अहं ज्योतिषा=समानानाम्' **इति** ॥ ७४ ॥ **अप उपस्पृश्यादत्त एतम्** ॥ ७५ ॥ 'प्रतिप्रस्थातरध्याश्रावय' **इत्याह** ॥ ७६ ॥ 'अग्नीत् पात्नीवतस्य यज' **इति** ॥ ७७ ॥ 'अग्ना=पिब स्वाहा' **इत्युपांऽशु** ॥ ७८ ॥ **एतस्याग्नीदनुवषट्करोति** ॥ ७९ ॥ **हुत्वैतस्या अध्वर्युरग्नीधं प्रति भक्षयति** 'वाग्जुषाणा सोमस्य तृप्यतु' **इति** ॥ ८० ॥ **उत्तिष्ठन् संप्रेष्यति** ॥ ६.१४.१.८१ ॥ **[इति प्रथमः पटलः** (४६)**]**

'अग्नीन्नेष्टुरुपस्थमासीद नेष्टः पत्नीमुदानयोद्गात्रा संख्याप्याप उपप्रवर्तय होतुश्चमसमनून्नयध्वमुन्नेतः सोमं मातिरीरिचः' **इति** ॥ १ ॥ **यद्यग्निष्टोम एतदेवान्त्यम्** ॥ २ ॥ 'प्रभावय' **इति यदुक्थ्यो वाऽतिरात्रो वा** ॥ ३ ॥ 'निर्णिज्यैतत् पात्रमपो अस्मिन् कुरुतादेहि यजमान' **इत्युक्त्वाऽध्वर्युः प्रपद्य हविर्धाने** 'भूतमसि भूते मा धाः' **इति ध्रुवमवेक्षते।** '०मुखमसि मुखं भूयासम्। आयुरस्यायुर्मे दाः' **इति** ॥ ४ ॥ **अप उपस्पृश्य प्रस्तरमादाय कुप्रावृत इव यज्ञायज्ञियस्य**

कृत्वाऽवेक्षते यजमानः प्रत्यगाशीष्ट्वात्। अवेक्षन्त इति बहुवचनमुद्गात्रपेक्षम् ॥ ५७ ॥

शालाकः[१] शलाकसमूहः ॥ ६० ॥

प्रचरण्यैतं ग्रहं समनक्ति ॥ ७४ ॥

धिष्णियव्याघारणशेषेण पात्नीवतं[२] श्रीणाति ॥ ६.१४.१.७७ ॥ **[इति प्रथमः पटलः** (४६)**]**

'अप उपप्रवर्तये'त्यन्त उत्तिष्ठन्नुक्त्वोत्थाय प्राङ्द्रवन् होतुश्चमसमित्यादि मातिरीरिच[३] इति ॥१ ॥

यद्यग्निष्टोमसाम्न्येवान्त्यः[४] स्यात् तत्संस्थ एव क्रतुः स्यादित्यर्थः ॥ २ ॥

कुप्रावृत इव कर्णाभ्यां सह प्रावृतः।'नाशिरः कुप्रावृत' इत्यनुपदम् ॥ ५ ॥

---

१. M Ad ०लाकाः; T ०लाक०. **२.** M Ad पत्नी० ; thus T. **३.** M Ad मातरिरीच०. **४.** M Ad T ०ष्टोमसाममवा०.

स्तोत्रेण द्रवति ॥ ५ ॥ 'वायुर्हिङ्कर्ता' **इत्युपाकरणं जपति** ॥ ६ ॥ 'मयि प्राणा उपावर्तध्वं यजमानाभिसर्प' **इति** ॥ ७ ॥ **सामनुद्द्रुते सप्तहोतारमध्वर्युर्व्याचष्टे** ॥ ८ ॥ **आनयति नेष्टा पत्नीः सह पान्नेजनेन** ॥ ९ ॥ **तस्यै** 'विश्वस्य ते विश्वावतः' **इति दक्षिणं नग्नमूरुकृत्वाऽपः प्रवर्तयत्युद्गात्रा संख्यापयःस्त्रिर्निधनमनु**। '०वृष्णियावतस्तवाग्ने=०धिषीय' **इति** ॥ १० ॥ 'अगन् देवान् यज्ञः' **इति निनीता अपोऽनुमन्त्रयते**। '०नि देवीर्देवेभ्यो यज्ञ=समुद्रेष्ठा गन्धर्वमा तिष्ठतानु वातस्य पत्मन्निड ईडिताः' **इति** ॥ ११ ॥ 'यज्ञे जागृत' **इति स्तुवानानुपास्ते** ॥ १२ ॥ **एषोत्तमेति ज्ञात्वा पराङावर्ततेऽध्वर्युः पुरस्ताद्धोतुः** 'इडा देवहूः' **इति यावदेतस्य यजुषोऽभ्याप्नोति** ॥ १३ ॥ **अभ्याह्वयत एनम्** ॥ १४ ॥ **प्रत्यागृणात्येतदाग्निमारुतमुक्थमपो निषिञ्चन्** ॥ १५ ॥ **यदा जानाति** 'आपो हि ष्ठा मयोभुवः' **इत्यथ भूयिष्ठा अपाः स्नावयति** ॥ १६ ॥ **यदा जानाति** 'स्वादुष्किलायं मधुमाँ उतायम्' **तदुभयतो मोदं प्रत्यागृणात्या व्याहावात्** ॥ १७ ॥ **प्रसिध्यति प्रतिगरः** ॥ १८ ॥ **न्यासे चैव प्रणवे चैव प्रत्यागृणाति** ॥ १९ ॥ **एतदुक्थम्** 'उक्थं वाचीन्द्राय' **इत्युक्त्वा द्रवति** ॥ २० ॥ 'एहि यजमान' **इत्युक्त्वाऽध्वर्युः प्रपद्य हविर्धाने** 'द्यावापृथिवीभ्यां त्वा परिगृह्णामि' **इति ध्रुवं परिगृह्णाति** ॥ २१ ॥ 'अन्तरिक्षेण त्वोपयच्छामि' **इत्येतेनोपयच्छति** ॥ २२ ॥ 'विश्वे त्वा देवा वैश्वानरा प्र च्यावयन्तु' **इत्येनमाच्यावयति**। '०दिवि देवान् दृंःहान्तरिक्षे वयांःसि पृथिव्यां पार्थिवान्' **इति** ॥ २३ ॥ 'ध्रुवं ध्रुवेण हविषाऽव सोमं नयामसि' **इति होतृचमसे ध्रुवमवनयति**। '०यथा नः सर्वमिज्जगदयक्ष्मंः सुमना असत्' **इति वैश्यस्य**। '०यथा न इन्द्र इद्विशः केवलीः सर्वा समनसः करत्' **इति राजन्यस्य;** '०यथा नः सर्वा इद्दिशोऽस्माकं केवलीरसन्' **इति ब्राह्मणस्य** ॥ २४ ॥ **सर्वेणैव सहावनयति** ॥ २५ ॥ **ब्राह्मणस्य यजुर्मुख्यं करोति** ॥ २६ ॥ **दशहोतारमस्मिन् व्याचष्टे** ॥ २७ ॥ **होतृचमसमन्वारभ्याश्रावयति** ॥ २८ ॥ 'ओ श्रावय' **इत्याह** ॥ २९ ॥ 'उक्थशा यज सोमानाम्' **इति** ॥ ३० ॥ **वषट्कृते जुह्वति** ॥ ३१ ॥ **अनुवषट्कृते जुह्वति** ॥ ३२ ॥ **होतुराहुत्या स जुहोति** ॥ ३३ ॥ **आयन्ति** ॥ ३४ ॥ **भक्षयन्ति** 'आदित्यवद्गणस्य

अपः प्रवर्तनमत्र[1] परिवर्तनम्॥ १० ॥

निनीतानुमन्त्रणमन्त्ये सकृदेव ॥ ११ ॥

उभयतो मदम्[2] न्यासे[2] च प्रणवे च। पुरस्तादुक्थस्य मध्यत उत्तरार्धे वैश्वदेव्यामृचि शस्यमानायामित्येतेऽपि पक्षा विकल्पन्ते ॥ १७–१८ ॥

ध्रुवमवनयन्नध्वर्युरात्मानं प्रत्यवनयेद्यजमानस्य नाम गृह्णीयात्। 'ध्रुवं ध्रुवेण हविषा तेऽव सोमं नयामस्यसावि 'त्यौपानुवाक्ये विधिरनेन विकल्पते ॥ २४ ॥

सर्वेणैव सहावनयतीति पक्षान्तरम्॥ २५ ॥

ब्राह्मणस्य यजुर्मुख्यं करोति। इतरे यथापाठम्॥ २६ ॥

---

१. M Ad उपवर्तन०. २–२. M Ad T मदन्या०.

सोम देव ते' **इति** ॥ ३५ ॥ **सर्वभक्ष्या अग्नीत्प्रसूता मार्जयन्ते** ॥ ३६ ॥ 'हिन्व मे गात्रा हरिवः' **इत्यात्मानं प्रत्यभिमृशन्ते**। '°पुनर्मे अश्विना युवं चक्षुरा धत्तमक्ष्योः' **इति** ॥ ३७ ॥ 'अग्नीदौपयजानङ्गारानाहर' **इति संप्रेष्यति**। '°उपयष्टरु=संमृड्ढि' **इति** ॥ ३८ ॥ **आग्नीध्रादग्नीदौपयजानङ्गारानाहृत्य होतुर्धिष्णिये निवपति** ॥ ३९ ॥ **गुदेनोपयष्टो***[१]**(पसीदति** ॥ ४० ॥ **पृषदाज्यस्यानूयाजान् यजति** ॥ ४१ ॥ **उपभृतमेवोपभृतं कुरुत एतां जुहूं यस्यां पृषदाज्यम्** ॥ ४२ ॥ 'ओ श्रावय' **इत्याह** ॥ ४३ ॥ 'देवेभ्य प्रेष्य' **इति** ॥ ४४ ॥ 'प्रेष्य प्रेष्य' **इति** ॥ ४५ ॥ **एकादशानूयाजान् यजति** ॥ ४६ ॥ **यदाऽऽह मैत्रावरुणो** 'यज' **इत्यथोपयष्टो)पयजति** 'समुद्रं गच्छ स्वाहा' **इति गुदस्य प्रच्छेद***[२]**(मसंभिन्दन्नपर्यावर्तयन्** ॥ ४७ ॥ 'अग्निं वैश्वानरं गच्छ स्वाहा' **इति सर्वमन्ततो गुदं जुहोति** ॥ ४८ ॥ 'अद्भ्यस्त्वौषधीभ्यः' **इति बर्हिषि हस्तौ निमृष्टे** ॥ ४९ ॥**)** 'प्राणान् मनो मे हार्दि यच्छ' *[३]**(इत्युपयष्टा यजमानं वाचयति**। '°तनूं त्वचं पुत्रं नप्तारमशीय' **इति** ॥ ५० ॥**)** **अनूयाजानिष्ट्वोपरिक्रम्य स्वरु***[४]**(-मनक्ति** 'यन्ता रन्ता रायः' **इति** ॥ ५१ ॥ 'इह धृतिः' **इत्येनं स्रुच्युद्दधाति**। '°इह विधृतिरिह स्वधृतिः' **इति** ॥ ५२ ॥ 'दिवं ते धूमो गच्छतु' **इत्येनं जुहोति**। '°अन्तरिक्षमर्चिः पृथिवीं भस्मना) पृण स्वाहा' **इति** ॥ ५३ ॥ **स्वरुमनु सप्तहोतुराहुतिं जुहोति** ॥ ५४ ॥ **यज्ञायज्ञियस्य स्तोत्रेण व्याचष्टे** ॥ ५५ ॥ **आगत्य वाजवतीभ्यां स्रुचौ व्यूहति** ॥ ५६ ॥ **शंयुना प्रस्तरपरिधि संप्रकिरति** ॥ ५७ ॥ **हारियोजनं गृह्णीत उन्नेता** ॥ ६.१४.२.५८ ॥ **[इति द्वितीयः पटलः** (४७)**]**

॥ इति षष्ठप्रपाठके चतुर्दशोऽनुवाकः ॥

***१.** Text abri. गुदेनोपयष्टो=पयजति see V.3.2.31-38. ***२.** Text abri. प्रच्छेदं=प्राणान् see V.3.2.38-40. ***३.** Text abri. हार्दि यच्छ=अनूयाजा° see V.3.2.41. ***४.** Text abri. स्वरु=पृण see V.3.2.42-44.

उत्तरासंस्थासु 'हिन्व म' इत्यन्त एव भक्षे प्रत्यभिमर्शनम्। अत्र यथाप्रसृप्तं निःसर्पन्ति केचित्। तथा सति 'ब्रह्मन् सर्पे'त्याद्यपि वक्तव्यम्। तत्र स्तुतशस्त्रदोहश्च[१] वाचयितव्यः। इहावचनमुत्तरासां संस्थानां[२] तृतीयसवनाभिवृद्धित्वाभिप्रायेण। अत्र सहकारिप्रत्यय आश्रयणीयः ॥ ३७ ॥

सन्ततिं हुत्वाऽग्नीदौपयजानित्यादि उत्तरतो दक्षिणा तिष्ठन् स्वरुं जुहोति ॥ ५४ ॥

प्रहृत्य परिधीन् वाजिनेन चरति[३], यदि पुरस्तान्न चरितः स्यात् ॥ ६.१४.२.५६ ॥ **[इति द्वितीयः पटलः** (४७)**]**

॥ इति व्याख्यायां षष्ठप्रपाठके चतुर्दशोऽनुवाकः ॥

---

१. T takes as extra स्तुत. **२.** M Ad om; thus T. **३.** M Ad चरतीति; thus T.

॥ अथ षष्ठप्रपाठके पञ्चदशोऽनुवाकः ॥

[हारियोजनग्रहणादिकर्म]

हारियोजनं गृह्णीत उन्नेता य आग्रयणस्थाल्यां राजातिशिष्यते तं द्रोणकलशे पर्यस्य 'उपयामगृहीतोऽसि हरिरसि हारियोजनोः=शस्तोक्थस्य हरिवन्तं ग्रहं गृह्णामि' **इति** ॥ १ ॥ 'हरीः स्थ हर्योर्धानाः' **इत्यस्मिन् धानाः प्रकिरति** ॥ २ ॥ **शीर्षन्नधिनिधाय निष्क्रामति** ॥ ३ ॥ 'धाना-सोमेभ्योऽनुब्रूहि' **इति** ॥ ४ ॥ **विक्रम्याश्रावयति** ॥ ५ ॥ 'ओ श्रावय' **इत्याह** ॥ ६ ॥ 'धानासोमान् प्रस्थितान् प्रेष्य' **इति** ॥ ७ ॥ **वषट्कृते जुहोति** 'सह सोमा इन्द्राय स्वाहा' **इति** ॥ ८ ॥ **अनुवषट्-कृते जुहोति** ॥ ९ ॥ **द्रुत्वैतस्योन्नेता होतारं प्रति भक्षयति** 'वाग्जुषाणा सोमस्य तृप्यतु' **इति** ॥ १० ॥ **उन्नेतर्युपहवमिच्छन्ते** ॥ ११ ॥ **या धाना अतिशिष्यन्ते ता विमथ्नते** ॥ १२ ॥ **स या लभते ता उभयोर्हस्तयोः कुरुते** ॥ १३ ॥ **या अस्य दक्षिणे भवन्ति ता मनसा संबोधते** ॥ १४ ॥ **तासां भक्षयति** 'इष्टयजुषस्ते देव सोम स्तुतस्तोमस्य शस्तोक्थस्य हरि=वत इन्द्रपीतस्य मधुमत उपहूत-स्योपहूतो भक्षयामि' **इति प्राणेन** ॥ १५ ॥ 'आपूर्याः स्था मा पूरयत' **इत्येना उत्तरवेद्यां संनिवपन्ति।** '०प्रजया च धनेन च' **इति** ॥ १६ ॥ **या अस्य सव्ये भवन्ति ताभिरुत्परायन्ति** ॥ १७ ॥ **मार्जालीयस्यार्धं प्राचीनावीतानि कुर्वते** ॥ १८ ॥ **तद् बर्हिषो व्यूह्य** 'मार्जयन्तां पितरः' **इति**

हारियोजनं गृह्णीत उन्नेता। कथम्। य आग्रयणस्थाल्यां[1] राजाऽतिशिष्यते तं द्रोणकलशे पर्यस्यति परिसमापयति।[2] स्थाल्यैवावशेषमवनयतीत्यर्थः ॥ १ ॥

शीर्षन्नधिनिधाय जुहोतीति वचनात् होमकालेऽपि शिरस्येवावस्थितेन जुहोति, नोपावहृत्य ॥ ३ ॥

विक्रम्य वैचित्र्येण स्थित्वा ॥ ५ ॥

द्रुत्वैतस्योन्नेता होतारं प्रति भक्षयति, तथैव। यद्यसौ[3] प्राणेन भक्षयति अयमपि प्राणेनैव ॥ १० ॥

[4]उन्नेतर्युपहवमिच्छन्ते ॥ ११ ॥

सर्वर्त्विग्यजमाना विमथ्नते मुष्णन्ति ॥ १२ ॥

स या लभते आदत्ते तास्ता उभयोर्हस्तयोः स्थापयति[5]। एवमुत्तरेष्वपि पदार्थेष्वभ्यासो वा कल्पयितव्यः। बहुवचनार्थम् एकवचनमिति वा ॥ १३ ॥

उत्तरवेद्यामन्तःपरिधि निवपन्ति ॥ १६ ॥

उत्परायन्ति ॥ १७ ॥

प्राचीनावीतानि कुर्वत इति बहुवचनदर्शनात् पितृदानं सर्वर्त्विग्विषयम्। तत्राप्येकवचनमविवक्षितम्। तथा च सदस्यमधिकृत्य समानं होरियोजनात्[6] समानं

---

१. M स्थाल्यां...जातिशि° ; thus Ad T. २. M Ad स्थाल्यैवाव, T °ल्यैवाशेष°. ३. M Ad यद्यप्यसौ; thus T.
४. M Ad उन्नेताध्वर्युप° ; thus T. ५. M Ad °यन्ति; thus T. ६. M Ad हार्योज°.

त्रिर्ग्रुमुष्टिनाऽवोक्षति। '°मार्जयन्तां पितामहा मार्जयन्तां प्रपितामहाः' **इति॥ १९॥ त्रीन् राशीन् ददाति** 'एतत्ते तत याꣳश्च त्वमन्वसि ये च त्वामनु=क्षितिः' **इति॥** २०॥ **द्वितीयम्** 'एतत्ते पितामह याꣳश्च= हरीः' **इति॥** २१॥ 'स घा तं वृषणꣳ रथम्' **इति मार्जालीयम्।** '°अधितिष्ठति गोविदम्। यः पात्रꣳ हारियोजनं पूर्णमिन्द्र चिकेतति योजा न्विन्द्र ते हरी' **इति॥** २२॥ 'अमीमदन्त पितरः सौम्याः' **इत्यभिपर्यावर्तते॥** २३॥ **यत् स्थाल्यामतिशिष्यते तत् त्रिरवजिघ्रति** 'ये सजाताः समनसो जीवा=मार्जयन्तां पितरः' **इत्येव त्रिर्ग्रुमुष्टिनाऽवोक्षति।** '°मार्जयन्तां पितामहा मार्जयन्तां प्रपितामहाः' **इति॥** २४॥ **दशाञ्छि***[१]**(नत्ति** 'एतद्वः पितरो वासो वीरं मह्यं दत्त' **इति॥** २५॥ 'उत्तर आयुषि लोम छिनीत' **इति ब्राह्मणम्॥** २६॥ **दशामेव छिनत्ति॥** २७॥ 'अक्षन्पितरः' **इत्युपतिष्ठते।** 'अमीमदन्त पितरोऽतीतृपन्त पितरोऽमीमृजन्त पितरः' **इति॥** २८॥ 'परेत पितरः सोम्याः' **इति सꣳसादयति।** '°गम्भीरैः=मदन्ति' **इति॥** २९॥ 'मनो न्वा हुवामहे' **इति तिसृभिर्मन आह्वयते।** '°नाराशꣳसेन स्तोमेन सचेमहि' **इति॥** ३०॥ 'यदन्तरिक्षं पृथिवीमुत द्याम्' **इत्यात एव गार्हपत्यमुपतिष्ठते।** '°यन्मा=नसम्' **इति॥** ३१॥ 'प्रजापते न त्वदेतान्यन्यः' **इति यज्ञोपवीतं कृत्वाऽऽहवनीयस्यार्धमेति।** '°विश्वा=) वयꣳ स्याम पतयो रयीणाम्' **इति॥** ३२॥ **आगत्याप उपस्पृश्य षट्छाकलानादत्ते॥** ३३॥ **षट् गहीत्वा** 'देवकृतस्यैनसोऽवयजनमसि' **इत्येनानाहवनीये प्रास्यति।** '°मनुष्यकृतस्यैनसोऽवयजनमसि, पितृकृतस्यैनसोऽवयजनमसि, ऋषिकृतस्यैनसोऽवय-जनमसि, आत्मकृतस्यैनसोऽवयजनमसि, एनस एनसोऽवयजनमसि' **इति॥** ३४॥ **'आगच्छन्त्या-मग्निं नयत्य (...) ? दूत्तरे वेद्यन्तरे पूर्वमायत्तान्॥** ३५॥ 'अप्सुधौतस्य सोम देव ते' **इत्यप्सुषोमाणां पूर्वेषां भक्षयन्ति।** '°नृभिः सुतस्येष्टयजु=कृतस्योपहूतस्योपहूतो भक्षयामि' **इति प्राणेन॥** ३६॥ 'अच्छायं वो मरुतः श्लोक एतु' **इत्यप्सुषोमं नयति।** '°अच्छा विष्णुं निषिक्तपामवोभिः। उत प्रजायै गृणते वयो धा यूयं पात स्वस्तिभिः सदा नः' **इति॥** ३७॥ 'समुद्रं वः प्र हिणोमि' **इति निनीता अपोऽनुमन्त्रयते।** '°स्वां योनिमपिगच्छत। अरिष्टा अस्माकं वीरा मा परा सेचि नः स्वम्' **इति॥** ३८॥ 'यदत्र शिष्टꣳ रसिनः सुतस्य' **इति समुपहावं दधिषोमान्।** '°यदिन्द्रो=भक्षयामि'

*[१]. Text abri. दशाञ्चि=वयꣳ see II.1.2.31-38.

दानस्येत्यादीति[१]॥ १८॥

बर्हिषो व्यूह्य बर्हिः स्तीर्त्वा मार्जयन्तामित्यादि। ग्रुमुष्टिर्दर्भमुष्टिच्छिन्नाग्र इति केचित्॥ १९॥

शकलप्रासनमपि सर्वेषां सस्वाहाकारैर्मन्त्रैः॥ ३३-३४॥

आप एवाप्सुषोमाः, दध्येव दधिषोमाः[२]। अध्वर्युपुरुषाणामविशेषेणैकस्मिन्वायव्ये। तथाऽन्येषामप्यात्मीयेषु चमसेषु। चमसिन एवाप्सुषोमान् भक्षयन्ति॥ ३६॥

दधिषोमान्[३] सर्वे मिथः समुपहूय। सदस्यस्य दधिद्रप्सप्राशनं नास्ति।

१. M Ad °स्येत्यादिति. २. M Ad दधित्सो°. ३. M Ad दधित्सो°.

इति ॥ ३९ ॥ **परेत्य विष्कल्या पत्नीः संयाजयन्ति** ॥ ४० ॥ **श्रप्यत एष वारुणो दशकपालोऽवभृथपुरोडाशः** ॥ ४१ ॥ **तमलङ्कृतमाहरन्ति** ॥ ४२ ॥ **स्रुवꣳ स्रुचमाज्यस्थाल्यामाज्यं वारुणं दशकपालं प्रतिप्रस्थाताऽऽवभृथꣳ सꣳसादयति** ॥ ४३ ॥ **उत्तरेण हविर्धाने दक्षिणेनाग्नीध्रꣳ राजासन्दीं निदधाति** ॥ ४४ ॥ **तस्यामधिषवणचर्मास्तृणाति, अधिषवणचर्मे द्रोणकलशं, द्रोणकलशे स्थालीर्ग्राव्णो वायव्यानि** ॥ ४५ ॥ **दशापवित्रे द्रोणकलशे समवदधति** ॥ ४६ ॥ **उच्छिष्टानि फलके आदधाति** ॥ ४७ ॥ **उद्बृꣳहयन्नेत्यौदुम्बरीम्** ॥ ४८ ॥ **तामवश्रयन्ति** ॥ ४९ ॥ **एवꣳ संक्लृप्तेऽध्वर्युः प्रपद्य हविर्धाने चतुर्गृहीतं गृह्णीते** ॥ ५० ॥ **तज्जुहोति** 'उदाह्यागुः प्रतिकूलमिव मद्राः' **इति विमोचनीयाम्।** '°प्रजानन्तः पथिभिर्देवयानैर्युक्तास ऋत्विजो देवयोक्त्रैर्विमुञ्चामि ब्रह्मणा देवयज्यायै स्वाहा' **इति** ॥ ५१ ॥ 'धाता रातिः सवितेदं जुषताम्' **इति नव समिष्टयजूꣳषि जुहोति।** '°प्रजापतिर्नि=दधातु स्वाहा', 'समिन्द्र=नाꣳ स्वाहा', 'सं वर्चसा=षꣳ स्वाहा', 'यदद्य=द्वान् स्वाहा', 'स्वगा वो=सूनि स्वाहा', 'सं वर्चसा =ष्टꣳस्वाहा'; 'यदद्य=द्वान् स्वाहा', 'स्वगा वो=सूनि स्वाहा', 'यानावह=तान् स्वाहा' **इति। षट् ऋङ्मियाण्यहौषीत्** ॥ ५२ ॥

'समानमप्सुषोमाणामि'त्येतदेव विहितम्। अथवाऽप्सुषोमग्रहणमुपलक्षणम् उभयोः। अनुपदकारोऽत्र [3]सख्यविसर्जनमामनति 'अत्र सख्यानि[1] विसृजेयुर्' 'उभा कवी युवाना सत्यादा धर्मस्पती। सत्यस्य ब्रह्मणस्पते वि सख्यानि[1] सृजामहे' इत्यहर्गणेषूत्तमेऽहनि सख्यानि[2] विसृजेयुरि'ति। 'द्रप्सप्राशनसख्यविसर्जने[3] त्वन्त्य एव' (आश्वश्रौ. ७.१.६) इत्याश्वलायनानाम्॥ ३९ ॥

श्रप्यत एष वारुणो दशकपालोऽवभृथपुरोडाशः। अस्याधर्मकत्वं केचिद् वर्णयन्ति। 'वरुणं यजति, अग्नीवरुणौ यजती'त्येतावदेव ब्राह्मण उक्तम्। न चतुर्थ्या वा तद्धितेन वा द्रव्यदेवतासम्बन्धः कृतः। इहापि श्रप्यत[4] इत्युक्तम्, न निर्वपतीति। 'निर्वपतीति हि प्रायेण धर्मवत्सु दृश्यत' इति। अन्ये वर्णयन्ति वषट्कारप्रदानानां वचनमन्तरेण न्यायबाधकत्वं[5] न युज्यते। कल्पे च—'वारुणो दशकपाल' इति तद्धितनिर्देशो दृश्यते। अतो धर्मवानेवेति। धर्मवत्वे यज्ञायुधसंसादनाद्याप्यनिनयनात्करो-ति ॥ ४१ ॥

तमलङ्कृतमित्यादि प्रसङ्गादुक्तं नास्मिन्नेव काल आहर्तव्यमिति। कुतः स्रुवाज्यस्थाल्योर्व्यावृत्तत्वात्। समिष्टयजुर्भ्य ऊर्ध्वं कर्तव्यम्। अवभृथार्थ आज्य उत्पन्नेऽप्यलङ्कृताहरणम्[6]। अधर्मकत्वेऽप्यधि[7]वासितोऽवतिष्ठते॥ ४२ ॥

तदर्थानि प्रतिप्रस्थाता यथार्थं सादयति॥ ४३ ॥

'अधिषवणचर्मणि सर्वेषु समन्वारब्धेषु ऋत्विक्षु विमोचनीयाञ्[8] जुहोती'ति विध्यवशेषः॥ ६.१५.१.५१ ॥ **[इति प्रथमः पटलः** (४८)**]**

---

१. M Ad संख्यवि° ; thus T. २. M Ad संख्या° ; thus T. ३. M Ad °संख्य; thus T. ४. M Ad श्रव्यत; thus T. ५. न्यायंवाधर्मकत्वं; thus T. ६. M Ad °हरणधर्म; thus T. ७. M Ad °प्यभिवा° ; thus T. ८. M Ad °नीया, T °नीयान्

त्रीणि यजूꣳषि जुहोति ॥ ५३ ॥ 'यज्ञ यज्ञं गच्छ=सुवीरः स्वाहा' **इति स्रुवेण हुत्वा ध्रुवामाप्याय्य** 'देवा गातुविदः' **इति स्रुचा जुहोति**। '○गातु वित्त्वा=वाते धाः' **इति** ॥ ५४ ॥ 'आयुर्दा अग्ने हविषो जुषाणः' **इत्यासां दशमीं जुहोति** ॥ ६.१५.१.५५ ॥ **[इति प्रथमः पटलः** (४८)**]**

[नैष्ट्ययनादिहोमावभृथसामगानादि विधानम्]

आसां दशमीं जुहोति। '○घृतप्रतीको=दिमꣳ स्वाहा' **इति** ॥ १ ॥ **अत्र नैष्ट्ययनानि जुहोति** ॥ २ ॥ **आददतेऽवभृथम्** ॥ ३ ॥ **अन्तरा चात्वालं चोत्करं च गत्वा वेद्यन्ते स्थित्वाऽऽह** 'साम ब्रूहि' **इति** ॥ ४ ॥ **अवभृथसामाह प्रस्तोता** ॥ ५ ॥ **त्रिर्निधनमुपयन्ति** ॥ ६ ॥ **पुरुषःपुरुषो निधनमुपयन्ति** ॥ ७ ॥ 'पुरुषःपुरुषो निधनमुपैति' **इति ब्राह्मणम्** ॥ ८ ॥ 'उरुꣳ हि राजा' **इत्यवयन्ति**। '○वरुणश्च =विधश्चित्' **इति** ॥ ९ ॥ **स्थित्वैवाह** 'साम ब्रूहि' **इति** ॥ १० ॥ **अवभृथसामैवाह प्रस्तोता** ॥ ११ ॥ **त्रिरेव निधनमुपयन्ति** ॥ १२ ॥ **पुरुषःपुरुषो निधनमुपैति** ॥ १३ ॥ 'उरुꣳ हि राजा' **इत्यवयन्ति**। '○वरुणश्च=विधश्चित्' **इति** ॥ १४ ॥ 'शतं ते राजन् भिषजः' **इति यतोऽपः परापश्यति तद्वा–चयति**। '○सहस्रमुर्वी *[१](गम्भीरा सुमतिष्टे अस्तु मुमुग्ध्यस्मत्' **इति** ॥ १५ ॥ 'अभिष्ठितो वरुणस्य पाशोऽग्नेरनीकमप आ विवेश' **इति बर्हिः प्रास्याभिजुहोति**। '○अपान्नपात् प्रतिरक्षन्नसूर्यं दमेदमे समिधं यक्ष्यग्ने=न्तः स्वाहा' **इति** ॥ १६ ॥ **चतुर्गृहीतं गृह्णीते** ॥ १७ ॥**) अपबर्हिषश्चतुरः प्रयाजान् यजति** ॥ १८ ॥ **आज्यभागौ यजति** ॥ १९ ॥ 'अग्नयेऽनुब्रूहि' **इत्याहाज्यस्य गृह्णानश्चतुः** ॥ २० ॥

*[१]. Text abri. °सहस्रमुर्वी=अपबर्हिषश्चतुरः see IV.2.4.2-4.

आसां दशमीं जुहोतीति। दशमीग्रहणं विकृतौ यत्रैतानि गच्छन्ति तत्र गमनार्थं, नावभृथमात्रे। अतो वारुणप्रघासिकेऽवभृथे सौत्रामणौ वा नानुगतिः। तथा च श्रुत्यन्तरे 'नायुर्दां जुहोति नाध्वगमन–मन्त्रं ब्रूत' इति वारुणप्रघासिके[१] वचनमस्ति। अथवा 'वृश्च्यते वा=नौ शमयती'ति दर्शनाद् यस्मिन् श्रपणं[२] तस्मिन्नेव होमो[३] मा विज्ञायीति आहवनीय एव यथा हूयेतेति[४]। अथवा आयुर्दाहोमोत्तरकाला–दावभृथिकस्याप्यस्य निर्वपणार्थं पुरोडाशस्यापूर्वत्वेऽपि 'प्रयाजाज्यभागानूयाजा नामधेयेन[५] विहिता धर्मं प्रयुञ्जते' इत्युक्तम्। अत्राज्यं धर्मवत्॥ १ ॥

'अवभृथयजूंषि जुहोती'ति ब्राह्मणविहितानि, कतमानीति न ज्ञायते। आचार्येणाप्यनुक्तानीति। तत्रैकं यदेवार्वाचीनमेकहायनादेनः[६] करोति, तदेव। तैरवयजत इति वाक्यशेषाद् 'देवकृतस्यैनसोऽव–यजनमि'त्यादि लिङ्गाच्छाकलहोमान्[७] अवभृथयजूंषीति मन्यमानेन आचार्येणाभिहितमिति मन्यन्ते। बोधायनेनाप्येवमेवोक्तम्[८]। विध्यवशेषेषु पुनराहवनीयेऽवभृथयजूंषि जुहुयात्। 'यद्देवा देवहेडनमि'त्येताः पञ्च स्रुवाहुतीरप्स्वित्येक' इति। तानि प्रायेण कौकिल्यां दृष्टानि भवितुमर्हन्ति। 'स्रुवं च स्रुचं च[९] संमृड्ढ्याज्येनोदेही'ति प्रैषः ॥ २–३ ॥

१. M Ad वरुणप्र° ; thus T. २. M Ad श्रवणं; thus T. ३. M Ad होमे; thus T. ४. M Ad हूयते° ; thus T. ५. M Ad नामाधे° ; thus T. ६. T एकः. ७. T होमा. ८. T °वोक्त. ९. M Ad T स्रुचञ्च.

'ओ श्रावय' **इत्याह** ॥ २१ ॥ 'अग्निं यज' **इति** ॥ २२ ॥ **वषट्कृते जुहोति** ॥ २३ ॥ 'सोमायानुब्रूहि' **इत्याहाज्यस्यैव गृह्णानश्चतुः** ॥ २४ ॥ 'ओ श्रावय' **इत्याह** ॥ २५ ॥ 'सोमं यज' **इति** ॥ २६ ॥ **वषट्कृते जुहोति** ॥ २७ ॥ 'वरुणायानुब्रूहि' **इत्याहोपस्तृणानोऽवद्यन्** ॥ २८ ॥ **पश्चाच्च पुरस्ताच्च पुरोडाशस्यावद्यति** ॥ २९ ॥ **अभिघारयति** ॥ ३० ॥ **प्रत्यनक्ति** ॥ ३१ ॥ 'ओ श्रावय' **इत्याह** ॥ ३२ ॥ 'वरुणं यज' **इति** ॥ ३३ ॥ **वषट्कृते जुहोति** ॥ ३४ ॥ 'अग्नीवरुणाभ्यामनुब्रूहि' **इत्याहोपस्तीर्णाभि–घारितं पुरोडाशमादधानः** ॥ ३५ ॥ 'ओ श्रावय' **इत्याह** ॥ ३६ ॥ 'अग्नीवरुणौ यज' **इति** ॥ ३७ ॥ **वषट्कृते जुहोति** ॥ ३८ ॥ **चतुर्गृहीतं गृह्णीते** ॥ ३९ ॥ **अपबर्हिषौ द्वावनूयाजौ यजति** ॥ ४० ॥ 'अवभृथ *[१](निचङ्कुण' **इति स्रुचमप्स्वस्यति**। '○निचेरु=कृतम्' **इति** ॥ ४१ ॥ 'उरोरा नो देव रिषस्पाहि' **इति बिन्दून् प्रतिसूय** 'सुमित्रा न आप ओषधयः सन्तु' **इति प्राणेनापां भक्षयति**। '○दुर्मित्रा = द्विष्मः' **इति** ॥ ४२ ॥ 'सं त्वा विशन्त्वोषधीरुतापः' **इत्यवभृथं संप्रकिरति**। 'यज्ञस्य त्वा=विधेम' **इति** ॥ ४३ ॥ 'देवीराप एष वो गर्भः' **इति संप्रकीर्णमनुमन्त्रयते**। '○तं वः सुप्रतीतं=ब्रूताद्' **इति** ॥ ४४ ॥ 'प्रतियुतो वरुणस्य पाशः प्रत्यस्तो वरुणस्य पाशः' **इत्यप्सूत्तरसिचौ न्यस्यतः** ॥ ४५ ॥ 'इदमहं निर्वरुणस्य पाशान्मुच्ये' **इति वासोभ्यामभिनिर्वेष्टयेते** ॥ ४६ ॥) 'उदुत्तमं वरुण पाशमस्मद्' **इति मेखले विस्रꣳसयेते**। '○अवाधमं वि=तये स्याम' **इति** ॥ ४७ ॥ **अभ्यवेत्यान्योऽन्यस्य पृष्टीर्धावतस्तौ** ॥ ४८ ॥ 'उद्वयं तमसस्परि' **इत्युन्नेतोन्नयति**। '○पश्यन्तो=त्तमम्' **इति** ॥ ४९ ॥ 'एधोऽस्येधिषीमहि' **इत्यौदुम्बरीः समिधः कुर्वाते** *[२](॥ ५० ॥ **अप्रतीक्षमायन्ति** ॥ ५१ ॥ 'समिदसि तेजोऽसि तेजो मयि धेहि' **इत्याहवनीये यजमानोऽभ्या–दधाति** ॥ ५२ ॥ **एवमेव गार्हपत्ये पत्नी** ॥ ५३ ॥ 'अपोऽन्वचारिषम्' **इत्येनावुपस्थापयति**। '○रसेन=)वर्चसा' **इति** ॥ ५४ ॥ **आगत्य विसृजति पूर्वमग्निमपरस्मिन्नाहवनीये** ॥ ५५ ॥ **सꣳस्थामनु हविषो निवर्तयते** ॥ ५६ ॥ **प्रतिप्रस्थातारमाह** 'उदयनीयं निर्वप' **इति** ॥ ५७ ॥ **अपरेण गार्हपत्यं यज्ञायुधानि सꣳसाद्यापः प्रणीय प्रतिप्रस्थातोदयनीयं निर्वपति** 'देवस्य त्वा' ॥ ६.१५.२.५८ ॥ **[इति द्वितीयः पटलः** (४९)**]**

---

*[१]. Text abri. अवभृथ =उदुत्तमं वरुण° see IV.2.4.28-33. *[२]. Text abri. समिधः कुर्वाते=वर्चसा इति see IV.2.4.37-41.

आज्योत्पवनान्ते तमलङ्कृतमाहरन्तीत्यादि नैष्ट्ययनानि हुत्वा 'उदयनीयं निर्वप' इति संप्रेष्यति प्रतिप्रस्थातारम्। उदयनीयस्याध्वर्युकर्तृकत्वे नास्ति प्रैषः। [१]उक्तेऽवभृथधर्मपक्षे पुनरागत्य फलीकरण–होमप्रणीतामार्जनकपालादिविमोकोपवेषोदसनानि कुर्युः। उदयनीयस्य शालामुखीये श्रपणं यागश्च प्रत्यञ्च औपसद्यां वेद्यां[२] सादयेत्॥ ६.१५.२.५६–५८ ॥ **[इति द्वितीयः पटलः** (४९)**]**

---

१. M Ad उक्तो; thus T. **२.** M Ad om; thus T.

[आतिथ्यबर्हिरूपावरणादिपूर्वकं यज्ञवस्तु कृत्वा समारोपणम्]

'देवस्य त्वा सवितुः प्र=हस्ताभ्यामदित्या अग्निवत्यै सोमवत्यै सवितृवत्यै पथ्यवत्यै निर्वपामि' **इति** ॥ १ ॥ **चतुर्गृहीतं गृह्णीते** ॥ २ ॥ **दशहोतारं पृश्नीꣳश्च व्याचष्टे** ॥ ३ ॥ **तस्य हविष्कृता वाचं विसृज्यावोद्धरन्ति** ॥ ४ ॥ **एतदातिथ्यबर्हिरुपावहृत्य प्रायणीयबर्हिरावपन्निष्कासभाजाꣳस्तण्डुलानावपति** ॥ ५ ॥ **यं चरुमावपति शृतेऽस्मिन्नाज्यमानयति** ॥ ६ ॥ **येन प्रचरिष्यन् भवति तत्पुनराज्यस्थाल्यां कृत्वा स्तम्बयजुर्हरति** ॥ ७ ॥ **वेदिं परिगृह्णाति***१(॥ ८ ॥ **करणं जपति** ॥ ९ ॥ **प्रसूत उत्तरं परिग्राहं परिगृह्णाति** ॥ १० ॥ **योयुपित्वाऽवस्कम्भ संप्रेष्यति** 'प्रोक्षणीरासादये= संमृड्ढ्य)ाज्येनोदेहि' **इति** ॥ ११ ॥ **एतत् कु***२(**र्वन्ति** ॥ १२ ॥ **स्रुवं च स्रुचश्च संमृज्याज्यानि गृह्णीते) सर्वाणि षड्गृहीतानि** ॥ १३ ॥ **इध्मा***३(**बर्हिः प्रोक्षति) बर्हिषीतरे** ॥ १४ ॥ **समासन्नेऽपानग्रहाꣳश्च पृश्नीꣳश्च व्याचष्टे** ॥ १५ ॥ '**ध्रु***४(वा असदन्', 'यन्मे अग्ने' **इति समभि)मृश्य षड्ढोतारं व्याचष्टे** ॥ १६ ॥ **अग्नये** *५(**समिध्यमानायानुवाच आह** ॥ १७ ॥ '**अनूक्तासु सामिधेनीषु स्रुवेणाघारमाघार्याह** 'अग्नीदग्निं त्रिस्त्रिः संमृड्ढि' **इति** ॥ १८ ॥ **स्रुग्भ्यामुत्तरम्** ॥ १९ ॥ **असꣳस्पर्शयन्नत्याक्रम्य ध्रुवाꣳ समज्य सादयित्वा प्रवरं प्रवृणीते** ॥ २० ॥ **सीदति होता** ॥ २१ ॥ **प्रसूतः स्रुचावादत्ते** ॥ २२ ॥ **प्रयाजान् यजति** ॥ २३ ॥ **प्रयाजानिष्ट्वाऽत्या)क्रम्य पञ्चकृत्वो ध्रुवामभिधारयति हविः** ॥ २४ ॥ **अथोपभृतमन्ततः** ॥ २५ ॥ **आज्यभागौ यजति** ॥ २६ ॥ 'अग्नयेऽनुब्रूहि' **इत्याहाज्यस्य गृह्णानश्चतुः** ॥ २७ ॥ 'ओ श्रावय' **इत्याह** ॥ २८ ॥ 'अग्निं यज' **इति** ॥ २९ ॥ **वषट्कृते दक्षिणार्धे जुहोति** ॥ ३० ॥ 'सोमायानुब्रूहि' **इत्याहाज्यस्यैव गृह्णानश्चतुः** ॥ ३१ ॥ 'ओ श्रावय' **इत्याह** ॥ ३२ ॥ 'सोमं यज' **इति** ॥ ३३ ॥ **वषट्कृतेऽपरार्धे जुहोति** ॥ ३४ ॥ 'सवित्रेऽनुब्रूहि' **इत्याहाज्यस्यैव गृह्णानश्चतुः** ॥ ३५ ॥ 'ओ श्रावय' **इत्याह** ॥ ३६ ॥ 'सवितारं यज' **इति** ॥ ३७ ॥ **वषट्कृते उत्तरार्धे जुहोति** ॥ ३८ ॥ 'पथ्यायै स्वस्त्या अनुब्रूहि' **इत्याहाज्यस्यैव गृह्णानश्चतुः** ॥ ३९ ॥ 'ओ श्रावय' **इत्याह** ॥ ४० ॥ 'पथ्याꣳ स्वस्तिं यज' **इति** ॥ ४१ ॥ **वषट्कृते पूर्वार्धे जुहोति** ॥ ४२ ॥ 'अदित्या अनुब्रूहि' **इत्याहोपस्तृणानोऽवद्यन्** ॥ ४३ ॥ **पश्चाच्च पुरस्ताच्च चरोरवद्यति** ॥ ४४ ॥ **अभिघारयति** ॥ ४५ ॥ **प्रत्यनक्ति** ॥ ४६ ॥ 'ओ श्रावय' **इत्याह** ॥ ४७ ॥ 'अदितिं यज' **इति** ॥ ४८ ॥ **वषट्कृते मध्ये जुहोति** ॥ ४९ ॥ 'अग्नये स्विष्टकृतेऽनुब्रूहि' **इत्याह पञ्चकृत्व** *६**उपस्तृणान(ोऽवद्यन्** ॥ ५० ॥ **सकृदुत्तरार्धान्मेक्षणे चरोरवद्यति** ॥ ५१ ॥ **तदवदायाधोऽधः स्रुचावग्नीधे प्रयच्छति** ॥ ५२ ॥ **द्विरभिघारयति** ॥ ५३ ॥ **न प्रत्यनक्ति** ॥ ५४ ॥ **अष्टावत्तः स्विष्टकृत्** ॥ ५५ ॥ 'ओ श्रावय' **इत्याह** ॥ ५६ ॥ 'अग्निꣳ स्विष्टकृतं

---

*१. Text abri. वेदिं परिगृह्णाति=आज्येनोदेहि see VI.2.2.6-9. *२. Text abri. एतत् कु=सर्वाणि see VI.2.2.10-11. *३. Text abri. इध्मा=बर्हिषीतरे see VI.2.2.12. *४. Text abri. ध्रु=मृश्य षड्° see VI.2.2.14. *५. Text abri. अग्नये=क्रमय पञ्चकृत्वो see VI.2.2.15-22. *६. Text abri. उपस्तृणान=आहुतीर्जुहोति see VI.2.2.48-56.

यज' **इति** ॥५७॥ **वषट्कृत उत्तरार्धेऽतिहाय पूर्वा) आहुतीर्जुहोति** ॥ ५८ ॥ **अनुप्रहरत्यग्नीन्मेक्षणम्** ॥ ५९ ॥ **तत्सꣳस्रावेणाभिजुहोति** ॥ ६० ॥ **अत्याक्रम्या***१**(यथायतनꣳ स्रुचौ सादयित्वा प्राशित्रमवद्यति** ॥ ६१ ॥) **अप उपस्पृश्य नवकृत्व इडाया उपस्तृणीते***२(॥ ६२ ॥ **द्विरवद्यति** ॥ ६३ ॥ **सकृदभिघारयति** ॥ ६४ ॥ **द्वादशावत्तेडा** ॥ ६५ ॥ **उपहूतायामिडायामग्नीध आदधाति** ॥ ६६ ॥ **प्राश्नन्ति** ॥ ६७ ॥ **मार्जयन्ते** ॥ ६८ ॥ **परिहरन्ति ब्रह्मणे** ॥ ६९ ॥ **प्राशिते प्राशित्रे सन्ततिमनु षड्ढोतुराहुतिं जुहोति** ॥ ७० ॥ 'ब्रह्मन प्रस्थास्यामः' **इति** ॥ ७१ ॥ **अनूयाजान् यजति** ॥ ७२ ॥ **आगत्य वाजवतीभ्याꣳ स्रुचौ व्यूहति** ॥ ७३ ॥) **शंयुना प्रस्तरपरिधि संप्रकिरति** ॥ ७४ ॥ **चतुर्गृहीतं गृह्णीते** ॥ ७५ ॥ **तज्जुहोति** 'यास्ते विश्वाः समिधः सन्त्यग्ने' **इत्यग्निम्।** '०याः पृथिव्यां=शर्म स्वाहा' **इति** ॥ ७६ ॥ **अपरं चतुर्गृहीतं गृह्णीते** ॥ ७७ ॥ **ध्रुवामाप्याय्य स्वेन यजुषा जुहोति** ॥ ७८ ॥ **तूष्णीमन्तर्वेदि प्रणीता निनयति** ॥ ७९ ॥ **सन्तिष्ठत उदयनीयः** ॥ ८० ॥ **द्रुत्वा प्रतिप्रस्थाताऽग्नीध्रो वाऽपरेणाहवनीयꣳ स्रुचः संमृज्याज्यानि गृह्णीते पृषदाज्यवन्ति प्रसिद्धम्** ॥ ८१ ॥ **जुहूपभृतोर्गृहीत्वा** 'महीनां पयोऽसि' **इति**

*१. Text abri. अत्याक्रम्या=अप उपस्पृश्य see VI.2.2.59. *२. Text abri. उपस्तृणीते=शयुनां see VI.2.2.60-71.

ध्रुवामाप्याय्य स्वेन यजुषा जुहोति 'जूरसी'ति। अन्य आह—'जूरसी'ति सोमक्रयण्यभिधायित्वादिह तदभावात्प्राकृतस्यैव समिष्टयजुषो ग्रहणं, सोमक्रयण्यभिधायित्वं च 'वाग्वा एषा यत्सोम-क्रयणी 'जूरसी'त्याहेत्यादि दर्शनादिति। उच्यते—प्रायणीयोदयनीययोर्वचनमन्तरेण वैलक्षण्यं नोपपद्यते। 'य उ[१] ह वाव प्रायणीयः स उदयनीय' इति वचनात्। शंय्वन्तश्च प्रायणीयः। तथैवोदयनीयेन भवितव्यम्। तत्र प्राकृतस्य समिष्टयजुषो होमो नोपपद्यते। 'समिष्टयजुर्वा इदं हित्वा पलायिष्मही'त्यादिना चास्या आहुतेः प्रायणीयशेषत्वं दृश्यते। तदुदयनीयस्यापि भवितव्यम्। यदुक्तं सोमक्रयण्यभिधायित्वमुदयनीये च, तदभावान्नोपपद्यत[२] इति। तत्रोच्यते—तत्र 'वाग्वा एषा यत्सोमक्रयणी'ति सोमक्रयण्यां वाक्त्वमध्यारोप्य स्तूयते। इह वागेव स्तूयत इति नास्ति विरोधः। तथा च 'तस्मान्नु हैतद्वाचि हूयते यत्समिष्टयजुर्जूरसि धृता मनसा[३]' (वाधू.अन्वा. ४.२७.९) इत्यन्वाख्यान उक्तम्। ध्रुवाप्यायनदर्शनमप्राकृतत्वे[४] नोपपद्यत इति चेत् तानूनप्त्रादिष्वप्याप्यायनशेषस्य दृश्यते। तद्वाचनिकम्। अपि च ध्रुवया होतव्यस्य समिष्टयजुषो जुह्वा होमः कल्पयितव्यः स्यात्॥ ७८-८० ॥

द्रुत्वा प्रतिप्रस्थातेति। अनूबन्ध्यस्य तन्त्रप्रक्रमप्रदर्शनार्थम्[५]। तत्राध्वर्युरिध्माबर्हिः[६] सम्भृत्य [६]'अग्नीदाज्यमधिश्रय प्रतिप्रस्थातः स्रुचः संमृड्ढ्याज्यानि गृह्णीष्वे'ति प्रेष्यति। अग्नीषोमीयवद् यज्ञायुधसंसादनाद्याग्नीध्रः[७] करोति। प्रतिप्रस्थाता च स्रुक्संमार्गादि। अपरेणाहवनीयमित्यत्र वाचनिको विशेषः॥ ८१ ॥

---

१. M Ad इ; thus T. २. M Ad भावो नोपप. ३. M Ad T मनस. ४. M Ad ध्रुवानदर्श° ; thus T. ५. M Ad तन्त्रप्रदर्शनार्थक्रम प्रदर्शनार्थं. ६-६. M Ad तत्राध्वर्यु...त्यग्नीदा° ; thus T. ७. M Ad °सादनादाग्नी° ; thus T.

पृषदाज्यायो*[१]**(पस्तृणीते** ॥ ८२ ॥ 'विश्वेषां देवानां तनूः' **इति द्वितीयम्** ॥ ८३ ॥ 'ऋध्यासमद्य पृषतीनां ग्रहम्' **इति तिरःपवित्रः स्रुचि दध्यानयति।** '°पृषतीनां ग्रहोऽसि' **इति** ॥ ८४॥ 'विष्णोर्हृदयमसि' **इति प्राप्य परिधिं परिदधाति** ॥ ८५ ॥ 'विष्णुस्त्वाऽनु विचक्रमे' **इति द्वितीयम्** ॥ ८६ ॥ 'प्रति दध्ना घृतेन वर्धताम्' **इति वाचयति।** '°तस्य मेष्टस्य=अस्तृतम्' **इति** ॥ ८७ ॥ **ध्रुवायै काल आ)ज्यस्थालीमुपोद्यच्छति** ॥ ८८ ॥ **इध्माबर्हिः प्रोक्षति***[२]**(** ॥ ८९ ॥ **वेदिं प्रोक्षति** ॥ ९० ॥ **आसन्नं प्रोक्षति** ॥ ९१ ॥ **अपो निनीय प्रस्तरं गृह्णाति** ॥ ९२ ॥ **स्तृणाति बर्हिः** ॥ ९३ ॥ **परिगृह्य) परिधीन् कार्ष्मर्यमयान् समिधावा***[३]**(–दधाति** ॥ ९४ ॥ **परिधिषु वाचयित्वाऽग्निं) युनक्ति** ॥ ९५ ॥ **आगत्य तिरश्ची** *[४]**(सादयति** ॥ ९४ ॥ **तिरश्च्योः प्रस्तरम्** ॥ ९७ ॥ **प्रस्तरे जूहूम्** ॥ ९८ ॥**) बर्हिषीतरे** ॥ ९९ ॥ **समासाद्य** 'ध्रुवा असदन्', 'यन्मे अग्ने' **इति समभिमृश्य दशहोतारं व्याचष्टे** ॥ १०० ॥ **अप उपस्पृश्य निष्क्रम्य परिवीयमाणायानुवाच आह** ॥ १०१ ॥ **मैत्रावरुणः पशुरनूबन्ध्यो हृदयशूलवानेकादशकपालोऽस्य पुरोडाशः** ॥ १०२ ॥ **तस्य प्रसिध्यति कर्मासमिष्टयजुर्भ्यः** ॥ १०३ ॥ **समिष्टयजूꣳषि हुत्वा** 'अयं ते योनिर्ऋत्वियः'

*[१]. Text abri. पृषदाज्यायो=ज्यस्थालीमुपो° see V.1.2.37-43. *[२]. Text abri. इध्माबर्हि प्रोक्षति=परिधीन् see V.1.3.1-6. *[३]. Text abri. समिधावा=युनक्ति see V.1.3.6-7. *[४]. Text abri. आगत्य तिरश्ची=बर्हिषीतरे see V.1.3.8-10.

---

*मैत्रावरुणः पशुरि*ति। पशुशब्दापेक्षं पुंल्लिङ्गं वशापशुः। ब्राह्मणे 'यन्मैत्रावरुणीं वशामालभत' इति विधानात्। 'अनूबन्ध्यस्य वपान्ते दक्षिणे वेद्यन्ते परिश्रिते यजमानः केशश्मश्रूणि वापयेदि'ति विध्यवशेषः। हृदयशूलवान् हृदयशूलचर्यावान् हृदयशूलान्त इत्यर्थः। एकादशकपालोऽस्य पशुपुरोडाश इति। अश्वमेधे मैत्रावरुणस्य पशुपुरोडाशस्यैककपालत्वदर्शनाद् इहाप्येककपालत्वं मा विज्ञायीति ॥ १०२ ॥

तस्य प्रसिध्यति कर्मा समिष्टयजुर्भ्य इति च हृदयशूलवानिति च दर्शनादस्य पशो–रैन्द्राग्नविकारत्वं केचिन् मन्यन्ते। 'तथा एतमन्वन्ये पशव' इति स्वरुहोमे निरूढपशुभिस्तुल्यत्वम–स्योक्त'मिति। तथा सति 'अग्नीदाज्यमि'त्यादि न वक्तव्यम्। आज्यग्रहणस्य प्रतिप्रस्थातृकर्तृत्वं वाचनिकम्। अन्य आह— उभयविधत्वमग्नीषोमीयस्योक्तं पत्नीसंयाजान्तत्वं हृदयशूलान्तत्वं च। तथा–स्याप्युभयविधत्वे[१] प्राप्ते हृदयशूलान्तत्वं नियम्यत इति। 'ताननुवर्तन्ते देविकानां च देवीनां च हवी–ꣳषी'त्यश्वमेधे दर्शनादीजानस्य विहितानाम् अनूबन्ध्यस्य पशुपुरोडाशमनूभयेषां[२] निर्वपणमेके कुर्वन्ति। निर्वपणमन्ये उदवसानीयान्ते[३] परिसमाप्ते क्रतौ। तथा पुरुषमेधे दृश्यते—'अथ देविकाहवि–र्भिर्यजतेऽथ त्रैधातवीयये'ति। एतस्माद्देवीनां वैकल्पिकत्वमपि ज्ञायते। अनुपदकार आह—'परि–शाययेत्[४] स्थालीः सोमलिप्तास्ताभिरनूबन्ध्यस्य पशुपुरोडाशमनु देविकाहवींषि निर्वपेत्[५] व्युदितम्।

१. M Ad तथाप्यस्याप्युभ° ; thus T. २. Ad °मनुभूयैषां; thus T. ३. M Ad °दवसनी°. ४. M °शायये, Ad शायते; thus T. ५. M Ad निर्वपते, T निर्वपे(त्) तव्यु°.

इत्यरण्योरग्निꣳ समारोहयते ॥ ६.१५.३.१०४ ॥ **[इति तृतीयः पटलः** (५०)**]**

[अग्निसमारोहणादिपूर्वकं पूर्णाहुतिपर्यन्तमग्निष्टोमसमाप्तिः]

'अयं ते *[१](योनिर्ऋत्विय' **इत्यरण्योरग्निꣳ समा)रोहयते**। '○यतो जातो=रयिम्' **इति** *[२](**यद्युदवस्यति**॥ १॥ **यद्यु न शकल एव पूर्वमग्निꣳ समारोह्य** 'अहं त्वदस्मि' **इत्यपरस्मिन्नाहवनीये विसृजति**। '○मदसि=जातवेदः' **इति** ॥ २ ॥**)** 'यत्कुसीदमप्रतीत्तं मयि' **इत्युत्तरां वैद्यै श्रोणिमुपोषति**। '○येन यमस्य बलिना *[३](चरा=भवामि' **इति** ॥ ३ ॥ 'विश्वलोप विश्वावस्य त्वाऽऽसञ्जुहोमि स्वाहा' **इत्यञ्जलिना सक्तून् प्रदाव्ये जुहुतो यजमानश्च पत्नी च** ॥ ४ ॥ 'अग्धादेकः' **इति हस्तान् संप्रघ्नाते**। '○अहुतादेकः स=रेण्यम्' **इति** ॥ ५ ॥ 'अयं नो नभसा) पुरः' **इत्यादित्यमुपतिष्ठते**। '○सꣳस्फानो अभि=असन्' **इति** ॥ ६ ॥ 'स त्वं नो नभसस्पते' **इति वायुम्** *[४](। '○ऊर्जं नो=कृधि' **इति** ॥ ७ ॥ 'देव सꣳस्फान' **इत्यादित्यम्**। '○सहस्रपोषस्ये=स्वस्तिम्' **इति** ॥ ८ ॥ 'आशासानः सुवीर्यम्' **इति यूपम्**। '○राय=)यजमानाय तिष्ठ' **इति** ॥ ९ ॥ **स्फ्यमादायोदपात्रं च हृदयशूलेनोत्परायन्ति** ॥ १० ॥ **अन्तरा** *[५](**चात्वालं चोत्करं च गत्वा पूर्वेण यूपं बहिर्वेदि स्फ्येनोद्धत्य** 'उन्नम्भय पृथिवीम्' **इत्युदपात्रेऽवोक्षति**। '○भिन्द्धीदं=दूतिम्' **इति** ॥ ११ ॥ 'शुगसि' **इति शुष्कस्य चार्द्रस्य च सन्धौ पराञ्चꣳ हृदयशूलमुद्वासयति**। '○तमभि शोच योऽस्मान् द्वेष्टि यं च**)** वयं द्विष्मः' **इति** ॥ १२ ॥

---

*[१]. Text abri. ते=रोहयते see above V.3.3.1. *[२]. Text abri. इति =यत्कुसीदमप्रतीत्तं see above V.3.3.1-2. *[३]. Text abri. बलिना=पुरः see above V.3.3.3-6. *[४]. Text abri. वायुम्=यजमानाय see above V.3.3.7-9. *[५]. Text abri. अन्तरा=वयं द्विष्मः see above V.3.3.12-13.

देवीनां[१] ताश्चेन्निर्वपेत् तासामपि [२]स्थालीर्लिम्प्यात् सोमेने'ति ॥ १०३ ॥

समिष्टयजूंषि हुत्वा गोमत्यन्तमैष्टिकं कृत्वा वरुणपाशविमोकं[३] कृत्वा यज्ञवास्तु कृत्वा समारोपयेत् ॥ ६.१५.३.१०४ ॥ **[इति तृतीयः पटलः** (५०)**]**

ततो 'यत्कुसीदमि'त्यादि उत्परायन्त्यग्निभिः समारूढैः। अथवा स्वरूपहरणं पक्षान्तरमिदम्। तच्च सोमाधान[४] इति केचित्। उदग्रे देवयजनान्मथित्वा स्वरूपहृतं वा विहृत्योदवसानीययेष्ट्या यजेत। कुत एतत्। अनूबन्ध्यस्य सन्तीति मन्यमानेनाचार्येण चोक्तम्। 'तन्नु हैतदेके नक्तमेवोदव–स्यन्ति। तमो वै उदवस्येदिति। का पुनरुदवसानीया[५]। ब्राह्मणे औपानुवाक्ये विहिता। 'आग्नेयं पञ्चकपालमुदवसानीयं निर्वपेदि'ति विधाय पञ्चकपालमपोह्याष्टाकपालः कार्य इति विहिता। सा[६] वैकल्पिकत्वादिह नाभिहिता। तथा च द्वादशाहे 'य इष्टिभिस्तथा त' इति वैकल्पिकत्वं दृश्यते' ॥ १–६ ॥

---

१. M Ad देवानां; thus T. २. M Ad स्थालीर्लिम्प्यात्, T स्थालीं लि°. ३. M Ad वरुणवियो; thus T. ४. M Ad धानमिति; thus T. ५. M वसनी° ; thus T. ६. M Ad स.

उत्परायन्त्यग्निभिः ॥ १३ ॥ **अन्तरा चात्वालं चोत्करं च गत्वा त्रीण्युद्धतान्यायन्ति** ॥ १४ ॥ **प्रोक्ष्य** 'अग्नेर्जनित्रमसि' **इति शकल***[१](**–मादत्ते** ॥ १५ ॥ 'वृषणौ स्थः' **इति वृषणौ** ॥ १६ ॥ 'उर्वश्यसि' **इत्यधरारणिम्** ॥ १७ ॥ 'पुरूरवा' **इत्युत्तरारणिम्** ॥ १८ ॥ 'घृतेनाक्ते' **इत्यनक्ति** ॥ १९ ॥ 'वृषणं दधाथाम्' **इत्यवदधाति** ॥ २० ॥ 'गायत्रं छन्दोऽनु प्रजायस्व' **इति छन्दोभिरात्मानमभि निवर्तयते**। '०त्रैष्टुभं छन्दोऽनु प्रजायस्व', 'जागतं छन्दोऽनु प्रजायस्व' **इति** ॥ २१ ॥) **दशहोतारमरण्योर्व्याचष्टे** ॥ २२ ॥ **मन्थन्त्यग्निम्** ॥ २३ ॥ **प्रहरत्याहवनीयम्** ॥ २४ ॥ **निदधात्यन्वाहार्यपचनम्** ॥ २५ ॥ **चतुर्गृहीतं गृह्णीते** ॥ २६ ॥ **दशहोतारं गार्हपत्ये जुहुयात्** ॥ २७ ॥ **सप्तहोतारमाहवनीये** ॥ २८ ॥ **षड्ढोतारमन्वाहार्यपचने** ॥ २९ ॥ **पञ्चहोतारमामात्ये** ॥ ३० ॥ **चतुर्होतारꣳ सभायाम्** ॥ ३१ ॥ **आगत्य द्विराज्यस्योपस्तृणीते** ॥ ३२ ॥ **दध्यानयति***[२](॥ ३३ ॥ **द्विरेवाभिघारयति** ॥ ३४ ॥ **तज्जुहोति** 'इडायै सृप्तं घृतवच्चराचरम्' **इत्याहवनीये**। '०देवा=रन्तिरस्तु स्वाहा' **इति** ॥ ३५ ॥ 'पुनरूर्जा निवर्तस्व' **इति दध्ना गार्हपत्ये जुहोति**। '०पुनः=)विश्वतः *[३](स्वाहा' **इति** ॥ ३६ ॥ **'सह रय्या निवर्तस्व' इत्यन्वाहार्यपचने जुहोति**। '०अग्ने पिन्वस्व)=स्परि स्वाहा' **इति** ॥ ३७ ॥ 'समुद्रादूर्मिर्मधुमाँ उदानद्' **इत्यप्सु तण्डुलान् जुहोति**। '०उपाꣳशुना=तस्य नाभिः स्वाहा' **इति** ॥ ३८ ॥ 'आपो हि ष्ठा मयोभुवः' **इति दर्भस्तम्ब उदपात्रं जुहोति**। '०ता न ऊर्जे दधातन। महे रणाय चक्षसे स्वाहा' **इति** ॥ ३९ ॥ 'वनस्पते शतवल्शो वि रोह स्वाहा' **इति पालाशे हिरण्यमुपास्य जुहोति** ॥ ४० ॥ **पूर्णाहुतिमेवातो जुहोति** ॥ ४१ ॥ **परिश्रित्याहवनीयं चतुर्गृहीतं गृह्णीते** ॥ ४२ ॥ **अभिपूर्य सप्तहोतारं व्याचष्टे** ॥ ४३ ॥ 'सप्त ते' **इत्येतामृचं मध्यतो दधाति** ॥ ४४ ॥

---

*[१]. Text abri. शकल=दशहोतारम° see I.1.3.10-16. *[२]. Text abri. दध्यानयति=विश्वत see V.3.3.19-22. *[३]. Text abri. विश्वत=स्परि see V.3.3.22-23.

त्रीण्युद्धतान्यायन्तीत्यादि ॥ १४ ॥

निदधत्यन्वाहार्यपचनस्य[१] स्वरूपेणैव हरणे। तथा च वास्तोष्पतीये द्वयोरेव समारोपणमाम्नातम्। उद्धरणपक्षे वास्तोष्पतीयं हुत्वैवोपरमति। नाहवनीयं समारोपयति। अवक्षाणानि च समिधां प्रक्षापयति। धार्यपक्षे औत्तरवेदिकस्यापि समारोपणं केचिदिच्छन्ति। तण्डुलान् स्रुचा जुहुयात्। पलाशवृक्षे[२] हिरण्यमुपास्याज्येन जुहोति ॥ २५ ॥

---

१. M Ad °वच°. **२.** M Ad पक्षे; thus T.

समिधमाधाय होतुराहुत्या जुहोति ॥ ४५ ॥ **वरमस्मै ददाति** ॥ ४६ ॥ **सन्तिष्ठतेऽग्निष्टोमः सन्तिष्ठतेऽग्निष्टोमः** ॥ ६.१५.४.४७ ॥ **[इति चतुर्थः पटलः** (५१)**]**

॥ इति षष्ठप्रपाठके पञ्चदशोऽनुवाकः ॥

॥ इत्यग्निष्टोमाख्यः षष्ठः प्रपाठकः ॥

□ □ □

सन्तिष्ठतेऽग्निष्टोमः । अभ्यासप्रयोजनमुक्तम् ॥ ६.१५.४.४७ ॥ **[इति चतुर्थः पटलः** (५१)**]**

॥ इति व्याख्यायां षष्ठप्रपाठके पञ्चदशोऽनुवाकः ॥

॥ इति कल्पागमसंग्रहे अग्निष्टोमाख्यः षष्ठः प्रपाठकः ॥

□ □ □

॥ अथ सप्तमः प्रपाठकः ॥

[अथाग्निकल्पः]

[उखासंभारसंभरणम्]

उखां संभरिष्यन् संभारान् संभरते ॥ १ ॥ स्रुचश्चाज्यस्थाली चोदकुम्भश्च शतमानं च

उखां संभरिष्यन् संभारान् संभरते। अत्राग्निकल्प आरभ्यते। 'सन्तिष्ठतेऽग्निचित्ये'ति उपसंहारे दृश्यते। अग्निरेवाग्निचित्या तद्धर्माश्च यतोऽत्र समाम्नायन्ते। अग्न्यायतनसंस्कारत्वादैष्टके स्थलेऽग्निशब्दः। तच्च लिङ्गात् सौमिकस्य कर्मणोऽङ्गम्[१]। 'तिस्रो रात्रीर्दीक्षितः स्यादि'ति सोमाङ्गभूतां दीक्षामनूद्य कल्पे परिमाणं विकल्पेनाम्नातम्। वैकृतेषु[२] कर्मस्वश्व[३]मेधादिषु प्रवृत्तिदर्शनं च। श्रुत्यन्तरे हि [४]'अनूपसदमग्निं चिन्वीते'ति च। एवमेतानि लिङ्गानि। तत्संयोगाच्च कर्मण्यग्नि-शब्दः। प्रकृत्यनन्तरसमाम्नानात् प्रकृत्यर्थः। प्रकृतानामेव च संस्थविशेषाणामत्रानूद्यमानत्वात् 'यद्यग्निष्टोम एतदेवाहर्ब्रह्मोदनं[५] निर्वपति, यद्युक्थ्यो वाऽतिरात्रो वे'ति। अन्य आह—'अस्यानारभ्या-धीतत्वाद् विकृत्यर्थता युक्तेति। तथा च सूत्रकार[६] आह—'अग्निष्टोम उत्तरवेदिरुत्तरेषु क्रतुष्वग्निरिति। तथाऽन्यमग्निं[७] व्याख्यास्यामः। स उत्तरत इत्यर्थ' इति[८]। अग्निष्टोम इत्यादि ब्रुवत आचार्यस्य नायमभिप्रायः। किं तर्हि ? प्रकृत्यर्थ एवेति। तथा 'अग्निष्टोमेनैवाग्निमनुयजती'त्यादि श्रुतिरस्मिन्पक्षे युज्यते[९]। उत्तरवेदेश्च[१०] दशपदायाः समाम्नानात् तस्यां चाग्नेरसंभवात् सामर्थ्याच्च विकल्पः। यतः प्रकृतौ विकल्पः, अतस्तद्विकारेऽपि[११] विकल्परूपेणैवाग्निः प्रवर्तते।

[१२]साद्यस्क्रसारस्वतामयनादिषु त्वसंभवान्न प्रवर्तते। यत्र च प्रतिषेधः [१३]वाजपेयषोडश्यादिषु। अश्वमेधादिषु तु नित्यो वचनात्। अभ्युपगतं च भगवता जैमिनिना। तच्छिष्यैश्च प्रकृतिविकृत्यर्थ-श्चाग्निरस्तीति[१४] यतस्तैरभिहितम् [१५]'अथातोऽग्निमग्निष्टोमेनैवाग्निमनु यजती'ति। 'तमुक्थ्येनेत्यत्रो-क्थ्याद्यनुक्रमणं समानविध्यर्थमिति। तं वाऽग्निं निमित्तीकृत्य बहवो गुणविशेषाः क्रतोः समाम्नाताः। तेषां भूयस्त्वाद्बहिः प्रकरणमग्नेः समाम्नातम्। तेषां च पूर्वमुखासंभरणं प्रस्तूयते[१६]। अवश्यं चोखासंभरणमादौ वक्तव्यम्। 'उख्यभस्मना संसृज्येष्टकाः कारयेदि'ति हि श्रूयते।

इष्टकाकरणं[१७] चादावर्थात्प्राप्तम्। अकृत्वा चोखासंभरणमुख्यभस्मोपादानं न शक्यते। अथवा

---

१. T कर्मणेदं गं; thus M Ad. २. M Ad °तेष्ट; thus T. ३. M Ad °स्वच्च; thus T. ४. M Ad °रूप°; thus T. ५. M °देवाह। ब्रह्मो°, Ad °देवाहा; thus T. ६. M Ad व्रतकार; thus T. ७. M Ad तथान्योग्नि [Ad ग्नी]; thus T. ८. M Ad इति यद्य°. ९. M Ad युज्यतीते; thus T. १०. M Ad उत्तरपदेश्चदशप°; thus T. ११. M Ad °कारेष्वपि; thus T. १२. M Ad साद्यक्र°, T साद्य सा°. १३. M Ad वायपे°. १४. M Ad चाग्निरग्निरस्तीति. १५. M Ad °ग्निमग्निष्टोमेनयज° · thus T. १६. M Ad प्रसूयते; thus T. १७. M Ad इष्टकारणं; thus T.

वल्मीकवपा च करणीया च मृद् योक्त्रं च कृष्णाजिनं च द्वे च पुष्करपर्णे कृष्णाजिनस्य च लोमान्यजलोमानि च शर्कराश्चार्मकपालानि च पर्णकषायश्च वेणुकाण्डं च ॥ २ ॥ **चरूनिर्वपति** ॥ ३ ॥ **निरुप्ते प्राणग्रहांश्च पृश्नींश्च व्याचष्टे** ॥ ४ ॥ **समासन्नेऽपानग्रहांश्च पृश्नीं** *[१] **(श्च व्याचष्टे** ॥ ५ ॥ 'ध्रुवा असदन्', 'यन्मे अग्ने' **इति समभिमृश्य) दशहोतारं व्याचष्टे** ॥ ६ ॥ **वार्त्रघ्नावाज्यभागौ** ॥ ७ ॥ 'द्वौ समुद्रौ' **इति हविषः पुरोनुवाक्या।** '°विततावजूर्यौ पर्यावर्तेते=सेतुनाऽतियन्त्यन्यम्' **इति** ॥ ८ ॥ 'द्वे द्रधसी' **इति याज्या।** '°सतती वस्त=जायै' **इति** ॥ ९ ॥ **वषट्कृते जुहोति** ॥ १० ॥ **त्रिष्टुभौ संयाज्ये** ॥ ११ ॥ **सन्ततिमनुहोतुराहुतिं जुहोति** ॥ १२ ॥ **प्रसिध्यति कर्म** ॥ १३ ॥ **सन्तिष्ठत एषेष्टिः** ॥ १४ ॥ **तस्याः संस्थितायां तदानीमेव ब्रह्मणे चरुं**

*[१]. Text abri. पृश्नींश्च=दशहोतारं see I.3.1.5-6

वाचनिक एवैष क्रमः। तदुक्तमन्वाख्याने—'तस्मान्नु[१] हैनमुखयैव पूर्वया[२] प्रतिपद्येरन्' (वाधू.अन्वा. ५.७.६) इति। रात्रिभृतश्चेष्यमाणस्योख्यभस्मनेष्टकासंसर्गो[३] न संभवति। अविशेषोक्तश्चायं क्रमः। उखामित्येकवचननिर्देशः प्राधान्यात् प्रवृञ्जनार्थायाः। संभरते उपकल्पयते पूर्वमेव प्रयोगप्राशुभावाय॥ १ ॥

स्रुक्स्रुवौ [४]पदावभिहोमार्थौ। अभ्रिर्वैणवी[५]। कल्माषी[६] व्याममात्री उभयतःक्ष्णूरन्यतरक्ष्णूर्वा[७]। सुषिराज्यस्थाली चाभिहोमार्थैव[८]। शतमानं च तदर्थमेव[९]। करणीया[१०] करणयोग्या कुलालैः सम्यङ्मृदिता[११]। करणीयाशब्द ईदृशेऽर्थे प्रसिद्ध इत्यवगन्तव्यम्। अर्मकपालानि [१२]शून्यग्रामस्थानि कपालानि[१२]। अर्मशब्देन शून्यग्रामस्थण्डिलमुच्यते। तथा च लिङ्गमपि 'येषामिमे पूर्वे अर्मास आसन्नि'ति। पर्णकषायः पलाशत्वक्शृतः कषायः। उखां संभरिष्यन्नित्युपक्रम्यार्वागेवोखासंभरणादिष्टेरभिहितत्वादिष्टिद्वयमुखासंभरणनिमित्तमित्यवगम्यते। अतोऽश्वमेधे 'प्राजापत्येनेष्ट्वोखाः संभरत' इत्युखासंभरणस्य प्राजापत्योत्तरकालत्वे तयोरप्युत्तरकालत्वं स्यात्। तदानीमेवेतीष्ट्योर्व्यापारान्तरेण[१३] व्यवधानं विवक्षितम्। तद्देवतापदं नपुंसकलिङ्गम्। अत्र लिङ्गादानुमानिकेन चोदकेनातिदिश्यमानाच्चतुर्होतुः प्रत्यक्षेण वचनेनातिदिश्यमानो दशहोतैव बलवानिति ज्ञापनाय क्लृप्त्यतिदेशादेव सिद्धस्यापि दशहोतुः पुनर्वचनम्॥ २ ॥

याज्यायाः समीपे शेत इत्युपशयी। याज्याशब्देनानभिधानादप्रदानार्थता[१४] अतो वषट्कारानन्तरमुच्येत। पाठक्रमादेव पदार्थानामानन्तर्ये सिद्धे 'एतस्यै संस्थामनु' इति॥ ५-१० ॥

तस्यां संस्थितायां तदानीमेवेति ब्रुवतोऽभिप्रायः। अस्मिन्नहनि भूयसः[१५] कर्मकलापस्य कर्तव्यत्वान्नैरन्तर्येणैकाग्रा अनन्यकर्माणो व्याप्रियेरन्निति॥ १५ ॥

---

१. M Ad T तस्मादु. २. M Ad पूर्वयः. ३. M (p.228, line 1-4), Ad (p. 490, line 1-6) wrongly repeat the text भस्मना = माणस्योख्य. ४. M Ad T वदाभि°. ५. M Ad अभि°; thus T. ६. M Ad कषीर; thus T. ७. M Ad क्षु° क्षु. ८. M Ad होमः। अर्थैव; thus T. ९. T तदर्थकमेव. १०. T करु°. ११. M Ad मुदिता; thus T. १२-१२. T takes it as extra. १३. T °रेणाव्यव°. १४. M Ad °प्रधाना°. १५. M Ad भूयसं.

निर्वपति ॥ १५ ॥ **तस्या एषैवेष्टिक्लृप्तिर्या पूर्वस्यै** ॥ १६ ॥ **दशहोत्रैव होता** ॥ १७ ॥ 'ब्रह्मजज्ञानम्' **इति हविषः पुरोनुवाक्या**। '०प्रथमं=सतश्च विवः' **इति** ॥ १८ ॥ 'वत्सो विराजः' **इति याज्या**। '०ऋषभो रयीणामन्तरिक्षं विश्वरूप आ विवेश तमर्कैरभ्यर्चन्ति वत्सं ब्रह्म सन्तं ब्रह्मणा वर्धयन्तः' **इति** ॥ १९ ॥ 'चतस्र आशाः प्रचरन्त्वग्नये' **इत्युपवेवेष्टि**। '०इमं नो यज्ञं नयतु=त्याहुतीनाम्' **इति** ॥ २० ॥ **वषट्कृते जुहोति** ॥ २१ ॥ **त्रिष्टुभौ संयाज्ये** ॥ २२ ॥ **सन्ततिमनुहोतुराहुतिं जुहोति** ॥ २३ ॥ **प्रसिध्यति कर्म** ॥ २४ ॥ **सन्तिष्ठत एषेष्टिः** ॥ २५ ॥ **एतस्यै सꣳस्थामनूत्तरवेद्यै काले कूपं खनन्ति** ॥ २६ ॥ **तस्मिन् करणीयां मृदमवदधति** ॥ २७ ॥ **दक्षिणतोऽस्या उदकुम्भं विमिन्वन्ति** ॥ २८ ॥ **वल्मीकवपां निदधाति** ॥ २९ ॥ **तमपरेण पुरुषः सꣳशिष्टस्तिष्ठति** ॥ ३० ॥ 'मयि गृह्णाम्यग्रे अग्निम्' **इति द्वाभ्यामात्मन्नग्निं गृह्णीतेऽध्वर्युः**। '०रायस्पोषाय=परा गात्' **इति** ॥ ३१ ॥ 'यास्ते अग्ने समिधः' **इति स्वयंचितिं जपति**। '०यानि धाम=प्रजानन्' **इति** ॥ ३२ ॥ **चतुर्गृहीतं गृह्णीते** ॥ ३३ ॥ **तज्जुहोति** 'शृणोत्वग्निः समिधा हवं मे' **इत्यनुवित्तिमाहवनीये**। '०शृण्वन्त्वापो=हवं मे स्वाहा' **इति** ॥ ३४ ॥ **अपरं चतुर्गृहीतं गृह्णीते** ॥ ३५ ॥ **तज्जुहोति** 'युञ्जानः प्रथमं मनः' **इत्यष्टौ**

कूपः कर्तः। तत्र भूयसी मृदवधेया[१]। उखामृच्छेषेण कासांचिदिष्टकादीनां कर्तव्यत्वात्। तच्छुल्बे द्रष्टव्यम्॥ २६-२७॥

पुरुषः संशिष्टो[२] वैश्यः शूद्रो वा तिष्ठति। अविशेषाभिधानाद् यः कश्चित् त्रैवर्णिक इत्याचार्याभिप्रायः॥ ३०॥

अस्मिन्नहनि भूयसः कर्मकलापस्य कर्तव्यत्वान्नैरन्तर्येणाग्निग्रहणेऽध्वर्युग्रहणं स्वयंचयने यजमानस्यापि प्रसङ्गं[३] ज्ञापयितुम्। अथवा स्वयंचयनपक्षेऽपि चयनमात्रस्य याजमानत्वात् तत्सम्बन्धस्याप्यन्यस्याध्वर्युरेव कर्ता स्यात्। मा भूत् संबन्धमात्रेण यजमान इत्येवमर्थम्[४]। अथवा स्वयंचयनपक्षेऽग्निग्रहणमेव तावन्नास्ति। अध्वर्योरेवैतदर्थवादोपपत्तेरित्येवमर्थमध्वर्युग्रहणम्॥ ३१॥

तथा स्वयंचितिजपश्चानुवित्तिहोमादावनुक्तोऽप्याज्यसंस्कारस्स्रुक्स्रुवसंमार्गश्चैतेषां सादनं चानुक्तमपि आचारप्राप्तत्वाद्दर्विहोमवत् क्रियेत। एवं प्रदर्शयति चाचार्यो बहुकृत्वः॥ ३२॥

आचार्यो[५] *अपरं चतुर्गृहीतं = गायत्रवर्तनि स्वाहेति*। अस्मिंस्तावद्वाक्ये चतुर्धा विप्रतिपत्तिः। एवं खलु केचिदभिप्रयन्ति यजुरन्त्यं कृत्वाऽष्टौ सावित्राणि[६] निगद्य 'ऋचा स्तोमं समर्धये'ति जुहोतीति। एवं सति यजुरन्तमं कुर्यादिति सावित्राण्येवाष्टावपेक्ष्य[७] यजुषोऽन्ततायां मन्त्रपाठक्रम[८] एव स्तूयत इत्यवगन्तव्यम्। 'ऋचमन्तमां कुर्यादि'ति चास्यैवार्थवादतां प्रतिपद्यते[९]। आहुतिर्नवमी च। आहुतिसंबन्धाद् 'ऋचा स्तोमं समर्धये'तीयमेवर्ग् उच्यते। व्यवहितकल्पनामात्रमस्मिन् पक्षे दोषः। अपरे पुनरित्थं मन्यन्ते—'अष्टौ सावित्राणि निगद्य 'ऋचा स्तोमं समर्धये'ति जुहोति। तत्र यजुरन्त्यं

---

१. T records a reading 'वमृधे' in ख-MS. २. T संश्लिष्टो. ३. T takes it as extra. ४. M Ad T ०त्येवमथवा. ५. M Ad आचार्योपरं, T ०चार्योऽपरं ६. M Ad सत्राणि; thus T. ७. M Ad ०ष्यववेक्ष्य. ८. M Ad मन्त्रः पा०; thus T. ९. M Ad ०पद्येत; thus T.

सावित्राणि निगद्य 'ऋचा स्तोमꣳ समर्धय' **इति यजुरन्त्यं कृत्वा**। '०गायत्रेण रथन्तरम्। बृहद् गायत्रवर्तनि स्वाहा' **इति** ॥ ३६ ॥ 'देवस्य त्वा सवितुः प्रसवे' **इति चतुर्भिरभ्रिमादत्ते** ॥ ७.१.१.३७ ॥
[इति प्रथमः पटलः]

[अभ्र्यादानादिकर्म]

चतुर्भिरभ्रिमादत्ते। '०अश्विनोर्बाहुभ्यां पूष्णो हस्ताभ्यां गायत्रेण छन्दसाऽऽददेऽङ्गिरस्वदभ्रिरसि नारिरसि पृथिव्याः=आनुष्टुभेन त्वा छन्दसाऽऽददेऽङ्गिरस्वद्' **इति** ॥ १ ॥ 'इमामगृभ्णन् रशनामृतस्य' **इत्यश्वस्य रशनामादत्ते, तूष्णीं गर्दभस्य**। '०पूर्व आयुषि=सरमारपन्ती' **इति** ॥ २ ॥ 'प्रतूर्तं वाजिन्ना द्रव' **इत्यश्वमभिदधाति**। '०वरिष्ठा=योनिः' **इति** ॥ ३ ॥ 'युञ्जाथाꣳ रासभं युवम्' **इति गर्दभम्**। '०अस्मिन् यामे वृषण्वसू अ=इन्द्रमूतये' **इति** ॥ ४ ॥ **रशने समावृङ्क्ते** ॥ ५ ॥

कृत्वेति सामर्थ्यात् पक्षान्तरतामापद्यते। एवं सति यजुरन्तमं कुर्यादिति। अनेन श्रुतिक्रमेण मन्त्रपाठक्रमो बाध्यते। ततः पूर्वमष्ट्यवृचो निगद्य नवमेन यजुषा जुहोति। ऋचमन्तमां कुर्यादित्यपि पुनर्वाचनिक एव क्रमः, अर्थवादो वा। [१]अतस्तदुभयं विकल्पत इति। अस्मिन् पक्षे अश्रुतो वा शब्दः कल्प्येत, नित्यवत् श्रुतस्य च पाक्षिकत्वम्[२] अन्येषां दर्शनम्। 'ऋचा स्तोमं समर्धये'तीमं मन्त्रं यजुरन्त्यं यजुरन्तभाविनं यजुषोऽन्ततया संकल्प्य जुहोतीति एवं व्याचक्षाणानामभिप्रायः। अष्टत्वमेव च मन्त्राणां ब्राह्मणे संकीर्त्यते। नवमी चाहुतिरेव न मन्त्रः, यजुरन्ततायां च यजमानफले संकीर्तनम्। ततो नियोगतो यजुरन्ततायाः मन्त्राष्टतायाञ्चोपपादनीयत्वात् पाठक्रमार्थवादानुपपत्तेश्च। [३]अस्याश्चर्चस्तन्त्रसमाम्नाताया विनियोगान्तराभावादेव तामृचं तस्यैव यजुषः पाठक्रमेणावस्थितस्यान्तत्वेन संकल्प्य तया होतव्यमित्येवमभ्यधाय्याचार्येण। गणब्राह्मणे चर्चामष्टौ कृत्वा[४] [५]संस्तुतिरेवमृक्संबन्धादुपपद्यतेतराम्। 'एतद्यजुरन्तं करोती'त्यत्राप्येतन्मन्त्रवाक्यं यजुषोऽन्तत्वेनापादयेदिति शक्यते व्याख्यातुम्। अस्मिन् पक्षे न किञ्चित्कल्पाक्षरं लक्षणया वृत्तम्। यद्यपि तावद् ब्राह्मणार्थो न घटते, तथापि [६]त्वाचार्येणाश्रितायाः शाखाया [७]दुर्ज्ञातत्वात्कल्पपदानि मुख्यवृत्त्या व्याख्येयानि। कल्पकारप्रामाण्याच्छ्रुतिवचनं कल्पनीयम्। चतुर्थं दर्शनम् 'ऋचा स्तोमं समर्धये'त्येतद्यजुरन्त्यं कृत्वा जुहोतीति। अस्मिंश्च पक्षे नास्ति कल्पपदानां लक्षणावृत्तिः, न च पाठक्रमबाधः। किन्तु ऋचि यजुःशब्दोऽप्रसिद्धः कल्पितः स्यात्। तत्र यद् [८]युक्तं तत्प्राज्ञैः प्रतिपत्तव्यम् ॥ ७.१.१.३५-३६ ॥ **[इति प्रथमः पटलः]**

अभ्र्यादाने[९] चतुष्ट्ववचनमेकार्थत्वाद्विकल्पाशंकया चतुर्थस्यान्त आदद्यात्। गर्दभरशनादाने तूष्णीं ग्रहणम्। लिङ्गाद्रशनाद्वये सामान्येन प्राप्तोऽपि मन्त्रोऽश्वसंबन्धस्य प्रत्यक्षत्वान्नानुमानेन गर्दभ-रशनादाने स्यादिति न्यायस्य दर्शयितुम्। अभिधानं बन्धनम्। द्वाभ्यां गर्दभं बध्नाति। समावृङ्क्ते[१०] सह गृह्णाति रशनाद्वयं तूष्णीमेव ॥ १-५ ॥

---

१. M Ad ततस्त०. २. M Ad ०क्षिकम०; thus T. ३. M Ad om अस्या; thus T. ४. M Ad कृत्वस्; thus T. ५. M Ad सकृ०; thus T. ६. M Ad वाचार्ये०; thus T. ७. M Ad दुर्ज्ञान०. ८. M Ad यदुक्तं; thus T. ९. M Ad T अभ्यादा०. १०. M Ad ०वृत्ते; thus T.

'प्रतूर्वन्नेह्यवक्रामन्' **इत्यश्वेन पूर्वेण प्रयन्ति, तूष्णीमपरेण गर्दभेन।** '०अशस्ती रुद्रस्य=ङ्गिरस्व-दच्छेहि' **इति** ॥ ६ ॥ 'क्वेथ' **इति पुरुषः सꣳशिष्टः पृच्छति** ॥ ७ ॥ 'अग्निं पुरीष्यमङ्गिरस्वद-च्छेमः' **इत्याह** ॥ ८ ॥ 'वाजं ते वृञ्जे' **इति** ॥ ९ ॥ 'अग्निं पुरीष्यमङ्गिरस्वद् भरिष्यामः' **इति वल्मीकवपामुपतिष्ठते** ॥ १० ॥ 'अन्वग्निरुषसामग्रमख्यद्' **इति यतः करणीयां मृदं परापश्यति तद्वाचयति।** '०अन्वहानि=आ ततान' **इति** ॥ ११ ॥ 'आगत्य वाज्यध्वनः' **इति प्राञ्चमश्वमा-क्रमयति दक्षिणस्येर्मस्य पदा करणीयां मृदम्।** '०सर्वा मृधो=नि चिकीषते' **इति** ॥ १२ ॥ 'आक्रम्य वाजिन् पृथिवीम्' **इति पुनः प्रत्यञ्चं तेनैव।** '०अग्निमिच्छ=तं वयम्' **इति** ॥ १३ ॥ 'द्यौस्ते पृष्ठम्' **इत्यस्य पृष्ठꣳ संमार्ष्टि।** '०पृथिवी सधस्थ=पृतन्यतोऽधरे सन्तु शत्रवोऽधरेऽसौ' **इति यं द्वेष्टि यजमानस्तं ध्यायति** ॥ १४ ॥ 'उत्क्राम' **इति द्वाभ्यामुत्क्रमयति** ॥ ८.१.२.१५ ॥ **[इति द्वितीयः पटलः]**

[अप उपसर्जनादिकर्म]

'उत्क्राम' **इति द्वाभ्यामुत्क्रामयति।** '०महते सौभगाया=उत्तमे' **इति** ॥ १ ॥ 'अपो देवीरुप सृज' **इत्यप उपसृजति।** '०मधुमती=पिप्पलाः' **इति** ॥ २ ॥ **चतुर्गृहीतं गृह्णीते** ॥ ३ ॥ **तस्मा अन्वाह** 'अग्निं घृतेन हविषा जुह्वदेवमुपासदम्। तस्य भानुरजस्र इच्छुक्रो देवेषु रोचते' **इति** ॥ ४ ॥ 'जिघर्म्यग्निं मनसा घृतेन' **इति पदे हिरण्यमुपास्य जुहोति प्राङासीनः।** '०प्रतिक्ष्यन्तं=विदानꣳ स्वाहा' **इति** ॥ ५ ॥ **अपरं चतुर्गृहीतं गृह्णीते** ॥ ६ ॥ **तस्मा अन्वाह** 'उप त्वा नमसा वयꣳ सदेम जुह्वतो घृतैः। शोचिष्केषममर्त्यꣳ शुक्रजुह्वं भरिभ्रजम्' **इति** ॥ ७ ॥ 'आ त्वा जिघर्मि वचसा घृतेन' **इति पदे हिरण्यमुपास्य जुहोति।** '०अरक्षसा=जर्हृषाणः स्वाहा' **इति** ॥ ८ ॥ 'परि वाजपतिः कविः' **इति तिसृभिः परिलिखत्यभ्रिया**

---

[1]'प्रतूर्वन्नेही'त्ययं मन्त्रो लिङ्गादश्वप्रस्थापनार्थः। गर्दभप्रस्थापने तूष्णीं ग्रहणम्। 'पूष्णा [2]सयुजे'त्यादेर्मन्त्रस्य तादर्थ्यशंकया ॥ ६ ॥

पृष्ठसंमार्जने 'असावि'त्यत्र द्वेष्यस्य नाम गृह्णाति प्रथमान्तत्वेन यजमानस्य भ्रातृव्यमश्वस्याध-स्पदं संकल्प्य ध्यायेत् ॥ ७.१.२.१४ ॥ **[इति द्वितीयः पटलः]**

उत्क्रामयति[3] अवगमयति। करणीयाया[4] मृदोऽन्यत्र गमयतीत्यर्थः ॥ १ ॥

अप उपसृजति निमित्तादुदकुंभान्मृद्युदकमानयति ॥ २ ॥

अन्वाहानुवाक्यामिव सङ्कल्प्य ब्रूयात् ॥ ४ ॥

आद्ये[5] पदे[5] प्राङासीनो जुहुयात्, अन्त्ये पदे प्रत्यङासीनः ॥ ५ ॥

तिसृष्वपि प्रतिमन्त्रं त्रीन् परिलिखेत् ॥ ९ ॥

---

१. T प्रकुर्व०. २. M Ad संयुजे; thus T. In support of this reading T under fn. 3 gives the evidence : 'संयुजे इत्यस्ति। सयुजे इति स्यात्, 'पूष्णा सयुजा सह' इति तैत्तिरीये दर्शनात्'. ३. M Ad उत्क्रम०; thus T. ४. M Ad T करुणी०. ५-५. M Ad आद्येवपादे; thus T.

करणीयां मृदम्। '०अग्निर्हव्या=दाशुषे' **इति गायत्रिया;** 'परि त्वाऽग्ने पुरं=गुरावतः' **इत्यनुष्टुभा;** 'त्वमग्ने द्युभि=जायसे शुचिः' **इति त्रिष्टुभा॥** ९ ॥ 'देवस्य त्वा सवितुः प्रसवे' **इति द्वाभ्यां खनत्यभ्रिया करणीयां मृदम्।** '०अश्विनोर्बाहुभ्यां पूष्णो हस्ताभ्यां पृथिव्याः=मङ्गिरस्वत् खनामि'; 'ज्योतिष्मन्तं त्वाऽग्ने=खनामि' **इति॥** १० ॥ 'अपां पृष्ठमसि' **इति पुष्करपर्णमादत्ते।** '०सप्रथा उर्वग्निं भरिष्यदपरावपिष्ठम्' **इति॥** ११ ॥ 'वर्धमानम्' **इत्येनद्विसारयति।** '०मह आ च=वरिणा प्रथस्व' **इति॥** १२ **॥ तत्** 'शर्म च स्थो वर्म च स्थः' **इति कृष्णाजिनेन सꣳस्तृणाति प्राचीनग्रीवेणोत्तरलोम्ना।** '०उच्छिद्रे बहुले= पुरीष्यम्' **इति॥** १३ ॥ 'पुरीष्योऽसि विश्वभराः' **इति प्रथमं पिण्डं हरत्यभ्रिया कृष्णाजिनस्यार्धम्।** '०अथर्वा त्वा=मन्थदग्ने' **इति॥** १४ ॥ 'त्वामग्ने पुष्करादधि' **इति द्वितीयम्।** '०अथर्वा निरमन्थत। मूर्ध्नो विश्वस्य वाघतः' **इति॥** १५ ॥ 'तमु त्वा दध्यङ्ङृषिः' **इति तृतीयम्।** '०पुत्र ईधे=पुरन्दरम्' **इति॥** १६ ॥ 'तमु त्वा पाथ्यो वृषा' **इति चतुर्थम्।** '०समीधे दस्युहन्तमम्=रणेरणे' **इति॥** १७ ॥ 'सीद होतः' **इति चतस्र उत्तरास्त्रिष्टुभः॥** १८ **॥ ताभिर्हरति वाऽनुमन्त्रयते॥** १९ **॥ गायत्रीभिः पूर्वाभिर्ब्राह्मणस्य संभरेत्, त्रिष्टुग्भी राजन्यस्य॥** २० ॥ 'संवसाथाꣳ सुवर्विदा' **इत्युपरिष्टात्पुष्करपर्णेन प्रोर्णोति।** '०समीची उरसा=मजस्रमित्' **इति॥** २१ ॥ 'उन्नम्भय पृथिवीम्' **इत्येतस्मिन् कूप उदकुम्भं निनयति।**

एवं द्वाभ्यां द्विः खनति। न चात्र मन्त्रानुरोधात् खननावृत्तिः, अर्थाक्षिप्तत्वात् खननस्य॥ १० ॥

तस्यास्ततो यावदर्थं[1] तूष्णीं खात्वा पुष्करपर्णादानादि प्रतिपद्यते॥ ११ ॥

कृष्णाजिनेन संस्तृणाति संसादयति। तस्य पुष्करपर्णस्योपरि कृष्णाजिनं निदधातीत्यर्थः। एवं सति विसारयति नासादनमुक्तं[2] भवतीत्युपपद्यते। द्यावापृथिवीसंस्कारश्चोपरितनपुष्करपर्णमपेक्ष्य[3]। अथवा 'अपां पृष्ठमसी'ति पुष्करपर्णमादाय 'वर्धमानम्' इति विसारणमात्रं कृत्वा तद्[4] विसारितं 'शर्म च स्थ' इति कृष्णाजिनेन सहास्तृणातीति सहयोगे तृतीया। सहास्तरणपक्षेऽपि[5] कृष्णाजिनस्योपरिष्यदभावे[6] ब्राह्मणे द्यावापृथिवी संस्तवः[7]॥ १२-१३ ॥

कल्पे च कृष्णाजिनस्यार्धमिति सामञ्जस्येन भवति। उपरिष्याद्वा पुष्करपर्णमिति कृष्णाजिनस्यार्धं पिण्डं हरति[8] शेषाभिधानात्॥ १४-१५ ॥

पाठक्रमादेव गायत्रीणां पूर्वत्वे सार्ववर्णिके सिद्धे पुनर्गायत्रीभिः पूर्वाभिः ब्राह्मणस्येति वचनं त्रिष्टुग्भिरपि ब्राह्मणस्य हरेदेव। पारिशेष्याद् वैश्यरथकारयोस्तु गायत्रीभिर्हरणे कृते त्रिष्टुग्भिर्हरणमनुमन्त्रणं वा विकल्पत इत्येवमर्थम्। त्रिष्टुग्भी[9] राजन्यस्य पूर्वाभिरित्येवानुषज्यते॥ २० ॥

ततस्तस्याप्युभयीभिर्हरणमेव। मन्त्रेण हृत्वा[10] यथार्थं भूयो व्याहृत्य पुष्करपर्णेन प्रोर्णुयात्॥ २१ ॥

---

१. M Ad ०दर्थीं. २. M Ad नासदन०. ३. M Ad ०मवेक्ष्य; thus T. ४. M Ad om; thus T. ५. M Ad सहस्त०; thus T. ६. M Ad ०ष्याद्द्वावे; thus T. ७. M Ad संस्तावः; thus T. ८. M हरती, Ad हस्ती. ९. T ष्टुब्भी. १०. M Ad कृत्वा; thus T.

'○भिन्द्धीदं=वि सृजा दृतिम्' **इति** ॥ ७.१.३.२२ ॥ **[इति तृतीयः पटलः]**

[कृष्णाजिनोपनहनगर्दभाभिमर्शननादिकर्म]

'सं ते वायुः' **इत्येनꣳ संकिरति।** '○मातरिश्वा=देवि वषडस्तु तुभ्यम्' **इति** ॥ १ ॥ 'सुजातो ज्योतिषा सह' **इति कृष्णाजिनमुपनह्यति।** '○शर्म वरुथमा=विभावसो' **इति** ॥ २ ॥ 'उदु तिष्ठ स्वध्वर' **इति द्वाभ्यामुपतिष्ठति।** '○अवा नो देव्या=विह्वयामहे' **इति** ॥ ३ ॥ 'स जातो गर्भो असि रोदस्योः' **इत्येकया प्रकामति।** '○अग्ने चारुर्विभृतः=अधि कनिकदद् गाः' **इति** ॥ ४ ॥ 'स्थिरो भव वीड्वङ्गा' **इति गर्दभमभिमृशति** ॥ ५ ॥ 'आशुर्भव वाज्यर्वन्' **इत्यश्वम्** ॥ ६ ॥ 'पृथुर्भव सुषदस्त्वम्' **इति गर्दभ आसादयति** ॥ '○अग्नेः पुरीषवाहनः' **इति** ॥ ७ ॥ 'शिवो भव प्रजाभ्यः' **इत्यासन्नमुपतिष्ठते।** '○मानुषीभ्य=वनस्पतीन्' **इति** ॥ ८ ॥ 'प्रैतु वाजी कनिक्रदत्' **इत्यश्वेन पूर्वेण प्रयन्ति** ॥ ९ ॥ 'नानदद्रासभः पत्वा' **इत्यपरेण गर्दभम्** ॥ १० ॥ 'भरन्नग्निं पुरीष्यम्' **इत्यनुमन्त्रयते।** '○मा पाद्यायुषः=समुद्रियम्', 'अग्न आ याहि वीतये', 'ऋतꣳ सत्यमृतꣳ सत्यम्' **इति** ॥ ११ ॥ 'किं भरथ' **इति पुरुषः सꣳशिष्टः पृच्छति** ॥ १२ ॥ 'अग्निं पुरीष्यमङ्गिरस्वद् भरामहे' **इत्याह** ॥ १३ ॥ 'वाजं ते वृञ्जे' **इति** ॥ १४ ॥ 'ओषधयः प्रतिगृह्णीताग्निमेतम्' **इत्युत्तरेणाहवनीयमोषधीः सꣳस्तीर्णा अनुमन्त्रयते।** '○शिवमायन्त हनत्' **इति** ॥ १५ ॥ 'ओषधयः प्रतिमोदध्वमेनम्' **इत्युपावहरति।** '○पुष्पावतीः=माऽसदत्' **इति** ॥ १६ ॥ 'इन्द्रं विश्वा अवीवृधन्' **इत्युदञ्चम् अश्वमुत्सृजति।** '○समुद्रव्यचसं गिरः। रथीतमꣳरथीनां वाजानाꣳ सत्पतिं पतिम्' **इति** ॥ १७ ॥ **तमनु गर्दभम्** ॥ १८ ॥ **आनयन्ति पत्नीम्** ॥ ७.१.४.१९ ॥ **[इति चतुर्थः पटलः]**

॥ इति सप्तमप्रपाठके प्रथमोऽनुवाकः ॥

उदकुंभशेषं निनयति ॥ ७.१.३.२२ ॥ **[इति तृतीयः पटलः]**

प्रतिपत्तिस्वरूपत्वादेनं कर्तं संकिरति। संपूरयतीति हि[१] सूत्रान्तरे दृश्यते। संपूर्वः किरतिः पूरणार्थो द्रष्टव्यः। पूरयति येन केनचिद् द्रव्येण मृदैव वा[२], मृच्छेषस्य सप्रयोजनत्वात्॥ १ ॥

अश्वेन पूर्वेण [३]प्रयन्तीत्यत्रापि अश्वगर्दभप्रस्थापनार्थाविव मन्त्रौ ॥ ९-१० ॥

उपावहरति[४] संस्तीर्णास्वोषधीषु ॥ १६ ॥

गर्दभोत्सर्गो मन्त्रानभिधानात्तूष्णीकः ॥ १८ ॥

आनयन्ति पत्नीमन्ये केचन्॥ ७.१.४.१९ ॥ **[इति चतुर्थः पटलः]**

॥ इति व्याख्यायां सप्तमप्रपाठके प्रथमोऽनुवाकः ॥

---

१. T takes it as extra. २. M Ad om; thus T. ३. T प्रयती○. ४. M Ad ○हरतीति.

॥ अथ सप्तमप्रपाठके द्वितीयोऽनुवाकः ॥

[पत्न्यानयनोखानिर्माणोपस्थानादिकर्म]

आनयन्ति पत्नीम् ॥ १ ॥ **तस्यामागतायां** 'वि पाजसा' **इति विस्रंस्यति**। '०पृथुना=णीतौ' **इति** ॥ २ ॥ 'आपो हि ष्ठा मयोभुवः' **इति तिसृभिः पर्णकषायेणावोक्षति**। '०ता न ऊर्जे=जनयथा च नः' **इति** ॥ ३ ॥ 'मित्रः सꣳसृज्य पृथिवीम्' **इति शर्कराभिश्चार्मकपालैश्च सꣳसृजति**। '०भूमिं च=विभुम्' **इति** ॥ ४ ॥ 'अयक्ष्माय त्वा सꣳसृजामि प्रजाभ्यः' **इतीतरैः संभारैः**। '०विश्वे त्वा देवा वैश्वानराः सꣳसृजन्त्वानुष्टुभेन छन्दसाऽङ्गिरस्वत्' **इति** ॥ ५ ॥ **प्रम्णाय मृदं** 'मखस्य शिरोऽसि' **इति पिण्डं करोति** ॥ ६ ॥ 'यज्ञस्य पदे स्थः' **इत्यङ्गुष्ठाभ्यामवस्कभ्नाति** ॥ ७ ॥ **एवमेव चतुरः पिण्डान् करोति** ॥ ८ ॥ 'रुद्राः सम्भृत्य पृथिवीम्' **इति प्रथमं पिण्डं पत्न्यै प्रयच्छति** ॥ ९ ॥ **तमुत्साय उखां करोति** 'तस्यै बृहज्ज्योतिः समीधिरे=रोचते' **इति** ॥ १० ॥ 'वसवस्त्वा कृण्वन्तु' **इत्यनुमन्त्रयते**। '०गायत्रेण छन्दसाऽङ्गिरस्वत् पृथिव्यसि ध्रुवाऽसि धारया मयि प्रजाꣳ रायस्पोषं गौपत्यꣳ सुवीर्यꣳ सजातान् यजमानाय' **इति** ॥ ११ ॥ 'सꣳसृष्टां वसुभिः' **इति द्वितीयम्**। '०रुद्रै=करोतु ताम्' **इति** ॥ १२ ॥ 'रुद्रास्त्वा कृण्वन्तु' **इत्यनुमन्त्रयते**। '०त्रैष्टुभेन छन्दसाऽङ्गिरस्वदन्तरिक्षमसि ध्रुवाऽसि धारया=मानाय' **इति** ॥ १३ ॥ 'सिनीवाली सुकपर्दा' **इति तृतीयम्**। '०सुकुरीरा=हस्तयोः' **इति** ॥ १४ ॥ 'आदित्यास्त्वा कृण्वन्तु' **इत्यनुमन्त्रयते**। '०जागतेन छन्दसाऽङ्गिरस्वद् द्यौरसि ध्रुवाऽसि=मानाय' **इति** ॥ १५ ॥ 'उखां करोतु शक्त्या' **इति चतुर्थम्**। '०बाहुभ्या=गर्भ आ' **इति** ॥ १६ ॥ 'विश्वे त्वा देवा वैश्वानराः कृण्वन्तु' **इत्यनुमन्त्रयते**।

मन्त्रत्रयेण सकृदेव पर्णकषायेण प्रोक्षणम् ॥ ३ ॥

शर्कराभिरवाञ्जन[1]पिष्याभिस्तथार्मकपालैः। अवाञ्जनपिष्टं [2]सुसूक्ष्मचूर्णम् ॥ ४ ॥

संभारैरिति संभारावयवानां लोम्नां बहुत्वम[3]पेक्ष्यार्थाक्षिप्तसिकतादीनपेक्ष्य[4] वा ॥ ५ ॥

प्रम्णाय[5] प्रमृद्य सम्यग् [6]यथार्थम् ॥ ६ ॥

[7]अवस्कभ्नाति विच्छिनत्ति[7] ॥ ७ ॥

'एवमेव चतुर' इति कृतेनैव पिण्डेन सह चतुष्ट्वं, चतुर्णां विनियोगदर्शनात् ॥ ८ ॥

प्रदानमन्त्रोऽध्वर्योरेव[8] न पत्न्याः ॥ ९ ॥

उखायाः [9]कर्ता यः[9] [10]कश्चित्कुशलस्त्रैवर्णिक एव ॥ १० ॥

अनुमन्त्रणं प्रत्यगाशिष्ट्वादनुमन्त्रणत्वाच्च याजमानम्। तेषामेव चतुर्णां पिण्डानामेकं पिण्डं चक्र

---

१. M Ad ०विष्या०; thus T. २. M Ad ०सूक्ष्मं. ३. M Ad ०मवेक्ष्या०; thus T. ४. M Ad ०नवेक्ष्य; thus T. ५. Ad प्रेम्णाय, T प्रम्नाय. ६. M Ad T यथार्थमेव. ७–७. M Ad T wrongly give this text which is the commentary on *sūtra* 7, between the text of comm. on *sūtra* 8 and 9. ८. M Ad ०युरेव; thus T. ९–९. M Ad om; thus T. १०. Ad किञ्चित्.

'०आनुष्टुभेन छन्दसाऽङ्गिरस्वद् दिशोऽसि ध्रुवाऽसि धारया मयि प्रजां रायस्पोषं गौपत्यं सुवीर्यं सजातान् यजमानाय' **इति ॥ १७ ॥ तामेतामुखां त्र्युद्धिं नवाश्रिं चतुःस्तनां करोति ॥ १८ ॥ त्रेधा विहितास्यै तिस्रस्तिस्र ऊर्ध्वाश्रयो भवन्ति ॥ १९ ॥ एकतमास्वश्रिषु चतुःस्तनायाः रास्नां पर्यस्यति अदित्यै रास्नाऽसि' इति** ॥ २० ॥ 'अदितिस्ते बिलं गृह्णातु' **इति तत ऊर्ध्वं बिलं करोति।** '०पाङ्क्तेन छन्दसाऽङ्गिरस्वद्' **इति** ॥ २१ ॥ 'कृत्वाय सा महीमुखाम्' **इति निदधाति।** '०मृन्मयीं=पयान्' **इति** ॥ २२ ॥ **तूष्णीमितरामुखां करोति** ॥ २३ ॥ **उपवातयन्ति** ॥ २४ ॥ **धावनाभिर्धावयन्ति क्लीतकैर्वेणुकाण्डैः श्लक्ष्णैरश्मभिः** ॥ २५ ॥ **यदोपवातान् मन्यतेऽथ धूपयिष्यन् संभारान् संभरते अश्वशकानि गोमयानि बैल्वानि बृंबानि परुतृणानि दारूणि गोश्च क्षीरमजायै च** ॥ २६ ॥ **उत्तरेण शालां चतुःस्रक्तिं कूपं खनन्ति** ॥ २७ ॥ **तत्परिश्रितेऽन्यतोऽग्निमाहृत्य सप्ताश्वशकानादीप्य** 'वसवस्त्वा धूपयन्तु' **इत्यैकैकमुखायां**

आधाय पिण्डान्तरत्रयं[१] पर्यायेणोर्ध्वमाधीयते[२] ॥ ११–१७ ॥

ततस्त्र्युद्धिः[३] त्रिषु प्रदेशेषु त्रीणि त्रीण्यश्रिरूपाणि कुर्यात्। एकतमास्वश्रिष्विति[४] समीपसप्तमी। ततोऽश्रिभिरभितः स्तनान् कुर्वन्ति। स्तनाकारान् पुलकान्। काले स्थाने यत्र कुलाला रास्नां[५] पर्यस्यन्ति परितः स्थापयन्ति परितः कुर्वन्तीत्यर्थः ॥ १८–२० ॥

'यत्र [६]वाऽऽकृतया शोभयेत तत्र तत ऊर्ध्वं बिलं करोति' इति वचनादधस्ताद् बिलात्, न बिलमुखे। उत्सेधो रास्नासन्नाहनं परितः प्रसिद्धम् ॥ २१ ॥

पञ्चचोडा विकर्ण्यर्थमुखामृच्छेषं प्रयत्नतो निदध्यात् ॥ २२ ॥

उपपूर्वो वातिः शुष्यतिकर्मा द्रष्टव्यः। तस्याभ्यन्तरमुपवातयन्तीति[७] ॥ २४ ॥

धावनाभिः शोभनैः श्लक्ष्णीकरणसाधनैः वेणुकाण्डादिभिर्धावयन्ति शोधयन्ति श्लक्ष्णीकुर्वन्ति। वेणुकाण्डाद्यनुक्रमणं यतः प्रदर्शनार्थमतोऽन्यैरपि कुर्वन्ति। प्रसिद्धिरत्रावेक्ष्या। क्लीतकः[८] क्लीतक[९] इत्याश्वलायना आमनन्ति ॥ २५ ॥

उपवाते शुष्के शकानि शकृत्पिण्डानि। बृम्बानि वृद्धशुष्कतृणपिण्डपर्यायः[१०]। [११]व्रीहिभ्यः परावपनेन[११] यदपनीयते तुषादि तद्वा। प्रसिद्धिर्वाऽभियुक्तेभ्योऽन्वेष्या। परूस्तृणानि[१२] महातृणानि। शुष्काण्येव श्रपणार्थत्वात्[१३] ॥ २६ ॥

शालाशब्देनाग्निहोत्रशालाभिप्रेता, न प्राग्वंशः ॥ २७ ॥

अन्यतो विहाराद् ग्रामाग्निमामात्यादिकमित्यर्थः। सप्तभिः मन्त्रैः [१४]सप्ताश्वस्य शकृन्ति[१४] प्रत्यस्येत् ॥ २८ ॥

---

१. M Ad पिण्डानन्तर. २. M Ad ०मानीयते; thus T. ३. M Ad T त्र्यृद्धि. ४. T ०स्वाश्रष्वि०. ५. M रास्नां. ६. M Ad T वा कृत०. ७. M Ad ०भ्यन्त उपवाप०; T ०भ्यन्तरमुपवाप०. ८. M Ad T तीतकः. ९. M Ad क्लितक. १०. M Ad पिण्डपर्य; thus T. ११–११. M Ad व्रीहि पवनेन. १२. M Ad परुत्तृ०; thus T. १३. M Ad श्रवणा०. १४–१४. सप्ताश्वशकृ प्र०; thus T.

प्रत्यस्यति। '°गायत्रेण छन्दसाऽङ्गिरस्वद्रुद्रास्त्वा=वरुणस्त्वा धूपयन्त्वङ्गिरस्वद्' **इति॥ २८॥ तूष्णीमितरां प्रत्यस्य** 'अदितिस्त्वा' **इति पुरैव खातं कूपमभ्रिया खनति।** '°देवीर्विश्वदेव्यावती पृथिव्याः सधस्थे= त्ववट' **इति॥** २९॥ **श्रपणैः कूपमवस्तीर्य** 'देवानां त्वा पत्नीः' **इत्युखामवदधाति।** '°देवीर्विश्व =दधतूखे' **इति॥** ३०॥ **तूष्णीमितरामवधाय श्रपणैरभिच्छाद्य** 'धिषणास्त्वा' **इत्यभीन्धे।** '°देवीर्विश्व=दभीन्धतामुखे' **इति॥** ३१॥ 'ग्नास्त्वा' **इति श्रपयति।** '°देवीर्विश्व=च्छ्रपयन्तूखे' **इति॥** ३२॥ 'वरूत्रयस्त्वा' **इति पचति।** '°देवीर्विश्व=पचन्तूखे' **इति॥** ३३॥ 'मित्रैतामुखां पच' **इत्युपतिष्ठते।** '°एषा मा=द्युम्नं चित्रश्रवस्तमम्' **इति॥** ३४॥ **नाभिप्राण्यान्नाभिच्छायां कुर्यात्॥** ३५॥ 'अभीमां महिना दिवम्' **इत्येतयैव मैत्रियोपचरानी-क्षते॥** ३६॥ **यदा धूपिते मन्यतेऽथ** 'देवस्त्वा सवितोद्वपतु' **इत्यभ्रियाऽङ्गारानुद्वपति।** '°सुपाणिः स्वङ्गुरिः सु=शक्त्या' **इति॥** ३७॥ 'अपद्यमाना पृथिवी' **इत्येनामाह्वारयति।** '°आशा दिश आ पृण' **इति॥** ३८॥ 'उत्तिष्ठ बृहती भव' **इत्युद्धरति।** '°ऊर्ध्वा तिष्ठ ध्रुवा त्वम्' **इति॥** ३९॥ 'क्षेमाय त्वा' **इति दक्षिणतः कूपबिले सादयति॥** ४०॥ **तूष्णीमितरामुद्धृत्य कूपबिल एव सादयति॥** ४१॥ 'वसवस्त्वाऽछृन्दन्तु' **इत्येनामजक्षीरेणाछृणत्ति।** '°गायत्रेण छन्दसाऽङ्गि=आनुष्टुभेन छन्दसाऽङ्गिरस्वत्' **इति॥** ४२॥ **तूष्णीं गोक्षीरेण विष्यन्दयति॥** ४३॥ **तूष्णीमितरामजक्षी-रेणाच्छृद्य गोक्षीरणैव विष्यन्दयति॥** ४४॥ **धुतो चूर्णे उखे निदधाति॥** ७.२.१.४५॥ **[इति प्रथमः पटलः** (५)**]**

[त्रैधातवीयेष्टिः]

त्रैधातवीयैवात इष्टिः॥ १॥ **तस्यै संभारा हिरण्यं धेनुस्तार्प्यं पुण्डरीके व्रीहियवा**

श्रपणैर्गोमयादिभिः[१] अभीन्धनमादीपनम्॥ ३०॥

श्रपणमग्निसंयोगः॥ ३२॥

पचनं सम्यग् दहनम्॥ ३३॥

उपचारः समीपं गत्वा सम्यक् पाकपरिचिकीर्षया वीक्षते[२]॥ ३६॥

धूपिते सम्यक् पक्वे॥ ३७॥

आह्वारयतीषदुत्तानं करोति॥ ३८॥

उद्धरणमभ्र्यैव सादनं च॥ ३९-४१॥

आच्छृणत्ति। ऊष्णशमनार्थं सिञ्चति॥ ४२॥

विष्यन्दयति। ऊष्मणि शान्ते उपरि स्रावयति॥ ७.२.१.४३॥ **[इति प्रथमः पटलः** (५)**]**

प्राजापत्यपूर्वत्वेऽपि [३]संभरणेष्ट्योरानन्तर्यार्थमेवातः शब्दः। चतुर्ष्वन्तेष्वाज्येनोक्तम्॥ १॥

---

१. Ad श्रमणै°. २. M Ad वीक्षिते; thus T. ३. M Ad °भरण्ये°; thus T.

द्वादशकपालानि परिणद्धन्ति ॥ २ ॥ यज्ञायुधानि सꣳसाद्याप: प्रणीय त्रैधातवीयामिष्टिं निर्वपति। '०देवस्य त्वा=हस्ताभ्यामिन्द्राविष्णुभ्यां जुष्टं निर्वपामि' **इति चतुरो मुष्टीन् व्रीहीणाम् ॥ ३ ॥ एवमेव चतुरो मुष्टीन् यवानाम् ॥ ४ ॥ निरुप्ते प्राणग्रहाꣳश्च पृश्नीꣳश्च व्याचष्टे ॥ ५ ॥ तस्य हविष्कृता वाचं विसृज्य द्वादशोक्तानि कपालान्युपदधाति परीणद्धन्ति ॥ ६ ॥ सार्धं व्रीहीनवघ्नन्ति केवलान् यवान् ॥ ७ ॥ सार्धं व्रैहाणि पिष्टानि कुर्वन्ति केवलानां यवानाम् ॥ ८ ॥ व्रैहाणि पिष्टानि संयूय द्वौ पिण्डौ करोति ॥ ९ ॥ तयोरन्यतरमधिश्रयति ॥ १० ॥ त्वचं ग्राहयति ॥ ११ ॥ एतस्मिन् यवमयमधिश्रयति ॥ १२ ॥ त्वचमेव ग्राहयति ॥ १३ ॥ एतस्मिन् व्रैहमधिश्रयति ॥ १४ ॥ त्वचमेव ग्राहयति ॥ १५ ॥ उत्तरमुत्तरं ज्यायाꣳसं करोति ॥ १६ ॥ अभिवासयति ॥ १७ ॥ श्रप्यत एष ऐन्द्रावैष्णवो द्वादशकपालस्त्रिधातुः ॥ १८ ॥ शृतेऽस्मिन् स्तम्बयजुर्हरति ॥ १९ ॥ वेदिं परिगृह्णाति ॥ २० ॥ करणं जपति ॥ २१ ॥ प्रसिध्यति कर्मा बर्हिषस्तरणात् ॥ २२ ॥ स्तीर्णे बर्हिषि चतुरोऽन्तान् वासः सर्पिषा सन्तृप्य तच्चतुर्गुणं प्राचीनदशमुपरि बर्हिषि तार्प्यं विच्छादयति ॥ २३ ॥ तस्मिन् परिधीन् परिदधाति ॥ २४ ॥ समिधावादधाति ॥ २५ ॥ परिधिषु वाचयित्वाऽग्निं युनक्ति ॥ २६ ॥ आगत्य पुण्डरीके तिरश्ची सादयति ॥ २७ ॥ तिरश्च्योः प्रस्तरम् ॥ २८ ॥ प्रस्तरे जुहूम् ॥ २९ ॥ वाससीतरे ॥ ३० ॥ अथ स्रुवꣳ सादयेत् ॥ ३१ ॥ उपरिसंचार्यत्र स्रुवः ॥ ३२ ॥ समासन्नेऽपानग्रहाꣳश्च= दशहोतारं व्याचष्टे ॥ ३३ ॥** 'अग्नये समिध्यमानायानुवाच आह'॥ ३४॥ 'प्र सो अग्ने तवोतिभिः' **इत्युष्णिहककुभौ होता धाय्ये करोति।** '०सुवीराभिस्तरति वाजकर्मभिः। यस्य त्वꣳ संख्यमाविथ' **इति ककुभम्;** 'प्र होत्रे पूर्व्यं=न वेधसे' **इत्युष्णिहम् ॥** ३५॥ 'आ जुहोत दुवस्यत' **इत्युत्सृजत्येताम् ॥** ३६ ॥ 'अग्ने त्री ते वाजिना त्री षधस्था' **इति त्रिवत्या परिदधाति।** '०तिस्र–

वासस्तार्प्यम्। परिणद्धन्ति परित उच्छ्रयन्ति ॥ २ ॥

निर्वापस्य पुनर्वचनमेकपुरोडाशत्वश्रवणात्[१] सकृदेव प्रसज्यत इति। तन्निवृत्यर्थमेकपुरोडाशता त्वत्र प्रसक्ता[२] ॥ ३ ॥

सहभावाद् यवानामर्थविरोधात् पृथगवघातेऽपि सति चोदकप्राप्तम्[३] ॥ ७ ॥

सहावघाततो व्रीहिष्वविरोधात् प्राप्ता एवेत्यभिप्राय: एवं पेषणादीनामपि ॥ ८ ॥

त्वग्ग्रहणस्यापकर्ष: पश्चाद् संभवात्[४] ॥ ११ ॥

वासस उपरि पुण्डरीके तिरश्ची[५] सादयति ॥ २७ ॥

स्रुचामाज्यस्थाल्यां वा। उपर्येवास्यामिष्टौ स्रुवः सदा वर्तेत ॥ ३२ ॥

'आ जुहोते'ति परिधानीयाया उपलक्षणम् ॥ ३६ ॥

---

१. M Ad ० डाशश्र० ; thus T. २. M Ad प्रसक्तः. ३. M Ad प्राप्तः; thus T. ४. M Ad पश्चाद्...संभवात्
५. M Ad तिरश्चि.

स्ते=प्रयुच्छन्' **इति** ॥ ३७ ॥ **अनूक्तासु सामिधेनीषु स्रुवेणाघारमाघार्याह** 'अग्नीदग्निं त्रिस्त्रिः संमृड्ढि' **इति** ॥ ३८ ॥ **स्रुग्भ्यामुत्तरम्** ॥ ३९ ॥ **असꣳस्पर्शयन्नत्याक्रम्य ध्रुवाꣳ समज्य सादयित्वा प्रवरं प्रवृणीते** ॥ ४० ॥ **सीदति होता** ॥ ४१ ॥ **प्रसूतः स्रुचावादत्ते** ॥ ४२ ॥ **प्रयाजान् यजति** ॥ ४३ ॥ **प्रयाजानिष्ट्वाऽत्याक्रम्य ध्रुवामभिघारयति हविः** ॥ ४४ ॥ **अथोपभृतम्** ॥ ४५ ॥ **आज्यभागौ यजति** ॥ ४६ ॥ **वार्त्रघ्नावाज्यभागौ** ॥ ४७ ॥ 'इन्द्राविष्णुभ्यामनुब्रूहि' **इत्याहोपस्तृणानोऽवद्यन्** ॥ ४८ ॥ **पश्चाच्च पुरस्ताच्च सर्वेषां पुरोडाशानामभिगमयन्नवद्यति** ॥ ४९ ॥ **अभिघारयति** ॥ ५० ॥ **प्रत्यनक्ति** ॥ ५१ ॥ 'स वां कर्मणा' **इत्यन्वाह** । '०समिषा न परा जयेथे न=रयेथाम्' **इति** ॥ ५२ ॥ **वषट्कृते जुहोति** ॥ ५३ ॥ 'अग्नये स्विष्टकृतेऽनुब्रूहि' **इत्याहोपस्तृणानोऽवद्यन्** ॥ ५४ ॥ **सकृदुत्तरार्धात् सर्वेषां पुरोडाशानामभिगमयन्नवद्यति** ॥ ५५ ॥ **द्विरभिघारयति** ॥ ५६ ॥ **न प्रत्यनक्ति** ॥ ५७ ॥ 'त्रीण्यायूꣳषि' **इत्यन्वाह** ॥ '०तव जात=शंयोः' **इति** ॥ ५८ ॥ 'त्रिरस्य' **इति यजति** । '०ता परमा सन्ति सत्या स्पार्हा देवस्य जनिमान्यग्नेः । अनन्ते अन्तः परिवीत आगाच्छुचिः शुक्रो अर्यो रोरुचानः' **इति** ॥ ५९ ॥ **वषट्कृते जुहोति** ॥ ६० ॥ **अत्याक्रम्य यथायतनꣳ स्रुचौ सादयित्वा प्राशित्रमवद्यति** ॥ ६१ ॥ **अप उपस्पृश्येडामवद्यति** ॥ ६२ ॥ **उपहुतायामिडाया-मग्नीध आदधाति** ॥ ६३ ॥ **प्राश्नन्ति** ॥ ६४ ॥ **मार्जयन्ते** ॥ ६५ ॥ **परिहरन्ति ब्रह्मणे** ॥ ६६ ॥ **प्राशिते प्राशित्रेऽग्नीदुदपात्रेणोत्कर उपनिदधाति** ॥ ६७ ॥ **यदुपवर्तयन्ते तदग्नीधे ददाति, हिरण्यं ब्रह्मणे, धेनुꣳ होत्रे, तार्प्यमध्वर्यवे** ॥ ६८ ॥ **सन्ततिमनु होतुराहुतिं जुहोति** ॥ ६९ ॥ **प्रसिध्यति कर्म** ॥ ७० ॥ **सन्तिष्ठते त्रैधातवीयेष्टिः** ॥ ७१ ॥ **प्राजापत्यमेवातः पशुमालभते** ॥ ७.२.२.७२ ॥ **[इति द्वितीयः पटलः (६)]**

॥ इति सप्तमप्रपाठके द्वितीयोऽनुवाकः ॥

वासिष्ठराजन्यानां 'त्वं वरुण' इत्यस्याः स्थाने त्रिवती[1] स्यात् ॥ ३७ ॥

अभिगमयन् आभिमुख्येन गमयन् । सर्वान् पुरोडाशान् प्रत्यङ्गुलीः त्रिष्वपि[2] पुरोडाशेभ्यो युगपदवखण्डयेदित्यर्थः । अनुक्तमपीडायामभिगमनं स्यात् स्विष्टकृति च । प्रदर्शितत्वादक्षरसामान्या-दयमग्नीषोमीय विकारः ॥ ४९ ॥

यदुपकल्पयेत यद्दातुमभीप्स्यते ॥ ६८ ॥

इयमिष्टिः साग्निके कर्मणि नित्या, न निमित्तान्तरमपेक्षते निमित्ताश्रवणात् ॥ ७.२.२.७१ ॥ **[इति द्वितीयः पटलः (६)]**

॥ इति व्याख्यायां सप्तमप्रपाठके द्वितीयोऽनुवाकः ॥

---

१. M Ad त्रिपती. २. M त्रिष्वेऽपि, T त्री...पि.

॥ अथ सप्तमप्रपाठके तृतीयोऽनुवाकः ॥

[प्राजापत्यपश्वालम्भनम्]

प्राजापत्यमेवातः पशुमालभतेऽजं तूपरम् ॥ १ ॥ **तस्य प्रसिद्धं चरणमा सामिधेनीभ्यः** ॥ २ ॥ **तस्य सामिधेनीनां मीमांꣳसा** ॥ ३ ॥ **एता एव पञ्चदशैता उ सप्तदश** ॥ ४ ॥ **स यद्येकविꣳशतिं पराचीं कुर्यादेता एवैकादश सामिधेन्यः,** 'समास्त्वाऽग्न ऋतवो वर्धयन्तु' **इति दश** ॥ ५ ॥ **एता एकविꣳशतिं पराच्यः** ॥ ६ ॥ **अथ यदि चतुर्विꣳशतिं पराचीः कुर्यादेता एवैकविꣳशतिः सामिधेन्यः, पृथुपाजवत्यौ धाय्ये,** 'स्वारुहा यस्य श्रियो दृशे' **इति चतुर्विꣳशीं धाय्यां कुर्यात्।** '०रयिर्वीरवतो यथा अग्रे यज्ञस्य चेतः' **इति** ॥ ७ ॥ **एता उ चतुर्विꣳशतिः पराच्यः** ॥ ८ ॥ **अथ यदि चतुर्विꣳशतिमपराचीः कुर्यादपोद्धरेदेतास्तिस्रो धाय्याः** 'आ जुहोत दुवस्यत' **इति। एतामु सामिधेनीनामपैवोद्धरेत्** ॥ ९ ॥ **दशेतरा दशेतराः** ॥ १० ॥ **तासां त्रिः शस्ता प्रथमा त्रिः शस्तोत्तमा** ॥ ११ ॥ **एता उ चतुर्विꣳशतिरपराच्यः** ॥ १२ ॥ **सप्तदशैवानुब्रूयाद् एतत् स्थितम्** ॥ १३ ॥ **अनुक्तासु सामिधेनीषु स्रुवेणाघारमाघारयति मनसा स्वयꣳसम्पन्नम्** ॥ १४ ॥ 'हिरण्यगर्भः

---

[१]अभ्यासः क्रमान्तराशंकानिवृत्यर्थः[१]। प्राजापत्यः पशुः सर्वाङ्गोऽक्षिशृङ्गवर्जमांसल आण्डीवलश्च स्यात्। अस्य पशोः सर्वाङ्गताविधानादैन्द्राग्नविकारत्वमवगम्यते ॥ १ ॥

मीमांसा विकल्पना ॥ ३ ॥

एता एवेत्यविशेषेणोक्ताः प्राकृत्यः, सप्तदशेत्युक्ताः पाशुक्यः ॥ ४ ॥

एता एवैकादशेत्यनभ्यस्ताः, 'प्र वो वाजा' इत्याद्या[२] [३]धाय्याशब्देनाचोदितत्वात्। 'समास्त्वाऽग्न' इत्येता आगन्तवोऽन्ते स्युः। अन्ते तु बादरायणस्येत्येवं सति 'ज्योतिष्मतीमुत्तमामन्वाहे'त्यनुवादो[४]ऽर्थवादसंबन्धार्थः। अथवा ज्योतिष्मत्या उत्तमत्वं[५] वचनसामर्थ्यात्। इतरासां नवानां [६]धाय्याशब्दवाच्यतामनुमाय [७]तथाध्वर्युर्लोक एवावधार्य[८] ज्योतिष्मतीमात्रमन्तर्नयेत्। तथा च बोधायनाचार्येणाम्नातम्। चतुर्थे च पक्षे [९]धाय्याशब्दचोदितानां तिसृणामेवावधार्य[१०] लोके प्रयोगः सर्वासामागन्तूनां ज्योतिष्मतीं परिहाप्येति[११] विकल्पना तुल्या ॥ ५-६ ॥

एवमन्येऽपि पक्षे 'एतत् स्थितम्' इति ब्रुवत आचार्यस्याभिप्रायः। अयमेषामस्माभिरभीष्टतमः पक्ष इति प्रदर्शनम्, न पक्षान्तरनिराकरणाय। एवं सर्वत्र ॥ १३ ॥

आघारमाघारयतीति आघारसामान्ये मन्त्रप्राप्तिमाशङ्कमानेन मन्त्रार्थिनैवं[१२] मन्त्रः सम्बध्यत इत्येतन्न्यायं[१३] प्रदर्शयितुं मनसा स्वयंसम्पन्नमित्युक्तम् ॥ १४ ॥

१-१. T gives the text before the end of द्वितीय(ोऽनुवाक); thus M Ad. **२.** M त्याभ्याः, Ad भ्यां; thus T. **३.** M Ad धार्या॰. **४.** M Ad ॰वादार्थोवाद॰. **५.** M Ad ॰त्तमतत्त्वं. **६.** M Ad धार्य्य-[Ad र्य]श॰. **७.** M Ad तदा॰. **८.** M Ad ॰धाय. **९.** M Ad धार्य्या[र्या]. **१०.** M Ad ॰धाय्या. **११.** M Ad ॰हाप्यति. **१२.** M Ad ॰नैव; thus T. **१३.** M Ad ॰न्याय्यं.

समवर्तताग्रे' **इति स्रुग्भ्यामुत्तरम्।** '○भूतस्य=विधेम' **इति** ॥ १५ ॥ **प्रसिध्यति कर्म** ॥ १६ ॥ 'ओ श्रावय' **इत्याश्रावयति** ॥ १७ ॥ **सीदति होता** ॥ १८। **प्रसूतः स्रुचावादत्ते** ॥ १९ ॥ **प्रयाजान् यजति** ॥ २० ॥ 'ऊर्ध्वा अस्य समिधो भवन्ति' **इत्येता होताऽऽप्रीः करोत्येताभिर्यजति।** '○ऊर्ध्वा शुक्रा शोचीꣳ=सुनोः' **इति** ॥ २१ ॥ **समिधो यजति** ॥ २२ ॥ 'तनूनपाद्' **इति तनूनपात् यजति।** '○असुरो=घृतेन' **इति** ॥ २३ ॥ 'मध्वा यज्ञं नक्षसे प्रीणानः' **इत्युत्सृजत्येताम्।** '○नाराशꣳस एष=विश्ववारः' **इति** ॥ २४ ॥ 'अच्छायमेति' **इतीडो यजति।** '○शवसा घृतेनेडानो=प्रयत्सु' **इति** ॥ २५ ॥ 'स यक्षदस्य महिमानमग्नेः' **इति बर्हिर्यजति।** '○स ई मन्द्रासु=धातमश्च' **इति** ॥ २६ ॥ 'द्वारो देवीः' **इति द्वारो यजति।** '○अन्वस्य विश्वे=पत्यमानाः' **इति** ॥ २७ ॥ 'ते अस्य' **इत्युषासानक्ते यजति।** '○योषणे दिव्ये=अध्वरं नः' **इति** ॥ २८ ॥ 'दैव्या होतारौ' **इति होतारौ यजति।** '○ऊर्ध्वमध्वरं=स्विष्टिम्' **इति** ॥ २९ ॥ 'तिस्रो देवीः' **इति ता यजति।** '○बर्हिरिदं=गृणानाः' **इति** ॥ ३० ॥ 'तन्नस्तुरीयम्' **इति त्वष्टारं यजति।** '○अद्भुतं पुरुक्षु त्वष्टा सु=अस्मे' **इति** ॥ ३१ ॥ 'वन-स्पते' **इति वनस्पतिं यजति।** '○अव सृजा रराण=दयाति' **इति** ॥ ३२ ॥ 'अग्ने स्वाहा कृणुहि जातवेदः' **इति स्वाहाकृतिं प्रैषणवपां परियजति।** '○इन्द्राय हव्यं=जुषन्ताम्' **इति** ॥ ३३ ॥ **प्रसि-ध्यति कर्म** ॥ ३४ ॥ **वपाया एवातः** ॥ ३५ ॥ 'प्रजापतये छागस्य वपाया मेदसोऽवदीयमान-स्यानुब्रूहि' **इत्याह स्रुवेण वपाꣳ संप्रलुम्पन्** ॥ ३६ ॥ 'यः प्राणतः' **इत्यन्वाह।** '○निमिषतो=विधेम' **इति** ॥ ३७ ॥ **प्रैषवानेषः** ॥ ३८ ॥ 'ओ श्रावय' **इत्याह** ॥ ३९ ॥ 'प्रजापतये छागस्य वपां मेदः प्रस्थितं प्रेष्य' **इति** ॥ ४० ॥ **प्रेष्यति मैत्रावरुणः** ॥ ४१ ॥ 'य आत्मदा' **इति यजति।** '○बलदा =विधेम' **इति** ॥ ४२ ॥ **वषट्कृते जुहोति** ॥ ४३ ॥ **वपया प्रचर्य** 'आपो हि ष्ठा मयोभुवः' **इति तृचेन मार्जयन्ते चात्वाले** ॥ ७.३.१.४४ ॥ **[इति प्रथमः पटलः** (७)**]**

होतृगणमाध्वर्यवमिति समाख्यातमाप्रीरिति विशेषसमाख्या बाधत इत्येतन्न्यायं प्रदर्शयितुम्॥ २१ ॥

'समिधो यजति', 'तनूनपातं यजति', 'द्वारो यजति', 'इडो यजती'ति वचनं मान्त्रवर्णिका[1] एवात्र देवता इत्यवगमयितुम्॥ २२-२३ ॥

उत्सृजत्येतामिति[2] तानूनपातीनां[3] भूयस्त्वोपलक्षणार्थम्॥ २४ ॥

स्वाहाकृतिः[4] प्रैषणोत्तमप्रयाजार्थेनाज्येनेत्यर्थः। वपां परियजति। लक्षणे कर्मप्रवचनीयसंज्ञा। वपायागसन्निधावित्यनुवाद[5] एव मन्त्रविधानार्थः ॥ ३३ ॥

मार्जने बहूनां प्रसक्तत्वात् मन्दबुद्ध्याशङ्कानिवृत्त्यर्थमध्वर्युग्रहणम्॥ ७.३.१.४४ ॥ **[इति प्रथमः पटलः** (७)**]**

---

१. T ○मात्र वर्णिता. **२.** M Ad ○त्सृजेत्ये○ ; thus T. **३.** M Ad ○पातिनां; thus T. **४.** M Ad ○कृति प्रैषै○ ; thus T. **५.** M Ad ○पाद; thus T.

[माष–पर्णशाखा–मृत्पिण्डादिग्रहणं, पुरोडाशनिर्वपणं तद्धोमादिकर्मविधानम्]

एकविꣳशतिश्च माषान् पर्णशाखां च मृत्पिण्डं चोदपात्रं चोत्कुर्षीं चादत्ते ॥ १ ॥ **सप्तधा च वितृण्णां वल्मीकवपाम्** ॥ २ ॥ **द्रुत्वा पशोरर्धमाह** 'परिवासय पशोः शिरः' **इति** ॥ ३ ॥ **उभाभ्यां वल्मीकवपां प्रतिनिदधाति पुरुषशीर्षाय पशवे च** ॥ ४ ॥ 'एतत्त एतैः परिक्रीणामि' **इत्याह** ॥ ५ ॥ **सप्तभिर्माषैः पुरुषशीर्षं परिकिरति** ॥ ६ ॥ 'योऽस्य कौष्ठ्य जगतः' **इति यमगाथां गायति** । '०पार्थिवस्यैक इद्वशी यमं भङ्गचश्रवो गाय यो राजाऽनपरोध्यः' **इति** ॥ ७ ॥ 'एतत्त एतैः परिक्रीणामि' **इत्याह** ॥ ८ ॥ **सप्तभिर्माषैः पुरुषशीर्षं परिकिरति** ॥ ९ ॥ 'सप्तहोताऽस्य सवितुः ते' **इति यमगाथां गायति** । '०आलब्धो दशकक्ष्यः वैवस्वतस्य सादने सप्तहोतर्यध्वरे' **इति** ॥ १० ॥ 'एतत्त एतैः परिक्रीणामि' **इत्याह** ॥ ११ ॥ **सप्तभिर्माषैः पुरुषशीर्षं परिकिरति** ॥ १२ ॥ 'अध्यू त...क्राति' **इति यमगाथां गायति** । 'यमस्य गृहेऽध्वरः'। 'तस्मिन् कनिक्रदद् ग्रावोर्ध्वो नृत्यत्यꣳशुभिः' **इति** ॥ १३ ॥ 'एतदि'**त्याह यमाह** । 'प्रतिवेशां कुम्भीमुद्धाय सुप्रम्रिक्तं प्रम्रिच्या-पोद्धृत्यास्य माꣳसानि निर्धूय मस्तिष्कं मृदाभिलिप्य निधत्ताद्' **इति** ॥ १४ ॥ **तत्तथा कुर्वन्त्यु-त्क्रम्य** ॥ १५ ॥ **अथास्यैते पशवः कृताः स्युरश्वमिवाश्वं कुर्यादृषभमिवर्षभं वृष्णिमिव वृष्णिं बस्तमिव बस्तम्** ॥ १६ ॥ **त आत्मन्वन्तः सर्वाङ्गाः स्युरपि हैषामाण्डधानानीव कुर्यात्** ॥ १७ ॥ **तान् पाकपेष्याणां पिष्टानां कृत्वा यथा प्रवर्तिकां पचन्त्येवं पचति** ॥ १८ ॥ **अमृदो हैनान् संवत्सरदीक्षायां कुर्याच्छर्कराणां वा** ॥ १९ ॥ **तान् सहैतेन पशुना पर्यग्निकृत्वोत्सृजति** ॥ २० ॥

सप्तधा वितृण्णां सप्तरन्ध्रां छिन्नस्य शिरसः पशोश्चान्तराले तदुभयसंसृष्टां वल्मीकवपां प्रतिनिदध्यात् ॥ २-४ ॥

गायति[1] ब्रूयात् 'योऽस्य कौष्ठ्य जगत' इत्यादि मन्त्रः ॥ ७ ॥

यमाह यं कञ्चिदाह शमित्रादिकम्। 'एतत्प्रतिवेशां कुम्भीम्' इत्यादि प्रैषः। एतत्पशुशिरः प्रतिवेशां[2] पशुश्रपणसन्निधौ विशालां कुम्भीमुद्धायाधिश्रित्य सुप्रम्रिक्तं सुस्विन्नं सम्यक् पक्वं प्रमृच्य श्रपयित्वा तत्र सम्यक् श्रपितस्य शिरसो मांसान्यपोद्धृत्य मस्तिष्कं च निर्धूय [3]ततस्तन्मृदाऽभिलिप्य 'निधत्ते'ति प्रैषार्थः। 'अथास्यैते पशवः कृता स्युरि'ति भूतकालनिर्देशात् पूर्वमेव कृता भवन्तीति ज्ञायते पिष्टैः कर्तव्याः ॥ १४-१६ ॥

आत्मन्वन्तः शरीरवन्तः। आण्डधानस्य विशेषवचनं तस्य विस्पष्टतायै पुंस्त्वस्य ॥ १७ ॥

पाकपेष्याणामिति गतम्। प्रवर्तिकाः पिष्टमया भक्षविशेषाः वृत्तरूपाः ॥ १८ ॥

संवत्सरदीक्षायामिति। दीक्षाबाहुल्योपलक्षणार्थम्। शर्कराणां वा यथा शक्यते तथा ॥ १९ ॥

पर्यग्निकरणमात्रं तेषां वाचनिकम् ॥ २० ॥

प्राजापत्येनो[1] एव संस्थापयेदिति ब्रुवन्नाचार्यो ज्ञापयति[2] पश्वालंभपक्षमपि ॥ २१ ॥

---

१. M Ad गाति, T नाति°. २. T °वेशाः. ३. M Ad ततस्तं मृ°.

प्राजापत्येनो एव सꣳस्थापयेत् ॥ २१ ॥ अथैतान् पुरोडाशान्निर्वपन्ति प्राजापत्यं द्वादशकपालं वायव्यं चरुं वैश्वानरं द्वादशकपालमग्नये क्षत्रवते पुरोडाशमष्टाकपालमग्नये क्षत्रभृते पुरोडाशमष्टाकपालमग्नये ब्रह्मण्वते पुरोडाशमष्टाकपालमग्नये पुष्टिमते पुरोडाशमष्टाकपालमिति ॥ २२ ॥ तान् श्रपयित्वोपस्तीर्णाभिघारितानासादयन्ति ॥ २३ ॥ पुरस्तादेषामेतान् पशूनुपसादयन्ति पुरस्तात्प्रत्यगावृतमश्वं पश्चात्प्रागावृत्तमृषभं दक्षिणत उदगावृत्तं वृष्णिमुत्तरतो दक्षिणावृत्तं वस्तं मध्ये प्राजापत्यस्य शिरः ॥ २४ ॥ 'प्राजापतये पुरोडाशस्यावदीयमानस्यानुब्रूहि' इति ॥ २५ ॥ पश्चाच्च पुरस्ताच्च जुह्वामवद्यति ॥ २६ ॥ अभिघारयति ॥ २७ ॥ प्रत्यनक्ति ॥ २८ ॥ सकृदुत्तरार्धादुपभृत्यवद्यति ॥ २९ ॥ नाभिघारयति ॥ ३० ॥ न प्रत्यनक्ति ॥ ३१ ॥ एवमेवै-तेषामवदायावदायैव स्विष्टकृतं प्रत्यवद्यति ॥ ३२ ॥ नाभिघारयति ॥ ३३ ॥ न प्रत्यनक्ति ॥ ३४ ॥ 'यस्येमे हिमवन्तः' इत्यन्वाह । '°महित्वा=विधेम' इति ॥ ३५ ॥ प्रैषवानेषः ॥ ३६ ॥ 'ओ श्रावय' इत्याह ॥ ३७ ॥ प्रजापतये पुरोडाशं प्रस्थितं प्रेष्य इति ॥ ३८ ॥ प्रेष्यति मैत्रावरुणः ॥ ३९ ॥ 'यं क्रन्दसी' इति यजति । '°अवसा तस्तभाने=विधेम' इति ॥ ४० ॥ वषट्कृते जुहोति ॥ ४१ ॥ उपविशति मैत्रावरुणः ॥ ४२ ॥ होतैवैतेषामन्वाह ॥ ४३ ॥ होता यजति ॥ ७.३.२.४४ ॥ [इति द्वितीयः पटलः (८)]

[प्राजापत्यपशुकर्म]

'वायवेऽनुब्रूहि' इत्याहोपस्तृणानोऽवद्यन् ॥ १ ॥ 'पीवोऽन्नाँ' इत्यन्वाह । '°रयिवृध=चक्रुः' इति ॥ २ ॥ 'राये नु यम्' इति यजति । '°जज्ञतू=निरेके' इति ॥ ३ ॥ वषट्कृते जुहोति ॥ ४ ॥ 'वैश्वानरायानुब्रूहि' इत्याहोपस्तृणानोऽवद्यन् ॥ ५ ॥ 'वैश्वानराय पृथुपाजसे' इत्यन्वाह । '°विपो रत्ना=महित्वा' इति ॥ ६ ॥ वषट्कृते जुहोति ॥ ७ ॥ प्राजापत्यस्य शिर एतेषाꣳ सꣳस्रावेणाभिघारयति ॥ ८ ॥ 'अग्नये क्षत्रवतेऽनुब्रूहि' इत्याहोपस्तृणानोऽवद्यन् ॥ ९ ॥ 'क्षत्रेणाग्ने' इत्यन्वाह । '°स्वायुः सꣳ रभस्व=दीदिहीह' इति ॥ १० ॥ 'इहैवाग्ने' इति यजति । '°अधि धारया रयिं मा त्वा

प्राजापत्यं पशुपुरोडाशोवायव्याद्या अग्न्याद्याः[३] ॥ २२ ॥

पुरस्तात् पूर्वस्यां दिशि ॥ २४ ॥

वायव्यादीनां प्रधानावदानकाले[४]। स्विष्टकृदवदानानां वाचनिकम्। प्रैषवत्त्वमनिरुक्तता[५] च मुख्यधर्मानुग्राहाय स्थानिधर्मानुग्राहाय[६] वा। पशुपुरोडाशानुवृत्तित्वात् तेषाम्। प्राजापत्य ऐन्द्राग्नवि-कारः, पशुपुरोडाशत्वात्। वायव्याद्या आग्नेयविकाराः, एकदेवत्यत्वादक्षरसामान्याच्च ॥ ७.३.२.३२ ॥ [इति द्वितीयः पटलः (८)]

---

१. T °पत्ये नो. २. M Ad °पयतीवाश्वा° ; thus T. ३. M Ad °याव्याः, T अन्वायाद्याः. ४. M प्रा[Ad प्र]दानपादान° ; thus T. ५. M Ad प्रैषत्व° ; thus T. ६. M Ad स्थानी°.

=अनिष्टुत:' **इति** ॥ ११ ॥ **वषट्कृते जुहोति** ॥ १२ ॥ **अश्वमेतस्य सꣳस्रावेणाभिघारयति** ॥ १३ ॥ 'अग्नये क्षत्रभृतेऽनुब्रूहि' **इत्याहोपस्तृणानोऽवद्यन्** ॥ १४ ॥ 'अग्निः क्षत्रभृत्' **इत्यन्वाह** । '○अनिभृष्ट=दशं द्याम्' **इति** ॥ १५ ॥ 'अनाधृष्य' **इति यजति** । '○जातवेदा=नो वृधे' **इति** ॥ १६ ॥ **वषट्कृते जुहोति** ॥ १७ ॥ **ऋषभमेतस्य सꣳस्रावेणाभिघारयति** ॥ १८ ॥ 'अग्नये ब्रह्मण्वतेऽनुब्रूहि' **इत्याहोप-स्तृणानोऽवद्यन्** ॥ १९ ॥ 'त्वामग्ने' **इत्यन्वाह** । '○वृणते ब्राह्मणा=प्रयुच्छन्' **इति** ॥ २० ॥ 'सं चेध्यस्वाग्ने' **इति यजति** । '○प्र च बोधयैन=माऽन्ये' **इति** ॥ २१ ॥ **वषट्कृते जुहोति** ॥ २२ ॥ **वृष्णिमेतस्य सꣳस्रावेणाभिघारयति** ॥ २३ ॥ 'अग्नये पुष्टिमतेऽनुब्रूहि' **इत्याहोपस्तृणानोऽवद्यन्** ॥ २४ ॥ **अवदायात्र स्विष्टकृतं प्रत्यवद्यति** ॥ २५ ॥ **द्विरभिघारयति** ॥ २६ ॥ **न प्रत्यनक्ति** ॥ २७ ॥ 'नाभा पृथिव्याः' **इत्यन्वाह** ॥ '○समिधान=सासहिम्' **इति** ॥ २८ ॥ 'अहरहः' **इति यजति** । '○अप्रयावं भरन्तोऽश्वा=रिषाम' **इति** ॥ २९ ॥ **वषट्कृते जुहोति** ॥ ३० ॥ **बस्तमेतस्य सꣳस्रावेणाभिघार-यति** ॥ ३१ ॥ 'अग्नयेऽनुब्रूहि' **इत्याह पुरोडाशानाꣳ स्विष्टकृतꣳ समनयमानः** ॥ **३२** ॥ 'आपो ह यत्' **इत्यन्वाह** । '○महतीर्विश्वमाय=ततो देवानां=विधेम' **इति** ॥ ३३ ॥ **प्रैषवानेषः** ॥ ३४ ॥ 'ओ श्रावय' **इत्याह** ॥ ३५ ॥ 'अग्नये पुरोडाशं प्रस्थितं प्रेष्य' **इति** ॥ ३६ ॥ **प्रेष्यति मैत्रावरुणः** ॥ ३७ ॥ 'यश्चिदापः' **इति यजति** । '○महिना=विधेम' **इति** ॥ ३८ ॥ **वषट्कृते जुहोति** ॥ ३९ ॥ **अत्याक्रम्य यथायतनꣳ स्रुचौ सादयित्वाऽवदानानि संभिद्य होत्र इडामा दधाति** ॥ ४० ॥ **उपहूतायामिडायामग्नीध आदधति** ॥ ४१ ॥ **प्राश्नन्ति** ॥ ४२ ॥ **मार्जयन्ते** ॥ ४३ ॥ **प्रसिध्यति कर्म** ॥ ४४ ॥ **वसाया एवातः** ॥ ४५ ॥ 'प्रजापतये छागस्य हविषोऽनुब्रूहि' **इत्याहोत्तिष्ठन्नध्वर्युः** ॥ ४६ ॥ **वसाहोमं प्रतिप्रस्थाताऽऽदत्ते** ॥ ४७ ॥ 'येन द्यौरुग्रा' **इत्यन्वाह** । '○पृथिवी च दृढा=विधेम' **इति** ॥ ४८ ॥ **प्रैषवानेषः** ॥ ४९ ॥ 'ओ श्रावय' **इत्याह** ॥ ५० ॥ 'प्रजापतये छागस्य हविषः प्रस्थितं प्रेष्य' **इति** ॥ ५१ ॥ **प्रेष्यति मैत्रावरुणः** ॥ ५२ ॥ '...दां' **इति यजति** । '○पुत्रं पितरं =भवद्' **इति** ॥ ५३ ॥ **वषट्कृते जुहोति** ॥ ५४ ॥ **त्रिष्टुभौ संयाज्ये** ॥ ५५ ॥ **इतीतरा पशोर्मीमाꣳसा** ॥ ५६ ॥ **अथेतरा** ॥ ५७ ॥ **अष्टौ वा एता ऋचः** ॥ ५८ ॥ **तासामाघारस्यैका, वपायै द्वे, पुरोडाशस्य द्वे,**

मीमांसा विकल्पना। काञ्चिच्छाखामपेक्ष्याद्य[1] विकल्पना। तैत्तिरीयमपेक्ष्येतरा[2]। अथवाऽद्यापि तैत्तिरीयकापेक्षैव। न ह्यत्रापि[3] विरोधः [4]अग्निलिङ्गयोस्तु क्रमविपर्यासो [5]लिङ्गबलीयस्त्वात्। स वेदेत्यस्याश्चामननं समाम्नातानामत्राभावाद्[6]। एवं सत्यन्तमपेक्षे[7] शाखान्तरीयं[8] वैकल्पिकं वचनं द्रष्टव्यम्। कुतो हविःस्विष्टकृतस्त्रिषु[9] भावेष्वेवोक्ते[9] (?) पुरोडाशस्विष्टकृतस्तु समाम्नाताभ्यां वान्यैः स्वस्वाभिहिते। तच्चाभ्यन्तरेण वचनं दुर्लभम्। अनिरुक्तस्विष्टकृतलिङ्गयोरिहस्थयोरेव[10] सतोः ॥ ५६–५९ ॥

---

१. M Ad °मवेक्ष्याद्य, T मवेक्ष्याद्यापि कल्प°. **२.** M Ad °वेक्ष्ये°. **३.** M Ad नाप्यत्रापि; thus T. **४.** M Ad अनिलिंगयोस्त[तत्]°; thus T. **५.** M Ad लिङ्गं°; thus T. **६.** T समाम्नातम्। मन्त्रा°. **७.** T सत्यन्तम्। अपक्वे; thus M Ad. **८.** M Ad °रीयवै°. **९–९.** M Ad त्रिषु भावावोक्ते, T स्विष्टतरिष्टभावेवोक्ते. **१०.** M Ad °कृदलिङ्गलि°, T °कृतलिङ्गयो°.

हविषो द्वे ॥ ५९ ॥ **उत्सृजत्यासामेकामिडाम्** ॥ ६० ॥ 'अग्ने: प्रकारव:' **इत्येव पुरोडाशानाः सन्तिष्ठते।**' ॰मनना=घृताची' **इति** ॥ ६१ ॥ **प्रसिध्यति कर्म** ॥ ६२ ॥ **सन्तिष्ठते प्राजापत्यः पशुः** ॥ ६३ ॥ **प्रसिद्धा आग्निष्टोमिका दीक्षणीयाः संभाराः** ॥ ७.३.३.६४ ॥ **[इति तृतीयः पटलः** (९)**]**

॥ इति सप्तमप्रपाठके तृतीयोऽनुवाकः ॥

उत्सृजत्यासामेकामित्यादिवचनाद्[१] याज्यायामुत्सृष्टायामुपान्त्याक्रमाद्धविर्याज्यात्वं[२] प्रतिपद्यते ॥ ६० ॥

आग्नेय्याश्च प्राजापत्ये कर्मणि वाचनिको विनियोगः श्रुतिबलीयस्त्वादुपपद्यते। नान्तरेण वचनं, वैकल्पिकं च। तद्वचनं द्रष्टव्यं पक्षान्तरोपपत्त्यर्थम् ॥ ६१-६२ ॥

प्रसिद्धा आग्निष्टोमिका दीक्षणीयायाः सम्भाराः ॥ ७.३.३.६४ ॥ **[इति तृतीयः पटलः** (९)**]**

॥ इति व्याख्यायां सप्तमप्रपाठके तृतीयोऽनुवाकः ॥

---

१. M Ad ॰सामेकामि...दन्त्याया॰ ; thus T. २. M Ad ॰याज्यत्वं; thus T.

॥ अथ सप्तमप्रपाठके चतुर्थोऽनुवाकः ॥

[संभाराभरणम्]

***प्रसिद्धा आग्निष्टोमिका दीक्षणीयाः संभाराः*॥ १ ॥ अथेतरे द्वे उखे मुञ्जाश्च क्रमुकश्चासन्दी च शिक्यं च रुक्मश्च द्वौ कृष्णजिनपरिकर्तौ तयोरन्यतरस्मिन् विष्यूत एकविꣳशति निर्बाधो रुक्मस्त्रीणि धवित्राणि द्वौ पर्णकपालौ द्वादश समिधो वैकङ्कती शमीमयी पञ्चौदुम्बर्य आश्वत्थी वैकङ्कती शमीमयी द्वे औदुम्बर्यौ॥ २॥ यज्ञायुधानि सꣳसाद्यापः प्रणीयाग्नावैष्णवमेकादशकपालं दीक्षणीयं निर्वपति वैश्वानरं द्वादशकपालम् आदित्यं चरुम्॥ ३ ॥ निरुप्ते प्राणग्रहाꣳश्च पृश्नीꣳश्च व्याचष्टे॥ ४॥ हविष्कृता वाचं विसृज्य चतुर्गृहीतेन सप्तहोतार-**

– In the sūtra-text of *VādhŚS* this sūtra is not given. But in all the MSS *viz* M, Ad, T of the commentary, this sūtra has been accepted by the commentator by giving commentary on this sūtra : अभ्यासः। आनन्तर्यमप्यस्ति°.

अभ्यासः। आनन्तर्यमप्यस्ति कस्मिंश्चित्पक्षे। पशुदीक्षयोरानन्तर्यमेवा[१]स्माभिरभिप्रेतमिति ज्ञापयितुम्। इष्यते हि पश्वनन्तरमिष्टकाकरणं 'प्राजापत्यं पशुं कृत्वा कारयेदिष्टका बुध' इति। [२]उखाप्रवृञ्जनोत्तरकालं चेष्टकाकरणमिष्यते—'संसृज्य भस्मनोख्यस्य कारयेदिष्टका बुध' इति[२]। अयमेव पक्ष इष्ट आचार्येण भस्मसंसर्गानुग्रहाय। रात्रिभरणपक्षे चार्थादिष्टकाकरणमर्वागपकृष्यत इत्यानन्तर्यमेव। पशुदीक्षयोः मासादिभरणपक्षाश्रितमेव पूर्वोक्तं पक्षद्वयम्। अथवा प्रकृतावपि पश्वनन्तरमुखासंभरणेनैवोपक्रमोऽभिप्रेत इति ज्ञापयितुम्। दृश्यते च[३] विकृतौ 'प्राजापत्येनेष्ट्वोखाः संभरत' इति, 'आग्निष्टोमिका द्वे पयसी' इत्येवमाद्याः। इतरे ततोऽभ्यधिका दीक्षाया इत्येव ॥ १ ॥

मुञ्जाः शुष्काः प्रवृञ्जनार्थत्वात्। क्रमुको नाम वृक्षविशेषः। धन्वनाख्यमतमसीति नानवा[४] व्याहरन्ति[५]। आसन्दी[६] प्रादेशमात्रपादा[७] अरत्निमात्रशीर्षानूच्यफलकास्तीर्णा मृदावलिप्ता। तथा ह्यनुपदं—'शिक्यं द्वादशोद्यामम्' इति[८]। षडुद्यामत्वेऽपि[९] ब्राह्मणमस्ति। मौञ्जं रुक्मम्[१०]। 'एकविंशति पृडकः[११] हिरण्योऽमृतं हिरण्यमि'ति ब्राह्मणदर्शनात्। स च कस्मिंश्चित् कृष्णाजिनखण्डे विष्यूतः[१२] पाशः सूत्रं रुक्मप्रतिमोचनार्थत्वात्। धवित्राण्युपवाजनानि कृष्णाजिनानि। वैश्वानरस्य नित्यत्वमविशेषाभिधानादाचार्येणाभिप्रेतमिति केचित्। ब्राह्मणे निमित्तसंयोगेन श्रवणात्[१३] संवत्सरमुखामबिभ्रत एवायं पुरस्तादित्यादित्यापेक्षमानन्तर्यादित्यपरे॥ २ ॥

यज्ञतनूर्मन्त्राश्चतुस्त्रिंशदित्याचार्याभिप्रायः। उपधाने तावदन्त्याभ्यासेनेष्टकोपधेयेत्युक्तम्[१४]। वाचने तु[१५] पुनश्चतुस्त्रिंशत् पृथगेव विनिविष्टाः[१६]। 'प्रजापतिः=वृतो'[१७] वाचयेदिति। इहाविशेषेण

१. T °न्तर्येवा. २–२. M Ad om; thus T. ३. M Ad om; thus T. ४. M Ad °ख्यातमधीति वा न वा; thus T. ५. T °रति. ६. M Ad °सन्दि; thus T. ७. M Ad °मात्रापा° ; thus T. ८. M Ad om. ९. T notices a resding °द्यामत्वमपि in ख- MS. १०. M Ad रुक्म; thus T. ११. M Ad पुळकः, T takes it as extra. १२. M Ad विष्ट्यूतः; thus T. १३. M Ad श्रपणात्. १४. M Ad °धाये°. १५. T takes it as extra. १६. M Ad विनिष्या; thus T. १७. M Ad पृतो; thus T.

माहवनीये जुहोति द्वादशर्तून् 'मधवे स्वाहा', 'माधवाय स्वाहा' **इत्येतान्; त्रयस्त्रिꣳशद् यज्ञतनूः** 'प्रजापतिर्मनसाऽन्धोऽच्छेतः' **इत्येतान्** ॥ ५ ॥ **शृतेषु हविःषु स्तम्बयजुर्हरति** ॥ ६ ॥ **वेदिं परिगृह्णाति** ॥ ७ ॥ **करणं जपति** ॥ ८ ॥ **प्रसिध्यति कर्माऽधीतस्य यजुषः** ॥ ९ ॥ 'आकूत्यै प्रयुजेऽग्नये स्वाहा' **इति स्रुवेणाधीतस्य यजूꣳषि जुहोति ध्रुवाया अधि।** '०मेधायै=हविषा वृधातु स्वाहा' 'आकूतिमग्निं प्रयुजꣳ स्वाहा', 'मनो=ग्नये वैश्वानराय स्वाहा' **इति** ॥ १० ॥ **स्रुवेण हुत्वा ध्रुवामाप्याय्य जुह्वा** 'विश्वे=पुष्यसे स्वाहा' **इति** ॥ ११ ॥ **तूष्णीमन्तर्वेदि प्रणीता निनीयान्तर्वेदि कृष्णाजिने आस्तृणाति** ॥ १२ ॥ **ते प्रसिद्धमासर्पति** ॥ १३ ॥ **प्रसिध्यति कर्माऽङ्गुलिनिपेचनात्** ॥ १४ ॥ **अङ्गुलीरेवातो निपिच्याथ** 'मा सु भित्था मा सु रिषः' **इति द्वाभ्यामाहवनीयस्याङ्गारेषूखां प्रवृणक्ति, तस्यां मुञ्जानवदधात्यश्वशकानि गोमयानि बैल्वानि पुरुतृणानि दारूणि।** '०दृꣳहस्व वीडयस्व=अस्मिन्' **इति** ॥ १५ ॥ 'मित्रैतामुखां तप' **इत्युपतिष्ठते।** '०एषा= म्यभित्यै' **इति** ॥ १६ ॥ **धून्वन्ति** ॥ १७ ॥ **पुरस्ताद्वोत्तरतो वाऽग्निं जिजनिष्यन्ति** ॥ १८ ॥ 'द्रवन्नः सर्पिरासुतिः' **इति जाते क्रमुकमाज्यसंयुतं जुहोति स्रुवेण।** '०प्रत्नो=अद्भुतः स्वाहा' **इति** ॥ १९ ॥ 'परस्या अधि संवतः' **इति वैकङ्कतीमादधाति।** '०अवराँ=अव स्वाहा' **इति** ॥ २० ॥ 'परमस्याः परावतः' **इति शमीमयीम्।** '०रोहिदश्व=त्वं तरा मृधः स्वाहा' **इति** ॥ ७.४.१.२१ ॥ **[इति प्रथमः पटलः (१०)]**

त्रयस्त्रिंशद् यज्ञतनूरित्युक्तत्वादन्त्यस्य परिलोपो न्याय्यः। उपधानवत् समुच्चय इति केचित्। प्रतीकग्रहणे द्वयोर्ग्रहणात् ते एव समुच्चिन्वन्त्यपरे॥ ५ ॥

अङ्गुलीनां निपेचनादित्याहस्तौ[1] प्रतापनादिति गम्यते। कुतः 'अथ यद्धस्तौ[2] प्रताप्य मुष्टीकरोती'ति वचनात्। तथा प्रकरणत्वात् 'तपोऽहम्' इति मन्त्रो वक्तव्यः ॥ १४ ॥

अङ्गारेषूखामधिश्रित्य प्रवृणक्ति प्रतापयति। मन्त्रावधिश्रयणार्थौ ॥ १५ ॥

'मित्रैतामुखां तप' इत्याहवनीयोपस्थानम्॥ १६ ॥

धून्वन्त्युखायामवहितान्मुञ्जादीनग्निसञ्जननाय। यथोखायाः पूर्वभाग उत्तरभागे वाऽग्निर्जायते तथा। बहुवचननिर्देशाद् धवित्रत्रित्वाय[3] त्रयो धुनुयुः ॥ १७–१८ ॥

जातेऽग्नौ क्रमुकस्य फलमित्यनुपदकारस्य वचः। 'आज्येन संयौतीत्याज्यसंयुतमि'ति[4] च ब्राह्मणे कल्पे च दर्शनात्। शकलीकृत्याज्येन संयुतं क्रमुकं जुहोति। उख्येऽग्नौ समीपोक्तायां जात इत्यधिकारात् जात [5]इत्याधारसप्तमी, तदसंभवे हि भावलक्षणा॥ ७.४.१.१९ ॥ **[इति प्रथमः पटलः (१०)]**

---

१. M Ad °नादीन्या; thus T. २. M Ad हस्ते प्रत्याव्य; thus T. ३. M Ad घवित्रत्वाच्य; thus T. ४. M Ad °ज्येन संयु° ; thus T. ५. M Ad °इति चाधा; thus T.

[जाताग्न्युपस्थानम्]

'सीद त्वं मातुरस्या उपस्थे' **इति तिसृभिर्जातमुपतिष्ठते।** '○विश्वान्यग्ने=स्वां योनिमिहाऽसदः' **इति** ॥ १ ॥ 'यदग्ने यानि कानि च' **इति पञ्चौदुम्बरीरादधाति।** '○आ ते=दधाम्यास्ये स्वाहा' **इति** ॥ २ ॥ 'दꣳष्ट्राभ्यां मलिम्लून्' **इत्याश्वत्थीम्।** '○जम्भ्यैस्तस्कराँ=सुखादितान् स्वाहा' **इति** ॥ ३ ॥ 'ये जनेषु मलिम्लवः' **इति वैकङ्कतीम्।** '○स्तेनासस्तस्करा=जम्भयो स्वाहा' **इति** ॥ ४ ॥ 'यो अस्मभ्यमरातीयाद्' **इति शमीमयीम्।** '○यश्च नो=भस्मसा कुरु स्वाहा' **इति** ॥ ५ ॥ 'सꣳशितं मे ब्रह्म' **इत्युत्तमे औदुम्बरी वाचयति।** '○सꣳशितं=स्वाँ अहꣳ स्वाहा' **इति** ॥ ६ ॥ **एतस्मिन् काले दक्षिणेनाहवनीयमौदुम्बर्यासन्द्युपक्लृप्ता भवति** ॥ ७ ॥ 'मातेव पुत्रं पृथिवी पुरीष्यम्' **इति पर्णकपालाभ्यामुखां परिगृह्णाति।** '○अग्निꣳ स्वे योनौ विभर्तूखा तां विश्वैर्देवै= प्रजापतिर्विश्वकर्मा वि युनक्तु' **इति** ॥ ८ ॥ **मृदावलिप्ता चेच्छिक्य आदधाति द्वादशोद्यामे** ॥ ९ ॥ 'दृशानो रुक्मः' **इत्यासीनो रुक्मं प्रतिमुञ्चते।** '○उर्व्या=सुरेताः' **इति** ॥ १० ॥ 'विश्वा रूपाणि' **इत्यग्निं प्रतिमुञ्चते।** '○प्रतिमुञ्चते कविः प्रा=वि राजति' **इति** ॥ ११ ॥ 'नक्तोषासा' **इति कृष्णाजिन-परीकर्तम्।** '○समनसा विरूपे=द्रविणोदाः' **इति** ॥ १२ ॥ 'सुपर्णोऽसि गुरुत्मान्' **इत्युपतिष्ठते।** '○त्रिवृत् ते शिरो गायत्रं चक्षु=यजूꣳषि नाम' **इति** ॥ १३ ॥ 'सुपर्णोऽसि गरुत्मान् दिवं गच्छ सुवः पत' **इत्युत्तिष्ठति** ॥ १४ ॥ 'विष्णोः क्रमोऽसि' **इति विष्णुक्रमान् क्रमते।** '○अभिमातिहा गायत्रं छन्द आरोह=ह दिशोऽनु विक्रमस्व निर्भक्तः स यं द्विष्मः' **इति** ॥ १५ ॥ **अनु सꣳ हरन्त्येवास्मा एतमग्निम्** ॥ १६ ॥ 'अक्रन्दत्' **इत्येवैकामन्वाह।** '○अग्निः स्तनयन्निव =भात्यन्तः' **इति** ॥ १७ ॥

'उत्तमे' इति ब्राह्मणानुकरणम्। औदुम्बरी अभ्यादधद्[१] वाचयति। यजमानमभ्याधानमन्त्रावित्य-भिप्रायः[२] ॥ ६ ॥

आसन्द्युपक्लृप्ता उपसादिता भवत्युख्यनिधानाय ॥ ७ ॥

मन्त्रेण परिगृह्य तूर्ष्णीं शिक्य आदधाति ॥ ८-९ ॥

रुक्मप्रतिमोचनादीनि याजमानानि ॥ १० ॥

अग्निं प्रतिमुञ्चते। [३]शिक्यपाशं कण्ठ आसजते[४] ॥ ११ ॥

तथा कृष्णाजिनपरीकर्तं[५] चान्यमुपतिष्ठते। आसीनश्चोत्तरत्रोत्थानदर्शनात्[६] ॥ १२ ॥

प्राङ्[७] विष्णुक्रमान्[८] क्रमते ॥ १५ ॥

अनुसंहरणमनियतकर्तृकम्[९] ॥ १६ ॥

---

१. M Ad °दधन्; thus T. २. M Ad °वित्यर्थोऽभि° ; thus T. ३. M Ad शिक्यं; thus T. ४. M Ad °सज्जते; thus T. ५. Ad परिकृष्णं; thus T. ६. M Ad °रत्रोऽर्था [Ad त्रोर्था°] न; thus T. ७. T प्राग्. ८. T °क्रमात्. ९. M Ad °कञ्च; thus T.

'अग्नेऽभ्यावर्तिन्' **इत्येव चतसृभिरावर्तते।** '०अभि न आ वर्तस्वा= विश्वतस्परि' **इति** ॥ १८ ॥ 'उदुत्तमं वरुण पाशमस्मद्' **इत्येकयोन्मुञ्चते।** '०अवाधमं वि=तवानागसो अदितये स्याम' **इति** ॥ १९ ॥ 'आ त्वाऽहारिषम्' **इति द्वाभ्यामाहरति।** '०अन्तरभू=विश्वा सद्मान्याप्राः' **प्रति** ॥ ७.४.२.२० ॥ **[इति द्वितीयः पटलः** (११)**]**

[सन्नाद्यग्न्युपस्थानम्]

'सीद त्वं मातुरस्या उपस्थे' **इति चतसृभिः सन्नमुपतिष्ठते।** '०विश्वान्यग्ने ऋतं बृहत्' **इति** ॥ १ ॥ 'दिवस्परि प्रथमं यज्ञे अग्निः' **इति वात्सप्रेणोपतिष्ठत एतेनानुवाकेनाविहारम्** ॥ २ ॥ 'मधुश्च माधवश्च' **इत्युभयैर्ऋतुभिरुपतिष्ठते** ॥ ३ ॥ 'अहरहः', 'येन देवा=स्वस्ति स्वाहा', 'त्रीण्यायूꣳषि=शं योः स्वाहा' **इत्येताः समिध आदधाति** ॥ ४ ॥ **अङ्गुलीरेवातो निपिचति** ॥ ५ ॥ **प्रसिध्यति कर्म** ॥ ६ ॥ **यदस्मै व्रतमाहरन्ति** 'अन्नपतेऽन्नस्य नो देहि' **इति व्रतानुचर्यौ समिधा–वादधाति।** '०अनमीवस्य=द्विपदे चतुष्पदे स्वाहा' **इति** ॥ ७ ॥ **वात्सप्रस्यावसथीये यदा कदा च व्रतं प्रदीयते** ॥ ८ ॥ **वसन्ति** ॥ ९ ॥ **प्रातरादित्येन वाचं विसृज्य** 'दृशानो रुक्म' **इत्येवासीनो रुक्मं प्रतिमुञ्चते** ॥ १० ॥ 'विश्वा रूपाणि' **इत्यग्निम्** ॥ ११ ॥ 'नक्तोषासा' **इति कृष्णाजिनं परिकर्तम्** ॥ १२ ॥ 'सुपर्णोऽसि गरुत्मान्' **इत्युपतिष्ठते।** '०त्रिवृत्ते शिरः=यजूꣳषि नाम' **इति** ॥ १३ ॥ 'सुपर्णोऽसि गरुत्मान् दिवं गच्छ सुवः पत' **इत्युत्तिष्ठते** ॥ १४ ॥ 'विष्णोः क्रमोऽसि' **इति विष्णुक्रमान् क्रमते** ॥ १५ ॥ **अनु सꣳहरन्त्येवास्मा एतमग्निम्** ॥ १६ ॥ 'अक्रन्दत्' **इत्येवैका–मन्वाह** ॥ १७ ॥ 'अग्नेऽभ्यावर्तिन्' **इत्येव चतसृभिरावर्तते** ॥ १८ ॥ 'उदुत्तमं वरुण पाशमस्मद्'

चतसृभिः प्रसलैरावर्तते ॥ १८ ॥

आसन्दीं प्रत्युन्मुञ्चते। रुक्मशिक्यकृष्णाजिनपरीकर्तान्[1] सहैवाविशेषात् ॥ १९ ॥

आहरणमाध्वर्यवम्। तथा सादनं तूष्णीकं च। सादनमासन्द्याम् ॥ ७.४.२.२० ॥ **[इति द्वितीयः पटलः** (११)**]**

सन्नोपस्थानादि याजमानम्[2] ॥ १ ॥

उभयैरित्युत्तरत्र विभागमपेक्ष्य ॥ ३ ॥

एता अपि समिध उख्य एवाधेयाः। तत् संस्कारस्य प्रकृतत्वात्। 'येन देवा ज्योतिषोर्ध्वा उदायन्' इत्युख्यं समिन्धे' इति च ब्राह्मणे दर्शनात्। व्यक्तं चापस्तम्बाचाचार्येणाऽभिहितम्। याजमानाम्नाये[3] समाम्नानात् समिदाधानं याजमानम्। विष्णुक्रमवात्सप्रयोगयोर्निःसन्धिग्धयोर्यजमानयोरावृत्तौ तदावृत्तिदर्शनात् ॥ ४ ॥

व्रतानुचर्यावपि[4] व्रताङ्गत्वाद् यदा कदा चेति वचनमौपसदमपि व्रतं प्रापणाय समाख्यानादेव ह्यावृत्तिः सिद्धा ॥ ८ ॥

---

१. T °कर्तात्. २. M Ad यज°. ३. M Ad °मानंप्राये, T °मानप्राये. ४. M Ad °नुचार्यौ ; thus T.

इत्येवैकयोन्मुञ्चते ॥ १९ ॥ 'आ त्वाऽहारिषम्' **इति द्वाभ्यामाहरति** ॥ २० ॥ 'सीद त्वं=हꣳसः शुचिषद्' **इति चतसृभिः सन्नमुपतिष्ठते** ॥ २१ ॥ 'मधुश्च माधवश्च' **इति षड्भिः पूर्वैर्ऋतुभिरुपतिष्ठते** ॥ २२ ॥ 'अहरहः', 'येन देवाः', 'त्रीण्यायूꣳषि' **इत्येताः समिध आदधाति** ॥ २३ ॥ **विष्णुक्रमा हरेत** ॥ २४ ॥ **सायमेतस्याह्नः** 'रात्रिꣳ रात्रिम्', 'येन देवाः', 'त्रीण्यायूꣳषि' **इत्येताः समिध आदधाति** ॥ २५ ॥ **वसन्ति** ॥ २६ ॥ **प्रातरादित्येन वाचं विसृज्य** 'दिवस्परि प्रथमं जज्ञे अग्निः' **इत्येव वात्सप्रेणोपतिष्ठत एतेनानुवाकेनाविहारम्** ॥ २७ ॥ 'इषश्चोर्जश्च' **इति षड्भिरुत्तरैर्ऋतुभिरुपतिष्ठते** ॥ २८ ॥ 'अहरहः', 'येन देवाः', 'त्रीण्यायूꣳषि' **इत्येताः समिध आदधाति** ॥ २९ ॥ **वात्सप्रा हरेत** ॥ ३० ॥ **सायमेतस्याह्नः** 'रात्रिꣳरात्रिम्', 'येन देवाः', 'त्रीण्यायूꣳषि' **इत्येताः समिध आदधाति** ॥ ३१ ॥ **स एवमेवैताभ्यां योगाभ्यां पर्यायश एति** ॥ ३२ ॥ **विष्णुक्रमाणामेव पूर्वमहर्वात्सप्रस्योत्तरम्** ॥ ३३ ॥ **स यदि विष्णुक्रमाणां काले दीक्षितं योग उपेयात् क्रान्त्वैभिर्युञ्जीत** ॥ ७.४.३.३४ ॥ **[इति तृतीयः पटलः** (१२)**]**

[वात्सप्रस्योपस्थानम्]

यदि वात्सप्रस्यावसथीय उपतिष्ठते तप्त्वा व्रतानि वत्सान् संबध्य=योगावसाने ॥ १ ॥ 'उदु त्वा विश्वे देवाः' **इत्येकयाऽग्निमुद्यच्छते** ॥ '०अग्ने भरन्ते=वसुः' **इति** ॥ २ ॥ **कबन्ध आसादयति** ॥ ३ ॥ 'सीद त्वं=हꣳसः शुचिषद्' **इति चतसृभिरासन्नमुपतिष्ठते** ॥ ४ ॥ 'प्रेदग्ने ज्योतिष्मान् याहि' **इत्येकया प्रयाति** । '०शिवेभिः=तनुवा प्रजा' **इति** ॥ ५ ॥ 'समिधाऽग्निं दुवस्यत' **इति घृतानुषिक्तामवसिते समिधमादधाति** । '०घृतैर्बोधयता=जुहोतन स्वाहा' **इति ब्राह्मणस्य** ॥ ६ ॥ 'प्रप्राय-

---

रुक्मप्रतिमोचनादि सर्वं विष्णुक्रमैरुपलक्ष्यते। प्रथमचरमयोरुभयत्रास्य समासो वाचनिकः। विष्णुक्रमावसरे चेत् गमननिमित्तं संजायेत तत्र[१] मित्वा विष्णुक्रमैः ॥ ७.४.३.३४ ॥ **[इति तृतीयः पटलः** (१२)**]**

वात्सप्रावसरे चेद् [२]गत्वाऽवसायोपतिष्ठेत। 'तप्वा व्रतानी'त्याद्यनुक्रमणमनुवादो विशेषाभिधित्सया ॥ १ ॥

अग्निमुख्यमुद्यच्छते ॥ २ ॥

आसादनं तूष्णीकम् ॥ ३ ॥

एकया प्रयाति प्रापयत्यग्नीन्। प्रयान्तमनुमन्त्रयते। प्रापणमग्नेर्मन्त्रेण प्रकाश्यते, नात्मनः प्रयाणम्। अस्ति चान्यः प्रयाणमन्त्रः[३] 'भद्रादभिश्रेयः'[३] इति ॥ ५ ॥

अवसिते अवसाने कृते समिधमादधाति उख्ये। अतिथिसंस्तवो ह्यपूर्वे प्राकृते युज्यते। 'समिधाऽग्निम्' इत्यविशेषाभिधानात् सर्वेषामराजन्यानाम् ॥ ६ ॥

'प्रप्रायम्' इति राजन्यस्यैव यत्र यष्टुमवधृतं तत्र देवयजनाभिमन्त्रणादि कृत्वा

---

१. T तत्र मित्वा. २. M Ad ०त्वा वासा० ; thus T. ३-३. M Ad ०मभेद्राम० [Ad मा]भि० ; thus T.

मग्निर्भरतस्य शृण्वे' **इति राजन्यस्य।** '°वि यत्=शिवो नः स्वाहा' **इति ॥ ७ ॥ गार्हपत्यचितेश्च सन्निवापः श्वो राज्ञः क्रय इति ॥ ८ ॥** 'आपो देवी प्रतिगृह्णीत भस्मैतत्' **इति तिसृभिरप्सूदपात्रे भस्म प्रवेशयति।** '°स्योने कृणुध्वꣳ=गर्भो अपामसि' **इति ॥ ९ ॥** 'प्रसद्य भस्मना योनिम्' **इति द्वाभ्यामुख्यमभिमृशति।** '°अपश्च पृथिवीमग्ने=शिवतमः' **इति ॥ १० ॥** 'पुनरूर्जा नि वर्तस्व' **इति द्वाभ्यामात्मानं विमृष्टे।** '°पुनरग्न=विश्वतस्परि' **इति ॥ ११ ॥** 'पुनस्त्वाऽऽदित्या रुद्रा वसवः समिन्धताम्' **इत्येकयोख्यꣳ समिन्धे।** '°पुनर्ब्रह्माणो=यजमानस्य कामाः' **इति ॥ १२ ॥** 'बोधा नो अस्य वचसो यविष्ठ' **इत्युपतिष्ठते।** 'मꣳहिष्ठस्य=द्वेषाꣳसि' **इति ॥ १३ ॥ रथचक्रमात्रमाहवनीयं गार्हपत्यचित्यै परिखनन्ति ॥ १४ ॥ परिखाय शर्कराभिः परिमिन्वन्ति ॥ १५ ॥ निष्क्रम्य**

समिधमादधाति ॥ ७ ॥

'श्वो गार्हपत्यचिति'रित्यादिभिरन्त्यदीक्षाऽहरुपलक्ष्यते ॥ ८ ॥

भस्मोख्यस्य[1] प्रवेशयति ॥ ९ ॥

यजनाध्यवसानानन्तरमर्वागेवाहवनीयनिधानाद् आहवनीयस्थाने रथचक्रमात्रक्षेत्रं परिमण्डलस्वरूपेण[2] चतुरश्रस्वरूपेण वा मित्वा दृढमवनिश्चरमुपलक्षणं कृत्वाऽग्निं निधाय दीक्षणीयप्रभृति 'बोधा[3] नो अस्य[3] वचसो यविष्ठे'त्युपतिष्ठते ॥ १३-१४ ॥

इत्येतस्मादेव कर्माण्यभिनिर्वर्त्य एतस्मिन्नवसरेऽग्नेः समन्ततः तावत्क्षेत्रं खात्वा तस्य पर्यन्तेषु नैरन्तर्येण [4]शर्कराभिर्मिनुयात्। [5]शुल्बकारेण व्यायाममात्रे[5] चयनविधानाद् देवरथचक्रप्रमाणमित्याचार्येणाभिप्रेतमिति[6] केषांचिद्दर्शनम्, तत्प्रमाणं तज्ज्ञेभ्य आगमयितव्यम्। शुल्बोक्तं तेन विकल्पत इति। अन्येषां साग्निके कर्मणि सामर्थ्याद्वेदिमानमपकृष्यते। 'महावेदिं मित्वे'त्यविशेषाभिधानाद् यावत्यनग्निके वेदिस्तावत्येव साग्निकेऽपीत्याचार्योऽभिप्रैति स्म। तत्र च बहवो विकल्पाः। तैत्तिरीयके ब्राह्मणे पदैर्मानमाम्नातम्, शुल्बे च किष्कुभिः, कल्पे प्रक्रमैः। प्रक्रमप्रमाणानि च त्रीणि द्विपदोऽर्धतृतीयपदस्त्रिपद इति। साग्निके तु सामर्थ्यात् प्रक्रमैर्मानं' त्रिपदैरित्यवगन्तव्यम्। एवं सत्यश्वमेधे द्विस्तावतायां रथाक्षमात्रता यूपान्तरालानां न संभवति। अथ च 'द्विस्तावां वेदिं मिमीत' इति ब्रुवत आचार्यस्याभिप्रायः। एकादशिनीविकारे बहुयूपकेऽश्वमेधे द्विस्तावत्वविधानसामर्थ्याद् रथाक्षान्तरालसामर्थ्यतानुपपत्तेर्यथासंभवमन्तरालानि भवेयुरिति बादरायणाभिप्रायेण वा वैकल्पिकं वेदिसम्मानमश्वमेधे स्यात्। असंभवात् पक्षान्तरस्येत्येवं त्रिस्तावायामपि[7]। तत्रापि ह्यसंभवः। त्रिस्तावाश्वमेधे शुल्बकारेणाभिप्रेता। द्विस्तावां वेदिमभिधाय 'विंशत्याश्च[8] रथाक्षाणामेकविंशत्या[9] अश्वपदानामष्याङ्गुलस्य च चतुर्विंशं[10] भागमाददीत। स प्रक्रमः स्यात्। तेन वेदिं मिमीत' इति कथयता कल्प-

---

१. Ad ह्यस्य. २. M मण्डले रु°, Ad मण्डलेस्वरूपर; thus T. ३-३. M Ad T बोधायनोऽ[Ad]स्य, T बोधायनो अस्य. ४. M Ad T शर्करामिनु°. ५-५. M शुब्का°, Ad शुष्कारेणाप्याया°; thus T. ६. M Ad °प्रमाणमाचा°; thus T. ७. M Ad °स्ताया°; thus T. ८. M Ad °त्याश्व°; thus T. ९. M °शत्याश्वपदा°; thus T. १०. Ad °विंशभा°.

महावेदिं मित्वोत्तरवेद्यै काले सुपर्णं मिमीते ॥ १६ ॥ **मित्वा परिखनन्ति** ॥ १७ ॥ **परिखाय शर्कराभिः परिमिन्वन्ति** ॥ १८ ॥ **परिमित्य शर्कराभिर्वसन्ति** ॥ ७.४.४.१९ ॥ **[इति चतुर्थः पटलः** (१३)**]**

॥ इति सप्तमप्रपाठके चतुर्थोऽनुवाकः ॥

कारेणाश्वमेधप्रकरण एव रथाक्षान्तरालवचनं[१] द्रष्टव्यमित्यवगन्तव्यम्। ततस्तत्सामर्थ्याद् द्विस्तावा-दिना विकल्प' इति ॥ १५ ॥

अथ महता प्रक्रमेण महावेदिं मित्वोत्तरवेद्याः स्थाने सुपर्णनामानं सुपर्णप्रतिमं वाऽग्निं विमिमीते। शुल्बोक्तेन विधानेन पुरुषमात्रेण[२] वेणुना स्पन्द्यया[३] वा मित्वा धर्ममात्रं वेणुना कुर्यात्। अत्रार्थादुत्तरवेदिरभिवर्धते। तदाधारता ह्यग्नेः श्रूयते—'उत्तरवेद्यां ह्यग्निश्चीयते' इति। अतो यूपावटीयात् शङ्कोरर्धपदं परिहाप्यापरतो[४] द्वाविंशत्यरत्निसमचतुरश्रमुत्तरवेदिं मित्वा ततस्तस्यामग्निं मिनुयात्॥ १६ ॥

ततः खात्वा समस्तमग्निपर्यन्तं नैरन्तर्येण समन्ततोऽग्न्यूर्ध्वप्रमाणं शर्कराभि[५]-र्मिनुयात्॥ ७.४.४.१८ ॥ **[इति चतुर्थः पटलः** (१३)**]**

॥ इति व्याख्यायां सप्तमप्रपाठके चतुर्थोऽनुवाकः ॥

---

१. M Ad °राळ एव वच° ; thus T. **२.** T पुर्षमा°. **३.** M Ad स्पद्य° ; thus T. **४.** M Ad ° व्यापार° ; thus T

५. M Ad ° करं; thus T.

॥ अथ सप्तमप्रपाठके पञ्चमोऽनुवाकः ॥

[विष्णुक्रमाणां क्रमणं, वात्सप्रैरुपस्थानमिष्टकोपधानञ्च]

प्रातरादित्येन वाचं विसृज्य यदि विष्णुक्रमाणां कालो यदि वात्सप्रस्य, विष्णुक्रमानेव क्रमते वात्सप्रैरुपतिष्ठते ॥ १ ॥ **उभयैर्ऋतुभिरुपतिष्ठते** ॥ २ ॥ 'अहरहः', 'येन देवाः', 'त्रीण्यायूꣳषि', 'समिधाऽग्निं दुवस्यत' **इत्येताः समिध आदधाति** ॥ ३ ॥ **संवपन्त्येतमग्निꣳ सते** ॥ ४ ॥ **अवोक्ष्यात्मन्नग्निं गृह्णीते** ॥ ५ ॥ **स्वयंचितिं जपति** ॥ ६ ॥ 'शक्तिरसि' **इति कार्ष्णीमुपानहमुपमुञ्चते** ॥ ७ ॥ 'वाक्त्वा समुद्र उपदधातु' **इति मध्ये गार्हपत्यचित्या उदपात्रमुपनिनीयोपदधाति।** '०सुप्रजावनिं रायस्पोषवनिं मह्यं वाजिनाय तया देवतयाऽङ्गिरस्वद् ध्रुवा सीद' **इति** ॥ ८ ॥ 'असौ ध्रुवा सीद' **इत्युपरि तस्मिन्नमूमुपदधाति।** '०लोमशेष्टका ज्योतिष्मती तां त्वोपदधेऽस्मै लोकायामुष्मै लोकायाप्त्यै व्याप्त्यै समाप्त्यै कामाय सुवर्गाय लोकाय सा सुवर्गं लोकं प्रजानीहि। प्रजापतिस्त्वा सादयतु पृथिव्याः पृष्ठे तया देवतयाऽङ्गिरस्वद् ध्रुवा सीद' **इति** ॥ ९ ॥ 'अग्नेर्भस्मासि' **इति भस्म निवपति** ॥ १० ॥ 'अग्नेः पुरीषमसि' **इति पुरीषम्** ॥ ११ ॥ 'संज्ञानमसि कामधरणम्' **इति सिकताः** ॥ १२ ॥ 'मयि ते कामधरणं भूयात्' **इत्यूषान्** ॥ १३ ॥ 'सं या वः प्रियास्तनुवः' **इत्येनान् संप्रयौति।** '०संप्रिया=मम' **इति संभारान्** ॥ १४ ॥ **एषु होतर्निं व्याचष्टे** ॥ १५ ॥ 'चितः स्थ परिचितः' **इति परिमिता उपदधाति।** '०ऊर्ध्वश्रितो यजमानाय श्रयध्वं तया देवतयाऽङ्गिरस्वद् ध्रुवाः सीदत' **इत्यभ्याकारम्** ॥ १६ ॥ 'आ प्यायस्व समेतु ते' **इति सौम्या सिकता व्यूहति।**

संख्याया अवचनं दीक्षाया अनियतप्रमाणत्वात्[1]। अन्त्येऽहन्युभयं समुच्चितत्वाद्। वात्सप्रक्रमेऽप्युपवसथो यदि संपद्येत तत्रापि विष्णुक्रमानेव पूर्वं क्रमते। ततो वात्सप्रक्रमेणोपतिष्ठत इत्यभिप्रायः। समुच्चयश्च सिद्धवचनवादात्॥ १ ॥

संवपन्त्येतमग्निमाहवनीयम्॥ ४ ॥

अवोक्ष्याग्न्यायतनं सम्यक् समीकृत्याग्निग्रहणादि प्रतिपद्यते॥ ५ ॥

स्वयंचयनपक्षे विशेषाश्रवणादत्राप्यग्निग्रहणादि याजमानम्[2] ॥ ६ ॥

उदपात्रमुपनिनीयोपदधाति। उपधानमभिसन्धाय मन्त्रं ब्रूयात्॥ ८ ॥

उदपात्रस्योपरि पृथिव्युपधानमभिसन्दधद् 'मही ध्रुवासि' इति मन्त्रं ब्रूयात्॥ ९ ॥

संभारेषूख्यभस्म निवपेदिति केषाञ्चिदाम्नातम्। भस्माद्या ऊषान्ताः संभाराः॥ १०-१३ ॥

परिमिताः परितो मिताः शर्कराः सकृदेव मन्त्रमुक्त्वाऽभ्याकारमुपर्युपरि स्पृशन् प्रदक्षिणं प्राक्संस्था उदक्संस्था वोपदध्यात्॥ १६ ॥

अत्र 'आ प्यायस्व' इति सर्वार्था, [3]उत्तरा [3]राजन्यस्य॥ १७-१८ ॥

---

१. M Ad ०तपरिमा० ; thus T. २. M Ad ०मान; thus T. ३-३. M Ad ० त्तराजन्य० ; thus T.

'०विश्वत=सङ्गथे' **इति** ॥ १७ ॥ 'सं ते पयाꣳसि' **इति राजन्यस्य**। '०समु=धिष्व' **इति** ॥ १८ ॥ **चतस्रः प्राचीरिष्टका आयातयति** ॥ १९ ॥ **मध्ये गार्हपत्यचित्यै हꣳसपातिनीः** ॥ २० ॥ **उदीचीषु वाचयति** 'अयꣳ सो अग्निः' **इति वैश्वामित्रेण सूक्तेन**। '०यस्मिन्त्सोममिन्द्र =जातवेदस्तया देवतया'; 'अग्ने दिवो अर्ण=आपस्तया देवतया'; 'अग्ने यत्ते दिवि=नृचक्षास्तया देवतया'; 'पुरीष्यासो अग्नयः=महीस्तया देवतयाऽङ्गिरस्वद् ध्रुवा सीद' **इति** ॥ २१ ॥ 'इडामग्ने' **इति द्वे पुरस्तात् समीची उपदधाति**। '०पुरुदꣳसꣳ सनिं गोः=मतिर्भूत्वस्मे तया देवतया'; 'अयं ते योनिर्ऋत्वियः' **इतीतराम्**। '०यतो=रयिं तया=सीद' **इति** ॥ २२ ॥ 'चिदसि' **इति द्वे पश्चात् समीची उपदधाति**। '०तया देवतया'; 'परिचिदसि' **इतीतराम्**। '०तया देव=सीद' **इति** ॥ २३ ॥ **एवं पश्चात् त्रयोदश लोकंपृणा आयातयति** ॥ ७.५.१.२४ ॥ **[इति प्रथमः पटलः** (१४)**]**

[लोकंपृणोपधानविधानम्]

'अभित एताः लोकं पृण' **इत्यासां प्रसलैः प्रथमामुपदधाति**। '०छिद्रं पृणाथो सीद शिवा त्वम्। इन्द्राग्नी त्वा बृहस्पतिरस्मिन् योगावसीषदꣳस्तया देवतया' ॥ १ ॥ 'ता अस्य सूददोहसः' **इति तामेव**। '०सोमꣳ श्रीणन्ति पृश्नयः=दिवस्तया देवतयाऽङ्गिरस्वद् ध्रुवा सीद' **इति** ॥ २ ॥ **एवमेवैता अनुचरवत्य एकैकामुपदधाति** ॥ ३ ॥ 'चित्तिमचत्तिम्' **इति चितिक्लृप्त्याऽभिमृशति**। '०चिनवद्वि विद्वान् पृष्ठे=मुरुष्य तया दे=सीद' **इति** ॥ ४ ॥ 'अथ पृष्टो दिवि' **इति पुरीषस्य चितिमुपदधाति**। '०पृष्टो अग्निः=पातु नक्तं तया देवतया=सीद' **इति** ॥ ५ ॥ 'चित्तिमचित्तिम्' **इत्येवाभिमृशति**।

अथान्तःशर्करं समं सुश्लक्ष्णं कृत्वा शुल्बोपधानवशात् सूत्रमाक्षिप्योपधानं प्रतिपद्यते। उपधाय वा सर्वं [1]शुल्बवशान्मन्त्रैरनुपूर्वमभिमृशेत्। गणंगणं वोपधाय मन्त्रैरभिमृश्य गणान्तरोपधानमारभेत। एवमिव ह्याचार्यभिप्रायः। सर्वत्र ह्यायातयतीत्युक्त्वोपदधातीत्युच्यते। प्राचीरिति रीतिवादः[2] प्राक्संस्था ॥ १९ ॥

मध्ये नवानां तिस्रो[3] हंसानामिव पततामाकारेण ॥ २० ॥

उदीचीष्विति विरोधात् कर्तुर्मुखवादः। चतुरश्रेष्टकानां[4] मुखाभावात्। प्राचीरिति रीतेश्चाभिहित-त्वात्। उदीचीषूदङ्मुखेनोपधीयमानासु य[5] उपधानमन्त्रास्तान् यजमानं वाचयेत् ॥ २१ ॥

द्वे पुरस्तादुदगपवर्गे ॥ ७.५.१.२२ ॥ **[इति प्रथमः पटलः** (१४)**]**

एवं पश्चात्[6] लोकंपृणाः प्रसलैः प्रागपवर्गाः ॥ १ ॥

एकां सानुचरीमुपधाय, एवं द्वितीयामेवं तृतीयामेवं त्रयोदश। शोषपाकाभ्यां प्रतिप्रसमानानामिष्टकानामन्तरालं पुरीषेण पूरयेत्। न च तत् पुरीषं स्यात् ॥ ३ ॥

---

१. M Ad °वशान्मेत्रै° ; thus T. **२.** M Ad om रीति; thus T. **३.** M Ad चतस्रोऽहं; thus T. **४.** M Ad °काना; thus T. **५.** M Ad om; thus T. **६.** M Ad पशोर्लो° ; thus T.

'°तया दे=सीद' **इति**॥६॥ 'तद्वा एतत् पञ्चचितीकं त्रिचितीकमेकचितीकं चिन्वीतेति' **ब्राह्मणम्**॥७॥ **स यदेवं कुर्यान्नैतद्वैश्वामित्रं सूक्तं प्रयुञ्जीत**॥८॥ **लोकंपृणाश्चैकविꣳशति-मुपदध्यात् पुरीषं च**॥९॥ **लोकंपृणाश्चैवैकविꣳशतिं पुरीषं चात्रावस्थितम्**॥ १०॥ **अत्रैव** 'समितम्' **इति चतसृभिः सं निवपतोऽन्यत्रेक्षमाणौ**। '°सं कल्पेथाꣳ संप्रियौ रोचिष्णू सुमनस्यमानौः=शिवौ भवतमद्य नः' **इति**॥११॥ 'आज्यस्तोकं दधिस्तोकम्' **इत्युखामान-यति**॥१२॥ **सिकताभिरेनां पूरयति**॥१३॥ **एवमेवोपरिष्टादानयति**॥१४॥ **एवमेवेतरामुखां करोति**॥१५॥ **अथ** 'मातेव पुत्रं पृथिवी पुरीष्यम्' **इति पर्णवकलाभ्यामुखां परिगृह्णाति**। '°अग्निꣳ स्वे योनावभारु=विश्वाकर्मा वि मुञ्चतु' **इति**॥१६॥ **खारीषु शिक्यꣳ सं प्रबध्नन्ति**॥१७॥ **रुक्मं पाशात् प्रमुञ्चन्ति**॥१८॥ **नैर्ऋतीः कृष्णास्तिस्रस्तुषपक्वा भवन्ति**॥१९॥ **तां दिशं दक्षिणां प्रतीचीꣳ स्वकृतं वैरिणꣳ स्पाशयन्ते प्रदरं वोदपात्रं च**॥२०॥ **नैर्ऋतीरुत्परायन्ति**॥२१॥ 'यदस्य पारे रजसः' **इति गत्वा शिक्यपाशमादत्ते**। '°शुक्रं ज्योतिः=वैश्वानर द्युमद्' **इति**॥२२॥ **तं** 'नमः सु ते निर्ऋते विश्वरुपे' **इति**

एकचितीकता वा। एकस्या[1] एव चितेरुपधानमभिधाय 'तद्वा एतत्पञ्चचितीकं त्रिचिती-कमेकचितीकं चिन्वीतेति ब्राह्मणम्' इति चाभिधाय 'स यदेवं कुर्यादि'ति संशयवचनाद् गम्यते। एकचितीकत्वमेव वा सर्वाहारेषु निर्निमित्तम् आहारविशेषापेक्षं पञ्चचितीकत्वादित्युभयं विकल्पत इति। नैमित्तिकोपादानपक्षे एकविंशत्या लोकंपृणामन्त्रकत्वं वैश्वामित्राभावः[2]। सर्वाहारेष्वेकचितीकत्वे यथोक्तमुपधानम्। नैमित्तिकपक्षेऽप्याद्यासु चितीषु[3] नाना यजुःष्वप्युपधेयोऽग्निः। द्वितीयादिष्वेक-विंशति लोकंपृणादीति केचित्। अस्मिँस्तु पक्षे न कल्पवचनं समर्थं[4] स्यात्। अत्रैव स्थितम्। [5]आनन्तर्यान्नैमित्तिकपक्षोऽभिप्रेतः। स्थितवचनं महत्त्वान्नियतत्वाच्च नैमित्तिकपक्षः प्रथमः कल्प इत्यवगमयितुं, न पक्षान्तरं प्रतिषेद्धुम्[6] ॥७-१०॥

नैमित्तिकपक्षाश्रयेऽपि चतुर्थादिष्वाहारेष्वेकचितीकत्वमेव। निमित्ताभावादत्रैव सञ्चिताग्न्यायतने सन्निवपतः उख्याहवनीयावध्वर्युयजमानौ॥११॥

स्तोकशब्दोऽल्पपर्यायः॥१२॥

[7]पर्णवकलाभ्यामुखां परिगृह्य शिक्यं विमुञ्चेत्॥१६॥

शिक्यं सं प्रबध्नन्ति[8]। शिक्यदिग्धां [9]मृदमवधून्वन्ति॥१७॥

नैर्ऋत्यस्तिस्र इष्टका यथा कृष्णा भवन्ति तथा तुषैः पक्वाः॥१९॥

शिक्यपाशमिति द्वन्द्वैकवद्भावः[10] पराचीनतूलं पराचीनाग्रं[11] न्यस्यति॥२३॥

---

१. M Ad °कस्य. २. M Ad °भावा; thus T. ३. M Ad चितिषु; thus T. ४. M Ad सामर्थ्यं, T समर्थ्यं. ५. M Ad अन्तर्या° ; thus T. ६. Ad प्रतिबुद्धम्. ७. M Ad पर्णाव° ; thus T. ८. M Ad प्रध्मन्ति; thus T. ९. M Ad ममेव; thus T. १०. M Ad °भावं, T °वदभावः. ११. M Ad °चीनताग्रं; thus T.

स्वकृत इरिणे पराचीनतूलं न्यस्यति, प्रदरे वा। '°अयस्मयं=रोहयेमम्' **इति** ॥ २३ ॥ 'यत्ते देवी निर्ऋतिराबबन्ध' **इत्युपरि तस्मिन् नैर्ऋतीः पराचीरसꣳस्पृष्टा उपदधाति नात्र तयादेवतं करोति।** '°दाम ग्रीवा=नमो देवि निर्ऋते तुभ्यमस्तु' **इति** ॥ २४ ॥ **उपनिवपति मृदम्** ॥ २५ ॥ **अनुन्यस्यति रुक्मपाशम्** ॥ २६ ॥ 'यावती द्यावापृथिवी महित्वा' **इत्युपतिष्ठन्ते।** '°यावच्च सप्त सिन्धवो वितस्थुः। तावती देवी निर्ऋतिर्विश्वरूपी। विश्वस्य या जायमानस्य वेद॥ देवीमहं निर्ऋतिं वन्दमानः पितेव पुत्रं=वि चष्टे' **इति** ॥ २७ ॥ **अपः परिषिच्याप्रतीक्षमायन्ति** ॥ २८ ॥ **अभिप्रपद्य शालां मार्जयित्वा** 'निवेशनः सङ्गमनो वसूनाम्' **इत्याहवनीयं च गार्हपत्यचितिं चोपतिष्ठन्ते।** '°विश्वा रूपाऽभि चष्टे=पथीनाम्' **इति** ॥ २९ ॥ **अथ यज्ञायुधानि सꣳसाद्यापः प्रणीय प्रायणीयं निर्वपति** ॥ ३० ॥ **प्रायणीयेन चरित्वा पदेन प्रचरति** ॥ ३१ ॥ **पदेन प्रचर्य राजानं क्रीणाति** ॥ ३२ ॥ **राजानमुदूह्यातिथ्यमस्मै निर्वपति** ॥ ३३ ॥ **आतिथ्येन प्रचर्य प्रवर्ग्योपसद्भ्यां प्रचरति** ॥७.५.२.३४॥ **[इति द्वितीयः पटलः (१५)]**

[स्तम्बयजुर्वेदिपरिग्रहादिकर्म]

अथैतत्कर्म सञ्चष्टे स्तम्बयजुश्च वेद्यै च परिग्राहः करणं चाग्निग्रहश्च स्वयञ्चिति-श्चोपानट् च सीरञ्चानड्वाहश्च प्रासङ्गश्च कृषिबलश्च हिरण्यञ्चोदपात्रञ्च सर्वौषधञ्चोद-पात्रञ्चोत्तरवेदिश्च दिशाञ्च वेलाष्टा वज्रिणीश्च ॥ १ ॥ **सिकता व्यूहति** ॥ २ ॥ **एतदस्य कार्यं भवति** ॥ ३ ॥ **स्तम्बयजुर्हरति** ॥ ४ ॥ **वेदिं परिगृह्णाति** ॥ ५ ॥ **करणं जपति** ॥ ६ ॥ **आत्मन्नग्निं गृह्णीते** ॥ ७ ॥ **स्वयञ्चितिं जपति** ॥ ८ ॥ 'सं वस्त्रा दधातन' **इति द्वाभ्याꣳ सीरलाङ्गलꣳ सꣳस-जति।** '°निराहा=सिञ्चे अक्षितम्' **इति** ॥ ९ ॥ 'सीरा युञ्जन्ति' **इति द्वाभ्याꣳ संयुनक्ति।** '°कवयो युगा=पक्वमायत्' **इति** ॥ १० ॥ 'लाङ्गलं पवीरवम्' **इति द्वाभ्यां कृषति।** '°सुशेवꣳ सु=मस्मासु

असंस्पृष्टाः परस्परम्॥ २४॥

गार्हपत्यचितिस्थमग्निमुपतिष्ठन्ते।[1] बहुवचनं स्वामिब्रह्मभ्यां[2] सर्वत्र[3] हितौ सन्निहितौ। गार्हपत्यमुपतिष्ठन्त इति गार्हपत्यशब्दो भाक्त इति द्योतयितुम्॥ ७.५.२.२९ ॥ **[इति द्वितीयः पटलः** (१५)]

करिष्यमाणसंख्यानं[4] सौकर्याय ॥ १ ॥

अनूपसदमग्निं चिनुत' इति वचनाद्वेदिसंस्कारा अपकृष्यन्ते ॥ ५ ॥

संयुनक्ति [5]सीरलाङ्गलं युगे। द्वादश षड् वाऽनड्वाहो ब्राह्मणे दृष्टत्वात्। अनड्वाह इत्युपकल्पने च[6] तानिति चोत्सर्गे बहुत्वदर्शनात्[7] ॥ ९–१० ॥

कर्षणे त्रयी गतिः। कर्षणव्यापारस्यैकत्वान्मन्त्राभ्यां सकृत्प्रकाशितमेव कर्षणं द्वादशकृत्व

---

१. M Ad °ष्ठते; thus T. **२.** M Ad °ब्रह्माभ्यां; thus T. **३.** M Ad om; thus T. **४.** M Ad °ख्यानां. **५.** T सीरं ला°. **६.** M Ad om; thus T. **७.** M Ad दर्शना; thus T.

धत्तम्' ॥ ११ ॥ **तिस्रः प्राचीः सीताः कृषति** ॥ १२ ॥ **एवमेव तिस्र उदीचीः पक्षावनु** ॥ १३ ॥ **एवमेवोत्तरस्यै श्रोण्यै दक्षिणमꣳसमभ्युत्तरा पर्यावर्तन्ते** ॥ १४ ॥ **एवमेव दक्षिणायै श्रोण्या उत्तरमꣳसमभि दक्षिणा पर्यावर्तन्ते** ॥ १५ ॥ **तान्** 'उत्सृजध्वमध्निया देवयाना' **इत्यपरेणाग्निमुदीच उत्सृजति।** '०अतारिष्म तमसस्पारे अस्यानुज्योतिरपाम' **इति** ॥ १६ ॥ 'कामं कामदुघे धुक्ष्व' **इति सीताशीर्षण्यभिमन्त्रयते।** '०मित्राय वरुणा=प्रजाभ्यः' **इति** ॥ १७ ॥ 'घृतेन सीता मधुना समक्ता' **इति चतुर्गृहीतौ सीतासमरे हिरण्यमुपास्य जुहोति।** '०विश्वैर्देवै=पयसाऽभ्याववृत्स्व स्वाहा' **इति** ॥ १८ ॥ 'वाक्त्वा समुद्र उपदधातु' **इति मध्ये सीतासमर उदपात्रमुपनिनीयोपदधाति।** '०सुप्रजावनिं=वाजिनाय तया=सीद' **इति** ॥ १९ ॥ 'असौ ध्रुवा सीद' **इत्युपरि तस्मिन्नमूमुपदधाति।** '०सलिलेष्टका ज्योतिष्मती तां त्वोपदधेऽमुष्मै लोकायास्मै लोकायाप्त्यै व्याप्त्यै समाप्त्यै कामाय सुवर्गाय लोकाय सा सुवर्गं लोकं प्रजानीहि। प्रजापतिस्त्वा सादयतु दिवः पृष्ठे तया=सीद' **इति** ॥ ७.५.३.२० ॥

[इति तृतीयः पटलः (१६)]

[महावीरपात्रनिर्माणादिकर्म]

त्रीन् महावीरान् कुर्यादग्निचित्याम् ॥ १ ॥ **तेषां यमुपधास्यात्तेन प्रथमेन प्रचरेत्** ॥ २ ॥ **तद् दध्ना संपूर्य** 'मयि त्यदिन्द्रियं महत्' **इत्युत्तरतः पुरस्तात् स्वयमातृण्णाकालस्यास्पृष्टां घर्मेष्टकामुपदधाति।** '०मयि दक्षो=सुवीर्यं घर्मस्त्रिषुग्विरोचत=दोहमशीमहि तया=सीद' **इति** ॥ ३ ॥ **स्वयमातृण्णाकाले दशहोतारमुपदधाति** 'तया=सीद' **इति** ॥ ४ ॥ 'पुष्टिच्छन्दः' **इत्युत्तरतः पुरस्ताद् स्वयमातृण्णाकालस्यास्पृष्टं दर्भस्तम्बमुपदधाति।** '०तया=सीद' **इति** ॥ ५ ॥ **तं** 'सजूरब्दो-

---

आवर्तते। एकत्वेऽपि व्यापारस्य सीतात्रिकान्तरे[१] प्रयत्नभेदात् प्रतित्रिकं वा मन्त्रयोरावृत्तिभेदात् कर्मभेदः। न प्रतिसीतं च प्रयत्नभेदोऽस्तीति प्रतिसीतं त्वभ्यावृत्तिरिति[२]। तत्रैवमेवेति ब्रुवत आचार्यस्याभिप्रायो नियोगतः प्रयत्नान्तरे कर्मभेदस्तन्त्रो [३]मन्त्रेऽभ्यावृतिर्न्याय्येति। यदि तावत् प्रयत्नभेदात् कर्मभेदः न सीतात्रिककर्षणस्यैककर्मत्वम्। त्रिष्वपि प्रयत्नः प्रतिसीतं प्राचीरुदीचीरितिवचनाद्। बहुत्वश्रुतेश्च न प्रतिसीतं मन्त्रावृत्तिरितीयं गतिर्बलीयसी ॥ ११–१५ ॥

अमूमित्यत्र[४] द्यौरभिसन्धाय असाविति च सर्वनाम्नैव[५] मन्त्रे[६] प्रयोक्तव्यः ॥ ७.५.३.२० ॥

[इति तृतीयः पटलः (१६)]

द्वौ महावीरौ यजुष्कृतौ स्याताम्, द्वयोः प्रचरणीयत्वात्। घर्मेष्टकादीनि लोकबाधीनि द्रव्याण्यवटेषूपदध्यात्। अन्वाख्याने (तु.वाधू.अन्वा. ५.१७.३) बहुवचननिर्देशात् प्रतिपदमुपधानमिति केचित् ॥ ३ ॥

मूलकल्पे दशहोतारमित्येकवचननिर्देशान्मन्त्रपदापेक्षं बहुवचनं यथा 'सावित्राणि जुहोती'त्यपरे ॥ ४ ॥

---

१. M Ad सिकता० ; thus T. २. M Ad चाज्चावभ्या० ; thus T. ३. M Ad मन्त्राभ्या० ; thus T. ४. M Ad आम० ; thus T. ५. M Ad ०नामैव; thus T. ६. M Ad मन्त्रैः; thus T.

ऽयावभिः स्वाहा' **इति पञ्चभिः पञ्चगृहीतान् जुहोति।** '°सजूरुषा अरुणीभिः स्वाहाः', 'सजूः सूर्य एतशेन स्वाहा', 'सजोषावश्विना दꣳसोभिः स्वाहा', 'सजूरग्निर्वैश्वानर इडाभिर्घृतेन स्वाहा' **इति॥६॥ दध्ना सर्वौषधं संयौति॥७॥** 'पर्जन्याय प्र गायत' **इति पुरस्तात् सर्वौषध–स्योदपात्रेणाग्निमवोक्षति।** '°दिवस्पुत्राय=यवसमिच्छतु' **इति॥८॥** 'या जाता ओषधयः' **इति तिसृभिस्तिस्त्रः प्राचीः सिकता निवपति।** '°देवेभ्यः=पारयिष्णवः' **इति॥९॥** 'ओषधीरिति मातरः' **इति तिसृभिरुदीची पक्षावनु।** '°तद्वो देवीरुप ब्रुवे। रपाꣳसि=गृभो यथा' **इति॥१०॥** 'यदोषधयः संगच्छन्ते' **इति तिसृभिरुत्तरस्यै श्रोण्यै दक्षिणमꣳसमभि।** '°राजानः=प्रावता वचः' **इति॥११॥** 'उच्छुष्मा ओषधीनाम्' **इति तिसृभिर्दक्षिणायै श्रोण्या उत्तरमꣳसमभि।** '°गावो गोष्ठा=मध्यमशीरिव' **इति॥१२॥** 'साकं यक्ष्म प्र पत' **इति द्वाभ्यामन्ताननु वियातयति।** '°श्येनेन किकिदीविना=अरिष्टतातये' **इति॥१३॥** 'याः फलिनीर्या अफला' **इति द्वाभ्यामात्मानं विमृष्टे।** '°अपुष्पा याश्च=जीवातवे सुव' **इति॥ १४॥** 'अच्छा वद तवसम्' **इत्युपरिष्टात् सर्वौषधस्योदपात्रेणाग्निमवोक्षति।** '°गीर्भिरुक्षैः स्तुहि पर्जन्यं=अभिक्रन्दन् वृषभो वाजिनीवान्रेतो दधात्वोषधीषु गर्भम्' **इति॥१५॥ उत्तरवेद्या आवृत्तोत्तरवेदिं निवपति॥१६॥ दिग्भ्यो लोष्टान् समस्यति॥१७॥** 'मा नो हिꣳसीत्' **इति पुरस्ताल्लोष्टमाहरति॥**७.५.४.१८॥ **[इति चतुर्थः पटलः** (१७)**]**

[लोष्टक्षेपमातृण्णाकालोपधानादिकर्म]

'मा नो=(हिꣳसीत्' **इति पुरस्ताल्लोष्टमा)हरति।** '°जनिता यः पृथिव्या=हविषा विधेम' **इति॥१॥ सोऽपरेणाधिरुह्य पूर्वेण स्वयमातृण्णाकालमुपदधाति** 'तया देवतयाऽङ्गिरस्वद् ध्रुवा सीद' **इति॥२॥** 'अभ्यावर्तस्व पृथिवि' **इति दक्षिणतः।** '°यज्ञेन पयसा=सर्पतु' **इति॥३॥ सोऽपरेणैवाधिरुह्य दक्षिणेन स्वयमातृण्णाकालमुपदधाति** 'तया=सीद' **इति॥४॥** 'अग्ने यत्ते शुक्रम्' **इति पश्चात्।** '°यच्चन्द्रं यत् पूतं यद्यज्ञियं=भरामसि' **इति॥५॥ सोऽपरेणैवाधिरुह्यापरेण**

सर्वौषधं सप्त ग्राम्या ओषधयः सप्तारण्याः। तिलमाषा[१] व्रीहियवाः प्रियङ्ग्वोऽणवो गोधूमाः सप्तमे कुलस्थाश्चैते ग्राम्याः। श्यामाकाश्च नीवाराश्च जर्तिलाश्च गवीधुकाश्च गार्मुताश्च[२] वास्त्वानि च वेणुयवाः सप्तमे कुरुविन्दा वा मता आरण्याः॥७॥

सर्वौषधस्य[३] वपनम्[३] एकैकेन मन्त्रेणावपनम्॥८॥

[४]अन्तानु वियातयति। अवशिष्टेऽग्निक्षेत्रेऽवहरेत्[५]॥१३॥

विमृष्टे स्वमात्मानं नाग्नेः॥१४॥

समस्यतीति ब्राह्मणानुकरणम्॥७.५.४.१७॥ **[इति चतुर्थः पटलः** (१७)**]**

---

१. M Ad प्रतिल°. **२.** T गार्मुला°. **३–३.** M Ad सर्वौषधस्य सर्वौषधवचन°. **४.** M Ad विय[Ad या]तयति, T विशात°. **५.** M Ad विकिरेत्. **६.** M Ad °समुद्राः; thus T.

स्वयमातृण्णाकालमुपदधाति 'तया=सीद' **इति** ॥ ६ ॥ 'इषमूर्जमहमित आ ददे' **इत्यस्योत्तरस्यै दिशो लोष्टमाहरेद्, यं द्विष्याद् यत्र स स्यात्तेनोत्तरतः सꣳस्थापयेत्।** '°ऋतस्य धाम्नो=ममीवाम्' **इति** ॥ ७ ॥ **सोऽपरेणैवाधिरुह्योत्तरतः स्वयमातृण्णाकालमुपदधाति।** '°तया देवतया=सीद' **इति** ॥ ८ ॥ **अथ वज्रिणीरुपदधाति** ॥ ९ ॥ **पुरैवास्य चत्वारोऽश्मान उपक्लृप्ता भवन्ति** ॥ १० ॥ 'इन्द्रस्य वज्रोऽसि वार्त्रघ्नः' **इति पूर्वेणाग्निं तिष्ठन् प्राचीनोऽस्यति बहिर्वेदि।** '°तनूपा नः प्रतिस्पशः' **इति** ॥ ११ ॥ **यत्रैषु रवैति ततः पाꣳसूनादत्ते** ॥ १२ ॥ **तदश्मानं निदधाति** 'यो नः पुरस्तादघायुरभिदासत्येतꣳ सोऽश्मानमृच्छतु' **इति** ॥ १३ ॥ **सोऽपरेणाधिरुह्य पूर्वेण स्वयमातृण्णाकालमुपदधाति** 'तया=सीद' **इति** ॥ १४ ॥ 'इन्द्रस्य=घ्नः' **इति दक्षिणेनाग्निं तिष्ठन् दक्षिणोऽस्यति बहिर्वेदि।** '°तनूपा= निदधाति', 'यो नो दक्षिणतोऽघायुरभिदासत्येतꣳ' **सोऽपरेणैवाधिरुह्य दक्षिणेन स्वयमातृण्णाकालमुपदधाति** 'तया=सीद' **इति** ॥ १५ ॥ 'इन्द्रस्य=र्त्रघ्नः' **इत्यपरेणाग्निं तिष्ठन् प्रतीचीनोऽस्यति बहिर्वेदि।** '°तनूपा नः प्रतिस्पशः' **इति** ॥ ११ ॥ **यत्रैषु रवैति ततः पाꣳसूनादत्ते** ॥ १२ ॥ **तदश्मानं निदधाति** 'यो नः पश्चादघायुरभिदासत्येतꣳ सोऽश्मानमृच्छ=णैवाधिरुह्यापरेण स्वयमातृण्णाकालमुपधाति। तया=सीद' **इति** ॥ १६ ॥ 'इन्द्रस्य वज्रोऽसि वार्त्रघ्नः इत्युत्तरेणाग्निं तिष्ठन्नुदीचीनोऽस्यति बहिर्वेदि=निदधाति यो न उत्तरतोऽघायुरभिदासत्येतꣳ सोऽश्मानमृच्छतु' **इति** ॥ १७ ॥ **सोऽपरेणैवाधिरुह्योत्तरेण स्वयमातृष्णाकालमुपदधाति।** 'तया देवतयाऽङ्गिरस्वद् ध्रुवा सीद' **इति** ॥ १८ ॥ 'अग्ने तव श्रवो वयः' **इति षड्भिः सिकता निवपति।** '°महि भ्राजन्त्यर्चयो=सानसिꣳ रयिम्' **इति** ॥ १९ ॥ 'चितः स्थ परिचितः' **इति परिमिता उपदधाति।** '°ऊर्ध्वश्रितो यजमानाय श्रयध्वं तया=सीदत' **इत्यभ्याकारम्** ॥ २० ॥ 'आ प्यायस्व समेतु ते' **इति सौम्या सिकता व्यूहति।** '°विश्वतः सोम=सङ्गथे' **इति** ॥ २१ ॥ 'सं ते पयाꣳसि' **इत्येव राजन्यस्य** ॥ ७.५.५.२२ ॥ **[इति पञ्चमः पटलः (१८)]**

॥ इति सप्तमप्रपाठके पञ्चमोऽनुवाकः ॥

द्वेष्यसद्भावे[१] स च यस्यां दिशि [१]स्यात् तस्यां दिशि[१] लोष्टमग्नेः 'इषमूर्जम्' इत्याहरेत्। तस्यां दिशि यो मन्त्रः तेनोत्तरत आहरेत्। संस्थापयेदिति वचनं मन्त्रक्रमानुजिघृक्षया, न दिशां क्रमस्त्याज्य इत्येवमर्थमात्रमेवा[२]ऽत्रापरे॥ ७ ॥

मन्त्र एव वज्रिणीषूपात्तपांसवोऽत्रोपधेयाः ॥ ९–१० ॥

परिचिदुपधानं पूर्ववत्॥ ७.५.५.२० ॥ **[इति पञ्चमः पटलः (१८)]**

॥ इति व्याख्यायां सप्तमप्रपाठके पञ्चमोऽनुवाकः ॥

१–१. M Ad om; thus T. **२.** T ° मात्रमेव वा अत्रापरे

॥ अथ सप्तमप्रपाठके षष्ठोऽनुवाकः ॥

[प्रथमा चितिः]

पूर्वेण शालां महाचितिमेताꣳ सꣳसादयन्त्युत्तरलोम्नि चर्मन्॥ १ ॥ तस्यै संख्यानमश्वश्चोत्तरवेद्यै च संभाराः प्रोक्षण्यश्चाग्निग्रहश्च स्वयंचितिश्चोपानद् चाक्रमणेष्टका चाधिरोहणं च व्याघारश्चाश्वस्य च पदमपां च ग्रहा विभक्तिश्च कुम्भेष्टकाश्च बार्हस्पत्यश्च चरुस्त्रयोदश च हिरण्यशल्काः पुष्करपर्णं च रुक्मश्च पुरुषश्च द्वे स्रुचावाज्यस्य पूर्णा कार्ष्मर्यमयी दध्नः पूर्णौदुम्बरी सर्पयजूꣳषि च स्वयमातृण्णा च हिरण्येष्टका च मण्डलेष्टका च दूर्वेष्टका च द्वे स्थाल्याश्चानूप्या वामभृच्च विराट् च रेतःसिक् च विश्वज्योतिश्च त्रियालिखिता च द्वे चर्तव्ये अवकाष्टौ संयान्य एका सयुङ् नव शीर्षण्या कूर्मश्च दधि च मधुमिश्रमुलूखलं च मुसलं च व्रीहियवौ च द्वे उखे पञ्च पुरुषशीर्षाणि द्वया हिरण्यशल्काः सप्तान्ये पञ्चान्ये पञ्चदशापस्याः पञ्च छन्दस्याः पञ्चाशत् प्राणभृतः पञ्चाशदपानभृतो द्वादश योनयोऽग्नेरङ्गानि प्राजापत्या चर्षभश्च सामचितिर्ऋक्सामयो रूपं नव लोकंपृणा एका

पूर्वे[1] *=चर्मन्।* अस्या महाचितित्वमिष्टकाभ्योऽन्यदुपधातव्यं भूय इति। अत्र चेष्टकादौ चितिशब्दः। अथवा सर्वचितिसमुदायो महाचितिशब्देनाभिधीयते॥ १ ॥

प्रोक्षणं हि सर्वस्यादावेव कार्यमिति सर्वचित्यं[2] द्रव्यं सहैव संसादयन्तीति[3]। उत्तरवेद्यै संभाराः पञ्चगृहीतान्ताः। प्रोक्षणयोऽग्निप्रोक्षणार्थाः। तूष्णीका दर्भान्तरिताः। अग्निग्रहणाद्यनुक्रमः सौकर्याय। पुरुषश्च हिरण्मयः। स्रुक्च्छब्दः आकृतिवचनः। प्रमाणं च प्रादेश एव, प्रमाणान्तरादर्शनात्[4]। स्वयमातृण्णा शर्कराग्न्यूर्ध्वमप्रमाणतृतीया। स्वयमातृण्णाः स्वभावत एव सुषिराः[5]। यजमानेन[6] वा तृण्णाः। एवमुत्तरे अपि। हिरण्येष्टका हिरण्यशकलम्। मण्डलेष्टका चतुरस्रैव यस्यां मण्डलमुपरिलिखितम्।[7] वामभृदाद्या इष्टकाश्चतुरश्राः। कूर्मादिपशुशीर्षवर्जम्। जीवो[8] वा कूर्मः। उलूखलमुसले प्रादेशमात्रे। ऋषभोऽपि चतुरश्रेष्टकैव यस्यामृषभाकृतिर्लिख्यते। इष्टकास्तावद्यावताकालेन सम्यक् कृताः पक्वाश्च संपद्यन्ते, तावत्यर्वाचीने काले कर्तव्याः। ताश्चतुर्विधाः पुरुषस्य चतुर्थ्या पञ्चम्या षष्ठ्याऽष्टम्या[9] च[10]। मासादिभरणपक्षे[10] दीक्षानन्तरं कर्तव्याः। उख्यभस्मना चेष्टकामृत् संसृज्येत। रात्रिभरणपक्षे[11] सामर्थ्यात् तासु च सर्वास्विष्टकासु करणकाल इव दक्षिणावृताः [12]सव्यावृता ऋजुलेखास्त्र्यालिखिता इति। विभागशो लेखारूपाणि कार्याणि। ताश्चेष्टका निर्मन्थ्येन पक्तव्याः[13]। यथा स्वभावत[14] एव सुवर्णाः कठिना अखण्डा अकृष्णा अलक्ष्माश्च भवन्ति तथा पाच्याः। यदि काचित् खण्डा सलक्ष्मा[15]

---

१. *Sūtra* VII.6.1.1 abri. २. M Ad °चित्य° ; thus T. ३. M Ad सादयती° ; thus T. ४. M Ad °रादानात्; thus T. ५. T ससुषि°. ६. M Ad °मानेरेवा; thus T. ७. M Ad °लमुखपरि° ; thus T. ८. M Ad जीवं; thus T. ९. T takes षष्ठ्या as extra. १०–१०. M Ad चमसादिभ° ; thus T. ११. M Ad °पक्षः; thus T. १२. Ad सख्या°. १३. M Ad वक्त° ; thus T. १४. M Ad संभाव° ; thus T. १५. M Ad लक्ष्मा; thus T.

च लोकंपृणा बह्व्यश्च सन्धिश्चाभीमर्शश्च गायत्री च होतुश्चाहुतिरवरोहणं चोपस्थानं च ॥ २ ॥ **एतदस्य कार्यं भवति** ॥ ३ ॥ **एवꣳ संक्लृप्तेऽध्वर्युः प्रपद्य शालां चतुर्गृहीतं गृह्णीते** ॥ ४ ॥ **तज्जुहोति** 'अग्निं वो देवमग्निभिः' **इत्याहवनीये।** '०सजोषा यजिष्ठं दूतमध्वरे कृणुध्वम्। यो मर्तेषु न्यधाय्यृतावा तपन्मूर्धा घृतान्नः पावक स्वाहा' **इति** ॥ ५ ॥ **अपरं चतुर्गृहीतं गृह्णीते** ॥ ६ ॥ **तज्जुहोति** 'उत यासि सवितस्त्रीणि रोचना दिव उत रात्रिमुभयतः परीयसे। उत सूर्यस्य रश्मिभिः समुच्यस्युत मित्रो भवसि देव धर्मभिः स्वाहा' **इति** ॥ ७ ॥ **प्रोक्षणीरादाय निष्क्रामति** ॥ ८ ॥ 'अग्नीन् वोऽग्निभ्यो जुष्टान् प्रोक्षामि' **इति चितिꣳ सꣳसन्नान् प्रोक्षति** ॥ ९ ॥ 'अग्नयेऽग्निभ्यः प्रणीयमानेभ्योऽनुब्रूहि' **इत्याह** ॥ १० ॥ **अश्वप्रथमाः प्रयन्ति** ॥ ११ ॥ **अतिद्रुत्य** 'इन्द्रस्त्वा प्रोक्षतु' **इत्युत्तरनाभिं प्रोक्षति** ॥ १२ ॥ **यत्प्रोक्षणी–नामुच्छिष्यते तद्दक्षिणतो महावेद्यै बहिः परिचितꣳ स्फ्यस्य वर्त्मन्नुपनिनयति** ॥ १३ ॥ **यं द्वेष्टि यजमानस्तं ध्यायति** ॥ १४ ॥ **अप उपस्पृश्या–त्मन्नग्निं***[१] **(गृह्णीते** ॥ १५ ॥ **स्वयंचितिं जपति** ॥ १६ ॥ 'शक्तिरसि' **इति कार्ष्णीमुपानह)मुप–मुञ्चते** ॥ १७ ॥ 'इन्द्रं विश्वा अवीवृधन्' **इत्याक्रमणेष्टकामुपदधाति।** '०समुद्रव्यचसं=पतिम् तया=सीद' **इति** ॥ १८ ॥ 'अपामिदं न्ययनम्' **इत्यधिरोहणेनाधिरोहति।** '०समुद्रस्य निवेशनं=शिवो भव', 'नमस्ते हरसे=शिवो भव', 'वाङ्म आस=ऊर्वोरोजोऽरिष्टा विश्वान्यङ्गानि तनूस्तनुवा मे सह', 'नमस्ते अस्तु', 'मा मा हिꣳसीः', 'तत्त्वा यामि ब्रह्मणा वन्दमानस्तदाशास्ते यजमानो हविर्भिः। अहेडमानो वरुणेह बोध्युरुशꣳस मा न आयुः प्र मोषीः' **इति** ॥ १९ ॥ **व्याघारयति** ॥ २० ॥ **पौतुद्रवान् परिधीन् परिधाय संभारान् न्युप्य स्तुगाहुतिं जुहोति** ॥ २१ ॥ 'अभ्यस्थाद्विश्वाः पृतना अरातीः' **इति प्राञ्चमश्वमाक्रमयति दक्षिणस्येर्मस्य पदा।** '०तदग्नि=लोके' **इति** ॥ २२ ॥ 'यदक्रन्दः प्रथमं जायमानः' **इति पुनः प्रत्यञ्चं तेनैव।** '०उद्यन्त्समुद्रादुत वा पुरीषात्=तत् ते अर्वन्'

---

*[१]. Text abri. त्मन्नग्निं=मुपमुञ्चते see VII.5.1.5-7.

कृष्णा वा स्यात् सा नोपधेया। ऊर्ध्वप्रमाणमासां जानुपञ्चमम्। प्राजापत्यर्षभयोर्दशमम्। अन्या–सामुत्तरयोश्चित्योर्दशममेव। प्राजापत्यर्षभयोर्नाकसत्। पञ्चचोडानां च विंशतितमम्॥ २ ॥

अश्वप्रथमाः सर्वाञ्चितिमादायाग्निप्रदेशं प्रति प्रयन्ति। तत्र चैकदेशे तामुपधानप्रकारेणोपानयेत्॥ ११ ॥

दक्षिणतो महावेद्या इत्युक्त्वा बहिः परिमितिवचनाद् गम्यते प्रकृतावपि दक्षिणत उत्तरवेद्याः प्रोक्षणीशेषस्य निनयनमस्तीति, वक्तव्यं च ॥ १३ ॥

बोधायनाचार्यस्य आक्रमणेष्टकोपधानं पृथिव्यभिमर्शनमात्रम्। तच्च पुच्छस्याधस्तात्। 'तस्मात्पश्चात्प्राङुपचर्य' इति श्रुतेः। अत आचार्यस्यापि ॥ १८ ॥

सोऽपरेणाधिरुह्येति प्रदर्शनमित्यवगन्तव्यम्॥ १९ ॥

इति ॥ २३ ॥ 'इन्द्रं विश्वा अवीवृधन्' **इत्याक्रमणं प्रतीष्टकामुपदध्यात्** ॥ २४ ॥ **तं पुरस्तात् प्राञ्वृत्तं यूपस्य काले धारयति** ॥ ७.६.१.२५ ॥ **[इति प्रथमः पटलः** (१९)**]**

[कुम्भेष्टकाग्रहणादिकर्म]

अपां ग्रहान् गृह्णात्यध्वर्युरुत्तरस्यै श्रोण्यै बहिः परिमितम् ॥ १ ॥ **त आपो भवन्ति** ॥ २ ॥ **तासाम्** 'अर्थेतः स्थाध्वगतः' **इति द्वाभ्यां द्वाभ्यां कुम्भेष्टकानां मिथुनाभ्यां गृह्णाति।** '°अग्नेर्वस्तेजसा देवताभ्यो गृह्णामि', 'मन्द्रा स्थाभिभुव आदित्यानां वो देवानां देवताभ्यो गृह्णामि', 'शुक्राः स्थ वीर्यवतीरिन्द्रस्य व इन्द्रियावतो देवताभ्यो गृह्णामि', 'क्षत्रभृत स्थौजस्वतीर्मित्रावरुणयोर्वो देवयोर्देवताभ्यो गृह्णामि', 'व्रजक्षित स्थोर्ध्वश्रितो विश्वेषां वो देवानां देवताभ्यो गृह्णामि', 'अधिपतिरूर्जस्वान् बृहस्पतेर्वो ब्रह्मणा देवताभ्यो गृह्णामि' **इति** ॥ ३ ॥ **ता यथागृहीता धारयति** ॥ ४ ॥ **दशहोतारमुपधाय** 'अग्ने' **इति विभक्तिमाह** ॥ ५ ॥ 'शर्म च स्थो वर्म च स्थः' **इत्येतस्यामेव श्रोण्यां द्वे आसामुपदधाति।** '°देवस्य वां सवितुः प्रसवे मधुमती सादयामि तया देवतयाऽङ्गिरस्वद् ध्रुवे सीदतम्' **इति** ॥ ६ ॥ 'ऋतं च स्थः सत्यं च स्थः' **इति दक्षिणेंऽसे द्वे।** '°देवस्य=वे सीदतम्' **इति** ॥ ७ ॥ 'सपत्नघ्नी च स्थोऽभिमातिघ्नी च स्थः' **इति दक्षिणायाः श्रोण्यां द्वे।** '°देवस्य=सीदतम्' **इति** ॥ ८ ॥ 'रक्षोघ्नी च स्थोऽरातिघ्नी च स्थः' **इत्युत्तरेंऽसे द्वे।** '°देवस्य=सीदतम्' **इति** ॥ ९ ॥ 'भूतं च स्थो भव्यं च' **इति दक्षिणेन स्वयमातृण्णाकालं द्वे।** '°देवस्य=सीदतम्' **इति** ॥ १० ॥ 'वसु च स्थो वामं च स्थः' **इत्युत्तरेण ते द्वे।** '°देवस्य=ध्रुवे सीदतम्' **इति** ॥ ११ ॥ 'दिवि श्रयस्वान्तरिक्षे यतस्व' **इत्येतासामेव चतसृणां मध्ये बार्हस्पत्यं चरुमुपदधाति।** '°पृथिव्या सं भव तया=सीद' **इति** ॥ १२ ॥ **तासु यथोपहितः हिरण्यशल्कान् प्रत्यस्यति** 'तेजसे वां ज्योतिषे वाः रेतसे वां वर्चसे वामायुषे वां प्रजाभ्यो वाम्' **इति** ॥ १३ ॥

यूपस्य काले धारयति ॥ ७.६.१.२५ ॥ **[इति प्रथमः पटलः** (१९)**]**

स्वयमातृण्णोपघ्राणाय कुम्भेष्टकानां द्वे द्वे युगपद् गृह्णाति। द्वाभ्यां द्वाभ्यां मिथुनाभ्यां कुम्भेन कुम्भ्यां च। अत्रार्थात् सव्येनापि ग्रहणं द्रष्टव्यम्। उक्तं[१] च केषाञ्चिद् 'दक्षिणेन कुम्भं सव्येन कुम्भीमि'ति। गृहीते गृहीते अन्यस्मै प्रयच्छति[२] ॥ ३ ॥

ता[३] निदधाति धारयति वा यथागृहीतमसंकरेण प्रज्ञातक्रमाच्च ॥ ४ ॥

विभक्तिमिति ब्राह्मणानुकरणम् ॥ ५ ॥

एतस्यामेव श्रोण्यामनुसीतं[४] ग्रहणक्रमेणैव द्वे द्वे युगपदुपदध्यादुभाभ्यामेव हस्ताभ्याम् ॥ ६ ॥

एवं सर्वा उक्ते प्रदेशे यथोपहितमुपधानक्रमेणैव एकैकेन मन्त्रेण द्वे द्वे द्वयोर्द्वयोर्युगपत् प्रत्यस्यति ॥ १३ ॥

---

१. M Ad व्यक्तं. २. M Ad °ती; thus T. ३. M Ad ते. ४. T श्रेण्या°.

'ब्रह्मवर्चसमसि' **इति बार्हस्पत्ये चरौ प्रत्यस्यति** ॥ १४ ॥ 'हिरण्यवर्णाः शुचयः पावकाः' **इत्यपरेण स्वयमातृण्णाकालं पुच्छस्य सन्धौ तिष्ठन्नपाꣳ स्तोत्रेणोपतिष्ठते एतेनानुवाकेनाविहारम्** ॥ १५ ॥ **उत्क्रम्य** 'ब्रह्मवर्चसाय त्वा' **इति बार्हस्पत्यं चरुमवेक्षते** ॥ १६ ॥ 'अपां पृष्ठमसि' **इति पुष्करपर्णमादत्ते।** '°योनिरग्नेः समुद्रमभितः पिन्वमानम्' **इति** ॥ १७ ॥ 'वर्धमानम्' **इत्येनद्विसारयति।** '°मह आ च=प्रथस्व' **इति** ॥ १८ ॥ **तद्** 'ऋतमसि तपसो योनिः' **इति स्वयमातृण्णाकाले प्राचीनमुत्तानमुपदधाति।** '°तया=सीद' **इति** ॥ १९ ॥ 'ब्रह्म जज्ञानम्' **इत्युपरि तस्मिन्रुक्ममुपदधात्युत्तरनिर्बाधम्।** '°प्रथमं पुरस्ता=विवस्तया=सीद' **इति** ॥ २० ॥ **तं** 'कृणुष्व पाजः प्रसितिं न पृथिवीम्' **इति पञ्चभिः पञ्चगृहीतेनाक्ष्णया व्याघारयति** ॥ २१ ॥ 'हिरण्यगर्भः समवर्तताग्रे' **इत्युपरि तस्मिन् हिरण्मयं पुरुषमुपदधाति दक्षिणतः प्राञ्चमुत्तानम्।** '°भूतस्य जातः पति=हविषा विधेम तया=सीद' **इति** ॥ २२ ॥ 'द्रप्सश्चस्कन्द' **इत्येनमभिमृशति।** '°पृथिवीमनु द्या=सप्त होत्रास्तया=सीद' **इति** ॥ २३ ॥ 'प्रजापतिश्चरति गर्भे अन्तः' **इत्यस्य मुखे चतुर्गृहीतं जुहोति।** '°अजायमानो बहुधा विजायते। तं धीरासः कवयः परि पश्यन्ति धीतिभिः स्वाहा' **इति** ॥ २४ ॥ 'साम ब्रूहि' **इत्याह** ॥ २५ ॥ **पुरुषसाम आह प्रस्तोता** ॥ ८.६.२.२६ ॥ **[इति द्वितीयः पटलः** (२०)]

[कुम्भेष्टकोपस्थानादिकर्म]

'त्रिवृत्ते अग्ने शिरः' **इत्येनमुपतिष्ठते।** '°तन्मे अग्ने शिरः पञ्चदशस्ते अग्ने पक्षः स मे अग्ने पक्षः, सप्तदशस्ते अग्ने पक्षः स मे अग्ने पक्ष, एकविꣳशस्ते अग्ने पुच्छस्तन्मे अग्ने पुच्छः, पञ्चविꣳशस्ते अग्न आत्मा स मे अग्न आत्मा, त्रिणवौ ते अग्न ऊरू तौ मे अग्न उरू त्रयस्त्रिꣳशी ते अग्ने प्रतिष्ठा सा मे अग्ने प्रतिष्ठा' **इति** ॥ १ ॥ **अरत्निमात्रे दक्षिणेन स्वयमातृण्णामाज्यस्य पूर्णां कार्ष्मर्यमयीमायातयति** ॥ २ ॥ 'अग्नेस्त्वा तेजसोपदधामि' **इति मनसोपदधाति।** '°तया=सीद'

अनुवाकेनेति[1] समस्तनिर्देशात् समस्तेनानुवाकेनोपस्थानमिति केचित्। 'दिवि श्रयस्व' इत्यादेरन्यत्र विनियुक्तत्वात् ततोऽर्वागेवेत्यपरे॥ १५ ॥

स्वयमातृण्णाकालेऽश्वपदस्योपरि [2]पुष्करपर्णमुपदधाति ॥ १७ ॥

उत्तरवेद्या इव व्याघारणं प्रकारान्तरस्यानुपलंभात्॥ २१ ॥

'उपरि तस्मिन्नि'त्युक्त्वा 'दक्षिणतः प्राञ्चमि[3]'त्युक्तत्वाद् उपर्येव दक्षिणार्ध इत्याचार्याभिप्रायः। अथवा पक्षद्वयमभिप्रेतम् उपरि वा दक्षिणतो वेति। अस्ति च पक्षद्वयाश्रितं 'दक्षिणतः प्राञ्चमुपदधाति', 'अथो[4] खल्विष्टकाया आतृण्णमनूपधाती'ति च ॥ ७.६.२.२२ ॥ **[इति द्वितीयः पटलः** (२०)]

शिरः पक्षपुच्छसंबन्धादग्नेरुपस्थानं, न पुरुषस्य ॥ १ ॥

---

१. Ad असवाके°. २. M Ad पुष्करि पुष्कर°. ३. M Ad पञ्चमीत्यु°; thus T. ४. M Ad अतो; thus T.

इति ॥ ३ ॥ 'अग्निर्मूर्धा' **इति गायत्रियाऽभिमृशति।** '°दिवः=जिन्वति तया=सीद' **इति** ॥ ४ ॥ **अरत्निमात्र एवोत्तरेण स्वयमातृण्णाकालं दध्नः पूर्णामौदुम्बरीमायातयति** ॥ ५ ॥ **उपहिता कार्ष्मर्यमय्युपहितौदुम्बरी** ॥ ६ ॥ **अथाध्वर्युरर्कं विहरति** ॥ ७ ॥ **सप्तहोतारं कार्ष्मर्यमय्यां व्याख्याय सप्तहोतुराहुत्या स्रुवेण कार्ष्मर्यमय्यामध्यौदुम्बरीः हरति** ॥ ८ ॥ **तदौदु–म्बर्यामानयति** ॥ ९ ॥ **दशहोतारमौदुम्बर्यां व्याख्याय दशहोतुराहुत्या स्रुवेणौदुम्बर्यामधि कार्ष्म–र्यमयीः हरति** ॥ १० ॥ **कार्ष्मर्यमय्यामानयति** ॥ ११ ॥ **अयुजः कृत्वो हरति** ॥ १२ ॥ **उदीचीनः सꣳस्थापयति** ॥ १३ ॥ 'इयतीः समाः सुषमं भविष्यती'**ति ह ब्रूयात्** ॥ १४ ॥ **अध्वर्युरर्कं प्रहृत्य यथाऽर्कं विहरेत्** ॥ १५ ॥ 'इन्द्रस्य त्वेन्द्रियेणोपदधामि' **इति मनसोपदधाति।** '°तया=सीद' **इति** ॥ १६ ॥ 'भुवः' **इति त्रिष्टुभाऽभिमृशति।** '°यज्ञस्य=हव्यवाहं तया=सीद' **इति** ॥ १७ ॥ 'नमो अस्तु सर्पेभ्यः' **इत्यत्रैव सर्पयजूꣳषि जपति।** '°ये के च=शेरते तेभ्यः सर्पेभ्यो नमः' **इति** ॥ १८ ॥ 'भूर्वागायुः' **इति स्वयमातृण्णामादत्ते** ॥ १९ ॥ **तां दध्नामुपघ्रापयति।** '°सुमनस्यमानोऽग्निना–ऽग्निः प्रजनसे समागन्तो रत्नधौ मिथुनौ धेनू म इषुं दुहातामनपस्फुरन्तौ' **इति** ॥ २० ॥ **तां ब्रह्मणे प्रयच्छति** ॥ २१ ॥ 'आ मे ददातु' **इत्येनां ब्रह्मा प्रतिगृह्णाति।** '°इन्द्रियꣳ सह ओजो यशो महत् त्रयस्त्रिꣳशद्वीर्याणि तान्यग्निः प्रददातु मे' **इति** ॥ २२ ॥ **आत्मन्नग्निं गृह्णीते** ॥ २३ ॥ **स्वयंचितिं जपति** ॥ २४ ॥ 'शक्तिरसि' **इति कार्ष्णीमुपानहमुपमुञ्चते** ॥ २५ ॥ **अधिरोहणेनाधिरोहति**

अयुक्च्छब्दस्य संख्याविशेषवाचित्वात् कृत्वसुजन्तता। अयुज इति [१]वर्णोपजनश्छान्दसो हरणमन्त्रस्यावृत्ति[२]प्रत्ययार्थम्[३]। हरणेऽ[४]युग्मस्याभ्युपायः ॥ १२ ॥

[५]उदीचीनं संस्थापयति[५] ॥ १३ ॥

यथार्कं विहरेत्। यावत्कृत्वो विहरेत् तावतीः समा निर्दिशेत्। तिस्रः समाः सुषमं[६] भविष्यति, पञ्च समाः सुषमं[७] भविष्यति, [८]सप्त समाः[८] सुषमं भविष्यतीत्येवमादि। सकृद् द्विरिति तु पर्यायाभ्यावृत्तिप्रत्ययार्थम्। द्वयोर्विहरणमेकपर्यायः। आद्यस्तावत्पर्याय उदक्संस्थतायै। सामर्थ्याद्विहरण[९]त्रयम्, सकृत्[१०] सुषमाय, द्विः पञ्चसमायेति चैवमुपपद्यतेतराम्॥ १४–१५ ॥

'अत्रैवे'ति वचनं मन्त्रब्राह्मणक्रमविरोधे मन्त्रक्रमो बलीयानिति ख्यापनाय। उपधानं च सर्पशिरसः पाक्षिकोऽस्त्येव, ब्राह्मणेऽभिहितत्वात्॥ १८ ॥

उपानडुपमोचनमन्त्रस्याधिरोहणमन्त्रस्यावरोहणमन्त्रस्य चाधिरोहणप्रयुक्तत्वात् सर्वाधिरोह–विषयता। ब्राह्मणविधानं प्रदर्शनमिति केषाञ्चिद्दर्शनम्। 'सर्व एव[११] कार्ष्णाजिनीरुपानह[१२] उपमुञ्चत' इति बोधायनाचार्यवचः। तद्वद् यद्यत्र दृष्टं तत्रैव शब्ददृष्टेष्वित्यपरे। यथाग्निग्रहणस्वयंचित्योरप्युप–

---

१. M Ad पणोपजननं, T जननश्छा°. २. M Ad °मन्त्रस्य बृ°. ३. M Ad °यार्थः; thus T. ४. T °रणे यु°. ५–५. M Ad T wrongly give the text between प्रत्ययार्थम् and हरणेऽयुग्म°. ६. M Ad सुषुमं; thus T. ७. M Ad सुषुम. ८–८. M Ad सप्तमा; thus T. ९. T सामर्थ्याभिहरणं चयः. १०. M Ad सकृत्त(Ad त्तृ)षमा°. ११. M Ad सर्वमेक; thus T. १२. T कार्ष्णीजिः.

सहैनया ॥ २६ ॥ **ताः समारभ्योपदधति** 'इतीदम्' ॥ २७ ॥ 'ध्रुवाऽसि धरुणाऽस्तृता' **इत्यध्वर्युश्च यजमानश्च यजुर्वदतः** । '○विश्वकर्मणा=छर्दिषा शन्तमेन तया=सीद' **इति** ॥ २८ ॥ 'भूः' **इत्येना-मुपधायानुप्राणिति** ॥ २९ ॥ **वरमध्वर्यवे यजमानो ददाति, अध्वर्युः प्रतिप्रस्थात्रे, प्रतिप्रस्थाता यस्मै कामयते** ॥ ३० ॥ 'पृथिवीमाक्रमिषम्' **इत्येनामङ्गुष्ठाभ्यामाक्रमते** । '○प्राणो मा मा हासीद्' **इति** ॥ ३१ ॥ 'चित्तिं जुहोमि' **इत्यस्यां चतुर्गृहीतं जुहोति** । '○मनसा घृतेन=हविः स्वाहा' **इति** ॥ ३२ ॥ 'साम ब्रूहि' **इत्याह** ॥ ३३ ॥ **स्वमातृण्णासामाह प्रस्तोता** ॥ ३४ ॥ 'तेजोऽसि' **इत्यस्यामुपरि हिरण्येष्टकामुपदधाति** । '○तेजो मे यच्छ=पृथिव्यै मा पाहि तया देवतयाङ्गिरस्वद् ध्रुवा सीद' **इति** ॥ ३५ ॥ 'पृथिव्युदपुरमन्नेन विष्टा' **इत्यपरेण स्वयमातृण्णामास्पृष्टां मण्डलेष्टकामुप-दधाति** । '○मनुष्यास्ते गोप्तारोऽग्निः=वर्म चास्तु तया=सीद' **इति** ॥ ७.६.३.३६ ॥ **[इति तृतीयः पटलः (२१)]**

[दूर्वेष्टकावामभृद्रेतःसिजाद्युपधानम्]

'काण्डात्काण्डात् प्ररोहन्ती' **इति पूर्वेण स्वयमातृण्णामास्पृष्टे दूर्वेष्टके उपदधाति** । '○पुरुषः=शतेन च तया देवतया=सीदतम्' **इति** ॥ १ ॥ 'या शतेन प्रतनोषि' **इत्युत्तरतोऽनूप्याम्** । '○सहस्रे=हविषा वयं तया=सीद' **इति** ॥ २ ॥ 'यास्ते अग्ने सूर्ये रुचः' **इत्युपरि तयोर्वाम-भृतमुपदधाति द्वियजुषः हिरण्यमूर्ध्नीम्** । '○उद्यतो=स्कृधि तया देवतया', 'या वो देवाः=धत्त बृहस्पते तया देवतया=सीद' **इति** ॥ ३ ॥ 'विराड् ज्योतिरधारयत्' **इति पूर्वेण तां विराजमुप-दधाति** । '○तया=सीद' **इति** ॥ ४ ॥ 'विराडसि रेतःसिक्' **इति दक्षिणतोऽस्यै रेतःसिचमुपदधाति** । '○सा मे रेतः सिञ्च, सा मे रेतो धेहि, सा मे रेतः प्रजनय, त्वयेमं लोकं जेषं तया=सीद' **इति** ॥ ५ ॥ 'बृहस्पतिस्त्वा सादयतु' **इति पूर्वेणैते विश्वज्योतिषमुपदधाति** । '○पृथिव्याः पृष्ठे ज्योतिष्मतीं विश्वस्मै प्राणायापानाय विश्वं ज्योतिर्यच्छाग्निस्तेऽधिपतिस्तया=सीद' **इति** ॥ ६ ॥ 'अषाढासि सहमाना'

धानप्रयुक्तत्वात् सर्वोपधातृविषयता न वेति विकल्पना ॥ २५ ॥

उपदधतीति[१] उपधातृबहुत्वं[२] ब्राह्मणे दृष्टम् । ततस्त्रयो ब्रह्माऽध्वर्युयजमानास्तां[३] समारभ्योपदध्युः[४] । मन्त्रोऽपि त्रयाणां प्राप्तोऽध्वर्युयजमानयोर्नियम्यते । पुरुषस्योपरि मुखं प्रत्युपधेया ॥ २७–२८ ॥

आक्रमत इत्युक्तत्वात् पादाङ्गुष्ठावभिप्रेतौ । सर्वचितिष्वधिरोहणात् पूर्वमेव श्वेतमश्वमभि[५]मृश्याधिरुह्योपधानं प्रारभेत ॥ ७.६.३.३१ ॥ **[इति तृतीयः पटलः (२१)]**

पुरीषवतीषु[६] कृष्णहिरण्यमूर्ध्निषु[७] पर्याहितहिरण्यशकलं[८] दिग्भागस्पर्शनं च पूर्वासां पूर्वासां मुख्यवृत्त्या पश्चात्तनीनां विरोधाद् यथासंभवम् ॥ ३ ॥

---

१. M Ad give त between °तीति and उपधाव. २. M Ad °धाबहु°. ३. M Ad °नप्तां; thus T. ४. M Ad °रम्भोप°; thus T. ५. M Ad °मृश्योऽधि°; thus T. ६. M Ad °वरीषु; thus T. ७. M Ad कृष्णं हिरण्यमूर्ध्निमुपर्या°; thus T. ८. M Ad °कलां; thus T.

इति पूर्वेण तां त्रियालिखितामुपदधात्युत्तरलक्ष्माणम्। '०सहस्वाराती: सहस्वारा=जिन्व तया=सीद' **इति** ॥ ७ ॥ 'मधुश्च माधवश्च' **इति पूर्वेण ते ऋतव्ये उपदधाति।** '०वासान्तिकावृतू अग्नेरन्त: श्लेषोऽसि=द्यावापृथिवी वासन्तिकावृतू अभिकल्पमाना इन्द्रमिव देवा अभि सं विशन्तु तया देवतयाङ्गिरस्वद् ध्रुवे सीदतम्' **इति** ॥ ८ ॥ 'यास्ते अग्न आर्द्रया योनय:' **इत्यवकामनूपदधाति।** '०या: कुलायिनीस्ताभि: सर्वाभि: संविदान: प्रजानꣳस्तनुवेह सीद तया=सीद' **इति** ॥ ९ ॥ **अष्टौ संयानीरायातयति पूर्वेण स्वयमातृण्णाꣳ हꣳसपतिनी:** ॥ १० ॥ **उदीचीषु वाचयति** 'अग्नेर्यान्यसि तया देवतया', 'देवानामग्ने यान्यसि तया देवतया', 'वायोर्यान्यसि तया देवतया', 'देवानां वायो यान्यसि तया देवतया', 'अन्तरिक्षस्य यान्यसि तया देवतया', 'देवानामन्तरिक्षयान्यसि तया देवतया', 'अन्तरिक्षमसि तया देवतया', 'अन्तरिक्षाय त्वा तया=सीद' **इति** ॥ ११ ॥ **पूर्वेण ता: सयुजमुपदधाति** 'इन्द्राग्निभ्यां त्वा सयुजा युजा जुनज्मि तया=सीद' **इति** ॥ १२ ॥ **नव शीर्षण्या आयातयति पूर्वेण स्वयमातृण्णां तिस्रस्तिस्र: प्रतीची:** ॥ १३ ॥ **प्रतीचीष्वेव वाचयति** ॥ १४ ॥ **उदीची: सꣳस्थापयति** 'इन्द्रो दधीचो अस्थभि:=नव तया देवतया', 'इच्छन्नश्वस्य=णावति तया देवतया', 'अत्राह गो=गृहे तया देवतया', 'इन्द्र वाजेषु=ऊतिभिस्तया=सीद' **इति तिस्र:** ॥ १५ ॥ 'इन्द्रमिद्=रनूषत तया देवतया', 'इन्द्र इद्धर्यो:=हिरण्ययस्तया देवतया', 'इन्द्र वाजेषु=ऊतिभिस्तया=सीद' **इति तिस्र:** ॥ १६ ॥ 'तमिन्द्रं वाजयामसि=भो भुवत् तया देवतया', 'इन्द्र: स दामने=सौम्यस्तया देवतया', 'गिरा वज्रो=अस्तृतस्तया=सीद' **इति तिस्र:** ॥ १७ ॥ 'एतत् सूददोहसान्वचारीत् ता अस्य सूददोहस:= दिवस्तया=सीद' **इति** ॥ १८ ॥ 'तया देवतयाऽङ्गिरस्वद् ध्रुवा सीद' **इत्येकामुपधायाधिवदेत्** ॥ १९ ॥ 'तया देवतयाऽङ्गिरस्वद् ध्रुवे सीदतम्' **इति द्वे** ॥ २० ॥

उत्तरलक्ष्माणमुत्तरलेखमिति[१] केचित्। पादौ वा पत्न्या यावत् तस्यां तावत्समालिखेदिति लेखामधिकृत्योक्तम्। तल्लक्ष्मोत्तरमस्या:[२] स्यादित्यपरे॥ ७॥

द्वे ऋतव्ये युगपदेवोपदध्यात्, अथवा पृथक् पृथक्॥ ८॥

शीर्षण्यासु प्रतीचीरिति तिसृणां तिसृणां रीत्यापवर्ग:[३]। न समस्तानाम्। समस्तानामुदगपवर्गता॥ १३॥

एतत्सूददोहसान्वाचारीत्[४]। एतदित्युपहितमिष्टकाजातमभिधित्सितम्। अनुचरवत्वे विहितवानृषिर्वेद:[५]॥ १८॥

अधिवदनमुपर्यभिमृश्य वदनम्॥ १९॥

---

१. M Ad ०लेखामि० ; thus T. २. M तल्लेक्ष्मो०. ३. M Ad रीत्यपवर्गा:; thus T. ४. M Ad ०रीन्; thus T. ५. M Ad ०वेद:.

'तया देवतयाऽङ्गिरस्वद् ध्रुवाः सीदत' **इति बह्वीः** ॥ ७.६.४.२१ ॥ **[इति चतुर्थः पटलः** (२२)]

॥ इति सप्तमप्रपाठके षष्ठोऽनुवाकः ॥

द्वे बह्वीरिति गणाभिप्रायम्। या इतोऽर्वागिष्टकास्ताः सूददोहसा अनुचरणीया इत्युक्तं भवति। तथैव[१] प्राग्[२] या निनदवत्यस्ताः[३] सर्वाश्च लोकंपृणाः सूददोहसाः। अवशिष्टानां नानुचरणमित्येष मूलकल्पाभिप्रायः। अन्वाख्याने त्वसपत्नानधिकृत्योच्यते—'चतस्रश्चतस्रश्च बृहत्यः संपद्यन्ते, त्रयोविंशतिश्चाक्षराणी'ति (वाधू.अन्वा. ?)। न चासपत्नमन्त्रे तावन्त्यक्षराणि दृश्यन्ते। बौधायनीय-कल्पे—'सर्वा इष्टकाः ससूददोहसाः[४] 'तयादेवतसूददोहसाभ्यां च [५]सहासपत्नेषूक्ताक्षरसंपदुपपद्यते। अतस्तस्यैतद्दर्शनमिति। सर्वासां ससूददोहसत्वं[६] पक्षान्तरम्। यद्बौधायनीयानामिष्टका[७]जपे च दर्शनान्नदवत्या[८] विषयं परिहाप्यान्यत्र सूददोहसानुचरणमक्षरसंपत्तिलिङ्गादित्येक एव पक्ष इति केचित्। विकल्पपक्षः समञ्जस इव। नहि सूत्रान्तरानाश्रयणे सूददोहसा[९] उपलब्धाः ॥ ७.६.४.२०-२१ ॥ **[इति चतुर्थः पटलः** (२२)]

॥ इति व्याख्यायां सप्तमप्रपाठके षष्ठोऽनुवाकः ॥

---

१. M Ad तदेव; thus T. **२.** M Ad प्रायानि° ; thus T. **३.** M Ad ° वत्या° ; thus T. **४.** M Ad ° दोहसः. **५.** M Ad ° सहसासपलेषूकारस° ; thus T. **६.** M Ad ° सस्त्वं° ; thus T. **७.** M Ad ° ष्टकज° ; thus T. **८.** M Ad ° नवत्या; thus T. **९.** M Ad ° दोहस; thus T.

॥ अथ सप्तमप्रपाठके सप्तमोऽनुवाकः ॥

[कूर्मेष्टकाद्युपधानम्]

कूर्ममादत्ते ॥ १ ॥ **तं** 'मधु वाता ऋतायते' **इति तिसृभिर्दध्ना मधुमिश्रेणाभ्यनक्ति।** '°मधु क्षरन्ति=गावो भवन्तु नः' **इति** ॥ २ ॥ 'मही द्यौः पृथिवी च नः' **इत्यस्य पार्श्वे संमार्ष्टि।** '°इमं यज्ञं=भरीमभिः' **इति** ॥ ३ ॥ 'अपां त्वा गह्मन् सादयामि' **इत्युत्तरतः पुरस्तात् स्वयमातृण्णायै प्रत्यगावृत्ते कूर्मे यजुर्जपति।** '°मा त्वा सूर्योऽभितासीन्मो अग्निर्वैश्वानरः। अच्छिन्नपत्राः प्रजा अनुवीक्षस्वानु त्वा दिव्या वृष्टिः सिषक्तुः', 'त्रीन्समुद्रान् समसृपत्सुवर्ग्यानपां पतिर्वृषभ इष्टकानाम् तत्र गच्छ यत्र पूर्वे परेताः पुरीषं वसानः सुकृतस्य लोकम्' **इति** ॥ ४ ॥ 'तं प्राञ्चमावृत्योपदधाति तया=सीद' **इति** ॥ ५ ॥ 'चतस्र आशाः प्रचरन्त्वग्नयः' **इत्यौदुम्बरीमुपदधाति।** '°इमं नो यज्ञं=हुतीनाꣳ स्वाहा' **इति** ॥ ६ ॥ **शर्कराभिरेनं परिदृꣳहन्ति** ॥ ७ ॥ 'सृप्तोषधीषमूर्जमन्नमक्षितिः' **इत्यपरेण कूर्ममौदुम्बरमुलूखलं निधाय व्रीहियवौ प्रास्यावहन्ति** ॥ ८ ॥ 'ऊर्जो भागोऽसि' **इत्येनत्तदेवोपदधाति।** '°ऊर्जो जनित्रमूर्जं मह्यं यजमानाय धेहि तया=सीद' **इति** ॥ ९ ॥ 'निष्कृताहावमवटम्' **इति लोकंपृणामुत्तरतो मुसलमनूपदधाति।** '°सुवरत्र=सिञ्चे अक्षितं तया देवतया=सीद' **इति** ॥ १० ॥ 'स्यूता देवेभिरमृतेनाऽऽगाः' **इत्यपरेणोलूखलमुखामुपदधाति।** '°उखां स्वसारमधि वेदिमस्थात्। सत्यं पूर्वैऋषिभिश्चाकुपानो अग्निः प्र विद्वानिह तत्करोतु। पृथिवि पृथिव्याꣳ सीद पृष्ठे मातरि माता', 'ध्रुवाऽसि पृथिवि सहस्व पृतन्यतः स्यूता देवेभिरमृतेनाऽऽगास्तया=सीद' **इति** ॥ ११ ॥ 'अग्ने युक्ष्वा हि ये तव' **इत्यस्या प्राङ् तिष्ठꣳश्चतुर्गृहीतेनाभिजुहोति।** '°अश्वासो=न्त्याशवः स्वाहा' **इति** ॥ १२ ॥ 'युक्ष्वा हि देवहूतमान्' **इत्यपरं चतुर्गृहीतं प्रत्यङ्ङासीनः।** '°अश्वाँ अग्ने=सदः स्वाहा' **इति** ॥ १३ ॥ **पुरुषशीर्षमादत्ते** ॥ १४ ॥ 'तस्य द्रप्सश्चस्कन्द' **इति मुखे हिरण्यशल्कं प्रत्यस्यति।** '°पृथिवीमनु=होत्राः' **इति** ॥ १५ ॥

अयं कूर्मो जलजः स्यान्मन्त्रलिङ्गात्॥ १ ॥

प्रत्यगावृत्ते यजुर्जपतीति ब्रुवतोऽभिप्रायः पुरस्तात् प्रत्यञ्चमुपदधातीति कूर्ममुखवाद इति ॥ ४ ॥

प्राञ्चमावृत्येति ब्रुवतः प्राञ्चमुपदधातीति कर्तुर्मुखवादः। जपतीत्युक्त्वाऽऽवृत्येति वचनात् प्रत्यगावृत्तौ मन्त्रं जपित्वा [1]प्रागावृत्तस्तयादेवतेनोपदध्यात्। अपरेषां दर्शनं प्राञ्चमावृत्येति द्वितीयान्तनिर्देशात् प्रत्यगावृत्ते मन्त्रं जपित्वा प्रागावृत्तं तयादेवतेनोपदध्यात्। एवं सति प्राञ्चमुपदधातीत्युभयं कूर्ममुखवादत्वेन नैव परिगृहीतं भवतीत्यस्मिन्पक्षे आवृत्येति लुप्तणिच्को निर्देशो[2] द्रष्टव्यः ॥ ५ ॥

शर्कराभिरेनं परिदृंहन्ति यथा नापसर्पेत्॥ ७ ॥

हिरण्यशल्कान् प्राणेषु स्थापयेत्। यथा निपतेन्मुखे आस्ये हिरण्यशल्कं तथा[3] प्रास्यति ॥ १५ ॥

---

१. M Ad °वृत्तस्त्वयादे°. २. M Ad °देशात्; thus T. ३. M Ad om; thus T.

'अभूदिदं विश्वस्य भुवनस्य वाजिनम्' **इति दक्षिणे प्राणे** ॥ १६ ॥ 'अग्नेर्विश्वानरस्य' **इत्युत्तरे** ॥ १७ ॥ 'अग्निर्ज्योतिषा ज्योतिष्मान्' **इति दक्षिणेऽक्षिकटे** ॥ १८ ॥ 'रुक्मो वर्चसा वर्चस्वान्' **इत्युत्तरे** ॥ १९ ॥ 'ऋचे त्वा' **इति दक्षिणे श्रोत्रे** ॥ २० ॥ 'रुचे त्वा' **इत्युत्तरे** ॥ २१ ॥ 'समित् स्रवन्ति सरितो न धेनाः' **इत्येतद्दध्ना मधुमिश्रेण संपूरयति**। '०अन्तर्हृदा=अमृतस्य धाराम्' **इति** ॥ ७.७.१.२२ ॥ **[इति प्रथमः पटलः** (२३)**]**

[उत्तानमुखाद्युपधानम्]

तद् 'आदित्यं गर्भं पयसा समञ्जन्' **इति प्राचीनमुत्तानमुखायामुपदधाति**। '०सहस्रस्य =चीयमानः' **इति** ॥ १ ॥ 'इमं मा हिꣳसीः' **इत्यस्य शुचमुत्सृजति**। '०द्विपादं=नि षीद तया=सीद' **इति** ॥ २ ॥ 'उदु त्यं जातवेदसम्' **इत्येनद् द्वाभ्यां चतुर्गृहीताभ्यां द्विः सामान्याऽभिजुहोति**। '०देवं वहन्ति=सूर्यꣳ स्वाहा' **इति** ॥ ३ ॥ 'विश्वकर्मा दिशां पतिः' **इत्यस्मिन् हिरण्यशल्कमुद्दधाति**। '०स नः पशून्=तस्मै नमस्तया=सीद' **इति** ॥ ४ ॥ 'वातस्य ध्राजिं वरुणस्य नाभिम्' **इति पुरस्तात् प्रत्यगावृत्तमश्वस्य शिर उपदधात्यात्मनोऽन्ते**। '०अश्वं जज्ञानꣳ सरिरस्य=व्योमन्' **इति** ॥ ५ ॥ 'आदित्यं गर्भम्' **इति पुरुषशीर्षमभिमृश्य** 'इमं मा हिꣳसीः' **इत्यस्य शुचमुत्सृजति**। '०एकशफं पशूनां क=गौरमारण्य=नि षीद तया=सीद' **इति** ॥ ६ ॥ 'प्रजापतिर्दिशां पतिः' **इत्यस्मिन् हिरण्यशल्कमुद्दधाति**। '०स नः=नमस्तया=सीद' **इति** ॥ ७ ॥ 'अजस्रमिन्दुमरुषं भुरण्युम्' **इति पश्चात् प्रागावृत्तमृषभस्य शिर उपदधात्यात्मनोऽन्ते**। '०अग्निमीडे पूर्वं=विराजम्' **इति** ॥ ८ ॥ 'आदित्यं गर्भम्' **इत्येव पुरुषशीर्षमभिमृश्य** 'इमꣳ समुद्रम्' **इत्यस्य शुचमुत्सृजति**। '०शतधार =व्योमन् गवय=नि षीद तया=सीद' **इति** ॥ ९ ॥ 'रुद्रो दिशां पतिः' **इत्यस्मिन् हिरण्यशल्कमुद्दधाति**। '०स नः पशून् पातु=नमस्तया=सीद' **इति** ॥ १० ॥ 'वरुत्रिं त्वष्टुर्वरुणस्य नाभिम्' **इति दक्षिणत उदगावृत्तं वृष्णेः शिर उपदधात्यात्मनोऽन्ते**। '०अविं जज्ञानाꣳ रजस= व्योमन्' **इति** ॥ ११ ॥ 'आदित्यं *[१](गर्भं पयसा समञ्जन्' **इति प्राचीनमुत्तानमुखायामुपदधाति**। '०सहस्रस्य =चीयमानः' **इति** ॥ १२ ॥ 'इमं मा हिꣳसीः' **इत्यस्य शुचमुत्सृजति**। '०द्विपादं=नि षीद तया=सीद' **इति** ॥ १३ ॥ 'उदु त्यं जातवेदसम्' **इत्येनद् द्वाभ्यां चतुर्गृहीताभ्यां द्विः सामान्याऽभिजुहोति**।

*[१]. Text abri. आदित्यं=मभिमृश्य see VII.7.2.1-9.

प्राणे नासिकापुटे॥ १६ ॥

दध्ना शृतातङ्क्येन ॥ ७.७.१.२२ ॥ **[इति प्रथमः पटलः** (२३)**]**

अस्याग्नेः शुचं[१] दीप्तिं दहनशीलतां बाधात्मतामारण्यान् पशून्प्रत्युत्सृजति। उत्सर्गाभिधाने[२] मन्त्रं ब्रूयादित्यभिप्रायः ॥ २ ॥

सामान्या तयैवैकर्चा ॥ ७.७.२.३ ॥ **[इति द्वितीयः पटलः** (२४)**]**

१. M Ad शुचिं; thus T. २. M Ad ०विधानेन; thus T.

'○देवं वहन्ति=सूर्यꣳ स्वाहा' **इति** ॥ १४ ॥ 'विश्वकर्मा दिशां पतिः' **इत्यस्मिन् हिरण्यशल्कमुद्दधाति।** '○स नः पशून्=तस्मै नमस्तया=सीद' **इति** ॥ १५ ॥ 'वातस्य ध्राजिं वरुणस्य नाभिम्' **इति पुरस्तात् प्रत्यगावृत्तमश्वस्य शिर उपदधात्यात्मनोऽन्ते।** '○अश्वं जज्ञानꣳ सरिरस्य=व्योमन्' **इति** ॥ १६ ॥ 'आदित्यं गर्भम्' **इति पुरुषशीर्षमभिमृश्य** 'इमं मा हिꣳसीः' **इत्यस्य शुचमुत्सृजति।** '○एकशफं पशूनां क=गौरमारण्य=नि षीद तया=सीद' **इति** ॥ १७ ॥ 'प्रजापतिर्दिशां पतिः' **इत्यस्मिन् हिरण्यशल्कमुद्दधाति।** '○स नः=नमस्तया=सीद' **इति** ॥ १८ ॥ 'अजस्रमिन्दुमरुषं भुरण्युम्' **इति पश्चात् प्रागावृत्तमृषभस्य शिर उपदधात्यात्मनोऽन्ते।** '○अग्निमीडे पूर्वं=विराजम्' **इति** ॥ १९ ॥ 'आदित्यं गर्भम्' **इत्येव पुरुषशीर्ष)मभिमृश्य** 'इमामूर्णायुम्' **इत्यस्य शुचमुत्सृजति।** '○वरुणस्य = व्योमन्। उष्ट्रमारण्यम्=नि षीद तया=सीद' **इति** ॥ २० ॥ 'वरुणो दिशां पतिः' **इत्यस्मिन् हिरण्यशल्कमुद्दधाति।** '○स नः पशून्=नमस्तया=सीद' **इति** ॥ २१ ॥ 'यो अग्निरग्नेस्तपसोऽधि जातः' **इत्युत्तरतो दक्षिणावृत्तं बस्तस्य शिर उपदधात्यात्मनोऽन्ते।** '○शोचात् पृथिव्या=वृणक्तु' **इति** ॥ २२ ॥ 'आदित्यं गर्भम्' **इत्येव पुरुषशीर्षमभिमृश्य** 'अजा ह्यग्नेः' **इत्यस्य शुचमुत्सृजति।** '○अजनिष्ट=मग्र आयन् शरभमारण्य=नि षीद तया=सीद' **इति** ॥ २३ ॥ 'अग्निर्दिशां पतिः' **इत्यस्मिन् हिरण्यमुद्दधाति।** '○स नः=नमस्तया=सीद' **इति** ॥७.७.२.२४॥ **[इति द्वितीयः पटलः** (२४)**]**

[पञ्चदशापास्याद्युपधानम्]

पञ्चदशापस्या आयातयत्यभितः स्वयमातृण्णां पञ्च पुरस्तात् पञ्च दक्षिणतः पञ्च पश्चात् ॥ १ ॥ **पञ्चोत्तरतश्छन्दस्याः** ॥ २ ॥ **तासामेकैका स्वयमातृण्णामास्पृष्टाक्ष्णयोपधीयन्ते** ॥ ३ ॥ **समीचीषु वाचयति** ॥ ४ ॥ 'अपां त्वेमन्त्सादयामि' **इति पुरस्तादुपदधाति।** '○तया देवतया', 'अपां त्वोद्मन्त्सादयामि तया देवतया', 'अपां त्वा भस्मन्त्सादयामि तया देवतया', 'अपां त्वा ज्योतिषि सादयामि तया देवतया', 'अपां त्वाऽयने सादयामि तया=सीद' **इति** ॥ ५ ॥ 'अपां त्वा सदने

पञ्च पुरस्तादित्यनन्तरं पञ्च दक्षिणत इति वचनं मन्त्रक्रमापेक्षं, [१]नायातनक्रमविधानार्थम्। उपधानक्रमेणैव ह्यायतनं[२] भवेदुपधानार्थत्वात्। अथवाऽनेन क्रमेणायातनम्[३] ॥ १ ॥

अक्ष्णयोपधानं श्रुतहान्यश्रुतपरिकल्पनाभयादिति। अक्ष्णयेत्याचार्येणैवमा[४]लक्ष्यमाणप्रकारो[५] नार्थान्तरम्[५] ॥ ३ ॥

समीचीरिति दिग्भ्य उपक्रम्य स्वयमातृण्णां प्रत्यगपवर्गाः[६]। ता हि स्वयमातृण्णायां सङ्गच्छन्ते। परस्परं चेति समीच्यो भवन्ति, तद्विपरीता विषूच्यः। वाचनेनोपधानं वक्ष्यते। समीचीरुपदधद्[७] वाचयतीति, विषूचीरुपदधद्[८] वाचयतीति ॥ ४ ॥

---

१. M Ad नायतन° ; thus T. २. M Ad ह्यायत° ; thus T. ३. M Ad °णायत° ; thus T. ४. M Ad °णैवं लक्ष्य; thus T. ५–५. M °रोऽनर्था, Ad रोनर्था; thus T. ६. M °त्पपवर्गता, Ad °त्यगपवर्गर्गता° ; thus T. ७. M Ad °पदधन्वा चयति; thus T. ८. M Ad °दधन्वा चय° ; thus T.

सादयामि' **इति पश्चात्।** '०तया देवतया', 'अपां त्वा सधस्थे सादयामि तया देवतया', 'अपां त्वा पुरीषे सादयामि तया देवतया', 'अपां त्वा योनौ सादयामि तया देवतया', 'अपां त्वा पाथसि सादयामि तया=सीद' **इति** ॥ ६ ॥ 'अर्णवे सदने सीद' **इति दक्षिणतः।** '०तया देवतया', 'समुद्रे सदने सीद तया देवतया', 'सलिले सदने सीद तया देवतया', 'अपां क्षये सीद तया देवतया', 'अपाꣳ सधिषि सीद तया=सीद' **इति** ॥ ७ ॥ 'गायत्री छन्दः' **इत्युत्तरतः।** '०तया देवतया', 'त्रिष्टुप् छन्दस्तया देवतया', 'जगती छन्दस्तया देवतया', 'अनुष्टुप् छन्दस्तया देवतया', 'पङ्क्तिश्छन्दस्तया देवतया=सीद' **इति** ॥ ८ ॥ **पञ्चाशत् प्राणभृत आयातयत्यभितः स्वयमातृण्णां दशदश दिक्षु दशासां दक्षिणेन** ॥ ९ ॥ **स्वयमातृण्णां परियन्ति** ॥ १० ॥ **तासामेकैका स्वयमातृण्णामा-स्पृष्टाक्ष्णयोपधीयन्ते** ॥ ११ ॥ **समीचीषु वाचयति** ॥ १२ ॥ 'अयं पुरो भुवः' **इति पुरस्तादुपदधाति।** '०तया देवतया', 'तस्य प्राणो भौवायनस्तया देवतया', 'वसन्तः प्राणायनस्त=या', 'गायत्री वासन्ती तया=या', 'गायत्रियै गायत्रं त=या', 'गायत्रादुपाꣳशु तया=तया', 'उपाꣳशोस्त्रिवृत्तया=या', 'त्रिवृतो रथन्तराद्वसिष्ठ ऋषिस्तया=या', 'प्रजापतिगृहीतया त्वया प्राणं गृह्णामि प्रजाभ्यस्तया=सीद' **इति** ॥ १३ ॥ 'अयं पश्चाद् विश्वव्यचाः' **इति पश्चात्।** '०तया=या', 'तस्य चक्षुर्वैश्वव्यचसं त=या', 'वर्षाणि चाक्षुषाणि तया दे=या', 'जगती वार्षी त=या', 'जगत्या ऋक्षमं त=या', 'ऋक्षमाच्छुक्रस्तया=या', 'प्रजापतिगृहीतया त्वया चक्षुर्गृह्णामि प्रजाभ्यस्तया=सीद' **इति** ॥ १४ ॥ 'अयं दक्षिणा विश्वकर्मा' **इति दक्षिणतः।** '०त=या', 'तस्य मनो वैश्वकर्मणं त=या', 'ग्रीष्मो मानसस्त=या', 'त्रिष्टुग्ग्रैष्मी त=या', 'त्रिष्टुभ ऐडस्त=या', 'ऐडादन्तर्यामस्त=या', 'अन्तर्यामात् पञ्चदशस्त =या', 'पञ्चदशाद् बृहत्तया=या', 'बृहतो भरद्वाज ऋषिस्त=या', 'प्रजापतिगृहीतया त्वया मनो गृह्णामि प्रजाभ्यस्त=सीद' **इति** ॥ १५ ॥ 'इदमुत्तरात्सुवः' **इत्युत्तरतः।** '०तया देवतया', 'तस्य श्रोत्रꣳ सौवं तया देवतया', 'शरच्छ्रौत्री त=या', 'अनुष्टुप्छारदी त=या', 'अनुष्टुभः स्वारं त=या', 'स्वारान्मन्थी त=या', 'मन्थिन एकविꣳशस्त=या', 'एकविꣳशाद्वैराजं त=या', 'वैराजाज्जमदग्निर्ऋषिस्त=या', 'प्रजापतिगृहीतया त्वया श्रोत्रं गृह्णामि प्रजाभ्यस्तया देवतयाऽङ्गिरस्वद् ध्रुवा सीद' **इति** ॥ १६ ॥ 'इयमुपरि मतिः' **इति दक्षिणतः पर्यतीषु वाचयति।** '०तया देवतया', 'तस्यै वाङ्माती त=तया', 'हेमन्तो वाच्यायनस्त=या', 'पङ्क्तिहैमन्ती त=या', 'पङ्क्त्यै निधनवत् त=या', 'निधनवत आग्रयणस्त=या', 'आग्रयणात् त्रिणवत्रयस्त्रिꣳशौ त=या', 'त्रिणवत्रयस्तिꣳशाभ्याꣳ शाक्वररैवते तया=या', 'शाक्वररैवताभ्यां विश्वकर्मर्षिस्तया=या', 'प्रजापतिगृहीतया त्वया वाचं गृह्णामि प्रजाभ्यस्तया=सीद' **इति** ॥ १७ ॥ **पञ्चाशदपानभृत आयातयति अभितः स्वयमातृण्णां दशदश दिक्षु दशासाम् उत्तरेण** ॥ १८ ॥ **स्वयमातृण्णां परियन्ति** ॥ १९ ॥ **तासामेकैका स्वयमातृण्णामास्पृष्टाक्ष्णयोपधीयन्ते** ॥ २० ॥ **विषूचीषु वाच-यति** ॥ २१ ॥ 'प्राची दिशाम्' **इति पुरस्तादुपदधाति।** '०तया देवतया', 'वसन्त ऋतूनां त=या', 'अग्निर्देवता तया=या', 'ब्रह्म द्रविणं त=या', 'त्रिवृत्स्तोमस्त=या', 'स उ पञ्चदशवर्तनिस्त=या',

'त्र्यविर्वयस्त=या', 'कृतमयानां त=या', 'पुरो वातो वातस्तया=या', 'सानग ऋषिस्तया=सीद' **इति** ॥ २२ ॥ 'पितरः पितामहाः' **इत्येना अधिवदति**। '०परेऽवरे ते नः पान्तु=देवहूत्यां तया=सीदत' **इतिं** ॥ २३ ॥ 'प्रतीची दिशाम्' **इति पश्चात्**। '०तया=या', 'वर्षा ऋतूनां त=या', 'विश्वेदेवा देवता त=या', 'विड् द्रविणं तया=या', 'सप्तदशः स्तोमस्त=या', 'स उ एकविꣳशवर्तनिस्त=या', 'त्रिवत्सो वयो द्वापरोऽयानां त=या', 'पश्चाद्वातो वातस्त=या', 'अहभून ऋषिस्तया=सीद' **इति** ॥ २४ ॥ 'पितरः पितामहाः' **इत्येवैना अधिवदति** ॥ २५ ॥ 'दक्षिणा दिशाम्' **इति दक्षिणतः**। '०त=या', 'ग्रीष्म ऋतूनां त=या', 'इन्द्रो देवता त=या', 'क्षत्रं त=या', 'पञ्चदशः स्तोमस्त=या', 'स उ सप्तदशवर्तनिस्त=या', 'दित्यवाड् वयस्त=या', 'त्रेताऽयानां त=या', 'दक्षिणाद्वातो वातस्तया=या', 'सनातन ऋषिस्तया=सीद' **इति** ॥ २६ ॥ 'पितरः पितामहाः' **इत्येवैना अधिवदति** ॥ २७ ॥ 'उदीची दिशाम्' **इत्युत्तरतः**। '०त=या', 'शरदृतूनां त=या', 'मित्रावरुणौ देवता त=या', 'पुष्टं द्रविणं त=या', 'एकविꣳशः स्तोमस्त=या', 'स उ त्रिणववर्तनिस्त=या', 'तुर्यवाड् वयस्त=या', 'आस्कन्दोऽयानां त=या', 'उत्तराद्वातो वातस्त=या', 'प्रत्न ऋषिस्तया=सीद' **इति** ॥ २८ ॥ 'पितरः पितामहाः' **इत्येवैना अधिवदति** ॥ २९ ॥ 'ऊर्ध्वा दिशाम्' **इत्युत्तरतः पर्यतीषु वाचयति**। '०तया= देवतया', 'हेमन्त शिशिरावृतूनां त=या', 'बृहस्पतिर्देवता त=या', 'वर्चो द्रविणं त=या', 'त्रिणवः स्तोमस्त=या', 'स उ त्रयस्त्रिꣳशवर्तनिस्त=या', 'सुपर्ण ऋषिस्तया देवतयाङ्गिरस्वद् ध्रुवा सीदत' **इति** ॥ ३० ॥ 'पितरः पितामहाः' **इत्येवैना अधिवदति**। '०परेऽवरे=देवहूत्यां तया=सीद' **इति** ॥ ३१ ॥ 'नदं न ओदतीनां नदं योयुवतीनां पतिं वो अघ्नियानां धेनूनामिषुध्यसि तया देवतयाङ्गिरस्वद् ध्रुवा सीद' **इति** ॥ ३२ ॥ 'ता अस्य सूददोहसः' **इति ता एव**। '०सोमꣳ श्रीणन्ति=दिवस्तया=सीद' **इति** ॥ ३३ ॥ 'तया देवतयाङ्गिरस्वद् ध्रुवा सीद' **इत्येकामुपधायाधिवदेत्** ॥ ३४ ॥ 'तया देवतयाऽङ्गिरस्वद् ध्रुवे सीदतम्' **इति द्वे** ॥ ३५ ॥ 'तया देवतयाऽङ्गिगरस्वद् ध्रुवाः सीदत' **इति बह्वीः** ॥ ७.७.३.३६ ॥ **[इति तृतीयः पटलः** (२५)**]**

[द्वादशयोनीहँसपातिनीरुपधानम्]

द्वादश योनीरायातयत्यपरेण स्वयमातृण्णां पुच्छस्य सन्धौ हꣳसपातिनीः ॥ १ ॥ **उदीचीषु वाचयति** 'धर्णसिस्तया देवतया', 'द्रविणं त=या', 'प्रसवस्त=या', 'उपयामस्त=या', 'काटस्त =या', 'अर्णवस्त=या', 'सिन्धुस्त=या', 'समुद्रस्त=या', 'सरस्वान्तया देवतया', 'विश्वव्य-चास्त=या', 'सुभूतं त=या', 'अन्तरिक्षं तया=सीद' **इति** ॥ २ ॥ **अग्नेरङ्गान्यायातयति सन्धिष्वेकां मध्ये** ॥ ३ ॥ 'प्राच्या त्वा दिशा सादयामि' **इति पुरस्तादुपदधाति**। '०गायत्रेण छन्दसाऽग्निना=शिर उप दधामि तया=सीद' **इति** ॥ ४ ॥ 'दक्षिणया त्वा दिशा सादयामि' **इति दक्षिणतः**। '०त्रैष्टुभेन छन्दसेन्द्रेण=पक्षमुपदधामि तया=सीद' **इति** ॥ ५ ॥ 'प्रतीच्या त्वा दिशा सादयामि' **इति पश्चात्**।

अधिवदनं पूर्वं[1] स्ववाक्यनिर्दिष्टत्वात्ततोऽनुचरणम्[2] ॥ ७.७.३.२३ ॥ **[इति तृतीयः पटलः** (२५)**]**

---

१. T takes पूर्वं as extra; thus M Ad. २. M Ad अनुवर°.

'०जागतेन छन्दसा सवित्रा=पुच्छमुपदधामि तया=सीद' **इति** ॥ ६ ॥ 'उदीच्या त्वा दिशा सादयामि' **इत्युत्तरतः**। '०आनुष्टुभेन छन्दसा मित्रावरुणाभ्यां= पक्षमुपदधामि तया=सीद' **इति** ॥ ७ ॥ 'ऊर्ध्वया त्वा दिशा सादयामि' **इति मध्ये**। '०पाङ्क्तेन छन्दसा बृहस्पतिना देवतयाऽग्नेः पृष्ठेनाग्नेः पृष्ठमुपदधामि तया देवतयाऽङ्गिरस्वद् ध्रुवा सीद' **इति** ॥ ८ ॥ **दक्षिणतोऽपरेण स्वयमातृण्णां प्राजापत्यं चर्षभं चोपदधाति** ॥ ९ ॥ 'संवत्सरस्य प्रतिमाम्' **इति प्राजापत्याम्**। '०यां त्वा=व्यश्नवत्तया=सीद' **इति** ॥ १० ॥ 'त्वामग्ने वृषभं चेकितानम्' **इत्युपरितया वाऽस्यामृषभमुप-दधाति**। '०पुनर्युवानं=सꣳशिशाधि तया=सीद' **इति** ॥ ११ ॥ **सामचितिमायातयत्यभितः स्वयमातृण्णां तिस्रस्तिस्रो दिक्षु तिस्रो मध्ये** ॥ १२ ॥ **तासामेकैका स्वयममातृण्णामा-स्पृष्टा** ॥ १३ ॥ **समीचीषु वाचयति** ॥ १४ ॥ 'अग्न आ याहि वीतये' **इति गायत्रं पुरस्तादुपदधाति**। '०गृणानो=बर्हिषि तया देवतया; तं त्वा=यविष्ठ्य त=या; स नः पृथुश्रवा=सुवीर्य तया सीद' **इति** ॥ १५ ॥ 'अभि त्वा शूर नोनुमः' **इति रथन्तरं दक्षिणतः**। '०अदुग्धा इव=तस्थुषस्त=या', 'ईशानमिन्द्रो तस्थुषो न=जनिष्यते तया=या', 'न जातो=हवामहे तया=सीद' **इति** ॥ १६ ॥ 'त्वामिद्धि हवामहे' **इति बृहदुत्तरतः पक्षः सवीर्यं करोति**। '०साता= स्वर्वतस्त=या', 'त्वां काष्ठा=अद्रिवस्त=या', 'महःस्तवानो=जिग्युषे तया=सीद' **इति** ॥ १७ ॥ 'यज्ञायज्ञा वो अग्नये' **इति यज्ञायज्ञियं पश्चात्**। '०गिरागिरा च दक्षसे। प्रप्र वयममृतं जातवेदसं प्रियं मित्रं न शꣳसिषं तया देवतया', 'प्रियं मित्रं न शꣳसिषम् ऊर्जो नपातꣳ स हि नायमस्मयुर्दाशेम हव्यदातये तया देवतया', 'दाशेम हव्यदातये भुवद्वाजेष्वविता भुवद्वृध उत त्राता तनूनां तया= सीद' **इति** ॥ १८ ॥ 'कया नश्चित्र आ भुवद्' **इति वामदेव्यं मध्ये**। '०ऊती=शचिष्ठया वृता त=या', 'कस्त्वा सत्यो मदानां=वसु त=या', 'अभी षु णः सखीना=स्यूतिभिस्तया=सीद' **इति** ॥ १९ ॥ **उत्तरतोऽपरेण स्वयमातृण्णामृक्सामयो रूपमुपदधाति** ॥ २० ॥ 'कया नश्चित्र आ भुवद्' **इति साम्नो रूपम्**। '०ऊती=वृता तया=सीद' **इति** ॥ २१ ॥ 'इन्द्रं विश्वा अवीवृधन्' **इत्यृचः**। '०समुद्र=पतिं तया=सीद' **इति** ॥ २२ ॥ **एवमेवैते पर्यायशश्चितीषूपधीयन्ते** ॥ ७.७.४.२३ ॥ **[इति चतुर्थः पटलः** (२६)**]**

[नवलोकंपृणोधानम्]

नव लोकंपृणा आयातयत्युत्तरस्यै श्रोण्यै स्वयमातृण्णामभि ॥ १ ॥ **समीचीषु वाचयति** ॥

सन्धिषु शिरःपक्षपुच्छसन्धिषु आत्मन्येव पुरस्तात् पक्षाभ्यां[१] सवीर्यं करोति। पक्षाभ्यां [२]सामचि-त्यानन्तर्येणोपधीयमानाभ्यां सवीर्यमग्निं करोतीति। पक्षयोः पुच्छेनाव्यवहितयोरुपधानं स्तूयेत ॥ १७ ॥

पर्यायश उपधीयेते'[३] इत्ययुक्षु चितिषु यथासमाम्नातं, युक्षु तु पूर्वमृचो रूपं पश्चात् साम्नः'[४] इति ॥ ७.७.४.२३ ॥ **[इति चतुर्थः पटलः** (२६)**]**

नव लोकंपृणा इति। अत्र लोकंपृणाशब्दो लिङ्गसमवायात् दशम्याः पृथग्वचनं वैलक्षण्यात्[५],

---

१. M Ad पक्ष; thus T. **२.** M Ad T सामचिक्या०. **३.** M Ad ०धीयते; thus T. **४.** M Ad साम्नात; thus T. **५.** M Ad ०क्षण्यम्; thus T.

२ ॥ 'लोकं पृण' **इत्यासां प्रथमामुपदधाति।** '○छिद्रं पृणाथो सीद=असीषदꣳस्तया देवतया', 'ता अस्य सूददोहस=दिवस्तया देवतया', 'नदं व ओदतीनां नदं=इषुध्यसि तया देवतया', 'ता अस्य सूददोहसो=दिवस्तया देवतया', 'नदं न ओदतीनां नदं=इषुध्यसि तया देवतया', 'लोकं पृण= असीषदꣳस्तया देवतया', 'नदं व ओदतीनां=इषुध्यसि तया देवतया', 'लोकं पृण= असीषदꣳस्तया देवतया', 'ता अस्य सूददोहस=दिवस्तया=सीद' **इति** ॥ ३ ॥ 'लोकं पृण' **इत्यासां दशमीमुखामुपदधात्युत्तरत इतरस्या उखायाः।** '○छिद्रं पृणाथो=असीषदꣳस्तया=सीद' **इति** ॥ ४ ॥ **एतां नदवत्या अनुचरीम्** 'नदं व ओदतीनां=इषुध्यसि तया देवतया' ॥ ५ ॥ 'ता अस्य सूददोहसः' **इति तामेव।** '○सोमꣳ श्रीणन्ति=रोचने दिवस्तया देवतयाङ्गिरस्वद् ध्रुवा सीद' **इति** ॥ ६ ॥ 'चितिꣳ संछादयत' **इत्याह।** '○अन्ताꣳश्चिनुत सुष्ठुमिष्टकोपकाशं कुरुत' **इति** ॥ ७ ॥ **चितिꣳ संछादयन्ति** ॥ ८ ॥

नवानामनुचर्यभावात्। तस्याश्च बह्वीनां च यत्[१] पृथग् वचनं तदपि वैलक्षण्यात्। एवं च बह्व्यस्तावदवशिष्य लोकंपृणाः। ताः सहैवोपधेया द्वाभ्यां चाध्वर्युयजमानाभ्याम्। एतत्तासां वैलक्षण्यम्। केचिदनुचरणस्य सर्वचितिशेषत्वे बह्वीनां प्रैषसंस्तुतमुपदधानामितरस्या[२] विपरीतमित्येतद्वैलक्षण्यम्॥ १ ॥

प्रैषार्थमेवं वर्णयन्ति—चितिं सञ्छादयत शर्कराभिर्वेणुपर्णैर्वाऽन्तान् प्रदेशान् येषु [३]प्रदेशेष्व–नुपहिता इष्टकाः तानिष्टकाभिश्चिनुत। सुष्ठुं[४] शोभनं समप्रमाणम्। सर्वेष्टकानामुपकाशमवकाश–मन्तरालं[५] कुरुत। अथवा चितिसञ्छादनमनुपहितप्रदेशोपधानम्, अन्तचयनं वेणुपर्णाद्युपधानम्। यत्र क्वचनान्तेषु[६] चेतव्यत्वात्। सुष्ठुमिष्टकोपकाशमिति पूर्वोक्तमेव। यत्र यत्तद् अन्वाख्याने 'सप्त च शतानि विंशतिश्चेष्टका' (वाधू.अन्वा. ५.३४.१) इति 'सहस्रं च द्वे शते' इति। एतद्वेणुपर्णाद्यु[७]प–धानमित्यस्माभिरभिप्रेतम्। वैणवीभिर्नियम्यन्ते इति ता ऊरीकृताः[८]। सर्वाचार्यकेऽभिहितं, शर्करा इत्यनुपदे[९]। व्याहृतयः[१०] समस्ताः[११]। आसां मन्त्रा व्यस्ता वा। आप्तसंहारः [१२]समस्ताभिरेव वा। सर्वाः सहैव निवपनीयाः। 'सहस्रं च द्वे च शते' इत्यत्र षड्ढोतारं षट्स्वपि चितिषु यथाक्रमं मन्त्राश्चतुर्होत्रादयो मन्त्रा इत्युक्तत्वाच्चतुर्होत्रा[१३] प्रथमायामथ पञ्चहोत्राऽथ [१४]षड्ढोत्राऽथापरेण षड्ढोत्राऽथ सप्तहोत्राऽथ दशहोत्रा। सहस्रं च चत्वारि च शतानीत्यत्रापि व्याहृतय एव। सप्त च शतानीत्ययं कल्पः पञ्चचितीकेऽग्नौ। सहस्रं च द्वे शते[१५] सहस्रं च चत्वारि च शतानीत्यत्रापि[१६] च द्वौ कल्पौ षट्चितीकाश्रयौ। इदमेव च पञ्चचितीकसद्भावे लिङ्गम्, 'एकचितीकं चिन्वीते'त्यस्मिंश्चानुवाके सर्वेऽग्नयः पञ्चचितीकाश्रयाः। अत आचार्येणापि पञ्चचितीकत्वं षट्चितीकत्वं च विकल्पेनेष्यत इत्यवगन्तव्यम्। अस्ति च तैत्तिरीयकप्रवचने पक्षद्वयं 'पञ्चचितयो भवन्ति षट्चितयो

---

१. M Ad तत्. २. M Ad °पधानमितरस्य; thus T. ३. M Ad प्रादे°; thus T. ४. M सुष्ठुं Ad सुष्ठु; thus T. ५. M Ad °पकाशमक्तरालं; thus T. ६. M Ad क्वचान्ते°; thus T. ७. M Ad वर्णा°, T °पणा°. ८. M Ad °कृत्य; thus T. ९. T °त्यपरे १०. M Ad °हृतश्च. ११. M Ad om समस्ता; thus T. १२. M Ad संस्थाभि°. १३. M °र्होता. १४. M Ad om 1st षड्होत्रा; thus T. १५. M Ad give the text अग्नौ सहस्र च द्वे शते, extra between शते and सहस्रे; thus T. १६. M Ad °त्यत्रपिति च; T शतानीति च.

अन्ताꣳश्चिन्वन्ति ॥ ९ ॥ **सुष्ठुमिष्टकोपकाशं कुर्वन्ति लोकंपृणया च सूददोहसा च** ॥ १० ॥ **औदुम्बरीꣳ शाखामादायाग्निमनुचरतोऽध्वर्युश्च यजमानश्च** 'लोकं पृणत छिद्रं पृणताथो सीदत शिवा यूयम्। इन्द्राग्नी वो बृहस्पतिरस्मिन् योनोवसीषदन् तया देवतया' ॥ ११ ॥ 'ता अस्य सूददोहसः' **इति ता एव**। '°सोमꣳ श्रीणन्ति=दिवस्तया देवतयाऽङ्गिरस्वद् ध्रुवाः सीदत' **इत्यभ्याकारम्** ॥ १२ ॥ **दक्षिणतः शीर्षण्यानां प्रतिपद्यते दक्षिणं पक्षम्** ॥ १३ ॥ **अथोत्तरं पक्षमुत्तरतः शीर्षण्यानाꣳ सꣳस्थापयते** ॥ १४ ॥ 'अग्ने' **इत्युत्करे शाखां न्यस्य** 'आ याहि वीतये' **इति चितिमुपधाय संदधाति**। '°गृणानो=बर्हिषि तया=सीद' **इति** ॥ १५ ॥ 'चित्तिमचित्तिम्' **इति चितिक्लृप्त्याऽभिमृशति**। '°चिनवद्वि=मुरुष्य तया=सीद' **इति** ॥ १६ ॥ 'अग्निर्मूर्धा' **इति गायत्रियाऽभिमृशति**। '°दिवः ककुत्=जिन्वति तया=सीद' **इति** ॥ १७ ॥ **दशहोतुराहुतिꣳ हुत्वा** 'प्राणदा अपानदाः' **इत्यवरोहणेनावरोहति**। '°व्यानदा=शिवो भव', 'नमस्ते =शिवो भव', 'वाङ्म आसन्=हिꣳसीः', 'तत्त्वा=प्र मोषीः' **इति** ॥ १८ ॥ 'सुपर्णो लोकानुपशिश्रियाणः' **इत्यवरुह्य चितिमुपतिष्ठते**। '°श्येनः पतत्यत्नजो हिरण्यया कंकं ज्योतिः सुवरुत्पतन्तं गायत्री पातु वृषभं

भवन्ती'ति। शुल्बे च द्वयोः पक्षयोरिष्टका सहस्रोपधानप्रकारः[1] परिकल्पितः। अथवा नात्र याज्ञतीर्थिको विधिरभिप्रेतः। चित्यन्ते[2] हि प्रैषणम्। अन्त्ये[3] चित्यादौ वैणवमुपधानम् उपधायेष्टकानां तु प्रथमामथ वैणवीरिति पूर्वं व्याख्यां कुर्वतामभिप्रायः। उपधाय प्रथमामिष्टकामथ वैणवीरुपदध्यादिति। द्वितीये पक्षे प्रैषार्थ एवं व्याख्येयः[4]—'चितिं संछादयत, दध्ना मधुमिश्रेण अन्तरालांश्चिनुत, सुष्ठुमिष्टकोपकाशं कुरुते'ति पूर्ववत्। अथवा शोभनं सम्पूर्णमिष्टकावकाश-मिष्टकान्तरालं कुरुत पुरीषेण शर्कराभिर्वा। अथवा चितिं सञ्छादयत। चित्या अनुपहितान्[5] प्रदेशानिष्टकाभिर्लोकंपृणामन्त्रकाभिः सञ्छादयत। अन्तांश्चिनुतेत्यस्यैवार्थस्य विवरणमप्रमादाय। एवमिष्टकावकाशाः[6] सुष्ठु शोभनीकृता भवन्तीति। एवं च नित्यवच्छ्रुतः प्रैषो याज्ञतीर्थिकस्य विधेरनित्यस्यार्थेन प्रवर्तत' इति[7] न्यायो न कल्पितः स्यात् ॥ ७-१० ॥

'अग्निमनुचरत' इति कृत्स्ननिर्देशात्पूर्वमेवावशिष्य लोकंपृणा उपधाय चितिसंस्कार[8]त्वेनाध्वर्यु-यजमानावेवमनुचरतः ॥ ११ ॥

अभ्याकारमाभिमुख्येनोपर्युपरि सर्वासामिष्टकानां शाखां कृत्वा। सन्धानं नाम मन्त्रेणा-भिसन्धिः। अविशेषाभिधानादाहुतिराहवनीय इति केचित्। चितिसंस्कारार्थ[9]त्वाच्चितिमध्य इत्यन्ये। 'याः पुरेध्मस्य प्रहरणादग्नावाहुतयो हूयन्ते प्रजापतावु हैव ता[10] हूयन्त' इति चैतस्मिन् पक्षे युज्यते। अयमेवाचार्याभिप्रायः ॥ १२ ॥

---

१. M Ad प्रकारं; thus T. २. M Ad चिन्त्यन्ते; thus T. ३. M Ad अन्त्येऽपीत्या°. ४. M Ad °ख्येयम्; thus T. ५. M Ad अनुविहि°. ६. M Ad °काश; thus T. ७. T इत्यन्यायै. ८. T. °कवेन°. ९. M Ad wrongly give 'गणपतये नमः। अविघ्नमस्तु' between °संस्कारार्थ and त्वाच्चिति°; thus T. १०. M Ad T om.

सुवर्ग्यम्' **इति** ॥ १९ ॥ **प्रवर्ग्योपसद्भ्यां प्रचर्य वसन्ति महाचित्यै** ॥ ७.७.५.२० ॥ **[इति पञ्चमः पटलः** (२७)**]**

॥ इति सप्तमप्रपाठके सप्तमोऽनुवाकः ॥

अवरोहणादर्वागभिधानाद्वसन्ति महाचित्यै। श्वोभूते महाचितिपुरीषं समापयितुं महाचित्या वा पुरीषमुपधातुम्॥ ७.७.५.२० ॥ **[इति पञ्चमः पटलः** (२७)**]**

॥ इति व्याख्यायां सप्तमप्रपाठके सप्तमोऽनुवाकः ॥

॥ अथ सप्तमप्रपाठके अष्टमोऽनुवाकः ॥

[महाचितिः]

प्रातरादित्येन वाचं विसृज्य प्रवर्ग्योपसद्भ्यां प्रचरति ॥ १ ॥ **आत्मन्नग्निं** *[१](**गृह्णीते** ॥ २ ॥ **स्वयंचितिं जपति** ॥ ३ ॥ 'शक्तिरसि' **इति कार्ष्णीमुपानह)मुपमुञ्चते** ॥ ४ ॥ **अधिरोहणेनाधिरोहति** ॥ ५ ॥ 'अथ पृष्ठो दिवि' **इति पुरीषस्य चितिमुपदधाति**। '०तया=सीद' **इति** ॥ ६ ॥ 'चित्तिमचित्तिम्' **इत्येवाभिमृशति**। '०तया=सीद' **इति** ॥ ७ ॥ **अवरोहणेनावरोहति** ॥ ८ ॥ **प्रवर्ग्योपसद्भ्यां प्रचर्य वसन्ति** ॥ ९ ॥ **प्रातरादित्येन वाचं विसृज्यात्मन्नग्निं गृह्णीते** ॥ १० ॥ **स्वयंचितिं जपति** ॥ ११ ॥ 'शक्तिरसि' **इति कार्ष्णीमुपानहमुपमुञ्चते** ॥ १२ ॥ **अधिरोहणेनाधिरोहति** ॥ १३ ॥ **अथ** 'अग्न उदधे' **इति पुरीषस्याहुतिं जुहोति**। '०या त इषु=भूयास्म स्वाहा' **इति** ॥ १४ ॥ 'तत्त्वा यामि' **इत्यनुचरीं जुहोति** ॥ १५ ॥ **अवरोहणेनावरोहति** ॥ १६ ॥ **प्रवर्ग्योपसद्भ्यां प्रचरति** ॥ १७ ॥ **आत्मन्नग्निं गृह्णीते** ॥ १८ ॥ **स्वयंचितिं जपति** ॥ १९ ॥ 'शक्तिरसि' **इति कार्ष्णीमुपानहमुपमुञ्चते** ॥ २० ॥ **अधिरोहणेनाधिरोहति** ॥ २१ ॥ **अथैतां चितिꣳ सꣳसादयन्ति होता च विभक्तिश्च द्वे चर्तव्ये अवकाष्टौ संयान्यो द्वे सयुजौ नव शीर्षण्याः पञ्चाश्विन्यः पञ्चर्तव्याः पञ्च प्राणभृतः पञ्च वृष्टिसनय ऊनविꣳशतिर्वयस्या एकविꣳशतिरिद्रतनुवोऽन्त्या द्वादशयो-न्योऽग्नेरङ्गानि प्राजापत्या चर्षभश्च सामचितिर्ऋक्सामयो रूपं नव लोकंपृणा एका च लोकंपृणा बह्वश्च सन्धिश्चाभीमर्शश्च त्रिष्टुप् च होतुश्चाहुतिरवरोहणं चोपस्थानं च** ॥ २२ ॥ **एतदस्य कार्यं भवति** ॥ २३ ॥ **चतुर्होतारमुपधाय** 'अग्निम्' **इति विभक्तिमाह** ॥ २४ ॥ 'शुक्रश्च शुचिश्च' **इति पूर्वेण स्वयमातृण्णामास्पृष्टे ऋतव्ये उपदधाति**। 'अग्नेरन्तः=पृथिवी ग्रैष्मावृतू अभि कल्पमाना = विशन्तु तया=ध्रुवे सीदतम्' **इति** ॥ २५ ॥ 'यास्ते अग्ने आर्द्रा योनयः' **इत्यवकामनूप-**

*[१]. Text abri. आत्मन्नग्नि=मुपमुञ्चते see above VII.5.1.5-7.

सर्वत्र पुरीषोपधाने कृष्णमश्वमभिमृश्याधिरुह्य[१] सुतनुना पुरीषेण समस्तां चितिं प्रच्छादयति[२]। सर्वत्रोपधानं तयादेवतेन संपाद्योपदध्यात् ॥ ६ ॥

चितिं [३]सꣳसादयन्ति उपधायाग्निक्षेत्र[४]सन्निधौ वाचैव सर्वे होतारः। उपधेया ऋतव्याद्या इष्टकाः। [५]आश्विन्याद्यास्वनास्पर्शनं परस्परापेक्षम्। प्राणभृतानामास्पर्शनञ्च[६] न परस्परापेक्षया। नवानां लोकंपृणानां पृथग्ग्रहणं महाचित्यामिव मन्त्रत्रयप्राप्तये। एकस्याः[७] पृथग्ग्रहणं प्रैषात्पूर्वकालमुपधानाय। इष्टका च सा। द्वितीयादिषूखाभावात्[८]। प्रैषात्प्राक् बह्वीश्चेतिवचनं लोकंपृणाप्रसङ्गात् ॥ ७.८.१.२२ ॥

[इति प्रथमः पटलः (२८) **]**

१. Ad T °दृश्या°. २. M Ad om; thus T. ३. M Ad om सं; thus T. ४. M Ad °धानाया°, T °क्षेत्रः. ५. M Ad आश्विनाद्यानास्प° [Ad अश्वि°], T अश्वि°. ६. M Ad °भृतामामा° T °स्पर्शं. ७. M Ad एकस्यां; thus T. ८. M Ad °दिषु वाभावात्; thus T.

दधाति। '०याः कुलायिनीः=तनुवेह सीद तया=सीद' **इति**॥ २६॥ **पूर्वेण ता अष्टौ संयानीरुपदधाति**॥ २७॥ **द्वे सयुजौ** 'आघाराभ्यां त्वा सयुजा युजा युनज्मि तया देवतया', 'तेजसा त्वा सयुजा युजा युनज्मि तया=सीद' **इति**॥ २८॥ **शीर्ष्णः काले नव शीर्षण्या उपदधाति**॥ ७.८.१.२९॥**[इति प्रथमः पटलः** (२८) **]**

पञ्चाश्विनीरायातयत्यभितः स्वयमातृण्णामेकैकां दिक्ष्वेकां मध्ये॥ १॥ **अन्तिकमिवैता अनास्पृष्टा भवन्ति**॥ २॥ 'ध्रुवक्षितिः' **इति पुरस्तादुपदधाति**। '०ध्रुवयोनिः=मिह त्वा तया=सीद' **इति**॥ ३॥ 'स्वे दक्षे' **इति दक्षिणतः**। '०दक्षपितेह सीद=इह त्वा तया=सीद' **इति**॥ ४॥ 'कुलायिनी' **इति पश्चात्**। '०वसुमती=इह त्वा तया=सीद' **इति**॥ ५॥ 'अग्नेः पुरीषमसि' **इत्यु-त्तरतः**। '०देवयानी=इह त्वा तया=सीद' **इति**॥ ६॥ 'दिवो मूर्धाऽसि' **इति मध्ये**। '०पृथिव्या नाभि =इह त्वा तया=सीद' **इति**॥ ७॥ **पञ्चर्तव्या आयातयत्यभितः स्वयमातृण्णामेकैकां दिक्ष्वेकां मध्ये**॥ ८॥ **अन्तिकमिवैता अनास्पृष्टा भवन्ति**॥ ९॥ 'सजूर्ऋतुभिः' **इति पुरस्तादुपदधाति**। '०सजूर्विधाभिः सजूर्वसुभिः सजूर्देवैर्वयोनाधैरग्नये त्वा वैश्वानरायाश्विनाऽध्वर्यू सादयतामिह त्वा तया=सीद' **इति**॥ १०॥ 'सजूर्ऋतुभिः' **इति दक्षिणतः**। '०सजू रुद्रैः सजूर्देवैर्वयोना=इह त्वा तया सीद' **इति**॥ ११॥ 'सजूर्ऋतुभिः' **इति पश्चात्**। 'सजूरादित्यैः सजूर्देवैर्वयोना=इह त्वा तया=सीद' **इति**॥ १२॥ 'सजूर्ऋतुभिः' **इत्युत्तरतः**। '०सजूर्विश्वेदेवैः सजूर्देवैर्वयोनाधै=इह त्वा तया=सीद' **इति**॥ १३॥ 'सजूर्ऋतुभिः' **इति मध्ये**। '०सजूर्विधाभिः सजूर्देवैर्वयोनाधै=मिह त्वा तया देव=सीद' **इति**॥ १४॥ **पञ्च प्राणभृत आयातयत्यभितः स्वयमातृण्णामेकैकां दिक्ष्वेकां मध्ये**॥ १५॥ **अन्तिकमिवैता अनास्पृष्टा भवन्ति**॥ १६॥ 'प्राणं मे पाहि' **इति पुरस्तादुपदधाति**। '०तया सीद' **इति**॥ १७॥ 'अपानं मे पाहि' **इति दक्षिणतः**। '०तया=सीद' **इति**॥ १८॥ 'व्यानं मे पाहि' **इति पश्चात्**। '०तया=सीद' **इति**॥ १९॥ 'चक्षुर्म उर्व्या वि भाहि' **इत्युत्तरतः**। '०तया=सीद' **इति**॥ २०॥ 'श्रोत्रं मे श्लोकया' **इति मध्ये**। '०तया=सीद' **इति**॥ २१॥ **पञ्च वृष्टिसनीरायातयत्यभितः स्वयमातृण्णामेकैकां दिक्ष्वेकां मध्ये**॥ २२॥ **अन्तिकमिवैता अनास्पृष्टा भवन्ति**॥ २३॥ 'अपस्पिन्व' **इति पुरस्तादुपदधाति**। '०तया=सीद' **इति**॥ २४॥ 'ओषधीर्जिन्व' **इति दक्षिणतः**। '०तया=सीद' **इति**॥ २५॥ 'द्विपात् पाहि' **इति पश्चात्**। '०तया=सीद' **इति**॥ २६॥ 'चतुष्पादव' **इत्युत्तरतः**। '०तया=सीद' **इति**॥ २७॥ 'दिवो वृष्टिमेरय' **इति मध्ये**। '०तया=सीद' **इति**॥ २८॥ **चतस्रो वयस्यानामायातयति पूर्वेण स्वयमातृण्णाः हंसपातिनीः**॥ २९॥ **उदीचीषु वाचयति** 'विष्टम्भो वयोऽधिपतिश्छन्दस्तया=या', 'क्षत्रं वयो मयन्दं छन्दस्त=या', 'विश्वकर्मा वयः परमेष्ठी छन्दस्त=या', 'मूर्धा वयः प्रजापतिश्छन्दस्तया=सीद' **इति**॥ ३०॥ **पञ्चासां दक्षिणायाः श्रोण्यामायातयति पञ्चोत्तरस्याः श्रोण्यां प्राङ् स्वयमातृण्णामभि**॥ ३१॥ **समीचीषु वाचयति**॥ ३२॥ 'त्र्यविर्वयः' **इति दक्षिणत उपदधाति**। '०त्रिष्टुप् छन्दस्त=या', 'दित्यवाड् वयो विराट् छन्दस्त=या', 'पञ्चाविर्वयो गायत्री छन्द...=या', 'त्रिवत्सो वय उष्णिहा छन्दस्त=या',

'तुर्यवाड् वयोऽनुष्टुप् छन्दस्तया=सीद' **इति** ॥ ३३ ॥ 'पष्ठवाड् वयः' **इत्युत्तरतः** । '°बृहती छन्दस्त=या', 'उक्षा वयः सतोबृहती छन्दस्त=या', 'अनडवान् वयः पङ्क्तिश्छन्दस्त=या', 'धेनुर्वयो जगती छन्दस्त=या', 'अनड्वान् वयः पङ्क्तिश्छन्दस्तया=सीद' **इति** ॥ ३४ ॥ 'बस्तो वयः' **इति दक्षिणेंऽस उपदधाति** । '°विवलं छन्दस्तया=सीद' **इति** ॥ ३५ ॥ 'वृष्णिर्वयः' **इत्युत्तरे** । '°विशालं छन्दस्तया=सीद' **इति** ॥ ३६ ॥ 'व्याघ्रो वयः' **इति दक्षिणे पक्ष उपदधाति** । '°अनाधृष्टं छन्दस्तया=सीद' **इति** ॥ ३७ ॥ 'सिꣳहो वयः' **इत्युत्तरे** । '°छदिश्छन्दस्तया=सीद' **इति** ॥ ३८ ॥ 'पुरुषो वयः' **इति मध्ये** । '°तन्द्रं छन्दस्तया=सीद' **इति** ॥ ८.८.२.३९ ॥ **[इति *द्वितीयः पटलः** (२९)]

एकविꣳशतिमिन्द्रतनूरायातयत्यभितः स्वयमातृण्णां पञ्च पञ्च दिक्ष्वेकां मध्ये ॥ १ ॥ **तासामेकैका स्वयमातृण्णामास्पृष्टा** ॥ २ ॥ 'समीचीषु वाचय' **ति** ॥ ३ ॥ 'अग्निना विश्वाषाट्' **इति पुरस्तादुपदधाति** । '°त=या', 'सूर्येण स्वराट् त=या', 'क्रत्वा शचीपतिस्त=या', 'ऋषभेण त्वष्टा त=या', 'यज्ञेन मघवान् तया=सीद' **इति** ॥ ४ ॥ 'दक्षिणया सुवर्गः' **इति दक्षिणतः** । '°तया देवतया, मन्युना वृत्रहा त=या', 'सौहार्द्येन तनूधास्त=या', 'अन्नेन गयस्त=या', 'पृथिव्याऽसनोस्तया=सीद' **इति** ॥ ५ ॥ 'ऋग्भिरन्नादः' **इति पश्चात्** '°तया देवतया', 'वषट्कारेणर्धस्त=या', 'साम्ना तनूपास्त=या', 'विराजा ज्योतिष्मान् त=या', 'ब्रह्मणा सोमपास्तया=सीद' **इति** ॥ ६ ॥ 'गोभिर्यज्ञं दाधार' **इत्युत्तरतः** । '°त=या', 'क्षत्रेण मनुष्यान् तया=या', 'अश्वेन च रथेन च वज्री तया=या', 'ऋतुभिः प्रभुस्त=या', 'संवत्सरेण परिभूस्तया=सीद' **इति** ॥ ७ ॥ 'तपसाऽनाधृष्ट', 'सूर्यः सन् तनूभिः', 'सत्येन ज्येष्ठः परीयाय' **इति त्रिभिरेकां मध्य उपदधाति** । '°तया=सीद' **इति** ॥ ८ ॥ **द्वादश योनीरुपदधाति** ॥ ९ ॥ **अग्नेरङ्गानि प्राजापत्यां चर्षभं च सामचितिमृक्सामयो रूपं नव लोकंपृणा एकां च लोकंपृणां बह्वीश्च** ॥ १० ॥ 'चितिꣳ सञ्छादयत' **इत्याह** । '°अन्ताꣳ *[१](श्चिनुत सुष्ठुमिष्टकोपकाशं कुरुत' **इति** ॥ ११ ॥ **चितिꣳ संछादयन्ति** ॥ १२ ॥ **अन्ताꣳश्चिन्वन्ति** ॥ १३ ॥ **सुष्ठुमिष्टकोपकाशं कुर्वन्ति लोकंपृणया च सूददोहसा च** ॥ १४ ॥ **औदुम्बरीꣳ शाखामादायाग्निमनुचरतोऽध्वर्युश्च यजमानश्च** 'लोकं पृणत छिद्रं पृणताथो सीदत शिवा यूयम्। इन्द्राग्नी वो बृहस्पतिरस्मिन् योनोवसीषदन् तया देवतया' ॥ १५ ॥) 'ता अस्य सूददोहसः' *[२]**(इति ता एव** । '°सोमꣳ श्रीणन्ति=दिवस्तया देवतयाऽङ्गिरस्वद् ध्रुवाः सीदत') **इत्यभ्याकारम्** ॥ १६ ॥ **उत्सृजति** ॥ १७ ॥ 'अग्निम्' **इत्युत्करे शाखां न्यस्य** 'दूतं वृणीमहे' **इति चितिमुपधाय संदधाति** । '°होतारं=सुक्रतुं तया=सीद' **इति** ॥ १८ ॥ 'चित्तिमत्तिम्' **इत्येवाभिमृशति** । '°तया=सीद' **इति** ॥ १९ ॥ 'भुवः' **इति त्रिष्टुभाऽभिमृशति** । '°यज्ञस्य हव्यवाहं तया=सीद' **इति** ॥ २० ॥ **चतुर्होतुराहुतिꣳ हुत्वा** 'प्राणदा अपानदा', 'नमस्ते हरसे शोचिषे', 'वाङ्म आसन्', 'तत्त्वा यामि' **इत्यवरोहणेनावरोहति** ॥ २१ ॥ 'सुपर्णो लोकानुप शिश्रियाणः' **इत्यवरुह्य चितिमुपतिष्ठते** ।

---

*. Commentory on the 2nd Paṭala (*sūtra* 1-39) is not given in the MSS. *[१]. Text abri. °अन्ताꣳ =ता अस्य see VII.7.5.7-11. *[२]. Text abri. सूददोहस=इत्यभ्याकारम् see VII.7.5.11-12.

'०श्येनः पतत्य=सुवर्ग्यम्' इति ॥ २२ ॥ **प्रवर्ग्योपसद्भ्यां प्रचर्य वसन्ति द्वितीयायै चित्यै॥ ७.८.३.२३ ॥[इति तृतीयः पटलः** (३०) **]**

॥ इति सप्तमप्रपाठके अष्टमोऽनुवाकः ॥

द्वितीयायै चित्या[१]' इति पूर्ववत् ॥ ७.८.३.२३ ॥ **[इति तृतीयः पटलः** (३०) **]**

॥ इति व्याख्यायां सप्तमप्रपाठके अष्टमोऽनुवाकः ॥

---

१. M Ad चिन्त्या; thus T.

॥ अथ सप्तमप्रपाठके नवमोऽनुवाकः ॥

[द्वितीया चितिः]

प्रातरादित्येन वाचं विसृज्य प्रवर्ग्योपसद्भ्यां प्रचरति ॥ १ ॥ **आत्म** *१(**न्नग्निं गृह्णीते** ॥ २ ॥ **स्वयंचितिं जपति** ॥ ३ ॥ 'शक्तिरसि' **इति कार्ष्णीमुपानहमुपमुञ्चते** ॥ ४ ॥ **अधिरोहणेनाधिरोहति** ॥ ५ ॥ 'अथ पृष्ठो दिवि' **इति पुरीषस्य चितिमुपदधाति** । '०तया=सीद' **इति** ॥ ६ ॥ 'चित्तिमचित्तिम्' **इत्येवाभिमृशति** । '०तया=सीद' **इति** ॥ ७ ॥ **अवरोहणेनावरोहति** ॥ ८ ॥ **प्रवर्ग्योपसद्भ्यां) प्रचर्य वसन्ति** ॥ ९ ॥ **प्रातरादित्येन वाचं विसृज्यात्मन्नग्निं गृह्णीते** ॥ १० ॥ **स्वयंचितिं जपति** ॥ ११ ॥ 'शक्तिरसि' **इति कार्ष्णीमुपानहमुपमुञ्चते** ॥ १२ ॥ **अधिरोहणेनाधिरोहति** ॥ १३ ॥ **अथ** 'अग्ने दुध्र' **इति पुरीषस्याहुतिं जुहोति** । '०या त इषुर्यु=भूयास्म स्वाहा' **इति** ॥ १४ ॥ 'तत्त्वा यामि' **इत्यनुचरीं** *२(**जुहोति** ॥ १५ ॥ **अवरोहणेनावरोहति** ॥ १६ ॥ **प्रवर्ग्योपसद्भ्यां प्रचरति** ॥ १७ ॥ **आत्मन्नग्निं गृह्णीते** ॥ १८ ॥ **स्वयंचितिं जपति** ॥ १९ ॥ 'शक्तिरसि' **इति कार्ष्णीमुपानहमुपमुञ्चते** ॥ २० ॥ **अधिरोहणेनाधिरोहति** ॥ २१ ॥ **अथैतां चितिं) सꣳसादयति होता च विभक्तिश्च स्वयमातृण्णा च हिरण्येष्टका च मण्डलेष्टका च सम्राट् च रेतःसिक्च विश्वज्योतिश्च चतस्त्र ऋतव्या द्वे अवके अष्टौ संयान्य एका सयुङ्नव शीर्षण्या पञ्च दिशा दश प्राणभृतः षट्त्रिꣳशद्बृहत्यश्चतुर्दश वालखिल्यास्त्रयस्त्रिꣳशद्यज्ञतनुवोऽन्त्या द्वादश योन्योऽग्नेरङ्गानि** *३(**प्राजापत्या चर्षभश्च सामचितिर्ऋक्सामयो रूपं नव लोकंपृणा एका च लोकंपृणा बह्व्यश्च सन्धिश्चाभी)मर्शश्च जगती च हो** *४(**तुश्चाहुतिरवरोहणं चोपस्थानं च** ॥ २२ ॥ **एतदस्य) कार्यं भवति** ॥ २३ ॥ 'पञ्चहोतारमुपधाय अग्निना' **इति विभक्तिमाह** ॥ २४ ॥ 'भुवो विश्वायुः' **इति स्वयमातृण्णामादत्ते** ॥ २५ ॥ **तां दध्ना** *५(**मुपघ्रापयति** । '०सुमनस्यमानोऽग्निनाऽग्निः प्रजनसे समागन्तो रत्नधौ मिथुनौ धेनू म इषुं दुहातामनपस्फुरन्तौ' **इति** ॥ २६ ॥ **तां ब्रह्मणे प्रयच्छति** ॥ २७ ॥ 'आ मे ददातु' **इत्येनां ब्रह्मा प्रतिगृह्णाति** । '०इन्द्रियꣳ सह ओजो यशो महत् त्रयस्त्रिꣳशद्वीर्याणि तान्यग्निः प्रददातु मे' **इति** ॥ २८ ॥ **आत्मन्नग्निं गृह्णीते** ॥ २९ ॥ **स्वयंचितिं जपति** ॥ ३० ॥ 'शक्तिरसि' **इति कार्ष्णीमुपानहमुपमुञ्चते** ॥ ३१ ॥ **अधिरोहणेनाधिरोहति सहैनया** ॥ ३२ ॥ **ताꣳ) समारभ्योपदधाति इतीदम्** ॥ ३३ ॥ 'इन्द्राग्नी अव्यथमानाम्' **इत्यध्वर्युश्च यजमानश्च यजुर्वदतः** । '०इष्टकां=शन्तमेन तया=सीद' **इति** ॥ ३४ ॥ 'भुवः' **इत्येनामुपधायानुव्यनिति** ॥ ३५ ॥ **वरमध्व** *६(**यंवै यजमानो ददाति, अध्वर्युः प्रतिप्रस्थात्रे, प्रतिप्रस्थाता यस्मै कामयते** ॥ ३६ ॥)

*१. Text abri. आत्म =प्रचर्य see VII.8.1.2-9. *२. Text abri. इत्यनुचरीं=सꣳसादयति see VII.8.1.15-22. *३. Text abri. °रङ्गानि=मर्शश्च see VII.8.1.22. *४. Text abri. च हो=कार्यं see VII.8.1.22-23. *५. Text abri. दध्ना=समारभ्यो° see VII.6.3.20-27. *६. Text abri. वरमध्व=अन्तरिक्ष° see VII.6.3.30.

व्यनिति प्राण्यापानिति ॥ ३५ ॥

'अन्तरिक्षमाक्रमिषम्' **इत्येनामङ्गुष्ठाभ्यामाक्रमते।** '०प्रजा मा मा हासीद्' **इति॥** ३७॥ 'चित्तिं जु*[१](होमि' **इत्यस्यां चतुर्गृहीतं जुहोति।** 'मनसा घृतेन=हविः स्वाहा' **इति॥** ३८॥ 'साम ब्रूहि' **इत्याह॥** ३९॥ **स्वमातृण्णासामाह) प्रस्तोता॥** ४०॥ 'ज्योतिरसि' **इत्यस्यामुपरि हिरण्येष्टकामु-पदाति।** '०ज्योतिर्मे यच्छान्तरिक्षं यच्छान्तरिक्षान्मा पाहि तया=सीद' **इति॥** ४१॥ 'अधि द्यौरन्तरिक्षं ब्रह्मणा विष्टा' **इत्यपरेण स्वयमातृण्णामास्पृष्टां मण्डलेष्टकामुपदधाति।** '०मरुतस्ते गोप्तारो वायु=वर्म चास्तु तया=सीद' **इति॥** ४२॥ 'सम्राड् ज्योतिरधारयत्' **इति पूर्वेण स्वयमातृण्णामास्पृष्टाः सम्राजमुपदधाति।** '०तया=सीद' **इति॥** ४३॥ 'सम्राडसि रेतःसिक् दक्षिणतोऽस्यै रेतःसिचमुप दधाति।** ०सा मे=त्वयाऽन्तरिक्षं जेषं तया=सीद' **इति॥** ४४॥ 'विश्वकर्मा त्वा सादयतु' **इति विश्वज्योतिषमुपदधाति।** '०अन्तरिक्षस्य=वायुस्तेऽधिपतिस्तया=सीद' **इति॥** ४५॥ 'नभश्च नभस्यश्च' **इति पूर्वेण स्वयमातृण्णामास्पृष्टे ऋतव्ये उपदधाति।** '०वार्षिकावृतू=अभि=ध्रुवे सीदतम्' **इति॥** ४६॥ 'यास्ते अग्न आर्द्रा योनयः' **इत्यवकामनूपधाति।** '०याः=ध्रुवा सीद' **इति॥** ४७॥ 'इषश्चोर्जश्च' **इति पूर्वेण ते ऋतव्ये उपदधाति।** '०शारदावृतू अग्ने=द्यावापृथिवी शारदावृतू अभि=सीदतम्' **इति॥** ४८॥ 'यास्ते अग्न आर्द्रा (योनयः' **इत्यवकामनूपधाति।** '०याः=ध्रुवा) सीद' **इति॥** ४९॥ **पूर्वेण ता अष्टौ संयानीरायातयति॥** ५०॥ **एकाः सयुजम्** 'वर्चसा त्वा सयुजा युनज्मि तया=सीद' **इति॥** ५१॥ **शीर्ष्णः काले नव शीर्षण्या उपदधाति॥** ७.९.१.५२॥ **[इति प्रथमः पटलः** (३१)]

पञ्च दिश्या आयातयत्यभितः स्वयमातृण्णामेकैकां दिक्ष्वेकां मध्ये॥ १॥ **अन्तिकमिवैता अनास्पृष्टा भवन्ति॥** २॥ 'राज्ञ्यसि प्राची दिक्' **इति पुरस्तादुपदधाति।** '०तया=सीद' **इति॥** ३॥ 'विराडसि दक्षिणा दिक्' **इति दक्षिणतः।** '०तया=सीद' **इति॥** ४॥ 'सम्राडसि प्रतीची दिक्' **इति पश्चात्।** '०तया=सीद' **इति॥** ५॥ 'स्वराडस्युदीची दिक्' **इत्युत्तरतः।** '०तया=सीद' **इति॥** ६॥ 'अधिपत्न्यसि बृहती दिक्' **इति मध्ये।** '०तया सीद' **इति॥** ७॥ **दश प्राणभृत आयातयति पूर्वेण स्वयमातृण्णाः हंसपातिनीः॥** ८॥ **उदीचीषु वाचयति** 'आयुर्मे पाहि तया देवतया', 'प्राणं मे पाहि त=या', 'अपानं मे पाहि त=या', 'व्यानं मे पाहि त=या', 'चक्षुर्मे पाहि त=या', 'श्रोत्रं मे पाहि त=या', 'व्यानं मे पाहि त=या', 'चक्षुर्मे पाहि त=या', 'श्रोत्रं मे पाहि त=या', 'मनो मे जिन्व त=या', 'वाचं मे जिन्व त=या', 'आत्मानं मे पाहि त=या', 'ज्योतिर्मे यच्छ तया=सीद' **इति॥** ९॥ **षट्त्रिंशद् बृहतीरायातयति द्वादश दक्षिणतो द्वादश पश्चाद् द्वादशोत्तरतः॥** १०॥ **तासामेकैका स्वयमातृण्णामास्पृष्टा॥** ११॥ **समीचीषु वाचयति॥** १२॥ 'मा छन्दः' **इति दक्षिणत उपदधाति।** '०तया=या', 'प्रमा छन्दस्तया=या', 'प्रतिमा

---

*[७]. Text abri. चित्तिं जु=प्रस्तोता see VII.6.3.32-34.

मण्डलेष्टकाद्या इष्टकाः॥ ४२॥

ऋतव्यानामवकयोश्चोपधानोक्त एव क्रमः। न सादनकालोक्तः। सादनकाले हि सहवचनं लाघवाय[१]॥ ७.९.१.४६-४७॥ **[इति प्रथमः पटलः** (३१)]

१. T लाघवस्य.

छन्दस्तया=या', 'अस्त्रीविश्छन्दस्त=या', 'पङ्क्तिश्छन्दस्त=या', 'उष्णिक् छन्दस्त=या', 'बृहती छन्दस्त=या', 'अनुष्टुप् छन्दस्त=या', 'विराट् छन्दस्त=या', 'गायत्री छन्दस्त=या', 'त्रिष्टुप् छन्दस्त=या', 'जगती छन्दस्तया=सीद' **इति** ॥ १३ ॥ 'पृथिवी छन्दः' **इति पश्चात्।** '०तया=या', 'अन्तरिक्षं छन्दस्त=या', 'द्यौश्छन्दस्त=या', 'समाश्छन्दस्त=या', 'नक्षत्राणि छन्दस्त=या', 'मनश्छन्दस्त=या', 'वाक् छन्दस्त=या', 'कृषिश्छन्दस्त=या', 'हिरण्यं (छन्दस्त)=या', 'गौश्छन्दस्त=या', 'अजाश्छन्दस्त=या', 'अश्वश्छन्दस्तया=सीद' **इति**॥ १४॥ 'अग्निर्देवता' **इत्युत्तरतः।** '०तया=या', 'वातो देवता त=या', 'सूर्यो देवता त=या', 'चन्द्रमा देवता त=या', 'वसवो देवतास्त=या', 'रुद्रा देवतास्त=या', 'आदित्या देवतास्त=या', 'विश्वेदेवा देवतास्त=या', 'मरुतो देवतास्त=या', 'बृहस्पतिर्देवता त=या', 'इन्द्रो देवता त=या', 'वरुणो देवता तया=सीद' **इति** ॥ १५ ॥ **चतुर्दश वालखिल्या आयातयत्यभितः स्वयमातृण्णाः सप्त पुरस्तात् सप्त पश्चात्**॥ १६ ॥ **तासामेकैका स्वयमातृण्णामास्पृष्टाऽक्ष्णयोपधीयन्ते** ॥ १७ ॥ **विषूचीषु वाचयतः प्रतिप्रस्थाता चाध्वर्युश्च** ॥ १८ ॥ 'मूर्धाऽसि राड्' **इति पुरस्तादध्वर्युरुपदधाति।** '०तया देवतया', 'ध्रुवाऽसि धरुणा त=या', 'यन्त्र्यसि यमित्री त=या', 'इषे त्वा त=या', 'ऊर्जे त्वा त=या', 'कृष्यै त्वा त=या', 'क्षेमाय त्वा तया=सीद' **इति** ॥ १९ ॥ 'यन्त्री राड्' **इति पश्चात् प्रतिप्रस्थाता।** '०तया देवतया', 'ध्रुवाऽसि धरणी तया=या', 'धर्त्र्यसि धरित्री त=या', 'आयुषे त्वा त=या', 'वर्चसे त्वा त=या', 'ओजसे त्वा त=या', 'बलाय त्वा तया=सीद' **इति** ॥ ७.९.२.२० ॥[**इति द्वितीयः पटलः** (३२)]

॥इति सप्तमप्रपाठके नवमोऽनुवाकः ॥

'मूर्धाऽसि राड्' इति पुरस्तादध्वर्युरुपदधाति ॥ १९ ॥

ततो 'यन्त्री राड्' इति पश्चात् प्रतिप्रस्थाता। ततो 'ध्रुवाऽसि धरुणा' इत्यध्वर्युः। ततो 'ध्रुवाऽसि धरणी[1]'ति प्रतिप्रस्थातेत्येवं पर्यायः ॥ ७.९.२.२० ॥ [**इति द्वितीयः पटलः** (३२)]

॥ इति व्याख्यायां सप्तमप्रपाठके नवमोऽनुवाकः ॥

---

१. T धरणी.

॥ अथ सप्तमप्रपाठके दशमोऽनुवाकः ॥

त्रयस्त्रिंशद् यज्ञतनूरायातयत्यष्टावष्टौ दिक्ष्वेकां मध्ये ॥ १ ॥ **तासामेकैका स्वयमातृण्णामास्पृष्टा** ॥ २ ॥ **समीचीषु वाचयति** ॥ ३ ॥ 'प्रजापतिर्मनसा' **इति पुरस्तादुपदधाति।** '०तया देवतया', 'अन्धोऽच्छेतस्तया=या', 'धाता दीक्षायाꣳस्त=या', 'सविता भृत्याꣳस्त=या', 'पूषा सोमक्रयण्याꣳस्त=या', 'वरुण उपनद्धस्त=या', 'असुरः क्रियमाणस्त=या', 'मित्रः क्रीतस्तया=सीद' **इति** ॥ ४॥ 'शिपिविष्ट आसादितः' **इति दक्षिणतः।** '०त=या', 'नरन्धिषः प्रोह्यमाणस्त=या', 'अधिपतिरागतस्त=या', 'प्रजापतिः प्रणीयमानस्त=या', 'अग्निराग्नीध्रे त=या', 'बृहस्पतिराग्नीध्रात् प्रणीयमानस्त=या', 'इन्द्रो हविर्धाने त=या', 'अदितिरासादितस्तया=सीद' **इति** ॥ ५ ॥ 'विष्णुरुपावह्रियमाणः' **इति पश्चात्।** '०तया देवतया; अथर्वोपोत्तस्त =या', 'यमोऽभिषुतस्त=या', 'अपूतपा आधूयमानस्त=या', 'वायुः पूयमानस्त=या', 'मित्रः क्षीरश्रीस्त=या', 'मन्थी सक्तुश्रीस्त=या', 'वैश्वदेव उन्नीतस्तया=सीद' **इति** ॥ ६ ॥ 'रुद्र आहुतः' **इत्युत्तरतः।** '०तया=या', 'वायुरावृतस्त=या', 'नृचक्षाः प्रतिख्यातस्त=या', 'भक्ष आगतस्त=या', 'पितृणां नराशꣳसस्त=या', 'असुरात्तस्त=या', 'सिन्धुरवभृथमवप्रयन् त=या', 'समुद्रोऽवगतस्तया=सीद' **इति** ॥ ७ ॥ 'सलिलः प्रप्लुतः', 'सुवरुद्दृचं गतः' **इति द्वाभ्यामेकां मध्य उपदधाति।** '०तया=सीद' **इति** ॥ ८ ॥ **द्वादश योनीरुपदधाति** ॥ ९ ॥ **अग्ने***[१](**रङ्गानि प्राजापत्यां चर्षभं च सामचितिमृक्सामयो रूपं नव लोकंपृणा एकां च लोकंपृणां बह्वीश्च** ॥ १० । 'चितिꣳ सञ्छादयत' **इत्याह।** '०अन्ताꣳश्चिनुत सुष्ठुमिष्टकोपकाशं कुरुत' **इति** ॥ ११ ॥ **चितिꣳ संछादयन्ति** ॥ १२ ॥ **अन्ताꣳश्चिन्वन्ति** ॥ १३ ॥ **सुष्ठुमिष्टकोपकाशं कुर्वन्ति लोकंपृणया च सूददोहसा च** ॥ १४ ॥ **औदुम्बरीꣳ शाखामादायाग्निमनुचरतोऽध्वर्युश्च यजमानश्च** 'लोकं पृणत छिद्रं पृणताथो सीदत शिवा यूयम्। इन्द्राग्नी वो बृहस्पतिरस्मिन् योनोवसीषदन् तया देवतया' ॥ १५ ॥ 'ता अस्य सूददोहसः' **इति ता एव।** '०सोमꣳ श्रीणन्ति=दिवस्तया देवतयाऽङ्गिरस्वद् ध्रुवाः सीदत' **इत्यभ्याकारम्** ॥ १६ ॥ **उत्सृजति** ॥ १७ ॥) 'अग्निना' **इत्युत्करे शाखां न्यस्य** '०अग्निः समिध्यते' **इति चितिमुपधाय संदधाति।** '०कविर्गृहपतिः= जुह्वास्यस्तया=सीद' **इति** ॥ १८ ॥ 'चित्तिमचित्तिम्' **इत्येवाभिमृशति।** '०तया=सीद' **इति** ॥ १९ ॥ 'जनस्य गोपा अजनिष्ट जागृविः' **इति जगत्याऽभिमृशति।** '०अग्निः सुदक्षः= भरतेभ्य शुचिस्तया=सीद' **इति** ॥ २० ॥ **पञ्चहोतुराहुतिꣳ हुत्वा** 'प्राणदा *[२](अपानदा', 'नमस्ते हरसे शोचिषे', 'वाङ्म आसन्', 'तत्त्वा यामि' **इत्यवरोहणेनावरोहति** ॥ २१ ॥ 'सुपर्णो लोकानुप शिश्रियाणः' **इत्यवरुह्य चितिमुपतिष्ठते।** '०श्येनः पतत्य=सुवर्ग्यम्' **इति** ॥ २२ ॥ **प्रवर्ग्योपसद्भ्यां) प्रचर्य वसति मध्यमायै चित्यै** ॥ ७.१०.१.२३ ॥ [**इति प्रथमः** पटलः (३३)]

---

*[१]. Text abri. अग्ने=अग्निना see VII.8.3.10-17. *[२]. Text abri. प्राणदा=प्रचर्य see VII.8.3.21-23.

[मध्यमा चितिः]

प्रातरादित्येन वाचं विसृज्य प्रवर्ग्योप *[१](**सद्भ्यां प्रचरति** ॥ १ ॥ **आत्मन्नग्निं गृह्णीते** ॥ २ ॥ **स्वयंचितिं जपति** ॥ ३ ॥ 'शक्तिरसि' **इति कार्ष्णीमुपानहमुपमुञ्चते** ॥ ४ ॥ **अधिरोहणेनाधिरोहति** ॥ ५ ॥ 'अथ पृष्ठो दिवि' **इति पुरीषस्य चितिमुपदधाति।** '०तया=सीद' **इति** ॥ ६ ॥ 'चित्तिमचित्तिम्' **इत्येवाभिमृशति।** '०तया=सीद' **इति** ॥ ७ ॥ **अवरोहणेनावरोहति** ॥ ८ ॥ **प्रवर्ग्योपसद्भ्यां) प्रचर्य वसन्ति** ॥ ९ ॥ **प्रातरादित्येन वाचं विसृज्यात्मन्नग्निं** *[२](**गृह्णीते** ॥ १० ॥ **स्वयंचितिं जपति** ॥ ११ ॥ 'शक्तिरसि' **इति कार्ष्णीमुपानहमुपमुञ्चते** ॥ १२ ॥ **अधिरोहणेना)धिरोहति** ॥ १३ ॥ **अथ** 'अग्ने गह्य' **इति पुरीषस्याहुतिं जुहोति।** '०या त इषुः=भूयास्म स्वाहा' **इति** ॥ १४ ॥ 'तत्त्वा यामि' **इत्यनुचरीं जुहोति** ॥ १५ ॥ **अ** *[३](**वरोहणेनावरोहति** ॥ १६ ॥ **प्रवर्ग्योपसद्भ्यां प्रचरति** ॥ १७ ॥ **आत्मन्नग्निं गृह्णीते** ॥ १८ ॥ **स्वयंचितिं जपति** ॥ १९ ॥ 'शक्तिरसि' **इति कार्ष्णीमुपानहमुपमुञ्चते** ॥ २० ॥ **अधिरोहणेना)धिरोहति** ॥ २१ ॥ **अथैताꣳश्चितिꣳ सꣳसादयति होता च विभक्तिश्च द्वे चर्तव्ये अवकाष्टौ संयान्यो द्वे सयुजौ नव शीर्षण्या अनुब्राह्मणमक्ष्णया स्तोमीयाः सृष्टयो व्युष्टयो द्वादशेन्द्रौजसान्यन्त्या द्वादशयोन्यो** *[४](**ऽग्नेरङ्गानि प्राजापत्या चर्षभश्च सामचितिर्त्र्यृक्सामयो रूपं नव लोकंपृणा एका च लोकंपृणा बह्व्यश्च सन्धिश्चा)भीमर्शश्चानुष्टुप् च होतु** *[५](**श्चाहुतिरवरोहणं चोपस्थानं च** ॥ २२ ॥ **एतदस्य) कार्यं भवति** ॥ २३ ॥ **षड्ढोतारमुपधाय** 'अग्निः' **इति विभक्तिमाह** ॥ २४ ॥ 'सहश्च सहस्यश्च' **इति पूर्वेण स्वयमातृण्णामास्पृष्टे त्र्यृतव्ये उपदधाति।** 'हैमन्तिकावृतू अग्ने=ध्रुवे सीदतम्' **इति** ॥ २५ ॥ 'यास्ते अग्न आर्द्रा *[६](योनयः' **इत्यवकामनूपदधाति।** '०याः कुलायिनीः=तनुवेह सीद तया=)सीद' **इति** ॥ २६ ॥ **पूर्वेण (ता) अष्टौ संयानीरुपदधाति** ॥ २७ ॥ **द्वे सयुजौ** 'उक्थेभिस्त्वा=युनज्मि =तया=या', 'स्तोमेभिस्त्वा सयु=युनज्मि तया=सीद' **इति** ॥ २८ ॥ **शीर्ष्णः काले नव शीर्षण्या उपदधाति** ॥ २९ ॥ **अनुब्राह्मणमक्ष्णया स्तोमीया आयातयति** ॥ ७.१०.२.३० ॥ **[इति द्वितीयः पटलः** (३४) **]**

अभितः स्वयमातृण्णां सप्तसप्त दिक्षु हꣳसपातिनीः ॥ १ ॥ **प्राचीषु चोदीचीषु च वाचयति** ॥ २ ॥ 'आशुस्त्रिवृद्' **इति पुरस्तादुपदधाति।** '०तया=सीद' **इति** ॥ ३ ॥ 'व्योम सप्तदशः' **इति दक्षिणतः।** '०तया=सीद' **इति** ॥ ४ ॥ 'धरुण एकविꣳशः' **इति पश्चात्।** '०तया=सीद' **इति** ॥ ५ ॥

*[१]. Text abri. प्रवर्ग्योप=प्रचर्य see VII.8.1.1-9. *[२]. Text abri. विसृज्यात्मन्नग्निं=धिरोहति see VII.8.1.10-13. *[३]. Text abri. अ=धिरोहति see VII.8.1.16-21. *[४]. Text abri. द्वादशयोन्यो=भीमर्श० see VII.8.1.22. *[५]. Text abri. होतुः=कार्यं see VII.8.1.22-23. *[६]. Text abri. आर्द्रा=सीद see VII.8.1.26.

अनुब्राह्मणमिति [१]वचनविरोधे मन्त्रक्रमस्य न्याय्यत्वात् ॥ ७.१०.२.३० ॥ **[इति द्वितीयः पटलः** (३४) **]**

१. M Ad °चनं वि; thus T.

'भ्रान्तः पञ्चदशः' **इत्युत्तरतः**। '॰तया=सीद' **इति**॥ ६॥ 'प्रतूर्तिरष्यदशः' **इति पुरस्तादुपदधाति**। '॰तया=सीद' **इति**॥ ७॥ 'अभिवर्तः सविंश्शः' **इति दक्षिणतः**। '॰तया=सीद' **इति**॥ ८॥ 'वर्चो द्वाविंश्शः' **इति पश्चात्**। '॰तया=सीद' **इति**॥ ९॥ 'तपो नवदशः' **इत्युत्तरतः**। '॰तया=सीद' **इति**॥ १०॥ 'योनिश्चतुर्विंश्शः' **इति पुरस्तादुपदधाति**। '॰तया=सीद' **इति**॥ ११॥ 'गर्भाः पञ्चविंश्शः' **इति दक्षिणतः**। '॰तया=सीद' **इति**॥ १२॥ 'ओजस्त्रिणवः' **इति पश्चात्**। '॰तया=सीद' **इति**॥ १३॥ 'संभरणस्त्रयोविंश्शः' **इत्युत्तरतः**। '॰तया=सीद' **इति**॥ १४॥ 'क्रतुरेकत्रिंश्शः' **इति पुरस्तादुपदधाति**। '॰तया=सीद' **इति**॥ १५॥ 'ब्रध्नस्य विष्टपं चतुस्त्रिंश्शः' **इति दक्षिणतः**। '॰तया=सीद' **इति**॥ १६॥ 'प्रतिष्ठा त्रयस्तित्रंश्शः' **इति पश्चात्**। '॰तया=सीद' **इति**॥ १७॥ 'नाकः षट्त्रिंश्शः' **इत्युत्तरतः**। '॰तया=सीद' **इति**॥ १८॥ 'अग्नेर्भागोऽसि' **इति पुरस्तादुपदधाति**। '॰दीक्षाया=त्रिवृत्स्तोमस्तया=सीद' **इति**॥ १९॥ 'नृचक्षसां भागोऽसि' **इति दक्षिणतः**। '॰धातु=स्तोमस्तया=सीद' **इति**॥ २०॥ 'मित्रस्य भागोऽसि' **इति पश्चात्**। '॰वरुणस्या=स्तोमस्तया=सीद' **इति**॥ २१॥ 'इन्द्रस्य भागोऽसि' **इत्युत्तरतः**। '॰विष्णो =सीद' **इति**॥ २२॥ 'वसूनां भागोऽसि' **इति पुरस्तादुपदधाति**। '॰रुद्राणा =सीद' **इति**॥ २३॥ 'आदित्यानां भागोऽसि' **इति दक्षिणतः**। 'मरुता=सीद' **इति**॥ २४॥ 'अदित्यै भागोऽसि' **इति पश्चात्**। '॰पूष्ण=सीद' **इति**॥ २५॥ 'देवस्य सवितुर्भागोऽसि' **इत्युत्तरतः**। '॰बृहस्पतेराधि =सीद' **इति**॥ २६॥ 'धर्त्रश्चतुष्टोमः' **इति पुरस्तादुपदधाति**। '॰तया=सीद' **इति**॥ २७॥ 'यावानां भागोऽसि' **इति दक्षिणतः**। '॰अयावाना=सीद' **इति**॥ २८॥ 'ऋभूणां भागोऽसि' **इति पश्चात्**। '॰विश्वेषां देवानां=स्तोमस्तया देवतयाऽङ्गिरस्वद् ध्रुवा सीद' **इति**॥ २९॥ 'विवर्तोऽष्टाचत्वारिंश्शः' **इत्युत्तरतः**। '॰तया=सीद' **इति**॥ ८.१०.३.३०॥ [**इति तृतीयः पटलः** (३५)]

सृष्टीरायातयत्यभितः स्वयमातृण्णां चतस्त्रश्चतस्त्रो दिक्ष्वेकां मध्ये॥ १॥ **तासामेकैका स्वयमातृण्णामास्पृष्टा**॥ २॥ **यथासृष्टमु हैना एक उपदधति**॥ ३॥ 'एकयाऽस्तुवत' **इति पुरस्तात् स्वयमातृण्णामास्पृष्टामुपदधाति**। '॰प्रजा अधीय=आसीत्तया=सीद' **इति**॥ ४॥ 'सप्तभिरस्तुवत' **इति पुरस्तादन्त्याम्**। '॰सप्तर्षयो=रासीत्तया=सीद' **इति**॥ ५॥ 'तिसृभिरस्तुवत' **इति तस्यान्तराम्**। '॰ब्रह्मा=सीद' **इति**॥ ६॥ 'पञ्चभिरस्तुवत' **इति तस्यान्तराम्**। '॰भूतान्य=सीद' **इति**॥ ७॥ 'नवभिरस्तुवत' **इति दक्षिणतः स्वयमातृण्णामास्पृष्टामुपदधाति**। '॰पितरो=सीद' **इति**॥ ८॥ 'पञ्चदशभिरस्तुवत' **इति दक्षिणोऽन्त्याम्**। '॰क्षत्रमसृ=सीद' **इति**॥ ९॥ 'एकादशभिरस्तुवत' **इति तस्यान्तराम्**। '॰ऋतवो=सीद' **इति**॥ १०॥ 'त्रयोदशभिरस्तुवत' **इति तस्यान्तराम्**। '॰मासा असृ=सीद' **इति**॥ ११॥ 'सप्तदशभिरस्तुवत' **इति पश्चात् स्वयमातृण्णामास्पृष्टामुपदधाति**। '॰पशवो=सीद' **इति**॥ १२॥ 'त्रयोविंश्शत्याऽस्तुवत' **इति पश्चादन्त्याम्**।

सृष्टिमन्त्रक्रमेणैव कल्पिताः[१]॥ ७.१०.४.१॥ [**इति चतुर्थः पटलः** (३६)]

---

१. M Ad ॰क्रमे वैकल्पितम्॰.

'○क्षुद्राः=सीद' **इति** ॥ १३ ॥ 'नवदशभिरस्तुवत' **इति तस्यान्तराम्**। '○शूद्रार्या=सीद' **इति** ॥ १४॥ 'एकविंशत्याऽस्तुवत' **इति तस्यान्तराम्**। '○एकशफाः पशवो=सीद' **इति** ॥ १५ ॥ 'पञ्चविंशत्याऽस्तुवत' **इत्युत्तरतः स्वमातृण्णामास्पृष्टामुपदधाति**। '○आरण्या पशवोऽसृज्यन्त=सीद' **इति** ॥ १६ ॥ 'एकत्रिंशताऽस्तुवत' **इत्युत्तरतोऽन्त्याम्**। '○प्रजा असृज्यन्त यावानां चायावानां= सीद' **इति** ॥ १७ ॥ 'सप्तविंशत्याऽस्तुवत' **इति तस्यान्तराम्**। '○द्यावापृथिवी=सीद' **इति** ॥ १८॥ 'नवविंशत्याऽस्तुवत' **इति तस्यान्तराम्**। '○वनस्पतयो=सीद' **इति** ॥ १९ ॥ 'त्रयस्त्रिंशताऽस्तुवत' **इति मध्ये**। 'भूतान्यशाम्यन् प्रजापतिः परमेष्ठ्यधिपतिरासीत्तया देवतयाऽङ्गिरस्वद् ध्रुवा सीद' **इति** ॥ ७.१०.४.२० ॥ **[इति चतुर्थः पटलः** (३६) **]**

व्युष्टीरायातयति पूर्वेण स्वयमातृण्णाꣳ हꣳसपातिनीः ॥ १ ॥ **उदीचीषु वाचयति** ॥ २ ॥ **प्रतीचीर्हैना एक उपदधति प्रतीची वै व्युच्छति इति वदन्तः** ॥ ३ ॥ **सर्वतो हैना एक उपदधति सर्वतो वै व्युच्छति इति वदन्तः** ॥ ४ ॥ **प्रतीचीष्वेव वाचयति** ॥ ५ ॥ **उदीचीः सꣳस्थापयति** 'इयमेव सा या=महिमानः सचन्ते तया देवतया', 'ऋतूनां पत्नीं प्रथमेयꣳ सर्वमन्यत् तया=सीद' **इति** ॥ ६ ॥ **द्वादशेन्द्रौजसान्यायातयत्यभितः स्वयमातृण्णां तिस्रस्तिस्रो दिक्षु** ॥ ७ ॥ **तासा-मेकैका स्वयमातृण्णामास्पृष्टा** ॥ ८ ॥ **समीचीषु वाचयति** ॥ ९ ॥ 'सवयसे त्वा' **इति पुरस्तादुपदधाति**। '○तया=या'; 'अधिवयसे त्वा त=या', 'ऊर्ध्ववयसे त्वा तया=सीद' **इति** ॥ १० ॥ 'बृहद्वयसे त्वा' **इति दक्षिणतः**। '○तया =या', 'सासहे त्वा त=या', 'सहीयसी त्वा तया=सीद' **इति** ॥ ११ ॥ 'सहमानाय त्वा' **इति पश्चात्**। '○तया=या', 'सासहे त्वा त=या', 'अभिमातिषाचे त्वा त=या', 'अभिमातिजित् त्वा तया=सीद' **इति** ॥ १३ ॥ **द्वादशयोनीरुपदधाति** ॥ १४ ॥ **अग्ने***[१] **(रङ्गानि प्राजापत्यां चर्षभं च सामचितिमृक्सामयो रूपं नव लोकंपृणा एकां च लोकंपृणां बह्वीश्च** ॥ १५ । 'चितिꣳ सञ्छादयत' **इत्याह**। '○अन्ताꣳश्चिनुत सुष्ठुमिष्टकोपकाशं कुरुत' **इति** ॥ १६ ॥ **चितिꣳ संछादयन्ति** ॥ १७ ॥ **अन्ताꣳश्चिन्वन्ति** ॥ १८ ॥ **सुष्ठुमिष्टकोपकाशं कुर्वन्ति लोकंपृणया च सूददोहसा च** ॥ १९ ॥ **औदुम्बरीꣳ शाखामादायाग्निमनुचरतोऽध्वर्युश्च यजमानश्च** 'लोकं पृणत छिद्रं पृणताथो सीदत शिवा यूयम्। इन्द्राग्नी वो बृहस्पतिरस्मिन् योनोवसीषदन्

*[१]. Text abri. अग्ने=अग्निः see VII.8.3.10-17.

व्युष्टयः पञ्चदश बहुत्वनिर्देशात्। पञ्चदशत्वाच्चानुवाक[१]मन्त्राणाम्, अनुवाकस्य चाद्यन्त ग्रहणात् ॥ १ ॥

'प्रतीचीः' 'सर्वत' इति मतान्तरम्। स्वमतं तु पूर्वोक्तमेव ॥ ३-४ ॥

तस्यैव विशेषः प्रतीचीष्वेव वाचयतीति। पूर्वेणैव स्वयमातृण्णा [२]अप्यष्टौ रीतयः प्रतीच्यः[३] स्युः[४] आद्या[५] दक्षिणतोऽन्त्या[६] उत्तरतः ॥ ७.१०.५.५-६ ॥ **[इति पञ्चमः पटलः** (३७) **]**

॥ इति व्याख्यायां सप्तमप्रपाठके दशमोऽनुवाकः ॥

१. M Ad °वाकं; thus T. २. M Ad °तृष्णाप्य°; thus T. ३. M Ad °च्य. ४. M Ad सु for स्युः; thus T. ५. M Ad आद्य; thus T. ६. M Ad °न्त्योत्त°; thus T.

तया देवतया'॥ २०॥'ता अस्य सूददोहसः' **इति ता एव।** '○सोमः श्रीणन्ति=दिवस्तया देवतयाऽङ्गिरस्वद् ध्रुवाः सीदत' **इत्यभ्याकारम्॥** २१ ॥ **उत्सृजति॥** २२ ॥) 'अग्निः' **इत्युत्करे शाखां न्यस्य** 'वृत्राणि जङ्घनद्' **इति चितिमुपधाय संदधाति।** '○द्रविणस्यु=आहुतस्तया=सीद' **इति॥** २३ ॥'चित्तिमचित्तिम्' **इत्येवाभिमृशति।** '○तया=सीद' **इति॥** २४॥'त्वां चित्रश्रवस्तम' **इत्यनुष्टुभाऽभिमृशति।** '○हवन्ते=वोढवे तया=सीद' **इति॥** २५॥'**षड्ढोतुराहुतिः** 'हुत्वा प्राणदा अपानदा'*[१](, 'नमस्ते हरसे शोचिषे', 'वाङ्म आसन्', 'तत्त्वा यामि' **इत्यवरोहणेनावरोहति॥** २६॥ 'सुपर्णो लोकानुप शिश्रियाणः' **इत्यवरुह्य चितिमुपतिष्ठते।** '○श्येनः पतत्य=)सुवर्ग्यम्' **इति॥** २७॥ **प्रवर्ग्योपसद्भ्यां प्रचर्य वसन्ति चतुर्थ्यै चित्यै॥** ७.१०.५.२८॥**[इति पञ्चमः पटलः** (३७) **]**

॥इति सप्तमप्रपाठके दशमोऽनुवाकः॥

---

*[१]. Text abri. अपानदा=सुवर्ग्यम् see VII.8.3.21-22.

॥ अथ सप्तमप्रपाठके एकादशोऽनुवाकः ॥

[चतुर्थी चितिः]

प्रातरादित्येन वाचं विसृज्य प्रवर्ग्योपसद्भ्यां *१(**प्रचरति** ॥ १ ॥ **आत्मन्नग्निं गृह्णीते** ॥ २ ॥ **स्वयंचितिं जपति** ॥ ३ ॥ 'शक्तिरसि' **इति कार्ष्णीमुपानहमुपमुञ्चते** ॥ ४ ॥ **अधिरोहणेनाधिरोहति** ॥ ५ ॥ 'अथ पृष्ठो दिवि' **इति पुरीषस्य चितिमुपदधाति**। '०तया=सीद' **इति** ॥ ६ ॥ 'चित्तिमचित्तिम्' **इत्येवाभिमृशति**। '०तया=सीद' **इति** ॥ ७ ॥ **अवरोहणेनावरोहति** ॥ ८ ॥ **प्रवर्ग्योपसद्भ्यां प्रचर्य वसन्ति** ॥ ९ ॥ **प्रातरादित्येन वाचं विसृज्यात्मन्नग्निं गृह्णीते** ॥ १० ॥ **स्वयंचितिं जपति** ॥ ११ ॥ 'शक्तिरसि' **इति कार्ष्णीमुपानहमुपमुञ्चते** ॥ १२ ॥ **अधिरोहणेना)धिरोहति** ॥ १३ ॥ **अथ** 'अग्ने किꣳशिल' **इति पुरीषस्याहुतिं जुहोति**। '०या त इषुः *२(=भूयास्म स्वाहा' **इति** ॥ १४ ॥ 'तत्त्वा यामि' **इत्यनुचरीं जुहोति** ॥ १५ ॥ **अवरोहणेनावरोहति** ॥ १६ ॥ **प्रवर्ग्योपसद्भ्यां प्रचरति** ॥ १७ ॥ **आत्मन्नग्निं गृह्णीते** ॥ १८ ॥ **स्वयंचितिं जपति** ॥ १९ ॥ 'शक्तिरसि' **इति कार्ष्णीमुपानहमुपमुञ्चते** ॥ २० ॥ **अधिरोहणेना)धिरोहति** ॥ २१ ॥ **अथैतां चितिꣳ सꣳसादयति होता च विभक्तिश्च द्वे चर्तव्ये अवकाष्टौ संयान्यो द्वे सयुजौ नव शीर्षण्या पञ्चासपलाश्चत्वारिꣳशद्विराज एकत्रिꣳशत् स्तोमभागाः पञ्च नाकसदः पञ्च पञ्चचोडा अष्टाविꣳशतिश्छन्दाꣳसि पञ्च वृष्टिसनयोऽष्टावादित्येष्टकाः पञ्च घृतेष्टकाः पञ्च यशोदाः पञ्च भूयस्कृतः पञ्चाग्ने रूपाणि पञ्च द्रविणोदाः सप्तायुष्याः सप्तऋतुनामानि पञ्चाज्यान्यश्चतस्रो राष्ट्रभृतो द्वादश भूतेष्टकास्तिस्रो वेदरूपमन्त्या द्वादशयोन्यो** *३(**ऽग्ने-रङ्गानि प्राजापत्या चर्षभश्च सामचितिर्ऋक्सामयो रूपं नव लोकंपृणा एका च लोकंपृणा बह्व्यश्च) सन्धिश्चाभीमर्शश्च** ॥ २२ ॥ **एतदस्य कार्यं भवति** ॥ २३ ॥ **सप्त होतारमुपधाय अग्निः इति विभक्तिमाह** ॥ २४ ॥ 'तपश्च तपस्यश्च' **इति पूर्वेण स्वयमातृण्णामास्पृष्टे ऋतव्ये उपदधाति**। '०शैशिरावृतू अ=ध्रुवे सीदतम्' ॥ २५ ॥ 'यास्ते अग्ने *४(आर्द्रा योनयः' **इत्यवकामनूपदधाति**। '०याः कुलायिनीः=तनुवेह सीद तया=) सीद' **इति** ॥ २६ ॥ **पूर्वेण ता अष्टौ संयानीरुपदधाति** ॥ २७ ॥ **द्वे सयुजौ** 'छन्दोभिस्त्वा सयु=देवतया'; 'रय्यै पोषाय सजातानां मध्यमस्थेयाय मया त्वा सयुजा युजा युनज्मि तया=सीद' **इति** ॥ २८ ॥ **शीर्ष्णः काले नव शीर्षण्या उपदधाति** ॥ ७.११.१.२९ ॥ **[इति प्रथमः पटलः** (३८) *५ **]**

पञ्चासपत्ना आयातयत्यभितः स्वयमातृण्णामेकैकां दिक्षु पुरीषवतीं मध्ये ॥ १ ॥ **अन्तिकमिवैता अनास्पृष्टा भवन्ति** ॥ २ ॥ 'अग्ने जातान्' **इति पुरस्तादुपदधाति**। '०प्र णुदा नः=

*१. Text abri. प्रवर्ग्योपसद्भ्यां=धिरोहति see VII.8.1.1-13. *२. Text abri. ०या त इषुः=अधिरोहति see VII.8.1.14-21. *३. Text abri. योन्यो=सन्धिश्चा० see VII.8.1.22. *४. Text abri. यास्ते अग्ने=सीद see VII.8.1.26. *५. Commentory on the 1st Paṭala (*sūtra* 1-29) is not given in the MSS.

पुरीषवतीम्। सपुरीषो मन्त्रः। पुरीष इवेत्यन्ये ॥ १ ॥

उद्भित्तया=सीद' **इति** ॥ ३ ॥ 'सहसा जातान्' **इति पश्चात्**। '०प्रणुदा नः=सपत्नान् तया=सीद' **इति** ॥ ४ ॥'चतुश्चत्वारिंशः स्तोमः' **इति दक्षिणतः**।'०वर्चो द्रविणं तया सीद' **इति** ॥ ५ ॥'षोडशः स्तोमः' **इत्युत्तरतः**।'०ओजो द्रविणं तया=सीद' **इति** ॥ ६ ॥'पृथिव्याः पुरीषमस्यप्सो नाम' **इति पुरीषवतीं मध्य उपदधाति**। '०तया=सीद' **इति** ॥ ७ ॥ **चत्वारिंशद्विराज आयातयत्यभितः स्वयमातृण्णां दशदश दिक्षु** ॥ ८ ॥ **तासामेकैका स्वयमातृण्णामास्पृष्टाऽक्ष्णयोपधीयन्ते** ॥ ९ ॥ **समीचीषु वाचयति** ॥ १० ॥'एवश्छन्दः' **इति पुरस्तादुपदधाति**।'०तया=या', 'वरिवश्छन्दस्तया=या', 'शम्भूश्छन्दस्त=या', 'परिभूश्छन्दस्त=या', 'आच्छच्छन्दस्त=या', 'मनश्छन्दस्त=या', 'सन्धुश्छन्दस्त=या', 'समुद्रं छन्दस्त=या', 'सलिलं' छन्दस्तया=सीद' **इति** ॥ ११ ॥'ककुच्छन्दः' **इति पश्चात्**। '०तया=या', 'त्रिककुच्छन्दस्तया=या', 'काव्यं छन्दस्तया=या', 'अङ्कुपं छन्दस्त=या', 'पदपङ्क्तिश्छन्दस्त=या', 'अक्षरपङ्क्तिश्छन्दस्त=या', 'विष्टारपङ्क्तिश्छन्दस्त=या', 'क्षुरो भृज्वान् छन्दस्त=या', 'प्रच्छच्छन्दस्त=या', 'पक्षश्छन्दस्तया=सीद' **इति** ॥ १२ ॥ 'संयच्छन्दः' **इति दक्षिणतः**। '०तया=या', 'वियच्छन्दस्त=या', 'बृहच्छन्दस्त=या', 'रथन्तरं छन्दस्त=या', 'निकायश्छन्दस्त=या', 'विवधश्छन्दस्त=या', 'गिरश्छन्दस्त=या', 'भ्रजश्छन्दस्त=या', 'सष्टुप् छन्दस्त=या', 'अनुष्टुप् छन्दस्तया=सीद' **इति** ॥ १३ ॥ 'एवश्छन्दः' **इत्युत्तरतः**। '०तया=या', 'वरिवश्छन्दस्त=या', 'वयश्छन्दस्त=या', 'वयस्कृच्छन्दस्त=या', 'विशालं छन्दस्त=या', 'विष्पर्धाश्छन्दस्त=या', 'छदिश्छन्दस्त=या', 'दूरोहणं छन्दस्त=या', 'तन्द्रं छन्दस्त=या', 'अङ्काङ्कं छन्दस्तया=सीद' **इति** ॥ १४ ॥ **एकत्रिंशत् स्तोमभागा आयातयत्यभितः स्वयमातृण्णां सप्तसप्त दिक्षु तिस्रो मध्ये** ॥ १५ ॥ **तासामेकैका स्वयमातृण्णामास्पृष्टा** ॥ १६ ॥ **समीचीषु वाचयति** ॥ १७ ॥'रश्मिरसि' **इति पुरस्तादुपदधाति**।'०क्षमाय त्वा क्षत्रं जिन्व तया=या', 'प्रेतिरसि धर्माय त्वा धर्मं जिन्व तया=या', 'अन्वितिरसि दिवे त्वा दिवं जिन्व त=या', 'सन्धिरस्य=रिक्षं जिन्व त=या', 'प्रतिधिरसि पृथिव्यै=जिन्व त=या', 'विष्टम्भोऽसि विष्ट्यै त्वा=जिन्व त=या', 'प्रवाऽस्यह्ने त्वाऽहर्जिन्व तया=सीद' **इति** ॥ १८ ॥ 'अनुवाऽसि' **इति दक्षिणतः**। '०रात्रियै त्वा=या', 'उशिगसि=या', 'प्रकेतोऽसि=या', 'सुदीतिरस्या=या', 'ओजोऽसि पितृ=या', 'तन्तुरसि प्रजाभ्य=या', 'पृतनाषाडसि=या देवतया=सीद' **इति** ॥ १९ ॥'रेवदसि' **इति पश्चात्**।'ओषधी=या', 'अभिजिदसि=या', 'अधिपतिरसि=या', 'यन्ताऽस्यापानाय त्वा=या', 'संसर्पोऽसि=या', 'वयोधा असि=या', 'त्रिवृदसि तया=सीद' **इति** ॥ २० ॥'प्रवृदसि' **इत्युत्तरतः**।'०तया देवतया', 'संवृदसि त=या', 'विवृदसि त=या', 'संरोहोऽसि त=या', 'नीरोहोऽसि त=या', 'प्ररोहोऽसि त=या', 'अनुरोहोऽसि तया=सीद' **इति** ॥ २१ ॥'वसुकोऽसि' **इति मध्ये**।'०तया=या', 'वेषश्रिरसि त=या', 'वस्यष्टिरसि तया=सीद' **इति** ॥ २२ ॥ **पञ्च नाकसद आयातयत्यभितः स्वयमतृण्णामेकैकां दिक्षु पुरीषवतीः सन्धिष्वेकां मध्ये** ॥ २३ ॥ 'राज्ञ्यसि प्राची दिक्' **इति पुरस्तादुपदधाति**।

नाकसदोऽर्धेष्टकाः ॥ २३ ॥

'○वसवस्ते=रथन्तरꣳ साम प्रतिष्ठित्या अन्तरिक्षाय=सादयन्तु तया= सीद' **इति** ॥ २४ ॥ 'विराडसि दक्षिणा दिक्' **इति दक्षिणतः** । '○रुद्रास्ते=बृहत्साम प्रतिष्ठित्या अन्तरिक्षाय○' **इति समानम्** ॥ २५ ॥ 'सम्राडसि प्रतीची दिक्' **इति पश्चात्** । '○आदित्यास्ते=वैरूपꣳ साम प्रतिष्ठित्या अन्तरिक्षाय○' **इति समानम्** ॥ २६ ॥ 'स्वराडस्युदीची दिक्' **इत्युत्तरतः** । '○विश्वे ते देवा अधिपतयो वरुणो=अन्तरिक्षाय○' **इति समानम्** ॥ २७ ॥ 'अधिपत्न्यसि बृहती दिक्' **इति मध्ये** । '○मरुतस्ते=सादयन्तु तया सीद' **इति** ॥ २८ ॥ **पञ्च पञ्चचोडा आयातयत्युपर्येताः** ॥ २९ ॥ **पत्न्य एनाः सर्वा सुरभिणाऽलंकुर्वन्ति** ॥ ३० ॥ **ताः परिश्रित्याहरन्ति** ॥ ३१ ॥ 'अयं पुरो हरिकेशः सूर्यरश्मिः' **इति पुरस्तादुपदधाति** '○तस्य रथगृत्सश्च=प्रहेतिस्तेभ्यो नमस्ते नो मृडयन्तु=जम्भे दधामि तया=सीद' **इति** ॥ ३२ ॥ 'अयं दक्षिणा विश्वकर्मा' **इति दक्षिणतः** । '○तस्य रथस्वनश्च= प्रहेतिस्तेभ्यो नमः' **इति समानम्** ॥ ३३ ॥ 'अयमुत्तरात् संयद्वसुः' **इत्युत्तरतः** । '○तस्य सेनजिच्च= तेभ्योनमः' **इति समानम्** ॥ ३४ ॥ 'अयमुपर्यर्वाग्वसुः' **इति मध्ये** । '○तस्य तार्क्ष्यश्चारिष्टनेमिश्च= प्रहेतिस्तेभ्यो नमः' **इति समानम्** ॥ ३५ ॥ 'अयं पश्चाद्विश्वव्यचाः' **इति पश्चात् प्राचीमुत्तमामुपदधाति** । '○तस्य रथप्रोतश्च=प्रहेतिस्तेभ्यो नमस्ते नो मृडयन्तु=जम्भे दधामि तया=सीद' **इति** ॥ ७.११.२.३६ ॥ **[इति द्वितीयः पटलः (३९)]**

अष्टाविꣳशति छन्दाꣳस्यायातयत्यपरेण शीर्षण्यानां तिस्रस्तिस्रः प्रतीचीरेकामतिच्छन्दसम् ॥ १ ॥ **द्विपदाभिः स्वयमातृण्णाꣳ स्पृशन्ति** ॥ २ ॥ **प्रतीचीष्वेव वाचयति** ॥ ३ ॥ **उदीचीः सꣳस्थापयति** ॥ ४ ॥ 'अग्निर्मूर्धा' **इति गायत्रिया** ॥ ५ ॥ 'भुवः' **इति त्रिष्टुभा** ॥ ६ ॥ 'जनस्य गोपा अजनिष्ट जागृविः' **इति जगत्या** ॥ ७ ॥ 'त्वां चित्रश्रवस्तम' **इत्यनुष्टुभा** ॥ ८ ॥ 'एना वो अग्नि नमसा' **इति बृहत्या** ॥ ९ ॥ 'अग्ने वाजस्य गोमतः' **इत्युष्णिहा** ॥ १० ॥ 'आ ते अग्न इधीमहि' **इति पङक्त्या** ॥ ११ ॥ 'अग्ने तमद्य' **इत्युत्सृजत्येताम्** ॥ १२ ॥ 'अधा ह्यग्ने' **इत्यक्षरपङ्क्त्या** ॥ १३ ॥ 'अग्निꣳ होतारं मन्ये दास्वन्तम्' **इत्यतिच्छन्दसा** ॥ १४ ॥ 'अग्ने त्वं नो अन्तमः' **इति द्विपदा** ॥ १५ ॥ **पञ्च वृष्टिसनीरायातयत्यभितः स्वयमातृण्णामेकैकां दिक्ष्वेकां मध्ये** ॥ १६ ॥ **अन्तिकमिवैता अनास्पृष्टा भवन्ति** ॥ १७ ॥ 'पुरोवातसनिरसि' **इति पुरस्तादुपदधाति** । '○तया=सीद' **इति** ॥ १८ ॥ 'अभ्रसनिरसि' **इति दक्षिणतः** । '○तया=सीद' **इति** ॥ १९ ॥ 'विद्युत्स-निरसि' **इति पश्चात्** । '○तया=सीद' **इति** ॥ २० ॥ 'स्तनयित्नुसनिरसि' **इत्युत्तरतः** । '○तया=सीद' **इति** ॥ २१ ॥ 'वृष्टिसनिरसि' **इत्युत्तरतः** । '○तया=सीद' **इति** ॥ २२ ॥ **अष्टावादित्येष्टका आया-तयत्यभितः स्वयमातृण्णां द्वे द्वे दिक्षु** ॥ २३ ॥ **अन्तिकमिवैता अनास्पृष्टा भवन्ति** ॥ २४ ॥ 'सलिलाय त्वा' **इति**

पञ्चचोडाश्च ॥ २९ ॥

[1]सर्वसुरभिणा[2] गन्धेनालंकुर्वन्ति अनुलिम्पन्ति ॥ ७.११.२.३० ॥ **[इति द्वितीयः पटलः (३९)]**

---

१. M Ad सर्वासुरभिषा, T सुरभिना. २. T °भिना.

पुरस्तादुपदधाति। '°त=या', 'सर्णीकाय त्वा तया=सीद' **इति**॥ २५॥ 'सतीकाय त्वा' **इति दक्षिणतः**। '°त=या', 'केताय त्वा तया=सीद' **इति**॥ २६॥ 'प्रचेतसे त्वा' **इति पश्चात्**। '°तया=या', 'विवस्वते त्वा तया=सीद' **इति**॥ २७॥ 'दिवस्त्वा ज्योतिष' **इत्युत्तरतः** '°त=या', 'आदित्येभ्यस्त्वा तया=सीद' **इति**॥ २८॥ **पञ्च घृतेष्टका आयातयत्यभितः स्वयमातृण्णामेकैकां दिक्ष्वेकां मध्ये**॥ २९॥ **आस्पृष्टा एता भवन्ति**॥ ३०॥ 'ऋचे त्वा' **इति पुरस्तादुपदधाति**। '°तया=सीद' **इति**॥ ३१॥ 'रुचे त्वा' **इति दक्षिणतः**। '°तया=सीद' **इति**॥ ३२॥ 'द्युते त्वा' **इति पश्चात्**। '°तया=सीद' **इति**॥ ३३॥ 'भासे त्वा' **इत्युत्तरतः** '°तया=सीद' **इति**॥ ३४॥ 'ज्योतिषे त्वा' **इति मध्ये**। '°तया=सीद' **इति** ॥ ३५॥ **पञ्च यशोदा आयातयत्यभितः स्वयमातृण्णामेकैकां मध्ये**॥ ३६॥ **अन्तिकमिवैता अनास्पृष्टा भवन्ति**॥ ३७ ॥ 'यशोदां त्वा' **इति पुरस्तादुपदधाति**। '°यशसि सादयामि तेनर्षिणा तेन ब्रह्मणा तया=सीद' **इति**॥ ३८॥ 'तेजोदां त्वा' **इति दक्षिणतः**। '°तेजसि सादयामि तेनर्षिणा तेन ब्रह्मणा तया=सीद' **इति**॥ ३९॥ 'पयोदां त्वा' **इति पश्चात्**। '°पयसि सादयामि तेनर्षिणा=सीद' **इति**॥ ४०॥ 'वर्चोदां त्वा' **इत्युत्तरतः**। '°वर्चसि सादयामि तेनर्षिणा=सीद' **इति**॥ ४१॥ 'द्रविणोदां त्वा' **इति मध्ये**। '°द्रविणे सादयामि तेनर्षिणा ते ब्रह्मणा तया=सीद' **इति**॥ ४२॥ **पञ्च भूयस्कृत आयातयत्यभितः स्वयातृण्णामेकैकां दिक्ष्वेकां मध्ये**॥ ४३॥ **अन्तिकमिवैता अनास्पृष्टा भवन्ति**॥ ४४॥ 'भूयस्कृदसि' **इति पुरस्तादुपदधाति**। '°तया=सीद' **इति**॥ ४५॥ 'वरिवस्कृदसि' **इति दक्षिणतः**। '°तया=सीद' **इति**॥ ४६॥ 'प्राच्यसि' **इति पश्चात्**। '°तया=सीद' **इति**॥ ४७॥ 'ऊर्ध्वाऽसि' **इत्युत्तरतः**। '°तया=सीद' **इति**॥ ४८॥ 'अन्तरिक्षसदस्यन्तरिक्षे सीद' **इति मध्ये**। '°तया=सीद' **इति**॥ ४९॥ **पञ्चाग्ने रूपमायातयत्यभितः स्वयमातृण्णामेकैकां दिक्ष्वेकां मध्ये**॥ ५०॥ **अन्तिकमिवैता अनास्पृष्टा भवन्ति**॥ ५१॥ 'अप्सुषदसि' **इति पुरस्तादुपदधाति**। '°तया=सीद' **इति**॥ ५२॥ 'श्येनसदसि' **इति दक्षिणतः**। '°तया=सीद' **इति**॥ ५३। 'गृध्रसदसि' **इति पश्चात्**। '°तया=सीद' **इति**॥ ५४॥ 'सुपर्णसदसि' **इत्युत्तरतः**। '°तया=सीद' **इति**॥ ५५॥ 'नाकसदसि' **इति मध्ये**। '°तया=सीद' **इति**॥ ५६॥ **पञ्चद्रविणोदा आयातयत्यभितः स्वयमातृण्णामेकैकां दिक्ष्वेकां मध्ये**॥ ५७॥ **अन्तिकमिवैता अनास्पृष्टा भवन्ति**॥ ५८॥ 'पृथिव्यास्त्वा द्रविणे साद-यामि' **इति पुरस्तादुपदधाति**। '°तया=सीद' **इति**॥५९॥ 'अन्तरिक्षस्य त्वा द्रविणे सादयामि' **इति दक्षिणतः**। '°तया=सीद' **इति**॥ ६०॥ 'दिवस्त्वा द्रविणे सादयामि' **इति पश्चात्**। '°तया= सीद' **इति**॥ ६१॥ 'दिशां त्वा द्रविणे सादयामि' **इत्युत्तरतः**। '°तया=सीद' **इति**॥ ६२॥ 'द्रविणोदां त्वा द्रविणे सादयामि' **इति मध्ये**। '°तया=सीद' **इति**॥ ६३॥ **सप्तायुष्या आयातयति पूर्वेण स्वयमातृण्णाः**

घृतेष्टका घृतपिण्डाक्ताः[१]। उक्तं च शुल्बकारेण—'घृताच्छिन्नाद्[२] उपदध्याद् घृतेष्टका इति श्रुतिरि'ति॥ २९॥

---

१. M Ad °पिण्डम्; thus T. २. M Ad घृतिच्छि°.

हꣳसपातिनीः ॥ ६४ ॥ **उदीचीषु वाचयति** 'प्राणं मे पाहि तया=या', 'अपानं मे पाहि तया=या', 'व्यानं मे पाहि तया=या', 'आयुर्मे पाहि तया=या', 'विश्वायुर्मे पाहि तया=या', 'सर्वायुर्मे पाहि त=या', 'अग्ने यत्ते=ध्यग्ने तया=सीद' **इति** ॥ ६५ ॥ **सप्त ऋत्तु-नामान्यायातयत्यभितः स्वयमातृण्णामेकैकां दिक्षु तिस्रो मध्ये** ॥ ६६ ॥ **अन्तिकमिवैता अना-स्पृष्टा भवन्ति** ॥ ६७ ॥ 'यावाः' **इति पुरस्तादुपदधाति**। '०तया=सीद' **इति** ॥ ६८ ॥ 'अयावाः' **इति दक्षिणतः**। '०तया=सीद' **इति** ॥ ६९ ॥ 'एवाः' **इति पश्चात्**। '०तया=सीद' **इति** ॥ ७० ॥ 'ऊमाः' **इत्युत्तरतः**। '०तया=सीद' **इति** ॥ ७१ ॥ 'सब्दः' **इति मध्ये**। '०त=या', 'सगरस्त=या', 'सुमेकस्तया=सीद' **इति** ॥ ७२ ॥ **पञ्चाज्यानीरायातयत्यभितः स्वयमातृण्णामेकैकां दिक्ष्वेकां मध्ये** ॥ ७३ ॥ **आस्पृष्टा एता भवन्ति** ॥ ७४ ॥ **राष्ट्रभृतपूर्वा राजन्यस्योपदध्यात्** ॥ ७५ ॥ 'शता-युधाय' **इति पुरस्तादुपदधाति**। '०शतवीर्याय शतो=विश्वा तया=सीद' **इति** ॥ ७६ ॥ 'ये चत्वारः' **इति दक्षिणतः**। '०पथयो=सर्वे=तया सीद' **इति** ॥ ७७ ॥ 'ग्रीष्मो हेमन्तः' **इति पश्चात्**। '०उत नो= अभये स्याम तया=सीद' **इति** ॥ ७८ ॥ 'इदुवत्सराय' **इत्युत्तरतः**। '०परिवत्सराय=अहताः स्याम तया=सीद' **इति** ॥ ७९ ॥ 'भद्रान्नः श्रेयः समनैष्ट देवाः' **इति मध्ये**। '०त्वयाऽवसेन=स्योन-स्तया=सीद' **इति** ॥ ८० ॥ **चतस्रो राष्ट्रभृत आयातयत्यभितः स्वयमातृण्णामेकैकां दिक्षु** ॥ ८१ ॥ **अन्तिकमिवैता अनास्पृष्टा भवन्ति** ॥ ८२ ॥ 'अग्ने यशस्विन्' **इति पुरस्तादुपदधाति**। '०यश-सेममर्पयेन्द्रावती=उत्तमश्लोको अस्तु तया=सीद' **इति** ॥ ८३ ॥ 'भद्रं पश्यन्तः' **इति दक्षिणतः**। '०उपसेदुरग्रे=सं नमन्तु तया=सीद' **इति** ॥ ८४ ॥ 'धाता विधाता' **इति पश्चात्**। '०परमोत=०सं नमाम तया=सीद' **इति** ॥ ८५ ॥ 'अभ्यावर्तध्वम्' **इत्युत्तरतः**। '०उप मेत साक=सर्वे तया=सीद' **इति** ॥ ८६ ॥ **द्वादश भूतेष्टका आयातयत्यभितः स्वयमातृण्णां तिस्रस्तिस्रो दिक्षु** ॥ ८७ ॥ **तासामेकैका स्वयमातृण्णामास्पृष्टा** ॥ ८८ ॥ **आज्यमाज्यस्थाल्यामुपनिधत्ते स्रुवं च** ॥ ८९ ॥ 'पृथिव्यै त्वा' **इति पुरस्तात् स्वयमातृण्णामास्पृष्टामुपदधाति**। '०तया देवतया'; 'पृथिव्यै स्वाहा' **इति स्रुवेण स्वयमातृण्णायां जुहोति** ॥ ९० ॥ 'अन्तरिक्षाय त्वा त=या', 'अन्तरिक्षाय स्वाहा' **इति स्रुवेण स्वयमातृण्णायां जुहोति** ॥ ९१ ॥ 'दिवे त्वा तया=या', 'दिवे स्वाहा' **इति स्रुवेण स्वय-मातृण्णायां जुहोति** ॥ ९२ ॥ 'सूर्याय त्वा' **इति दक्षिणतः स्वयमातृण्णामास्पृष्टामुपदधाति**। '०त=या', 'सूर्याय स्वाहा' **इति स्रुवेण स्वयमातृण्णायां जुहोति** ॥ ९३ ॥ 'चन्द्रमसे त्वा त=या', 'चन्द्रमसे स्वाहा' **इति स्रुवेण स्वयमातृण्णायां जुहोति** ॥ ९४ ॥ 'नक्षत्रेभ्यस्त्वा त=या', 'नक्षत्रेभ्यः स्वाहा' **इति स्रुवेण स्वयमातृण्णायां जुहोति** ॥ ९५ ॥ 'अद्भ्यस्त्वा' **इति पश्चात् स्वयमातृण्णामास्पृष्टामुपदधाति**। '०त=या', 'अद्भ्यः स्वाहा' **इति स्रुवेण स्वयमातृण्णायां जुहोति** ॥ ९६ ॥ 'ओषधीभ्यस्त्वा त=या', 'ओषधीभ्यः स्वाहा' **इति स्रुवेण स्वयमातृण्णायां जुहोति** ॥ ९७ ॥ 'वनस्पतिभ्यस्त्वा त=या', 'वनस्पतिभ्यः स्वाहा' **इति स्रुवेण स्वयमातृण्णायां जुहोति** ॥ ९८ ॥ 'चराचरेभ्यः स्वाहा' **इत्युत्तरतः स्वयमातृण्णामास्पृष्टामुपदधाति**। '०तया=या',

'चराचरेभ्यस्त्वा' **इति स्रुवेण स्वयमातृण्णायां जुहोति॥** ९९॥ 'परिप्लवेभ्यस्त्वा त=या', 'परिप्लवेभ्यः स्वाहा' **इति स्रुवेण स्वयमातृण्णायां जुहोति॥** १००॥ 'सरीसृपेभ्यस्त्वा त=या', 'सरीसृपेभ्यः स्वाहा' **इति स्रुवेण स्वयमातृण्णायां जुहोति॥** १०१॥ 'अत्रे'**त्याह** 'यो ब्राह्मणो ब्राह्मणवतीमिष्टकां वेद स उपदधातु' **इति॥** १०२॥ **ता एता उपधीयन्ते सुरूपोर्ध्वयज्ञीत्रीः संपास्वरितः पञ्चजनीनाः सर्वतोमुखीः ॥** १०३ **॥ यथावेदं ब्राह्मण इष्टका उपदधाति ॥** १०४ **॥ अथेतास्तिस्रो वेदरूपमन्त्या आयातयत्युत्तरतः स्वयमातृण्यायै हꣳसपातिनीः ॥** १०५ **॥ उदीचीषु वाचयति** 'वषट्कारेण त्वर्चोपदधामि त=या', 'प्रतिगरेण त्वा यजुषोपदधामि त=या', 'हिंकारेण त्वा साम्नोपदधामि तया=सीद' **इति॥** १०६**॥ द्वादश योनीरुपदधाति॥** १०७**॥ अग्ने***[१]**(रङ्गानि प्राजापत्यां चर्षभं च सामचितिमृक्सामयो रूपं नव लोकंपृणा एकां च लोकंपृणां बह्वीश्च॥** १०८। 'चितिꣳ सञ्छादयत' **इत्याह।** '°अन्ताꣳश्चिनुत सुष्ठुमिष्टकोपकाशं कुरुत' **इति॥** १०९**॥ चितिꣳ संछादयन्ति॥** ११०**॥ अन्ताꣳश्चिन्वन्ति॥** १११**॥ सुष्ठुमिष्टकोपकाशं कुर्वन्ति लोकंपृणया च सूददोहसा च॥** ११२**॥ औदुम्बरीꣳ शाखामादायाग्निमनुचरतोऽ-ध्वर्युश्च यजमानश्च** 'लोकं पृणत छिद्रं पृणताथो सीदत शिवा यूयम्। इन्द्राग्नी वो बृहस्पतिरस्मिन् योनावसीषदन् तया देवतया'॥ ११३॥ 'ता अस्य सूददोहसः' **इति ता एव।** '°सोमꣳ

*[१]. Text abri. अंग्ने=अग्ने see VII.8.3.10-17.

इन्द्रतनवोऽन्त्या यज्ञतनवोऽन्त्या इन्द्रौजसान्यन्त्या[१] वेदरूपमन्त्या' इति सर्वत्रावपनादर्वागन्त्य-ग्रहणमावपनवचनस्याविशेषं[२] प्रतिपादयितुम्। विशेषश्च यो ब्राह्मणो यस्मिन् कस्मिंश्चिद्ब्राह्मणे-ऽभिहितामिष्टकामनिर्ज्ञात[३]क्रमामिष्टकां यदि वेद स [४]चैतामस्मिन्क्रम उपदधातु। उपयन्त्विति॥ १०२॥

[५]सुरूपाद्यनुक्रमणं प्रदर्शनार्थम्। ते च[६] ताः संख्यापूरण्यः[७]। ततोऽर्वागेव[७] हि संख्यापूरण्य इष्टका नोपयुक्ताः[८]। अथवा [९]नोपदध्यात्। मन्त्रातिरेके[१०] व्यावपनस्याशर्करात्वं[११], व्यक्तञ्च। पञ्चम्यां भूयान् मन्त्रातिरेकः। तस्यां चावपनमध्यस्थयोः प्राजापत्यर्षभयोरर्धेष्टकात्वेन संख्यापूरणं शुल्बेऽभिहितम्। अतो[१२] व्यावपनस्येष्टकात्वमेव ज्यायः। पञ्चचितीकपक्षेऽत्रावपनं नास्ति। षष्ठ्यां यः क्रमः तस्यैव प्रति ह्यावपनम्। इतरथा[१३] बह्वीनां चानिष्टकात्वप्रसङ्गः। छन्द आदेरेकत्वात्तयोरुत्तमयोरेकचितित्वा-भिसन्धिः। अतोऽनयोरिष्टका अर्धोच्छ्र्याः। व्यक्तञ्च शुल्बकारेणाभिसंख्याहारि[१४] 'अन्यासां चोत्तम-योरि'ति॥ ७.११.३.१०३–१०४॥ [**इति तृतीयः पटलः** (४०)]

॥ इति व्याख्यायां सप्तमप्रपाठके एकादशोऽनुवाकः॥

---

१. T °जसोऽ. २. T °वचनस्य विशे°. ३. M Ad °निज्ञानक्रमः; thus T. ४. M Ad वैता°; thus T. ५. Ad °सरू°. ६. M Ad om; thus T. ७-७. M Ad °रण्यसुतोर्वागे°; thus T. ८. M Ad पर्युपयुक्ताः; thus T. ९. M Ad वोप°. १०. M Ad मन्त्रीतिरेके; thus T. ११. M Ad व्यापनस्याशर्करत्वः; thus T. १२. अतोप्यावप°; thus T. १३. M Ad °रथाज्चाति; thus T. १४. M Ad °रेणाभिहित संख्याह; thus T.

श्रीणन्ति=दिवस्तया देवतयाऽङ्गिरस्वद् ध्रुवाः सीदत' **इत्यभ्याकारम्**॥ ११४॥ **उत्सृजति**॥ ११५॥)
'अग्ने': **इत्युत्करे शाखां न्यस्य** 'स्तोमं मनामहे' **इति चितिमुपधाय सन्दधाति**। '°सिध्रमद्य दिविस्पृशः देवस्य द्रविणस्यवस्तया=सीद' **इति**॥ ११६॥ 'चित्तिमचित्तिम्' **इत्येवाभिमृशति**। '°तया देवतयाऽङ्गिरस्वद् ध्रुवा सीद' **इति**॥ ७.११.३.११७॥ [**इति तृतीयः पटलः** (४०)]

॥ इति सप्तमप्रपाठके एकादशोऽनुवाकः ॥

॥ अथ सप्तमप्रपाठके द्वादशोऽनुवाकः ॥

अत्रैवास्मै पुरीषवतीमुपदधाति ॥ १ ॥ 'तत् पृष्टो दिवि' **इत्यपराह्णे व्यूह्योपदधाति**। '०तया देव=सीद' **इति** ॥ २ ॥ 'चित्तिमचित्तिम्' **इत्येवाभिमृशति**। '०तया=सीद' **इति** ॥ ३ ॥ **एतां चितिꣳ सꣳसादयति विभक्तिश्च संयतश्च ज्योतिष्मत्यश्च नक्षत्रेष्टकाश्च द्वादश योन्यश्चावपनं च स्वयमातृण्णाश्च मण्डलेष्टका च हिरण्येष्टका च सन्धिश्चाभीमर्शश्च पङ्क्तिश्च विकर्णीश्च होतुश्चाहुतिरवरोहणं चोपस्थानं च** ॥ ४ ॥ **एतदस्य कार्यं भवति** ॥ ५ ॥ 'अग्नौ' **इति विभक्तिमाह** ॥ ६ ॥ **अथैताः संयत आयातयत्यभित स्वयमातृण्णां द्वे द्वे दिक्षु द्वे मध्ये** ॥ ७ ॥ **अन्तिकमिवैता अनास्पृष्टा भवन्ति** ॥ ८ ॥ 'संयच्च प्रचेताश्च' **इति पुरस्तादुपदधाति**। '०अग्ने सोमस्य सूर्यस्य ते तेऽधिपतयस्तेभ्यो नमस्ते नो मृडयन्तु ते=ध्रुवे सीदतम्' **इति** ॥ ९ ॥ 'उग्रा च भीमा च' **इति दक्षिणतः**। '०पितृणां यमस्येन्द्रस्य ते तेऽधिपतयस्तेभ्यो नमः०' **इति समानम्** ॥ १० ॥ 'ध्रुवा च पृथिवी च' **इति पश्चात्**। '०देवस्य सवितुर्मरुतां वरुणस्य, ते तेऽधिपतयस्तेभ्यो नमः' **इति समानम्** ॥ ११ ॥ 'धर्त्री च धरित्रीः च' **इत्युत्तरतः**। '०मित्रावरुणयोर्मित्रस्य धातुः, ते तेऽधिपतयस्तेभ्यो नमः' **इति समानम्** ॥ १२ ॥ 'प्राची च प्रतीची च' **इति मध्ये**। '०वसूनाꣳ रुद्राणामादित्यानां, ते तेऽधिपतय=जम्भे दधामि तया=सीदतम्' **इति** ॥ १३ ॥ **ज्योतिष्मतीरायातयति पूर्वेण स्वयमातृण्णाꣳ हꣳसपातिनीः** ॥ १४ ॥ **उदीचीषु वाचयति** 'ज्योतिष्मतीं त्वा सादयामि त= या'; 'ज्योतिष्कृतं त्वा सादयामि त=या', 'ज्योतिर्विदं त्वा सादयामि त=या', 'भास्वतीं त्वा सादयामि त=या', 'ज्वलन्तीं त्वा सा=या'; 'मल्मलाभवन्तीं त्वा सा=या', 'दीप्यमानां त्वा सा=या', 'रोचमानां त्वा सा=या', 'अजस्रां त्वा साद=या', 'बृहज्ज्योतिषं त्वा सा=या', 'बोधयन्तीं त्वा सा=या', 'जाग्रतीं त्वा सादयामि तया देवतयाऽङ्गिरस्वद् ध्रुवा सीद' **इति** ॥ १५ ॥ **नक्षत्रेष्टका आयातयत्यभितः स्वयमातृण्णाम्** ॥ १६ ॥ **दक्षिणतः शीर्षण्यानां पौर्णमासीमायातयति** ॥ १७ ॥ **तामपरेण सप्त**

अत्रैवेतिवचनादाषष्ठ्याः परिसमाप्तेरवरोहणाभावः[१]। पूर्वाह्णेऽपि पञ्चम्यां चितौ परिसमाप्ताया-माऽपराह्णात् तत्रैवासित्वा पूर्वमेव न्युप्तपुरीषं व्यूह्योपदध्यात्। तदनन्तरं षष्ठ्युपधेया[२]। [३]ततः प्रवर्ग्योप-सदौ। अतः अपराह्णारम्भसमये परावृत्ते भगवति पुरीषोपधानादि प्रतिपद्येत ॥ १-२ ॥

दश संयतः[४], ज्योतिष्मत्यो द्वादश, मण्डलेष्टका च विकर्णी[५] च। [६]ताश्चतुर्विंशतिः। योन्याद्याः षट्चत्वारिंशत्। ताः सप्ततिर्याजुषोऽवशिष्टाः। सप्ततिरेव लोकंपृणाः बह्वीश्चेत्यत्राभिप्रेताः। नक्षत्रेष्टकास्तावन्न चतुर्विधा वेणुपर्णवदिति शुल्बे विहिताः। अत्र भूयसी विप्रतिपत्तिः। केषाञ्चिन्मतं बहुत्वचोदनायां[७] तिस्रस्तिस्र इष्टकाः, यथा—आश्लेषा मघा अनूराधा इति। द्वित्वचोदनायां द्वे द्वे यथा—पुनर्वसू विशाखे इति। एकत्वचोदनायामेकैका, यथा—रोहिणी मृगशीर्षमार्द्रामिति। एवं सति रोहिणीं मृगशीर्षमार्द्रामित्येकवचनादीनि यथार्थानि भवन्ति ॥ ७.१२.१.४ ॥ [**इति प्रथमः पटलः** (४१)]

---

१. M Ad °भाव; thus T. २. M Ad °धेयः; thus T. ३. M Ad अतः; thus T. ४. M Ad संयुतः; thus T. ५. M Ad विकल्पताच; thus T. ६. M Ad om ताः; thus T. ७. M Ad दनायास्ति.

कृत्तिकाः परिमण्डला राशिमिव कृत्वाऽसंःस्पृष्टा एकां मध्ये॥ १८॥ तामपरेण रोहिणीमायातयति॥ १९ ॥ **प्रतीचीरेता आयातयति मृगशीर्षमार्द्रां पुनर्वसू तिष्यमाश्लेषां मघां फल्गुनीफल्गुनी हस्तं चित्राः स्वातीं विशाखे॥** २० ॥ **दक्षिणेन स्वमातृण्णामायातयति॥** २१ ॥ **अपरेण स्वयमातृण्णामष्टकामायातयति॥** २२ ॥ **उत्तरतोऽस्या अनूराधानायातयति॥** २३ ॥ **प्राचीरेता आयातयति द्वे आग्नीविचृतौ अषाढामषाढाः श्रोणाः श्रविष्ठाः शतभिषजं प्रोष्ठपदान् प्रोष्ठपदान्रेवतीमश्वयुजौ भरण्यः॥** २४॥ **उत्तरतः शीर्षण्यानाममावास्या–नामायातयति॥** २५ ॥'पूर्णा पश्चात्' **इति पौर्णमासीमुपदधाति।**' ०उत पूर्णा=मादयन्तां तया= सीद' **इति॥** २६ ॥'अम्बा नामाऽसि' **इति प्रसले सप्त कृत्तिकानां प्रथमामुपदधाति।**' ०प्रजा–पतिना त्वा विश्वाभिर्धीभिरुपदधामि त=या', 'दुला नामासि प्रजापतिना त्वा=या', 'नितत्निर्नामासि प्रजा=या', 'अभ्रयन्ती नामासि प्रजा=या', 'मेघयन्ती नामासि प्रजा=या', 'वर्षयन्ती नामासि प्रजापतिना त्वा विश्वाभिर्धीभिरुपदधामि तया देवतयाऽङ्गिरस्वद् ध्रुवा सीद' **इति॥** २७ ॥'चुपुणीका नामासि' **इति मध्ये।** '०प्रजापति=सीद' **इति॥** २८ ॥ 'कृत्तिका नक्षत्रम्' **इत्येनाः सर्वाः सहोपदधाति॥** ७.१२.१.२९ ॥ **[इति प्रथमः पटलः** (४१) **]**

'अग्निर्देवताऽग्ने रुचः स्थ प्रजापतेर्धातुः सोमस्य तया=सीद' **इति॥** १ ॥'ऋचे त्वा' **इत्येना अधिवदति।**' ०रुचे त्वा द्युते त्वा भासे त्वा ज्योतिषे त्वा तया देवतया=ध्रुवाः सीदत' **इति॥** २ ॥ 'रोहिणी नक्षत्रम्' **इति रोहिणीमादधाति।**' ०प्रजापतिर्देवता=तया सीद' **इति॥** ३ ॥ 'ऋचे त्वा' **इत्येनामधिवदति।**' ०रुचे त्वा द्युते त्वा भासे त्वा ज्योतिषे त्वा तया=सीद' **इति॥** ४ ॥ **एवमेवैता अधिवदत्या विशाखाभ्याम्॥** ५ ॥'मृगशीर्षं नक्षत्रम्' **इति मृगशीर्ष्णं उपादधाति।**' ०सोमो देवता

'ऋचे त्वा' इत्येनामधिवदति।[1] 'ऋचे वाम्' इत्येने, [2]'ऋचे वः' इत्येनाः[2]' इति चापरेषां दर्शनम् ॥ २ ॥

सप्त कृत्तिका[3] रोहिणीप्रभृत्याविशाखाभ्यामेकैका, विशाखे तु द्वे। अनूराधाद्यापभरणीभ्यस्तिस्रस्तिस्रः। पौर्णमास्यष्टकामावास्येति तिस्र इत्वेवं दर्शनम्। सप्त कृत्तिकाः पौर्णमास्यष्टकामावास्येति तिस्रः। इतराः प्रतिनक्षत्रमेकैका षड्विंशतिः। पूर्वाभिः सह षट्त्रिंशन्नक्षत्रेष्टका इति। नन्वायतने पुनर्वसू आश्लेषा मघा' इति द्विवचनबहुवचनश्रुतेरेतदनुपपन्नमिति। नैष दोषः। नहीष्टकापराणि तानि वचनानि। यदीष्टकापराणि स्युः मृगशीर्षं तिष्यं हस्तमनूराधानिति पुंल्लिंगनिर्देशो नोपपद्यते। नक्षत्रमवश्यं कृत्तिकाद्येकैकं नपुंसकञ्च। तदभिधाने च द्वित्वबहुत्वपुंस्त्वादीनि[4] निर्दिश्यन्ते। आर्द्रा नक्षत्रं रुद्रो देवता पुनर्वसू नक्षत्रमदितिर्देवता तिष्यो नक्षत्रं बृहस्पतिर्देवता[5]ऽऽश्लेषा नक्षत्रमिति तत्र[6] तत्र नियोगतो[7] व्यक्तिवचनं[7], युक्तिरन्वेषणीया। यथा तत्रान्विष्यत एवमत्राप्यन्विष्यताम्। नैता अधिवदतीत्येतच्छब्देनोक्तं, वक्ष्यमाणाश्चानूराधाद्यापभरणीभ्य इष्टकाजातं परामृश्यते'॥ ३–५ ॥

---

१. T अभिव०; thus T. २-२. M Ad ऋचे व इत्येनाः twice. ३. M Ad त्रिक; thus T. ४. M Ad पुंस्त्वा; thus T. ५. M Ad T om बृहस्पतिर्देवता. ६. M Ad om; thus T. ७-७. M Ad नियोगता व्यक्ति। वपनं; thus T.

तया देवतया', 'आर्द्रा नक्षत्रं रुद्रो देवता तया देवतया', 'पुनर्वसू नक्षत्रं अदिति देवता तया देवतया', 'तिष्यो नक्षत्रं बृहस्पति देवता तया देवतया', 'आश्रेषा नक्षत्रं सर्पा देवता तया देवतया', 'मघा नक्षत्रं पितरो देवता तया देवतया', 'फल्गुनी नक्षत्रमर्यमा देवता तया देवतया', 'फल्गुनी नक्षत्रं भगो देवता तया देवतया', 'हस्तो नक्षत्रं सविता देवता तया देवतया', 'चित्रा नक्षत्रमिन्द्रो देवता तया देवतया', 'स्वाती नक्षत्रं वायुर्देवता तया देवतया', 'विशाखे नक्षत्रमिन्द्राग्नी देवता तया=ध्रुवे सीदतम्' **इति** ॥ ६ ॥ 'ऋचे वाम्' **इत्येना अधिवदति**। '०रुचे वां द्युते वां भासे वां ज्योतिषे वां तया=ध्रुवे सीदतम्' **इति** ॥ ७ ॥ 'एकाष्टका' **इत्येकाष्टकामुपदधाति**। '०तपसा तप्यमाना=शचीभिस्तया=सीद' **इति** ॥ ८ ॥ 'अनूराधा नक्षत्रम्' **इत्यनूराधानुपदधाति**। '०मित्रो देवता तया देवतया', 'रोहिणी नक्षत्रमिन्द्रो देवता तया देवतया', 'विचृतौ नक्षत्रं पितरो देवता तया देवतया', 'अषाढा नक्षत्रमापो देवता तया देवतया', 'अषाढा नक्षत्रं विश्वेदेवा देवता तया देवतया', 'श्रोणा नक्षत्रं विष्णुर्देवता तया देवतया', 'श्रविष्ठा नक्षत्रं वसवो देवता तया देवतया', 'शतभिषङ्ननक्षत्रमिन्द्रो देवता तया देवतया', 'प्रोष्ठपदानक्षत्रमज एकपाद्देवता तया देवतया', 'प्रोष्ठपदा नक्षत्रं अहिर्बुध्नियो देवता तया देवतया', 'रेवती नक्षत्रं पूषा देवता तया देवतया', 'अश्वयुजौ नक्षत्रं अश्विनौ देवता तया देवतया', 'अपभरणी नक्षत्रं यमो देवता तया देवतया=सीद' **इति** ॥ ९ ॥ 'यत्ते देवा अदधुः' **इत्यमावास्यामुपदधाति**। '०भागधेयममावस्ये=सुवीरं तया=सीद' **इति** ॥ १० ॥ **अत्र सुरूपामुपदध्यात्** ॥ ११ ॥ **अतश्चेदतिप्रच्यवो द्वादशयोनीरुपदधाति** ॥ १२ ॥ **अग्ने***[१]**(रङ्गानि प्राजापत्यां चर्षभं च सामचितिमृक्सामंयो रूपं नव लोकंपृणा एकां च लोकंपृणां बह्वीश्च** ॥ १३ । 'चितिः सञ्छादयत' **इत्याह**। '०अन्ताःश्चिनुत) सुष्ठुमिष्टकोपकाशङ्कुरुत' **इति** ॥ १४ ॥ **तेभ्योऽवकाशान् कुर्वन्ति लोकंपृणया च** *[२]**(सूददोहसा च** ॥ १५ ॥ **औदुम्बरीः शाखामादायाग्नि-मनुचरतोऽध्वर्युश्च यजमानश्च** 'लोकं पृणत छिद्रं पृणताथो सीदत शिवा यूयम्। इन्द्राग्नी वो बृहस्पतिरस्मिन् योनावसीषदन् तया देवतया'॥ १६ ॥ 'ता अस्य सूददोहसः' **इति ता एव**। '०सोमः श्रीणन्ति=दिवस्तया देवतयाऽङ्गिरस्वद् ध्रुवाः सीदत' **इत्यभ्याकारम्** ॥ १७ ॥ **उत्सृजति** ॥ १८ ॥ 'अग्निम्' **इत्युत्करे) शाखां न्यस्य** ॥ ७.१२.२.१९ ॥
[इति द्वितीयः पटलः (४२) **]**

अथैताश्चतस्रः स्वयमातृण्णा दिश्या दिक्षूपदधाति ॥ १ ॥ 'प्राणाय त्वा' **इति पुरस्तात्**। '०चक्षुषे त्वा तया=सीद' **इति** ॥ २ ॥ 'व्यानाय त्वा' **इति दक्षिणतः**। '०चक्षुषे त्वा तया=सीद' **इति** ॥ ३ ॥ 'अपानाय त्वा' **इति पश्चात्**। '०चक्षुषे त्वा तया=सीद' **इति** ॥ ४ ॥ 'वाचे त्वा' **इत्युत्तरतः**। '०चक्षुषे त्वा तया=सीद' **इति** ॥ ५ ॥ 'द्यौरपराजिताऽमृतेन विष्या' **इत्यपरेण**

*[१]. Text abri. अग्ने=सुष्ठुमिष्ट० see VII.8.3.10-11. *[२]. Text abri. च=शाखां न्यस्य see VII.8.3.14-18.

सुरूपामिति ब्राह्मणवतीनामुपलक्षणं कालविकल्पार्थम् ॥ ११ ॥

सप्तभ्य आकाशानवकाशान्कुर्वन्ति ॥ ७.१२.२.१५-१९ ॥ **[इति द्वितीयः पटलः** (४२) **]**

काभ्यः मण्डलेष्टकाविकर्ण्याः पञ्चभ्यश्च स्वयमातृण्णाभ्यः। इयं तृतीया। 'स्वयमातृण्णाग्न्यू-

स्वयमातृण्णामास्पृष्टां मण्डलेष्टकामुपदधाति। '○आदित्यास्ते गोप्तारः सूर्यो=चास्तु तया=सीद' **इति॥ ६॥** 'सुवरसि' **इत्यस्यामुपरि हिरण्येष्टकामुपदधाति।** '○सुवर्मे यच्छ दिवं यच्छ दिवो मा पाहि तया=सीद' **इति॥ ७॥** 'अग्ना यो मर्त्यो दुवः' **इति चितिमुपधाय सन्दधाति।** '○धियं जुजोष धीतिभिः। भस्मन्नु ष प्र पूर्व्य इषं वुरीतावसे तया=सीद' **इति॥ ८॥** 'चित्तिमचित्तिम्' **इत्येवाभिमृशति।** '○तया=सीद' **इति॥ ९॥** 'अग्ने तमद्य' **इति पङ्क्त्याऽभिमृशति।** '○अश्वं न स्तोमैः='ओहैस्तया=सीद' **इति॥ १०॥** 'सुवः सर्वायुः' **इति स्वयमातृण्णामादत्ते॥ ११॥ तां दध्ना** *१(**मुपघ्रापयति।** '○सुमनस्यमानोऽग्निनाऽग्निः प्रजनसे समागन्तो रत्नधौ मिथुनौ धेनू म इषुं दुहातामनपस्फुरन्तौ' **इति॥ १२॥ तां ब्रह्मणे प्रयच्छति॥ १३॥** 'आ मे ददातु' **इत्येनां ब्रह्मा प्रतिगृह्णाति।** '○इन्द्रियꣳ सह ओजो यशो महत् त्रयस्त्रिꣳशद्वीर्याणि तान्यग्निः प्रददातु मे' **इति॥ १४॥ आत्मन्नग्निं गृह्णीते॥ १५॥ स्वयंचितिं जपति॥ १६॥** 'शक्तिरसि' **इति कार्ष्णीमुपानहमुप-मुञ्चते॥ १७॥ अधिरोहणेनाधिरोहति सहैनया॥ १८॥ ताꣳ समारभ्योपदधति)** 'इतीदम्'॥ १९॥ 'आयोस्त्वा सदने सादयामि' **इत्यध्वर्युश्च यजमानश्च यजुर्वदतः।** '○अवतश्छायायां=छर्दिषा शन्तमेन' **इति॥ २०॥ उपरमति** 'प्रोथदश्वो न यवसे अविष्यन्' **इत्युत्तरतः प्रतिप्रस्थाता विकर्णीमुपधाति।** '○यदा महः=कृष्णमस्ति' **इति॥ २१॥** 'उभौ सह तया देवतया कुरुतः तया=सीद' **इति॥ २२॥** 'सुवः' **इत्येनामुपधायान्वपानिति॥ २३॥ वरमध्वर्यवे** *२(**यजमानो ददाति, अध्वर्युः प्रतिप्रस्थात्रे, प्रतिप्रस्थाता यस्मै) कामयते॥ २४॥** 'दिवमाक्रमिषम्' **इत्येनामङ्गुष्ठाभ्यामाक्रमते।** '○सुवरगन्म' **इति॥ २५॥** 'चित्तिं जुहोमि' **इत्यस्यां चतुर्गृहीतं**

*१. Text abri. दध्ना=इतीदम् see VII.6.3.20-27. *२. Text abri. वरमध्वर्यवे=कामयते see VII.6.3.30.

र्ध्वप्रमाणतृतीयादीषदधिकाविष्कृतेवोपधेये'ति वचनात्। पञ्चप्रस्तारपक्षे आवपनं सकृदेव, अन्ततः चितिसमाप्तिसम्बन्धात्। अयातयामत्वानुग्रहाय सन्धिश्चोत्कृष्यते॥ ६॥

तत्सम्बन्धादभिमर्शश्चार्वाङ् नास्ति। षष्ठ्यामुक्तौ[१] विभक्तिसन्धी लुप्येते। इतराभ्यामेव कृतार्थत्वात्। वेदरूपमुपधायानन्तरं संयताद्याः आनक्षत्रेष्टकाभ्य[२] उपधाय ब्राह्मणवतीरुपदध्यात्[३]। तत आवपनाद्यान्तात्समानम्। 'विना सन्धिस्तोमं [४]मनामह' इति तु[४] सन्दधातीत्यावपनम्॥ ८–९॥

विकर्णी मण्डलेष्टका च नियोगत इष्टकाः। आदितश्च संख्यापूरणात् इतरासां[५] शर्करात्वम्॥ ७.१२.३.२१॥ **[इति तृतीयः पटलः (४३)]**

॥ इति व्याख्यायां सप्तमप्रपाठके द्वादशोऽनुवाकः॥

---

१. M Ad °मुक्तो; thus T. २. M Ad °काद्य; thus T. ३. M Ad °णवतीमुप°. ४–४. M Ad मनावतु. ५. M Ad Interpolation of व्यापूरणाद् इतरासां after इतरासां as noticed by T: इतरासां व्यापूरणाद् इति मेध्येऽस्ति. Hence T om it.

जुहोति। '०मनसा *१(घृतेन=हविः स्वाहा' **इति॥** २६॥ 'साम ब्रूहि' **इत्याह॥** २७॥ **स्वमा)तृण्णासामाह प्रस्तोता॥** २८॥ **सप्तहोतुराहुतिं हुत्वा** 'प्राणदा अपानदा', 'नमस्ते *२(हरसे शोचिषे', 'वाङ्म आसन्', 'तत्त्वा यामि' **इत्यवरोहणेनावरोहति॥** २९॥ 'सुपर्णो लोकानुप शिश्रियाणः' **इत्यवरुह्य चितिमुपतिष्ठते।** '०श्येनः पतत्य=सुवर्ग्यम्' **इति॥** ३०॥ **प्रवर्ग्योपसद्भ्यां) प्रचर्य वसन्त्युत्तमायै चित्यै॥** ७.१२.३.३१॥ [**इति तृतीयः पटलः** (४३)]

॥इति सप्तमप्रपाठके द्वादशोऽनुवाकः॥

---

*१. Text abri. मनसा=तृण्णासामाह see VII.6.3.32-34. *२. Text abri. नमस्ते=प्रचर्य see VII.8.3.21-23.

॥ अथ सप्तमप्रपाठके त्रयोदशोऽनुवाकः ॥

[उत्तमा चित्तिः]

प्रातरादित्येन वाचं विसृज्य प्रवर्ग्योप*[१](**पसद्भ्यां प्रचरति** ॥ १ ॥ **आत्मन्नग्निं गृह्णीते** ॥ २ ॥ **स्वयंचितिं जपति** ॥ ३ ॥ 'शक्तिरसि' **इति कार्ष्णीमुपानहमुपमुञ्चते** ॥ ४ ॥ **अधिरोहणेना-धि)रोहति** ॥ ५ ॥ **अथ** 'पृष्टो दिवि' *[२](**इति पुरीषस्य चिति)मुपदधाति** ॥ ६ ॥ **न तयादेवतं करोति** ॥ ७ ॥ 'चित्तिम*[३](चि)त्तिम्' **इत्येवाभिमृशति** ॥ ८ ॥ **न तयादेवतं करोति** ॥ ९ ॥ **अवरोहणेनावरो***[४](**हति** ॥ १० ॥ **प्रवर्ग्योपसद्भ्यां प्रचर्य वसन्ति** ॥ ११ ॥ **प्रातरादित्येन वाचं विसृज्यात्मन्नग्निं गृह्णीते** ॥ १२ ॥ **स्वयंचितिं जपति** ॥ १३ ॥ 'शक्तिरसि' **इति कार्ष्णीमुपानहमुप-मुञ्चते** ॥ १४ ॥ **अधिरोहणेना)धिरोहति** ॥ १५ ॥ **अथ** 'अग्ने वन्य' **इति पुरीषस्याहुतिं जुहोति** । '॰या त इषु*[५](=भूयास्म स्वाहा' **इति** ॥ १६ ॥ 'तत्त्वा यामि' **इत्यनुचरीं जुहोति** ॥ १७ ॥ **अवरोहणेना)वरोहति** ॥ १८ ॥ **सहस्रः हिरण्यशल्कानुदपात्रे प्रकिरति** ॥ १९ ॥ 'सहस्रस्य प्रमा असि' **इत्यपरेणाग्निं तिष्ठन् सहस्रवता प्रोक्षति** । '॰सहस्रस्य प्रतिमा=सहस्राय त्वा' **इति** ॥ २० ॥ 'इमा मे अग्न इष्टका धेनवः सन्तु' **इति दक्षिणेनाग्निं परीत्य या मध्यतः शीर्षण्या उद्घन्ति ता अभिमृशति** ॥ २१ ॥ 'एका च शतं च' **इति प्रतिपथं परियन्ति** । '॰सहस्रं चा= परार्धश्च' **इति** ॥ २२ ॥ 'इमा मे अग्न इष्टका धेनवः सन्तु' **इत्युत्तरेणाग्निं परीत्य ता अभिमृशति** । '॰षष्टिः सहस्र=स्वधाविनीः' **इति** ॥ २३ ॥ 'ता मे अग्न इष्टका धेनवः सन्तु' **इत्युत्तरेणैव परीत्य ता एवा-**

*१. Text abri. प्रवर्ग्योप=रोहति see VII.8.1.1-5. *२. Text abri. दिवि=मुपदधाति see VII.8.1.6. *३. Text abri. चित्तिम=त्तिम् see VII.8.1.7. *४. Text abri. अवरोहणेनावरो=धिरोहति see VII.8.1.8-13. *५. Text abri. इषु=वरोहति see VII.8.1.8-13.

सम्पूरणवचनमस्य पुरीषस्येतरेभ्यो भूयस्त्वाय[१] । पुरीषाभिमर्शनयोरेतया[२] देवतात्वमत्र वाचनिकम् ॥ १६-१८ ॥

[३]सहस्रहिरण्यशल्कवतोदपात्रेण सहिरण्येन सहस्रशब्दवता मन्त्रेण प्रोक्षति ॥ १९-२० ॥

नवानां शीर्षण्यानां[४] तिस्र उद्घन्ति। उत्तमे प्रस्तारे वर्तन्ते[५] ता अभिमृशति[६] । पञ्चप्रस्तारपक्षे साक्षादभिमर्शनम्[७], षट् प्रस्तारपक्षे उद्देशेन। अथवा शीर्षण्या इत्यात्मनः पूर्वार्धे या इष्टका अस्ति अभिप्रपन्नाः[८] । एवं सति भूयसी लक्षणा। 'इमां मे अग्न' इत्यभिमर्शनमन्त्रः ॥ २१ ॥

'एका च' इत्यादि प्रतिगमनमन्त्रः ॥ २२ ॥

पुनरपि 'षष्टिः सहस्रम्' इति प्रतिगमनमन्त्रः[९] ॥ २३ ॥

'विराजो नाम' इत्यभिमर्शनमन्त्रशेषः[१०] ॥ २४ ॥

१. M Ad ॰त्वात्; thus T. २. M Ad योरत; thus T. ३. M Ad सहस्रपण्यशल्कावतो; thus T. ४. M Ad give extra text यो मध्यत शीर्षण्यानां between शीर्षण्यानां and तिस्र; thus T. ५. T वर्तते. ६. T शन्ति. ७. M Ad wrongly give साक्षादभिमर्शनं। षट्प्रस्तारपक्षे between षट्प्रस्तारपक्षे and उद्देशेन. ८. M Ad प्रपन्नः, T प्रपन्ने. ९. प्रतिगमन(मर्शन) मन्त्रः; Ad प्रतिगमन मन्त्रः (मर्शन). १०. M Ad ॰शेषं; thus T.

भिमृशति। '०विराजो नाम=अमुष्मिँल्लोक इह च' **इति॥ २४॥ धेनूः कृत्वा सꣳहारविहाराभ्या-मुपतिष्ठते** 'संवत्सरोऽसि परिवत्सरोऽसि, इदावत्सरोऽसि, इदुवत्सरोऽसि, इद्वत्सरोऽसि, वत्सरोऽसि तस्य ते*[१]=ततो नो मह आवह धामच्छन्दसि वायुर्भूत्वा सर्वा दिश आ वाहि=कामꣳ समच' **इति॥ २५॥ सꣳहारविहाराभ्यामुपस्थाय प्रवर्ग्योपसद्भ्यां प्रचर्य दिवैवाभ्यां पुनः प्रचरति॥ ७.१३.१.२६॥**
[इति प्रथमः पटलः (४४)]

[शतरुद्रीयम्]

अथैतच्छतरुद्रीयं कर्म सञ्चष्टे॥ १॥ पर्णं चाजक्षीरं च जर्तिलसक्तवश्च गावीधुकश्च चरुर्धनुश्च तिस्रश्चेषव उदकुम्भश्चाश्मा चोदपात्रं च वेतसशाखा चावका च मण्डूकश्च दीर्घश्च वꣳशः॥ २॥ अजक्षीरेण जर्तिलसक्तून् संयूयार्कपर्णे सव्ये हस्त आधत्ते॥ ३॥ 'नमस्ते रुद्र मन्यवः' **इत्युत्तरस्य पक्षस्य चरमायामिष्टकायां जानुदघ्ने धारयन् प्रतिपद्यते॥ ४॥** 'नमः सेनाभ्यः सेनानिभ्यश्च वो नमः' **इत्यतो निगद्य** 'वड्' **इति करोति॥ ५॥** 'नमः क्षत्तृभ्यः=श्च वो नमः' **इति नाभिदघ्ने धारयन् प्रतिपद्यते॥ ६॥** 'नमः कूप्याय चावट्याय च' **इत्यतो निगद्य** 'वड्' **इति करोति॥ ७॥** 'नमो वर्ष्याय चावर्ष्याय च' **इति ग्रीवदघ्ने धारयन् प्रतिपद्यते॥ ८॥** 'य एतावन्तश्च=तन्मसि' **इत्यतो निगद्य** 'वड्' **इति करोति॥ ९॥** 'एहि यजमान' **इत्युक्त्वाऽन्वारब्धे यजमानेऽविहारमुत्तमा देवता वाचयति॥ १०॥** 'नमो रुद्रेभ्यो ये दिवि' **इति ग्रीवदघ्ने धारयन्**

*[१]. Text abri. see *TaitBr.* 3.10.4

धेनूः[१] कृत्वेत्युक्तस्यैवानुवादः॥ २५॥

प्रवर्ग्योपसदां रात्रौ प्रसंगाभावेऽपि[२] 'दिवैवे'ति[३] ब्रुवन्नस्मिन्नहन्युपसदुत्तरकालं कर्तव्यस्य कर्मकलापस्य[४] भूयस्त्वादपकृष्य प्रवर्ग्योपसदौ[५] महाह्न एवाभ्यां प्रचरेदित्यभिप्रैति स्म॥ ७.१३.१.२६॥
[इति प्रथमः पटलः (४४)]

अजाक्षीरेण संयुतान् जर्तिलसक्तूनर्कपर्णेनोपादाय सव्ये हस्त आदध्यात्॥ ३॥

उत्तरस्य पक्षस्योत्तरपूर्वस्मिन्नन्ते या इष्टका तस्यां होतव्यम्। एवं हि 'उदङ् तिष्ठन् जुहोती'ति वचनमनुग्रहीतुं शक्यम्। आवषट्काराज्जानुदघ्ने धारयित्वा वषट्कृते जुहुयात् सव्येनैव हस्तेन। एवं दृष्टार्थता सव्य आधानस्य। अपरे पुनरावषट्कारात्[६] सव्येन धारयित्वा वषट्कृते[७] दक्षिणेनादाय[७] जुह्वति। एवमाचारविरोधो भविष्यतीति। तत्र यद् युक्तं तत्प्रतिपत्तव्यम्[८] इति। अवहारमवहृत्यावहृत्य[८] [९]पाठक्रमविपर्यासेनेत्यभिप्रायः॥ ४॥

'उत्तमा देवता' इति तत्संबन्धा मन्त्रा उपलक्ष्यन्ते॥ १०॥

ब्राह्मणानुकरणाय धारणेऽप्युपहरणं ग्रीवदघ्नादित्वम्॥ ११॥

---

१. M Ad धेनु; thus T. २. M Ad प्रसंगभावे; thus T. ३. M Ad दिवेति; thus T. ४. M Ad ०कपालस्य; thus T. ५. M Ad ०सदो; thus T. ६. M Ad ०कारा. ७-७. M Ad ०कृतेनादाय; thus T. ८-८. M Ad ०व्यमति व्यवहारमपहृत्य; thus T. ९. M Ad पाठं क्रम०; thus T.

प्रतिपद्यते। '॰येषां वर्षमिषवस्तेभ्यो दश प्राचीर्दश=जम्भे दधामि' **इति॥** ११॥ 'वड्' **इति करोति॥** १२॥ 'नमो रुद्रेभ्यो ये अन्तरिक्षे' **इति नाभिदघ्ने धारयन् प्रतिपद्यते।** '॰येषां वात इषवस्तेभ्यो=नमः' **इति समानम्॥** १३॥ 'नमो रुद्रेभ्यो ये पृथिव्याम्' **इति जानुदघ्ने धारयन् प्रतिपद्यते।** '॰येषामन्नमिषवस्तेभ्यो=नमस्ते नो मृडयन्तु=जम्भे दधामि' **इति॥** १४॥ 'वड्' **इति करोति॥** १५॥ 'यो रुद्रो अग्नौ यो अप्सु य ओषधीषु' **इत्येतस्यैव पक्षस्य चरमायामिष्टकायां गावीधुकं चरुं निदधाति।** '॰यो रुद्रो विश्वा=नमो अस्तु' **इति॥** १६॥ 'वड्' **इति करोति॥** १७॥ **तदेतद्यं द्विष्यात्तस्य सञ्चरे पशूनां न्यस्येदर्कपर्णम्॥** १८॥ **यद्यु वै न द्वेष्याखुवटे तन्यस्यति॥** ७.१३.२.१९॥ **[इति द्वितीयः पटलः** (४५) **]**

धनुश्च तिस्रश्चेषूरादत्ते॥ १॥ 'यत्ते रुद्र पुरो धनुः' **इत्यपरेणाग्निं तिष्ठन् दिशोऽनुविदे दिश्यते।** '॰तद्वातो=वत्सरेण नमस्करोमि' **इति॥** २॥ **तदयाचितं ब्राह्मणाय ददाति॥** ३॥ **उदकुम्भमादाय परिषेक्ता त्रिः परिषिञ्चन् पर्येति॥** ४॥ 'अश्मन्नूर्जम्' **इति परिषिञ्चति वाचयति।** '॰पर्वते=रराणाः' **इति॥** ५॥ 'अश्मᳲस्ते क्षुद्' **इत्यश्मना कुम्भᳲ सᳲस्पृश्य** 'अमुं ते=द्विष्मः'

एतस्यैव पक्षस्य[1] चरमायामिष्टकायां प्रकृतायां पुनरपि तामेव गावीधुकार्थं ब्रुवन् ज्ञापयति 'अनुपरिक्रामं होतव्यमि'ति। अनुपरिक्रम्यानुपरिक्रम्य हि होमे क्रियमाणे 'या अग्नेः पर्यन्ता इष्टकास्ताः सर्वाः प्रसक्ता' इति विशेषवचनमर्थवत्। असत्यप्याचार्याभिप्राये विरोधाभावे च प्रत्यक्षश्रुत्युदितो विशेष उपसंहार्य एव॥ १६॥

'अर्कपर्णस्येयं प्रतिपत्तिरि'ति ब्राह्मणार्थविवरणद्वारेण[2] प्रतिपत्तिविशेष एवाभिहितः। 'असञ्चर एव वल्मीकवपायामन्वस्यती'ति शाखान्तरस्थो[3] वैकल्पिको विधिः। अवधारणा पक्षान्तरस्य [4]हि संबन्धाशंकया अविशेषवचनात्॥ ७.१३.२.१८–१९॥ **[इति द्वितीयः पटलः** (४५) **]**

सहैव तिसृभिरिषुभि[5]र्विशेष्यते[6]। अत्यर्थं व्यादिश्यते[7]। आकर्णपूर्णं[8] विसृजेदित्यभिप्रायः॥१–२॥

अयाचितमिति वचनाद् याचते न दद्यात्॥ ३॥

परिषेक्ता यः कश्चिद् बलवान्। प्रकृतानामेवैको[9] मन्त्रः परिषेकार्थः॥ ४॥

'अश्मन्नूर्जम्' इति परिषिञ्चतीति श्रुतेः। कल्पवचोऽपि तादृशमेव। वाचनमपि शाखान्तर[10]विहितं द्रष्टव्यम्। परिषिञ्चन्नेव वाचयति। अथवाऽविशेषोक्तेर्वाचयिता[11]ऽध्वर्युः परिषेक्ता बलवान्॥ ५॥

दक्षिणे वेद्यन्ते निहितस्याश्मनोऽर्धं समीपमितो गच्छतोऽध्वर्युयजमानौ। मन्त्रेणाश्मनि कुम्भं प्रक्षिणोति प्रक्षिपति॥ ६॥

---

१. Ad पक्षस्यैव.　२. M Ad ॰रणवारेण; thus T.　३. M Ad ॰रस्थे.　४. M Ad हि सोसं॰; T पक्षान्तर संहिता.
५. T ॰रिष्ठुभिः.　६. M Ad ॰र्विद्यते; thus T.　७. T व्यादिशयेते.　८. M Ad ॰कर्णपूर्णमविसृ; thus T.　९. M Ad एक.　१०. M Ad न्तरं विहि॰; thus T.　११. T वाचयित्वा॰.

इत्यश्मनि कुम्भं प्रक्षिणोति॥६॥ यं द्वेष्टि यजमानस्तं ध्यायति॥७॥ अपः परिषिच्याप्रतीक्षमाव्रजतः॥८॥ वेतसशाखामवकां मण्डूकमिति दीर्घे वꣳशे प्रबध्नाति॥९॥ 'समुद्रस्य त्वाऽवाकया' **इत्यपरेणाग्निं तिष्ठन्नष्टाभिर्विकर्षति।** '०अग्ने परिव्ययामसि=उपयज्ञꣳ हविश्च नः' **इति॥** १० **॥ दीर्घवꣳशस्य तमुपसञ्चरे एव शान्तोऽग्निर्विकृष्टः कामाधिरुह्योद्गातारमध्वर्युर्नेनीयते॥** ११ **॥ सामभिरुपस्थाय गायत्रेण पुरस्तादुपतिष्ठते॥** १२ **॥ रथन्तरेण दक्षिणं पक्षं बृहतोत्तरं पक्षꣳ सवीर्यं करोति॥** १३ **॥ यज्ञायज्ञियेन पुच्छम्॥** १४ **॥ ऋतुस्थाँ ह संवत्सरभृतः कुयाद्॥** १५ **॥ वामदेव्येन मध्यम्॥** १६ **॥ वारवन्तीयेन दक्षिणमꣳसꣳ श्यैतेनोत्तरम्॥** १७ **॥ प्रजापतेः हृदयेन दक्षिणमुपपक्षमग्नेरुक्थेनोत्तरम् अग्नेरर्क्येण शिरः॥** १८ **॥** 'पिता मातरिश्वा' **इत्यपरेणाग्निमुपविश्य स्तुतꣳ होताऽनुशꣳसति।** 'अच्छिद्रा पदा=नेषद्' **इति॥** १९ **॥**'इष्टो यज्ञो=वसुभिः' **इति स्तुतशस्त्रयोर्दोहं ब्रह्मा यजमानं वाचयति।** '०आशीर्दा=भक्षीय' **इति॥** २० **॥ अधिरुह्य पञ्चगृहीतमादाय** 'समीची नामासि प्राची दिग्' **इति पञ्चाशालापालाना-माहुतीर्जुहोति॥** २१ **॥ षडेता उत्सृजति॥** २२ **॥ आसामेकामाशापालानामाहुतिꣳ हुत्वा वसन्ति॥** ८.१३.३.२३ **॥ [इति तृतीयः पटलः** (४६) **]**

॥ इति सप्तमप्रपाठके त्रयोदशोऽनुवाकः॥

अध्वर्युर्यजमानस्य द्वेष्यं ध्यात्वा निर्दिशति 'अमुमि'ति॥७॥

अष्टानामन्ते विकर्षणम् प्रतिमन्त्रमित्यपरे॥ १०॥

'तमुत्करे[१] न्यस्येदि'ति दीर्घस्य वंशस्य ब्राह्मणम्। नान्यस्यासञ्चर इति विध्यन्तरमाचार्येणाभिप्रेतम्। अवधारणा[२] तावदाक्रमणेनार्थो भवतीत्याशंकया विकर्षणेन शान्तत्वात्। यथाप्रकाममनियमेनाधिरोहणे नास्ति विरोधः। नेनीयते पुनःपुनः नयत्युपस्थानप्रदेशान्॥ ११॥

ऋतुस्थाम् ऋतुस्था यज्ञायज्ञीयम्। तत्संवत्सरभृतः। केवलं यज्ञायज्ञियं रात्रिभृतः[३]। यद्यप्यविशेषेण तैत्तिरीयके प्रवचने 'ऋतुस्थाँ यज्ञाज्ञियेन पुच्छ'मित्युक्तम्, तथापि शाखान्तरविशेषवचनं दृष्टमित्यवगन्तव्यम्॥ १४-१५॥

आशापालानामाहुतयः [४]स्वयमातृण्णावकाशे अन्याप्यनिर्दिष्टस्थानविशेषा याः पुरेध्मस्य प्रहरणादाहुतयस्ता[५] अपि[६] षण्णाम्[६] यां काञ्चिदनियमेनोत्सृजति विशेषानवगमादन्त्यां वा विरोधात्, पूर्वासु च विरोधाभावात्। एवं सत्यन्त्याया आम्नायः स्वाध्यायमात्रप्रयोजनस्य कृताकृतार्थत्वात्[७]। कृतार्थेषु त्वनिर्दिष्टेष्वयं न्यायः॥ ७.१३.३.२१-२३॥ **[इति तृतीयः पटलः** (४६) **]**

॥ इति व्याख्यायां सप्तमप्रपाठके त्रयोदशोऽनुवाकः॥

---

१. M Ad °मुत्तरे; thus T. २. M Ad अधार°; thus T. ३. M Ad रात्रितः; thus T. ४. T स्वयं between हुतयः and स्वयमा°; M Ad do not have. ५. M Ad °दाहुस्ता; thus T. ६-६. M Ad अविकर्णा; thus T. ७. M Ad कृतार्थत्वात्; thus T.

॥ अथ सप्तमप्रपाठके चतुर्दशोऽनुवाकः ॥

चतुरोऽस्य रौहिणाञ्छ्रतानभिव्युच्छति ॥ १ ॥ पञ्चगृहीतमाज्यं द्वयं दधिमधुमिश्रं ग्रमुष्टिं द्वे स्रुवाहुती द्वे चतुर्गृहीते तिस्रः समिध औदुम्बरी पृश्निरश्माऽऽज्यप्रोक्षा दध्नः पूर्णौदुम्बरी तिस्रः समिध औदुम्बरी वैकङ्कती शमीमयी वैश्वकर्मणी पङ्क्तिः पूर्णाहुतिर्द्वादशकपालो वैश्वानरः सप्तकपालो मारुत आज्यकुम्भो दीर्घदण्डा स्रुक् सर्वौषधमौदुम्बरस्रुवश्चतुर्दश वाजप्रसवीयानि षट् पार्थानि षड् भूतानामवेष्ट्यः कृष्णाजिनं चाभिषेकश्च षडेव पार्थानि षड् भूतानामवेष्ट्यः कृष्णायै श्वेतवत्सायै पयो राष्ट्रभृतो रथो वातनामानि पञ्चार्काहुतयो वारुणी रुचस्तिस्त्रोऽग्निहोत्राहुतयो नव समिष्टयजूꣳषि ॥ २ ॥ एतदस्य कार्यं भवति ॥ ३ ॥ आदित्येन वाचं विसृज्य प्रवर्ग्योपसद्भ्यां प्रचर्य निष्क्रामन्नाह 'अर्धव्रतं प्रयच्छत' **इति ॥ ४ ॥ त्रिभिः कर्मभिराद्रवन्नध्वर्युर्व्रतयित्वा ॥ ५ ॥ एनं यजमानोऽनु समेति ॥ ६ ॥ तस्मिन्नागते** 'नृषदे वड्' **इति पङ्क्त्या पञ्चगृहीतेनाक्ष्णया स्वयमातृण्णां व्याघारयति।** '०अप्सुषदे वड्=सुवर्विदे वट्' **इति ॥ ७ ॥** 'ये देवा देवानाम्' **इति दध्ना मधुमिश्रेण द्वाभ्यां ग्रमुष्टिना अग्निमवोक्षति** '०यज्ञिया यज्ञियानाꣳ संवत्सरीणमुपभागमासते=अधि स्नुषु' **इति ॥ ८ ॥ कूर्मपृषन्तमग्निं कृत्वोत्तरार्धे ग्रमुष्टिं न्यस्य** 'हेतयो नाम स्थ' **इतीतरेण दध्ना मधुमिश्रेण षडाशापालानामाहुतीर्जुहोति ॥ ९ ॥ अवरुह्य प्रवर्ग्योपसद्भ्यां प्रचरति ॥ १० ॥ आवृत्या प्रवर्ग्यमुद्वासयति ॥ ११ ॥ सौरीꣳ हुत्वेध्ममादीपयति ॥ १२ ॥ अथ गार्हपत्य आज्यं विलाप्योत्पूय स्रुचि चतुर्गृहीतं गृह्णीते ॥ १३ ॥** 'अग्नि-

---

चतुरोऽस्य रौहिणा=च्छति। अन्त्ययोः प्रवर्ग्ययोः रौहिणपुरोडाशाश्चत्वारः। ताञ्छ्रतान् यथैतदहरभिवान्यात्[1] तथा कुर्यात्। अस्मिन्नहनि कर्तव्यस्य कर्मकलापस्य भूयस्त्वादतिपूर्वाह्ण एवाद्य प्रवर्ग्योपसदौ कुर्यात्। न रौहिणानां सह श्रपणमभिप्रेतम्। अप्रसिद्धकल्पनाया[2] लक्षणा ज्यायसीति। लोके च यद्ग्राममतिपूर्वाह्णे जिगमिषति तमुद्दिश्य ब्रवीति। तं ग्रामं गतमाव्युच्छतीति[3] व्यक्तं च ॥ १ ॥

उदित आदित्ये प्रवर्ग्योपसत्प्रचरणमाचार्येणाभिधीयते स्म ॥ ४ ॥

त्रिभिः कर्मभिर्हेतुभूतैः स्वयमातृण्णाव्याघारणादिभिः 'अहं यास्यामि, यजमान[4] त्वमप्यत्र[4] शीघ्रमागच्छे'त्येवमर्थमिदमुच्यते। यजमानस्यात्रानुसमयस्य दाढ्यार्थं व्याघारयतीति ॥ ५–६ ॥

स्वयमातृण्णाया एव पञ्चसु प्रदेशेषु पञ्चभिर्मन्त्रैरुत्तरवेदिवदक्षणया व्याघारयेत् ॥ ७ ॥

मन्त्रद्वयान्ते समस्तमग्निमवोक्षति ॥ ८ ॥

[5]आशापालाहुतयोऽपि स्वयमातृण्णायां 'पूर्वार्धेन सूक्तस्य निगद्य जुहोती'ति वचनान्नानैव। सूक्ताभ्यां जुहोतीत्यत्र सूक्तैकदेशोक्तशब्दो[6] वृत्त इत्यवगन्तव्यम्[7] ॥ ९ ॥

---

१. M Ad वान्नात्, T °नाति. २. M Ad नायां; thus T. ३. M Ad °माप्युच्छ°; thus T. ४–४. M Ad °मानमप्यत्र; thus T. ५. M Ad °पाशाहु°; thus T. ६. M Ad शब्द; thus T. ७. T इत्युपग°.

स्तिग्मेन शोचिषा' **इति पुरस्ताच्चतुर्गृहीतस्य स्त्रुवाहुतिं जुहोति।** '०यं॰ सद्विश्वं=रयिं॰ स्वाहा' **इति॥** १४॥ 'य इमा विश्वा भुवनानि जुह्वद्' **इति चतुर्गृहीतस्य वैश्वकर्मणः प्रतिपद्यते॥** १५॥ 'विश्वकर्मा ह्यजनिष्ट देव=व्यदधात् पुरुत्रा स्वाहा' **इति पूर्वार्धेन सूक्तस्य जुहोति॥** १६॥ **अपरं चतुर्गृहीतं गृह्णीते॥** १७॥ 'सैनाऽनीकेन' **इति पुरस्ताच्चतुर्गृहीतस्य स्त्रुवाहुतिं जुहोति।** '०सुविदत्रो अस्मे=रेवद् दिदीहि स्वाहा' **इति॥** १८॥ 'चक्षुषः पिता मनसा हि धीरः' **इति चतुर्गृहीतस्य वैश्वकर्मणः प्रतिपद्यते॥** १९॥ 'समुद्राय वयुनाय=हविः स्वाहा' **इत्युत्तरार्धेन सूक्तस्य हि जुहोति॥** २०॥ 'उदेनमुत्तरां नय' **इति तिस्त्र औदुम्बरीः समिध आदधाति।** '०अग्ने घृतेनाहुत=धनेन च स्वाहा' **इति॥** २१॥ 'उदु त्वा विश्वे देवाः' **इत्येकयाऽग्निमुद्यच्छते।** '०अग्ने भरन्तु=विभावसुः' **इति॥** २२॥ **उद्यच्छन्त इध्मम्॥** २३॥ **उपयच्छन्त्युपयमनीः॥** २४॥ 'अग्नये प्रह्रियमाणायानुब्रूहि' **इत्याह।** '०एकस्पय्याऽनुद्रवाप्रतिरथमनु ब्रव' **इति॥** २५॥ 'आदद्ध्व्यान्यादर्दिर्यज्ञस्य=पन्थाम्' **इत्यध्वर्युर्यजमानं वाचयति॥** २६॥ 'आशुः शिशानः' **इत्यप्रतिरथं ब्रह्मा प्रतिपद्यते॥** ७.१४.१.२७॥

[इति प्रथमः पटलः (४७) **]**

'पञ्च दिशो दैवीर्यज्ञमवन्तु देवीः' **इति षड्भिः प्रहरति।** '०अपामतिं=ततः पावका आशिषो नो जुषन्ताम्' **इति॥** १॥ 'विमान एष दिवो मध्य आस्ते' **इति द्वाभ्यां पृश्निमश्मानं निदधाति।** '०आपप्रिवान् रोदसी=रजसः पात्यन्तौ' **इति॥** २॥ 'इन्द्रं विश्वा अवीवृधन्' **इति चतसृभिरा**

मन्त्रेणोद्यतमध्वर्युणेध्मम्। अन्यो[१] वा[२] यः कश्चिदिध्मवाहः समर्थः। पुनरुद्यच्छन्त इत्यभिप्रेत्य पुनरुद्यच्छन्त इध्ममित्युक्तम्॥ २३॥

'अप्रतिरथं ब्रह्मे'ति शाखान्तरे वचनं द्रष्टव्यम्। तैत्तिरीयके प्रवचने 'द्वितीयो होते'त्युक्तम्[३]। अथवा शाखान्तरे[४] विहितस्य 'द्वितीयो होते[५]'त्यनुवादः। अनुवचनकर्तृत्वात्सादृश्यात्। 'आशुः शिशान' इत्यप्रतिरथमि[६]त्यविशेषवचनात् समस्तोऽनुवाकानुवचनीय इति केचित्। 'दशर्चं भवती'ति प्रत्यक्ष-श्रुतेर्दशैवर्चोऽनुवचनीया इत्यपरे। शिष्य विकल्पार्थाः॥ ७.१४.१.२७॥ **[इति प्रथमः पटलः** (४७) **]**

'षड्भिः प्रहरती'त्युक्त्वा ततः 'पावका आशिषो नो जुषन्ताम्' इत्युपरमती'त्युक्तत्वाद् द्वाभ्यां द्विपदाभ्यां भवितव्यम्। अन्यथा पञ्चर्चः स्युः। 'ऊर्जा यद्यज्ञमशमयन्ते'ति जागतगायत्राभ्यां पादाभ्यां द्विपदा विराट्। 'देवश्रीः श्रीमणाः' इति वैराजाभ्यामेकद्वित्रिचतुरुक्तपादान् द्वे परिगृह्यवती, आद्या तावन्महाबृहती। त्रिष्टुग्भिर्जागतैः पादैः सतोबृहतीत्युच्यते। तां त्रिभिः पङ्क्तिर्वा स्वरविराट्। त्रिष्टुग्वा विराट् पङ्क्तिरेव वा। आद्यतः सन्दिग्ध इत्यनेन न्यायेनाद्यो हि पादत्रयादिपूरणेन दशाक्षरः। उत्तरे द्विपदे[७] उत्तरे[७] त्रिष्टुभौ[८]। एताभिः[८] षड्भिः॥ १॥

---

१. M Ad °न्ययोः; thus T. २. M Ad om वा; thus T. ३. T होतेत्यर्थात्. ४. M शाखान्तेर, T न्तरवि°; thus Ad. ५. M Ad होत्रेऽनु°; thus T. ६. M Ad °प्रतिरथामि. ७-७. M Ad twice; thus T. ८-८. Ad त्रिष्टुभिरेकाभिः.

पुच्छादेति। '०समुद्रव्यचसं=विषूचीनान् व्यस्यताम्' **इति॥ ३ ॥ आज्यप्रोक्षमादाय** 'वसवस्त्वा रुद्रैः पुरस्तात् पान्तु' **इत्यपरेणाग्निं तिष्ठन् प्रोक्षति।** '०पितरस्त्वा यमः=उपरिष्टाच्च पान्तु' **इति॥ ४॥** 'प्राचीमनु प्रदिशं प्रेहि विद्वान्' **इति दध्नः पूर्णामौदुम्बरीमादाय पञ्चभिरधिक्रामति।** '०अग्नेरग्ने=सुवर्यन्तु यजमानाः स्वस्ति' **इति॥ ५॥** 'नक्तोषासा' **इत्यौदुम्बर्यै पुरोनुवाक्यामन्वाह।** '०समनसा विरूपे=द्रविणोदाः' **इति॥ ६॥** 'अग्ने सहस्राक्ष' **इति जुहोति।** '०शतमूर्धन्=वाजाय स्वाहा' **इति॥ ७॥ धार्यमाण इध्मेऽप्तुः हुत्वा स्वयमातृण्णायामवनयति॥ ८॥** 'सुपर्णोऽसि गरुत्मान्' **इति तिसृभिः सादयति।** '०पृथिव्याः सीद=यजमानश्च सीदत' **इति॥ ९॥** 'सीद होतः' **इति तृतीया।** '०स्व उ लोके चि=वयोधाः' **इति॥ १०॥ उपनिवपत्युपयमनीः॥ ११॥ सादयत्यग्निम्॥ १२॥** 'प्रजापति*[१](रसि विश्वकर्मा' **इति सन्नमुपतिष्ठते।** '०तदसौ सूर्यस्तदयमग्निः संप्रियः पशुभिर्भुवत्' **इति॥ १३॥ आहुतिषाहेऽतिमुक्तीर्जुहोति** 'अग्निर्यज्ञं नयतु प्रजानन् मैनं यज्ञहनो विदन्। देवेभ्यः प्रब्रूताद्यज्ञं प्र प्र यज्ञपतिं) तिर स्वाहा' **इति॥ १४॥ अवरुह्य स्फ्यमाददान आह** 'व्युत्क्रामत माऽवोभिः परिगृहीषं ब्रह्मन्नुत्तरं परिग्राहं परिग्रहीष्यामि' **इति॥ १५॥ दक्षिणेनाग्निं ब्रह्मोपविशति॥ १६॥ प्रसूत उत्तरं *[२](परिग्राहं परिगृह्णाति॥ १७॥) योयुपित्वाऽ-वस्कभ्य, पूर्वेण शालां तिष्ठन् संप्रेष्यति** 'प्रोक्षणी*[३](रासादयेध्माबर्हिरु)पसादय' **इति॥ १८॥ आसादयन्त्यस्मै प्रोक्षणीः॥ १९॥ उपसादयतीध्माबर्हिः॥ २०॥ इध्माबर्हिः प्रो *[४](क्षति॥ २१॥ वेदिं प्रोक्षति॥ २२॥ आसन्नं) प्रोक्षति॥ २३॥ तृणकलापीं प्रोक्षति॥ २४॥ वृष्ट्याः स्तृणन्नेति॥ २५॥ आगच्छन्नेवाधिक्रामति॥ ७.१४.२.२६ ॥[इति द्वितीयः पटलः** (४८)]

*१. Text abri. प्रजापति=तिर स्वाहा see V.1.2.29-30. *२. Text abri. उत्तरं=योयुपित्वा° see V.1.2.33. *३. Text abri. प्रोक्षणी=पसादय see VI.4.3.35. *४. Text abri. प्रो=प्रोक्षति see VI.4.3.38-40.

---

[१]आग्नीध्राद्धृत्वा आग्नीध्रेऽश्मानं[१] निधाय ततश्चतसृभिरापुच्छाद् गत्वा इध्मवाहस्यैवाग्निं प्रदायाज्यप्रोक्षणमादाय[२] प्रोक्षेत्। आज्यमेव प्रोक्षणार्थमाज्यप्रोक्षम्[२]। असंस्कृतञ्च तदहोमार्थत्वाद्। अनधिरुह्य[३] वा यथासंभवं[३] प्रोक्षेत्। उत्तरत्राधिरोहणदर्शनात् मन्त्रानुरूपदिग्विभागेनोपरिष्टादेवान्त्येन मन्त्रेण प्रोक्षेत्। अधस्तात्प्रोक्षणस्यासंभवात्। [४]यथोपपादमित्यपरे॥ ४॥

औदुम्बरीमिति कर्मनिर्देशात् प्रायोवृत्तेश्च स्वयमातृण्णाया उपरीध्मवाहेन[५]॥ ५॥

धार्यमाण इध्मेऽप्तुं[६] हुत्वाऽवशिष्टं स्वयमातृण्णायामवनयति॥ ८॥

तिसृणामन्ते सादनम्। तृतीयेति वचनं प्रदेशान्तरस्थत्वात्॥ १०॥

उपयमन्युपनिवपनोत्तरकालता॥ ११॥

पुनः सादयतिग्रहणं न द्विसादनाय॥ ७.१४.२.१२॥[**इति द्वितीयः पटलः** (४८)]

१-१. M Ad आग्नीध्रेऽश्मशानं°; thus T. २-२. M Ad प्रोक्षणमा°, T °प्रोक्षणम्. ३-३. M Ad °रुह्यैथासं°; thus T. ४. M Ad °पपदमि°; thus T. ५. M Ad °रीध्मा वा°; thus T. ६. M Ad T °ध्मोऽल्पं.

'प्रेद्धो अग्ने दीदिहि पुरो नः' **इत्यौदुम्बरीमादधाति।** '०अजस्रया=वाजाः स्वाहा' **इति॥ १॥** 'विधेम ते परमे जन्मन्नग्ने' **इति वैकङ्कतीम्।** '०विधेम=समिद्धे स्वाहा' **इति॥ २॥** 'ताꣳ सवितुर्वरेण्यस्य चित्राम्' **इति शमीमयीम्।** '०आऽहं वृणे=महीं गाꣳ स्वाहा' **इति॥ ३॥ चतुर्गृहीतं गृह्णीते॥ ४॥ तज्जुहोति॥ ५॥** 'चित्तिं जुहोमि' **इति वैश्वकर्मणीम्।** '०मनसा घृतेन= हविः स्वाहा' **इति॥ ६॥ अपरं चतुर्गृहीतं गृह्णीते॥ ७॥** 'अग्ने तमद्य' **इति पङ्क्त्या।** '०अश्वं न स्तोमैः ओहैः स्वाहा' **इति॥ ८॥ अपरं चतुर्गृहीतं गृह्णीते॥ ९॥ अभिपूर्य पूर्णाहुतिं जुहोति** 'सप्त ते अग्ने=घृतेन स्वाहा' **इति॥ १०॥ जुह्वन् मनसा दिशो ध्यायति॥ ११॥ आहरन्त्यस्मा उपस्तीर्णाभिघारितान् वैश्वानरप्रथमान्मारुतान्॥ १२॥** 'वैश्वानरायानुब्रूहि' **इत्याहोपस्तीर्णाभिघारितं वैश्वानरस्याद-धानः॥ १३॥ होतैवैतस्यान्वाह॥ १४॥ होता यजति॥ १५॥** 'ओ श्रावय' **इत्याह॥ १६॥** 'वैश्वानरं यज' **इति॥ १७॥ वषट्कृते जुहोति॥ १८॥ उपविशति होता॥ १९॥ गणेन गणमनुद्रुत्याध्वर्युरुपाꣳशु मारुताञ्जुहोति॥ २०॥ उपस्तीर्णाभिघारितमेषां प्रथममादत्ते॥ २१॥** 'सभरसः' **इत्यन्वाह।** '०मरुतो यज्ञे अस्मिन्=अनुवर्मानो भवन्तु' **इति॥ २२॥** 'ईदृङ् च' **इति यजति।** '०अन्यादृङ् च=सभराः' **इति॥ २३॥ एतमन्वाह॥ २४॥** 'शुक्रज्योतिश्च' **इति यजति।** '०चित्रज्योतिश्च=त्यꣳहाः' **इति॥ २५॥ एतमन्वाह॥ २६॥** 'ऋतजिच्च' **इति यजति।** '०सत्यजिच्च=दूरे अमित्रश्च गणः' **इति॥ २७॥ एतमन्वाह॥ २८॥ अरण्येऽनुवाक्येन यजति॥ २९॥ अरण्येऽनुवाक्यमन्वाह॥ ३०॥** 'ऋतश्च' **इति यजति।** '०सत्यश्च=विधारयः' **इति॥ ३१॥ एतमन्वाह॥ ३२॥** 'ईदृक्षासः' **इति यजति।** '०एतादृक्षास=ऊतये' **इति॥ ३३॥ एतमन्वाह॥ ३४॥**

जुह्वन् मनसा दिशो ध्यायति। पूर्णाहुतिं जुह्वन्[१] दिशोऽग्नेरवरोधनं मनसाऽभिसंदध्यादित्यर्थः। 'दध्ना [२]पुरस्ताज्जुहोत्याज्येनोपरिष्टादि'त्यनुवादोऽर्थवादसंबन्धार्थः[३]। पुरस्तादग्निनिधानस्य दध्ना[४] [५]पूर्णौदुम्बर्युपरिष्टात् पूर्णाहुतिरिति नापूर्वो होमः॥ ११॥

वैश्वानरस्याधर्मकत्वं केचिदिच्छन्ति। 'उपस्तीर्णाभिघारितं वैश्वानरमि'ति ब्रुवन्नधर्मकमिव[६] दर्शयति। दर्वीहोमं[७] करोति यज्ञस्य प्रतिष्ठित्या' इति चैवमुपपद्यतेतराम्॥ १२॥

वषट्कारप्रदानत्वमात्रं[८] वाचनिकम्। प्रयाजानूयाजवर्जं सर्वं दार्शपौर्णमासिकं प्रवर्तत इत्यपरे। इतरथा हि प्रयाजानूयाजप्रतिषेधो नित्यानुवादः स्यात्। प्रयाजानूयाज[९]भावसादृश्याद् दर्विहोमे दर्वीहोमशब्दः[१०]। अधर्मकत्वमेव प्रायेणाचार्येणाभिप्रेतं [११]दर्वीहोमं करोतीत्येवं विधिर्भवितुमर्हतीति॥ १८॥

---

१. T जुह्वद्. २. M Ad °ताज्जु°; thus T. ३. M Ad °र्थं; thus T. ४. M Ad दध्न; thus T. ५. M Ad पूर्वेणौद°; thus T. ६. M Ad °न्नधर्ममिव; thus T. ७. M Ad दर्वि°; thus T. ८. M Ad °प्रदानमात्रत्वं; thus T. ९. M Ad °जानुयाजसादृश्यादर्वि°; thus T. १०. M Ad om दर्वीहोम; thus T. ११. M Ad दर्वि°; thus T.

'सभरसः' **इति यजति।** '°मरुतो=अनुवर्त्मानो भवन्तु' **इति॥** ३५ ॥ **चतुर्गृहीतं गृह्णीते आज्यकुम्भाद् दीर्घदण्डाः स्रुचम्॥** ३६ ॥ **दक्षिणाः श्रोणिमभितः स्थूणे निघ्नन्ति॥** ३७ ॥ **तिर्यञ्चमेनयोर्वंशमुद्दधति, धारयन्ति वा॥** ३८ ॥ **तदेताः स्रुचमुद्धाय** 'अग्नाविष्णू सजोषसा' **इति वसोर्धारां जुहोति।** '°इमा वर्धन्तु=रा गतः स्वाहा' **इति॥** ३९ ॥ **अभ्यानयन्ति॥** ४० ॥ **आज्यकुम्भाद्दीर्घदण्डायाः स्रुचि सन्तता वसोर्धारा** 'वाजश्च मे प्रसवश्च मे' **इति॥** ४१ ॥ **द्वादशं प्रतिपद्यते॥** ४२ ॥ **जुहोति द्वादशे द्वादशेऽनवानम्॥** ४३ ॥ **काममूर्ध्वम्॥** ४४ ॥ **ततोऽवानं कृत्वा** 'वाजाय स्वाहा' **इति विग्रहमुत्तमं द्वादशं जुहोति॥** ७.१४.३.४५ ॥ **[इति तृतीयः पटलः** (४९) **]**

'प्रसवाय स्वाहा', 'अपिजाय स्वाहा', 'क्रतवे स्वाहा', 'सुवाय स्वाहा', 'मूर्ध्ने स्वाहा', 'व्यश्नियाय स्वाहा', 'आन्त्यायनाह स्वाहा', 'अन्त्याय स्वाहा', 'भौवनाय स्वाहा', 'भुवनाय स्वाहा', 'अधिपतये स्वाहा,' **इति॥** १ ॥ **कुम्भं प्रत्यज्य सर्वौषधमभिघारयति॥** २ ॥ **दध्ना सर्वौषधः संयौति॥** ३ ॥ 'वाजस्येमं प्रसवः सुषुवे अग्रे' **इत्यौदुम्बरेण स्रुवेण चतुर्दश वाजप्रसवीयानि जुहोति॥** ४॥ 'सं मा सृजामि' **इति पात्रिया चतुर्दशीं जुहोति**

दीर्घदण्डायाः स्रुचो बुध्नश्चमसाकारः स्यात्। अन्यथा व्यासक्तुं[१] न शक्यते। दण्डश्च स्रोतो मार्गः अग्रं स्रुगाकारम्[२] ॥ ३६ ॥

अभ्यानयन्ति परिकर्मिणः ॥ ४० ॥

यथा चतुर्गृहीतेन सन्ततमव्यवच्छिन्नं स्रवति तथा ॥ ४१ ॥

'द्वादश द्वादशानि जुहोती'ति परिसंख्यार्थोऽनुवादः ॥ ४२ ॥

द्वादशे द्वादशेऽनवानमिति[३] शाखान्तरविहितस्यार्थवादमभिधातुमिति ज्ञापयत्याचार्यः ॥ ४३ ॥

तत ऊर्ध्वं कामम्[४] ॥ ४४ ॥

अवानमिति[४] ब्रुवन् 'वाजाय स्वाहा' इत्येषां पाठोपमर्दने वचनं द्रष्टव्यम्। मन्त्रान्तराणि वा तद्रूपाणि ॥ ७.१४.३.४५ ॥ **[इति तृतीयः पटलः** (४९) **]**

आज्यकुम्भस्य प्रत्यञ्जनवचनं[५] यदाज्यमुच्छिष्येत तस्मिन् ब्रह्मौदनं पचेदित्यत्र वाक्यार्थविप्रतिपत्तेः। किंच स्रुच्यवशिष्टमुदकुम्भेऽवशिष्टं भवतीति। अतः स्रुच्यवशिष्टेन प्रत्यञ्जनं[६] सर्वौषधाभिघारणं प्रकृतत्वात्। वाजपेयेऽ[७]भावात्तेनैवेति केचित्। होमार्थादाज्यस्थाल्या इत्यपरे॥ २ ॥

'वाजस्येमम्' इति सप्त, 'वाजो नः सप्त' इति सप्त। 'वाजस्येमम्' इत्युपक्रम्य ॥ ४ ॥

'सं मा सृजामि' इति पात्रिया चतुर्दशी'मित्युपसंहाराद्। व्यक्तं च, बोधायनाचार्येणाभिहितम् स्मरन्ति च केचन वृद्धाः 'वाजो नः सप्त' इत्यस्यानुवाकस्यादित्वेन 'वाजस्येमम्' इति सप्तर्चं

---

१. M Ad वा सक्तून्; thus T. २. M Ad स्रुगागारम्. ३. M Ad °दशे पानमि°, T °दशे वान°. ४–४. T कामवादिन°. ५. M Ad प्रत्यज्ञानव°. ६. M Ad प्रत्यज्ञानं; thus T. ७. M Ad °पेयभावात्ते°; thus T.

स्रुवेणोपयच्छत्यभिषेचनाय। '○पयसा घृतेन सं मा सृजाम्यप ओषधीभिः सोऽहं वाजं सनेयमग्ने' स्वाहा' **इति** ॥ ५ ॥ **जुहोति षट् पार्थानि** ॥ ६ ॥ **जुहोति षड् भूतानामवेष्टीः** ॥ ७ ॥ 'अग्नये स्वाहा' **इति पार्थानि,** 'पृथिव्यै स्वाहा' **इति भूतानामवेष्ट्यः** ॥ ८ ॥ **पूर्वेण हविर्धाने अपरेणाहवनीयं प्राचीनग्रीवमुत्तरलोम कृष्णाजिनमास्तृणाति** ॥ ९ ॥ **तस्मिन्नुपविशति यजमानः प्रागावृत्त उपस्थं कृत्वा** ॥ १० ॥ **तं** 'देवस्य त्वा सवितुः प्रसवे' **इत्यौदुम्बरेण स्रुवेण पुरस्तात् प्रत्यञ्चं शीर्षतोऽभिषिञ्चति।** '○अश्विनो=सरस्वत्यै वाचो यन्तुनाभिषिञ्चामि' **इति ब्राह्मणम्,** 'इन्द्रस्य त्वा साम्राज्येनाभिषिञ्चामि' **इति राजन्यम्;** '○बृस्पतेस्त्वा=मि' **इति राजानम्** ॥ ११ ॥ **सर्वेणैव सहाभिषिञ्चेत्** ॥ १२ ॥ **आमुखादन्ववस्रावयति** ॥ १३ ॥ **षडेव पार्थानि जुहोति, षड् भूतानामवेष्टीः** ॥ १४ ॥ 'इन्द्राय स्वाहा' **इति पार्थानि,** 'अद्भ्यः स्वाहा' **इति भूतानामवेष्ट्यः** ॥ १५ ॥ 'नक्तोषासा' **इति कृष्णायै श्वेतवत्सायै पयो जुहोति चमसेन।** '○समनसा विरूपे=द्रविणोदाः स्वाहा' **इति** ॥ १६ ॥ 'ऋताषाड् ऋतधामा' **इति षड् राष्ट्रभृतो जुहोति** ॥ १७ ॥ 'भुवनस्य पते' **इत्युपर्यग्नौ पुरस्तात् प्रत्यगावृत्ते रथमुखे धार्यमाणाः समान्या पञ्चाहुतीर्जुहोति** ॥ १८ ॥ 'समुद्रोऽसि नभस्वान्' **इत्यञ्जलौ स्रुवमादाय त्रीणि वातनामानि जुहोति।** '○आर्द्रदानुः शम्भूः=वाहि स्वाहा' **इति** ॥ १९ ॥ 'सुवर्न घर्मः स्वाहा' **इति पञ्चार्काहुतीर्जुहोति।** '○सुवर्नार्कः=सूर्यः स्वाहा' **इति** ॥ २० ॥ 'तत्त्वा यामि' **इति वारुणीं जुहोति।** '○ब्रह्मणा=प्र मोषीः स्वाहा' **इति** ॥ २१ ॥ 'यास्ते अग्ने सूर्ये रुचः' **इति तिस्रो रुचो जुहोति।** '○उद्यतो दिव=कृधि स्वाहा'; 'या वो देवाः=बृहस्पते स्वाहा'; 'रुचं नो धेहि=रुचा रुचः स्वाहा' **इति** ॥ २२ ॥ 'अग्निर्ज्योतिः' **इति तिस्रोऽग्निहोत्राहुतीर्जुहोति।** '○ज्योतिरग्निः स्वाहा'; 'इन्द्रो ज्योतिर्ज्योतिरिन्द्रः स्वाहा, सूर्यो ज्योतिर्ज्योतिः सूर्यः स्वाहा' **इति** ॥ २३ ॥ **नव समिष्टयजूंषि जुहोति** ॥ २४ ॥ 'यदाकूतात् समसुस्रोद्' **इति दशैताः** ॥ २५ ॥ **उत्सृजत्यासामेकाम्** ॥ ७.१४.४.२६ ॥ [**इति चतुर्थः पटलः** (५०)]

॥ इति सप्तमप्रपाठके चतुर्दशोऽनुवाकः ॥

राजन्यक्षत्रिययोरभिषिक्तेन हि। शक्तश्च राजा[1] क्षत्रिय एवात्मीये मण्डले स्वाराज्येनाभिषिक्तो वर्णसंयोगेन च। [2]व्यवस्थायाः समुच्चयस्य[2] च विकल्पो वाचनिको द्रष्टव्यः ॥ ५ ॥

षड् राष्ट्रभृत इति पर्यायाभिप्रायः। सामान्य एकयैव पुनरावृत्तया। तैत्तिरीयके तावत् प्रवचनेऽञ्जलेः करणत्वं समाम्नातम्। इह स्रुवधारणेऽञ्जलिः करणभूतः, न साक्षाद्धोमं प्रति। अतः शाखान्तरस्थोऽयं[3] विधिः 'अञ्जलिना जुहोतीत्यनेन विकल्पते' इति द्रष्टव्यम् ॥ ७.१४.४.१७ ॥ [**इति चतुर्थः पटलः** (५०)]

॥ इति व्याख्यायां सप्तमप्रपाठके चतुर्दशोऽनुवाकः ॥

---

१. M Ad राजक्षत्रि०; thus T. २-२. M Ad व्यवस्था [Ad यस्स]; thus T. ३. T ०न्तरस्यो०.

॥ अथ सप्तमप्रपाठके पञ्चदशोऽनुवाकः ॥

[देवसुवाँ हवींषि सप्रयोगम्]

हविर्धाने एवातः संवर्तयन्ति॥ १॥ **प्रसिध्यति कर्माऽऽधिष्णियात्**॥ २॥ **न्युप्तेषु धिष्णिये-ष्वात्मन्नग्निं गृह्णीते***[१](॥ ३॥ **स्वयंचितिं जपति**॥ ४॥ 'शक्तिरसि' **इति कार्ष्णीमुपानह-मुप)मुञ्चते**॥ ५॥ 'ममाग्ने वर्चो विहवेष्वस्तु' **इत्याग्नीध्रीये धिष्णिय एकामिष्टकामुपदधाति**। '°वयं त्वेन्धाना=पृतना जयेम तया=सीद' **इति**॥ ६॥ 'लोकं पृण' **इत्येकादश लोकंपृणा उपदधाति**॥ ७॥ 'ता अस्य सूददोहसः' **इति**॥ ८॥ 'चित्तिमचित्तिम्' **इत्यभिमृशति**॥ ९॥ 'पृष्टो दिवि' **इति पुरीषम्**॥ १०॥ 'चित्तिमचित्तिम्' **इत्येवाभिमृशति**। '°तया=सीद' **इति**॥ ११॥ 'मम देवा विहवे सन्तु सर्वे' **इति होतुर्धिष्णिय एकामिष्टकामुपदधाति**। '°इन्द्रावन्तो =कामे अस्मिन् तया=सीद' **इति**॥ १२॥ 'लोकं पृण' **इत्येकादश लोकंपृणा उपदधाति**॥ १३॥ 'ता अस्य सूददोहसः' **इति**॥ १४॥ 'चित्तिमचित्तिम्' **इत्यभिमृशति**॥ १५॥ 'पृष्ठे दिवि' **इति पुरीषम्**॥ १६॥ 'चित्तिमचित्तम्' **इत्येवाभिमृशति**। '°तया=सीद' **इति**॥ १७॥ 'मयि देवा द्रविणमा यजन्ताम्' **इति मैत्रावरुणस्य धिष्णिय एकामिष्टकामुपदधाति**। '°मय्याशीरस्तु=सुवीरास्तया= सीद' **इति**॥ १८॥ 'लोकं पृण' **इति सप्त** *[२](**लोकंपृणा उपदधाति**॥ १९॥ 'ता अस्य सूददोहसः' **इति**॥ २०॥ 'चित्तिमचित्तिम्' **इत्यभिमृशति**॥ २१॥ 'पृष्ठे दिवि' **इति पुरीषम्**॥ २२॥ 'चित्तिमचित्तम्' **इत्येवाभिमृशति**। '°तया)=सीद' **इति**॥ २३॥ 'मह्यं यजन्तु मम यानि हव्या' **इति ब्राह्मणाच्छंसिनो धिष्णिय एकामिष्टकामुपदधाति**।'°आकूतिः सत्या=अधि वोचता मे तया=सीद' **इति**॥ २४॥ 'लोकं पृण' **इति सप्त लो** *[३](**कंपृणा उपदधाति**॥ २५॥ 'ता अस्य सूददोहसः' **इति**॥ २६॥ 'चित्तिमचित्तिम्' **इत्यभिमृशति**॥ २७॥ 'पृष्टो दिवि' **इति पुरीषम्**॥ २८॥ 'चित्तिमचित्तम्' **इत्येवाभिमृशति**। '°तया)=ध्रुवा सीद' **इति**॥ २९॥ 'देवीः षडुर्वीः' **इति पोतुर्धिष्णिय एकामिष्टकामुपदधाति**। '°उरु णः कृणोत=सोम राजन् तया=सीद' **इति**॥ ३०॥ 'लोकं पृण' **इति सप्त** *[४](**लोकंपृणा उपदधाति**॥ ३१॥ 'ता अस्य सूददोहसः' **इति**॥ ३२॥ 'चित्तिमचित्तिम्' **इत्यभिमृशति**॥ ३३॥ 'पृष्टो दिवि' **इति पुरीषम्**॥ ३४॥ 'चित्तिमचित्तम्' **इत्येवाभिमृशति**। '°तया)=सीद' **इति**॥ ३५॥ 'अग्निर्मन्युं प्रतिनुदन्' **इति नेष्टुर्धिष्णिय** *[५](**एकामिष्टकामुपदधाति**)।'°पुरस्तादद‍ब्यो=वि नेशत्तया=सीद' **इति**॥ ३६॥'लोकं पृण' **इति**

---

*[१]. Text abri. गृह्णीते=मुञ्चते see VII.8.1.2-4. *[२]. Text abri. सप्त=सीद see VII.15.1.7-11. *[३]. Text abri. लो=ध्रुवा सीद see VII.15.1.7-11. *[४]. सप्त=सीद *ibid.* *[५]. Text abri. नेष्टुर्धिष्णिय=°पुरस्ताद° see VII.15.1.6.

न्युप्तेषु धिष्णियेष्वनुपस्थितेषूपधानमुत्तरत्रोपस्थानदर्शनात्॥ ३-५॥

आग्नीध्रीयेऽष्टानामिष्टकानामुपधानस्याचार्येणाम्नातत्वादाग्नीध्रीयेऽश्मनिधानं धिष्णियादन्यत्रेत्यवगन्तव्यम्॥ ६॥

'सप्त=सीद' **इति**॥ ३७॥ 'धाता धातॄणाम्' **इत्यच्छावाकस्य धिष्णिय एकामिष्टकामुपदधाति।** '०भुवनस्य यस्पति=यजमानं न्यर्थात् तया=सीद' **इति**॥ ३८॥ 'लोकं *[१](पृण' **इत्येकादश लोकंपृणा उपदधाति**॥ ३९॥ 'ता अस्य सूददोहस:' **इति**॥ ४०॥ 'चित्तिमचित्तिम्' **इत्यभिमृशति**॥ ४१॥ 'पृष्टो दिवि' **इति पुरीषम्**॥ ४२॥ 'चित्तिमचित्तिम्' **इत्येवाभिमृशति।** '०तया)=सीद' **इति**॥ ४३॥ 'उरुव्यचा नो महिषः शर्म यꣳसद्' **इति मार्जालीये धिष्णिय एकामिष्टकामुपदधाति।** '०अस्मिन् हवे=मा परा दास्तया=सीद' **इति**॥ ४४॥ 'लोकं पृण' **इति पञ्च लोकंपृणा उपदधाति।** 'ता अस्य=सीद' **इति**॥ ४५॥ **अथाग्नीषोमौ प्रणयति**॥ ४६॥ **प्रसिध्यति कर्माऽऽग्नीषोमीयस्य पशुपुरोडाशाद्**॥ ४७॥ **अग्नीषोमीयस्य पशुपुरोडाशेन सह देवसुवाꣳ हवीꣳषि निर्वपति** 'अग्नये गृहपतये' **इत्यष्टावेतानि**॥ ४८॥ **पृष्ठ्यायै च हवीꣳषि**

*[१]. Text abri. लोकं=सीद् see VII.15.1.7-11.

पशुपुरोडाशेन सहैकस्मिन् काल इत्यर्थः। एककालेऽप्येकत्वात्कर्तुः[१] केनचित्कर्मविशेषेण भवितव्यम्। स चैवं भवितुमर्हतीति [२]उपस्थानादग्नीषोमीयः पूर्वः॥ ४८॥

पृष्ठ्या हविर्भ्यश्च पूर्वाणि देवसुवां हवींषि पाठात्।

तत्र प्रयोगः। उपवसथात्पूर्वेद्युरेव शाखामाहृत्य वत्सानपाकृत्य शाखापवित्रं कृत्वाऽस्तमिते सायंदोहं दोहयित्वा प्रातर्दोहाय वत्सानपाकृत्योपोष्य प्रातर्दोहं दोहयित्वौपवसथिकं कर्म कृत्वाऽग्नी- षोमीयस्य वपायां हुतायां ततः पुरोडाशनिर्वापकाले पात्राणि सादयेत्। त्रयाण्येकादशकपाला- न्युपधेयानि। द्वयान्यष्टकपालानि। चतुष्टयानि द्वादशकपालानि। एकमेकपालमष्टौ चरुस्थाल्यः तावन्ति मेक्षणानि। आमिक्षापात्रं समेक्षणमग्निहोत्रहवणीं चापवृत्तार्थत्वाच्च शूर्पादीनि च सप्तान्यानि षडौषधार्थानि। पवित्रे कृत्वाऽपः प्रणीय वा हवींषि निर्वपेत्। तत्र धूर्मन्त्रं पवित्रनिधानं चावर्तते। निरसनं दशहोता च तन्त्रं[३] निर्वापादीन्यभ्यावपनान्तमावर्तते। इतरसवमापरिधानात् तन्त्रमिदं देवानामिदममुनः[४] सह यथार्थमग्न इति वर्जयित्वा निरुप्य प्रोक्षणीः[५] संस्कृत्य हवींषि प्रोक्ष्य पात्राणि प्रोक्ष्य समस्ताभिः, अथावघातमारभेत। आवपनप्रभृतिहविष्कृदाह्वानयज्ञायुधोद्वादनवर्जं[६] कृत्स्नमव- हननं प्रतिबीजमावर्तते। तुषोपवापस्तन्त्रेणैवान्त्ये बीजे क्रियेतावर्तेत वा। क्रमानुग्रहायेत्यपरे। आशव[७] आशुपाकाः षष्टिकादयः[८]। आम्बा आच्छेदनजाः[९]। कपालान्युपधाय चरुस्थालीं[१०] पयश्चाधिश्रित्य चरुपुरोडाशीयान्विभज्य[११] पेषणमारभेत। अत्राप्यधिवपनप्रभृत्यावर्तते। [१२]संवपनादिपिण्डकरणान्तं चतुरावर्तते। तत्र आद्यं पिण्डं सप्तधा विभजेत्। 'यथाभागं व्यावर्तध्व'मिति पञ्चकृत्वः। यथाभागं [१३]वर्तेथामित्यन्ते। तत आनुपूर्व्याद्धवींषि अधिश्रयेत्। स्वक्रमे चामिक्षां कृत्वा प्रतापे

---

१. M Ad कर्तुं; thus T. २. M Ad om उप; thus T. ३. M Ad तन्त्र; thus T. ४. M Ad °मिदमुनः. ५. M Ad ०क्षणी; thus T. ६. M Ad om वर्जं; thus T. ७. M Ad आशप; thus T. ८. M Ad षष्टिपाका०; thus T. ९. M Ad आच्छेदौजा; thus T. १०. M Ad ०स्थाली. ११. M Ad ०पुरोडाशान्; thus T. १२. M Ad सवेप०; thus T. १३. M Ad वर्तेतामि०; thus T.

'अग्नये गायत्राय त्रिवृते राथन्तराय' **इति दश** ॥ ४९ ॥ **प्रैषवान् पशुपुरोडाशः** ॥ ५० ॥ 'अनुब्रूहि', 'यज' **इतीतरेषाꣳ हविषामुपाꣳशु** ॥ ५१ ॥ **समानः प्रैषवान् स्विष्टकृत् समानीडा** ॥ ५२ ॥

निधायाप्यनिनयनात्[1] कुर्यात्। उद्वासनकाले पात्र्यामसंभवन्ति हवींषि सामर्थ्यात् पात्रान्तर उद्वासनीयानि ॥ ४९ ॥

प्रैषवान् पशुपुरोडाश इत्यनुवाद उत्तरविवक्षया ॥ ५० ॥

'अनुब्रूहि' 'यजे'तीतरेषां हविषामितीतरेषाम्[2], पशुपुरोडाशत्वख्यापनायोपांशुत्वं तु विधीयते ॥ ५१ ॥

समानस्विष्टकृदिति धर्मभेदेऽपि सहत्वानुग्रहाय। प्रैषवानिति मुख्यस्य स्थानिनश्च पशुपुरोडाशस्य बलीयस्त्वादत एव प्रदर्शनादविरोधेऽन्येऽपि[3] पशुपुरोडाशधर्मा अनुग्राह्या इत्यवगन्तव्यम्। यथा निरुक्तताऽत्याक्रम्यानुवचनप्रेषणमप्रेष्यावदानमित्येवमाद्या [4]अविरोधेनैव। संभवदप्यन्वायात्यस्विष्टकृतो जुह्वामवदानं सहावदानश्रवणा[5]न्निवर्तत इति केचित्। अपरे तु[6] पुनर्देवसुवां हविः स्विष्टकृत एव[7] सहावदानश्रवणमिति पृष्ठ्या हविःस्विष्टकृतं[8] जुह्वामेवावद्यन्ति। अन्येषां दर्शनं[9], देवसुवां हविषां पुरोडाशकालताऽत्र विधीयते न स्विष्टकृदवदानस्य पात्रैक्यम्। अतः सर्वेषामन्वायात्यानां[10] स्विष्टकृदर्थं जुह्वामेवावदेयम्। पशुपुरोडाशस्विष्टकृदर्थमात्रमुपभृतीति प्राजापत्यपुरोडाशान्वायात्यस्विष्टकृतस्तु जुह्वामवदानं ब्रुवन्नाचार्योऽभिप्रैत स्म। न वा जुह्वामवदानं चोदकं प्रापयति। नहि तत् प्रकृतौ वाचनिकम्। होमस्तु हितसाधनश्चोदितः। येन होमस्तत्रावदानमर्थादापतितम्। न चार्थप्राप्तं चोदकेन प्रापितम्। नापि तद्विषयं वचनं कल्प्यम्, एवं प्राप्तत्वात्। अपि चोपस्तरणाभिघारणयोस्तन्त्रता विना प्रमाणेन [11]न बाध्या। देवसुवां[11] हवींष्येवं ब्रुवतो बोधायनाचार्यस्याप्ययमेवाभिप्रायः। स्वेन स्वेन स्विष्टकृता सहात्याक्रमणवचनं[12] स्थानिमुख्यवचनानुग्रहाय वचनं वा तद्विषयं, विरोधे हि स्थानिनो मुख्यस्य वा धर्मोऽनुग्राह्यः। न चेह विरोधः। अस्मिंस्तावत्पक्षे[13] पशुपुरोडाशस्विष्टकृन्मात्रेणैवात्र सहात्याक्रमणम्। इतरेषां तु स्विष्टकृत्सर्वप्रदानान्ते सहैवावदेयम्।[14] सर्वान्वायात्यविषयं[15] वैतद्विषयं चैतद्वचनम्। आद्येष्वन्वायात्येषु प्रदर्शितत्वात्। समानीडेति चानुवाद एव न्यायप्रदर्शनार्थः[16]। आज्यादेव रौद्रस्येडाभाजनं प्रत्यवद्यति[17]। अपो[18] रौद्रमभ्यवहर्ता आह। सपात्रं[19] स्थावरा इत्यभिषेचनीयायां वचनं सर्वशेषभक्षप्रदर्शनार्थम्। गावीधुकस्यानदनीयत्वात्। अतः सर्वत्र गावीधुकधर्मोऽयं सामर्थ्याक्षिप्तत्वादिति केचित्। अभिषेचनीयाविषयमेवैतद्वचनमन्यत्र

---

१. M Ad ०निनयान्; thus T. २. M Ad ०रेषामपशु०; thus T. ३. M Ad ०दर्शनाद्विरोधे; thus T. ४. M Ad अपिविरोधेन; thus T. ५. M श्रवपणा०; thus T, Ad श्रपणा०. ६. M Ad om; thus T. ७. M Ad om; thus T. ८. M Ad om कृतं. ९. M Ad दर्शन. १०. M Ad ०मन्वायत्या०; thus T. ११-११. M Ad नन्वाध्याये सुवां; thus T. १२. M Ad ०मणं वच०; thus T. १३. M Ad अस्मिंस्तु ताव०; thus T. १४. M Ad ०वापदे०; thus T. १५. M Ad ०वायत्यवि०; thus T. १६. M Ad ०नार्थं; thus T. १७. M Ad प्रत्यपद्य०; thus T. १८. M Ad ०त्यपौ; thus T. १९. M Ad स्वधात्रं; thus T.

चोदकप्राप्तं सर्वं कार्यमेवेत्यपरे। अनदनीयत्वं च प्रसिद्धम्। अग्नावपि देवसुवां हविःषु बोधायनाचार्येणोक्तत्वाद् देवसुवां हविःस्थस्य गावीधुकस्यायं धर्म इत्यन्ये। 'आप्यायध्वमघ्निया [१]मित्रावरुणाभ्यामानुष्टुभाभ्यामेकविंशाभ्यां वैराजाभ्यां[२] शारदाभ्यां[३] देवेभ्यो भागम्।' 'इह वो मित्रावरुणावानुष्टुभावेकविंशौ वैराजौ शारदौ रमयतां गावः कामधुक्षत[४]। 'प्र णो[५] ब्रूहि मित्रावरुणाभ्यामा[६]नुष्टुभाभ्यामेकविंशाभ्यां वैराजाभ्यां[७] शारदाभ्यां हविरिन्द्रियं बहु दुग्धि।' 'मित्रावरुणाभ्यामानुष्टुभाभ्यामेकविंशाभ्यां शारदाभ्यां [८]हविर्मित्रावरुणावानुष्टुभावेकविंशौ वैराजौ शारदौ त्वा श्रीणीताम्।' 'मित्रावरुणयोरानुष्टुभयोरेकविंशयोर्वैराजयोः शारदयोस्त्वा भागं सोमेनातनच्मि'। 'अग्नये गायत्राय त्रिवृते राथन्तराय वासन्ताय जुष्टं निर्वपामि'। एवं सर्वत्र। 'अग्नीषोमाभ्यां[९] वो जुष्टान् प्रोक्षामि।' 'अग्नये गृहपतये', 'सोमाय वनस्पतये', 'सवित्रे सत्यप्रसवाय', 'रुद्राय पशुपतये', 'बृहस्पतये वाचस्पतये', 'इन्द्राय ज्येष्ठाय', 'मित्राय सत्याय', 'वरुणाय धर्मपतये', 'अग्नये गायत्राय त्रिवृते राथन्तराय वासन्ताय[१०]'; 'इन्द्राय[१०] त्रैष्टुभाय, पञ्चदशाय[११] बार्हताय[१२] ग्रैष्माय'; 'विश्वेभ्यो देवेभ्यो जागतेभ्यः', 'सप्तदशेभ्यो वैरूपेभ्यः वार्षिकेभ्यः'; 'बृहस्पतये पाङ्क्ताय त्रिणवाय शाक्वराय हैमन्तिकाय'; 'सवित्र आतिच्छन्दसाय त्रयस्त्रिंशाय रैवताय शैशिराय'; 'अदित्यै विष्णुपत्नियै', 'अग्नये वैश्वानरायानुमत्यै काय[१३] संवपाम्यग्नीषोमाभ्यां[१३] जुष्टानि'; 'अग्नये गायत्राय त्रिवृते राथन्तराय[९] वासन्ताय'; 'इन्द्राय[१४] त्रैष्टुभाय पञ्चदशाय बार्हताय ग्रैष्माय'; 'विश्वेभ्यो देवेभ्यो जागतेभ्यः सप्तदशेभ्यो वैरूपेभ्यो वार्षिकेभ्यः[१५]'; 'सवित्र आतिच्छन्दसाय त्रयस्त्रिंशाय रैवताय शैशिरायाग्नये वैश्वानराय काय[१६] संवपामि', 'अग्नये गृहपतये जुष्टानि संवपामि'; 'सवित्रे सत्यप्रसवाय जुष्टानि संवपामि'; 'इन्द्राय [१७]ज्येष्ठाय जुष्टानि'[१७], संयवनेऽप्येवमेव। 'अविदहन्त श्रपयत, मेक्षय चरून्।' 'तेजसाग्नये गृहपतये जुष्टमभिघारयामि।' '[१८]तेजसाग्नये गायत्राय त्रिवृते राथन्तराय वासन्ताय जुष्टमभिघारयामि[१८]।' 'तेजसा सवित्र आतिच्छन्दसाय त्रयस्त्रिंशाय रैवताय शैशिराय जुष्टमभिघारया)मि।' 'अग्नये वैश्वानराय जु(ष्टमभिघारया)मि।' 'तेजसा काय जु(ष्टमभिघारया)मि।' अनाग्नेयविकारेष्वमन्त्रकः[१९]। 'अग्नीषोमाभ्यां [२०]पु(रोडाश=)स्यानुब्रूहि। 'अग्नीषोमाभ्यां पुरोडाशं प्रस्थितं प्रेष्य।' 'अग्नीषोमयोरहं देवयज्यया वृत्रहा भूयासम्।' 'अग्नये गृहपतये अनुब्रूहि।' 'अग्निं गृहपतिं यज। अग्नेर्गृहपतेरहं देवयज्ययाऽन्नादो भूयासम्।' 'सोमाय वनस्पतये अनुब्रूहि।' 'सोमं वनस्पतिं यज।' 'दब्धिरसि। सवित्रे सत्यप्रसवाय अनुब्रूहि।' 'सवितारं सत्यप्रसवं यज। सवितुः सत्यप्रसवस्याहं देवयज्ययाऽन्नादो

---

१. M Ad ०वरुणाभ्यामेक०; thus T. २. M Ad om; thus T. ३. M Ad शोर०; thus T. ४. M Ad ०धुक्ष; thus T. ५. M Ad प्रेणो. ६. M Ad ०वरुणाभ्यामेक०; thus T. ७ M Ad T om. ८. M Ad om हविः. ९. T ०माभ्यो. १०-१०. M Ad न्तौ येस्त्राय; thus T. ११. M Ad पञ्चशाय; thus T. १२. M Ad om; thus T. १३-१३. M Ad कायः सवेपामग्नी०, T ०म्यग्नये. १४-१४ M Ad ०रायेन्द्राय; thus T. १५. M Ad give त्रिणवाय शाक्वराय after वार्षिकेभ्यः; thus T. १६. M Ad om; thus T. १७-१७. M Ad ज्येष्ठानि; thus T. १८-१८ M Ad wrongly repeated; thus T. १९. M Ad ०मन्त्रकाः; thus T. २०. M Ad वु.

उपहूतायामिडायां 'सविता त्वा प्रसवानाꣳ सुवताम्' **इत्येनमाह ब्रह्मा।** '°अग्निर्गृहपतीनाꣳ सोमो=पतीनाम्' **इति॥ ५३॥** 'ये देवा देवसुवः स्थ' **इत्यस्य दक्षिणꣳ हस्तं गृह्णाति।** '°त

भूयासम्।' 'रुद्राय पशुपतये अनुब्रूहि, रुद्रं पशुपतिं यज।' 'दब्धिरसि। बृहस्पतये वाचस्पतये अनुब्रूहि। बृहस्पतिं वाचस्पतिं यज।' 'दब्धिरसि। इन्द्राय ज्येष्ठाय अनुब्रूहि। इन्द्रं ज्येष्ठं यज।' 'इन्द्रस्य ज्येष्ठस्याहं देवयज्ययेन्द्रियावी भूयासम्।' 'मित्राय सत्यायानुब्रूहि।' 'मित्रं सत्यं यज।' 'दब्धिरसि[१]। वरुणाय धर्मपतये अनुब्रूहि।' 'वरुणं धर्मपतिं यज।' 'दब्धिरसि। अग्नये गायत्राय त्रिवृतो राथन्तराय वासन्तायानुब्रूहि।' 'अग्निं गायत्रं त्रिवृतं राथन्तरं वासन्तं यज। [२]अग्नेर्गायत्रस्य त्रिवृत्ते राथन्तरस्य वासन्तस्याहं देवयज्ययाऽन्नादो भूयासम्।' 'इन्द्राय त्रैष्टुभाय पञ्चदशाय बार्हताय ग्रैष्माय अनुब्रूहि।' 'इन्द्रं त्रैष्टुभं पञ्चदशं बार्हतं ग्रैष्मं यज।' 'इन्द्रस्य त्रैष्टुभस्य पञ्चदशस्य बार्हतस्य ग्रैष्मस्याहं देवयज्ययेन्द्रियावी भूयासम्।' 'विश्वेभ्यो देवेभ्यो जागतेभ्यः सप्तदशेभ्यो वैरूपेभ्यो वार्षिकेभ्यः अनुब्रूहि।' 'विश्वान् देवान् जागतान् सप्तदशान्वैरूपान् वार्षिकान् यज।' 'विश्वेषां देवानां जागतानां सप्तदशानां वैरूपाणां वार्षिकाणामहं देवयज्यया वृत्रहा भूयासम्।' 'मित्रावरुणाभ्यामा-नुष्टुभाभ्यामेकविंशाभ्यां वैराजाभ्यां शारदाभ्यां अनुब्रूहि।' 'मित्रावरुणावनुष्टुभावेकविंशौ वैराजौ शारदौ यज।' 'मित्रावरुणयोरानुष्टुभयोरेकविंशयोर्वैराजयोः शारदयोरहं देवयज्ययेन्द्रियावी भूयासम्।' 'बृहस्पतये पाङ्क्ताय त्रिणवाय शाक्वराय हैमन्तिकायानुब्रूहि।' 'बृहस्पतिं पाङ्क्तं त्रिणवं शाक्वरं हैमन्तिकं यज[३]।' [३]'बृहस्पतेः पाङ्क्तस्य त्रिणवस्य शाक्वरस्य हैमन्तिकस्य देवयज्ययेन्द्रियावी भूयासम्।' 'दब्धिरसि। सवित्र आतिच्छन्दसाय त्रयस्त्रिंशाय रैवताय शैशिरायानुब्रूहि।' 'सवितारमातिच्छन्दसं त्रयस्त्रिशं रैवतं शैशिरं यज।' 'सवितुरातिच्छन्दसस्य[४] त्रयस्त्रिंशस्य रैवतस्य शैशिरस्याहं देवयज्ययाऽन्नादो भूयासम्।' 'अदित्यै विष्णुपत्न्यै[५] अनुब्रूहि।' 'अदितिं विष्णुपत्नीं यज।' [अदितेर्विष्णुपत्न्याः देवयज्ययाऽन्नादो भूयासम][६]।' 'दब्धिरसि। अग्नये वैश्वानराय अनुब्रूहि।' 'अग्निं वैश्वानरं यज।' 'अग्नेर्वैश्वानरस्याहं देवयज्ययाऽन्नादो भूयासम्।' 'अनुमत्यै[७] अनुब्रूहि। अनुमतिं यज। [८]अनुमत्याः देवयज्ययाऽन्नादो भूयासम।[८] 'दब्धिरसि। काय अनुब्रूहि।' 'कं यज। कस्याहं देवयज्ययान्नादो भूयासम्। वृत्रहा भूयासम्' इति केचित्। अग्नयेऽनुब्रूहि[९]। अग्नये[१०] प्रेष्य।[११] 'अग्नेरहं देवयज्ययाऽऽयुष्मान् यज्ञेन प्रतिष्ठां गमेयम्।' इडान्ते प्राशित्रपरिहरणं, शाखापवित्रप्रहरणं कृत्वा वाजिनयागं भक्षान्तं कृत्वा फलीकरणहोमपिष्टलेपयजमानभागप्राशन-प्रणीतामार्जनानि च॥ ५२॥

[इति प्रयोगः]

'सविता त्वा प्रसवानां सुवताम्' इत्यादि प्रतिपद्यते। एनं यजमानमाह लिङ्गात्॥ ५३॥

तैत्तिरीयके[१२] समस्तेन हस्तग्रहणम्। शाखान्तरस्थोऽयं[१३] विभागविधिर्द्रष्टव्यः। तयोर्विरोधे

---

१. M Ad om; thus T. २. M Ad अग्नये; thus T. ३-३. M Ad om; thus T. ४. T च्छन्दसः. ५. T पत्नियै. ६. T om. ७. M Ad om; thus T. ८-८. M Ad om; thus T. ९. M Ad om अग्नये; thus T. १०. M Ad om; thus T. ११. T प्रेष्यः. १२. M Ad °केन; thus T. १३. T °रस्थोऽयं.

इममामुष्यायण=ब्राह्मणानाꣳ राजा' **इति**॥५४॥ 'विष्णोः क्रमोऽसि', 'विष्णोः क्रान्तमसि', 'विष्णोर्विक्रान्तमसि' **इति विष्णुक्रमान् प्रक्रम्य वसन्ति**॥५५॥ **प्रसिध्यति कर्मा परिधीनां परिधानात्**॥५६॥ **परिधीन् परिदधात्यौदुम्बरान्**॥ ५७॥ **यजमानं यजुर्भिर्वाचयति**॥५८॥ **औदुम्बर्यौ स्रुचावभिमृशति**॥५९॥ **अग्निं युनक्ति**॥६०॥'अग्निं युनज्मि शवसा घृतेन' **इति तिसृभिरध्वर्युर्मध्यमं परिधिमभिमृशति**।'°दिव्यꣳ सुपर्णं वयसा=मा मा हिꣳसीः' **इति**॥६१॥ **प्रसिध्यति प्रातःसवनम्**॥६२॥ **प्रसिध्यति माध्यन्दिनꣳ सवनमा यज्ञायज्ञियस्य स्तोत्रात्**॥६३॥ **सीदन्ति नाराशꣳसाः**॥६४॥ **सन्नेषु नाराशꣳसेषु** 'चित्रं देवाना॑मुदगादनीकम्' **इति हिरण्यपात्रं मधोः पूर्णं मध्यन्दिनेऽश्वमवघ्रापयति**। '°चक्षुर्मित्रस्य=तस्थुषश्च' **इति**॥६५॥ **एतच्च हिरण्यपात्रमश्वं च ब्रह्मणे ददाति**॥६६॥ **प्रसिध्यति माध्यन्दिनꣳ सवनम्**॥६७॥ **प्रसिध्यति तृतीयसवनमा यज्ञायज्ञियस्य स्तोत्रात्**॥६८॥ **एकयाऽप्रस्तुतं भवति यज्ञायज्ञियस्य स्तोत्रम्**॥ ६९॥ **अथ** 'विश्वस्य मूर्धन्नधि तिष्ठसि श्रितः' **इति द्वाभ्यां प्रतिप्रस्थाता मध्यमं परिधिमभिमृशति**।'°समुद्रे ते हृदयं=नमस्पथे' **इति**॥७०॥ **प्रसिध्यति कर्मा समिष्टयजुर्भ्यः**॥७१॥'इमꣳ स्तनमूर्जस्वन्तं धयापाम्' **इति पुरस्तात्समिष्टयजुषामाज्यस्य पूर्णाꣳ स्रुचं जुहोति**। '°प्रप्यातमग्ने=आ विशस्व स्वाहा' **इति**॥ ७२॥ **प्रसिध्यति कर्माऽऽनूबन्ध्यस्य पशुपुरोडा-**

विकल्पः। 'इममामुष्यायणमि'त्यत्रेमं वासिष्ठं वैश्वामित्रमिति केचित् प्रयोक्तव्यं मन्यन्ते, तावता वचनार्थत्वात्। अपरे तावत् प्रवरऋषीन् प्रयुञ्जते–इमं वासिष्ठं शाक्त्यं[1] पाराशर्यमित्यविशेषाभिधा–नात्। आर्षेयाण्यनुद्धृत्य मन्त्रं समापयेदिति [2]मन्त्रदर्शनं चैवं युज्यते इति॥५४॥

विष्णुक्रमा याजमानाः।'विष्णुरेव भूत्वेमान् लोकान् जयती'ति राजसूये दर्शनात्[3]॥५५॥

परिध्याद्यनुक्रमणमनुवादः॥५६–५९॥

'अग्निं युनज्मि' इत्यभिमर्शनं विधातुम्। अध्वर्युग्रहणं मन्त्राणां याजमानत्वे[4] प्राप्तेऽपि[5] पदार्थस्याध्वर्यवत्त्वात्[5] तदर्था मन्त्रा अप्याध्वर्यवा एव स्युरित्येतत्[6] न्यायं प्रदर्शयितुम्[6]। 'प्रत्यगाशिषो मन्त्राः कर्मकरणाः सहजप्या' इति चानुपदकारस्य वचनमेवमुपपद्यतेतराम्। लिङ्गाद्याजमानत्वे प्राप्ते वचनमेतदाध्वर्यवत्त्वायेत्यपरे। एवं सति प्रवृत्तिविशेषकरत्वम्। इतरथा हि[7] न्यायानुवादमात्रत्वमित्येवं[8] व्याचक्षाणानामभिप्रायः[9]। प्रधानभूतेऽपि पदार्थे दुर्बलया[10] समाख्यया प्रापितमाध्वर्यवत्वं गुणभूते मन्त्रे बलवता प्रमाणेन प्राप्तेन याजमानत्वेन बाध्यत इति॥६०–६१॥

हिरण्यपात्रमनियतप्रमाणम्। अश्वं च यमवघ्रापयति[11]। अन्त्यायाः[12] स्तोत्रियायाः[13] प्राक्[14] प्रस्तावादभिमृशेत्॥६५–६६॥

---

१. M Ad शाक्यं; thus T. २. M Ad मनुदर्शञ्चै. ३. M Ad om दर्शनात्. ४. M Ad या यज०; thus T. ५–५. M Ad विवादार्थ०; thus T. ६–६. M Ad प्रादेशायितुं; thus T. ७. M Ad om; thus T. ८. M Ad ०मात्रत्वमेवं; thus T. ९. M Ad ०याचक्षताम०; thus T. १०. M Ad दुर्बलाय; thus T. ११. M Ad यमपछ्रा०; thus T. १२. T अन्त्याय. १३. M Ad ०त्रियाय; thus T. १४. M Ad प्राप्रस्तावाद०; thus T.

शात्॥ ७३ ॥ अनूबन्ध्यस्य पशुपुरोडाशेन सह मैत्रावरुणीमामिक्षां करोति तस्यै पुरोडाशेन॥ ७४॥ समानः प्रैषवान् स्विष्टकृत् समानीडा॥ ७५॥ परिधिषु संप्रकीर्णेषु 'वाजिनं तस्य भक्षो यद्वां रेतः प्रसिच्यते यत्र वां प्रति तिष्ठति तस्य वां वा जीवितस्य मधुमत उपप्रेतस्योपहूतो भक्षयामि' **इति॥ ७६ ॥ प्रसिध्यति कर्माप्रव्रजनात्॥ ७७॥ आप्रीभिरुपतिष्ठत इत्याहुः प्रव्रजिष्यन्** 'आपं त्वाऽग्ने मनसा' **इति॥ ७८॥** 'येऽग्नयः पुरीष्या' **इत्यग्नेरेवोक्थमनुशस्य प्रव्रजति।** '°प्रविष्था पृथिवीः=जीवातवे सुव' **इति॥ ७९॥ यद्यग्निष्टोम एतदेवाहर्ब्रह्मौदनं निर्वपति॥ ८०॥ यद्युक्थ्यो वाऽतिरात्रो वा श्वोभूते ब्रह्मौदनं निर्वपति॥ ८१॥ तं वसोर्धाराया उच्छेषणेनोपसिञ्चति॥ ८२॥ तमेत एव चत्वारो महर्त्विजः प्राश्नन्ति॥ ८३॥ तदेभ्यश्चतस्रो धेनूर्ददाति॥ ८४॥**

अस्या अप्यामिक्षायाः[१] शाखाहरणवत्सापाकरणदोहनानि सामर्थ्यादुपवसथ एव क्रियेरन्। प्रातर्दोहं च सौत्येऽहनि। प्रातःप्रदानं तावदन्वायात्यन्यायेन। इडान्ते शाखाप्रहरणम्॥ ७४॥

वचनाद् वाजिनयागः। परिधिषु प्रहृतेषु आप्रव्राजादाप्रस्थानाद् देवयजनान्[२] गृहान्[२] प्रति प्रव्रजनमभिप्रेतम्। तैत्तिरीयकेऽभिहितम्[३]॥ ७६-७७॥

आप्रीभिरुपस्थानं केचिच्छाखिनः प्रतिषेधन्ति। अतोऽविहितप्रतिषिद्धत्वात्ता विकल्पन्ते॥ ७८॥

यदा ता न स्युः तदा 'येऽग्नयः पुरीष्या' इत्येतामेवोक्त्वा प्रव्रजेत्। सैव चाग्नेरुक्थ्यमित्युच्यत[४] इत्यवगन्तव्यम्, सामानाधिकरण्यात्। इतरस्मिन्पक्षे ताञ्चोक्त्वाऽऽप्रीभिश्चोपस्थाय प्रव्रजेत्। यद्यश्च इति विनिवेशः सामर्थ्यापेक्षः॥ ७९॥

अस्मिन्नपि ब्रह्मौदने नामधेयेन ब्रह्मौदनधर्मः प्रवर्तते। प्रकृतिभूतस्य ज्योतिष्टोमस्यैव स्वसंस्थाविशिष्टस्यानुक्रमणादनारभ्याधीतानां प्रकृत्यर्थता चोच्यते। अथवा सप्त संस्थाविशेषाः संस्थात्रयेण परिगृहीताः। अग्निष्टोमशब्देनात्यग्निष्टोमो नादृतः विशेषः। षोडश्यप्युक्थ्य[५] एव। उक्थ्यस्य षोडाशिमत इति व्यवहारात्। एवं वाजपेयोऽपि सप्तदश उक्थ्यः षोडशिमानिति व्यवह्रियमाणत्वात्। अप्तोर्यामोऽप्यतिरात्र एव रात्रिमतिरिच्यत इति। एतदेव हि ज्यायः। अग्निष्टोमसंस्थ[६] एव प्रकृतिभूतः। उक्थ्यादयो गुणविकाराः ॥ ८०-८१॥

उच्छेषणेनोपसिञ्चतीति ब्रुवतोऽभिप्रायः। आज्यस्यौदनपाक[७]साधनत्वानुपपत्तेस्तस्मिन् ब्रह्मौदनं पचेदित्यत्र पाकेनोपसेक उपलक्षित इति॥ ८२॥

'तं चत्वार आर्षेयाः प्राश्नन्ती'त्यविशिष्टेष्वार्षेयेषु प्राशितृषु प्राप्तेषु महर्त्विजोऽत्र नियम्यन्ते। तानध्वर्युः शास्ति। तत्राध्वर्युरात्मानमपि शास्ति सामर्थ्यात्। यथा प्रशास्तर्यजेति॥ ८३॥

---

१. M Ad °क्षाय; thus T. २-२. M Ad °नाद्गृहा°, T °यजनगृहान्. ३. M Ad °केऽभिप्रेतं; thus T. ४. M Ad °ग्नेक्षमि°; thus T. ५. M Ad °डश्यव्युक्ष्यः; thus T. ६. M Ad संस्था; thus T. ७. M Ad °दनपातसा°; thus T.

सन्तिष्ठतेऽग्निचित्या सन्तिष्ठतेऽग्निचित्या ॥ ७.१५.१.८५ ॥[**इति प्रथमः पटलः** (५१)]

॥ इति व्याख्यायां सप्तमप्रपाठके पञ्चदशोऽनुवाकः ॥

॥ इति अग्निकल्पाख्यः सप्तमः प्रपाठकः ॥

□ □ □

सन्तिष्ठतेऽग्निचित्येत्यत्र वचनं[१] क्रत्वन्त एव सौत्रामण्यादि स्यान्न चयनान्तरमित्येवमर्थम्। अभ्यासो मङ्गलार्थः। बाहुल्यं हि मङ्गलम्। मङ्गलादीनि[२] च किल शास्त्राणि मङ्गलमध्यानि मङ्गलपर्यवसानानि च प्रथन्ते। वीरपुरुषाण्यायुष्मच्छिष्याणि स्मर्यन्ते[३] चाचार्यैश्चर्यन्ते। 'अभ्यासः[४] स्वस्तये मङ्गलाय चाख्यायते[५]। समाहृतेषु ऋद्धये स्वस्त्ययनाय[६] च इति ॥ ७.१५.१.८५ ॥ [**इति प्रथमः पटलः** (५१)]

॥ इति व्याख्यायां सप्तमप्रपाठके पञ्चदशोऽनुवाकः[७] ॥

॥ इति कल्पागमसंग्रहे अग्निकल्पाख्यः सप्तमः प्रपाठकः ॥

□ □ □

---

१. T °चित्येति। अव°. २. M Ad मङ्गलानि; thus T. ३. M सूर्यन्ते, Ad सूर्यं ते; thus T. ४. M Ad °यासं; thus T. ५. M Ad °यन्ते; thus T. ६. M Ad स्वस्त्ययाय; thus T. ७. M Ad T °दशोऽध्यायः.

॥ अथ अष्टमः प्रपाठकः ॥

[अथ वाजपेयः]

वाजपेयेन यक्ष्यमाणः संभारान् संभरते सप्तदश गवाꣳ शतानि वयसोवयसः सप्तदश पुरुषान् सप्तदश हस्तिनः सप्तदशानाꣳसि युक्तानि सप्तदश रथान् सप्तदशारꣳ रथचक्र-मौदुम्बरꣳ सप्तदश निष्कान् सप्तदश हिरण्यशल्कान् सप्तदशोषपुटान् सप्तदश नीवारान् पात्रान् सप्तदश दुन्दुभीन् सप्तदश वायव्यानि सप्तदशोपयामान्, सप्तदश प्राजापत्यान् छागान् श्यामानेकरूपान् सप्तदश वासाꣳसि सप्तदशारत्निं यूपꣳ सप्तदशप्रव्याध आजिपथ इति

वाजपेयेन यक्ष्यमाणः संभारान् संभरते। अयं क्रतुर्नित्यः, कामाश्रवणात्[१]। संख्यायन्ते च कैश्चित् पुरुषसंस्कारेषु सप्त सोमसंस्थाः। अथवा कामाश्रवणेऽपि[२] कल्प्यतां[२] स्वर्गफलम्[३]। सूत्रान्तरोक्तमा-धिपत्यादि[४] श्रुत्युदितं वा स्वराज्यादि। न हि फलाश्रवणेऽपि नित्यत्वहेतावनुपलभ्यमाने नित्यता कल्प्यते राजसूयादीनाम्। अथवा द्वैरूप्यमस्य पुरुषसंस्कारेषु संख्यानां नित्यता फलदर्शनात्, काम्यता च। तत्रापि नित्यता वैकल्पिकी कैश्चिदेवाभिहितत्वात्।

सप्तदश संभारा[५] विशिष्य वक्ष्यन्ते। केन विशिष्यः, सप्तदशसंख्यया। कथम्। गवां शतानि, वयसो वयसः, सप्तदश[६] पुरुषानित्येवमर्थम्। अथवा सप्तदश गवां शतानीति वाक्यच्छेदः। तथा[७] वयसो वयसः सप्तदशेति। पूर्वेण वाक्येन अनियतानि सप्तदश गवां [८]शतान्युक्तानि। द्वितीयेन दशभिर्वयोविशेषैर्विशिष्यानि विकल्प्यन्ते च। विरोधादुभयम्। वयसोवयसो वा सप्तदशेति ब्रुवतां वचनमेवमुपपद्यते। अथवा सप्तदश गवां शतानीति द्वितीयो विकल्पः। प्रतिवयसं सप्तदश गवां[८] शतानीति वा। तथाहि प्रकृतेन वा विकल्पोऽभिमतः शब्दस्याभावात् समुच्चयन्यायत्वात्[९]। दक्षिणानां प्रतिवयः सप्तदश गाव इति पूर्ववच्च वाक्यद्वयं व्याख्येयम्। युक्तान्यनांस्यनडुद्भिः[१०]। रथा अश्वयुक्ता[११] एवाजिधावनार्थत्वात्, अश्वैश्च प्राचुर्यात्। प्रष्ठिवाहिनश्च [१२]यजुर्युक्तदर्शनात्तस्यैव वा नियमोऽन्येषां नियमे प्रमाणाभावात्। निष्कः[१३] आभरणविशेषः। हिरण्यशल्काः कृष्णाश्च[१४], कृष्णलं वाजसृद्भ्य इति दर्शनात्। सप्तदशपात्रप्रमाणा[१५] नीवाराः। पात्रशब्देन पात्रविशेषः शरावोऽभिप्रेतः, सप्तदशशरावो भवतीति दर्शनात्। श्यामानित्येव प्रसिद्धः। एकरूपग्रहणं प्रमाणाभिप्रायः। यूपो मे

---

१. M Ad कामश्रव° ; thus T. २–२. M Ad °वणे विकल्प्य° ; thus T. ३. M Ad स्वर्गः फलम्. ४. M Ad °रोत्तमा° ; thus T. ५. T संस्कारा. ६. M Ad twice; thus T. ७. M Ad ततो; thus T. ८–८. M Ad om; thus T. ९. M Ad समयत्वात्; thus T. १०. M Ad युक्तान्यानां° ; thus T. ११. M Ad T रथाश्व°. १२. T यर्जुक्ते. १३. M Ad om, T नि.... १४. M Ad कृष्णलं; thus T. १५. M Ad °दशवात्र° ; thus T.

सप्तदशानि ॥ १ ॥ अथेतरे गोधूमकलापी च दशाक्रमणा च श्रितिर्बस्ताजिनं च कृष्णाजिनं च शतमानं चासन्दी च तार्प्यं चोष्णीषं च वारं च सतं च नानादेवत्याः पशवः पञ्चैन्द्राणां पात्राणि षोडशिपात्रं च हिरण्यपात्रं च द्वावाखरावभितोऽक्षम् ॥ २ ॥ एतेऽस्य संभारा उपक्लृप्ता भवन्ति ॥ ३ ॥ दीक्षायै मीमांसा ॥ ४ ॥ त्रयोदश दीक्षास्तिस्र उपसदः सप्तदशीं प्रसुत इति ॥ ५ ॥ इतरे प्राजापत्यो वा एष यज्ञक्रतुः इति वदन्तः सप्तदशैव दीक्षास्तिस्र उपसद एकविंशीं प्रसुत इति प्रजापतिमेव दीक्षाभिरभि संसादयन्ति ॥ ६ ॥ आदित्यमेकविंशेनैवोपतिष्ठमाना वैष्णवेन दीक्षन्ते ॥ ७ ॥ तस्य हविष्कृता वाचं विसृज्य, 'देव सवितः प्रसुव यज्ञं प्रसुव यज्ञपतिम्' **इति चतुर्गृहीतेन सावित्रमाहवनीये जुहोति।** '०भगाय=स्वदाति नः स्वाहा' **इति ॥ ८ ॥ प्रायणीयस्य हविष्कृता वाचं विसृज्यातिथ्यस्य हविष्कृता वाचं विसृज्य तिसर्णीमुपसदां त्रीणि पुरस्तात् संप्रैषस्याग्नेः प्रहर्तोः पुरस्ताद् वैसर्जनस्य पुरस्तात् पशोरुपाकर्तोः पुरस्तात्, त्रयाणां सवनानां त्रीणि विप्रुषां होममनु त्रयाणामुत्थानानां त्रीणि पुरस्तात्, संप्रैषस्य षोडशिनः स्तोत्रस्य पुरस्तात् सप्तदशिनः स्तोत्रस्य पुरस्ताद् दीक्षन्ते ॥** ८.१.१.९ ॥ **[इति प्रथमः पटलः]**

सप्तदशिनः स्तोत्रस्य पुरस्ताद् दीक्षन्ते ॥ १ ॥ त्र्यहे पुरस्तात् सुतस्याह्नः सुरां कुर्वन्ति ॥ २ ॥ सा सुत्येनाह्ना संपद्यते ॥ ३ ॥ अग्नीषोमीयस्य पशुपुरोडाशेन सह देवसुवां हवींषि निर्वपति 'अग्नये गृहपतये' **इत्यष्टावेतानि ॥ ४ ॥ प्रैषवान् पशुपुरोडाशः ॥ ५ ॥** 'अनुब्रूहि' ॥ ६ ॥ 'यज' **इतीतरेषां हविषामुपांशु ॥ ७ ॥ समानः प्रैषवान् स्विष्टकृत्, समानीडा ॥ ८ ॥ उपहूतायामिडायां** 'सविता त्वा प्रसवानां सुवताम्' **इत्येनमाह।** '०अग्निर्गृहपतीनां=पतीनाम्'

बिल्वा खादिरो भूयश्चतुरश्रि[१] सप्तदशप्रव्याध[२] आजिपथ उद्धृतः स्थाण्वादिकः समीकृतः। सप्तदशानीति ज्ञानविशेषादूष्यय ॥ १ ॥

गोधूमकलापी[३] चषालार्थे। तार्प्यं [४]घृतेनाक्तम्। वासो नानादेवत्यानाम्। तत्र यच्छागा सारस्वती मेषी मारुती पृश्निः श्वेतं छन्दमति [५]चष्मेहि चतुर्वर्षा ते द्वे अध्यृषभे अधिक्रान्ते अषोडशी पात्राण्यषोडशीपात्रमौदुम्बरं चतुःस्रक्तिः[५] ॥ २-३ ॥

मीमांसा विकल्पना स्थिता[६] मुख्यकल्प इत्यभिप्रायः ॥ ४ ॥

आग्नावैष्णवस्यानुवादः[७] ॥ ७ ॥

सावित्रविधानाय। अग्निचयनाभावो वाजपेयस्य द्योतते ॥ ८.१.१.८ ॥ **[इति प्रथमः पटलः]**

क्रयदिवसे सुराक्रिया बहुवचननिर्देशादनियतकर्तृका: ॥ २ ॥

अग्नीषोमीयस्येत्यग्नावेव व्याख्यातम् ॥ ४-१२ ॥

---

१. M Ad चतुरः श्रीः. २. M Ad ०दशव्याघ. ३. M Ad ०पि; thus T. ४. M Ad घृतता०; thus T. ५-५. M Ad अध्यषप्सेरसाधिक्रान्ते अषडशीपात्राण्यौषडशी०; thus T. reading doubtful. ६. M Ad स्थितः. ७. M Ad ०पादः; thus T.

इति ॥ ९ ॥ 'ये देवा देवसुवः स्थ' **इत्यस्य दक्षिणꣳ हस्तं गृह्णाति।** '०त इममामुष्यायण=ब्राह्मणानाꣳ राजा' **इति** ॥ १० ॥ 'विष्णोः क्रमोऽसि विष्णोः=विक्रान्तमसि' **इति विष्णुक्रमान् प्रक्रम्य वसन्ति** ॥ ११ ॥ **प्रसिध्यति कर्म** ॥ १२ ॥ **प्रातःसवनीयैः पशुपुरोडाशैः सह बार्हस्पत्यश्चरुः श्रप्यते** ॥ १३ ॥ **ते नैवाराः सप्तदश शरावाः क्षीरे** ॥ १४ ॥ **यस्मिन् कालेऽध्वर्युरपामर्धमेति तस्मिन् काले प्रतिप्रस्थाता** 'पुनातु मे परिस्रुतम्' **इति दक्षिणस्य हविर्धानस्यापरेणाक्षं वारेण सते सुरां परि पुनाति।** '०सोमꣳ सूर्यस्य दुहिता वारेण शश्वता तना' **इति** ॥ १५ ॥ **आगत्याप उपस्पृश्य राजानमभिषुण्वन्ति** ॥ १६ ॥ **प्रसिद्धं ग्रहा गृह्यन्त आऽऽग्रयणात्** ॥ १७ ॥ **आग्रयणं गृहीत्वाऽतिग्राह्यान् गृह्णाति** 'उपयामगृहीतोऽसि' **इति पञ्चैन्द्रान्।** '०नृषदं त्वा द्रुषदं भुवनसदमिन्द्राय जुष्टं गृह्णाम्येष ते योनिरिन्द्राय त्वा', 'उपयामगृहीतोऽस्यप्सुषद=गृह्णाम्येष=न्द्राय त्वा', 'उपयामगृहीतोऽसि पृथि=गृह्णाम्येष ते=न्द्राय त्वा', 'ये ग्रहाः पञ्चजनीनां=गृह्णाम्येष ते योनिरिन्द्राय त्वा' **इति** ॥ १८ ॥ **व्यतिसर्पतः** ॥ १९ ॥ **पूर्वेणाक्षमध्वर्युरपरेणाक्षं प्रतिप्रस्थाता सर्पति** ॥ २० ॥ **सप्तदश वायव्यान्यध्वर्युरादत्ते** ॥ ८.१.२.२१ ॥ **[इति द्वितीयः पटलः]**

बार्हस्पत्येत्यचरौ द्रव्यभूयस्त्वान्मुष्टिर्बाध्येत। संख्या वा मुष्टिबाधे महता पात्रेण चतुरेण निर्वापः। संख्याभावे यावद्द्रव्यमुष्टिनैव निर्वाप आवृत्त्या क्रियेत। तत्र संख्याबाधो न्याय्यः। संख्येयस्य प्राधान्यादिति केचित्। मुष्टिबाध एव न्याय्यः। मुष्ट्यानुरोधे हि गुणानुरोधेन निर्वापस्य पदार्थस्य प्रधानभूतस्यावृत्तिरन्याय्या कल्प्यत इत्यपरे। न चोभयं बाध्यम्[१], न[१] च निर्वापावृत्तिः[२]। प्राकृतस्याभावात्, निर्वापस्य सर्वार्थत्वे तदभिवृद्धिरेवायमित्यन्ये ॥ १३ ॥

क्षीरेणापः प्रत्याम्नायन्ते ॥ १४ ॥

यदा अपामर्धमेति[३] अपयिष्य[४] होतरित्याद्युक्त्वा ततः प्रतिप्रस्थाता पूर्वमेव कृतां सुरामा-हृत्यापरेणाक्षं कृत आखरे तितउना[५] परिपुनाति[६] ॥ १५ ॥

अपामुपस्पर्शनं[७] सुरालेपापनयनाय[८]। अनेन प्रकृतावपि प्रतिप्रस्थातुरभिषोतृत्वमवधार्यते[९]। युज्यते वाऽविशेषेण[१०]। बहुत्वनिर्देशादध्वर्योस्तत्पुरुषाणां च कर्तृत्वम् ॥ १६ ॥

समाख्यासंबन्धाद् अतिग्राह्याः प्राकृता[११] एव संख्यया देवतया[१२] च विक्रियन्ते। प्रत्यभिज्ञया[१३] इति केचित्। गुणविधिवाक्ये अनेकगुणविधानानुपत्तेः, कर्मान्तरता वा। न च प्रत्यभिज्ञया प्राकृतत्वं यौगिकत्वादति[१४]ग्राह्यशब्दस्य। प्राकृतत्वे स्वस्थानविवृद्धिः। कर्मान्तरत्वे [१५]द्वितीयविकारत्वमिति विकल्पना फलम् ॥ ८.१.२.१८ ॥ **[इति द्वितीयः पटलः]**

१–१. M Ad बाध्यते; thus T. **२.** M Ad ०वृत्तिं; thus T. **३.** M Ad अवामर्धमेति, T अपामसोमेति **४.** M Ad अवयि० ; thus T. **५.** M Ad ततऊना. **६.** T ०नारिपुना०. **७.** M Ad अवापस्पशनं; thus T. **८.** M Ad ०लेपापनाय; thus T. **९.** M Ad ०धार्य; thus T. **१०.** M Ad वा विशे० ; thus T. **११.** M T प्रकृता. **१२.** M Ad एतया; thus T. **१३.** M Ad T ०भिज्ञाया०. **१४.** M Ad ०कत्वाग्राह्य० ; thus T. **१५.** M Ad द्वितीयत्वविकार० ; thus T.

सप्तदश वायव्यानध्वर्युरादत्ते, सप्तदशोपयामान् प्रतिप्रस्थाता ॥ १ ॥ **सोमग्रहानध्वर्युर्गृह्णाति, सुराग्रहान् प्रतिप्रस्थाता** ॥ २ ॥ **पुरोऽक्षꣳ सोमग्रहानध्वर्युः सादयति पश्चादक्षं प्रतिप्रस्थाता** ॥ ३ ॥ 'अया विष्ठा जनयन् कर्वराणि' **इत्येकयाऽध्वर्युः सोमग्रहान् गृह्णाति** । '०स हि घृणिरुरु=तनूमैरयत । उपयामगृहीतोऽसि प्रजापतये त्वा जुष्टं गृह्णामि' **इति** ॥ ४ ॥ **पूर्वेण स्रुचमस्पृष्टꣳ सादयति** 'एष ते योनिः प्रजापतये त्वा' **इति** ॥ ५ ॥ 'कुविदङ्ग' **इत्येकया सुराग्रहान् प्रतिप्रस्थाता** । '०यवमन्तो=न जग्मुः । उपयामगृहीतोऽसि प्रजापतये त्वा जुष्टं गृह्णामि' **इति** ॥ ६ ॥ 'एष ते योनिः प्रजापतये त्वा' **इति सादयति** ॥ ७ ॥ 'बृहस्पतये' **इति वा** ॥ ८ ॥ **पर्यायश एतान् ग्रहान् गृह्णीतोऽध्वर्युश्च प्रतिप्रस्ताता च, सप्तदशेतरः सप्तदशेतरः** ॥ ९ ॥ **अप उपस्पृश्याद्रवति प्रतिप्रस्थाता** ॥ १० ॥ 'मधु वाता ऋतायते' **इति हिरण्यपात्रेण मधुग्रहमध्वर्युर्गृह्णाति** । '०मधु क्षरन्ति सिन्धवः=षधीः । उपयामगृहीतोऽस्यद्भ्यस्त्वौषधीभ्यस्त्वा जुष्टं गृह्णामि' **इति** ॥ ११ ॥ 'एष ते योनिरद्भ्यस्त्वौषधीभ्यस्त्वा' **इति सादयति** ॥ १२ ॥ **उक्थ्यं गृह्णाति** ॥ १३ ॥ **ध्रुवं गृह्णाति** ॥ १४ ॥ **प्रसिध्यति कर्मा यूपस्य परिव्ययणात्** ॥ १५ ॥ **षड्रशना यूपे परिव्ययति** ॥ १६ ॥ **षट् स्वरूनवगूहति** ॥ १७ ॥ **अथ** 'इषे त्वा' **इति चतुश्चत्वारिꣳशतं बर्हीꣳष्यादायोपाकरणीये हुत्वा पशूनुपाकरोत्याग्नेयं छागमैन्द्राग्नं छागमैन्द्रं छागꣳ सारस्वतीं मेषीं मारुतीं पृश्निं पष्ठौहीमध्यृषभाम्** ॥ १८ ॥ **एते अगर्भिण्यौ स्याताम्** ॥ १९ ॥ **सप्तदश प्राजापत्याञ्छागाञ्छ्या–मानेकरूपान् पशूनुपाकृत्य निर्मन्थ्येन चरति** ॥ २० ॥ **अथ** 'देवस्य त्वा सवितुः प्रसवे' **इति द्वाविꣳशती रशना आदायापिदधाति पशूननुपूर्वं नानादेवत्यान्, यत्राधिकामं प्राजापत्यान्**

अध्वर्योरुत्तर[1]तोऽनुपृष्ठ्यां सृप्त्वा[2]ऽपसव्यमावृत्यापरेणाक्षं प्राङ्मुखः स्थित्वा सुराग्रहान् गृह्णाति ॥ २ ॥

आदत्ते स्वे स्वे ग्रहणकाले, न युगपत् । [3]देवताविकल्पः सुराग्रहाणामानन्तर्यात् ॥ ३–१० ॥

मधुग्रहेऽध्वर्युग्रहणं प्रतिप्रस्थातुरपि प्रकृतत्वात् ॥ ११–१५ ॥

स्वरुरशनयोः प्रदानप्रयुक्तता[3], देवताप्रयुक्तता वा[4] वाचनिकी[5] ॥ १६–१७ ॥

पशुरशनां तावत् प्रतिपशु । भिन्नान्[6] एव पशूनुपाकरोति । पृथक् पृथगात्मीयाभ्यां बर्हिर्भ्यां प्रज्ञातानुपूर्व्याणि बर्हींषि निदध्यात्[7] । अध्यृषभे अधिक्रान्तर्षभे[8] । ऋषभशब्दो[9] लिंगसमवायात् मेषर्षभयोर्वृत्तः[10] । अध्यृषभः[11] पष्ठौही[12] । अधिमेषा मेषी[13] ॥ १८ ॥

अगर्भिण्यौ । पुंसंयोगानन्तरमेवेत्यभिप्रायः[14] ॥ १९ ॥

---

१. M Ad ०ध्वर्योरुत्तररेतानु०, T अध्वर्युरु०. २. M Ad सुप्त्वा० ; thus T. ३–३. M Ad om; thus T. ४. M Ad om; thus T. ५. M Ad ०निकः ; thus T. ६. M Ad om; thus T. ७. Ad विद [M दद] ध्यात्. ८. Ad अतिक्रा० ; thus T. ९. M Ad ०शब्दात्तुङ्गस० ; thus T. १०. M Ad ०र्वत्तः ; thus T. ११. M Ad ०षभा; thus T. १२. M Ad ०ष्ठौहि; thus T. १३. M Ad ०मेषामधिमेषी; thus T. १४. M Ad ०मेवाभिप्रा० ; thus T.

॥ २१ ॥ **रशनासु युनक्ति** ॥ २२ ॥ **समानस्यां प्राजापत्यान्** ॥ २३ ॥ **प्रोक्ष्य वाजयत्यनुपूर्वं नानादेवत्यान्, यत्राधिकामं प्राजपत्यान्** ॥ २४ ॥ **निपाय्योपोक्ष्य निधाय पात्रम्** 'अग्नये समिध्यमानायानुवाच आह' ॥ २५ ॥ **अनूक्तासु सामिधेनीषु स्रुवेणाघारमाघार्याह** 'अग्नीदग्निं त्रिः संमृड्ढि' **इति** ॥ २६ ॥ **स्रुग्भ्यामुत्तरम्** ॥ २७ ॥ **असꣳस्पर्शयन्नत्याक्रम्य पशून् समनक्त्यनुपूर्वं नानादेवत्यान्, यत्राधिकामं प्राजापत्यान्** ॥ २८ ॥ **ध्रुवाꣳ समज्य स्रुचौ सादयत्वा प्रवरं प्रवृणीते** ॥ २९ ॥ **सीदति होता** ॥ ३० ॥ **प्रसूतः स्रुचावादत्ते** ॥ ३१ ॥ **प्रयाजान् यजति** ॥ ३२ ॥ 'ओ श्रावय' **इत्याह** ॥ ३३ ॥ 'समिद्भ्यः प्रेष्य प्रेष्य' **इति** ॥ ३४ ॥ **एकादशानूयाजान् यजति** ॥ ३५ ॥ **चतुर्थाष्टमयोः सर्वꣳ समानयते** ॥ ३६ ॥ **उपभृतोऽधि स्रुच्येकादशं परिशिष्य दशेष्ट्वाऽत्याक्रामति** ॥ ३७ ॥ **स्वरुस्वधितिहस्तान् इति** ॥ ३८ ॥ **नानैव नानादेवत्यानाꣳ समानाः प्राजापत्यानाम्** ॥ ३९ ॥ **नानादेवत्यानां नानाऽनु सञ्चरन्ति** ॥ ४० ॥ **अवगूह्य स्वरून् यथायतनꣳ स्रुचौ सादयित्वा** 'पर्यग्नयेऽनुब्रूहि' **इत्याह***[१](॥ ४१ ॥ **आहवनीयादग्नीदुल्मुकमादायान्तरा चात्वालोत्करौ निष्क्रम्य प्रसलैस्त्रिः पर्याग्निकरोति** ॥ ४२ ॥ 'प्रजानन्तः प्रतिगृह्णन्तु पूर्वे' **इत्युल्)मुकपाणिः परिद्रवति** ॥ ४३ ॥ **पञ्चापाव्यानां यजूꣳषि जुहोति***[२]('प्राणमङ्गेभ्यः= शरीरैः स्वाहा', 'येषामीशे=नस्य सन्तु स्वाहाः', 'ये बध्यमान=अग्निस्ताम् = विदानः स्वाहाः', 'य आरण्याः पश॰ =वायुस्तां = विदान स्वाहा', 'प्र मुञ्चमान = पाथः स्वाहा' **इति** ॥ ४४ ॥ 'एहि यजमान' **इत्युक्त्वाऽन्वारब्धे यजमाने) होतुराहुतिꣳ षष्ठीं जुहोति** *[३](**निधायोल्मुकमाग्नीध्रं प्रतिपथं त्रिः पुनः परिद्रवति** ॥ ४५ ॥ **तदेवाग्नीदुल्मुकमादत्ते) बर्हीꣳष्यध्वर्युर्वपाश्रपण्यः प्रतिप्रस्थाता** ॥ ४६ ॥ **उल्मुकप्रथमा उदञ्चो यन्त्यन्तरा चात्वालं चोत्करं च** ॥ ४७ ॥ 'आश्राव्य उप प्रेष्य होतर्हव्या देवेभ्यः' **इत्याह** ॥ ४८ ॥ 'श्वेतीर्यज्ञपति' '॰प्रियधाऽऽ विशत' **इति वपाश्रपणीभ्यां पशूनन्वारभन्ते** ॥ ४९ ॥ 'पृथिव्याः संपृचः पाहि' **इति द्वाविꣳशति बर्हीꣳष्युपास्यति** ॥ ५० ॥ **तेषूपरि पशून् निक्षिणन्ति** ॥ ८.१.३.५१ ॥ **[इति तृतीयः पटलः]**

---

*[१]. Text abri. इत्याह=मुकपाणि see V.2.2.17-19. *[२]. Text abri. जुहोति=होतुराहुति see V.2.2.20-21. *[३]. Text abri. जुहोति=बर्ही॰ see V.2.2.21-23.

समानस्यां प्राजापत्यान्[१] सप्तदशपशुरशनाः समुच्चित्य यूपरशनायां निबध्नीयात्। प्राजापत्यानामभिधानादिषु[२] क्रमानियमो वाचनिकः। एवं सत्यनियमा एव वृत्तिक्रमेणैव कर्तव्याः। यथाऽऽप्यायनादिषु यत्र नियमो नोक्तः[३] ॥ २३ ॥

नानास्वधिती, [४]नानाऽनुसञ्चरन्त्यानुकूल्येन संगच्छन्ति ॥ ८.१.३.४० ॥ **[इति तृतीयः पटलः]**

---

१. M Ad ॰त्यात्; thus T. **२.** M Ad ॰द्वष्ट; thus T. **३.** M Ad नोक्ता; thus T. **४.** M Ad T ननु.

आग्नेयं छागमैन्द्राग्नं छागमैन्द्रं छागꣳ सारस्वतीं मेषीं मारुतीं पृश्निं पष्ठौहीम् ॥ १ ॥ **सहैव प्राजापत्यान्** ॥ २ ॥ **आग्नेयस्यैवाध्वर्युर्वपया प्रथमया प्रतिपद्यतेऽनूचीरितरा वपा आहरन्ति** ॥ ३ ॥ 'प्रत्युष्टꣳ रक्षः प्रत्युष्टा अरातयः' **इत्याहवनीयस्यान्तमेऽङ्गारे वपां निकूड्यान्तरा यूपं चाहवनीयं चातिहृत्य दक्षिणत उदगावृत्तः प्रतिप्रस्थाता वपाꣳ श्रपयति** ॥ ४ ॥ **ताभ्यः** 'वायो वीहि स्तोकानाम्' **इत्यध्वर्युर्द्वाविꣳशति बर्हीꣳष्युपास्यति** ॥ ५ ॥ 'त्वामु ते दधिरे हव्यवाहम्' **इत्याग्नेयीमुत्तमां कृत्वा स्रुवाहुत्याऽभि जुहोति** ॥ '°शृतं कर्तार=जुषस्व स्वाहा' **इति** ॥ ६ ॥ **उपेतरा यच्छन्ति** ॥ ७ ॥ **ता विप्रुषोऽभि पतन्ति** ॥ ८ ॥ 'स्तोकेभ्योऽनुब्रूहि' **इत्याह***[१] (॥ ९ ॥ **यदैतं मैत्रावरुणः षड्चꣳ सूक्तमन्वाहाथ स्वाहाकृतीः** ॥ १० ॥ **प्रैषमादायाध्वर्युरत्याक्रामति** ॥ ११ ॥ 'ओ श्रावय' **इत्याह** ॥ १२ ॥ 'स्वाहाकृतीभ्यः प्रेष्य' **इति** ॥ १३ ॥ **वषट्कृते जुहोति** ॥ १४ ॥) **पृषदाज्यमभिघार्याग्नेयीमेवोत्तमां कृत्वा स्रुवाहुत्याऽभिजुहोति** ॥ १५ ॥ **उपेतरा यच्छन्ति** ॥ १६ ॥ **ता विप्रुषोऽभिपतन्ति** ॥ १७ ॥ 'स्तोकेभ्योऽनुब्रूहि' **इत्याहान्त्याम्** ॥ १८ ॥ **आज्यं च हिरण्यशल्कं च वपाया उपस्तृणीते** ॥ १९ ॥ **नानैव नानादेवत्यानां वपाभिः प्रचरन्ति यथादैवतम्, एकयैव प्राजापत्यानाम्** ॥ २० ॥ **वपाभिः प्रचर्य** 'आपो हि ष्ठा मयोभुवः' **इति तृचेन मार्जयन्ते चात्वाले** ॥ २१ ॥ **सꣳसर्पन्त्येवातः** ॥ २२ ॥ **प्रसिध्यति कर्म** ॥ २३ ॥ **प्रातःसवनीयैः पुरोडाशैः सह बार्हस्पत्यं चरुमासादयति** ॥ २४ ॥ **प्रातःसवनीयानां पुरोडाशानामिष्ट्वा** 'बृहस्पतयेऽनुब्रूहि'

*[१]. Text abri. इत्याह=पृषदाज्य° see V.2.4.13-18.

स्वे स्वे समञ्जनकाले[१] सहैव प्राजापत्यानिति कालैक्याभिप्रायम्[२]। पैरव पराचो नाभिहितः ॥ २ ॥

इतरा उपगच्छन्ति ॥ ७ ॥

यथाहुत्या विप्रुषः सर्वासु पतेयुः[३]। सरस्वत्यै मेष्या वपायाः, मरुद्भ्य उस्राया वपाया इत्यूहः ॥ ८ ॥

आज्यं [४]च हिरण्यशल्कं[४] चोपस्तीर्य स्रुवेणैकां वपां संप्रलुम्पन्[५] 'प्रजापतये छागानां वपानामि'ति प्रैषमुक्त्वा सर्वा वपा आदाय हिरण्याज्याभ्यामुपरिष्टादभिघार्य पूर्ववत् प्रैषमुक्त्वा 'जातवेदो वपाभिर्गच्छ देवान्' इति वषट्कृते जुहुयात्। 'स्वाहा देवेभ्यो देवेभ्यः स्वाहा' इति तन्त्रं सर्वासाम्[६]। तथा[६] [७]वपाश्रपण्यनुप्रहरणे गच्छतेत्यूहः ॥ १३–१५ ॥

बार्हस्पत्यस्योद्वासनसादने सहैव सवनीयैः। प्रदानं तु सवनीयानीडान्तां कृत्वा। माध्यन्दिनीयानां

---

१. M Ad स्वे स्वे समञ्ज स, T स्वे समञ्जनकाले. २. M Ad °प्रायः; thus T. ३. M Ad वतये; thus T. ४–४. M Ad om; thus T. ५. M Ad लम्पन्, T °लुम्प ६–६. M Ad om साम। तथा; thus T. ७. M Ad वपाश्रपस्यनु° ; thus T.

इत्याहोपस्तीर्णाभिघारितं बार्हस्पत्यस्यादधानः ॥ २५ ॥ **होतैव तस्या अन्वाह** ॥ २६ ॥ **होता यजति** ॥ २७ ॥ 'ओ श्रावय' **इत्याह** ॥ २८ ॥ 'बृहस्पतिं यज' **इति** ॥ २९ ॥ **वषट्कृते जुहोति** ॥ ३० ॥ **अनिष्टस्विष्टकृतमेतं बार्हस्पत्यं प्रतिपराहरन्त्याग्नीध्रम्** ॥ ३१ ॥ **शूला मारुत्या अनवदानीयानि श्रपयितवा आह** ॥ ३२ ॥ **प्रसिध्यति प्रातःसवनम्** ॥ ३३ ॥ **प्रसिध्यति माध्यन्दिनꣳ सवनमा पवमानात्** ॥ ३४ ॥ **पवमानेन चरित्वा संप्रेष्यति** 'अग्नीदग्नीन्विहर, बर्हिः स्तृणाहि, पुरोडाशाँ अलङ्कुरु, प्रतिप्रस्थातर्दधिसम्राजाऽऽद्रव, होतर्वदस्व यत्ते वाद्यम्' **इति** ॥ ३५ ॥ **दधिसम्राजा प्रचर्य मारुत्या प्रचरति** ॥ ३६ ॥ **तस्य दिशोऽनु द्वे होतुराहुती जुहोति** ॥ ३७ ॥ **पञ्च पवमाने व्याचष्टे** ॥ ३८ ॥ **पञ्च वशाविधान्यै** ॥ ३९ ॥ **तया प्रचर्यावदानीयानि सोमग्रहेभ्य उपनिदधात्यनवदानीयानि शूलानि सुराग्रहेभ्यः** ॥ ४० ॥ **माध्यन्दिनीयैः पुरोडाशैः प्रचरति** ॥ ४१ ॥ **तेषाꣳ स्विष्टकृता सह बार्हस्पत्यस्य स्विष्टकृतं जुहोति** ॥ ४२ ॥ **समानीडा** ॥ ४३ ॥ **प्रसिध्यति कर्म** ॥ ४४ ॥ **सीदन्ति नाराशꣳसाः** ॥ ८.१.४.४५ ॥ **[इति चतुर्थः पटलः]**

॥ इति अष्टमप्रपाठके प्रथमोऽनुवाकः ॥

हि स्विष्टकृदिडेन सहास्य स्विष्टकृदिडश्चोद्यते ॥ २४-२५ ॥

[1]होतैवेत्यवधारणम्। प्रशास्तृसंभवे प्रैषस्य यागस्यानुवाक्या होत्रैवोच्यते इत्येतन्न्यायं[2] प्रदर्शयितुम् ॥ २६ ॥

शूला शूलैरित्यस्मिन्नर्थे 'सुपां सुलुक्' (पा. ७.१.३९) इत्यनेन सिध्यति। निशिताग्रैः काष्ठैरित्यर्थः। अनवदानीयानि[3] हृदयादिभ्योऽन्यान्यङ्गानि श्रपयितव्यानि ब्रूयात्। लोकाग्नौ च श्रपणं यागार्थत्वात् ॥ ३२ ॥

इदं प्रैषान्तरं प्रकृतस्यार्थे[4] मारुत्याः क्रमबाधो वाचनिकः। 'अग्नीदुत्तरबर्हिषा द्रव' [5]इत्यादि पक्षो[5] 'ब्रह्मण[6] उपोहती'त्यातः कुर्यात्। 'मरुद्भ्य उस्राया हविषोऽनुब्रूहि', 'मरुद्भ्यो उस्राया हविः प्रस्थितं प्रेष्य' इत्यूहः ॥ ३५-३६ ॥

अवदानीयान्यवत्तशेषान्। सोमग्रहेभ्यः सोमग्रहोपकाराय। तच्छेषस्य भक्षस्य भक्षयित्रा संबन्धात्। एवं सुराग्रहेभ्य इति ॥ ४० ॥

बार्हस्पत्यस्विष्टकृदिडेति वचनादेवं क्रियते ॥ ८.१.४.४२ ॥ **[इति चतुर्थः पटलः]**

॥ इति व्याख्यायां अष्टमप्रपाठके प्रथमोऽनुवाकः ॥

---

१. M Ad वेत्यवधारणः; thus T. **२.** M Ad न्याय्यं; thus T. **३.** M Ad अनपदा॰. **४.** M Ad प्राकृ॰; thus T. **५-५.** M Ad द्रवेति पक्षो॰; thus T. **६.** M Ad ब्राह्म॰; thus T.

॥ अथ अष्टमप्रपाठके द्वितीयोऽनुवाकः ॥

सीदन्ति नाराशꣳसाः ॥ १ ॥ **सन्नेषु नाराशꣳसेषु तार्प्यं यजमानः परिधत्ते** ॥ २ ॥ 'क्षत्रस्य योनिरसि' **इत्युष्णीषं पर्यस्यते दर्भमयम्** ॥ ३ ॥ **तस्मिन् काले पत्नीं परिधापयन्ति** ॥ ४ ॥ 'इन्द्रस्य वज्रोऽसि वार्त्रघ्नः' **इति रथमुपावहरति**। '०त्वयाऽयं वृत्रं वध्यात्' **इति** ॥ ५ ॥ 'वाजस्य नु प्रसवे मातरं महीम्' **इति पुरस्तात्प्रत्यञ्चमावर्तयन्ति**। '०अदितिं नाम वचसा करामहे। यस्यामिदं =साविषत्' **इति** ॥ ६ ॥ **तमपरेण सदो दक्षिणेन शालां दक्षिणापथे प्राञ्चꣳ स्थापायन्ति** ॥ ७ ॥ 'अप्स्वन्तरमृतमप्सु भेषजम्' **इति त्रीनश्वान् पल्पूलयति**। '०अपामुत=भवथ वाजिनः' **इति** ॥ ८ ॥ 'वायुर्वा मनुर्वा त्वा' **इति प्रष्टिवाहिनं युनक्त्युत्तरतः प्रष्टी स्यात्**। '०गन्धर्वाः सप्त=जवमा दधुः' **इति** ॥ ९ ॥ 'अपां नपादाशुहेमन्' **इत्येनान् संमार्ष्टि**। '०य उर्मिः=वाजꣳ सेत्' **इति** ॥ १० ॥ 'एतमनु रथा युज्यन्ताम्' **इत्याह** ॥ ११ ॥ **तमनु रथा युज्यन्ते पूर्वेण यूपमाजिपथे षोडश** ॥ १२ ॥ **एष एवैषाꣳ सप्तदशः** ॥ १३ ॥ **उत्तरं वेद्यन्तमनु सप्तदश दुन्दुभीनातन्वन्ति पश्चादाग्नीध्रात्** ॥ १४ ॥

तार्प्यं दीक्षितवसनस्योपरि परिधत्ते। दीक्षायां हि परिहितं[१] दीक्षितवसनं [२]प्राग्दीक्षोन्मोचनान्न परिहाप्यम् ॥ २ ॥

उष्णीषविशेषणं दर्भमयमिति[३]। 'पुनात्येवैनमि'ति पुंल्लिङ्गदर्शनादिति केचित्। पत्न्याः परिधानं दर्भमयम्। तथा हि सूत्रान्तरे दृष्टमित्यपरे। प्रायेणाचार्यस्या[४]भिप्रायश्चैष एव। यस्यां[५] शाखायां पुंल्लिङ्गनिर्देशस्तच्छाखा[६]न्तरापेक्षोऽयं पक्षो द्रष्टव्यः ॥ ३-४ ॥

उपावहरणं रथवाहनादनसः। पुरस्तात्प्रत्यञ्चमावर्तयतीत्युक्तत्वात्। उपावभृतो[७] रथः ॥ ५-६ ॥

सदसो दक्षिणापरस्मिन् देशे दक्षिणतो वा प्राङ्मुख[८] उपस्थापयित्वव्य [९]इत्यवगम्यते। दक्षिणापथस्य प्रसिद्धिरन्यपरे[१०] वाक्ये[११]ऽनूद्यते ॥ ७ ॥

पल्पूलनमन्त्रः[१२] प्रत्यश्वमावर्तते। अप्सु च पल्पूलनं नोद्धृतोदकेन। पल्पूलनं स्नापनम् ॥ ८ ॥

प्रष्टिवाहिनं रथमश्वैर्युञ्जन्ति[१३]। प्रष्टीनामन्यतो द्वयोर्बाह्य[१४]योगमन्त्रस्य च प्रत्यश्वमावृत्तिः ॥ ९ ॥

एवं संमार्जनमन्त्रः उदकसंस्थता च ॥ १० ॥

पूर्वेण यूपमाजिपथस्य प्रदेशोऽत्रान्यपरे वाक्ये ज्ञाप्यते ॥ १२ ॥

आतन्वन्ति आसञ्जन्ति वंशादौ ॥ १४ ॥

---

१. M Ad ०हित०. २. M Ad वाग्दी० ; thus T. ३. M Ad दर्भमयनमि० ; thus T. ४. T ०चार्यास्याभिप्रा०. ५. M Ad अस्यां; thus T. ६. M Ad ०देशस्तत्तच्छा० ; thus T. ७. M Ad ०हृतो; thus T. ८. M Ad ०मुखोप०; thus T. ९. M Ad इव ग०; thus T. १०. M Ad ०रन्ये अप०; T रन्य(:?)परे ११. M Ad वाक्यैरु०; thus T. १२. M Ad वत्वूनमन्त्रं; thus T. १३. M Ad युजन्ति; thus T. १४. M Ad बाह्यः; thus T.

नाभिदघ्ने चात्वालस्यान्ते रथचक्रं निमिन्वन्ति ॥ १५ ॥ **उत्तरेणाग्नीध्रं प्रष्टिवाहिनं युनक्ति यज्ञस्य योगेन इति** ॥ १६ ॥ **उत्तरेणाग्नीध्रं परीत्य जुहोति दाक्षिणानि** ॥ १७ ॥ **दाक्षिणानीत्वा** 'विष्णोः क्रमोऽसि' **इति विष्णुक्रमै रथमभ्येतः**। '°विष्णोः क्रान्तमसि विष्णोर्विक्रान्तमसि' **इति** ॥ १८ ॥ 'अङ्कौ न्यङ्कौ' **इत्यस्य चक्रे संमृशतः**। '°अभितो रथं=पारयन्तु' **इति** ॥ १९ ॥ 'देवस्याहꣳ सवितुः प्रसवे' **इति नमस्कृत्य [उदसꣳस्थं] रथमातिष्ठति**। '°बृहस्पतिना वाजजिता वाजं जेषम्' **इति** ॥ २० ॥ 'देवस्याहꣳ सवितुः प्रसवे' **इति रथचक्रं ब्रह्माऽऽरोहति**। '°बृहस्पतिना वाजजिता वर्षिष्ठं नाकꣳ रुहेयम्' **इति** ॥ २१ ॥ 'देवस्याहꣳ सवितुः प्रसवे' **इति ब्रह्माणं परेक्षमाणमध्वर्युर्यजमानं वाचयति**। '°बृहस्पतिना वाजजिता ब्रह्मणा वर्षिष्ठं नाकꣳ रुहेयम्' **इति** ॥ २२ ॥ 'अश्वाजनि' **इत्यश्वाजनीमादत्ते**। '°वाजिनि वा=जय' **इति** ॥ २३ ॥ 'अर्वाऽसि' **इत्यश्वान् आक्षिपति**। '°हयोऽसि सप्तिरसि वाज्यसि' **इति** ॥ २४ ॥ **अन्ये दुन्दुभीनुपतिष्ठन्ति** ॥ २५ ॥ **तान्** 'इन्द्राय वाचं वदत' **इत्याह**। '°इन्द्रं वाजं=वाजमजयत्' **इति** ॥ २६ ॥ **एवमेवैनानोत्तमा–**

नाभिदघ्ने इत्युभाभ्यां संबध्यते। अन्ते समीपे ॥ १५ ॥

[1]प्राकृतपदार्थानुक्रमणमपाकृतस्य प्रदेशाभिधित्सया। सर्वाः सप्तदशसंख्यायाः संबन्धा दक्षिणाः सदस्यसप्तदशेभ्यः ऋत्विग्भ्यः समप्रविभागेन देयाः। एवं सप्तदशसंख्या दृष्टार्था भवति।[1] विष्णुक्रममन्त्र[2]लिङ्गादुभावध्वर्युयजमानौ त्रिभिर्मन्त्रै रथमाभिमुख्येन गच्छतः युगपदेव ॥ १६–१८ ॥

उभे चक्रे उभाभ्यां हस्ताभ्यामुभौ संमृशतः ॥ १९ ॥

रथोपस्थानं[3] याजमानम्। उदसंस्थ[4] आतिष्ठत्यधिरोहति[5]। उदग्रहणं[6] छान्दसः। आरोहणञ्च[7] याजमानमधिरोहणस्य दृष्टार्थत्वाय[8] ॥ २० ॥

एवमेवेति वचनात् प्रति दुन्दुभिमन्त्रावृत्तिः अनुनिवर्तन्ते यजमानस्यानुकूल्येन पश्चाद्द्रवेन निकर्षणेन गच्छन्त्येतम्[9]। [10]एवमनुशब्द[11]सामञ्जस्यमन्तिगमनस्य च दृष्टार्थत्वात्। विना वचनेन पुनरतिगमनस्यान्याय्यस्याकल्पना[12]। अथवाऽनुनिवर्तन्ते। यथैतं प्रतिगच्छन्ति[13]। एवं तावन्निवर्तन्ते[14]।

१–१. T takes the text between संख्या and प्रविभागेन देया as extra: संख्या इत्यनन्तरं सम्बन्धा दक्षिणा सदस्यसप्तदशेभ्य ऋत्विग्भ्यस्समप्रविभागेन देया इत्यधिकं मध्येऽस्ति तदनु एवं सप्तदश इत्यादि, (T fn. 1 p.444, line 2). Actually the text after भवति, beginning with स्वरथं च upto विदांकुर्वन्तु, has wrongly been copied in MSS between भवति (M p.279, line 4, Ad p.588, line 2, T p.444, line 3) and विष्णुक्रम° (M p.279, line 8, Ad p.588, line 8, T p.444, line 11) due to displacement of text in original MS. This text is a comm. on *VādhŚS* 8.3.1.2-3. Hence it has been shifted there at its proper place (ed.). **२.** M Ad °क्रममन्तलि°, T °मन्त्रात् लि°. **३.** M Ad रथास्थानं; thus T. **४.** T उदक् सं; thus T. **५.** M Ad °ष्ठत्यतिरो°. **६.** M Ad उग्रहणच्छाः, T उग्र°. **७.** M Ad आग्रहननञ्च, T आहन°. **८.** M Ad °र्थाय. **९.** M Ad °च्छत्ये°; thus T. **१०.** M Ad om एवम्; thus T. **११.** M Ad सम्°; thus T. **१२.** M Ad °स्य कल्प°; thus T. **१३.** M Ad °च्छति; thus T. **१४.** M Ad °तानिवर्तते; thus T.

दघ्नन्नेति॥ २७॥ अनुनिवर्तते रथः 'अग्निरेकाक्षरेण वाचमुदजयत्' **इति॥ २८॥ सप्तदश हिरण्य-शल्कानाजिसृद्भ्यः प्रयच्छति** 'उज्जयतामुज्जयतु' **इत्येतैः॥ २९॥** 'वाजिनो वाजजितः' **इत्ये-तानेव त्रीनश्वान् बार्हस्पत्यं चरुमवघ्रापयति।** '°वाजꣳ सरिष्यन्तो वाजं जेष्यन्तो बृहस्पतेर्भाग-मवजिघ्रत' **इति॥ ३०॥** 'अत्योऽसि' **इति दक्षिणायोग्यस्य कर्ण आ जपति।** '°हयोऽसि सप्तिरसि वाज्यसि' **इति॥ ८.२.१.३१॥ [इति प्रथमः पटलः (५)]**

'आजिसृत आजिं धावत' **इति संप्रेष्यति।** '°दुन्दुभिसमाघाता दुन्दुभीन् समाहत, ब्रह्मन् वाजिनाꣳ साम गाय' **इति॥ १॥ एतत् कुर्वन्ति॥ २॥ आजिसृत आजिं धावन्ति॥ ३॥ दुन्दुभि-समाघाता दुन्दुभीन् समाघ्नन्ति॥ ४॥ आवेष्ट्यमानो रथचक्रे ब्रह्मा वाजिनाꣳ साम गायते॥ ५॥** 'वाजिनो वाजं धावत' **इत्यनुमन्त्रयते॥ ६॥** 'मरुतां प्र=गच्छत' **इति काष्ठां गमयति॥ ७॥** 'वाजेवाजेऽवत वाजिनो नः' **इति चतसृभिरावर्तयति।** '°धनेषु विप्रा=आपनीफणत्' **इति॥ ८॥** 'उत स्मास्य द्रवतस्तुरण्यतः' **इति चतुर्गृहीतेनावच्छिन्नहोममाहवनीये जुहुयाद् यदि द्रवतामवच्छिन्द्यात्,** 'उत

प्रसिद्धिरनुग्रहीष्यति[1] ॥ २७-२८ ॥

हिरण्यशल्कप्रदान[2]माध्वर्यवं विशेषानवगतेः। एकैकेन मन्त्रेणैकैकं प्रयच्छति। 'प्राणापानावुज्जयतां[3] शक्वरीरुज्जयन्त्वि[4]'त्येव ॥ २९ ॥

अवघ्रापणमन्त्रः सकृदेव ॥ ३० ॥

आयुज्यत इत्यायोग्यः, दक्षिणत आयोग्य दक्षिणायोग्यः[5]। त्रिभिर्मन्त्रैः त्रयाणां कर्ण आजपेत्[6] ॥ ८.२.१.३१ ॥ **[इति प्रथमः पटलः (५)]**

सामर्थ्याद्रथचक्रं यः कश्चिदावेष्टयेत् ॥ ५ ॥

अनुमन्त्रयते धावतोऽश्वान् यजमानः ॥ ६ ॥

काष्ठां गमयन्त्यश्वानाजिसृतः। काष्ठा नामाजिपथस्य पूर्वस्मिन्नन्ते किञ्चित्स्थाण्वादिनियमितं[7] लक्षभावेन। औदुम्बरी स्थूणेति[8] च सूत्रान्तरे विशेषिता ॥ ७ ॥

'चतसृभिरावर्तयति स्वरथमि'ति च[9] दर्शनात्। अथो दृश्येमामभिप्रायः यजुर्युक्तेन यजमान एवाजिं धावतीति। स्वरथमिति संबन्ध एवं युज्यतेतराम्। आवर्तमाना आवर्तमानानश्वानभि[10]मन्त्रयन्त इति केषांचित्। त एवमभिप्रयान्ति[11] यजमानादन्ये ये केचिदाजिसृत इति। न तावता यजमानसरणे प्रमाणमुपलभामहे। 'समाहरन्त्यस्मै हिरण्यशल्कानाजिसृतः' इति व्यपदेशश्चैवमुपपद्यते। 'चतसृभिः अनुमन्त्रयत' इति[12] च श्रुतिरस्यैवार्थस्य द्रढिमानमुपजनयति। स्वरथमिति स्वत्व[13]मास्थानाद्यपेक्षम्।

---

१. M गृहि°; thus T. **२.** M Ad °प्रधान°; thus T. **३.** M Ad °वुज्ज°; thus T. **४.** M Ad °रुज्ज°. **५.** Cf दक्षिणायुग्यम् (*ŚatBr.* 5.1.47). **६.** M Ad T कर्णमा°. **७.** M Ad °नियमितं, T निमित्तं. **८.** M Ad हणेति; thus T. **९.** M Ad om; thus T. **१०.** M Ad °श्वानभिप्रायमन्त्रयत; thus T. **११.** M Ad °प्रायन्ति; thus T. **१२.** M Ad om इति च; thus T. **१३.** M Ad स्वस्थमास्थानात्यपेक्षा; thus T.

समास्य द्रवतः' **इति यद्याद्रवताम्।** '॰पर्णा न वे=तरित्रतः स्वाहा' **इति** ॥ ९ ॥ 'आ मा वाजस्य प्रसवो जगम्याद्' **इति रथविमोचनीयां जुहोति।** '॰आ द्यावापृथिवी= गम्यात् स्वाहा' **इति** ॥ १० ॥ **विमुञ्चन्त्येतस्याः हुतायाः रथान्** ॥ ११ ॥ 'वाजिनो वाजजितः' **इत्येतेषामेव त्रयाणामश्वानां बार्हस्पत्यस्य चरोरुद्धृत्य दक्षिणेष्वक्षिकटेषु निमार्ष्टि।** '॰वाजः ससृ=निमृड्ढ्वम्' **इति** ॥ १२ ॥ 'इयं वः सा सत्या सन्धाभूद्' **इति दुन्दुभीन् विमुञ्चन्ति।** '॰यामिन्द्रेण=वाजं विमुञ्चध्वम्' **इति** ॥ १३ ॥ **समाहरन्त्यस्मै हिरण्यशल्कानाजिसृतः** ॥ १४ ॥ **तेषु समाह्रियमाणेषु** 'अग्निरेकाक्षरेण वाचमुदजैषीत्' **इति सप्तदश स्रुवाहुतीर्जुहोति** ॥ १५ ॥ 'उदड्डयिष्यमुदजयिषुः' **इत्येताः** ॥ १६ ॥ **अत्रैव यत्सतेऽतिशिष्यते तत् सुरोपयामं कृत्वा वाजसृद्भ्यः प्रयच्छति** ॥ १७ ॥ 'यत्र वाजमुदजैष्टैतेन वस्तं परिक्रीणामि' **इत्येतैश्च हिरण्यशल्कैर्मधुग्रहेण च चात्वालस्यान्तेऽवरूढं ब्रह्माणं यजमान उपसीदति** ॥ ८.२.२.१८ ॥ **[इति द्वितीयः पटलः** (६)**]**

तस्य ब्रह्मा भक्षयति 'मनसा त्वा वाचं भक्षयामि', 'प्राणेन चक्षुषा त्वा', 'श्रोत्रेण भक्षयाम्यायुषे' **इति** ॥ १ ॥ **एतच्च हिरण्यः स्वरथं च ब्रह्मणे ददाति** ॥ २ ॥ **व्यादिशतीतरान्रथान्**

यजुर्युक्तेः[१] काष्ठामन्तर्भाव्यापसलैरुदञ्च[२] आवर्तेरन्॥ ८ ॥

यदि [३]द्रवतां रथानां[३] कश्चिदप[४]च्छिन्द्याद्, एवमाद्रवतां पुनरावर्तमानानां पुनरावर्त्यावस्थितान् युज्यन्ते॥ ९ ॥

रथविमोचनीयायां[५] हुतायां रथान् विमुञ्चन्ति ॥ ११ ॥

निर्मार्जनमन्त्रस्तन्त्रं[६] बह्वभिधायित्वादिति केचित्। आवर्तेत संस्पर्शित्वात् बह्वीत्वञ्चाविवक्षितम्। उपरवमन्त्रवदित्यपरे॥ १२ ॥

एवं दुन्दुभिर्विमोकः। विमुच्यमानांस्तु[७] सकृदेवानुमन्त्रयेत ॥ ८.२.२.१३ ॥ **[इति द्वितीयः पटलः** (६)**]**

एतच्च हिरण्यं स्वरथं च ब्रह्मणे ददाति। 'व्यादिशतीतरान्रथानृत्विग्भ्य' इति विशेषविनियोगपरे वाक्ये समप्रविभागानुवाद एवमुपपद्यते। न्याय्य एव वा विभागः समप्रविभागस्याश्रुतत्वात्। सप्तदशसंख्याश्रवणं च संख्येयेयत्तापरिच्छेदाय। स्वरथं चेत्येवमादिवचनं रथविषयमेवेति, तत्र यद्युक्ततरं तत्[८] तत्रभवन्तो वेदार्थविदो विदांकुर्वन्तु। स्वरथं यजुर्युक्तमृत्विग्भ्यो [९]ब्रह्मणोऽन्येभ्यः सदस्येभ्यः।

---

१. M Ad ॰युक्तो; thus T. **२.** M Ad ॰वसलेरु॰; thus T. **३–३.** M Ad द्रवतानां; thus T. **४.** M Ad ॰दवच्छि; T दपिच्छ॰. **५.** M Ad ॰चनीयां; thus T. **६.** M Ad ॰मार्जमन्त्र सन्त्रं; thus T. **७.** M Ad ॰मानास्तु; thus T. ***–*.** Due to displacement of folios the text beginning with स्वरथं and ending with विदाकुर्वन्तु has wrongly been copied in all the MSS between दृष्टार्था भवति and विष्णुक्रम॰ vide fn १-१ on p.425. **८.** M Ad om. **९.** M Ad ॰ब्राह्म; thus T.

ऋत्विग्भ्यः ॥ ३ ॥ यजमानस्यैव हिरण्यशल्का भवन्ति यथा राजक्रयणानि ॥ ४ ॥ उत्तरं वेद्या अꣳसमृत्विजो व्रजन्ति दक्षिणाꣳ श्रोणिमाजिसृतः ॥ ५ ॥ आगत्याप उपस्पृश्य सोमग्रहाꣳश्चा-वदानीयानि चोपस्थापयतः ॥ ६ ॥ तान् ऋत्विग्भ्य उपधत्ते 'संपृच स्थ सं मा भद्रेण पृङ्क्त' **इति ॥ ७ ॥ सुराग्रहाꣳश्चानवदानीयानि च वाजसृद्भ्यः** 'वि पृच स्थ वि मा पाप्मना पृङ्क्त' **इति ॥ ८ ॥ आरभमाणा ऋत्विज आयन्ति ॥ ९ ॥ न कतरेषाञ्चन भक्षयन्ति ॥ १० ॥ विमाथं कुर्वत आजिसृतः ॥ ११ ॥ ते सुराग्रहाणां भक्षयेयुः** 'मनुरिह देवानजनयन् मनुर्विश्वमिदं जगत् मनुरिह ज्योतिरभवत्तापसः पृथिवीक्षितः' **इति ॥ १२ ॥ यदि न भक्षयेयुरेवमेवाभितो मार्जालीयं निनयेयुरिति ॥ १३ ॥ एवमेवाभितो मार्जालीयं निनयन्ति ॥ १४ ॥** 'जीवꣳ राजानं गायत' **इत्याह ॥ १५ ॥ ते ह मनुमेव गायेयुः ॥ १६ ॥ आगत्य** 'वाजाय स्वाहा' **इति द्वादश वाजप्रसवीयानि**

एकैकमे[१]कस्मिन् न्याय्यो विभागः, इतरेषां रथानाम् विशेषावगतेः[२]। आजिसृद्भ्यः प्रदानमदृष्टार्थम्। निदर्शनं च, यथाक्रयणं दृष्टार्थाभिप्रायं राजक्रये दृष्टार्थञ्जातमेवमेतद्धिरण्यशल्क-प्रदानमिति ख्यापयितुम्॥ २-४॥

कतरेषां च न। सोमग्रहणावदानीयानां[३] च न भक्षयेयुः। चोदितमिडाभक्षादि[४] ॥ १० ॥

परिहाप्य विमाथं परिमोक्षं कुर्वते ॥ ११ ॥

निनयनं मुख्यकल्पः, भक्षणमनुकल्पः। एवमेवेति मन्त्रातिदेशः ॥ १३-१४ ॥

'जीवं राजानं गायते'त्याह। आजिसृतस्ते हि प्रकृता इह मनुमेव गायेयुः। 'मनुर्ह देवानजनयदि'त्येवं गायेयुः, स्तुवीयु[५]। न [६]ह्यत्रान्यद्गानमुपलभ्यते। केचिद् ब्रुवते—'भक्षणे निनयने वा प्रयुज्यमानस्ये'यं संबोधनेति। अथानन्तरमेवेदं[७] तदुत्तरकाले श्रवणादित्यपरे। पृथगुच्चारणसंभवे निनयने भक्षणे वा न प्रयुज्यत इत्यन्ये॥ १५-१६ ॥

---

१. M Ad श्कैकमेकैक०. **२.** Due to displacement of folios the text after रथानां विशेषा (M p.280, line 19, Ad p.593, line 11) up to कोऽत्रप्रतिकार is wrongly given in M on p.282, line 5 - p.283, line 8, Ad p.593, line 11 - p.596, line 1. The text has been shifted here at its proper place. T under fn. 11, p.446 (456) notices this displacement and justifies its placing here as under : 'अयं पाठः कडड्डश्शेरिग्रामस्थ पुस्तकानुसारी वर्तते। उपरि विद्यमान तृतीयाध्यायान्तग्रन्थोऽपि तदनुसार्येव यथावस्थित एव च वर्तते। परन्तु अत्र दृश्यमानलिखितपुस्तके तु इत्थं वर्तते। ४४६ पुटे २० पंक्तौ विशेषा इत्यनन्तर ४४८ पु. १९ पंक्तौ एभिर्मन्त्रैः इत्यारभ्य द्वितीयाध्यायः समापितः। तदनु तृतीयेऽध्याये ४५० पु. १७ पं. राजक्रयानन्तरं इत्यत्र राजक्रया इत्यनन्तरं अनन्तरमित्येतः पूर्वं मध्ये ४४६ पु. २० पं. अन्ते नन्तानावगतेः। इत्याद्यारभ्य ४४८ पु. १९ पं-एभिर्मन्त्रैः इत्येतावत्पर्यन्तो ग्रन्थः लिखितः। पूर्वमुत्तरं चान्यत् समानम्।' This displacement has also been noticed in the marginalia note on p.280 in M by K.C. Venkatasubrahmanya Sastry stating: 'विशेषेति पदमारभ्य २८२ भागे ६ पंक्तौ 'आजिसृद्भ्य' इति पदं गृहीत्वा २८३ भागे १९ पंक्तौ 'कोऽत्र प्रतीकारः' इत्यन्तं पठित्वा २८० भागे १४ पंक्तौ मन्त्रैरवरोहतीति यथाक्रमपाठेन इयमेव रीतिः समीचाना इति मे मतिः'. **३.** M Ad ०ग्रहाणामवादनी०; thus T. **४.** M Ad ०दितमिडादि; thus T. **५.** M Ad स्तुनुयुः; thus T. **६.** M Ad ह्यन्यद्गा; thus T. **७.** M Ad वोदं; thus T.

जुहोति। '०प्रसवाय स्वाहा'; 'अपिजाय=अधिपतये स्वाहा' **इति**॥ १७॥ **दध्ना सर्वौषधः संयौति**॥ १८॥ 'वाजस्येमं प्रसवः सुषुवे अग्रे' **इत्यौदुम्बरेण स्रुवेण सप्तान्नहोमान् जुहोति**॥ १९॥'सोमꣳ राजानम्' **इति पात्रिया सप्तमीं जुहोति, स्रुवेणोपयच्छत्यभिषेचनाय**।'०वरुणमग्निमन्वारभामहे=बृहस्पतिम्' **इति**॥ २०॥ **जुहोति षट् पार्थानि**॥ २१॥ **जुहोति षड् भूतानामवेष्टीः**॥ २२॥ **पूर्वेण हविर्धाने अपरेणाहवनीयं प्राचीनग्रीवमुत्तरलोम कृष्णाजिनमास्तृणाति**॥ २३॥ **तस्मिन्नुपविशति यजमानः प्रागावृत्त उपस्थं कृत्वा**॥ २४॥ **तं** 'देवस्य त्वा सवितुः प्रसवे' **इत्यौदुम्बरेण स्रुवेण पुरस्तात् शीर्षतोऽभिषिञ्चति**। '०अश्विनो=भ्याꣳ सरस्वत्यै वाचो=भिषिञ्चामि' **इति ब्राह्मणम्**; 'इन्द्रस्य त्वा साम्रा=षिञ्चामि' **इति राजन्यम्**; 'बृहस्पतेस्त्वा सा=षिञ्चामि' **इति राजानम्**॥ २५॥ **सर्वेणैव सहाभिषिञ्चेत्**॥ २६॥ **आमुखादन्ववस्नावयति**॥ २७॥ **षडेव पार्थानि जुहोति, षड् भूतानामवेष्टीः**॥ २८॥ **अथ यूपमायातयति यजमानायतनादुदीचीम्**॥ २९॥ **सप्तदशभिर्वासोभिर्यूपो वेष्टितो भवति**॥ ३०॥ **तूपरं चतुरश्रितं गोधूमस्य चषालं पर्यस्तं भवति**॥ ३१॥ **आनयन्ति पत्नीम्**॥ ३२॥ **तामु त्वाह यजमानः** 'जाय एहि सुवो रोहाव' **इति**॥ ३३॥ 'रोहावहि सुवः' **इति साऽऽह**॥ ३४॥ 'आयुर्यज्ञेन कल्पताम्' **इति प्रतिप्रस्थाताऽऽरोहयेदितीदम्**।'०प्राणो यज्ञे=यज्ञो यज्ञेन कल्पताम्' **इति**॥ ३५॥'हꣳसः शुचिषद्' **इति चषालेनाभिमिमीते**।'०वसुरन्तरिक्षस=बृहत्' **इति**॥ ३६॥ 'सुवर्देवाँ अगन्म' **इत्येनां वाचयति**। '०अमृता अभूम=रायस्पोषः' **इति**॥ ३७॥ **ऊषपुटेन** 'अन्नाय त्वा' **इति पुरस्तादध्वर्युः**; 'अन्नाद्याय

आगत्याहवनीयसमीपम् आज्यं हविरविशेषाभिधानात्। सप्तग्राम्या ओषधीः[१] सप्त चारण्या मिथः[१] संयूयाभिघारयेत्। पुनर्दध्ना संयूयात्॥ १८-१९॥

पात्रिया पात्रेण। पात्रावस्थितं सर्वौषधं तेन समस्तं होतव्यम्। [२]अपयमनस्य चैवं[३] दृष्टार्थता वैकङ्कतं[४] च तत्पात्रं स्याद्धोमसंबन्धात्। अत एवानन्तरमेवेति कालनियमः। पूर्वमपि ह्युच्छ्रयणं संभवति॥ २०॥

सौकर्याद्यर्थं वासोभिर्वेष्टितो भवति॥ २९-३०॥

यूपोच्छ्रयणात्पूर्वमेव तूपरः, अनतिरिक्तप्रदेशः। गोधूमकलाप्येव चषालप्रतिमोचनकाले मन्त्रेण यूपाग्रे बद्धा भवतीत्यभिप्रायः॥ ३१॥

'अहं नावुभयोः सुवो रोक्ष्यामी'त्याह यजमानम्। रोहन्तं यजमानं प्रतिप्रस्थाता [५]वाचयेदित्यभिप्रायः। इदं शब्दो वेदवचनत्वप्रदर्शनाय॥ ३५॥

'सुवर्देवाँ अगन्मे'ति वाचयत्यध्वर्युः॥ ३७॥

संप्रविध्यन्ति। ऋत्विजश्चानृत्विज[६] इत्यसमर्थसमासो नित्यसापेक्षत्वात्। देवदत्तस्य गुरुकुलमिति

१-१. M Ad ०धीर्मिथः. २. M Ad अवयम०; thus T. ३. M Ad वैवं; thus T. ४. T ०कङ्क्रतं. ५. M Ad पचये०; thus T. ६. M Ad ०ध्यनृत्विज; thus T.

त्वा' **इति दक्षिणतो ब्रह्मा;** 'वाजाय त्वा' **इति पश्चाद्धोता;** 'वाजजित्यायै त्वा' **इत्युत्तरत उद्गाता सं प्रविध्यन्ति** ॥ ३८ ॥ **ऋत्विजश्चानृत्विजश्चैतस्मिन् स-रजस एतीत्याहुः** ॥ ३९ ॥ **यद्येति** 'आयुर्यज्ञेनाक्लृपत्' **इति।** '०प्राणो यज्ञेन=यज्ञो यज्ञेनाक्लृपत्' **इत्येतैः** ॥ ४० ॥ 'अमृतमसि' **इति शतमाने प्रतितिष्ठति** ॥ ४१ ॥ 'पुष्टिरसि' **इति बस्ताजिने** ॥ ४२ ॥ 'प्रजननमसि' **इति पृथिव्याम्** ॥ ४३ ॥ **एतस्मिन् काले दक्षिणेनाहवनीयमौदुम्बर्यासन्द्युपक्लृप्ता भवत्येतेनैव कृष्णाजिनेनास्तीर्णा** ॥ ४४ ॥ **तामारोहति यजमानः** ॥ ४५ ॥ **तस्यामुपविशति प्राङवृत्त उपस्थं कृत्वाऽन्ततः** ॥ ४६ ॥ 'कृष्यै त्वा' **इत्याददते** ॥ ४७ ॥ 'क्षेमाय त्वा' **इति पूर्वेण सदो बिलं निदधाति** ॥ ४८ ॥ 'इन्द्राय मरुत्वतेऽनुब्रूहि' **इति** ॥ ४९ ॥ **प्रसिद्धम् त्रिभिर्मरुत्वतीयैश्चरति** ॥ ५० ॥ 'दक्षो राजन्' **इति मरुत्वतीयस्य भक्षम्** ॥ ५१ ॥ **प्रत्यवरोहति** ॥ ५२ ॥ **माहेन्द्रमन्वतिग्राह्या हूयन्ते पञ्चैन्द्राः** ॥ ५३ ॥ **तेषां भक्षः** 'अस्मासु वाचमिन्द्रो दधात्वस्मासु वाचं देव इन्दुर्दधात्वस्मान् राय उत यज्ञाः सुवीराः सचन्तामुपहूतो भक्षो मधुमाँ इन्द्रियावान्' **इति** ॥ ५४ ॥ **प्रसिध्यति माध्यन्दिनꣳ सवनम्** ॥ ५५ ॥ **प्रसिध्यति तृतीयसवनमाऽऽग्रयणात्** ॥ ५६ ॥ **आग्रयणं गृहीत्वाऽऽ-यतने पशुभिः प्रचरति** ॥ ५७ ॥ **तेषां नानामनोता नानाहवीꣳषि नानाप्रत्यभिमर्शा नानादेवत्या-नाम्** ॥ ५८ ॥ **समानमेतत् प्राजापत्यानाम्** ॥ ५९ ॥ **सर्वꣳ समानमेषां वनस्पतिः स्विष्टकृद्दिश इडेति** ॥ ६० ॥ **उक्थानि प्रणयन्ति** ॥ ६१ ॥ **प्रसिध्यन्त्युक्थानि** ॥ ६२ ॥ **षोडशिनं**

यथा। काले अचिरादेव स यजमानो रजसो लोकादस्मादेति ॥ ३८-३९ ॥

यदि चैत्येव[१] न आरोहतीत्याहुर्ब्रह्मवादिनः। तच्चानिष्टं, तदानीं लोकान्तरगमनम्। कोऽत्र प्रतीकारः। [२]एभिर्मन्त्रैरवरोहतीत्यभिसंबन्धः ॥ ४० ॥

तं यजमानं सहैवासन्द्यामृत्विजामेव केचनादाय पूर्वेण सदोद्वारं निदधति[३]। स च तत्रैवास्त[४] आमरुत्वतीयस्य भक्षणात्। तत्रावरुह्य यथायतनमेवास्ते आसंस्थायाः ॥ ४५-४७ ॥

अतिग्राह्या ऐन्द्राः, तन्मन्त्रेण हूयन्ते ॥ ५३ ॥

भक्षमत्र[५] विकृतम् ॥ ५४ ॥

[६]सर्वं समानं सर्वेषां समानं वनस्पत्यादि। केषां, सर्वेषाम् प्राजापत्यानां नानादेवत्यानां च[६] ॥ ५९-६० ॥

उक्थ्यग्रहणवचनमनुवादः। उक्थैरेव प्रयुक्तत्वादग्निष्टोमप्रकृतित्वं वा वाजपेयस्य ख्यापयितुम् ॥ ६१-६२ ॥

---

१. M Ad चेदित्येव; T चेत्येव. २. M Ad विशेषाभिर्मन्त्रै°. Due to displacement of folio the text beginning with आजिसृद्भ्य and up to प्रतीकार which was wrongly given in M on p.282, line 5 - p.286, line 8; Ad p.591, line 4 - p.596, line 1, has been given here at its proper place. vide fn. 2 on p. 428. ३. M Ad निदधा°; thus T. ४. M Ad °स्तः; thus T. ५. M Ad भक्षमन्त्र; thus T. ६-६. M Ad T wrongly give this text after ख्यापयितुम्.

प्रणयति ॥ ६३ ॥ **प्रसिध्यति षोडशी** ॥ ६४ ॥ **एवꣳ स** 'होतुश्चमसमनून्नयध्वम्' **इत्याहाद्रवन्नध्वर्युः** । '०उन्नेतः सोमं मातिरीरिचः' **इति** ॥ ६५ ॥ **चतुर्गृहीतेनोत्तमꣳ सावित्रꣳ हुत्वा** 'प्र ते नामानि शिपिविष्ट वोचम्' **इत्यप उपस्पृश्य ग्रहानभिमृशतः** ।'०अद्य सुशिप्र सुदिनत्वे अह्नां पिब सोमं बृहता संविदानो वि विष्णो त्रीणि भुवना क्रमस्व' **इति** ॥ ६६ ॥ **प्रस्तरमादाय स्तोत्रेण द्रवति** ॥ ६७ ॥ **बृहतान्त्येन स्तुवते छन्दोगाः** ॥ ६८ ॥ **प्रत्यागृणाति** ॥ ६९ ॥ **एतदतिरिक्तमुक्थम्** 'उक्थं वाचीन्द्राय त्वा' **इति द्रवति** ॥ ७० ॥ 'एहि यजमान' **इत्युक्त्वाऽऽध्वर्युः प्रपद्य हविर्धाने एतान् ग्रहान् व्यपनयते चमसेषु दशदशसु सप्त होतृचमसे** ॥ ७१ ॥ **होतृचमसमन्वारभ्याश्रावयति** ॥ ७२ ॥ 'ओ श्रावय' **इत्याह** ॥ ७३ ॥ 'उक्थशा यज सोमानाम्' **इति** ॥ ७४ ॥ **वषट्कृते जुह्वति** ॥ ७५ ॥ **अनुवषट्कृते जुह्वति** ॥ ७६ ॥ **होतुराहुत्या स जुहोति** ॥ ७७ ॥ **आयन्ति** ॥ ७८ ॥ **भक्षयन्ति** 'अयं ते विष्णो मधुमान् देव भक्षो यं पीत्वा व्यक्रमथा वरीयः । त्रेधा पीत्वोरुगाय सोममात्मा पिता प्राणभून्मेऽसि पीतः । वर्चोदां त्वा तनूदां पयोदाꣳ स्वदितं त्वा शिपिविष्टवन्तꣳ साम्राज्याय प्रसुतं भक्षयामि' **इति** ॥ ७९ ॥ **सर्वभक्ष्या अग्नीत्प्रसूता मार्जयन्ते** ॥ ८० ॥ 'हिन्व मे गात्रा हरिवः' **इत्यात्मानं प्रत्यभिमृशन्ते** ॥ ८१ ॥ 'पुनर्मे अश्विना युवं चक्षुराधत्तमक्ष्योः' **इत्यग्नीदौपयजानङ्गारानाहृत्यपूर्वेण होतारं बर्हिषो व्यूह्य होतुर्धिष्णिये निवपति** ॥ ८२ ॥ **द्वाविꣳशत्या गुदैरुपयष्टोपसीदति** ॥ ८३ ॥ **द्वौ द्वावुपयजि प्रास्यति** ॥ ८४ ॥

प्रसिध्यति[१] षोडशी ॥ ६३–६४ ॥

एवं[२] यथाऽऽग्नेय ऐन्द्राग्न ऐन्द्र इत्यत्र यथाऽग्निष्टोमादौ न[३] तथेत्यभिप्रायः[४]। 'उन्नेतः सोमं प्रभावये'ति ब्रूयात्। अतिरिक्तस्तोत्रे चमसानुन्नयन्तोऽर्धार्धमुन्नयेयुः[५] ॥ ६५ ॥

ग्रहानभिमृशतोऽध्वर्युः प्रसिद्धो यजमानोऽन्यः। अध्वर्युपुरुषत्वात्[६] कर्मकरत्वाच्च[६], प्रतिप्रस्थाताऽपर[७] इत्यपरे। अध्वर्योरेव मन्त्राः नेतरस्य ॥ ६६ ॥

द्वौ द्वावुपयजि[८] प्रास्यति। [९]गुदद्वयप्रमाणमेकैकस्मिन्नुपयड्यागे[१०] प्रास्यतीत्यनुवादः। समप्रविभागत्वावधारणाय[११]। उपयड्वचनं[१२] वा वाजपेयविषयं कल्प्यम्। सर्वधर्मावाप्ति[१३]विशेषविषया। न त्वीदृशो[१४] न्यायः[१५] सुलभो येन गुदद्वयमेकैकस्मिनन्नुपयजि प्रास्यतीति[१६]। प्रतिपन्ने पक्षे चैकादशसूपयट्सु[१७] तत्तद्गुदतृतीयं प्रतिपाद्यम्[१८] एकैकम्। स्वेनस्वेन गुदतृतीयेनैकादशोपयजो निर्वर्त्याः ॥ ८३–८४ ॥

---

१. M Ad प्रसिध्यसिध्यपिध्यति; thus T. **२.** T °श्येव. **३.** M Ad om; thus T. **४.** M Ad तथेत्यर्थः; thus T. **५.** M Ad °यतोद्धमुन्न°; thus T. **६–६.** M Ad पुरुषल्कं मकरत्वा°; thus T. **७.** M Ad °स्थाताचर°; thus T. **८.** M Ad वुभयजि; thus T. **९.** M Ad °गुदप्रमाण°; thus T. **१०.** M Ad उपयध्यागे; thus T. **११.** M Ad °रणाव°; thus T. **१२.** M Ad पत्यवच°, T om उपयड् **१३.** M Ad °वाप्तिविवयम्°; thus T. **१४.** M Ad नक्षीदृ°; thus T. **१५.** M Ad om; thus T. **१६.** M Ad प्रास्यति; thus T. **१७.** M Ad °दशपक्षसुपयसु; thus T. **१८.** M Ad °पाद्य; thus T.

द्वाविꣳशत्या विष्कलीभिः पत्नीः संयाजयन्ति ॥ ८५ ॥ **प्रसिध्यति कर्म** ॥ ८६ ॥ **सन्तिष्ठते वाजपेयः** ॥ ८७ ॥ **न कञ्चन प्रत्यवरोहेदित्याहुः साम्राज्यं गत्वेति** ॥ ८.२.३.८८ ॥ **[इति तृतीयः पटलः** (७)**]**

॥ इति अष्टमप्रपाठके द्वितीयोऽनुवाकः ॥

'साम्राज्यं गत्वा वा वाजपेयेनेष्ट्वा न[१] [२]प्रत्यवरोहेदित्याहुर्ब्रह्मवादिन' इति श्रुतिः ॥ ८.२.३.८८ ॥ **[इति तृतीयः पटलः** (७)**]**

॥ इति व्याख्यायां अष्टमप्रपाठके द्वितीयोऽनुवाकः ॥

---

१. M Ad om; thus T. २. M Ad प्रेत्यव° ; thus T.

॥ अथ अष्टमप्रपाठके तृतीयोऽनुवाकः ॥

तदाहुः —न वाजपेययाजी कञ्चन प्रत्यवरोहेदप्रत्यवरोही हि भवतीति ॥ १ ॥ **तदु वा आहुः—अपि वै स पुरुष आगच्छति यो न शक्योऽप्रत्यवरोहणाय भवत्याचार्यो वा दीक्षितो वा राजा वा पिता वा** ॥ २ ॥ **तस्योपक्लृप्तं भवति परिमण्डलं चर्मकूर्चः षडुपानहो द्वाभ्यामन्तः-शालं चरति, द्वाभ्यामग्नीन् परिचरति, द्वाभ्यामरण्यमुच्चरति** ॥ ३ ॥ **स यत्र प्रत्यवरोहणाय भवति तदेतत् परिमण्डलं चर्म दक्षिणत आहवनीयस्योपविशति** ॥ ४ ॥ **काममुपमुच्यास्ते कामं निर्मुच्य** ॥ ५ ॥ **स एवमेव चरत्या प्रत्यवरोहणीयात्** ॥ ६ ॥ **स एतस्मिन्नेव पक्ष उत्तरे वा प्रत्यवरोहणीयेन यजते** ॥ ७ ॥ **जुष्टे देवयजने शालां मिन्वन्ति** ॥ ८ ॥ **तस्योपक्लृप्ता भवन्त्यौ-दुम्बर्यासन्दी कशिपुकूर्चो दीक्षणीयं निर्मन्थ्यम्** ॥ ९ ॥ **दक्षिणेनाहवनीयमौदुम्बरीमासन्दीं निदधाति** ॥ १० ॥ **तस्यां कशिपुकूर्चमास्तृणाति** ॥ ११ ॥ **तामारोहति** ॥ १२ ॥ **यजमानोऽन्वा-रभते** ॥ १३ ॥ **अन्वारब्धे जुहोति** 'पृथिव्या अधि वनस्पतिः वनस्पतेरन्तरिक्षमूर्ध्वमुत्सर्पतारुह स्वाहा' **इति** ॥ १४ ॥ **अपोद्धरन्त्यासन्दीम्** ॥ १५ ॥ **कशिपावासीनोऽन्वारभते** ॥ १६ ॥ **अन्वारब्धे जुहोति** 'अन्तरिक्षाद्दिवमगन्दिवो नाकमगन्नधि दिवो नाकस्य पृष्ठात् सुवर्ज्योतिरगामहमूर्ध्वमुत्सर्पतारुह स्वाहा' **इति** ॥ १७ ॥ **अपोद्धरन्ति** ॥ १८ ॥ **कशिपुकूर्च आसीनोऽन्वारभते** ॥ १९ ॥ **अन्वारब्धे जुहोति** 'प्रेह्यभीहि धृष्णुहि न ते वज्रो नि यꣳसते इन्द्र नृम्णꣳ हि ते शव ऊर्ध्वमुत्सर्पतारुह स्वाहा' **इति** ॥ २० ॥ **प्रसिद्धं दीक्षते** ॥ ८.३.१.२१ ॥ **[इति प्रथमः पटलः (८)]**

प्रसिद्धं दीक्षते ॥ १ ॥ **स यत्र राजानं प्रत्यपोर्णुते तदेते उपानहौ निर्मुच्येते** ॥ २ ॥ **उत्करे**

पुनर्वचनं विशेषाभिधित्सया ॥ १ ॥

यस्मिन्नाचार्य एवागतेन शक्यमप्रत्यवरोहणं तस्मिन्नप्यागतेन प्रत्यवरोहेदेवाप्रत्यवरोहणीयायाम-कुर्वन् प्रत्यावरोहणम् ॥ २ ॥

उपानहं च[१] चर्मणा वापोद्धरन्ति । कशिपुकूर्चमासीन इत्युक्तत्वादतः प्रभृति कूर्चमात्रमासनम्[२] । [३]सञ्चरणं तूपानड्भ्यामेव[३] ॥ ८.३.१.३ ॥ **[इति प्रथमः पटलः (८)]**

[४]राजक्रयानन्तरं सर्वमपोह्यते । राजक्रयाविशेषानावगतेः[४] ॥ २ ॥

---

१. M Ad om; thus T. **२.** M Ad °मात्र आ° ; thus T. **३–३.** M Ad रण रूपानमेव° ; thus T. **४–४.** M Ad राजक्रयाविशेषानावगतेः । अनन्तरं सर्वमपोह्यते । This displacement has also been noticed by K.C. Venkatasubrahmanya Sastry in the marginalia note on p.282, line 6, 'राजक्रये'त्यारभ्य २८३ भागे ८ पंक्तौ 'अनन्तरमिति' पदेन योजयितव्य इति दृश्यते ।

**व्यस्यति ॥ ३ ॥ प्रसिद्धꣳ सन्तिष्ठत एष चतुष्टोमोꣳग्निष्टोमः ॥ ४ ॥ तस्य द्वादशशतं दक्षिणाः ॥ ५ ॥ तासां यच्छताꣳ शतायुः पुत्रः शतेन्द्रिय आयुष्येवेन्द्रिये प्रतितिष्ठति ॥ ६ ॥ अथ यत् द्वादश द्वादश मासाः संवत्सरः, संवत्सर एव प्रतितिष्ठति ॥ ७ ॥ तदाहुः—प्र वा एषोऽस्माल्लोकाच्च्यवते यो वाजपेयेन यजते ॥ ८ ॥ आजिं धावन्ति ॥ ९ ॥ यूपं रोहति ॥ १० ॥ स यत्प्रत्यवरोहणीयेन न यजेत पराङमुं लोकमारोहेत् प्रमायुकः स्यात् ॥ ११ ॥ अथ यदेता आहुतीर्न जुहुयादपीह तस्मात् लोकात् न प्रत्यवेयाद् योऽस्य वाजपेयाभिजितः ॥ १२ ॥ स यत्प्रत्यवरोहणीयेन यजतेऽस्मिन्नेव तेन लोके प्रतितिष्ठति, नार्तिमार्च्छति, सर्वमायुरेति ॥ १३ ॥ अथ यदेता आहुतीर्जुहोति तेन तस्माल्लोकात्प्रत्यवैति योऽस्य वाजपेयाभिजितः ॥ १४ ॥ तस्य द्वादश स्तोत्राणि द्वादश मासाः संवत्सरः, संवत्सर एव प्रतितिष्ठति ॥ १५ ॥ तस्य चतुर्विꣳशतिः स्तुतशस्त्राणि चतुर्विꣳशतिरर्धमासाः संवत्सरः, संवत्सर एव प्रतितिष्ठति ॥ १६ ॥ अथ यच्चतुष्टोमोऽग्निष्टोमश्चतस्रो दिशो दिक्ष्वेव प्रतितिष्ठति दिक्ष्वेव प्रतितिष्ठति ॥ ८.३.२.१७ ॥
[इति द्वितीयः पटलः (९)]**

॥ इति अष्टमप्रपाठके तृतीयोऽनुवाकः ॥

॥ इति वाजपेयाख्योऽष्टमः प्रपाठकः ॥

□ □ □

दक्षिणेयत्तावचनमर्थवादसंबन्धार्थं, यथा स्तुतशस्त्रेयत्तावचनम्। प्रकृतित एव हि सा प्राप्ता। नियमार्थं वा। एकविंशतिशतं दक्षिणात्वादिनिवृत्त्यर्थम् ॥ ८.३.२ ५ ॥ **[इति द्वितीयः पटलः (९)]**

॥ इति व्याख्यायां अष्टमप्रपाठके तृतीयोऽनुवाकः ॥

॥ इति कल्पागमसंग्रहे [२]वाजपेयाख्योऽष्टमः प्रपाठकः ॥

□ □ □

---

२. T °पेयं समाप्तम्.

॥ अथ नवमः प्रपाठकः ॥

[अथ राजसूयः]

शिशिरे कक्षमुपोषति ॥ १ ॥ **ता वसन्ता प्रसुवो भवन्ति** ॥ २ ॥ **पञ्चदशाहः** ॥ ३ ॥ **फल्गुभिः पौर्णमासीति दीक्षते** ॥ ४ ॥ **एका दीक्षा तिस्र उपसदः पञ्चम्यां प्रसुतः** ॥ ५ ॥ **सन्तिष्ठत एष त्रिवृदग्निष्टोमो हिरण्यदक्षिणः पवित्र दशाहः** ॥ ६ ॥ **फल्गुभिः पौर्णमासीत्यनुमत्यै पुरोडाश-मष्टाकपालं निर्वपति** ॥ ७ ॥ **ये प्रत्यञ्चः शम्याया अवशीयन्ते तान्नैर्ऋतमेककपालं करोति** ॥ ८ ॥ **यदि नावशीयेरन्नपोहेत्** ॥ ९ ॥ **कालायै वा काण्डे उपकल्पयते विस्रꣳसिकायै वा** ॥ १० ॥ **इमां दिशं दक्षिणां प्रतीचीꣳ स्वकृतं वेरिणꣳ स्पाशयन्ते, प्रदरं वा** ॥ ११ ॥ **उदपात्रं च नैर्ऋतेनो-त्परायन्ति** ॥ १२ ॥ **स्वकृत इरिण एकोल्मुकꣳ सादयित्वोप समादधाति प्रदरे वा** ॥ १३ ॥ **कालायै वा काण्डाभ्यां विस्रꣳसिकायै वा** ॥ १४ ॥ 'एष ते निर्ऋते भागः' **इत्यङ्गुष्ठयोराधाय जुहोति** । '०भूते हविष्मत्यसि मुञ्चेममꣳहसः स्वाहा' **इति** ॥ १५ ॥ **कृष्णं वासः कृष्णतूषं दक्षिणा** ॥ १६ ॥ **अपः परिषिच्याप्रतीक्षमायन्ति** ॥ १७ ॥ 'स्वाहा नमो य इदं चकार' **इति पुनरेत्य गार्हपत्ये स्रुवाहुतिं जुहोति** ॥ १८ ॥ **आनुमतेन प्रचरति** ॥ १९ ॥ **धेनुं ददाति** ॥ २० ॥ **सन्तिष्ठत एषेष्टिः** ॥ २१ ॥

अनन्तरं राजसूयो वक्ष्यते । कथमिदमवगम्यते । व्यवहारात् । राजसूयमधीते[१], राजसूयमध्यापयति । राजसूयोऽधीत[२] इति ह्यस्मिन् प्रपाठके व्यवहर्तारो भवन्ति । सूत्रान्तरे श्रुतौ च राजसूयप्रकरणसमाम्ना-ताश्चतुष्प्रकाराः कर्मविशेषा इह दृश्यन्ते । अप्ययं क्रतू राजसूय इत्यध्यवसीयते । क्षत्रियश्चानेनाधि-क्रियते । राजसूयेनेति हि नियमो राजशब्दः समधिगतः ? राजयज्ञेषु बौधायनादिभिराचार्यैः परिगण्यते[३] । अनेन चाचार्येण[४] 'राजा[५] राजसूयेन[५] यक्ष्यमाणः कामयत' इत्यन्यार्थे वाक्येऽनूद्यते ।

कक्षोपोषणवचनं वैश्वदेवे प्रसूमयादानं सुकरं कथं स्यादिति तत्रोत्तरमपि पुनरत्रोच्यते । इहोच्यमानानां वैश्वदेवादीनां[६] राजसूयावयवत्वद्योतनाय[७] त्रिवृदिति नियमादेकस्तोमता, स्तोमान्तरनिवृत्तिः ॥ १ ॥

यदि नावसीयेरन्[८] अपोहेदिति वचनमनुत्पादित्वेऽपि[९०] प्रयोजकत्वाय[११] वचनं द्रष्टव्यम् ॥ ९ ॥

काला विस्रंसिका च वल्यौ । तयोः प्रसिद्धिर्वैद्येभ्यो मृग्या ॥ १० ॥

नैर्ऋतो धर्मको यावदुक्तेतिकर्तव्यताकः ॥ १२ ॥

---

१. M Ad राजमते; thus T. २. M Ad ऽद्धित. ३. M Ad om परि; thus T. ४. M Ad वाचा° ; thus T. ५-५. M राजराजसू° ; Ad om राजा; thus T. ६. M Ad °दिना. ७. M Ad °नायाति° ; thus T. ८. M Ad om. ९. M Ad नोपसी° ; thus T. १०. M Ad °मनुष्यादि° ; thus T. ११. M Ad °काय; thus T.

वसन्ति ॥ २२ **॥ प्रातरादित्यं चरुं निर्वपति ॥** २३ **॥ वरं ददाति ॥** २४ **॥ सन्तिष्ठत एषेष्टिः ॥** २५ **॥ वसन्ति ॥** २६ **॥ प्रातराग्नावैष्णवमेकादशकपालं निर्वपति ॥** २७ **॥ वामनं वहीं ददाति ॥** २८ **॥ सन्तिष्ठत एषेष्टिः ॥** २९ **॥ वसन्ति ॥** ३० **॥ प्रातरग्नीषोमीयमेकादशकपालं निर्वपति ॥** ३१ **॥ हिरण्यं ददाति ॥** ३२ **॥ सन्तिष्ठत एषेष्टिः ॥** ३३ **॥ वसन्ति ॥** ३४ **॥ प्रातरैन्द्रमेकादशकपालं निर्वपति ॥** ३५ **॥ ऋषभं वहीं ददाति ॥** ३६ **॥ सन्तिष्ठत एषेष्टिः ॥** ३७ **॥ वसन्ति ॥** ३८ **॥ प्रातराग्नेयमष्टाकपालं निर्वपत्यैन्द्रं दधि ॥** ३९ **॥ ऋषभं वहीं ददाति ॥** ४० **॥ सन्तिष्ठत एषेष्टिः ॥** ४१ **॥ वसन्ति ॥** ४२ **॥ प्रातरैन्द्राग्नं द्वादशकपालं निर्वपति वैश्वदेवं चरुम् ॥** ४३ **॥ प्रथमजं वत्सं ददाति ॥** ४४ **॥ सन्तिष्ठत एषेष्टिः ॥** ४५ **॥ वसन्ति ॥** ४६ **॥ प्रातः सौम्यं श्यामाकं चरुं निर्वपति ॥** ४७ **॥ वासो ददाति ॥** ४८ **॥ सन्तिष्ठत एष इष्टिः ॥** ४९ **॥ वसन्ति ॥** ५० **॥ प्रातः सरस्वत्यै चरुं निर्वपति ॥** ५१ **॥ वत्सतरीं ददाति ॥** ५२ **॥ सन्तिष्ठत एषेष्टिः ॥** ५३ **॥ वसन्ति ॥** ५४ **॥ प्रातः सरस्वते चरुं निर्वपति ॥** ५५ **॥ वत्सतरं ददाति ॥** ५६ **॥ सन्तिष्ठत एषेष्टिः ॥** ५७ **॥ वसन्ति ॥** ५८ **॥ चातुर्मास्यान्यधिगच्छेयुः ॥** ५९ **॥ समानमहः सारस्वताभ्यां यजते ॥** ६० **॥ आरम्भणीययेष्ट्या यदि नाभिप्राप्नुयुरन्वहꣳ सारस्वताभ्यामिष्ट्वोत्तरे द्युरारम्भणीययेष्ट्या यजते ॥** ६१ **॥ तदहः प्रचर्य वसन्ति, वैश्वदेवेन यजते ॥** ६२ **॥ वसन्ति ॥** ६३ **॥ प्रातः पौर्णमासेन यजते ॥** ६४ **॥ वसन्ति ॥** ६५ **॥ प्रातरिन्द्राय सुत्राम्णे पुरोडाशमेकादशकपालं निर्वपति ॥** ६६ **॥ तस्य प्रपूतशकल इध्मः ॥** ६७ **॥ वसन्ति ॥** ६८ **॥ प्रातरिन्द्रायाꣳहोमुचे पुरोडाशमेकादशकपालं निर्वपति ॥** ६९ **॥ तस्या प्रपूतशकल इध्मः ॥** ७० **॥ वसन्ति ॥** ७१ **॥ एतान्यहानि वैश्व-**

वही[१] यो व्रीह्यादि वहति[२] ॥ २८ ॥

ऋषभशब्दो [३]वयो वचनः[३] । वही वहनकर्मणा ॥ ३६ ॥

संप्रति सामञ्जस्येनाधिगच्छेयुः । उपरिगच्छेयुः ॥ ५९ ॥

एतदहर्यस्मिन्नहनि सरस्वानिष्टः । सप्तम्यर्थे प्रथमा लुप्तसप्तम्याः[४] ॥ ६० ॥

चतुर्दश्यां सतायां चोद्यन्त्यां[५] पर्व संपद्यत[६] इत्यभिप्रायः । यदि नाभिप्राप्नुयुः पञ्चदशाहोरात्राः[७] पर्वसन्धिः । षोडश्यां चेत् पर्व स्यादित्यभिप्रायः ॥ ६१ ॥

अथ प्रपूतशकल इत्यनुवादः । प्रकृतसंबन्धाशंकानिवृत्यर्थं वा । अथवा प्रपूतत्वमात्र[८]...न को निवर्तते । शाकल एवेध्मः ॥ ६७ ॥

एव शब्दस्य व्यवहितसंबन्धोऽसावस्यामेव[९] यजमानेन प्रतिनिर्वापः । इतरथा प्राप्तानुवादत्वाद्

---

१. M Ad °वहियो; thus T. २. M Ad °हतिः; T °वहनः. ३-३. M Ad वचनाद्; thus T. ४. M Ad लुपास° ; thus T. ५. M Ad न्त्यान्; thus T. ६. M Ad °द्यतेत्यभि° ; thus T. ७. M Ad °दशाहोदशाहो° ; thus T. ८. M Ad °पूतमा, T पूतत्वमा. ९. M Ad सावस्यावेव; thus T.

देवेनेष्ट्वैताभ्यामेव हविर्भ्यां चतुरो मासो यजते॥ ७२ **॥ अमावास्यायामेवामावास्यं यजते, पौर्णमास्यां पौर्णमासीम्॥** ७३ **॥ अधिगच्छति वरुणप्रघासान्॥** ७४ **॥ तैर्यजते॥** ७५ **॥ तैरिष्ट्वा श्वेतैर्युक्तꣳ श्वेताभिधानꣳ रथं ददाति सुत्राम्ण एषा दक्षिणा॥** ७६ **॥ एषा तस्य योनिर्नयनस्यातिप्रैति॥** ७७ **॥ एताभ्यामेव हविर्भ्याꣳ सर्वमाश्विनं यजते॥** ७८ **॥ अधिगच्छति साकमेधान्॥** ७९ **॥ तैर्यजते॥** ८० **॥ तैरिष्ट्वा कृष्णैर्युक्तमनभिहितꣳ रथं ददात्यꣳहोमुच एषा दक्षिणा॥** ८१ **॥ एषा तस्य योनिर्नयनस्यातिप्रैति॥** ८२ **॥ एताभ्यामेव हविर्भ्याꣳ सर्वं कार्तिकं यजते॥** ८३ **॥ अधिगच्छति शुनासीरीयम्॥** ८४ **॥ तेन यजते॥** ८५ **॥ तेनेष्ट्वा द्वादशगवꣳ सीरं दक्षिणा-ऽध्वर्यवे ददाति॥** ८६ **॥ एषा तस्य योनिर्नयनस्यातिप्रैति॥** ८७ **॥ एताभ्यामेव हविर्भ्याꣳ सर्वं च मार्गशीर्षं यजते तैषस्य च पञ्चविंꣳशतिꣳ रात्रीः॥** ८८ **॥ अथेन्द्रतुरीयꣳ हविर्निर्वपत्याग्नेयमष्टाकपालम्॥** ९.१.१.८९ **॥ [इति प्रथमः पटलः]**

रौद्रं गावीधुकं चरुमैन्द्रं दधि वारुणं यवमयं चरुम्॥ १ **॥ वहिनीं धेनुं ददाति॥** २ **॥ सन्तिष्ठत एषेष्टिः॥** ३ **॥ वसन्ति॥** ४ **॥ प्रातर्यतरस्यैतयोर्हविषः कालो भवति तस्य परिहिते प्राशित्र आहवनीयस्य प्रथयित्वाऽङ्गारान् पञ्चेध्मानत्यादधाति पालाशं पुरस्तान्नैय्यग्रोधं दक्षिणत आश्वत्थं पश्चादौदुम्बरमुत्तरतः प्लाक्षं मध्ये॥** ५ **॥ तान्** 'ये देवाः पुरःसदः' **इति पञ्चभिः पञ्चगृहीतेनाभि जुहोति।** '°अग्निनेत्रा दक्षिणसदो यमनेत्राः पश्चात्सदः सवितृनेत्रा उत्तरसदो वरुणनेत्रा उपरिसदो बृहस्पतिनेत्रा रक्षोहणस्ते नो पान्तु ते नोऽवन्तु तेभ्यो नमस्तेभ्यः स्वाहा' **इति॥** ६ **॥** 'समूढꣳ रक्षः' **इत्येनां मध्यममुपदधाति।** '°सन्दग्धꣳ रक्ष इदमहꣳ रक्षोऽभि सं दहामि' **इति॥** ७ **॥** 'अग्नये रक्षोघ्ने स्वाहा' **इति पञ्च स्रुवाहुतीर्जुहोति॥** '°यमाय रक्षोघ्ने स्वाहा', 'सवित्रे

अवधारणानर्थक्यमप्रवृत्तिविशेषकरत्वं च। एवं पौर्णमासीमेवेति॥ ७२॥

सुत्राम्ण एषा दक्षिणा वरुणप्रघासानाम्॥ ७६॥

अंहोमुच एषा दक्षिणा न साकमेधानाम्॥ ८१॥

इहाध्वर्युग्रहणादन्यस्य दक्षिणा वृतस्य[1] सर्वर्त्विग्विषयता। शाखाहरणयोर्विधानसामर्थ्यात् पूर्वेद्युरेव क्रियेरन्॥ ९.१.१.८६॥ **[इति प्रथमः पटलः]**

न तयोः न[2] प्रतिनिर्वप्तव्ययोः। तयोरेवान्यतरस्य तत्क्रमापन्नस्य पञ्चेध्मशेषाः॥ ५॥

'ये देवाः पुरःसदोऽग्निनेत्रा रक्षोहणस्ते नः पान्तु[3] ते नोऽवन्तु[3] तेभ्यो नमस्तेभ्यः स्वाहा', 'ये देवा दक्षिणसदो यमनेत्रा रक्षोहणः', 'ये देवाः पश्चात्सदः[4] सवितृनेत्रा रक्षोहणः', 'ये देवा उत्तरसदो वरुणनेत्रा रक्षोहणः', 'ये देवा उपरिषदो बृहस्पतिनेत्रा रक्षोहणः'। स्वाहेत्येवमनुषज्य पालाशादीन् यथाक्रमत एव तानिध्मान् प्रक्षिणोति प्रहरति॥ ६॥

---

१. M Ad दक्षिणाजावृ° ; thus T. **२.** M Ad om; thus T. **३-३.** M Ad om; thus T. **४.** M Ad om सदः; thus T.

रक्षोघ्ने स्वाहा', 'वरुणाय रक्षोघ्ने स्वा॒हा', 'बृहस्पतये रक्षोघ्ने स्वाहा', 'बृहस्पतये दुवस्वते रक्षोघ्ने स्वाहा' इति ॥ ८ ॥ प्रष्टिवाहिनꣳ रथं ददाति ॥ ९ ॥ सन्तिष्ठत एषेष्टिः ॥ १० ॥ एतस्यै सꣳस्थामन्वपामार्गसक्तूꣳश्चोपकल्पयते पालाशं च स्रुवम् ॥ ११ ॥ इमां दिशमुत्तरां प्रतीचीꣳ स्वकृतं वेरिणꣳ स्पाशयन्ते प्रदरं वा ॥ १२ ॥ उदपात्रं चापामार्गसक्तुभिरुत्परायन्ति ॥ १३ ॥ स्वकृत इरिण एकोल्मुकꣳ सादयित्वोपसमादधाति प्रदरे वा ॥ १४ ॥ 'देवस्य त्वा सवितुः प्रसवे' इति पालाशेन स्रुवेणापामार्गसक्तून् जुहोति। '०अश्विना बाहुभ्यां=भ्याꣳ रक्षसो वधं जुहोमि स्वाहा' इति ॥ १५ ॥ 'हतꣳ रक्षोऽवधिष्म रक्षः' इति स्रुवं प्रक्षिणोति ॥ १६ ॥ यद्वस्ते तद्द–दाति ॥ १७ ॥ अपः परिषिच्याप्रतीक्षमायन्ति ॥ १८ ॥ एतावदेवैतदहः कर्म भवति ॥ १९ ॥ वसन्ति ॥ २० ॥ प्रातर्देविकाहवीꣳषि निर्वपति धात्रे पुरोडाशं द्वादशकपालम् अनुमत्यै चरुꣳ राकायै चरुꣳ सिनीवाल्यै चरुं कुह्वै चरुम् ॥ २१ ॥ मिथुनौ गावौ ददाति ॥ २२ ॥ सन्तिष्ठत एषेष्टिः ॥ २३ ॥ वसन्ति ॥ २४ ॥ प्रातस्त्रिषंयुक्तानां प्रथमꣳ हविर्निर्वपति—आग्नावैष्णवमेकादशकपाल–मैन्द्रावैष्णवमेकादशकपालं वैष्णवं त्रिकपालम् ॥ २५ ॥ वामनं वहीं ददाति ॥ २६ ॥ सन्तिष्ठत एषेष्टिः ॥ २७ ॥ वसन्ति ॥ २८ ॥ प्रातस्त्रिषंयुक्तानां द्वितीयꣳ हविर्निर्वपति—अग्नीषोमीयमेका–दशकपालमिन्द्रासोमीयमेकादशकपालꣳ सौम्यं चरुम् ॥ २९ ॥ बभ्रुं ददाति ॥ ३० ॥ सन्तिष्ठत एषेष्टिः ॥ ३१ ॥ वसन्ति ॥ ३२ ॥ प्रातस्त्रिषंयुक्तानां तृतीयꣳ हविर्निर्वपति सौमापौष्णं चरुमैन्द्रा–पौष्णं चरुं पौष्णं चरुम् ॥ ३३ ॥ श्यामं ददाति ॥ ३४ ॥ सन्तिष्ठत एषेष्टिः ॥ ३५ ॥ वसन्ति ॥ ३६ ॥ प्रातर्वैश्वानरं द्वादशकपालं निर्वपति ॥ ३७ ॥ हिरण्यं ददाति ॥ ३८ ॥ सन्ति॒ष्ठत एषेष्टिः ॥ ३९ ॥ वसन्ति ॥ ४० ॥ प्रातर्वारुणं यवमयं चरुं निर्वपति ॥ ४१ ॥ अश्वं ददाति ॥ ४२ ॥ सन्तिष्ठत एषेष्टिः ॥ ४३ ॥ एतदहर्वारुणेनेष्ट्वा रत्निनः समवस्यन्ति ॥ ४४ ॥ तेषामनाहिताग्नीनामग्न्या–धेयस्य मीमांसा ॥ ४५ ॥ सूतग्रामणीनां च क्षत्तसंगृहीतर्णीां च 'इतः प्रथमं यज्ञे अग्निः' इत्येवैषां मथित्वाऽग्नीन् विहरेत्। '०स्वाद्योनेरधि जातवेदाः=वहतु प्रजानन्' इति ॥ ४६ ॥ अग्न्याधेयमेव ब्राह्मणस्य च राजन्यस्य च ॥ ४७ ॥ एतस्मिन् काले आहवनीय आमात्यो गार्हपत्ये भागदुघो

यद्वासो वस्ते[१] परिदधाति यजमानः तद् ददाति ॥ १७ ॥

रत्निनां ब्रह्मादयो येषां गृहेषु बार्हस्पत्यादयः कार्याः समवस्यन्ति पथेकृतवेश्मानः[२]। साश्रयाः सपरिच्छदाः ॥ ४४ ॥

अनाहिताग्नीनामाधानेनानधि[३]कृतानाम् ॥ ४५ ॥

केषां ? [४]सूतग्रामणीनां [५]क्षत्तसंगृहीतर्णीां च। द्वयोर्बहुवचनप्रयोगान्नरापेक्षम्[६] परिवृक्त्याश्च[७] ॥ ४६ ॥

पृथगग्न्यभावादग्न्युत्पत्तिविधानम्। ब्रह्मादयस्तावदाहिताग्नय एव। सर्वे स्युरधिकृतत्वात् पूर्वाग्निरौपासनः, स हि सर्वेभ्यः पूर्वः स्यात्। आहवनीयकार्यं कुर्यात्। एतस्मिन् काले

---

१. M Ad पस्ते; thus T. २. M Ad °श्वानः; thus T. ३. M Ad °नाधिकृ°; thus T. ४. T सूत्र°. ५. T क्षत्तृसंग्र°. ६. Ad °न्नपरोक्षं. ७. M Ad T °वृत्या°.

रत्निनोऽन्वाहार्यपचने ॥ ४८ ॥ परिवृक्त्या अग्न्याधेयमीमाꣳसा ॥ ४९ ॥ सूतकाग्निमाहरेयुरिति तदेकम् ॥ ५० ॥ प्रदाव्यमाहरेयुरिति तदेकम् ॥ ५१ ॥ येन मृतं दहन्ति तमाहरेयुरिति तदेकम् ॥ ५२ ॥ येनैवैतत् स्त्रिय उपस्थं कल्पयन्ते तमाहरेयुरिति तदेकम् ॥ ५३ ॥ यैव जातु न सुषुवे तस्यै गृहादग्निमाहृत्य तमेकाग्निमेवेन्धीत ॥ ५४ ॥ वसन्ति ॥ ५५ ॥ प्रातः ॥ ९.१.२.५६ ॥ [इति द्वितीयः पटलः]

बार्हस्पत्यं चरुं निर्वपति ब्रह्मणो गृहे ॥ १ ॥ शितिपृष्ठं ददाति ॥ २ ॥ पालाश इध्मः ॥ ३ ॥ 'अयं नो राजा वृत्रहा' **इत्याह सꣳस्थामनु हविषो ब्रह्मा।** '°राजा भूत्वा वृत्रं वध्याद्' **इति ॥ ४ ॥ आगत्येन्द्राय सुत्राम्णे पुरोडाशमेकादशकपालं निर्वपति स्वेष्वग्निषु ॥ ५ ॥ सन्तिष्ठत एषेष्टिः ॥ ६ ॥ वसन्ति ॥ ७ ॥ प्रातरैन्द्रमेकादशकपालं निर्वपति राजन्यस्य गृहे ॥ ८ ॥ ऋषभं ददाति ॥ ९ ॥ नैय्यग्रोध इध्मः ॥ १० ॥** 'अयं नो राजा वृत्रहा' **इत्याह सꣳस्थामनु हविषो राजन्यः।** '°राजा भूत्वा वृत्रं वध्याद्' **इति ॥ ११ ॥ आगत्येन्द्रायाꣳहोमुचे पुरोडाशमेकादशकपालं निर्वपति स्वेष्वग्निषु ॥ १२ ॥ सन्तिष्ठत एषेष्टिः ॥ १३ ॥ वसन्ति ॥ १४ ॥ प्रातरादित्यं चरुं निर्वपति महिष्यै गृहे ॥ १५ ॥ धेनुं ददाति ॥ १६ ॥ फलग्रहौ बदर्या इध्मः ॥ १७ ॥** 'अयं नो राजा वृत्रहा' **इत्याह सꣳस्थामनु हविषो महिषी।** '°राजा भूत्वा वृत्रं वध्याद्' **इति ॥ १८ ॥ आगत्येन्द्राय सुत्राम्णे पुरोडाशमेकादशकपालं निर्वपति स्वेष्वग्निषु ॥ १९ ॥ सन्तिष्ठत एषेष्टिः ॥ २० ॥ वसन्ति ॥ २१ ॥ प्रातर्नैर्ऋतं चरुं निर्वपति परिवृक्त्यै गृहे कृष्णानां व्रीहीणां नखनिर्भिन्नम् ॥ २२ ॥ तमेकस्मिन्नेवाग्नौ श्रपयित्वा नैर्ऋतीभ्यामृग्भ्यामुपस्तीर्णाभिघारितं दर्विहोमं जुहोति** 'यत्ते देवी निर्ऋतिराबबन्ध', 'यस्यास्ते

आदित्यचरुनिर्वर्तनकाले[1]। [2]पचनाग्निर्गार्हपत्यः[3] भागदुघस्यामात्यो विहृतोऽन्वाहार्यः कार्यः ॥ ४८ ॥

'पचनकार्यं येनैवैतत् स्त्रिय उपस्थं कल्पयन्त' इति विवाहाग्निरिति केचित्। धूपाग्निरित्यपरे येन कौपीनं धूपयन्ति ॥ ५३ ॥

यैव जातु न सुषुवेति वन्ध्याऽभिप्रेता ॥ ९.१.२.५४ ॥ **[इति द्वितीयः पटलः]**

ब्रह्मा ब्राह्मणः 'अयं नो राजा वृत्रहा राजा भूत्वा वृत्रं वध्याद्' इति प्रेष्यः[4] ब्रह्मा ब्रूयात् ॥ ४ ॥

यस्याग्निषु सेष्टिः कृता। एवं सर्वत्रान्यस्याग्निषु प्रापणे वाचनिकत्वान्न दोषः। य एवमग्निवतो वाऽन्यस्य[5] यागे क्रियमाणे ॥ ५ ॥

महिषी नाम राज्ञः[6] श्रेष्ठा[7] भार्या। संबन्धिशब्दानां[8] प्रकृतसंबन्धस्य न्याय्यत्वाद् यजमानस्यैव[9] महिषी ॥ १८ ॥

---

१. M Ad °निवर्तिकाले; thus T. २. M Ad वच° ; thus T. ३. M Ad °पत्यं; thus T. ४. M Ad इतीष्यन्ते; thus T. ५. M Ad पन्यस्य, T वन्यस्य. ६. M Ad राज. ७. M Ad श्रेष्ठ. ८. M Ad संबन्धश° ; thus T. ९. M Ad °मातएव; thus T.

अस्याः क्रूर आसञ्जुहोमि' **इति** ॥ २३ ॥ **कृष्णां कूटां ददाति** ॥ २४ ॥ **अपर्णायै शुष्काग्रायै बदर्या इध्मः** ॥ २५ ॥ 'अयं नो राजा वृत्रहा' **इत्याह सꣳस्थामनु हविषः परिवृक्ती**। '॰राजा भूत्वा वृत्रं वध्याद्' **इति** ॥ २६ ॥ **आगत्येन्द्रायाꣳहोमुचे पुरोडाशमेकादशकपालं निर्वपति स्वेष्वग्निषु** ॥ २७ ॥ **सन्तिष्ठत एषेष्टिः** ॥ २८ ॥ **प्रातराग्नेयमष्टाकपालं निर्वपति सेनान्यो गृहे** ॥ २९ ॥ **हिरण्यं ददाति** ॥ ३० ॥ **खादिर इध्मः** ॥ ३१ ॥ 'अयं नो राजा वृत्रहा' **इत्याह सꣳस्थामनु हविषः सेनानीः**। '॰राजा भूत्वा वृत्रं वध्याद्' **इति** ॥ ३२ ॥ **आगत्येन्द्राय सुत्राम्णे पुरोडाशमेकादशकपालं निर्वपति स्वेष्वग्निषु** ॥ ३३ ॥ **सन्तिष्ठत एषेष्टिः** ॥ ३४ ॥ **प्रातर्वारुणं दशकपालं निर्वपति सूतस्य गृहे** ॥ ३५ ॥ **महानिरष्टं ददाति** ॥ ३६ ॥ **आश्वत्थ इध्मः** ॥ ३७ ॥ 'अयं नो राजा वृत्रहा' **इत्याह सꣳस्थामनुहविषः सूतः**। '॰राजा भूत्वा वृत्रं वध्याद्' **इति** ॥ ३८ ॥ **आगत्येन्द्रायाꣳहोमुचे पुरोडाशमेकादशकपालं निर्वपति स्वेष्वग्निषु** ॥ ३९ ॥ **सन्तिष्ठत एषेष्टिः** ॥ ४० ॥ **वसन्ति** ॥ ४१ ॥ **प्रातमारुतं सप्तकपालं निर्वपति ग्रामण्यो गृहे** ॥ ४२ ॥ **पृश्निं ददाति** ॥ ४३ ॥ **औदुम्बर इध्मः** ॥ ४४ ॥ 'अयं नो राजा वृत्रहा' **इत्याह सꣳस्थामनु हविषो ग्रामणीः**। '॰राजा भूत्वा वृत्रं वध्याद्' **इति** ॥ ४५ ॥ **आगत्येन्द्राय सुत्राम्णे पुरोडाशमेकादशकपालं निर्वपति स्वेष्वग्निषु** ॥ ४६ ॥ **सन्तिष्ठत एषेष्टिः** ॥ ४७ ॥ **वसन्ति** ॥ ४८ ॥ **प्रातः सावित्रं द्वादशकपालं निर्वपति क्षत्तुर्गृहे** ॥ ४९ ॥ **उपध्वस्तं ददाति** ॥ ५० ॥ **प्लाक्ष इध्मः** ॥ ५१ ॥ 'अयं नो राजा वृत्रहा' **इत्याह सꣳस्थामनु हविषः क्षत्ता**। '॰राजा भूत्वा वृत्रं वध्याद्' **इति** ॥ ५२ ॥ **आगत्येन्द्रायाꣳहोमुचे पुरोडाशमेकादशकपालं निर्वपति स्वेष्वग्निषु** ॥ ५३ ॥ **सन्तिष्ठत एषेष्टिः** ॥ ५४ ॥ **वसन्ति** ॥ ५५ ॥ **आगत्य प्रातराश्विनं**

---

[1]परिवृक्तिर्दुर्भगा भार्या परिवर्जनीयत्वात्। सापि तस्यैव नैर्ऋतो[2] यावदुक्तं[3] गृह्योक्तेति कर्तव्यताको वा ॥ २६ ॥

सेनानीर्यः सेनां नयति त्रैवर्णिक आचार्याभिप्रायत्वात्। क्षत्रियश्च सामर्थात्॥ ३२ ॥

निरष्टो विहितपुंस्कः। महाँश्चासौ निरष्टश्च महानिरष्टः ॥ ३६ ॥

अयं ग्रामणीस्त्रैवर्णिकः अग्न्युत्पत्तिविधानात्। ग्रामः समुदायः[4], तस्य कार्यं नयतीति। संधानमाहर्तारः[5]। अथवा प्रसिद्धिर्मा[6] बाधीति त्रैवर्णिकेष्वेवमुत्पादितेषु अग्निषु यजतीति वचनं द्रष्टव्यम्॥ ४२ ॥

पृश्निः श्वेतबिन्दुः ॥ ४३ ॥

उपध्वस्तः अल्पीयः श्वेतबिन्दुः ॥ ५० ॥

संगृहीता[7] रथाश्वानां यन्ता ॥ ५६ ॥

---

१. M Ad ॰वृत्तिः, T ॰वित्ति. २. M Ad ॰ऋता; thus T. ३. M Ad ॰दुक्तेः, T ॰क्तं. ४. M Ad ॰दायं; thus T. ५. M Ad संघानामा॰ ; thus T. ६. M Ad om प्रसिद्धिः; thus T. ७. M Ad ॰तानां, संग्र॰.

द्विकपालं निर्वपति संगृहीतुर्गृहे ॥ ५६ ॥ **सवात्यौ ददाति** ॥ ५७ ॥ **सꣳस्थापिनोर्धक्षयोरिध्मः** ॥ ५८ ॥ 'अयं नो राजा वृत्रहा' **इत्याह सꣳस्थामनुहविषः संग्रहीता** । '°राजा भूत्वा वृत्रं वध्याद्' **इति** ॥ ५९ ॥ **आगत्येन्द्राय सुत्राम्णे पुरोडाशमेकादशकपालं निर्वपति स्वेष्वग्निषु** ॥ ६० ॥ **सन्तिष्ठत एषेष्टिः** ॥ ६१ ॥ **वसन्ति** ॥ ६२ ॥ **आगत्य प्रातः पौष्णं चरुं निर्वपति भागदुघस्य गृहे** ॥ ६३ ॥ **श्यामं ददाति** ॥ ६४ ॥ **क्षामापाकाष इध्मः** ॥ ६५ ॥ 'अयं नो राजा वृत्रहा' **इत्याह सꣳस्थामनु हविषो भागदुघः** । '°राजा भूत्वा वृत्रं वध्याद्' **इति** ॥ ६६ ॥ **आगत्येन्द्रायाꣳहोमुचे पुरोडाशमेकादशकपालं निर्वपति स्वेष्वग्निषु** ॥ ६७ ॥ **सन्तिष्ठत एषेष्टिः** ॥ ६८ ॥ **वसन्ति** ॥ ६९ ॥ **आगत्य प्राता रौद्रं गावीधुकं चरुं निर्वपत्यक्षावापस्य गृहे** ॥ ७० ॥ **शबलमुद्वारं ददाति** ॥ ७१ ॥ **रौहिषाण इध्मः** ॥ ७२ ॥ 'अयं नो राजा वृत्रहा' **इत्याह सꣳस्थामनु हविषोऽक्षावापः** । '°राजा भूत्वा वृत्रं वध्याद्' **इति** ॥ ७३ ॥ **आगत्येन्द्राय सुत्राम्णे पुरोडाशमेकादशकपालं निर्वपति स्वेष्वग्निषु** ॥ ७४ ॥ **सन्तिष्ठत एषेष्टिः** ॥ ७५ ॥ **एतान्यहानि प्रसिद्धमेवास्य श्वेताꣳ श्वेतवत्साꣳ स्वयं दोग्धि, स्वयमातनक्ति स्वंय मथ्नाति स्वयमश्वत्थस्य शाखामववृश्च्य चतुःस्रक्तिचमसं करोति** ॥ ७६ ॥ **एतस्यै पयो निधातवा आह** ॥ ७७ ॥ **वसन्ति** ॥ ७८ ॥ **प्रातर्मैत्राबार्हस्पत्यꣳ हविर्निर्वपति** ॥ ७९ ॥ **श्वेतायै श्वेतवत्सायै दुग्धे स्वयंमूर्ते स्वयंमथित आज्य आश्वत्थे पात्रे चतुःस्रक्तौ स्वयमवपन्नायै**

सवात्यौ[1] समानवत्सौ ॥ ५७ ॥

भागदुघो यो भागार्थं दोग्धि ॥ ६३ ॥

क्षामापाकः[2] क्षामेण दाहेन पाकः शोषो यस्य, अथवा क्षामया पृथिव्या एवोष्मणा पाको[3] यस्य सः क्षामापाकः[2]। तस्यैव[4] क्षामापाकाष[5]। प्रसिद्धिर्वाऽन्वेषणीया ॥ ६५ ॥

अक्षावापो योऽक्षानावपत्यधिदेवने वेतनाय ॥ ७० ॥

रोहिषाणो[6] रोहितकरो, हीतकानां[7], मृग्या वा प्रसिद्धिः ॥ ७२ ॥

एतान्यहानि येषु रत्निनां हवींषि, एतत्सर्वम् ॥ ७६ ॥

[8]मैत्राबार्हस्पत्यस्याज्यस्योपादानायान्येऽहनि तस्याः पयो बार्हस्पत्यार्थं निधातव्यं ब्रूयात् ॥ ७७ ॥

मित्राबृहस्पतिदेवताकमेव। अवघातं कृत्वा कर्णानिवावघातान्[9] तण्डुलान् चिनुयात्[10] पृथक् कुर्यात्। तत्र ये कर्णाः[11] कणादिमन्तः सम्यगनवहतास्तैर्बृहस्पतिदेवत्यश्चरुः श्रप्यते। ये[12] अकर्णाः अपेतकणादिकाः[13] सम्यक् फलीकृतास्तैराज्यैर्मैत्रः[14] कार्यः। कणा एव कर्णाः, इतरेऽकर्णा[15] इति

---

१. M Ad °वात्यो. २. M Ad °मावाकः; thus T. ३. M Ad वाको; thus T. ४. M Ad T तस्येवनः. ५. M Ad °वाका. ६. M Ad °षाणा, T °षाणां. ७. M Ad हीतानां, T (रोहितक रोहित° ?). ८. M Ad T मैत्रावारभूतस्या°. ९. M Ad कमेवावघां, T om. १०. T विचि°. ११. M Ad कणाः; thus T. १२. M Ad om; thus T. १३. M Ad °कर्णादि°; thus T. १४. T °राज्यैर्मै. १५. M Ad °तरे क°; thus T.

शाखायै कर्णाꣳश्चाकर्णाꣳश्च तण्डुलान् विचिनोति। अथ वै भवति ये कर्णाः स पयसि बार्हस्पत्यः, येऽकर्णाः स आज्ये मैत्रः ॥ ८० ॥ मैत्रेण बार्हस्पत्यमपिदधाति ॥ ८१ ॥ एतच्छृत एव मैत्रेण नैवारं बार्हस्पत्यं मेक्षयति ॥ ८२ ॥ बार्हस्पत्येन पूर्वेण प्रचरति मैत्रेणोत्तरेण ॥ ८३ ॥ स्वयंकृता वेदिर्भवति स्वयंदिनं बर्हिः स्वयंकृत इध्मः ॥ ८४ ॥ एतामेव श्वेताꣳ श्वेतवत्सां दक्षिणां ददाति ॥ ८५ ॥ सन्तिष्ठत एषेष्टिः ॥ ८६ ॥ एतान्यहानि वैश्वदेवेनेष्ट्वैताभ्यामेव हविर्भ्यां चतुरो मासो यजते ग्रैष्मान् ॥ ८७ ॥ अधिगच्छति वरुणप्रघासान् ॥ ८८ ॥ तैर्यजते ॥ ८९ ॥ तैरिष्ट्वैताभ्यामेव हविर्भ्यां चतुरो मासो यजते वार्षिकान् ॥ ९० ॥ अधिगच्छति साकमेधान् ॥ ९१ ॥ तैर्यजते ॥ ९२ ॥ तैरिष्ट्वैताभ्यामेव हविर्भ्याꣳ सर्वं कार्तिकं यजते ॥ ९३ ॥ अधिगच्छति शुनासीरीयम् ॥ ९४ ॥ तेन यजते ॥ ९५ ॥ तेनेष्ट्वैताभ्यामेव हविर्भ्याꣳ सर्वं च मार्गशीर्षं यजते, तैषस्य च पञ्चविꣳशतिꣳ रात्रीः ॥ ९६ ॥ इन्द्रतुरीयमेकं पञ्चेध्ममेकं देविकाहविरेकं त्रिषंयुक्तानां द्वे ॥ ९७ ॥ तस्य द्वादशकपालं वैश्वानरं वारुणं यवमयं चरुमेकादश च रत्निनाꣳ हवीꣳषि ॥ ९.१.३.९८ ॥ [इति तृतीयः पटलः]

॥ इति नवमप्रपाठके प्रथमोऽनुवाकः ॥

केचित् ॥ ८० ॥

सहस्रगणमपिधानम्[१] ॥ ८१ ॥

एवमेतस्य [२]श्रपणं नैवारमपावृत्य बार्हस्पत्यं मेक्षयति ॥ ८२ ॥

तदाज्यभागान्तं कृत्वा बार्हस्पत्येन प्रचर्य मैत्रेणोत्तरेण प्रचरेत्[३] ॥ ८३ ॥

वेदिकरणबर्हिसंभरणेध्मकरणान्य[४]त्रवचनाद् याजमानानि ॥ ८४ ॥

एतद् द्वादशमिति प्रकाशनार्थम्। भगाय चरुमित्यौखीयके वचनमवेक्ष्यम्[५] ॥ ९.१.३.९८ ॥ **[इति तृतीयः पटलः]**

॥ इति व्याख्यायां नवमप्रपाठके प्रथमोऽनुवाकः ॥

---

१. M Ad T °मभिधा. २. M Ad T श्रवणमपावार°. ३. M Ad °चरणे; thus T. ४. M Ad °रणाद्यत्र; thus T. ५. M Ad °पेक्ष्यः; thus T.

॥ अथ नवमप्रपाठके द्वितीयोऽनुवाकः ॥

तदस्य माघस्यापरपक्ष इष्टो भवति ॥ १ ॥ अथास्यादावानुमतप्रतिवल्कैर्दशभिर्हविर्भिरिष्टं भवति ॥ २ ॥ पञ्चाहान्युच्छिष्यन्ते ॥ ३ ॥ तेषु सोमः ॥ ४ ॥ वसन्ति ॥ ५ ॥ प्रातर्दीक्षते ॥ ६ ॥ वसन्ति ॥ ७ ॥ प्राता राजानं क्रीणाति ॥ ८ ॥ तं क्रीत्वाऽपो निषिच्य तस्यार्धꣳ शार्दूलचर्मणोपनद्धं ब्रह्मणो गृहं नयन्ति ॥ ९ ॥ प्रसिद्धमितरस्मा आतिथ्यं निर्वपति ॥ १० ॥ तमेतं त्र्यहमाप्यायनकाल आहरन्ति ॥ ११ ॥ प्रसिध्यति कर्माऽऽग्नीषोमीयस्य पशुपुरोडाशात् ॥ १२ ॥ अग्नीषोमीयस्य पशुपुरोडाशेन सह देवसुवाꣳ हवीꣳषि निर्वपति 'अग्नये गृहपतये' **इत्यष्टावेतानि ॥ १३ ॥ प्रैषवान् पशुपुरोडाशः ॥ १४ ॥ अनुब्रूहि ॥ १५ ॥** 'यज' **इतीतरेषाꣳ हविषामुपाꣳशु ॥ १६ ॥ समानः प्रैषवान् स्विष्टकृत्, समानीडा ॥ १७ ॥ उपहूतायामिडायां** 'सविता त्वा प्रसवानाꣳ सुवताम्' **इत्येनाह ।** '°अग्निर्गृहपतीनां=धर्मपतीनाम्' **इति ॥ १८ ॥** 'ये देवा देवसुवः स्थ' **इत्यस्य दक्षिणꣳ हस्तं गृह्णाति ।** '°त इममामुष्यायणमन=ब्राह्मणानाꣳ राजा' **इति ॥ १९ ॥** 'प्रति त्यं नाम राज्यमधायि' **इति द्वाभ्यामाज्येन मुखं विमृष्टे ।** '°स्वां तनुवं=आनड्' **इति ॥ २० ॥** 'विष्णोः क्रमोऽसि

संवत्सरसंख्यानमदृष्टार्थम्। एवं ज्ञात्वा क्रियमाणमभ्युदयकारि भवतीति बहुलादयोऽत्र मासा गण्यन्ते न शुक्लादयः। तत्र पौर्णमास्यादिमासकस्य संवत्सरस्य [1]तैषो मास इष्टो[1] भवति। ततोऽस्य लौकिकस्य शुक्लादेर्मासस्यापरपक्ष इष्टो भवति ॥ १ ॥

अथास्य कृष्णादेर्मा[2]घस्य योऽपरपक्षः तस्य संख्यानमुच्यते। [3]आनुमतप्रतिवल्कै[4]र्दशभिर्हविर्भिरिष्टं भवति ॥ २ ॥

अथास्य पक्षस्यादौ [5]पञ्चाहानीत्यादि। एवं सति बहुलादयो मासा उपक्रान्ताः। तादृश एवोपसंहृताः स्युः ॥ ३ ॥

द्वितीयस्य संवत्सरस्याद्येऽहन्यभिषेचनीया दीक्षते ॥ ६ ॥

अभिषेचनीयदशपेययो राजक्रयो वचनात् सह क्रियते। क्रीत्वोपनह्यतीति[6] वचनात् ॥ ८ ॥

क्रयं समस्तं निर्वर्त्य तमस्मा[7] अध्वर्युराहरतीति। तत्र द्वेधा विभज्य वासान्तर उपानह्य ब्रह्मणो गृहं हरन्ति ॥ ९ ॥

आप्यायनकाल आहरन्ति। आप्याययितुम् आहरणमित्यपरे[8]। उभयत्रादृष्टकल्पना तुल्या ॥ ११ ॥

यजमानस्य मुखमध्वर्युर्विमृष्टे[9] प्रतीयादित्येकः[10]। सर्वे व्रता[11] इत्यपरः[12]। अवाप्तिद्वयमक्ष[13]द्वयाधिक्यात्। स्वरादौ च ॥ २० ॥

१–१. M Ad तैषा मासइष्टष्वका; thus T. २. Ad °र्मासक्ष्य. ३. M Ad अनुम° ; thus T. ४. T °प्रतिपल्कै°. ५. M Ad पत्त्वाहा° ; thus T. ६. M Ad कृत्वो° ; thus T. ७. M Ad तस्या; thus T. ८. M Ad °रणमात्रमि° ; thus T. ९. M Ad °र्युर्मृ° ; thus T. १०. M Ad प्रतीत्यादि° ; thus T. ११. M Ad प्रता; thus T. १२. M Ad °त्यपरा; thus T. १३. M Ad अवाप्रिद्वयमर्थ दू° ; thus T.

विष्णोः=विक्रान्तमसि' **इति विष्णुक्रमान् प्रक्रम्य वसन्ति** ॥ २१ ॥ **प्रसिध्यति कर्म** ॥ २२ ॥ **प्रातः-सवनीयैः पुरोडाशैः सह मारुत एकविंशतिकपालः श्रप्यते** ॥ २३ ॥ **तस्य कपालानामुपधानम्** ॥ २४ ॥ 'इमं च शुक्रं ज्योतिश्च' **इत्येतौ गणावभितोऽरण्येऽनुवाक्यं गणं मध्यत उपदधाति** ॥ २५ ॥ **अथास्यैता गृहीताः सपात्रा आपः** ॥ २६ ॥ **वसन्ति** ॥ २७ ॥ **या ऋत्विया सतेषु या आपस्ता एव द्रुत्वौषसं प्रतिप्रस्थाता पूर्वेणानुखातान् कूपान् खनति** ॥ २८ ॥ **तदेता आप उदेका क्लिश्नाति, एका नयति, उदेका निधत्ते** ॥ २९ ॥ **प्रसिद्धमेवाध्वर्युश्चतुर्गृहीतेनापामर्धमेति** ॥ ३० ॥ **प्रभ्वाज्यमाज्यस्थाल्यामाहरमाणा यन्ति** ॥ ३१ ॥ **स्रुवं चोन्नयन्ते** ॥ ३२ ॥ **निग्राभ्य एकधनान् पान्नेजनानि चतुर्गृहीतं गृह्णीतेऽध्वर्युः** ॥ ३३ ॥ **प्रचरण्यां तज्जुहोति** ॥ ९.२.१.३४ ॥ **[इति प्रथमः पटलः (४)]**

'अर्थेतः स्थ, राष्ट्रदाः स्थ राष्ट्रं दत्त स्वाहा' **इति वहन्तीषु** ॥ १ ॥ 'राष्ट्रदाः स्थ राष्ट्रममुष्मै दत्त' **इत्युन्नयते नौमण्डेन** ॥ २ ॥ 'अपां पतिरसि, राष्ट्रदा असि राष्ट्रं देहि स्वाहा' **इत्यपां पतिषु**

प्रतिकपालं मन्त्रास्त्रयो[१] हि सप्तकाः ॥ २३ ॥

अरण्येऽनुवाक्यं 'स्निक् च स्नीहितिश्चे'ति ॥ २५ ॥

या [२]मृत्सु मृत्पिण्डं संसृष्य वहन्तीर्दूरत आहृताः, सतेषु[३] दध्यादयः । आप एव केवलाः, अन्या अनुस्रोतम् ॥ २८ ॥

यस्मिन् स्रोतसि निग्राभ्यादयो ग्राह्याः । उत्क्लिश्नाति उद्गमयति खननेन[४] कूप्याभिप्रायं ता[५] एका आनयति। खातेषु कूपेषु समुद्रियाद्या एका[६] उपनिधत्ते[७]। पयआदिरूपा याः कूपेष्वानेतुं न शक्यन्ते ॥ २९ ॥

चतुर्गृहीतं गृह्णीते[८] प्रचरण्यान्तस्थं संस्रावं पात्रान्तरेऽवनिनीय[९] ॥ ९.२.१.३३-३४ ॥ **[इति प्रथमः पटलः (४)]**

नौर्येन मण्डयते[१०] अलंक्रियते संस्क्रियते[११] उदकोत्सेकद्वारेण तुन्नो तुन्नो मण्डं लक्ष्यते* ॥ २ ॥

अपां पतिं समुद्रस्था आपस्तद्वदुपचर्यन्ते। छान्दसो दीर्घः । परियजन्तीषु परितः संगच्छमानास्वा-वर्तमानास्वित्यर्थः ॥ ३ ॥

---

१. Ad °योऽपि. २. M Ad मृत्समृ°. ३. M T स तेषु. ४. T स्वननेन. ५. M Ad °यत्ता, T यक्तं. ६. M Ad om; thus T. ७. M Ad °निवर्ते; thus T. ८. M Ad गृहीते; thus T. ९. M Ad °रेपानीय; thus T. १०. M Ad मण्यते; thus T. ११. M Ad यते; thus T. *. Due to the displacement of folios a long text beginning with ज्वलितान् तथासति धार्यपक्षे (M p.288, line. 7, Ad p.605 line 9) and ending with पयसा वा स्वयं पर्वणि (M p.293, line 7, Ad p.615, line 11) dealing with *Agnihotra* has wrongly come here under *Rājasūya*. This text has been shifted to its proper place under Agnihotra (see p. 31, vide fn * on that page). M p.288 in marginalia note refers to 'अत्र ग्रन्थपातः अध्यायद्वयस्याभावश्च'. Missing text to the extent of two Anuvakas, is given at its proper place in T.

परियजन्तीषु ॥ ३ ॥ 'राष्ट्रदा असि राष्ट्रममुष्मै देहि' **इत्युन्नयते यत्तत्र दारु गृह्णाति तस्य पात्रेण** ॥ ४ ॥ 'वृषास्यूर्मी राष्ट्रदा असि राष्ट्रं देहि स्वाहा' **इति जुहोत्यूर्म्यासु** ॥ ५ ॥ 'राष्ट्रदा असि राष्ट्रममुष्मै देहि' **इत्युन्नयते यदेव तत्र दारु गृह्णन्ति तस्य पात्रेण** ॥ ६ ॥ 'वृषसेनोऽसि राष्ट्रदा असि राष्ट्रं देहि स्वाहा' **इति जुहोति वार्षसेनीषु विक्षरन्तीषु** ॥ ७ ॥ 'राष्ट्रदा असि राष्ट्रममुष्मै देहि' **इत्युन्नयते यदेव तत्र दारु गृह्णन्ति तस्य पात्रेण** ॥ ८ ॥ 'व्रजक्षितः स्थ, राष्ट्रदाः स्थ राष्ट्रं दत्त स्वाहा' **इति जुहोति कूप्यासु** ॥ ९ ॥ 'राष्ट्रदाः स्थ राष्ट्रममुष्मै दत्त' **इत्युन्नयते कूपावरणेन** ॥ १० ॥ 'मरुतामोजः स्थ, राष्ट्रदाः स्थ राष्ट्रं दत्त स्वाहा' **इति जुहोति ध्रुवक्षितेषु** ॥ ११ ॥ 'राष्ट्रदाः स्थ राष्ट्रममुष्मै दत्त' **इत्युन्नयतेऽशनिहतस्य वृक्षस्य पात्रेण** ॥ १२ ॥ 'सूर्यवर्चसः स्थ, राष्ट्रदाः स्थ राष्ट्रं दत्त स्वाहा' **इति जुहोति परिदृश्नियासु** ॥ १३ ॥ 'राष्ट्रदाः स्थ राष्ट्रममुष्मै दत्त' **इत्युन्नयते शुक्रपात्रेण** ॥ १४ ॥ 'सूर्यत्वचसः स्थ, राष्ट्रदाः स्थ राष्ट्रं दत्त स्वाहा' **इति जुहोत्यातपति वर्षन्तीषु** ॥ १५ ॥ 'राष्ट्रदाः स्थ राष्ट्रममुष्मै दत्त' **इत्युन्नयते कꣳसस्थालेन** ॥ १६ ॥ 'मान्द्राः स्थ, राष्ट्रदाः स्थ राष्ट्रं दत्त स्वाहा' **इति जुहोति ह्रादिनीषु** ॥ १७ ॥ 'राष्ट्रदा स्थ राष्ट्रममुष्मै दत्त' **इत्युन्नयते वरुणस्य पात्रेण** ॥ १८ ॥ 'वाशाः स्थ राष्ट्रदाः स्थ राष्ट्रं दत्त स्वाहा' **इति जुहोति स्थावरासु** ॥ १९ ॥ 'राष्ट्रदाः स्थ राष्ट्रममुष्मै दत्त' **इत्युन्नयते नैयग्रोधेन पात्रेण** ॥ २० ॥ 'शक्वरीः स्थ, राष्ट्रदाः स्थ राष्ट्रं दत्त स्वाहा' **इति जुहोति गोरुल्ब्यासु** ॥ २१ ॥ 'राष्ट्रदाः स्थ राष्ट्रममुष्मै दत्त' **इत्युन्नयते गृष्टिबन्धनेन** ॥ २२ ॥ 'विश्वभृतः स्थ, राष्ट्रदाः स्थ राष्ट्रं दत्त स्वाहा' **इति जुहोति पयसि** ॥ २३ ॥ 'राष्ट्रदाः स्थ राष्ट्रममुष्मै दत्त' **इत्युन्नयते गोदोहनेन** ॥ २४ ॥ 'जनभृतः स्थ, राष्ट्रदाः स्थ राष्ट्रं दत्त स्वाहा' **इति जुहोति दधनि** ॥ २५ ॥ 'राष्ट्रदाः स्थ राष्ट्रममुष्मै दत्त' **इत्युन्नयते चमसेन** ॥ २६ ॥ 'अग्नेस्तेजस्याः स्थ, राष्ट्रदाः स्थ राष्ट्रं दत्त स्वाहा' **इति जुहोत्याज्ये** ॥ २७ ॥ 'राष्ट्रदाः स्थ राष्ट्रममुष्मै दत्त' **इत्युन्नयते आज्यस्थाल्या** ॥ २८ ॥ 'अपामोषधीनाꣳ रसः स्थ, राष्ट्रदाः स्थ राष्ट्रं दत्त स्वाहा' **इति जुहोति मधुनि** ॥ २९ ॥ 'राष्ट्रदाः स्थ राष्ट्रममुष्मै दत्त' **इत्युन्नयते यस्मिन्**

यत् तत्रोपलक्ष्यते दारु तत्रेत्यनियमोऽभिप्रेतः । दारुमयत्वं तु नियतम् ॥ ४ ॥

[1]वृषसेनो भगवान्[1] पर्जन्यो वर्षणसम्बन्धात् । तत्र यास्ता वार्षसेन्यो वृष्टिधा भूम्यां पतित्वा क्षरन्त्य इत्यभिप्रायः । पर्वताग्रात् स्रवन्त्य इत्यपरे । वृषा नाभिहताः । प्रतिस्रोतं गच्छन्त्य इत्यन्ये ॥ ७ ॥

कूपावरणेन कूपमानेन प्रुषिता अश्माद्यभिघाताद् विप्रुड्भूताः पतन्त्य इति केचित् । नीहारसम्भवा इत्यपरे ॥ १० ॥

यासु सर्वं सर्वतो दृश्यन्ते ताः परिदृश्नियः[2] अच्छतमाः ॥ १३ ॥

ह्र्या[3] ह्रदोद्भवाः । अश्माद्यभिहताया पृष्ठ्यन्त्या इत्यन्ये ॥ १७ ॥

उल्ब्यासु गोरुल्ब्यासु ॥ ९.२.२.२१ ॥ **[इति द्वितीयः पटलः (५)]**

१-१. T पृषसेनो भरवान्. **२.** T °दृष्ट्यः. **३.** T ह्रदा, cf. *TS* 7.4.13.6.

वृक्षे मधु विन्दन्ति तस्य पात्रेण ॥ ३० ॥ 'आपो देवी मधुमती=अराती राष्ट्रदाः स्थ राष्ट्रं दत्त स्वाहा' **इति जुहोति सारस्वतीषु** ॥ ३१ ॥ 'राष्ट्रदाः स्थ राष्ट्रममुष्मै दत्त' **इत्युन्नयते** ॥ ९.२.२.३२ ॥ **[इति द्वितीयः पटलः** (५)]

औदुम्बरेण चतुःस्रक्तिना पात्रेण ॥ १ ॥ **आयन्ति** ॥ २ ॥ **स यत्रापोऽध्वर्युर्वसतीवरीष्ववनयति चात्वालस्यान्ते तदेता अपः** 'देवीरापः सं मधुमतीर्मधुमतीभिः सृजध्वम्' **इति समाने सते करोति प्रतिप्रस्थाता।** '°महि वर्चः क्षत्रियाय वन्वाना' **इति** ॥ ३ ॥ **पूर्वेण निग्राभ्याः प्रपद्यायन्त्यपरेण वसतीवरीश्चैकधनाश्च** ॥ ४ ॥ **तिष्ठन्त्येवैता आपः** ॥ ५ ॥ **प्रसिद्धमेवाध्वर्युः संस्रावं हुत्वोक्थ्यं कृतं कृत्वा प्रपद्यते** ॥ ६ ॥ **प्राजापत्यं दधिग्रहं जुहोति** ॥ ७ ॥ **तदेता अपः** 'अनाधृष्याः सीदतोर्जस्वतीः' **इत्यन्तरा होतुश्च धिष्णिय ब्राह्मणाच्छंसिनश्च सादयति।** '°महि वर्चः क्षत्रियाय दधतीः' **इति** ॥ ८ ॥ **तदाभ्यश्चत्वारि च वायव्यान्युपनिधायाद्रवति हिरण्यं सन्दंशं शतमानं च** ॥ ९ ॥ 'अग्निः प्रातःसवने पात्वस्मान्' **इति वसतीवरीणां तृतीयमवनयतः** ॥ १० ॥ **अपरस्मिन् कलशे तदन्वेकधनमानयन्ति** ॥ ११ ॥ **ऋजुभिरभिषवः** ॥ १२ ॥ **प्रसिद्धं ग्रहा गृह्यन्ते आऽऽग्रयणात्** ॥ १३ ॥ **आग्रयणं गृहीत्वाऽप उपस्पृश्य पूर्वेण परिद्रवति** ॥ १४ ॥ 'अनिभृष्टमसि वाचो बन्धुः' **इति हिरण्येन सन्दंशेन शतमानमादत्ते।** '°तपोजाः सोमस्य दात्रमसि' **इति** ॥ १५ ॥ 'शुक्रा वः शुक्रेणोत्पुनामि' **इत्येनेनैता अप उत्पुनाति।** '°चन्द्राश्चन्द्रेणामृता=चिताना:' **इति** ॥ १६ ॥ 'सधमादो द्युम्निनीरूर्ज एताः' **इति वारुण्यर्चा गृह्णाति।** '°अनिभृष्टा अपस्युवो=तृतमास्वन्तः। उपयामगृहीतोऽसि सरस्वत्यै त्वा जुष्टं गृह्णामि' **इति** ॥ १७ ॥ **पालाशेन गृहीत्वा पुरस्तात् सतस्य सादयति** 'अयं ते योनिः सरस्वत्यै त्वा' **इति** ॥ १८ ॥ **एवमेव नैयग्रोधेन गृहीत्वा दक्षिणतः सादयति** ॥ १९ ॥ **एवमेवाश्वत्थेन गृहीत्वा पश्चात् सादयति** ॥ २० ॥ **एवमेवौदुम्बरेण गृहीत्वोत्तरतः सादयति** ॥ २१ ॥ **अप उपस्पृश्य पूर्वेण परिद्रवति** ॥ २२ ॥ **उक्थ्यं गृह्णाति** ॥ २३ ॥ **ध्रुवं गृह्णाति** ॥ २४ ॥ **प्रसिध्यति कर्म** ॥ २५ ॥ **प्रातःसवनीयैः पुरोडाशैः सह मारुतमेकविंशतिकपालमासादयति** ॥ २६ ॥ **प्रातःसवनीयानां पुरोडाशानामिष्ट्वा** 'मरुद्भ्योऽनुब्रूहि' **इत्याहोपस्तीर्णाभिघारितं मारुतस्यादधानः** ॥ २७ ॥ **होतैव तस्या अन्वाह** ॥ २८ ॥ **होता यजति** ॥ २९ ॥ 'ओ श्रावय' **इत्याह** ॥ ३० ॥ 'मारुतो यज' **इति** ॥ ३१ ॥ **वषट्कृते जुहोति** ॥ ३२ ॥ **अनिष्टस्विष्टकृतमेतं मारुतं प्रति पराहरन्त्याग्नी–**

समाने सते करोति प्रतिप्रस्थाता ॥ ३ ॥

यथासम्भवं स्वयं च कांश्चिदानयन्त्यन्ये। एके आप्यं[1] मन्त्रं तु स्वयमेव ब्रुवन् सर्वाः प्रतिसन्धत्ते ॥ ४ ॥

तिष्ठन्ति बहिरेव न प्रपाद्यन्ते ॥ ५ ॥

---

१. T काल्यं°.

ध्रम् ॥ ३३ ॥ **प्रसिध्यति प्रातःसवनम्** ॥ ३४ ॥ **प्रसिध्यति माध्यन्दिनꣳ सवनम्** ॥ ३५ ॥ **आयन्ति** ॥ ३६ ॥ **सीदन्ति नाराशꣳसाः** ॥ ३७ ॥ **सन्नेषु नाराशꣳसेषु** 'क्षत्रस्योल्बमसि' **इति तार्प्यं यजमानः परिधत्ते** ॥ ३८ ॥ 'क्षत्रस्य योनिरसि' **इत्युष्णीषं पर्यस्यते** ॥ ३९ ॥ **एतस्मिन् काले पत्नीं परिधापयन्ति** ॥ ४० ॥ 'इन्द्रस्य वज्रोऽसि वार्त्रघ्नः' **इति रथमुपावहरति**। '°त्वयाऽयं वृत्रं वध्याद्' **इति** ॥ ४१ ॥ **तं** 'मित्रावरुणयोस्त्वा प्रशास्त्रोः प्रशिषा युनज्मि' **इत्युत्तरेणाग्नीध्रं प्रष्टिवाहिनं युनक्ति** ॥ ४२ ॥ **उत्तरेणाग्नीध्रं परीत्य जुहोति दाक्षिणानि** ॥ ४३ ॥ **दक्षिणा नयति** ॥ ४४ ॥ **दक्षिणा नीत्वाऽऽग्नीध्रं प्रपद्यन्ते** ॥ ४५ ॥ **तदेनं** 'चित्पतिस्त्वा पुनातु', 'वाक्पतिस्त्वा पुनातु' **इत्येकशतेन दर्भपुञ्जीलैः पवयति** ॥ ४६ ॥ **दध्याशयति** ॥ ४७ ॥ **उदुम्बरमाशयति** ॥ ४८ ॥ **शष्पाण्याशयति** ॥ ४९ ॥ 'आविन्नो अग्निर्गृहपतिः' **इत्येनमाविदो वाचयन्नानयति**। '°आविन्न इन्द्रो वृद्ध= ब्राह्मणानाꣳ राजा' **इति** ॥ ५० ॥ 'सोमस्य त्विषिरसि' **इति पूर्वेण हविर्धाने अपरेणाहवनीयं प्राचीनग्रीवमुत्तरलोम शार्दूलचर्मोपस्तृणाति**। '°तवेव मे त्विषिर्भूयाद्' **इति** ॥ ५१ ॥ 'अमृतमसि' **इति रुक्ममभिमृश्य** 'मृत्योर्मा पाहि' **इत्युपस्थं कृत्वा प्राङुपविशति** ॥ ५२ ॥ 'दिद्योन्मा पाहि' **इति सुवर्णꣳ रुक्ममुपरिष्टादध्यूहति** ॥ ५३ ॥ 'अवेष्टा दन्दशूकाः' **इति मुखेन क्लीबꣳ सीसेन विध्यति** ॥ ५४ ॥ 'निरस्तं नमुचेः शिरः' **इति दन्दशूकान् निरस्यति** ॥ ५५ ॥ 'समिधमा तिष्ठ', 'ग्राममा तिष्ठ', 'विराजमा तिष्ठ', 'उदीचीमा तिष्ठ', 'ऊर्ध्वामा तिष्ठ' **इत्येनं दिशः स्थापयति** ॥ ५६ ॥ **अनूज्जिहीते** ॥ ५७ ॥ **मनसाऽनुप्रक्रामति** ॥ ५८ ॥ **षट् पार्थानि जुहोति, षड् भूतानामवेष्टीः** ॥ ५९ ॥ 'सोमो राजा' **इत्येनं पुरस्तात् प्राणाभिषेकान् वाचयति** ॥ ९.२.३.६० ॥ **[इति तृतीयः पटलः (६)]**

'चिंत्पतिस्त्वे[1] 'त्याग्निष्टोमिकानां प्रतीकग्रहणमिति केचित्। तत्र प्रमाणं दुर्लभम्। यावदुक्तं ज्याय इव। प्रतियुगपच्चैकशतेन ॥ ४६ ॥

[2]दध्याशयति यजमानम्। सुराबलिमेवैनं करोतीति लिङ्गात् पवनैश्च प्रकृतत्वात् सुपर्णं [3]कंकमित्यत्र विशेषितत्वादितः कस्य नियमो वा राजतकस्य यवै राजतेत्यर्थवादादुभयोः शतमानत्वम्। अत उत्तरस्य शतातृण्णता ॥ ४७ ॥

व्यास्थापयति। व्यास्थापनमभिसन्धाय मन्त्रं ब्रूयात्। स्थापनमन्त्रमनुशरीरमुद्गमयन् सर्वं गमयति। [4]यजमानो मनसैवानुप्रक्रमेद् अनुगच्छेत् पद्भ्याम् ॥ ५६–५८ ॥

एवमेवेत्यभिषेकमन्त्रः [5]स्यादिति। देशो जघन्यशूद्रोऽजघन्य इति वा। जननमात्रप्रयोजन इति। वागेका यजमानस्य परिमृष्टेऽध्वर्युः[4]। [5]'प्राणाभिषेक(ान्' इति) प्राणानेवात्मना पूर्वानभिषिञ्चतीत्यर्थ-वादाद्विनापि प्राणाभिषेकशब्देन सिञ्चार्थः। एवं ब्रुवताऽऽचार्येणार्थवादगतस्याप्यर्थजातस्य प्रयोगकालेऽभिसम्बन्धितव्यता ज्ञाप्यते ॥ ९.२.३.६० ॥ **[इति तृतीयः पटलः (६)]**

---

१. T चिंत्पिस्त्वे°. **२.** T ध्याश°. **३.** T कक°. **४–४.** T gives the text of comm. of the *sūtra* 8.3.2.60 before the comm. of the *sūtras* 56 and 58. **५.** T °षेक्...प्राणाने°.

'वरुणो देवा घर्मसुवश्च ये। ते ते वाचꣳ सुवन्ताम्' **इत्येनमाह;** 'ते ते प्राणꣳ सुवन्ताम्' **इत्येनमाह;** 'ते ते मनः सुवन्ताम्' **इत्येनमाह;** 'ते ते चक्षुः सुवन्ताम्' **इत्येनमाह;** 'ते ते श्रोत्रꣳ सुवन्ताम्' **इत्येनमाह ॥ १ ॥** 'सोमस्य त्वा द्युम्नेनाभि षिञ्चामि' **इत्येनं पालाशेन पुरस्तादध्वर्युर–भिषिञ्चति। एवमेव नैयग्रोधेन दक्षिणतो ब्राह्मणः; एवमेवाश्वत्थेन पश्चाद्वैश्यः। एवमेवौ–दुम्बरेणोत्तरतो राजन्य इतीतरे ॥ २ ॥ अध्वर्युरेवैनमेतेनैव पुरस्तादभिषिञ्चति। एवमेव नैयग्रोधेन दक्षिणतो ब्रह्मा; एवमेवाश्वत्थेन पश्चाद्धोता; एवमेवौदुम्बरेणोत्तरत उद्गाता।** '◦अग्नेस्तेजसा=दिवस्पाहि' **इति ॥ ३ ॥** 'समाववृत्रन्नधरागुदीचीः' **इति प्रसलैः केशान् परिमृष्टे।** '◦अहिं बुध्नियमनु सञ्चरन्तीस्ताः=स्वसिच इयानाः' **इति ॥ ४ ॥ षडेव पार्थानि जुहोति, षड् भूतानामवेष्टीः ॥ ५ ॥ समाने पात्रे सꣳस्रावान् कृत्वा** 'रुद्र यत्ते क्रयी परं नाम' **इत्युदङ् परेत्याग्नीध्रे जुहोति।** '◦तस्मै हुतमसि यमेष्टमसि स्वाहा' **इति ॥ ६ ॥ अत्रैव यत्सतेऽतिशिष्यते तत् स्रुचि कृत्वा चमसे वा** 'प्रजापते न त्वदेतान्यन्यो' **इति प्रत्यङ् परेत्य गार्हपत्ये जुहोति।** '◦विश्वा जातानि=रयीणाꣳ स्वाहा' **इति ॥ ७ ॥ स यां कामयेत पत्नीꣳ राष्ट्रमस्यै प्रजाः स्यादिति साऽन्वारभेत, राष्ट्रमेवास्यै प्रजा भवति ॥ ८ ॥** 'विष्णोः क्रमोऽसि' **इति विष्णुक्रमै रथमभ्येतः।** '◦विष्णोः क्रान्त=विक्रान्तमसि' **इति ॥ ९ ॥ आगत्य** 'पशूनां मन्युरसि' **इति वाराही उपानहावुपमुञ्चते।** '◦तवेव मे मन्युर्भूयात्' **इति ॥ १० ॥** 'इन्द्रस्य वज्रोऽसि वार्त्रघ्नः' **इत्यस्मा अध्वर्युर्धनुः प्रयच्छति।** '◦त्वयाऽयं वृत्रं वध्यात्' **इति ॥ ११ ॥** 'शत्रुबाधनाः स्थ' **इतीषून्।** '◦शत्रून्मे दग्ध्वम्' **इति ॥ १२ ॥** 'पात मा प्रत्यञ्चम्' **इति दिशोऽनुविदे दिश्यन्ते।** '◦पात मा तिर्यञ्च=नाष्ट्र्भ्यः पात' **इति ॥ १३ ॥** 'हिरण्यवर्णावुषसां विरोके'

---

[१]वाचयन्नध्वर्युः 'ते ते' इति ब्रूयात्। ब्रुवन् यजमानः सोम[२] इति। 'सोमो राजे'ति सर्वत्रानुषज्यते। न वाऽनुषङ्गः, सहोच्यमानत्वात् तन्त्रेणैव ह्युच्चारणं संभवति ॥ १ ॥

'राष्ट्रमेवास्मिन् ध्रुवमकरदि'ति व्यपदेशात्। साऽन्वारभेतेति[३] शाखान्तरे वचनं द्रष्टव्यम्। 'तस्यै गृहे जुहुयादि'ति तैत्तिरीयके वचनमनेन विकल्पते ॥ ८ ॥

उपानडुपमोचनमन्त्रः एक एवोपानद्द्वयं च प्रत्यावर्तते ॥ १० ॥

'शत्रून्मे बाधध्वमि'ति प्रतिग्रहमन्त्र[४]लिङ्गादितोऽनु सर्वा दिशः प्रति विविधमित्यर्थः। दिशत्याकर्णपूर्णम्। पञ्चदिशः पूर्वाद्या ऊर्ध्वान्ताः प्रति। यथाक्रमं पञ्चभिर्मन्त्रैरिति केचित्। 'पात[५] मा प्रत्यञ्चमि[५]'त्यपराम्, 'पात[६] मा तिर्यञ्चमि[६]'ति दक्षिणोत्तरे। आवृत्य 'अन्वञ्चं मा पाते'ति पूर्वादिभ्यः इत्यादिना सर्वाः। एवं लिङ्गानुग्रहो भवतीति ॥ ११-१३ ॥

अप एव 'हिरण्यवर्णावि'ति द्विपादी। त्रिष्टुबादिपूरणेन। एकद्वित्रिचतुष्यादित्यनेन पक्ष[७]मित्यस्य

---

१. T पाच°. २. T. स्तोम. ३. T °रभतेति. ४. T °मन्त्राल्लिगांदि°. ५-५. T पात्रमाप्रत्य°. ६-६. T पात्रमातिर्य°. ७. T पक्ष...मित्य°.

इति त्रिष्टुभा बाहू उद्गृह्णीते ॥ १४ ॥ 'अयः स्थूणावुदितौ सूर्यस्यारोहतं वरुण मित्र गर्तम्' **इति नमस्कृत्य रथमातिष्ठति।** '°ततश्चक्षाथामदितिं दितिं च' **इति** ॥ १५ ॥ 'जगृभ्णा ते दक्षिणमिन्द्र हस्तम्' **इत्यैन्द्रिया त्रिष्टुभा प्रतिहितोऽन्वारोहति।** '°वसूयवो वसुपते व=रयिं दाः' **इति** ॥ १६ ॥ **अत्र शतगुः सꣳशिष्टो राजन्यः पूर्वेणावसितो भवति** ॥ १७ ॥ 'मरुतां प्रसवे जेषम्' **इति प्रयाति** ॥ १८ ॥ **अधिगत्य पृच्छति** 'कस्य गावः' **इति** ॥ १९ ॥ 'अमुष्य' **इति** 'आप्तं मनः' **इति जिनाति** ॥ २० ॥ 'समहमिन्द्रियेण वीर्येण' **इति पुनरायाति** ॥ २१ ॥ **आगच्छति चात्वालस्यान्ते पत्नीं तिष्ठन्तीम्** ॥ २२ ॥ **तामनवस्थायैव यजमानः** 'रन्तिरसि रमतिरसि' **इति तिरश्चक्रं धनुरार्त्न्याभ्यर्षयति।** '°सूनर्यसि' **इति** ॥ २३ ॥ 'नमो मात्रे पृथिव्यै' **इत्यवतिष्ठति।** '°माऽहं मातरं=हिꣳसीत्' **इति** ॥ २४ ॥ **अथाहरन्त्यस्मै मणीन्** ॥ २५ ॥ **तान् प्रतिमुञ्चते** ॥ २६ ॥ 'इयदस्यायुरस्यायुर्मे धेहि' **इति हिरण्मयम्** ॥ २७ ॥ 'ऊर्गस्यूर्जं मे धेहि' **इत्यौदुम्बरम्** ॥ २८ ॥ 'युङ्ङसि वर्चोऽसि वर्चो मयि धेहि' **इति हिरण्मयमेव** ॥ २९ ॥ 'अग्नये गृहपतये स्वाहा' **इति रथविमोचनीया जुहोति।** '°सोमाय वनस्पतये स्वाहा =जसे स्वाहा' **इति** ॥ ३० ॥ **विमुञ्चन्त्येतासु हुतासु रथम्** ॥ ३१ ॥ **तस्मान्नावतिष्ठति संगृहीता** ॥ ३२ ॥ 'हꣳसः शुचिषद्' **इति सह संगृहीत्रा रथवाहने रथमादधाति** ॥ ३३ ॥ **पूर्वेण रथकूबरमन्तरेण रथवाहनस्येषे संगृहीताऽवसर्पति** ॥ ३४ ॥ **एताꣳश्च मणीꣳश्च रथं च ब्रह्मणे ददाति** ॥ ३५ ॥ **आगच्छन्ति मैत्रावरुणीमामिक्षामासन्नां मारुतं चैकविꣳशतिकपालम्** ॥ ३६ ॥ **तस्यां** 'मित्रोऽसि' **इति दक्षिणꣳ हस्तं मार्जयित्वा यजमानोऽपिदधाति** ॥ ३७ ॥ 'वरुणोऽसि' **इत्युत्तरम्** ॥ ३८ ॥ 'समहं

स्थाने विनियोगः शाखान्तरे द्रष्टव्यः ॥ १४ ॥

आरोहलिङ्गाद्वा आचार्येणैव विनियोगः। इतरथा हि मुख्यैव त्रिष्टुब्ग्रहणेऽन्यायात्[1] ॥ १५ ॥

ऐन्द्रियेति[1] वचनमिन्द्र[2]शब्दस्य यजमानाभिधायित्वाशङ्कानिवृत्त्यै ॥ १६ ॥

प्रतिहितो युवराजः प्रयाति ॥ १८ ॥

सुबलः [3]सारवा(-न्?) जिनाति पुष्णाति ॥ २० ॥

पत्नीं यां कांचित्। महिषीं सैव प्राधान्यादित्यपरे ॥ २२ ॥

अभ्यर्षयति, अभिगमयति ॥ २३ ॥

बाधते प्रतिमुञ्चते यजमानः ॥ २६ ॥

औदुम्बरं ताम्रमयम्। उदुम्बरवृक्षस्येत्यन्ये ॥ २८ ॥

मैत्रावरुणस्यामिक्षा वैश्वदेव्या विकल्पत इत्यवगन्तव्यम् ॥ ३६ ॥

१-१. T °न्यादैन्द्रियेदिति. **२.** T °मिन्दिशब्द°. **३.** M Ad सारवाजि°.

विश्वैर्देवैः' **इत्येनाः संयौति** ॥ ३९ ॥ 'सं मया विश्वेदेवाः' **इति तया प्रचरति** ॥ ४० ॥ **तस्यै स्विष्टकृता सह मारुतस्य स्विष्टकृतं जुहोति** ॥ ४१ ॥ **समानीडा** ॥ ४२ ॥ **इडान्तयैतया प्रचर्य** 'क्षत्रस्य नाभिरसि' **इति दक्षिणेनाहवनीयमौदुम्बरीमासन्दीं निदधाति** ॥ ४३ ॥ 'क्षत्रस्य योनिरसि' **इत्यस्यामधिवासमास्तृणाति** ॥ ४४ ॥ **तामारोहति यजमानः** ॥ ४५ ॥ **तस्यामुपविशति प्रागावृत्त उपस्थं कृत्वा** ॥ ९.२.४.४६ ॥ **[इति चतुर्थः पटलः** (७)**]**

'स्योनामा सीद' **इत्येनमाह** ॥ १ ॥ 'स्योनामासदम्' **इत्याह** ॥ २ ॥ 'सुषदामा सीद' **इत्येनमाह** ॥ ३ ॥ 'सुषदामासदम्' **इत्याह** ॥ ४ ॥ 'मा त्वा हिꣳसीत्' **इत्येनमाह** ॥ ५ ॥ 'मा मा हिꣳसीत्' **इत्याह** ॥ ६ ॥ 'नि षसाद धृतव्रतः' **इति सन्नमुपतिष्ठते** । '°वरुणः पस्त्यास्वा साम्राज्याय सुक्रतुः' **इति** ॥ ७ ॥ 'ब्रह्मा३न्' **इति ब्रह्माणमामन्त्रयते** ॥ ८ ॥ 'त्वꣳ राजन् ब्रह्माऽसि' **इत्येनमाह** । 'सविताऽसि सत्यसवः' **इति** ॥ ९ ॥ 'ब्रह्मा३न्' **इत्यध्वर्युम्** ॥ १० ॥ 'त्वꣳ राजन् °ब्रह्माऽसि' **इत्येनमाह** । '°इन्द्रोऽसि सत्यौजाः' **इति** ॥ ११ ॥ 'ब्रह्मा३न्' **इति होतारम्** ॥ १२ ॥ 'त्वꣳ राजन् ब्रह्माऽसि' **इत्येनमाह** । '°मित्रोऽसि सुशेवः' **इति** ॥ १३ ॥ 'ब्रह्मा३न्' **इत्युद्गातारम्** ॥ १४ ॥ 'त्वꣳ राजन् ब्रह्माऽसि' **इत्येनमाह** । '°वरुणोऽसि सत्यधर्मा' **इति** ॥ १५ ॥ **इत्याहर्त्विजः** ॥ १६ ॥ 'सुश्लोका३न्' **इति क्षत्तारमामन्त्रयते** ॥ १७ ॥ 'त्वꣳ राजन् सुश्लोकोऽसि' **इत्येनमाह** ॥ १८ ॥ 'सुमङ्गला३न्' **इति संगृहीतारम्** ॥ १९ ॥ 'त्वꣳ राजन् सुमङ्गलोऽसि' **इत्येनमाह** ॥ २० ॥ 'सत्यराजा३न्' **इति भागदुघम्** ॥ २१ ॥ 'त्वꣳ राजन् सत्यराजाऽसि' **इत्येनमाह** ॥ २२ ॥ 'सत्यधर्मा३न्' **इत्यक्षावापम्** ॥ २३ ॥ 'त्वꣳ राजन् सत्यधर्मोऽसि' **इत्येनमाह** ॥ २४ ॥ **इत्याह रत्निनः** ॥ २५ ॥ 'इन्द्रस्य वज्रोऽसि वार्त्रघ्नः' **इत्यस्मै स्फ्यं प्रयच्छति** ॥ २६ ॥ 'तमु स क्षत्रे तेन मे रध्य' **इति क्षत्ता संगृहीत्रे, संगृहीता भागदुघाय, भागदुघोऽक्षावापाय** ॥ २७ ॥ 'तेन मे रध्य' **इत्यभिमन्त्रयते** ॥ २८ ॥ **तेनोपगत्याक्षावापोऽधस्ताद्रथवाहनस्याधिदेवनमुद्धन्ति** ॥ २९ ॥ **लवणोदकेनावोक्षति** ॥ ३० ॥ **पाकसेन पर्यूहति** ॥ ३१ ॥ **तदेतान् पञ्चशतमक्षान्निवपति हिरण्मयान्** ॥ ३२ ॥ **कृसरः सर्पिषा पच्यते** ॥ ३३ ॥ **ओदनमुद्ब्रुवते** ॥ ३४ ॥ **रत्निनोऽधिदेवनं पर्युपविशन्ते** ॥ ३५ ॥ **तदोदनस्य दरोदरं भवति** ॥ ३६ ॥ **पञ्चाक्षानादायाध्वर्युः सूत्रं प्रोहति** ॥ ३७ ॥ 'इदं रात्र उद्भिन्नमपराजितम्' **इति गृह्णते** ॥ ३८ ॥ **यजन्तः परियजन्ति** ॥ ३९ ॥ **अक्षावापः परमक्षं भज्यति** ॥ ४० ॥ 'दिशोऽभ्ययꣳ राजाऽभूत्' **इति पञ्चाक्षान्–**

आहरन्त्यस्मै रत्निनः क्षत्रादींश्चतुरः । अत्र तेषामेव दर्शनात् ॥ ९.२.४.४३–४४ ॥ **[इति चतुर्थः पटलः (७)]**

सर्वानविशेषादित्यपरे ॥ २५–२७ ॥

वल्कसांख्याधिदेवनं चार्थीक्रियते । [1]दरोदरम् द्यूतस्थानमोदनस्येव परमः ॥ ३५–३६ ॥

ग्लाभमन्त्यपर्यायस्थं जयन्ति ॥ ३८ ॥

---

१. T नरोदान्

ध्वर्युर्यजमानाय प्रयच्छति ॥ ४१ ॥ तमेत एवाददते 'कृष्यै त्वा' **इति ॥** ४२ ॥ 'क्षेमाय त्वा' **इति पूर्वेण सदो बिलं निदधाति ॥** ४३ ॥ **शौनःशेपमाख्यापयते ॥** ४४ ॥ **हिरण्यकशिपुमाख्यापयते ॥** ४५ ॥ **परःशतं भवति ॥** ४६ ॥ **हिरण्यकशिपावासीनो होता शꣳसति ॥** ४७ ॥ **हिरण्यकूर्चेऽवो-त्तिष्ठन्नध्वर्युः प्रत्यागृणाति ॥** ४८ ॥ **तस्यैष एव प्रतिगरः** 'ओꣳ होतस्तथा होतः सत्यꣳ होतररात्स्म होतः' **इति ॥** ४९ ॥ **एतच्च हिरण्यकशिपु पञ्चाशतं च गा होत्रे ददाति ॥** ५० ॥ **एतौ च हिरण्य-कूर्चौ पञ्चाशतं च गा अध्वर्यवे यास्ता राजन्यो जिनाति ॥** ५१ ॥ **आनयन्त्येतं कृसरꣳ सर्पिषम् ॥** ५२ ॥ **तं तमेत एवाददते** 'कृष्यै त्वा' **इति ॥** ५३ ॥ 'क्षेमाय त्वा' **इति पूर्वेण सदो बिलं निदधाति ॥** ५४ ॥ 'इन्द्राय मरुत्वतेऽनुब्रूहि' **इति ॥** ५५ ॥ **प्रसिद्धं त्रिभिर्मरुत्वतीयैः प्रचरति ॥** ५६ ॥ 'भक्षः सम्राड्' **इति मरुत्वतीयस्य भक्षं प्रत्यवरोहति ॥** ५७ ॥ **प्रसिध्यति माध्यन्दिनꣳ सवनम् ॥** ५८ ॥ **प्रसिध्यति तृतीयसवनम् ॥** ५९ ॥ **परिधिषु वाजिनं तस्य भक्षः ॥** ६० ॥ 'यद्वाꣳ रेतः प्रसिच्यते= 'भक्षयामि' **इति ॥** ६१ ॥ **प्रसिध्यति कर्माऽवभृथात् ॥** ६२ ॥ 'अपां नप्त्रे स्वाहा' **इत्यवभृथादुदा-दायाप्सु स्रुवाहुतिं जुहोति ॥** ६३ ॥ 'ऊर्जो नप्त्रे स्वाहा' **इत्युदेत्य दर्भस्तम्बे जुहोति ॥** ६४ ॥ 'अग्नये गृहपतये स्वाहा' **इति पुनरेत्य गार्हपत्ये जुहोति ॥** ६५ ॥ **प्रसिध्यति कर्म ॥** ६६ ॥ **सन्तिष्ठत एष एकविꣳश उक्थ्योऽभिषेचनीयश्चतुर्विꣳशः पवमानः ॥** ६७ ॥ **द्यावापृथिव्या वशा ॥** ६८ ॥ **वशाया उपालम्भ्य द्यावापृथिव्य एककपालः पशुपुरोडाशः ॥** ६९ ॥ **वपाभ्यां प्रचर्य निवर्तयेत ॥** ९. २.५.७० ॥ **[इति पञ्चमः पटलः** (८)**]**

॥ इति नवमप्रपाठके द्वितीयोऽनुवाकः ॥

'ओं होतरि'ति प्रणवे। 'यथा होतरि'त्यवसाने ॥ ४९ ॥

यास्ता राजन्यमित्युभयत्र विशेषः ॥ ५१ ॥

सर्वानेकविंशपवमानास्तु चतुस्त्रिंशाः ॥ ९.२.५.६७ ॥ **[इति पञ्चमः पटलः (८)]**

॥ इति व्याख्यायां नवमप्रपाठके द्वितीयोऽनुवाकः[1] ॥

---

१. T ° द्वितीयोऽध्यायः.

॥ अथ नवमप्रपाठके तृतीयोऽनुवाकः ॥

तिस्रो वा एताः शाला मिता भवन्ति ॥ १ ॥ मध्यमायै शालायै दक्षिणतः षडुद्धतानि भवन्ति ॥ २ ॥ अन्तरेव शालायाꣳ सप्तममन्तम उद्धत उदवस्यन्ति ॥ ३ ॥ प्रातः सरस्वत्यै चरुं निर्वपति ॥ ४ ॥ वत्सतरीं ददाति ॥ ५ ॥ उदकुम्भे पुण्डरीकमवदधाति ॥ ६ ॥ सन्तिष्ठत एषेष्टिः ॥ ७ ॥ संसृज्य वसन्ति ॥ ८ ॥ प्रातः सावित्रं द्वादशकपालं निर्वपति ॥ ९ ॥ उपध्वस्तं ददाति ॥ १० ॥ उदकुम्भे पुण्डरीकमवदधाति ॥ ११ ॥ सन्तिष्ठत एषेष्टिः ॥ १२ ॥ संसृज्य वसन्ति ॥ १३ ॥ प्रातः पौष्णं चरुं निर्वपति ॥ १४ ॥ श्यामं ददाति ॥ १५ ॥ उदकुम्भे *[१](पुण्डरीकमवदधाति ॥ १६ ॥ सन्तिष्ठत एषेष्टिः ॥ १७ ॥ संसृज्य वसन्ति ॥ १८ ॥) प्रातर्बार्हस्पत्यं चरुं निर्वपति ॥ १९ ॥ शितिपृष्ठं ददाति ॥ २० ॥ उदकुम्भे *[२](पुण्डरीकमवदधाति ॥ २१ ॥ सन्तिष्ठत एषेष्टिः ॥ २२ ॥ संसृज्य वसन्ति ॥ २३ ॥) प्रातरैन्द्रमेकादशकपालं निर्वपति ॥ २४ ॥ ऋषभं ददाति ॥ २५ ॥ उदकुम्भे *[३](पुण्डरीकमवदधाति ॥ २६ ॥ सन्तिष्ठत एषेष्टिः ॥ २७ ॥ संसृज्य वसन्ति ॥ २८ ॥) प्रातर्वारुणं द्वादशकपालं निर्वपति ॥ २९ ॥ महानिरष्टं ददाति ॥ ३० ॥ उदकुम्भे पुण्डरीकमेवावदधाति ॥ ३१ ॥ सन्तिष्ठत एषेष्टिः ॥ ३२ ॥ अन्तरेव शालायाꣳ सप्तमीं वसन्ति ॥ ३३ ॥ प्रातस्त्वाष्ट्रमष्टाकपालं निर्वपति ॥ ३४ ॥ शुण्ठं ददाति ॥ ३५ ॥ सन्तिष्ठत एषेष्टिः ॥ ३६ ॥ एतस्यै सꣳस्थामनु सप्तपुष्कराꣳ स्रजमध्वर्युः सꣳसृजति ॥ ३७ ॥ तां यजमानाय प्रतिमुञ्चते ॥ ३८ ॥ सैव दीक्षायाम् ॥ ३९ ॥ यज्ञायुधानि सꣳसाद्यापः प्रणीय प्रायणीयं निर्वपति ॥ ४० ॥ तस्य 'जूरसि' इति समिष्टयजुर्हुत्वा आण्डीबलान् वत्सतरान् सोमविक्रयिणेऽपाकरोति ॥

*[१]. Text abri. उदकुम्भे=प्रात° see IX.3.3.6-8. *[२]. Text उदकुम्भे=प्रात° *ibid.* *[३]. Text उदकुम्भे=प्रात° *ibid.*

मिता भवन्तीत्युक्तत्वाद् विश्वजिद्दशपेयाभिषेचनीयानां युगपदेव शाला मातव्येति गम्यते ॥ १ ॥

षडुद्धतानीति[१] गार्हपत्यायतनमभिप्रेत्य ॥ २ ॥

अथवा षडन्तयानीति ॥ ३ ॥

अन्तरेव दशपेयशालायां[२] ससप्तमन्त्रमध्वर्यवे[३] दक्षिणास्मिन्नुद्धते[४]। तत्राद्येन तत उत्तरस्मिन् द्वितीयेन। तत उत्तरस्मिन् तृतीयेनेत्येवमुदकसंस्थं सप्तमेनान्ता शालामेकस्मिन्नेवोदकुम्भे[५] अवहितानि सप्तपुष्कराणि मालात्वेन संसृज्य यजमानाय[६] प्रतिमुञ्चते ॥ ३३–३८ ॥

सैव दीक्षा। न किञ्चिद् दीक्षणीयादि यद् दीक्षितत्वापादनार्थम्। ये दीक्षितस्य धर्मास्ते तावत् प्रवर्तन्ते। एवं प्रवर्तनधर्माः[७] संशनेयुः[८]। पर्याव(र्तस्य)[९] यजुः प्रबुद्ध्यजुरमेध्यदर्शने[१०] जप इत्येवमाद्याः ॥ ३९ ॥

[११]वत्सतरान् सोमविक्रयिणे[११], क्रयस्तावद् इत एव ॥ ४१ ॥

१. T षडुन्ध°. २. T °लाया. ३. T °मधर्वेभ्यो. ४. T °नुद्धन्ते. ५. T °वोदत्तंभे (?). ६. T °मानः. ७. T प्रतन°. ८. T संशयेयुः°. ९. T पर्याप...यजुः. १०. T यजुरेमेध्य°. ११–११. T वयसतरसामात्रमिनक्रियते.

४१ ॥ **आहरन्त्येतꣳ शार्दूलचर्मणा नद्धं ब्रह्मणो गृहाद्राजानम्** ॥ ९.३.१.४२ ॥ **[इति प्रथमः पटलः (९)]**

तस्मै प्रसिद्धमातिथ्यम् ॥ १ ॥ **प्रसिध्यति कर्म** ॥ २ ॥ **प्रथमस्या उपसदः प्रातःप्रचरण आग्नेयोऽष्टाकपालः श्रप्यते** ॥ ३ ॥ **आग्नेये भाजन उपस्तीर्णाभिघारितमाग्नेयमादत्ते** ॥ ४ ॥ **तेनैनꣳ सञ्जुहोति** ॥ ५ ॥ **हिरण्यमेतस्य दक्षिणा** ॥ ६ ॥ **प्रातःप्रचरणेषु हूयन्ते** ॥ ७ ॥ **मध्यमाया उपसदः प्रातःप्रचरणे सौम्यश्चरुः श्रप्यते** ॥ ८ ॥ **सौम्ये भाजन उपस्तीर्णाभिघारितꣳ सौम्यमादत्ते** ॥ ९ ॥ **तेनैनꣳ सञ्जुहोति** ॥ १० ॥ **बभ्रुरेतस्य दक्षिणा** ॥ ११ ॥ **उत्तमाया उपसदः प्रातःप्रचरणे वैष्णवस्त्रिकपालः श्रप्यते** ॥ १२ ॥ **आग्नेयं वैष्णवमादत्ते** ॥ १३ ॥ **तेनैनꣳ सञ्जुहोति** ॥ १४ ॥ **वामन एतस्य दक्षिणा** ॥ १५ ॥ **तायत एषोऽग्निष्टोमः सप्तदशो दशपेयः** ॥ १६ ॥ **स यस्य दश पितामह्यो ब्रह्मबन्ध्व्यो दश मातामह्यस्त ऋत्विजः** ॥ १७ ॥ **यस्य एवान्यः पञ्च पितामह्यो ब्रह्मबन्ध्व्यः पञ्च मातामह्यस्त उपन्यत्तादृशाः शतं ब्राह्मणाः पिबन्ति** ॥ १८ ॥ **सप्तदशस्तोत्रं भवति** ॥ १९ ॥ **प्राकाशावध्वर्यवे ददाति स्रजमुद्गात्रे रुक्मꣳ होत्रेऽश्वं प्रस्तोतृप्रतिहर्तृभ्यां द्वादश पष्ठौहीर्ब्रह्मणे वशां मैत्रावरुणायर्षभं ब्राह्मणाच्छꣳसिने वाससी नेष्टापोतृभ्याꣳ स्थूरि यवाचितमच्छावाकायायुक्तमनड्वाहमग्नीधे** ॥ २० ॥ **भार्गवो होता भवति** ॥ २१ ॥ **श्रायन्तीयेन माध्यन्दिने सवने ब्राह्मणाच्छꣳसिनः स्तुवते** ॥ २२ ॥ **वारवन्तीयमग्निष्टोमसाम यज्ञायज्ञियं कुर्वन्ति** ॥ २३ ॥ **सारस्वतीरपो गृह्णाति** ॥ २४ ॥ **यद् वसतीवर्यो यन्निग्राभ्या यदुद्ग्राभ्या जलानि तत्सर्वꣳ**

ब्रह्मणो[1] गृहादाहृत्यान्तर्वेदि निधाय प्रतिपद्यते[2] ॥ ९.३.१.४२ ॥ **[इति प्रथमः पटलः (९)]**

प्रसिद्धमातिथ्यादि प्रतिपद्यते ॥ १-२ ॥

प्रातःप्रचरणे आग्नेयोऽष्टाकपाल इत्यादि यत्तत् तैत्तिरीयकस्थेन[3] कल्पेन[4] विकल्पते। न ह्युभयोरैकरूप्यम्। तत्र ये सौम्यत्वाष्ट्रवैष्णवा उपसत्कालम्, इहाग्नेयसौम्यवैष्णवाः। कालभेदश्चाधर्मका[5] इवाग्नेयाय[6] आचार्याभिप्रायाद् भजनाभजनीया इत्यादीनि ॥ ३-१४ ॥

राज्यं पितामह्यं पितामही प्रपितामहीति। एवं मातामह्यं मातामही मातुः पितामही मातुः प्रपितामहीत्येवम्। ब्रह्मबन्धुः रथक्रियान्वयाः। अब्रह्मबन्धुः श्रोत्रियान्वयाः। अतस्तादृश एव सर्वर्त्विजो दशपेये स्युस्तथानुकल्पः। सर्वस्यासंभवेऽपि ब्राह्मणा एव वचनाद्राज्ञा सह भक्षयेयुः। सत्यपि सदस्ये दशैकैकामिति [7]दहरविशेषोक्तानां प्रधानार्थता द्योतते। प्रदर्शनं वा सर्वार्थानाम् ॥ १७-१८ ॥

पान्नेजनग्रहणात् सर्वं सारस्वतमिति तद्वदेव ॥ ९.३.२.२५ ॥ **[इति द्वितीयः पटलः (१०)]**

॥ इति व्याख्यायां नवमप्रपाठके तृतीयोऽनुवाकः[8] **॥**

---

१. T ब्राह्मणो. २. T प्रतिप...पोह्य. ३. T °कस्थे. ४. T पलनेन. ५. T श्चाधमका. ६. T आग्नेयामय. ७. T दहार°.
८. Thus T.

सारस्वतं भवति ॥ २५ ॥ **सन्तिष्ठत एषोऽग्निष्टोमः सप्तदशो दशपेयः** ॥ २६ ॥ **कायी वशा** ॥ २७ ॥ **वशाया उपालम्भ्य काय एककपालः पशुपुरोडाशः** ॥ २८ ॥ **वपाभ्यां प्रचर्य निवर्तयते** ॥ ९.३.२.२९ ॥ [द्वितीयः पटलः (१०)]

॥ इति नवमप्रपाठके तृतीयोऽनुवाकः ॥

॥ अथ नवमप्रपाठके चतुर्थोऽनुवाकः ॥

वसन्ति ॥ १ ॥ **प्रातर्दिशामवेष्टिभिर्यजते** ॥ २ ॥ **आग्नेयमष्टाकपालं निर्वपत्यैन्द्रमेकादशकपालं वैश्वदेवं चरुं मैत्रावरुणीमामिक्षां बार्हस्पत्यं चरुम्** ॥ ३ ॥ **तस्यै दक्षिणा हिरण्यमृषभः पिशङ्गी पष्ठौही वशा शितिपृष्ठः** ॥ ४ ॥ **सन्ततिमनु होतुराहुतिं जुहोति** ॥ ५ ॥ **प्रसिध्यति कर्म** ॥ ६ ॥ **सन्तिष्ठत एषेष्टिः** ॥ ७ ॥ **वसन्ति** ॥ ८ ॥ **प्रातरादित्यां मल्हां गर्भिणीमालभते मारुतीं पृश्निं पष्ठौहीम्** ॥ ९ ॥ **गर्भिण्यादित्या भवत्यगर्भा मारुती** ॥ १० ॥ **आदित्यया पूर्वया प्रचरति मारुत्योत्तरया** ॥ ११ ॥ **उच्चैरादित्याया आश्रावयत्युपाꣳशु मारुत्यै** ॥ १२ ॥ **सन्तिष्ठेते एतौ पशू** ॥ १३ ॥ **वसन्ति** ॥ १४ ॥ **प्रातः सीसेन क्लीबाच्छष्पाणि क्रीणात्यूर्णापक्षैः कौलालाद् व्रीहीन्** ॥ १५ ॥ **अश्विभ्यां पूष्णे पुरोडाशं द्वादशकपालं निर्वपति** ॥ १६ ॥ **तस्या हविष्कृता वाचं**

दिशामवेष्टिनां दक्षिणाभेदेऽपि राजसूयप्रकरण एव पञ्चदेवता यजति। हविषो हविष इष्ट्वा बार्हस्पत्यमभिघारयतीत्येवमादिदर्शना[1]च्चैकभेदमाचार्येणाभिप्रेतम्, तन्त्रभेदो वा दक्षिणाभेदात्। हविषो हविष इष्ट्वेत्यादि त्वसम्भवात् प्रकरणे निरूढार्थम्। न त्वयमाचार्याभिप्रायः भाति ॥ २–५ ॥

मल्हा[2] यस्या ग्रीवायां स्तनाविव रूपद्वयमिव लम्बते। गर्भिणी बस्तसंसृष्य असंपृक्तसुता स्यादनष्टं पदित्वाय गर्भिण्यो[3] भवन्तीत्यत्र। तेनानष्यापद्य इति हेतुत्वेन वचनात् सर्वत्र गर्भिण्यालम्भ[4]चोदनायामेतत् प्रदर्शनमित्यवगन्तुं शक्यते ॥ ९ ॥

'अगर्भा मारुती[5] आदित्यया [6]पूर्वये'ति च ब्राह्मणानुकरणमनुवादः ॥ १०–११ ॥

उच्चैस्त्वादभिधातुं त्रयस्त्वा[7]वह। पशवो निरुक्ताः स्युरादित्यः सावित्रो वैष्णव इति। आदित्यस्योत्सर्गेणोपांशुत्वे प्राप्ते अयमपवादः। मारुत्यास्तावन्निरुक्तः पशुबन्ध इति सर्वपशुबन्धानामुच्चैः प्राप्ते उपांशु मारुत्या इत्यपवादः। प्रकरणात् तस्यैन्द्राग्नार्थतायां च तत्प्रकृतित्वात् सर्वेषां निरूढपशुबन्धानामुच्चैस्त्वप्राप्तिः। आश्रावयतीति तु प्रधानोपांशुत्वोपलक्षणाय ॥ १२ ॥

सन्तिष्ठेते एतौ पशू। यथा द्विपशुबन्धः ॥ १३ ॥

सीसक्रयणं[8] क्लीबो[9] विक्रेता[9]। तत ऊर्णापक्ष्माण्यपि। पक्ष्माणि व्रीहीणां क्रयणानि। ते सुरोदनार्थाः। कुलाल एव कुम्भकारो विक्रेता ॥ १५ ॥

अश्विनोः पूष्णश्च निगमस्थानेषु असमासैश्च वचनम्। विधिनिगमयोरेकरूप्यां पदशः[10] (?) समासयोश्च शब्दान्तरत्वात्। यथा—'अश्विभ्यां पूष्णे जुष्टं निर्वपामि', 'अश्विभ्यां पूष्णे वो जुष्टान् प्रोक्षामि', 'अश्विनोः पूषणं यज', 'अश्विनोः पूष्णोरहमुज्जिती'त्येवम्। अग्नीषोमीयविकारोऽक्षरसाम्यात्। ऐन्द्राग्नविकारो वा कपालसामान्यात्। सुरौदनेन धर्मकेण भवितव्यम्, पशुपुरोडाशयागत्वे

---

१. T °च्चेकभेदमा°; thus T. २. T ह्लायस्या. ३. T गर्भि...णयो. ४. T °ण्यालम्बम्भचो°. ५. T मारुति. ६. T °दिव्यापूर्व°. ७. T °त्वा वहपश°. ८. T सीसंक्रय. ९–९. T क्लीबोऽपि क्रेता. १०. M Ad T यवशा.

विसृज्यान्वाहार्यपचन एतेषां व्रीहीणामोदनं पचन्ति ॥ १७ ॥ **तꣳ शीतमवहतैः शष्पैः** 'स्वाद्वीं त्वा स्वादुना' **इति संयौति**। '०तीव्रां तीव्रेणामृताममृतेन सृजामि सꣳ सोमेन' **इति** ॥ १८ ॥ **अत्रैवापरेणान्वाहार्यपचनमुदकुम्भं परिश्रयन्ति** ॥ १९ ॥ **त्रीन् पिण्डान् कृत्वाऽवदधाति** ॥ २० ॥ 'सोमोऽसि' **इति समुदायुत्याभिदधाति** ॥ २१ ॥ **तस्य परिहिते प्राशित्रेऽपावृत्यावेक्षते** 'अश्विभ्यां पच्यस्व' **इति** ॥ २२ ॥ **सन्ततिमनु होतुराहुतिं जुहोति** ॥ २३ ॥ **प्रसिध्यति कर्म** ॥ २४ ॥ **सन्तिष्ठत एषेष्टिः** ॥ २५ ॥ **वसन्ति** ॥ २६ ॥ **प्रातः सरस्वते सत्यवाचे चरुं निर्वपति सवित्रे च सत्यप्रसवाय पुरोडाशं द्वादशकपालम्** ॥ २७ ॥ **तस्य हविष्कृता वाचं विसृज्य सत्यदूतान् प्रहिणुयाज्जनसादनम्** 'असावयमामुष्यायणः' **इति** ॥ २८ ॥ **स यो हास्य दूतेन प्रत्यवरोहेत् मूर्धा हास्य विपतेत्** ॥ २९ ॥ **यो हास्यालमभ्युत्थानाय स्यादभि हैनमुपतिष्ठेत्** ॥ ३० ॥ **तस्य परिहिते प्राशित्रेऽपावृत्यावेक्षते** 'सरस्वते सत्यवाचे पच्यस्व' **इति** ॥ ३१ ॥ **सन्ततिमनु होतुराहुतिं जुहोति** ॥ ३२ ॥ **प्रसिध्यति कर्म** ॥ ३३ ॥ **सन्तिष्ठत एषेष्टिः** ॥ ३४ ॥ **वसन्ति** ॥ ३५ ॥ **प्रातरिन्द्राय सुत्राम्णे पुरोडाशमेकादशकपालं प्रति निर्वपति** ॥ ३६ ॥ **तस्य परिहिते प्राशित्रेऽपावृत्यावेक्षते** 'इन्द्राय सुत्राम्णे पच्यस्व' **इति** ॥ ३७ ॥ **सन्ततिमनु होतुराहुतिं जुहोति** ॥ ३८ ॥ **प्रसिध्यति कर्म** ॥ ३९ ॥ **सन्तिष्ठत एषेष्टिः** ॥ ४० ॥ **वसन्ति** ॥ ४१ ॥ **प्रातः** ॥ ९.४.१.४२ ॥ **[इति प्रथमः पटल** (११)**]**

[सौत्रामणी]

सौत्रामण्येवातः ॥ १ ॥ **तस्यै संभाराः—सिꣳहलोमानि च क्वलसक्तवश्च व्याघ्रलोमानि**

ग्रहयागस्याधर्मक इत्याचार्याभिप्रायः। ग्रहपुरोडाशा इत्यर्थवादत्वमाचार्योऽभिप्रैति स्मेत्यवगन्तव्यम्॥ १६ ॥

'स्वाद्वीं त्वा स्वादुना' इति संयौति ॥ १८ ॥

[१]सूत्रकारमतानुसारेण समुदायुत्य मिश्रयित्वा यथालक्षणं सम्यगभिधाय निदध्यात्॥ २१ ॥

अपावृत्यावेक्ष्य पुनरपि निदध्यात्[२] ॥ २२ ॥

सत्यदूताः सत्याभिधायिनः[३]। प्रत्ययितारं न प्रत्यवरोहेत्, नाद्रियेत, मूर्धा हास्य विपतेत् पराभवेदित्यभिप्रायः। यस्त्वादरं कुर्यात् तमाभिमुख्येन श्रीरुत्तिष्ठेदित्यादरप्रशंसा॥ ९.४.१.२७–३१ ॥ **[इति प्रथमः पटल (११)]**

सौत्रामण्येवातो वचनमितोऽर्वागभिहितस्यार्थस्य सौत्रामण्यनन्तर्भावाय[४] शष्पव्रीहिक्रयणं सुराक्रिया[५] सौत्रामण्याश्चतुर्थेऽहनि[५] प्रत्यहं च मन्त्रेणावे[६]क्षणमित्येत् क्रियेत॥ १ ॥

---

१. T सुराका°. **२.** (नि)दध्यात् **३.** Text is missing up to सत्याभिधायिनः in M and Ad. Also, vide fn.* on p.444 Remaining text dealing with *Rājasūya* begins with इहत्ययिता (M p.293, line 7, Ad p.615, line 11); thus T. **४.** M Ad ° ण्यन्तर्भावाय; thus T. **५–५.** M Ad ° क्रियासे...हनि; thus T. **६.** M Ad ° णापेक्ष° ; thus T.

च बदरसक्तवश्च वृकलोमानि च कर्कन्धुसक्तवश्च त्रयश्चोपयामाश्चत्वारि च वायव्यानि वारं च सतं च शतातृण्णा च शतमानं च बन्धवा च यूपश्चाश्विनश्च धूम्रः सारस्वतश्च मेष ऐन्द्र ऋषभो बार्हस्पत्य उक्षा॥ २॥ यशोव्यृद्धस्यातिपवितस्य वा सोमवामिनो वैतमालभेत॥ ३॥ प्रथममतिपवितस्यालभेतोत्तमः सोमवामिनो वा॥ ४॥ नाद्रियेत॥ ५॥ एतमप्यृद्धस्य॥ ६॥ यद्येतं कुर्यादष्टाकपालमस्य पशुपुरोडाशं कुर्यात्॥ ७॥ तेनायतने प्रचरेत्॥ ८॥ स यद्यत्रैव यजते यज्ञस्याग्नयो भवन्ति॥ ९॥ अन्वाहार्यपचने पितृभ्यो दत्त्वा पूर्वेणाहवनीयं वेदिं कल्पयति रथावकाशाम्॥ १०॥ यद्युदवस्यन्त्युत्परायन्त्यग्निभिः॥ ११॥ अन्वाहार्यपचन एव पितृभ्यो दत्त्वा पूर्वेणाहवनीयं वेदिं कल्पयति रथावकाशाम्॥ १२॥ यस्मिन् कालेऽध्वर्युर्वेदिं कल्पयति तस्मिन् काले प्रतिप्रस्थाता दक्षिणेनान्वाहार्यपचनमाखरमुद्धन्ति॥ १३॥ यस्मिन् कालेऽध्वर्यु-रुत्तरवेदिं कल्पयति तस्मिन् काले प्रतिप्रस्थाताऽखरे सिकता निवपति॥ १४॥ तस्मिन्नग्निः सादयिष्यन् भवति॥ १५॥ यस्मिन् कालेऽध्वर्युराहवनीयादिध्मं प्रहरति तस्मिन् काले प्रति-प्रस्थाताऽन्वाहार्यपचनादग्निमाहृत्य दक्षिणेनोत्तरवेदिमाखरे न्युप्योपसमादधाति॥ १६॥ यस्मिन् कालेऽध्वर्युराज्यानि गृह्णीते पृषदाज्यवन्ति तस्मिन् काले प्रतिप्रस्थाता 'पुनातु ते परिस्रुतम्' **इति वारेण सते सुरां परिपुनाति॥** '°सोमः सूर्यस्य=शश्वता तना' **इति॥ १७॥** 'वायुः पूतः पवित्रेण' **इति नैतया पुनीयाद्, व्यृद्धा ह्येषा॥ १८॥ अतिपवितस्यैतया सोमवामिनो वा॥ १९॥** 'प्रत्यङ् सोमो अतिद्रुतः' **इत्यतिपवितस्याधिवदेत्,** 'प्राङ्' **इति सोमवामिनः॥ २०॥ नाद्रियेत॥ २१॥**

सुरार्थत्वाद्[१]व्यृद्धविशेषोऽतिपवितः सोमवामिनः॥ ३॥

अष्टाकपालत्वं वाचनिकमायतने वपामन्ते दधिग्रहो मा भूत्॥ ७॥

पूर्वं प्राकृतत्वात्प्रकृतितः[२] प्राप्तस्य पितृयज्ञस्य वैकल्पिकस्य चोदवसानस्य चेह पुनर्वचनं[३] निरूढानां पशुबन्धानामैन्द्राग्नविकारत्वं प्रदर्शयितुम्। अथवा प्रकृतावुदवसानकालो न विशेषितः। इहावान्तरविवक्षया प्राकृतपदार्थानुवादे[४] क्रियमाण उदवसानकालोऽनूद्यते। सः कथं प्रकृतावपि पितृयज्ञात्पूर्वः[५] स्यादिति। अथवा गृहादुदवसाय राजसूये क्रियमाणेन पुनरुदवसानेन कृत्यमित्येषा मतिर्मा भूदतश्चोदकप्राप्तं वैकल्पिकमुदवसानं भवनपरित्याज्यमित्येतन्न्याय्यं प्रदर्शयितुम्॥ १०-११॥

उद्धन्ति उद्धननादिना संस्करोति॥ १३॥

यस्मिन्नग्निं सादयिष्यन् भवति, यथाऽग्निस्तत्र साद्यते तथा कल्पयेदित्यभिप्रायः॥ १५॥

नैतया पुनीयादिति[६] ब्राह्मणानुकरणम्। नाद्रियेत[७]॥ १८॥

एतया[८] परिपव[९]नमप्यृद्धस्येति कल्पवाक्यस्योपसंहारः सुखावबोधनार्थः॥ ९.४.२.१९-२२॥

[इति द्वितीयः पटल (११)]

इध्माबर्हिः[१] प्रोक्षतीत्येवमादिप्राकृतपदार्थानुक्रमणं प्रायशः प्रतिपत्तिलाघवायाचार्यैः क्रियते, न चात्र

---

१. M °द्धविशेतिवापित; thus T. २. M Ad °प्रुकृतः; thus T. ३. M °चन निरू°. ४. M Ad °वाके; thus T. ५. M Ad °पूर्वं; thus T. ६. M Ad पनादि; thus T. ७. M Ad येते; thus T. ८. M Ad तया; thus T. ९. M Ad वपनमप्युद्धस्येति.

एतयाप्युद्धस्य ॥ ९.४.२.२२ ॥ **[इति द्वितीयः पटलः** (१२)**]**

इध्माबर्हिः प्रोक्षति ॥ १ ॥ **वेदिं प्रोक्षति** ॥ २ ॥ **आसन्नं प्रोक्षति** ॥ ३ ॥ **अपो निनीय प्रस्तरं गृह्णाति** ॥ ४ ॥ **स्तृणाति बर्हिः** ॥ ५ ॥ **प्राङुत्सृप्य परिधीन् परिदधाति कार्ष्मर्यमयान्** ॥ ६ ॥ **समिधावादधाति** ॥ ७ ॥ **परिधिषु वाचयित्वाऽग्निं युनक्ति** ॥ ८ ॥ **आगत्य तिरश्ची सादयति** ॥ ९ ॥ **तिरश्च्योः प्रस्तरम्** ॥ १० ॥ **प्रस्तरे जुहूम्** ॥ ११ ॥ **बर्हिषीतरे** ॥ १२ ॥ **समासाद्य** 'ध्रुवा असदन्', 'यन्मे अग्ने' **इति समभिमृश्य दशहोतारं व्याचष्टे** ॥ १३ ॥ **अप उपस्पृश्यैतेषां वायव्यानामेकमादाय** 'त्वे क्रतुमपि वृञ्जन्ति विश्वे' **इति प्राजापत्यं दधिग्रहं गृह्णाति**। '°द्विर्यदेते=भि योधि। उपयामगृहीतोऽसि प्रजापतये त्वा जुष्टं गृह्णामि' **इति** ॥ १४ ॥ **पूर्वेण स्रुचोऽनास्पृष्टः सादयति** 'एष ते योनिः प्रजापतये त्वा' **इति** ॥ १५ ॥ **अप उपस्पृश्य पूर्वेण परिद्रवति** ॥ १६ ॥ **अथैतान् ग्रहान् गृह्णात्युपयामेषु** 'कुविदङ्ग=न जग्मुः। उपयामगृहीतोऽस्यश्विभ्यां त्वा सरस्वत्या इन्द्राय सुत्राम्णे जुष्टं गृह्णामि' **इति** ॥ १७ ॥ 'एष ते योनिरश्विभ्यां त्वा सरस्वत्या इन्द्राय सुत्राम्णे' **इति सादयति** ॥ १८ ॥ **सक्तुलोमैः श्रीणाति** ॥ १९ ॥ 'कुविदङ्ग' **इत्येतयैव गृह्णाति**। '°उपयामगृहीतोऽसि सरस्वत्या इन्द्राय सुत्राम्णेऽश्विभ्यां जुष्टं गृह्णामि' **इति** ॥ २० ॥ 'एष ते योनिः सरस्वत्यै त्वेन्द्राय सुत्राम्णेऽश्विभ्याम्' **इति सादयति** ॥ २१ ॥ **सक्तुलोमैरेव श्रीणाति** ॥ २२ ॥ 'कुविदङ्ग' **इत्येतयैव गृह्णाति**। '°उपयामग्रहीतोऽसीन्द्राय सुत्राम्णेऽश्विभ्याः सरस्वत्यै जुष्टं गृह्णामि' **इति** ॥ २३ ॥ 'एष ते योनिरिन्द्राय सुत्राम्णेऽश्विभ्याः सरस्वत्यै' **इति सादयति** ॥ २४ ॥ **सक्तुलोमैरेव श्रीणाति** ॥ २५ ॥ **यूपं प्रोक्ष्योच्छ्रित्य परिधीय तस्मिन्नेतान् पशूनालभन्तेआश्विनं च धूम्रः सारस्वतं च मेषमैन्द्रमृषभम्** ॥ २६ ॥ **तेषां वपा हुत्वा मार्जयित्वाऽऽदायैतं प्राजापत्यं दधिग्रहं जुहोति** 'प्रजापतये स्वाहा' **इति** ॥ २७ ॥ **वरमस्मै ददाति** ॥ २८ ॥ **यथायतनं पात्रः सादयित्वाऽप उपस्पृश्य**

ग्रन्थगौरवमवगतपूर्वत्वात्। यत्रानवगतं तत्रापि प्रतिपत्तिगौरवाद् ग्रन्थस्य गरिमा न्याय्य इत्यभि-प्रेत्योच्यते कल्पकारैः[२] ॥ १-३ ॥

यथा सूत्रकारैरुपयामेषु[३] सुरास्थालीषु सक्तुलोमैः सक्तुभिर्लोमैश्च यथाक्रमं [४]द्वन्द्वशोऽनुक्रान्तैः तथानुक्रमणस्यार्थवत्त्वाय। ग्रहग्रहणमाध्वर्यवं कर्त्रन्तरानिर्देशात्। बार्हस्पत्यं च यदि स्यात् निमित्तमनित्यत्वादत्रास्यानुपादानम्[५]। आदायैवेत्येव शब्दग्रहणं धर्मप्राप्त्याशंकानिवृत्यर्थमपूर्वप्रयुक्ततां धर्माणां द्योतयितुम् ॥ १७-२५ ॥

---

१. T °बर्ही. २. M Ad °कारैनं. ३. M Ad °यामोष्टे; thus T. ४. M Ad द्वादशोऽ° ; thus T. ५. M Ad °नित्यत्वादस्यात्रानु° ; thus T.

पूर्वेण परिद्रवति ॥ २९ ॥ **दक्षिणतो ब्रह्मा च यजमानश्चोपविशतः** ॥ ३० ॥ **सꣳसर्पति होता** ॥ ९.४.३.३१ ॥ **[इति तृतीयः पटल** (१३)**]**

द्वे वायव्ये अध्वर्युरादत्त एकं प्रतिप्रस्थाता ॥ १ ॥ 'अश्विभ्याꣳ सरस्वत्या इन्द्राय सुत्राम्णेऽनुब्रूहि' **इत्याह** ॥ २ ॥ **एतान् ग्रहान् वायव्येषु समवनयमानः** 'युवं सुरामश्विना' **इत्यन्वाह** ॥ ३ ॥ **अत्रापि** 'अश्विनौ सरस्वतीमिन्द्रꣳ सुत्रामाणं यज' **इति** ॥ ४ ॥ 'पुत्रमिव पितरावश्विनोभा' **इति यजति** ॥ ५ ॥ 'अग्नयेऽनुब्रूहि' **इत्याह** ॥ ६ ॥ **समाने पात्रे सꣳस्त्रावान् समवनयमानः** 'अहाव्यग्ने' **इत्यन्वाह** ॥ ७ ॥ **आश्राव्याह** 'अग्निं यज' **इति** ॥ ८ ॥ 'यस्मिन्नश्वास ऋषभास उक्षणः' **इति यजति** ॥ ९ ॥ **वषट्कृते जुहोति** ॥ १० ॥ **आहरन्त्यस्मा एतौ सꣳस्त्रावौ दधिग्रहस्य च** ॥ ११ ॥ **तौ प्रतीक्षते** 'नाना हि वां देवहितꣳ सदो मितं मा सꣳसृक्षाथां परमे व्योमन्' **इति** ॥ १२ ॥ 'सुरा त्वमसि शुष्मिणी' **इति सुराग्रहं ब्राह्मणः प्रतिमीवति** ॥ १३ ॥ 'सोम एषः' **इति दधिग्रहं प्रतिगृह्णाति** ॥ १४ ॥ 'सुरा त्वमसि शुष्मिणी' **इति सुराग्रहꣳ राजन्यः प्रतिगृह्णाति** ॥ १५ ॥ 'सोम एषः' **इति दधिग्रहं प्रतिमीवति** ॥ १६ ॥ 'मा मा हिꣳसीः स्वां योनिमाविशन्' **इति दधिग्रहस्य ब्राह्मणो भक्षयति,** 'मा मा हिꣳसीः स्वां योनिमाविशन्' **इति सुराग्रहस्य च राजन्यः** ॥ १७ ॥ **स यदि राजन्यो यजेतर्त्विज एतद्दधिग्रहꣳ समुपहावं भक्षयेयुः** 'यदत्र शिष्टꣳ रसिनः सुतस्य' **इति** ॥ १८ ॥ **अथ यदि ब्राह्मणो**

दक्षिणत उपविशत आखरस्य[१] ॥ ३० ॥

संसर्पति होताऽऽखरस्योत्तरां श्रोणिं[२] प्रति ॥ ९.४.३.३१ ॥ **[इति तृतीयः पटल** (१३)**]**

समानयमान इत्येकवचननिर्देशात् ग्रहानिति च बहुत्वननिर्देशात् त्रीन् ग्रहानध्वर्युरेव समानयते। प्रतिप्रस्थात्रा[३] त्वादानमात्रं क्रियत इति केचित्। द्वावेवाध्वर्युरेकं प्रतिप्रस्थाताऽऽदानस्य दृष्टार्थत्वाय। समानयमान इति तु लक्षणार्थेऽत्र शानच् इत्यपरे। प्रैषश्चाध्वर्यवो होमश्चैकवचननिर्देशात्। कथमन्येषूभाभ्यां हस्ताभ्यां प्रतिगृह्य[४] प्रतिप्रस्थाता चैकमाददानोऽदृष्टार्थता[५] परिजिहीर्षयैव जुहोति। होता च प्रत्येकमभि संबध्यते ॥ १-३ ॥

समान एकस्मिन् पात्रे ॥ ७ ॥

अस्मै यजमानाय दधिग्रहस्य च[६] ॥ ११ ॥

तस्य च सुराग्रहाणां च प्रतिमीवति, प्रत्याचष्टे ॥ १३ ॥

राजन्येन यजमानेन सुराग्रहे भक्षिते, [७]अप्रतिषिद्धं दधिग्रहमृत्विजो भक्षयेयुः। बहुत्वश्रुतेः सर्वे सौत्रामण्यृत्विजः ॥ १८ ॥

---

१. M Ad °स्त्व; thus T. **२.** M Ad श्रोणीं. **३.** M Ad °स्थाता; thus T. **४.** M Ad परि°; thus T. **५.** M Ad °ददानादृ°; thus T. **६.** M Ad om; thus T. **७.** M Ad °क्षिते प्रति.

यजेत ब्राह्मणं परिक्रीणीयात् सुराया आहुत्या उच्छेषणस्य पातारम्॥ १९ ॥ यदि ब्राह्मणं न विन्देद् वल्मीकवपायामवनयेदिति॥ २० ॥ वल्मीकवपायां त्वेवावनयति॥ २१ ॥ दीर्घे वꣳशे शिक्यं प्रबध्नाति॥ २२ ॥ दक्षिणमग्निमभितः स्थूणे निघ्नन्ति॥ २३ ॥ तिर्यञ्चमेतया वꣳशमुद्दधति धारयति वा॥ २४ ॥ तदेताꣳ शतातृण्णामुद्दधति॥ २५ ॥ अधस्तादस्यै शतमानं प्रबध्नाति॥ २६ ॥ अवसाय शतमानं यत्रैव शतातृण्णां धारयन्ति तन्निदधति॥ २७ ॥ अथ त्रिभिर्वायव्यैरवभृथꣳ समवयन्ति 'द्वे स्रुती अशृणवं=केतुम्' **इति॥ २८॥** 'यस्ते देव वरुण गायत्रच्छन्दाः पाशः' **इति प्रथमं वायव्यम्।** '°तं त एतेनावयजे' **इति॥ २९ ॥** 'यस्ते देव वरुण त्रिष्टुप्छन्दाः पाशः' **इति द्वितीयम्।** '°तं त एतेनावयजे' **इति॥ ३०॥** 'यस्ते देव वरुण जगतीछन्दाः पाशः' **इति तृतीयम्।** '°तं त एतेनावयजे' **इति॥ ३१॥ आगत्य पितर्णीं याज्यानुवाक्याभि-**

ब्राह्मणेन यजमानेन दधिग्रहे भक्षिते प्रतिषिद्धः सुराग्रहोऽपनीयते, न भक्ष्यते वा[१]। न [१]दौर्बल्यापेक्षयाऽ 'ग्निचित्याद्यङ्गत्वापेक्षया[२] ब्राह्मणकर्तृकत्वमपि सौत्रामण्या अनूद्य ग्रहसंस्रावपक्षे[३] [भक्ष][४]विशेषस्याभिहितत्वात्। तथैव वैश्यकर्तृकायां सौत्रामण्यां प्राप्तायां भक्षविशेषस्यानभिधानाद् भक्षो नास्तीत्यवधार्य सामान्येन विहितवत् प्रतिभाति। परिहाप्यैव वचनम्। राजन्यस्याभिधानादेव सिद्धम्। सुरापत्वसामान्यात्[५] ॥ १९ ॥

शतातृण्णायां समवनयति। 'अग्नौ होतुं दक्षिणेऽग्नौ जुहोती'ति श्रुतेः। समवनीतं स्वयमेवाग्नौ पतति स एव होमः ॥ २५ ॥

अवसायोन्मुच्य। यत्र स्थितं शतातृण्णामादाय[६] धारयति, तत्रैव दध्यात्॥ २७॥

अवभृथमवयन्ति। अवभृथधर्मकं कर्म कुर्युः। अवभृथोऽप्यवभृथशब्दे श्रूयमाणे स्वार्थसंभवे तत्संबद्धान्[७] धर्मान् प्रापयति॥ २८॥

तथा सति[८] वायव्यानां करणविभक्त्या निर्दिष्टानामपि प्रासने विनियुक्तत्वात् पुरोडाशोऽपि वारुण उत्पाद्यः। यागसाधनत्वाय गमनमन्त्रश्च 'द्वे स्रुती' इति प्रत्याम्नायः[९], यावदुक्तं वा कल्पकाराभिप्रायात्[१०]। एवं सति भाक्तोऽयमवभृथशब्दः। यथा 'आपो[११] निनयत्यवभृथस्यैवं[११] रूपमकः[१२]। एष वै दर्शपूर्णमासयोरवभृथ' इति॥ २९-३१ ॥

पितर्णीं [१३]याज्यानुवाक्याभिर्या महापितृयज्ञे दृष्टाः, नह्यन्यत्र पितर्णीं[१३] याज्यानुवाक्याः सन्ति। अविशेषात्सर्वाभिः तिसृभिरेव वा 'तिसृभिरुपतिष्ठन्त' इति तैत्तिरीयप्रवचने विशेषितत्वात् तत्राप्यविशेषाद् याः काश्चन विशिष्य बौधायनीये दृष्टत्वात्। कास्ताः। 'उदीरतामवर' 'आहं पितर्नि' 'इदं पितृभ्य'

१-१. M Ad पानादेर्ब° ; thus T. **२.** M Ad om अग्निचित्याङ्गत्वापेक्षया; thus T. **३.** M Ad भक्षे; thus T. **४.** M Ad T om. **५.** M Ad °रावत्व° ; thus T. **६.** M Ad स्थित्यनुतृण्णा° ; thus T. **७.** M Ad °न्धाद्ध° ; thus T. **८.** M Ad °ति या; thus T. **९.** M Ad °म्नाय; thus T. **१०.** M Ad °प्रायः; thus T. **११-११.** M Ad उप निनयनस्यावभृ° ; thus T. **१२.** M Ad रूपक; thus T. **१३-१३.** T takes this text as extra; thus M Ad.

रुपतिष्ठते शतातृण्णां तिसृभिरध्वर्युर्होता ब्रह्मा ॥ ३२ **॥ व्यृद्धस्यातिपवितस्य वा सोमवामिनो वा नानादेवत्यान् पुरोडाशान् निर्वपति ऐन्द्रमेकादशकपालꣳ सावित्रं द्वादशकपालं वारुणं दशक-पालम् ॥** ३३ **॥ तस्य हविष्कृता वाचं विसृज्येडान्तैः पशुभिः प्रचरति ॥** ३४ **॥ इडान्तैरेव पुरोडाशैः प्रचरति ॥** ३५ **॥ पुरस्तादनूयाजानां पुरोडाशैः प्रचरति ॥** ३६ **॥ सन्तिष्ठत एषेष्टिः ॥** ३७ **॥ वसन्ति ॥** ३८ **॥ प्रातः प्रयुजाꣳ हवीꣳषि निर्वपत्याग्नेयमष्टाकपालꣳ सौम्यं चरुꣳ सावित्रं द्वादशकपालꣳ सारस्वतं चरुं बार्हस्पत्यं चरुं त्वाष्ट्रमष्टाकपालं वैश्वानरं द्वादशकपालम् ॥** ३९ **॥ दक्षिणꣳ रथवाहनवाहं ददाति ॥** ४० **॥ सन्तिष्ठत एषेष्टिः ॥** ४१ **॥ वसन्ति ॥** ४२ **॥ प्रातरतियुजाꣳ हवीꣳषि निर्वपति सारस्वतं चरुं पौष्णं चरुं मैत्रं चरुं (वारुणं चरुं क्षैत्रपत्यं चरुमादित्यं चरुम्) ॥** ४३ **॥ उत्तरꣳ रथवाहनवाहं ददाति ॥** ४४ **॥ रथवाहनꣳ हैवातियुजां दद्यात् ॥** ४५ **॥ वसन्ति ॥** ४६ **॥ प्रातर्देविकाहविभिर्यजते ॥** ४७ **॥ वसन्ति ॥** ४८ **॥ प्रातर्देवसुवाꣳ हविर्भिर्यजते ॥** ९.४.४.४९ **॥ [इति चतुर्थः पटल (१४)]**

॥ इति नवमप्रपाठके चतुर्थोऽनुवाकः ॥

इति ॥ ३२ ॥

इडान्तैरुवेव पुरोडाशैः प्रचरति । कपालोपधानादि प्रतिपद्येरन्* ॥ ३४-३५ ॥

रथवाहनं हैवैवातियुजामिति[१] वैकल्पिकं वचनमुभयत्र, तथा दृष्टमाचार्येणेत्यवगन्त-व्यम् ॥ ९.४.४.४४ ॥ **[इति चतुर्थः पटल (१४)]**

॥ इति व्याख्यायां नवमप्रपाठके चतुर्थोऽनुवाकः ॥

---

*. M Ad T here wrongly mention the end of the Paṭala: इति राजसूये चतुर्थः and thereafter give the text रथवाहनं=° गन्तव्यम्. **१**. M Ad हैवैतद्युक्तमि° ; thus T.

॥ अथ नवमप्रपाठके पञ्चमोऽनुवाकः ॥

[सर्वपृष्ठातिरात्रः]

अथैतः सर्वपृष्ठमतिरात्रं तनुते ॥ १ ॥ **तस्य षड्भिर्दीक्षास्तिस्र उपसदो दशमीं प्रसुताः** ॥ २ ॥ **प्रसिध्यति कर्मा राज्ञो मानाद्** ॥ ३ ॥ **राजानं मित्वा पञ्चधा करोति** ॥ ४ ॥ **तस्मिन् प्राणग्रहाꣳश्च पूर्वाꣳश्च पृश्नीन् व्याचष्टे** ॥ ५ ॥ **अथास्य माध्यन्दिने सवने मित्वैव राजा–नमपानग्रहाꣳश्चोत्तराꣳश्च पृश्नीन् व्याचष्टे** ॥ ६ ॥ **ऋजुरभिषवः** ॥ ७ ॥ **प्रसिद्धं ग्रहा गृह्यन्त आऽऽग्रयणात्** ॥ ८ ॥ **आग्रयणं गृहीत्वाऽतिग्राह्यान् गृह्णाति** ॥ ९ ॥ 'अग्न आयूꣳषि पवसे' **इत्याग्नेयम्** ॥ १० ॥ 'उत्तिष्ठन्नोजसा सह' **इत्यैन्द्रम्** ॥ ११ ॥ 'तरणिर्विश्वदर्शतः' **इति सौर्यम्** ॥ १२ ॥ **उभय आलभ्यन्तेऽतिरात्राः पशवश्चातिग्राह्याः पशवश्च** ॥ १३ ॥ **एकादशिन्येते पशवः पशोरुपालम्भ्या भवन्ति** ॥ १४ ॥ **माध्यन्दिने पवमाने रथन्तरं कुर्वन्ति, वैराजꣳ होतुः पृष्ठम्** ॥

पञ्चसु भागेषु पञ्च प्राणग्रहा व्याख्येयाः। तथा पृश्नयः। करणत्वाय[१] (?) यथोपपादं वा मित्वैवेत्यवधारणं पञ्चधाकरणभावाय[२] ॥ ४–६ ॥

क्रतुपशूनामैकादशिनानां च वैकल्पिकत्वात् [३]तेषामेवोभयेषां समुच्चयार्थम्। उभय एवमितिसर्व–नामवक्ष्यमाणबुद्धौ प्रकृतं परामृशति। विश्वजिच्छब्दस्तावद् गावामयनिकस्य कस्यचिदह्नो वाचकः[४] प्रकरणान्तरत्वात्। अतः पूर्वान्तरे प्रयुज्यमानं स्वार्थासंभवेऽनुमानाद् विश्वजिद्धर्मानस्मिन् कर्मण्य–तिदिशति। के ते। अंश्वदाभ्ययोरवश्यंभावित्वं [५]प्राणग्रहादिव्याख्यानमुभाभ्यां माहेन्द्रस्य ग्रहणमित्येव–माद्याः। संवत्सरग्रहाम्नायवत्[६] समाख्यायाः [७]समुदायप्रयुक्ता अहर्धर्मातिदेशेन नातिदिश्यन्ते। न चात्र प्राणग्रहादिव्याख्यानादिवचनस्यानर्थक्यं, प्रदर्शनार्थत्वात्। अथवा नैवैतद् गावमयनिकस्याह्नो नाम–धेयम्। कस्य तर्हि। एकाहस्य। अस्ति चैकाहो विश्वजित्सर्वपृष्ठः सर्ववेदसदक्षिणः पापाद्यपोहनार्थः अग्निष्टोमसंस्थोऽतिरात्रसंस्थो वा। तस्यैव च धर्मानतिदेष्टुं सात्रिकस्याह्नो विश्वजिच्छब्देनाभिधानम् एवं च सति प्राणग्रहव्याख्यानादेरत्राप्यभिधानं प्रवृत्तिविशेषकरम्। सन्ति चैकाहभूतस्य विश्वजितश्च ते अतिदेष्टव्याः। छन्दोगबह्वृचविषयाः आध्वर्यवा अपि सूत्रान्तरेषु मार्गणीयाः[८]। अयमेव च पूर्वस्य पक्षस्याश्रयः।[९] यथाध्वर्यवस्यातिदेष्टव्यः स्याद् दर्शनम्[९] अस्मिन्कल्पे सर्वपृष्ठानुवादस्य वा किञ्चि–त्करता। अतिरात्रग्रहणं[१०] नियमार्थमस्मिन् पक्षे। पूर्वस्मिन् पक्षेऽविधिः[११]। पञ्चधा कृतस्य पञ्चसु भागेषु प्राणग्रहा व्याख्येयाः। तथा पृश्नयः। यथोपपादं[१२] वा कर्मकरणत्वात्॥ १३–१४ ॥

---

१. M Ad T करकरत्वा°. **२**. M Ad T °करणाभावाय. **३**. M Ad तेषां twice; thus T. **४**. M Ad वाचनिकं; thus T. **५**. M Ad प्रार्थ; thus T. **६**. M Ad सवसरग्रहाम्नानवत्; thus T. **७**. M Ad om समुदाय; thus T. **८**. M Ad माग्रणी; thus T. **९–९**. M Ad पक्षस्वाश्रयादाध्वर्थवस्यातिदेष्टव्यस्याद°; thus T. **१०**. M Ad ग्रहेण; thus T. **११**. M Ad विधिं, T ऽविधिः. **१२**. M Ad यथोपवादं; thus T.

१५ ॥ **तस्मिन्** 'महाँ इन्द्रो नृवदा चर्षणिप्रा=भूत्', 'त्वमिन्द्र ब्रह्मणा महान्' **इत्येताभ्यामस्य माहेन्द्रं गृह्णाति, उभयसामा हि भवति** ॥ १६ ॥ **अरणिभ्यां च प्रस्तरेण च माहेन्द्रस्य स्तोत्रमुपाकरोति** ॥ १७ ॥ **तमेतमुद्गातारो मथ्नन्ति** ॥ १८ ॥ **प्रतिवेष्य वासः शकलमन्तर्धाय तं जातं त्रिरभिहितं करोत्युद्गाता** ॥ १९ ॥ **तं प्रस्तोत्रे प्रयच्छति** ॥ २० ॥ **तमु स उत्तरेण धिष्णियान् पर्याहृत्य पूर्वेण होतुर्धिष्णियमासीनायाध्वर्यवे प्रयच्छति** ॥ २१ ॥ **तमु स उत्तरेण हविर्धाने दक्षिणेनाग्नीध्रमुत्तरेणाग्नीध्रीयमग्निꣳ हृत्वोत्तरत आहवनीयस्योत्सृजन्नित्युपसृजति** 'मात्रे धरुणं मातरं धरुणो धयन् रायस्पोषमूर्जमस्माँ सुदीधरन् मयि पुष्टिं पुष्टिपतिर्नियच्छतु' **इति** ॥ २२ ॥ 'भवतं नः समनसौ' **इति प्रहरति** ॥ २३ ॥ 'अग्नावग्निश्चरति प्रविष्टः' **इति प्रहृत्याभिजुहोति** ॥ २४ ॥ 'अवतं मा' **इत्युपतिष्ठते**। '०समनसौ समोकसौ=मद्य नः' **इति** ॥ २५ ॥ **स्तुवानानुपास्ते** ॥ २६ ॥ **गृणात्येतस्मिन् निष्केवल्यमुक्थम्** ॥ २७ ॥ 'उक्थं वाचि' **इत्युक्त्वा द्रवति** ॥ २८ ॥ **माहेन्द्रमन्वतिग्राह्या जुहोति** ॥ १०.५.१.२९ ॥ **[इति प्रथमः पटलः** (१५)**]**

'अग्ने तेजस्विन्' **इत्याग्नेयम्**। '०तेजस्वी=तेजसे जुहोमि स्वाहा' **इति** ॥ १ ॥ 'तेजोविदसि' **इत्यनुमन्त्रयते**। '०तेजो=तेजो हासीत्' **इति** ॥ २ ॥ 'इन्द्रौजस्विन्' **इत्यैन्द्रम्**। '०ओजस्वी त्वं= क्षत्रस्य चौजसे जुहोमि स्वाहा' **इति** ॥ ३ ॥ 'ओजोविदसि' **इत्यनुमन्त्रयते**। '०ओजो मा मा हासी=ओजो हासीत्' **इति** ॥ ४ ॥ 'सूर्यं भ्राजस्विन्' **इति सौर्यम्**। '०भ्राजस्वी त्वं=भ्राजसे जुहोमि स्वाहा' **इति** ॥ ५ ॥ 'सुवर्विदसि' **इत्यनुमन्त्रयते**। '०सुवः=सुवर्हासीत्' **इति** ॥ ६ ॥ **अथैतान् सर्वान् सह संगृह्यानुवषट्कृते जुहोति** 'अग्नये स्विष्टकृते स्वाहा' **इति** ॥ ७ ॥ **आयन्ति** ॥ ८ ॥ **भक्षयन्ति** ॥ ९ ॥ 'मयि मेधाम्' **इत्याग्नेयम्**। '०मयि=अग्निस्तेजो दधातु' **इति** ॥ १० ॥ **मयि** 'मेधाम्' **इत्यैन्द्रम्**। '०मयि=इन्द्रियं दधातु' **इति** ॥ ११ ॥ 'मयि मेधाम्' **इति सौर्यम्**। '०मयि भ्राजो दधातु' **इति** ॥ १२ ॥ **यजमान एवैतान् भक्षयेत्** ॥ १३ ॥ **शाक्वरं मैत्रावरुणस्यावकाभिः स्तोत्रमुपाकरोति** ॥ १४ ॥ **ताः प्रपीड्य तृतीयसवनीयान् पुरोडाशान् संयौति** ॥ १५ ॥ **तन्नादृत्यम्** ॥ १६ ॥ **ता अत्रैवान्तःसदसः शयीरन्** ॥ १७ ॥ **वैरूपं ब्राह्मणाच्छꣳसिन उपवाजिनेन स्तोत्रमुपाकरोति** ॥ १८ ॥ **रैवतमच्छावाकस्य सांवाशिनेन स्तोत्रमुपाकरोति** ॥ १९ ॥ **गाश्च वत्साꣳश्च संवाशयन्ते** ॥ २० ॥ **दक्षिणतो गावो भवन्त्युत्तरतो वत्साः** ॥ २१ ॥ **ता अत्रैवान्तरेण सदो हविर्धानानि संपद्य दुहन्ति** ॥

अतिग्राह्यपशवोऽतिग्राह्यदेवता संबन्धात् ॥ ९.५.१.२९ ॥ **[इति प्रथमः पटलः (१५)]**

आग्नेय ऐन्द्रः सौर्यश्च। न केवलमुभय एव। किमपि तर्हि। एकादशिन्यपि ॥ १-१४ ॥

वैराजपृष्ठताकथनं, तन्निमित्तस्यान्या[१]न्युद्यामोऽप्राप्त्यर्थम्। अरणिभ्यां चेत्यादेः पृष्ठनिमित्तस्य प्राप्तस्यापि पुनर्वचनं मन्थनादिविशेषाभिधित्सया। अथवा सहधर्मत्वाच्छिल्पिनो सत्स्वपि वैराजादिषु पृष्ठेषु[२] शिल्पानामप्राप्तिं मन्यमान आचार्योऽरणिभ्यां चेत्याद्यभिदधाति स्म ॥ १५-१७ ॥

---

१. M Ad स्यान्यान्यु; thus T. **२.** T takes it as extra.

२२ ॥ **तासां दुग्धकाले अग्निभिः कुर्वन्ति** ॥ २३ ॥ **आर्भवे पवमाने बृहत् कुर्वन्ति** ॥ २४ ॥ **आयतने पशुभिः प्रचरति** ॥ २५ ॥ **तेषां नाना मनोता नाना हवीꣳषि नाना प्रत्यभिमर्शा नानादेवत्यानाम्** ॥ २६ ॥ **सर्वꣳ समानमेषां वनस्पतिः स्विष्टकृद्दिश इडेति** ॥ २७ ॥ **उक्थानि प्रणयन्ति** ॥ २८ ॥ **प्रसिध्यन्त्युक्थानि** ॥ २९ ॥ **षोडशिनं प्रणयति** ॥ ३० ॥ **प्रसिध्यति षोडशी** ॥ ३१ ॥ **रात्रिं प्रणयति** ॥ ३२ ॥ **प्रसिध्यति रात्रिः** ॥ ३३ ॥ **सन्तिष्ठत एष विश्वजित् सर्वपृष्ठोऽतिरात्रः** ॥ ३४ ॥ **वैश्वकर्मणी च सौरी च वशे** ॥ ३५ ॥ **वशाया उपालम्भ्य वैश्वकर्मणश्च सौर्यश्चैककपालौ पशुपुरोडाशौ** ॥ ३६ ॥ **वपाभ्यां प्रचर्य निवर्तयते** ॥ ३७ ॥ **अथ व्युष्टिर्द्विरात्रः** ॥ ३८ ॥ **अग्निष्टोमः पूर्वमहरतिरात्र उत्तरम्** ॥ ३९ ॥ **अथ क्षत्रस्य धृतिना चतुष्टोमेनाग्निष्टोमेन यजते** ॥ ४० ॥ **सन्तिष्ठते राजसूयः सन्तिष्ठते राजसूयः** ॥ ९.५.२.४१ ॥ **[इति द्वितीयः पटलः** (१६)**]**

॥ इति नवमप्रपाठके पञ्चमोऽनुवाकः ॥

॥ इति राजसूयाख्यो नवमः प्रपाठकः ॥

□ □ □

---

[१]यथोरूसंबोधमानेनाग्निमन्थनं भवति तथा यतितव्यमित्याद्युपायप्रदर्शनार्थं प्रतिवेष्टव्यास[२] इत्यादिवचनम्। उपसृजति समीपे स्थापयति। उपवाजनादिकदर्शनेन[३] पृष्ठनिमित्तता शिल्पानां द्योतते ॥ २४–४० ॥

अभ्यासो मङ्गलार्थः ॥ ९.५.२.४१ ॥ **[इति द्वितीयः पटलः** (१६)**]**

॥ इति व्याख्यायां नवमप्रपाठके पञ्चमोऽनुवाकः ॥

॥ इति कल्पागमसंग्रहे राजसूयाख्यो नवमः प्रपाठकः ॥

□ □ □

---

१. M Ad यथोरु; thus T. २. M Ad ° वेष्ट्य वास; thus T. ३. M Ad ° नादिका; thus T.

॥ अथ दशमः प्रपाठकः ॥

[अथाश्वमेधः]

अश्वमेधेन यक्ष्यमाणो राजा विजिती यदास्य न कुतश्चनोपाबाधो भवति ॥ १ ॥ स संवत्सरे पुरस्तात् फाल्गुन्यै पौर्णमास्यै चतुरोऽश्वतरीरथान् प्रहिणोति 'षोडश जनपदान् धावयत, एकैकं चतुरः' ॥ २ ॥ **स यं प्राञ्चं प्रहिणोति यः पुरस्तात् प्रतिराजा भवति, तं सोऽस्य गत्वाऽऽह—**'असावामुष्यायणोऽश्वमेधेन यक्ष्यते तमनुजानीहि' **इति** ॥ ३ ॥ **स यदि सोऽनुजानाति स एव परं प्रहिणोति स परः स परम्** ॥ ४ ॥ **एवं यं दक्षिणैवं यं प्रत्यञ्चमेवं यमुदञ्चम्** ॥ ५ ॥ **अथ ततश्चतुर्षु मासेषु प्रहिणोत्याश्वत्थे प्रावृषीणे** ॥ ६ ॥ **त एतदेव वदन्ति** ॥ ७ ॥ **तद्वै द्विः प्रहितं भवति चत्वारो मासाः** ॥ ८ ॥ **अथ ततश्चतुर्षु मासेषु प्रहिणोति कार्त्तिक्यां पौर्णमास्याम्** ॥ ९ ॥

अथाश्वमेधः प्रारभ्यते

अश्वमेधेन राजनिमित्तस्य। राजशब्दस्योपादानमक्षत्रियनिवृत्त्यर्थम्। त्रैवर्णिकाधिकारत्वादग्नि-होत्रशास्त्रस्य। विजिती विजयवान्। नित्यकालं न केनचिदप्यभिभूयते[१]। विजितशब्दाद् भावसाधनात् मत्वर्थीय'[२]इनिप्रत्ययो नित्ययोगे। यदाऽस्य न कुतश्चन मनुष्यादुपबाधः[३], अभिभवो न भवति तदायं विजितीनाम[४] भवतीत्यभिप्रायः ॥ १ ॥

'एकैकं रथं चतुरो जनपदान् धावयते'ति[५] ब्रूयात्। एकैकं वा युगपद्[६] ब्रूयात्। षोडश जनपदान् धावयतेति। धावयत शोधयत, निष्कण्टकान् कुरुतेत्यर्थः। रथशब्दाच्च[७] रथिनो दिग्विजयसमर्थाश्चत्वारो राजानोऽभिप्रेयन्त इति केचित्। दूता एव चत्वार इत्यपरे ॥ २ ॥

यो यक्ष्यमाणस्य मण्डलात् परतो[८] राजा भवति तं प्रति संगच्छेत्। यं रथं प्राञ्चं प्रेरयति [९]स गत्वा[९] अस्य राज्ञ आह 'असावामुष्यायण' इत्यादि ॥ ३ ॥

स यद्यनुजानाति प्रतिशृणुयात्। एवमात्मनः पुरस्ताद्राजानं [१०]प्रतिप्रेषयेत्। यदि न[१०] प्रतिशृणुयाद्यक्ष्यमाणस्यैव[११] पुरुषा अपरानपि प्रतिगच्छेयुः ॥ ४ ॥

एवं सर्वतः ॥ ५ ॥

आश्वत्थ[१२] आषाढे प्रथमवर्षणसंबन्धिनि ॥ ६ ॥

---

१. M Ad °चिदस्य[Ad या]भि° ; thus T. २. M Ad इति; thus T. ३. M Ad °दुपाबा° ; thus T. ४. M Ad विजितानाम; thus T. ५. M Ad °यते प्रति° ; thus T. ६. M Ad युगपस्य; thus T. ७. M Ad °शब्दाश्च; thus T. ८. M Ad पुरा[Ad र]स्ता° ; thus T. ९-९. M Ad twice, T त्वस्य. १०-१०. M Ad om; thus T.
११. M Ad °स्य वपुषा; thus T. १२. M Ad अश्वस्थे; thus T.

त एतदेव वदन्ति ॥ १० ॥ तद्वै त्रिः प्रहितं भवत्यष्टौ मासाः ॥ ११ ॥ अथ ततो द्वयोर्मासयोः प्रहिणोति तैष्यां पौर्णमास्याम् ॥ १२ ॥ त एतदेव वदन्ति ॥ १३ ॥ तद्वै चतुः प्रहितं भवति दश मासाः ॥ १४ ॥ तेषां योऽनुजानात्यन्वहः स जानाति ॥ १५ ॥ अथो यो नानुजानाति यमभ्याशꣳसते यं प्रासहा जेष्यन् मन्यत उप तं यतते ॥ १६ ॥ अथ यं नाभ्याशꣳसते यं न प्रासहा जेष्यन् मन्यत उपदां तस्मा आहरन्ति ॥ १७ ॥ स्वसारं वा दुहितरं वा दधानेन वैनं ज्ञीप्सति ॥ १८ ॥ अथोत्तराभ्यां मासाभ्यामेतां विशꣳ सं वहति यावदस्येषुजितं भवति। यावती शासिता विट् ॥ १९ ॥ समन्तं देवयजनं पर्यवस्यति योजनमिति चेति च देवयजनात् ॥ २० ॥ तदन्तरेण समं कुर्वन्ति ॥ २१ ॥ यः स्थाणुर्भवति नि तं वृश्चन्ति ॥ २२ ॥ तदाहुः—ह्रदौ स्याताꣳ सꣳस्राविणौ पुण्यनामानौ चानुपदासिनौ चेति ॥ २३ ॥ तदु वा आहुः—कथं तौ विन्देयुर्यौ सꣳस्राविणौ भवतः पुण्यनामानौ चानुपदासिनौ चेति ॥ २४ ॥ एष एवैनावधिखानयेत् ॥ २५ ॥ कर्मैव तत् कुरुते यथैवाप्यन्यत् ॥ २६ ॥ एवं तौ संभिन्दन्ति ॥ २७ ॥ तयोः पुण्ये नामनी विदधाति ॥ २८ ॥ तावेव सꣳस्राविणौ भवतः पुण्यनामानौ चानुपदासिनौ च ॥ २९ ॥ तौ जघनेन देवयजनं भवति ॥ ३० ॥ तदेते शाले मिन्वन्ति दक्षिणां देवयजन उत्तरामन्याम् ॥ ३१ ॥ तयो-र्दक्षिणयोर्द्वारोरष्टावस्रावे विमिते प्रतिमिन्वन्त्युदीचीनवꣳशे दक्षिणादन्यद्दक्षिणम् ॥ ३२ ॥ अधिगच्छत्येषा फाल्गुनी पौर्णमासी ॥ ३३ ॥ तामिष्ट्वोत्तरमर्धमासं यज्ञियमेव कर्म संभरमाण

यमभ्याशंसते अभिभवितुं शक्यमवधारयति। तस्यैवार्थविवरणाय। प्रासहा प्रसहेन जेष्यं [१]जेष्यामीति मन्यते तमुपायतते बाधेत, न्यञ्चं कुर्याद् युद्धादिना ॥ १६ ॥

यस्त्वेवमशक्यो निश्चितः प्रतिदानमेवाभ्युपायो वशीकरणे साम्नः[२] कृतपूर्वत्वान्न भेदनदण्डयोश्च तं प्रत्यसाधनत्वादित्याचार्याभिप्रायः[३] ॥ १८ ॥

यावती शासीषेति स्वमण्डलमभिप्रेत्य। विट्शब्देन वणिजोऽभिप्रेताः। सर्वद्रव्याणां संग्रहाय। शूद्रा [४]अपीत्यपरे विष्ट्या[४] भूयस्त्वादिति चेति ॥ १९ ॥

सर्वासु दिक्षु योजनमात्रं [५]देवयजनस्थानात्पूर्वतः खातव्यौ ह्रदौ संभिनत्ति संगमयन्ति। दृश्यते च 'संस्कृता भिनत्तिरसंगमनेऽपि[६] [७]हाकरुण्यां संभेदमाययाविति' ॥ २० ॥

[८]यथाष्यपस्रावे विमिते[८] मण्डपेऽ[९]ष्टरीतिकौ। दक्षिणाद्विमिताद् दक्षिणं विमितान्तरं तृतीयम् ॥ ३२ ॥

येन संगीतं प्रियतमो नहि संगानं[१०] संभवति ॥ ३४ ॥

---

१. M Ad जोष्या° ; thus T. २. M Ad धाम्नः; thus T. ३. M Ad °साधत्वा° दित्याचार्येणा° ; thus T. ४-४. M Ad इत्यपरेपीष्ट्या; thus T. ५. M Ad देवयजनं देवयजन° ; thus T. ६. M Ad रसंगमनेऽपिहातरु; thus T. ७. M Ad हातरु° ; thus T. ८-८. M Ad यथेष्य च स्राण विमिक्षिते; thus T. ९. M Ad °ण्डलेष्टिरितिकौ; thus T. १०. M Ad संगानां भव° ; thus T.

आस्ते योऽस्याश्वानाꣳ सत्तमो येन संगीतो भवति ॥ ३४ **॥ स यदि संगीतो द्विरूपः स्याच्छुक्लकृष्णे एते रूपे स्यातामित्याहुस्तदहोरात्रयो रूपमिति ॥** ३५ **॥ एष उ वावैष प्रत्यक्षमित्याहुर्य एवैष तपतीति ॥** ३६ **॥ एष ह्येवैष आलभ्यते ॥** ३७ **॥ कुशीर्णानामुष्णीषो द्वादशारत्निः प्राङ् तिर्यङ् त्रयोदशः ॥** ३८ **॥ स मौञ्ज्यामश्वाभिधान्यामनुवेष्टितो भवति ॥** ३९ **॥ एष एवाश्वाभिधानीभाजनꣳ स्थेम्न इतराः ॥** ४० **॥ जरदश्वो निरमणोऽनुजायै च पुत्रोऽन्वाधेयायै च कृष्णः श्वा चतुरक्षो विष्वग्बद्धश्च गर्दूलः पौꣳश्चलेयश्च कद्वच्च मुसलं जरत्पूर्वा चैषीकश्चोदूहः ॥** ४१ **॥ स एष उदूहो भवति यावान् महानवस्रावस्तावान् ॥** ४२ **॥ तस्मिन् वेतसशाखोपसंनद्धा भवति ॥** ४३ **॥ आनायरज्जू अन्वस्ते उभयतोऽप्यन्ते दीर्घे चत्वारि च पुरुषशतानि ॥** १०.१.१.४४ **॥ [इति प्रथमः पटलः]**

शतं तल्प्या राजपुत्राः शतमराजानः शतꣳ सूतग्रामण्यः शतं क्षत्तसंगृहीतारो ब्राह्मणश्च राजन्यश्च वीणागाथिनौ यौ वक्रकपिशीर्ष्णियोर्गायतः, चतुष्टय्य आपः सारस्वत्यश्च वहन्त्यश्च वृष्ट्यश्च ह्रादन्यश्च, ऋषभचर्म शार्दूलचर्म च द्वौ, रुक्मौ रजतसुवर्णौ, द्वे अन्ये हिरण्यरजतं च सुवर्णं च, चत्वारो वा साहस्रा एको वा शतपलः शतकृष्णलायै भवन्ति ॥ १ **॥ अधिगच्छत्येषाऽमावास्या ॥** २ **॥ तामिष्ट्वा सांग्रहण्येष्ट्या यजते** 'इमां जनताम् संगृह्णानि' **इति ॥** ३ **॥ तयेष्ट्वोदवसाय पशुबन्धवत् कृत्वा प्रणीय वा प्राजापत्यमृषभं तूपरं बहुरूपमालभते सर्वेभ्यः कामेभ्यः ॥** ४ **॥ तस्य चर्म प्रक्षाल्य विहत्य निदधाति ॥** ५ **॥ एतदेव शार्दूलचर्म**

द्वैरूप्ये शुक्लकृष्णेऽनयोर्नियमः । एकरूप्ये अनियमः ॥ ३५ ॥

भगवानादित्य एवालभ्यते इति रूपद्वयस्य स्तुतिः ॥ ३६–३७ ॥

[१]तिर्यक् त्रयोदशारत्निः[१] । अरत्निमात्रविस्तार इत्यर्थः ॥ ३८ ॥

अनुजायै च पुत्रः, पितुरनुजायाः पुत्रः । अन्वाधेयायै च मातुरनुजायायाः[२] पुत्रः । एवं तैत्तिरीयके विशेषात् तद्वच्च[३] मुसलं सैन्ध्रकम् ॥ ४१ ॥

आनायरज्जू[४] आकषर्णरज्जू द्राघिष्ठे ॥ १०.१.१.४४ ॥ **[इति प्रथमः पटलः]**

तल्प्याः सिंहासनार्हाः । अभिषिक्तान्वयाः, अराजानः क्षत्रियाः एव तद्विपरीताः । राजशब्दोऽत्राभिषेकनिमित्तो गृहीतः । लक्षणया चत्वारो वा साहस्राः पशूनामेको वा शतपलः सुवर्णस्य ॥ १ ॥

सांग्रहणी प्रसिद्धेष्टिः ॥ ३ ॥

कल्पे वैश्वदेवी । उदवसानातिप्रणयनयोर्विकल्पः प्राकृत एवानूद्यते । इष्टिपशुबन्धयोः[५] कामश्रवणान्नित्ययोरेव[५] स्तुत्यर्थं कर्माङ्गतयावश्यं कर्तव्यम् ॥ ४ ॥

१–१. M Ad यजुर्योदशा° ; thus T. **२.** T °रनुजाया; thus T. **३.** M Ad कद्वच्च; thus T. **४.** M Ad आनयर° ; thus T. **५–५.** M Ad °बन्धयोरेव; thus T.

च द्वितीयम् ॥ ६ ॥ **अथ पुरा षष्ठ्ये प्राजापत्यं संभरते** ॥ ७ ॥ **षड्भिररण्योरग्नीन् समारोह्य विमिताभ्याꣳ शाले प्रपद्येते दक्षिणꣳ राजोत्तरं पुरोहितः** ॥ ८ ॥ **त्रेधोल्लिख्यावोक्ष्य मथित्वा गार्हपत्यमुदाहवनीयꣳ हरन्ति** ॥ ९ ॥ **अन्वाहार्यपचनꣳ हरन्ति** ॥ १० ॥ **विहृत्य पुरोहितोऽग्रेणाग्नीन् परीत्य दक्षिणतो राज्ञोऽग्नीनामुपविश्यौषधीः सꣳस्तीर्य परिस्तीर्याग्नीन् गार्हपत्य आज्यं विलाप्योत्पूय स्रुवꣳ संमृज्य पुरस्तात्पाप्मनोऽवयजते** ॥ ११ ॥ **अधस्तादु हैकेऽवयजन्ते** ॥ १२ ॥ **उभयतस्त्वेवावयजेत** ॥ १३ ॥ **स्रुवेणोपपातं जुहोति** 'मृत्यवे स्वाहा मृत्यवे स्वाहा' **इति नवतिमाहुतीः,** 'प्रयासाय स्वाहा' **इत्येकादश, ता एकशतम्** ॥ १४ ॥ **तदाहुः—स वै पुरा...युक्ता अश्वमेधस्यर्त्विज आवहन्तीति** ॥ १५ ॥ **तदु वा आहुः—**'कथं ता योक्तुं शक्नुयुः, यद्यु वै योक्तुं न शक्नुयुरावोढुमु वै न शक्नुयुरिति ॥ १६ ॥ **स या एव विविक्तगर्भा मासादूर्ध्वं वै षुवतात्। ऊर्ध्वꣳ ह वैव षुवतात्। प्रत्यञ्चो गर्भा आवर्त्त...भवन्ति** ॥ १७ ॥ **प्रत्यञ्चो गर्भा... ?** ॥ १८ ॥ **तदेवाष्टानां विषूचीनाꣳ रूपम्** ॥ १९ ॥ 'एताः सुखतमं वहन्ति' **इत्याहुः** ॥ २० ॥ **विक्लिधान् गर्भान् विभृत्यान्याभिर्दूरादोह्याथैताभिरन्तिकत आवहन्ति, अपचितिमेवैषु तद्दधति** ॥ २१ ॥ **केशश्मश्रु वपते** ॥ २२ ॥ **नखानि निकृन्तते** ॥ २३ ॥ **दतो धावते** ॥ २४ ॥ **स्नाति** ॥ २५ ॥ **अहतं वासः परिधत्ते** ॥ २६ ॥ **अथाधिवृक्षसूर्ये सꣳशास्ति—**'क्षत्तर्ब्रह्मौदनं ते पक्वमुद्धृतमासिक्तसर्पिष्कमादित्योऽभ्युदयत्' **इति** ॥ २७ ॥ **सꣳशासनमेवैतदध्वर्योस्त्वा वैतेनान्तेवासिनश्चरन्ति** ॥ २८ ॥ **अथास्तंयत्यादित्ये सुवर्णरजते हिरण्ये मुखयोः प्रत्यस्य वाचं यच्छतः, सुवर्णमेव राजा रजतं महिषी** ॥ २९ ॥ **वाचं-यमस्यैताꣳ रात्रिमग्निहोत्रं जुहोति** ॥ ३० ॥ **तदाहुः—**'नग्नो नग्नया सह शयीतानन्तर्हितोऽमिथुनीभवन्, काममन्तरूर्वोः सर्पेन् नेत्तु मिथुनी संभवेत्' **इति** ॥ ३१ ॥ **तदु वा आहुः—**'अस्त्येवात्र कारीव यन्नग्नो नग्नया सह शयीतानन्तर्हितोऽमिथुनीभवन्, जागरायै वा एतद्रूपं, जागरयन्त एवोपासीरन्' **इति** ॥ ३२ ॥ **जागरयन्त एवोपासते** ॥ ३३ ॥ **स यत्रास्मै प्रातरग्निहोत्रꣳ होष्यतेऽपः परिहरति** ॥ ३४ ॥ **तदेते हिरण्ये सहाद्भिः प्रप्रोथतः सुवर्णमेवाध्वर्यू रजतं**

सुब्रह्मण्यशब्देन संबन्धात् सुब्रह्मण्याभिधित्सिता[१]। चतुर्युजं[२] रथमभिप्रेत्य ॥ १५ ॥

गर्भैः सहाष्टसंख्या ॥ १७–१९ ॥

अन्तिकतः समीपतः ॥ २१ ॥

क्षत्तुः[३] संशासनमदृष्टार्थम्[४] ॥ २७ ॥

कारीव[५] यद् गर्भाप्रमादो वा नग्नयोः सह शयने। अतोऽभ्युपायान्तरेण जागरणमापादनीयम्॥ ३१–३३ ॥

---

१. M Ad °धित्सितं; thus T. २. M Ad चतुर्यजं; thus T. ३. T क्षन्तुः. ४. M Ad T समासनम° ; thus T. ५. M Ad कारीवयं, T कारीपयं.

प्रतिप्रस्थाता ॥ ३५ ॥ **अथैतं ब्रह्मौदनं चतुष्टयीष्वप्सु समासिच्यान्वाहार्यपचने श्रपयन्ति** ॥ ३६ ॥ **एतासामेवाञ्जलिमात्रीरप उदच्य प्रोक्षणाय निदधाति** ॥ ३७ ॥ **श्रपयित्वोदञ्चं निवर्तयति** ॥ ३८ ॥ **अथादत्त ऋषभचर्म** ॥ ३९ ॥ **तज्जघनेनाग्निं प्राचीनग्रीवमुत्तरलोमोपस्तृणाति** ॥ ४० ॥ **ऋषभचर्मे शार्दूलचर्म शार्दूलचर्मे पात्रीं पात्रियामुपस्तृणीते रजतꣳ रुक्ममुपास्य** ॥ ४१ ॥ **तस्यामेतमोदनमसंघ्नन्निवो-द्धरत्यासेचनं कृत्वा** ॥ ४२ ॥ **सुवर्णꣳ रुक्ममवधाय प्रभु सर्पिरुपसिञ्चन्ति** ॥ १०.१.२.४३ ॥ **[इति द्वितीयः पटलः]**

अथादित्यमुपतिष्ठते 'द्रष्ट्रे नमः', 'उपद्रष्ट्रे नमः', 'अनुद्रष्ट्रे नमः', 'ख्यात्रे नमः', 'उपख्यात्रे नमः', 'अनुख्यात्रे नमः', 'सते नमः', 'असते नमः', 'पश्यते नमः', 'अपश्यते नमः', 'शृण्वते नमः', 'उपशृण्वते नमः', 'भूताय नमः', 'भविष्यते नमः', 'चक्षुषे नमः', 'श्रोत्राय नमः', 'मनसे नमः', 'वाचे नमः', 'ब्रह्मणे नमः', 'तपसे नमः', 'श्रान्ताय नमः' **इति** ॥ १ ॥ **वाचंयमा एवर्त्विजः समन्तादुपविशन्ति** ॥ २ ॥ **पुरस्तात् प्रत्यङ्ङध्वर्युरुपविशति, दक्षिणत उदङ् ब्रह्मा, पश्चात् प्राङ् होतोत्तरतो दक्षिणोद्गाता** ॥ ३ ॥ **तैः पिण्डा अप्राशिता भवन्ति** ॥ ४ ॥ **अथैतामश्वाभिधानीमासेचने सन्तृप्य प्रतिवेशं निदधाति** ॥ ५ ॥ **त्रिः प्राश्य प्रशꣳसन्ति** 'राद्धस्ते ब्रह्मौदनः' **इति** ॥ ६ ॥ 'वरं ददामि' **इति वाचं विसृजते** ॥ ७ ॥ **तदेभ्यश्चतुरो वा साहस्रं ददात्ये-कैकं वा शतपलम्** ॥ ८ ॥ **अथर्त्विजो वृणीते** ॥ ९ ॥ 'त्वं मेऽध्वर्युरसि' **इत्यध्वर्युम्** ॥ १० ॥ 'त्वं मे ब्रह्माऽसि' **इति ब्रह्माणम्** ॥ ११ ॥ 'त्वं मे होताऽसि' **इति होतारम्** ॥ १२ ॥ 'त्वं म उद्गाताऽसि' **इत्युद्गातारम्** ॥ १३ ॥ **स आह**—'ब्राह्मणाश्च राजानश्चानेन माऽश्वेन मेध्येन स्वस्ति समा-पयताब्रह्मज्यतायै' **इति** ॥ १४ ॥ 'तेन त्वा स्वस्ति समापयामः' **इत्याहुरब्रह्मज्यतायै** ॥ १५ ॥ 'अब्रह्मज्यतायै' **इति संजानते** ॥ १६ ॥ **अथाध्वर्युं राजानं करोति** ॥ १७ ॥ **स आह**—'ब्राह्मणाश्च राजानश्चायं वोऽध्वर्युरेतꣳ संवत्सरं राजा, या ममापचितिः साऽस्य, या ममेशा साऽस्य, यथा मम शुश्रूषध्वमेवमस्य शुश्रूषध्वम्, यां व एष धृतिं ध्रियातै सा वो धृतिः' **इति** ॥ १८ ॥ **अध्वर्युꣳ राजानं**

श्रपयन्तीति [1]ब्रह्मौदनधर्मेणाऽध्वर्योरन्तेवासिनः[2] नाम्ना च धर्मप्राप्तौ ॥ १०.१.२.३६ ॥ **[इति द्वितीयः पटलः]**

एतासामेव चतुष्टयानां समवसीवति समुपवेशनमनुशास्ति ॥ २ ॥

'शिरः स्यन्दनादिना सन्तृप्य[3] न्युप्य तस्मिन् रशनां युनक्ती'ति[4] श्रुतेः ॥ ५ ॥

वाचनिकोऽत्र वरणकालनियमः, मन्त्राश्चैत एव नियताः[5]। प्रदर्शनं[6] वा वरणमन्त्राणां वाक्यभेदप्रसङ्गात् ॥ ९-१४ ॥

सहानूदिते[7] एवं प्रतिसञ्जननाशे[8] पथं कुर्युः । धृतिर्मर्यादा ॥ १८ ॥

---

१. M Ad °धर्मणा; thus T. **२.** M Ad T °वासि. **३.** M Ad T समतृप्य. **४.** M Ad रसनात्युनत्तीति; T °नक्तीति. **५.** T नियतां. **६.** M Ad T °दर्शनां. **७.** M Ad अनूदिते, T सहानूते. **८.** M Ad °नाशपथं, T सज्जननाशे पथं

कृत्वा शतकृष्णलयाऽऽयुष्ययेष्ट्या यजते—'अनेनायुष्यमिदं कर्म स्वस्ति समश्नवता३' **इति** ॥ १०.१.३.१९ ॥ **[इति तृतीयः पटलः]**

॥ इति दशमप्रपाठके प्रथमोऽनुवाकः ॥

शतकृष्णला काम्या विनियोगतः कार्या, काम्यस्य कर्माङ्गत्वेनेष्टत्वात्॥ १०.१.३.१९ ॥ **[इति तृतीयः पटलः]**

॥ इति व्याख्यायां दशमप्रपाठके प्रथमोऽनुवाकः ॥[1]

१. M Ad T अश्वमेधे प्रथमोऽध्यायः.

॥ अथ दशमप्रपाठके द्वितीयोऽनुवाकः ॥

शतकृष्णलयाऽऽयुष्ययेष्ट्वा विमिताभ्याꣳ शाले प्रपद्येते दक्षिणꣳ राजोत्तरं पुरोहितः ॥ १ ॥ **राजैव यजुषा तूर्ष्णीं पुरोहितः** 'ये ते पन्थानः सवितः=देव ब्रूहि' **इति** ॥ २ ॥ **त्रेधाऽऽलिख्या- वोक्ष्य मथित्वा गार्हपत्यमुदाहवनीयꣳ हरन्ति** ॥ ३ ॥ **अन्वाहार्यपचनꣳ हरन्ति** ॥ ४ ॥ **विहृत्य पुरो- हितोऽग्रेणाग्नीन् परीत्य दक्षिणतो राज्ञोऽग्नीनामुपविशति** ॥ ५ ॥ **उपस्थापयत्यध्वर्यू राजानम्** ॥ ६ ॥ 'नमोऽग्नये पृथिवीक्षिते=देहि' **इति गार्हपत्यम्** ॥ ७ ॥ 'नमो वायवेऽन्तरिक्षक्षिते' **इत्यन्वाहा- र्यपचनम्** ॥ ८ ॥ 'नमः सूर्याय दिविक्षिते' **इत्याहवनीयम्** ॥ ९ ॥ **अथैतमश्वमानीयाग्रेण शाला- मन्तर्वेदि प्राञ्चꣳ स्थापयन्ति** ॥ १० ॥ **तमेतानि चत्वारि पुरुषशतान्युपतिष्ठन्ते, शतं तल्प्या राज- पुत्राः पुरस्तात्, शतमराजानो दक्षिणतः, शतꣳ सूतग्रामण्यः पश्चात्, शतं क्षत्तसंगृहीतार उत्तरतः** ॥ ११ ॥ **अथ तं कृष्णꣳ श्वानं चतुरक्षं विश्वग्बद्धेन गर्दूलेनाश्वस्याभिच्छायां धारयतो- ऽनुजायै च पुत्रोऽन्वाधेयायै च, पूर्वोऽनुजायै पुत्रोऽपरोऽन्वाधेयायै** ॥ १२ ॥ **तं पौꣳश्चलेयो जरत्पूर्वया सव्यं जानु वेष्टयित्वा सैध्रकं मुसलं दक्षिणेंऽसे प्रत्यस्य पश्चादनूपतिष्ठते** ॥ १३ ॥ **आहरन्त्येतमैषीकमुदूहम्** ॥ १४ ॥ **तमग्रेण धारयन्ति** ॥ १५ ॥ **अथाश्वस्य रशनामाहृत्योत्तरत आहवनीयस्य निदधाति** ॥ १६ ॥ **तामादास्यमानो ब्रह्माणमामन्त्रयते** 'ब्रह्मन्नश्वं मेध्यं भंत्स्यामि देवेभ्यः प्रजापतये तेन राध्यासम्' **इति** ॥ १७ ॥ 'तं बधान' **इत्याह ब्रह्मा**। '०देवेभ्यः प्रजापतये तेन राध्नुहि' **इति** ॥ १८ ॥ **अभितः पुण्या वाचः समुद्वदन्ति** ॥ १९ ॥ **अथ** 'देवस्य त्वा सवितुः प्रसवे' **इत्यश्वस्य रशनामादत्ते**। '०अश्विनोर्बा=मा ददे' **इति** ॥ २० ॥ **अधिवदते** 'इमामगृभ्णन् रशनामृतस्य=मारपन्ती' **इति** ॥ २१ ॥ 'अभिधा असि' **इत्यश्वमभिदधाति**। '०भुवनमसि=पृथिव्याꣳ, स्वगा त्वा देवेभ्यः स्वाहा त्वा प्रजापतये' **इति** ॥ २२ ॥ **हृदयमभि काष्ठां यन्ति** 'यन्ता राड् य=विश्वेभ्यस्त्वा भूतेभ्यः' **इति** ॥ २३ ॥ **तमेतानि यत्तानि पुरुषशतान्यनु संयन्ति** ॥ २४ ॥ **निश्लोणं**

अन्तर्वेदीति प्रदेशोपलक्षणार्थम् ॥ १० ॥

अक्षिसदृशेनापरेण लक्ष्मद्वयेन[१] चतुरक्षता। अश्वस्य च्छायामभिच्छायायामित्यर्थः ॥ १२ ॥

जरत्पूर्वा जीर्णा पुनः संस्कृता ॥ १३ ॥

उदूह्यतेऽनेनोदकमित्युदूहः ॥ १४ ॥

'तं बधान[२] देवेभ्यः प्रजापतये तेन राध्नु[३]ही'ति ब्रह्माऽऽह। 'तेन राध्नुही'त्येतावत्सर्वे। तत्र स्थितं [४]बधानेत्येतत् ब्रह्मा। 'देवेभ्य' इत्यादि सर्व इत्यपरे ॥ १८ ॥

निश्लोणमगदमश्वम् ॥ २५ ॥

---

१. M Ad लक्ष° ; thus T. २. M Ad बाधना; thus T. ३. M Ad ध्नु° ; thus T. ४. M Ad बाधने° ; thus T.

पौंश्चलेयः श्वानं पश्चादन्वेति ॥ २५ ॥ **तमध्वर्युः संशास्ति** 'यदाऽऽ प्राणेभ्योऽश्वमभिगाहत अप्रतिष्ठां श्वा गच्छताद् यदा त्वाऽहं प्रसुवान्यथास्य प्रहरताद्' **इति** ॥ २६ ॥ 'अभि गाहन्त आ प्राणेभ्योऽश्वम्' ॥ २७ ॥ **अभिगाहन्त्यप्रतिष्ठां श्वा गच्छति** ॥ २८ ॥ **तमध्वर्युः प्रसुवाति** 'यो अर्वन्तं जिघांसति तमभ्यमीति वरुणः' **इति** ॥ २९ ॥ **तस्यैष सैध्रकेण मुसलेन प्रहन्ति** ॥ ३० ॥ **प्रहण्यमाने वाचयति** 'परो मर्तः परः श्वा' **इति** ॥ ३१ ॥ **तमश्वस्याधस्पदमुपास्य दक्षिणापप्लाव्य मुसलमनुस्यति** ॥ ३२ ॥ **अथाश्वं प्रोक्षति** ॥ ३३ ॥ **शतेन राजपुत्रैः सह पुरस्तादध्वर्युः** ॥ १०.२.१.३४ ॥ **[इति प्रथमः पटलः** (४)**]**

शतेन राजपुत्रैः सह पुरस्तादध्वर्युः 'अनेनायमश्वेन मेध्येनेष्ट्वा राजा वृत्रं वध्यात्' **इति** ॥ १ ॥ **शतेन राजभिरुग्रैः सह दक्षिणतो ब्रह्मा** 'अनेनायमश्वेन मेध्येनेष्ट्वा राजाऽप्रतिधृष्योऽस्तु' **इति** ॥ २ ॥ **शतेन सूतग्रामणीभिः सह पश्चाद्धोता** 'अनेनायमश्वेन मेध्येनेष्ट्वा राजाऽस्यै विशो बहुग्वै=तिलायै बहुहस्तिहिरण्यायै बहुदासपुरुषायै रयिमत्यै पुष्टिमत्यै बहुरायस्पोषायै राजाऽस्तु' **इति** ॥ ३ ॥ **शतेन क्षत्तसंगृहतृभिः सहोत्तरत उद्गाता** 'अनेनायमश्वेन मेध्येनेष्ट्वा राजा सर्वमायुरेतु' **इति** ॥ ४ ॥ **प्रोक्षन्त प्रोक्षन्त एव यजमानमभि संपद्यन्ते** ॥ ५ ॥ **अथैनं समुक्षन्ति** 'आ ब्रह्मन् ब्राह्मणो ब्रह्मवर्चसी जायताम्' **इत्यान्तमेतेनानुवाकेन** ॥ ६ ॥ **तं दक्षिणाऽऽवर्तयन्ति** ॥ ७ ॥ **आवर्त्यमाने वाचयति** 'अहं च त्वं च वृत्रहन्' **इति** ॥ ८ ॥ **तदेतानि पुरुषशतानि द्वेधा व्युद्यन्ति** ॥ ९ ॥ **पञ्चाशदेव राजपुत्राणामराज्ञोऽभिसंपद्यन्ते, पञ्चाशत् क्षत्तसंगृहीतॄर्निं** ॥ १० ॥ **पञ्चाशदेव सूतग्रामणीनामराज्ञोऽभि संपद्यन्ते, पञ्चाशत् क्षत्तसंगृहीतॄर्निं** ॥ ११ ॥ **द्वे इत्थाच्छते संपद्येते द्वे इत्थात्** ॥ १२ ॥ **अथाराज्ञ एवाध्वर्युश्च यजमानश्चाभिपद्येते क्षत्तसंगृहीतॄर्निं होता** ॥ १३ ॥ **अथैत-मैषीकमुदूहमाहृत्य पूर्वार्धे ह्रदस्यावदधाति** ॥ १४ ॥ **तमेकां रज्जुं लभन्ते** ॥ १५ ॥ 'शतमेकाम-

---

[1]यदा प्राणस्थानमज्जनादुदकमगाधोऽश्वो[2] भवति, तदाऽप्रतिष्ठां श्वागमयत[3]। यदा त्वाऽहं प्रसुवान्यथाश्वो[4] प्रहर्तव्यः[4] ॥ २६ ॥

तस्य शरीरमेष मुसलहस्तः प्रहन्ति। द्वितीयार्थे वा षष्ठी ॥ ३० ॥

प्रोक्षणमन्त्रा ऋत्विजामेव। त एव हि कर्तृत्वेन ब्राह्मणेन गणयन्ति। वक्ष्यमाणेन प्रकारेणार्था निर्दिष्टाः। इतरे विशेषणत्वे च प्रोक्षन्तीति[5]। कल्पे बहुवचननिर्देशात् सर्वे तूष्णीं प्रोक्षेयुः[6]। तथा समुक्षणम् ॥ १०.२.१.३३ ॥ **[इति प्रथमः पटलः** (४)**]**

व्युद्यन्ति[7] विनैकेन गच्छन्ति वक्ष्यमाणेन प्रकारेण। इत्थमश्वस्य कर्म ॥ ९ ॥

ते एवमश्वमभिमार्ड्याभ्यूहः[8] प्रेष्यते ॥ १६ ॥

---

१. T यथा. **२.** M °नादुक...मागधो°, Ad नादुकममा°. **३.** M Ad श्वागम°; thus T. **४-४.** M Ad वान्यदानश्वहर्तव्यं; thus T. **५.** M Ad प्रोक्षति; thus T. **६.** M Ad प्रोक्षयेयुः; thus T. **७.** M Ad व्युदन्ति; thus T. **८.** M Ad T श्वानिक्रादव्यूहः.

भिमाङ्यैवाभ्यूहाथ' **इत्याह यथा सशीर्षकमश्वम् ऊर्मिरभिहनदिति** ॥ १६ ॥ **अभिमाड्यैवाभ्यू-हन्ति** ॥ १७ ॥ **अभ्यूह्यमाने वाचयति** 'अभि क्रत्वेन्द्र भूरध ज्मन्' **इति** ॥ १८ ॥ **सशीर्षकमेवा-श्वमूर्मिरभिहन्ति** ॥ १९ ॥ **अत्रैवैतमैषीकमुदूहं प्रप्लाव्याश्वमुदानयति** ॥ २० ॥ **तस्य यदा विशफा भवन्त्यथास्य धृतीः पत्सु जुहोति** ॥ २१ ॥ 'इह धृतिः स्वाहा' **इति दक्षिणे पूर्वपादे** ॥ २२ ॥ 'इह विधृतिः स्वाहा' **इति दक्षिणेऽपरपादे** ॥ २३ ॥ 'इह रन्तिः स्वाहा' **इत्युत्तरेऽपरपादे** ॥ २४ ॥ 'इह रमतिः स्वाहा' **इत्युत्तरे पूर्वपादे** ॥ २५ ॥ **अथ स्तोकीया अन्वाह** ॥ २६ ॥ **तदाहुरेकशतꣳ स्तो-कीया अनुब्रूयादिति** ॥ २७ ॥ **तदु वा आहुर्न वै तथा** ॥ २८ ॥ **सद्यः सन्तिष्ठेत** ॥ २९ ॥ **सहस्रमेवा-नुब्रूयादिति** ॥ ३० ॥ **सहस्रमेवान्वाह** ॥ ३१ ॥ **स एतं पूर्वꣳ स्तोकीयानामनुवाकꣳ शतकृत्वो निगदति** 'अग्नये स्वाहा', 'सोमाय स्वाहा' **इति** ॥ ३२ ॥ **ताः सहस्रः स्तोकीयाः** ॥ ३३ ॥ **अथैत-मश्वमानीयाग्रेण शालामन्तर्वेदि प्राञ्चꣳ स्थापयन्ति** ॥ ३४ ॥ **प्रपद्याश्वस्य सावित्राणि जुहोति** 'अग्नये स्वाहा', 'वायवे स्वाहा' **इति सप्त** ॥ ३५ ॥ **अत्र त्रयोऽशीतिमश्वचरितान्युपजुहोति** 'ईङ्काराय स्वाहा', 'ईंकृताय स्वाहा' **इति** ॥ ३६ ॥ **पूर्णाहुतिं जुहोति पिबतो वाऽपिबतो वा** ॥ ३७ ॥ **अथोत्तरेण शालामास्नानं परिश्रयन्ति** ॥ ३८ ॥ **तत्प्रपाद्य स्नपयित्वाऽभ्यज्याञ्ज्य पवयि-**

तथा सन्निरस्तोऽश्व[१] उदोहोर्मिणा अभ्याहन्यते ॥ १९ ॥

यदा शफा आविर्भवन्ति तदा तस्य[२] पत्सु जुहोति पदे[३]ऽतिस्तोकान् बिन्दोः[३] स्नातादश्वाय[४] ॥ २१-२५ ॥

ततः शतकृत्वो[५] निगदतीत्युक्त्वा 'ताः सहस्रमि'ति ब्रुवन्नभिप्रैति स्म[६] आचार्यः । 'एकस्मै स्वाहा' एकादशे स्वाहाकाराः । स चान्त्योऽद्य पूर्वेषु विरोधाभावात् ॥ ३२-३६ ॥

पूर्णाहुतिरपूर्वा[७], प्रकृतितः प्राप्ता[८] । नामधेयाच्चाग्न्याधेयिकान्[९] धर्मान् गृह्णन्ति । [१०]मन्त्रोऽग्निप्रदर्शनार्थः । अशनपानं प्राकृतदीक्षार्थम् । वा शब्दः[११] समुच्चयः 'वायुर्वा त्वा मनुर्वा त्वे'ति यथा ॥ ३७ ॥

[१२]ओषधिसंस्तरणपूर्वमासनस्थानेषु[१२] कृत्स्ने प्राग्वंशे विशेषानवगमात्[१३] । [१४]दर्वीहोमपात्रसादना-र्थमित्यपरे । तेषां व्यवहितः[१५] सम्बन्ध अकिञ्चित्करता च । मन्त्राणां पञ्चत्वपक्षे 'ऋतमसी'[१६]त्यादि 'प्रजापतिरसी'[१७]त्यन्त एकः । ततः [१८]आन्तादेकस्तेष्वत्र जुहोतीति ॥ ३९ ॥

---

१. M Ad स्तोश्च; thus T. **२.** M Ad तदा. **३-३.** M Ad पदोऽतिस्तोकान्विदो, T पदे जुहोति स्तोकान्. **४.** M °दश्चादय. **५.** M Ad °कृत्वोऽग्नि°; thus T. **६.** T om स्म. **७.** M Ad °पूर्वानपि, T °पूर्वा न हि. **८.** T प्राप्तः. **९.** M Ad नामधेयिकान्; thus T. **१०.** M Ad म...प्रदर्शनार्थः; thus T. **११.** M Ad वासमु°, T om शब्दः. **१२-१२.** M Ad °धीस्तरणापूर्वमासनस्थेषु; thus T. **१३.** M Ad °मान्; thus T. **१४.** M Ad दर्वि°; thus T. **१५.** M Ad °हित संब°; thus T. **१६.** T °मस्ती°. **१७.** M Ad व्रजतिरसी°; thus T. **१८.** M Ad आन्तद्देकः, T आक्रान्तादे°.

त्वाऽऽनीयौषधीः सꣳस्तीर्य परिस्तीर्याग्नीन् गार्हपत्य आज्यं विलाप्योत्पूय स्रुवं च स्रुचश्च संमृज्य प्राङेत्य चतुर्गृहीतमाज्यं पदेष्वत्र जुहोति ॥ ३९ ॥ **अनुसवनं वाजपेये जुहोत्यन्वहमत्र** ॥ ४० ॥ **अथाग्निदीक्षां निवर्तयति** ॥ ४१ ॥ **सर्वमग्निकर्म करोति** ॥ ४२ ॥ **तस्याहुता दीक्षाहुतयो भवन्ति** ॥ ४३ ॥ **अथैतमश्वमानीयाग्रेण शालामन्तर्वेदि पराञ्चꣳ स्थापयन्ति** ॥ ४४ ॥ **स आह—**'ब्राह्मणाश्च राजानश्च यदिदमाहुः पदेपदेऽश्वस्य मेध्यस्य होतव्यमितीहैव वयं तत् करिष्यामह इत्याह, यथाऽस्य पदेपदे हुतं भविष्यति बहु नः कर्म' **इति** ॥ ४५ ॥ **तस्यैवमेव धृतीः पत्सु जुहोति** ॥ ४६ ॥ **स यदेवाभिहुतैः षड्भिश्चरति तेनैवास्य वाजिं प्रोक्षति या अमूर्निहिता भवन्ति** 'अग्नये त्वा' **इति पुरस्तात्,** 'वायवे त्वा' **इति दक्षिणतः,** 'इन्द्राग्निभ्यां त्वा' **इति पश्चात्,** 'प्रजापतये त्वा' **इत्युत्तरतः,** 'देवेभ्यस्त्वा' **इत्युपरिष्टात्, अधस्ताद्** 'विश्वेभ्यस्त्वा भूतेभ्यः' **इति** ॥ ४७ ॥ **अथाहुतीर्निकामं जुहोति** 'अग्नये स्वाहा'; 'सोमाय स्वाहा' **इति ताः सहस्रमुत्तरा स्तोकीयाः** ॥ ४८ ॥ 'आयनाय स्वाहा', 'प्रायणाय स्वाहा' **इति द्वादश प्रद्रावान्** ॥ ४९ ॥ 'ईंकाराय स्वाहा', 'ईंकृताय स्वाहा' **इति त्रयोऽशीतिमश्वचरितानि** ॥ ५० ॥ **चतस्रो धृतीः** ॥ ५१ ॥ **अथोत्थाय दक्षिणं कर्णमाजपति** 'विभूर्मात्रा' **इति** ॥ १०.२.२.५२ ॥ **[इति द्वितीयः पटलः (५)]**

'विभूर्मात्रा प्रभूः पित्रा=नृमणा असि' **इति** ॥ १ ॥ 'ययुर्नामासि' **इति रशनामुपायच्छति** ॥ २ ॥ **उपनिष्क्रम्य प्रमुञ्चति** 'आदित्यानां पत्वान्विहि' **इति** ॥ ३ ॥ **अथैनं परिददाति** 'भूरसि भुवे त्वा=प्रोक्षितं गोपायत' **इति** ॥ ४ ॥ **तस्मै जरदश्वं निरमणमन्वाकरोति, चत्वारि च पुरुषशतानि**

अत्रापि प्रसक्तेऽनुसवनं वाजपेय एवेति नियमः। अन्वहमत्रेत्यधिकम् ॥ ४० ॥

स आह अध्वर्युः 'ब्राह्मणाश्चेत्यादि बहु नः कर्मे'त्यान्तं मध्यत इत्याह ग्रहणं वाक्यान्तरत्वाय ॥ ४५ ॥

सहस्रकृत्वः[१] सवनावभ्युपायः पूर्वाभिः स्तोक्याभिर्व्याख्यात इत्यत्र नोक्तम् ॥ ४८ ॥

स्तोक्यासु प्रद्रवेऽश्वस्य चरितान्तेष्विति[२] सर्वत्रान्त्यस्यावापः। विनैव तेन संख्यानादश्वपदाभिहोमस्य[३] प्रकृतत्वात् सर्वा आहुतयोऽश्वपद एव होतव्याः। ब्राह्मणे च स्तोक्याप्रकरणे 'स्याज्जुहोती[४]'ति श्रुतत्वाद् यस्यानायतने[५] अन्यत्राग्नेराहुतीर्जुहोतीति चाश्वचरितेषु [६]धृतिमात्रमश्वपदेष्विति[७]। आहवनीय इत्यपरे। तस्यैवमेव धृतीः[८] पत्सु जुहोतीत्याचार्येण विशेषितत्वादौखीयकत्वाच्च। प्रवचनानन्तरमाचार्येणापेक्षितमित्यवगन्तव्यम्[९] ॥ १०.२.२.४९–५१ ॥

[इति द्वितीयः पटलः (५)]

उपनिष्क्रमय्य देवयजनात्[१०] ॥ ३ ॥

अन्वाकरोति अनुगमयति ॥ ५ ॥

---

१. M Ad T सहकृत्वः. २. M Ad °तेष्वति. ३. M Ad °श्वभिवदाभि; thus T. ४. M Ad स्याजुनोती°; thus T. ५. M Ad यस्यनयने; thus T. ६. T प्रतिमात्र°. ७. M Ad पदेश्चित्या°, T °पदेश्वित्या°. ८. M Ad धृतिं; thus T. ९. M Ad °णावेक्षि°; thus T. १०. M Ad देववचनात्; thus T.

गोप्तर्नि्ँ ॥ ५ ॥ **तान् सꣳशास्ति** 'एतꣳ षण्मासोऽपर्यावर्तयन्तोऽन्वितं यां काञ्चैष दिशमियात् तां, यामु काञ्चार्तिं न्येयात् प्र मे तां ब्रुवथ, यत्किञ्च पक्वाशनमहं वः सुस्वदयामि यदु किञ्च तिरश्चीनसंनद्धं मया तत् प्रसूता आदध्वं, न यदनुचीनसंनद्धम्' **इति** ॥ ६ ॥ **एतदनुकृतिर्ह वा इदमप्येतर्हि कुरूणामश्वपालास्तिरश्चीनसंनद्धमाददते धार्म्यं न एतत् इति वदन्तः** ॥ ७ ॥ **ये ह त्वा वैतमश्वꣳ ररक्षुस्तेषामेवैनद्धार्म्यम्** ॥ ८ ॥ **स आह ब्राह्मणाश्च राजानश्च व्युदेतु वो वाहनम्। यस्यैष वाहनमभिपत्स्यते सर्वज्यानिꣳ स ज्यासते इति** ॥ ९ ॥ **तेषां प्रतिवेशानि राष्ट्राण्यभि वाहनं व्युदेति** ॥ १० ॥ **तमनु युञ्जते हस्तिभिस्त्वद् गोरथैस्त्वदारोहणैस्त्वदन्येनैवैकशफाः** ॥ ११ ॥ **तदन्वेतौ वीणागाथिनौ प्रगायतः** ॥ १२ ॥ 'इत्यददा इत्ययजथा इत्यदः साध्वकरोदि'**ति ब्राह्मणः** ॥ १३ ॥ 'इत्यजिना इत्ययुध्यथा इत्यमुꣳ संग्राममहन् इत्यहो वीर्यमकरोदि'**ति राजन्यः** ॥ १४ ॥ **इष्टं ब्राह्मणो गायति युद्धꣳ राजन्यः** ॥ १५ ॥ **दत्तं ब्राह्मणो गायति वीर्यꣳ राजन्यः** ॥ १६ ॥ **नाम ब्राह्मणो गृह्णाति सखिनाम राजन्यः** ॥ १७ ॥ **तिस्रोऽन्यतरो गायति तिस्रोऽन्यतरः** ॥ १८ ॥ **तावेतत्प्रगीतावेव संवत्सरं गायतः काले काल आगते** ॥ १०.२.३.१९ ॥ **[इति तृतीयः पटलः** (६)**]**

॥ इति दशमप्रपाठके द्वितीयोऽनुवाकः ॥

स्वदयामि, यस्याः शतं पुष्पाभिरुपात्तं तस्माद्वो हयं [1]चारयामीत्यभिप्रायः ॥ ६ ॥

कुरूणामश्वपाला निन्द्यन्ते। अश्वमेधाश्वो[2] वा [3]भोज्यैरश्वपालैरेवं न कर्तव्यमित्यभिधित्सया ॥ ७ ॥

व्युदेतु वो वाहनमिति वाहनशब्देन अश्वतरगर्दभा अभिप्रयन्ते, यैरश्वस्य चित्तं व्याहन्यते[4]। एकवचनं जघन्यापेक्षम् ॥ ९–१० ॥

अनु युञ्जते अनुगच्छन्ति। हस्त्यादिविधानं वाहनसामान्येन निवृत्याशंकया। त्वच्छब्दः[5] समुच्चयार्थः। तदश्वप्रस्थाने समनुगदम्। तदहः प्रभृति वक्ष्यमाणकाले वृत्ते[6] व्रत इत्याह च ॥ ११ ॥

आगते आगत एव संवत्सरमन्वहं गायतः ॥ १०.२.३.१२–१९ ॥ **[इति तृतीयः पटलः** (६)**]**

॥ इति व्याख्यायां दशमप्रपाठके द्वितीयोऽनुवाकः ॥[7]

---

१. M Ad चर° ; thus T. **२.** M Ad °मेधाश्च, T श्व°. **३.** M Ad भोद्यै°. **४.** M Ad °हन्यति; thus T. **५.** M Ad समत्वच्छब्दः; thus T. **६.** M Ad निवृत्ते; thus T. **७.** M Ad इति द्वितीयः, T द्वितीय.

॥ अथ दशमप्रपाठके तृतीयोऽनुवाकः ॥

अथ सावित्रꣳ हुत्वोखां प्रवृणक्ति ॥ १ ॥ **सर्वमग्निकर्म करोति** ॥ २ ॥ **नाग्निकर्मान्तरेति** ॥ ३ ॥ **प्रथमाभिर्दीक्षाहुतिभिः प्रतिपद्यते** 'स्वाहाऽऽधिमाधीताय स्वाहा स्वाहाऽऽधीतं=प्रजापतये स्वाहा' **इति** ॥ ४ ॥ **एतस्यामेकविꣳशिनीं दीक्षामनुवर्तयत्येकामध्वरदीक्षामेकां प्राणदीक्षा-मेकामग्निदीक्षामेकामृतुदीक्षां, पूर्णाहुतिः सप्तमी** ॥ ५ ॥ **अथ मेखलां कृष्णविषाणामौदुम्बर-दण्डं चमसं व्रतप्रदानमिति सन्निधाय प्रथमेन दीक्षायोगेनाभिमृशति** 'भुवो देवानां कर्मणा= वसन्तेन त्वर्तुना हविषा दीक्षयामि' **इति** ॥ ६ ॥ **समानी कृष्णाजिनदीक्षा** ॥ ७ ॥ **मुष्टी करोति** ॥ ८ ॥ **वाचं यच्छति** ॥ ९ ॥ **दीक्षां प्राह** ॥ १० ॥ **अथाह** 'दीक्षित वाचं यच्छ', 'दीक्षित वाचं विसृजस्व' **इति** ॥ ११ ॥ **विसृष्टायां वाच्युदङ्परेत्य पुरोहितस्याग्निषु सावित्रमष्टाकपालं निर्वपति** ॥ १२ ॥ **श्रपयित्वाऽऽसाद्य पुरस्ताद्भागा जुहोति** 'अग्नये स्वाहा', 'स्वाहेन्द्राग्निभ्याम्', 'स्वाहा प्रजापतये', 'स्वाहा विश्वेभ्यो देवेभ्यः', 'स्वाहा सर्वाभ्यो देवताभ्यः' **इति** ॥ १३ ॥ **अवत्ते स्विष्टकृतेऽवहोमीया जुहोति द्वादश प्रद्रावाꣳस्त्रयोऽशीतिमश्वचरितानि चतस्रो धृतीस्ताश्चतुःशतम्** ॥ १४ ॥ **तस्याꣳ सꣳस्थितायां तदानीमेव सवित्रे प्रसवित्र एकादशकपालम्** ॥ १५ ॥ **तस्यैता एवोपहोमीयाः** ॥ १६ ॥ **तस्याꣳ सꣳस्थितायां तदानीमेव सवित्र आ सवित्रे द्वादश-कपालम्** ॥ १७ ॥ **तस्यैता एवोपहोमीयाः** ॥ १८ ॥ **आगते व्रतं प्रदाय वाचमुपाकरोति** ॥ १९ ॥ **प्रातरुदित आदित्ये सावित्रꣳ हुत्वोखां प्रवृणक्ति** ॥ २० ॥ **सर्वमग्निकर्म करोति** ॥ २१ ॥ **नाग्नि-कर्मान्तरेति** ॥ २२ ॥ **द्वितीयाभिर्दीक्षाहुतिभिः प्रतिपद्यते** 'काय स्वाहाः', 'कस्मै स्वाहा', 'कतमस्यै

सावित्रमित्यश्ववत्[१] सावित्रमभिप्रेतमितरस्य नियतकालत्वात्। येषु कर्मसु वाजपेये जुहोति तेष्वत्र जुहोत्यनुसवनम्। 'वाजपेये [२]जुहोत्यनुसवनं वाजपेये[२] जुहोत्यन्वहमत्रे'ति वचनात्। उखाप्र-वृञ्जनस्यात्रापकर्षः। प्रत्यक्षविहितेनानुमानिकश्चोदकप्राप्तक्रमो[३] बाध्यते ॥ १ ॥

सर्वमग्निकर्म करोतीत्यनुवादोऽप्रमादार्थः[४] ॥ २ ॥

एतस्यामिति तृतीयाहुतिरभिप्रेता। आनन्तर्यात्तस्यानुवृत्तिरनन्तरप्रवृत्तिः। पाठादेवानन्तर्ये सिद्धेऽनुवृत्तिवचनमपृथक्संख्यार्थम्। सप्त जुहोतीति तत्रैकविंशतिदीक्षा [५]नान्तर्भवति। तन्मध्ये ऽहूयमानापि[६] वचनात्तन्मध्ये हूयत इत्येवमर्थः[७]। पूर्णाहुतिः सप्तमीति[८] चैवमुपपद्यतेतराम् ॥ ५ ॥

समानी[९] कृष्णाजिनदीक्षा। अन्तर्वेदि कृष्णाजिने आस्तृणातीत्यादि[१०] ॥ ७ ॥

वाचंयम आस्त इति ॥ ९ ॥

[११]अतोऽर्वाग् 'दीक्षित वाचं यच्छे'ति ब्रूयात्। उदितेषु 'दीक्षित वाचं विसृजस्वे'ति ॥ ११ ॥

---

१. M Ad om; thus T. २–२. M Ad om; thus T. ३. M Ad °क्रमा°. ४. M Ad °त्यनुपादो°; thus T. ५. M Ad नन्तर्भ°; thus T. ६. T °मानाविव. ७. M Ad हूयतमित्यर्थः; thus T. ८. M Ad सप्तमी चैवोप°; thus T. ९. M Ad समनी; thus T. १०. M Ad अस्तृणेत्यादि; thus T. ११. M Ad अतो वा; thus T.

स्वाहा' **इति** ॥ २३ ॥ **एतस्यामेकविꣳशिनीं दीक्षामनुवर्तयति** ॥ २४ ॥ **उदस्यत्यग्नि-दीक्षाम्** ॥ २५ ॥ **उदस्यत्यृतुदीक्षाम्** ॥ २६ ॥ **पूर्णाहुतिश्चतुर्थी** ॥ २७ ॥ **अथ मेखलां कृष्णविषा-णामौदुम्बरदण्डं चमसं व्रतप्रदानमिति सन्निधाय द्वितीयेन दीक्षायोगेनाभिमृशति** 'भुवो देवानाꣳ रुद्रेभिः' **इति** ॥ २८ ॥ **समानी कृष्णाजिनदीक्षा** ॥ २९ ॥ **मुष्टी करोति** ॥ ३० ॥ **वाचं यच्छति** ॥ ३१ ॥ **दीक्षां प्राह** ॥ ३२ ॥ **अथाह** 'दीक्षित वाचं यच्छ', 'दीक्षित वाचं विसृजस्व' **इति** ॥ ३३ ॥ **विसृष्टायां वाच्युदङ् प्रेत्य पुरोहितस्याग्निषु सावित्रमष्टाकपालम्***[१]**(निर्वपति** ॥ ३४ ॥ **श्रपयित्वाऽऽसाद्य पुरस्ताद्भागा जुहोति** 'अग्नये स्वाहा', 'स्वाहेन्द्राग्निभ्याम्', 'स्वाहा प्रजापतये', 'स्वाहा विश्वेभ्यो देवेभ्यः', 'स्वाहा सर्वाभ्यो देवताभ्यः' **इति** ॥ ३५ ॥ **अवत्ते स्विष्टकृतेऽवहोमीया जुहोति द्वादश प्रद्रावाꣳस्त्रयोऽशीतिमश्वचरितानि चतस्रो धृतीस्ताश्चतुःशतम्** ॥ ३६ ॥ **तस्याꣳ सꣳस्थितायां तदानीमेव सवित्रे प्रसवित्र एकादशकपालम्** ॥ ३७ ॥**) तस्यैता एवोपहोमीयाः** ॥ ३८ ॥ **तस्याꣳ सꣳस्थितायां मध्यन्दिने सवित्रे प्रसवित्र एकादशकपालम्** ॥ ३९ ॥ **तस्यैता एवोपहोमीयाः** ॥ ४० ॥ **तस्याꣳ सꣳस्थितायामपराह्णे सवित्र आसवित्रे द्वादशकपालम्** ॥ ४१ ॥ **तस्यैता एवोपहोमीयाः** ॥ ४२ ॥ **आगते व्रतं प्रदाय वाचमुपाकरोति** ॥ ४३ ॥ **प्रत्ते व्रते ब्राह्मणो गायति, वाचि विसृष्टायाꣳ राजन्यः** ॥ ४४ ॥ **स एवमेव सप्ताहानि दीक्षते** ॥ ४५ ॥ **उत्तरा उत्तरा आहुतीर्जुह्वदुत्तरेणोत्तरेण दीक्षायोगेनाभिमृशन् सप्तमेऽहन्नुत्तमाभिर्दीक्षाहुतिभिः प्रतिपद्यते** 'विष्णवे स्वाहा', 'विष्णवे निखु=भूयपाय स्वाहा' ॥ ४६ ॥ **पूर्णाहुतिरेव चतुर्थी** ॥ ४७ ॥ **अथ मेखलां***[२]**(कृष्णविषाणामौदुम्बरदण्डं चमसं व्रतप्रदानमिति) सन्निधायोत्तमेन दीक्षायोगेनाभिमृशति** 'भुवो देवानां, महीमू षु', 'सुत्रामाणम्' **इति** ॥ ४८ ॥ **समानी कृष्णाजिनदीक्षा***[३]**(** ॥ ४९ ॥ **मुष्टी करोति** ॥ ५० ॥ **वाचं यच्छति** ॥ ५१ ॥ **दीक्षां प्राह** ॥ ५२ ॥ **अथाह** 'दीक्षित वाचं यच्छ', 'दीक्षित वाचं) विसृजस्व' **इति** ॥ १०.३.१.५३ ॥ **[इति प्रथमः पटलः** (७)**]**

---

*[१]. Text abri. सावित्रमष्टा° =तस्यैता see X.3.1.12-15. *[२]. Text abri. मेखलां=सन्निधायोत्तमेन see X.3.1.28. *[३]. Text abri. कृष्णा° =विसृजस्व see X.3.1.29-33.

अपूर्वमेतदुभयमेतद्विषयम्। आद्येऽहन्यसंभवादिष्टित्रयस्य समानकालता। परेद्युः प्रभृति यथाकालं स्युः। तथा देवानां कर्मणापसत्तस्य 'पथ्यासि वसुभिः पथ्यासि रुद्रेभिः पथ्यास्यादित्येभिः [१]पथ्यासि विश्वेभिः[१] पथ्यास्यङ्गिरोभिः पथ्यास्यहं[२] दीक्षामारुहम्[३] पथ्यासि, महीमू षु मातरं सुप्रणीतिमवसे हुवेम सुत्रामाणं स्वस्तय' इति दीक्षायोगविभागः ॥ १०.३.१.४८ ॥ **[इति प्रथमः पटलः** (७)**]**

१-१. M Ad om; thus T. २. M Ad ° थ्यास्याहं. ३. M Ad ° मरु° ; thus T.

अष्टमेऽहन् वात्सप्रविष्णुक्रमा व्यावर्तन्ते ॥ १ ॥ वात्सप्रविष्णुक्रमा एवास्य स्वेष्वग्निषु भवन्ति ॥ २ ॥ पुरोहितस्याग्निष्वेताभिरिष्टिभिर्यजते ॥ ३ ॥ स एवमेव द्वादश च मास एति यजमानः सप्त चाहानि ॥ ४ ॥ स यत्रैवादः पुरस्ताद्विशꣳ संवहति तदेवैतान् सार्धꣳ सार्धꣳ समवसाय यन्ति ॥ ५ ॥ सार्धं तक्ष्णः सार्धं मानस्कृतः सार्धꣳ रथकारान् सार्धं कुम्भकारान् सार्धं कर्मारान् ॥ ६ ॥ तेषामेतानि पृथक् कर्माणि भवन्ति ॥ ७ ॥ एतत्तु तक्ष्णां कर्म, ऊर्ध्वमूलानामश्वत्थानां व्रजं मिन्वन्ति मुखदघ्नं यथोरुस्थानायैवम् ॥ ८ ॥ चत्वारि वाऽष्टौ वेन्द्राणसान्यभ्यारोहाश्च श्रितीश्च शतं बैल्वान्येधाचितान्येकविꣳशतिर्यूपा राज्जुदालश्च पौतुदारवौ च षड् बैल्वाः षट् खादिराः षट् पालाशाः पालाश उपशयः ॥ ९ ॥ सर्व एकविꣳशत्यरत्नयो भवन्ति ॥ १० ॥ षट्तयान्यनाꣳस्यारोहणं च महानसं च मानिनं च प्रवाहणं च रथवाहनं च दुन्दुभिवाहनं

व्यावर्तन्ते[१] विविधं गच्छन्ति[२]। पूर्वेद्युः प्रक्रामति[३] ॥ १ ॥

उत्तरेद्युरुपतिष्ठद्[४] उपसप्तस्वेवाहःसु तेषां[५] समुच्चयः ॥ ४ ॥

उखाप्रवृज्जनादि सद्भावाद्यत्र[६], यदैव विशस्तदैवैताञ्छिल्पिनः सम्यग् यथावकाशमवसाय यन्ति[७]। सार्धं सार्धमिति ब्रुवतोऽभिप्रायः एकजातीया एकजातीया[८] मनुष्या एकत्रैव वास्येयुः। न सङ्करेण। [९]तथाहि कर्मणा [१०]सौकर्यं भवतीति ॥ ५ ॥

मानस्कृतः स्तुतयस्काराः[११] कर्माराः सुवर्णकाराः ॥ ६ ॥

उरुस्थानाय दीर्घकालस्थानाय। उरोर्वा महतोऽश्वस्य स्थानाय ॥ ८ ॥

इन्द्राणसानि अनःसदृशां चक्रिणः। प्रासादाद् ये गच्छन्त्यागच्छन्ति च। अश्वारोहाः फलकामाः[१२]। यानि सोपानानि तान्यपि चराण्येव। श्रितयोऽप्यारोहणार्था एव। एधाचितानि[१३] काष्ठभारा आरोहणः, यत्रारूढाश्चर्यन्ते। आरोहणैः स्वधि[१४]तिनैवमुपनीतापद्यते ॥ ९ ॥

महानसात् मद्यान्यं भारा आधीयन्ते। महद् वा अनो महानसः यच्छादिकानां मानिनं[१५] च धनधान्याधारभूतमभिप्रेतम्[१६]। आनन्तर्यात् कोष्ठाकारप्रकारम्। येन पानीयमानीयत[१७] इत्यपरे।

---

१. M Ad °र्तते; thus T. २. M Ad °च्छति; thus T. ३. M Ad प्रक्रमेत्यु° ; thus T. ४. M Ad तिष्ठते दुप°. ५. M Ad षों. ६. M Ad सज्जापाद्य° ; thus T. ७. M Ad °सादयन्ति, T यान्ति. ८. M °या हि; thus Ad T. ९. M Ad न सःकरणे. १०. A large portion of the text of commentary between कर्मणा and दक्षिणेनाग्निष्ठं (M p.303, line 6, Ad p.636, line 2) is missing in both M and Ad. T clearly mentions: कर्मणा इत्यनन्तरं ५०२ पु. ८ पं स्वधितिभिः. ये' इत्येतावत्पर्यन्तो ग्रन्थः नास्ति लुप्त इव भाति (T p.494, fn. 6). However, T supplies the text on the basis of the Kadaṅgaśeri MS which was in possession of the Pandits working for preparation of an edition of the text. But textual variations have not been recorded. The omitted text of M, Ad is given here on the basis of T, see p.419 comm. line 7 up to p.435, line 2. ११. T मानस्तुतयस्काराः. १२. T °कामयाः. १३. T एकधाचि°. १४. T °हणैस्त्वदिति°. १५. T माणिगं. १६. T °भिप्रेतानन्तर्यात. १७. T °माहियत्.

च ॥ ११ ॥ एवꣳरूपाणि बहुतयानि भवन्ति ॥ १२ ॥ बहुतयीः स्रुचः कुर्वन्ति बहुतयाꣳश्चमसान् बहुतयीः पात्रीः ॥ १३ ॥ तत्रापि ताः पात्रीः कुर्वन्ति यः परमो वृक्षस्तस्य ॥ १४ ॥ षट्त्रिꣳशतं दीर्घत्सरून् स्रुवान् षट्त्रिꣳशतमलाबुदर्वान् षट्त्रिꣳशतमष्टमानि ॥ १५ ॥ एतद्वेणुकाराणां कर्म, तदत्रोपसंख्यायते ॥ १६ ॥ एतन्मानस्कृतां, बहुतयं कवचवरुथं कुर्वन्ति ॥ १७॥ एतद्रथकाराणां, बहून् रथान् नवान् नवपरिरथ्यान् कुर्वन्ति ॥ १८ ॥ एतत्कुम्भकाराणां, बहुतयं कुम्भमात्रं कुर्वन्ति, बहुतयान् कुम्भान् बहुतयीः कुम्भीः ॥ १९ ॥ तत्रापि तास्तिस्रः कुम्भीः कुर्वन्ति याः केवलं केवलं गामङ्गशः संकृत्ताः संभवेयुः ॥ २० ॥ यथैकविꣳशतिविधायैवमिष्टकाः ॥ २१ ॥ एतत् कर्माराणाँ सुवर्णरजते महिम्नोः पात्रे कुर्वन्ति, सुवर्णꣳ रुक्मꣳ सुवर्णं कशिपु सप्त वाऽष्टौ वा शतपलाꣳश्चत्वारि विधवनानि सुवर्णानि रजतनिर्बाधानि रजतानि वा सुवर्णनिर्बाधानि षट् कमण्डलून् सुवर्णान् रजतरास्नान् रजतान् वा सुवर्णरास्नान्; औपशयः सुवर्णो रजतशम्यो रजतो वा सुवर्णशम्यः कुरीरं सुवर्णꣳ रजतग्रन्थि, रजतं वा सुवर्णग्रन्थि, त्रिवृद् दाम, त्रिवृत् पड्बीशम् ॥ २२ ॥ यत्किञ्चाश्वमभितः तत्सर्वं त्रिवृत् सुवर्णं भवति ॥ २३ ॥ शतꣳ सुवर्णा असयो रजत्सरवः, शतꣳ रजताः सुवर्णत्सरवः, षट्त्रिꣳशल्लोहायसाः कृष्णायसत्सरवश्चत्वारश्च कृष्णायसा लोहायसत्सरवः सायकः सिक्त्रिमः कृष्णः कृष्णत्सरुः, सुवर्णः सुवर्णत्सरुः ॥ २४ ॥ तस्य द्वे द्वाचत्वारिꣳशे शते असीनामुपक्लृप्ते भवतः ॥ २५ ॥ सहस्रꣳ सुवर्णाः काचाः, सहस्रꣳ रजताः, सहस्रꣳ सामुद्रास्त्रीणि च शतानि त्रयस्त्रिꣳशच्च सुवर्णाः सूच्यस्त्रीणि च शतानि, त्रयस्त्रिꣳशच्च रजतास्त्रीणि च शतानि त्रयस्त्रिꣳशच्चायस्मय्योऽयस्मयः कमण्डलुर्वैतसः कटस्ताप्र्यं च कृत्यधीवासं च दशतयमन्नम् ॥ २६ ॥ यदस्य राष्ट्रे मधु भवति तत्सर्वꣳ

प्रवाहणः प्रोह्यन्ते। येन अवरोधादिपर उत्करे ज्ञातरूपे त उञ्जभ्योऽपहतन्त्यागमयितव्यानि[1] ॥ ११ ॥

परमो महान् दृढो वा ॥ १४ ॥

दीर्घत्सरुता यथा होमकाले कर्ता नाग्निना दह्यते ॥ १५ ॥

अत्रास्मिंस्तक्षणकर्मण्युपसंख्यायते[2]। तक्षविशेषत्वाद्[3]वेणुकाराणाम् ॥ १६ ॥

कुम्भमात्रं कुर्वन्तीति[4]कुम्भकाराणां कर्मेत्यवगम्यते[4] ॥ १९ ॥

विप्रकर्माणि सर्वाभिर्युक्तां शतपञ्चाशतपलमात्रां सुवर्णपिण्डां सायककारः ॥ २२ ॥

सिक्त्रिमः[5] क्षरितापोमयः। स्वर्णरजता इत्यत्र तद्धितलोपश्छान्दसः। प्रकृत्या विकृतिर्लक्ष्यते॥२४॥

सामुद्रा[6] मुक्तामयाः ॥ २६ ॥

मसूस्या मसुराः ॥ २७ ॥

---

१. T °गमवितप्या°. २. T °तक्षरा क°. ३. T पणदारा°. ४-४. T कुम्भ...त्यव°. ५. T सित्रिमः. ६. T समुद्रा.

समानयन्ति शतं तण्डुलचर्माणि शतं पृथुकचर्माणि शतं लाजाचर्माणि शतं करम्भचर्माणि शतं धानाचर्माणि शतं सक्तुचर्माणि शतं मसूस्यचर्माण्येकं प्रियङ्गुतण्डुलानां चर्म ॥ २७ **॥ अथास्मा एतान् पशून् समानयन्ति, ग्राम्याꣳश्चारण्याꣳश्च वशाश्च गैरेयाꣳश्च नादेयाꣳश्च वयाꣳसि च सरीसृपाꣳश्च ॥** २८ **॥ याननालम्भ्यान् मन्यते रक्षन्ति तान् ॥** २९ **॥ यान् वध्यान् पचन्ते तान् ॥** ३० **॥ यान् प्रस्रष्टव्यान् प्रार्जयन्ति तान् ॥** १०.३.२.३१ **॥ [इति द्वितीयः पटलः** (८)**]**

॥ इति दशमप्रपाठके तृतीयोऽनुवाकः ॥

ये त्वनालम्भ्याः[1] चोदिताः ते रक्ष्याः ॥ २९ ॥

पोक्ष्या[2] होम्याः पक्तव्याः[3] ॥ ३० ॥

उत्स्रष्टव्यास्त्वन्ये ॥ १०.३.२.३१ ॥ **[इति द्वितीयः पटलः** (८)**]**

॥ इति व्याख्यायां दशमप्रपाठके तृतीयोऽनुवाकः ॥

---

१. T त्वालम्भे. **२.** T पोक्या (?). **३.** T वक्तव्याः.

॥ अथ दशमप्रपाठके चतुर्थोऽनुवाकः ॥

षष्ठे मासि व्रजेऽश्वमा निरुन्धन्त्यस्मिन्नेवैतस्मादाश्वत्थात् ॥ १ ॥ **तस्मै तत्र तिष्ठत एतानि पुरुषशतानि षण्मासो घासमाहरन्ति** ॥ २॥ **एत एनं परिचरन्ति** ॥ ३॥ **अश्वागमनीयामिष्टिं निर्वपति यद्यश्वोऽनागतः स्यात्** ॥ ४॥ **यदि च त्वेवागतः स्याद्यदि चानागत उभयेनैव निर्वपति** ॥ ५॥ **यद्यनागतः स्यादृश्यकान् शालाग्निषूपकिरेद् गार्हपत्येऽन्वाहार्यपचन आहवनीये** ॥ ६॥ **अथ वैश्वानरं द्वादशकपालं पुरोडाशं निर्वपति** ॥ ७॥ **श्रपयित्वा सादयति** ॥ ८॥ **पञ्चदश सामिधेन्यः** ॥ ९ ॥ **वार्त्रघ्नावाज्यभागौ** ॥ १० ॥ 'वैश्वानरः प्रत्नथा नाकमारुहद्'; 'अपामुपस्थे महिमा अगृभ्णत विशो राजानमुप तस्थुर्ऋग्मियम्। आ दूतो अग्निमभरद्विवस्वतो वैश्वानरं मातरिश्वा परावतः' इति ॥ ११ ॥ **तद्धैतच्छ्रुतसेनः पारिक्षितो यत्राश्वमेधेनेजे, तस्य हाश्वं प्रपतितꣳ शार्दूलो जघान। स हैतमश्वागमनीयामिष्टिं निरुवाप। तस्याहꣳ सुवर्णं पशुमाहृत्या–वासैतावदश्वागमनीया यदजीविष्यदेवागमिष्यदिति** ॥ १२ ॥ **सैषा विज्ञाताश्वोगमनीयात्रैतां निर्वपन्त्या हैव तत्र गच्छति** ॥ १३ ॥ **तस्याꣳ सꣳस्थितायां तदानीमेवाश्वत्थे व्रजेऽश्वमा–निरुन्धन्ति** ॥ १४ ॥ **तस्यै तत्र तिष्ठत एतानि पुरुषशतानि सप्ताहानि घासमाहरन्ति** ॥ १५ ॥ **एत**

षष्ठमासि परिपूर्णे पर्यावृत्य पुनरानीय देवयजनसमीपं व्रजान्तरेऽश्वं निरुन्धन्ति। अश्वोत्सर्ग–प्रभृति षण्मासद्वयमभि[1]धायानन्तरविधिः। गच्छन्त्येषा चैत्री पौर्णमासीति ब्रुवन् पौर्णमास्यां दीक्षेत्य–भिप्रैति स्म। एवं सति शतकृष्णलयेष्ट्या पौर्णमास्यां तूष्णीमासित्वा गतायां पौर्णमास्यां शालाप्रपदनादि। एवं च सति दीक्षासुत्ययोरन्यतरत् पर्वणि सम्पादितं भवति। अथवा शतकृष्ण–लयाऽऽयुष्ययेष्ट्या विमिताभ्यां शालां प्रपद्येत इत्यत्रानन्तर्यस्याप्यगम्यमानत्वात् षण्मासशब्दो लक्षणया साधिके वर्तते। स एवमेव सप्ताहानि दीक्षित इत्युक्त्वा तदुत्तरकालं स एवमेव द्वादशचमसा स एति यजमानः सप्त चाहानीतिवचनमुपपद्यतेतराम्॥ १ ॥

च–शब्दो वा–शब्दस्यार्थे। आगतो वा स्यादनागतो वा। उभयेनैव निमित्तेन निर्वपतीत्येषेष्टिरित्यभिप्रायः। नैमित्तिकी च। शब्दद्वयापेक्षो विकल्पः ॥ ५ ॥

नैमित्तिकपक्षे ऋक्ष्यकान्[2] अग्निष्ववकीर्येष्टिं कुर्यात्। ऋक्ष्यकान्[3] ऋक्ष्यस्य शकृन्ति। तस्यैवाश्वस्य शकृन्तीत्यपरे॥ ६ ॥

आवास अवचिक्षेप। किमित्येतावच्छक्तियुक्ता अश्वागमनीयाः। यथा मृतस्यापि पशुं तया हारयित्वा[4], किमङ्ग पुनर्जीवित इति। आगमनं यद्यजीविष्यन्नियोगत आगमिष्येदेवेति ब्रुवन्ति ॥ १२ ॥

पतनो यत्रैता निर्वपन्त्यागच्छन्त्या हैव चात्राश्व इति ॥ १३ ॥

---

१. T °पिधाया°. २. T ऋक्षशला. ३. T ऋक्षशला. ४. T हारित्वा (?).

एनं परिचरन्ति ॥ १६ **॥ पुरोहितस्याग्निष्वेताभिरिष्टिभिर्यजते ॥** १७ **॥ तत्रैताननुवाकानु प्रयुञ्जते आधीतयजुषां चाङ्गहोमं च द्वावश्वरूपाणामोषधिहोमं च वनस्पतिहोमं च सन्तनीनां चाभिधानानां च संप्लवानां च खारीहोमं च ॥** १८ **॥ धृतीर्हुत्वैतान् जुह्वति ॥** १९ **॥ नवकृत्व उत्तमेऽहन् यजते ॥** २० **॥ सर्वा प्रथमाः करोति सर्वा मध्यमाः सर्वा उत्तमाः ॥** २१ **॥ पुनरेत्य द्विस्तावां वेदिं मिमीत एकविꣳशतिविधमग्निम् ॥** २२ **॥ अथास्यैतानि पुरुषशतान्युपक्लृप्तानि भवन्ति ॥** १०.४.१.२३ **॥ [इति प्रथमः पटलः** (९)**]**

त्रीणि शतानि राजपुत्राणामुभयालोहकवचानाꣳ सन्नद्धानाꣳ सन्नद्धसारथीनां विततवरूथानां चतुर्युजां; त्रीणि शतान्यराज्ञाꣳ सन्नद्धानामसन्नद्धसारथीनां विततवरूथानां त्रियोगाणां; त्रीणि शतानि सूतग्रामणीनामसन्नद्धानामसन्नद्धसारथीनां विततवरूथानां द्वियोगानां; त्रीणि शतानि क्षत्तसंगृहीतर्णिां विपथपत्तीनां; त्रीणि शतानि तिसृधन्विनां; त्रीणि शतानि निषङ्गिणां; त्रीणि शतान्युपवीतिनां; त्रीणि शतानि दण्डहस्तानां च शाखाहस्तानां च। तान्यस्य चतुर्विꣳशतिपुरुषशतान्युपक्लृप्तानि भवन्ति ॥ १ **॥ अथास्तंयत्यादित्य एते राजपुत्राश्चतुर्धा व्युद्यन्ति पञ्चसप्ततिः पञ्चसप्ततिः प्रतिदिशम् ॥** २ **॥ तानन्वेता जनता व्युद्यन्ति ॥** ३ **॥ तानि त्रीणि त्रीणि च रथशतानि प्रतिदिशं संपद्यन्ते त्रीणि त्रीणि च पत्तीनाꣳ शतानि ॥** ४ **॥ त एताꣳ रात्रिं तत्र गोपायमाना वसन्ति ॥** ५ **॥ प्रातर्यदहः क्रयः संपद्यते तत्कृत्वा गार्हपत्यचितीः संचित्य**

पुरोहितस्याग्निष्वनुवादो विशेषविवक्षया ॥ १७ ॥

उपप्रयुञ्जते उपजुह्वति ॥ १८ ॥

[1]धृतीर्हुत्वैतान् जुहोतीत्यन्यो समुच्चयार्थः ॥ १९ ॥

अविशेषात् तिसृष्वपि नवकृत्व उत्तमेऽहन् यजत इत्युक्तोऽनुमानुजिघृक्षया ॥ २० ॥

स्वस्थानविवृद्धिप्राप्तमाशंकमानेन सर्वाः प्रथमा इत्याद्यभिहितं प्रातरपि तिस्रो मध्यंदिनेऽपि तिस्रोऽपराह्णेऽपि तिस्रः करोतीत्येवमर्थम् ॥ २१ ॥

द्विस्तावां वेदिं मिमीते शुल्बोक्तेन विधानेन ॥ १०.४.१.२२ ॥ **[इति प्रथमः पटलः** (९)**]**

उभयतो लोहकवचः[2] येषां ते उभयालोहकवचाः। दीर्घश्छान्दसः। विततवरूथा रथारोहिकानेकानेकवर्मविशेष्याः। विपथपत्तयाः[3]। एकपततस्थाः[4]। निषङ्गिणः इषुधिमन्तः। उपवीतिनः उपवीतप्रकारः निस्त्रिंशन्धराः[5] (?)। यज्ञोपवीतिन एवेत्यपरे ॥ १ ॥

प्रातर्यतरदहो[6] विष्णुक्रमाणां वापात् सत्रस्यार्थक्रयः[7] सम्पद्यन्ते तत्कृत्वा तत्कर्तव्यम्। कृत्वेत्यनुवाद एव ॥ ६ ॥

---

१. T धृतिं. **२.** T उभय...योह वचः. **३.** T विवथवत्तया. **४.** T एकपत्रस्था. **५.** T निस्त्रिंशनध(नाः ?° धराः). **६.** T यतरदहो. **७.** T[1] सप्रस्या°.

संन्युप्य नैर्ऋतीभिश्चरित्वा प्रायणीयं निर्वपति ॥ ६ ॥ **तस्य हविष्कृता वाचं विसृज्याहाश्वस्याववदितर्नि्** 'इच्छत किमश्वस्य क्रियते किं न क्रियते' **इति ॥** ७ ॥ **त्रयोदशाहानि जिनीयुरित्याहुरा दक्षिणाकालादिति ॥** ८ ॥ **तदु वा आहुर्न वै तथा किञ्चनोच्छिष्येतैकमेवाहर्जिनीयुरिति ॥** ९ ॥ **एकमेवाहर्जिनन्ति ॥** १० ॥ **सा या विडभिवेदयते न सो जीयते ॥** ११ ॥ **अथ या नाभिवेदयते सर्वज्यानिꣳ सा ज्यास्यते ॥** १२ ॥ **अथ यानध्वर्युः परितित्रासते पुरस्तादेव तेभ्योऽववदितर्नि् प्रहिणोति ॥** १३ ॥ **राज्जुदालमग्निष्ठं मिनुतादिति मेऽध्वर्युं ब्रूताद्, उत्तरतोऽश्वस्यावद्यतादिति मेऽध्वर्युं ब्रूताद्, वैतसे कटेऽश्वस्यावद्यतादिति मेऽध्वर्युं ब्रूतात्, सुवर्णेन सुवर्णत्सरुणाऽश्वस्यावद्यतादिति मेऽध्वर्युं ब्रूतादिति ॥** १४ ॥ **राज्जुदालोऽग्निष्ठ इति न्वाव ह जनमेजयराज्ये तक्षा वैश्यव्रजम् ॥** १५ ॥ **तत्र शंय्वन्तः प्रायणीयः सन्तिष्ठते ॥** १०.४.२.१६ ॥ **[इति द्वितीयः पटलः** (१०)**]**

पदाच्छायनीयामाहुतिं जुहोति ॥ १ ॥ **पदमच्छैति ॥** २ ॥ **राजानं क्रीणाति ॥** ३ ॥ **राजानं क्रीत्वोदूह्यातिथ्यमस्मै निर्वपति ॥** ४ ॥ **इडान्त आतिथ्यः सन्तिष्ठते ॥** ५ ॥ **द्वादशोपसदः ॥** ६ ॥ **अनूपसदमेकविꣳशतिविधोऽग्निश्चीयते ॥** ७ ॥ **तस्योपवसथेऽभिषेकम् ॥** ८ ॥ **नान्तरियन्ति ॥** ९ ॥ **श्वोभूते समस्यति ॥** १० ॥ **उत्तमे प्रवर्ग्योपसदौ ॥** ११ ॥ **अग्नेरावृताग्निं प्रहरति ॥** १२ ॥ **समिन्व-न्ति सदोहविर्धानानि ॥** १३ ॥ **पृष्ठ्याꣳश्च हविर्धाने समभ्यावर्तयन्ति ॥** १४ ॥ **रथवाहने हविर्धाने प्रणीयौदुम्बर्या अवटं परिलिखन्ति ॥** १५ ॥ **उपरवं यूपावटꣳ सदः संमिनोति ॥** १६ ॥ **आग्नीध्रं मिनोति ॥** १७ ॥ **उपरवैश्चरित्वा धिष्णियान् निवपति ॥** १८ ॥ **अनुदिशत्यनूद्देश्यान् ॥** १९ ॥

अश्वस्य सम्बन्धिन अश्वसम्बन्धाभिज्ञानवन्तः। अववदितर्नि्[1] आज्ञाकरानाह—'किमिच्छत[2] किमश्वस्य क्रियत इति। ते पृष्टा अविज्ञानिर्ब्रूयात् ॥ ७ ॥

राज्जुदालादग्निष्ठं[3] मानादिना। राज्जुदालोऽग्निः इत्येतावतापि नामाभिज्ञातेन। न वैश्यव्रजम्। तत्रैता वा ॥ १०.४.२.१५ ॥ **[इति द्वितीयः पटलः** (१०)**]**

किमङ्गबहुभिरिति। षडुपसत्तु[4] चाग्निचित्येति विकल्प इत्याशङ्क्या द्वादशोपसत्त्वं नियम्यते ॥ ६ ॥

तस्याग्निचित्यस्य निमित्तभावेन योऽभिषेकः सभान्तरे भाव्यः। सत्यविक्रमेऽभिषेक इत्यभिप्रायः। एतत् प्रसंगादागतम् ॥ ८ ॥

श्वोभूत इत्यनुवाद[5]श्चयनापेक्षया। चयनाङ्गेषु परिसमाप्तेषु ततः श्वोभूत उपवसथ इत्यर्थः। अतो विशेषस्यात्र नियमो वचनात् ॥ १० ॥

अनूद्देश्यानां मन्त्रानुदेशनं वाचनिकम्। अथवा प्राकृतपदार्थानुक्रमणेऽनुवादस्वरूपेणभिहितत्वात्[6] प्रकृतावप्ययं क्रम इष्यते। मन्त्रपाठश्चैवमनुगृह्यते ॥ १९ ॥

---

१. T अवपदित्रून्. २. T किमिच्छ. ३. T °दालादाग्नि°. ४. T °सक्तु. ५. T इत्यानु°. ६. T °णहितत्वात्°.

स्तृणन्ति बर्हिः ॥ २० ॥ **राजानं प्रणयति ॥** २१ ॥ **अग्नीषोमौ प्रणीय तान् परिधीन् परिधाय योगेन युनक्ति** 'कस्त्वा युनक्ति स त्वा युनक्तु' **इति षड्भिर्मध्यमं परिधिं पञ्चभिर्दक्षिणार्ध्यं पञ्च-भिरुत्तरार्ध्यम् ॥** २२ ॥ **अवान्तरदीक्षा विसृजते ॥** २३ ॥ **राज्जुदालमग्निष्ठमुच्छ्रित्याग्नीषोमीयं पशुमुपाकरोति ॥** २४ ॥ **तस्य वपाꣳ हुत्वा मार्जयित्वा पशुपुरोडाशं निर्वपति ॥** २५ ॥ **तमनुवर्तन्ते-ऽष्टौ देवसुवाꣳ हवीꣳषि दशहविश्चेष्टिः ॥** २६ ॥ **प्रैषवान् पशुपुरोडाशः ॥** २७ ॥ 'अनुब्रूहि' ॥ २८ ॥ 'यज' **इति, इतरेषाꣳ हविषामुपाꣳशु ॥ २९ ॥ समानः प्रैषवान् स्विष्टकृत् ॥** ३० ॥ **समा-नीडा ॥** ३१ ॥ **ऋजु पशुना प्रचर्य वसतीवरीः परिहृत्य पयाꣳसि परिशिष्योपवसन्ति ॥** ३२ ॥ **प्रात-र्हस्ताववनिज्याज्येन सावित्रं जुहोति ॥** ३३ ॥ **अथाज्यानि गृहीत्वोपावहृत्य राजानं प्रातरनुवाक-मुपाकरोति ॥** ३४ ॥ **परिहिते प्रातरनुवाकेऽपोऽच्छैति ॥** ३५ ॥ **अपो व्यपनीयाहवनीये सꣳस्रावꣳ हुत्वाऽग्निष्टोमं क्रतुं कृत्वा प्रपद्यते ॥** ३६ ॥ **प्राजापत्यं दधिग्रहं जुहोति ॥** ३७ ॥ **ऋजुभिरभि-षवः ॥** ३८ ॥ **प्रसिद्धा ग्रहा आग्निष्टोमिकाः ॥** ३९ ॥ **स यावदेवाध्वर्युर्ग्रहान् गृह्णाति तावदेतमश्वं दक्षिणे ह्रदे पल्पूलयित्वोदानयन्ति ॥** ४० ॥ **तमुत्तरां वेद्यै श्रोणिं जघनेन पुच्छस्योदञ्चꣳ स्थापयन्ति ॥** ४१ ॥ **उत्तरेणास्तावं पूर्ववहीं परिश्रयन्ति ॥** ४२ ॥ **तस्यै परास्तिस्रः ॥** ४३ ॥ **गृहीते-ष्वेव ग्रहेषु ॥** १०.४.३.४४ ॥ **[इति तृतीयः पटलः** (११)**]**

अध्वर्युः पञ्च च बर्हीꣳष्यादत्ते त्रीꣳश्च शतपलान् ॥ १ ॥ **अश्वस्य वालधिमन्वारभ्य बहिष्पवमानꣳ सर्पन्ति ॥** २ ॥ **आस्तावेऽश्व उद्द्रवति ॥** ३ ॥ **तस्मै बर्हिश्चोपास्यति शतपलं च, बर्हिरुद्गात्रे, शतपलमात्मने ॥** ४ ॥ **अथाह—**'उद्गातर्धेनुशतं च ते ददाति शतपलं च। अथ मेऽयमश्व उद्गायतु' **इति ॥** ५ ॥ **तं तथेत्याहोद्गाता ॥** ६ ॥ **अवोद्धरन्ति पूर्ववह्यौ**

'कस्त्वा युनक्ति स त्वा युनक्तु'[1] इत्येको मन्त्रः साकाङ्क्षत्वाद्, विभागे संख्या नैवमुपपद्यते। आचार्यस्याभिप्रायोऽयमेव। 'अमुष्मै कामाय' इत्यत्राभीप्सितः ॥ २२ ॥

कामे निर्देश्य [2]हस्तावनेजनमन्त्राः। पूर्वं प्राकृतमेव वा पाणिसंस्पर्शनमनूद्यते ॥ ३३ ॥

त्वमहमनेनेत्युक्तस्य[3] कालविशेषविधित्सया वेद्यै श्रोणिं प्रति यथा जघनेन प्रवस्यः, तथा तद्वदति। पूर्ववपाश्च तस्यैव वध [4]... दर्शनीयाः ॥ १०.४.३.४१–४३ ॥ **[इति तृतीयः पटलः** (११)**]**

पञ्चानां बर्हिषां स्तोत्रार्थे पुनरन्येषां विनियोगः। त्रीणि च गवां शतानि च। तदेवास्तावाभ्यां गवां गच्छति ॥ १ ॥

उद्द्रवति ऊर्ध्वं गच्छति ॥ ३ ॥

[5]विक्रम...धष्ठानाय गोगतवयं न्वानु[5] तेनैवोक्तं भवति ॥ ५ ॥

---

१. T °नक्तीत्ये°. **२.** T हस्ताषनेजम°. **३.** T °मनेत्यु°. **४.** T Text broken. **५–५.** Text doubtful.

परिश्रयणम् ॥ ७ ॥ **उपेतराः प्रार्जन्ति** ॥ ८ ॥ **स यथा चिरमदृष्ट्वाऽभिक्रन्देदेवमभिक्रन्दति** ॥ ९ ॥ **उपेतराः प्रस्कन्दन्ति** ॥ १० ॥ **इदमुद्गीथं मन्यन्ते** ॥ ११ ॥ 'इदमुपगीतमुदगासीदश्वो मेध्यः' **इत्याहुः**। '०आयुरगासीत् सुप्रजास्त्वमागासीत् सजातवनस्यामागासीद् विश्वं भद्रमागासीदस्मै सुन्वते यजमानाय' **इति** ॥ १२ ॥ **अर्धाय पूर्ववहीरन्यां दिशं नयति** ॥ १३ ॥ **अथैतमश्वमानीय यथायतनं स्थापयित्वा त्रिवृता दाम्ना सन्दाय त्रिवृता पड्वीशेन बद्ध्वा कुष्ठीकमन्नेनोपकिरन्ति** ॥ १४ ॥ **अथाह**—'उद्गातर्धेनुशतं च ते ददानि शतपलं चाथ मे त्वमेवोद्गाय' **इति** ॥ १५ ॥ **तं तथेत्याहोद्गाता** ॥ १६ ॥ **तं पुरा बहिष्पवमानात् त्रीणि च गवां शतान्यागच्छन्ति। त्रयश्च शतपलाः** ॥ १७ ॥ **स्तुत उद्गातार बहिष्पवमानेन स्तुवते** ॥ १८ ॥ **स्तुत उत्तिष्ठन् संप्रेष्यति** 'अग्नीदग्नीन्विहर=पशूनन्तिकं कुरु' **इति** ॥ १९ ॥ **आश्विनं गृहीत्वोपनिष्क्रम्य परिवीयमाणायानुवाच आह** ॥ २० ॥ **एकादशाग्निष्ठे रशनां परिव्ययति** ॥ २१ ॥ **एकादशैकादशिनान् पशूनुपाकरोति** ॥ २२ ॥ **प्रथमानाश्वमेधिकानाग्नेयः कृष्णग्रीवः सारस्वती मेषीत्येतान्** ॥ २३ ॥ **तेषां वपा हुत्वा मार्जयित्वा संप्रसर्पन्ति** ॥ २४ ॥ **प्रतायत एष चतुष्टोमोऽग्निष्टोमो रथन्तरपृष्ठ्यः** ॥ २५ ॥ **तस्य चतसृषु बहिष्पवमानमष्टास्वाज्यानि द्वादशसु माध्यन्दिनः पवमानः षोडशसु पृष्ठानि**

सन्ति हि शतं[1] वत्सा धेनूनाम् प्रार्जन्ति[2] प्रसजन्ति ॥ ८ ॥

अश्वसामिव वडवां[3] दृष्ट्वाऽधिक्रन्दत्यश्वः ॥ ९ ॥

अवश्यं स उद्गीथो मन्तव्यः ॥ १०-११ ॥

इतराः पूर्ववह्यो नितरः प्रत्यभन्ति तदुपगीतम् ॥ १२ ॥

यथायतनं व्रज एव। पश्चिमेन पश्चिमपादबन्धेन ॥ १४ ॥

पुरा बहिष्पवमानं यानि त्रीणि [4]गोशतं दद्यादिति[5], ये च शतपलास्ते तमुद्गातारं प्रत्येव तदर्था इति मतिः ॥ १७ ॥

'पशूनन्तिकं कुरु' इति प्रैषान्तरं प्राकृतम्। प्रत्यावृत्ति[6] प्रतिष्णं[7]। प्रसवभेदः परिव्ययणान्तरत्वात्। युज्यते चैवं नानाप्रसव इत्युत्तरत्र वचनम् ॥ १९-२२ ॥

प्रथमानिति वचनमुत्तमानपेक्ष्य। आश्वमेधिकानित्याग्निष्टोमिकनिवृत्त्यर्थं प्रतिपदोक्तिः ॥ २३ ॥

तस्यैव विवरणं षट्स्तोमस्य चतुष्टोमतावचनम्। चतुःसंख्यासम्बन्धाच्चतुष्टयसम्बन्धः। स्तोमकश्चतुरुत्तरः स्तोम इत्यर्थः। उद्गातृपदाभिधानमाध्वर्यवोपकार्येव। कथम्। पवमानेषु मध्यमायां प्रस्तुतायामध्यारोहवचनम्। स्तोत्रान्तरेण चोत्तमायां प्रतिगरार्थम्। परावृत्तिरपि च। प्रतिस्तोमं प्रचरण्या समनक्तीति सूत्रान्तरे वचनम्। तदनेनाप्याचार्येणाभिप्रेयते ॥ २५ ॥

यत्र स्तोमसंख्या तत्र तत्राभिदधातिश्च ॥ २६ ॥

---

१. T शन्तं. **२.** T प्राजानि. **३.** T ए(?) (स ?ड)वा. **४.** T om. **५.** T न्यादिति (?). **६.** T प्रत्यानृति. **७.** T प्रतिश्शनं.

विंशत्यामार्भवः पवमानश्चतुर्विंशत्यां यज्ञायज्ञियम् ॥ २६ ॥ **ऋजु प्रातःसवनꣳ सन्तिष्ठते** ॥ २७ ॥ **ऋजु माध्यन्दिनꣳ सवनमायात्** ॥ २८ ॥ **सीदन्ति नाराशꣳसाः** ॥ २९ ॥ **सन्नेषु नाराशꣳसेषु दक्षिणेभ्यो दाक्षिणानि होष्यन्नाप्तीराहवनीये जुहोति** 'अर्वाङ् यज्ञः संक्रामतु' **इत्येता अष्टौ स्रुवाहुतीः** ॥ ३० ॥ **अथ दाक्षिणानि हुत्वा तृतीयां जितस्य ददाति** ॥ ३१ ॥ **यथाश्रद्धꣳ स्वस्य दत्त्वा समनुदिश्य वैश्वकर्मणानि हुत्वा पर्याप्तीराहवनीये जुहोति** 'भूतं भव्यं भविष्यत्' **इत्येता नव स्रुवाहुतीः** ॥ ३२ ॥ **पृष्ठे वसतीवरीर्गृह्णाति** ॥ ३३ ॥ **ऋजु माध्यन्दिनꣳ सवनꣳ सन्तिष्ठते** ॥ ३४ ॥ **ऋजु तृतीयसवनम्** ॥ ३५ ॥ **सन्तिष्ठत एष चतुष्टोमोऽग्निष्टोमः** ॥ ३६ ॥ **त एवाहुर्** 'ब्रह्मन् प्रस्थास्यामः' **इति** ॥ ३७ ॥ **अनूयाजानिष्ट्वा स्वरून् जुहोति** ॥ ३८ ॥ **अथ हार्योजनैश्चरित्वाऽप्सुषोमैश्चरन्ति** ॥ ३९ ॥ **अथ प्रत्यञ्चः परेत्य जाघनीभिः पत्नीः संयाजयन्ति** ॥ ४० ॥ **पत्नीः संयाज्य प्राङुदायन् तराꣳसि जुहोति** ॥ ४१ ॥ **तराꣳसि हुत्वा ध्रुवामाप्याय्याज्यस्थाल्यामवनयति** ॥ १०.४.४.४२ ॥ **[इति चतुर्थः पटलः** (१२)**]**

॥ इति दशमप्रपाठके चतुर्थोऽनुवाकः ॥

सन्तिष्ठत एष[1] चतुष्टोमोऽग्निष्टोम इति अभिप्रेत्य, अथवा ऋजु तृतीयसवनं सन्तिष्ठत इति वाक्यविच्छेदः। तत एष चतुष्टोमोऽग्निष्टोम इति। एवं चतुष्टोमता तत्स्तोमचतुष्ट्वात् इति ॥ १०.४.४.३५-३६ ॥ **[इति चतुर्थः पटलः** (१२)**]**

॥ इति व्याख्यायां दशमप्रपाठके चतुर्थोऽनुवाकः ॥

---

१. T एव.

॥ अथ दशमप्रपाठके पञ्चमोऽनुवाकः ॥

अथास्यैतानि शतमौक्षाणि चर्माण्युपस्तीर्णानि भवन्त्युत्तरा॰ श्रोणिमुत्तरेण पक्षसꣳहितानि ॥ १ ॥ अथैतेषां घृतचर्मणां यावन्ति रात्रिं चरणायालं मन्यन्ते तावन्ति परिशिꣳषन्ति ॥ २ ॥ अथेतरत्सर्वमन्नꣳ संप्रयुवन्ति ॥ ३ ॥ उच्छ्रयन्त्येतां पुरꣳ समाꣳ राज्जुदालेनाग्निष्ठेन ॥ ४ ॥ तस्या एकमेव पश्चात् प्रपदनं कुर्वन्ति ॥ ५ ॥ उच्छ्रयन्ति श्रितीः ॥ ६ ॥ अतिहरन्ति प्राकारान् ॥ ७ ॥ आवर्तयन्तीन्द्राणसानि ॥ ८ ॥ राज्जुदालमग्निष्ठꣳ रज्जुभिर्वा वकलैर्वा वेष्टयित्वा सचषालं मृदा प्रलिम्पन्ति ॥ ९ ॥ अथैतेषां बैल्वानामेधाचितानाꣳ षोडश वा विꣳशतिर्वा चतुर्विꣳशतिर्वा रचाय चिन्वन्ति ॥ १० ॥ राजपुत्राश्चिनुयुरित्याहुः ॥ ११ ॥ अथेतराणि संप्रकिरन्ति ॥ १२ ॥ अध्वर्युश्च प्रतिप्रस्थाता च द्वावुपशयावध्वर्योश्च प्रतिप्रस्थातुश्च, विꣳशतिरन्ये प्रतिप्रस्थातुः प्रतिप्रस्थातारो, दशान्येऽश्वमेधविद, एतेऽस्य चतुस्त्रिꣳशदश्वमेधविद उपक्लृप्ता भवन्ति ॥ १३ ॥ अथास्तंयत्यादित्य एतेऽश्वमेधविदोऽभ्यारोहन्तीन्द्राणसानि यदि चत्वार्यनुदिशमवान्तरदिशास्वितराणि यद्यष्टौ भवन्ति ॥ १४ ॥ सर्वेऽभ्यो दीर्घत्सरुन् स्रुवान् सर्वेभ्योऽलाबुदर्वान् सर्वेभ्योऽष्टमानि ॥ १५ ॥ तत्रैताननुवाकान् प्रयुञ्जते पूर्वं च स्तोक्यानां प्रद्रवाणां च दिश्याश्चोत्तराश्च स्तोक्या एकविꣳशिनीं दीक्षां दीक्षायोगं च त्रयोऽशीतिमश्वचरितानि दशामूनीष्टिषूपप्रयुञ्जते

एतेषां शतसंख्यानां घृतचर्मणां[1] यावद्भिश्चर्मभिः कृत्स्ना रात्रीरत्राज्यहोमं[2] शक्यते कर्तुमिति मन्यते तावन्ति परिहाप्य शिष्टैर्घृतचर्मभिर्मध्वाद्यन्नराशीनवसंप्रकीर्य महतीपात्र उच्छ्र्यन्ति ॥ १-२ ॥

प्रयुवन्ति मिश्रयन्ति ॥ ३ ॥

परं प्राकारमग्नेरभितः प्राकारानधि[3] ता एवोच्छ्रिताः श्रिती[4]र्निहन्ति। प्राकारान् इति बहुवचननिर्देशः प्रदेशबहुत्वापेक्षया ॥ ७ ॥

मृदा प्रलिम्पन्ति यथा न दह्येत् ॥ ९ ॥

संख्यानियम अदृष्टाय। विंशतिश्चतुर्विंशतिरिति द्वितीयार्थे प्रथमा। रचाय[5] रचित्वा ॥ १० ॥

अतिशिष्टान्येधाचितान्यन्तरेणाधिरचनमनियमेन संप्रकीर्येरन् ॥ १२ ॥

अश्वमेधविदः रात्रिहोमविदस्तदन्न[6]मिश्रितम्। उपाधिरोहन्त्यारोहयन्ति। इन्द्राणसानि विपरादिभिः ॥ १४ ॥

पूर्वं स्तोक्या आदीप्तो[7] 'अग्नये स्वाहे'ति प्रदाव्या आयनायेति दिश्याय[8] आदितः 'पृथिव्यै स्वाहे'ति। उत्तरास्तोक्या[9]..उत्तरोऽनुवाव एकविंशिनीं[10] दीक्षां तत उत्तरा। तत उत्तरो दीक्षायोगः। तत उत्तरोऽश्वचरितानि। ततः[11] सप्तदशामी स्वाहाधिमित्याद्याः। 'कूप्याभ्यः स्वाहा, कूल्याभ्यः[12] स्वाहे'ति

---

१. T °चर्मणा. २. T °रमाज्य°. ३. T °धिता. ४. T °श्रीर्नि. ५. T रथाय. ६. T तदमन्त°. ७. T आदीतो.
८. T °येतिदिश्याय. ९. T¹ उत[त्त]रास्तोक. १०. T °शति. ११. T ते. १२. T (अ)ज्य corrected as ध्य.

...ये ते त एतस्यै ॥ १६ ॥ 'एकस्मै स्वाहा' **इति त्रिंशतिरध्वर्युरेव यजुषा जुहोति, तूष्णीं प्रतिप्रस्थातारः** ॥ १७ ॥ **यस्य यस्यैवाध्वर्युर्जुहोति तस्य तस्येतरे जुह्वति** ॥ १८ ॥ **आज्यस्यैव दीर्घत्सरुभिः स्रुवैर्जुह्वत्यलाबुदर्वैश्चाष्टमैश्चान्नस्य** ॥ १९ ॥ **स एतं पूर्वꣳ स्तोक्यानामनुवाकमाज्यस्यैव पराञ्चꣳ सꣳस्थापयन्ति** 'अग्नये स्वाहा', 'सोमाय स्वाहा' **इति** ॥ २० ॥ **अथ खारीहोमं जुहोति** 'दत्वते स्वाहा' **इत्यन्नस्य,** 'अदन्तकाय स्वाहा' **इत्याज्यस्य** ॥ २१ ॥ **अथानुवाकम्** ॥ २२ ॥ **अथ खारीहोमम्** ॥ २३ ॥ **आज्येनैव खारीहोमं व्यतिषजति, खारीहोमेनानुवाकान्** ॥ २४ ॥ **एतेषामनुवाकानां पुरा समापनाद्वसतीवरीः परिहरेयुः** ॥ २५ ॥ **वसतीवरीणां काले प्रभ्वन्नꣳ संप्रकीर्योपाधिरोहन्ति यथा न कनीयानर्चिः स्यात्** ॥ २६ ॥ **प्रत्यवरुह्य वसतीवरीः परिहृत्य पयाꣳसि विशिष्याशित्वा पीत्वोपाधिरोहन्ति** ॥ २७ ॥ **खारीहोमं पूर्वेषामनुवाकानामुपादाय समाप्तिभिः प्रतिपद्यन्ते** ॥ २८ ॥ **त एतं प्रथमꣳ समाप्तीनामनुवाकमाज्यस्यैव पराञ्चꣳ सꣳस्थापयन्ति** 'एकस्मै स्वाहा', 'द्वाभ्याꣳ स्वाहा' **इति** ॥ २९ ॥ **अथ खारीहोमं जुहोति** 'दत्वते स्वाहा' **इत्यन्नस्य,** 'अदन्तकाय स्वाहा' **इत्याज्यस्य** ॥ ३० ॥ **अथानुवाकम्** ॥ ३१ ॥ **अथ खारीहोमम्** ॥ ३२ ॥ **आज्येनैव खारीहोमं व्यतिषजति खारीहोमेनानुवाकान्** ॥ ३३ ॥ **ते यत्रागच्छन्ति** 'अन्ताय स्वाहा', 'परार्धाय स्वाहा' **इति, तत्प्रभृतिमेवोपनिवर्तन्ते** ॥ ३४ ॥ **त एवमेवाप्तसꣳहारꣳ रात्रिं जुह्वतो जुह्वतस्तिष्ठन्ति** ॥ १०.५.१.३५ ॥ **[इति प्रथमः पटलः** (१३)**]**

आ प्रातरनुवाकात् ॥ १ ॥ **प्रातरनुवाकस्य काले उपाधिरोहत उपशयौ** ॥ २ ॥ **एषोऽन्तमोऽनुवाक इत्युक्त्वोपावरोहतोऽध्वर्यू** ॥ ३ ॥ **तत उपशयौ प्रतिपद्येते** ॥ ४ ॥ **अध्वर्योरेवोपशयो**

द्वावपां[1] होमः । च-शब्दश्रवणसामार्थ्यात् ॥ १६ ॥

अलाबुदर्वैश्चाष्टमैश्चेति[2]श्चान्नस्य जुहुयुः ॥ १९ ॥

आज्यस्यैव पराञ्चं द्रव्यान्तरमव्यतिषङ्गम् । अन्तरेणाज्यस्तोकानुवाकं हुत्वाऽथ दत्वाय 'दत्वते स्वाहा' इत्येतं खारिहोमानुवाकम्[3] । अन्नाज्याभ्यां व्यतिषङ्गेणा हुत्वा अथाज्यस्य प्रद्रवानुवाकम् । अथ [4]खारिहोमानुवाकमित्येवमपां होमाभ्यां[5] हुत्वा पुनराज्याज्यस्तोक्यानुवाकं प्रतिपद्यते । आज्यहोमोऽथ खारिहोमोऽनुवाकेन त्रियमायेति[6] दशानुवाकाः । तैर्हि[7] रात्रिहोमः समाप्यते ॥ २०-२८ ॥

आज्यस्यैव पराञ्चमित्यादि पूर्ववत् । प्रकृतिराद्येऽनुवाकं पूर्वेषामुपादीयते । इतरेऽष्यादशानुवाकाः[8] 'एकस्मै स्वाहेत्ये'व प्रतिपद्यन्त इत्यर्थः । एवमेव सर्वा रात्रीर्जुह्वतस्तिष्ठन्ति । तानेवानुवाकानावर्तयन्तः ॥ १०.५.१.२९-३५ ॥ **[इति प्रथमः पटलः** (१३)**]**

एषोऽसौ होमस्यान्तिमोऽनुवाकः । अधिरोहन्तो निदिश्यावरोहतः ॥ ३ ॥

---

१. T द्वा वपां° . २. T °ष्टमश्चे °श्चेति...स्यु जु° . ३. T[1] ° ...मानुमाक° ; thus T. ४. T वारि° . ५. T °वमपाहो° .
६. T °माये दशा° . ७. T[1] तैही. ८. T[1] °ऽष्यानुदशानु° .

यजुषा जुहोति तूष्णीं प्रतिप्रस्थातुः ॥ ५ ॥ **प्रत्यवरुह्य हस्ताववनिज्याह्वे सावित्रं जुहोति** ॥ ६ ॥ **अथाज्यानि गृहीत्वोपावहृत्य राजानं प्रातरनुवाकमुपाकरोति** ॥ ७ ॥ **उपाकृते प्रातरनुवाक उपाधिरोहतोऽध्वर्यू** ॥ ८ ॥ **एषोऽन्तमोऽनुवाक इत्युक्त्वोपावरोहत उपशयौ** ॥ ९ ॥ **ततोऽध्वर्यू प्रतिपद्येते** ॥ १० ॥ **त एवमेव जुह्वतो जुह्वतस्तिष्ठन्त्या परिधानीयायै** ॥ ११ ॥ **परिधानीयायै काल उपाधिरोहत उपशयौ** ॥ १२ ॥ **एषोऽन्तमोऽनुवाक इत्युक्त्वोपावरोहतोऽध्वर्यू** ॥ १३ ॥ **तत उपशयौ प्रतिपद्येते** ॥ १४ ॥ **प्रत्यवरुह्य परिधानीयायै जुहोति** 'उषसे स्वाहा', 'व्युष्ट्यै स्वाहा', 'उदेष्यते स्वाहा' **इति** ॥ १५ ॥ **परिधानीयैव चतुर्थी** ॥ १६ ॥ **परिहिते प्रातरनुवाकेऽपोऽच्छैति** ॥ १७ ॥ **अपो व्यवनीयाहवनीये सꣳस्रावꣳ हुत्वोक्थ्यं क्रतुं कृत्वा प्रपद्यते** ॥ १८ ॥ **प्राजापत्यं दधिग्रहं जुहोति** ॥ १९ ॥ **वाचितानां निग्राभ्याणाꣳ शुक्रपात्रेणादाभ्यां यजुषा गृहीत्वाऽन्यस्मै प्रयच्छति** ॥ २० ॥ **अथोपाꣳशुसवनमादाय राजानं मिमीते** ॥ २१ ॥ **प्राणग्रहान् गृह्णाति** ॥ २२ ॥ **पूर्वान् पृश्नीन्–नुवर्तयति तूष्णीमुत्तरान्** ॥ २३ ॥ **मार्जयित्वाऽपानग्रहान् गृह्णाति** ॥ २४ ॥ **उत्तरान् पृश्नीननु–वर्तयति** ॥ २५ ॥ **अꣳशुं गृहीत्वा जुहोति** ॥ २६ ॥ **अथादाभ्यं जुहोति** ॥ २७ ॥ **तयोर्ददाति यास्तयो–र्दक्षिणाः** ॥ २८ ॥ **उपाꣳशोः कर्म कृत्वोपाꣳशुं जुहोति** ॥ २९ ॥ **अभिष्टुतो राजा भवति, ऊढो द्रोणकलशः** ॥ ३० ॥ **अथादित्यमुद्यन्तं प्रतीक्षते** ॥ ३१ ॥ **संप्रत्युद्यत्यादित्ये जुहोति** 'उद्यते स्वाहा' 'उदिताय=सर्वस्मै स्वाहा' **इति** ॥ ३२ ॥ **स यत्र जुहोति** 'सर्वस्मै स्वाहा' **इति तदेतेऽश्वमेधविद उपोद्यच्छन्ति** ॥ ३३ ॥ **अथातो मीमाꣳसैव** ॥ ३४ ॥ **तदाहुः—**'प्राणापानौ वा एतौ यदुपाꣳश्वन्तर्यामौ,

---

उदं हस्तावनेजनमपूर्वम्। अथवा आज्यलेपमप्रक्षाल्य सोमसम्बन्धं कर्म न कार्यम्। तथा होमलेपमप्रक्षाल्याज्यसम्बन्धमित्येतद् द्वयदर्शनं प्रदर्शयितुम्। अथवा ज्योतिष्टोम एव प्राक् प्रातरनुवाकाद्[1] यद्धस्तावनेजनं दृश्यते सूत्रान्तरे तत् प्रदर्शयितुम्। पश्वर्थस्य वा पाणिसंमर्शनस्येदं दर्शनम्॥ ६ ॥

परिधानीयैव चतुर्थीति[2] तया चतुर्थीमाहुतिं जुहुयादिति केचित्। अथवा भक्तिमात्रपूरणप्रत्ययनिर्देशः। उन्मोऽभिवदनसामान्यं तैत्तिरीयके दृष्टस्याहुतिचतुष्टयस्यानिराकरणाय॥ १६ ॥

अंशुहोमोत्तरकाले अदाभ्यहोमोऽत्र[3] वाचनिकः। तत एतस्यान्यस्मै[4] प्रदानमात्मनो व्यापृताऽर्थं[5] प्राणापानग्रहणापानग्रहणमत्रोक्तिमात्रम्॥ २६–२७ ॥

दक्षिणायाश्चानुवादोऽप्रमादार्थम्॥ २८ ॥

उपोद्यच्छन्ति। स्रुवादीनुपरमति न जुहोतीत्यर्थः। अविकल्पनाहोमयोः स्वमतस्यात्र होमस्य ह्यस्तित्वं प्रदर्शयितुम्॥ १०.५.२.३३ ॥ **[इति द्वितीयः पटलः** (१४)**]**

---

१. T °वाकाद्यन्धस्ता°. **२.** T चतुन्विति. **३.** T अदास्यहो°. **४.** T[1] एस्यान्य°; thus T. **५.** T व्यापृतर्था°.

वज्र आज्यम्। स यदन्तरेणोपाꣳश्वन्तर्यामावाज्याहुतिं जुहुयादाज्यवज्रेणास्य प्राणापानौ विच्छिन्द्यादि**'ति** ॥ ३५ ॥ **तदुवा आहुः—**'प्राणापानौ वा एतौ यदुपाꣳश्वन्तर्यामावन्नमाज्यम्। नो वा अन्नं प्राणꣳ हिनस्ति जुहुयादेवे**'ति** ॥ ३६ ॥ **अथो खल्वाहुः—**'प्राणपानौ वा एतौ यदुपाꣳश्वन्तर्यामौ प्राण आज्यम्। नो वै प्राणः प्राणꣳ हिनस्ति भूयानेवैनेन भवति। जुहुयादेवे**'ति** ॥ ३७ ॥ **जुहोत्येवैषा स्थितिः** ॥ ३८ ॥ **व्यावर्तयन्ति** ॥ १०.५.२.३९ ॥ **[इति द्वितीयः पटलः** (१४)**]**

इन्द्राणसानि ॥ १ ॥ **विचरन्ति पुरं यदन्नम्...** ॥ २ ॥ **चत्वार्यन्नशूर्पाण्यपोदच्याथेतरत्सर्वमध्वर्योरावसथꣳ हरन्ति** ॥ ३ ॥ **उदित आदित्येऽन्तर्यामं जुहोति** ॥ ४ ॥ **रश्मिं जुहोति** ॥ ५ ॥ **प्रसिद्धं ग्रहा गृह्यन्त आऽऽग्रयणात्** ॥ ६ ॥ **आग्रयणं गृहीत्वा सुवर्णरजताभ्यां महिमानौ गृह्णाति** 'यः प्राणतो', 'य आत्मदा' **इति** ॥ ७ ॥ **उपयामवन्तावयोनिमन्तौ सादयति** ॥ ८ ॥ **अथैतं प्राजापत्यꣳ सोमग्रहमतिग्राह्यं गृह्णाति पालाशेन पात्रेण** 'हिरण्यगर्भः समवर्तताग्रे' **इति** ॥ ९ ॥ **उपयामवन्तं योनिमन्तꣳ सादयति** ॥ १० ॥ **अथ त्रीन् पृष्ठ्यान् गृह्णाति** ॥ ११ ॥ **तन्नु हैतदेकेऽन्वहं विभज्य गृह्णन्ति** ॥ १२ ॥ **अत्र त्वेवैनान् गृह्णीयादिति** ॥ १३ ॥ **अत्र त्वेवैनान् गृह्णात्येषा स्थितिः** ॥ १४ ॥ **अथोक्थ्यं गृह्णाति** ॥ १५ ॥ **ध्रुवकलशान् संमृश्य विप्रुषाꣳ होमं जुहोति** ॥ १६ ॥ **सन्ततिं जुहोति** ॥ १७ ॥ **पवमानेन स्तुवते** ॥ १८ ॥ **स्तुत उत्तिष्ठन् संप्रेष्यति** 'अग्नीदग्नीन्विहर=पशूनन्तिकं कुरु'

अन्नशूर्पाण्यवोदच्य[1] यत्नतो विहृत्याश्वमवघ्रापयितुं रश्मीन् गृहीत्वा जुहोति ॥ ३ ॥

अथ रश्मीन् गृह्णामीत्यत्रोक्तेन विधानेन ॥ ५ ॥

प्राजापत्यं सोमग्रहमिति विशेषमहिमानौ[2] (गृह्णाति)। [2]अन्यद्रव्यमनुमातुं शक्यम्। 'यदपां[3] महिम्नो भवति परियजती'ति च शब्दान्तरेण निर्देशो द्रव्यान्तरत्व उपपद्यतेतराम्। अथवा सोमग्रहावेव तन्मध्ये समाम्नानाद् द्रव्यान्तरस्य चाश्रुतत्वात्। सोमग्रहमिति च विशेषणमनुवादो[4] दधिग्रहाद्यपदेशार्थम्। महिम्नेति च ग्रहणाभिधित्सा न द्रव्यनिर्देशः। एकवचनं जात्यपेक्षम् ॥ ९ ॥

पृष्ठ्या[5] आग्नेयादयः। पृष्ठ्ये एष सह तेषामुत्पत्तिवाक्यात् ततोऽग्निष्टोमोऽतिदिश्यन्ते। प्रायेण लोके कस्मिंश्चिदर्थान्वयात्[6] प्रचरन्ति ॥ ११ ॥

[7]सन्ततिशब्दे श्रूयमाणे क्रमादनुचरीत्यवगन्तव्यम्। शब्दप्रसिद्धिश्चावयवतोऽनुक्तेऽप्यालिङ्ग[8]तु परिहार्यास्मिन्नेव काले होतव्येषु 'अग्निः प्रातःसवने पात्वस्मान्'[9] इत्येतेषु [10]सन्ततिप्रातिपदिकप्रसिद्धिः[11] सूत्रान्तरेऽस्ति। ततोऽत्रापि त एवाभिप्रेयन्त इत्यपरे। बह्वत्र कालानियमितम्। इतरस्मिन् पक्षे प्रसिद्धिमात्रम् ॥ १७ ॥

---

१. °पदोच्य, T °वोदच्य. २–२. T °महिमानरन्य. ३. T यद्वपां. ४. T[1] °षणमवादो; thus T. ५. T पृष्ठा. ६. T[1] °न्यत्; thus T. ७. T सन्तनि°. ८. T[1] °ङ्गन्तु; thus T. ९. T पातुस्मनीत्ये°. १०. T सन्तनि°. ११. T[1] °पदिका [T क] प्र°.

इति ॥ १९ ॥ आश्विनं गृहीत्वोपनिष्क्रम्य परिवीयमाणायानुवाच आह ॥ २० ॥ चतुर्विंशमग्निष्ठे रशना परिव्ययति नानाप्रसवाः ॥ २१ ॥ तासु नानास्वरूनवगूहति ॥ २२ ॥ अथ दक्षिणं पौतुदार-वमुच्छ्रित्य चतस्रो रशनाः परिव्ययति नानाप्रसवाः ॥ २३ ॥ तासु नानैव स्वरूनवगूहति ॥ २४ ॥ एवमेवोत्तरं पौतुदारवमुच्छ्रित्य चतस्रो रशनाः परिव्ययति नानाप्रसवाः ॥ २५ ॥ तासु नानैव स्व-रूनवगूहति, त्रीन् दक्षिणतो बैल्वाःस्त्रीनुत्तरतस्त्रीन् दक्षिणतः खादिराःस्त्रीन् उत्तरतस्त्रीन् दक्षिणतः पालशाःस्त्रीनुत्तरतः ॥ २६ ॥ तेषु चतस्रश्चतस्र एव रशनाः परिव्ययति नानाप्रसवाः ॥ २७ ॥ तासु नानैव स्वरूनवगूहति ॥ २८ ॥ दक्षिणार्ध्ये पालाशे दीर्घाः रसनां प्रबध्नाति ॥ २९ ॥ योत्तरार्ध्याद् यूपादनु भवेत् तामत्रैवोपसंहृत्य निदधाति ॥ ३० ॥ दक्षिणेन दक्षिणार्ध्यं पालाशं प्राञ्चमुपशयं निधाय तूष्णीमेव रशना अध्यस्यति ॥ ३१ ॥ उपनिदधात्यस्मै बर्हिर्मुष्टिं यूप-शकलः स्वरुमिति ॥ ३२ ॥ अथ 'इषे त्वा' इति बर्हिषी आदायोपाकरणीये हुत्वा पशूनु-पाकरोति, आग्नेयं पौष्णमश्वं तूपरं गोमृगमैन्द्रापौष्णमिति षट् ॥ ३३ ॥ अष्टावेतस्यानुवाकस्य परिशिष्यन्ते ॥ ३४ ॥ ते चतुर्दश ॥ ३५ ॥ अग्नयेऽनीकवते रोहिताञ्जिरनड्वान् इत्येकादश ॥ ३६ ॥ ते पञ्चविंशतिः ॥ ३७ ॥ सोमाय स्वराज्ञेऽनोवाहावनड्वाहौ इत्यष्टादश ॥ ३८ ॥ उरणौ शिशुकुमारौ ॥ ३९ ॥ त एकस्मान्न पञ्चाशदग्निष्ठ आलभ्यन्ते ॥ ४० ॥ दक्षिणे पौतुदारव ऐन्द्रा-ग्नमुपाकरोत्याग्नेन्द्रमुत्तरे ॥ ४१ ॥ रोहितो धूम्ररोहित इत्यष्टादश ॥ ४२ ॥ तेषां नवनव पूर्वान्

नानाप्रसवा इति ब्रुवन् परिव्ययणस्य रशनार्थतामवगमयति। सूपार्थतायामपि वा परिव्ययणस्य वाचनिका प्रसवावृत्तिः। एवं सति यत्रेदृग्वचनं नास्ति, तत्रैकप्रसवा बहूनामपि[१] रशनानां संख्याप्रधानापेक्षाश्च। स्वरशन एवारभ्य यूपस्य व्यत्यासो न ॥ २१ ॥

त्रयाणां त्रयाणां त्रीन्स्त्रीनिति वचनं विभागमात्राविवक्षया इहीषी इति प्रतिपश्वभिसंबन्ध्यते[२] ॥ २६ ॥

द्वाभ्यामेव सर्वेषामुपाकरणं वाचनिकम्। उत्तरत्र च द्वयोरेव दर्शनात्। एतयोर्बर्हि-षोरित्यश्वतूपरगोमृगाणां प्राजापत्यत्वमाचार्यप्रवृत्त्या ज्ञायते। अश्वादिसम्बन्धाद् 'अश्वस्तूपरो गोमृग' इत्ययमनुवाको विधित्सितः। अमूनां[३] चात्र परिशेष 'आग्नेयौ[४] कृष्णग्रीवावि'त्येवमानीयाम्। अथवा 'पुरुषो वै यज्ञो यज्ञः प्रजापति'रित्यस्य रण्यै अपि धेन्वोः पुत्रौ शिष्य[५] (?) अश्वधेन्वोस्तूपरो पुरुष्यो नवपर्वा प्राजापत्यान् रौद्राः पितृदेवत्याश्च। दक्षिणत इत्यग्निष्ठापेक्षया ॥ ३३-४० ॥

दक्षिणे पौतुदारव[६] इत्यभिप्रायः। ऐन्द्राग्नायेति कर्मप्रवचनीये[७] द्वितीयार्थे चतुर्थी व्यत्ययेन[८]। [९]ऐन्द्राग्नमित्यर्थः ॥ ४१ ॥

नवोत्तरान् वारुणीर्हद्दशाः सौरीश्च मैत्राबार्हस्पत्याश्च तूपरानुत्तरतः। उत्तरे पौतुदारव आग्नेन्द्राय आग्नेन्द्रमनूपाकरोति। नवाष्यदशिना अष्टादशपशुकाननुवाकान्। 'पृश्निस्तिरश्चीनपृश्निरि'त्येवमा-

---

१. T^1 बहुनामवि; thus T. २. T^1 प्रतिपशभिस; thus T. ३. T अभूनां. ४. T^1 अग्ने°. ५. T शिश्र doubtful. ६. T पोतुदा°. ७. T^1 कर्मवच°; thus T. ८. T °त्ययेत्. ९. T एन्द्रा°.

दक्षिणत ऐन्द्राग्नानुपाकरोति नवनवोत्तरानुत्तरत आग्नेन्द्रेभ्यः ॥ ४३ ॥ **ऐन्द्राग्नदशमा दक्षिणतः संपद्यन्त आग्नेन्द्रदशमा उत्तरतः** ॥ ४४ ॥ **वशाश्च तूपराश्चोत्तरार्ध्यान् सचन्ते** ॥ ४५ ॥ **अथारण्यान् पशूनुपाकरोति** 'इन्द्राय राज्ञे सूकरः' **इति** ॥ ४६ ॥ **तेषाꣳ षट् पूर्वान् दक्षिणेनाग्निष्ठमाकाशेषु धारयन्ति पञ्चोत्तरानुत्तरेषु** ॥ ४७ ॥ **अथैतं** 'प्राजापत्यꣳ सूकरं' **दृश्यमानमनिरुक्तमुपाकरोति** ॥ ४८ ॥ **तस्योपाकरणेनेत्याहुः सर्वमिदमुपाकृतं भवति यदिदं किञ्चेति** ॥ ४९ ॥ **तमुपाकृत्य जुहोति** 'उपाकृताय स्वाहा' **इति** ॥ ५० ॥ **अथावर्तयन्ति स्वरथमुत्तरेण हविर्धाने दक्षिणेनाग्नीध्रम्** ॥ ५१ ॥ **चमसपथे प्राञ्चꣳ स्थापयित्वाऽभि वितन्वन्ति यस्तस्यालंकारस्तेन** ॥ ५२ ॥ **अथैतमश्वमुपाकृतमानीय दक्षिणायां धुरि युनक्ति** 'युञ्जन्ति ब्रध्नमरुषं चरन्तं परि तस्थुषः' **इति** ॥ ५३ ॥ **तस्मै प्रतिहित उत्तरां धुरमुपोद्यच्छति** ॥ ५४ ॥ 'केतुं कृण्वन्नकेतवे' **इति ध्वजं**

दीननुवाकान् विभजति। अनुवाकशब्देन तत्सम्बन्धाः पशवोऽत्र लक्ष्यन्ते। दक्षिणात् पौतुदारवान् दक्षिणास्मिन् यूपे ऐन्द्राग्नमुपाकृत्य पृश्निस्तिरश्चीनपृश्निरित्येवमादीन् न वोपाकुर्यात्[1]। एवमुत्तरेऽप्यनुवाका विभज्यन्ते ॥ ४२–४३ ॥

एवमैन्द्राग्नदशमा एव दक्षिणतः[2] सम्पद्यन्त[3] आग्नेन्द्रदशमा उत्तरतः ॥ ४४ ॥

एवं वशाश्च [4]तूपरांश्चोत्तरान् सचन्ते[5] भजन्ते। अयमप्यनुवाद एव ॥ ४५ ॥

प्रपञ्चार्था[6] आकाशेऽवकाशे धारयन्ति स्थापयन्ति। तिष्ठन्ति उपाकर्तुमा[7]रण्यानाम्। उपाकरणं तूष्णीकमप्रदानार्थत्वात् ॥ ४६–४७ ॥

अथैतमिति वक्ष्यमाणपरामर्शः। प्राजापत्यं प्रजापतिदेवताकम्। सूकरमन्यमैन्द्रासूकरं दृश्यमानमित्यति[8]दिश्यमानमपेक्ष्य। येषामदृश्यमानानामुपाकरणं[9] सर्वेषामुपाकरणस्योपाकरणेनानुगृह्यते। [10]अनिरुक्तवचनमप्यनिर्वाच्यमानस्वरूपस्य सर्वस्योपाकरणक्रियमाणस्य[11] इति ॥ ४८ ॥

यदिदं किञ्च[12] स्थास्नु चरिष्णु चायं च सूकरः आरण्यत्वादप्रदानार्थः ॥ ४९ ॥

स्वरथं[13] यजमानस्य राज्ञो रथं च ॥ ५१ ॥

चमसपथे[14] येन पथा हविर्धानाम्यां सदश्चमसा नीयन्ते तत्र वितन्वन्त्यलंकुर्वन्ति। यस्तस्यालंकारो युद्धकाले पताकायोगः[15]। 'केतुं कृण्वन्नकेतवे' इति ह्युत्तरत्र प्रतिपद्यते स्माचार्यः ॥ ५२ ॥

योगप्रयोजनत्वादुभयोर्विकल्प इत्यपरे। युवराज[16] उत्तरं युगाग्रं धारयति ॥ ५३–५४ ॥

प्रतिमुञ्चति आरोप्य स्थापयति ॥ ५५ ॥

---

१. T^1 नपोवा°; thus T. २. T °णत्वं. ३. T^1 °पद्यत; thus T. ४. T °परां°. ५. T^1 स चते...; thus T. ६. T^1 प्रप्लञ्चार्थाः; thus T. ७. T °पाकर्तमा. ८. T^1 °मित्यदिश्य°. ९. T^1 °मानामाप, T °मानानामाप. १०. T अनुरु°. मप्यनिकच्य मान°. ११. T °पाकर...क्रिय इति. १२. T कञ्च°. १३. T^1 °रथ; thus T. १४. T समपथे. १५. T पता...योग. १६. T^1 युजराज; thus T.

प्रतिमुञ्चति ॥ ५५ ॥ **वर्म सन्नहनीयेनानुवाकेन यजमानः सन्नह्यति** ॥ १०.५.३.५६ ॥ **[इति तृतीयः पटलः** (१५)**]**

'जीमूतस्येव भवति प्रतीकम्' **इति** ॥ १ ॥ **एकया धनुरादत्ते** ॥ २ ॥ **एकयोज्ज्यं कृत्वा ज्य-मनुमार्ष्टि** ॥ ३ ॥ **एकयाऽऽर्त्नी संमृशते** ॥ ४ ॥ **एकयेषुधिमवनह्यते** ॥ ५ ॥ **एकयाऽभीशूनुद्यते** ॥ ६ ॥ **एकयाऽनोऽभिमन्त्रयते** ॥ ७ ॥ **एकया रथवाहनं परेक्षते** ॥ ८ ॥ **द्वाभ्यां दक्षिणा पितृभ्यो नम-स्करोति** ॥ ९ ॥ **द्वाभ्यामिषुयमनं कुरुते** ॥ १० ॥ **एकया काशं प्रवृहते** ॥ ११ ॥ **एकया हस्तघ्नं पर्यस्यति** ॥ १२ ॥ **तिसृभिरातिष्ठति** ॥ १३ ॥ **तिसृभिर्योग्यं दुन्दुभिमाहन्ति** ॥ १४ ॥ **दोह...मनुष्या आस्थातुमर्हन्ति** ॥ १५ ॥ **तदाहुः**—'मूर्धा हास्य विपतते यो रथोपस्थमेताभिर्हस्तमधिनिधाय धारयेदि'**ति** ॥ १६ ॥ **रथोपस्थ एवैताभिर्हस्तमधिनिधाय धारयति** ॥ १७ ॥ **तमन्तरा चात्वालोत्करौ निष्क्रमय्य दक्षिणः ह्रदमभिकाष्ठां यन्ति** 'क्रमैरत्यक्रमीद्वाजी', 'आऽक्रान् वाजी पृथिवीम्', 'ये ते पन्थानः सवितः पूर्व्यासः', 'यद्वातो अपो अगमद्' **इति** ॥ १८ ॥ **अत्रैवाश्वस्य तिष्ठतः शकुनिसादमभिमृशति** 'द्यौस्ते पृष्ठं पृथिवी सधस्थम्' **इति** ॥ १९ ॥ **महिम्ना दक्षिण-मीर्ममवमाष्टर्याकुष्ठिकाभ्यः** ॥ २० ॥ **तं दक्षिणावर्तयन्ति** ॥ २१ ॥ **आवर्त्यमाने वाचयति** 'एतः स्तोतरेतेन पथा पुनरश्वमावर्तयासि नः' **इति** ॥ २२ ॥ **तमध्वर्यवे ददाति प्रतिहिताय वा** ॥ २३ ॥

सन्नहनीयेनानुवाकेन सन्नाहं करिष्यन् अध्वर्युर्वर्म सन्नह्यति सन्नाहयति प्रतिमोचयति[१] ॥ १०.५.३.५६ ॥ **[इति तृतीयः पटलः** (१५)**]**

'जीमूतस्येव भवति प्रतीकम्' इत्याद्ययर्चा ॥ १ ॥

एकयोत्तरया[२] धनुरादत्त इत्यादि ॥ २ ॥

[३]उज्ज्यमारोपितज्यं करोति ॥ ३ ॥

अभीशून् रश्मीन् उद्यते उदीरयति ॥ ६ ॥

[४]इषुयमनरज्जूरणयिषोरातिष्ठति ॥ १० ॥

राजरथं योग्यं युग्यां युद्धाय। एतं[५] रथं देवतार्थं च युक्तं मनुष्य आस्थातुं नोत्सहत इति कल्पान्तरविधिद्वारेणैतदश्वसादनधर्मः[६] स्तूयते ॥ १४-१७ ॥

तं, रथकाष्ठा मर्यादा शकुनिसादककुप्प्रदेशम्। पृष्ठमित्यपरे। तत्र हि शकुनिः सीदति ॥ १९ ॥

महिम्ना [७]महिमशब्दवता अनुवाकेन। मन्त्रस्येर्मावमार्जनार्थत्वे शकुनिसादाभिमर्शनं तूष्णीकम्। एक एवायं पदार्थः। अनेन मन्त्रेण शकुनिसादनमभिमर्शनवाची। न दक्षिणमीर्ममवमार्ष्टीति[८] ॥ २० ॥

---

१. T om. **२.** T एतयो°. **३.** T^1 उज्ज्यमा°, T सज्यमा°. **४.** T इष्टयमनर्ज्जूरण°. **५.** T^1 एतः; thus T. **६.** T °साधनं धर्मः. **७.** T^1 °महिमाश°. **८.** T °मीमवमा°.

अध्वर्योस्त्वेवैष धर्मः ॥ २४ ॥ **अत्रैवाश्वं धारयन्ति** ॥ २५ ॥ **अथ पत्नीरुदानयन्ति** ॥ २६ ॥ **महिषी प्रथमैति शतेन राजपुत्रीभिः सह सहस्रꣳ सुवर्णान् काचानाहारन्ती कासाम्बवमभ्यञ्जनम्** ॥ २७ ॥ **शतेनाराजां जायाभिः सह वावाता सहस्रꣳ सामुद्रान् काचानाहरन्ती गौल्गुलवमभ्यञ्जनम्** ॥ २८ ॥ **शतेन क्षत्तसंगृहीतर्णीं च कारिमागधानां च जायाभिः सह परिवृक्ती सहस्रꣳ सामुद्रान् काचानाहरन्ती मौस्तमभ्यञ्जनम्** ॥ २९ ॥ **यत्प्राचीनं पूर्ववहास्तन्महिषी शतेन राजपु-त्रीभिः सह सहस्रꣳ सुवर्णान् काचानावयन्ती** 'भूः' **इति दशदशैका** ॥ ३० ॥ **यत्प्रतीचीनं पूर्व-कास्तद् वावाता सहेतराभिः सहस्रꣳ सामुद्रान् काचानावयन्ती** 'भुवः' **इति दशदशैकैका** ॥ ३१ ॥ **वालेषु परिवृक्ती सहेतराभिः सहस्रꣳ सामुद्रान् काचानावयन्ती** 'सुवः' **इति दशदशैकैका** ॥ ३२ ॥ **अथैनमभ्यञ्जन्ति** ॥ ३३ ॥ **यत्प्राचीनं क्रोडात्तन्महिषी शतेन राजपुत्रीभिः सह** 'वसवस्त्वाऽञ्जन्तु गायत्रेण छन्दसा' **इति कासाम्बवेन** ॥ ३४ ॥ **यत्प्रतीचीनं क्रोडात् प्राचीनं नाभेस्तद् वावाता सहेतराभिः** 'रुद्रास्त्वाऽञ्जन्तु त्रैष्टुभेन छन्दसा' **इति गौल्गुलवेन** ॥ ३५ ॥ **यत्प्रतीचीनं नाभेस्तत् परिवृक्ती सर्वमपरार्धꣳ सहेतराभिः** 'आदित्यास्त्वाऽञ्जन्तु जागतेन छन्दसा' **इति मौस्तेन** ॥ ३६ ॥ **अथास्मा अत्रैव तिष्ठत एतान्यन्नशूर्पाण्युपकिरन्ति महिषी वावाता परिवृक्ती माहानसी** ॥ ३७ ॥ **तान्यस्य पुरोमुखं धारयन्ति** ॥ ३८ ॥ **अवघ्रापयन्ति** 'लाजी३ञ्छाची =प्रजापते' **इति** ॥ ३९ ॥ **स प्रथमस्या अवजिघ्रेदित्याहुस्तस्यै प्रजा सत्तमा स्यात्** ॥ ४० ॥ **यदि माहानस्या अवजिघ्रेत् तां यजमानः कामयेत, तस्यै प्रजा सत्तमा स्याद् यजमानमेषा प्रत्येति** ॥ ४१ ॥

आवार्ष्णी(?) प्रदेशादत्रैव[१]। यस्मिन् प्रदेशे युञ्जन्ति तत् तत्र विमुञ्चन्ति। सर्वनाम्ना प्रकृतपरामर्शिना तस्मिन्नेव रथे निर्दिष्टे[२] स्वरथग्रहणस्य प्रयोजनं येन स्वयं राजा[३] नित्यं चरति तस्यात्र योजनीयतामवबोधयितुम्[४]। धारयन्ति स्थापयन्ति ॥ २५ ॥

महिषी सुभगा, वावाता[५] मध्यमा, परिवृक्ती[६] दुर्भगा, माहानसी सूपकारिका। आहरन्ति[७] तां गतिमुदानयन्तीत्यनय्याकासाम्बवम्[८] मौस्तमिति चाञ्जनसमर्थे[९] निर्यासे। आवयन्त्याश्लेषयन्ति। दशदशैकैकेति वचनान्महिष्या सह शतसंख्या। एवमितरास्वपि। क्रोडः कण्ठनाडी ॥ २७-३५ ॥

अन्नशूर्पाण्युपहरन्ति अवघ्राणाय यान्यपोदकानि ॥ ३७ ॥

प्रथमस्या इति छान्दसो निर्देशः। अवसर्पता मत्वाद्यदि महानस्यै प्रथमस्या इत्यभिसंबन्धः। यजमानं प्रति ह्येषा तदीयानां[१०] महिष्यादीनां[१०] नापि प्रधानाः ॥ ४०-४१ ॥

---

१. T °शाद्धत्रैव. २. T निर्द्दिष्टे ३. T^1 राज्ञा; thus T. ४. T^1 °बोधितुम्; thus T. ५. T वापाता. ६. T °वृत्तिः. ७. T अहरतिस्तां. ८. T °साम्भवं (?). ९. T चाज्यञ्जनस°. १०-१०. T^1 तंदीयानामभिष्यादी°.

अथैतमश्वमानीय यथायतनꣳ स्थापयित्वा तदस्मा एतान्यन्नशूर्पाण्युपकिरन्ति ॥ १०.५.४.४२ ॥ **[इति चतुर्थः पटलः** (१६)**]**

॥ इति दशमप्रपाठके पञ्चमोऽनुवाकः ॥

अस्मा उपकिरन्ति भक्षणाय ॥ १०.५.४.४२ ॥ **[इति चतुर्थः पटलः** (१६)**]**

॥ इति व्याख्यायां दशमप्रपाठके पञ्चमोऽनुवाकः ॥

॥ अथ दशमप्रपाठके षष्ठोऽनुवाकः ॥

अथ प्रसिद्धं निर्मन्थ्येन चरित्वा प्रहृत्याभिजुहोति ॥ १ ॥ **अथ** 'देवस्य त्वा सवितुः प्रसवे' **इति रशना आदाय पशून् नियुञ्जन्ति** ॥ २ ॥ **येऽग्निष्ठे तानध्वर्युश्च प्रतिप्रस्थाता च** ॥ ३ ॥ **प्रतिप्रस्थातुः प्रतिप्रस्थातार इतरान् मुख्यान् समानदेवत्यानां यूपे नियुज्य तस्मिन्नितरान-नुबध्नन्ति** ॥ ४ ॥ **पशौ पशु प्रसञ्जन्ति** ॥ ५ ॥ **अष्टौ ग्राम्याणां पशूनां न नियुनक्ति सर्वांश्चार-ण्यान्** ॥ ६ ॥ **अथैकां दीर्घां रशनां प्रवेष्ट्योत्तरार्ध्ये यूपे बध्नाति** ॥ ७ ॥ **तयाऽस्य सर्वे पशवो नियुक्ता भवन्ति, यांश्च ग्राम्याणां पशूनां न नियुनक्ति, सर्वे चारण्याः** ॥ ८ ॥ **तान् बध्वा जुहोति** 'आलब्धाय स्वाहा' **इति** ॥ ९ ॥ **ताञ्छासहस्तान् उपतिष्ठन्ते** ॥ १० ॥ **ये शतं सुवर्णा असयो रजतत्सरवस्तैर्ये दक्षिणेनाग्निष्ठं तान्** ॥ ११ ॥ **ये शतं रजताः सुवर्णत्सरवस्तैर्य उत्तरेणाग्निष्ठं तान्** ॥ १२ ॥ **ये षट्त्रिंशल्लोहायसाः कृष्णायसत्सरवश्चत्वारश्च कृष्णायसा लोहायसत्सरवस्तैर्येऽग्निष्ठे तान्** ॥ १३ ॥ **सायकेन सिक्त्रिमेणाश्वम्** ॥ १४ ॥ **अथ प्रोक्षणीरादाय पशून् प्रोक्षन्ति** ॥ १५ ॥ **येऽग्निष्ठे तानध्वर्युश्च प्रतिप्रस्थाता च** ॥ १६ ॥ **प्रतिप्रस्थातुः प्रति-प्रस्थातार इतरान्** ॥ १७ ॥ **प्रसिद्धमेवाग्नेयं च पौष्णं च प्रोक्षति** ॥ १८ ॥ **अथाश्वं प्रोक्षति** ॥ १९ ॥ **स यत्राश्वं प्रोक्षति तदनुवर्तयति** 'जज्ञि बीजं वष्टी पर्जन्यः' **इति** ॥ २० ॥ **अथ यत्रैनमध्वर्युर-**

आदायमादायादाय विनियुञ्जति। क्रमविपर्यासेन नियोजनादीनामेककर्तृत्वे तस्यापि पृथक्कर्तृत्वं प्रयोगप्राशुभावाय। मा कालोऽत्यगादिति भक्तिवचनमेतद्विषयम्॥ २ ॥

पशौ पशुं प्रसञ्जन्तीति[1] सम्भावापेक्षया वचनम् एतद्विषयके॥ ५ ॥

अष्टौ ग्राम्याणां पशूनाम् अनियोज्य बडवे वत्सकिशोरे पुरुष्यो च सुकुमारे[2]। एषा निक्रये निष्क्रीतमो निष्क्रयश्चाप्रदानार्थानां निष्क्रीतिर्मन्त्रलिङ्गाच्च रशनासंख्योपपत्तेश्च। नियुनक्ति भवन्तीति भक्तिवादः ॥ ६-८ ॥

तां रशनां तथा बद्ध्वाऽनन्तरं जुहोति ॥ ९ ॥

शासहस्ताः स्वधितिहस्ताः। शमितारः स्वधितिभिः सह वर्तमानाः ॥ १० ॥

कैः स्वधितिभिः ? *ये[3] दक्षिणेनाग्निष्ठं शतं पशवः ताः ॥ ११ ॥

एवम्[4] उत्तरत्रापि उपकल्पितमेकं परिहाप्याऽन्येऽत्र शासाद्ये नियुक्ताः, एकस्तावदवशिष्टः। सुवर्णः सुवर्णत्सरुकः। उत्तरत्राश्वादित्रयस्यावदाने [5]विनियोक्ष्यते। अश्वादित्रयस्य विशसनावदानयोः स्वधितिभेदो वाचनिकः ॥ १२ ॥

---

१. T प्रयसं°. २. T सत्कुमारे *. The text of comm. given here from सौकर्य on p.419, line 7 is not found in M Ad up to स्वधितिभिः (see fn. 10 on p.478). ३. M Ad om; thus T. After a missing of long text of the comm. beginning with *VādhŚS* 10.3.2.11 in M, Ad the following text continues here from दक्षिणेनाग्निष्ठं. ४. M Ad एव. ५. M Ad वि...नियो° ; thus T.

पोऽवघ्रापयति तदभिमन्त्रयते 'अग्निः पशुरासीत्तेनायजन्त=तं जेष्यसि। अथावजिघ्र। वायुरादित्यः' **इति** ॥ २१ ॥ **तद्धैतच्छ्रुतसेनः पारिक्षितो यत्राश्वमेधेनेजे, तस्य ह क्रत्वास्थिरः काप्योऽ–ध्वर्युरास। स हैतस्मिन् कालेऽनवघ्राणेनाभिमन्त्रयाञ्चक्रे** 'अग्निः पशुरासी=सि अथावजिघ्र। वायुरादित्यः' **इति** ॥ २२ ॥ **अथ वृषमन्त्रः शांयुव आगत्य दक्षिणत उपविवेश। स हैतस्मिन् कालेऽनवघ्राणेनाभिमन्त्रयाञ्चक्रे** 'अग्निः पशुरासीत् तेनायजन्त। स एतं लोकमजयद् यस्मिन्नग्निः। स ते लोकः। तस्मात् त्वाऽन्तरेष्यामि यदि नावजिघ्रसि। वायुरादित्यः' **इति** ॥ २३ ॥ **स ह नावजघ्रौ** ॥ २४ ॥ **अथ ह वृषमन्त्र उवाच कथा न्ववजिघ्रेद्यत्रैनमध्वर्युर्मृत्युमेव दर्शयति न लोकमिति** ॥ २५ ॥ **तमु ह राजोवाच वृषमन्त्र यत्त्वमध्वर्युः स्या अवजिघ्रेदिति** ॥ २६ ॥ **अव हैति उवाच** ॥ २७ ॥ **अपि बहुभिरपायम्यमानस्तान् संखिद्यावजिघ्रेदिति** ॥ २८ ॥ 'त्वं मेऽध्वर्युरसी'**ति**

---

[1]यत्रैनमध्वर्युरिति यद्यप्यनुवादस्वरूपः[2] शब्दस्तथापि तु प्राप्त्यभावादपूर्वमेवेदमवघ्राणमभिधीयते। तैत्तिरीयकेऽन्नशेषस्यानुपसंहृतस्यान्नशेषस्याप्यवघ्रापणेऽस्य[3] मन्त्रस्य विनियोगः। शाखान्तरे वा[4]ऽवघ्रापणमित्यवगन्तव्यम्। तच्च प्रोक्षणानन्तरम्। पायनावसरे पाठक्रमादवघ्रापण[5]म् अध्वर्युणा[6] कार्यमिति चिन्तयितुं नियमः[7]। अवघ्राणेऽध्वर्युव्यवदिष्टत्वान्नान्या[8]ऽध्वर्योर्वृषमन्त्रस्य[9] चाघ्रापयितुर्दर्शनादध्वर्युरेवाभिमन्त्रयेतेत्यपरे[10]। तस्य न्याय्यत्वात्॥ २१ ॥

[11]काप्योऽध्वर्युर्वैतस्मिन् काल इति च समानाधिकरण्यात्। यत्[12] त्वमध्वर्युः स्या अवजिघ्रेदिति च दर्शनाद् अध्वर्युग्रहणमनुवादकत्वात्[13] प्रतिप्रस्थातृनिवृत्त्यर्थं वा॥ २२ ॥

वृषमन्त्रेण तावदनूच्याभिमन्त्रणान्तरं[14] दृश्यते।'वायुः पशुरासीदादित्यः पशुरासी'दित्यनुषङ्गः। यत्रैतं यजमानमित्यभिसंबन्धः। अवजिघ्रे[15]किमित्यध्याहारप्रश्नत्वादवजिघ्रेदित्यस्य प्रतीकम्॥ २३–२६ ॥

[16]अवशब्दो हेत्यवधारणायाम्। हेतीति प्राप्ते हैतीति छान्दसो निर्देशः ॥ २७॥

अपायम्यमानो[17] हि वार्यमाणः। पर्युरिव[18] वर्जयित्वा॥ २८॥

मदात्तवानसि[19] एतदहर्द्वयमिति[20] मत्वा भृशं प्रयतमानोऽपि न[21] किञ्चन पदार्थरूपं नेतुं शशाक काप्यः[22]। अतोऽतिवरणं कृतमित्यभिसंबन्धः। अत एतद् ज्ञाप्यते[23] कर्मण्यशक्तस्यातिवरणे[24] न दोषः।

---

१. M Ad T यद्येन°. २. M Ad यद्य...दस्स्वरु°. ३. M Ad शेषस्यावघ्रा°; thus T. ४. M Ad वामवघ्राण°; thus T. ५. M Ad °घ्रावण°. ६. M Ad °घ्रावणमध्वर्युः तच्च प्रोक्षणानन्तरमध्वर्युणा. ७. M Ad नि...यमः; thus T. ८. M Ad °दिष्टत्वान्नान्यो. ९. M Ad पृषमन्त्रस्यावघ्रा°. १०. M Ad °यतेत्य°; thus T. ११. M Ad काव्यो; thus T. १२. M Ad T यत्वम°. १३. T अनुवादकात्. १४. M Ad °भिमन्त्रेण°; thus T. १५. M Ad °जिघ्रेमित्य°; thus T. १६. M Ad (अ)ग्, T अथ. १७. M Ad अवायम्य°; thus T. १८. T पर्युरिव°. १९. M Ad मदात्तवासि. २०. T द्वयामीति. २१. M Ad om न; thus T. २२. M Ad काव्यः; thus T. २३. M Ad °प्यन्ते; thus T. २४. M Ad कर्मण्यतिश°; thus T.

हैनमुवाच। अपनुनोद ह काप्यम्॥ २९॥ तमु ह काप्योऽनुव्याजहार—अन्तरिमस्त्वा दक्षिणाभ्यो यो नावघ्रापयेः॥ ३०॥ अहं नयानीत्येव मन्यमानो न किञ्चन निनाय॥ ३१॥ अथ ह राजा शमितॄँ सꣳशशास 'यत्रैनमध्वर्युरपोऽवघ्रापयात् तदपायच्छाथे'**ति॥ ३२॥ स हैतस्मिन् काले-ऽवघ्राणेनाभिमन्त्रयाञ्चक्रे** 'अग्निः पशुरासी=द् यस्मिन्नग्निः। स ते लोकस्तं जेष्यसि यद्य-वजिघ्रसि। वायुरादित्यः' **इति॥ ३३॥ स ह बहुभिरपायम्यमानस्तान् संखिद्यैवावजघ्रौ॥ ३४॥ तदेतदवघ्राणं, चानवघ्राणं च॥ ३५॥ स यदि कामयेत नावजिघ्रेदित्यनवघ्राणेनाभिमन्त्रयेत, न हैवावजिघ्रति॥ ३६॥ अथ यदि कामयेतावजिघ्रेदित्यवघ्राणेनाभिमन्त्रयेतापि बहुभिरपायम्य-मानस्तान् संखिद्यैवावजिघ्रति॥ ११.६.१.३७॥ [इति प्रथमः पटलः (१७)]**

प्रसिद्धमितरान् प्रोक्षन्ति॥ १॥ न पुनः पुनः प्रोक्षणीरभ्यानयन्ति॥ २॥ निपाय्यावोक्ष्य निधाय पात्रम् 'अग्नये समिध्यमानायानुवाच' **आह॥ ३॥ अनूक्तासु *[1](सामिधेनीषु स्रुवेणाघारमाघार्याह** 'अग्नीदग्निं त्रिः संमृड्ढि' **इति॥ ४॥ स्रुग्भ्यामुत्तरम्॥ ५॥ असꣳस्पर्शय)न्नत्याक्रम्य पशून् समञ्जन्ति॥ ६॥ येऽग्निष्ठे तानध्वर्युश्च प्रतिप्रस्थाता च॥ ७॥ प्रतिप्रस्थातुः प्रतिप्रस्थातार इतरान् मुख्यान् समानदेवत्यानाम्॥ ८॥ सꣳ स्रुग्भ्याꣳ समज्य यथोपपादमितरान् समञ्जन्ति॥ ९॥ ध्रुवाꣳ समज्य स्रुचौ सादयित्वा प्रवरं प्रवृणीते॥ १०॥ सीदति होता॥ ११॥ प्रसूतः स्रुचावादत्ते॥ १२॥ प्रयाजान् यजति॥ १३॥** 'समिद्धो अञ्जन् कृदरं मतीनाम्' **इत्येता होताऽऽप्रीः करोति॥ १४॥ एताभिर्यजति॥ १५॥ तदाहुः—** 'ऊर्ध्वा अस्य समिधो भवन्ति' **इत्येताभिराप्रीणीयात्। एता वा ऊनातिरिक्ताः प्राजापत्या अश्वमनु विभजन्तीति॥ १६॥ तदु वा आहुः—न तदवकल्पेत। यदश्वस्याप्रीषु सतीष्वन्याभिराप्रीणीया-दित्यश्वस्यैवाप्रीभिराप्रीणीयादिति॥ १७॥ अश्वस्यैवाप्रीभिराप्रीणाति॥ १८॥** 'प्रेष्य प्रेष्य' **इति॥ १९॥ एकादश प्रयाजान् यजति॥ २०॥ चतुर्थाष्टमयोः सर्वꣳ समानयते॥ २१॥ उपभृतोऽधि स्रुच्येकादशं परिशिष्य दशेष्ट्वाऽत्याक्रामति॥ २२॥** 'स्वरुः स्वधितिहस्तान्' **इति**

*[1]. Text abri. अनूक्तासु=न्नत्याक्रम्य see V.2.1.21-23.

समर्थस्य वाऽतिवरणं[1] दोषायेति॥ २९॥

शमितारो रक्षिणः, हिंसात्मकत्वात्। अपायच्छथ[2] निवारयत[3]। अव्या[3]हाराद्यथोपपादमिति॥ १०.६.१.३२॥ **[इति प्रथमः पटलः (१७)]**

पात्रनियमाभावमात्रः[4]। द्रव्यं तावत्तदेव पात्रमात्रे हि व्यपदेशः॥ ३॥

अश्वतूपरगोमृगाणां स्वधितिद्वयसद्भावेऽप्येकैकेन [5]स्वधितिनैव समञ्जनं स्यात्। समञ्जनार्थत्वात् स्वधितीनाम्। स्वधितिप्रदाने हि विशसनार्थाभ्यां[6] द्वाभ्यां द्वाभ्यां स्यात्।

---

१. M Ad वातिन्दोषयेति; thus T. **२.** M Ad °यच्छाथ; thus T. **३–३.** M Ad °यता °याव°; thus T. **४.** M Ad °नियमभाव°; thus T. **५.** M Ad स्वधितिनेव स्वधितिनेव स्वधितिना. **६.** M Ad विशदनापदानार्थाº; thus T.

यथास्वरु यथास्वधिति पशून् समञ्जन्ति ॥ २३ ॥ येऽग्निष्ठे *१(तानध्वर्युश्च प्रतिप्रस्थाता च ॥ २४ ॥ प्रतिप्रस्थातुः प्रतिप्रस्थातार) इतरान् मुख्यान् समानदेवत्यानाम् ॥ २५ ॥ स्वरुणा समज्य यथोपपादमितरान् समञ्जन्ति ॥ २६ ॥ अवगूह्य स्वरुं यथायतनꣳ स्रुचौ सादयित्वा 'पर्यग्नयेऽनुब्रूहि' **इत्याह ॥ २७ ॥ उल्मुकपाणिः परिद्रवति ॥ २८ ॥ पञ्चापाव्यानि जुहोति ॥ २९ ॥ उत्तमेऽपाव्येऽश्वस्यापाव्यमनुवर्तयति** 'मेषस्त्वा पचतैरवतु लोहितग्रीवश्छागैः' **इति ॥ ३० ॥ निधायोल्मुकमा*२(ग्नीध्रं प्रतिपथं त्रिः पुनः परिद्रवति ॥ ३१ ॥ तदेवाग्नीदुल)मुकमादायोदङ् प्रतिपद्यतेऽन्वञ्चो ग्राम्यैः पशुभिः ॥ ३२ ॥ अत्रैवारण्यान् धारयन्ति ॥ ३३ ॥ अथाददते तार्प्यं च कृत्यधीवासं च सुवर्णꣳ रुक्मꣳ सुवर्णं कशिपु बर्हिर्भारमिति ॥ ३४ ॥ आग्नेयमेवाध्वर्युश्च प्रतिप्रस्थाता च ॥ ३५ ॥ वपाश्रपणीभ्यामन्वारभन्ते प्रतिस्थातुः प्रतिप्रस्थातार इतरान् ॥ ३६ ॥ तानेतेनान्तरा चात्वालोत्करौ निष्क्रम्य प्रज्ञातान् नयन्ति ॥ ३७ ॥ ऐन्द्राग्नानेव दक्षिणार्ध्यानाग्नेन्द्रानुत्तरार्ध्यान् ॥ ३८ ॥ आग्नेयायै वैतयोर्बर्हिषोरन्यतरदु वाऽस्यति ॥ ३९ ॥ एतेनैव यजुषा बर्हिर्भारमितरेभ्यः स्तृणन्नेत्योत्तरार्ध्यात् ॥ ४० ॥ अथाश्वायोपस्तृणन्नेत्युत्तरार्ध्यात् ॥ ४१ ॥ अथाश्वायोपस्तृणीते तार्प्यं च कृत्यधीवासं च सुवर्णꣳरुक्मꣳ सुवर्णं कशिपु ॥ ४२ ॥ यत्तार्प्यस्योच्छिष्यते तेनाश्वसंज्ञपनीꣳ रज्जुं वेष्टयित्वाऽश्वꣳ संज्ञपयन्ति ॥ ४३ ॥ तꣳ संज्ञप्यमानं यामेन साम्नोत्तरतः प्रस्तोतोपतिष्ठते ॥ ४४ ॥** 'मायून् कृण्वतः संज्ञपयन्त संज्ञप्तान्

---

*१. Text abri. येऽग्निष्ठे=इतरान् see X.6.2.7-8. *२. Text abri. निधायोल्मुकमा=मुकामा° see V.2.2.22-23.

मन्त्रश्चोह्यः ॥ २३ ॥

'घृतेनाक्ताः पशून् त्रायध्वम्' इति अश्वस्यापाव्ये[१]। 'अवत्वि'त्यनुषङ्गः[२]। लोहितग्रीवच्छागैरवत्वित्येवमुत्तमं[३] मन्त्रद्वयं परिहाप्य ॥ २९–३० ॥

अत्रैवारण्यान्[४] धारयन्ति[५] ग्राम्याश्चाष्टौ। [६]आरण्यशब्दो ह्यनालभ्य प्रदर्शनार्थः ॥ ३१–३३ ॥

अश्वार्थमपि बर्हिरुपास्यति तार्प्यादिरुपरि। न हि तार्प्यादिबर्हिषः प्रत्याम्नायः। प्रकृतिलिङ्गसंयोगात्[७] ॥ ४२ ॥

यत्तार्प्यस्योच्छिष्यत इति ब्रुवतोऽभिप्रायो द्राघीयसा च तार्प्येण भवितव्यम्। तस्य[८] चैकदेश[९] उपस्तीर्यत इति। अश्वं संज्ञपयन्ति[१०] च रज्ज्वा सामर्थ्याक्षिप्ता दृढा स्थूला च ॥ ४३ ॥

---

१. M Ad अश्वस्याभावे. २. M Ad °षङ्गम्; thus T. ३. M Ad उत्तम; thus T. ४. T °रण्यां. ५. M Ad °यति. ६. M Ad अरण्य°; thus T. ७. M Ad °लिङ्गसंयो°; thus T. ८. M Ad कस्य; thus T. ९. M Ad °देशत उप°. १०. M Ad संज्ञाप°. After this both M and Ad wrongly give the text beginning with 'याभिः सह' and ending with 'अत्याका तत्रस्था' (M p.304, line 18-19, Ad p.639, line 5-7) at the end of 6th Anuvāka. This text is also given in both M and Ad in the opening lines of the next 7th Anuvāka. As the proper place of the text is in beginning of the seventh Anuvāka, the extra text wrongly given at the end of sixth Anuvāka, has been removed.

प्रब्रुवथ' **इत्युक्त्वा पुनरेत्य** 'प्राणाय स्वाहा', 'व्यानाय स्वाहा' **इति संज्ञप्यमान आहुतीर्जुहोति** ॥ ४५ ॥ **पृषदाज्यमवेक्ष्याग्रेण राज्जुदालमग्निष्ठमुपविश्य ब्रह्मोद्यं वदतो ब्रह्मा च होता च** ॥ ४६ ॥ **दक्षिणतो ब्रह्मा भवत्युत्तरतो होता** ॥ ४७ ॥ **अथैनꣳ होता पूर्वं पृच्छति** 'ब्रह्मन् पृच्छामि त्वा' 'किꣳस्विदासीत्पूर्वचित्तिः' **इति** ॥ ४८ ॥ **प्रतिमनुते ब्रह्मा** 'द्यौरासीत् पूर्वचित्तिः' **इति** ॥ ४९ ॥ 'जितं ते ब्रह्मन्' **इत्याह होता** ॥ ५० ॥ 'जितं ते होतार्' **इत्याह ब्रह्मा** ॥ ५१ ॥ **अथैनं ब्रह्मा पृच्छति** 'होतः पृच्छामि त्वा' 'कः स्विदेकाकी चरति' **इति** ॥ ५२ ॥ **प्रतिमनुते होता** 'सूर्य एकाकी चरति' **इति** ॥ ५३ ॥ 'जितं ते होतार्' **इत्याह ब्रह्मा** ॥ ५४ ॥ 'जितं ते ब्रह्मन्' **इत्याह होता** ॥ ५५ ॥ **अथैनꣳ होता पृच्छति** 'ब्रह्मन् पृच्छामि त्वा' 'पृच्छामि त्वा परमन्तं पृथिव्याः' **इति** ॥ ५६ ॥ **प्रतिमनुते ब्रह्मा** 'वेदिमाहुः' **इति** ॥ ५७ ॥ 'जितं परमन्तं पृथिव्यास्ते ब्रह्मन्' **इत्याह होता** ॥ ५८ ॥ 'जितं ते होतार्' **इत्याह ब्रह्मा** ॥ ५९ ॥ **अथ हास्योदीचीनसꣳस्थो जयः संपद्यते** ॥ ६० ॥ **अथ संव्याहरन्ति** 'जितमस्य राज्ञ उद्भिन्नमपराजितम्' **इति** ॥ १०.६.२.६१ ॥ **[इति द्वितीयः पटलः (१८)]**

॥ इति दशमप्रपाठके षष्ठोऽनुवाकः ॥

प्रतिमनुते प्रतिब्रूते ॥ ४९ ॥

संव्याहरन्ति सर्वे तेऽत्रस्थाः ॥ १०.६.२.६१ ॥ **[इति द्वितीयः पटलः (१८)]**

॥ इति व्याख्यायां दशमप्रपाठके षष्ठोऽनुवाकः ॥

॥ अथ दशमप्रपाठके सप्तमोऽनुवाकः ॥

अथ संज्ञप्तेषु पशुषु संज्ञप्तहोमꣳ हुत्वाऽऽयन्ति 'शमितार उपेतन' **इति** ॥ १ ॥ **अथ पत्नीरुदानयन्ति** ॥ २ ॥ **महिषी प्रथमैति शतेन राजपुत्रीभिः सह त्रीणि च शतानि त्रयस्त्रिꣳशच्च सुवर्णाः सूचीर्हरन्तीर्मालाश्चूर्णानि** ॥ ३ ॥ **शतेनाराज्ञां जायाभिः सह वावाता त्रीणि च शतानि त्रयस्त्रिꣳशच्च रजताः सूचीर्हरन्तीर्मालाश्चूर्णानि** ॥ ४ ॥ **शेतन क्षत्तसंगृहीतर्णीं च कारिमागधानां च जायाभिः सह परिवृक्ती त्रीणि च शतानि त्रयस्त्रिꣳशच्चायस्मयीः शूचीर्हरन्तीर्मालाश्चूर्णानि** ॥ ५ ॥ **एतत् प्रसिद्धमेव** ॥ ६ ॥ **पशूनाप्यायन्ति** ॥ ७ ॥ **पशूनाप्याय्याश्वमलंकुर्वन्ति** ॥ ८ ॥ **यत्प्राचीनं क्रोडात् तन्महिषी शतेन राजपुत्रीभिः सह चूर्णैराधूय मालाभिः प्रच्छादयन्ति** ॥ ९ ॥ **यत्प्रतीचीनं क्रोडात् प्राचीनं नाभेस्तद् वावाता सहेतराभिश्चूर्णैराधूय मालाभिः प्रच्छादयन्ति** ॥ १० ॥ **यत्प्रतीचीनं नाभेस्तद् परिवृक्ती सर्वमपरार्धꣳ सहेतराभिश्चूर्णैराधूय मालाभिः प्रच्छादयन्ति** ॥ ११ ॥ **अश्वमलंकृत्य यमं धुन्वन्ति** ॥ १२ ॥ **महिषी प्रथमा पर्येति शतेन राजपुत्रीभिः सह दक्षिणान् नाडीन् प्रत्यस्य दक्षिणानूरून् नग्नान् कृत्वा** ॥ १३ ॥ **तानाघ्नानास्त्रिरभिसव्यं परि-यन्ति** 'गणानां त्वा', 'प्रियाणां त्वा', 'निधीनां त्वा' **इति** ॥ १४॥ **त्रिः परीत्येतरथा त्रिः पुनः प्रति परीत्योपविशन्ति** ॥ १५ ॥ **शतेनाराज्ञां जायाभिः सह वावाता सव्यान् नाडीन् प्रत्यस्य सव्यानूरून् नग्नान् कृत्वा** ॥ १६ ॥ **तानेवाघ्नानास्त्रिरभि सव्यं परियन्ति** 'गणानां त्वा'***१(**,'प्रियाणां त्वा', 'निधीनां त्वा' **इति** ॥ १७ ॥ **त्रिः परीत्येतरथा त्रिः पुनः प्रति) परीत्योपविशन्ति** ॥ १८ ॥ **शतेन क्षत्तसंगृहीतर्णीं च कारिमागधानां च जायाभिः सह परिवृक्त्युभयान् नाडीन् प्रत्यस्योभयानूरून् नग्नान् कृत्वा** ॥ १९ ॥ **तानेवाघ्नानास्त्रिरभि सव्यं परियन्ति** 'गणानां त्वा'*२(,'प्रियाणां त्वा', 'निधीनां त्वा' **इति** ॥ २० ॥ **त्रिः परीत्येतरथा त्रिः पुनः प्रति परीत्यो)पविशन्ति** ॥ २१ ॥ **एतस्मिन् काल इत्याहुः, एवंविच्छ्रोत्रियो यमं धुन्वीत** 'यमस्य सभागेयमवजयानि यमस्य सभाविजयमि'**ति** ॥

***१**. Text abri. गणानां त्वा=परीत्यो° see X.7.1.14-15. ***२**. Text abri. गणानां त्वा=पविशन्ति see X.7.1.14-15.

त्रिभिस्त्रायन्ति आप्यायनाय। सूचीर्मालाश्चूर्णानि आहरन्तीः[१], आहरन्त्य आगच्छन्ति। याभिः सह महिष्य[२] इत्येवमितरत्रापि ॥ २-६ ॥

चूर्णैर्गन्धचूर्णैर्मालाभिः[३] सुरभिगन्धाभिर्[४] आधूय[४] ॥ ८-११ ॥

केषां ताः अत्यकावतात् प्रत्यस्य[५] प्रातिकूल्येन ॥ १२-२१ ॥

पथमाहुर्ब्रह्मवादिनः धुन्वीत। कथमिमं मन्त्रं ब्रूयात्। सभागेयं[६], समानभागे तां सभां[७] विदेयं लभेयम्। वित्तेर्वा[८] विदेयं विद्यासम्। [९]उभयतश्छान्दसी रूपसिद्धिः। परार्थेऽस्मिन् कर्मणि निमित्तभूते

---

१. M Ad °रन्ति आ° ; thus T. **२**. M Ad °ष्येत्येव° ; thus T. **३**. M Ad गन्धयचैर्मा° ; thus T. **४-४**. M Ad भिराधयः. **५**. M Ad प्रत्य; thus T. **६**. M Ad समागधेयः, T साभागेयं. **७**. M Ad सभा; thus T. **८**. M Ad वित्तेर्वापि विधेयं; thus T. **९**. M Ad °समुभयत समुभयतच्छा° ; thus T.

२२ ॥ **सुकृतकलानाꣳ ह वा अमुष्मिन् लोके यमस्य सभायां विदीव्यन्ति** ॥ २३ ॥ **तदु वा आहुर्** 'विद्यया वैवंविच्छ्रोत्रियो यमं धुन्वीत, यमस्य सभागेयमवजयानि यमस्य सभाविजयमि'**ति** ॥ २४ ॥ **स यदि पर्ययणाय ध्रियेत प्राचीनावीतं कृत्वाऽप आचम्यैतासामेवैकाभिः सहः परीयाद्** 'गणानां त्वा', 'प्रियाणां त्वा', 'निधीनां त्वा' **इति** ॥ २५ ॥ **त्रिः परीत्येतरथा त्रिः पुनः प्रतिपरीत्योपविशन्ति** ॥ २६ ॥ **अथातः शम्यापासानामेव** ॥ २७ ॥ **स्त्रिय इत्याहुः शम्यापासो ब्राह्मणः । त्र्यहं युष्माभिर्न प्रत्याख्येयो यः कश्च सावित्रीमनूच इति** ॥ २८ ॥ **तन्नु ह स्मैतत् पूर्वेषाꣳ स्त्रियः वा त्रिष्णा स्त्रीरुपासते न पतीꣳश्चन काम्यमानाः** ॥ २९ ॥ **स यानेतान् पूर्वान् प्रणाय्यानाचक्षते राज्ञो राजपुत्रानराज्ञः सूतग्रामणीन् क्षत्तृसंग्रहीतॄꣳनित्येतेभ्यो हि ताः शम्यापासेभ्यो जज्ञिरे** ॥ ३० ॥ **अथ यामध्वर्युः कामयेत प्राणाय्योऽस्यै जायेतेति ताꣳ सꣳशिष्यात्**

श्रोत्र्यस्यार्थिनो यः कश्चित्पुरुषार्थोऽभिधीयते ॥ २२–२४ ॥

पर्ययणाय परिगमनाय । ध्रियेत बुद्धिश्चेत् कुर्यात् । अयमपि कश्चिद्विकल्प इत्यभिप्रायः ॥ २५–२६ ॥

शम्यापासा[१] अजितप्रजनना[२] शम्यासादृश्याच्छम्येति प्रजननमभिप्रेयते। शम्यामपास्यन्ति[३] प्रक्षिपन्ति । यत्र क्व चानियमेन ये ते शम्यापासाः[४] । तेषामधिकारः । अत एवं वक्ष्यते ॥ २७ ॥

राज्ञः स्त्रिय एवमाहुः[५] अध्वर्य्वादयः[६] । अथवा आत्मीया स्त्रियो ये केचन इत्याहुरेवं ब्रूयुः । शोभना प्रवासीमन्त्रं ब्राह्मणः[७]। ब्राह्मणानिर्धारण एतत्[८] । त्र्यहं[८] यः कश्चिद्[९] युष्मान् प्रार्थयते युष्माभिर्न प्रत्याख्येयः। यः कश्चित्सावित्रीमनूचे अनुब्रूते। 'छन्दसि लिट्' परोक्षे। सावित्रीमात्राध्ययनोऽपीत्यभिप्रायः ॥ २८ ॥

तदेतत्तस्मिन्नेकस्मिन्[१०] आश्वमेधिके[१०] त्र्यहे[११] पूर्वेषां प्रजासंपदमिच्छतां स्त्रियो भार्या[१२]वा त्रिष्णा स्त्री ऋतुस्नाता[१२] । एतदर्थे[१३] ह्यस्य शब्दस्य पूर्वापरे पदार्था घटन्ते[१४] । अस्ति चावयवप्रसिद्धिः । ताभिः प्रयोगादागमैश्चैवमेवोपासते। भस्म इवासितवत्यः[१५] कीलः[१६] निपातपरपुरुषाः । पतींश्च पतीनपि न

---

१. M Ad शम्या वासा; thus T. २. M Ad प्रजन्ना; thus T. ३. M °मवास्य°, Ad °मधास्य° ; thus T. ४. M Ad °शम्यावासा°. ५. M Ad °स्त्रियमाहुः ; thus T. ६. M Ad अध्वर्या° ; thus T. ७. T ब्राह्मणम्. ८–८. M Ad एतस्त्रियहं. ९. M Ad कश्चिन्नयु°. १०–१०. M Ad तस्मिन्नाश्वमेके. ११. M Ad त्रियकेह; thus T. १२–१२. M Ad वतिष्णातुस्नाता; thus T. १३. M Ad एतदर्थो; thus T. १४. M Ad °टते; thus T. १५. M Ad इवासिपत्यः ; thus T. १६. M Ad कीलानिपा° ; thus T.

वा त्रिष्णां स्त्रीं 'मां पतिं चन चीकमथाः, शम्यापासममुं ह्वयासै' **इति** ॥ ३१ ॥ **स यं प्रणाय्यं मन्यते स यथा राज्ञामश्वमेध्यश्वमेधो यज्ञक्रतूनामेवं ह वा एष समानेष्वधिभवति, होतो जायते** ॥ ३२ ॥ **अथातोऽभिमेथिकानामेव** ॥ ३३ ॥ **अश्वं परिश्रित्य महिषीमुदानयन्ति** ॥ १०.७.१.३४ ॥ **[इति प्रथमः पटलः** (१९)**]**

'अम्बे अम्बा=नयति=श्वकः' **इति** ॥ १ ॥ **तामश्वस्योत्तरत उपनिपातयति** ॥ २ ॥ 'सुभगे काम्पीलवासिनि' **इति प्रोर्णोति** ॥ ३ ॥ 'सुवर्गे लोके सं प्रोर्ण्वाथाम्' **इत्युपोहति** ॥ ४ ॥ **सव्यमूरु-मध्यूहति दक्षिणम्** 'आऽहमजानि गर्भधमा त्व=प्र सारयावहै' **इति** ॥ ५ ॥ **अधिवदते** 'वृषा वां रेतोधा रेतो दधातु' **इति** ॥ ६ ॥ **उपस्थे शिश्नं प्रतिनिधत्ते** 'उत् सक्थ्यो=सर्दिगृदिं परावधीत्' **इति** ॥ ७ ॥ **अथ गर्हयते** 'अम्बे अम्बाल्यम्बिके' **इति** ॥ ८ ॥ **तां यजमानोऽभिमेथति** 'ऊर्ध्वामेनामुच्छ्र्यताद्वेणुभारं गि=पुनन्निवामरे न त एषो लाम्' **इति** ॥ ९ ॥ **अथ गर्हयत एव** 'अम्बे अम्बाल्यम्बिके' **इति** ॥ १० ॥ **तां वावाताऽभिमेथति** 'यद्धरिणी यवमत्ति=पोषाय धनायति । आमभगे न त एषो लाम्' **इति** ॥ ११ ॥ **अथ गर्हयत एव** 'अम्बे अम्बाल्यम्बिके' **इति** ॥ १२ ॥ **तां परिवृक्त्यभिमेथति** 'इयं यका शकुन्तिका=धाणिका । अंशमे न त एषो लाम्' **इति** ॥ १३ ॥ **अथ गर्हयत एव** 'अम्बे अम्बाल्यम्बिके' **इति** ॥ १४ ॥ **तां कारिमागधा अभिमेथन्ति** 'माता च ते पिता च ते=मुष्टिमतं सयत् । अंशमायै दुहितर्न त एषो लाम्' **इति** ॥ १५ ॥ **अत्र न गर्हयते** ॥ १६ ॥ **अथास्या उभयतः परिच्छिन्नं तृणं**

कामयमानाः । पतयस्तावत् तस्यामवस्थायां कामयितव्याः । तानपि न कामयमाना इव प्रजासंपद्येव व्याप्रियन्ते[1] स्म । अथापरपतींश्च[2] पतीनपि[3] न काम*यमानाः एतेषां प्रजासम्पदमिच्छन्त्यस्तद् व्यग्रतयैव[4] न व्यभिचारबुद्ध्येति ॥ २९ ॥

प्रणाय्यशब्दः सम्मतावपि द्रष्टव्यः । यामध्वर्युः कामयेत राजभार्यासु यं प्रणाय्यं मन्यते तमुद्दिश्य ब्रूयात् 'अमुं ह्वयासा' इति ॥ ३२ ॥

अभिमेथिकानाम्* । अभिमेथिका[5] नाम मन्त्राः । अथवा याभिः अभिमेथन्ति[6] वावाताद्याः[7] तासामभिमेथनप्रकारोऽयं[8] वक्ष्यते ॥ ३३ ॥

उदानयन्त्यश्वसमीपम् ॥ १०.७.१.३४ ॥ **[इति प्रथमः पटलः** (१९)**]**

उपनिपातयन्तीति[9] समीपे शाययन्ति ॥ २ ॥

गर्हयन्ति । अश्वं महिषी अभिमेधति[10] आक्रोशति[11] ॥ ८ ॥

---

१. M Ad वाप्रिय° ; thus T. २. Ad अथवापतींश्च M अथापरवतींश्च; thus T. ३. M Ad पतीनविनकाम. *–* Text beginning with यमाना (M p.306, line. 4, Ad p.641, line 11) and ending with अभिमेथिकानाम् is missing in M and Ad. It is suppled by T from Kadangaśeri MS. ४. T[1] न्त्यस्तदोग्रयैव. ५. M Ad T °मेधिका°. ६. M Ad T अभिमेध°. ७. M Ad T वा वाताद्याः. ८. M Ad T °मेधनप्र°. ९. M Ad °यन्त्यश्चस°. १०. M Ad °मेधत्या°. ११. M Ad °शन्ति.

प्रयच्छति ॥ १७ ॥ **तेनैतदवमृष्टे यत्रैतदश्वस्य शिश्नं प्रतिनिहितं भवति** ॥ १८ ॥ **आनयन्त्येतां कुमारीमार्यवर्णामसिक्तरेतसं वैश्यां वा राजन्यबन्धुं वा** ॥ १९ ॥ **तामेतेन तृणेनाध्यस्येत्** 'मिथुनस्य त्वा शुचा बिध्यामि' **इति** ॥ २० ॥ **सा हेत्याहुरीश्वरा तत एव सभां प्रस्कन्दोरिति** ॥ २१ ॥ **स यां द्विष्यात् तामाभि वृथैव पल्यय्यैतेनैव तृणेनाध्यस्येत्** 'मिथुनस्य त्वा शुचा बिध्यामि' **इति** ॥ २२ ॥ **सा हेत्याहुरीश्वरा तत एव सभां प्रस्कन्दोरिति** ॥ २३ ॥ **अथैनामुत्थापयति** 'आपो हि ष्ठा मयोमुवः', 'यो वः शिवतमो रसः', 'तस्मा अरं गमाम वः', 'दधिक्राव्णो अकारिषम्', 'आ दधिक्राः' **इति** ॥ २४ ॥ **तदाहुः पवित्राणि वा एताः सर्वतो जपेयुरध्वर्युः प्रतिप्रस्थातारो यजमानः पत्न्य इति** ॥ २५ ॥ **सर्व एवैता जपन्ति** ॥ २६ ॥ **अवस्रंस्सयन्ति काचान्** ॥ २७ ॥ **अवालुम्पन्ति मालाः** ॥ २८ ॥ **सुवर्णा एवाध्वर्यो रजता प्रतिप्रस्थातुः सामुद्रा आग्नीध्रस्य** ॥ २९ ॥ **अथातोऽसिप–थान् कुर्वन्ति** ॥ ३० ॥ **यत्प्रतीचीनं क्रोडात् तन्महिषी शतेन राजपुत्रीभि सह** 'गायत्री त्रिष्टुप् जगती' **इत्येतस्यानुवाकस्य प्रथमाभ्यामृग्भ्याः सुवर्णाभिः सूचीभिर्लोमानि वियावः श्लेष्म्णा व्यवलिम्पन्ति** ॥ ३१ ॥ **यत्प्रतीचीनं क्रोडात् प्राचीनं नाभेस्तद् वावाता सहेतराभिश्चतुर्थीभ्यामृ–ग्भ्याः रजता सूचीभिर्लोमानि वियावः श्लेष्म्णा व्यवलिम्पन्ति** ॥ ३२ ॥ **यत्प्रतीचीनं नाभेस्तत् परिवृक्ती सर्वमपरार्धः सहेतराभिः षष्ठीभ्यामृग्भ्यामयस्मयीभिः सूचीभिर्लोमानि वियावः श्लेष्म्णा व्यवलिम्पन्ति** ॥ ३३ ॥ **असिपथान् कृत्वा सूचीरुत्प्रयच्छन्ति** ॥ ३४ ॥ **सुवर्णा एवाध्वर्यो रजताः प्रतिप्रस्थातुरयस्मय आग्नीध्रस्य** ॥ ३५ ॥ **एता न्वेव तद्धिरण्यं व्युदेति यत्किञ्चाश्वमभितः** ॥ ३६ ॥ **सुवर्णमेवाध्वर्यो रजतं प्रतिप्रस्थातुरयस्मयमाग्नीध्रस्य** ॥ १०.७.२.३७ ॥ **[इति द्वितीयः पटलः (२०)]**

आर्यवर्णामशूद्राम्[१] इत्यर्थः । वैश्यामित्यादि ब्राह्मणीनिवृत्त्यर्थम् ॥ १९ ॥

तत एव हेतोः सभां प्रवेष्टुं समर्थाम्[२] । पुंश्चली स्यादिति मतम् ॥२१ ॥

यः कुशलस्तमानयन्ति[३] । [४]सोऽनुशास्ति शिक्षयति[४] । असिपथकल्पनम् नह्यकुशलैस्त–च्छक्यम् ॥ ३० ॥

वियावं[५] विविच्य विविच्य श्लेष्मणा निर्यासादिना । प्रथमाभ्यां चतुर्थीभ्यां षष्ठीभ्यामिति लिङ्गसमवायाद्ध्युदेति[६] विवेकेनागच्छति[७] ॥ ३१ ॥

हिरण्यमित्युपक्रम्य अयस्मयमित्युपसंहाराल्लोहमात्रे हिरण्यशब्दो वर्तत इति केचित् । भूम्ना हिरण्यशब्दे वृत्तिर्गौणी । सुवर्णरजतयोरेव हि प्रचरतीत्यपरे ॥ १०.७.२.३६–३७ ॥ **[इति द्वितीयः पटलः (२०)]**

---

१. M Ad T आर्यं वर्णमशूद्रा [T °द्राम्]इत्यर्था. २. M Ad समर्थाः; thus T. ३. T °यति. ४–४. M om; thus Ad T; Ad °यन्ति. ५. Ad वं. पीयुतवियुत्य वि; thus T. ६. M Ad °याद्युदे° ; thus T. ७. M विवेकोनो[Ad ना]ग° ; thus T.

अथातो विशसनस्यैव ॥ १ ॥ आनयन्त्येतꣳ सूतश्रेष्ठस्य पुत्रं कुमारमसिक्तरेतसमश्वस्य विशसितारमलंकृत्य रुदन्तो यथा मरिष्यन्तमेवम् ॥ २ ॥ यो ह स्मेत्याहुरेतस्य पुरा प्रथम आछ्यति मूर्धा ह स्मास्य विपतिष्यतीति ॥ ३ ॥ तद्धैतत्केशी मैत्रेयो यत्राश्वमेधेनेजे तद्धैकयाव्नः कान्दमस्य पितामहं वा प्रपितामहं वोदानिन्युः कुमारमसिक्तरेतसमश्वस्य विशसितारमलंकृत्य रुदन्तो यथा मरिष्यन्तमेवम् ॥ ४ ॥ तदु ह दीर्घतमो मामतेय उपशुश्राव। स होवाच किमेतद् रुदन्ति, क एष घोष इति ॥ ५ ॥ तꣳ होचुर्भगवो न पश्यसीत्थमित्थꣳ सूतश्रेष्ठस्य पुत्रमुदानयन्ति कुमारमसिक्तरेतसमश्वस्य विशसितारमलंकृत्य रुदन्तो यथा मरिष्यन्तमेवम्। तस्य ह मूर्धा विपतिष्यति। तदेतद्रुदन्ति। स एष घोष इति ॥ ६ ॥ स होवाच कुमारेहि तेऽहं तद् वक्ष्यामि यथा त्वमेवाश्वं विशसिष्यसि, नो ते मूर्धा विपतिष्यतीति ॥ ७ ॥ तथा भगव इति ॥ ८ ॥ स एतत् षड्ऋचꣳ सूक्तं प्रोवाचोत्तरतोऽश्वस्योपविश्यासिफलकेनासिपथान् आपिꣳशन्नास्सै 'कस्त्वा छ्यति कस्त्वा विशास्ति' **इति ॥ ९ ॥ तमु त्वान्य उपपरिक्रम्य कुमार किमिदमश्वं क्लिशन्नास्स इत्थं वा अश्वं विशसिष्यतीत्यसिमादायाच्छास्यसीति, तस्य ह मूर्धा विपतिष्यतीति ॥ १० ॥ स हैवं चकार। तमु हान्य उप परिक्रम्योवाच कुमार किमिदमश्वं क्लिशन्नास्स इत्थं वा अश्वं विशसिष्यतीत्यसिमादायाचच्छौ। तस्य ह मूर्धा विपपात ॥ ११ ॥ तन्नु हैतदेवमेव कुर्यात् ॥ १२ ॥ प्रसिद्धमेवाग्नेयस्य च पौष्णस्य च वपे उत्खिद्याश्वस्य वपोद्धरणे प्रतिनिदधाति ॥ १३ ॥ तत एने जुषोत्खिदति ॥ १४ ॥ नाश्वस्य वपा भवतीत्याहुः ॥ १५ ॥ यदेवात्राश्वस्य लोहितं वा श्लेष्मा वा मेदस्तरसो वा श्लिष्यति तदेवाश्वस्य वपाभाजनं भवतीति ॥ १६ ॥ प्रसिद्धमितरेषां वपा उत्खिदन्ति ॥ १७ ॥ समाहरन्त्यस्मा उत्तबर्हिषि ॥ १८ ॥ ता एतेनान्तरा यूपाꣳश्चाहवनीयं चाति-हृत्य दक्षिणत उपसादयति ॥ १९ ॥ जघनेनाहवनीयमश्वस्य तूपरस्य गोमृगस्येति वपाः पर्या-हृत्योत्तरत उपसादयति, दक्षिणत इतरान् ॥ २० ॥ प्रगृहीतामेवाग्नेयस्य वपामभि जुहोति, सꣳस्रावेणेतराः ॥ २१ ॥ स यावदेव वपाः श्रप्यन्ते तावत् प्रियङ्गुतण्डुलैश्चरन्ति ॥ २२ ॥**

व्रात्यो[१] वा ब्रह्मवादिनः पुराकल्पो[२] ब्रह्मवादश्च[३] विशतुरेतद्विधानं प्रशंसयितुम्। असिफलकेनासिपार्श्वेन। [४]आपिंशन्नाकृष्टन्नश्ववपोद्धरणम्। यत्र वपोत्खेदनं कार्यं तूष्णीमात्मीयाभ्यां स्थानाभ्याम् उत्खिद्य, यत्र [५]प्रतिनिहिते तत्स्थानान्मन्त्रेणोत्खिदेद् ईदृशं [६]वचनं द्रष्टव्यम् ॥ ९ ॥

तरसो [७]मांसमश्वस्य वपा अर्थान्तरेणानुगृह्यते। [८]वपाकाम्येऽप्यर्थकर्मत्वाद्वाचनिकोऽयं प्रतिनिधिः। वपाभाजनं वपाभाग्वपाप्रयोजनम् ॥ १६ ॥

भूयसः एधान् प्रक्षिप्य विस्तीर्याग्निं यथासंभवं सर्वा वपाः श्रप्येरन्[९]। बह्वीनां वपानामुपयमन-स्यासंभवे देशभेदात् संस्रावेणेतरा इत्युक्तमेवाभिघारणे ॥ १०.७.३.२१ ॥ **[इति तृतीयः पटलः (२१)]**

---

१. T त्यो. **२.** M पुरक°. **३.** M Ad °वाद द्विशतु; thus T. **४.** M Ad अपींश°, T अपिं°. **५.** M Ad व्रत°. **६.** M Ad °दृश पेचनं; thus T. **७.** M मां मश्वस्य, Ad मां समस्य, T °मामश्व°. **८.** T वपाभावे°. **९.** M Ad श्रव्येरन्; thus T.

अश्वत्थपलाशेन चतुस्त्रिंशतमश्वस्तोमीयाभिः प्रियङ्गुतण्डुलान् जुहोति 'यदक्रन्दः प्रथमं जायमानः' **इत्येतैस्त्रिभिरनुवाकैः** ॥ २३ ॥ **द्विरुत्तमया जुहोति** ॥ २४ ॥ **तथा षट्त्रिंशत्संपद्यन्ते** ॥ २५ ॥ **उत्तमां जुह्वत् स हैतेन चर्मणानुप्रहरति** ॥ २६ ॥ **शृतासु वपासूत्तमं प्रयाजं यजति** ॥ २७ ॥ **गृहीतामेवाग्नेयस्य वपामभिघारयति, सꣳस्रावेणेतराः** ॥ १०.७.३.२८ ॥ **[इति तृतीयः पटलः** (२१)]

आज्यं च हिरण्यशल्कं च वपाया उपस्तृणीते ॥ १ ॥ **प्रसिद्धमेवाग्नेयस्य च पौष्णस्य च वपाभ्यां प्रचरति** ॥ २ ॥ **अथोपस्तीर्यं हिरण्यशल्कमवधायाश्वस्य तूपरस्य गोमृगस्येति वपाः संप्रलुम्पन्नाह** 'प्रजापतये' **इत्युपांꣳशु,** 'अश्वस्य तूपरस्य गोमृगस्य वपानां मेदसोऽवदीयमान-स्यानुब्रूहि' **इत्युच्चैः** ॥ ३ ॥ **अथोपरिष्टाद्धिरण्यशल्कमवधायाज्येनाभिघार्याश्राव्याह** 'प्रजा-पतये' **इत्युपांꣳशु,** 'अश्वस्य तूपरस्य गोमृगस्य वपां मेदः प्रस्थितं प्रेष्य' **इत्युच्चैः** ॥ ४ ॥ **पुरस्ता-द्वपानां पूर्वं महिमानं जुहोति** 'तस्य ते द्यौर्महिमा' **इति** ॥ ५ ॥ **हुतासु वपासूत्तमं महिमानं जुहोति** 'तस्य ते पृथिवी महिमा' **इति** ॥ ६ ॥ **प्रसिद्धमितरेषां वपाभिः प्रचरति** ॥ ७ ॥ **ये ये समानदेवत्याः पशवस्तेषामवीनां वपाभिः प्रचर्य ग्राम्याणां पशूनां निष्क्रीतीर्जुहोति** 'दिग्भ्यो भूत्यै स्वाहा', 'विराजो भूम्यै स्वाहा' **इति** ॥ ८ ॥ **ऐन्द्रासूराणां वपाभिः प्रचर्यारण्यानां पशूनां निष्क्रीतीर्जुहोति** 'इन्द्राय राज्ञे स्वाहा', 'वरुणाय राज्ञे स्वाहा' **इति** ॥ ९ ॥ **ये ये समानदेवत्यास्तेषाꣳ स्वाहाकृतिꣳ हुत्वा आहवनीये स्रुवाहुतिं जुहोति** 'हुताय स्वाहा', 'देवेभ्यः स्वाहा', 'प्रजापतये स्वाहा', 'सर्वस्मै स्वाहा' **इति** ॥ १० ॥ **स यत्र जुहोति** 'हुताय स्वाहा' **इति पूर्वयोरेवैषा तृतीया** ॥ ११ ॥ **अथ यत्र जुहोति** 'देवेभ्यः स्वाहा' **इति वपा एव तत्परिजुहोति** ॥ १२ ॥ **अथ यत्र जुहोति** 'प्रजापतये स्वाहा' **इत्यस्य एषा निष्क्रीतिः** ॥ १३ ॥ **अथ यत्र जुहोति** 'सर्वस्मै स्वाहा' **इत्यस्यो एवैषा सर्वस्य निष्क्रीतिः** ॥ १४ ॥ **ता एतेनान्तरा यूपांꣳश्चाहवनीयं चातिहृत्य वपाश्रपणीरत्यस्य वाऽतिप्रदाय**

अवीनामिति बहुवचनम्। सहोरणाभ्यां[१] भूम्या अवीनां वपानामिति प्रैषः ॥ ८ ॥

ऐन्द्रासूराणामिन्द्रासूर्याभ्यां छागानां[२] वपानामित्येवं सर्वत्र योज्यम्। 'इन्द्राय राज्ञे स्वाहा', [३]'वरुणाय राज्ञे स्वाहा'[३] 'यमाय राज्ञे', 'ऋषभाय राज्ञे', [४]'शार्दूलाय राज्ञे'[४], 'पुरुषराजाय', 'क्षिप्रश्येनाय', 'नीलगवे'[५], 'सोमाय राज्ञे', 'सिन्धवे हिमवते'। स्वाहेत्येवं सर्वत्र एकैकान्तेभ्यस्तेषा-मर्थाय यथा 'धात्रे स्वाहा', 'पूष्णे स्वाहे'ति ॥ ९ ॥

वपा एव तत्परिजुहोतीति वचनादयमेवात्र वपानामुत्तरः परियागः ॥ १२ ॥

अत्यस्य वाऽतिप्रदाय वा स्वयमेव[६] वा परिहृत्य अन्यस्मै वा अतिप्रदाय पुनरादायानुप्रहरतीति[७] विकल्पनाद्वयं लाघवायाभ्युपाय एव ॥ १५ ॥

---

१. M मसहोर°, Ad सहार°. **२.** M Ad जागा° ; thus T. **३-३.** M Ad om; thus T. **४-४.** M Ad om; thus T. **५.** M Ad नीलिङ्गवे; thus T. **६.** M Ad साय° ; thus T. **७.** M Ad °राद्यायानु° ; thus T.

वा विषूचीरनु प्रहरति ॥ १५ ॥ **यथोदञ्चं परेत्य चात्वाले मार्जयित्वा पशून् विशसन्ति** ॥ १६ ॥ **प्रसिद्धमेवाग्नेयस्य च पौष्णस्य च पशून् वशाय्य विशास्ति** ॥ १७ ॥ **स यो विशास्ति तꣳ सꣳशास्ति** 'शमितर्' **इत्याह,** '०माऽश्वस्य तिर्यग्लोम छैत्सीर्माऽश्वस्य तिर्यगस्थ्यभिशारीरङ्गश एनꣳ सचर्मकं विशस त्रेधाऽश्वतेजनी कुरुताद्, गोमृगकण्ठे तृतीयमश्वशफे तृतीयमयस्मये कमण्डलौ तृतीयमि'**ति** ॥ १८ ॥ **ताꣳ श्रपयित्वा त्रेधा व्यासिञ्चति** ॥ १९ ॥ 'शमितारौ' **इत्याह** '०मा तूपरस्य च गोमृगस्य च तिर्यगस्थ्यभिशारिष्टमङ्गश एनौ सचर्मकौ विशसतम्' **इति** ॥ २० ॥ **तानङ्गशः सचर्मकान् विशस्यैतासु महतीषु कुम्भीषु समवदधति** ॥ २१ ॥ **पृथगेवैषा मान्द्रास्थं च शीर्षापदं च श्रपयन्ति** ॥ २२ ॥ **प्रसिद्धमितरान् विशसन्ति** ॥ २३ ॥ **अथाह**–'आनयतारण्यान् पशून् प्रार्जत ग्रामं ग्राम्या अभ्यवयन्त्वरण्यमारण्या अभ्यवयन्तु नदीं नादेयाः सचन्तां मैनान् हिꣳसीष्ट' **इति** ॥ २४ ॥ **तानेतानन्तरा चात्वालोत्करौ निष्क्रमय्य प्रार्जन्ति ग्राममेव ग्राम्या अपियन्त्यरण्यमारण्या अभ्यवयन्ति, नदीं नादेयाः सचन्ते, नैनान् हिꣳसन्ति** ॥ २५ ॥ **प्रतायत एष एकविꣳश उक्थ्यः** ॥ २६ ॥ **तस्य शाक्वर्यं पृष्ठमन्यदन्यच्छन्दः पार्थुरश्मं ब्रह्मसाम संकृत्यच्छावाकम्** ॥ २७ ॥ **ऋजु प्रातःसवनꣳ सन्तिष्ठते** ॥ १०.७.४.२८ ॥ **[इति चतुर्थः पटलः** (२२)**]**

॥ इति दशमप्रपाठके सप्तमोऽनुवाकः ॥

'शमिताराविʼत्यादि ब्रुवत आचार्यस्याभिप्रायः। पशुग्रहणे प्रतिपशु शमितृभेद इति केचित्। इदं विषयं वचनमित्यपरे। असंभवादत्र शमितृभेदः। न चैतावताऽत्र[1] वचनं कल्प्यं, न चान्यत्र शमितृभेदेनेत्यन्ये[2]। [3]अस्थिमापिशरीर्माशास्थीस्तेजनी शोणितम्। तच्च पृथगेव श्रपयित्वा गोमृगकण्ठादावा सिञ्चति ॥ २० ॥

प्रार्जत उत्सृजत ॥ १०.७.४.२४ ॥ **[इति चतुर्थः पटलः** (२२)**]**

॥ इति व्याख्यायां दशमप्रपाठके सप्तमोऽनुवाकः ॥[4]

---

१. M Ad चैवाता° ; thus T. **२.** M Ad T °भेदते°. **३.** M Ad अस्मिमाचि°. **४.** M Ad ॥ इति सप्तमः ॥.

॥ अथ दशमप्रपाठके अष्टमोऽनुवाकः ॥

सृप्त्वा मार्जयित्वा माध्यन्दिनाय सवनाय संप्रसर्पन्ति ॥ १ ॥ **निग्राभ्यासु वाचयित्वा घोषिणोऽभिषुण्वन्ति** ॥ २ ॥ **शुक्रामन्थिनौ गृह्णाति** ॥ ३ ॥ **आग्रयणं द्वौ मरुत्वतीयौ** ॥ ४ ॥ **अभिगृह्णाति पृष्ठ्यान्** ॥ ५ ॥ **अथोक्थ्यम्** ॥ ६ ॥ **कलशान् संमृश्य विप्रुषाꣳ होमं जुहोति** ॥ ७ ॥ **सन्तनीं जुहोति** ॥ ८ ॥ **पवमानेन स्तुवते** ॥ ९ ॥ **स्तुत उत्तिष्ठन् संप्रेष्यति** 'अग्नीदग्नी=यत्ते वाद्यमि'**ति** ॥ १० ॥ **दधिघर्मेण प्रचर्य माध्यन्दिनीयैः पुरोडाशैः प्रचरति** ॥ ११ ॥ **शुक्रामन्थिभ्यां चरति** ॥ १२ ॥ **शुक्रामन्थिनोर्होममन्वेतस्य सोमचमसस्याप्तीराहवनीये निदधाति** ॥ १३ ॥ **ऋजुहोत्राः संमादयन्ति** ॥ १४ ॥ **सीदन्ति नाराशꣳसाः** ॥ १५ ॥ **दाक्षिणेभ्यो दाक्षिणानि होष्यन्नाप्तीराहवनीये जुहोति** ॥ १६ ॥ **अथ दाक्षिणानि हुत्वाऽर्धं जितस्य ददाति** ॥ १७ ॥ **यथाश्रद्धꣳ स्वस्य दत्त्वा समनुदिश्य वैश्वकर्मणानि हुत्वा पर्याप्तीराहवनीये जुहोति** ॥ १८ ॥ **अथाप उपस्पृश्य सद आलभ्य प्राङद्रवन्नाह** 'इन्द्राय मरुत्वतेऽनुब्रूहि' **इति** ॥ १९ ॥ **प्रसिद्धं त्रिभिर्मरुत्वतीयैश्चरति** ॥ २० ॥ **सीदन्ति नाराशꣳसाः** ॥ २१ ॥ **महेन्द्राय गृहीतो माहेन्द्रो भवति** ॥ २२ ॥ **अथादत्ते शार्दूलचर्म** ॥ २३ ॥ **तज्जघनेनाग्निं प्राचीनग्रीवमुत्तरलोमोपस्तृणाति** ॥ २४ ॥ **श्लक्ष्णकꣳ रजतꣳ रुक्ममुपास्य षट् पार्थानि, षट् प्राजापत्याः** 'हिरण्यगर्भः समवर्तताग्रे' **इति, पञ्च प्राणभृतः** 'अयं पुरो हरिकेशः' **इति षड् ऋतव्याः** 'वसन्ताय स्वाहा', 'ग्रीष्माय स्वाहा' **इति; द्वादश मासाहुतीः**

सृप्त्वा मार्जयित्वा उदम्[१] । सृप्त्वा निसृप्य[२] मार्जयित्वा उदकप्रयोजनं कृत्वा अत्यासनं कुर्वतोऽवश्यभाव्युदकार्थ इत्यभिप्रेत्यायमनुवादः । एवं सति यस्य नास्ति प्रयोजनं तस्यानियमः । अनुवादत्वे प्रकृतावेवमेव[३] कार्यम् । तद्विषयमेतद्वचनं नानुवादात्प्रवृत्तिविशेषायेत्यपरे ॥ १ ॥

घोषिणो घोषवन्तः शब्दं कुर्वन्तो ग्रावभिरभिषुण्वन्ति । प्रकृतपदार्थानुवादावसरेऽभिहितत्वात् घोषवत्तया प्रकृतावपि माध्यन्दिनीयस्याघोषवत्त्वम् अभिप्रेयते स्माचार्येणेति केचित् । आचार्येणाभिहितत्वात् प्रकृतावनियम इत्यपरे ॥ २ ॥

पृष्ठ्या आग्नेयाद्यास्त्रयोऽतिग्राह्याः । पृष्ठसंबन्धात्तेषां माध्यन्दिने सवनेऽतिग्रहणमन्तवाचनिकम्[४] । एतस्येति वक्ष्यमाणं बुद्धौ विपरिवर्तमानम्[५] परामृश्यते । [६]अपूर्वोऽप्यभिषेकार्थः ॥ ५ ॥

सोमचमसक्रीतात्[७] सोमात्सोमान्तरमुपादायोदकान्तरेणोपसृज्य कस्मिंश्चिन्महति चमसे गृहीतस्याप्तुमल्पं[८] शुक्रामन्थिनोर्होममनुवात्वाऽतिशिष्टमभिषेकार्थं निदध्यात् ॥ १३ ॥

ऋजुहोत्राः संमादयन्तीति [९]औपानुवाक्योक्तस्य पक्षस्यात्र नियमः ॥ १४ ॥

श्लक्ष्णकर्मणा[१०] नातृण्णम् ॥ २५ ॥

---

१. M Ad उदः, T उद. २. M Ad नि; thus T. ३. M प्र...पमेव, Ad °कृता एव° ; thus T. ४. M Ad °हणमन्तवाच[Ad य]म् ५. M Ad विपरीतवर्तमानः. ६. T आपूर्वो. ७. M Ad क्रीतान्; thus T. ८. M गृहीतुः स्यात्...शुक्र°, Ad गृहीस्या पप्तमल्पं; thus T. ९. M Ad द्वौवा° ; thus T. १०. M श्लक्षकर्म°, T °कर्म; thus Ad.

'मधवे स्वाहा', 'माधवाय स्वाहा' **इति, द्वादश भूतानामवेष्टीः** 'अमृतमसि' **इति** ॥ २५ ॥ **रुक्ममभिमृश्य** 'मृत्योर्मा पाहि' **इत्युपस्थं कृत्वा प्राङुपविशति** ॥ २६ ॥ 'दिद्योर्मा पाहि' **इति शतातृण्णाः सुवर्णः रुक्ममुपरिष्टाद् ऋषभचर्म धारयन्ति** ॥ २७ ॥ **अथाधि-देवते** ॥ १०.८.१.२८ ॥ **[इति प्रथमः पटलः** (२३)**]**

'सहस्रशीर्षा पुरुषः स=दशाङ्गुलम्' **इति** ॥ **१** ॥ **अथैतः सोमचमसं द्वादशसु चमसेषु व्यपनयति** ॥ २ ॥ **एष एवैषां त्रयोदशः** ॥ ३ ॥ **तमेत एव विपरियन्ति** ॥ ४ ॥ **अध्वर्युरेवैनमेतेनैव पुरस्तादभिषिञ्चति** 'प्रजापतेस्त्वा प्रसवे पृथिव्यै बाहुभ्यामन्तरिक्षस्य हस्ताभ्यां दिवो वृष्ट्यै सरस्वत्यै वाचो यन्तुर्यन्त्रेण प्रजापतेस्त्वा परमेष्ठिनः स्वाराज्येनाभिषिञ्चामि' **इति** ॥ ५ ॥ 'आ ब्रह्मन् ब्राह्मणो ब्रह्मवर्चसी जायताम्' **इति दक्षिणतो ब्रह्मा** ॥ ६ ॥ 'आऽस्मिन्राष्ट्रे राजन्य इषव्यः शूरो महारथो जायताम्' **इति शूरो राजन्यः** ॥ ७ ॥ 'दोग्ध्री धेनुः' **इति सूतः** ॥ ८ ॥ 'वोढाऽनड्वान्' **इति वैश्यः** ॥ ९ ॥ 'आशुः सप्तिः' **इति सचमानः** ॥ १० ॥ 'पुरन्धिर्योषा' **इति महिषी** ॥ ११ ॥ 'जिष्णू रथेष्ठाः' **इति सूरो राजपुत्रः** ॥ १२ ॥ 'सभेयो युवा' **इति युवा** ॥ १३ ॥ 'अस्य यजमानस्य वीरो जायताम्' **इति यजमानो यजमान्यः प्रति** ॥ १४ ॥ 'निकामे निकामे नः पर्जन्यो वर्षतु' **इति शतं तल्प्या राजपुत्राः** ॥ १५ ॥ 'फलिन्यो न ओषधयः पच्यन्ताम्' **इति भागदुघः** ॥ १६ ॥ 'योगक्षेमो नः कल्पताम्' **इत्यक्षावापगोविकर्तौ** ॥ १७ ॥ **अभिषिच्य षडुत्तराणि पार्थानि; षट् प्राजापत्याः** 'हिरण्यगर्भः समवर्तताग्रे' **इति; पञ्चापानभृतः** 'प्राची दिशाम्' **इति; षड् ऋतव्याः** 'वसन्ताय

शतातृण्णं[१] (?) शतातृण्णापेक्षया[२] ॥ १०.८.१.२७ ॥ **[इति प्रथमः पटलः** (२३)**]**

द्वादश[३] चापि[३] चमसा अपूर्वा एव। द्वादशसु [४]व्यपनीयात्राप्यवशेषयेत्। यत्रस्थः सोमस्तेनापि... अभिषेकः[५] श्रूयते ॥ २ ॥

तं यजमानम् एते वक्ष्यमाणा अभिषेक्तारो विविधं परीत्य तिष्ठन्ति[६] ॥ ४ ॥

सचमानो भजमानो[७] भागी राज्यस्य[८] युवा[९] राजा ॥ १० ॥

सूरः[१०] शूर एव वर्णव्यत्ययादिति केचित्। अथवा स्वरते रूपं तापकर्मणः[११]। यः शत्रूनुपतपति संग्रामेषु जयशील इत्यर्थः। असीरवितानुगन्तव्या। इमं यजमानमभिषिञ्चति ॥ १२ ॥

प्रति यजमानो यजमान्यः[१२] ॥ १४ ॥

अक्षावापगोविकर्ता। प्रकृतपरामर्शात्सर्वनाम्नः प्रकृतानां विश्ववासन्तमः। सोमसंबन्धा हि तेषां च यजमानचमससंबन्धविधौ येन[१३] तौ द्वावभिषिञ्चतो युगपदेकेन चमसेन ॥ १७ ॥

---

१. M Ad तृण्णशेत्व. **२.** M Ad शेत्वतृण्णाचेक्ष°. **३-३.** M द्वादशशेतचापि, Ad द्वादशशेतयापि; thus T. **४.** M Ad °व्यव°; thus T. **५.** M Ad T तेनापि....हुभिषेकः. **६.** M Ad °ष्ठति; thus T. **७.** M Ad भजतामानो; thus T. **८.** M Ad राजस्य; thus T. **९.** M युव°; thus T. **१०.** M Ad सूर; thus T. **११.** M Ad ताव°; thus T. **१२.** M Ad T यजमानोऽन्यः. **१३.** T येन न; thus M Ad.

स्वाहा', 'ग्रीष्माय स्वाहा' **इति; द्वादश मासाहुती:** 'मधवे स्वाहा', 'माधवाय स्वाहा' **इति; द्वादश भूतानामवेष्टी:** 'अमृतमसि' **इति** ॥ १८ ॥ 'भूर्भुवः सुवः' **इति त्रीणि यजूꣳषि वाचयति** ॥ १९ ॥ **वरं दत्त्वा वरं वृणीते** ॥ २० ॥ **अन्वारभते** ॥ २१ ॥ **अन्वारब्धे जुहोति** 'वि न इन्द्र मृधो जहि' **इति** ॥ २२ ॥ **एतया चैव मुखं विमृष्टे** ॥ २३ ॥ **उत्तरया च** 'वि शत्रून् वि मृधो नुद' **इति** ॥ २४ ॥ **अथास्य प्राजापत्याभिराप्रीभिर्दक्षिणꣳ हस्तं गृह्णाति** 'ऊर्ध्वा अस्य समिधो भवन्ति' **इत्येताभिः** ॥ २५ ॥ **पृष्ठे वसतीवरीर्गृह्णाति** ॥ २६ ॥ **ऋजु माध्यन्दिनꣳ सवनꣳ सन्तिष्ठते** ॥ २७ ॥ **ऋजु तृतीयसवनमा पवमानात्** ॥ २८ ॥ **पवमानेन चरित्वा संप्रेष्यति** 'अग्नीदग्नीन्विहर बर्हिः स्तृणाहि पुरोडाशाँ अलंकुरु, प्रतिप्रस्थातरुत्तरबर्हीꣳष्युपकल्पय पशुभिः प्रचरिष्यामः' **इति** ॥ २९ ॥ **पृषदाज्यस्योपहत्य त्रिः समुद्य पशून् समनक्ति** ॥ ३० ॥ **अन्वतिहरन्त्यस्मै दधिकुम्भं पृषदाज्यसन्ततिम्** ॥ ३१ ॥ 'न्युष्कान् पशून् कुरुत' **इत्युक्त्वा** 'मनोतायै हविषोऽवदीयमानस्यानुब्रूहि' **इति** ॥ ३२ ॥ **जुहूपभृतोर्वसाहोमीयायां पात्रियाꣳ समवत्तधान्यां यैषा महती तस्यां न्युष्कान् पशून् कृत्वा हरन्ति** ॥ ३३ ॥ **तानेतेनान्तरा यूपाꣳश्चाहवनीयं चातिहृत्य दक्षिणत उपसादयन्ति** ॥ ३४ ॥ **जघनेनाहवनीयमश्वं तूपरं गोमृगमिति पराहृत्योत्तर उपसादयन्ति, दक्षिणत इतरान्** ॥ ३५ ॥ **उत्तरतोऽश्वस्य तूपरस्य गोमृगस्यावद्यन्ति, दक्षिणत इतरेषाम्** ॥ ३६ ॥ **वैतसे कटेऽश्वस्य तूपरस्य गोमृगस्यावद्यन्ति, प्लक्षशाखास्वितरेषाम्** ॥ ३७ ॥ **सुवर्णेन सुवर्णत्सरुणाऽश्वस्य तूपरस्य गोमृगस्येत्यवद्यन्ति, रजतै रजतत्सरुभिरितरेषाम्** ॥ ३८ ॥ **तदाहुः सर्वेषामेव मनोता अनुब्रूयाद् इति** ॥ ३९ ॥ **तदु वा आहुः न वै तथा, सद्यः सन्तिष्ठेत। तिसर्णीमेवैकादशिनीनामनुब्रूयात्। त्रयस्त्रिꣳशद्वै देवतास्तद् देवता आप्नोतीति** ॥ ४० ॥ **तदु वा आहुर् एकादशिनीनामेवानुब्रूयाद् एकादशिनीं वा मनोता नातिप्रच्यवन्ते** ॥ १०.८.२.४१ ॥ **[इति द्वितीयः पटलः** (२४)**]**

वरं दद्यादध्वर्यवे नेदिष्टत्वात्। वरं वरणीयं प्रार्थनीयं फलं वृणीते प्रार्थयते[१] आशास्ते ॥ २० ॥

एतया चैव याज्यया[२] होमकृतः ॥ २३-२४ ॥

होतुः पृष्ठे प्रवर्तमाने उत्तमायाह्नि वसतीव[३]रीर्गृह्णाति। [४]वसतीवरीरवनीय [५]वसतीवरीर्गृह्णाति। अस्याहर्गणस्य[६] धर्मस्यात्रानुवादोऽयम्[६]। एतदेव प्रदर्शनं द्वादशधर्माणां सर्वत्राहीनेषु प्रवृत्तौ ॥ २६ ॥

समुद्य संवादं कृत्वा समनक्ति, अभिघारयति ॥ ३० ॥

पृषदाज्यस्य सन्ततिरस्य[७] दधिकुम्भस्य ॥ ३१ ॥

समवत्तधानी नावाकारा। अवदानानि यस्यां धीयन्ते। यैषा महती तां पात्रीं कुर्वन्ति। यः[८] परमो वृक्षस्तस्येत्युक्तम् ॥ १०.८.२.३३ ॥ **[इति द्वितीयः पटलः** (२४)**]**

---

१. M Ad om; thus T. **२.** M यजया, Ad T यजाया. **३.** M Ad वसतिपरि; thus T. **४.** M Ad °तीपरी°. **५.** M Ad वसतीपरी; thus T. **६-६.** M Ad °र्गणधर्मस्यात्रेऽत्रानुवा°; thus T. **७.** M Ad °रस्यदस्य; thus T. **८.** M Ad यो; thus T.

सान्ततः सावित्रयोरेव सन्तिष्ठते ॥ १ ॥ इदं यदु ह वै किञ्च सवितृप्रसूतं कर्म क्रियते सर्वं तत् समृद्धम्। ते सवितृप्रसूता एव प्रचरन्ति समृद्ध्या इति ॥ २ ॥ स यत्राश्वस्य तूपरस्य गोमृगस्येत्यग्नये स्विष्टकृते समवद्यन्ति तद् गोमृग एव गोमृगकण्ठमप्यर्जति ॥ ३ ॥ यदोपभृतः सौविष्टकृतमतिरिच्यते त्वत्पात्रीषु त्वच्चमसेषु त्वत्कुर्वन्ति ॥ ४ ॥ नाश्वस्येडाया अवद्यति ॥ ५ ॥ क्रोडमेव पिशितमनस्थिकमुत्पिश्य काष्ठेनोपतृद्य प्रतिवेशं निदधाति ॥ ६ ॥ अथ यत्र जाघनीभिः पत्नीः संयाजेभ्यः प्रहिणोति तदश्वस्य तूपरस्य गोमृगस्येत्यनस्थिकानि पिशितान्यु प्रतिवेशनि हिरण्यशफे च तेजनीम् ॥ ७ ॥ स यदेतैर्मनोतावद्भिः प्रचरत्यथैनमितरैरवत्तैः ॥ ८ ॥ अवत्तैरेव प्रत्यभिघारितैरुपासते ॥ ९ ॥ अथैषानुब्रूहि, प्रैष्यानुब्रूहि ॥ १० ॥ प्रेष्येत्येव चरति ॥ ११ ॥ ऐन्द्रासूरैः प्रचर्य वनस्पतिं जुहोति ॥ १२ ॥ स्विष्टकृतो होममन्वेतानि प्रतिप्रस्थातारस्त्वत्पात्रीभिस्त्वच्चमसैस्त्वत्कुर्वन्ति ॥ १३ ॥ नाश्वस्येडाया अवद्यति ॥ १४ ॥ क्रोडमेव पिशितमनस्थिकमुत्पिश्य काष्ठेनोपतृद्य पात्रीं बिल्व उपसंगृह्णाति ॥ १५ ॥ अत्र यत्र होत्रेऽवान्तरेडामादधाति तदेतत् काष्ठं तेजन्यालिप्तमधस्तात्पाणेरुपलिम्पन्ति ॥ १६ ॥ अथ तथैव राष्ट्राय पुरस्तादेवाभिवेदितं भवति ॥ १७ ॥ योऽस्याश्वस्य मेध्यस्य नावशिष्यत्यश्वीय एनम् पाप्मा गृह्णाति ॥ १८ ॥ तस्य क्रोडस्य पिशितस्यावच्छेदमादधाति ॥ १९ ॥ यावन्तो हास्याश्नन्ति तेषाः सर्वेषामिन्द्रियं वीर्यं वृङ्क्ते; ते हास्य सर्वे नैधवना भवन्ति ॥ २० ॥ तानि हैतान्यप्येतर्हि कुरुषु कूलानि नैधवनानि सन्ति ॥ २१ ॥ अथ यानध्वर्युः परितित्रासते तूपरस्य च तेभ्यो

सावित्रयोरेव सन्तिष्ठत इति ब्रुवतोऽभिप्रायः। एकादशानामेवानुब्रूयादिति प्रदानापेक्षया संख्या-नवत्वापेक्षयेति[१] ॥ १ ॥

गोमृगकण्ठात् तेजनीमानीय सौविष्टकृते तयैव तेजन्या लिप्तं काष्ठं प्रतिवेशमन्तिके निदधातीति ॥ ३ ॥

अन्यत्किञ्चित्पात्रीषु त्वदन्यच्चमसेषु त्वत्पात्रेषु[२] केषुचित्पात्रेषु कुर्वन्ति ॥ ४ ॥

उत्पिश्योत्कृत्योपसंग्रहमात्रेणेडावदानभक्तीः ॥ १५ ॥

अश्वीय[३] अश्वसंबन्धि। तद्राष्ट्रम् अग्रेण सदः समास्ते ॥ १८ ॥

अवच्छेदमवच्छिद्यादधाति[४] ॥ १९ ॥

भक्षयितुमिन्द्रियं[५] वीर्यं वृङ्क्ते यजमानम्। नैधवना निधवत्संबन्धा निधवनीया वार्थयितुं शक्या वशवर्तिनः[६]। अथवा नैधवनानि ध्वंसनीयानि[७] वर्जनीयानि ॥ २० ॥

परितित्रासते अश्वप्राशनात्परिभवाद्वा। प्राञ्चं चिनोति मध्ये पुरस्तात्पश्चादिति इतरयोर्वच-नात् ॥ २२ ॥

---

१. M Ad °ख्यानपश्चपे° ; thus T. **२.** M Ad °दपदेषु, T वदेषु. **३.** M °श्वीयं:, Ad °श्वीयं, T अश्वीयम्. **४.** T अपच्छेदमप°. **५.** T इन्द्रीयवीर्यं. **६.** M Ad °वर्तिना; thus T. **७.** M Ad om; thus T.

गोमृगस्य च पुच्छे निधाय तमश्वमङ्गशः प्राञ्चं चिनोति, पुरस्तात्प्रत्यञ्चं तूपरं पश्चात्प्रतीचीनं गोमृगम् ॥ २२ ॥ तान् सहैतेन कटेनानु प्रहरति 'क्रमैरत्यक्रमीद्वाजी', 'आक्रान् वाजी', 'ये ते पन्थानः सवितः पूर्व्यासः' इत्येतैस्त्रिभिरनुवाकैः ॥ २३ ॥ प्रहृत्य सन्ततिं जुहोति 'स्तेगान्द्रꣳष्ट्राभ्याम्' इति पञ्चभिः पूर्वैरनन्तर्हितैः, 'इन्द्रस्य क्रोडः' इति पञ्चभिरेवोत्तरैरनन्तर्हितैः, 'अग्नेः पक्षतिः' इति षष्ठः, 'वायोः पक्षतिः' इति सप्तमः, अरण्येऽनुवाक्योऽष्टमः, 'पन्थामनूवृग्भ्याम्' इति ॥ २४ ॥ अश्वमेवैतेनाभि जुहोति ॥ २५ ॥ 'इलुवर्दाय स्वाहा', 'बलीवर्दाय स्वाहा' इति, षट्त्रिंꣳशतमश्वस्तोमीयाः, तिस्रो द्विपदाः ॥ २६ ॥ ऋजु तृतीयसवनम् ॥ २७ ॥ सन्तिष्ठत एकविंꣳश उक्थ्यः ॥ २८ ॥ त एवाह 'ब्रह्मन् प्रस्थास्यामः' इति ॥ २९ ॥ अनूयाजानिष्ट्वा स्वरुं जुहोति ॥ ३० ॥ अथ हारियोजनेन चरित्वाऽप्सुषोमैश्-चरन्ति ॥ ३१ ॥ अथ प्रत्यञ्चः परेत्य जाघनीभिः पत्नीः संयाजयन्ति ॥ ३२ ॥ स यत्र जाघनीनामग्नये गृहपतये समवद्यति तदेतस्मात्कमण्डलोरयस्मयात्तेजनीमानीय काष्ठं तेजन्यालिप्तं प्रतिवेशं निदधाति ॥ ३३ ॥ अथैतमश्वशफमजिनवासिने वा घृष्वचमसाय वोत्प्रयच्छन्नाह 'इमं प्राञ्चꣳ हृत्वा होतुर्वषट्कारमनु संप्रत्यश्वमनु प्रहरतादि'ति ॥ ३४ ॥ तमु स प्राञ्चꣳ हृत्वा होतुर्वषट्कारमनु संप्रत्यश्वमनु प्रहरति ॥ ३५ ॥ अथ यत्र होत्र इडामादधाति तदेतत्काष्ठं तेजन्यालिप्तमधस्तात्पाणेरुपलिम्पन्ति ॥ ३६ ॥ पत्नीः संयाज्य प्राङुदायन् तराꣳसि जुहोति ॥ ३७ ॥ तराꣳसि हुत्वा ध्रुवामाप्याय्याज्यस्थाल्यामवनीय वसतीवरीः परिहृत्य पयाꣳसि विशिष्योपवसन्ति ॥ १०.८.३.३८ ॥ [इति तृतीयः पटलः (२५)]

॥ इति दशमप्रपाठके अष्टमोऽनुवाकः ॥

अनुवाकत्रयान्ते ॥ २३ ॥

प्रहृत्य सन्तानैर्वक्ष्यमाणैर्मन्त्रैः आज्येनाभि जुहोति प्रतिवाक्यं [1]“स्तेगान्दꣳष्ट्राभ्यां स्वाहा”[2]; 'मण्डूकान् जम्भ्येभिः स्वाहा' इति। एवम् अरण्येऽनुवाक्यग्राह्यशब्दस्य[3] च लौकिकत्वादकर्मनामत्व-मिति पुनराचार्येणात्रापि कालनिर्देशः कृतः। अतोऽरण्येऽनुवाक्यं 'प्रयासाय स्वाहे'ति। अथवा 'चित्तं सन्तानेने'ति इतरस्योत्तरत्रविनियोज्यत्वान्निर्मन्थ्याद् अनिर्गतमध्यप्रदेशादारभ्याभिजुहोति ॥ २४ ॥

अश्वशफात् तेजनीम्, 'अग्नये गृहपतये' आनीयेति ब्रुवतोऽभिप्रायः। स्विष्टकृदेवाग्निर्गृह-पतिरपीति ॥ ३३ ॥

उत्तमायाह्ने[4] वसतीवरीः परिहृत्य पयांसि[5] विशिष्योपवसन्ति ॥ १०.८.३.३८ ॥ **[इति तृतीयः पटलः (२५)]**

॥ इति व्याख्यायां दशमप्रपाठके अष्टमोऽनुवाकः ॥

---

१. Ad T स्तेका. २. M Ad om; thus T. ३. M Ad °रण्येऽनुग्राह्य°. ४. M Ad °मायावो; thus T. ५. M Ad वयां°; thus T.

॥ अथ दशमप्रपाठके नवमोऽनुवाकः ॥

प्रातर्हस्ताववनिज्याह्ने सावित्रं जुहोति ॥ १ ॥ अथाज्यानि गृहीत्वोपावहृत्य राजानं प्रातरनुवाकमुपाकरोति ॥ २ ॥ परिहिते प्रातरनुवाकेऽपोऽच्छैति ॥ ३ ॥ अपो व्यवनीयाहवनीये सꣳस्रावꣳ हुत्वाऽतिरात्रे क्रतुं कृत्वा प्रपद्यते ॥ ४ ॥ प्राजापत्यं दधिग्रहं जुहोति ॥ ५ ॥ ऋजुरभिषवः ॥ ६ ॥ प्रसिद्धा ग्रहा आऽऽश्विनात् ॥ ७ ॥ आश्विनं गृहीत्वोपनिष्क्रम्य परिवीयमाणायानुवाच आह ॥ ८ ॥ एकादशाग्निष्ठे रशनां परिव्ययति ॥ ९ ॥ एकादश गव्यान् पशूनुपाकरोति प्राजापत्यानु-त्तमानाश्वमेधिकान् ॥ १० ॥ तेषां वपा हुत्वा मार्जयित्वा सं प्रसर्पन्ति ॥ ११ ॥ प्रतायत एष सर्वस्तोमोऽतिरात्रः ॥ १२ ॥ ऋजु प्रातःसवनꣳ सन्तिष्ठते ॥ १३ ॥ ऋजु तृतीयसवनम् ॥ १४ ॥ सन्तिष्ठत एष सर्वस्तोमोऽतिरात्रः ॥ १५ ॥ ऋजु प्रातःसवनꣳ सन्तिष्ठते ॥ १६ ॥ ऋजु माध्यन्दिनꣳ सवनमा दाक्षिणेभ्यः ॥ १७ ॥ दाक्षिणानि होष्यन्नाप्तीराहवनीये जुहोति ॥ १८ ॥ अथ दाक्षिणानि हुत्वाऽतिशिष्टं जितस्य ददाति ॥ १९ ॥ यथाश्रद्धꣳ स्वस्य दत्त्वा समनुदिश्य वैश्वकर्मणानि हुत्वा पर्याप्तीराहवनीये जुहोति ॥ २० ॥ न पृष्ठे वसतीवरीर्गृह्णाति ॥ २१ ॥ ऋजु माध्यन्दिनꣳ सवनꣳ सन्तिष्ठते ॥ २२ ॥ ऋजु तृतीयसवनम् ॥ २३ ॥ सन्तिष्ठत एष सर्वस्तोमोऽतिरात्रः ॥ २४ ॥ त एवाह 'ब्रह्मन् प्रस्थास्यामः' **इति ॥ २५ ॥ अनूयाजानिष्ट्वा स्वरुं जुहोति ॥ २६ ॥ अथ हारि-योजनैश्चरित्वाऽप्सुषोमैश्चरन्ति ॥ २७ ॥ अथ प्रत्यञ्चः परेत्य जाघनीभिः पत्नीः संयाजन्ति ॥ २८ ॥ स यत्र जाघनीनामग्नये गृहपतये समवद्यति तदेतस्मादयस्मयात्कमण्डलोस्तेजनीमानीय काष्ठं तेजन्यालिप्तमधस्तात्पाणेरुपलिम्पन्ति ॥ २९ ॥ पत्नीः संयाज्य प्राडेत्य षड् ऋग्मियाण्य-हौषीत् ॥ ३० ॥ त्रीणि यजूꣳषि जुहोति ॥ ३१ ॥** 'आयुर्दा' **इति दशमीꣳ सꣳसृजन्ते ॥ ३२ ॥ अव-भृथमाददते स्रुवꣳ स्रुचमाज्यस्थाल्याज्यं वारुणं दशकपालं प्रतिपुरुषं वासाꣳस्ययस्मयं कमण्डलुम् ॥ ३३ ॥ आनयन्त्येतꣳ शुक्लं विक्लिधं खलतिं पिङ्गाक्षम् ॥ ३४ ॥ अथ दक्षिणे ह्रदे नावं वोपस्थापयन्ति हस्तिनं वा ॥ ३५ ॥ अथ चात्वालमुपस्थाय दक्षिणꣳ ह्रदमभ्यवभृथं यन्ति ॥ ३६ ॥** 'क्रमैरत्यक्रमीद्वाजी', 'आक्रान् वाजी पृथिवीम्', 'ये ते पन्थानः सवितः पूर्व्यासः' **इत्येतैस्त्रिभिरनुवाकैरेत्याध्वरस्यावभृथं जुहोति** 'अग्नेरनीकमप आ विवेश' **इति ॥ ३७ ॥ अथा-ग्नेरवभृथं जुहोति** 'समुदाय वयुनाय' **इति ॥ ३८ ॥ अथाश्वमेधस्यावभृथं जुहोति** 'नमो राज्ञे' 'नमो वरुणाय' **इति ॥ ३९ ॥ स्नानं परिशिष्टं भवति ॥ ४० ॥ तदेतस्मादयस्मयात्कमण्डलोस्ते-**

गृहपतियोग आवर्तमान एकस्यापि गृहपतेरन्यत्वं परिकल्प्यम्। 'यत्स्विष्टकृद्भ्यो लोहितं जुहोती'ति बहुवचनात्[1] । मन्त्रा[1]वचनात् तूष्णीकम् ॥ २९ ॥

चात्वालसमीपे स्थित्वेति केचित् ॥ ३६ ॥

स्नानं परिशिष्टं भवति ॥ ४० ॥

अनुयाजानन्तरं तेजनीमानीय पात्रान्तरे काष्ठेनोपहत्योपहत्य तेजनीं जुहोति ॥ ४१ ॥

१-१. M Ad ° वचनमन्त्रा° ; thus T.

जनीमानीयोपरिष्टात्पाप्मनोऽवयजते ॥ ४१ **॥ अधस्तादु हैकेऽव यजन्ते ॥** ४२ **॥ उभयतस्त्वेवावयजेत ॥** ४३ **॥ काष्ठेनोपघातं जुहोति** 'मृत्यवे स्वाहा', 'अमृत्यवे स्वाहा' **इति नवतिमाहुती:;** 'प्रयासाय स्वाहा' **इत्येकादश; ता एकशतम् ॥** ४४ **॥ अथ नावं वाऽधिरोहन्ति हस्तिनं वा ॥** ४५ **॥ तदेष शुक्लो विक्लिधः पूर्वः प्रतिपद्यते ॥** ४६ **॥ ते यत्र स्नात्वमागच्छन्ति तदेष य उप-मज्जितस्य य उपमज्जतः शीर्षन्नावर्तो भवति तदेतां तेजनीं जुहोति** 'जुम्बकाय स्वाहा' **इति ॥** ४७ **॥ अनुन्यस्यति कमण्डलुम् ॥** ४८ **॥ तमेष एव प्रतिपद्य दक्षिणावप्लवते यथा सꣳशिष्टो भवति ॥** ४९ **॥ तस्मा अनोयुक्तं च शतं च दत्त्वाऽऽह** 'क्षत्तरेतदेतस्मा उपकुरु, अथैनं निर्वह, मा मे विजिते वात्सी:' **इति ॥** ५० **॥ प्रतिगाधे स्नान्ति ॥** ५१ **॥ स्नात्वोदेत्य ॥** ११.९.१.५२ **॥ [इति प्रथमः पटलः** (२६)**]**

उदयनीयेन चरित्वोत्तरतो मैत्रावरुणीं वशामालभते ॥ १ **॥ तस्यै सौरीर्नव श्वेता वशा इत्युपालम्भ्या भवन्ति ॥** २ **॥ उच्चैर्मैत्रावरुण्या आश्रावयत्युपाꣳशु सौरिणाम् ॥** ३ **॥ अथैकस्या एव तासां वपाꣳ हुत्वा मार्जयित्वा प्रत्यङ् परेत्य पात्नीवतस्यावृता पात्नीवतमुच्छ्रित्य तस्मिन्नेतान् पशूनालभन्ते छगलं कल्माषं किकिदीविं विदीगयमिति ॥** ४ **॥ तान् पर्यग्निकृतानुत्सृज्य पशु-पुरोडाशावुपयन्ति मैत्रावरुणमेककपालं नवैकं वा सौर्यान् ॥** ५ **॥ताननुवर्तन्ते देविकानां च**

स्नात्वं[१] स्नानप्रदेशं यत्र सुखेन स्नाति। अधिकरणे त्वत्प्रत्ययो द्रष्टव्य:। तस्मिन् प्रदेश [२]एव खलतिरुपमज्जति। शीर्षन् शिरसि। सटपरिकं (?) कमण्डलुम्[२]। एष एव[३] खलति: ॥ ४८ ॥

प्रतिलभ्य दक्षिणेनास्मात्प्रदेशादुन्मज्जति। तथा प्रागेव संशिष्ट:[४] शिक्षितो[५] भवति। दक्षिणतस्तु[६] मज्जनीयम्[७] ॥ ४९ ॥

तत्रैव[८] त्वमिति। मम विजिते मण्डले मा वात्सी: ॥ ५० ॥

प्रतिगाधे प्रतिषेधति प्रदेशे नागाधे॥ १०.९.१.५१ ॥ **[इति प्रथमः पटलः** (२६)**]**

छगलो बस्त:। किकिदीविर्नाम पक्षिविशेष: यस्य [९]वागिटीद्निटीदित्येतादृश: स्वर:। पृष्ठत: पृष्ठत उपतंशो विदीगय:। त्वाष्ट्रदेवता एते पशव:। त्वाष्ट्रान्पशूनालभत इति ब्रुवता[१०] ॥ ४ ॥

पर्यग्निकृतान् पात्नीवतविधानेनोत्सृज्य देवतार्थं पशून् पुरोडाशपूर्ववत् प्रधानार्थमिति सन्देहाद् अनेनाचार्येण विकल्प्यते स्म। नवैकं[११] वा सौर्यानिति[१२]। देवतार्थत्वे देवताया एकत्वादेकेनैव सा संस्क्रियेत[१३]। प्रधानार्थत्वे प्रधानभेदात् प्रतिप्रधानम्। अथवा सिद्धेऽपि प्रधानार्थत्वे विकल्पनावकल्पते। किं तन्त्रेणोपकर्तुमुत्सहते, उत भेदेनेति ॥ ५ ॥

---

१. M Ad स्नात्वा; thus T. २-२. M Ad om; thus T. ३. M Ad om; thus T. ४. T संश्लिष्ट:. ५. T शिश्रितो. ६. M Ad T दक्षिणतव्यस्तु यो. ७. M Ad मार्जनीयं; thus T. ८. T तभैवत्वमिति. ९. M Ad T वागिदीद् निटीदि°, M Ad वागि टिद्धिटीत्ये°. १०. M Ad ब्रुवतान्, T ब्रुवता. ११. T नव वैकं. १२. T र्यादिति. १३. M Ad संस्तूयते; thus T.

हवींषि ॥ ६ ॥ उच्चैर्मैत्रावरुणस्याश्रावयत्युपांशु सौर्याणाम् ॥ ७ ॥ यथैकस्यैवं प्रैषवन्तः पशुपुरोडाशाः ॥ ८ ॥ अनुब्रूहि ॥ ९ ॥ 'यज' इति, इतरेषां हविषामुपांशु ॥ १० ॥ पुरस्तात् पुरोडाश-स्विष्टकृतो गव्यानि जुहोति 'मयोभूर्वातो अभिवातूस्राः' **इति ॥ ११ ॥ समानः प्रैषवान् स्विष्ट- कृत्, समानीडा ॥ १२ ॥ पुरस्तात् पशुस्विष्टकृतः सन्नतीर्जुहोति** 'अग्नये समनमत्' **इति ॥ १३ ॥ अनूयाजानिष्ट्वा पत्नीः संयाज्य पुरस्तात् समिष्टयजुषी आभुवो जुहोति ॥ १४ ॥ अथोपरिष्टात् समिष्टयजुषां चतुर्विंशतिमनुभुवो जुहोति** 'अग्निना तपोऽन्वभवत्' **इति ॥ १५ ॥ ऋजु पशुभिः प्रचर्य यज्ञवास्तु कृत्वोदवस्यति ॥ १६ ॥ अथैतद्वै वाऽहः श्वोभूते वा विशालयूपमुच्छ्रित्य तस्मिन्नेतान् पशूनालभन्ते आग्नेयमैन्द्राग्नमाश्विनम् इति ॥ १७ ॥ तेषां वपा हुत्वा मार्जयित्वा पशुपुरोडाशान्निर्वपन्ति ॥ १८ ॥ तान्मृगारेष्टिमनुवर्तयते,** 'अग्नयेंऽहोमुचेऽष्टकपाल' **इत्येषा ॥ १९ ॥**

विशालो यूपस्यात्र चोदनाच्चाषालोऽपि भेदाद् यूपस्यैकात्मम्, रशनाभेदः[१] ॥ १७ ॥

मृगारेष्टौ प्रथम आग्नेयविकारः। नवमदशमद्वितीयाश्चैन्द्राग्नविकाराः। तृतीयश्चतुर्थाष्टमावुपांशुयाजविकारौ। अवशिष्टा अग्नीषोमीयविकाराः। चतुर्थे संशेरते। केचित् तौ [२]किं निर्गुणौ[२] वायुः सविता च निगमयितव्योऽथ सगुणाविति। यदि तावदागोमुग्भ्यामित्येतद्[३] देवताया विशेषणं नावकल्पेत, तदा निर्गुणौ[४]। अथावकल्पेत ततः सगुणौ। तत्र को व्यवसायः। निगुर्णाविति, तत[५] इदं निरूप्यते विशेषणं[६] नावकल्पत इति। कुत एतत्। सविशेषणानां यतस्तद्धितसमासः प्रत्यवक्लृप्ति-वृत्तस्य च विशेषणाभावः[७] ततस्तद्धितान्तश्चायं वायुः सावित्र इति शब्दः। तत्र च देवतार्थो गुणतः प्रत्ययार्थः प्रधानतः। न च[८] नामपदान्तरेणोच्यमानं विशेषणं[८] पदान्तरे[९] गुणभूतमर्थमात्मानं निर्देष्टुं नोत्सहते। यच्च नामप्रधानं तद्विशिष्टदेवतार्थं च गुणभूतमित्युक्तम्। तस्माद्विशेषणानवक्लृप्तिस्ततो निर्गुणाविति। अत्रोच्यते। सगुणौ[१०] निगमयितव्याविति। तत इदं निर्वर्ण्यते। आगोमुग्भ्यामित्यनेन देवताविशेषणमवकल्पत इति। ननूक्तं सविशेषणानां प्रवृत्तिर्नावकल्पत इति पदान्तरेणोच्यमानोऽर्थः पदान्तरे गुणभूतमर्थं विशेष्टुं नोत्सहत इति। सत्यमेतत्। तथापि तु निर्गुणपक्षे आगोमुग्भ्यामिति समस्तस्य पदस्यानर्थक्यम्। इतरस्मिन्पक्षेऽर्थान्तरस्यापेक्षस्य वृत्तिः कल्पनामात्रम्। न कश्चिच्छब्दार्थः परिहीयते। दृश्यते च[११] सापेक्षाणां[११] वृत्तिर्यथा असूर्यं पश्यानि[१२] मुखानीति[१२]। ननु न गम्यते वृत्तस्य विशेषणसंबन्धः। सत्यम् एवम्। तथापि तु कस्यचित् समस्तस्य शब्दस्यार्था[१३]नर्थक्यपरिजिहीर्षया परिकल्पनीयम्। ननूक्तं पदान्तरे गुणभूतस्य विशेषणमनुपपन्नमिति। नैष दोषः। असंभवति प्रधानसंबन्धे गुणभूतेनापि गुणसंबन्धोऽभ्युपगमनीयः। ततो विशेषणमवकल्पते। एवं चेत् सिद्धं[१४] सगुणयोरेव निगमनम्॥ १९ ॥

---

१. T रशनस्याभेदः. २-२. M Ad किणोर्गु°. ३. M Ad °मित्यनेन; thus T. ४. M Ad °र्गुणो. ५. M Ad om; thus T. ६. M Ad विशेषं. ७. M Ad भावकृतस्त°. ८-८. M Ad नामविशेषणोच्यमान विशेषं; thus T. ९. M Ad om. १०. M Ad सगुणेन; thus T. ११-११. M Ad चमसापे°; thus T. १२-१२. M Ad पश्यानीतिमुखानि; thus T. १३. M Ad शब्दस्यानर्थ°; thus T. १४. M Ad सिद्धं चित्समस्तस्य सगु°; thus T.

तेषामेता याज्यानुवाक्या 'अग्नेर्मन्वे प्रथमस्य प्रचेतसः', 'यत्ते वयं पुरुषत्रा यविष्ठ', 'यता ह तद्वसवो गौर्यं चित्' **इति** ॥ २० ॥ **संयाज्ये प्रैषवन्तः पशुपुरोडाशाः** ॥ २१ ॥ 'अनुब्रूहि' ॥ २२ ॥ 'यज' **इति, इतरेषाꣳ हविषामुपाꣳशु** ॥ २३ ॥ **पुरस्ताद् पुरोडाशस्स्विष्टकृतो ब्रह्मवर्चसानि जुहोति** 'आ ब्रह्मन् ब्राह्मणो ब्रह्मवर्चसी जायताम्' **इति** ॥ २४ ॥ **समानः प्रैषवान् स्विष्टकृत्, समानीडा** ॥ २५ ॥ **वीणागाथिभ्यामनोयुक्ते च शते च ददाति** ॥ २६ ॥ **ऋजु पशुभिः प्रचर्य यज्ञवास्तु कृत्वो–दवस्यति** ॥ २७ ॥ **अथैतद्वै वाऽहः श्वोभूते वा ब्रह्मौदनान्निर्वपन्ति** ॥ २८ ॥ **तेषामेव रुक्मा उपस्त–रणाभिघारणानि भवन्ति** ॥ २९ ॥ **तानेत एव चत्वारो महर्त्विजः प्राश्नन्ति** ॥ ३० ॥ **तदेभ्यश्चतुरो वा साहस्रं ददात्येकैकं वा शतपलम्** ॥ ३१ ॥ **अधिगच्छत्येषा वैशाखी पौणमासी** ॥ ३२ ॥ **तस्यां पिशङ्गाꣳस्त्रीन् वासन्तानालभते** ॥ ३३ ॥ **ग्रीष्मे सारङ्गाꣳस्त्रीन् ग्रैष्मान्** ॥ ३४ ॥ **वर्षासु पृषतस्त्रीन् वार्षिकान्** ॥ ३५ ॥ **शरदि पृश्नीꣳस्त्रीञ्छारदान्** ॥ ३६ ॥ **हेमन् पृश्निसक्ताꣳस्त्रीन् हैमन्तिकान्** ॥ ३७ ॥ **शिशिरेऽवलिप्ताꣳस्त्रीञ्छैशिरान्** ॥ ३८ ॥ **संवत्सरे पर्यागते संवत्सराय निवक्षसः इति** ॥ ३९ ॥ **सन्तिष्ठतेऽश्वमेधः सन्तिष्ठतेऽश्वमेधः** ॥ १०.९.२.४० ॥
[इति द्वितीयः पटलः (२७)**]**

॥ इति दशमप्रपाठके नवमोऽनुवाकः ॥

॥ इति अश्वमेधाख्यो दशमः प्रपाठकः ॥

□ □ □

'अग्नेर्मन्वे प्रथमस्य प्रचेतसः' इत्यत्रेतिकरणपदार्थविपर्यासकृदध्याहार्यम् ॥ २० ॥

यज्ञवास्तु कृत्वा वास्तोष्पतीयं हुत्वा ॥ २७ ॥

ततस्तस्मिन् ब्रह्मौदनप्राशने निमित्ते ऋत्विग्भ्यः प्राशितृभ्यः प्रत्येकं चतुरश्चतुरो वा साहस्रानेकैकं वा शतपलं ददाति। बहुवचनश्रुत्यैव त्रित्व[1]नियमेऽर्थसिद्धे [2]त्रित्वासीकानीत्यनुवादः। प्रथमं वा नियम्येत्येतन्याय्यं प्रदर्शयितुं ॥ २८ ॥

अवलिप्ताः पदान्ताः ॥ ३८ ॥

निवक्षसः नीचैर्लम्बमानवक्षसः ॥ १०.९.२.३९ ॥ **[इति द्वितीयः पटलः** (२७)**]**

॥ इति व्याख्यायां दशमप्रपाठके नवमोऽनुवाकः ॥

॥ इति कल्पागमसंग्रहे अश्वमेधाख्यो दशमः प्रपाठकः ॥

□ □ □

---

१. M Ad ° वचनं श्रुत्यैतृत्व° ; thus T. **२.** M Ad तृत्वासी° ; thus T.

॥ अथ एकादशः प्रपाठकः ॥

[अथ द्वादशाहः]

द्वादशाहाय दीक्षिष्यमाणाः समवस्यन्ति ॥ १ ॥*

द्वादशाहाय दीक्षिष्यमाणाः समवस्यन्ति। द्वादशाह इति ज्योतिष्टोमप्रकृतिकानां द्वादशानां सौमिकानां कर्मणां समुदायस्य नामधेयम्[१]। द्रव्यदेवताकत्वेन[२] चोदनागतेन लिङ्गेन ज्योतिष्टोम-विकारत्वम्। दीक्षोपसदाद्युपदेशाच्च सर्वैश्च कर्मभिः पृथक् पृथक् सौमिको विध्यन्तः संबन्ध्यते। तथापि तु सर्वेषामेकं फलं प्रति संहत्यकारित्वात् सहप्रवृत्तिरिति। द्वादशाहायेति तादर्थ्ये चतुर्थी। बहुवचनं स्वामिबहुत्वात्। बहवश्चात्र स्वामिनः फलार्थिनः संभूयकारित्वेन श्रूयन्ते—'द्वादशाह-मृद्धिकामा उपेयुः', 'द्वादशाहमृद्धिकामा आसीरन्नि'ति। [३]अहीनपक्षे चैको यजेत, द्वौ यजेयाताम्, बहवो यजेरन्निति। संहत्यकारित्वेऽपि कृत्स्नं फलं प्रतिपुरुषमभिसंबध्यते। फलस्य गुणभावात् पुरुषाणां च प्राधान्यात्। स्वाम्यन्तरसहितेन त्वनुष्ठानं वाचनिकम्। सत्रपक्षे स्वयंकर्तृकत्वं वाचनिकम्। समवस्यन्ति समेता[४] अवस्यन्ति, सह वसन्ति ॥ ११.१.१ ॥ **[इति प्रथमः पटलः]**

[५]स वा दिवसात्[५] प्रागेव कर्मारम्भात्। यावद्भिर्दिवसैरन्योऽन्यस्य चरणादितत्वमवबोद्धुम्[६]। चरणं वृत्तम्। अनूक्तं श्रुतम्। निभृतिर्विनयः। बन्धुः आभिजात्यम्। अनुपृच्छन्तः परीक्षमाणाः। संपादयन्ति सम्यग्घटन्ते। चरणादिभिः[७] समाना इत्यभिप्रायं संपादयन्ति। ये तुल्यकल्पाः त इति केचित्। एवं सति बन्धुरिति[८] गोत्राभिप्रायम्। उभयं चेष्यते। न च पुरुषकृतेषु ग्रन्थेषु अर्थद्वयाभिधानं दोषाय, अर्थपृथक्त्वात्। एतयेष्ट्वेत्यपि[९] सिद्धया पवित्रेष्ट्येति ब्रुवतोऽभिप्रायः। पुरुषार्थत्वेऽपि[१०] पावनेप्सुभिः पवित्रेयमिष्टिः[११] कर्तव्येति। दृश्यते च मृगारेष्टिः पवित्रेष्टिस्त्रिहविः पावमान्यपीष्टयः। पावमानी वैश्वानर्याः[१२] समन्विता इति। *पूर्वेद्युरिति* कर्मारम्भादिसंबन्धः। द्विविधस्यापि द्वादशाहस्य साधारणमेतद्विधानम्। द्विविधस्यापि विकृतिषु प्रवृत्तिः। सत्रेषु सत्रविधस्याहीनेष्वहीनविधस्य। अहीनपक्ष एककर्तृकत्वे सन्निवापः पृथग्विहरणं [१३]संज्ञानमित्येवंजातीयकं कर्त्रनेकत्वनिमित्तं लुप्यते[१४]।

---

*. The *sūtra*-text dealing with the *Dvādaśāha,* is not available, except the above opening single sūtra. Only the commentary of Āryadāsa on the text is given here. **१.** M नाधेयं; thus T. **२.** M Ad °कत्वेऽनु; thus T. **३.** M न्निति...पक्षे. **४.** M Ad समवेतः; thus T. **५-५.** M Ad वपादिव; thus T. **६.** Ad °त्वंरत्यम. **७.** M Ad °रणा इति. **८.** M Ad बन्धविति. **९.** M Ad येष्यन्त; thus T. **१०.** M T °र्थत्वेऽपि, Ad °र्थत्वेनापि. **११.** M Ad °वित्र यमि°. **१२.** M Ad show the end of the Paṭala by the sign ,,—,,. T does not show the end of Paṭala. **१३.** M Ad सञ्जान°. **१४.** M Ad व्युप्यत; thus T.

पशुबन्धदेवयजने यत्र प्राजापत्यं पशुं करिष्यन्तो भवन्ति, 'भवत' इत्येतया एवंविधं परिणतया। कथं [१]'भवतं नः सुमनसः समोकसावरेपसः[१]। मा यज्ञं हिंसीष्ट[२] मा यज्ञपतिं जातवेदसः शिवा भवताद्य[३] नः' इति[४]। द्विकर्तृकी[५] त्वहीने 'यज्ञपती' इति। अग्निपराणामूह एव। प्रतिपुरुषं चाग्निबहुत्वात्। एतदेव प्रदर्शनं यदर्थमुत्पन्ना मन्त्राः, ततोऽन्यत्रातिदिष्टानां यथार्थमूहः कार्य[६] इति। अग्निद्वयसन्निवापायाग्नावयं मन्त्र उत्पन्नः। स इह बह्वग्निसन्निवापवचनेनातिदिष्ट इत्यवगन्तव्यम्। सत्यपि चोदके नामधेयं वा यद्युच्येत द्वादशाहप्रकरण एव दृष्टो मन्त्र उत्पन्न इति न [७]समस्तं पठितवान्[७]। न च यावच्छ्रुतता मन्त्रस्य। एतयेति स्त्रीलिङ्गनिर्देशात्। 'एष न' इत्येकत्वाभिधानात् सन्युप्तसाधने कर्मण्युख्याहवनीयसन्निवाप एवाग्निकरणमविकारः प्रदेशः। अनुशासनं विधानम्। युक्ता ऋत्विजो दक्षिण आसीनानन्यान् याजयन्तीत्यति *अहीनपक्षापेक्षोऽनुवाद[८] व्यपदेशः। स्वयंकर्तृकत्वात् सत्रस्येति केचित्। अविशेषाभिधानात् सर्वत्रेत्यपरे। कथम्। युक्ता विनियुक्ता आध्वर्यवादौ। स्वामिनोऽन्ये वा इतरान्[९] दक्षिणत आसीनान् याजयन्तीति*। स तु[१०] एवासीनप्रवृत्ति[११]विशेषाभावात्। सत्रे हि [१२]सप्रयोजनमेतत्॥ ११.१.२॥ **[इति द्वितीयः पटलः]**

कथम्। सर्वस्तावत् स्वयमेव स्वार्थं करोति। परिक्रियादिना वा स्वीकृतेनान्येन कारयति। अग्निहोत्रादिषु तावद् व्यवस्थितं[१३] स्वयंकर्तृकत्वं न च पदार्थविशेषं प्रति। अथापि च सत्रे सफलार्थिनः स्वयमेव सर्वान् पदार्थान् कुर्युरिति चोदना। य ऋत्विजस्ते यजमाना इति। न च सर्वे पदार्था एकैकेन निवर्तयितुं शक्या इति सामर्थ्यात् सर्वे फलार्थ्यपरा एव[१४] साहाय्यकत्वेनोपादयीरन्निति यावद्भिस्ते पदार्थाः शक्या निवर्तयितुं तावतां[१५] संभूयकारित्वमवश्यंभावि नातोऽधिकानामिति गृहपतिसप्तदशानां गृहपत्यष्टादशानां वा प्रवृत्तौ प्राप्तायामेतेभ्योऽधिकांस्तानपि[१६] दक्षिणत आसीनान् युक्ताः॥ ११.१.३॥ **[इति तृतीयः पटलः]**

कर्मभिः पदार्थैरध्वर्य्वादयो[१७] योजयन्तीति[१८] प्रवृत्तिविशेषकरता वचनस्य। श्रूयते च संख्याभूयस्त्वं 'चतुर्विंशतिपरमाः सप्तदशावराः[१९] सत्रमासीरन्नि'ति। यथा येन क्रमेण दीक्षिष्यमाणा भवन्ति दीक्षामह इत्यवधारयन्ति। तत्र तदैव क्रमेणार्षेयवरणब्राह्मणभारताङ्गिरसबार्हस्पत्य-भारद्वाजवैश्वामित्राघमर्षणकौशिकेत्येवं सकृदाश्रावितेऽध्वर्युरित्याश्रावणादेरनभ्यावृत्तिः। तन्त्रतायाः संभवादार्षेयमात्रस्यावृत्तिः। न ह्यतन्त्रत्वं[२०] संभवतीति। आशासत इमे यजमाना उपहूता[२१] इमे यजमाना इति ब्रुवतोऽभिप्रायः। सर्वेषां मन्त्रपदानां प्रकृतौ स्वार्थानां[२२] समवेताभिधायिनां यथार्थमूहः कार्य इति।

१–१. M Ad भवतन्नस्समनस समोक स[डा] वरेष सः. **२.** M Ad °सिष्टं. **३.** M Ad भवतोऽद्य. **४.** M T om. **५.** M Ad °र्तृक. **६.** M Ad कार्या. **७–७.** M Ad समस्तपाठावान्; thus T. ***–*.** M Ad om text from अहीन° to याजयन्तीति, T informs the omission of the text in fn. no. 2 : 'अहीन + याजयन्तीति' नास्ति (T p.533). **८.** T^1 पक्षोऽनु. **९.** T^1 इतरा. **१०.** M Ad om; thus T. **११.** M Ad °सीने प्र°. **१२.** M Ad om स. **१३.** M Ad °स्थिता. **१४.** M Ad फलार्थारण्येव; T °र्थ्य...राण्येव. **१५.** M Ad तावता. **१६.** M Ad °धिकास्तान°. **१७.** T अध्वर्यवा°. **१८.** M Ad योज°, T याज°. **१९.** T °परा. **२०.** Ad °ह्यतन्त्रकत्वं. **२१.** M Ad °हूयते. **२२.** M Ad स्वस्थानां.

ते तत्र सर्वे याजमानं क्रत्वर्थं कुर्वन्ति॥ ११.१.४॥ **[इति चतुर्थः पटलः]**

ये दक्षिणत[१] आसीना अविनियुक्ता आर्त्विज्ये गृहपतिरेव वा क्रत्वर्थानि याजमानानि कुर्यात्, क्रत्वर्थत्वात्। अथवा विनिविष्टोऽयं विकल्पः। सर्वे स्वामिन ऋत्विजोऽनृत्विजश्च याजमानं क्रत्वर्थं कुर्वन्ति पुरुषसंस्कारस्वरूपदीक्षादि। गृहपतिना [२]वैतानकृतं[२] जानीयुरनुजानीयुरित्यक्र[३]त्वर्थमौदुम्बरी-संमानादिक्रियावत्। यावत्पुराग्निहोत्रवेलायां संस्थापयितुं शक्नुयुः सात्रिकं कर्म तावत्कृत्वा यथा स्वमरणीभिरग्नीन्विहरेयुर्विभज्याहरेयुः। सर्वे पृथक् पृथक् समारोप्य नानास्थानेषु मथित्वा विहृत्याग्निहोत्रं जुहुयुरेतस्मै सात्रिकाय कर्मणे। प्राजापत्यस्य पशोरनन्तरमन्त्यसंनिवापः। शालाया:[४] प्राग्वंशे उतोऽर्वाञ्चः प्राजापत्ये देवयजने सञ्जानते[५] समयं कुर्वन्ति। सङ्गच्छन्तेऽभ्युपगच्छ-न्त्यन्योऽन्यस्य[६] व्याहृत्यान्यान्यार्थ[७]निमित्तेन न परिहरामो न वर्जयेम। यः सोमवामीयः[८] सोमातिपवित[९] इत्यार्तिप्रदर्शनम्। यः सोममध्ये म्रियातै म्रियते न तत्र ध्रुवामहे। तस्य[१०] सिग्वातं न कुर्याम। ... ते न[१०] शवसंस्कारो लक्ष्यते[११]। शवसंस्कारं न करिष्यामह[१२] इत्यभिप्रायः। किन्तु [१३]निर्मन्थ्येनाग्निना एनं दहाम दाहयेम। [१४]पृथगग्निर्लौकाग्निः। आह्रियमाणं[१५] श्मशानमनसानुसंप्रयच्छामः। कथम्। यस्त इहाग्निस्तेन[१६] त्वा दहन्त्विति। ये समापयन्[१७] य एतत् कर्मोपक्रम्य[१८] समापयन्ति समाप्नुयुर्वाग्निष्ठां गच्छन्ति तेषामेव समाप्तिमनुकर्मसमाप्तिं गच्छेन्न मध्य[१९] उत्थितानां मृतानां वा। यद्युत्तरवेद्यां यजन्त इति विकल्पयतोऽभिप्रायः सर्वत्र प्रकृतिविकृतिषु वैकल्पिकोऽग्निरिति। प्रतिपत् प्रारम्भः॥ ११.१.५॥ **[इति पञ्चमः पटलः]**

सार्धं सहार्त्विज्यार्धार्त्विज्यानां तृतीयार्त्विज्यानामित्येव सिद्धे ब्राह्मणाच्छंस्याद्यनुक्रमणं प्रपञ्चार्थम्। दक्षिणाविभागश्चात्र ज्ञाप्यते। अर्धार्त्विज्यसमभिव्याहृतानां[२०] महर्त्विजां त्वर्धम्[२१]। तृतीयार्त्विज्यसमभिव्याहृतानां तृतीयभाक्त्वम् पादार्त्विज्यसमभिव्याहृतानां पादभाक्त्वमिति। किमपेक्ष्यार्धं तृतीयं पादञ्च। मुख्यैर्लभ्यते तदपेक्ष्य। उक्तं च भगवता मन्वाचार्येण —

सर्वेषामर्धिनो मुख्यास्तदर्धेनार्धिनोऽपरे।

तृतीयिनस्तृतीयांशाश्चतुर्थांशास्तु पादिनः॥ इति (मनु. ८.२१०)

उद्धारः अतिलाभः। अन्ततो दीक्षणम्। पदेन दीक्षितः प्रतिप्रस्थातावहतवा दीक्षयति। महर्त्विजा-

१. M Ad °क्षिण. **२-२.** M Ad वैनिकतं. **३.** M Ad °रियरियत्; thus T. **४.** M Ad शालयां. **५.** M Ad जाहते. **६.** M Ad °च्छन्तेऽन्योऽ°. **७.** M T व्याह...न्यार्त्या, Ad °हृत्यान्यार्त्या. **८.** M Ad सोमवयानि. **९.** Ad सोमानिप°. **१०-१०.** M Ad तस्यति सिग्वासन्न क्यां...तेन; thus T. **११.** M Ad °क्ष्यन्ते, T °क्ष्यन्ते. **१२.** M Ad °ष्याम. **१३.** M Ad °र्मन्थ्योना. **१४.** M Ad T पृथग्नि°. **१५.** M Ad वाह्रियमाण; thus T. **१६.** M Ad न after तेन. **१७.** M Ad समावयान्य. **१८.** M Ad कर्मावक्रम्य. **१९.** M Ad मद्धि. **२०.** M Ad अत्रार्त्वि. **२१.** M Ad अर्ध.

मेकस्मिन्नपि गृहपतौ।* अनन्तरौ ब्रह्मा चोद्गाता च दीक्षिते[१]। अनन्तरौ होता चाध्वर्युश्चे-त्येतदनुग्राह्यम्। ब्रह्मणि गृहपताववविकारः। उद्गातरि गृहपतावुद्गातारं[२] ब्रह्माणं होतारमध्वर्युमिति। होतरि गृहपतावुद्गातारमध्वर्युं ब्रह्माणमुद्गातारमिति। अध्वर्यौ तु* गृहपताविति क्रमे[३] चाध्वर्युरेवेतरान् दीक्षयति। सहानीयान्वारब्धेषु दीक्षाहुतीरिति सर्वत्र। वेदिदेशस्याल्पत्वात् रुक्मप्रतिमोचनस्य पुरुषसंस्कारत्वात् प्रतिपुरुषं प्राप्तौ सत्यां गृहपतिरेव वा प्रतिमुञ्चीतेति विकल्पः[४]। वाचः प्रामाण्यात् क्रत्वर्थता वाऽस्याभ्युपगन्तव्या। अथवाऽन्वारभेण मन्त्रवचनेन चान्येऽपि संस्कृता इत्यभिप्रायः। अन्वारब्धेषु समिध इति त्रीणि यजूंषि वाचयति। सर्वेऽवरान् दत्त्वा सर्वे प्रत्येकमदृष्टयान्येभ्यो ब्राह्मणेभ्यः। एतानेतत् कर्मसंबन्धान् वरान् शीलविशेषान्[५] प्रार्थयीरन् आशासीरन्। उपतिष्ठन्ति सर्वे मन्त्रेण। समस्तस्य मन्त्रस्यावृत्तिरनूहश्च। पूर्वस्मिन् पक्षे आर्षेयस्यावृत्तिः। उत्तराह इष्ट्याहे[६] यागाहे[७] यजनीयेऽहनीत्यर्थः। प्रसवः प्रथमसौत्यमहः॥ ११.१.६॥ **[इति षष्ठः पटलः]**

॥ इति व्याख्यायां एकादशप्रपाठके प्रथमोऽनुवाकः॥

. M Ad wrongly repeat the Text after गृहपतौ to अध्वर्यौ. **१.** M Ad दीक्षेते; thus T. **२.** T उद्गातरमि°. **३.** M Ad T मे. **४.** M Ad विकल्पे; thus T. **५.** M Ad °षान् प्राथ°, T °सील...विशे°. **६.** M Ad इष्टाह; thus T. **७.** M Ad om; thus T.

॥ अथ एकादशप्रपाठके द्वितीयोऽनुवाकः ॥

प्रातराज्यानि गृहीत्वेति माहारात्रिकस्य तन्त्रस्योपलक्षणम्। एषां द्वादशानामह्नां यत्प्रायणीयं प्रथमगमनीयं निर्वर्तनीयमहस्तस्य ज्योतींषि स्तोमा अतिरात्रसंस्थाः। एवं वाक्यार्थो वर्णनीयः। प्रयोगादेव प्रायणीयत्वे गम्यमानेऽपि प्रायणीयशब्देन समभिव्याहारः संव्यवहारार्थः प्रसिद्धः। 'प्रायणीयोऽतिरात्रः' इत्येवमादौ पञ्चधाकृतस्य पञ्चसु भागेषु पञ्च मन्त्रान्[१] व्याचक्षीत। एवं पञ्चधारणमर्थवद्। बहिष्पवमानायेत्यन्तरेषामह्नां प्रत्यञ्च इति विधातुम्। सत्रग्रहणमहीननिवृत्त्यर्थम्। 'इदं वयमन्तवरूपेण[२] वो रूपमभ्यैनीत्येवमादि यजुरुदित्वेति[३] केषांचिन्मतम्। तदसारमिवाभाति। अभ्यागन्तव्यस्य विभक्तव्यस्य चाभावाद्दक्षिणादानस्य भाक्तत्वाद् आत्रेयदानं प्रसर्पकदानं च। अत्रापि सत्रग्रहणस्याहीननिवृत्तिरेव प्रयोजनम्। एव-शब्दस्यापि व्यवहितकल्पना। एतत्सत्रेष्वेव दक्षिणानां नयनमित्युभयसामा हि भवतीति। प्रसिद्धवद्धेतुत्वेनोपदेशः छान्दोग्ये प्रसिद्धमवेक्ष्य[४] अत्रोभयसामत्वं, न निमित्तानि स्युः ॥ ११.२.१ ॥ **[इति प्रथमः पटलः** (७)**]**

प्रातरनुवाकोपाकरणादौ होमतीर्थे। होमकालः राजसूय उक्तोऽपि होमकाले द्वादशाहः स्यात्, विकारत्वादिति। एतदेवातिग्राह्याणामित्यहरन्तरार्थसमानविधानत्वात्। तथैतद्वसतीवरीणामित्यपि। श्वोभूतम् इत्यनुवादोऽतिरात्रत्वात्। परिधिसाधारण्यं वाचनिकम्। ननु[५] विवर्तनेन प्रहरणमात्रं प्रति-षिध्यते। कथम्। परिधिसाधारण्येनोपलक्ष्यत[६] इति विवर्तनस्य दृष्टार्थत्वाय। अपि च सान्तपनीये विवर्तनमभिधाय गृहमेधीये संवर्तनमभिहितवान् आचार्यः[७]। इहापि तथैव वाचोयुक्त्या विवर्तनं ब्रुवन्नहरन्तरे परिधानकाले तेषामेव संवर्तनमभिप्रैति स्मेत्यनुमीयते। अपरार्धादिति मर्यादामनूद्य[८] शंयुवाकः स्यादप्सुषोमाणां काल इति चोत्तरत्र वक्ष्यमाणत्वात्[९]। अतिप्रैषो नाम हारियोजनस्या-न्त्यवषट्कारात् प्राक् प्रशास्त्रा वक्तव्यः। अहर्गणे विषय उत्तरवत्स्वहःषु न तु[१०] वषट्कृतेति प्रैषं मैत्रावरुण आहेति। सकक्ष्यं कक्ष्यावन्तं राजानं कृत्वा सजते। कक्ष्याज्यया[११] सज्जनं क्रियते। समारभ्य गृहपतिमितरे जपेयुः। पुरा इति पुनर्दीक्षा वक्ष्यमाणबहुवचनेनापि सर्वविषयत्वे गम्यमाने सर्वत्र ग्रहाणां गृह्यते बहुवचनम्। असति विशेषे त्रित्वमेवावतिष्ठत इति दीक्षितवसना[१२]भिमन्त्रणादावन्तरेणापि सर्वग्रहणं[१३] सर्वे प्रवर्तेरन्। वसनादिभेदाद्बहुवचनमेष्वनुवादः। यज्ञोपवीतं दाम आचान्तानाञ्च पुनरेतद् द्वयमदृष्टार्थं विधीयते। 'अस्मासु शुध्यत्व'नेन मन्त्रेण निमेषणमवाननं च कार्यम्। सन्निधानाविशेषा-दिति[१४] केचित्। आनन्तर्यादपननार्थ एव मन्त्र इति केचित्॥ ११.२.२ ॥ **[इति द्वितीयः पटलः** (८)**]**

परे तूष्णीमुभयं कृत्वा मन्त्रं जपेयुः। आचार्यशीलातिक्रमप्रशंसा चेत्यन्ये[१५]। न ह्येतदाचार्यशीलं यदुत पूर्वं पदार्थमुद्दिश्य पश्चान्मन्त्रकथनम्। *'यतो वात'* इति। यस्या दिशो[१६] वातो वाति तां दिशं प्रति

१. M Ad मन्त्राद. २. M °मंतरू°, Ad T °मतरू°. ३. M Ad यजूदित्वे°; thus T. ४. M Ad °सिद्धिम°; thus T. ५. M Ad नु. ६. M Ad °साधारण्योप°. ७. M Ad आचार्येणहा°. ८. M Ad मर्यादानूद्य. ९. M Ad °माणस्याति. १०. T न तु. ११. M Ad कक्ष्याज्जुयया; thus T. १२. M Ad °वसन्नाभि°. १३. M Ad om सर्वग्रहणं; thus T. १४. M Ad °धानविशेषणादि°. १५. M Ad °त्यनेन. १६. M Ad दि[Ad ति]देश; thus T.

चमसानप्सुषोमानुदिङ्गयन्ति[१]। वीप्सा पुरुषबहुत्वान्तमन्त्राभ्यां [२]याज्यानूयाजानिष्ट्वाऽत्रोक्तं च वाग्विसर्गान्तं कृत्वा पत्नीसंयाजादीत्येवमभिसंबन्धः। कथं वा प्रागनूयाजेभ्यः संभवता[३] पुनरालम्भनादीनां कालविकल्पार्थमनूयाजानिष्ट्वेत्यत्र वचनमित्यस्मिन् पक्षे यज्ञोपवीतानुत्कृष्यते, सामर्थ्यात्। अथवा प्रज्ञावद्भिः प्रयोजनमस्य मृगयितव्यम्। नाहीनसंबन्धादहीनकृतिशब्दवाच्यता। किं तर्हि। न हीयन्ते सर्वसत्रेषु सर्वाहीनेषु चेत्यहीनाः। क्रियन्त इति कृतयः। कर्मधारयश्च समासः। अत एवाचार्येणोक्तं 'यत्र क्व चाहीनो वा सत्रो वैष एवैतासां प्रकृतीनां [४]प्रदेश' इति[४]। प्रदेशः प्रशासनं विधिः। तद्रात्रियै रूपं कुर्वन्तीति ब्रुवतोऽभिप्रायः। कालप्राधान्यात् भक्तिमात्रेणापि [५]चोदकप्राप्तः कालोऽनुग्राह्य इति। वसतीवरीभिरभिपरिहरणं वाचनिकम्। उपतिष्ठन् रात्रिरूपकरणाय। शयितः[६] सन्नित्यभिप्रायः। अथवा उत्थानमात्रमत्र कर्तव्यम् नास्तीति। संप्रेष्यतीति तन्त्रप्रदर्शनम्। त्रिवृत्स्तोमकः अग्निष्टोमः। द्वादशद्वादशस्तोत्रशस्त्रेण ध्रुवचमसान्तो दिवा प्रातरनुवाकमुपाकरोतीत्यत्रातिरात्रस्य द्व्यहः कालत्वान्नैरन्तर्येणाह कतरस्य प्रारब्धव्यत्वादैन्द्रवायवाग्रता नित्यैव। रथन्तरपृष्ठता नियम्यते 'रथादीनां प्रस्तरस्य प्रत्याम्नायत्वं प्रस्तरेण चे'ति क्वचित्समुच्चयविधानात्। श्वस्तः[७] श्व इति[७] पर्यायः। अथवा ततस्तस्माद् वृत्तादह्नः श्वः अपरेद्युः। पञ्चदशस्तोमक उक्थ्यसंस्थः। [८]शुक्रोऽग्रो यस्य सोऽयं शुक्राग्रः[८]। शुक्रमग्रे गृहीत्वा [९]ततो द्विदेवत्याः[९], ततो मन्थिनमित्येवम् बृहत्पृष्ठताया अत्र नियमः॥ ११.२.३॥ **[इति तृतीयः पटलः (९)]**

आग्रयणाग्र आग्रयणं गृहीत्वा ततो द्विदेवत्याः, ततः शुक्रामन्थिनावित्येवं वैरूपादीनि[१०] प्रत्याम्नायो बृहद्रथन्तरयोर्गायत्रः प्रातःसवनमित्येवमादि प्राकृतमेवोच्यते। विशेषविवक्षया जगत्यैतस्य त्र्यहस्येति प्राकृतस्य प्रत्याम्नायसिद्ध एष त्र्यह इत्येवंरूपं सर्वत्र त्र्यहचोदनायां वर्तते। आग्नेयः पशुः, पशोरैन्द्राग्नस्योपालंभ्य[११] ऐन्द्राग्न [१२]एव गृह्यते। एषामह्नां[१२] सवनीय ऐन्द्रश्च षोडशीपशुरुपालंभ्यः। एतौ[१३] द्वौ गृहीतनिमित्तौ। न्यूङ्खो[१४] बह्वृचेभ्य आगमयितव्यः। संवाशनेनोपाकरणस्याभ्युपायो दक्षिणतो गावो भवन्तीति। संपाद्य[१५] संसृज्य वत्सान् मातृभिर्दुग्ध्वा पुनर्दक्षिणत एव गाव उत्सृज्याः[१६], उत्तरतो वत्साः। काल अवनयनकाले। कुर्वन्ति अवनयन्ति। सर्वत्र प्रतिगरो बह्वृचेभ्य आगमयितव्यः। एष द्वितीयस्त्र्यहः। *जगत् प्रातःसवन इति।* जगती जगच्छब्देनोच्यते। जगती प्रातःसवने। अस्य त्र्यहस्य जगत्प्रातःसवनम्। यत्र तावच्छब्दत्रयस्य[१७] प्रतिसवनविभागः तत्रायं प्रत्याम्नायः। तद्यथा 'सघासि जगती छन्दा' इति प्रातःसवने[१८], 'श्येनोऽसि' इति माध्यन्दिने, 'सुपर्णोऽसि'[१९] इति तृतीयसवने। जगतीछन्दसः 'इन्द्रपीतस्य' इति प्रातःसवने, 'गायत्रछन्दस' इति माध्यन्दिने, 'त्रिष्टुप्छन्दस' इति तृतीयसवने

---

१. M Ad °दीरयन्ति; thus T. **२.** M Ad T सायानू°. **३.** M Ad °भनतां. **४-४.** M Ad om; thus T. **५.** T om अपि. **६.** M Ad °मितसन्नि. **७-७.** M शस्त शचेति, Ad द्धस्त. श्वे इति. **८-८.** M Ad om; thus T. **९-९.** M Ad om; thus T. **१०.** M Ad वैरू°, T रूपा°. **११.** M Ad °पलभ्ये; thus T. **१२-१२.** M Ad एवं ह्यतेरेषाम°. **१३.** M Ad give निमित्तौ between एतौ and द्वौ also. **१४.** M Ad न्यूंखौ; thus T. **१५.** M Ad संपद्य; thus T. **१६.** M Ad °सृज्य; thus T. **१७.** M Ad वच्छब्द, T °च्छाब्दस्त्र°. **१८.** M Ad °सवन. **१९.** M Ad सुवर्णो°.

इत्येवमादि। सावित्रग्रहणमन्त्रस्यानुवादो विशेषविधित्सया। यः पृष्ठ्यः षडह इति व्यवह्रियते, एष एवंरूपः प्रत्येतव्य इति संज्ञाकरणमत्रापि संव्यवहारार्थम्। तथा ये छन्दोमाना अथैते वै त इति। अथ शब्दस्याभिहितः संबन्धः। अथ दशममहः। अथातिरात्र इति॥ ११.२.४॥ **[इति चतुर्थः पटलः (१०)]**

॥ इति व्याख्यायां एकादशप्रपाठके द्वितीयोऽनुवाकः ॥

॥ अथ एकादशप्रपाठके तृतीयोऽनुवाकः ॥

दशममहरथातिरात्र इत्यभिधाय पुनरनुवाकान्तरे दशमस्य क्लृप्तिः क्रियते स्म आचार्येण। भूयस्त्वाद्वाच्यस्यार्थस्य छन्दोमग्रहणस्यापि छन्दोमत्वाय दशमग्रहणं दशरात्रस्यैव विकृतौ प्रवृत्तिं ज्ञापयितुं [१]हविष्मतीरित्यस्य प्रत्याम्नायः। 'अम्बयो यन्त्यध्वभिः' इत्यपि वाक्यशब्दसमभिव्याहारः। अस्मिन्नहनि स्वार्थ उपहताय प्रमत्तो या विनान्येन द्विवचनं कर्तव्यमिति ज्ञापयितुम्।[१] 'तस्माद्दशमेऽहन्नविवाक्य उपहताय न व्युच्यमि'ति हि वेदवचनम्। तस्यार्थस्य साक्षादवचनस्य कर्तव्यतामपि पक्षे ज्ञापयितुं 'तद्व्युच्यमेवे'त्यपि हि श्रुतिः। द्विवचनमेव श्रेयार्थत्वात्। सर्वस्य पृश्निरतिग्राह्य[२]पशुकाले ग्रहणकाले हार्योजनस्येत्युपयामं[३] त्रिरुक्त्वा 'हरिरसि हार्योजनः' इति प्रतिपद्येत। अथवा [४]त्र्युपयाममेव, न चतुरुपयाममिति[५] नियमः। प्रकृतौ[६] हि चतुरुपयामताऽस्य[७] कल्पयितुं घटते। अस्य हि[८] मूलप्रकृतिराग्रयणः। त्र्युपयाम इत्यात्मीयस्य प्रतिषेधोऽयमिति। तथा सति[९] काल इत्यस्याकिञ्चित्करता। प्रकारान्तरं वाऽस्य विवरणीयमन्वेषणीयम्। अस्मिन् क्रतावनुष्टुभावुद्धरणे प्रकार एवाभिहितो नाधर्तव्यता[१०] इति। [१०]अतोऽस्य उद्धरणानुद्धरणे विकल्प्येते इत्यनुमेयम्। उद्धर्तव्यामेवमुद्धरेदिति वाक्यार्थः। व्यक्तश्च विकल्पः। 'हृदे [११]त्वे'त्यनुष्टुबियादिपूरणेन[१२] एतदेव ज्ञापकम्। 'यजुषामपि सर्वेषां छन्द आपादनीयमि'ति एवं हि भगवान् पिङ्गलाचार्य आह स्म॥ ११.३.१ ॥ **[इति प्रथमः पटलः** (११)**]**

दैव्येकमित्यार्षम्। छन्दोलक्षणमनुद्धरण अभिचिक्रीरथा[१३] अभ्यास आचार्य एवं ह्यस्य शब्दस्यार्थं[१४] विवृणोति स्म। प्रदेशप्रकारकथनम् 'एतयैव जुहुयादेतया भक्षयेदि'ति। यया जुहोति तयैव भक्षयेदित्यभिप्रायः। न होमं प्रति विधिः[१५], तस्या विधिः, प्रकृतितः प्राप्तत्वात्। प्रत्यभिमर्शनायाः 'तन्त्रं हिन्व म' इत्याद्याः। तासां ये द्वे उत्तरे तयोरुत्तरामित्यभिप्रायः। निनीतानामपामनुमन्त्रणं[१६] 'समुद्रं वः' इत्यानुष्टुभ उद्धरणपक्षे[१७] परोक्षानुष्टुभक्रिया संकल्पनीया[१८] अदृष्टाय[१९]। चमसपथ इत्युत्तरेण[२०] हविर्धाने दक्षिणेनाग्नीध्रजनपदं लोकं हविर्धानयोरध्वर्युश्चेत्यभिसंबन्धः। दशहोतारं दशहोतृमन्त्रकं ग्रहं गृह्णीते। एवं सर्वत्र। मनसा [२१]स्तोत्रोपाकरणमन्त्रं जपेद्, यदि होता मन्त्रशंसी[२२] स्याद्। होतर्नि यदि शंसेदित्यभिप्रायः। यो दशहोतृभिर्ग्रहं स्वेन ग्रहेण हुत्वा ततः सप्तहोतृग्रहमादायैवमेव हुत्वैवमन्येषामपि होतुः सप्तहोतेति। सप्तहोत्रा[२३] प्रयच्छन्नाह होत्रे। भक्षयति होता, 'ते प्राणास्ते[२४] सप्त ऋषय' इति। 'अध्वर्यो[२५] सप्तहोत्रे'त्यध्वर्यवे प्रयच्छन्नाह[२६]। 'भक्षये'त्यध्वर्युः 'तद्रेतसः प्रजापतिः' इति। एवं सर्वत्र

१-१. M Ad om हविष्मती = ज्ञापयितुं; thus T. २. T °ग्राह्यः°. ३. M Ad °पायमतन्त्रिरु°. ४. M Ad त्र्युपाय°; thus T. ५. M चतुरुवा [Ad पा] या°. ६. M Ad प्रकृतौ; thus T. ७. M Ad °पायमता. ८. M Ad om; thus T. ९. M Ad इति; thus T. १०-१०. M Ad °धर्तव्येत्य°. ११. M Ad °ष्टुवि, T °ष्टुपि°. १२. M Ad °रणे; thus T. १३. M Ad °भिनक्री°, T °भिनक्री°. १४. M Ad शब्दार्थस्य. १५. T om. १६. M Ad °मवाम°. १७. M Ad द्धरपक्षे, T इत्यानुष्टुप्. १८. M Ad om, T संकलनीया. १९. M Ad अदृष्टा; thus T. २०. M Ad उत्तरे; thus T. २१. M Ad स्तोत्रेऽपा°; thus T. २२. M Ad मन्त्रं शं°. २३. M Ad T सप्तहोवात्रा. २४. T प्राण. २५. M Ad ध्वर्योः. २६. M Ad प्रयच्छाह.

ब्रह्म[१] वदन्ति[२]। इदं वेदवाक्यं मन्त्रवाक्यं वदन्ति। सर्वत्र[३] एतं मन्त्रवाक्यं उदित्वा '[४]वायुरध्वर्युरि'त्यभिसंबन्धो[४] वेदे यत्राभिहितं तथोदित्वा स्थितेषु सर्वेषु चतुर्होतर्न्मिनसा समभिव्याहार इत्यध्वर्युः। [५]तस्मिन् काल एतान् सर्वान् स्वामिनः सदसि परिश्रयन्ति। कथम्। उभे सदसो [६]द्वारावपिदधति ते परिश्रिताः। औदम्बरीं सम्यक् परिष्वजन्ते मन्त्रेण। वाचं विसृजन्ते। कथम्। 'सुब्रह्मण्योमि'त्येवम्। 'वागेतु वागुपैतु वाचमेतु[७], वागि'त्यन्योऽन्यस्मै कथयन्ति॥ ११.३.२॥ **[इति द्वितीयः पटलः** (१२)**]**

ब्राह्मणवाक्यमपि पूर्वोक्तमन्त्रवाक्यसदृशम्। तस्याः स्तुतये प्रवर्तमानस्तदुदयनीय इत्यतिप्रसक्ते[८] विशेषः। सर्वं राजानं[९] निवपत्यहरन्तराभावात्। तत एव कृष्णविषाणाप्रासनं वसतीवरीणामग्रहणमहीन उत्सादनं च। आरम्भेण शेषेणावभृथादिना अनूबन्ध्यान्तेन चरित्वा यथास्वमरणीभिरग्नीन् विहृत्य प्रतिसंस्थानेष्वाहुतीर्जुहुयुः। इष्टिभिर्वोदवसानीयाभिर्यजेरन्। अभ्यासो मङ्गलार्थः॥ ११.३.३॥ **[इति तृतीयः पटलः** (११)**]**

॥ इति व्याख्यायां एकादशप्रपाठके तृतीयोऽनुवाकः॥

---

१. M Ad ब्रह्मा; thus T. **२.** M Ad वदति; thus T. **३.** M Ad सर्वत्र, T सर्व एतन्. **४-४.** T रित्याह + अध्वयु between अध्वर्यु and संबन्धो. **५.** M Ad तत्तस्मि°. **६.** M Ad द्वारा°. **७.** Ad वागुमेतु. M वाग्मंमेतु; thus T. **८.** M Ad प्रस्तन्ते; thus T. **९.** M Ad राजानानं; thus T.

॥ अथ एकादशप्रपाठके चतुर्थोऽनुवाकः ॥

संवत्सर इति कर्मसमुदायनामधेयम्। यतः संवत्सरपरिमितानां दीक्षमाणाः[१] प्रयोगं च परिकल्पयन्तः परिकल्पितस्य कर्मकलापस्य भूयस्त्वाद्[२] इति [२]अभिप्रायः। सर्वे धर्मनैपुण्यकामास्तथा[३] कुर्वन्ति स्म। इदानीन्तनास्तु[४] तद्वैपरीत्यादेवं कुर्वन्तीति किमुत[५] एतदन्तो लभ्यते। धर्मनैपुण्यमवश्यमेषितव्यं[६] यथा पूर्वैः। ततः[७] संवत्सर एव पुरस्तात् समवसानं कार्यमिति। अथवा पूर्वे मन्त्रब्राह्मणत एव प्रयोगं कल्पयन्तो दीर्घकालं परीक्षन्ते। ऐदंयुगीनास्तु[८] सूत्रकारैः कल्पितं प्रयोगं स्वल्पेनैव कालेन सुन्वाना[९] इत्येवं कुर्वन्तीति। ततः किं कल्पप्रशंसया[१०] कल्पकारप्रशंसया वा प्रयोक्तुरतिप्ररोचना भवत्येव[११]। द्वितीयं पश्चाद्देवयजनमिति नियमोऽदृष्टाय। उपावत्स्येयुः अवतिष्ठन्ते। धनधान्यभाण्डानि व्यवस्थापयन्ति। बन्धुमीमांसाभिजनस्य प्राधान्यात्। तेनान्यदुपलक्ष्यन्न[१२] यथा द्वादशाह एवोक्तानुवाद एव विशेषविवक्षया[१३]। उपोष्य औपवसथिकं कर्म परिसमाप्यापरात्र उत्थायातिरात्रं प्रायणीयमुपयन्तीति प्रायणीयस्य धर्मातिदेशः क्रियते तयैवावृते तु॥ ११.४.१॥ **[इति प्रथमः पटलः** (१४)**]**

॥ इति व्याख्यायां एकादशप्रपाठके चतुर्थोऽनुवाकः ॥[१४]

॥ इति कल्पागमसंग्रहे द्वादशाहाख्य एकादशः प्रपाठकः ॥

□ □ □

---

१. M Ad °माणां; thus T. **२-२.** Some words seem to be missing between भूयस्त्वात् and अभिप्रायः, T °त्वात्...अभि°. **३.** M Ad स्सर्वे कु°; thus T. **४.** M इदा तदनीस्तुत, Ad इदान्तदानीस्तुत; thus T. **५.** M Ad किमुत, T किमत. **६.** M Ad नैपुण्यवश्यमेषि [Ad ण]तं. **७.** M Ad T, ततः तथा. **८.** M Ad °युगानां तु; thus T. **९.** M Ad सुन्वान; thus T. **१०.** M Ad °शाय. **११.** M Ad त्येवः; thus T. **१२.** M Ad °न्यद्युपल°; thus T. **१३.** °क्षाया; thus T. **१४.** T notices in fn 4 on p.553 as : चतुर्थोऽध्यायः समाप्तः इति ग्रन्थसमाप्तिर्दृश्यते। कडङ्डश्शेरिपुस्तकरीत्या तु ग्रन्थसमाप्तिर्न दृश्यते.

॥ अथ द्वादशः प्रपाठकः ॥

[*अथ औपानुवाक्यः]

औपानुवाक्यं व्याख्यास्यामः। औपानुवाक्यं नाम काण्डम्। तस्मिन् यद्यदाम्नातं तदौपानुवाक्यमित्युच्यते। तानीह कर्माणि कस्येतिकर्तव्यतां प्रतिपद्यन्ते। 'दर्शपूर्णमासाभ्यां स्वर्गकामो यजेते'ति विध्यादेरितिकर्तव्यताकाः सामर्थ्येन[१] वा फलवत्कर्मसन्निधावाम्नानात्। तस्यैवेतिकर्तव्यतां प्रतिपद्यन्ते। इह तादृशस्य विध्यादेरभावात् कस्येतिकर्तव्यतां प्रतिपद्यन्ते इति। अतोऽनारभ्याधीतानीत्युच्यन्ते। तेषां च वाक्येन सामर्थ्येन वा[२] फलवत्कर्मभिः संबन्धो भवति। तानि प्रकृतौ विकृतौ च संबन्धं गन्तुं शक्नुवन्ति। यदि प्रकृतौ संबध्यन्तेऽत[३] एवं विकृतिं[४] गच्छन्तीति प्रकृत्यैव संबन्धो नियम्यते। तथा चोक्तम्—'प्रकृतौ वा द्विरुक्तत्वादि[५]'ति। अयमाचार्यो गवामयनं संवत्सरसत्राणां प्रकृतिभूतं विधाय सर्वाः प्रकृतयोऽनुक्रान्ता इति कृत्वा तदनन्तरमौपानुवाक्यं विदधदनारभ्याधीतानां प्रकृत्यर्थतां बोधयति। तस्य यदन्यत्र क्लृप्तं व्याख्यानं [६]तदौपानुवाक्यस्यावयवभूतम्। अग्निष्टोमादौ 'भद्रादभि श्रेयः प्रेहि' इत्यस्माभिः क्लृप्तं व्याख्यानम्। तत्तदिह पुनर्न व्याख्यातव्यमित्यभिप्रायः। अन्यद्विवेकेन विस्तरेण व्याख्यास्यामः। 'प्रजापतिरकायत प्रजाः सृजेय' इत्येवानुवाक्यम्[७]। तत्रादावेव यत् 'तपस्तप्त्वा दीक्षितवादं वदति' इति तस्य स्वरूपं न निर्ज्ञातम्। 'अथ[८] दीक्षितवाद' [९]इत्यधिकृत्य तद् विवृणोति। 'सत्ये भूय इव ते[१०] यतेते'ति। एवं ब्रुवतोऽभिप्रायः—यत्रानृतेन धर्मोऽर्थो[११] वा [११]नावहीयते तत्र परिहासादिष्वनृतवदनेन[१२] दोषो नास्ति। यथा[१३] अनुशासनार्थेषु 'दण्डयामि त्वा[१४] घातयामि त्वा' इति। अथापि च यत्र स्मृतिशास्त्रेष्वनृतमनुक्तं तत्तत्परिग्रहार्थम्[१५]—

शूद्रविट्क्षत्रविप्राणां यत्रोक्तेऽर्थे[१६] भवेद्वधः।
तत्र वक्तव्यमनृतं तद्धि सत्याद्विशिष्यते॥ (मनु. ८.१०४)

इति मनुनाऽभिहितम्। परोक्षं मनुष्यनामानि[१७] वदेत् तत्र द्वयी गतिः। परोक्षं शब्दयेत्[१८]। समर्थवादी वा स्यादनामन्त्रितमिति[१९] वा। नामन्त्रितमिति[१९] गम्यते। प्रत्यक्ष उदाहरणस्यामन्त्रितप्रयोगदर्शनात्। 'विचक्षेणेति[२०] त्वेषामुपरिष्टाद् दध्यात्। तेषां नाम्नां पुरस्तात् प्रयुञ्जन्ते। 'देवदत्त विचक्षण', 'यज्ञदत्त

---

*. The *sūtra*-text of *Aupānuvākya* is not found in the MSS. १. M °मर्थ्यो, Ad °मर्थ्ये, T om. २. M Ad om; thus T. ३. M Ad °न्ते एवं; thus T. ४. M Ad कृतीं; thus T. ५. M Ad द्विरुक्तमिति; thus T. ६. M Ad तत्तदौ; thus T. ७. M Ad °त्यनुवा° ; thus T. ८. M Ad om; thus T. ९. M Ad °वादमधि; thus T. १०. M Ad om; thus T. ११–११. M Ad °र्थवानव° ; thus T. १२. T °सादनृत° ; thus T. १३. M Ad त°. १४. M Ad om; thus T. १५. M Ad तत्परिहारार्थम्; thus T. १६. M यत्रोक्तार्ते, Ad यत्राक्तार्थो. १७. M Ad °ष्यान्नामा; thus T. १८. M Ad शब्देत्; thus T. १९–१९. M Ad om; thus T. २०. M Ad विपक्षेणेत्यति° ; thus T.

विचक्षणे'त्येवमादि। चनसितेति[१] प्रधानकरान् [२]वयोविद्यादिभिः। अभिवर्षणामेध्यदर्शनयोः[३] पाठक्रमविपर्यासेन पाठो, नात्र पाठक्रम आदरणीय इत्येतस्य प्रदर्शनार्थः। न हि पाठक्रमेणानुष्ठानक्रम औपानुवाक्यानाम्[४]। 'अभिवृष्टे[४]' इत्याद्यग्निष्टोमविहितम्। मन्त्रब्राह्मणविहिताच्चाधिकोऽवयवः[५] शाखान्तरस्य[६] उपाधीयते। 'ऊर्गसि' इत्याद्यग्निष्टोमे वाचनं विहितमिह जपतीति। तदुभयं विकल्पते॥ १२.१.१॥ **[इति प्रथमः पटलः]**

स यदि दीक्षितोऽमेध्यं[७] पश्येदि'त्युक्तम्। तत्रायज्ञार्हं[८] सर्वममेध्यमित्युच्यते। यथा—'अमेध्या वै माषाः' इति। मूत्रपुरीष [९]एवामेध्यशब्दः प्रसिद्धः। मा तदुभयं विज्ञायीति। क्लीबोऽमेध्य[१०] इत्याह। अन्ये क्लीबश्च मूत्रपुरीषश्चेति व्याचक्षते। यद्यपलभ्येत[११] यथा नाम 'अग्निर्वै दीक्षितस्य देवते'[१२]त्याद्यग्निष्टोमे व्याख्यातम्। तानूनप्त्रावघ्राणाद्यतो मन्येतेत्यादि। यस्यै देवतायै हविर्हूयते तां देवतां मनसा ध्यायन्नाश्रावयेत्। सव्यं पादं पूर्वं निधाय दक्षिणेनानुनिक्रामेत्। अधिकारादाश्रावणाङ्गमे-तच्च नियम्यते। इदं श्रुत्यन्तरविहितम्। स्रुग्वायव्यचमसानामन्यदारभ्याश्रावणं तत्र व्याख्यातम्। ग्रहं[१३] वा गृहीत्वेति[१४] वाग्यमनम्[१५]। तदापत्तिप्रायश्चित्तविधानयोः[१६] श्रुत्यन्तरे विधानमनुमेयम्। अक्षोपाञ्जनमपि तत्रैव व्याख्यातम्। प्राञ्चमग्निं प्रहरन्तीत्यादिना पुराणगार्हपत्यात् पशुश्रपणहरणं विहितम्। तथा चोक्तं बोधायनेन 'स वैव स्याद्' (बौधा.श्रौ. १४.३) इति पुराणगार्हपत्य एवैष उक्तो भवतीति। तेन निर्मन्थ्यको वैकल्पिको विहितः।'यजमानो वा आहवनीयः' (बौधा.श्रौ. १४.३) [१७]इत्यादिनोपोदितमाहवनीयात्पशुश्रपणहरणं[१८] विहितम्। इह च प्रकृतौ चाचार्येण विहितम्। कस्मात् पुनर्द्विस्तदेव[१९] विहितम्। प्रकृतिविकृत्योर्वैकल्पिकार्थमन्यत् प्रकृतावन्यद्विकृताविति मा विज्ञायीति। यदि पशोरवदानं नश्येदनवदानीयस्य वा पद्येदित्यादि। [२०]पशोरित्यवयवषष्ठी। अत[२१] एकदेशनाश एतत्प्रायश्चित्तम्। सर्वनाशे त्वन्यस्य तदनुरूपस्य[२२] पुनरालम्भः। एकदेशनाशेऽपि हृदयनाशे पुनरालंभः श्रुत्यन्तर आम्नातः। इह विशेषानभिधानाद् हृदयनाशेऽपीदमेव प्रभवतीति[२३] गम्यते॥ १२.१.२॥ **[इति द्वितीयः पटलः]**

विमथ्नीरन् विलुम्पेरन्नाज्यहोमद्रव्यम्। एतत् कृतवतो नित्यं प्रायश्चित्तमभिचारदोष-निर्घातार्थम्[२४]। अन्य आह—एतत्कृतवान् यदि पुनः पुनः[२५] क्षाम्येदार्तिनिवृत्यर्थमपां पूर्णमित्यादि कुर्या-दिति युक्तं विचारणीयम्। यदि क्रुध्येद्धिंसितुमिच्छेत् तिलकवधकौ प्रसिद्धौ। तदेवापां पूर्णमित्यादि। किन्तु चात्वालस्थाने दर्भस्तम्बो[२६] भवति। 'प्रजापतेर्जायमाना' (तै.सं. ३.१.४.१) इत्यादि शर्महोमान्तं

---

१. M Ad च न सिते°, T च। न सिते°. २. M Ad पयो°. ३. M Ad दर्शयोः. ४–४. M Ad °नामाभिर्वृष्ट. ५. M Ad °यववर्गा; thus T. ६. M Ad °रस्थ; thus T. ७. M Ad °तो मेध्यं. ८. M Ad तत्र यज्ञार्हं; thus T. ९. M Ad °षमेवा°. १०. M Ad °बो मेध्य. ११. M Ad °भ्यत; thus T. १२. M °तेद्यग्निष्टोमो, Ad °तेन्यान्त्यद्यग्नि°. १३. Ad गृहं. १४. M Ad °त्वेत्यादि; thus T. १५. M Ad °यमानं. १६. M Ad प्रायश्चित्तयोः; thus T. १७. M Ad °नोपादितः. १८. M Ad श्रपणं. १९. M Ad °नस्तद्दि[M द्व]स्त°. २०. M Ad पशोरवपव°. २१. M Ad अथ. २२. M Ad om तदनुरूपस्थ; thus T. २३. M Ad प्रभृती°; thus T. २४. M Ad °र्घाताम°. २५. M Ad om; thus T. २६. M Ad °स्तम्भो.

व्याख्यातम्। एवमेव व्याख्यानकाले स्यादल्पैर्व्याख्येयम्[१]। 'इदमत्र व्याख्यातम्', 'इदं श्रुत्यन्तर-वचनमि'ति क्रममात्रमस्माभिः प्रदर्शितम्[२]। परं कल्पवाक्यान्येव व्याख्यास्यामः। महयेत्[३] पूजयेद्। अशनवसनं दद्यादित्यर्थः। एतावती[४] हि तासां पूजा समानाह एकस्मिन्नहनि। प्रतिवेशौ प्रत्यासन्नौ। प्रत्यासत्तिपरिमाणम्[५]। 'एकैको वै जनतायामिन्द्र' इत्युक्तम्। जनता जनसमूह इत्यर्थः। तत्रापि नद्या वा पर्वतेन वाऽन्तर्हिते संसवो[६] नास्तीति पठन्ति केचिद्। अपरे प्रकृतावेव विकल्पं मन्यन्ते। बहिष्पवमाने द्वितीयं बर्हिरादत्ते। कस्यचिद्[७] द्वितीयम् 'ऋक्सामयोरुपस्तरणमसि= इति बर्हिरुपास्यती'ति (वाधूश्रौ. ६.१०.३.१३) दृष्टस्य मन्त्रलिङ्गादुद्गातुरध्यवसानार्थमुपास्यत इतीदमात्मने[८]। तथा चाश्वमेधे तु दृष्टं 'बर्हिरुद्गात्रे बर्हिरात्मने' इति। 'प्रह्व'[९] इत्यादि गतिविशेषा बहिष्पवमानार्थं गच्छताम्। एतद् द्वितीयं बर्हिरध्यास्ते आहरन्ति। प्रस्तरीयं प्रस्तरार्थं बर्हिर्द्वयम्। तत्प्रस्तरे[१०] स्रग्धारणार्थेऽपिसृजति। इदमपि बहिष्पवमान एव। द्रोणकलशाधवनीयपूतभृतां त्रयाणामभिमर्शनान्त उच्छ्वासः। अनवानं स्तोत्रमुपाकरोतीति। 'वायुर्हिंकर्ता' (तै.सं. ३.३.२.१) इत्यत्रैतस्य वचनमनवानप्रसङ्गात्। त्रीणि वाव सवनानीत्यन्यत्रानवानं[११] व्याख्यातमाचार्येण। ब्राह्मणत एव सिद्धत्वादत्र वक्तव्यं नास्तीत्यभिप्रेत्य न व्याचष्टे॥ १२.१.३॥ **[इति तृतीयः पटलः]**

स्वतश्च निगदसिद्धम्। 'द्वौ समुद्रौ', 'द्वे[१२] द्रधसी' इत्येतयोरपि नियोगवचनप्रसङ्गेन[१३] दीर्णादि[१४]- प्रायश्चित्तमामनतीति[१५] परित्यक्तस्य[१६] प्रतिपत्तिः। अग्नावनुप्रहरणं मृण्मयानां च भस्मोत्कर उपोहनमेव[१७]। आधवनीये दीर्ण इति विपरिणामः। यद्याग्रयण उपदस्येद्[१८] उपक्षीयेत। कलशाद् द्रोणकलशाद। अन्य आह—एवं सत्यव्यापित्वं, तृतीयसवने द्रोणकलशस्थस्य सोमस्या-भावात्[१९]। अतः पूतभृतेऽपि[२०] कलशशब्दवाच्यत्वात् ततो[२१] गृह्णीयादिति। अन्ये सवनद्वये द्रोणकलशाद् गृह्णन्ति। तृतीयसवने पूतभृतः। तथाप्येकस्मिन्नेवोच्चारणेऽर्थभेदः कल्पितो भवति। यदि कलश उपदस्येदाग्रयणाद्[२२] गृह्णीयाद्। यदि ग्रहो वा कलशो वोपदस्येदित्येताभ्यां[२३] कलशशब्दाभ्यां नानार्थाभ्यां भवितव्यम्। इतरथा पौनरुक्त्यं प्रसज्येत[२४]। प्रथमः पक्षो भगवता भवस्वामिना परिगृहीतः। अथ यदि सर्वमेव यज्ञसाधनं व्यापद्येतान्यथा भवेद्विनश्येद् वा, यद् दह्येत सर्वाणि यज्ञाङ्गाराणीति व्यापत्तिनिमित्तप्रदर्शनम्[२५]। तस्य तस्य द्रव्यस्य नाशे प्रायश्चित्तानि कृत्वा वसतीवरीः प्रथमं गृह्णीरन्। अथेतराननुपूर्वं[२६] सोमद्रव्यविशेषानुत्पाद्य कृतान्तात् प्रक्रम्य यजेत॥ १२.१.४॥ **[इति चतुर्थः पटलः]**

अथ महायज्ञ इदं फलवत्कर्मास्मिन् काले पठितं भ्रातृव्याभिभवनम्। अस्य फलं 'भवत्या=

---

१. M Ad वैय्योढल्य [M ल्प्य] व्या°. **२.** M Ad T °र्शितः. **३.** M Ad T महये. **४.** M Ad T °वति [Ad ती]ह. **५.** M Ad °सक्ति. **६.** M Ad ससंपो. **७.** M Ad om चिद्; thus T. **८.** M Ad °त्मनः; thus T. **९.** M Ad ब्रह्मा; thus T. **१०.** M Ad °स्तरं. **११.** M Ad °त्रयानव्या°. **१२.** M द्वौ. **१३.** M Ad °सङ्गानि; thus T. **१४.** M Ad दीर्णानि; thus T. **१५.** M Ad °श्चित्ताम°; thus T. **१६.** M Ad T परिक्त°. **१७.** M Ad °मेव वा ध°. **१८.** Ad °स्येद°. **१९.** M Ad °भावतः; thus T. **२०.** M Ad °भृतोवि; thus T. **२१.** M Ad तयोर्गृ°; thus T. **२२.** M Ad °दद्येदाग्र°. **२३.** M Ad °स्येदिस्ये°; thus T. **२४.** M Ad °ज्येतु; thus T. **२५.** M Ad °र्शनान्त°; thus T. **२६.** M Ad °तरान्ननु°; thus T.

भवती'त्युपसंहारे[१] दर्शनात् सर्वत्र सह निर्वापे स्थानिनो [२]मुख्यधर्मविरोधे च स्थानिधर्मस्य बलवत्ता। माध्यन्दिने सवने धिष्णियान्विहरिष्यन् मार्जालीयेऽग्निं[३] गृह्णातीत्यनुद्गातं समिद्धं करोति। तृतीय–सवनीयैः साकमेधानीकवतादीनि[४] पितृयज्ञहविरन्तानि सह निरुप्यन्ते। तेषां मध्ये गृहमेधीयान्तानि, धिष्णियविहरणोत्तरकालं[५] पशुचर्यायाः पूर्वं प्रचरतीत्येष [६]एवादित्यश्चरुरुदयनीयस्तत्कार्यं स्वकार्यं च करोति। ग्रहावकाशैश्चरन्ननुवर्तयति। अनुशब्दस्य पश्चाद्भावभावित्वात्। 'प्राणाय मे वर्चोदा वर्चसे पवस्व' (तैसं. ३.२.३.२) इत्युक्त्वा[७] 'अग्निर्देवेभ्यः' इत्यादि वसति। ततः '[८]परिभूरि'त्यादि 'रायस्पोषस्य ददितारः स्याम' इत्याद्यन्तामाभीतमुक्त्वा[९] 'तस्य मे रास्व' (तैसं. ३.२.३.३) इत्याद्यग्निष्टोमवत् समापयति। एवम् 'अपानाय मे' (तैसं. ३.२.३.३) इत्यादिष्वपि। कृष्णशकुनः काकः, श्वा कुक्कुरः अवमृशेत्[१०] स्पृशेन्मुखेनेति। केनचिदङ्गेनेत्यन्ये। स्कन्नेऽप्येतदेव प्रायश्चित्त[११]निमित्त–त्रयमधिकृत्य ब्राह्मणे प्रायश्चित्तविधानाद्। 'अन्यद्वा श्वापदमवमृशेद्' इति सूत्रकार आह वृकसृगाल–परिग्रहार्थः। 'स्कन्नेऽपि यद्यलं प्रचरणाय स्यात् प्रचरेदि'त्यादिनेष्यते। निर्णिज्य स्रुचं हिरण्यं शतमानमस्यामवधायाश्वाद्यवमृशेत्[१२]। निर्लेखनमपि सूत्रकार आमनति[१३]। तैरेव 'महीनाम्' इत्यादिभिरेव गृहीत्वाऽश्वमवघ्राप्यान्यस्मिन्नानीय वैष्णव्या पुनर्गृह्णीयाद्। 'उक्थं वाचि[१४] सुवर्' इति श्रुत्यन्तरे विहितं वैकल्पिकम्॥ १२.१.५॥ **[इति पञ्चमः पटलः]**

॥ इति व्याख्यायां द्वादशप्रपाठके प्रथमोऽनुवाकः ॥

---

१. M Ad उपहरे; thus T. २. M Ad मुख्यता ध° ; thus T. ३. M Ad ग्निं गृह्णायेग्निं गृ° ; thus T. ४. M Ad T ° मेधा आनी°. ५. M Ad ° काल; thus T. ६. M Ad ° दिश्चरु° ; thus T. ७. M Ad ° क्त्वा निर्दे° ; thus T. ८. M Ad परिहरभू° ; thus T. ९. M Ad ° ताभ्यन्तामभी° ; thus T. १०. M Ad मर्शेत्; thus T. ११. T ° श्चित्तम्. १२. M Ad ° धाय श्वाद्य°. १३. M Ad ° नन्ति. १४. M Ad T वालि.

॥ अथ द्वादशप्रपाठके द्वितीयोऽनुवाकः ॥

अथांस्वदाभ्यौ वृक्षत इति शेषो 'ह्रदे त्वे'त्युपस्थायाकाशमिव ईषदवकाशं कृत्वा तिस्रः सोमलताः सहैव तृतीयं 'प्रजापतये स्वाहा' इति प्रास्य 'यतः प्रजा' (तै.सं. ३.५.८.३) इत्याद्येतावंशू पवित्रभूतौ 'शुक्रं ते शुक्रेण' (तैसं. ३.३.३.१६) इत्याद्याद्यन्तग्रहणे आधूनोति। तद् द्वाभ्यां द्वाभ्यां चांशुभ्यां [1]चतुर्भिश्चतुर्भिर्म्रस्त्रैश्चतुश्चतुर् 'भन्दनासु' (तैसं. ३.३.३.५) इत्यादिभिः सानुषङ्गैर्वामदेव्यं साम मनसा गायमानो गृह्णातीति ब्राह्मणम्। इह 'कया न' (तैसं. ४.२.११.९) इत्येतयैवर्चा। तदुभयं विकल्पते। त्वरमाणोऽनुच्छ्वसन् गत्वा जुहोति 'अमृतमसि' (तैसं. ३.३.४.७) इत्यादिना शतमानं हिरण्यमभिव्यनितीति[2] प्रतिमन्त्रणं विनियुक्तं मन्त्रं[3] परिहाप्य वयं समामागामिनं संवत्सरं[4] विजि-ज्ञासते, यदि ज्ञातुमिच्छति 'सुषमं पापसमम्'[5] इति। अह्नां मध्ये [6]वधान्याम् विधीयन्तेऽस्यां[7] कर्माणीति वधानी माघस्यापरपक्षाष्टम्य[8]न्तमेकाष्टकेत्याचक्षते। उषसि चतुःशरावपरिमाणमपूपं पक्त्वा यथोक्तं भुक्त्वा[9] शुष्कतृणपरिगृहीतेनादीप्तेन कक्षं दहेत्। गार्हपत्ये [10]श्रपणमाहवनीये होमः श्रौतत्व-सामान्यादिति केचित्। आदीपनस्य वैतानिकेनानुपपत्तेर्येनादीपनं तस्मिन्नेव श्रपणहोमाविति केचित्। आमात्य इत्यर्थः ॥ १२.२.१ ॥ **[इति प्रथमः पटलः** (६)**]**

ऋषभोत्सर्गः फलवत्कर्म, तस्य महाफलत्वमितिहासेषूक्तम्-

एष्टव्या बहवो पुत्रा यद्येकोऽपि गयां व्रजेत्।
यजेत वाऽश्वमेधेन नीलं वा वृषमुत्सृजेत् ॥ (लिखितस्मृति, ९०) इति ॥

किं पुनः फलम् ? अनुक्तफलानां [11]नित्यनैमित्तिकानां स्वर्गः[12] फलम् इति सिद्धान्तः[13]। अन्ये वर्णयन्ति ऋषभोत्सर्गस्य कर्तव्यम्। तस्मान्नाहिताग्निना पूर्वोत्सृष्टस्याशक्तौ विनाशे वा क्रियमाणेऽनेन प्रकारेण[14] कर्तव्यम्[15] इति। नैमित्तिकानामपि क्रत्वङ्गभूतानां कल्पमेव फलं यथा गृहदाहे क्षामवत्या इष्ट्यादीनि कर्माण्यनुक्रम्य सोऽमावास्यायां पौर्णमास्यां वा यजेतेति श्रूयते[16]। अतो[17] रोहिण्यां पर्वसंयुक्तायामारम्भ इति केचित्। तथा तस्मात् 'सदृशीनां रात्रीणां=इज्यन्त' इति यदुच्येत प्रकरणाद् दर्शपूर्णमासयोरेव विहितयोः कालयोरनुवाद इति। तथापि कालयोरपि तद्विकारेष्वनुगतिर्भवति। अन्ये तदपवादं नक्षत्रग्रहणं वर्णयन्ति। तथा 'यत्पुण्यं नक्षत्रमि'त्यादिष्वपि द्रष्टव्यम्। अभ्यवाकरोति[18] समीपे स्थापयति। वपाहोममन्त्रः। प्रकृतं निर्वर्तयति। स्त्रीपशुमालभत इति गर्भिण्यां सत्यां प्रायश्चित्तविधा-नार्थं यत्र क्वचिद्विहितानूद्यतेऽनारभ्याधीतानां प्रकृत्यर्थत्वेऽपि प्रकृतौ स्त्रीपशूनामभावाद्विकृतिविषयता।

---

१. M Ad चतुर्भिः once; thus T. **२.** M Ad व्यनीति; thus T. **३.** M Ad मन्त्र. **४.** T संवर. **५.** M Ad वाप° ; thus T. **६.** M Ad मध्ये धान्या° ; thus T. **७.** M Ad °यते तस्यां. **८.** M Ad क्षाष्टम्या° ; thus T. **९.** M Ad भुंक्त्वा. **१०.** M Ad श्रवण° ; thus T. **११.** M Ad om नित्य; thus T. **१२.** M Ad स्वर्गं; thus T. **१३.** M Ad T राद्धान्तः. **१४.** M Ad वकारेण. **१५.** T कर्तव्य इति. **१६.** M Ad om; thus T. **१७.** M Ad इतो; thus T. **१८.** M Ad °भ्यवक° ; thus T.

ननु अनूबन्ध्यायाः सती सा वशाऽवशा[१] च बन्ध्येत्युच्यते। क्व च बन्ध्या क्व च गर्भिणीति। अत्र ब्रूमः। अत्रापि [२]गर्भिणीं नोपादत्ते। किं तर्हि। प्रमादाद्वा[३] बुध्योपात्तापि। यदि गर्भिणी तस्याः प्रायश्चित्तं कर्तव्यमेव, यदि संभवति प्रकृत्यर्थतैव युक्ता। प्रकृत्यर्थत्वेऽपि प्रकृत्या द्वादशपद्या षोडशपद्या च यथार्थमूहः ॥ १२.२.२ ॥ **[इति द्वितीयः पटलः** (७)**]**

नन्वष्टापद्यामेव[४] प्रायश्चित्तनिमित्तम्। [५]प्रायश्चित्तनिमित्तस्य[५] नैतदेवम्। 'वि वा एतस्य[६] यज्ञस्य[७] ऋध्यते यस्य हविरतिरिच्यत' इति। 'यदेकदेवत्य आलब्धे[८] भूयान् भवती'ति च गर्भिणीत्वमेव निमित्तम्। अष्टापदीग्रहणं प्रदर्शनम्। [९]एवमपि गोरपि यमौ जायेते। अतस्तत्रापि समानविध्यमेवापि। प्रकृतावन्यापि स्त्रीपशुरस्ति। कथम्। क्रतुपशुभिरेकादशिना विकल्प इष्यते। तत्र 'सारस्वती स्त्री द्वितीया जुहोती'त्यत्र द्वितीयाग्रहणम्[९]। तत्रापि नवगृहीतं यथा स्यादिति। अन्य आहुर्यदेतदन्वाख्याने विहितम् 'अथ यद्यष्टापदी स्यात्' (वाधू.अन्वा. ३.४.७) इति तस्यास्य च समुच्चयो [१०]मा भूदिति[१०]। कथं समुच्चयप्राप्तिः। सूत्रकार आमनति। 'एकस्मिन् दोषे श्रूयमाणानि प्रायश्चित्तानि[११] समुच्चीयेरन्नर्थान्तरत्वादि'ति[१२] निरूढपशुबन्धे विधानात्। तन्निरूढेष्वेवेति केचिद्। अपरे प्रायश्चित्तानि समुच्चयमेव [१३]विरोधिवर्जमिच्छन्ति। अष्टाप्रुडष्टापुलकं[१३] तृतीयेऽन्तरकोशे अल्पीयसि। समुष्णीषेण वाससा वेष्टितं प्रतियोनिं स्थापयति ॥ १२.२.३ ॥ **[इति तृतीयः पटलः** (८)**]**

वस्त्यायतने[१४] वस्त्यायतनसमीपे—

नाभिपृष्ठकटी[१५]मुष्कगुदवंक्षणशेपदाम्[१६]।
एकद्वारस्त्वन्तरतो[१७] मध्ये वस्तिरधोमुखः[१८] ॥

इति वैद्याः पठन्ति। उदपात्रनिनयनं च वस्तेः स्थाने पुरस्तात् सपूर्व उपरिष्यत्। पृष्ठतो जघनतो वाभीत्याधः[१९] सत्रकपालाधारं वसावपाहोममन्त्रयोर्निवृत्तिः। गर्भानेकत्वे प्रत्येकमवदानग्रहणम् सह-श्रपणप्रदाने पात्र्या स्रुचा। 'एकपदी' (तैसं. ३.३.१०.७) इत्यादि मन्त्रस्याद्यन्तग्रहणम्। लोहितगर्भोऽ-र्बुदावस्थः। मेदसा अवयवं करोतीति[२०]। वियसः[२१] वपायाः। वाशब्दश्चशब्दो वाऽध्याहार्यः[२२]। इद्धगर्भः पेश्यवस्थः। अस्थिगर्भः प्राक् पादोत्पत्तेः। अत ऊर्ध्वमष्टापदी प्रायश्चित्तम्। ऊवध्यं शकृदजावशा-मित्यादि ॥ १२.२.४ ॥ **[इति चतुर्थः पटलः** (९)**]**

अनभ्रे[२३] अनुत्पन्नमेघे। संवत्सरसत्रयाजी गृहमेधीयोपलक्षितश्चातुर्मास्ययाजीति केचित्।

---

१. M Ad पशापशा. **२.** M गर्भिणी, T न गर्भिणी. **३.** M Ad °मादाशा; thus T. **४.** M Ad °ष्या च द्यामे°. **५–५.** T takes it as extra. **६.** M Ad हितस्य; thus T. **७.** M Ad यज्ञ; thus T. **८.** M Ad °ब्धो. **९–९.** M Ad om. **१०–१०.** M Ad °यो भूरिति; thus T. **११.** T takes it as extra. **१२.** M Ad °न्तरादिति; thus T. **१३–१३.** M Ad °धि वर्ज्यन्त्यप्रूडष्टा°; thus T. **१४.** M Ad om; thus T. **१५.** M Ad °कटिमुषू गु°. **१६.** M Ad °पसाम्. **१७.** M Ad T °द्वारस्त्वनुत्वरतो. **१८.** M Ad °रोधामु°. **१९.** M Ad °त्याध. **२०.** M Ad करोति; thus T. **२१.** M Ad °पीयसः; thus T. **२२.** M Ad °हार्यम्. **२३.** M Ad om; thus T.

अविच्छिन्नपञ्चमहायज्ञ इत्यन्ये। श्रुतिस्मृत्युदितसकलानुष्ठायीत्यपरे। यायावर इत्येके। द्वादशाहादिषु गृहपतिर्वा। तेषां संवत्सरसत्रादीनां[1] ब्राह्मणेन व्याख्याताः[2] कामभूत्यादयो वाय्वादिका देवताः कामवशान्नियम्यन्ते। कृषमाणः। हेतौ शानच्। संकर्षणेन हेतुना प्रतिष्ठामृद्धिं लभेयेति[3] ॥ १२.२.५ ॥

[इति पञ्चमः पटलः (१०)**]**

प्रभूतान्न[4]भोजनसमर्थश्च। ईश्वरः समर्थः। वाचा वक्तुं न वदति बध्यते[5]। अनभिभूतमरिन्देशानिवाभिभूय यजेयमिहाग्नेयनित्येष्टिरुपाकरणीययोः [6]प्रत्याम्नातयोर्वायव्ययोपाकरोतीत्येकवचनमविवक्षितम्। अन्यस्मिन् कर्मणि विनियोगाश्रवणात्[7] साहचर्याद् '[8]आकूत्यै त्वा' इत्यस्याप्युपाकरणीयत्वं[8] युक्तमित्याचार्याभिप्रायः। किक्किटाकाराणां तत्कार्यकरणसामर्थ्य[9]ज्ञापकाच्चोदनालिङ्गसंयोगानामभावात्[10] पञ्चत्वस्याप्यश्रुतत्वादपाव्यैः[11] समुच्चयः। 'मनसो हविः' (तै.सं.३.४.२.११) इति। हविरुच्छिष्टप्राशनं याजमानम्। यदा [12]लब्धायामभ्रमित्यादि शेषो ब्राह्मणोक्तः। तस्यैव[13] एतस्या एकमेवादेवयजनमयागनिमित्तमृजुः[14] शेषोऽनिज्याहेतुरुपाकरणादौ कृते सकलगगनव्याप्तोऽभ्रः स्यात्, प्राप्तः[15] संज्ञापनादभ्रः स्यात्, तावत्येव विरम्य [16]तन्त्रशेषसमापनमिच्छन्ति[17]। ऊर्ध्वं चेत् प्रधानयागं निर्वर्तते[18] वोभ्यवहरणं सर्वप्राशनेन। पक्षे यजमान [19]एवान्वहमपि सर्वां प्राश्नीयात्॥ १२.२.६ ॥ **[इति षष्ठः पटलः** (११)**]**

॥ इति व्याख्यायां द्वादशप्रपाठके द्वितीयोऽनुवाकः ॥

---

१. M Ad T °सदा°. **२.** M Ad °ताः. **३.** M Ad °भेयमितिब; thus T. **४.** M Ad °भूतं नो भो°. **५.** M Ad बन्ध्यन्ते; thus T. **६.** M Ad °त्याम्नाययो°; thus T. **७.** M Ad °योगश्र°; thus T. **८-८.** M Ad °र्या दित्वेत्यस्या...यत्वं, Ad दित्वेत्य°; thus T. **९.** M Ad °र्थ्याज्ज्ञा [Ad त् ज्ञा)]. **१०.** M Ad °योगामभा°, T योगा..मभा°. **११.** M Ad °वाव्यैः; thus T. **१२.** M Ad लब्ध्वायामभूत्या°. **१३.** M Ad °स्यैवा; thus T. **१४.** M Ad °मृजा शे°. **१५.** T प्राप्तेः, Ad प्रावत. **१६.** M Ad शेषं. **१७.** M Ad °च्छत्यू°. **१८.** M Ad निवर्त°. **१९.** M Ad °वादन्व.

॥ अथ द्वादशप्रपाठके तृतीयोऽनुवाकः ॥

जयाऽभ्याताना इत्यादि। तेषां ब्राह्मणे व्याख्याताः कामाः। कथम्। संग्रामे स्पर्धमानेन होतव्याः। [१]जयो येन कर्मणा श्रौतेन स्मार्तेन[२] वा ऋद्धिमिच्छेत् तत्राभ्याताना:। पुनस्तत्रैवानुवाकत्रयमपि। पुन-र्भ्रातृव्यवतो भ्रातृव्यान् जेतुमिच्छतोऽनुवाकत्रयम्। ततो राष्ट्रकामादीनां राष्ट्रभृतः। अथवा सर्वेषां सर्वेभ्यः कामेभ्यः समुच्चय इत्याचार्याभिप्रायः। आहिताग्नेरपि निरूढानामामात्य[३] एव होममिच्छन्ति। 'चित्ताय स्वाहा, चित्त्यै स्वाहा' (तु.तैसं. ३.४.४.१-२) इति संप्रदानविभक्त्या श्रुत्यन्तरे समाम्नाता देवता:[४]। प्रथमया यथाऽऽम्नातमपि हूयमाने नास्ति दोषः। तत्र 'शक्वरीश्च' (तैसं. ३.४.४.८) इति 'जसि पूर्वसवर्णदीर्घश'छान्दसः। यथाऽऽम्नातपक्षे होमेऽपि 'शक्वरीभ्यः' इति विपरिणामे तदसति[५] पर्यायापेक्षं[६] वचनं नाहुत्यापेक्षम्॥ १२.३.१ ॥ **[इति प्रथमः पटलः** (१२)**]**

[७]यथास्थानं यथालिङ्गं विनियुज्येति[८] केचिद् व्याचक्षते। तथापि स्वक्रम[९] एव 'भुवनस्य पते' इतीतरे। यथापाठमेव द्वे द्वे आहुती जुह्वति। तेषां यथास्थानमनुमन्त्रयत इति संबन्धः। अपरे सकृद्-गृहीतैव। विग्राहं द्वे द्वे आहुती[१०] जुह्वति एके[११]। एकैकेन पर्यायेणैकैकामेवाहुतिं[१२] जुह्वति। अत्र युक्तं[१३] तत्र भवन्तो विदांकुर्वन्तु। प्रथमः पक्षो बलवानिवाभाति। राष्ट्रकामायान्यस्मै, आत्मने राष्ट्रकामायेत्येव। ग्रामः समूहवाची[१४]। वाक्यशेषः सञ्जातश्रवणात्[१५]। यथा ग्रामो गतो[१५], ग्राम आगत इति। अधिदेवनमास्तारो[१६] द्यूतस्थानम्। तत्रामात्यमुपसमाधाय रथमुखे [१७]रथतुण्डेऽग्नावुक्तेन[१८] न्यायेन। तस्य स एवेध्म[१९] इति [२०]प्रकृतावेवोच्यतेऽनन्तर आश्वत्थः। स्वत उन्मादिनस्तस्य स एवेध्म इत्यवश्यं नैय्यग्रोधादीनां ग्रहणं विज्ञेयम्, ब्राह्मणे प्रत्यक्षश्रुतत्वात्। अतः प्रत्यक्षविहितवर्जेषु स एवाधिकृत इत्युपपन्नम्। अवभूतोऽवगतो निरस्तः। 'सर्वानात्मीयान् रथान् युङ्क्ष्वमि'त्युक्त्वा[२१] स्वभृत्यैर्युक्तेषु स्वरथस्येत्यात्मना[२२] नित्याधिष्ठेयस्य[२३]। सङ्ग्रामे युद्धे समुच्चितेऽभ्यर्णे[२४] परीप्सन् पर्याप्तुमिच्छन्। माधूक[२५] इध्मः। फुल्लादीनि[२६] येन क्रियन्ते। बन्धुजीव इत्येके। मधूक[२७] इत्यपरे॥ १२.३.२ ॥ **[इति द्वितीयः पटलः** (१३)**]**

उन्मादिने[२८] 'तस्मै स्वाहा[२९], ताभ्यः स्वाहेति जुहोति' इति [२९]ब्राह्मणम्। स्वकृतं[३०] स्वाभाविकमिरिणम् ओषधिविरहितो[३१] भूप्रदेशः। प्रदरः प्रकृष्टोदरः। तैल्वक्या इति स्रुचेति।

---

१. M Ad जायोर्ये°. **२.** M om, T takes it as extra; thus Ad. **३.** M Ad °त्यमेव. **४.** M Ad °वतां; thus T. **५.** M Ad T °दशति. **६.** M Ad T पर्यामर्यापेक्षं. **७.** M Ad यथा—स्थानं; thus T. **८.** M विनिष्ठी, Ad विनष्टीत्ये°; thus T. **९.** M Ad कर्म. **१०.** M Ad om; thus T. **११.** M Ad om; thus T. **१२.** M Ad °णैकैकमे°. **१३.** M Ad °कैकमेवा°. **१४.** M Ad ग्राम. **१५-१५.** M Ad श्रपणान्यथाग्रामगतो. **१६.** M Ad °मस्कारोयूत°; thus T. **१७.** M Ad रुन्धे; thus T. **१८.** M Ad °वुत्तेन. **१९.** T takes it as extra; thus M Ad. **२०.** M Ad °कृतयेवोच्यतेनान्तर°. **२१.** M Ad °त्युक्त:. **२२.** M Ad °थस्यात्मना. **२३.** M Ad निष्ठेऽन्य.स. **२४.** M Ad समूच्यते; thus T. **२५.** M Ad मान्धुक. **२६.** M Ad फु[Ad पु]ल्का°; thus T. **२७.** T मद्यूक°. **२८.** M Ad उन्मादिने; thus T. **२९-२९.** M Ad स्वाहेतीति ब्राःह्मणम्; thus T. **३०.** M Ad स्वकृत. **३१.** M Ad °विरिधितो.

अनेकार्थविधाने वाक्यभेदप्रसङ्गात् सर्वत्र राष्ट्रभृतां स्रुचैव होमं[१] प्राप्तमनूद्य तैल्वकीत्वं विधीयत इति केचित्। 'राष्ट्रकामस्याभिनुत'[२] इत्यारभ्य 'वषट्करोती'त्यन्तेन सगुणकर्म एवार्थो विधीयत इत्यपरे। प्रतिलोमं 'तस्याधयोऽप्सरसः' इत्यारम्भ तदुपलक्षणार्थं 'ताभ्यः स्वाहा ताभ्यः स्वाहा' इत्यादि। अनुकर्षपक्षे च 'चारुः कृपणकाशी'त्यारभ्य पर्यायान्ते 'ताभ्यः स्वाहा वाट्[३]' 'तस्मै स्वाहा वाडिति[४]' जुहोति। 'स नो भुवनस्य पते' इत्यनुमन्त्रणा विहिता। कामग्रहणमुभयोरुपलक्षणम्। एता एव निर्वपेद् 'ईजान' इति निमित्तेनेष्टीनामापृष्ठ्यावत् प्रक्लृप्तिरिष्टिक्लृप्त्यर्थं[५]प्रपाठकद्वयमिष्ट्याप्रदासु[६]। ततस्तन्त्रमुपहोमीयायाश्चातिदिश्यन्ते[७]। तन्त्रमितिकर्तव्यता। तच्च तन्त्रं दर्शपूर्णमासाभ्यां सर्वास्विष्टिषु प्रवर्तते[८]। तत्र विशेषविहितानामाज्यभागादिसंयाज्यादीनामिहातिदेशः। तासां विभागेन सहैव च निर्वापो विहितः। तत्र यदा द्वे इष्टी तदोभयत्र पात्रे निर्वपेत्। तत्रापि मुखतो मध्यत उत्तममिति तुल्यम्॥ १२.३.३॥ **[इति तृतीयः पटलः** (१४)**]**

यत्र क्व चावस्थितस्य तृतीयं शब्देनाभिधानं न [९]वा कथ्यते। अरुक्कामस्य पयः प्रणयन्ति केचित्। संयवनार्थं मदन्त्यर्थमेव पय इत्यपरे। पुरोनुवाक्यामनूच्य याज्यया होमे चतुर्गृहीतमिच्छन्ति। संप्रक्षाप्य[१०] विगतार्चिष्मत्तां कृत्वा। प्रातर्हुत्वाऽग्निहोत्रमित्यादि। यत्रापवादः सामर्थ्यं वा नास्ति तत्र सार्वकालिको विधिः अरण्योर्वोपावरोह्य [११]मन्थेदिति शेषः। तत्राप्युपावरोहणे स एवोपायः। अथ यदि 'पर्वण्या धत्ते' इति ज्ञापकात्पौर्णमास्यष्टकामावास्येत्येतानि पर्वाण्यहानीति च सर्वं पर्वसु प्राप्तमाधान-मामावास्यायां नियम्यत इति॥ १२.३.४॥ **[इति चतुर्थः पटलः** (१५)**]**

आहिताग्नेः पूर्वमागतायामप्यमावास्यायां पौर्णमास्यामेवारम्भः। आधाने विहितानामारम्भनिमि-त्तानां सायंप्रातर्होमानां[१२] सामान्यप्राप्तानां पर्वाधाने सारस्वतहोमाद्यपवादः। अपरे समुच्चयमिच्छन्ति। यथेष्टिचतुर्होतृत्वम्। अस्मिन् पक्षे 'पूर्णा पश्चात्', 'यत्ते देवा अदधुरि'ति पुनर्वचनं किमर्थम्। मृळयगुणक[१३] एको होमो यथा स्यादिति। तत्रावश्यं विकल्पः, एका वाऽऽहुतिः स्याद् द्वे वेति। यः स्तोमभागान् विद्यात् तं ब्रह्माणं[१४] कुर्वीत। वसिष्ठेन[१५] प्राप्ताः स्तोमभागा[१६] वासिष्ठाः, तान् यो वेद स वासिष्ठ इत्याचार्योऽभिप्रैति स्म। नायं गोत्रप्रत्ययान्त इति। अथवा शाखान्तरविहितं वैकल्पिकमेतत्[१७]। तस्मात् यः कश्चन स्तोमभागान् वेद स[१८] ब्रह्मा स्यात्। 'स[१९] सवे [२०]वाऽध्वरकल्पाय वाऽतिक्रमात् प्रक्रमे'दिति। तत्र विहितत्वादिह तेषां स्वरूपप्रदर्शनार्थोऽनुवादः। [२१]श्रुत्यन्तरविहितस्य चतुर्थस्यापि[२१] परिग्रहार्थं च। भ्रातृव्यानित्यादि मामन्त (?) [२२]चतुर्ष्वप्यनुषज्यते। 'इन्द्रेण सयुजः' (तैसं. ३.५.३.४)

---

१. M Ad होमः. **२.** M Ad °मन्याभि°. **३.** M Ad विट्, T स्वीट्. **४.** M Ad कद्विति, T कडिति. **५.** T क्लृप्त्यर्थप्रपाठके. **६.** M Ad °द्वयं यमि°. **७.** M Ad °होमि या स्वाश्वाति; thus T. **८.** M Ad °तन्ते. **९.** M Ad नव. **१०.** M Ad संवृक्षाप्य. **११.** M Ad मज्जेदिति. **१२.** M Ad °होमाहोमानां. **१३.** M Ad मृद्वय° ; thus T. **१४.** M Ad ब्राह्मणं; thus T. **१५.** M Ad वनिष्ठेन; thus T. **१६.** M Ad °भागावद्रसि. **१७.** M Ad °मेकः. **१८.** M Ad om. **१९.** M Ad om; thus T. **२०.** M Ad चाध्वरकत्पापवादि°. **२१-२१.** M Ad °हितस्यापि; thus T. **२२.** M Ad माम्यन्त चतु° ; thus T.

इत्यादिरावसानात्। [१]अनुवाकपरिसमाप्तेरिममप्यनुषजन्ति केचित्। [२]अन्येऽतितन्त्रेणैवोच्चारयन्ति। अपि वेति पक्षान्तरपरिग्रहः 'यत्ते अग्ने' इत्येतैः। 'तेजस्वी[३] त्वमग्न' इत्यादयः श्रुत्यन्तरविकल्पमित्यर्थः[४]॥ १२.३.५॥ **[इति पञ्चमः पटलः** (१६) **]**

'उदयवसानीयाः क्वचित् क्वचिदिष्ट्योदवस्येदि'ति पृथगुदवस्यन्ति। पृथगुदवसानीयाभिरिष्टि-भिरित्यनूद्यते। न क्वचित् तस्याः क्लृप्तिर्व्याख्याता। तस्याः [५]क्लृप्तिरनुज्ञाताऽऽचार्येणेति न[६] ज्ञायते। केचिदाहुः [७]पञ्चकपालमपोद्याष्टाकपालोऽस्या ब्राह्मणे विहितः। पौनराधेयिक्यां पञ्चकपाल एव विहितः। तस्या आचार्येणाष्टाकपाल आम्नातः। उभयोस्तुल्यतां मन्यमानो व्याख्यातेति कृत्वा सेति पौनराधेयमिवेति इमां[८] व्यवहरन्ति। नैतया पुनराधेयानिष्ट्वाऽग्निहोत्रं जुहुयादिति॥ १२.३.६॥ **[इति षष्ठः पटलः** (१७) **]**

तथाप्यन्तस्तनुत्वकरणाद्यप्राप्तं केनचित्प्रकारेण निवर्त्यम्[९]। अन्ये निगदसिद्धेति न व्याख्यातवा-निति। स्वयज्ञे भ्रातृव्यस्य भ्रातृव्ययज्ञे[१०] चात्मनः समवायसंभवाद् ऋत्विगृत्विजः स्पर्धमान इति वर्णयन्ति। सत्रविषय इत्यपरे। अध्वर्युयजमान इत्यादिगमेऽग्निष्टोमे[११] वषट्कारो[१२] वा इत्यादि निगद-सिद्धमिति न व्याख्यातवान्। येषु संवत्सरेषु पृश्न्यादयो विहिताः [१३]त एवाल्पीयःशब्दाभिधेयाः[१४]। प्राणग्रहानपानग्रहानपि लक्षयन्त्यनुवादत्वात्॥ १२.३.७॥ **[इति सप्तमः पटलः** (१८) **]**

॥ इति व्याख्यायां द्वादशप्रपाठके तृतीयोऽनुवाकः॥

---

१. M Ad °वाकाप°, T (ख) मान्त. २. M Ad अन्ये तन्त्रेणै°; thus T. ३. M Ad तेजस्वि; thus T. ४. M Ad °कल्प इत्य°. ५. M Ad om क्लृप्ति; thus T. ६. M Ad om; thus T. ७. M Ad °लस्याम°. ८. M Ad मीमां. ९. M Ad निर्वत्यम्. १०. M Ad भ्रातयज्ञे. ११. Ad °गमोगग्नि°. १२. M Ad कारे. १३. M Ad तान्ये वापशब्दा. १४. M Ad °धेयानि.

॥ अथ द्वादशप्रपाठके चतुर्थोऽनुवाकः ॥

[औपानुवाक्यप्रायश्चित्तानि]

स यस्याग्निहोत्र्युपसृष्य निषीदेत् । स इति विभक्त्यन्तप्रतिरूपकम्। तानि वाऽतो विकारार्थः[१]। इत उत्तरमौपानुवाक्यप्रायश्चित्तान्यभिधीयन्त इत्यभिप्रायः। यस्य यजमानस्याग्नीहोत्री अग्निहोत्रार्थं दोहायोपसृष्य मुक्तवत्सा शयीत तामुत्थापयेदित्यादि। यस्यान्नं नाद्यात्[२] न भुञ्जीत। अभोज्यान्नायेत्यभिप्रायः। यस्य यजमानस्याग्निहोत्रद्रव्यस्यैकदेशं[३] स्कन्देत्, 'अप उपसृजती'ति ब्राह्मणात् स्कन्नस्योपर्यप[४] उपानीयाभिमन्त्रयते। अत्र नहि दोहस्कन्नशेषस्य[५] यादृक् कीदृक् च यथाकथञ्चिद्धोमः। 'अन्यां दुग्ध्वा पुनर्होम' इत्यादि ब्राह्मणे विहितं नित्यमिच्छन्ति। केचिद् 'अन्यां दुग्ध्वेत्यादि चानुवर्तयन्ति। केषांचिद् दर्शनम् स्थालीगतं यदि पतेत् तत्रानभिदोहादिस्कन्नेभ्य एवम्। भूमौ यदि पतेत्तत्रामन्त्रणमात्रमेव। 'यो वै यज्ञस्यार्तेनानार्तं संसृजती 'त्यार्तत्वं स्कन्नशेषस्य भवितुमर्हतीति। एवमप्या-र्तत्वं स्कन्नगतस्य स्यात्। तस्मादनभिदोह एव युक्तः। स्थालीगतं यदि प्रभवति तत्र पुनर्होमाभावः। यदि न प्रभवति तदैव[६] यादृक् कीदृक्[७] चेत्यादि। अन्ये कल्पोक्तमात्रं कृत्वा कृतार्थतां मन्यन्ते। अन्ये न किञ्चित्प्रायश्चित्तं कुर्वन्ति। यदीदमन्वाख्याने 'तन्नु हैतद् एके स्कन्नेऽग्निहोत्रे बिभ्यति=दाद्रियेत' (वाधू.अन्वा.२.१.६) इति वचनम्। तस्माद् विधिप्रतिषेधयोर्विकल्पो युक्त इत्यन्ये। तद्वचनं प्रशंसार्थम्, न प्रतिषेध इति वर्णयन्ति। शयितर्यपि गवि 'स यस्याग्निहोत्र्युपसृष्य नि उपाविक्षदि'ति (वाधू.अन्वा.२.२.२) स्तुत्यर्थमेवेति। नैमित्तिकमन्ये[८] मन्यमानाः कुर्वन्त्येव। पुनर्होमे[९] स्रुगुत्प्रदानान्तं कृत्वा पूर्वोद्धृतमग्निमपनीयान्यं प्रणीयोद्धृतानित्यादि प्रतिपद्यते। अन्ये[१०] पूर्वोद्धृत एव जुह्वति। एतदेव स्कन्नानां प्रायश्चित्तम्[११]। ओन्नयनादित्यभिविधिः[११]। स्कन्नानामिति बहुवचनं द्रव्यान्तरहोमेऽपि यथा स्यादिति॥* तत्र पुनर्होमस्तज्जातीयेनैव। उद्धृतस्य प्राङ्नीयमानस्यानीतस्य[१२] वा प्रामाण्यस्थाल्यामति[१३]शिष्येत। ततश्चतुर्गृहीतेन जुहुयात्। यत्र स्कन्देत्[१४] तत्रैवासीनः स्थालीमाहृत्य स्कन्नशेषं स्थाल्यामेवानीय तैरेव मन्त्रैश्चतुरुन्नीय[१५] जुहुयात्। पञ्चोन्नीतेन पञ्चोन्नीतिनः। सूत्रकार आह—'यदनाहुतिमात्रा[१६]विप्रुडेव से'ति। [१६]आहुतिमात्रं च स्रुवपरिमाणं[१७] भवितुमर्हति तत्र पुनरुन्नयनं पुनर्होमश्च नेष्यते। उदपात्रनिनयनाभिमन्त्रणे स्तः ॥ १२.४.१ ॥ **[इति प्रथमः पटलः** (१९)]

यस्याग्निहोत्र इत्यादि। उन्नीतस्याग्निहोत्रस्य हरणमन्त्रो वैष्णवी। गार्हपत्याद् भस्मादायाहवनीयाद् ध्वंसयन्नुद्रुत्यैतयैव भस्मना शुनः पदं द्रव्यकल्पोक्तं कुर्वन्ति। 'भूर्भुवः सुवः[१८] स्वाहा' इत्याज्या-

---

१. M Ad विहा°. २. T °स्यान्नाद्यात्. ३. M Ad °देशः; thus T. ४. M Ad °स्योपर्याप°; thus T. ५. M Ad स्कन्दशे°. ६. M Ad तदेव. ७. M Ad om; thus T. *. M Ad wrongly give sign "—" showing the end of the Paṭala. ८. M Ad om °अन्ये; thus T. ९. M Ad °र्होम. १०. M Ad om; thus T. ११-११. M Ad °श्चित्तयोन्नयनादिविधिः; thus T. १२. M Ad °नीययानध्यानीतस्य. १३. M Ad °ल्यामितिशिष्यते, T प्रामान्य. १४. M Ad °स्कन्दः (स्कन्न ?); thus T. १५. M Ad °रुसन्नीय, T °र्निनीय. १६-१६. M Ad om मात्रा= आहुति°; thus T. १७. M Ad om स्रुव; thus T. १८. Ad T स्वः.

हुतिं हुत्वाऽथ सिद्धमेवाग्निहोत्रं जुहोति। महारात्र उषस्यनुदितायामुपसमाहितेषु ज्वलितेषु यस्याग्निमनुद्धृतं सूर्योऽभिनिम्रोचति। अग्निहोत्रशब्देनोद्धार्यपक्ष आहवनीयोऽभिधीयते। अभिनिम्रोचति अभ्यस्तमेति। आर्षेय उक्तः। सोऽग्निं 'वाचा त्वा[१]होत्रे'त्युद्धरति, [२]अन्वग्निहोत्रमध्वर्युः। यः कश्चन पुरस्ताद्धिरण्यमातमितोराश्रान्तताया अप्राणं नासीत्। समन्य उच्छ्वस्य समाप्तेऽग्निहोत्रे वारुणं चरुं निर्वपेत्। जीववत्तन्त्राज्जीववन्तावाज्यभागौ। आग्निवारुण्य उपहोमाः धारयद्वत्यौ संयाज्ये इत्यर्थः॥ १२.४.२॥ **[इति द्वितीयः पटलः** (२०) **]**

'न सायमस्ति देवया अजुष्ट'मिति लिङ्गात् प्रातरग्निहोत्रान्ते केचिन्निर्वपन्ति। यस्याग्निहोत्रमित्यादि। एतं [३]मन्थानस्यावृदाग्न्याधेयिकी। पुनराहवनीयोत्पाद्यवचनात् तस्य चावश्यं वक्तव्यत्वात् सर्वोद्वातप्रायश्चित्तस्य[४] ज्योतिष्मतीनिर्वपणान्तस्य ग्रन्थस्योपलक्षणम्[५]। यस्यानो वा रथो वेत्यादि। 'यदग्ने' इत्युद्धृत्य 'त्वमग्ने सप्रथा असि' (तैब्रा.१.४.४.१०) इत्यनयोपस्थाय पाथिकृतीर्निर्वपेत्। क्लृप्त्यवचनादिष्टिकल्पवतीति मन्यमानोऽनड्वान् दक्षिणेत्यपि नोक्तवान्। सोमातिरेके [६]स्तुतशस्त्रोपजनो (इति) ब्राह्मणे विहितम्। इह श्रुत्यन्तरे वचनादाचार्येण कल्पितमनुग्रहवचनमिव[७] लक्ष्यते। माध्यन्दिने मैत्रावरुणचमसे निग्राभ्यां कर्तव्यो होतृचमसस्य [८]व्यापृतत्वात्। आग्रयणमनुचमसमवनयन्नुभयोर्यथैका[९] धारा भवति तथाऽवनयेद्। इतरथा प्राकृतधारात्वं[१०] बाध्येत। अवभृथहरणेऽवभृथ[११]संप्रकिरणे विनियोगो माध्यन्दिनादिष्वपि। यथासंभवमुक्थ्यादिष्वपि॥ १२.४.३॥ **[इति तृतीयः पटलः** (२१) **]**

अथ सत्रिणाम्। येषां दीक्षितानां मध्ये यदि कश्चित् प्रमीयेत रोहितहनमिति तच्छवं प्रतिनिर्दिश्यते[१२]। सत्रधर्मेषूक्तेन[१३] पथा दक्षिणापकृष्य[१४] तत्रैवोक्तेषु प्रदेशेषु यथा विशिष्टं दहति[१५]। इहापि[१६] शिष्टस्य तत्रोक्तो विशेषः[१७] शेषो भवति। सर्गापवादौ न संभवतः। तथा तत्र[१८] ययोर्विरोधः तौ विकल्पेते। एष संक्षेपः। मरणदिवसादारभ्य त्र्यहेऽतीतेऽस्थीनि [१९]सञ्चिन्त्य कुंभ उप्य[२०] दक्षिण इत्यादि। होताऽग्रतः प्राचीनावीती जघन्योऽध्वर्युर्यज्ञोपवीती 'अप नः शोशुचदघम्' (तैआ.६.१०.१) इत्यनुवाकेन मार्जालीयं परियन्तीति[२१]। पुनः[२१] प्रतिपथं त्रिः [२२]परीत्यागच्छत्सु प्रतिप्रस्थातेत्यादि। यदा तस्मिन्नग्निष्टोमो रथन्तरपृष्ठ आगच्छेत्तत्र 'अग्न आयूꣳषि पवसे' (तैस.१.३.१४.२३) इति बहिष्पवमानस्य प्रतिपदं कुर्यात्॥ १२.४.४॥ **[इति चतुर्थः पटलः** (२२) **]**

रातिर्बन्धुः[२३]। अथ सत्रे परिसमाप्ते एतमस्थिकुम्भमेतेनाग्निष्टोमेन रथन्तरसाम्ना पृष्ठेनैकाहभूतेन पुनर्याजयन्ति। व्रतस्य व्रतकाल[२४]ञ्चात्र चोदयन्ति। तथा यजमानस्य च चमसस्थस्य च भक्षकाले

---

१. T wrongly takes त्वा as additional. २. M Ad °त्यस्वग्नि°, T °न्वाम्नि. ३. M मन्वन्, Ad मन्वानस्यावृथा°; thus T. ४. M Ad सर्वोद्वातस्य प्राय°. ५. M Ad ग्रन्थोपल°. ६. T स्तुतशास्त्रो°. ७. M Ad °ग्रहणव°; thus T. ८. M Ad व्यावृत°. ९. M Ad °यणमन्वचमव°; thus T. १०. M Ad °रात्रित्वं. ११. M Ad °भृथं. १२. M Ad °श्यन्ते. १३. M Ad सत्रिध°; thus T. १४. M Ad °णावकृ°. १५. M Ad ददति. १६. M Ad °हावि. १७. M Ad तत्रोक्तोपि विशेषो; thus T. १८. M Ad om; thus T. १९. M Ad सञ्चिन्त्य. २०. T ओप्य. २१-२१. M Ad °यन्ति किं पुनः. २२. M Ad परित्य°. २३. M Ad रात्रिर्बन्धुः; thus T. २४. M Ad °ल आश्चोह°; thus T.

उपर्युपर्युन्नीयोन्नीय भक्षयन्तश्चमसैश्चरन्तीत्यन्यं केन न्यक्तेन नाचगतेन[१] किमुक्तं भवति। यजुषां मध्य कतिपयैर्यजुर्भिरित्यर्थो जात्यपेक्षमुभयत्रैकवचनम्। अस्थिषु [२]याज्यमानेष्वर्थलोपाद् बहूनि यजूंषि निवर्तन्त इति प्रदर्शयति॥ १२.४.५ ॥**[इति पञ्चमः पटलः** (२३) **]**

तेषामित्यादि। यस्य यूपो विरोहेत् प्ररोहा जायेरन्। प्रारोहा[३] यदि बहवः स्युः समशः[४] प्रविभज्य त्रिभिर्मन्त्रैर्जुहुयात्। यद्येको, द्वौ वा, तथापि त्रिधा विभागः। येषां दीक्षितानामित्यादि। यस्माद् [५]दारोरन्ततोऽग्निर्विनश्येत् तं दारुं द्वेधा कृत्वा अधरारणीमुत्तरारणीं च कुर्यात्। क्रमुकमपि कुर्युः। जाते गौधन्वनः शकलाधानं कुर्याद्। अवक्षाणानि वा सन्निधायायतनानि वा समारोह्य गार्हपत्यमात्र [६]उद्वातेऽस्यावक्षाणानि सन्निधायाहवनीयाग्नीध्रयोरप्युद्वात्य[७] तयोरायतनानि उपात्तयोररण्योः समारोह्य व्याख्यातस्य होतृग्रह आहुतीषाहे[८] गार्हपत्ये होतव्यः [९]तस्मादाग्नीध्रीयाग्नीध्रादाहवनीयमुद्धरेयुः[९], पुराणगार्हपत्यस्याप्यनुगमने मन्थनमेव॥ १२.४.६ ॥**[इति षष्ठः पटलः** (२४) **]**

यस्य सोम उपदस्येत्। सर्वसोमोपक्षय[१०] इदं प्राचश्चित्तम्। एकैकोपक्षये पूर्वोक्तम्। सुवर्णग्रहणं रजतनिवृत्त्यर्थम्। [११]ऋजीषेऽर्धमपिसृज्य [१२]मिश्रयित्वोपसृज्य[१२] वसतीवरीरवनीय वसतीवरयोर्यावदर्थं ग्राह्यं मन्त्रेणैवापिसृष्टेन[१३] हिरण्येन सहाभिषुत्य[१४] तूष्णीं संपूरणं वाचनिकम्[१५]। उपदस्तास्वप्सु[१६] स्वेषु पात्रेषु। ग्रहशब्देन चमसा अपि लक्ष्यन्ते। अथैनेनार्धेन श्रिया जुहुयाद्। अन्यदित्यस्यायमभ्युपायः। यस्याक्रीतं सोममपहरेयुरित्यादि। आदरात् क्षुरकतृणानि फाल्गुनानि हैमवतानि अनेनैव नाम्ना तत्र व्यवह्रियन्ते। पर्णत्सरवः पलाशपर्वमूलानि वृत्तान्तात् प्रक्रम्य शेषं कुर्यात्। नीतमिश्रेण नवनीतमिश्रेण। मथितस्य नवनीतोत्पत्तेः प्रागवस्थस्य नीतमिश्रता। यः कश्चित् क्रतुरारब्धः सोऽग्निष्टोम एव स्यादिति नियमः। तथा रथन्तरसामत्वमपि। य एवर्त्विजो वृताः स्युस्त एनं याजयेयुः। उत्तरक्रत्वर्थमिहोक्तम्। एकां गां दक्षिणां दद्यात्। तेभ्य एवादावपरिगृहीतदक्षिणा। अपरिमाणेभ्य एकैव गौर्दक्षिणा नियम्यते। तथैव एवं परिसमापितयज्ञ[१७] एतेन पूर्वारब्धेन पुनर्यजेत। दक्षिणा अपि ता एव[१८]। सत्रार्थ आगूर्णिकृतोपव्याहरणं[१८] तेन[१९] न यजेतेति शेषः। स विश्वजितेत्यादि। तत्तस्मात् सर्ववेदसं यावदस्य वित्तं तत्सर्ववेदसमित्यर्थः। अनिष्ट्वा ज्योतिष्टोमेन नान्येन सोमेन यजेत॥ १२.४.७ ॥**[इति सप्तमः पटलः** (२५) **]**

॥ इति व्याख्यायां द्वादशप्रपाठके चतुर्थोऽनुवाकः ॥

॥ इति कल्पागमसंग्रहे औपानुवाक्याख्यो द्वादशः प्रपाठकः ॥

---

१. M Ad नीचे ग°. २. M Ad याज्यामा°. ३. M Ad प्रारोहादि. ४. M Ad समशो. ५. M °दारोऽन्त°, Ad दारोन्त°. ६. T उद्राते. ७. M Ad T °नीयानि याग्नीध्रयोरप्यद्वातयो. ८. M Ad T °हुतिवाहे. ९-९. M Ad om स्मा=ग्नीध्रा; thus T. १०. T सोमपक्षय. ११. M Ad ऋजीषेमपि°; thus T. १२-१२. M Ad om; thus T. १३. M Ad सृष्टे. १४. M Ad समाहिषुत्य; thus T. १५. M Ad वा निकम्; thus T. १६. M Ad उपस्थास्व°; thus T. १७. M Ad °पितयज्ञा; thus T. १८-१८. T एव...हरणं; thus M Ad. १९. M Ad स्तेन.

॥ अथ त्रयोदशः प्रपाठकः ॥

[*अथ अहीनाः]

अथाहीनाख्यः प्रारभ्यते। द्वादश दीक्षा इति। [१]इदमहीनानां परिमिता दीक्षा एकावमा संवत्सरपरार्ध्या इति। संवत्सरचतुष्ट्यादर्वाक् सौमिकेनाग्निकेन चानियमेन प्राप्ते पुनः द्वादशाहे द्वादशमास उखां परिशयीरन् यद्युत्तरवेद्यां यजन्ते। द्वादशैव दीक्षा' इति परिमाणनियमे कृते ततोऽहर्गणानां धर्मप्राप्तिः। इहापि[२] तथैव निवेशननियमे प्राप्ते, साग्निकत्वेऽपि द्वादशैव यथा स्युरिति नियमार्थं द्वादश दीक्षा इत्युक्तम्। परिमाणान्तरस्याप्राप्ते उपसत्संख्या त्वनूद्यत एव। इतिशब्दः श्रुत्युक्तख्यापनार्थः। इदमहीनानामेतेषाम्। अहीनानाम् केषाम्। वक्ष्यमाणानां द्विरात्राणाम्। त्रिरात्रादीनामपि[३] पुनःपुनस्तदेव परिभाष्यते। द्विरात्रस्येत्यधिकारः। अन्ये व्याचक्षते—'इदमि'ति ब्राह्मणं प्रतिनिर्दिश्यते। अहीनानां मध्ये द्विरात्रस्येति। इन्द्राय सुत्या[४] उत्तरे। हविर्यज्ञशब्द ऐष्टिकेषु पाशुकेषु च कर्मसु प्रसिद्धः। तत्र पशूनां पृथग्विधानात् चित्राहविर्यज्ञो देविकाहविर्यज्ञ इत्यैष्टिकानामेव दर्शनाच्चैष्टिकमेवाभिप्रेतमिति ज्ञायते। तत्र विद्यमानेष्वेव द्रव्येषु देवतान्तरं सवनीयेषु[५] विधीयते। पृष्ठ्या हविर्यज्ञ इत्याद्यपि[६] देवतोपलक्षणार्थमेव निर्दिश्यते, न द्रव्यदेवतम्[७]। अन्य आह—देविकादयः शब्दाः श्रुत्या द्रव्यदेवतामभिदधति, लक्षणया देवताम्[८]। श्रुतिश्च[९] लक्षणाया[१०] लघीयसी। अतः कर्मान्तराण्येतानीति। ननु देविकाशब्दः श्रुत्यैव लक्षणयैव द्रव्यदेवतमपि वदति। सत्यमेतत्। किन्तु देवतामात्राभिधाने[११] लक्षितलक्षणा[१२] भवति। पूर्वस्मिन् पक्षे लघीयसी कल्पना भवति। उत्तरस्मिन् श्रुतिरनुगृह्यते। कर्मान्तरपक्षे प्रातःसवनीयैः सहनिर्वपणाद्यागन्तुकत्वादन्ते च निवेशः। [१३]इदमिन्द्रियमपनीय यथोक्ता देवताः कीर्त्यन्ते। अत्रापि प्रतियागं विकारकल्पना गरीयसी ॥ १३.१.१ ॥

[इति प्रथमः पटलः]

आद्य[१४] उपवसथीये पूर्वमहरिति प्रथमः कल्पः[१५]। प्रथमशब्दः प्रधानवाची वा क्रमवाची वा[१६]। क्रमवाचित्वे[१७]ऽनुष्ठानक्रमाभावात्[१८] क्लृप्तिक्रमः। प्रधानवाचित्वेऽप्येतच्छाखाविहितत्वप्राधान्यमहःसु द्वादशाहधर्मकोऽपि। धर्मनामधेयधर्मणां[१९] समवाय उत्तरोऽत्र बलीयान्। असति निवृत्तिकारणे नामधेयानि

***.** The *sūtra*-text, dealing with *Ahīnas,* is not found, so far only comm. is available in M Ad and T. **१.** M Ad om इदम्. **२.** M Ad इहा तथापि; thus T. **३.** M Ad °नां नन्वपि. **४.** M Ad सुत्राः, T सत्राः. **५.** M Ad °नीयेषु विधीयेषु विधी°; thus T. **६.** M Ad इत्याहदे°, T इत्याद्यापि. **७.** M Ad °देवताः; thus T. **८.** M Ad देवतया; thus T. **९.** M Ad श्रुत°; thus T. **१०.** M Ad लक्षणया. **११.** M Ad देवताभिधाने; thus T. **१२.** M Ad °क्षणाद्; thus T. **१३.** T इतन्निन्द्रियम, M Ad °मवनी°. **१४.** M T आया, Ad आद्या. **१५.** M Ad om; thus T. **१६.** M Ad om; thus T. **१७.** M Ad °त्वे तेऽनु; thus T. **१८.** M Ad °भावा; thus T. **१९.** M Ad °नामधर्म°; thus T.

गौरायुरभिजिद्विश्वजिदित्येवमादीनि[१]। अभिजित्[२]त्र्युदयः। त्रयस्त्रयः स्तोमा यस्यार्धमायान्ति गच्छन्ति स त्र्युदयः[३]। स्वयमेव दर्शयति तस्य त्रिवृद् बहिष्पवमानमित्यादि। तथा चतुरुदयः। सर्वेषां फलं विचारणीयम्। इहोक्तफलेषु ब्राह्मणविहितेषु नास्ति विचारः। अन्यत्र वाक्यशेषात् सहकारिप्रत्ययाद्वा गमयितव्यम्। श्रुत्यन्तरेभ्यः सूत्रान्तरेभ्योऽथेतरेषां स्वर्गः[४] फलम्। तदुक्तं 'स स्वर्गः स्यात् सर्वेषां प्रत्यविशिष्टत्वादि'ति। अन्ये[५] वर्णयन्ति चोदकेनापीतिकर्तव्यतावत् फलमतिदिश्यते। अन्यथा 'स्वर्गकामस्यार्ष[६]यज्ञ' इत्यादि नोपपद्यत इति चोदकाभावः। स्वर्गकामाधिकरणन्याय्य इति। त्रिवृत् पञ्चदशाभ्यां विपर्यासं पर्यायेण। त्रिवृद्बहिष्पवमानं पञ्चदशं[७] होतुराज्यम्। त्रिवृन्मैत्रावरुणस्य, पञ्चदशं ब्राह्मणाच्छंसिन इति। तेन[८] हते तेनो[८]त्तरवयस एव[९] यजेत। क्षिप्रं स्वर्गं गच्छतीति [१०]स्तुतिविधिरेव वा॥ १३.१.२॥ **[इति द्वितीयः पटलः]**

॥ इति व्याख्यायां त्रयोदशप्रपाठके प्रथमोऽनुवाकः॥

---

१. M Ad °जिदश्व° ; thus T. **२.** M Ad °जित्युदय; thus T. **३.** M Ad त्युदयः; thus T. **४.** M Ad °र्गं; thus T. **५.** M Ad om; thus T. **६.** M Ad °स्यर्ष; thus T. **७.** M Ad °दश; thus T. **८-८.** M Ad तेन ते हत्रे नो° ; thus T. **९.** M Ad om; thus T. **१०.** M Ad om विधि; thus T.

॥ अथ त्रयोदशप्रपाठके द्वितीयोऽनुवाकः ॥

द्वादश दीक्षा इत्यादि गतम्। आग्नेय इत्यतिग्राह्यपशुः[१] सवनीयस्योपालम्भ्यः[२]। पशुरित्येक[३]वचनमतन्त्रम्। एकादशिनानामा[४]द्यास्त्रयो ह्यत्र सवनीयाः। अन्य आह—क्रतुपशौरैकादशिनानां[५] च विहितानां समुच्चयत्वस्यैतद् ज्ञापकम्। तस्यास्य चानन्तर्यार्थं[६]पशुरुपालम्भ्य इत्युक्तमिति। नैतदेवम्। उक्थ्यातिरात्रयोः क्रतुपशूनामनेकत्वेऽपि[७] तथैवोक्तम्। तमपरे ब्रुवते 'प्रतिष्ठां वा एते गच्छन्तीत्यस्मिन्ननुवाके[८] गवामयनस्य[९] विहृतैकादशिनी[१०] पशव इति [११]सिद्धवदनूद्य द्वात्रिंशत्स्वेकादशिनीषु गतासु नवस्वहःस्वतिरिक्तासु 'यदतिरिक्तामेकादशिनीमालभेरन्नि'त्यादिनैकादशिनीपशुम्[१२] उपोद्य 'वैष्णवं वामनमि'त्यादयो ब्राह्मणवन्तो विहिताः। तेष्वहःस्वयमाचार्यो द्वादशाहेऽथान्तराण्य[१३]हान्यैन्द्राग्नपशून्येव स्युरिति विहितवान्[१४]। ततः प्राप्तमैन्द्राग्नमनूद्य तस्यैवोपालम्भ्यान् वैष्णवादीन्[१५] विहितवान्। अतो द्वादशाहेऽप्यैन्द्राग्नपशुत्वमेकादशिनीविहारो[१६] वा विकल्पः। ततः प्राप्त एवाहीनेष्व[१७]प्येकादशिनीविहारोऽनूद्यते[१८]। विहरणे क्रियमाणेऽस्मिन्–हन्येतावन्त आलंभ्यन्त इति विभागं वक्तुं यजमानो दक्षिणापथेनागच्छन्तं प्रतीक्षते[१९] ॥ १३.२.१ ॥ **[इति प्रथमः पटलः** (३)**]**

[२०]एतास्त्रीणि च शतानि त्रयस्त्रिंशच्च गावः[२१]। तद्गोस्तृतीयमिति च सहस्रतम्यास्तृतीयं निर्दिशति। अव्यवच्छिन्नानि ददातीति वचनाद्विभक्ता एव दीयन्ते[२२]। उभयत एनी [२३]श्वेतपार्श्वद्वया। मध्ये[२४]ऽञ्जनवर्णत्वमिष्यते। तत्पक्ष ऐन्द्राग्नस्यापीह[२५] प्राप्तिरस्ति। तदालम्भपक्षमाश्रित्य [२६]पशुरुपालम्भ्य इत्येकवचनेन[२७] निर्दिष्टमिति[२८]। उन्नता[२९] उन्नतपृष्ठा[३०]। अन्यत एनी शुक्लैकपार्श्वा। सहस्रं [३१]परस्तादेतमित्येकं पार्श्वं [३२]सहस्रेऽन्तर्भवति। इतरसहस्रतुल्यवीर्यतुल्यमेकतः श्वेतपार्श्वसहस्रादतिरिक्तमिति[३३] स्तुतिः। कल्याणी गुणवती। शोभना सुरूपा। सा एवंरूपा हवरो[३४] द्रव्यविशेषः[३५]। स वृद्ध्यर्थं[३६] नाल्पमुत्तमेऽहनि[३७] क्रिया वक्ष्यमाणस्य कर्मतां दक्षिणापथेनेत्यादि। जुहोत्यञ्ज्येताय[३८] कृष्णायेत्यूहित्वा 'अञ्ज्येतायै स्वाहा' 'कृष्णायै स्वाहा' इति। एतान्यश्वरूपाणीति प्रसिद्धानि। तस्मात् सहस्रतम्यायां यानि समवेतानि रूपाणि तान्येव जुह्वति। नैव काव्यं कर्तुं शक्यते। स्वयमेव[३९] वाऽश्वरूपाणि यानि[४०] सन्तीह

---

१. M Ad आग्नेय्याति ग्राह्यं पशुं; thus T. **२.** M Ad उपलभ्यः°. **३.** M Ad परोरि°; thus T. **४.** M Ad °नामाद्याः°; thus T. **५.** M Ad °दशिनीनाश्च. **६.** M Ad पशोरु°. **७.** M Ad °मेक°. **८.** M Ad °च्छन्तीत्यस्यानुवा°. **९.** M Ad गवामगवामनत्र्यनस्य; thus T. **१०.** M Ad विकृतै°; thus T. **११.** M Ad सिद्धावनूद्य. **१२.** M Ad पशवः. **१३.** T °न्तराग्न्य°. **१४.** M Ad °हितम्. **१५.** M Ad वैषवा. **१६.** M Ad विहितारोवा [Ad पा]; thus T. **१७.** M Ad हीनेप्ये [M प्येऽ]का. **१८.** M Ad द्यन्ते; thus T. **१९.** M Ad क्षन्ते. **२०.** M Ad एतौस्त्री [Ad त्री]; thus T. **२१.** M Ad T गावन्त. **२२.** M Ad द्वितीयन्त. **२३.** M Ad श्चेतपा°. **२४.** M Ad मध्याज्जन°; thus T. **२५.** M Ad °ग्नापीह; thus T. **२६.** M Ad पशोरुपालम्भे. **२७.** M °चनने°. **२८.** M Ad निर्देष्टुमि°. **२९.** M Ad उन्नत. **३०.** M °पृष्ठ्या; thus T. **३१.** M Ad °रस्तदे°. **३२.** M Ad साह°. **३३.** M Ad °रिक्तामी; thus T. **३४.** M हरवो, Ad बहवो; thus T. **३५.** M Ad °शेष. **३६.** M Ad समृद्ध्यर्थं; thus T. **३७.** M Ad T °ऽह्नि. **३८.** M Ad अज्ये°. **३९.** M Ad स्वमेव. **४०.** M Ad om; thus T.

तान्येवातिदिष्यानि गोरूपाणि भवन्ति। यजमानस्यैवैषा भवित्री[१]। यजमानमभ्युत्सृजतीत्यस्यायमर्थः। ऊर्ध्वगमनमुदयो येषां[२] तत[३] उदयनीयः। तस्य प्रकारो वक्ष्यमाण एव। त्रिवृदग्निष्टोम इत्यादेरु-त्सर्गस्यायमपवादः। एकः पशुरेकादशिन्या मध्यः[४] वैश्वदेव्यायाश्विनस्त्रिरात्रः[५]। उत्तरयोरह्नोर्दिवा प्रातरनुवाकः शतातिरात्र[६] इत्येके। अग्नयेऽग्निवत इत्यादिभ्योऽपि कृष्णग्रीवादय एव। ननु [७]पौरश्चर-णाश्वमेधिकानिति[८] व्यपदेशात्[९] पौरश्चरणा[१०] अवशिष्यः। इह च पौरश्चरणेन[११] भवितव्यमुच्यते॥ १३.२.२॥ **[इति द्वितीयः पटलः** (४)**]**

उत्तमे एकादशिनीमधिकृत्य[१२] गवामयनेऽजपेत्वान्वा। एतैः[१३] पूर्वैर्मासैरवरुद्ध[१४] इति तत्रापि पौर-श्चरणानामेव प्राप्तिः। अतो व्यपदेशान्न जातिगुणयोर्निवृत्तिः। व्यपदेशस्य च प्रयोजनं मृग्यम्। अत्र ब्रूमः —अवश्यमाचार्यः पौरश्चरणानामाश्वमेधिकेभ्यो[१५] व्यतिरेकं दृष्टवान्। अतो व्यपदिशति। अथवा[१६] व्यतिरेके[१६] सतीह सारस्वतस्य पुंल्लिङ्गनिर्देशेनोपपद्यते[१७]। अतो[१८] जातिगुणविशेषा न विद्यन्ते[१८]। पुंल्लिङ्गनिर्देशो लिङ्गं न भवति। कुतः[१९]। पुरश्चरणेऽपि 'मिथुनं सारस्वत्या करोती'ति स्त्रीपशुरेव। पश्वपेक्षं पुंल्लिङ्गमजपेत्वानिति[२०] लिङ्गात् अहर्गणेषु[२१] आश्वमेधिकाः पुरुषमेधस्याप्यहर्गणत्वात्। तथा प्राप्ते पौरश्चरणा अवशिष्य विधीयन्त इति न दोषः। वैश्वदेव इत्यत्र विश्वेदेवा देवता। अस्येति चेत् तृतीयदेवताया[२२] अस्य वैलक्षण्यम्। विश्वेदेवा इति[२३]। विश्वेदेवा अस्येति चेद् द्वितीयदेवतायाम्[२४]। विश्वेषां देवता इति वा विग्रहः स्यादैकादशिनस्य[२५] वैश्वदेवस्य याज्यानुवाक्यासु[२६] दृश्यमान[२७]योर्देवता-बहुत्वसामानाधिकरण्ययोरनुपपत्तिः। प्रकृतावैकादशिनो[२८] देवता हि प्रथमा। अतः[२९] प्रकारान्तराभावात् कयाचिद् वैलक्षण्यं ह्युपगन्तव्यम्। अतः प्रसिद्धो[३०] विश्वेदेवा देवता अस्येति॥ १३.२.३॥ **[इति तृतीयः पटलः** (५)**]**

ननु वाक्यात्[३१] तद्धितोऽपत्याभावः[३२]। अतो विग्रहोऽपि समासेनैव कर्तव्यः। वाक्येनैव विग्रहः[३३]। प्रत्ययसन्नियोगेन समासः। ततः प्रत्ययोत्पत्तिः। तस्य सहस्रं स्तोत्रियाः सहस्रं दक्षिणा इति, अस्य त्रिरात्रस्यैतच्छाखाविहितत्वख्यापनार्थम्। न हि प्रथमस्य कल्पस्य सहस्रं स्तोत्रियाः[३४] सन्ति। सर्वत्र प्रथमकल्पग्रहणं ततोऽन्येषां तद्वर्गीयाणां धर्मप्राप्त्यर्थम्। ब्राह्मणोक्तख्यापने किं प्रयोजनम्। 'त्रीणि त्रीणि शतान्यनूचीनाहमव्यवच्छिन्नानि[३५] ददाती'ति। 'दशतं न विच्छिन्द्यादि'ति च[३६] यथा स्यादिति[३६]। तथा सति 'द्वयोरह्नोस्त्रीणि[३७] त्रीणि शतानि दीयन्ते। उत्तमे शतचतुष्कम्। गोस्तृतीयनयनं च नास्ति। अन्येषु प्रथमः।

---

१. M Ad भवति. **२.** M Ad यो येषां. **३.** M Ad तन्त. **४.** M Ad मध्य. **५.** M Ad वैश्वदेस्त्रासा°. **६.** M Ad °रात्रं न्याय इ°. **७.** M Ad पौनश्च°. **८.** M Ad °कामति. **९.** M Ad यपदेशाः. **१०.** M Ad पौसणा. **११.** M Ad °रणे. **१२.** M Ad °नी कृत्य. **१३.** M Ad एते. **१४.** M Ad °रुपरिद्य. **१५.** M Ad °मश्वमे. **१६–१६.** M Ad अथातीते. **१७.** M Ad °र्देशोपप. **१८–१८.** M Ad तेजोऽतिगुण विशेषोऽनुविद्यते; thus T. **१९.** M Ad om; thus T. **२०.** T °पेनिति. **२१.** M A °र्गणादाश्व°. **२२.** M Ad °तयास्य. **२३.** M Ad om; thus T. **२४.** M Ad °ताया:. **२५.** M स्यादैका°, Ad स्यैका°. **२६.** M Ad °वाक्यया. **२७.** M Ad दृशमन°. **२८.** M Ad °तावेका°. **२९.** M Ad अथ. **३०.** M Ad प्रसिद्धे. **३१.** M Ad वाक्या. **३२.** T °तोऽश्या°. **३३.** M Ad °ग्रह. **३४.** M Ad °त्रया:. **३५.** M °महव्य°. **३६–३६.** M Ad om; thus T. **३७.** M Ad om त्रीणि.

कल्पवाक्यादेव[१] त्वतिरात्रे[१] च शताधिकं सहस्रम्। यस्य स्तोत्रस्य त्रिकस्य वा पुनः पुनरभ्यावृत्तिः[२] ततः[३] पुनरभ्यावृत्तिः[३]। त्रिवृदादयस्त्रयस्त्रिंशदन्ता यस्य[४] स्तोमाः स[५] सर्वस्तोमः। तेषां च्छन्दोगप्रत्ययो विभागं[६] छन्दोमविधः स्वयमेव विशिनष्टि। अस्तात्प्रत्ययस्त्रयस्त्रिंशत[७] आरभ्यात्रिवृतः अश्वमेधेषु चतुष्टोमश्चतुरुत्तरीयः। ऋजुशेषः'॥ १३.२.४॥ **[इति चतुर्थः पटलः** (६)**]**

॥ इति व्याख्यायां त्रयोदशप्रपाठके द्वितीयोऽनुवाकः ॥

१-१. M °देवश्चतिरात्रेश्च, Ad °देवश्चाति°. **२.** M Ad °भ्यावर्त्ती. **३-३.** M Ad om; thus T. **४.** M Ad य. **५.** M Ad om; thus T. **६.** M Ad °भाग; thus T. **७.** M Ad प्रत्ययस्त्रिंशत्व, T प्रत्ययं त्र°.

॥ अथ त्रयोदशप्रपाठके तृतीयोऽनुवाकः ॥

इन्द्रतुरीय इत्यादयोऽन्वहं यथासंख्येन हविर्यज्ञनामधेयेन[१] विहितेषु कर्मान्तरेषु[२]। पक्षे गावीधुकत्वान्नवीनपुरोडाशिन्य[३] उपसदः पुरोडाशद्रव्यकाः। आज्यं निवर्तते। अन्ये बौधायनमतानुसारिणोऽन्यथा वर्णयन्ति प्रथमोपसद्विकारे प्रथमे चतूरात्रे [४]आग्नेयपुरोडाशमाग्नेय[५] आज्येऽवधाय जुहुयात्। तथा द्वितीये सौम्ये तृतीये वैष्णवे[६] वैष्णवमिति। जमदग्नेस्तृतीयसवनग्रहणेनेत्यादि[७] नामग्रहणं मन्य-मानः [८]सोक्थमित्याह। वसिष्ठस्य सर्व उक्थ्याद्[९] [१०]यस्तृतीयसवनाभिवृद्धिरेवेति मन्यमानो न पृथङ्निर्दिशति। अतो दर्शनद्वयमाचार्यस्येति[११] गम्यते। किं भवति प्रयोजनम्। पृथक्त्वे ज्योतिष्टोमे संस्थान्तरारम्भेषु पृथक् पृथक् तर्पणम्। [१२]तृतीयसवनाभिवृद्धित्वे[१२] तृतीयसवनार्थं कृतं तन्त्रेण भवति। प्राजापत्यावेकफलौ। तथापि दीक्षाद्युदवसानीयान्तमेकैकस्य[१३] कुर्यात्[१३] ॥१३.३.१॥ **[इति प्रथमः पटलः** (७)**]**

॥ इति व्याख्यायां त्रयोदशप्रपाठके तृतीयोऽनुवाकः ॥

---

१. M Ad °नामाधे°. **२.** T °न्तरप°. **३.** M Ad °त्वान्यपि पुरो. **४.** M Ad °ग्नेयं. **५.** M Ad om आग्नेय. **६.** M Ad om; thus T. **७.** M Ad °णमित्या°. **८.** M Ad सोक्वमि°, T सोक्कमि°. **९.** M Ad उक्थ्याद. **१०.** M om य. **११.** M Ad दर्शनं द्व°. **१२-१२.** M Ad om; thus T. **१३-१३.** M Ad °कैकः स्यात्.

॥ अथ त्रयोदशप्रपाठके चतुर्थोऽनुवाकः ॥

कुरूणां कुरुविषयवासिनां मध्ये गोऽजाविधनधान्यादिभिः[१] समृद्धो वैश्य आस। पूर्वाग्न्यादियोगतः[२] पञ्चशारदीयाख्येन पञ्चरात्रेण ईषदवशिष्टवत् सत्त्वानपाकरोति। देवतार्थं संकल्प्य पृथक् करोति। बभ्रून्[३] कपिलवर्णानेकरूपान् तुल्योच्छ्रयान्[४], वामनोन्नतादिवैरूप्यरहितान्[५] (?) वा। आण्डीवलाननिरष्टान्[६]। वयो विशेष्यते। [७]त्रैवदपेलानि च नवमासानिव। उपशब्देन द्वित्रीण्यहानि[८] न्यूनान्यभ्यधिकानि[९] च यद्यपि[१०] स्युस्तत्र दोषाभावः सूच्यते। पञ्चशारदीय इति समाख्यानाच्छरद्यारम्भ इति केचिद्। अन्येऽन्यस्मिन् पञ्चशारदीये दृष्टः कालो माघस्यामावास्येति। अरुणराजी[११] वा सन्ध्यावर्णरोमराजीमती[१२] रोहिणी रोहितराजी वा। [१३]विशिष्टरोमराजी रोहिणी रोहितराजी वा, [१४]विशिष्टरोमराजीमती रोहिणीराजी वा। रोहितरोमराजीमतीत्यन्ये। नवनीतावलिप्ता इव प्रस्निग्धा। कल्माषी कल्माषवर्णा वत्सतरी[१५]। उपाकुर्वन्ति[१६]। इन्द्रायोपाकरोति। तथोत्तरेष्वपि वत्सतरेषु। एतेषां प्रतिसंवत्सरमुपाकृतानाम् ऋषभानिति वयोवचनमनुवादः पञ्चहायनानाम्। [१७]ऋषभैरैकादशिनी निवर्तते। अस्यापि प्रथमकल्पितान्येवाहानि। सन्ततान्[१८] विच्छेदविरहितानिमान् पृथिव्यादि[१९]। तानभिभूय[२०] यजेयमिति। चतुर्विंशमहरारम्भणीयं परोक्षोपेतं मे महाव्रतं[२१] स्यादिति महाव्रतमनुपेत्यानेन तत्फलं लभेयेति[२२]। महाव्रतस्य निरूढस्याभावात् तेन गवामयनं लक्ष्यते। अथवा एतदेव महाव्रतस्य निरूढस्य महाफलस्य विद्यमानत्वे ज्ञापकम्॥ १३.४.१ ॥ **[इति प्रथमः पटलः** (८)**]**

॥ इति व्याख्यायां त्रयोदशप्रपाठके चतुर्थोऽनुवाकः ॥

---

१. M Ad °धान्यादि; thus T. **२.** M Ad °ग्न्यादयो°; thus T. **३.** M Ad बभ्रुः. **४.** M Ad °च्छ्रयाद्वा°. **५.** M Ad वैलक्षण्यविरहितान्; thus T. **६.** M Ad °वलानभिराष्ट्रान्. **७.** M Ad तत्रैव च. **८.** M Ad °ण्यहा. **९.** M Ad °न्यभिधितानि; thus T. **१०.** M Ad यद्यपि च. **११.** M Ad °राजीव. **१२.** M °मति. **१३.** M Ad वशिष्ट. **१४.** M Ad विष्ट; thus T. **१५.** M Ad वत्सतरा. **१६.** M Ad अपाकु°, T अवाकु°. **१७.** M Ad मुभहैरेका°, T ऋभहैरे°. **१८.** M Ad सन्तता. **१९.** M Ad °दी. **२०.** M Ad °भिभू; thus T. **२१.** M Ad व्रतः. **२२.** M Ad लभेयमिति.

॥ अथ त्रयोदशप्रपाठके पञ्चमोऽनुवाकः ॥

द्वादशेत्याह। अहीनग्रहेणेन[१] [२]सत्राण्यप्युपलक्ष्यन्ते। 'एवं विद्वांसः षड्रात्रमासत' इति चोदितत्वात्। सत्रं हि साध्यानामयनम्। पृष्ठ्या सर्वपृष्ठ्या। सरस्वत्या जघनोदके प्रभासे[३] विनशने वा। प्रभासे दीक्षितानां प्रत्यक्षदृष्ट्या सरस्वत्या सह गमनस्याशक्यत्वात्[४] विनशन इति युक्तम्। तथा च छन्दोगसूत्रं[५]—'विनशने दीक्षते'[६] इति। प्लाक्षं[७] प्रस्रवणं प्राप्य सत्रं परिसमापयन्ति। दश वा शतायोपयन्ति[८]। दशाजाः परिगृह्णन्ति। ताः प्रसूत्या यदा शतं भवन्ति तदोत्थास्याम[९] इति संकल्पयन्ति। तथोत्तरेष्वपि यथासंकल्पितं तथोत्थानं भवति। अथवा प्लाक्षं प्रस्रवणं प्राप्योत्थास्याम[१०] इति संकल्पितवतो[११] षड्रात्रपरिसमाप्तिः। परिहाप्यान्येषु निमित्तेषूत्पन्नेष्वेकस्मिन् द्वयोर्वोत्थानम्। षड्रात्रसमाप्तावुत्थानविकल्पः। यदेतेषां सत्रिणामन्यतमो म्रियेत, यदा[१२] वा जीयेरन् सर्वस्य[१३] प्रसह्येत[१४]। यदा वा समापयेयुः षड्रात्रं तदेव वा समाप्तिः। आश्वत्थे[१५] अश्वत्थमये चक्रीवन्ति[१६] हविर्धानस्य नित्यं शकटवत्वादविशेषणेन[१७] प्रयोजनाभावः। सदोहविर्धानिनि इत्युत्तरसंबन्धार्थत्वात् सदोग्रहणस्य प्रयोजनार्थत्वात्। चक्रीवन्तीत्याग्नीध्रसदो विशेषणम्। 'चक्रीवन्ति सदो हविर्धानानी'त्याश्वलायन आह ॥ १३.५.१ ॥ **[इति प्रथमः पटलः** (९)**]**

उलूखलमूलो[१८] यूपः। अहःसमाप्तिषु देवयजनस्य पूर्वस्मिन्नन्ते स्थित्वा प्राक् शम्यां[१९] परास्यति[२०]। सा यत्र निपतति[२१] तद् गार्हपत्यस्यायतनम्। ततः परं विहारः। तत्र तत्रोषित्वा श्वोभूतेऽहरन्तरमारभेरन्। प्लाक्षं प्रस्रवणं प्राप्योत्थितायां यमुनायां कारवद्वधेऽवभृथम्[२२]। मित्रावरुणयोरयनं सारस्वतमयनत्वादिहानुक्रान्तं, न षड्रात्रम्। पूर्वधर्मास्तत्र गच्छन्ति। समाप्तिरेवोत्थाननिमित्तेषु। उत्तरमपि[२३] सारस्वतानामययनम्। [२४]एवमितरेऽहीना दक्षिणावता यजेत। भूम्नमन्त्रवद् बहुत्वं च शक्तिमपेक्षते[२५] प्रतीयेत ॥ १३.५.२ ॥ **[इति द्वितीयः पटलः** (१०)**]**

॥ इति व्याख्यायां त्रयोदशप्रपाठके पञ्चमोऽनुवाकः ॥

---

१. M Ad °दशेत्याही°; thus T. **२.** M Ad सत्राण्युप°. **३.** M Ad प्रासे. **४.** M Ad °शक्तत्वा°. **५.** M Ad °सूत्रे; thus T. **६.** M Ad दीक्षित इति. **७.** M Ad प्लक्षं. **८.** M Ad °यो वय°. **९.** M Ad तदोऽस्यस्थास्याम; thus T. **१०.** M Ad °प्योपरिसमापयन्ति स्याम इति; thus T. **११.** Ad सङ्कल्पवता; thus T. **१२.** M Ad यथा. **१३.** M Ad सर्वत्र. **१४.** M Ad प्रसह्येत, T °सह्य ह्येत. **१५.** M Ad °श्वत्थी; thus T. **१६.** M Ad °क्रीवति. **१७.** M Ad °वचाद्विशे°; thus T. **१८.** M Ad °मूको. **१९.** M Ad शम्या. **२०.** M Ad वरस्यति. **२१.** M Ad °पतितं. **२२.** M Ad °वचधे°; thus T. **२३.** M Ad °रमेव. **२४.** M T मेव ... तरे°, Ad °मेवतरे. **२५.** M Ad °पेक्षेते.

॥ अथ त्रयोदशप्रपाठके षष्ठोऽनुवाकः ॥

'चित्रया यजेत पशुकाम' इति विहिता त्रिवृत्त्वं च दर्शयोः क्रत्वोर्बृहतयोरन्येन प्रवहितयोराण्डाविति नाम। मतस्ने इति वाऽत्र[१]। अपुः[२] प्रजननस्य रूपम्। सप्तदशपञ्चदशावव्य[३]वहितौ प्रजापती[४] इत्युच्येते। सामानतः सामान्यात्। किं सामान्यम्। संस्थाद्वयस्य[५] प्राजापत्यत्वाय। पञ्चविंशोऽ-ग्निष्टोमो महाव्रतवान्। स एव विश्वजित् सर्वपृष्ठो जनकः। सप्तरात्रादिष्वनभिहित[६]संस्थाविशेषेषु द्वादशाहीनानामह्नां संस्थाविशेषाः[७]। सप्तमस्योक्थ्यस्य छन्दोम[८]पवमाने चतुर्विंशच्चतु[९]-श्चत्वारिंशच्चाष्टचत्वारिंशच्छन्दोमाः पवमानबह्वीभिः[१०] सस्तोमः पृष्ठ्यः षडह इत्यादि। चतुर्णा-मन्त्यान्यहान्यग्निष्टोमसंस्थान्येव। संसगावेककलौ[११] ॥१३.६.१॥ **[इति प्रथमः पटलः** (११)**]**

॥ इति व्याख्यायां त्रयोदशप्रपाठके षष्ठोऽनुवाकः ॥

---

१. M Ad वात्र, T पात्रच. **२.** M Ad द्यपूः; thus T. **३.** M Ad पञ्चाव्यव°. **४.** T प्रजावती. **५.** M Ad °सांख्याद्व°, T °संख्याद्व°. **६.** M Ad °हितं. **७.** M Ad समस्ताविशेषा. **८.** M Ad °मन्वव; thus T. **९.** M Ad °श्चतु°; thus T. **१०.** M Ad °मानाब°. **११.** M Ad °फलौ; thus T.

॥ अथ त्रयोदशप्रपाठके सप्तमोऽनुवाकः ॥

अष्टरात्रेषु प्रथमः[१] कल्पो ब्रह्मवर्चसकामस्योभयतो ज्योतिरभिप्लवः । य इच्छेन्मम प्रजायां[२] पुत्रे पुत्रादिषु वा ब्रह्मवर्चस्येव जायतां नान्य इति वा, कश्चित् ब्रह्मवर्चसी जायतामिति वा। ब्रह्म-वर्चसमध्ययनतपोज्ञानादिनोत्कर्षः ॥ १३.७.१ ॥ **[इति प्रथमः पटलः** (१२)]

॥ इति व्याख्यायां त्रयोदशप्रपाठके सप्तमोऽनुवाकः ॥

---

१. M Ad प्रथमक°. २. M Ad प्रजां; thus T.

॥ अथ त्रयोदशप्रपाठके अष्टमोऽनुवाकः ॥

'दशरात्राय=दि'ति (तैसं. ७.२.५) ब्राह्मणम्। तत्तत्सिद्धमेव[१]। 'ज्योतिर्गौरायुरि'ति। अभिपूर्वं[२] त्रयस्त्र्यहा[२] आनुर्पूव्या[३] न प्रत्येकवृद्ध्या। तथा हविर्यज्ञाः। विश्वजितः स्तोमा[४] यस्य स विश्व-जित्स्तोमः[५]। स्वयं विश्वजित्[५]स्तोममात्रमतिदिश्यते। 'यः कामयेत संव=महाव्रतं महत्कर्मोपेतं[६] प्राप्तं [७]स्यामि'ति। कर्मनाम मयोक्ता[८] यच्छ्रोतृभिर्ग्राह्या निस्तुरा[९] च स्यात् तत्प्रतिपाद्यस्य कर्मणः फलं च प्राप्नुयामिति॥ १३.८.१ ॥ **[इति प्रथमः पटलः** (१३)**]**

॥ इति व्याख्यायां त्रयोदशप्रपाठके अष्टमोऽनुवाकः ॥

---

१. M Ad om; thus T. २–२. M Ad अभिमन्त्रयः. ३. M Ad °नुपूर्व्यं. ४. M Ad स्तोमा twice. ५–५. M Ad om स्तोमः=जित्; thus T. ६. T महमाकर्मो°. ७. M Ad प्राप्तस्यादिति; thus T. ८. M Ad T मत्योक्ता. ९. M Ad निरुत्तरा.

॥ अथ त्रयोदशप्रपाठके नवमोऽनुवाकः ॥

दशरात्राय=दिति ब्राह्मणम्। तत्तत्सिद्धमेव। 'ज्योतिष्टोमे दीक्षिष्यमाणः सप्तहोतारमि'ति। अस्य यथा हविष्कृत्काले होमः तथा दशहोतुरपीत्यतः[१] सप्तहोतुर्निवृत्तिः। अथवा यदिदं ब्राह्मणोक्तं 'य एवं विद्वान् दशरात्रेण यजते विराजमेव गच्छती'ति प्रैव जायतेऽव्यावृतमेव[२] पाप्मना भ्रातृव्येण गच्छति[३]। त्रिककुदेव समानानां [४]विद्याप्रजाधनैरुच्छ्रितो भवती'त्येवमादि तत्तदिह सिद्धमेवेति। दश–हविर्मृगारेष्टिः। अग्निष्टुतिनामधेयेन धर्मप्राप्तेः पुरोरुचामन्यत्वे प्राप्ते 'अग्न आयूंषि पवसे' इत्येव प्रतिपदमारम्भं कुर्यात्। तत्तत् पुरोरुगुपयामान् ग्रहान्[५], प्रत्यूहमेके विदुः। देवतास्थानेऽग्निशब्दं प्रयुञ्जत इत्यर्थः। ते[६] ह पथ्यान्[७] पथिभवान्[७], मार्गगतांश्चोदकप्राप्तान्[८] ह्यवयन्ति[९] योपयन्त्या–ग्नेय्याः[१०] प्रतिपदेनैवाग्निष्टुत्वं भवतीति। प्र सोमस्याप्येकाहिकस्य धर्मेषु प्राप्तेषु तदपवादः एक–विंशति गा इत्यादि। तथोपहव्ये विशेषो निगदसिद्धः ॥ १३.९.१ ॥ **[इति प्रथमः पटलः** (१४)**]**

॥ इति व्याख्यायां त्रयोदशप्रपाठके नवमोऽनुवाकः ॥

---

१. M Ad °रपि यस्स; thus T. **२.** M Ad °ते व्यावृ°. **३.** M Ad °च्छन्ति. **४.** T विद्या, प्र°, T विद्यप्र°. **५.** M Ad ग्रहान् twice; thus T. **६.** M Ad T तेह. **७–७.** M Ad °थ्यात् पथिगता भवान्. **८.** M Ad प्राप्तां. **९.** M Ad न्ति लोपयन्ति. **१०.** M Ad °ग्नेर्यः.

॥ अथ त्रयोदशप्रपाठके दशमोऽनुवाकः ॥

'एकादशरात्रेषु प्रथमस्य कल्पस्यासत[१]' इति चोदितत्वात् सत्रत्वं गमध्यै स्तौभिकः[२] प्रक्षिप्तः। अथ यस्यैतस्येत्यादिना पौण्डरीको विधीयते। 'इदं त्रैलोकस्य प्राप्नुयाद्व्यूढच्छन्दा[३]' इत्यादि। 'पृष्ठ्यः षडह' इत्यादि चावयुत्यवादोऽर्थवादसंबन्धार्थः। षष्ठस्याह्नस्तृतीयसवनस्य। षट्त्रिंशत्वभ्यासगत्वन्ते[४] हैतेन[५] क्षेत्रधर्मात्मा[५] सम्यक् पालयिता पुण्डरीको नाम विदेहानामीश्वरो राजा इष्टवान् सुदाम्नो नदस्योत्तरे तीरे। एषा अस्य दक्षिणानामवमा मात्रा तथोत्तरमपि [६]यथाश्रद्धं देयमिति ॥ १३.१०.१ ॥ **[इति प्रथमः पटलः** (१५)**]**

॥ इति व्याख्यायां त्रयोदशप्रपाठके दशमोऽनुवाकः ॥

॥ इति कल्पागमसंग्रहे अहीनाख्यस्त्रयोदशः प्रपाठकः ॥

□ □ □

---

१. M Ad °स्यात इव. **२.** M Ad स्तौधिकत्वं प्र°. **३.** M Ad द्व्यूढ°. **४.** M Ad °संगत. **५-५.** M Ad हैकेन क्षेमधर्मान्ना. **६.** M Ad तथा°.

॥ अथ चतुर्दशः प्रपाठकः ॥

[*अथ एकाहाः]

[बृहस्पतिसवः]

अथातो बृहस्पतिसवः। ज्योतिष्टोमविकारो द्वादशोऽहर्गणः सविकार आम्नातः। इदानीं तद्विकारा एकाहा आरब्धव्याः। तत्र सवा एकाहाः। तेषां च बृहस्पतिसवः प्रथम आम्नातः। तस्मादहीनानन्तरं बृहस्पतिसव आरब्धव्य इत्येवाथातः[१]शब्दयोरुपयोगः। इत उत्तरं प्रत्येकाहम् अथातः[२]शब्दस्याधिकरणार्थतैव। [३]परिस्रजी [४]परिमण्डलमाली केचित्। बोधायनाचार्येण व्याख्यातः[५]— 'एष ह वै परिस्रजी यः खलतिः परिकेश्य' (बौधाश्रौ. १८.१) इति। तस्यैव विशेषणमरुण इत्यादिः। अरुणः सन्ध्यावर्णः। विक्लिधस्तिलकावसा[६]स्रनयनकृष्णतिलकवान्। सर्वतः[७] सुतेकरो वेदत्रयज्ञः। अथवा बृहस्पतिसवस्य सर्वतः कर्तुं शक्तो दीक्षित इत्यादि। देवसुवां हविःषु[८] हस्तग्रहणमपि कर्तव्यम्। एकस्तोम इति विहितस्यैवानुवादः। अभिषेकद्रव्यं ब्राह्मणविहितम् आज्यम्। गायत्रान् विष्णुक्रमान्। दार्शपौर्णमासिकाग्निकातिक्रमाणां प्रथमा। अनुसवनमित्यादि। त्रिष्वपि सवनेषु सगुणकर्मविधानम् एकादश॥ १४.१.१ ॥ **[इति प्रथमः पटलः]**

प्रातः[९]सवने। सन्नेषु नाराशंसेषु ऋत्तुग्रहचर्यायाः पूर्वमनुसवनम्। दक्षिणानि केचिज्जुह्वति। अपरे माध्यन्दिन एव सवने। पुरोधाकामः प्राधान्यमिच्छन्। पौरोहित्यमित्यन्ये। गैरेयी[१०] गिरिजानदी-कूलादिस्थं वस्त्वशेषं हरन्तीत्येवं[११] मत्स्यवस्तुहरन्नेव[१२] क्रतुर्गच्छति। बृहस्पतिसवेनेष्टवता[१३]ऽवश्य-ज्चतुष्टोमेन यष्टव्यं शान्त्यर्थम्।

राजसूयेनेत्यादि पारिशेष्यात् क्षत्रियः स्थपतिः। [१४]क्वचित् प्रदेशस्वामी स्थपतिः[१४]। तेषां ब्राह्मणः पुरोहितः। बृहस्पतिसवाय दीक्षते[१५]। तस्य सर्वं समानम्। माध्यन्दिनीः[१६] वृजन्तो यन्ति। एषोऽभिषेकः। नायमभिषेकप्रकारः। यदा यदा प्राङ्[१७] प्रत्यङ्[१८] चाचमसा गच्छन्ति तदा तदा यजमानं निमृजन्तो गच्छन्ति। अभिषेकस्तादृश इत्यपरे। तथा सति एवं[१९] शब्दस्य[२०] प्रयोजनं मृग्यम्। एवंशब्दो

*. The *sūtra*-text, of the *Ekāhas,* is not found in any of the MSS, *viz.* M Ad and T. **१.** M Ad °त्येवातश्शब्द° ; thus T. **२.** T अतः. **३.** M Ad प्रसरस्त्र° ; thus T. **४.** M Ad वरिम°. **५.** M Ad तव्यम्; thus T. **६.** M Ad °सस्त्रन° ; thus T. **७.** T(क) सव्रतः, M सुव्रतः but corrected as सर्वतः; thus T. **८.** M Ad हविषु. **९.** T(क) व्रतस°. **१०.** M Ad T गौरि°. **११.** T एवं. **१२.** M Ad न्येष. **१३.** M Ad सवनेष्टवता पश्वज्च° ; thus T. **१४–१४.** M Ad °यस्थपतिः. T takes क्वचित्प्रदेशस्वामिस्थ as extra : क्वचित्प्रदेशस्वामिस्थ इत्यधिकं वर्तते. **१५.** M Ad दीक्षिते; thus T. **१६.** M Ad °न्दिनीन्; thus T. **१७.** M Ad प्रत्यङ् **१८.** M Ad प्रत्यञ्चा. **१९.** M Ad एव. **२०.** M Ad °स्येव प्र°.

हि किञ्चित्पूर्वप्रज्ञातमर्थं सूचयति। शुक्रामन्थिनो:[१] संस्रावेणाभिषेक:। होतृचमसेऽवनयत्यध्वर्यु:[२]। उच्छिनष्टि। अपनयनादे: सर्वस्य निवृत्तिरित्यपरे। सप्तैतानि हवींषि प्रात:सवनमनुवर्तन्ते। कानि तानि। ब्राह्मणे बृहस्पतिसवनानन्तरं[३] 'यदाग्नेयो भवती'त्यादिना निर्दिष्टानि। प्रात:सवनीया: पुरोडाशीया: प्रात:सवनशब्देनाभिधीयन्ते। तत्र हविर्विशेषाणां कपालविशेषाणां चाश्रवणाद् देवताश्रवणात् तद्देवताश्रवणात् तद्देवतासहचारी तत्तदुभयमनुमीयते। तत्रापि [४]व्यभिचाराद् वारुणं दशकपालं सावित्रं द्वादशकपालम्। सावित्रोऽष्टाकपाल इत्यादावव्यस्थेति[५] चेत् प्राचुर्यमाश्रयणीयम्। अथवा प्राकृतो[६] विशेष: संबन्ध:। [७]आग्नेयविकारेष्वाग्नेयवदग्नीषोमादिविकारेषु च तद्वदित्यभिषेके विशेषमात्रमे–वाचार्येणाभिधित्सितम्। [८]ऋषभचर्मास्तरणाद्यामुखविमार्जनात्कर्तव्यम्। तथोत्तरेष्वपि ॥ १४.१.२ ॥ **[इति द्वितीय: पटल:]**

[सूतसव:]

[अथ सूतसव:।][९] अनेन सूतसवेन वैश्योऽधिक्रियते। कुत:। हविषां विधाने पुष्टिर्वैश्यस्य 'मारुते[१०] वैश्य' इति दर्शनाद्। [११]एष एवं [११]सूतसव इत्यनुवाद उत्तरविवक्षार्थ:। उत्तरे अप्यस्यैव नामनी। नामान्तराभिधानं [१२]नामधेयेऽपि विहितानामंशस्य[१३] नामविकल्पनाप्राप्तिर्यथा स्यादिति। मासा अस्यान्तेऽनेन[१४] पूर्वमिष्टवन्तोऽस्मात् [१५]कारणान्माससव इत्युच्यन्ते इति। अष्टावेतानीत्यपि पूर्वेणैव व्याख्यातानि 'आग्नेयो ब्राह्मण:' इत्यादिभिर्लिङ्गैरयं ब्राह्मणयज्ञ:। सोमसवादयो मृत्युसवान्ता[१६] राजयज्ञा:। तत्र तत्र लिङ्गानि द्रष्टव्यानि। सूतवशा सकृत्प्रसूता वन्ध्या। स यत्किञ्च राजसूयमशेषमित्यर्थ:।[१७] ऋते सोमं सप्तसोमान् वर्जयित्वाऽनुमतादि सर्वं भवति। स फाल्गुन्यै वा चैत्रियै वेति वैश्वदेवस्य कालानुग्रहार्थ:[१८]। [१९]एवंब्रुवश्चित्रापूर्णमासेऽपि चातुर्मास्यानामारम्भं ज्ञापयति। प्रयुङ्क्ते आरभते। सप्ताहे पुरस्तादिति ब्रुवन्नाग्रयणहविषामनन्तर्भावमिच्छत्याचार्य:। कथमाग्रयणह–विर्भ्योऽर्वाचीना: षडिष्टयोऽन्वहं[१९] सारस्वतयोरारम्भणीयायाश्च समानेऽहनि प्रवृत्तिरिति मन्यमाने–नैवमभ्यधायि[२०]। ब्राह्मणेऽप्यनुमतादीनि कर्माण्यनुक्रम्यान्ते[२१] 'अष्टावेतानि हवींषि भवन्ती'त्युक्तम्। तच्चाग्रयणहविर्भि: सह संख्यायमाने विरुध्यते। तेष्वपनीतेषु युज्यते च। [२२]तच्चाष्टग्रहणमतिदेश–प्राप्तविषयार्थमेव। तत्राग्रयणहविषां नित्यत्वाद् ॥ १४.१.३ ॥ **[इति तृतीय: पटल:]**

---

१. M Ad °न्थिनो; thus T. **२.** M Ad °सेत्येव नय°. **३.** M Ad °सवाहन्तरं **४.** M Ad °त्राप्यभि°. **५.** M Ad °वष्यव°. **६.** M Ad प्रकृ°. **७.** M Ad आग्नेयसितारे **८.** M Ad °षभचर्मणा. **९.** M Ad om. **१०.** M Ad मारु...पश्य. **११-११.** M Ad ष ये सू. **१२.** M Ad °नं तन्ना°. **१३.** M Ad °नामशब्दस्य. **१४.** M Ad अस्यानेन. **१५.** M Ad om कारणात्; thus T. **१६.** M Ad मृत्यनुवान्त. **१७.** M Ad wrongly give here the sign of the end of the Paṭala as „—". **१८.** M Ad °हार्थं. **१९-१९.** M Ad om एवं=न्वहं; thus T; च्छन्त्याचार्य:. **२०.** M Ad °धायी; thus T. **२१.** M Ad °क्रमन्ते; thus T. **२२.** M Ad °च्चाष्यग्र°.

[सौमीकर्म]

अथातः[१] सौमीमित्यादि[२]। तस्याः सूतवशाया असमुदिते संवादे अकृते 'शृतं हविः[३] शमितर्' इत्यादि संवादाः। ततः पुरस्तादित्यर्थः। अप्रयुञ्जन् हवींष्यन्य[४] इत्यादि। युञ्जन् हवींष्यपि गृह्यन्ते, संयत्तत्वात्[५]। ततः परं देविकाहविषां[६] देवसुवां हविषां च पूर्वप्रयुक्तत्वादप्रयुक्तस्य सोमादन्यस्याभावाद् एवमभ्यधायि॥ १४.१.४॥ **[इति चतुर्थः पटलः]**

[पृथिवीसवः]

पृथिसव[७] इत्यादि। राजसूयं सोमपशुचातुर्मास्यवर्जं सर्वं भवति। अन्य आह—सप्ताहे पुरस्तादित्यत्रापि तुल्यं भवितुमर्हति। अतश्चातुर्मास्येषु द्वयोरेव पर्वणोर्निवृत्तिरिति। नैतदेवम्। चातुर्मास्यानीति सहितान्येकस्मै फलाय चोदितान्येतानि। तेषामेकदेशविरहितानां[८] प्रवृत्तिर्निवृत्तिर्वा नोपपद्यते। सप्ताहे पुरस्तादिति चातिदेशप्राप्तानां[९] भूयसां [१०]स्वकालानुग्रहार्थं स्यात्। वचनं वाऽनुमेयम्। आह—'राजसूयेन स्वाराज्यकामो यजेते'ति चोदितस्यैकदेशप्रवृत्तिरभ्युपगम्यते भवता। चातुर्मास्यानां[११] नाभ्युपगम्यते[११]। तत्र युक्तिर्विचारणीया। चतुर्हविषमिष्टिमिति वचनादाग्नेयादीनामेव स्थानित्वम्। देवसुवां हवींष्यन्वायात्यान्येव[१२]। अत्राभिषेककालः स्विष्टकृतः प्राक्। तथाऽभिषेचनीयायां दृष्टत्वात्॥ १४.१.५॥ **[इति पञ्चमः पटलः]**

[गोसवः]

[गोसव इति।][१३] गोसवे दक्षिणेनाहवनीयं वेद्याः [१४]किञ्चित्प्रदेशमुद्धननकाले नोद्धन्ति। तत्रासीनोऽभिषिच्यते[१५]। 'प्रजापतेस्त्वा परमेष्ठी[१६]=षिञ्चामी'त्याह। स्वाराज्यमेवैनं गमयती'ति[१७] ब्राह्मणम्। इह 'गोसवेनाभिषिञ्चामि' इति विकल्पः। प्रतिधुषा पुनर्दुग्धेन स एव गोसवः षट्त्रिंशत्स्तोम उक्थ्यसंस्थ उभयसामापृष्ठे बृहत्पवमाने कण्वरथन्तरम्। तथोभयसामायुतस्य दक्षिणा॥ १४.१.६॥ **[इति षष्ठः पटलः]**

॥ इति व्याख्यायां चतुर्दशप्रपाठके प्रथमोऽनुवाकः॥

---

१. M Ad °ताः; thus T. **२.** M Ad सौमीदित्या°. **३.** M Ad हवीः; thus T. **४.** M Ad हविंष्य°. **५.** M Ad संयुक्त°; thus T. **६.** M Ad °ष्यां; thus T. **७.** M Ad पृथिविसव; thus T. **८.** M Ad °विरमिता°. **९.** M Ad चातिशयप्रा°. **१०.** M Ad सकला°. **११-११.** M Ad om भवता = °म्यते; thus T. **१२.** M Ad °यान्त्यान्येव°; thus T. **१३.** M Ad T seem to have omited the text. **१४.** M Ad कञ्चित्. **१५.** M Ad तत्राभिषि°. **१६.** T °ष्टि. **१७.** M Ad om; thus T.

॥ अथ चतुर्दशप्रपाठके द्वितीयोऽनुवाकः ॥

[ओदनसवः]

[१]**अथात ओदनसव[१] इति।** तिसृधन्वमिषुत्रयसहितं धनुः। अष्यवरत्रापूर्वाग्निर्गतार्थं[२] उत्तपनीयः सभ्यः शालीनः पक्त्यर्थः। यजमान एतमेकौदनं श्रपयित्वा आहाध्वर्युम्। ततोऽध्वर्युरोदनपचनादि आज्येनोपसिच्य दक्षिणौदने प्रवर्तं कुण्डलं प्रास्यति। अभीवपदसि[३] वहोदेशस्पृष्टमासादयति[४]। प्रकृतत्वाद् अस्य होमद्रव्यस्या श्रपणा[५]दोदनस्य मेक्षणेन चतस्र आहुतीर्जुहोति[६]। यजमानस्य प्राशन–दर्शनात् तस्य चाहुतां दत्त्वा जुहोतीति[६] चोद्यमाने चाज्यं प्रतीयादिति परिभाषातश्चाज्यस्येत्यपरे। अथो मन्थति मधुनि मधूनि सक्तूनोप्य[७]। तथोत्तरेष्वपि। प्रयच्छाम्यन्ताः प्रदानमन्त्राः। प्रदानमुखविमार्जने याजमाने प्रशंसन्ति[८]। प्रतिग्रहीता 'राडस्ते मन्थ' इत्यादिना मन्थदानमनुवादः शतमानदानविधानार्थे। 'राडसि' (तैब्रा. २.७.७.५) इत्यादिभिः प्रतिमन्त्रं प्राश्नाति। यजमानप्रतिहितो युवराजः[९]। 'अपां यो द्रवणे रसः' (तैब्रा. २.७.७.३२) इति लिङ्गादपामेव ग्रहा[१०] गृह्यन्ते। अध्वर्युरेवाभिषेक्ता। अथैष रथ[११] उपक्लृप्तः पुरस्तात्तिष्ठति। शतं च गवाम्। 'अनु त्वेन्द्रो मदन्तु' (तैब्रा. २.७.८.३–५) इत्यारभ्य तिसृभिः शतं परिगच्छति। पूर्वाभिश्चतसृभिस्ताः[१२] सप्त।[१२] तच्छतमग्रतः कृत्वा गच्छति[१३] इति सर्वेषामभिषिक्तानां मध्ये[१४]... दीमेकस्यामित्यर्थः। अन्यार्थयेष्ट्या अनिष्टे[१५] स्विष्टकृति पशुसोमाभ्यामपि[१६] ॥ १४.२.१ ॥ **[इति प्रथमः पटलः** (७)**]**

॥ इति व्याख्यायां चतुर्दशप्रपाठके द्वितीयोऽनुवाकः ॥

१–१. M Ad अथास ओदन इति; thus T. **२.** M Ad °ग्निश्शतार्थ; thus T. **३.** M Ad °भिवदसि. **४.** T °सद°. **५.** M Ad °श्रव°, T °श्रावणा°. **६–६.** M Ad om ति। यज=जुहो; thus T. **७.** M Ad °क्तून्योप्य; thus T. **८.** M Ad T प्रश्नं सन्ति. **९.** M Ad °राजा; thus T. **१०.** T ग्रहा twice. **११.** T रस. **१२–१२.** M Ad °श्चतसृभिस्तारसप्रताच्छ°, T च तिसृभिस्ताः सप्त त°. **१३.** M Ad गृच्छततमग्रः कृत्वा गच्छत सर्वा स्वं=च्येययेति between गच्छति and सर्वेषां, T takes it as extra text. **१४.** T shows gap for some missing-text. M and Ad, however do not give sign of missing-text. **१५.** M Ad अग्निष्टे; thus T. **१६.** M Ad °भ्यामविः.

॥ अथ चतुर्दशप्रपाठके तृतीयोऽनुवाकः ॥

[मृत्युसवः]

अथातो मृत्युसवः। वैयाघ्री व्याघ्रचर्ममय्यौ। चार्मपक्षी[१] चर्मसदृशौ पक्षौ यस्य सः। अयं वृक्षादधोमुखो [२]लम्बते। तच्चर्ममय्यौ। साभिप्रातरेव[३] [४]प्रातःकालस्याभिमुखमेव[५]। यथोद्यत्यादित्ये होमः संभवति तथेत्यर्थः। अभिषेकद्रव्यमभिषेकपात्रमुभयमुत्तरस्मिन्नभिषेके [६]दृष्टमौदुम्बरं पात्रं चतुष्टय्य आपश्च 'या दिव्या आप' (तैब्रा. २.७.१५.४) इति तृचा[७] प्रतिदिशमावर्तन्ते। अस्य यजमानस्योरो भृशं मार्ष्टि। यथा राजसूये तथा 'इन्द्रस्य वज्र' इत्यादि बाह्वोरुद्ग्रहणोपावरोहणे याजमाने। 'स्थेष[८] रथ' इत्यादि तुल्यम् 'अनु त्वा पवेने'त्यातः। कुत आरभ्य। 'नमस्त ऋष' इत्यारभ्य। ताश्च [९]मेध्यपतिताभिर्विनियुक्ताभिः सहाष्टौ। तासां [१०]द्व्येकपदे। [११]अधीवासास्तीर्णयासन्द्याध्वर्युः प्रतिगच्छति। यथा राजसूये तथेति। तस्यामुपविशतीत्यादि आमन्त्रणात्पूर्वमतिदिश्यते। 'इन्द्रं विश्वा अवीवृधन्' (तैसं. ४.६.३.१२) इति भूमावुपावहरति स्थापयति। धनुः[१२] प्रज्यमधिज्यं करोति। 'परि मा सेन्या' (तै.ब्रा. २.७.१६.६) इति द्वाभ्यामुपरति उपगच्छति। अथैनमत्र स्वा उप वसयन्ति[१३]। अधिकृताः सूतग्रामण्यः[१४] [१५]क्षत्तसंगृहीतारश्चोपगच्छन्ते। यष्टोभ्यश्च वेहतश्च पष्ठौही वेहतं च दुन्दुभिं च राष्ट्रे समाहन्ति। [१६]जग्रभीता वाचं[१६] यच्छेत्यध्वर्युराह[१७]। '[१८]उदवसाने तु सूर्यः' (तैब्रा. २.७.१६.९) इति द्वाभ्यामादित्यमुद्यन्तमुदीक्षते। उत्तरस्वाविद्यादिति सूत्रकारस्य परिभाषा। स्वान् गृहान् वियतोऽधिगताननु[१९] वीक्षते, पृष्ठतो वीक्षते। ऐश्वर्यमप्रतिहताज्ञत्वम्। आधिपत्यं स्वामित्वम्[२०] ॥ १४.३.१ ॥ **[इति प्रथमः पटलः** (८)**]**

॥ इति व्याख्यायां चतुर्दशप्रपाठके तृतीयोऽनुवाकः ॥

---

१. M Ad °पक्षि. **२.** M Ad °मुखाल° ; thus T. **३.** M Ad सा हि प्रातरेहि. **४.** M Ad व्रतकाल° ; thus T. **५.** M Ad मुखम्; thus T. **६.** M Ad दृष्टि°. **७.** M Ad चा; thus T. **८.** M Ad स्वेष. **९.** M Ad मेध्ये°. **१०.** M Ad द्वेक°. **११.** M Ad अधिवा°. **१२.** M Ad धरः. **१३.** M Ad उपस°. **१४.** M Ad °मणयः. **१५.** M Ad क्षतृसं°, T क्षतृसंग्र°. **१६–१६.** M Ad twice. **१७.** M Ad यच्छेता°. **१८.** M Ad उदसावे. **१९.** M Ad तोऽधिकता ननु°. **२०.** M Ad स्वामि; thus T.

॥ अथ चतुर्दशप्रपाठके चतुर्थोऽनुवाकः ॥

[सद्यस्क्रीः]

अथातः सद्यस्क्रीः[१] **।** यूप्यो[१] यूपार्थः । लाङ्गल्यो लाङ्गलार्थः । तदुभयं संघाट्य[२] युज्जते[३] वा कृषिकर्मणि । योगो भोगस्तदर्थमेतस्मिन्[४] प्रकृतौ [५]प्रकृतदेवयजने परिहार्यः[६] । कर्षयित्वाऽपरच्य[७] सीता[८] यथा न भवन्ति[९] तथा । [१०]जघन्यपापानिति । इत उत्तरं यवा नोप्यन्त[११] इति । यदा मन्यते[१२] तदा वापयित्वा[१३] परिदधति वृत्तिं कुर्वन्ति । प्रदर्धीतेषु[१४] प्रमृतेषु पक्वेष्वित्यर्थः । पदेनर्त्विजो नान्यापदेशेन विनाद्रितयः[१५] । चतुररत्निर्दण्डः । क्रोशो द्विसहस्त्रं[१६] दण्डाः[१७] । चतुष्क्रोशं योजनम् । [१८]तदर्धोनं त्रैपदम् । तदर्धं[१९] गव्यूतिः । दीक्षां प्राह—'अथाहादीक्षिष्टे'ति[२०] । एतदेवास्मै यत्[२१] प्रज्ञातं निहितं तत्तत् । 'प्रणीता हि प्रायणीयस्ये'त्यादि ब्रुवत आचार्यस्याभिप्रायः । सह दीक्षणीयबर्हिषा दर्शपूर्णमासविकाराणां सोमा–ङ्गानामिध्माबर्हिः संभरणमिति ॥ १४.४.१ ॥ **[इति प्रथमः पटलः** (९)**]**

अन्ये ब्रुवते—दीक्षणीयैः स्तीर्णं तिसृणामिष्टीनां तन्त्रमिति । तथा तिसृणां समानतन्त्रत्वमपि तत एवाम्नायते 'दीक्षणीयस्य=निर्वपती 'ति[२२] । एकगुणा उपसदो मुख्यत्वात् कालसामान्याच्च[२३] प्रातरुपस–द्विकाराः । उपसद्ग्रहणेन प्रवर्गस्यापि ग्रहणम् । अथवा प्रवर्ग्यस्याभावः । तथा हि भारद्वाजीये[२४] सूत्रे अपः[२५] प्रवर्ग्यत्वमुक्तम् । 'वेदिकरणे वेदिकाराः कृणुते'ति लुप्यते । अथो खननयोयोपने न स्तः । यवानां तत्र स्थितत्वात् । उत्तरवेदिनिवपनकाले तत्प्रदेशस्थान् यवान् संलूय[२६] संमन्य खले वालाखले[२७] स्थली कुर्वन्त्येतत्पुरीषैव । तदेतान् यवानलूनानेव प्रागग्राँश्च्छन्दयति । कटोपरमाकुट्टलाङ्गलेषाया[२८] अग्रे प्रसिद्धानीति [२९]त्रिचतुराणि सावनरूपाणि तान्युच्यन्ते । चषालाभावेऽभिधित्सित[३०] [३१]अग्नीषोमीयाग्ने–यानूबन्ध्येषु सहालभ्यमानेषु परस्परधर्मविरोधे सति सवनीयस्य धर्मा नियम्यन्ते । तदुक्तम्—'स्थानात् तु नियम्यत'[३२] इति । श्रुत्यन्तरे 'सह पशूनालभत' इति सवनीयस्य स्थाने विहितः । तत्र युक्तस्तद्धर्माणां नियमः । इहाग्नीषोमीयस्य स्थाने सहालम्भश्चोदितः । [३३]अतस्तस्यैव धर्मा उच्यन्ते । अग्नीषोमीयस्य तन्त्रमध्ये नान्ययोरुत्पत्तिः । किं तर्हि । सहैव त्रयाणां तन्त्रप्रक्रमः[३४] । तथा सति प्रधानसहितस्य[३५] सवनीयस्यैव धर्माणां नियमो भवितुमर्हति । अथापि प्रधानोपकारिणोऽप्यत्र धर्माः [३६]महापरिधिपरि–

१–१. M Ad °स्त्रीरूप्यो, T सद्यस्त्रियूं. **२.** M Ad संघाभ्य; thus T. **३.** M Ad भज्जते, T भजते. **४.** M Ad °मेकस्मिन्; thus T. **५.** M Ad om प्रकृत; thus T. **६.** M Ad °हार्यं; thus T. **७.** M Ad चरच्य; thus T. **८.** M Ad सिता. **९.** M Ad भवति; thus T. **१०.** M Ad °घन्या वापानि° ; thus T. **११.** M Ad नोच्यन्त. **१२.** M Ad मन्यन्ते. **१३.** M Ad वाचयि°. **१४.** M Ad प्रदीर्धिते°. **१५.** M Ad °द्रियतः; thus T. **१६.** M Ad द्विषास. **१७.** M Ad om; thus T. **१८.** M Ad °नान्तादधोनं. **१९.** M Ad तदन्तर्धंनग. **२०.** M Ad °हदीक्षिष्वेति. **२१.** M Ad om; thus T. **२२.** M Ad °पन्तीति; thus T. **२३.** M Ad °न्यान्य. **२४.** M Ad T भर°. **२५.** M Ad अवप्रवर्ग्यर्थमु° ; thus T. **२६.** M Ad T संलूप. **२७.** M Ad बालाखे; thus T. **२८.** M Ad कटोवरं माकुट°. **२९.** M Ad om त्रि; thus T. **३०.** M Ad °भावेभ्यधि. **३१.** M Ad °मीयानूब°. **३२.** M Ad °म्यतेति. **३३.** M Ad om अतः; thus T. **३४.** M Ad तत्र प्र°. **३५.** M Ad °हितेऽस्य. **३६.** M Ad om महा; thus T.

धानादयो विद्यन्ते। ते[१] अवश्यमुपादेयाः। तत्साहचर्यादन्येषामपि तन्त्रत्वमेव[२] युक्तम्। त्रयाणां सहैव वपाः[३] श्रपयित्वाऽऽसाद्याग्नीषोमीयस्यैव[४] वपया प्रचरति। संक्रामन् होता छन्दांस्यन्वाह[५] लघीयसा[५] विकल्पेन च्छन्दसोऽन्यच्छन्दः स संक्रामन्। प्रातरनुवाकः[६] शतप्रभृत्यपरिमितो हि। तत्र छन्दसानलोत्पन्न[७]लघीयसा विकल्पेन [८]शतादित्यर्थः। अग्नीषोमीयपशुपुरोडाशः प्रातःसवनान्निर्व–पणादिषु सर्वत्र मुख्यो[९] यद्यपि बहिष्पवमानेन चरित्वा संप्रसर्पन्तीत्युक्तम्। [१०]होतृव्याख्यानान्ते तर्पणम्। ग्रहेषु च दशहोता स्रुक्षु पूर्वमेव व्याख्यातः[११]। विनियुक्तं[११] च जुहूपभृत्स्थं[१२] द्रव्यम्। यद्यपि स्रुग्ग्रहणं ध्रुवोपलक्षणार्थम्। ध्रुवायां हि प्रकृतिवद्[१३] व्याख्यातव्य इत्युच्येताग्नीषोमप्रणयनोत्तरकालमेव तस्यां व्याख्या। ऋजु[१४] प्रातःसवनमित्यादि। असमुदितेऽनूबन्ध्यस्य हविषा चरति। संवादात्प्राक् प्रस्तरणप्रहरणोत्तरकालमित्यर्थः। अन्ये वर्णयन्ति पुरोडाशप्रहरणोत्तरकालमिति[१५]। कथम्। पुरोडाशप्रचारोत्तरकालं 'शृतं हविः शमितरि'ति संवादः प्रकृतिवत्प्राप्नोति। तत्प्राप्तेः पूर्वकालमितीहैव[१६] तेषां [१७]सहैकवाक्यतावादिनामासादितानां विहितेषु कालेष्वेकैकस्य[१८] प्रकारोऽद्य। यद्यपि नानासंवादासादनादि तत्रापि समुदित इति व्यपदेशो नोपपद्यते। कः प्राप्यकाल उपलक्ष्यते। तथा च ततो 'तृतीयं[१९] हविषा चरती'ति[१९] ऋज्ववभृथमित्यादि। प्रजिघ्युः[२०] प्रेषितवन्तो हिरण्यादि। भूतरशनो बहुहिरण्यमिश्ररशनाबद्धः[२१]। अश्वापादानो[२२] आशूनां व्रीहीणाम् ईषच्छन्दानां स्थाने देवयजने साद्यस्क्रा इति श्रुत्यन्तरे बहुवचनचोदिता एते। तस्मान्निकायिन इति। तेषां सति प्रथमस्य धर्माः चोत्तरेषु प्रवर्तन्ते॥ १४.४.२॥ **[इति द्वितीयः पटलः (१०)]**

॥ इति व्याख्यायां चतुर्दशप्रपाठके चतुर्थोऽनुवाकः ॥

---

१. M Ad T om. **२.** M Ad °त्व युक्तमेवय°. **३.** T वा. **४.** M यस्येऽस्यै, Ad °स्येत्यस्यैव; thus T. **५–५.** M °स्यन्वा...यसा, Ad स्यन्वायसा; thus T. **६.** M Ad °वाकं. **७.** M Ad °छन्दसानत्नोत्पन. **८.** M Ad शंसतादिर्थोऽग्नी°; thus T. **९.** M Ad °ख्य...द्यपि. **१०.** M Ad होत्रव्या°. **११–११.** M Ad °तोऽपि नि°. **१२.** M Ad °भृथं, T °भृतत्स्थं. **१३.** M Ad कृत°. **१४.** T ऋजु. **१५.** M Ad प्रचरणो°. **१६.** M Ad हैमव. **१७.** M Ad सहैवक्यत. **१८.** M Ad °लेष्वेकस्य. **१९–१९.** M Ad °तीयाचर°; thus T. **२०.** M Ad प्रजिघ्र. **२१.** M Ad °बन्धः. **२२.** M Ad °पदाना.

॥ अथ चतुर्दशप्रपाठके पञ्चमोऽनुवाकः ॥

[पञ्चशारदीयः]

अथातः पञ्चशारदीयो वत्सरः[१]**।** आसन्नस्तनपाननिवृत्तो यः। द्विवर्षाणामपि स्तनपानं दृश्यते। अत एकहायना इति विशिनष्टि। आसन्नस्तनपाननिवृत्तित्वमेकहायनत्वं चोभयथा विशिष्यते। निरष्य गालिताः[२]। अभिप्रोक्षणतः प्रोक्षणाभिमुखान्। यथा मारुतीभिः सह तन्त्रेण प्रोक्षणं संभवति[३], तथा स्थापयित्वा प्रोक्षति। उत्सृजत्यन्यैः प्रोक्षित्वा। तैः पशुभिर्यत्कर्तव्यं तदेतैर्न करोतीत्यर्थः। यद्यप्यै–न्द्रामारुता एते तथापि 'अगस्त्यो आलभ्य उक्ष्णः प्रौक्षदि'ति दर्शनान्मरुद्भ्य[४] एव प्रोक्षति। द्वितीया–दिषु[५] संवत्सरेषु त एव भूतपूर्वगत्या वत्सतरा इत्युच्यन्ते। पञ्चस्वप्यहःसु यथोक्तमैन्द्रामारुता एते सवनीया भवन्ति राज्ञा। यज्ञे[६] महत्त्वमध्ययनतपोज्ञानाभिवृद्धिम्[७]।

यो वा कामयेत बहुनोऽपि बहुतरः स्यामिति। वा—शब्दोऽत्र पूर्वोक्तेन विकल्पं ब्रवीति। तेन तथा ब्राह्मणोक्तेः 'कैर्नैर्वसिष्ठः[८] समानाह्वे भवति[९]। भूयिष्ठः समानानां भवति। स्वाराज्यं[१०] गच्छति। आपञ्चमात्पुरुषादन्नमत्ति य एतेन यजते' (तु.तै.ब्रा.२.७.११.४–५) इति १४.५.१ ॥ **[इति प्रथमः पटलः** (११)**]**

[अग्निष्टुत्]

अग्निष्टुदित्यादि। तस्य सर्वं समानम्। पुरोरुच[११] एवान्या[१२] इत्यत्र केचित् पुरोरुग्वर्ज[१३] यथाप्रकृत्यवकुर्वन्ति। अन्य[१४] एवं वर्णयन्ति—पुरोरुच[१५] एव मन्त्रान्तराणि प्रयुज्यन्ते, इतरे मन्त्राः प्राक्तना एव। किञ्च यत्रेन्द्रशब्दः[१६] स्यात्[१६] तत्रेन्द्रशब्दमपनीयाग्निशब्दः[१७] प्रयोक्तव्य इति। कुत एतत्। इतरथा 'व्योमा यज्ञादन्तरग्रा' इत्याद्यनुपपन्नं[१८] स्यात्। पुरोरुगुपयामयोश्च[१९] विसंवादः[२०] स्यादिति। तथा सति 'सा देवी[२१] देवमच्छेहीन्द्राय सोमम्' (तैसं. १.२.४.८) इत्यादिषूह आह। किं सवनीयादिष्वङ्गेष्वपि। नेत्याह। प्रधानद्रव्यसंबन्ध [२२]एवेन्द्रोऽग्निनापनीयते। यथा 'इन्द्राय [२३]सोमान् प्रस्थितान्' इति च। इतरथा बह्वनभिहितं कल्पयितव्यं भवति। प्राधान्यनिवृत्तिमात्रेणापि 'यो मा यज्ञाद्' इत्याद्यन्त्यन्तरितत्ववचनमुपपद्यते[२४]। अस्मिन्नपि पक्षे पुरोरुगुपयामविसंवादमिच्छन्ति केचित्।' कुतः। 'अच्छेहीन्द्राय सोममैन्द्रः सोम' इति समस्तस्य व्यपदिष्टस्यैकदेशो मित्रावरुणादीनां गृह्यमाण[२५] ऐन्द्रत्वं न जहातीति गम्यते। एवमत्रापीन्द्रस्य प्राधान्यं च[२६] विरुध्यत इति। यथा

---

१. M Ad पस्तरो. **२.** M Ad गालिका; thus T. **३.** M Ad संवाति. **४.** M Ad °न्मारु. **५.** M Ad °यादि सं°; thus T. **६.** M Ad यज्ञ म°. **७.** M Ad °वृद्धिर्यो. **८.** M Ad °ष्ठा. **९.** M Ad भवन्ति. **१०.** M Ad स्वरा°. **११.** M Ad प्रोरुच. **१२.** M Ad om; thus T. **१३.** M Ad पुरुषोरुम्वत्रं; thus T. **१४.** M Ad अन्यं. **१५.** M Ad पुरुषोरूप. **१६–१६.** M Ad °शब्दस्य प्राधान्यं; thus T. **१७.** M Ad °मवनी°. **१८.** M Ad °पन्नः. **१९.** M Ad °यामेयोश्व. **२०.** M Ad °वादा. **२१.** M Ad देवि. **२२.** M Ad इवेन्द्राग्नि. **२३.** M Ad सोमान्, T सोमं. **२४.** M Ad °न्यन्तरितत्वं. **२५.** M Ad °माणा. **२६.** M Ad न.

[1]चाह्निकीयेऽग्निष्टुतिकेऽग्निप्रति[1]पत्पुरोरुचामपि विसंवाद[2] इति नियुनक्ति[3]। उक्थ्ये प्राकृतिक्यामेवाग्निशब्दान्[3] नियोगतो[4] युनक्ति। अर्थादिन्द्रशब्दो निवर्तते। नित्यां प्रकृतितः प्राप्तैव नियुनक्ति। हार्योजनस्यात्र हर्यो स्थाने रोहितं केचित् प्रयुञ्जते। तथा निरुक्ते (२.२८) आदिष्टोपयोजनेषु 'हरी[5] इन्द्रस्य', 'रोहितो[5]ऽग्नेः', 'हरित आदित्यस्य, रासभावश्विनोः', 'अजाः[6] पूष्णः' (निघ.१.१५) इति साहचर्यज्ञानाय पठितः। अन्ये हर्योरेव[7] प्रयोगं कुर्वन्ति। देवो मात्सस्य ज्ञातुमशक्यं स त्रिवृदिति [8]स्तोमसंख्या। अग्निष्टुदिति नामधेयम्। पवित्रं पुनातेः। पावनं[9] कल्मषं[10] निर्हरणात्[10]। दावाद्[11] वनप्रदेशाद्, अभिदूना[12] अन्तर्गतोदके[12] प्रदेशे स्थितदाहादिनाभिभूताः पुनर्नवा इत्यादि। मुखेन पापं[13] कृत्वेति वाक्पारुष्यमुपलक्षयति[14]। बाहुभ्यामिति[15] दण्डपारुष्यम्, उदरेणेत्यभोज्यभोजनं, पद्भ्यामित्यनभिगमनीयदेशगमनम्[16]। बौधायनाः पठन्ति—'एष (ह वै) मुखेन पापं[17] करोति योऽनूचानस्य वा [18]मुनेर्वा दुरवगतमवगच्छति[18]। एष (ह वै) बाहुभ्यां पापं करोति यो ब्राह्मणायोद्यच्छते। एष ह वा उदरेण पापं करोति योऽनाश्यान्नस्यान्नमश्नाति[19], एष ह वै पद्भ्यां पापं करोति य[20] आरट्टान्वा, [21]गान्धारान् वा, सौवीरान् वा[21], कारस्करान्[22] वा, कलिङ्गान्वा गच्छती'ति (बौधाश्रौ.१८.१२-१३)। सर्वेणैवामना[23] इत्युक्तानामेव समुच्चयः। तेनेत्यादि। अहमु अहमपि यातयायै[24] दण्डयामि। एतदेव [25]राष्ट्रनीपाने च आत्रस्थे[26] प्रशासितवती तस्मिन् गतस्मिन्नपि स्त्रीभावे पूर्वमपि समदं संग्रामदण्डौ प्रयुक्तवानित्यर्थः। [27]विदूढा विरहितासवः[28]। अग्निष्टुतेष्टवतो[29] नित्यश्चतुष्टोमः॥ १४.५.२॥ **[इति द्वितीयः पटलः** (१२)**]**

[इन्द्रष्टुत्]

[इन्द्रष्टुदित्यादि।] इन्द्रष्टुतु[30] निगदसिद्धः।विशेषोऽग्निष्टुता[31] व्याख्यातः॥ १४.५.३॥ **[इति तृतीयः पटलः** (१३)**]**

[अप्तोर्यामः]

अप्तोर्याम इत्यादि। तस्य सर्वं समानम्[32]। केन। तत्रा[33]म्नातेनाप्तोर्यामेण। विशेषा वक्ष्यन्ते

१-१. M Ad चाहिनिकेऽग्निष्टुतिप्रति°, T चाहिष्ठुतिके°. **२.** M Ad संवदा; thus T. **३-३.** M Ad नियुक्त्युख्यस्य प्राकृतीकीक्यामे°. **४.** M Ad °गते. **५-५.** M Ad हरिरस्य[M न्नस्य], T हरिन्नस्य रोहितागने°. **६.** M Ad °रजां. **७.** M Ad T हार्यो. **८.** M Ad निस्ताम°. **९.** M Ad पावमानं. **१०-१०.** M Ad कल्मषनिर्हरणं. **११.** M Ad द्वौ प्रदे°. **१२-१२.** M Ad दुर्ना अन्ततोदके, T °दुना अनार्ग°. **१३.** M Ad वाचं. **१४.** M Ad °लक्षयन्. **१५.** M Ad बाहुत्यामपि. **१६.** M Ad पद्भ्रयां नित्यमनभि°. **१७.** M Ad चापं. **१८-१८.** M Ad मुदेरवगतमवगच्छन्ति, T मुदे ?गुरोर्वा°. **१९.** M Ad नान्यस्यान्न°. **२०.** M Ad T यो राष्ट्रान्. **२१-२१.** M Ad om गान्धारान् वा; thus T. **२२.** M Ad °स्कारा°; thus T. **२३.** M Ad सर्वैणैवा°, T °णेवा°. **२४.** M Ad T यातयै. **२५.** M Ad °ष्ट्रंनी°. **२६.** M Ad आतस्थे. **२७.** M °विदूहदूढ्य, Ad °र्थोऽपि° [Ad पि°.]. **२८.** M Ad °हितबिरहितागता; thus T. **२९.** M Ad °तोऽदित्य°; thus T. **३०.** M Ad T इन्द्रस्तु. **३१.** M Ad °ष्टुना. **३२.** M Ad °मान. **३३.** M Ad T ततावा°.

त्रिवृदित्यादि। तत्सुता:[१] पशवोऽतिशेदुरन्यतरेणान्यतरत्परिष्टुवन्ति। रथन्तरवैराजयोरन्यतरत्पुरस्तादुपरिष्टाच्च गीयते[२]। अन्यन्मध्ये भवति। तथोत्तरेष्वपि। गर्भवासमिति[३] छान्दोग्ये व्यवहार:। तमेतमित्यादि। क्षुद्रा:[४] पशवोऽतिशेदु:[५]। यदिदं प्रजापतिं पशुनाऽऽयन्निति[६]। [७]न ते[७] क्षुद्रा: पशवो गोऽजावीत्यादय:। अतिशेदुरतीत्य [८]गतवन्तोऽत्यर्थं वा गतवन्त:। किमर्थमिदमुच्यते। यस्मात् पशव: प्रत्रेव भ्रंशेरन् स एतेन यजेतेति। अत्राक्षुद्राणां पशूनां भ्रंशननिमित्तमिति ख्यापनार्थम्। यत्र पशवो गतास्तत्र सोमोऽपि[९] राजाऽतिरिच्यमानो[९] गत:। अप्तोर्विन्दुमात्रादयमधिकोऽरेरिचदेतत्[१०] ज्ञापयति। बिन्दुमात्राददतिरित्येतद्रित्यतिरेक:।[११] एषो नार्वागित्यस्य को याम:[१२]। का गति:। किं कर्तव्यमित्यर्थ:[१३]। अतिरिक्तोक्थ्यान्यतिरिक्तस्तोत्राण्युक्तानीत्यारभ्य जराबोधीयमित्यादि[१४] [१५]सामनामग्रहणं स्तुतशस्त्रयोरभेदबुद्ध्या। [१६]भ्रातृव्यदेवत्यो[१६] भ्रातृव्यप्रधाना:। उदन्तं गामुकमन्तमु ह गामुक:[१७] स्यात्। शस्त्रेषु पक्षद्वयं सर्वाण्याश्विनानि स्युराग्नेयादीनि वा। ब्राह्मणवत्पक्षेऽभिमर्शनसादनम्,[१८] होमपक्षे सा सा देवतोपलक्षयितव्या॥ १४.५.४॥ **[इति चतुर्थ: पटल: (१४)]**

॥ इति व्याख्यायां चतुर्दशप्रपाठके पञ्चमोऽनुवाक: ॥

---

१. M Ad तत्सुतावशाखातिदेशे दु°, T पशवोऽतिदिशेदु°. **२.** M Ad नीयते; thus T. **३.** M Ad T गर्भावारम्. **४.** M Ad तत्क्षुद्रा; thus T. **५.** M Ad अति शुदं; thus T. **६.** M Ad पशुनयान्निति. **७–७.** M Ad तत्र; thus T. **८.** M Ad तवन्तो. **९–९.** T सोमोविराजति रिच्यमानो गत:. **१०.** M Ad °धिकोरेचिदेतद्, T रेचि...देतद्. **११.** M Ad T °दतिरित्येतिरेक. **१२.** M Ad T वाम:. **१३.** M Ad व्यातिरिक्तमित्यर्थ. **१४.** M Ad T °धोधीय. **१५.** M Ad सम°. **१६–१६.** M Ad om; thus T. **१७.** M Ad °महामुक°, T मुहामु. **१८.** M Ad °र्शनंसा.

॥ अथ चतुर्दशप्रपाठके षष्ठोऽनुवाकः ॥

[अपचरणीयानि]

अथातोऽ[१]पचरणीयानि। कायिनोऽपि[२] [३]वाऽपचरणीया[४] भवन्तु, न वा, सर्वत्र हि समान-मेवापिचरणीयकर्मेति[४] स्वयमेवातिदिशति। बाधकानि च तैल्वकानि चेदमवस्येति। [५]विवेकवचनाद् यथासंभवम्। [६]त्रिवृदग्निष्टोम इत्येवैकस्तोमत्वे सिद्धे हविर्धानस्यैकत्वविवक्षार्थोऽनुवादः। श्येनादयो *गताः। त्रिंशत्सु सुवर्णानि हिरण्यानि। सुवर्णशब्दोऽतिवचनः, न परिमाणवचनः। रजतव्यपदेशादु-भयवचन इत्यन्ये। 'पञ्चकृष्णलको[७] माषस्ते सुवर्णस्तु षोडश' इति परिमाणेऽप्यस्ति। द्वादशमानादिषु स्वर्णरजतयोरुभयो*रनुवृत्तिः। अर्धं सुवर्णमर्धं रजतम्, ऊर्ध्वं नाभेः सुवर्णमवाचीनं[८] रजतमिति। अन्ये नानुवर्तयन्ति। 'अविशेषोक्तं [९]हिरण्यं सुवर्णमेव भवती'ति, सुवर्णमेव भवति इति वदन्ति। अवाचीनं[१०] रजतमिति [११]चान्द्रसंदीयमानमभिप्रेत्योक्तमिति वर्णयन्ति। उभे सामनी भवतो बृहद्रथन्तरे पर्यायौ द्वादशस्वपि। अथवा उभयसामत्वमनेनाभिधीयते[१२]। निष्कशब्द आभरणविशेषवचनः, परिमाणविशेष-वचनो वा। 'चतुःसुवर्णको[१३] निष्क' इति। सोस्यन्दुना[१४] शतः छान्दसो लिङ्गव्यत्ययः। त्विट्[१५] दीप्तिः, अपचितिः पूजा। संमतिः न नो नामानि परिहरन्तीत्येतत् ज्ञापयति। पूजार्हाणां नामान्यपरिहारेण वक्तव्यानीति। तस्मिन्नल्पमिति नेष्टवति। तत आरभ्यार्वागन्येऽपि[१६] जनाः पाञ्चालराजानां नामान्यपरिहारेण न वदन्ति। गिरेयकपिमर्त्यादिषु[१७] शब्देषु पाञ्चालराजानां नामगन्धो विद्यत इति मत्वा न स्यादिति विशेषेणापि[१८] नामानि तच्छब्देन न वदन्ति। किं पुनस्तेषां नामानीत्युदाह्रियन्ते। गायत्रीत्रिष्टुप्जगत्यश्छान्दसाः। मध्ये पूजिते नामानि पूजितो भवति। य एवं वेदापि कं पुनः के याज्यत्वानुतिष्ठन्तीति॥ १५.६.१ ॥ **[इति प्रथमः पटलः (१५)]**

॥ इति व्याख्यायां चतुर्दशप्रपाठके षष्ठोऽनुवाकः ॥

---

१. T ऽभिच°. **२.** M Ad °यिना; thus T. **३.** M वा व्यभिच°, Ad वायव्यभि°. **४-४.** M Ad om या=णीय; thus T. **५.** M Ad T °कावच°. **६.** M °वन्ति। वृद°, Ad °वन्ति। त्रिवृ°; thus T. ***-*.** M Ad om गताः = उभयोः; thus T. **७.** T(ख) कृष्णालिको. **८.** T अर्वा°. **९.** T हि हिर. **१०.** T अचीनं. **११.** M Ad °संदीयमेभि. **१२.** M Ad °त्वेननाभि°. **१३.** M Ad °स्वर्ण निः. **१४.** M Ad सोऽस्य°; thus T. **१५.** M Ad त्विषि. **१६.** M Ad °र्वागन्यापि. **१७.** M Ad °विमत्या°. **१८.** M Ad विशेषाणि नापि; thus T.

॥ अथ चतुर्दशप्रपाठके सप्तमोऽनुवाकः ॥

[व्रात्यस्तोमाः]

अथातो व्रात्यस्तोमाः[१]। बहुवचनेनोपक्रमो बहुकर्तृकत्वस्य नित्यत्वख्यापनार्थः। व्रात्यस्तोमेन यक्ष्यमाणास्तुल्यकल्पाः सङ्गत्य[२] यमधिकं मन्यन्ते तं[३] स्थपतिं स्वामिनं कुर्वन्ति। तद्वशवर्तिन इतरे भवन्ति। अब्रह्मण्यम्[४] [५]अविभ्रष्टवेदं वैदिकनित्यकर्माणम्[६]। तस्मिन् प्रतिग्रहमिच्छन्ति[७] याचन्ते[८] जीवनार्थं मासार्थमृत्वर्थं वा। अत एव मासभृत्यं वा[९] [१०]व्रात्यचर्यां चरन्तीति गम्यते। अनवरुद्धो-ऽपरिगृहीतः। तेषामित्यादि। दीक्षेत [११]व्रतीति वक्ष्यमाणानामेव कर्मणां विधिः। [१२]कृष्णवलक्षेण कृष्ण-मृगशुक्लाजिनेन। खर्यो गर्दभाजिनमप्येणव्रात्यानां कर्मसिध्यर्थम्। कथं वा[१३] व्रात्यवादकथाङ्गानि प्रसिद्धानि[१४] प्रतोदपाणिः[१५] रथारूढश्चरतीति[१६] [१७]विधिः। तथोत्तराण्यप्यनुवादरूपेण[१७] विधीयन्ते॥ १४.७.१ ॥ **[इति प्रथमः पटलः (१६)]**

प्रमाथं पचन्ते। बहुशः प्रमथ्य मारयित्वाऽपचितिं[१८] कुर्यात्। प्रश्नः तस्योत्तरमधिवाक्याऽऽ-परिष्कन्दः कर्मकरः। अनेकप्रकारा गाथाः[१९]। गणगाथा[२०] ययोर्गाथाः। तौ गणगाथिनौ। द्वौ गणगाथिनौ। अथवा द्वे गणगाथे तद्वन्तौ। विच्छिन्नसोमपीथाः[२१] अस्मर्यमाणसोमपीथाः, अयज्ञार्हाः। तेऽपि[२२] चरत निर्वेषा यज्ञार्हा भवन्ति। आश्यान्नाश्च। विच्छिन्नसोमपीथोऽपि[२३] लुप्तोपमः। यथाऽन्ये[२४] काक इति कुत्सायाम्[२५]। तेषामित्यादि। ब्रह्मबन्धुर्ब्राह्मणमित्रः। अमागधः अप्रपाठकः। अमागधवाक्यः[२६], अप्रपाठकयोग्यवचनः। आपूंश्च पूरवेण्यः। जरत्कद्रथः[२७] जीर्णः कर्मायोग्यश्च रथः। जीर्णाभ्यां युगाभ्यां युक्तः[२८]। व्रात्यधनः[२९] व्रात्यार्थं धनम्। समवशान्तां सह स्थापितुम्। समूलाश्चाजिनश्च[३०]। शार्दूलो मेषलोमोऽतो वटः। तस्मिन् रथे तिष्ठन्। एष रथ[३१] एतस्यैव सुब्रह्मण्यस्य भवति। संज्ञान्यै हविषि 'अग्नये वसुमते' (माशब्रा. ५.१.१०.५) इत्यादीनि संज्ञानमभ्यवगतचर्याः[३२]। अन्योऽन्यं यथा चरत्यपरोऽन्यथा संज्ञापयति अभ्युपगमयति मिथः॥ १४.७.२ ॥ **[इति द्वितीयः पटलः (१७)]**

[माध्यन्दिनीयानि]

माध्यन्दिनीयानित्यादि[३३]। स एष ज्येष्ठानां यज्ञः अग्निष्टोमो ज्येष्ठा एव स यत्र त्वसन्युप्यान्येन[३४] यजन्ते। सर्वे यजमाना एवान्ये ऋत्विजः। एष शपवसत्कनीयसाम-

---

१. M Ad प्रात्य° ; thus T. **२.** M Ad सांगत्य; thus T. **३.** M Ad om; thus T. **४.** M Ad अब्राह्मणमपि; thus T. **५.** M Ad भ्रष्टवेद. **६.** M Ad °कर्मा. **७.** M Ad °च्छन्तो. **८.** M Ad om; thus T. **९.** M Ad om; thus T. **१०.** M Ad प्राचर्या. **११.** M Ad प्रती° ; thus T. **१२.** T °वलक्षेण. **१३.** M Ad om; thus T. **१४.** M Ad om; thus T. **१५.** M Ad व्रतो°. **१६.** M Ad °रन्तीति. **१७–१७** M Ad om विधि=रूपेण; thus T. **१८.** T °त्वा पचतिं. **१९.** M Ad बाधा; thus T. **२०.** M Ad °नाथा; thus T. **२१.** M Ad °पीथः. **२२.** M Ad °स्ते विच°. **२३.** M Ad °थोऽविलु°. **२४.** T °थान्यैका. **२५.** M Ad कुम्बा° ; thus T. **२६.** M Ad °वाक्या. **२७.** M Ad जार°. **२८.** M Ad युक्तं. **२९.** M Ad °धनं. **३०.** M Ad °श्चानजिन°. **३१.** T स्थ. **३२.** M Ad °मभ्यावग°. **३३.** M Ad om इत्यादि. **३४.** M Ad °न्युपान्ये.

प्रधानानामुक्थ्यसंस्थाय। उक्तेभ्योऽन्यानि स्तोत्राणि यथाप्रकृति विष्णुर्नाम उपोदितः पुत्रः गोपालपौत्रो युवाप्यघवा[१] होत्रः। पञ्चालान्[२] जनपदान् प्रधावयाञ्चक्रुः गतवन्तः। मा गमिष्ठा हे ताताः[३] पुत्राः[४]। गन्धर्वो नाम परायाः[५] अपत्यमाग्निवेशगोत्रस्तेन[६] साकृतं साशिरस्कम्पम्[७] एतैः[८] सर्पन्तीत्युक्ताः प्रत्यूचुः। [९]वयमिमे मरुतोऽपत्यानि[१०] इति। गन्धर्व आह—तेषामित्यादि। विरहमित्यादि। गन्धर्व आह—यः किञ्चकर्षेति[११] यस्मिन् पतिः सन् किं त्वं कृतवानसीति। यस्तच्चचार यो वा व्रात्यकं किं तत्र चकारेति। विष्णुर्नानृतं [१२]वदतीत्यादि कर्मातिदिष्टवान्। गन्धर्व उवाच विदुषः सन्तो वः [१३]अननुरूपमुक्तवन्तो वयमुप [१४]वोऽह्वेम व उपेत्यस्तम इति। तं व्रात्या ऊचुः। पिता पितृस्था[१५]नीयस्त्वं तव [१५]पुत्रस्थानीयानुपावादीः। ततः पापीयसीत्यादि हवीस्तोमा[१६] एकाहाः ॥ १४.७.३ ॥ **[इति तृतीयः पटलः** (१८)**]**

॥ इति व्याख्यायां चतुर्दशप्रपाठके सप्तमोऽनुवाकः ॥

---

१. M Ad व्याघ्रवा. **२.** M Ad पञ्चालजन° ; thus T. **३.** M Ad तताः; thus T. **४.** M Ad पुत्रो. **५.** M Ad वरा°. **६.** M Ad °वेशगो. **७.** M Ad सशिरस्तं पङ्क. **८.** M Ad °ते. **९.** M Ad पूयमि° ; thus T. **१०.** M Ad °त्या ह. **११.** M Ad किञ्च कषेति. **१२.** M Ad वादती°. **१३.** M Ad अनुरू°. **१४.** M Ad पोऽह्नमहेव. **१५–१५.** M Ad om °नीयस्त्वं तव पुत्रस्था; thus T. **१६.** T हल्पवीस्तो°.

॥ अथ चतुर्दशप्रपाठके अष्टमोऽनुवाकः ॥

[उपहव्यः]

प्रजापतिर्देवासुरानित्यादि। संप्रेक्षितो विचारितवान्। उपहव्यो[1] नामानिरुक्तदेवताकः[1]। यज्ञ–क्रतुमित्यादि। यः कामयेत पाप्मना[2] भ्रातृव्येण पाप्माख्येन भ्रातृव्येण व्यावर्तयेयं, निष्कल्मषः स्यामिति। 'देवेभ्यः प्रातर्यावभ्यः' इत्याद्याम्नातानां देवतावाचिनां शब्दानां स्थाने पर्यायशब्दाः[3] प्रयो–क्तव्याः। देवसोमयोः स्थाने महदिन्दुशब्दमिति प्रदर्शनार्थमिदम्। अन्य आह—देवादिशब्दानां[4] स्थाने महदादिशब्दानां पुनःपुनः प्रदर्शनार्थत्वे निष्प्रयोजनम्। सकृद्वचनेनापि प्रयोजनं सिद्धमित्युच्यते[5]। यावदुक्तत्वे 'आ यज्ञायज्ञियादि'ति मर्यादावचनानुपपत्तिरवचनेनैव सिद्धत्वात्। ननु [6]बहुशो वचन–स्यानर्थक्यमित्युक्तम्[7]। सत्यम्। बहुकृत्वोऽपि[8] पथ्यं[9] वदितव्यम्[10] इत्युक्तवान् इति मन्तव्यम्[11]। अङ्गदेवतास्वप्येतत्तुल्यम्[12]। 'जातवेदसेऽनुब्रूही'त्याग्नेयस्य संप्रेष्येत्। 'शक्राये'त्यैन्द्रस्येत्यादिनिक उप–हव्ये पशुपुरोडाशदेवतयोः स्थाने दर्शनात्। 'धाना सोमेभ्यः' इत्यत्र धाना इन्द्रस्येत्युपदिशन्ति। तत् तथा नोपपद्यत इत्याचार्यः। कुतः। यज्ञायज्ञिये प्रजापतिस्तान् देवान्निरुवाच। हतमसुरगणम्। उपेत्य प्रजा–पतिरीक्षाञ्चक्रे विचारितवान्। स यद्यदा ईक्षाञ्चक्रे तदा नेमे दातर्हि कस्यचन पापस्य शोभनस्य वा ईश्वरानिति मन्यमान एतान्निरुवाच। यथाम्नायमेव प्रयुक्तं[13] विनिवृत्यर्थं[14] देवोपहूत्यादि। आचार्यस्तामृचं निर्वक्ति प्राणो वै द्रविणोदा, अयं नु हि बलस्य दाता बलस्य द्रविणं धनं च। हे ऋत्विग्यजमाना देवोऽयं द्रविणोदा युष्माकमात्मना पूर्णा व्याप्ता विवष्ट्वा[15] व्यवति विविधं प्रापयति। आत्मनाभिमुख्येन बद्धमाल्यस्य विरहिता उपासिञ्चत[16]। तद् ग्रहचमसानुपेत्य पूरयतश्चास्य क्रत्वधिपतेः प्रजापतेरभिप्रायात्। कस्माद्धेतोराभिमुख्येनायं प्रजापतिरिष्टानिष्टान् कामान् वावहत[17] आवहति[18]। दास्यतीति। असितज्ञुः[19] कृष्णजानुः ॥ १४.८.१ ॥ **[इति प्रथमः पटलः** (१९)**]**

[व्रतधुक्]

इन्द्रो वृत्रमित्यादि। दूराद्दूरतरं गतवान्। व्रतधुक्[20] हिता शतमालीर्दुहो भवन्ति। एकधनानामेकं शृतकुम्भं करोति। तद्दधिकुम्भं विमथितकुम्भमित्येव। विमथितं [21]दधिमथितमनुद्धृतस्नेहमित्येताः[22] स्तोमाना[23]मेकत्रिकनामधेयास्त्रिवृदादयः। छन्दांसि गायत्र्यादीनि। परिवादो 'य अवीमही'त्यादि। अव्याप्तिप्राप्तिरविरोधः[24] परिग्रहः। प्रतिष्ठा शाश्वतिकत्वम्। दिशांचतुष्टोमगौतमचतुष्टोमयोः गुण–विशेषः [25]स्थूलविशेषो वा[26] नास्ति। अनः पर्यायशब्दावेतौ[27] ॥१४.८.२ ॥ **[इति द्वितीयः पटलः** (२०)**]**

॥ इति व्याख्यायां चतुर्दशप्रपाठके अष्टमोऽनुवाकः ॥

१–१. M Ad °हव्या निरुक्तदे° ; thus T. **२.** M Ad चार्वाना; thus T. **३.** M Ad वर्याश°. **४.** M Ad om देवादि. **५.** M Ad °च्यन्ते. **६.** M Ad बहुवचन. **७.** M Ad °क्यमुक्तम्. **८.** M Ad बहुत्वेऽपि. **९.** M विथ्यं. **१०.** M Ad विदि°. **११.** M Ad om; thus T. **१२.** M Ad °स्वव्ये°. **१३.** M Ad °क्तः. **१४.** M Ad °त्यर्थं, T त्यर्थ°. **१५.** M Ad °ष्ट्याविवति. **१६.** M सिञ्च. **१७.** M T वदहत्. **१८.** M Ad आहवति; thus T. **१९.** M असितज्ञु, Ad °तञ्जु; thus T. **२०.** M Ad °धुक्क. **२१.** M Ad om दधिमथितं; thus T. **२२.** M Ad °स्नहिम°. **२३.** M Ad °त्रिकानामधेयं. **२४.** M Ad वरोधः. **२५.** M Ad स्थल°. **२६.** M Ad om. **२७.** M Ad °वेतः.

॥ अथ चतुर्दशप्रपाठके नवमोऽनुवाकः ॥

[ऋतपेयः]

ऋतपेय[१] इत्यादि। दीक्षायाः पूर्वकालं यद्यभ्यवहरन्ति[२] व्रतानां भोक्तुमिति[३], तस्याशितो भूत्वा दीक्षते। द्वितीयेऽहनि नाश्नाति। तृतीयेऽहनि पय आद्यात्मयोग्यं व्रतयति॥ १४.९.१॥ **[इति प्रथमः पटलः** (२१)**]**

[द्व्यहम्]

द्व्यहमित्यादि। अथ यद्येतस्माद्[४] विप्रवते यदि भूयो दीक्षां कर्तुमिच्छेत् पुनरपि द्व्यहमित्यादि। उपसत्सु कालयोर्घृतं पय आदिस्थाने भवति। त्रयः प्रदेशास्त्रिविधं व्रतविधानम्॥ १४.९.२॥ **[इति द्वितीयः पटलः** (२२)**]**

[अन्वहव्रतम्]

क्रयेऽहनि हीनस्येत्यादि। श्वोभूते द्वाभ्यामुपवसथे एकया। द्वितीये विधान एकस्या[५]एवाङ्गुल्याः पर्वाणि स्तनस्थानीयानि। तृतीये पर्वसु विषुद्वरे। यस्मिंश्च[६] यदाश्लिष्टं तदन्वहं व्रतम्[७]। यस्मिन्नुक्ते अन्तरात्मा श्रद्दधाति तदृतम्। सत्यं[८] व्यावहारिकम्। 'एते वै देवानामृतसत्ये' इति। 'अग्निर्वा ऋतमसावादित्यः सत्यम् (माशब्रा. ६.४.४.१०) इत्युक्तम्।' तत्सोमचमसपक्षे ...वदा[९]।

अत्र नित्यानां [१०]सोमकृतधान्यमित्येवमादिष्वयमेव न्यायः[११]। तथा चोक्तं द्वैधे—'एतानि च नित्यानि च दद्यादि'ति[१२] बोधायनः।'एतान्ये*वेति शालीकिरिति[१३]। [१४]अन्ये वर्णयन्ति—यानि छान्दोग्ये दक्षिणात्वेन प्राकृतावाम्नातानि[१५] दशद्रव्याणि गौश्चाश्वश्चाश्वतरश्चेति तेषामन्यतरस्य दक्षिणात्वेन[१६] दृश्यमानस्य [१७]वाऽनेकगुणविधानप्राप्तौ* आद्येन[१८] च वारितस्येह[१९] ग्रहणं गुणविधानार्थम्[२०]। यथा राशिकृतधान्यमित्यादि[२१]। ततोऽन्यत्रैष विचार इति[२२]। सा सति तत्र प्रकृतस्य[२३] प्राकृतकस्यानिवृत्ति-रेव[२४]। स सोमचमसयोः[२५] पूर्व उन्नयनकाल उन्नीय हुत्वा भक्षकाले[२६] सर्वैर्भक्ष्यते[२७]। दानोत्तरकालमित्यपरे॥ १४.९.३॥ **[इति तृतीयः पटलः** (२३)**]**

---

१. M Ad ऋतवेय. **२.** M Ad यदभ्यवहरति. **३.** T[1] °मिच्छति. **४.** M Ad यद्येत. **५.** M Ad वा°. **६.** M Ad कस्मिं°. **७.** M Ad om; thus T. **८.** M Ad सत्यस्योपहारि°. **९.** M Ad °सपे...[Ad प]क्षेददा, T वदा. **१०.** M Ad सोम...कृतधान्य इत्ये°. **११.** M Ad न्याय्यः; thus T. **१२.** M Ad दद्यां. ***–*.** M om; thus Ad T. **१३.** M Ad °किरति. **१४.** M Ad om. **१५.** Ad °वात्मानादिः. **१६.** Ad °णात्वस्य. **१७.** Ad चानेकगुणविधानप्रसक्तौ; thus T. **१८.** Ad आद्यौ च; thus T. **१९.** Ad वारितं सह; thus T. **२०.** Ad °विकारार्थं; thus T. **२१.** Ad राशित्कनं, T राशीकृ. **२२.** Ad °रयति. **२३.** M Ad °कृतस्या. **२४.** M Ad प्रकृतस्या°. **२५.** M Ad °चमसोः. **२६.** M Ad भक्षणकाले; thus T. **२७.** M Ad °न्ते; thus T.

[औद्भिद् बलीमद्]

औद्भिद्यमाधिपत्यं[१] [२]सर्वाधिपत्येषूपरिभूतमाधिपत्यमैश्वर्यं दृष्टवानिति इदमस्य फलसाधनमिति तमाहरेदस्येयमिति[३] कर्तव्ये परिकल्पितवान्। परिसारय सर्वतो गतवान्। विपर्यासं पर्यायेण। बलं मेघमसुरं वा भित्वा पशुं सृजेयमिति[४]। [५]कुलक्रतुर्द्विर्यजमानकः [६]सन्युपकर्तव्यः। उभयालोहकवचः लोहद्वयकृतकवचः तूणीबन्धः सन्धिगतः कंसो भवति। सर्वक्षत्रायुधपरिच्छदः। 'त्रिवृद् ब्राह्मणस्य पञ्चदशो राजन्यस्ये'ति ज्ञापनमात्रं[७] न प्रयोगविशेषः। एष उवेव पितापुत्रीयः, न राजपुरोहितावेव कर्तारौ नियम्येते। पितापुत्राभ्यामपिकर्तव्यः[८]। तथा सति सखिभ्याम्॥ १४.९.४॥ **[इति चतुर्थः पटलः (२४)]**

॥ इति व्याख्यायां चतुर्दशप्रपाठके नवमोऽनुवाकः॥

---

१. M Ad ओजित्यपाधि°. **२.** M Ad °त्येषुप°. **३.** M Ad तमाहरदस्ये°. **४.** M Ad सृजेयेति. **५.** M Ad T कुलाक्रतु°. **६.** M Ad सन्न्युप°. **७.** M Ad ज्ञानमात्रेण. **८.** M Ad कर्तव्याः.

॥ अथ चतुर्दशप्रपाठके दशमोऽनुवाकः ॥

[कुण्डपेयः]

कुण्डपेयाख्यं संवत्सरसत्रम्[१]। ते पञ्च गृहपतिपञ्चमा[२] ऋत्विजः। सर्वतोधुरतैव परिमण्डलतापि। य एवाध्वर्युरित्यादि। एवमाज्ञ(?)मित्यादि क्रत्वर्थानां प्रदर्शनम्। पुरुषार्थान् पृथगेवात्मार्थं[३] ते संभृतसंभाराः। यथा गवामयने तथैव [४]पित्रादिभिरकृशोलं (?) देवयजनमभिप्रयान्ति। समानि यज्ञा[५]सनव्युसञ्जानत इत्याद्यधिकृतमाप्रसवादारम्भणीयान्तेऽहीनसन्ततिं[६] करोति। [७]वसतीवरीः परिहरतीति न पयांसि विशास्ति। श्वस्ततो[८] गावामयनिकानां भारमभिप्लवानां स्थाने हविर्यज्ञैः प्रतिपद्यन्ते। नामधेयैस्तद्धर्मकाणि कर्माणि विधीयन्ते। तन्नामधेयैः सोम इति मा विज्ञायीति हविर्यज्ञैरित्याह। यथाग्निहोत्रा सोमा इत्यादि[९]। अग्निहोत्रस्य स्वकालयोरावृत्तं होमं केचिदिच्छन्ति। अनावृत्तं प्रातरग्निहोत्रविधानम्। कालसामान्यादपरे[१०]। मुख्यत्वात् सायमग्निहोत्रविकारवान् शालामुखीये श्रपयित्वौत्तरवेदिके जुह्वति केचित्। तत्र श्रपणं चाग्निहोत्रशालामुखीये न स्यात्, प्रजहितस्य विद्यमानत्वादिति। तथा दर्शपूर्णमासयोः समानतन्त्रत्वनानातन्त्रत्वे। समानतन्त्रत्वे समानतन्त्रत्वमुख्यत्वात्[११] पौर्णमास्यतन्त्रं नियम्यते। प्रवृत्तिरेवामावास्यस्य वा साकमेधा आनीकवतादयः आदित्यान्तं वरुणप्रघासेष्ववभृथो नास्ति। स्नानस्यैवाभाव इत्यन्ये। अन्ये[१२] शुनासीरीयैः वसतीवरीः परिहृत्य पयांसि विशिष्योपवसन्ति। अभिजिदादिविश्वजित्पर्यन्तः प्रसिद्धो नवरात्रः। विश्वजितमित्यादि कुण्डैरुत्सरुकैश्चमसैः[१३] पीयते अस्मिन्निति कुण्डपेय इति करणोपपदत्वम्[१४]। पञ्च परिमण्डला[१५] इत्यादि। कर्तर्युपपदे कुण्डपेय इति कुण्डैः कर्तृभिः पीयतेऽस्मिन् सोम[१६] इति। तेन हैतेनेत्यादिरस्य फलविधिः ॥ १४.१०.१ ॥ **[इति प्रथमः पटलः (२५)]**

॥ इति व्याख्यायां चतुर्दशप्रपाठके दशमोऽनुवाकः ॥

---

१. M Ad °त्सरं स. **२.** M Ad °हविप°. **३.** M Ad °मार्थ. **४.** M Ad चित्रादिभिरिकृशोलं, T पित्रादिभिरि...कृशो°. **५.** M Ad °सनव्यु°, T °सन्नव्यु°. **६.** M Ad हिसन्त°. **७.** M Ad न वस°. **८.** M Ad °तो रोगा°. **९.** M Ad °द्या द्यग्नि. **१०.** M अवरे, Ad °परे **११.** M Ad °त्व संख्यत्वात् **१२.** M Ad अन्त्यैः. **१३.** M Ad °रत्सरु°. **१४.** M Ad पञ्च; thus T. **१५.** M Ad °मण्डा. **१६.** M साम.

॥ अथ चतुर्दशप्रपाठके एकादशोऽनुवाकः ॥

[ऋषभसवः]

अथात ऋषभसवः। ऐश्वर्यमीशित्वमप्रतिहताज्ञत्वम्। आधिपत्यं स्वामित्वम्। श्रैष्ठ्यं प्राधान्यम्[१]। उभयत आरम्भणा उभयोर्मूलाग्रयोरारम्भणयोग्यावयववती[२]।

वनिष्ठु सवस्य [३]दर्वीहोमत्वाद् ऋग्द्वयमुक्त्वा स्वाहाकारेण होममन्त्रान्तस्य साहाय्येन वर्तमाना उभयतो बहवः समारभ्य संप्रणुदन्ति। वदिष्यामहे यतिष्यामहे। यत्ने आत्मनेपदम्। सम्प्रत्युपवसथे[४]। उपवसथकर्मसु[५] परिसमाप्तेषु यज्ञपरिसमाप्तिः। प्रत्याश्रवासाध्यन्तक्रमा॥ १४.११.१॥ **[इति प्रथमः पटलः** (२६)]

[राशिमरायाभ्यञ्जनाभ्यञ्जने]

[६]**स होवाचेत्यादि।** स बृहस्पतिर्भवद्वर्तमानं[७] विदित्वा कर्तव्यम्[७]। नीतस्य[८] क्षद्विकृतस्य मृतस्येत्यन्ये। अत्र होममन्त्रे यजमानस्य नाम। आमुष्यायणप्रयोक्तव्ये यथापाठमेवेत्यन्ये। अयं राजयज्ञो बौधायनैः पठितः (द्र. बौधाश्रौ. १८.४८)। राशिमरायौ समानसंयोजनौ[९]। तथाञ्जनाभ्यञ्जने। मयरायकृतमन्त्रकृद्धन्यानि चमकेषु[१०] पठितानि 'व्रीहयश्च[११] मे' इत्यादि। मृतानामेकत्वानेकत्वे विशेषो नास्ति। रागादीनामभिचरणीयत्वे[१२] तेष्वपि समानमभिचरणीयकर्म॥ १४.११.२॥ **[इति द्वितीयः पटलः** (२७)]

॥ इति व्याख्यायां चतुर्दशप्रपाठके एकादशोऽनुवाकः ॥

---

१. M Ad प्राद्यत्वं; thus T. **२.** M Ad °वति. **३.** M Ad दर्वि°. **४.** M Ad प्रत्युप°. **५.** M Ad कर्म°. **६.** After स हो the text of *Vādhūla Prayogakḷrpti* starts in both M (p.377, line 3) and Ad (p.772, line 8) and runs up to M p.498 line 10 and Ad p.979, line 1. About the remaining text of the commentary, T (p.632, line 13 fn *)informs that : "स होवाच... इत्येतावत्पर्यन्तमेव कल्पसूत्रव्याख्यायामुपलभ्यते। अनन्तरं 377 पु. 3 पं. (in M) to 498 पु. १० पं. प्रयोगकल्पनाख्यो ग्रन्थः लिखितः। 502 पु. १ पं. to अथ ऋतुसंवेशनं इत्यारभ्य ततः को नामासीत्याचार्यः ततोऽसौ नामास्मि' (M 552 पु. 15 पं.) इत्येतदन्तं वाधूलपूर्वापरप्रयोगव्याख्या लिखिता। मध्ये 498 पु. 10 पं. (M) आरभ्य 502 पुट, पर्यन्तं तत्र विद्यमानो ग्रन्थः कुत्रान्तर्भूत इति न ज्ञायते॥ वोचेत्यादि स बृहस्पतिर्भवद्वर्तमान' इत्यारभ्य (M p. 533, line 14) एकाहाख्यकाण्ड खण्ड समाप्तिपर्यन्तं अत्र विद्यमानो ग्रन्थः तत्र पूर्वापरप्रयोगव्याख्यायां मध्ये ५३२ पुटादारभ्य दशभिः पुटैः लिखितः". Actually due to displacement of the folios in original MS the remaining text of *Ekāha* has entered in the text dealing with *Vādhūlagṛhyasūtravṛtti* at p.533 line 14 to p.541, line 10 in M and p.1040, line 6 to p.1053, line 8 in Ad. Now this text has been shifted here at its proper place in *Ekāha*. **७-७.** M Ad °मानत्वात् कर्त°; thus T. **८.** T °तस्य...क्षद्वि°. **९** M Ad समानं यो°. **१०.** T चमेषु°. **११.** T[1] वीहियवश्च. **१२.** M Ad °भिचार°.

॥ अथ चतुर्दशप्रपाठके द्वादशोऽनुवाकः ॥

[यमौ स्तोमौ]

[यमाभ्यां स्तोमाभ्यां यक्ष्यमोणो भवति]। यमौ स्तोमौ[१]। यमौ नाम स्तोमौ। ताभ्यां यक्ष्यमाण इत्यादि। दक्षिणानामेव मथित्वाऽग्नीनुभयो:[१] शालयोर्विहृत्य[२] [३]दक्षिणायामेवाग्नावैष्णवमि-त्यादिषु इह निर्वपतीति। निर्वपणमात्रं, न च यागो लक्ष्यते। किं तर्हि। आसादनान्तं लक्ष्यते। कस्मात्। वक्ष्यति स यत्पुरस्ताद्वचः शयाते। अथ यदाजाते इति। शयननाम्नः[४] सादृश्यं[५] साधीय उपपद्यते। अथामुत्र उत्तरस्यामप्यासादनादुत्तमे[६] दीक्षणीयस्य संस्थापयन्ति। संयाजान्ता[७] ता तथा सत्यप्सु दीक्षाद्यनुक्रम्य[८] प्रायणीयाद्यनुक्रमणं नोपपद्यते। सत्यम्। आचार्यस्तु येषां व्यतिषङ्गं[९] नेच्छति तानि नानुक्रामति। नेष्यते त्वप्सुदीक्षादीनां व्यतिषङ्गः। कुतः। स्नानवासः परिधानाभ्याङ्गमुष्टीकरणानामा-वृत्यनुपपत्तेः। कृष्णाजिनारादण्डानामनेकत्वानुपपत्तेश्च। दीक्षाहुतीनां दीक्षणीयशेषेण कर्तव्यानामनुक्रान्तानामपि व्यतिषङ्ग केचिदिच्छन्ति। प्रायणीयसंस्थाजपस्यान्त[१०] [११]आतिथ्यमासाद्य चतुर्गृहीतं गृहीत्वेत्युत्तरस्यामपि पदक्रयणराजक्रयणादि करोति। ततो दीक्षणीयाम्। इध्माधानादि सन्तिष्ठते आतिथ्यमित्यातः[१२]। ततोत्तरस्यामुपसंग्रहणं प्रवर्ग्यस्याप्युपलक्षणम्। तत्र प्रवर्ग्योपसदोः[१३] पौर्वाह्णिकाऽपराह्णिकयोः पृथग् व्यतिषङ्गमिच्छन्ति [१४]कालापत्यनुग्रहार्थम्। तथा च[१५] मध्यमयोपसदे-त्यादि पौर्वाह्णिकस्यैव व्यतिषङ्गो दृश्यते। उत्तरवेदिकमुत्तरस्यां[१६] न्युप्यापराह्णिक्या[१७] रजाशययोभयत्र प्रचर्य वसति। प्रथमोपसद्गत[१८] आपराह्णिक्यामारभ्यो[१९]द्वासनान्तम्। अथवा संभरन् प्रचरन्। [२०]प्रचरणोद्वासनानामन्यतरस्यानन्[२१]क्रान्तत्वात् प्रवर्ग्यस्याभावपक्षमाश्रित्यैवमभ्यधायि। उत्तमे प्रकृतिविकृत्योः प्रवर्ग्यस्य वैकल्पिकत्वम्। विद्यमानपक्षे तस्य तस्य व्यतिषङ्गः। अग्निप्रहरणपृष्ठ्यास्तरणाभ्यां समिन्धन्तीति [२२]हविर्धानसंवर्तनादि। उपरवैरित्यादि धिष्णियनिवपनान्तं वैसर्जनानि हुत्वेति [२३]प्रस्थानाद्युपलक्षणम्। उपाकरणादिवपासादनान्तं प्रचर इडान्त अग्नीषोमीयसंस्था तरसां होमान्ते व्रतस्य सर्वत्र व्यतिषङ्गः[२४]। पयसां विशासने 'सन्ततं ह वा अन्यो यज्ञं वेदे'तीमं पक्षमाश्रित्य 'यस्यै प्रथमं व्रतं प्रयच्छेदुत् तां सृजेदि'त्युत्सृष्टेऽन्यत्र गृह्णाति ॥ १४.१२.१ ॥ **[इति प्रथमः पटलः** (२८)]

---

१. M Ad T सोमौ. **१.** M Ad °ग्निरुभ°. **२.** M Ad विवृत्य; thus T. **३.** M Ad °क्षिणानामेवा°. **४.** M Ad °नामनो. **५.** M Ad °सदृष्य:. **६.** M Ad °दनात्तमे; thus T. **७.** M Ad संस्थापयतान्तान्तथा; thus T. **८.** M Ad दक्षिणाद्य° ; thus T. **९.** M Ad प्रतिसङ्गन्दे°. **१०.** M Ad °संस्थाराजस्य°, T °जरास्थन्ता°. **११.** M Ad °तिथ्यामा°. **१२.** M Ad °त्याततस्त°. **१३.** M Ad °सदा. **१४.** M Ad कालात्यनु°. **१५.** M Ad om. **१६.** M Ad °रस्यां. **१७.** M Ad °प्यावराह्णिवपाराजश°. **१८.** M °गतो, Ad सदती. **१९.** M Ad °मापरोद्वा. **२०.** M Ad °चरणाद्वास°. **२१.** M Ad °स्यामननु°. **२२.** M Ad °धानं सं°. **२३.** M Ad विप्रस्थान्युप°. **२४.** M Ad प्रति°.

अथवोत्तरविहारार्थं सामर्थ्यादन्यादोह्य प्रातरनुवाकार्थं प्रातरनुवाकस्योपाकरणमात्रमेव व्यतिषज्यते। ततः शासनमपि सवनानां[१] पृथक् संस्थाः करोतीति[२] व्याचक्षते। तथा सति सवनानां स्वकालापत्त्यनुग्रहो[३] भवति पूर्वैरवैलक्षण्यं चेत्यद्य[४] आह—एकाह्नद् द्वयोर्विहारयोः सुत्यद्वयस्य संस्थापयितुमशक्यत्वात् सामर्थ्यदिकस्मिन् पत्नीसंयाजान्तं संस्थाप्योषित्वा श्वोभूतेऽनुवित्तिहोमादि प्रतिपद्यते। तथा सति कालश्चानुगृह्यते[५] नासंस्थां[५] करोति। अथामुत्रेति वचनस्य प्रतीयमान एवार्थो गृहीतश्च भवतीति॥ १४.१२.२॥ **[इति द्वितीयः पटलः** (२९)**]**

[अवभृथः]

समानोऽवभृथ इति। अवभृथादीनां तन्त्रता विधीयते। एवं सत्येकतमानामग्नीनामपरेष्वपि स्वर्गेण भवितव्यम्। शेषाणां मुख्यानां च द्रव्यस्यापृथग्भावाद्[६] उपक्रमप्रभृत्येकस्वामित्वं[७] दृश्यते। उपसंहारे[८] फलविधौ द्वियजमानत्वम्[९]। अत्रान्योऽन्यविरोधादेकस्य [१०]गौणत्वकल्पनाशक्यत्वाद्[११] विकल्प उभयोः पक्षयोः कल्पयितव्योऽस्ति[१२]। द्वियजमानत्वे[१३] कुलायवसंनिवापः, एकत्वे फलमश्रुतं[१४] कल्पयितव्यम्[१५]। समानलोक्यौ[१६] स्यातामिति नोपपद्यते। अतः[१७] स्वर्गो वा फलमागययितव्यम्[१८]॥ १४.१२.३॥ **[इति तृतीयः पटलः** (३०)**]**

॥ इति व्याख्यायां चतुर्दशप्रपाठके द्वादशोऽनुवाकः॥

---

१. M Ad सुवसनानां. **२.** M Ad करोति व्या°. **३.** M Ad कालात्यनु°. **४.** M Ad चेत्य. **५–५.** M Ad °गृह्य तेनां स्थां. **६.** M Ad °व्यस्य पृथग्भावा. **७.** M °कस्मामि°. **८.** M Ad °हारफ°; thus T. **९.** M Ad यज°, T द्वयजमा. **१०.** M Ad गौणकत्व; thus T. **११.** M Ad °क्यत्वा. **१२.** M Ad °तव्यम°. **१३.** M Ad यज, T द्वयज°. **१४.** M Ad °श्रुतः. **१५.** M Ad °तव्यः. **१६.** M Ad °लौक्यौ. **१७.** M Ad °अथ. **१८.** T °तव्यः.

॥ अथ चतुर्दशप्रपाठके त्रयोदशोऽनुवाकः ॥

[वाजपेयः]

अथातो वाजपेयम्। वक्ष्यन्त इति वाक्यशेषः। वाजेन यक्ष्यमाणः पेयैश्च यक्ष्यमाणः। पेयैः पुरस्ताद् यजते। वाजः प्रसिद्धवदनूद्यते। न च वाजो नाम प्रसिद्धः क्रतुरस्ति। ततः[१] केचिदाहुः— वाजशब्देन वाजपेयोऽभिहितः पेयसहितस्य वाजपेयस्य स्तुत्यर्थम्। वक्ष्यति[२] हि—'एष ह वै वाज-याजी'त्यादि। कथं स्तुतिः। पेयसहितो[३] वाजपेयो वा[४]। यो[४] नाम वाजो[५] भवति तेनेष्टवान् वाज[६]याजी। तत् सहितेनेष्टवानेव वाजपेययाजीति। दृश्यन्ते[७] च समुदायार्थे वर्तमाना एकादेशाः, यथा भीमसेनो भीम इति। अन्य आह—[८]प्रकारान्तसहितस्य[८] प्रकारान्तरावचनादश्रुतस्य कस्यचिद् ग्रहणे प्रमाणाभावात्। सौमिकस्य कर्मणः प्रकारान्वेषणायां क्रियमाणायां प्रकृतौ पूर्वप्रतीतेरपि क्रतोर्ज्योतिष्टोमो वाज इति तथा वोपसंहारे—'चतुष्टोमा[९] एवैते अग्निष्टोमा[९] एव भवन्ती'ति वाजसहितानां पेयानामिति विशेषणमिति शक्यते व्यवसाययितुमिति। आपस्तम्बस्य कल्पे वाजो नाम कश्चित्क्रतुराम्नातः। तस्य ग्रहणमित्यन्ये। फाल्गुन्याः पौर्णमास्याः पुरस्तादुपवसथीयेऽहनीत्यर्थः। सदीक्षाभिरेव पौर्णमासीराप्नोति इति [१०]दर्शनादमावास्यायाः सुत्यमहर्भवतीति[११] यजनीयेऽहनीत्यर्थः। तत्किं[१२]संस्थित इत्यारभ्येष्टिरा[१३]पूर्यमाणपक्षानितिवचनात् त्रयोदशेऽहः[१४] पौर्णमासेनातिपन्न हविषेत्युक्तचतुष्टम्। आमावास्येनेति दीक्षितस्यानधिकारा[१५]न्निवृत्तयोर्दर्शपूर्णमासयोर्वचनात्[१६] क्रिया संवत्सरेण वाजं[१७] संवत्सरे पूर्णे वाजेन यजत इत्यवगम्यते॥ १४.१३.१ ॥ **[इति प्रथमः पटलः** (३१)**]**

त्रिवृतः स्युरित्येकमित्यादि पेयानां वाजस्य च स्तोत्रसंख्याविकल्पाः[१८]। पेयानामेव चाहीनविधा अमी वया एव स्याद् दीक्षा। अहीनविधित्वाद्[१९] द्वादशोपसत्त्वम्। अमावास्यायां च सुत्या यथा स्यात्तथा पक्षाद् द्विरात्रादीनामेव द्वादशोपसत्त्वमित्यपरे। निगदसिद्धः शेषः ॥ १४.१३.२ ॥ **[इति द्वितीयः पटलः** (३२)**]**

॥ इति व्याख्यायां चतुर्दशप्रपाठके त्रयोदशोऽनुवाकः ॥

---

१. M Ad °दाजुर्वाहश°. **२.** M Ad °क्ष्यतां हि. **३.** M Ad पेयोस°. **४-४.** M Ad om; thus T. **५.** M Ad om. **६.** M Ad वाजपेय या°. **७.** M Ad दृश्यते. **८-८.** M Ad om; thus T. **९-९.** M Ad °ष्टोमो. **१०.** M Ad दर्शोनामा°. **११.** M Ad भवति. **१२.** M Ad तस्मिन्. **१३.** M Ad °ष्टिभिरा°. **१४.** T दशेह. **१५.** M Ad °धिकरणात्. **१६.** M Ad °र्वपनात्; thus T. **१७.** M Ad वाज सं. **१८.** M Ad °कल्पः. **१९.** M Ad °धित्वा.

॥ अथ चतुर्दशप्रपाठके चतुर्दशोऽनुवाकः ॥

[सकृत्प्रवर्ग्यक्रतुः]

अथ सकृत्प्रवर्ग्याख्यः क्रतुः । सकृदेव प्रवर्ग्यं प्रवृणक्ति । प्रातःप्रचरणमेव प्राथम्यात् । ततः परमुपसद एव क्रियन्ते । बहिष्पवमानेन चरित्वा आग्नीध्रीये[१] प्रवर्ग्यं प्रवृणक्ति । पुरस्तादुपसदा-मित्यादिना प्राप्तयोर्देशकालयोः प्रत्याम्नायः[२] । अग्न्यन्तराश्रवणाद्धोमो[३]ऽप्याग्नीध्रीय एव । औत्तर-वेदिके वा होमानां तत्र प्रायदर्शनात् । तं[४] तदैवोद्वासयति तस्मिन्नेवकाल इत्यर्थः । एवमेवानुपव-मानमाग्नीध्र[५] एवेत्यर्थः । [६]तमन्तरार्भवानन्तरं यः प्रवर्ग्यस्तदनन्तरम् ॥ १४.१४.१ ॥ **[इति प्रथमः पटलः** (३३)**]**

मनुर्नाम विवस्वतोऽपत्यमकामयत विन्देय प्रजामथापि मया प्रजामाचक्षीरन् । ता इति वा[७] मनुष्या इति वा, इति । प्रतीतो[८] व्रातः संघस्तद्वान्[८] । तस्य प्रकारो वक्ष्यमाण एव । अस्मदादिर्भोजनसमर्थः[९] अन्नाद्यमन्नम् आत्मसात्कुर्यात् । [१०]ततश्चान्नमस्यां प्रजायां प्रतिष्ठेदवगतं[११] स्यादिति । य इत्यादि गतम् । दशस्वित्यादि बहिष्पवमानादीनाम् अग्निष्टोमान्तानां[१२] स्तोत्रिया संख्या उत्तरोत्तरसंख्या दशगुणाः ॥ १४.१४.२ ॥ **[इति द्वितीयः पटलः** (३४)**]**

[वाक्क्रतुः]

अथातो वाङ्नामक्रतुः । वाचस्तोम इति प्रसिद्धः । अम्भृणी[१३] नाम कश्चिदकामयतेत्यादि । प्रयुतार्बुदयोर्मध्या[१४]वबद्धमत्राह दशतयमपि पञ्चशताधिकमयुतमधिकमयुतम् । कथं पुनर्नियुतादिषु स्तोत्र्यास्वसतीषु[१५] गानं विधीयत इति । उच्यते । यावतीभिः संख्या पूर्यते तावत्योऽनेकशाखाभ्य आगमयितव्याः । तथा च श्रुत्यन्तरे—'सर्वा वा ऋचः सर्वाणि यजूंषि सर्वाणि सामानि वाचःस्तोमे शस्यन्त[१६] इति । तथाप्याशंकनीयोऽयमर्थः[१७] । एकस्य पुरुषस्य पुरुषायुषेणाध्ययन[१८]श्रवणाद्यसंभवाद-तोऽनारभ्यावेतौ[१९] क्रतू सस्तोमवाचस्तोमाविति । आचार्यस्तु सत्येन वेदेनाशक्यार्थो नारभ्यते । आख्यातानां चार्थं ब्रुवतां शक्तिः सहचारिणीति मन्यमानो मनसैव स्तुवाना मन्यन्त इत्याह । किमुक्तं भवति । यावतीषु गानं शक्यते तावतीषु स्तुत्वा कथितपरिमाणासु स्तुतं संकल्पयन्तीत्येतदुक्तं[२०] भवति । शुनःकर्णयज्ञे[२१] राजयज्ञः पापी[२२] जनितः । जनता मनुष्यत्वं प्रतिख्याय बध्वा । अनित्यमशुभमित्यादि पूर्वो वाचः । अस्ति स्विदिति शंसयिते प्रश्ने प्रयुक्तः । तत्किमस्ति यदर्थमिष्ट्वा अस्माल्लोकात्प्रयाम[२३] । अथवा, नास्ति[२३]

---

१. M Ad आग्नीध्रे. २. M Ad °म्नातः. ३. T °द्धोमेऽप्या°. ४. T तत्°. ५. M Ad मान आ° ; thus T. ६. M Ad °मन्ततः आर्भवा°. ७. T इति वा. ८–८. M Ad °तः प्रातसंघस्तद्वस्. ९. M Ad T °स्मादिभो°. १०. M wrongly shown sign of the close the Paṭala as "—". ११. M Ad °वगं. १२. M Ad °ष्टोमसामान्ता. १३. M Ad T अम्भणी. १४. M Ad T °योर्मध्यव°. १५. M Ad °स्वतीषु. १६. T^1 शंस्यन्त. १७. M प्यशकनीयोऽयमित्यर्थः; thus T. १८. M Ad °यनाश्र°. १९. M Ad तौ तत्र. २०. M Ad यतीत्युक्तं. २१. M Ad शुनक°. २२. M Ad पा...जनित; thus T.

विद्यते। विद्यते चेत्तस्याशासनमपि[२४] विद्यत इत्येव व्याख्यायेम्[२३] ॥ १४.१४.३ ॥ **[इति तृतीयः पटलः** (३५)]

[२४]ऋङ्मयम् ऋक्समूहः[२४]। विषूचीनशाले सर्वतोमुखे चर्त्विजां यज्ञायुधानाञ्च प्रतिविहार-मृद्धिः[१]। यजमानोऽन्वारम्भादिषु यथासम्भवं प्रवर्तते। तन्त्राणि [२]याजमानानि। अग्निं मथित्वा विहृत्य [३]द्वयोश्चतुर्षु वाऽऽयतनेषु सादयति[४]। ततस्तेभ्यो यथादिशं विहरन्नैष्ठ्यं संघातं तं श्रेयो भ्रातृव्यो निष्ठ्यस्तत उत्पन्नमित्यन्ये। बर्हिष्ये प्रस्थे यज्ञयोग्ये प्रदेशे अनुपजय्यं जयेदिति। कदाचिदपि पैरैर्जेतुमशक्यो यथा तथा जयेदिति ॥ १४.१४.४ ॥ **[इति चतुर्थः पटलः** (३६)]

॥ इति व्याख्यायां चतुर्दशप्रपाठके चतुर्दशोऽनुवाकः ॥

१–१. M Ad प्रयामा थ लवा. २. M Ad °शामपि. ३. M Ad तद्व्याख्ये°. ४–४. M Ad मृङ्थ्यमृत्स्यमूह, T ऋङ्थ्यं. ५. M Ad वृद्धि. ६. M Ad यज°. ७. M Ad त्रयोश्चत्रिषु. ८. M Ad यन्ति.

॥ अथ चतुर्दशप्रपाठके पञ्चदशोऽनुवाकः ॥

[स्तोमच्छन्दसामायतनं]

[1]स्तोमास्त्रिवृदादयः। छन्दांसि गायत्र्यादीनि। अन्योऽन्यस्य लोकं स्थानं प्राप्तुमिच्छन्ते। वक्ष्यमाणेन प्रकारेणान्योऽन्यस्य स्थानं प्राप्नुवन्तः[2] श्रूयमाणेन क्रमेण। द्वादशाहानि [3]विहितानि। एषां [4]समुदायः स्तोमच्छन्दसामायतनं नाम। तेषां चाह्नमहर्गणधर्मतां केचिन्मन्यन्ते। अपरे काण्डस्यैकाह इति समाख्यानात् *एकाहत्वे च दीक्षणीयाद्युदवसानीयान्तमेकैकस्यावर्तते। केचिदाहुर्– एकमेवेदम् अहरग्निष्टोमसंस्थम्। तस्य बहिष्पवमानादिषु द्वादशसु स्त्रोत्रेषु क्रमेण स्तोत्रसंख्यार्थवादेन विहितेति। तत्र किं प्रमाणमिति चेत्, त एव प्रष्टव्याः। एकाह इति समाख्यानादेकाह* इति भवितव्यमिति चेद् दिशामयनादिषु चतुष्टोमश्रवणान्नोपपद्यते। चतुष्टोमः सर्वासामित्यादि। द्वादशस्तोत्रादर्वाक् सप्त–स्तोत्रादिसंस्थान्तर इदं विद्यते॥ १४.१५.१ ॥ **[इति प्रथमः पटलः** (३७)**]**

अतः पूर्वोक्त एवार्थो दिशामयनस्य सप्ताहादि [5]देवानामयने च। ऋषीणामयनेऽष्टौ। अयुज इत्यादिष्वप्येकैकस्तोत्रमेकैकमेवाहः[6]। नाकसदादिषु स्वर्गो वा फलं [7]सहकारिभ्योऽवगमयितव्य–मिति। ब्राह्मणे अयने फल्गुन्याः पूर्णमास्याः पुरस्तादिति प्रतिपद्द्वितीयातृतीयानामन्यतमस्यां तिथौ स्यात्। तिस्रो द्वे एका वा दीक्षाः स्युः। 'प्रतिपद्येव वा दीक्षमाणोऽमावास्यायामेव दीक्षेते'ति दर्शनात्। पौर्णमासहविषामत्रानुवर्तनादेव सिद्धिरमावास्यायां सकाल इष्ट्वा तदनन्तरमेव दीक्षते। 'अथातो दीक्षत एवे'त्यस्यार्थ एवमध्यवसीयते। तथाऽऽमावास्यान्यन्तरितानि भवन्ति। पूर्वेषामपि लभ्यप्रजापतेरयनादीनि पेयैरुक्तानि। अग्न्याधेयस्य द्विबर्हिःपक्षे इष्टिद्वयस्य हवींषि[8]। त्रिबर्हिःपक्षे[9] चेष्टित्रयस्य यथा तत्र विहितानि तथा पुनराधेय हवींषि[10]। अन्तस्तनुराग्नेयऐन्द्राग्नादित्यौ च तत्रापि[11] त्रिबर्हिःपक्षे परोक्त–पुनराधेयस्येष्टित्रयहविषाम् उपादानं दार्शपौणमासे[12]...तो दीक्षित[13] एवेति। उदवसानीया–नन्तरमेवेत्यर्थः। स यद्यनुरूपं कुर्यादिति ब्रुवतः कोऽभिप्रायः। सूर्याचन्द्रमसोरयनत्वात् 'ऐकविंशोऽमुष्य[14]... तपतस्त्रिणवश्चन्द्रमस इति दर्शनादुभयमनुरूपमिति[15]। सदोपसदादीनां[16] द्वौ द्वावेकाहौ सदश्चोपसदश्चैकस्य फलस्य॥ १४.१५.२ ॥ **[इति द्वितीयः पटलः** (३८)**]**

॥ इति व्याख्यायां चतुर्दशप्रपाठके पञ्चदशोऽनुवाकः ॥

॥ इति कल्पागमसंग्रहे एकाहाख्यश्चतुर्दशः प्रपाठकः ॥

□ □ □

---

१. T स्तोमे. **२.** M Ad वतः. **३.** M Ad T विधि...नि. **४.** M Ad दायाः. ***–*.** M Ad text beginning with एकाहत्वे upto समाख्यानादेका is missing. Thus given in T under fn. 4, T notices : एकाहत्वेन च + 644 पु. 8 पं ख्यानात् नास्ति. **५.** M Ad देहामयने. **६.** M Ad त्रमप्येकैक. **७.** M Ad °भ्योवाग°. **८.** M Ad हविषि. **९.** M Ad पक्षेष्टि. **१०.** हविषि. **११.** M Ad om त्रि. **१२.** M Ad °मासे...तो. **१३.** M Ad दीक्षत. **१४.** M Ad broken. **१५.** M Ad भयोभयम. **१६.** M Ad शदोपदेशादीनां.

॥ अथ पञ्चदशः प्रपाठकः ॥

[अथ अप्तोर्यामः*]

अप्तोर्यामेण यक्ष्यमाणो भवति ॥ १ ॥ सहस्रमयुतमष्टौ च पशून् ॥ २ ॥ स दीक्षते ॥ ३ ॥ द्वादशोपसदः ॥ ४ ॥ प्रसिद्धेन कर्मणोपवसथाद्यन्ति ॥ ५ ॥ अग्नीषोमीयेन पशुना प्रचरति ॥ ६ ॥ पत्नीसंयाजान्ते निशाहुतीर्हुत्वा वसतीवरीः परिहृत्य पयाꣳसि विशिष्योपवसन्ति ॥ ७ ॥ प्रात–राज्यानि गृहीत्वा राजानमुपावहृत्य प्रातरनुवाकमुपाकरोति ॥ ८ ॥ परिहिते प्रातरनुवाकेऽपो–ऽच्छैति ॥ ९ ॥ अपो व्यवनीयाहवनीये सꣳस्रावꣳ हुत्वाऽतिरात्रं कृत्वा प्रपद्यते ॥ १० ॥ प्राजापत्यं दधिग्रहं जुहोति ॥ ११ ॥ निग्राभ्यासु वाचयित्वोपनद्धस्यैवादाभ्यं गृहीत्वा जुहोति ॥ १२ ॥ अथो–पाꣳशुसवनमादाय राजानं मिमीते ॥ १३ ॥ अप आनीय सꣳसृप्य प्राणग्रहाꣳश्च पूर्वाꣳश्च पृश्नीन् व्याचष्टे ॥ १४ ॥ अपानग्रहाꣳश्चोत्तराꣳश्च पृश्नीन् ॥ १५ ॥ सकृदभिषुतस्याꣳशुं गृहीत्वा जुहोति ॥ १६ ॥ एवमेनौ गृह्णाति ॥ १७ ॥ यत्र गृह्णात्युपाꣳशोः कर्म कृत्वोपाꣳशु जुहोति ॥ १८ ॥ अभि–षुत्य प्रसिद्धमाऽऽग्रयणात् ॥ १९ ॥ गृह्णात्याग्रयणम् ॥ २० ॥ पुरोडाशं गृह्णाति 'आ तिष्ठ वृत्रहन् रथम्' इति ॥ २१ ॥ त्रीन् पृष्ठ्यान् गृह्णाति ॥ २२ ॥ उक्थ्यं गृह्णाति ॥ २३ ॥ ध्रुवं गृह्णाति ॥ २४ ॥ शुक्रमतिपवयति ॥ २५ ॥ यत्रैवादः संप्रेष्यति 'अग्नीदग्नीन्विहर=वर्तय' इति तदाहुः ॥ २६ ॥ प्रतिप्रस्थाता पशुमुपावर्तयति ॥ २७ ॥ राजानमुपस्थाप्य यथादेवतं यज्ञमुपचर्याश्विनं गृहीत्वा ग्रहावकाशैरुपतिष्ठते नानाप्रसवा नानास्वरूनेकं वा तदुभयम् ॥ २८ ॥ अथ 'इषे त्वा' इति षोडश बर्हीꣳष्यादायोपाकरणीये हुत्वा पशूनुपाकरोत्याग्नेयं छागꣳ सवनीयपशुमैन्द्राग्नमुक्थ–पशुमैन्द्रꣳ षोडशिने सारस्वतीं मेषीमतिरात्रियै ॥ २९ ॥ षट् पृष्ठ्यानागृह्णाति .... ॥ ३० ॥ वपाभिः प्रचर्य संप्रसर्पन्ति ॥ ३१ ॥ तायतेऽप्तोर्यामोऽतिरात्रः ॥ १५.१.१.३२ ॥ [इति प्रथमः पटलः]

तायतेऽप्तोर्यामोऽतिरात्रः ॥ १ ॥ प्रसिध्यति प्रातःसवनम् ॥ २ ॥ प्रसिध्यति माध्यन्दिनꣳ सवनम् ॥ ३ ॥ प्रसिध्यति तृतीयसवनम् ॥ ३ ॥ आग्रयणं गृहीत्वा स्तोत्रमुपाकरोति ॥ ४ ॥ प्रसि–ध्यति प्रातःसवनम् ॥ ५ ॥ प्रसिध्यति माध्यन्दिनꣳ सवनम् ॥ ६ ॥ प्रसिध्यति तृतीयसवनम् ॥ ७ ॥ स्वे धामन् पशुभिः प्रचरति ॥ ८ ॥ ध्रुवान्तोऽग्निष्टोमः सन्तिष्ठते ॥ ९ ॥ उक्थानि प्रणयन्ति तेषां पुरस्तात् ॥ १० ॥ अतो स्रुवाहुतीर्जुहोति 'इन्द्रावरुणयोरहम्', 'अस्मे इन्द्राबृहस्पती', 'सं वां कर्मणा' इतीन्द्रावरुणाभ्यामिन्द्राबृहस्पतिभ्यामिन्द्राविष्णुभ्यामिति ॥ ११ ॥ उक्थानि प्रणयन्ति ॥ १२ ॥ प्रसिध्यन्त्युक्थानि ॥ १३ ॥ षोडशिनं प्रणयिष्यन् 'उदु त्यम्', 'चित्रम्' इति हुत्वा प्रपद्य

---

*. The text of comm. is not available in any of the MSS. *viz.* M Ad and T.

षोडशिनमभिमृशति 'यस्मान्न जातः परो अन्य अस्ति=हरिवर्पसं गिरः' **इति** ॥ १४॥ **सुवर्णः हिरण्यं प्रस्तरमुपसंगृह्य स्तोत्रेण द्रवति** ॥ १५ ॥ **स्तोत्रमुपाकरोति** ॥ १६ ॥ **समयाध्युषिते सूर्ये षोडशिनः स्तोत्रमुपाकरोति** ॥ १७॥ **पश्चात् प्राङरुणपिशङ्गोऽश्वस्तिष्ठति** ॥ १८ ॥ **संप्रदाय हिरण्यः स्तुवते** ॥ १९ ॥ **स्तुवानानुपास्ते** ॥ २० ॥ **एषोत्तमेति ज्ञात्वा पराङावर्ततेऽध्वर्युः पुरस्ताद्धोतुः** ॥ २१ ॥ 'इडा देवहूः' **इति यावदेतस्य यजुषाऽभ्याप्नोत्यभ्याह्वयत एनम्** ॥ २२ ॥ **हरिवता प्रत्याह्वयतेऽध्वर्युः** ॥ २३ ॥ **प्रत्यागृणाति** ॥ २४ ॥ **एतदुक्थम्** 'उक्थं वाचीन्द्राय' **इत्युक्त्वा द्रवति** ॥ २५ ॥ **आदत्त एतं ग्रहम्** ॥ २६ ॥ **अनूद्यच्छन्ते चमसान्** ॥ २७॥ 'ओ श्रावय' **इत्याह** ॥ २८॥ 'उक्थशा यज सोमानाम्' **इति** ॥ २९ ॥ **वषट्कृते जुहोति** ॥ ३० ॥ 'इन्द्राधिपते' **इति स जुहोति।** '०अधिपतिस्त्वं देवानामस्यधिपतिं मामायुष्मन्तं वर्चस्वन्तं मनुष्येषु कुरु स्वाहा' **इति** ॥ ३१ ॥ **वषट्कृते जुहोति** ॥ ३२ ॥ **अनुवषट्कृते जुह्वति** ॥ ३३ ॥ **आहरन्ति** ॥ ३४॥ **आयन्ति** ॥ ३५ ॥ **भक्षयन्ति** 'तस्य भक्ष इन्द्रश्च सम्रा=सोमस्य तृप्यतु' **इति** ॥ ३६ ॥ **सर्वभक्षा अग्नीत्प्रसूता मार्जयन्ते** ॥ ३७॥ 'ब्रह्मन् सर्प' **इति समानम्** ॥ ३८॥ **चतुरो धिष्णियानुपस्थाय** ॥ १५.१.२.३९ ॥ **[इति द्वितीयः पटलः]**

चतुरो धिष्णियानुपस्थाय रात्रियै संप्रसर्पन्ति ॥ १ ॥ 'इन्द्रं वो विश्वतस्परि', 'इन्द्रं नरः' **इति स जुहोति** ॥ २ ॥ **अथ संप्रेष्यति** 'गोप्तुर्यज्ञं गोपाय, प्रतिप्रस्थातः पृषदाज्यमाज्यं गुदं पिष्कलिं राजानं गोपायाग्नीदाश्विनो द्विकपालः शृत आसन्नोऽस्त्वृत्विजः समाहिता भवत, रात्रिं प्रणेष्यामि होतुश्चमसमनून्नयध्वमुन्नेतः सोमं प्रभावय' **इति** ॥ ३ ॥ **उन्नीतः होतृचमसमभिमन्त्रयते** 'इन्द्राय त्वा' **इति** ॥ ४॥ **प्रस्तरमादाय स्तोत्रेण द्रवति** ॥ ५ ॥ 'वायुर्हिंङ्कर्त्ता' **इत्युपाकरणं जपति।** '०मयि प्राणा उपावर्तध्वं, यजमानाभिसर्प' **इति** ॥ ६॥ **स्तुवानानुपास्ते** ॥ ७॥ **एषोत्तमेति ज्ञात्वा पराङावर्ततेऽध्वर्युः पुरस्ताद्धोतुः** ॥ ८ ॥ 'इडा देवहूः' **इति यावदेतस्य यजुषोऽभ्याप्नोत्यभ्याह्वयत एनम्** ॥ ९ ॥ **प्रत्याह्वयतेऽध्वर्युः** ॥ १० ॥ **प्रत्यागृणाति** ॥ ११ ॥ **एतदुक्थम्** 'उक्थं वाचीन्द्राय' **इत्युक्त्वा द्रवति** ॥ १२ ॥ **आदत्त एतः होतृचमसम्** ॥ १३ ॥ **अनूद्यच्छन्ते चमसान्** ॥ १४ ॥ 'ओ श्रावय' **इत्याह** ॥ १५ ॥ 'उक्थशा यज सोमानाम्' **इति** ॥ १६ ॥ **वषट्कृते जुह्वति** ॥ १७॥ **अनुवषट्कृते जुह्वति** ॥ १८ ॥ **आहरन्ति** ॥ १९ ॥ **आयन्ति** ॥ २० ॥ **भक्षयन्ति** 'तस्य भक्षोऽग्निहुतस्य सोम देव त इन्द्रेण स्वगाकृतस्य मधुमत उपहूतस्योपहूतो भक्षयामि' **इति** ॥ २१ ॥ **सर्वभक्षा अग्नीत्प्रसूता मार्जयन्ते** ॥ २२ ॥ 'मैत्रावरुणस्य चमसमनून्नयध्वम्' **इत्याहाद्रवन्नध्वर्युः।** '०उन्नेतः सोमं प्रभावय' **इति** ॥ २३ ॥ **उन्नीतं मैत्रावरुणचमसमभिमन्त्रयते** 'इन्द्राय त्वा' **इति** ॥ २४ ॥ **प्रस्तरमादाय स्तोत्रेण** **[1](द्रवति** ॥ २५ ॥ 'वायुर्हिंङ्कर्त्ता' **इत्युपाकरणं जपति।** '०मयि प्राणा उपावर्तध्वं, यजमानाभिसर्प' **इति** ॥ २६॥ **स्तुवानानुपास्ते** ॥ २७॥ **एषोत्तमेति ज्ञात्वा**

---

*[1]. Text abri. स्तोत्रेण=पुरस्ता° see above XV.1.3.5-8.

पराङावर्ततेऽध्वर्युः) पुरस्तान्मैत्रावरुणस्य॥ २८॥ 'इडा दे*[१](वहूः' **इति यावदेतस्य यजुषोऽभ्याप्नोत्यभ्याह्वयत एनम्**॥ २९॥ **प्रत्याह्वयतेऽध्वर्युः**॥ ३०॥ **प्रत्यागृणाति**॥ ३१॥ **एतदुक्थम्** 'उक्थं वाचीन्द्राय' **इत्युक्त्वा द्रवति**॥ ३२॥) **आदत्त एतं मैत्रावरुणचमसम्**॥ ३३॥ **अनूद्यच्छन्ते चमसान्**॥ ३४॥ 'ओ श्रावय' *[२](**इत्याह**॥ ३५॥ 'उक्थशा यज सोमानाम्' **इति**॥ ३६॥ **वषट्कृते जुह्वति**॥ ३७॥ **अनुवषट्कृते जुह्वति**॥ ३८॥ **आहरन्ति**॥ ३९॥ **आयन्ति**॥ ४०॥ **भक्षयन्ति** 'तस्य भक्षोऽग्निहुतस्य सोम देव त इन्द्रेण स्वगाकृतस्य मधुमत उपहूतस्योपहूतो भक्षयामि' **इति**॥ ४१॥ **सर्वभक्षा अग्नीत्)प्रसूता मार्जयन्ते**॥ ४२॥ 'प्रति-प्रस्थातरेते धुरौ' **इत्याहाद्रवन्नध्वर्युः**॥ ४३॥ **ब्राह्मणाच्छंसिनश्चमसमनून्नयध्वमित्याहाद्रवन् प्रतिप्रस्थाता**। '०उन्नेतः सोमं प्रभावय' **इति**॥ ४४॥ **सर्वा ऐन्द्रियो धुरः प्रतिप्रस्थातुरुत्तरतः**॥ ४५॥ **एवं द्वितीयः पर्यायः**॥ ४६॥ **एवं तृतीयः**॥ ४७॥ **मध्यमेन पर्यायेण वल्गन्त इव चरन्ति**॥ ४८॥ 'ब्रह्मन् सर्प' **इति समानम्**॥ ४९॥ **चतुरो धिष्णियानुपस्थाय**॥ १५.१.३.५०॥ **[इति तृतीयः पटलः]**

चतुरो धिष्णियानुपस्थाय राथन्तराय सन्धये संप्रसर्पन्ति॥ १॥ **अथ संप्रेष्यति** 'होतुश्चमसमनून्नयध्वमुन्नेतः सोमं प्रभावय' **इति**॥ २॥ **उन्नीतः होतृचमसमभिमन्त्रयते** 'अश्विभ्यां त्वा' **इति**॥ ३॥ **सपुरोडाशः होतृचमसमभिमृश्य प्रस्तरमादाय स्तो*[३](त्रेणं द्रवति**॥ ४॥ 'वायुर्हिंङ्कर्ता' **इत्युपाकरणं जपति**। '०मयि प्राणा उपावर्तध्वं', 'यजमानाभिसर्प' **इति**॥ ५॥ **स्तुवानानुपास्ते**॥ ६॥ **एषोत्तमेति ज्ञात्वा पराङावर्ततेऽध्वर्युः) पुरस्ताद्धोतुः**॥ ७॥ 'इडा *[४](देवहूः' **इति यावदेतस्य यजुषोऽभ्याप्नोत्यभ्याह्वयत) एनम्**॥ ८॥ **प्रत्याह्वयतेऽध्वर्युः**॥ ९॥ **प्रत्यागृणाति**॥ १०॥ **परः सहस्रमाश्विनः होता शंसति**॥ ११॥ **एतदुक्थम्** 'उक्थं वाचीन्द्राय' **इत्युक्त्वा द्रवति**॥ १२॥ 'अश्विभ्यां तिर अह्नियानां सोमानामनुब्रूहि' **इति**॥ १३॥ **आदत्त एतं पुरोडाशः होतृचमसम्**॥ १४॥ **अनूद्यच्छन्ते चमसान्**॥ १५॥ 'ओ श्रावय' **इत्याह**॥ १६॥ 'उक्थशा यज सोमानाम्' **इति**॥ १७॥ **वषट्कृते जुहोति**॥ १८॥ **अनुवषट्कृते जुह्वति**॥ १९॥ **आहरन्ति**॥ २०॥ **आयन्ति**॥ २१॥ **भक्षयन्ति** 'तस्य भक्षोऽग्निहुतस्य सोम देव ते मतिविदोऽश्विभ्यां स्वगाकृतस्य मधु*[५](मत उपहूतस्योपहूतो भक्षयामि' **इति**॥ २२॥ **सर्वभ)क्षा अग्नीत्प्रसूता मार्जयन्ते**॥ २३॥ **अप्तोर्यामं प्रणेष्यन्** 'प्रजापते', 'स वेद' **इति जुहोति**॥ २४॥ **अथ संप्रेष्यति** 'होतुश्चमसमनून्नयध्वमुन्नेतः सोमं प्रभावय' **इति**॥ २५॥ **उन्नीतः होतृचमसमभि-मन्त्रयते** 'अग्नये त्वा' **इति**॥ २६॥ **प्रस्तरमादाय स्तोत्रेण प्रतिस्तोत्रमुपाकरोति**॥ २७॥

---

*[१]. Text abri. इडा दे=आदत्त एतं see above XV.1.3.9-12. *[२]. Text abri. ओ श्रावये=प्रसूता मार्जयन्ते see above XV.1.3.15-22. *[३]. Text abri. स्तो=पुरस्ता° see above XV.1.3.5-8. *[४]. Text abri. इडा=एनम् see above XV.1.3.9. *[५]. Text abri. मधु=क्षा see above XV.1.3.21-22.

स्तुवते ॥ २८ ॥ **आहरन्ति** ॥ २९ ॥ **आयन्ति** ॥ ३० ॥ **भक्षयन्ति** 'तस्य भक्षोऽग्निहुतस्य सोम देव तेऽग्निना स्वगाकृतस्य मधु*[१](मत उपहूतस्योपहूतो भक्षयामि' **इति** ॥ ३१ ॥ **सर्वभक्षा अग्नीत्प्रसूता) मार्जयन्ते** ॥ ३२ ॥ 'मैत्रावरुणस्य चमसमनून्नयध्वम्' **इत्याहाध्वर्युः** । '०उन्नेतः सोमं प्रभावय' **इति** ॥ ३३ ॥ **उन्नीतं मैत्रावरुणचमसमभिमन्त्रयते** 'इन्द्राय त्वा' **इति** ॥ ३४ ॥ **प्रस्तरमादाय स्तोत्रेण द्रवति** ॥ ३५ ॥ **स्तुवते** ॥ ३६ ॥ **आहरन्ति** ॥ ३७ ॥ **आयन्ति** ॥ ३८ ॥ **भक्षयन्ति** 'तस्य भक्षोऽग्निहुतस्य सोम देव त इन्द्रेण स्वगाकृतस्य मधु*[२](मत उपहूतस्योपहूतो भक्षयामि' **इति** ॥ ३९ ॥ **सर्वभक्षा अग्नीत्प्रसूता) मार्जयन्ते** ॥ ४० ॥ 'प्रतिप्रस्थातरेते धुरौ' **इत्याहाद्रवन्नध्वर्युः** ॥ ४१ ॥ **प्रतिप्रस्थातोत्तराभ्यां प्रचरति** ॥ ४२ ॥ **उभाभ्यामेव वैश्वदेव्या च वैष्णव्या च** ॥ ४३ ॥ **अथ संप्रेष्यति** 'ब्रह्मन् सर्प' **इति** ॥ ४४ ॥ **निःसर्पणयजुरुक्त्वा पुनः संप्रेष्यति** 'अग्नीदौपयजान-ङ्गारानाहर' **इति** ॥ ४५ ॥ **अष्टाभिर्गुदैरुपयष्टोपयजति** ॥ ४६ ॥ **प्रसिद्धेनाग्निष्टोमकर्मणाऽप्तो-र्यामः सन्तिष्ठते** ॥ १५.१.४.४७ ॥ **[इति चतुर्थः पटलः]**

॥ इति पञ्चदशप्रपाठके प्रथमोऽनुवाकः ॥

---

*[१]. Text abri. मधु=मार्जयन्ते see above XV.1.3.21-22. *[२]. *ibid.*

॥ अथ पञ्चदशप्रपाठके द्वितीयोऽनुवाकः ॥

[पवित्रं दशहविरिष्टिः]

अथ पवित्रं दशहविः स निर्वपति—अग्नये पवमानाय पुरोडाशमष्टाकपालम्, अग्नये पावकाय पुराडोशमष्टाकपालम्, अग्नये शुचये पुरोडाशमष्टाकपालम्, अग्नये व्रतपतये पुरोडाशमष्टाकपालं, वैश्वानरं द्वादशकपालमिति ॥ १ ॥ **आज्यानि गृह्णानो ध्रुवायां गृह्णीते** ॥ २ ॥ **श्रपयित्वा सादयति** ॥ ३ ॥ **पञ्चदश सामिधेन्यः** ॥ ४ ॥ **सामिधेनीरनूच्याह्वयति देवताः** 'अग्निमग्न आ वह', 'सोममा वह' **इत्याज्यभागौ;** 'अग्निं पवमानमा वह', 'सरस्वतीं प्रियमा वह', 'अग्निं पावकमा वह', 'वायुं नियुत्वन्तमा वह', 'अग्निꣳ शुचिमा वह', 'देवꣳ सवितारमा वह', 'अग्निं व्रतपतिमा वह', 'दधिक्रावाणमा वह', 'वैश्वानरमा वह', 'विष्णुमा वह' **इति** ॥ ५ ॥ **प्रयाजानिष्ट्वाऽनत्याक्रम्य ध्रुवामभिघारयति** ॥ ६ ॥ **अथ पुरोडाशम्** ॥ ७ ॥ **अथ ध्रुवाम्** ॥ ८ ॥ **अथ पुरोडाशम्** ॥ ९ ॥ **अथ ध्रुवाम्** ॥ १० ॥ **अथ पुरोडाशम्** ॥ ११ ॥ **अथ ध्रुवाम्** ॥ १२ ॥ **अथ पुरोडाशम्** ॥ १३ ॥ **अथ ध्रुवाम्** ॥ १४ ॥ **उपभृतमन्ततः** ॥ १५ ॥ **आज्यभागौ यजति** ॥ १६ ॥ **वार्त्रघ्नावाज्यभागौ** ॥ १७ ॥ **पुरोडाशस्यावद्यन्नाह** 'अग्नये पवमानायानुब्रूहि' **इति** ॥ १८ ॥ 'अग्न आयूꣳषि पवसे' **इत्यनूच्य** 'अग्ने पवस्व' **इति यजति** ॥ १९ ॥ **आज्यस्य गृह्णान आह** 'सरस्वत्यै प्रियाया अनुब्रूहि' **इति** ॥ २० ॥ 'ऋतेन प्रियाप्रियासु' **इत्यनूच्य** 'इमां जुह्वाना युष्मदा नमोभिः' **इति यजति** ॥ २१ ॥ **पुरोडाशस्यैवावद्यन्नाह** 'अग्नये पावकायानुब्रूहि' **इति** ॥ २२ ॥ 'अग्ने पावक रोचिषा' **इत्यनूच्य** 'स नः पावक दीदिवः' **इति यजति** ॥ २३ ॥ **आज्यस्यैव गृह्णान आह** 'वायवे नियुत्वतेऽनुब्रूहि' **इति** ॥ २४ ॥ 'वायो शतꣳ हरीणाम्' **इत्यनूच्य** 'प्र याभिर्यासि दाश्वाꣳसम्' **इति यजति** ॥ २५ ॥ **पुरोडाशस्यैवावद्यन्नाह** 'अग्नये शुचयेऽनुब्रूहि' **इति** ॥ २६ ॥ 'अग्निः शुचिव्रततमः' **इत्यनूच्य** 'उदग्ने शुचयस्तव' **इति यजति** ॥ २७ ॥ **आज्यस्यैव गृह्णान आह** 'देवाय सवित्रेऽनुब्रूहि' **इति** ॥ २८ ॥ 'अद्या नो देव सवितर्' **इत्यनूच्य** 'विश्वानि देव सवितर्' **इति यजति** ॥ **२९** ॥ **पुरोडाशस्यैवावद्यन्नाह** 'अग्नये व्रतपतयेऽनुब्रूहि' **इति** ॥ ३० ॥ 'त्वमग्ने व्रतपा असि' **इत्यनूच्य** 'यद्वो वयं प्रमिनाम व्रतानि' **इति यजति** ॥ ३१ ॥ **आज्यस्यैव गृह्णान आह** 'दधिक्राव्णेऽनुब्रूहि' **इति** ॥ ३२ ॥ 'दधिक्राव्णोऽकारिषम्' **इत्यनूच्य** 'आ दधिक्राः' **इति यजति** ॥ ३३ ॥ **पुरोडाशस्यैवावद्यन्नाह** 'वैश्वानरायानुब्रूहि' **इति** ॥ ३४ ॥ 'वैश्वानराय पृथुपाजसे' **इत्यन्वाह**। '°विपो रत्ना विधन्त धरुणेषु गातवे। अग्निर्हि देवाँ अमृतो दुवस्यत्यथा धर्माणि सनता न दूदुषत्' **इति** ॥ ३५ ॥ 'त्वमग्ने' **इति यजति**। '°शोचिषा शोशुचान आ रोदसी अपृणा जायमानः। त्वं देवाँ अभिशस्तेरमुञ्चो वैश्वानर जातवेदो महित्वा' **इति** ॥ ३६ ॥ **आज्यस्यैव गृह्णान आह** 'विष्णवेऽनुब्रूहि' **इति** ॥ ३७ ॥ 'इदं विष्णुर्वि चक्रमे' **इत्यनूच्य** 'तदस्य प्रियमभि पाथो अश्याम्' **इति यजति** ॥ ३८ ॥ **त्रिष्टुभौ संयाज्ये यदीष्ट्यैव यजतेऽनुष्टुभौ यदि सोमेन यक्ष्यमाणः** ॥ ३९ ॥ **सैषा पवित्रं दशहविः** ॥ ४० ॥ **अङ्गान्येव पुरोडाशैः पुनीते प्राणानाज्यैः** ॥ ४१ ॥ **स यथा ह वा इदं**

कुमार मे प्लेङ्खे.... ॥ ४२ **॥ देवा अपूतमेध्यं न प्रतिगृह्णन्ति नास्य हविरश्नन्ति ॥** ४३ **॥ अथ यदेतयेष्ट्वा सोमेन यजते पूतमेवैनं मेध्यं देवाः प्रतिगृह्णन्त्यश्नन्त्यस्य हविः ॥** ४४ **॥ अथो यदि मिश्रमिव चरित्वा मन्येताथैतेन वा यजते ॥** ४५ **॥ वैश्वनराय क्षेत्रजिते पुरोडाशं द्वादशकपालं त्रिभिः .... तिश्च सादयति ॥** ४६ **॥ पञ्चदश सामिधेन्यः ॥** ४७ **॥ वार्त्रघ्नावाज्यभागौ ॥** ४८ **॥ नहि** 'स्पशमविदन्नन्यमस्यान्येषामिमे पूर्वे अर्भास असन्' **इति हविषः ॥** ४९ **॥ त्रिष्टुभौ संयाज्ये ॥** ५० **॥ प्रसिद्धः सन्तिष्ठते ॥** ५१ **॥ एतया ह सत्यश्रवसायेष्ट्वा ॥** १५.२.१.५२ **॥**
[इति प्रथमः पटलः (५)**]**

॥ इति पञ्चदशप्रपाठके द्वितीयोऽनुवाकः ॥

॥ इति अप्तोर्यामाख्यः पञ्चदशः प्रपाठकः ॥

□ □ □

॥ अथ षोडशः प्रपाठकः ॥

[अथ प्रवर्ग्यः*]

अथ प्रवर्ग्येण यक्ष्यमाणः संभारान् संभरते ॥ १॥ **ते पञ्चोत्तरेणाहवनीयꣳ सन्ना भवन्ति—करणीया च मृद् वराहविहतं च वल्मीकवपा चोतीकाश्चाजक्षीरं च** ॥ २॥ **एते पञ्चोत्तरवेद्यै कालेऽनुपूर्वमायत्ता भवन्ति, करणीया मृदवमाऽजक्षीरं परमम्** ॥ ३॥ **कृष्णाजिनस्य च लोमान्यजक्षीरेण सꣳसृजति** ॥ ४॥ **एते पञ्चोत्तरेण शालां परिश्रिते सिकतोपोप्ते सन्ना भवन्ति** ॥ ५॥ **संभरणस्य मीमाꣳसा—दीक्षितस्य संभरेददीक्षितस्येति** ॥ ६॥ **स यद्यदीक्षितस्य संभरेद् गार्हपत्य आज्यं विलाप्योत्पूय स्रुवं च स्रुचश्च संमृज्य प्राङेत्याहवनीयस्यार्धं चतुर्गृहीतं गृह्णीते** ॥ ७॥ **तज्जुहोति** 'युञ्जते मन उत युञ्जते धियः' **इति वैकङ्कतीमादायाहवनीये।** '०विप्रा=ष्टुतिः स्वाहा' **इति** ॥ ८॥ **दीक्षितस्य वाव ह तपस्यमानस्य संभरेद् इतीदम्** ॥ ९॥ 'युञ्जते मन उत युञ्जते धियः' **इत्येव वैकङ्कतीꣳ समिधमादधाति, न जुहोति** ॥ १०॥ **यजुरेव वदेदित्यपरम्** ॥ ११॥ 'देवस्य त्वा सवितुः प्रसवे' **इति वैकङ्कतीमभ्रिमादत्ते।** '०अश्विनोर्बा= नारिरस्यध्वरकृद् देवेभ्यः' **इति** ॥ १२॥ 'उत्तिष्ठ ब्रह्मणस्पते' **इति योक्त्रं च कृष्णाजिनञ्चा-दायोत्तिष्ठति।** '०देवयन्तस्त्वे=सचा' **इति** ॥ १३॥ 'प्रैतु ब्रह्मणस्पतिः' **इत्युत्तरवेद्यै काले संभारा-नभ्येतः।** '०प्रा देव्येतु सूनृता अच्छा=यजन्तु नः' **इति** ॥ १४॥ **उत्तरतः संभाराणां प्राचीन-ग्रीवमुत्तरलोम कृष्णाजिनमास्तृणाति** ॥ १५॥ 'देवी द्यावापृथिवी' **इति** ॥ १६.१.१.१६॥ **[इति प्रथमः पटलः]**

'देवी द्यावापृथिवी अनु मेऽमꣳसाथाम्' **इति करणीयायै मृदोऽभ्रियोपहत्य कृष्णाजिनस्यार्धꣳ हरन्ति।** '०ऋध्यास=शीर्ष्णे' **इति त्रिः** ॥ १॥ 'इयत्यग्र आसीः' **इति वराहविहतस्य।** '०ऋध्यासमद्य=शीर्णे' **इति त्रिः** ॥ २॥ 'देवीर्वम्रीः' **इति वल्मीकवपायाः।** '०अस्य भूतस्य प्रथमा ऋत्ता=शीर्ष्णे' **इति त्रिः** ॥ ३॥ 'इन्द्रस्यौजोऽसि' **इत्युतीकानाम्।** '०ऋध्यासमद्य =शीर्ष्णे' **इति त्रिः** ॥ ४॥ 'अग्निजा असि प्रजापते रेतः' **इत्यजक्षीरं त्रिर्विगृह्णाति।** '०ऋध्यासमद्य =शीर्ष्णे' **इति** ॥ ५॥ **सर्वमजक्षीरं करणीयायां मृद्यानीय कृष्णाजिनस्यान्तान्समुत्पार्य योक्त्रेणोपनह्य** 'उत्तिष्ठ ब्रह्मणस्पते' **इति संभारानादायोत्तिष्ठति।** '०देवयन्त=सचा' **इति** ॥ ६॥ 'ऐतु ब्रह्मणस्पतिः' **इति पर्णकषायवतः संभारानभ्येतः।** '०आ देव्येतु=यज्ञमा नयन्तु नः' **इति** ॥ ७॥ **बहवो हरन्तीति ब्राह्मणम्** ॥ ८॥ **प्रपाद्यैतत्परिश्रितं** 'मधु त्वा मधुला करोतु' **इति पर्णकषायवद्भिः संभारैः**

---

*. The text of comm. is not available in any of the MSS. *viz.* M Ad and T.

संयौति ॥ ९ ॥ **प्रम्णाय मृदं** 'मखस्य शिरोऽसि' **इति पिण्डं करोति** ॥ १० ॥ 'यज्ञस्य पदे स्थः' **इत्यङ्गुष्ठाभ्यामवस्कभ्नाति** ॥ ११ ॥ **एवमेव त्रीन् पिण्डान् कृत्वा** 'गायत्रोऽसि' **इति प्रथमं पिण्डं प्रयच्छति, यो महावीरं करोति तस्मै,** 'त्रैष्टुभोऽसि' **इति द्वितीयम्,** 'जागतोऽसि' **इति तृतीयम्** ॥ १२ ॥ 'गायत्रेण त्वा छन्दसा करोमि' **इति बुध्नं करोति।** '०त्रैष्टुभेन छन्दसा करोमि, जागतेन छन्दसा करोमि' **इति** ॥ १३ ॥ **तं प्रादेशमात्रं सुष्ठु त्र्युद्धिपरिमाणं महावीरं करोति** ॥ १४ ॥ 'मखस्य रास्नाऽसि' **इत्यस्य काले रास्नां पर्यस्यति** ॥ १५ ॥ 'अदितिस्ते बिलं गृह्णातु' **इति तत ऊर्ध्वं बिलं करोति।** '०पाङ्क्तेन छन्दसा' **इति** ॥ १६ ॥ **वेणुकाण्डेन वाऽङ्गुष्ठेन वा भागं करोति** 'सूर्यस्य हरसा श्राय' **इति** ॥ १७ ॥ 'मखोऽसि मखाय त्वा' **इति महावीरं कृत्वा निदधाति** ॥ १८ ॥ **तूष्णीमितरं महावीरं करोति** ॥ १९ ॥ **अपाष्ठ्यौ करोति** ॥ २० ॥ **रौहिणकपाले करोति** ॥ २१ ॥ **आज्यस्थालीं करोति** ॥ २२ ॥ **कुलालकृता वा स्यात्** ॥ २३ ॥ **उपवातयन्ति** ॥ २४ ॥ **धावनाभिर्धावन्ति** ॥ २५ ॥ **क्लृप्तिकैर्वेणुकाण्डैः श्लक्ष्णैरश्मभिर्यदोपवातान् मन्यतेऽथ धूपयिष्यन् संभारान् संभरते** ॥ १६.१.२.२६ ॥ **[इति द्वितीयः पटलः]**

अश्वशकानि गोमयानि वृन्दानि परुतृणानि दारूणि गोश्च क्षीरमजायै च ॥ १ ॥ **उत्तरेण शालां चतुःस्रक्तिं कूपं खनन्ति** ॥ २ ॥ **तत्परिश्रितेऽन्योऽग्निमाहृत्य त्रीनश्वशकानादीप्य** 'वृष्णो अश्वस्य निष्पदसि' **इत्येकैकं महावीरे प्रत्यस्यति।** '०वरुणस्त्वा=धर्मणा' **इति** ॥ ३ ॥ **तूष्णीमितरेषु प्रत्यस्यति** ॥ ४ ॥ 'अदितिस्त्वा' **इति पुरैव खातं कूपमभ्रिया खनति।** '०देवी विश्वदेव्यावती पृथिव्याः सधस्थेऽङ्गिरस्वत् खनत्ववट' **इति** ॥ ५ ॥ **श्रपणैः कूपमवस्तीर्य परिग्रहणाभ्यां महावीरं परिगृह्यावदधाति** 'अर्चिषे त्वा=तपसे त्वा' **इति** ॥ ६ ॥ **तूष्णीमितराण्यवधाय श्रपणैरभिच्छाद्य प्रज्वलयोपतिष्ठते** 'अभीमं महिना दिवं=श्रवस्तमम्' **इति** ॥ ७ ॥ **नाभिप्राण्यान्नाभिच्छायां कुर्यात्** ॥ ८ ॥ 'अभीमं महिना दिवम्' **इत्येतयैव मैत्रियोपचारमीक्षते यदा धूपितान् मन्यते** ॥ ९ ॥ **अथ** 'सिद्ध्यै त्वा' **इति वैकङ्कीतमभ्रिमादत्ते** ॥ १० ॥ 'देवस्त्वा सवितोद्वपतु' **इत्यभ्रियाऽङ्गारानुद्वपति।** '०सुपाणिः स्वङ्गुरिः। सुबाहुरुत शक्त्या' **इति** ॥ ११ ॥ 'अपद्यमानः पृथिव्याम्' **इत्येनमाह्वारयति।** '०आशा दिश (आ) पृण' **इति** ॥ १२ ॥ 'उत्तिष्ठ बृहन् भव' **इत्युद्धरति।** '०ऊर्ध्वस्तिष्ठ ध्रुवस्त्वम्' **इति** ॥ १३ ॥ **परिग्रहणाभ्यां महावीरं परिगृह्य निर्धूय धूपनमन्वीक्षते** 'सूर्यस्य त्वा=त्यै त्वा' **इति** ॥ १४ ॥ 'क्षेमाय त्वा' **इति दक्षिणतः कूपबिले सादयति** ॥ १५ ॥ **तूष्णीमितराण्युद्धृत्य कूपबिल एव सादयति** ॥ १६ ॥ **अथैनं प्रसलैरङ्गारैः पर्यूहति** 'इदमहममुमामुष्यायणं ब्रह्मवर्चसेन पर्यूहामि', 'इदमहममुमामुष्यायणं प्रजया पशुभिः पर्यूहामि', 'इदमहममुमाष्यायणꣳ राष्ट्रेण विशा पर्यूहामि' **इति** ॥ १७ ॥ **तूष्णीमितराणि पर्यूहति** ॥ १८ ॥ **अथास्मादपसलैरङ्गारानपोहति** 'इदमहममुमामुष्यायणꣳ राष्ट्राद्विशः प्रजायाः पशुभ्यस्तेजसो ब्रह्मवर्चसादन्तरेमि' **इति** ॥ १९ ॥ **कूर्चमितरेभ्यः** ॥ २० ॥ **अथ परिग्रहणाभ्यां महावीरं परिगृह्य सते वा शरावे वाऽवधायाजक्षीरेणाच्छृणत्ति** 'गायत्रेण त्वा=छृन्धि हविः'

इति ॥ २१ ॥ तूष्णीं गोक्षीरेण विष्यन्दयति ॥ २२ ॥ तूष्णीमितराण्यजक्षीरेणाच्छृद्य गोक्षीरेणैव विष्यन्दयति ॥ २३ ॥ तानि शीतानि कृत्वोपयमन्याः समवधाय कृष्णाजिनस्यान्तान् समुच्चार्य योक्त्रेणोपनह्यादायोपतिष्ठति ॥ २४ ॥ पूर्वया द्वारा शालां प्रपद्योत्तरतः पुरस्तादाहवनीयस्यान्विटमसकाशे स्त्रीणाः सादयति 'देव पुरश्चर सध्यासं त्वा' इति ॥ १६.१.३.२५ ॥ [इति तृतीयः पटलः]

॥ इति षोडशप्रपाठके प्रथमोऽनुवाकः ॥

॥ अथ षोडशप्रपाठके द्वितीयोऽनुवाकः ॥

प्रवर्ग्येण प्रचरिष्यन् संभारान् संभरते ॥ १ ॥ **द्वौ महावीरौ, द्वे अपाष्ठ्यौ, द्वे रौहिणकपाले द्वौ परिघर्म्यौ रजतं च सुवर्णं च, द्वावाखरावाज्यस्थाली च, प्रतिपावर्यश्च सिकता इत्येते द्वादश पार्थिवाः** ॥ २ ॥ **मौञ्जौ वेदौ मुञ्जप्रलवा मौञ्ज्यभिधानी मौञ्जे संदाननियोजने इत्येते षडौषधाः** ॥ ३ ॥ **पञ्च धृष्टिधवित्राणि, त्रयः शफोपयामाः, द्वौ परिघर्म्यशङ्कू, द्वे रौहिणहवने, स्रुक् च वैकङ्कती प्रचरणी स्रुवश्च वैकङ्कतः प्रचरणस्त्रयोदश वैकङ्कताः परिधयो द्वादश पर्यवचयनानि समित्सप्तमाः शकलास्त्रयः कार्ष्मर्यमयाः परिधय औदुम्बरी मेथी छागायै शङ्कुरित्येता उ वानस्पत्याः** ॥ ४ ॥ **यज्ञायुधानि सꣳसाद्यापः प्रणीय प्रायणीयं निर्वपति** ॥ ५ ॥ **प्रायणीयेन प्रचर्य राजानं क्रीणाति** ॥ ६ ॥ **राजानं क्रीत्वोदुह्यातिथ्यमस्मै निर्वपति** ॥ ७ ॥ **आतिथ्येन प्रचर्य संप्रेष्यति** 'अग्नीद्रौहिणावधिश्रय', 'प्रतिप्रस्थातः प्रवर्ग्यꣳ सꣳसादय' **इति** ॥ ८ ॥ **एतत्कुर्वन्ति** ॥ ९ ॥ **अग्नीद्रौहिणावधिश्रयति** ॥ १० ॥ **प्रतिप्रस्थाता प्रवर्ग्यꣳ सꣳसादयति** ॥ ११ ॥ **उत्तरेण गार्हपत्यꣳ सिकता निवपति** ॥ १२ ॥ **तमाखरं व्यूहति** ॥ १३ ॥ **उत्तरेणाहवनीयꣳ सिकता निवपति** ॥ १४ ॥ **तमाखरमेव व्यूहति** ॥ १५ ॥ **उत्तरतः पुरस्तादाहवनीयस्यान्विटं प्रतिपावरीः सिकता निवपति** ॥ १६ ॥ **तमाखरमेव व्यूहति** ॥ १७ ॥ **उपयमन्या महावीरमाहृत्यापरस्या–खरस्योत्तरꣳ सादयति** ॥ १८ ॥ **परिग्रहणाभ्यां महावीरं परिगृह्यापरेणाखरꣳ सादयति** ॥ १९ ॥ **मौञ्जमस्मिन् वेदं विच्छादयति** ॥ २० ॥ **वैकङ्कत्यां प्रचरण्यां पवित्रवतीः प्रोक्षणीः कुरुते** ॥ २१ ॥ **ता अत्रैवापरेणाखरꣳ सादयति** ॥ २२ ॥ **मौञ्जमस्यां वेदं विच्छादयति** ॥ २३ ॥ **अग्नीद्रौ–हिणावुपस्तीर्णाभिघारितावुद्वासयति** ॥ २४ ॥ **तौ पुरस्तात्प्रत्यञ्चावाखरस्योपसादयति** ॥ २५ ॥ **अव्यतिहारं दक्षिणमुत्तरं करोति** ॥ २६ ॥ **आहरन्ति सन्दाननियोजने** ॥ २७ ॥ **ते पूर्वेणाखरꣳ सादयन्ति** ॥ २८ ॥ **आहरन्त्यपाष्ठ्यौ** ॥ २९ ॥ **ते पूर्वेणैवाखरꣳ सादयन्ति** ॥ ३० ॥ **आहरन्ति पञ्च धृष्टिधवित्राणि त्रीञ्छफोपयामाꣳस्त्रीन् कार्ष्मर्यमयान् परिधीन् औदुम्बरीं मेथीं छागायै शङ्कुं मुञ्जप्रलवानिति** ॥ ३१ ॥ **सर्वं परिशाल्यमुपसादयन्ति** ॥ ३२ ॥ **एवꣳ संक्लृप्ते संप्रपद्यन्त ऋत्विजः** ॥ ३३ ॥ **संवृण्वन्ति द्वारः** 'मित्रो जनान् यातयति प्रजानन्', 'प्र स मित्र मर्तो अस्तु प्रयस्वान्' **इति** ॥ ३४ ॥ **अभिप्रपद्योपतिष्ठन्ते** 'आभिर्गीर्भिः=अध ते स्याम' **इति** ॥ ३५ ॥ **उपविशन्ते** ॥ ३६ ॥ **दक्षिणतो ब्रह्मा च यजमानश्चोपविशतः, पश्चात् प्रागावृत्तो होता, दक्षिणत उदगावृत्तः प्रतिप्रस्तोता** ॥ ३७ ॥ **अथर्त्विजोऽनुवीक्षते** ॥ ३८ ॥ **घर्मा जठराः** ॥ १६.२.१.३९ ॥ **[इति प्रथमः पटलः (४)]**

'घर्मा जठरा अर्काः सधस्थाः कवी मातरिश्वानौ, यशस्विनं माऽस्मिन् जने कुरुत चारुमन्नादम्' **इति परिग्रहणाभ्यां महावीरं परिगृह्य मौञ्जेन वेदेन संमार्ष्टि** ॥ १ ॥ 'अभिजिदसि सपत्नसाहो नो धृष्टं त्वा सपत्नसाहम्' **इति सꣳसादयति** ॥ २ ॥ **आखरꣳ संमार्ष्टि** ॥ ३ ॥ **सर्वं परिशाल्यꣳ संमार्ष्टि** ॥ ४ ॥ **द्रुत्वा प्रतिप्रस्थाता पूर्वमाखरꣳ संमार्ष्टि** ॥ ५ ॥ **रजतं परिघर्म्य–**

मादायापरस्याखरस्य मध्ये परिलिखति ॥ ६ ॥ **तद्रजतं परिघर्म्यमुपगूहति** 'पृथिव्याः संपृचः पाहि', 'पृथिव्या अन्तर्धिरसि', 'पृथिवीं तपसस्त्रायस्व' **इति पुरस्तात् प्रातःप्रचरणे, पश्चात्सायं-प्रचरणे** ॥ ७ ॥ **परिग्रहणाभ्यां महावीरं परिगृह्यापरस्याखरस्य मध्ये सादयति** ॥ ८ ॥ 'सꣳ सीदस्व महाँ असि' **इति सन्नमुपतिष्ठते**। '०शोचस्व=दर्शतम्' **इति** ॥ ९ ॥ **अथ यज्ञस्य शिरः प्रतिदधति** 'वेदानां मुखैरग्निमीडे पुरस्ताद् देवस्य त्वा सवितुः प्रसवेऽश्विनोर्बाहुभ्यां पूष्णो हस्ताभ्यां यज्ञस्य शिरः प्रतिदधामि' **इति** ॥ १० ॥ **अथ प्रोक्षणीभ्योऽधिमुखं विमृष्टे** 'देवस्य त्वा=हस्ताभ्यां देवाभ्यञ्जनेनाभ्यञ्जे' **इति** ॥ ११ ॥ **मदन्तीरुपस्पृश्य प्रोक्षणीरादायोत्तिष्ठन् संप्रेष्यति** 'ब्रह्मन् प्रचरिष्यामः प्रवर्ग्येण, होतर्घर्ममभिष्टुहि', 'अग्नीद्रौहिणौ पुरोडाशावधिश्रय, प्रतिप्रस्थातः प्रवर्ग्यं विहर, प्रस्तोतः सामानि गाय' **इति** ॥ १२ ॥ 'देवानां भागोऽसि तेभ्यस्त्वा', 'उपास्मै गायता नरः पवमानायेन्दवे। अभि देवाँ इयक्षते', 'प्र वो देवायाग्नये बर्हिष्ठमर्चास्मै। गमद् देवेभिरा स नो यजिष्ठो बर्हिरा सदत्', 'आ त्वा रथं यथोतये सुम्नाय वर्तयामसि। तुविकूर्मिमृतीषहमिन्द्र शविष्ठ सत्पते', 'तत्सवितुर्वृणीमहे वयं देवस्य भोजनम्। श्रेष्ठꣳ सर्वधातमं तुरं भगस्य धीमहि' **इत्युक्थप्रीतये ऽध्वर्युर्जपति** ॥ १३ ॥ 'यजुर्युक्तम्' **इति प्रसवे जपति ब्रह्मा।** '०सामभिराक्तखं त्वा विश्वै=सुवरोमिन्द्रवन्तः प्रचरत' **इति** ॥ १४ ॥ 'अग्नये त्वा' **इति महावीरं प्रोक्षति** ॥ १५ ॥ 'वायवे त्वा'॥ १६.२.२.१६ ॥ **[इति द्वितीयः पटलः** (५)**]**

'वायवे त्वा' 'यमाय त्वा' 'मखाय त्वा' 'सुभूताय त्वा' 'ब्रह्मवर्चसाय त्वा प्रोक्षामि' **इत्याखरं प्रोक्षति** ॥ १ ॥ **सर्वं परिशाल्यं प्रोक्षति** ॥ २ ॥ **द्रुत्वा प्रतिप्रस्थाता पूर्वमाखरं प्रोक्षति** ॥ ३ ॥ **यत्प्रोक्षणीनामुच्छिष्यते तदाखरे निनीय तत्प्रचरणीꣳ सादयित्वा दक्षिणमꣳसमभिनिवर्तते** ॥ ४ ॥ **प्रोक्षितान्येतानि लभते प्रतिप्रस्थाताऽग्नीच्च** ॥ ५ ॥ **समित्सप्तमाञ्छाकलान् प्रतिप्रस्थाता लभते त्रीꣳश्च कार्ष्मर्यमयान् परिधीन् रौहिणावग्नीत्** ॥ ६ ॥ **द्रुत्वा प्रतिप्रस्थाता कार्ष्मर्यमयान् परिधीन् परिदधाति** 'गन्धर्वा स्थ वसुविदो विश्वाभ्यो ओषधीभ्यः परिदधामि देवानां योगाय युज्यध्वम्' **इति** ॥ ७ ॥ **तेषाꣳ सन्धी अन्वग्नीद्रौहिणावुपसादयति** ॥ ८ ॥ **अग्नीद् हरन् दक्षिणमेवोत्तरं करोति** ॥ ९ ॥ **समित्सप्तमाञ्छाकलान्प्रतिप्रस्थातोत्तरत आहवनीयस्य सादयति** ॥ १० ॥ **प्रोक्षिता-मेवैतामौदुम्बरीं मेथीं छागायै शङ्कुमित्यादायाग्रेण गार्हपत्यमपरेणान्वाहार्यपचनं दक्षिणया द्वारोपनिर्हृत्य दक्षिणतो बहिःशालं निघ्नन्ति** ॥ ११ ॥ **तामपरेण छागायै शङ्कुम्** ॥ १२ ॥ **यदा-ऽऽजानाति** 'अभि त्यं देवꣳ सवितारम्' **इत्यथ महावीरमाज्येनानक्ति** 'देवस्त्वा सविता मध्वाऽ-नक्तु' **इति** ॥ १३ ॥ **मौञ्जेन वेदेन महावीरं परिगृह्य सव्ये हस्त आधत्ते** 'देव पुरश्चर सन्धासं त्वा' **इति** ॥ १४ ॥ **धारयन्नेव महावीरमुत्तरतोऽङ्गारान्निरूह्यानवानं दश प्राणाहुतीर्जुहोति** 'प्राणाय स्वाहा' 'व्यानाय=जसे स्वाहा' **इति** ॥ १५ ॥ 'अर्चिरसि' **इति मुञ्जप्रलवान् प्रतिप्रस्थाता दीपयति।** '०शोचिरसि=पोऽसि' **इति** ॥ १६ ॥ 'तेजोऽसि' **इत्येनान् विषूचीनाग्रानाखरे सादयति** ॥ १७ ॥ 'शुक्रोऽसि' **इत्युपरि तेषु महावीरम्** ॥ १८ ॥ 'अञ्जन्ति यं=विप्राः' **इति महावीरमाज्येन संपूरयति।**

'○वपावन्तं नाग्निना=न्नसादीत्' **इति** ॥ १९ ॥ 'अनाधृष्या पुरस्तात्' **इत्येनमस्पर्शयन् सर्वतः प्रादेशेन विमिमीते**। '○अग्नेराधिपत्य आयुर्मे दाः' **इति पुरस्तात्** ॥ २० ॥ 'पुत्रवती दक्षिणतः' **इति दक्षिणतः**। '○इन्द्र=जां मे दाः' **इति** ॥ २१ ॥ 'सुषदा पश्चात्' **इति पश्चात्**। '○देवस्य=णं मे दा' **इति** ॥ २२ ॥ 'आश्रुतिरुत्तरतः' **इत्युत्तरतः**। '○मित्रा=त्रं मे दाः' **इति** ॥ २३ ॥ 'विधृतिरुपरिष्यात्' **इत्युपरिष्टात्**। '○बृहस्पते=मनो मे धाः' **इति** ॥ २४ ॥ 'मनोरश्वासि' **इतीमामभिमृशति**। '○भूरिपुत्रा=हिꣳ सीः' **इति** ॥ १६.२.३.२५ ॥ **[इति तृतीयः पटलः** (६)**]**

॥ इति षोडशप्रपाठके द्वितीयोऽनुवाकः ॥

॥ अथ षोडशप्रपाठके तृतीयोऽनुवाकः ॥

'धृष्टिरसि ब्रह्म यच्छ' **इति वैकङ्कतीं धृष्टिमादत्ते** ॥ १ ॥ 'धृष्टिरसि क्षत्रं यच्छ' **इति वर्षीयसीम्** ॥ २ ॥ **तां प्रतिप्रस्तात्रे प्रयच्छति** ॥ ३ ॥ 'तपोष्वग्ने अन्तराँ अमित्रान्' **इति महावीरादङ्गारानपोहतः** । '०तपा शꣳस=अयासः' **इति** ॥ ४ ॥ 'चितः स्थ परिचितः' **इति महावीरमङ्गारैः प्रसलैः पर्यूहति** । '०स्वाहा मरुद्भिः परिश्रयस्व', 'परि त्वा गिर्वणो=जुष्टये' **इति** ॥ ५ ॥ 'मा असि' **इत्येनं वैकङ्कतैः परिधिभिः परिदधाति प्राचीनाग्रैश्चोदीचीनाग्रैश्च तूष्णीमन्तरैः पर्यवचयनैः प्रतिप्रस्थाता** । '०प्रमा असि, प्रतिमा असि, विमा असि, संमा असि, उन्मा असि' **इति** ॥ ६ ॥ 'अन्तरिक्षस्यान्तर्धिरसि' **इति दक्षिणतः प्राञ्चं त्रयोदशमुद्दधाति** । '०अन्तरिक्षं तपसस्त्रायस्व' **इति** ॥ ७ ॥ 'दिवः सम्पृचः पहि' **इति सुवर्णꣳ रुक्ममुपरिष्टादध्यूहति** । '०दिवो अन्तर्धिरसि दिवं तपसस्त्रायस्व' **इति पुरस्तात् प्रातःप्रचरणे, पश्चात् सायंप्रचरणे** ॥ ८ ॥ 'अर्हन् बिभर्षि' **इत्युपतिष्ठते** । '०सायकानि=त्वदस्ति', 'शुक्रं ते=रातिरस्तु' **इति** ॥ ९ ॥ 'गायत्रमसि' **इति ह्रसिष्ठं धवित्रमादत्ते** ॥ १० ॥ 'त्रैष्टुभमसि' **इति वर्षीयः** ॥ ११ ॥ 'जागतमसि' **इति वर्षिष्ठम्** ॥ १२ ॥ **निझुरिव भूत्वोत्तरैर्लोमभिः सर्वैः सहोपवाजयति** 'मधु मधु मधु' **इति** ॥ १३ ॥ **तेषामुत्थाय वर्षीयसी प्रतिप्रस्थात्रे प्रयच्छति** ॥ १४ ॥ **तयोरन्यतरद्वर्षीयोऽग्नीधे** ॥ १५ ॥ **त्रिर्धून्वन्तः प्रसलैः परियन्ति** ॥ १६ ॥ **त्रिः परीतेष्वध्वर्युर्धवित्रे आदत्ते** ॥ १७ ॥ **ते पूर्वेणात्मानमपरेणाग्निं प्रतिप्रस्थात्रे प्रयच्छति** ॥ १८ ॥ **तयोरन्यतरद्वर्षीयोऽग्नीधे** ॥ १९ ॥ **व्युपविशन्ते** ॥ २० ॥ **पश्चात्प्रागावृत्तोऽध्वर्यु-रुपविशत्युत्तरतो दक्षिणावृत्तः प्रतिप्रस्थाता पुरस्तात्प्रत्यगावृत्त आग्नीध्रः** ॥ २१ ॥ **प्रणवान्तेष्वप्रवर्तयन्तो धून्वति** ॥ २२ ॥ **यदोज्ज्वलति, अथ सुवर्णं परिघर्म्यमादाय मौञ्जे वेद उपगूहति** ॥ २३ ॥ **यदाऽऽजानाति** 'अप्नस्वतीमश्विना वाचमस्मे' **इत्यथोद्यच्छन्ति धवित्राणि** ॥ २४ ॥ **यदाऽऽजानाति** 'अरूरुचदुषसः पृश्निरग्रियः' **इत्यथोत्तिष्ठन्ति** 'रुचितो घर्मः' **इति** ॥ २५ ॥ 'दश पुरस्ताद्रोचसे' **इत्यध्वर्युर्यजमानं वाचयति** । '०दश दक्षिणा दश प्रत्यङ् दशोदङ् =घर्मो रुचीय' **इति प्रातःप्रचरणे,** 'अग्निष्ट्वा वसुभिः= मयि रुक्' **इति सायंप्रचरणे** ॥ २६ ॥ **त्रिरधुन्वन्त** ॥ २७ ॥ **प्रतिपथं परियन्त्युत्सृज्य धवित्राणि** ॥ २८ ॥ **यथावकाशꣳ स्थित्वोपतिष्ठन्ते** ॥ १६.३.१.२९ ॥ **[इति प्रथमः पटलः** (७)**]**

'अपश्यं गोपा=चरन्तम्'। '०स सध्रीची=भुवनेष्वन्तः', 'समग्निरग्निना=सवित्रा'। '०सꣳ सूर्येण=रोचते', 'स्वाहा समग्निस्तपया=सवित्रा'। '०सꣳ सूर्येणारोचिष्ट', 'धर्ता दिवो=पृथिव्याः'। '०धर्ता=न्तरिक्षस्य। धर्ता देवो=वचसस्पते', 'विश्वस्य तपसस्पते विश्वस्य ज्योतिषस्पते विश्वस्य ब्रह्मणस्पते', 'देवश्रू=सन्तु अनु वां द्यावा पृथिवी मꣳसातां नमो दिवे नमः पृथिव्यै' **इति** ॥ १ ॥ 'त्वष्टीमती ते सपेय' **इति तिरोवाससं वेदे नेष्टा पत्नीं निह्वावयति** । '०सुरेता =षम्। मा मयि रायस्पोषः' **इति** ॥ २ ॥ **उपस्थायैव हुत्वा प्रतिप्रस्थाता दक्षिणꣳ रौहिणं जुहोति** 'अहर्ज्योतिः=षाꣳ स्वाहा' **इति प्रातःप्रचरणे,** 'रात्रिर्ज्योति=षाꣳ स्वाहा' **इति सायंप्रचरणे** ॥ ३ ॥ **यदाऽऽजानाति**

'उपह्वये सुदुघां धेनुमेताम्' **इत्यथ सन्दाननियोजने आददाते अध्वर्युश्च यजमानश्च।** 'देवस्य त्वा=हस्ताभ्यामाददेऽदित्यै रास्नासि' **इति** ॥ ४ ॥ 'अदित्या उष्णीषमसि' **इत्यभिधानीमपाष्ठ्यौ लभते प्रतिप्रस्थाता चाग्नीच्च** ॥ ५ ॥ **अग्रेण गार्हपत्यमग्नीद् द्रवत्यपरेण प्रतिप्रस्थाता** ॥ ६ ॥ 'असावेहि' **इत्युच्चैराह्वयति यथा गौर्नाम भवति,** 'इड एहि' **इत्युपांशु** ॥ ७ ॥ 'असावेहि' **इत्येवोच्चैराह्वयति यथा गौर्नाम भवति,** 'सरस्वत्येहि' **इत्युपांशु** ॥ ८ ॥ 'वायुरस्यैड पूषा त्वोपावसृजतु' **इति वत्समुपावसृजति।** '०अश्विभ्यां प्रदापय' **इति** ॥ ९ ॥ 'यस्ते स्तनः' **इत्यभिदधाति।** '०शशयो=धातवे कः' **इति** ॥ १० ॥ 'उस्र घर्मंश् शिंश्षोस्र घर्मम्' **इति वत्समभिमृशति।** '०पाहि घर्माय शिंश्ष' **इति** ॥ ११ ॥ 'अश्विभ्यां त्वा नियुनज्मि' **इति नियुनक्ति** ॥ १२ ॥ 'बृहस्पतिस्त्वोपसीदतु' **इत्युपसीदति** ॥ १३ ॥ 'दानवः स्थ पेरवः' **इति स्तनान् संमृशते।** '०विष्वग्वृतो लोहितेन' **इति** ॥ १४ ॥ 'अश्विभ्यां पिन्वस्व' **इत्यपाष्ठ्यां पिन्वयति।** '०सरस्वत्यै पिन्वस्व पूष्णे पिन्वस्व, बृहस्पतये पिन्वस्व, इन्द्राय पिन्वस्व' **इति** ॥ १५ ॥ **तूष्णीं गां पात्रे दुहन्ति** ॥ १६ ॥ **तूष्णीं छागामपाष्ठ्याम्** ॥ १७ ॥ **यदाऽऽजानाति** 'उत्तिष्ठ ब्रह्मणस्पते' **इति, यदाऽऽजानाति** 'अधुक्षत् पिप्युषीम्' **इत्यथ सन्दाननियोजने आदाय प्रपद्येते अध्वर्युश्च यजमानश्च** ॥ १८ ॥ **प्रतिप्रस्थात्र एव पयांश्सि धारयन्ति** ॥ १९ ॥ **प्रत्यूहति महावीरादङ्गारान् सुप्रत्यूढान् कृत्वा** ॥ २० ॥ 'गायत्रोऽसि' **इति दक्षिणंश् शफमभिमृशति,** 'त्रैष्टुभोऽसि' **इत्युत्तरम्,** 'जागतमसि' **इत्युपयमनम्** ॥ २१ ॥ **यदाऽऽजानाति** 'उपद्रव पयसा' **इत्यथ पयांश्सि प्रपादयन्ति** ॥ २२ ॥ **अग्रेण गार्हपत्यमग्नीद् द्रवत्यपरेण प्रतिप्रस्थाता** ॥ २३ ॥ 'सहोर्जो भागेनोप मेहि' **इत्याहरन्तं प्रतीक्षते।** '०इन्द्राश्विना मधुनः सारघस्य' **इति** ॥ २४ ॥ 'आनय' **इत्याह** ॥ २५ ॥ **आनयत्यग्नीच्छागापयः** ॥ १६.३.२.२६ ॥ **[इति द्वितीयः पटलः** (८)]

'तं प्राव्यं यथावट् घर्मं पात वसवो यजता वट्', 'स्वाहा त्वा सूर्यस्य=जुहोमि' **इति** ॥ १ ॥ **धूममुद्यन्तमुदीक्षते** 'मधु हविरसि सूर्यस्य तपस्तप' **इति** ॥ २ ॥ 'आनय' **इत्याह** ॥ ३ ॥ **आनयति तूष्णीं गां प्रतिप्रस्थाता** ॥ ४ ॥ **अत्रैवोपयमन्यां पयांश्सि समवनयन्ति** ॥ ५ ॥ 'द्यावापृथिवीभ्यां त्वा परिगृह्णामि' **इति परिग्रहणाभ्यां महावीरं परिगृह्णाति** ॥ ६ ॥ 'अन्तरिक्षेण त्वोपयच्छामि' **इत्युपयमन्योपयच्छति** ॥ ७ ॥ 'देवानां त्वा पितर्णिमनुमतो भर्तुंश् शकेयम्' **इत्येनमादायोपोत्तिष्ठति** ॥ ८ ॥ **यदाऽऽजानाति** 'उत्तिष्ठ ब्रह्मणस्पते' **इति, यदाऽऽजानाति** 'उदुष्य देवः सविता हिरण्यया' **इत्यथोद्यच्छन्ति** ॥ ९ ॥ **यदाऽऽजानाति** 'प्रैतु ब्रह्मणस्पतिः' **इत्यथ प्राङ् प्रक्रामन्ति** 'तेजोऽसि तेजोऽनु प्रेहि', 'ज्योतिरसि ज्योतिरनु प्रेहि', 'सुवरसि सुवरनु प्रेहि', 'दिविस्पृङ्= पाहि' **इति** ॥ १० ॥ 'समुद्राय त्वा वाताय स्वाहा' **इति वातनामानि जपति।** '०सलिलाय त्वा=वाताय स्वाहा' **इति सप्तानवानम्** ॥ ११ ॥ 'अग्नये त्वा वसुमते स्वाहा=रुद्रवते स्वाहा', 'इन्द्राय त्वा मरुत्वते स्वाहा', 'वरुणाय=पितृमते स्वाहा' **इति सप्तानवानम्** ॥ १२ ॥ 'दिवि धाः' **इति ब्रह्मा यजमानं वाचयति।** '०इमं यज्ञं यज्ञमिमं दिवि धाः=घर्मपागच्छ', 'विश्वै=सुमनस्यमानं देवेभ्यो घर्मपेभ्यः',

'स्वाहाऽग्नये यज्ञियाय शं यजुर्भिः' **इति** ॥ १३ ॥ 'विश्वा आशा=मश्विना' **इत्युक्त्वोपविशति ब्रह्मा** ॥ १४ ॥ 'अश्विना घर्मं पातम्' **इत्यध्वर्युर्यजमानं वाचयति**। '०हार्दिवान=मꣳसाताम्'। 'नमो दिवे नमः पृथिव्यै घर्मपान् गच्छ' **इति** ॥ १५ ॥ **उपयमन्या महावीरे समवनयति** ॥ १६ ॥ **अत्याक्रम्याश्राव्याह** 'घर्मस्य यज' **इति** ॥ १७ ॥ **वषट्कृते जुहोति** 'अश्विभ्याꣳ स्वाहा', 'सरस्वत्यै स्वाहा', 'पूष्णे स्वाहा', 'बृहस्पतये स्वाहा', 'स्वाहेन्द्राय' **इति** ॥ १८ ॥ 'स्वाहेन्द्राय वट्' **इति अनुवषट्कृते जुहोति** ॥ १९ ॥ 'घर्ममपातमश्विना' **इत्यध्वर्युर्यजमानं वाचयति**। '०हार्दिवान= पृथिव्यै=घर्मपान् गच्छ' **इति** ॥ २० ॥ **एतस्मिन् काले प्रतिप्रस्थाता उपयमन्या महावीरे समवनयति** ॥ २१ ॥ **यदा पिन्वतेऽथ वाचयति** 'इषे पीपिहि' ॥ १६.३.३.२२ ॥ **[इति तृतीयः पटलः** (९)**]**

'इषे पीपिह्यूर्जे=ज्यैष्ठ्याय पीपिहि' **इति** ॥ १ ॥ 'त्विष्यै त्वा' **इति प्रकम्पयति**। '०द्युम्नाय त्वेन्द्रियाय त्वा भूत्यै त्वा' **इति** ॥ २ ॥ 'धर्माऽसि सुधर्मा' **इत्यपरेण वेदिमत्याक्रामति**। '०मे न्यस्मे ब्रह्माणि धारय क्षत्राणि धारय विशं धारय नेत्त्वा वातः स्कन्दयाद्' **इति** ॥ ३ ॥ **यद्यभिचरेद्** 'अमुष्य त्वा प्राणे सादयामि' **इत्याखरे महावीरꣳ सादयति**। '०अमुष्य त्वाऽमुना सह निरर्थं गच्छ योऽस्मान्द्वेष्टि यं च वयं द्विष्मः' **इति** ॥ ४ ॥ **मदन्तीरुपस्पृश्य षट्छाकलानादत्ते** ॥ ५ ॥ **तेषामेकैकं महावीरेऽक्त्वा प्रास्यन्नाहवनीये जुहोति** ॥ ६ ॥ 'पूष्णे शरसे स्वाहा' **इति प्रथमꣳ हुत्वाऽन्तर्वेदि निदधाति** ॥ ७ ॥ 'ग्रावभ्यः स्वाहा' **इति द्वितीयꣳ हुत्वाऽत्रैव निदधाति** ॥ ८ ॥ 'प्रतिरेभ्यः स्वाहा' **इति तृतीयꣳ हुत्वाऽत्रैव निदधाति** ॥ ९ ॥ 'द्यावापृथिवीभ्याꣳ स्वाहा' **इति चतुर्थꣳ हुत्वाऽन्तःपरिध्युपगूहति** ॥ १० ॥ 'पितृभ्यो घर्मपेभ्यः स्वाहा' **इति पञ्चमꣳ हुत्वा दक्षिणतो बहिर्वेदि निदधाति** ॥ ११ ॥ 'रुद्राय त्वा रुद्रहोत्रे स्वाहा' **इति षष्ठꣳ सर्वेष्वक्त्वा हुत्वोत्तरतो बहिःशालं निरस्यत्यन्यत्रेक्षमाणः** ॥ १२ ॥ **मदन्तीरुपस्पृश्य परिग्रहणाभ्यां महावीरं प्ररिगृह्योपयमन्याꣳ सꣳस्त्रावमवनीयोपयमनीꣳ समन्वारभमाणो वैकङ्कतीꣳ समिधमादधाति** 'अपीपरो माऽह्नो रात्रियै मा पाहि। एषा ते=माऽऽज्जीः' **इति प्रातःप्रचरणे,** 'अपीपरो मा रात्रिया=माऽऽज्जीः' **इति सायंप्रचरणे** ॥ १३ ॥ 'भूः स्वाहा' **इति पूर्वामाहुतिं जुहोति** ॥ १४ ॥ **अन्तरेणाहुती प्रतिप्रस्थातोत्तरꣳ रौहिणं जुहोति** 'अहर्ज्योतिः के=षाꣳ स्वाहा' **इति प्रातःप्रचरणे,** 'रात्रिर्ज्योतिः=षा ꣳ स्वाहा' **इत्येतमेव सायंप्रचरणे** ॥ १५ ॥ **अत्र शाकलाननुप्रास्यति** ॥ १६ ॥ **तूष्णीमुत्तरामाहुतिं जुहोति** ॥ १७ ॥ **अतिवाल्योपयमनीं निधाय** 'पृण गोष्ठम्' **इति निमार्ष्टि** ॥ १८ ॥ 'अड्भ्यि रयिम्' **इति द्वितीयम्** ॥ १९ ॥ 'प्र हविस्त्वाऽऽङ्गिरसः प्राश्नातु' **इत्यध्वर्युर्हस्ता-त्प्राणेन प्राश्नाति** ॥ २० ॥ **मार्जयते** ॥ २१ ॥ 'सत्यहविस्त्वाङ्गिरसः प्राश्नातु' **इति द्वितीयम्** ॥ २२ ॥ **प्रत्यङ्ङगत्य होत्रे भक्षमादधाति** 'हुतꣳ हविः=मा मा हिꣳसीः' **इति** ॥ २३ ॥ **होता प्रथमो भक्षयत्यथाध्वर्युरथ ब्रह्माऽथ प्रतिप्रस्थाताऽथाग्नीदथ यजमानः** ॥ २४ ॥ **प्राणैस्ते भक्षयन्ति, प्रत्यक्षाद् भक्षो यजमानस्य** ॥ २५ ॥ **प्रतिपावरीषूपयमनीꣳ सुनिर्णिक्तां निर्ज्योतिर्वाल्यान्तर्वेदि**

निदधाति ॥ २६ ॥ **अपोऽस्यामानीय सुवर्ण्यं परिघर्म्यमवधाय तस्याः समवमृशन्ते** 'सुमित्रा न आप=द्विष्मः' **इति** ॥ २७ ॥ **सुवर्ण्यं परिघर्म्यमादाय मौञ्जे वेदे उपगूहति** ॥ २८ ॥ **अत्रैवान्तर्वेद्यपो निनीय मौञ्जेन वेदेन सुनिर्मृष्टां निर्मृज्य मौञ्जावस्यां वेदौ विच्छादयति** ॥ २९ ॥ **परिग्रहणाभ्यां महावीरं परिगृह्योपयमन्याः सःस्रावमवनीयोपयमनीः समन्वारभमाणो वैकङ्कतीः समिधमादधाति** ॥ ३० ॥ **अपाष्ठ्यावादधाति** ॥ ३१ ॥ **रौहिणहवने आदधति** ॥ ३२ ॥ **सर्वं परिशाल्यमादधाति** ॥ ३३ ॥ **अत्रैवाज्यस्थालीं च रौहिणकपाले च परिशयाते** ॥ ३४ ॥ **सुवर्णमिव नावमिव कृत्वाऽऽदायोत्तिष्ठन्नाह** 'घर्मायोत्साद्यमानायानुब्रूहि' **इति** ॥ ३५ ॥ **आहवनीयः हृत्वा सम्राज्ञ आसन्द्याः सादयति** 'स्वाहा त्वा सूर्यस्य रश्मिभ्यः' **इति प्रातःप्रचरणे,** 'स्वाहा त्वा नक्षत्रेभ्यः' **इति सायंप्रचरणे** ॥ ३६ ॥ **अवोक्ष्योत्तराध्र्यावाखरौ विमुञ्चति** ॥ ३७ ॥ **परिधीन् विमुञ्चति** ॥ ३८ ॥ **शान्तिमुपयन्ति** ॥ १६.३.४.३९ ॥ **[इति चतुर्थः पटलः** (१०)**]**

॥ इति षोडशप्रपाठके तृतीयोऽनुवाकः ॥

॥ अथ षोडशप्रपाठके चतुर्थोऽनुवाकः ॥

प्रवर्ग्यमुद्वासयिष्यन् संभारान् संभरते—त्रीञ्छालाकानाज्यं दधि मधूदकुम्भमवकामिति ॥ १ ॥ **उत्तमे प्रचरणे महावीरे दधिद्रप्सं प्रास्यति** ॥ २ ॥ **उत्तमयोपसदा प्रचर्य त्रीञ्छालाकानुत्तरत आहवनीयस्य सादयत्याज्यं दधि मधूदकुम्भमवकामिति** ॥ ३ ॥ **उत्तरवेद्यां ब्राह्मण उपास्ते** ॥ ४ ॥ **अग्रेणाहवनीयꣳ सम्राड्ज आसन्दीमाहृत्योत्तरत आहवनीयस्य सादयति** ॥ ५ ॥ **उपयमन्या महावीरमाहृत्यासन्द्यामादधाति** ॥ ६ ॥ **अपाष्ठ्यावादधाति** ॥ ७ ॥ **रौहिणहवने आदधाति** ॥ ८ ॥ **उपबृꣳहणौदुम्बरीं मेथीं छागायै शङ्कुं मुञ्जप्रलवानिति** ॥ ९ ॥ **सर्वं परिशाल्यमादधाति** ॥ १० ॥ **अवोक्ष्योत्तरार्ध्यावाखरौ शूर्पे समुप्यासन्द्यामादधाति** ॥ ११ ॥ **अन्यस्मिन् प्रतिपावरीः सिकताः समुप्य मार्जालीयस्य देशꣳ हरन्ति** ॥ १२ ॥ **अत्रैवाज्यस्थाली चैवानाहिता स्रुवश्च** ॥ १३ ॥ **एवꣳ संक्लृप्तेऽध्वर्युः प्रथमꣳ शालाकमादीप्य ग्रीवदघ्ने धारयन्नभिजुहोति** 'नमो रुद्राय दिविषदे यस्य वर्षमिषवस्तेन मा समरꣳ स मा मा हिꣳसीः'।'○घर्म या ते दिवि शु(=ग् या सदसि तां त एतेनाव=)यजे स्वाहा' **इति** ॥ १४ ॥ **हुत्वाऽनुप्रास्यति** ॥ १५ ॥ **द्वितीयꣳ शालाकमादीप्य नाभिदघ्ने धारयन्नभिजुहोति** 'नमो रुद्रायान्तरिक्षषदे यस्य वात इषवस्तेन मा समरꣳ स मा मा हिꣳसीः'।'○घर्म या तेऽन्तरिक्षे=यजे स्वाहा' **इति** ॥ १६ ॥ **हुत्वैवानुप्रास्यति** ॥ १७ ॥ **तृतीयꣳ शालाकमादीप्य जानुदघ्ने धारयन्नभिजुहोति प्रास्यति वा** 'नमो रुद्राय पृथिविषदे यस्यान्नमिषवस्तेन मा समरꣳ स मा मा हिꣳसीः'।'○घर्म या ते पृथिव्याꣳ शु=या सदसि तां त एतेनावयजे स्वाहा' **इति** ॥ १८ ॥ **सस्रुवामाज्यस्थालीमादाय** 'अनु नोऽद्यानुमतिः, अन्विदमनुमते त्वं मन्यासै' **इति प्रयन्ति** ॥ १९ ॥ **वेद्यन्ते स्थित्वाऽऽह** 'साम ब्रूहि' **इति** ॥ २० ॥ **प्रवर्ग्यसामाह प्रस्तोता** ॥ २१ ॥ **त्रिर्निधनमुपयन्ति** ॥ २२ ॥ **पुरुषः पुरुषो निधनमुपैति** ॥ २३ ॥ 'दिवस्त्वा परस्पायै' **इति प्राङ् प्रक्रामन्ति**।'○अन्तरिक्षस्य तनुवः पाहि पृथिव्यास्त्वा धर्मणा वयमनुक्रामाम सुविताय नव्यसे' **इति** ॥ २४ ॥ **औदुम्बर्यै काले स्थित्वैवाह** 'साम ब्रूहि' **इति** ॥ २५ ॥ **प्रवर्ग्यसामैवाह प्रस्तोता** ॥ २६ ॥ **त्रिरेव निधनमुपयन्ति** ॥ २७ ॥ **पुरुषः पुरुषो निधनमुपैति** ॥ २८ ॥ 'ब्रह्मणस्त्वा परस्पायै' **इति प्राङ् प्रक्रामन्ति**।'○क्षत्रस्य तनुवः पाहि विशस्त्वा धर्मणा वयमनुक्रामाम सुविताय नव्यसे' **इति** ॥ २९ ॥ **उपरवकाले स्थित्वैवाह** 'साम ब्रूहि' **इति** ॥ ३० ॥ **प्रवर्ग्यसामैवाह प्रस्तोता** ॥ ३१ ॥ **त्रिरेव निधनमुपयन्ति** ॥ ३२ ॥ **पुरुषः पुरुषो निधनमुपैति** ॥ ३३ ॥ 'प्राणस्य त्वा परस्पायै' **इति प्राङ् प्रक्रामन्ति**।'○चक्षुषस्तनुवः पाहि श्रोत्रस्य त्वा धर्मणा वयमनुक्रामाम सुविताय नव्यसे' **इति** ॥ ३४ ॥ **अधिरुह्योत्तरेणोत्तरनाभिꣳ सम्राड्ज आसन्दीꣳ सादयति** ॥ ३५ ॥ **अवरुह्याह** 'परि षिञ्च' **इति** ॥ ३६ ॥ **उदकुम्भमादाय परिषेक्ता त्रिः प्रसलैः परिषिञ्चन् पर्येति** 'वल्गुरसि शंयुधायाः शिशुर्जनधायाः' **इति** ॥ ३७ ॥ **उच्छिनष्टि पुनः परिषेचनाय** ॥ ३८ ॥ **निधाय कुम्भं प्रतिपथं त्रिः पुनः परिद्रवति** ॥ ३९ ॥ **अधिरुह्य** 'अप द्वेषो अप ह्वरः' **इति कृष्णाजिनं प्राचीनग्रीवमुत्तरलोमोपस्तृणात्यवहन्ति परि वा समूहति**।'○अन्यद् व्रतस्य सश्चिमा' **इति** ॥ ४० ॥

'चतुःस्रक्तिर्नाभिः' इत्युत्तरनाभिमभिमृशति। '०ऋतस्य सदो विश्वायुः शर्म सप्रथाः' इति ॥ ४१ ॥ अवोक्ष्योत्तरेणोत्तरनाभिमुत्तरार्ध्यावाखरौ निवपति ॥ ४२ ॥ तꣳ रौहिणहवनाभ्यां चतुःस्रक्तिं प्राञ्चमाखरं कल्पयित्वाऽवकाभिः प्रच्छादयति ॥ ४३ ॥ परिग्रहणाभ्यां महावीरं परिगृह्य हिरण्यं निधाय पूर्वार्ध आखरस्य सादयति 'वल्गुरसि शंयुधायाः शिशुर्जनधायाः' इति ॥ ४४ ॥ तूष्णीमुपशयं पूर्वम् ॥ ४५ ॥ अपरस्मिन् परिग्रहणेऽप्यर्जति ॥ ४६ ॥ शीर्ष्णःकाले महावीरमभिमृशति 'शीर्षम्' इति वदन् ॥ ४७ ॥ 'शं च वक्षि परि च वक्षि' इति परिशाल्यस्य यजुर्जपति ॥ ४८ ॥ केशानां काले ॥ १६.४.१.४९ ॥ [इति प्रथमः पटलः (११)]

केशानां काले मौञ्जं वेदं विस्रस्य प्राञ्चमायातयत्यास्पृष्टं महावीरं 'केशा' इति वदन् ॥ १ ॥ चक्षुषो काले विस्रस्य परिघर्म्यौ सूत्रे सꣳसृज्यापरिस्मन् महावीरे व्यतिषजति ॥ २ ॥ दक्षिणꣳ रजतं करोति 'चक्षुषी' इति वदन् ॥ ३ ॥ जिह्वायै काले प्रतीचीं वैकङ्कतीमभ्रिमायातयत्यास्पृष्टां महावीरं 'जिह्वा' इति वदन् ॥ ४ ॥ श्मश्रूणां काले मौञ्जं वेदं विस्रस्य प्रत्यञ्चमायातयत्यास्पृष्टं महावीरꣳ 'श्मश्रूणि' इति वदन् ॥ ५ ॥ जत्रूणां काले शफावभिमृशति 'जत्रूणि' इदि वदन् ॥ ६ ॥ अꣳसयोः काले प्रतीच्यावपाष्ठ्यावायातयत्यास्पृष्टे शफौ 'अꣳसौ' इति वदन् ॥ ७ ॥ हस्तयोः काले प्रतीच्यावपाष्ठ्यावायातयत्यास्पृष्टे अपाष्ठ्यौ 'हस्तौ' इति वदन् ॥ ८ ॥ आत्मनः काले प्रतीचीमौदुम्बरीं मेथीमायातयत्यास्पृष्टां महावीरम् 'आत्मा' इति वदन् ॥ ९ ॥ धृष्टीनां कालेऽभितो मेथीं प्राचः कार्ष्मर्यमयान् परिधीनायातयत्यास्पृष्टान् मेथीं 'धृष्ट्यः' इति वदन् ॥ १० ॥ कीकटानां कालेऽभितो मेथीं वैकङ्कतान् परिधीनायातयत्यास्पृष्टान् मेथीं 'कीकटाः' इति वदन् ॥ ११ ॥ तेषूपरि धवित्राण्युत्तरलोमान्यायातयति, ऊर्ध्वा वै पुरुषं प्राणा हिन्वन्ति 'प्राणाः' इति वदन् ॥ १२ ॥ हृदयस्य काले प्रतीचीं वैकङ्कतीं प्रचरणीमायातयत्यास्पृष्टां मेथीं 'हृदयम्' इति वदन् ॥ १३ ॥ मतस्नयोः काले प्रतीची रौहिणहवने आयातयत्यास्पृष्टे मेथीं 'मतस्ने' इति वदन् ॥ १४ ॥ उदरस्य काले प्रतीचीमौदुम्बरीमुपयमनीमायातयत्यास्पृष्टां मेथीम् 'उदरम्' इति वदन् ॥ १५ ॥ आन्त्रगुदानां काले तस्यामसꣳसजन् संदाननियोजने आदधाति 'आन्त्रगुदाः' इति वदन् ॥ १६ ॥ निकोश्योः काले प्रत्यञ्चो शङ्कू आयातयत्यास्पृष्टे 'निकोशी' इति वदन् ॥ १७ ॥ श्रोण्योः काले तिर्यञ्चमुदञ्चं छागायै शङ्कुमायातयत्यास्पृष्टां शङ्कू 'श्रोणी' इति वदन् ॥ १८ ॥ सक्थ्योः काले प्रतीच्यौ वैकङ्कत्यौ धृष्टी आयातयत्यास्पृष्टे शङ्कुꣳ 'सक्थिनी' इति वदन् ॥ १९ ॥ वस्तेः कालेऽन्यस्यामाज्यमानीयाज्यस्थालीमायातयत्यास्पृष्टां धृष्टी 'वस्तिः' इति वदन् ॥ २० ॥ प्रमेहणस्य काले प्रत्यञ्चं वैकङ्कतꣳ स्रुवमायातयत्यास्पृष्टꣳ स्थालीं 'प्रमेहणम्' इति वदन् ॥ २१ ॥ मज्जकाले प्राञ्चि रौहिणपिष्टान्यनुविशाद्यायातयति 'मज्जा' इति वदन् ॥ २२ ॥ त्वचः काले कृष्णाजिनेन प्रोर्णोति प्राचीनग्रीवेणोत्तरलोम्ना 'त्वग्' इति वदन् ॥ २३ ॥ लोम्नां काले प्रतीची मुञ्जप्रलवाननुप्रकीर्यास्पृष्टानायातयति 'लोमानि' इति वदन् ॥ २४ ॥ 'शं च वक्षि परि च वक्षि'

इति परिशाल्यस्य यजुर्जपति ॥ २५ ॥ **विस्रस्यौदुम्बरीमासन्दीमुत्तरत उपनिपातयति** ॥ २६ ॥ **मध्ये वाऽऽदित्यमण्डलवत् सर्वाणि करोति कृष्णाजिनेन कुप्रावृतं कृत्वा** ॥ २७ ॥ **अपो महावीर आनयति** ॥ १६.४.२.२८ ॥ **[इति द्वितीयः पटलः (१२)]**

अपो महावीर आनयति ॥ १ ॥ **सर्वाणीतराणि सꣳस्पर्शयति** ॥ २ ॥ 'महीनां पयोऽसि विहितं देवत्रा' **इत्याज्यमानयति तस्मिन्नेव** ॥ ३ ॥ **इतराणि सर्वाणि सꣳस्पर्शयति** 'वाजिनं त्वा वाजिनोऽवनयामः' **इति** ॥ ४ ॥ 'ऊर्ध्वं मनः सुवर्ग्यम्' **इति दध्यानयति तस्मिन्नेव** ॥ ५ ॥ **इतराणि सर्वाणि सꣳस्पर्शयति** ॥ ६ ॥ 'ज्योतिर्भा असि वनस्पतीनामोषधीनाꣳ रसः' **इति मध्वानयति तस्मिन्नेव** ॥ ७ ॥ **इतराणि सर्वाणि सꣳस्पर्शयति** ॥ ८ ॥ **अप एवोपरिष्टादानयति** ॥ ९ ॥ **सर्वाण्येवेतराणि सꣳस्पर्शयति** ॥ १० ॥ **अथान्नं करोति** 'घर्मैतत्तेऽन्न=सिषीमहि' **इति** ॥ ११ ॥ **अन्नं कृत्वा प्राणं करोति** 'समहमायुषा सं प्राणेन सं व्यानेन समपानेन समुदानेन सꣳ समानेन सं चक्षुषा सꣳ श्रोत्रेण सं मनसा सं वाचा सं दक्षक्रतूभ्यां=असौ योऽस्मान् द्वेष्टि यं च वयं द्विष्मः' **इति** ॥ १२ ॥ **सप्राणं कृत्वा वैद्युतैरुपतिष्ठते** 'या पुरस्ताद्विद्यु=यजे', 'या दक्षिणतो विद्यु=यजे', 'या पश्चा=यजे', 'योत्तरत=यजे', 'योपरिष्टा=यजे' **इति** ॥ १३ ॥ **वैद्युतैरुपस्थायावरुह्याह** 'सामानि ब्रूहि' **इति** ॥ १४ ॥ **वार्षाहारꣳ सामाह प्रस्तोता, इष्टाहोत्रीयं च** ॥ १५ ॥ **यदाऽऽजानाति** 'उदधिर्निधीः' **इत्यथोदपात्रात्त्रिर्वर्षयति** 'अस्कान् द्यौः पृथिवी=जनिषीमहि' **इति** ॥ १६ ॥ **साम्नो निधनमनुपविश्य गन्धर्वयजूꣳषि वाचयति** 'विश्वावसुꣳ सोमगन्धर्व=जानादहीनम्' **इति** ॥ १७ ॥ **अधिरुह्यापरस्मिन् महावीरे षट् पौष्णानि जुहोति** 'पूष्णे स्वाहा', 'पूष्णे प्रपथ्याय स्वाहा', 'पूष्णे नरन्धिषाय स्वाहा', 'पूष्णेऽङ्घृणये स्वाहा', 'पूष्णे नरुणाय स्वाहा', 'पूष्णे साकेताय स्वाहा' **इति** ॥ १८ ॥ 'रन्तिर्नामासि' **इत्युपतिष्ठते**। '०दिव्यो गन्धर्वः मा मा हिꣳसीः' **इति** ॥ १९ ॥ **कृष्णाजिनेन सुप्रावृतं कृत्वा प्रत्यवरोहं जपति** 'एतत्त्वं देव घर्म देवो दे=पीथानु मेहि सह प्रजया सह रायस्पोषेण' **इति** ॥ २० ॥ **अवरुह्याह** 'परिषिञ्च' **इति** ॥ २१ ॥ **उदकुम्भमादाय परिषेक्ता त्रिः प्रसलैः परिषिञ्चन् पर्येति** 'वल्गुरसि शंयुधायाः शिशुर्जनधायाः' **इति** ॥ २२ ॥ **उच्छिनष्टि मार्जनाय** ॥ २३ ॥ **निधाय कुम्भं प्रतिपथं त्रिः पुनः परिद्रवति** ॥ २४ ॥ **अथोदञ्चः परेत्य चात्वाले मार्जयन्ते** 'सुमित्रा=स्तस्मै=द्विष्मः' **इति** ॥ २५ ॥ **अथादित्यमुपतिष्ठन्ते** 'उद्वयं तमसस्परि=त्तमम्' **इति** ॥ २६ ॥ **अथ प्रत्यङ्परेत्य सौरी गार्हपत्ये जुहोति** 'उदु त्यम्', 'चित्रम्' **इति** ॥ २७ ॥ **सन्तिष्ठते प्रवर्ग्यः** ॥ २८ ॥ **प्रसिध्यति कर्माऽऽग्निष्टोमिकम्** ॥ १६.४.३.२९ ॥ **[इति तृतीयः पटलः (१३)]**

॥ इति षोडशप्रपाठके चतुर्थोऽनुवाकः ॥

॥ इति प्रवर्ग्याख्यः षोडशः प्रपाठकः ॥

□ □ □

॥ अथ सप्तदशः प्रपाठकः ॥

[अथ याजमानाग्निष्टोमिकप्रायश्चित्तम्*]

त्रिस्त्रिर्दुन्दुभिमाघ्नन्ति प्रातरनुवाक उपाकृते यत्रैतत् सवनीयस्य हविष्कृतमुद्वादयन्ति माहेन्द्रस्य स्तोत्रे धानासोमयाज्याया अनुवषट्कृते ॥ १ ॥ एते त्रयः काला येषु नियुक्त-माहननम् ॥ २ ॥ काममतोऽन्येषु ॥ ३ ॥ षट्स्वाघातयेदेषु चैव त्रिषु पूर्वयोश्च सवनसंस्थयो-र्वसतीवरीषु च परिहृतासु ॥ ४॥ सायंप्रातः समिधोऽभ्यादधति ॥ ५ ॥ वपायां च हुतायां संवेश-नीयायाश्चाहवनीये ह यजमाना अभ्यादधति, गार्हपत्य उ पत्नयः ॥ ६ ॥ न दीक्षितं बहिर्वेद्य-भ्याश्रावयेत् ॥ ७॥ तद्वै खल्वाग्नीध्रस्यान्तर्वेद्यर्धं भवति बहिर्वेद्यर्धम् ॥ ८ ॥ तं वै यद्याग्नीध्रे वा पत्नीशालायामभ्याश्रावयेन्न तेन बहिर्वेद्यभ्याश्रावितो मन्येत, अन्तर्वेदिमासन्तमभ्याशुश्रव-दित्येव मन्येत अन्तर्धिष्णियं हि स भवति॥ ९॥ यदि त्वेनमतोऽन्यत्र सन्तमभ्याश्रावये-दुपहवमिच्छेत ॥ १० ॥ न दीक्षितं बहिर्वेद्यभ्यस्तमियान्नो अभ्युदियात् ॥ ११ ॥ तं यद्यभि वाऽस्तमियादभि वोदियादेवमेवेच्छेत ॥ १२ ॥ न दीक्षितं सन्तमभ्यस्तमियान्नो अभ्युदियात् ॥ १३ ॥ तं यद्यभि वाऽस्तमियादभि वोदियादुपहवमेवेच्छेत ॥ १४॥ न दीक्षितं च कृष्णाजिनञ्चा-न्तरेण सञ्चरेरन् ॥ १५ ॥ तस्यैतस्य कृष्णाजिनस्य यः सर्वरूपः शङ्कुष्ठः स्याद्, यस्मिंस्त्रयाणि लोमानि विद्येरञ्छुक्लानि च कृष्णानि च बभ्रूणि च, तं मेखलायां बध्नीत तथा हास्य सम्बन्धः स्याज्जुगुप्सेत् ॥ १६ ॥ नो एवान्तरेण सञ्चरणान्न स कृष्णजिनश्चङ्क्रम्येत ॥ १७ ॥ उन्मुच्य कृष्णाजिनमनुगुप्ते सन्धौ वा कस्मिंश्चिद्वा निधाय चङ्क्रम्येत ॥ १८ ॥ अथाप उपस्पृश्य कृष्णाजिनं प्रतिमुञ्चीत ॥ १९ ॥ न शूद्रवर्णेन साक्षात् संवदेत् ॥ २० ॥ अथ यदि साक्षात् संविविदिषेत्तत्र ब्राह्मणमन्तर उपवेश्य ब्रूयात् 'इदमित्थं प्रतिविचक्ष' इति ॥ २१ ॥ दीक्षोपसत्सु भूय इव ते तनुतरां प्रसुतेनापरिमितेनापामर्थं कुर्वीत ॥ २२ ॥ कामण्डलुका एवास्योपात्ताः स्युः ॥ २३ ॥ तासामर्थं कुर्वीत ॥ २४॥ तस्य यद्युदव्रजितस्याप उपक्षीयेरन् नापोऽत्यन्ते स्युः, तत्र ब्राह्मणः स्याद्दीक्षितो वाऽदीक्षितो वा तं ब्रूयात् 'इतो मे दीदिहि' इति ॥ २५ ॥ कमण्डलुकादुप दीक्षितो दद्यादितरतोऽदीक्षितः ॥ २६ ॥ अथ यदि तत्र न कश्चन स्यात् स्वयमेव स्थले तिष्ठन्नपां चाददीत ॥ २७॥ तासामर्थं कुर्वीत न त्वेवापरिमितानाम् ॥ २८ ॥ न दीक्षितः स्त्रियमीक्षेत ॥ २९ ॥ तामु चेदीक्षेत नैनां निध्यातमीक्षेत ॥ ३० ॥ यदि निध्यातमीक्षेत नैनां पराहण्यात् ॥ ३१ ॥ यदि पराहण्याद् यदूर्ध्वं नाभेस्तत्पराहण्यान्नावाञ्चम्, अमेध्यं तत् ॥ ३२ ॥ न परिमर्शनेनावकीर्णं मन्येत ॥ ३३ ॥ न संसर्गमियात् ॥ ३४॥ स उ चेत्संसर्गमियात् प्रायश्चित्तं कुर्वीत ॥ ३५ ॥ आख्यातमेव

---

*. The text of comm. is not available in any of the MSS. *viz.* M Ad and T.

प्रायश्चित्तम्॥ ३६॥ तमु ते यथाकृत्यं मन्येरꣳस्तथा कुर्युः प्र वा व्राजयेयुः पुनर्वा दीक्षयेयुः ॥ १७.१.१.३७॥ [इति प्रथमः पटलः]

अथ यतरत् सस्यं पच्येत यवानां वा व्रीहीणां वा यदैनद्वा गाढं मन्येत॥ १॥ यदा मन्येत नवानामेव ता ऊर्ध्वꣳ हविष्कुर्वन्ति न पुराणानाम्॥ २॥ अथ प्रातःसवनीयानां नवानां ग्राहयेत् सर्वान्वाऽनुसवनम्॥ ३॥ तेऽत ऊर्ध्वं यथा कृताग्रयण एवं मन्येरन्॥ ४॥ अथ यदि षष्ठिकमिश्रं सस्यं पच्येत यथा पञ्चालेषु षष्ठिकैरेव यजेत महाव्रीहीणां प्राक्, तत ऊर्ध्वं महाव्रीहिभिः॥ ५॥ यदि तथा न विद्येत षष्ठिकैरपर्यवेतसस्यैर्यजेत॥ ६॥ यदि तथा न विद्येत षष्टिकैरपि पर्यवेतसस्यैर्यजेत॥ ७॥ यदि तथा न विद्येत महाव्रीहिभिरपर्यवेतसस्यैर्यजेत॥ ८॥ यदि तथा न विद्येत महाव्रीहिभिरपि पर्यवेतसस्यैर्यजेत॥ ९॥ यदि तथा न विद्येत यवैरपर्यवेतसस्यैर्यजेत॥ १०॥ यदि तथा न विद्येत यवैरपि पर्यवेतसस्यैर्यजेत॥ ११॥ श्रेयो यज्ञादित्याहुः॥ १२॥ स तु यवानां परिवापेणैवो वाऽप्सुवन्मन्येत॥ १३॥ सर्वान्वा यवानां ग्राहयेयुः॥ १४॥ अशुक्लास्त्वयज्ञियाः शुक्ला यज्ञिया भवन्ति॥ १५॥ सर्वान् वर्णानन्यतस्तु दीक्षितोऽभिवदेदाचार्यं पितरं ज्यायाꣳसं भ्रातरं राजानम्॥ १६॥ अथ यदि द्वौ दीक्षितौ स्यातामौपसदो दीक्षितमभिवदेत् सुन्वन्नौपसदः सात्रिकमाहीनकमैकाहिकः॥ १७॥ अथ यदि... या चेतरे..... वयसमेनयोः स्यादपि वा यथापुरुषम्॥ १८॥ न धावेत्॥ १९॥ न गायेत्॥ २०॥ न यानमधिरोहेन्न नावम्॥ २१॥ न प्रतिवेशं ग्राममियात्॥ २२॥ नामनोज्ञमनुचरेत्॥ २३॥ स उ चेदमनोज्ञमनुचरेदुदकेन तृणान्यभ्युक्ष्य तेषु पादौ प्रक्षिपेत॥ २४॥ न नर्माभिजायेत दीक्षितः॥ २५॥ स उ चेन्नर्माभिजायेतापिगृह्य स्मयेत यथाऽस्य दन्तान् न पश्येयुः॥ २६॥ न कण्डूयेत दीक्षितः॥ २७॥ स उ चेत्कण्डूयेत कृष्णविषाणया कण्डूयेत यथाऽस्य न रुधिरमुत्पतेत्॥ २८॥ न क्रुध्येद्दीक्षितः॥ २९॥ स उ चेत् क्रुध्येन्न दण्डैर्बध्नीयात्॥ ३०॥ यदि दण्डैर्बध्नीयात् प्रायश्चित्तं कुर्वीत॥ ३१॥ 'त्वमग्ने व्रतपा असि' **इत्याहवनीयमुपतिष्ठेत॥ ३२॥ कैशिनीभिरादित्यम्** 'नमस्त आदित्य त्वं दीक्षितोऽसि स दीक्षमाणानां तेज इन्द्रियं वीर्यं यश आदत्ते। सैषा मम दीक्षमाणस्य तेज इन्द्रियं वीर्यं यश आदत्ते' **इति॥ ३३॥ अन्तर्वेदि गृह्यमग्निं च गृह्णीरन्॥ ३४॥ यदि ज्वलसंपर्कः स्याद्यत्रैतदग्नीच्छालाकान् विहरति तन्नेष्टुश्च धिष्णियं ब्राह्मणाच्छꣳसिनश्च गृह्णीरन्॥ ३५॥ तौ ज्वलयमानावासीरन्मार्जालीयं तृतीयम्॥ ३६॥ न दीक्षितोऽन्तर्वेदि ग्राम्यमशनमश्नीयात्॥ ३७॥ न दीक्षितो बहिर्वेद्यश्नीयात्॥ ३८॥ उग्रमु हैवास्य शासनस्याशनम्॥ ३९॥ न सदोऽध्यश्नीयुरन्यद्राजा च ब्राह्मणश्च॥ ४०॥ यदि तेषां कञ्चित् पुरोडाशशकलं लभेरन् न तेन सदोऽध्यशितं मन्येरन्॥ १७.१.२.४१॥ [इति द्वितीयः पटलः]**

अथैषामशनानशनम्—किमश्नीयुः किं नाश्नीयुरिति॥ १॥ उक्तमेषां दीक्षोपसदो यत्त्वश-नानशनम्॥ २॥ अथ यत् प्रसूते सर्पिरशनः स्यादित्याहुः। स यत्सर्पिरशनो दीक्षितव्रती स्याद्यथा तथा च व्याहरेद् इत्थं भविष्यतीति तथा हैव स्यात्॥ ३॥ तत्त्विदमनुशरीरं तेजस्तत्तेन

दुष्पानम् ॥ ४ ॥ उत्तरेणेडाभिः सर्पिर्मिश्रास्तिष्ठेयुः ॥ ५ ॥ तिस्रो ह पुरोडाशेडा पश्विडाऽऽज्येडा स्युः ॥ ६ ॥ अलंकुर्वाणा यदि तथा नो सहेरन् पुरोडशभक्तिः पाशवभक्तिरित्येतदुपात्तꣳ स्यात् ॥ ७ ॥ अभिमृदितमत ऊर्ध्वम् ॥ ८ ॥ अनोदनमश्नीयाद्दीक्षितः ॥ ९ ॥ स उ चेदोदनमश्नीयादशिशि-षेदुख्यमध्यसौ पाचयेत् ॥ १० ॥ कामं वा शततिभ्यां कृत्वा तया सर्पिर्यूषयाऽश्नीयात् ॥ ११ ॥ न सक्तूदकं पिबेत् ॥ १२ ॥ उदश्विद्धैव पिबेत् ॥ १३ ॥ सक्तून्वोप्याश्वत्थशकलाभ्यामुपमथ्य पिबेत् ॥ १४ ॥ अङ्गुल्याभ्यां वा पर्णसेन वोपमथ्य पिबेत् ॥ १५ ॥ अरणिशकलाभ्यां मन्थमुप-मथ्य पिबेत् ॥ १६ ॥ सुवर्णमयीभ्यां वा रजतमयीभ्यां वोपमथ्य पिबेत् ॥ १७ ॥ न क्षीरमश्नीया-द्दीक्षितः ॥ १८ ॥ स उ चेत् क्षीरमशिशिषेन् महता क्षीरपात्रेण 'मैत्रावरुणं ग्रहं श्रीणीहि' इत्यध्वर्युर्यजूरूपात् कामं पर्युदक्तस्य द्रप्समवधाय 'दधि' इति वदन्नश्नीयात् ॥ १९ ॥ अथ येषां केषाञ्चिद् व्याधिर्विद्यादेवं क्षीरं कृत्वा पुरोडाशमयीं यवागूꣳ श्रपयेत् ॥ २० ॥ सर्पिर्मिश्रामश्नी-यात् ॥ १७.१.३.२१ ॥ [इति तृतीयः पटलः]

अथैषामशनकालाः ॥ १ ॥ स यानि लघून्यहानि महाह्ले सन्तिष्ठते नारुद्धमशनं च बहिर्वेदिचर्या चापर्यस्तमय एवैतदुभयमारुध्यते ॥ २ ॥ अथ यानि गुरूण्यहान्यस्तमिते सन्तिष्ठन्ते नारुद्धमशनं च बहिर्वेदिचर्या चाऽऽवसतीवरीणां परिहरणात् ॥ ३ ॥ वसतीवरीष्वे-तत्परिह्रियमाणासूभयमनुरुध्यत आ प्रातरनुवाकात् ॥ ४ ॥ प्रातरनुवाकप्रभृति पुनरारुध्यत आ प्रातःसवनीयायै पुरोडाशेडायै ॥ ५ ॥ तत ऊर्ध्वं प्रसूयत आ ब्राह्मणच्छꣳसिनः स्तुतशस्त्राभ्याम् ॥ ६ ॥ अच्छावाकस्य स्तुतशस्त्रप्रभृति पुनरारुध्यत आ माध्यन्दिनीयायै पुरोडाशेडायै ॥ ७ ॥ तत ऊर्ध्वं प्रसूयत आ ब्राह्मणाच्छꣳसिनः स्तुतशस्त्राभ्याम् ॥ ८ ॥ अच्छावाकस्यैव स्तुतशस्त्रप्रभृति पुनरारुध्यत आ तार्तीयसवनीयायै पुरोडाशेडायै ॥ ९ ॥ तत ऊर्ध्वं प्रसूयत आ सꣳस्थायै ॥ १० ॥ अत्र संभिन्नं न दीक्षितमभिवर्षेत् ॥ ११ ॥ अथ यद्येनमभिवर्षेत् 'उन्दतीर्बलं धत्त' इत्येत-द्यजुर्जपेत् । '०ओजो धत्त बलं धत्तौजा स्थ बलदा मा मे=धिष्ट' इति ॥ १२ ॥ अथ यद्येनमभि-विवर्षयिषेत् स्वेदपरीतो वा दीर्घसत्रे रजसा वा परिप्लुतः शरणे कृष्णाजिनं कृत्वा यथाꣳसा-वन्तरेण (?) संचरेरन् ॥ १३ ॥ नाहवनीयस्य भस्म कर्षयन्नासीत् वि वा शकलं भिन्द्यात् ॥ १४ ॥ न सन्धावेत ॥ १५ ॥ काममापयेत ॥ १६ ॥ अथ प्रपद्योपहतकृष्णाजिनं प्रतिमुञ्चीत ॥ १७ ॥ जपत्येवैतद्यजुः ॥ १८ ॥ न सुहितः स्यान्न प्रष्ठीलाꣳ शयीत ॥ १९ ॥ स यदन्धोऽहं न सुहितः स्यान्न प्रष्ठीलाꣳ शयीत, नास्य रेतः स्कन्देदिति ॥ २० ॥ अस्कन्ददध्यो एवैषा परिबार्हतस्य चेत् स्वप्सु स्कन्देत् 'यन्मे अस्य पयसः परितर्पिथ । अग्निहोत्रं चैव सोमेन तदपां पुनराददे । यदन्नमद्यते सायं न तत् प्रातः क्षुधोऽवति । सर्वं तदस्मान्मा हिꣳसीर्नहि तद् ददृशे दिवा' इति ॥ २१ ॥ न ष्टीव्येद् दीक्षितः ॥ २२ ॥ स उ चेत् ष्टीव्येद् 'यदत्रापि रसस्य मे निरष्ठविषयमस्तृतम् अग्निष्टत् सोमः पृथिवी पुनरात्मन् दधातु मे' इति जपेत् ॥ २३ ॥ न छर्दयेत ॥ २४ ॥ तमु चेच्छर्दिका विन्द्याद्यथाशाकं दिधारयिषेत ॥ २५ ॥ अथ यदि शक्नुयाद्धारयितुं चात्वालं वा जघनेन गार्हपत्यं

वा परिधिं कृत्वा छर्दयेत॥ २६॥ तद् गुहा कुर्यात्॥ २७॥ अथाप आचम्यैतमेव जपं जपेत्॥ २८॥ अथ यदि न शक्नुयाद्धारयितुं त्वरमाण आद्रुत्य चात्वालं वा जघनेन मार्जालीयं वा परिधिं कृत्वा छर्दयेत॥ २९॥ तद् गुहा कुर्यात्॥ ३०॥ अथाप आचम्यैतमेव जपं जपेत्॥ ३१॥ अथ यदि न शक्नुयादाव्रजितुं तदेव छर्दयेत॥ ३२॥ परिखाय पर्णसेन उपनह्य चात्वालं वा जघनेन मार्जालीयं वा परिधिं कृत्वा छर्दयेत॥ ३३॥ तद् गुहा कुर्यात्॥ ३४॥ अथाप आचम्यैतमेव जपं जपेत्॥ ३५॥ अथ यदि न शक्नुयादाहर्तुं तदेव तद् गुहा कुर्यात्॥ ३६॥ अथाप आचम्यैतमेव जपं जपेत्॥ ३७॥ अथ यद्येषां कश्चिदुपतापो विन्द्याद्विसꣳस्थितसञ्चरेणैनं नीत्वाऽऽग्नीध्रे भिषज्येत॥ ३८॥ तमभिमृशेत् 'परीमं परि ते ब्रह्मणे देहि'॥ १७.१.४.३९॥ [इति चतुर्थः पटलः]

'ब्रह्मा परिददातु देवताभ्यः। वषट्कारस्त्वाऽभिरक्षतु सह विश्वैर्देवैः'; 'वसव एतद्वः प्रातःसवनं तद्रक्षध्वं=तद्वो माऽभ्यवच्छेत्'; 'रुद्रा एतद्वो माध्यन्दिनꣳ सवनं तद्रक्षध्वं=तद्वो माऽभ्यवच्छेत्'; 'आदित्या एतद्वस्तृतीयसवनं तद्रक्षध्वं=तद्वो माऽभ्यवच्छेत्' इति॥ १॥ आशास्य यदगदः स्यादित्येवमेव जपेत्॥ २॥ स उ चेदणिमानं नीयान् मनुष्यो वै यत्रैतदध्वर्यु-र्वसतीवरीष्ववनयति चात्वालस्यान्ते तासां विषाविषारमुप संगृह्य पाणिना वा चमसेन वाऽऽहृत्यानुषिच्यात् 'आपः प्रजापतिर्यज्ञाय प्राणस्य दोषं न मज्जसि' इति॥ ३॥ स यदि ह वीतासुरिव स्याद्दीक्षितव्रती 'न गा प्राणस्य' इत्याहुरा सꣳस्थाया इति॥ ४॥ स उ चेत् प्रेयान् मनुष्यो वै रोहित एनं चर्मण्यवधाय मौञ्ज्या रज्ज्वाऽवबध्याभिघार्यान्तरा चात्वालोत्करौ निकृष्योत्तरेणाग्नीध्रमपरेण शालां दक्षिणं वेद्यन्तमुपकर्षयन्ति॥ ५॥ अथास्यारणी आदाय सर्वेभ्योऽग्निभ्योऽङ्गारान्निर्वर्त्य तूष्णीꣳ समारोपयेत्॥ ६॥ नैतानप्यर्जयेयुः॥ ७॥ नानुगच्छेयुः॥ ८॥ तेऽनुन्यायमरणी मथित्वा विहृत्य वा॥ ९॥ विहृत्यैवैनं दहन्ति॥ १०॥ तत्त्रिराद्रवणमवोक्ष्य सञ्चित्य कुम्भ ओप्य दक्षिणे वेद्यन्त निखनन्ति॥ ११॥ स तथा शयत आ महाव्रतीयात्॥ १२॥ अथ महाव्रतीयेऽहन्नाह 'उद्धरतैनम्' इति॥ १३॥ तमपरेण मार्जालीयं दक्षिणेन सदः परिश्रयन्ति॥ १४॥ स तथा शयत ओदयनीयादतिरात्रात्॥ १५॥ स यत्रावभृथमवयन्ति तदेनं ब्रह्मबन्धुरादायानुन्यायमेति॥ १६॥ सꣳस्थितायामवभथेष्ट्या-मद्भिरभ्युक्ष्य यत्र निधातव्यं मन्यते तन्निदधाति॥ १७॥ इति न्वपचितस्याहिताग्नेः॥ १८॥ अथातोऽनपचितस्यैवाहिताग्नेः॥ १९॥ एवमपचितेनाहिताग्निनाऽप्येति यदैवैनं बहिर्वेदि दहन्ति॥ २०॥ अथान्यत् सर्वꣳ समानम्॥ २१॥ अथातोऽनपचितस्यैवाहिताग्नेः॥ २२॥ एवमेवापचितेनाहिताग्निनाप्येति यदैवैनं ग्राम्येणाग्निना दहन्ति॥ २३॥ अथान्यत् सर्वꣳ समानम्॥ २४॥ अथातो गृहपतेरेव प्रेतस्य॥ २५॥ एवमेवापचितेनाहिताग्निनाऽप्येति यदैवैनमग्रेण मार्जालीयं दक्षिणेन हविर्धाने दहन्ति॥ २६॥ अथान्यत् सर्वꣳ समानम्॥ २७॥ अथातो गृहपतिश्चेतरेषां प्रेयादुत्तिष्ठेयुरेव॥ २८॥ नागृहपतिकाः सुनुयुः॥ २९॥ स योऽस्यात्र

ज्ञातिः स्यात् पुत्रो वा पौत्रो वा भ्राता वा तं तमस्मिन्नायतने दीक्षयेयुः ॥ ३० ॥ स यद्यनाहिताग्निः स्यादेवोपदीक्षायां तं तं तावत्तेन सञ्जानीरन् ॥ ३१ ॥ अथ सोऽग्नीनाधाय दर्शपूर्णमासावारभ्य समन्ताभ्यामिष्ट्वा त्रेधाऽनुप्रकिरेत् ॥ ३२ ॥ अध्वर्यव एनं पूर्वेषु कर्मसु ह्वयेरन् ॥ ३३ ॥ तेन वा तत ऊर्ध्वं गृहपतिका सुनुयुः ॥ ३४ ॥ यद्यु न सुनुयुरुत्तिष्ठेयुरेव ॥ ३५ ॥ नागृहपतिकाः सुनुयुः ॥ ३६ ॥ तेऽत एव यथाप्रसृप्तं विसृप्य चात्वाले कृष्णविषाणां प्रास्य यत्रापस्तद्यन्ति ॥ ३७ ॥ अथ कृष्णाजिनशंकुष्ठैरपः प्रयुवन्ति 'इन्द्रियाज्ज्यैष्ठ्याच्छ्रैष्ठ्यान्मा योषम्' इति ॥ ३८ ॥ कृष्णजिनशंकुष्ठैरपः प्रयुत्यानिमग्नाः स्नात्वोदायन्ति ॥ ३९ ॥ तेषां येऽनाहिताग्नयो भवन्ति स्वꣳ स्वं कृष्णाजिनमादाय यथार्थं यन्ति ॥ ४० ॥ अथ य आहिताग्नयो भवन्ति स्वꣳ स्वं कृष्णाजिनमादायाभ्यध्वसमिध आदायाखरौ प्रपद्य तत्समिध उत्थिताहुतीश्च जुह्वति ॥ ४१ ॥ आहवनीये ह यजमाना अभ्यादधति गार्हपत्य उ पत्नयः ॥ ४२ ॥ अथ गार्हपत्य उत्थिताहुतीर्जुह्वति 'इन्द्रियं ज्यैष्ठयꣳ श्रैष्ठ्यं मह्यमग्निर्दधातु' इति ॥ ४३ ॥ अथात्रैवानूरम्बेण चरित्वा मैत्रावरुणीं वशामालभन्ते ॥ ४४ ॥ तया प्रसिद्धं चरित्वा पृथगुदवस्यन्ति ॥ ४५ ॥ पृथगुदवसायाग्निशेषान् समाहृत्य हविर्धान आखरे दहन्तीत्यु वावैतद् ॥ ४६ ॥ अथेयꣳ सꣳस्थितिः ॥ ४७ ॥ यत्सꣳस्थमेवैतदहः स्यात् तत् सꣳस्थाप्य पत्नीसंयाजान्तं कर्म कृत्वा प्रसिद्धं साम्नाऽवभृथं यन्ति ॥ ४८ ॥ अथ कृष्णाजिनशंकुष्ठैरपः प्रयुवन्ति ॥ ४९ ॥ अनिमग्नाः स्नात्वोदायन्ति ॥ ५० ॥ तेषां ये*[१](ऽनाहिताग्नयो भवन्ति स्वꣳ स्वं कृष्णाजिनमादाय यथार्थं यन्ति ॥ ५१ ॥ अथ य आहिताग्नयो भवन्ति स्वꣳ स्वं कृष्णाजिनमादायाभ्यध्वसमिध आदायाखरौ प्रपद्य तत्समिध उत्थित)होत्राणि जुह्वति ॥ १७.१.५.५२ ॥ [इति पञ्चमः पटलः]

॥ इति सप्तदशप्रपाठके प्रथमोऽनुवाकः ॥

॥ इति याजमानाग्निष्टोमिकप्रायश्चित्ताख्यः सप्तदशः प्रपाठकः ॥

□ □ □

---

*[१]. Text abri. तेषां ये=होत्राणि see XVII.1.5.40-41.

॥ अथ अष्टादशः प्रपाठकः ॥

[अथ यज्ञपरिशेषः*]

[उपव्याहरणम्]

अग्नीनाधास्ये ॥ १ ॥

सर्वकामोऽग्नीनाधास्ये ॥ २ ॥

स्वर्गकामोऽग्निहोत्रꣳ होष्यामि ॥ ३ ॥

स्वर्गकामो दर्शपूर्णमासाभ्यां यक्ष्ये ॥ ४ ॥

स्वर्गकाम आग्रयणेष्ट्या यक्ष्ये ॥ ५ ॥

स्वर्गकामश्चातुर्मास्यैर्यक्ष्ये ॥ ६ ॥

स्वर्गकामः पशुबन्धेन यक्ष्ये ॥ ७ ॥

स्वर्गकाम इष्टिपशुबन्धाभ्यां यक्ष्ये ॥ ८ ॥

स्वर्गकामः क्रतुमुखीयꣳ होष्यामि ॥ ९ ॥

स्वर्गकामोऽग्निष्टोमेन यक्ष्ये ॥ १० ॥

स्वर्गकामः साग्निचित्येनाग्निष्टोमेन यक्ष्ये ॥ ११ ॥

स्वर्गकामोऽग्निं चेष्ये ॥ १२ ॥

स्वर्गकामोऽग्निष्टोमेन यक्ष्ये ॥ १३ ॥

स्वर्गकामोऽतिरात्रेण यक्ष्ये ॥ १४ ॥

पशुकामोऽप्तोर्यामेण यक्ष्ये ॥ १५ ॥

स्वर्गकामः श्येनचितं चेष्ये ॥ १६ ॥

अहीनेऽहर्गणे वा यथाकामो यत्कामो वा यजे ॥ १७ ॥

तन्मे प्र ऋध्यतां तन्मे समृध्यतां तन्मे संवर्ततां काम इति ॥ १८ ॥

---

*. The text of comm. is not available in any of the MSS. *viz.* M Ad and T.

अथर्त्विजां प्रतिवचनम् —

तत्त ऋध्यतां, तत्ते समृध्यतां, तत्ते संवर्ततां काम इति ॥ १८.१.१९ ॥ [इति प्रथमः पटलः]

[स्वस्तिवचनम्]

वपे प्रवपे देवेन सवित्रा प्रसूतो ब्रह्मणा सꣳशितोऽहम्।

यानि म इत ऊर्ध्वं लोमानि तानि मे स्वस्तये सन्तु ॥ १८.२.१ ॥ [इति द्वितीयः पटलः]

[पाप्मनो विनिधयः]

अश्मन्मे क्षुत् ॥ १ ॥

पर्वणि मे मतत्ना ॥ २ ॥

विद्युति मे स्मयः ॥ ३ ॥

लोपायां मे क्रन्दधिः ॥ ४ ॥

कोशे मे गन्धः ॥ ५ ॥

कुमार्यां मेघा ॥ ६ ॥

कन्यायां म आञ्जनाभ्यञ्जने ॥ ७ ॥

स्त्रीषु मेऽनृतम् ॥ ८ ॥

व्रात्ये म ईत्या ॥ ९ ॥

राजन्ये मे पाप्मा ॥ १० ॥

वैश्ये मे स्तेयम् ॥ ११ ॥

शूद्रे मे शीर्षक्तिः ॥ १२ ॥

नैषादे मे हृद्रोगः ॥ १३ ॥

अयोगुषु म उदावर्तः ॥ १४ ॥

तामन्लेषु म आन्ध्यम् ॥ १५ ॥

विदेहेषु मे शीपदः ॥ १६ ॥

वह्लिकेषु मे ग्लौः ॥ १७ ॥

बस्ते मे वधय्या ॥ १८ ॥

शय्यायां मे स्वप्नः ॥ १९ ॥

पृडाकौ मे तन्त्रीः ॥ २० ॥

द्वीपौ मे निष्टपत् ॥ २१ ॥

शार्दूले मेऽन्तरामयः ॥ २२ ॥

उलूके मे बलासः ॥ २३ ॥

कोके मे जृम्भः ॥ २४ ॥

वृके मे क्षुत् ॥ २५ ॥

अश्वे मे घसिः ॥ २६ ॥

सिꣳहे मे दौःष्वप्नियम् ॥ २७ ॥

वराहे मे मन्युः ॥ २८ ॥

हस्तिनि मे कैलास्यम् ॥ २९ ॥

शुनि मे दुरिप्रम् ॥ ३० ॥

अघा ते अर्हतो गृहाच्छ्रियमभ्येम विश्वहा ।

अभूमानागसो वयं पथेरिव व्यावर्तने ॥ ३१ ॥

प्र पाप्मानं नुदामसि शाश्वतीभ्यः समाभ्यः ।

यतो न पुनरायाति ॥ १८.३.३२ ॥ [इति तृतीयः पटलः]

ब्राह्मणान् भोजयत ॥ १ ॥

अश्वं गोपायत ॥ २ ॥

संभारान् संनिधत्त ॥ १८.४.३ ॥ [इति चतुर्थः पटलः]

कुक्कुटोऽसि मधुजिह्व ॥ १ ॥

यज्ञस्याङ्गमङ्गꣳ सञ्चिनोम्यङ्गानि ते यज्ञ प्रतिधीयन्ताम् ॥ २ ॥

देवानां दैव्येऽपि यजमानोऽमृतोऽभूत् ॥ ३ ॥

सं पर्वाणि पर्वशो दध्मो अन्योऽन्यस्मै न द्रुह्यामः ॥ ४ ॥

अग्नीञ्ज्योतिष्मतः कुरुत ॥ ५ ॥

दीक्षित वाचं यच्छ ॥ ६ ॥

पत्नि वाचं यच्छ=अग्नी=गृहपते वाचं यच्छ ॥ ७ ॥

पत्नि वाचं यच्छ ॥ ८ ॥

इमꣳ समुद्रं (शतधारमुत्संव्यच्यमानं भुवनरन मध्ये। घृतं दुहानामदितिं जनायाग्ने मा हिंसी परमे) व्योमन् (तैसं. ४.२.१०.६) ॥ १८.५.९ ॥ [इति पञ्चमः पटलः]

कामः सत्यः सत्यः कामः कामे सत्यः सत्ये कामो अस्तु स्वाहा ॥ १ ॥

कामः कामः सत्यꣳ सत्यं मनसः समृद्ध्यै।

समृध्यतां म इदं मनः स्वाहा ॥ २ ॥

अश्विनौ सोमपीथाय सोमपीथवती सोमपीथाय।

दातारौ तौ मे सोमपीथं दत्ताꣳ स्वाहा ॥ ३ ॥

अश्विनौ सोमपीथꣳ सोमपीथवती सोम(-पीथाय) संप्रदातारौ तौ मे सोमपीथꣳ संप्रदत्ताꣳ स्वाहा ॥ ४ ॥

सोमपीथकामो यक्ष्ये स मे कामः समृध्यतां स ते कामः समृध्यताम् ॥ ५ ॥

ब्रह्मन् सोमपीथकामः० ॥ ६ ॥

होतः सोमपीथकामः० ॥ ७ ॥

अग्नीत्सोमपीथकामः० ॥ ८ ॥

प्रतिप्रस्थातः सोमपीथकामः ॥ ९ ॥

प्रशास्तः सोमपीथकामो (यक्ष्ये स मे कामः समृध्यतां स ते कामः) समृध्यताम् ॥ १८.६.१० ॥ [इति षष्ठः पटलः]

अग्ने गृहपतेऽवसानं मे देहि। तद्दत्तमनु समेष्यामि।

गृहपतेरायतनमसि प्रजायै पशूनां प्रतिष्ठानमारोह। मा मेहास्थाः ॥ १ ॥

अग्नेऽन्नादावसानं मे देहि। तद्दत्तमनु समेष्यामि। पितर्णांमायतनमसि।

अन्नस्य प्रतिष्ठानमारोह। मा मेहास्थाः ॥ २ ॥

अग्ने सम्राडवसानं मे देहि। तद्दत्तमनु समेष्यामि।

आहुतीनामायतनमसि सुवर्गस्य लोकस्य प्रतिष्ठानमारोह। मा मेहास्थाः ॥ ३ ॥

सोमः राजानं देवयजनं याचामि हिरण्मयेन बलिना स मे ददातु ॥ ४ ॥

यमः राजानं देवयजनं=ददातु ॥ ५ ॥

वरुणः राजानं देवयजनं=ददातु ॥ ६ ॥

प्राणेन ते प्राणो दीक्षतां वायोः सलोकतायै। आकूत्यै प्रयुजेऽग्नये स्वाहा ॥ ७ ॥

मनसा ते मनो दीक्षतां प्रजापते सलोकतायै। मेधायै मनसेऽग्नये स्वाहा ॥ ८ ॥

चक्षुषा ते चक्षुर्दीक्षतामादित्यस्य सलोकतायै। दीक्षायै (मनसेऽग्नये) स्वाहा ॥ ९ ॥

वाचा ते वाग् दीक्षतां वाचः सरस्वत्यै विराजोऽग्नेः सलोकतायै। सरस्वत्यै स्वाहा ॥ १० ॥

श्रोत्रेण ते श्रोत्रं दीक्षतां दिशां व्युष्ट्यै चन्द्रमसः सलोकतायै।

आपो देवीर्बृहतीर्विश्वशम्भुवो द्यावापृथिवी उर्वन्तरिक्षम्।

बृहस्पतिर्नो हविषा वृधातु स्वाहा ॥ ११ ॥

कामेन ते कामो दीक्षतां कामस्याप्त्यै कामस्य सलोकतायै।

विश्वेदेवस्य=ष्यसे स्वाहा ॥ १२ ॥

ऋचो मा दीक्षमाणमनु दीक्षन्ताम्। स्वाहा यज्ञं मनसा ॥ १३ ॥

यजूꣳषि मा दीक्षमाणमनु दीक्षन्ताम्। स्वाहा द्यावापृथिवीभ्याम् ॥ १४ ॥

सामानि मा दीक्षमाणमनु दीक्षन्ताम्। स्वाहोरोरन्तरिक्षात् ॥ १५ ॥

स्वाहा वसवेन्द्रस्य=विद्युदेता देवानां पत्नयः। तास्त्वा दीक्षमाणमनु दीक्षन्ताम् ॥ १६ ॥

चतस्रो दिशश्चैता ब्राह्मणपत्लयः। तास्त्वा दीक्षमाणमनु दीक्षन्ताम् ॥ १७ ॥

य ऋतव ऋतुभ्योऽभि पूर्वे पुरा सूर्याचन्द्रमसोऽधिगतोः।

येभिः प्रजानन् प्रदिशो दिशश्च तामन्वारोहामि तपसा ब्राह्मणेन ॥ १८ ॥

य ऋतव ऋतुभ्योऽधि पूर्वे पुरस्ताच्चन्द्रमसोऽधिगन्तोः।

येभिः प्रजानन् प्रदिशो दिशश्च तामन्वारोहामि तपसा ब्राह्मणेन ॥ १९ ॥

य ऋतव ऋतुभ्योऽधि पूर्व ऋचः साम ब्राह्मणमा बभूवुः।

येभिः प्रजानन् प्रदिशो दिशश्च तामन्वारोहामि तपसा ब्राह्मणेन॥ २०॥

य एकर्तुरुत वा ये द्वादशोत वा ये चतुर्विꣳशतिः सप्त शता विꣳशतिश्चाध्यासन्।

येभिः प्रजानन् प्रदिशो दिशश्च तानन्वारोहामि तपसा ब्राह्मणेन॥ २१॥

पृथिवी दीक्षा तया तास्त्वा दीक्षमाणमनु दीक्षन्ताम्॥ २२॥

अग्नीञ्ज्योतिष्मतः कुरुत॥ २३॥

गृहपते वाचं यच्छ॥ २४॥

पत्नि वाचं यच्छ॥ २५॥

उदकमस्युदकं मे भूयास्त॥ २६॥

कमसि कं मे भूयास्त॥ २७॥

भेषजमसि भेषजं मे भूयास्त॥ २८॥

शम्भुर्मयोभूरसि शम्भुर्मयोभूर्मे भूयास्त॥ २९॥

यज्ञे जागृत॥ ३०॥

भूः प्रपद्ये॥ ३१॥

भुवः प्रपद्ये॥ ३२॥

सुवः प्रपद्ये॥ ३३॥

भूर्भुवः सुवः प्रपद्ये॥ ३४॥

प्राणं प्रपद्ये॥ ३५॥

अनार्तां देवतां वाचं प्रपद्ये॥ ३६॥

अश्मानमाखणं पर्यूहे॥ ३७॥

अनार्तां देवतां वाचं प्रपद्ये॥ ३८॥

छन्दाꣳसीमान् लोकान् दिशस्तन्मे शर्म वर्म चास्तु॥ ३९॥

यर्षभस्य युध्यमानस्याक्ष्यौ देवताऽभिरक्षति।

सा माऽभिरक्षत्वायुषे वर्चसे प्राणेभ्यो ब्रह्मणे ब्रह्मवर्चसाय॥ ४०॥

मत्वा या ... छन्दाꣳसि प्रपद्ये॥ ४१॥

छन्दोभिश्छन्नोऽस्मि॥ ४२॥

भूतं प्रपद्ये॥ ४३॥

भूत भूत त्वेदं करिष्यामि ॥ ४४ ॥

वाचं ब्रह्म प्रपद्ये ॥ ४५ ॥

छन्दाꣳसीमान् लोकान् दिशस्तन्मे शर्म वर्म चास्तु ॥ ४६ ॥

उपद्रष्टारं प्रपद्ये ॥ ४७ ॥

उपश्रोतारं प्रपद्ये ॥ ४८ ॥

अन्वाख्यातारं प्रपद्ये ॥ ४९ ॥

उपद्रष्टुरुपद्रष्टुर्मा गोपाय ॥ ५० ॥

उपश्रोतुरुपश्रोतुर्मा गोपाय ॥ ५१ ॥

अन्वाख्यातुरन्वाख्यातुर्मा गोपाय ॥ ५२ ॥

अमृतꣳ सत्यापिधानं प्रपद्ये ॥ ५३ ॥

सत्यममृतापिधानं प्रपद्ये ॥ ५४ ॥

प्रजापतेर्ब्रह्मकोशं यद्विश्वकर्मा सहस्राक्षोऽप्यौजसस्तदहं प्रपद्ये ॥ ५५ ॥

स गृहः स पशुः स ह यन्मे अस्ति तेन प्रजापतिः प्राची दिक्, प्रजापतिरुदीची दिक्,

प्रजापतिरूर्ध्वा दिक् ॥ ५६ ॥

नमस्ते अस्तु प्रजापते यथा स्वयमात्मानं वेत्थैवꣳ स्वयमात्मानं कल्पयस्व।

तमु त्वा वयं क्लृप्तं कल्पयिष्यामः ॥ ५७ ॥

अग्निर्होता होतरुप मा ह्वयस्व ॥ ५८ ॥

ऋतवो होत्राशꣳसिनो होत्राशꣳसिन उप मा ह्वयध्वम् ॥ ५९ ॥

मार्जालीये चमसाꣳश्चमसाध्वर्यवो मार्जलीय उप मा ह्वयध्वम् ॥ ६० ॥

सं पर्वाणि पर्वशो दध्मो अन्योऽन्यस्मै न द्रुह्यामः ॥ ६१ ॥

उभा कवी युवाना सत्यादा धर्मणस्पती सत्यस्य ब्रह्मणस्पते वि सख्यानि सृजामहे ॥ ६२ ॥

व्रता ते अग्ने महतो महान्ति त्वे क्रत्वे रोदसी आ विवेश।

व्यन्तरिक्षममिमीत सुक्रतुर्वैश्वानरो महिना मध्व उत्सः स्वाहा ॥ १८.७.६३ ॥

[इति सप्तमः पटलः]

प्राचीं दिशः रोहाम्यग्निहोत्रं यज्ञक्रतूनां प्राणं प्राणानामादित्यं देवतानाः संवत्सरः हाय-नानां प्राच्या दिशा गायत्रेण छन्दसाऽग्निना देवतयाऽङ्गिरस्वद् ध्रुवोऽन्वारोहामि॥ १॥

दक्षिणां दिशं रोहामि दर्शपूर्णमासौ यज्ञक्रतूनां व्यानं प्राणानां चन्द्रमसं देवतानां परिवत्सरः हायनानां दक्षिणया दिशा त्रैष्टुभेन छन्दसेन्द्रेण देवतयाऽङ्गिरस्वद् ध्रुवोऽन्वा-रोहामि॥ २॥

प्रतीचीं दिशः रोहामि चातुर्मास्यानि यज्ञक्रतूनामपानं प्राणानामग्निं देवतानामिदावत्सरः हायनानां प्रतीच्या दिशा जागतेन छन्दसा सवित्रा देवतयाऽङ्गिरस्वद् ध्रुवोऽन्वारोहामि॥ ३॥

उदीचीं दिशः रोहामि पशुबन्धं यज्ञक्रतूनामुदानं प्राणानां वायुं देवतानामिदुवत्सरः हायनानामुदीच्या दिशाऽऽनुष्टुभेन छन्दसा मित्रावरुणाभ्यां देवतयाऽङ्गिरस्वद् ध्रुवोऽन्वा-रोहामि॥ ४॥

ऊर्ध्वां दिशः रोहामि सोम्यमध्वरं यज्ञक्रतूनाः समानं प्राणानां पर्जन्यं देवतानामिदुवत्सरः हायनानामूर्ध्वया दिशा पाङ्क्तेन छन्दसा बृहस्पतिर्देवतयाऽङ्गिरस्वद् ध्रुवोऽन्वारोहामि॥ १८.८.५॥ [इति अष्टमः पटलः]

यज्ञ शतं च त उप ते यज्ञ नमस्कारेण त ऊनः शमयामि॥ १॥

नमस्कारेणाति ... शिवां मे वर्तनिं यज्ञोऽनुसन्तिष्ठताम्॥ २॥

स्विष्टो मे यज्ञः सन्तिष्ठताम्॥ ३॥

अरिष्टो मे यज्ञः सन्तिष्ठताम्॥ ४॥

प्रपद्येऽहं देवपुरामिष्टापूर्तेन भूरिणा।
सा माऽत्र प्रतिनन्दतु मातेव पुत्रमागतम्॥ ५॥

यन्मे यज्ञेऽपस्रुतं विस्रुतं विविक्तः सतम्।
सर्व ... मच्चक्राणममृते हित... ॥ ६॥

यो यज्ञो यो ब्राह्मणो योऽभिशस्तो यो यजः।
सर्वं तद् ब्रह्मणा पूर्तानि ते निधिरिष्टापूर्तं मे गोपाय॥ ७॥

अप्रमत्तो गृहानिव=सन्देहस्य वशं गत्वा यामप्राणस्यायुर्मे दाः=अत्रैव त्वाऽनुगन्तास्मि तं मा गोपाय सर्वशः॥ ८॥

उदगादुदगा ... निधायामृते निधिं वशं कामं चराम्यहम्॥ ९॥

यज्ञ नमस्ते=उप ते नमः॥ १८.९.१०॥ [इति नवमः पटलः]

[ऋत्विग्दक्षिणा]

सप्तर्षीन् प्रणीहि सप्तर्षीन् जिन्व सप्तर्षिभ्यः स्वाहा ॥ १ ॥

(ब्रह्मन् इयꣳस्ते दक्षिणा तं) प्रतिगृह्णीष्व ॥ २ ॥

होतरियꣳस्ते धेनुस्तां प्रतिगृह्णीष्व ॥ ३ ॥

अध्वर्योऽयं तेऽनड्वाऽस्तं प्रतिगृह्णीष्व ॥ ४ ॥

अग्नीधे ब्रह्मणे होत्रेऽध्वर्यव उद्गात्रे ॥ ५ ॥

ब्राह्मणा इमौ वो मिथुनौ गावौ तौ यथाभागं प्रतिगृह्णीध्वम् ॥ ६ ॥

इदं वासः ... इमा वोऽष्टौ गावः । इयं वो गौस्तां प्रतिगृह्णीध्वम् ॥ ७ ॥

अयं वो प्रथमजो वत्सः तं प्रतिगृह्णीध्वम् ॥ १५.१०.८ ॥ [इति दशमः पटलः]

इमा द्वादश शतं गावोऽस्याग्निष्टोमस्य दक्षिणा
तासां तव भागं ब्रह्मन् प्रतिगृह्णीष्व त्वत्पुरुषैः सह ॥ १ ॥

इमा द्वादश शतं गावोऽस्याग्निष्टोमस्य दक्षिणा
तासां तव भागं होतः प्रतिगृह्णीष्व त्वत्पुरुषैः सह ॥ २ ॥

इमा द्वादश शतं गावोऽस्याग्निष्टोमस्य दक्षिणा
तासां तव भागमध्वर्यो प्रतिगृह्णीष्व त्वत्पुरुषैः सह ॥ ३ ॥

इमा द्वादश शतं गावोऽस्याग्निष्टोमस्य दक्षिणा
तासां तव भागमुद्गातरग्रे प्रतिगृह्णीष्व त्वत्पुरुषैः सह ॥ ४ ॥

सदस्य प्रतिगृह्णीष्व ॥ १८.११.५ ॥ [इति एकादशः पटलः]

॥ इति अष्टादशप्रपाठकः प्रथमोऽनुवाकः ॥

॥ इति यज्ञपरिशेषाख्यो अष्टादशः प्रपाठकः ॥

□ □ □

व्याख्यागतपारिभाषिकपदानामनुक्रमणी

अनूक्त–अनूक्तं श्रुतम्। ११.१.२
अनूचान–अनूचानो विद्वान्। ६.१.१.२
अनूबन्ध्या–अनूबन्ध्या सती सा वशाऽवशा च बन्ध्येत्युच्यते। १२.२.१
अन्ते–अन्ते समीपे। ८.२.१.१५
अन्वाXकृ–अन्वाकरोति अनुगमयति। १०.२.३.५
अपचिति–अपचितिः पूजा। १४.६.१
अपराद्ध–अपराद्धं बहिष्कृतम्। १.६.२.२५
अपरीणत्क–अपरीणत्काः न विद्यते येषां परीणत्कः ते अपरीणत्काः। परीणत्कृतधानादेषा निन्दा दक्षिणायी पक्षस्य। ३.१.४.२१
अपाXकृ–अपाकुर्यात् न मिश्रयेदित्यर्थः। ६.१.४.२९
अपायम्यमान–अपायम्यमानो हि वार्यमाणः। १०.६.१.२८
अपिव्रत–अपिव्रतान् अविभक्तदायादाश्च भ्रातरः पुत्राश्च। अविभक्तपिण्डा इत्यन्ये। ६.६.१.८
असुम्–असुमल्पम्। ६.६.१.२६
अप्सुषोम–आप एवाप्सुषोमाः। ६.१५.१.३६
अब्रह्मबन्धु–अब्रह्मबन्धुः श्रोत्रियान्वयाः। ९.३.२.१८
अब्रह्मण्य–अब्रह्मण्यम् अविभ्रष्टवेदः वैदिकनित्य-कर्माणम्। १४.७.१
अभक्त–अभक्तमविभागेन सर्वकालमित्यर्थः। ३.५.१.९
अभिगमयन्–अभिगमयन् आभिमुख्येन गमयन्। ७.२.२.४९
अभिच्छाया–अश्वस्य छायामभिच्छायायामित्यर्थः। १०.२.१.१२
अभिदूना–अन्तर्गतोदके प्रदेशे स्थितदाहादिनाभिभूताः पुनर्नवा इत्यादि। १४.५.२
अभिप्रात–प्रातःकालस्याभिमुखमेव। यथोद्यत्यादित्ये होमः संभवति तथेत्यर्थः। १४.३.१
अभिमेथिक–अभिमेथिका नाम मन्त्राः। अथवा याभिः अभिमेथन्ति वावताद्याः तासामभि-मेथनप्रकारोऽयं वक्ष्यते। १०.७.१.३३
अभिनिXम्रुच्–अभिनिम्रोचति अभ्यस्तमेति। १२.४.२
अभिवान्या–अभिवान्या मृतवत्सा योऽन्येन वत्सेन प्रत्ता दुह्यते। ४.४.१.२
अभोज्यान्न–यस्यान्नं नाद्यात्, न भुञ्जीत (स) अभोज्यान्नः। १२.४.१
अभ्यर्ष (अभि + Xऋष्)–अभ्यर्षयति अभिगमयति। ९.२.४.२३
अभ्यवाXकृ–अभ्यवाकरोति समीपे स्थापयति। १२.२.२
अभ्याकार–अभ्याकारमाभिमुख्येनोपर्युपरि सर्वासा-मिष्टकानां शाखां कृत्वा। ७.७.५.१२
अभ्यातान–ऋद्धिमिच्छेत् तत्राभ्याताना:। १२.३.१
अभ्यास–अभ्यासः आनन्तर्यमप्यस्ति कस्मिँश्चित्पक्षे। पशुदीक्षयोरनन्तरमेवास्माभिरभिप्रेतमिति ज्ञाप-यितुम्। ७.४.१.१
अमागध–अमागधः अप्रपाठकः। १४.७.२
अमागधवाक्य–अप्रपाठकयोग्यवचनः। १४.७.२
अमेध्यता–अमेध्यता अयज्ञार्हता। ३.२.१.९
अम्बरीष–अम्बरीषे धाना उपतपतीति दर्शनात् तद्योग्यं पात्रमम्बरीषम्। ४.४.१.२
अर्धव्रत–अर्धव्रतमर्धस्तनव्रतमित्यर्थः। ६.४.२.८३
अरुण–अरुणः सन्ध्यवर्णः। १४.१.१
अर्म–अर्मशब्देन शून्यग्रामस्थण्डिलमुच्यते। तथा च लिङ्गमपि 'येषामिमे पूर्वे अर्मास आसन्' इति। ७.१.१.२
अर्मकपाल–अर्मकपालानि शून्यग्रामस्थानि कपालानि। ७.१.१.२
अलंXकृ–सर्वसुरभिणा गन्धेनालंकुर्वन्ति अनुलिम्पन्ति। ७.११.२.३०
अलोकता–न विद्यतेऽस्य लोका इत्यलोकः। अलोकस्य भावोऽलोकता। ३.१.२.३१
अल्प–अल्प अज्ञान इत्यर्थः। ३.२.२.११
अवनेजन–अवनेजनं पादप्रक्षालनम्। १.१.२.११
अवभूत–अवभूतोऽवगतो निरस्तः। १२.३.२
अवासादन–अवासादनम् अशक्तिः। ६.१.४.२६
अशूद्रोच्छिटी–न शूद्रोच्छिटी अशूद्रोच्छिटी। १.३.२.३६
अश्रु–शोकजं नयनजलमश्रु। ६.१.४.४७
अश्वशफबुध्न–अश्वशफबुध्ने उभयतोमुखे।

६.९.१.१६
अश्वसा–अश्वसामिव वडवां दृष्ट्वाऽधिक्रन्दत्यश्वः। १०.४.४.९
अश्वीय–अश्वीय अश्वसंबन्धि। १०.८.३.१८
अष्टापृडक–अष्टापृडका अष्टापुलकाः। १.४.१.२
अष्टापृड्–अष्टापुलकम्। १२.२.३
असितज्ञु–कृष्णजानुः। १४.८.१
अस्थिगर्भ–अस्थिगर्भः प्राक् पादोत्पत्तेः। १२.२.४
अहीन–अहीनग्रहणेन सत्राण्यप्युपलक्ष्यन्ते। १३.५.१

आ

आक्रमणेष्टकोपधान–आक्रमणेष्टकोपधानं पृथिव्याऽभिमर्शनमात्रम्। ७.६.१.१८
आज्यप्रोक्ष–आज्यमेव प्रोक्षणार्थमाज्यप्रोक्षम्। ७.१४.२.४
आज्यस्थाली–सुषिराज्यस्थाली अभिहोमार्थैव। ७.१.१.२
आज्यावकाश–आज्यावकाशास्य आज्यावेक्षणस्य। ३.२.२.२७
आञ्जनपिष्ट–आञ्जनपिष्टं सुसूक्ष्मचूर्णम्।। ७.२.१.४
आण्डीवल–आण्डीवलः मुष्करः। १.१.२.१८; आण्डीवलानरिष्यान्। १३.४.१
आधिपत्यम्–आधिपत्यं स्वामित्वम्। १४.३.१, ११.१
आनाय्यरज्जू–आनाय्यरज्जू आकर्षणरज्जू। १०.१.१.४४
आत्मन्वन्त–आत्मन्वन्तः शरीरवन्तः। ७.३.२.१७
आप्यायन–आज्येन वर्धनमेवाप्यायनम्। ६.३.३.५३; आप्यायनम् अभिमर्शनम्। ६.३.४.१४
आमात्य–आमात्यम् लोकाग्निम्। १.१.१.११
आम्बा–आम्बा आच्छेदननाः। ७.१५.१.४६
आयोग्य–आयुज्यत इत्यायोग्यः, दक्षिणत आयोग्य दक्षिणायोग्यः। ८.२.१.३१
आर्क्षकायण–ऋक्षाकस्यापत्यमार्क्षाकिः। आर्क्षाकिरपत्यं पुना आर्क्षाकायणः। ३.२.१.१०
आर्षेय–आर्षेयाः शुश्रुवांसो ब्राह्मणाः चत्वारो महर्त्विज इति केचित्। १.१.२.१०
आश्ववाल–आश्ववालः काशमयः। ६.३.३.१३; आश्ववालं प्रस्तरमिति विपरिणतं सर्वानामानुवर्तत इति तस्यैव प्रस्तरस्य ग्रहणम्। ६.३.४.३०
आसन्दी–आसन्दी प्रादेशमात्रपादा अरत्निमात्रशीर्षा–नूच्यफलकास्तीर्णा मृदावलिप्ता। ७.४.१.२
आहुति–आहुतिशब्देन हुतप्रदेशो लक्ष्यते। १.१.१.१६
आ ✗ह्व आह्वार–आह्वारयति आत्मानं प्रति उपनतं करोति। १.१.२.४
आह्वारयतीषदुदात्तं करोति। ७.२.२.३८

इ

इक्षुशलाका–इक्षुशलाका यथा मन्थनयोग्या तथा दण्डे प्रोता भवति मूलच्छिन्ना। ४.४.१.२
इति–इति–शब्दः प्रकारवाची। २.१.२.७; इति–शब्दः श्रुत्युक्तख्यापनार्थः। १३.१.१
इद्धगर्भ–इद्धगर्भः पेश्यवस्थः। १२.२.४
इन्द्रियकाम–इन्द्रियशब्दो बलधीरतापुरुषकारवचनः, तत्कामः। चक्षुरादीनां वा प्रकर्षगतिः। प्रजो–त्पादनसामर्थ्यमित्यपरे। १.१.१.१०
इरिणम्–इरिणम् ओषधिविरहितो भूप्रदेशः। १२.३.३
इष्टका–इष्टकास्तावद् यावत्कालेन सम्यक्कृताः पक्वाश्च संपद्यन्ते। ७.६.१.२
इष्टकावकाश–इष्टकोपकाशम् इष्टकान्तरालम्। ७.७.५.१०

उ

उज्ज्य–उज्ज्यम् आरोपितज्यम्। १०.५.४.३
उत् + ✗खिद्–उत्खिद ऊर्ध्वं क्षिपति। ४.४.४.११
उत्तपनीय–उत्तपनीयः सभ्यः शालीनः पक्त्यर्थः। १४.२.१
उत्तरमायु–पञ्चाशतः परं षष्ठेरित्यन्ये। २.१.२.३२
उत्तरवेदि–यूपकाल्याच्छंकोरर्धप्रक्रमापसृता दशपदपा–र्श्वमान्युत्तरवेदिर्भवति। ६.४.२.३०
उत्तुष–उत्तुषा उपरि तुषा एव यथा भवन्ति तथाऽवहत्य तुषान्। २.१.५.२२
उत्पेचन–उत्पेचनम् अङ्गुलिप्रसारणम्। १.२.१२–१३; चतस्रः उत्पिचत्ति प्रसारयति प्रदेशिन्यङ्गुष्ठाना–मुत्पेचनं पत्न्याः। अत्र दीक्षणे यजमानार्थ–मध्वर्युः करोति तत्तत्

प्रतिप्रस्थातोन्दनादि-मुष्टिकरणान्तं पत्न्यर्थं करोति। ६.१.३.१८

उदयनीय-ऊर्ध्वगमनमुदयो येषां तत उदयनीयः। १३.२.२

उदूह-उदूह्यतेऽनेनोदकमित्युदूहः।१०.२.१.१४

उद्Xद्रु-उद्द्रवति ऊर्ध्वं गच्छति।१०.४.४.३

उद्धत-सभ्यावसथीययोरितराणि गार्हपत्य-अन्वाहार्यपचन-आहवनीयाख्यानि उद्धतानि। १.१.१.६

उद्धार-उद्धार अतिलाभः।११.१.६

उत्Xइ-उदि उद्यते उदीरयति।१०.५.४.६

उन्नता-उन्नता उन्नतपृष्ठा। १३.२.२

उप-उपशब्देन द्वित्रीण्यहानि न्यूनान्यभ्यधिकानि च। १३.४.१

उपचारण-यतोऽनुडुहोऽपर्यावृत्तिस्तद् उपचारणम्। ६.३.२.२९

उपध्वस्त-उपध्वस्तः अल्पीयः श्वेतविन्दुः। ९.१.३.५०

उपXदस्-उपदस्येत् उपदस्येद् उपक्षीयेत।१२.१.४

उपप्रयुञ्जते-उपप्रयुञ्जते उपजुह्वति।१०.४.१.१८

उपXरम्-उपरमति उपगच्छति।१४.३.१

उपरवकाल-उपरवकालं त्रिवितस्तिव्यासं समचतुरस्रम्। ६.५.२.५

उपवीतिन्-उपवीतप्रकारः निस्त्रिंशन्धराः।यज्ञोपवीतिन एवेत्यपरे।१०.४.२.१

उपव्युष-उपव्युषे उषः समीपे निष्टपनसमारोपणे याजमाने। १.१.२.२७

उपशयी-याज्यायाः समीपे शेत इत्युपशयी।७.१.१.८

उपस्थ-उपस्थम् विवाहाग्निरिति केचित्। धूपाग्निरित्यपरे येन कौपीनं धूपयन्ति। ९.१.२.५३

उपहव्य-उपहव्यो नामानिरुक्तदेवताकः।१४.८.१

उपाXकृ-उपाकरोति देवताभ्यां निर्दिशति।५.२.१.३

उभयालोहकवच-उभयतो लोहकवचः येषां ते उभयालोहकवचाः। दीर्घश्छन्दसः। १०.४.२.१

उरुस्थान-उरुस्थानाय दीर्घकालस्थानाय उरोर्वा महतोऽश्वस्य स्थानाय।१०.३.२.८

उल्ब्या-उल्ब्यासु गोरुल्ब्यासु।९.२.२.२१

उवध्य-उवध्यम् शकृदजावशाम्।१२.२.४

ऋ

ऋतसत्य-यस्मिन्नुक्ते अन्तरात्मा श्रद्दधाति तदृतम्। सत्यं व्यावहारिकम्। एते वै देवानामृतसत्ये। अग्निर्वा ऋतमसावादित्यः सव्यम् (मा.शब्रा. ६.४.४.१०) इत्युक्तम्। १४.९.३

ऋश्यक-ऋश्यकाः ऋश्यस्य शकृन्ति। तस्यैवाश्वस्य शकृन्तीत्यपरे। १०.४.१.६

ऋषभ-ऋषभशब्दो वयो वचन।९.१.१.३६

ऋषभेष्टका-ऋषभोऽपि चतुरश्रेष्टकैव यस्यामृषभा-कृतिर्लिख्यते।७.६.१.२

ऐ

एकहायन-(एकहायनः) आसन्नस्तनपानिवृत्तो यः। द्विवर्षाणामपि स्तनपानं दृश्यते। अत एकहायना इति विशिनष्टि। आसन्नस्तनपाननिवृत्तित्वमेकहायनत्वं चोभ-यथा विशिष्यते।१४.५.१

ऐश्वर्य-ऐश्वर्यम् अप्रतिहताज्ञत्वम्।१४.३.१

ऐषीक-ऐषीकं शरमयं मुञ्जमयम्। इषीकामयम् इत्यन्ये।४.२.१.२

औ

औपानुवाक्य-औपानुवाक्यं (नाम) काण्डम्।तस्मिन् यद्यदाम्नातं तदौपानुवाक्यमित्युच्यते।१२.१.१

क

करणीया-करणीया करणयोग्या कुलालैः सम्यङ् मृदिता। करणीयाशब्द इदृशेऽर्थे प्रसिद्ध इत्यवगन्तव्यम्।७.१.१.२

करम्भ-सक्तुः करम्भ इत्याचक्षते।६.११.१.२८

कल्माषी-कल्माषी व्याममात्री उभयतःक्ष्णूरन्यत-रक्ष्णुर्वा।७.१.१.२;
कल्माषवर्णा वत्सतरी।१३.४.१

कल्याणी-कल्याणी गुणवती।१३.२.२

कर्ण-कर्णाः कणादिमन्तः, सम्यगनवहता।कणा एव कर्णाः।९.१.३.८०

कर्मार-कर्माराः सुवर्णकाराः।१०.३.२.६

कला–कला षोडशो भागः। ६.३.१.२२–२५

कवोत्तान–कवोत्तानम् ईषदुत्तानम्। ५.२.३.२५

काल–कालशब्दः स्थानवाची। ५.१.१.३४;
काले स्थाने। ६.५.१.३३

काष्ठा–काष्ठा नामाजिपथस्य पूर्वस्मिन्नन्ते किञ्चित् स्थाण्वादिनियमितं लक्षणभावेन। औदुम्बरी स्थूणेति च सूत्रान्तरे विशेषिता। ८.२.२.७

किकिदीवि–किकिदीविर्नाम पक्षिविशेषः यस्य वागिटीदूनिटीदित्येतादृशः स्वरः। १०.९.२.४

किष्कु–चतुर्विंशतिररत्निः किष्कुः। ६.४.२.४

कीट–कीटग्रहणेन पिण्डकारी गृह्यते। ३.२.२.९

कुण्डपेय–कुण्डैरुत्सरुकैश्चमसैः पीयते अस्मिन्निति कुण्डपेय इति करणोपपदत्वम्। पञ्च परिमण्डला इत्यादि कर्तर्युपपदे कुण्डपेय इति कुण्डैः कर्तृभिः पीयतेऽस्मिन् सोम इति। १४.१०.१

कुप्रावृत–कुप्रावृत इव, कर्णाभ्यां सह प्रावृतः। 'नाशिरः कुप्रावृत' इत्यनुपदम्। ६.१४.२.५

कुरु–कुरूणा कुरुविषयवासिनाम्। १३.४.१

कूप–कूपः कर्तः। ७.१.१.२५

कूपावरण–कूपावरणेन कूपमानेन प्रुषिता अश्माद्यभिघाताद् विप्रुड्भूता पतन्त्य इति केचित्। नीहारसम्भवा इत्यपरे। ९.२.२.१०

कृति–क्रियन्त इति कृतयः। ११.२.३

कृष्णवलक्ष–कृष्णवलक्षेण कृष्णमृगशुक्लाजिनेन। १४.७.१

क्लृप्ति–कल्पाख्येन चाङ्गेन यज्ञस्य क्लृप्तिरभिधीयते। केयं क्लृप्तिर्नाम् ? उच्यते–मन्त्रब्राह्मणयोर्विसृतानां पदार्थानामभिप्रेते कर्मण्यभिप्रेते चावकाशे विनियोगः। १.१.१,१

कोशबिल–कोशबिले। कोश इति प्रसिद्ध भस्त्रायामिति। ४.४.४.१०

क्रमुक–क्रमुको नाम वृक्षविशेषः। धन्वनाख्यमतमसीति। ७.४.१.२

क्रोड–क्रोडः कण्ठनाली। १०.५.४.३४

क्रोश–क्रोशः द्विसहस्रं दण्डाः। १४.४.१

क्लीब–क्लीबोऽमेध्यः। ६.१.४.४५

क्षामापाक–क्षामेण दाहेन पाकः शोषो यस्य। अथवा क्षामया पृथिव्या एवोष्मणा पाको यस्य स क्षामापाकः। प्रसिद्धिर्वा अन्वेषणीया। ९.१.३.६५

क्षीर–क्षीरं दुह्यमानं पयः। ६.३.१.३०

क्षुद्रपद–दशाङ्गुलं क्षुद्रपदम्। ६.४.२.४–२९

क्षुरगन्धि–पुरोप्तात् प्रदेशात् क्षुरेण स्पर्शयति। ६.१.२.७

ख

खारी–खारीशब्दः परिमाणवाची। षोडशद्रोणयुक् खारी। ...तेन परिमितः खारीशब्दवाच्यः। ३.४.२.२०

ग

गतश्री–त्रयो गतश्रियः शुश्रूवान् ग्रामणी राजन्यः। तेषां महेन्द्रो देवता। ३.२.३.३६

गव्यूति–त्रैपदार्धोनं गव्यूतिः। १४.४.१

गृह्य–गृहेभवाः गृह्याः–यजमानस्तत्पुत्राश्चाविभक्तदायादा भ्रातरश्च। अनुपद उक्तम्–'यावन्तो गृह्या अविच्छिन्नपिण्डाः'। ४.२.१.४०

गैरयी–गैरयी गिरिजानदीकूलादिस्थ। १४.१.२

गोष्ठ–गोष्ठशब्देनात्मार्थाः पशवः उपलक्ष्यन्ते। ६.१.४.२९

ग्राम–ग्रामः समुदायः। ९.१.३.४२
ग्रामः समूहवाची। १२.३.२

ग्रामणी–ग्रामः समुदायः, तस्य कार्यं नयतीति। संधानमाहर्तारः। अथवा प्रसिद्धिर्मा बाधीति त्रैवर्णिकेषु एवमुत्पादितेषु अग्निषु यजतीति वचनं द्रष्टव्यम्। ९.१.३.४२;
ग्रामणीः ग्रामकूटः ३.२.३.३६

घ

घृतेष्टका–घृतेष्टका घृतपिण्डाक्ताः। ७.११.३.२९

घोषिन्–घोषिणो घोषवन्तः शब्दं कुर्वन्तः। १०.८.१.२

च

चक्रीवन्ति–चक्रीवन्तीत्याग्नीध्रसदो विशेषणम्। 'चक्रीवन्ति सदो हविर्धानानी'त्याश्वलायन आह। १३.५.१

चतुरक्ष–अक्षिसदृशेनापरेण लक्ष्मद्वयेन चतुरक्षता अश्वस्य। १०.२.१.१२

चतुरुदय–चतुरश्चतुरा स्तोमा यस्यार्धमायन्ति गच्छन्ति स चतुरुदयः। १३.१.२

चतुःस्रक्ति–चतुःस्रक्तिश्चतुष्कोणा। ४.४.१.२
चमस–यः पुरुषाहारपरिमाणः संभवति स निर्वापार्थश्चमसः। १.१.२.१
चरण–चरणं वृत्तम्। ११.१.२
चरणवत्–चरणवान् प्रशस्तचरणः विहितस्य कर्ता प्रतिषिद्धानां वर्जयितेत्यर्थः। ६.१.१.२
चार्मपक्षी–चर्मसदृशौ पक्षौ यस्य सः चार्मपक्षी। अयं वृक्षादधोमुखो लम्बते। तच्चर्ममय्यौ। १४.३.१
चित्रियाश्वत्थ–येनाश्वत्थेन किञ्चिद् वस्तु ग्रामादिर्लक्ष्यते स चित्रियोऽश्वत्थः। १.१.१.३

छ

छगल–छगलो बस्तः। १०.९.२.१

ज

जनता–जनता जनसमूह इत्यर्थ। १२.१.३
जय–संग्रामे स्पर्धमानेन होतव्याः। जयो येन कर्मणा श्रौतेन स्मार्तेन वा। १२.३.१
जरत्कद्रथ–जीर्णः कर्मायोग्यश्च रथः। जीर्णाभ्यां युगाभ्यां युक्तः। १४.७.२
जरत्पूर्वा–जीर्णा पुनः संस्कृता। १०.२.१.१३
जार–यं द्विष्यादिति द्वेष्यं जारशब्दवाच्यम्। उपमानादवयवप्रसिद्ध्या वा द्वेष्यो जार इत्युच्यते। ४.२.२.२१
ज्वाल–ज्वाले पूर्वज्वलितप्रदेशे गार्हपत्यस्योद्धत इत्यर्थः। अथवा ज्वालासमीपे जाते इत्यादिदर्शनादग्निग्रहणम्। १.१.३.३–४

त

तन्त्र–तन्त्रं प्रोक्षणादयो धर्माः। ६.६.२.१२–२२
तरस–तरसो मांसमश्वस्य वपा अर्थान्तरेणानुगृह्यते। १०.७.३.१६
तल्पावकाशा–तल्पावकाशा तत्प्रमाणा। तल्पस्य च प्रमाणं पुरुषप्रमाणम्। पुरुषसम्मितेत्यर्थः। ४.४.१.२
तल्प्य–तल्प्याः सिंहासनार्हाः, अभिषिक्तान्वयाः। १०.१.२.१
तार्प्य–तार्प्यं घृतेनाक्तम्। ८.१.१.२
तिसृधन्व–तिसृधन्वम् इषुत्रयसहितं धनुः। १४.२.१
तीर्ति–तीर्तिषु तीर्तयः सुचः। ६.३.४.२२
तूपर–तूपरः अनतिरिक्तप्रदेशः। ८.२.३.३१
तृच–तिस्र ऋचस्तृचः। ३.३.२.१८
तृणग्लाभ–तृणग्लाभस्तृणमुष्टिरित्यर्थः। ६.३.४.३०
तैल्वकी–तैल्वक्या इति स्रुचेति। १२.३.३
त्रसरेणु–लिक्षा–यूक–यवाङ्गुलानाम्–पूर्वस्योत्तरमुत्तरमष्टगुणम् इत्याचार्याः ब्रुवते। ६.४.२.४–२९
त्रिष्णा–प्रजासम्पदमिच्छतां स्त्रियो भार्या वा त्रिष्णा स्त्री ऋतुस्नाता। १०.७.१.२९
त्रीण्युद्धत–त्रीण्युद्धतानीति सभ्यावसथीययोरुद्धतनिवृत्त्यर्थम्। तेऽन्यकल्पार्था भवन्ति। १.१.१.६
त्रेणी–अतुल्यत्वात् त्रिषु प्रदेशेषु यस्याः श्वैत्यं सा त्रेणी। ४.१.४.२२
त्रैपदम्–चतुष्क्रोशं योजनं तदर्थं त्रैपदम्। १४.४.१
त्र्युदय–त्रयस्त्रयः स्तोमा यस्यार्धमायन्ति गच्छन्ति स त्र्युदयः। १३.१.२
त्विट्–त्विट् दीप्तिः। १४.६.१

द

दण्ड–चतुररत्निर्दण्डः। १४.४.१
दक्षिणोत्तरिन्–दक्षिणोत्तरिणा प्रातःप्रचरणे इत्यनुपदम्। ६.३.४.२३
दधिद्रप्स–दधिद्रप्सोऽप्यामिक्षैकदेश एव मूर्तत्वात् पयोविकारसामान्याद्वा दधिद्रप्सशब्देनाभिधीयते। ६.११.४.५
दधिषोम–दध्येव दधिषोमाः। ६.१५.१.३९
दरोदर–दरोदरं द्युतस्थानमोदनस्येव परमः। ९.२.५.३६
दावा–दावाद् वनप्रदेशात्। १४.५.२
दुग्ध–दुग्धम् पानयोग्यम् पयः। ६.३.१.३०
द्रुपद–द्रुपदशब्दोऽनस आरोहणफलकायां वर्तते। ६.३.२.१८
द्रोण–द्रोणं चतुराढकम् इति भाजनविशेषवाची वा। ३.४.२.२०
द्वादशाह–द्वादशाह इति ज्योतिष्टोमप्रकृतिकानां द्वादशानां सौमिकानां कर्मणां समुदायस्य नामधेयम्। द्रव्यदेवताकत्वेन चोदनागतेन लिङ्गेन ज्योतिष्टोमविकारत्वम्। ११.१.१

द्वारेयी–द्वारेयी द्वार्बाहुः। ६.५.१.३९

द्विभृष्टि–भूसदृशावुत्सेधौ यस्य तद् द्विभृष्टि। ६.९.१.१२

ध

धरुणप्रदेश–यत्राज्यग्रहणे स्रुग्धारणं क्रियते स धरुणप्रदेशः। २.२.४.२७

धवित्र–धवित्राण्युपवाजनानि। ७.४.१.२

Xधाव्–धावयत शोधयत, निष्कण्टकान् कुरुतेत्यर्थः। १०.१.१.२

धूपित–धूपिते सम्यक् पक्वे। ७.२.१.३७

धृति–धृतिः मर्यादा। १०.१.३.१८

धेनु–पिन्वमाना धेनुः। ६.३.१.३४

न

नद्धक–नद्धकं वने लतादिना बद्धा। ६.१.४.२८

नाकसद–नाकसदोऽर्धेष्टकाः। ७.११.२.२३

निपदःकाल–निपदःकाले निपदनकाले न्याय्ये शयनकाले रात्रिश्चतुर्थभागे गत इत्यर्थः। १.१.२.२३;
निपदःकाले शयनकाले इत्यर्थः। ६.८.३.११

निXपिच्–निपिचति आकुञ्चति मुष्टीकरोतीत्यर्थः। ६.१.३.१७

निभृति–निभृतिर्विनयः। ११.१.२

निरष्ट–निरष्टो विहितपुंस्कः। ९.१.३.३६;
निरष्टा गालिताः। १४.५.१

निर्णिक्त–निर्णिक्ता इति शुद्धिप्रदशनार्थम्। ६.८.३.२५

निर्मन्थ्य–उत्तरं परिधिं परिहृत्य तच्छकलादानाद्यभिहोमान्तं निर्मन्थ्यं नाम। यत्र 'निर्मन्थ्येन चरती'ति कर्म चोद्यते तत्रैतावतो ग्रहणं प्रत्येतव्यम्। यत्र तु तदुद्धृत्यावोक्ष्य निर्मन्थ्यमग्निं मथित्वा निर्मन्थ्येनेष्टकाः पाचयेदिति द्रव्यप्रधानं तत्रासमारूढो निर्मन्थ्यः। तूष्णीं मथितो निर्मन्थ्यः। ५.२.१.९–१०

निवक्षस्–निवक्षसः नीचैर्लम्बमानवक्षसः। १०.९.२.३९

निश्लोण–निश्लोणम् अगदमश्वम्। १०.२.१.२५

निषङ्गिन्–निषङ्गिण इषुधिमन्तः। १०.४.२.१

निष्क–निष्कशब्द आभरणविशेषवचनः, परिमाणविशेषवचनो वा। 'चतुःसुवर्णको निष्क' इति। १४.६.१

निष्कासभाज–चर्वापनकाले तदर्थं तण्डुलैकदेशमपन–यति। निष्कासभाजान् निष्कासकार्थापत्य–र्थानित्यर्थः। ६.२.२.३

नीतमिश्र–नीतमिश्रेण नवनीतमिश्रेण। मथितस्य नवनीतोत्पत्तेः प्रागवस्थस्य नीतमिश्रता। १२.४.७

नेदीय–नेदीयो अन्तिकतरम्। नेदीयो द्वेधा कर्मणा स्थानेन वा। येन यस्मिन् प्राचुर्येण कर्म क्रियते तत्तस्य कर्मणो नेदीयः, स्थानादासन्ने। आसन्ने गृह्यमाणेऽनवस्थाप्रसंगः। ३.२.१.२२

नैर्ऋत–नैर्ऋतो धर्मको यावदुक्तेतिकर्तव्यताकः। ९.१.१.१२

नौमण्ड–नौमण्डो नौर्येन मण्डयते अलंक्रियते संस्क्रियते उदकोत्सेकद्वारेण तुन्नो तुन्नो मण्डं लक्ष्यते। ९.२.२.२

न्यक्त–न्यक्तेन नीचैर्गतेन। १२.४.५

प

पञ्चशारदीय–पञ्चशारदीयाख्येन पञ्चरात्रेण। पञ्चशारदीय इति समाख्यानाच्छरद्यारम्भ इति केचित्। अन्येऽन्यस्मिन् पञ्चशारदीये दृष्टः कालो माघस्यामावास्येति। १३.४.१

परिकृष्ट–परिकृष्या परिणाहेनापि प्रकृतात्प्रकृष्या इत्यर्थः। परितो लिखिता इत्यन्ये। ६.८.३.२७

परिXदृश–परिदृश्विनी–यासु सर्वं सर्वतो दृश्यन्ते ता परिदृश्वियः, अच्छतमाः। ९.२.२.१३

परिदेशन–परिदेशनं सर्वतो मर्यादाग्रहणम्। यावद्विभवति नातिरिच्यते चेति मन्यते तावत्परिदिशति। २.१.१.१७

परिधि–परिधिशब्दः समाप्तिवचनः। दृश्यते च परिधिशब्दस्य समाप्तिवचनत्वम् 'समिद्धोऽग्न आहुते'त्याह परिधिमेवैतं परिदधाति। १.६.२.९

परिमिता–परिमिताः परितो मिताः। ७.५.१.१६

परियजन्ती–परियजन्तीषु परितः संगच्छमानास्वावर्तमानास्वित्यर्थः। ९.२.२.३

परिवाप–संयावा परिवापः। संयाव इति वक्तुं शक्यते।

प्रस्थूणका–नीडस्य पूर्वस्यां दिशि यत् तिर्यक् काष्ठं सा प्रस्थूणका। ६.३.२.१२

प्रह्व–प्रह्वाः सन्धाय जानूनि वीक्षमाणा इव विचालयन्तः प्रस्तरं सर्पन्ति। ६.१०.३.१२

प्रह्व इत्यादि गतिविशेषा बहिष्पवमानार्थं गच्छताम्। १२.१.३

प्राण–प्राणे नासिकापुटे। ७.७.१.१६

प्रादेश–अङ्गुलानि दशैकादश वा प्रादेशः। ६.४.२.४–२९

प्रायणीय–प्रायणीयम् प्रथमगमनीयम् निवर्तनीयमहः। प्रयोगादेव प्रायणीयत्वे गम्यमानेऽपि प्रायणीयशब्देन समभिव्याहारः संव्यवहारार्थाः प्रसिद्धः।११.२.१

प्रासहा–प्रासहा प्रसहेन जेष्यं जेष्यामीति मन्यते। १०.१.१.१६

फ

फलीकरण–फलीकरणं व्रीहीणाम् आतण्डुलभावा-दवहननम्। २.१.२.९

ब

बन्धु–बन्धुः आभिजात्यम्। बन्धुरिति गोत्राभिप्रायम्। न च पुरुषकृतेषु ग्रन्थेषु अर्थद्वयाभिधानं दोषाय, अर्थपृथक्त्वात्। ११.१.२

बन्धुमत्–बन्धुमान् प्रशस्तबान्धवः अभिजात इत्यर्थः। ६.१.१.२

बभ्रु–बभ्रून् कपिलवर्णानिकरूपान् तुल्योच्छ्रयान्। १३.४.१

बहुपुष्ट–बहुपुष्टः बहुभि पशुहिरण्यादिभिः पुष्टः। १.१.१.१०

बहुयाजिन्–बहुयाजी सोमयाजी। १.१.१.१०

ब्रह्मबन्धु–ब्रह्मबन्धुः रथक्रियान्वयाः।९.३.२.१८

ब्रह्मवर्चस्–ब्रह्मवर्चसमध्ययनतपोज्ञानादिनोत्कर्षः। १३.७.१

ब्रह्मवर्चसकाम–ब्रह्मनिमित्तं तेजो यस्य स ब्रह्मवर्चसकामः। १.१.१.१०

भ

भक्ताशी–भक्ताशी सकृदाशी, हविराकारव्रत इत्यत्ये। १.३.२.३८

भागदुघ–भागदुधो यो भागार्थं दोग्धि। ९.१.३.६३

भूतरशन–भूतरशनो बहुहिरण्यमिश्ररशनाबद्धः। १४.४.२

भ्रातृव्यदेवत्य–भ्रातृव्यदेवत्यो भ्रातृव्यप्रधानाः।१४.५.४

भोग–भोगा भोक्तव्यान्यस्याः फलानि। ६.३.१.३०

म

मण्डलेष्टका–मण्डलेष्टका चतुरस्रैव यस्यां मण्डलमुपरिलिखितम्। ७.६.१.२;

मण्डलेष्टकाद्या इष्टकाः। ७.९.१.४२

मण्डूकप्लुति–यथा मण्डूका उत्प्लुत्योत्प्लुत्यागच्छन्ति तथा ह्यधिकारगतिर्भवतीति पाणिन्यादिभिः स्मर्यते। २.१.२.१

मन्थ–द्रव्यसंयुक्ता सक्तवो मन्थाः।६.११.१.२८

मल्हा–मल्हा यस्या ग्रीवायां स्तनाविव रूपद्वयमिव लम्बते। ९.४.१.९

मस्तु–'मस्तु पितृणाम्' इति दर्शनाद् आज्यं मस्तु केचिदिच्छन्ति। स्वयंविलीनमाज्यं मस्तु, विलयनमिश्रमित्यन्ये। २.१.२.१३

Xमह्–महयेत् पूजयेद्। अशनवसनं दद्यादित्यर्थः। १२.१.३

महानस–महानसात् मद्यान्यं भारा आधीयन्ते। महद् वा अनो महानसः। १०.३.२.११

महानिरष्ट–निरष्टो विहितपुंस्कः। महाँश्चासौ निरष्टश्च महानिरष्टः। ९.१.३.३६

महिषी–महिषी नाम राज्ञः श्रेष्ठा भार्या। ९.१.३.१८; महिषी सुभगा। १०.५.४.२७

महेन्द्रयाजिन्–येषां महेन्द्रो देवता। ते महेन्द्रं यजेरन्। ...गतश्रियां नित्यं महेन्द्रः। एवमभिप्रेत्याचार्येण महेन्द्रयाजीत्यभ्यधायि, अथवा गुणविकार-संवत्सरप्रयोगे महेन्द्रयागमभिप्रेत्य सौविष्ट-कृतयागः। ३.२.३.३६

माधूक–माधूक इध्मः। फुल्लादीनि येन क्रियन्ते। बन्धुजीव इत्येके। मधूक इत्यपरे। १२.३.२

मानस्कृत–मानस्कृतः स्तुतयस्काराः। १०.३.२.६

माहानसी–सूपकारिका। १०.५.४.२७–३५

मीमांसा–मीमांसा विचार इत्यर्थः। लिंगसामर्थ्यादादि-ग्रहणे लक्षणावृत्तित्वं चावेक्ष्यम्। ३.२.१.४;

मीमांसा विकल्पना। ३.६.२.१५; ७.३.१.३; ८.१.१.४
मीमांसा विकल्पना। काञ्चिच्छाखामपेक्ष्याद्य-विकल्पना। तैत्तिरीयमपेक्ष्येतरा। अथवाऽद्यापि तैत्तिरीयकापेक्षैव। ७.३.३.५६

मुञ्ज–मुञ्जाः शुष्काः प्रवृञ्जनार्थत्वात्। ७.४.१.२

मेथी–मेथी अक्षानपक्रमणार्थशङ्कुः। ६.५.१.३४

य

यजूंषिक–यजूंषिकशब्दो यजुःशब्दार्थाभिधायी। प्रातिपदिकान्तरम्। ३.२.२.३६

यज्ञतनू–यज्ञतनूर्मन्त्राश्चतुस्त्रिंशदित्याचार्याभिप्रायः। ७.४.१.५

यज्ञोपवीत–अजिनं वासो वा दक्षिणत उपवीय दक्षिणं बाहुमुद्धरतेऽवधत्ते सव्यमिति यज्ञोपवीतम्। १.६.१.७

यम–यमौ नाम स्तोमौ। १४.१२.१

यव–द्र. त्रसरेणु

यूक–द्र. त्रसरेणु।

यूपस्यार्ध–यूपस्यार्धं यूपार्थस्य वृक्षस्य समीपमित्यर्थः। ५.१.१.६

यूप्य–यूप्यो यूपार्थः। १४.४.१

योग–योगः देशान्तरगमनम्। ६.१.४.३३

योगावसान–योगावसाने प्रयाणावसानार्थे। ६.१.४.३४

योग्य–योग्यं युग्यां युद्धाय। १०.५.४.१४

योजन–चतुष्क्रोशं योजनम्। १४.४.१

योयुपन–योयुपनं समीकरणम्। २.२.२.३७

र

रथविमोचनीया–रथविमोचनीयायां हुतायां रथान् विमुञ्चति। ८.२.२.११

रथावकाशा–रथावकाशां रथपरिमाणाम्। रथेषया प्राची मातव्या, रथाक्षेण पश्चात् तिरश्ची, रथयुगेन पुरस्तात् तिरश्ची। ५.१.१.२८

रराटी–रराटीयाख्यो द्वार्बाह्वोरुपरितनो वंश इति केचित्। तत्संसक्तं किञ्चिच्छदिरिति केचित्। अपरे तोरणमालेति। ६.५.१.३६

राजक्रयणी–एषा राजक्रयणी येयं 'मया गवा ते क्रीणानि' इति गौरुक्ता। सेयं राजक्रयणी एकहायनी। ६.३.१.३३

राजन्य–राजन्यः क्षत्रियः। ३.२.३.३६

राष्ट्रभृत्–राष्ट्रकामादीनां राष्ट्रभृतः। १२.३.१

रिष्टि–रिष्टिर्विनाशः। ३.१.२.३८

रोहिषाण–रोहिषाण रोहितकारो हीतकानां, मृग्या वा प्रसिद्धिः। ९.१.३.७२

ल

लाङ्गल्य–लाङ्गल्यः लाङ्गलार्थः। १४.४.१

लिक्षा–द्र. त्रसरेणु।

लोहितगर्भ–लोहितगर्भोऽर्बुदावस्थः। १२.२.४

लोहितायस–लोहितायसः ताम्रमयः। ४.१.४.२२

व

वधानी–विधीयन्तेऽस्यां कर्माणीति वधानी माघस्यापरपक्षाष्टम्यन्तमेकाष्टकेत्याचक्षते। १२.२.१

वपाभाजन–वपाभाजनं वपाभाग् वपाप्रयोजनम्। १०.७.३.१६

वय–वयांसि अधिदेयानि। ६.३.१.३२

वर–वरं वरणीयं प्रार्थनीयं फलम्। १०.८.२.२०

वश–वश इच्छा। १.१.१.८

वस्त्यायत–वस्त्यायतनसमीपे-
'नाभिपृष्ठकटीमुष्कगुदवंक्षणशेपदाम्।
एकद्वारस्त्वन्तरतो मध्ये वस्तिरधोमुखः॥'
इति वैद्याः पठन्ति। १२.२.४

वही–वही यो व्रीह्यादि वहति। ९.१.१.२८; वही वहनकर्मणा। ९.१.१.३६

वा–वा-शब्दः समुच्चयः। १०.२.२.३७

वाजपेय–वाजपेयेन यक्ष्यमाणः पेयैश्च यक्ष्यमाणः। पेयैः पुरस्ताद् यजते। वाजः प्रसिद्धवदनूद्यते। न च वाजो नाम प्रसिद्धः क्रतुरस्ति। ततः केचिदाहुः—वाजशब्देन वाजपेयोऽभिहितः पेयसहितस्य वाजपेयस्य स्तुत्यर्थम्। वक्ष्यति हि—'एष ह वै वाजयाजी'त्यादि। कथं स्तुतिः। पेयसहितो वाजपेयो वा। १४.१३.१

वाजपेययाजिन्–यो नाम वाजो भवति तेने इष्टवान् वाजयाजी। तत् सहितेनेष्टवानेव वाजपेययाजीति। १४.१३.१

वावाता–मध्यमा (पत्नी) १०.५.४.२८

विक्लिध–विक्लिधस्तिलकावसास्त्रनयनकृष्णतिलकवान्। १४.१.१

विजितिन्–विजिती विजयवान्। नित्यकालं न केनचिदप्यभिभूयते विजितशब्दाद् भावसाधनात् मत्वर्थीय इनिप्रत्ययो नित्ययोगे। यदाऽस्य कुतश्चन मनुष्यादुपबाधः, अभिभवो न भवति तदायं विजिती नाम भवतीत्यर्थः। १०.१.१.१

विट्–विट्शब्देन वणिजोऽभिप्रेताः सर्वद्रव्याणां संग्रहाय। शूद्रा अपीत्यपरे विष्ट्या भूयस्त्वादिति चेति। १०.१.१.१९

विदीगय–पृष्ठतःपृष्ठत उपतंशो विदीगयः। १०.९.२.४

विततवरूथ–विततवरूथ्य रथारोहिकानेकानेकवर्म विशेष्याः विपथपत्ताः। १०.४.२.१

विपरि–विपरि विपरीतमित्यर्थः। ६.४.२.८४

विXमथ्–विमथ्नीरन् विलुम्पेरन्नाज्यहोमद्रव्यम्। १२.१.३

विमाथ–विमाथं परिमोक्षम्। ८.२.३.११

वियाव–वियावं विविच्य विविच्य। १०.७.२.३१

विलिष्ट–विलिष्टं विश्लिष्टम्। ३.१.२.३७

विश्वजित्स्तोम–विश्वजितः स्तोमा यस्य स विश्वजित्स्तोमः। १३.८.१

विषूचीनशाल–विषूचीनशाले सर्वातोमुखे। १४.१४.४

विषूच्य–समीच्यानां विपरीता विषूच्यः। विषूचीरुपदधद् वाचयतीति। ७.७.३.४

विष्कली–विष्कली जाघनी। ५.३.२.८४

विष्टम्भ–विष्टम्भो नीडः। ६.३.२.१८

विहर–विहरेयुः विभज्याहरेयुः। ११.१.५

वृषसेन–वृषसेनो भगवान् पर्जन्यो वर्षणसम्बन्धात्। वृषा नाभिहताः प्रतिस्रोतं गच्छन्त्य इत्यन्ये। ९.२.२.७

वैकल्पिक–अन्यैर्ये न विरुध्यन्ते ते वैकल्पिकाः। १.१.१.५

वैयाघ्री–व्याघ्रीचर्ममय्यौ। १४.३.१

वत्सज्ञु–प्रसलैरोषधीरावेष्ट्य मूलेष्वग्राणि अवस्येत्। तमेतं वत्सज्ञुमित्याचक्षते। २.१.२.२

व्यनत्–व्यनिति प्राणापानिति। ७.९.१.३५

व्यन्ता–व्यन्तान् विच्छिन्नानङ्गारान्। १.५.१.९

व्यवयत्–व्यवयति विविधं प्रापयति। १४.८.१

व्युद–व्युदन्ति विनैकेन गच्छन्ति। १०.२.२.९

व्रात्य–व्रात्यो वा ब्रह्मवादिनः। १०.७.३.९

श

शङ्कुष्ठ–कृष्णाजिनस्य यः सर्वरूपः शङ्कुष्ठः स्याद्यस्मिंस्त्रयाणि लोमानि विद्यरेन् शुक्लानि च कृष्णानि च बभ्रूणि च। ६.१.१.१

शफ–शफोऽष्टमः(भागः)। ६.३.१.२२

शमितार–शमितारो रक्षिणः हिंसात्मकत्वात्। १०.६.१.३२

शम्या–शम्याऽत्र समचतुरस्रा। ५.१.१.३५; अजितप्रजनना शम्यासादृश्याच्छम्येति प्रजननमभिप्रेयते। १०.७.१.२७

शम्यापासा–शम्यामपास्यन्ति प्रक्षिपन्ति यत्र क्व चानियमेन ये ते शम्यापासाः। १०.७.१.२७

शर–शरः स्नेहोत्तरीभूतम्। ६.३.१.३०

शलली–शलली श्वाविड्लोम। ४.१.४.२२

शाला–शालाशब्देनाग्निहोत्रशालाभिप्रेता न प्राग्वंशः। ७.२.१.२७

शालाक–शलाकाः शलाकसमूहः। ६.१४.१.६०

शासहस्त– स्वधितिहस्ताः शमितारः स्वधितिभिः सह वर्तमानाः। १०.६.१.१०

शिक्यपाश–शिक्यपाशमिति द्वन्द्वैकवद्भावः। ७.५.२.२३

शुक्र–द्रोणकलशस्थस्य (सोमस्य) शुक्रशब्दवाच्यता। ६.११.३.१९

शुक्राग्र–शुक्रोऽग्रो यस्य सोऽयं शुक्राग्रः। ११.२.३

शुल्बिणी–शुल्बिण्याख्या शरावप्रोतकूर्च इति केचित्। अन्ये शूर्प इति। अपरे रज्जुसन्निवेशविशेष इति। ६.४.२.७८

शुश्रूवत्–शुश्रूवान् बहुश्रुतः। ३.२.३.३६

शृत–शृतादि प्रसिद्धम् (उष्णम्)। ६.३.१.३०

शुद्रोच्छिष्ट–शुद्रायोच्छिष्टं शूद्रोच्छिष्टम्। तदस्यास्तीति शूद्रोच्छिष्टी। न शूद्रोच्छिष्टी अशूद्रोच्छिष्टी।

१.३.२.३६

शोभना–सुरूपा। १३.२.२

श्रेष्ठ्य–श्रेष्ठ्यम् प्राधान्यम्। १४.११.१

श्लेष्मन्–श्लेष्मणा निर्यासादिना। १०.७.२.३१

श्वस्त–श्वस्तः श्व इति पर्यायः। अथवा ततस्तस्मादह्नः श्वः अपरेद्युः। ११.२.३

स

संवत्सर–संवत्सर इति कर्मसमुदायनामधेयम्। यतः संवत्सरपरिमितानां दीक्षमाणाः प्रयोगं च परिकल्पयन्तः परिकल्पितस्य कर्मकलापस्य भूयस्त्वाद् इति अभिप्रायः। ११.४.१

संवत्सरसत्रयाजिन्–संवत्सरसत्रयाजी गृहमेधीयोपलक्षितश्चातुर्मास्ययाजीति केचित्। अविच्छिन्नपञ्चमहायज्ञ इत्यन्ये। श्रुतिस्मृत्युदितसकलानुष्ठायी इत्यपरे। यायावर इत्येके। द्वादशाहादिषु गृहपतिर्वा। १२.२.५

संशरण–संशरणम् गात्रलोमादिस्रंसनम्। ६.१.४.२६

संशितव्रत–संशितव्रतः यमवान् यमाः। सर्वेषु तितिक्षावैराग्यादयः, अन्तःकरणशुद्ध इत्यर्थः। ६.१.१.२

संसादन–संसादनं सम्यक् सादनम्। २.१.४.१

संगृहीतृ–संगृहीता रथाश्वानां यन्ता। ९.१.३.५६

सचमान–सचमानो भजमानो भागी राज्यस्य युवा राजा। १०.८.२.१०

सञ्जान–संजानते समयं कुर्वन्ति। ११.१.५

सत्यदूत–सत्यदूताः सत्याभिधायिनः। ९.४.१.२८

सत्र–सत्रं हि साध्यानामयनम्। १३.५.१

सदस्य–सदसिभवाः सदस्याः। ६.१२.३.६७

सन्धान–सन्धानं नाम मन्त्रेणाभिसन्धिः। अविशेषाभिधानादाहुतिराहवनीये इति केचित्। चितिसंस्कारार्थत्वात् चितिमध्य इत्यन्ये। ७.७.५.१२

सन्नहन–सन्नहननश्लथं करोतीत्यर्थः। २.१.१.२९

सप्तबर्हि–कौशं बर्हिर्भवतीति शाखान्तरे विद्यते। विध्यवशेषेषु सप्तबर्हिर्जास्तुल्यविकल्पा इवाम्नायन्ते–कुशाश्च दर्भाश्च क्षीरदर्भाश्च मुञ्जाश्चाश्ववालाश्चैक्षवाश्चेति। २.१.१.१७

सभागेय–सभागेयं समानभागे तां सभां विदेयं लभेयम्। वित्तेर्वा विदेयं विद्यासम्। उभयतश्छान्दसी रूपसिद्धिः। १०.७.१.२२

समभिघारण–समभिघारणं सर्वप्रदेशसमञ्जनम्। २.२.४.६२

समवत्तधानी–समवत्तधानी नावाकारा। अवदानानि यस्यां धीयन्ते। यैषा महती तां पात्रीं कुर्वन्ति। यः परमो वृक्षस्तस्येत्युक्तम्। १०.८.२.३३

समा–समामागामिनं संवत्सरम्। १२.२.१

समाकृत–समाकृतं समानीतम्। १.६.१.१८

समीची–समीचीरिति दिग्भ्यः उपक्रम्य स्वयमातृण्णां प्रत्यगपवर्गः। ता हि स्वयसमातृण्णायां संगच्छन्ते। परस्परं चेति समीच्यो भवन्ति। वाचनेनोपधानं वक्ष्यते। समीचीरुपदधत् वाचयतीति। ७.७.३.४

समुद्य–समुद्य संवादं कृत्वा। १०.८.२.३०

समुन्मुख–समुन्मुख-शब्दोऽपरपर्यन्तवाची। २.३.१.६

समृतसोम–समृतसोमाः संगतसोमाः। ये नद्यादिनाऽन्तर्हिता समानेऽहनि सोमैर्यजन्ते ते समृतसोमाः। अथवा संगतसोमाः समृतसोमाः। ३.१.३.३

संपाद–सम्यग्घटन्ते। चरणादिभिः समाना इत्यभिप्रायं संपादयन्ति। ११.१.२

समस्य–समस्यति सह स्थापयति। २.१.२.३९

सर्ववेदस्–यावदस्य वित्तं तत्सर्ववेदसमित्यर्थः। १२.४.७

सर्वस्तोम–यस्य स्तोत्रस्य त्रिकस्य वा पुनः-पुनरभ्यावृत्तिः ततः पुनरावृत्तिः त्रिवृदादयस्त्रयस्त्रिंशदन्ता यस्य स्तोमाः स सर्वस्तोमः। १३.२.४

सर्वौषध–सप्त ग्राम्या ओषधयः सप्तारण्याः। तिलमाषा व्रीहियवाः प्रियङ्ग्वोऽणवो गोधूमाः सप्तमे कुलस्थाश्च। एते ग्राम्याः। श्यामाकाश्च नीवाराश्च जर्तिलाश्च गवाधुकाश्च गार्मुताश्च वास्त्वानि च वेणुयवाः सप्तमे कुरुविन्दा वा मता आरण्याः। ७.५.४.७

सव–सवा एकाहाः। १४.१.१

सवनस्वर–अभिहिङ्कारादि सवनस्वरः। ६.१०.३.१५

सवात्य–सवात्यौ समावत्सौ। ९.१.३.५७

सव्योत्तरिन्–'सव्योतरिणा सायंप्रचरणे' इत्यनुपदम्। ६.३.४.२३

समुल्लुम्पति–समुल्लुम्पति समुद्गृह्णाति। ६.३.४.२१

साग्र–साग्रं सन्नहनं कृत्वा समाग्रमित्यर्थः। २.२.४.४०

साङ्काशिन–साङ्काशिने समदर्शिने। ६.५.१.४

सिच्–सिचि अस्य वासोदशायामित्यर्थः। ६.१.३.६

सुतेकर–सुतेकरो वेदत्रयज्ञः। अथवा बृहस्पतिसवस्य सर्वतः कर्तुं शक्तो दीक्षितः। १४.१.१

सुरूप–सुरूपामिति ब्राह्मणवतीनाम् (इष्टकानाम्) उपलक्षणं कालविकल्पार्थम्। ७.१२.२.११

सुष्ठु–शोभनं सम्पूर्णम्, सुष्ठु शोभनीकृताः (इष्टकाः) भवन्तीति। ७.७.५.१०

सूतवशा–सकृत्प्रसूता बन्ध्या। १४.१.३

सूर–सूरः शूर एव वर्णव्यत्ययादिति केचित्। अथवा स्वरते रूपं तापकर्मणः। यः शत्रून् उपतपति संग्रामेषु जयशील इत्यर्थः। १०.८.२.१२

सेनानी–सेनानीर्यः सेनां नयति। त्रैवर्णिक आचार्याभिप्रायत्वात् क्षत्रियश्च सामर्थ्यात्। ९.१.३.३२

सेभु–सेभुः शिंघाणिकाः। ६.१.४.४९

सोमवामीय–सोमवामीयः सोमातिपवित इत्यार्तिप्रदर्शनम्। ११.१.५

स्तोक–स्तोकशब्दोऽल्पपर्यायः। ७.५.२.१२

स्तोमछन्दसामायतन–स्तोमास्त्रिवृदादयः, छन्दांसि गायत्र्यादीनि द्वादशाहानि विहितानि। एषां समुदाय स्तोमछन्दसामायतनं नाम। १४.१५.१

स्थपति–स्थपतिं स्वामिनम्। १४.७.१

स्थालीप्राश–स्थाल्या अनुद्धृतं यः प्राश्नाति स स्थालीप्राशः। १.१.२.१९

स्नात्व–स्नात्वं स्नानप्रदेशम् यत्र सुखेन स्नाति अधिकरणे त्वत्प्रत्ययः। १०.९.१.४८

स्निहान–स्नेहजं(नयनजलं)स्निहानम्। ६.१.४.४८

स्पन्द्या–स्पन्द्या अनडुहोरभिधानरज्जुः। ६.३.२.१८

स्व–स्वं धनम्। अथ स्व-शब्देन प्रजाश्च पशवश्चाभिधीयन्ते। मन्त्रवर्णान्नान्यद्धनम्। १.६.१.१७

स्वधा–स्वधा रसः। संसेचनबुध्या मन्त्र बुवत इत्यर्थः अन्ये स्कन्नमाज्यमेव मन्त्रेणोपाददते तस्मिन् पक्षे स्वधाशब्दश्चानर्थको भवति। ३.२.२.१५

स्वधिति–स्वधितिर्वृक्षच्छेदनसमर्थः परश्वादिः। ५.१.१.७

स्वयमातृण्णा–स्वयमातृण्णाः स्वभावत एव सुषिराः, यजमानेन वा तृण्णाः। ७.६.१.२

ह

हंसपातिनी–हंसपातिनी हंसानामिवपततामाकारेण। ७.५.१.२०

हवर–हवरो द्रव्यविशेषः। १३.२.२

हिरण्य–लोहमात्रे हिरण्यशब्दो वर्तत इति केचित्। १०.७.२.३६

हिरण्येष्टका–हिरण्येष्टका हिरण्यशकलम्। ७.६.१.२

ह्द्या–ह्दोद्भवाः। अश्माद्यभिहताया पृष्ठ्यन्त्या इत्यन्ये। ९.२.२.१७

होत्र–होत्रा होत्रकाः। ६.१३.२.३५

□ □ □

A SLECT BIBLIOGRAPHY

Āpastamba Gṛhyasūtra, with Tātparyadarśna of Sudarśanācarya, Ed. by Mahadeva Shastri, Oriental Research Institute, Mysor, 1987

Āpastamba Śrautasūtra, Edited by Richard Garbe, vols Ī-III, 2nd edition, Munshiram Manohar Lal, Delhi, 1983

Áśvalāyana Śrautasūtra, English Translation, by H.G. Ranade, Poona, 1981, 1986.

Áśvalāyana Śrautasūtra, with the comm. of Siddhantin, Ed. by Prof. B. B. Chaubey and Research staff, Pub. from VVBIS & IS (PU.), hoshiarpur.

Áśvalāyana Śrautasūtra, with the comm. of Devatrata, in 3 vols., Ed. by Prof. B. B. Chaubey and Research staff, Pub. from VVBIS & IS (PU.), hoshiarpur.

Áśvalāyana Saṁhitā* of the *Ṛgveda, Edited with deatiled Introduction by Prof. B. B. Chaubey, Published from IGNCA, New Delhi & D.K. Printworld (P) LTD, New Delhi, 2009

A Survey of New Manuscripts of the Vādhūla School MSS of K_1 and K_2, by Yasuke Ikari, Revised version of the lecture given at Harward University, Deptt. of Sanskrit and Indian Studies, March 1998.

Kapisṭhala-KaṭkaSaṁhitā, Edited by Dr. Raghuvira, Lahore, 1932.

Kātyāyana Śrautasūtra, with Karaka-*Bhāsya*, Varanasi, 1903-06

Kātyāyana Śrautasūtra, with commentary by Vidyadhara Gauda,

Varanasi, 1930.

Kātyāyana Śrautasūtra, with English Translation, by H.G. Ranafe, Poona, 1978.

Jaiminīya Śrautasūtra, with the *Vṛtti* by Bhavatrāta, edited by Premanidhi Shastri, New Delhi, 1966.

Jaiminīya Śrautasūtra: Agniṣṭomasūtra with Bhavatrāta's *Vṛtti*, edited. by Asko Parpola, Helsinki, 1981.

Taittirīya Saṁhitā, with *Bhāṣya* of Bhaṭṭa Bhāskara's, Maysore, 1894-98

Taittirīya Saṁhitā, with Sayaṇa's Bhāṣya, Part 1-9, Pune, 1900-08.

***Nidāna-Sūtra* of Patañjali,** Edited by K.N. Bhatnagar, Published from Meharchand Lcchaman Das, Delhi (1971 AD).

Baudhāyana Śrautasūtra, Praśan-1, *Darśpūranmasa Pṛakraṇa* with the commentaries of Bhavasvāmī and Sāyaṇa, edited by Sitaram Sahgal, pulished by Ramlal Kapur Trust, Bahalgarha, Sonipat, 1982.

Baudhāyana Śrautasūtra, in 4 vols, with English Translation, by C.G. Kashikar, Published from IGNCA, New Delhi.

Baudhāyana Śrautasūtra, with the comm. of Bhavasvāmin, Edited by Dr. T. N. Dharmadhikari, Published from IGNCA, New Delhi.

Bhāradvāja Śrautasūtra, Text and English Translation, Edited by C.G. Kashikar, Pune, 1964.

Yajñapārśva Pariśiṣta, Edited by C.G. Kashikar, Bhandarkar Oriental Research Institute. Pune (1989 AD).

Laghu Yajñapārśva-Pariśiṣta & Mahad Yajñapārśva-Pariśiṣta, Edited by Nabanarayan Bandyopadhyay, pub. from School of Vedic Studies, Rabindra Bharati University, Kolkata, (2006 AD).

Laugakṣi Gṛhyasūtra, in 2 vols, with the commentary of Devpāla, edited by Pt. Madhusudan Kaul, Nirnayasagar Press, Bombay, (1928 AD).

Vādhūla-Anvākhyānam, Edited by Prof. B. B. Chaubey, pub. from Katyayana Vaidik Sahitya Prakashan, Hoshiarpur (Punjab), (2001 AD).

***Vādhūla Śrauta-Prayogakḷpti* of Ācārya Śivśroṇa,** Edited by Prof. B. B. Chaubey, pub. from National Mission for Manuscripts, (NMM) and D.K. PrintWorld (P)LTD, New Delhi, under Kṛtibodha Series-2, (2011 AD)

VādhūlaŚrautasūtra, Edited by Prof. B. B. Chaubey, pub. from Katyayana Vaidik Sahitya Prakashan, Hoshiarpur (Punjab), (1993 AD).

VādhūlaSmṛti, Edited. by Prof. B. B. Chaubey, pub. from Katyayana Vaidik Sahitya Prakashan, Hoshiarpur (Punjab), (2000 AD).

Vādhūla-Gṛhyāgamavṛttirahasya, Edited by Prof. B. B. Chaubey, pub. from National Mission for Manuscripts, (NMM) and D.K. PrintWorld (P)LTD, New Delhi, under Kṛtibodha Series-1, (2006 AD)

Vādhūla-Yajñaprāyaścittam, Edited by Prof. B. B. Chaubey, pub. from Katyayana Vaidik Sahitya Prakashan, Hoshiarpur (Punjab), (2001 AD).

Vādhūla-Gṛhyasūtram with vṛtti, Edited by Prof. B. B. Chaubey, pub. from National Mission for Manuscripts, (NMM), New Delhi, under Prakashika Series-5, (2012 AD)

Vādhūla Śrautasūtra, 1.1.1-1.4, (*Agnyadheya, Punarādheya*), A New Critical Edition of the *Vādhūla Śrautasūtra*, by Yasuke Ikari, published from Institute of Research in Humanities, Kyoto University, Kyoto, Japan, March-1996.

Vādhūla Śrautasūtra, 1.5-1.6, (*Agnihotra, Agnyupasthāna*), A New Critical Edition of the *Vādhūla Śrautasūtra* II, by Yasuke Ikari, JINBUN KAGAKU KENKYSHO, Kyoto University Kyoto, Japan.

Vaitānya Śrautasūtra, Edited with commentary *Ākṣepānuvidhi*, Hoshiarpur, 1967

Vārāha Śrautasūtra, revised edition by C.G. Kashikar, Pune, 1988

A Survey of the Śrautasūtra, Edited by C.G. Kashikar, Journal of Bombay, vol. 35, Part-2 (No. 41), September 1966.

Āgniveśya Gṛhyasūtra, Edited by L.A. Ravi Varma, The Orintal Manuscripts Library, University of Travancore, Trivandrum, 1940

Śrautapadārtha-Nirvacana, Edited by Yudhisthir Mimansaka, Ramlal Kapur Trust, Bahalagarha, Sonipat, 1984